Heinz Höhne
Der Orden unter dem Totenkopf
Die Geschichte der SS

Heinz Höhne

Der Orden unter dem Totenkopf

Die Geschichte der SS

Für meine Frau

Gesamtherstellung Mohndruck Reinhard Mohn OHG, Gütersloh
Printed in Germany
ISBN 3-570-05019-X

Inhaltsverzeichnis

1 Einleitung

Sie trugen eine schwarze Uniform und waren der Schrecken einer Nation. Sie führten den Totenkopf an ihrer Mütze und schworen dem Führer ewige Treue. Sie folgten der doppelten Sigrune und ermordeten Millionen von Menschen. Kaum ein Lebensbereich der Nation schien vor ihrem Zugriff sicher: Sie kommandierten die Polizei und die Geheimdienste. Sie bewachten Reichskanzlei und Konzentrationslager. Sie bemannten die Divisionen, die den Totenkopf nach Europa trugen. Sie okkupierten Schlüsselstellungen in Landwirtschaft und Gesundheitswesen, in Volkstumspolitik und Wissenschaft. Sie sickerten in die traditionelle Feste der Diplomatie ein, sie besetzten Schaltposten der ministeriellen Bürokratie.

Sie nannten sich Schutzstaffel der Nationalsozialistischen Deutschen Arbeiter-Partei, abgekürzt SS, und fühlten sich, wie SS-Hauptsturmführer Dieter Wisliceny formulierte, als »eine neue Art religiöser Sekte, mit eigenen Formen und [eigenem] Brauchtum«.

Die Geheimsekte der SS ließ keinen Unbefugten in das Innere ihrer Organisation blicken; die Schutzstaffel der Führerdiktatur sollte ein Mysterium bleiben, dem Staatsbürger unheimlich und unbegreiflich gleich dem legendären Jesuitenorden, den die SS offiziell bekämpfte und doch bis in kleinste Details kopierte. Die Herren des schwarzen Geheimordens pflegten bewußt den Schreckenseffekt ihrer Existenz. »Geheime Staatspolizei, Kriminalpolizei und Sicherheitsdienst sind umwoben von raunendem und flüsterndem Geheimnis des politischen Kriminalromans«, schwärmte SS-Obergruppenführer Reinhard Heydrich, Chef der Sicherheitspolizei [1]. Und der Großmeister des Ordens, Reichsführer-SS Heinrich Himmler, bekannte nicht ohne Wohlbehagen: »Ich weiß, daß es manche Leute in Deutschland gibt, denen es schlecht wird, wenn sie diesen schwarzen Rock sehen, wir haben Verständnis dafür und erwarten nicht, daß wir von allzu vielen geliebt werden [2].«

Das Volk spürte, daß die unheimliche Organisation ein engmaschiges Netz über das Reich geworfen hatte, aber sehen konnte es die SS-Maschen nicht. Die Deutschen hörten nur den Marschtritt schwarzer Kolonnen, der über das Pflaster der Städte und Dörfer knallte, hörten aus hunderttausenden Männerkehlen:

SS marschiert, die Straße frei!
Die Sturmkolonnen stehen!
Sie werden aus der Tyrannei
Den Weg zur Freiheit gehen.

Drum auf bereit zum letzten Stoß!
Wie's unsere Väter waren!
Der Tod sei unser Kampfgenoß!
Wir sind die schwarzen Scharen [3].

Fast unsichtbar waren die tausend und aber tausend Augen, die jeden Schritt der Deutschen zu beobachten schienen. Ein vielarmiger Polizei-Polyp hielt die Volksgenossen in Atem: 45 000 Beamte und Angestellte der Gestapo registrierten in 20 Leitstellen und 39 Stellen des Reiches sowie in sogenannten Antennen von 300 weiteren Leitstellen und 850 Kommissariaten der Grenzpolizei alle erkennbaren regimefeindlichen Regungen [4]. 30 Höhere SS- und Polizeiführer wachten an der Spitze von 65 000 Mann Sicherheitspolizei und 2,8 Millionen Mann Ordnungspolizei über die Staatssicherheit [5]. 40 000 Wachmänner terrorisierten Hunderttausende angebliche oder tatsächliche Regimegegner in 20 Konzentrationslagern und 160 angeschlossenen Arbeitslagern [6]. 950 000 Soldaten der Waffen-SS, davon 310 000 Volksdeutsche aus Südosteuropa und 200 000 Ausländer, standen an der Seite der Wehrmacht und beobachteten den militärischen Rivalen [7]. Pausenlos kontrollierte das Schattenheer der 100 000 Informanten des Sicherheitsdienstes (SD) das Denken der Bürger [8]. An Universitäten und in Betrieben, auf Bauernhöfen und in Behörden wurde jedes wissenswerte Detail aufgesogen und in die Berliner Zentrale gepumpt.

Aber nie durfte ein Wort an die Öffentlichkeit dringen, das die Arbeitsmethoden der SS-Organe verriet, nichts durfte preisgeben, was im Reiche Heinrich Himmlers gedacht wurde. Ständig wachte Himmler darüber, daß kein Mitglied des Ordens mit dem Laienvolk in allzu engen Kontakt kam. Den SS-Führern verbot er zivilgerichtliche Auseinandersetzungen mit Privatpersonen, um den Gerichten den Einblick in SS-Interna zu verwehren [9], und dem Reichswirtschaftsministerium versagte er Auskünfte über die SS-eigenen Industrieunternehmen [10]. Für die Totenkopfverbände, Bewacher der Konzentrationslager, erließ er den Befehl: »Erstens kommt kein Verband in seine Heimat, es wird also niemals ein pommerscher Sturm in Pommern Dienst machen. Zweitens: Jeder Verband wechselt nach drei Monaten über. Drittens: Der Verband wird niemals im einzelnen im Straßendienst eingesetzt [11].« Nicht einmal die prominentesten Führer des Dritten Reiches erfuhren, was in der Sekte der Schwarzen vorging. »Ich hatte keinen Einblick in die SS ... Kein Außenstehender wußte irgend etwas über Himmlers Organisation«, gestand Hermann Göring 1945 [12].

Erst die braune Götterdämmerung zerriß den Vorhang vor dem Reiche des Schwarzen Ordens: Auf den Anklagebänken der Nürnberger Militärgerichte des alliierten Sieger-Quartetts erschienen die Männer, die jahrelang die Schutzstaffel kommandiert hatten, angeklagt der Vorbereitung des Kriegs und schier unvorstellbarer Verbrechen.

Die Militärgerichte der Alliierten protokollierten, was der Vorhang des SS-Apparates sorgfältig verhüllt hatte. Aus den Aussagen der Zeugen und aus den Beweisstücken der Anklage formierte sich das Bild eines apokalyptischen Rassenwahns, entstand die grausige Geschichte der SS als einer Guillotine volksbiologischer Sauberkeits-Psychopathen. Die Bilanz des Schreckens: vier bis fünf Millionen Juden ermordet, 2,5 Millionen Polen liquidiert, 520 000 Zigeuner umgebracht, 473 000 russische Kriegsgefangene exekutiert, 100 000 unheilbar Kranke im Euthanasieprogramm vergast[13].

Am 30. September 1946 brachen die Richter der Alliierten den Stab über Himmlers SS und erklärten sie zu einer verbrecherischen Organisation. Begründung: »Die SS wurde zu Zwecken verwandt, die verbrecherisch sind. Sie bestanden in der Verfolgung und Ausrottung der Juden, Brutalitäten und Tötungen in den Konzentrationslagern, Übergriffen bei der Verwaltung besetzter Gebiete, der Durchführung des Zwangsarbeiterprogramms und der Mißhandlung und Ermordung von Kriegsgefangenen[14].« Konsequenz: Des Verbrechens verdächtig seien mithin auch alle Personen, »die offiziell als Mitglieder in die SS aufgenommen ... waren, Mitglied der Organisation wurden oder blieben und Kenntnis davon hatten, daß sie für die Begehung von Handlungen verwendet wurden, die von Artikel 6 des [Londoner Kriegsverbrechen-]Statuts für verbrecherisch erklärt sind[15].«

Der Nürnberger Urteilsspruch stempelte die Sigrunen der SS zu Kainszeichen eines politischen Verbrechertums, die von nun an jedem anhafteten, der jemals die Uniform des Schwarzen Ordens getragen hatte. Aus der Schutzstaffel, einst Sammelbecken einer vermeintlichen Elite, wurde die »Armee der Geächteten«, wie sie der SS-General Felix Steiner voller Selbstmitleid nennt[16]. Das Verdikt der Alliierten hatte freilich eine arge Schwäche: Es erklärte nicht, warum mehr als eine Million Menschen kollektiv und gleichsam über Nacht zu Massenmördern geworden sein sollten; es erklärte nicht, woher die SS die Macht genommen hatte, den Rassenwahn des NS-Regimes in schaurige Tat umzusetzen.

Die ehemaligen SS-Männer wollten und konnten das Rätsel nicht entschlüsseln. Sie retteten sich in Ausflüchte, wollten von nichts gewußt haben und schoben die Verantwortung stets Kameraden zu, die tot waren. Zunächst wagte sich eine schüchterne Selbstkritik der Ehemaligen, wie sie sich in dem Buch »Der große Rausch« des einstigen SS-Untersturmführers Erich Kernmayr alias Kern[17] niederschlug, an die Öffentlichkeit. Bald aber entstand im schützenden Halbdunkel restaurativer Strömungen Westdeutschlands ein Rechtfertigungs-Schrifttum ehemaliger SS-Führer, die offenbar der Faustregel huldigten, man könne getrost auf das schlechte Gedächtnis der Zeitgenossen bauen. Der Senior der Waffen-SS, Oberstgruppenführer Hausser, konnte sich im Nürnberger Gerichtssaal kaum erinnern, den »absolut truppenfremden« Himmler jemals bei der Truppe gesehen zu haben[18], dem SS-Sturmbannführer Brill erschien die Allgemeine SS als »ein freiwilliger Verein«, mit dem die Waffen-SS nichts zu schaffen gehabt habe[19], und immer wieder bekräftigten die SS-Männer: »Rassenhaß wurde niemals gelehrt[20].«

Da kroch aus dem Todesdunst der Gaskammern von Auschwitz und Maidanek, aus den zerbrochenen Folterwerkstätten von Dachau und Buchenwald ein Haufen ausgemergelter Gestalten hervor. Die Überlebenden des schwarzen Terrors offerierten der Nation eine Erklärung des Rätsels SS: Die SS sei eine monolithische, von einem dämonischen Willen angetriebene Organisation fanatischer Ideologen und gewissensfreier Herrschaftsfunktionäre gewesen; die SS habe allmählich alle Machtpositionen im Dritten Reich erobert, um schließlich zu errichten, was dem ehemaligen Buchenwald-Häftling und heutigen Politologie-Professor an der Darmstädter Hochschule für Politik, Eugen Kogon, »der SS-Staat« dünkt, das »durch und durch organisierte, in allen Teilen und jederzeit beherrschbare Herren- und Sklavensystem« der SS [21]. Analytiker Kogon stellte sich in seinem Bestseller »Der SS-Staat« die Führer des Schwarzen Ordens als eine einheitlich agierende Clique vor, die »zu allem entschlossen war: Folgerichtig wurde von Stufe zu Stufe geplant, jedes Teilziel mit unerbittlicher, normale Vorstellungen ganz und gar sprengender Härte angestrebt« [22]. Nur so, folgerte Kogon weiter, sei das »wohlausgebaute Gefüge« des SS-Staates entstanden, »das zuerst die Partei, dann Deutschland, dann Europa durchsetzte« [23]. Mit anderen Worten: Die Konzentrationslager seien ein »Hohlmodell« [24] des SS-Staates, die SS die wahre Herrscherin im Europa Adolf Hitlers gewesen.

Eugen Kogon hatte damit eine griffige These formuliert, die zum erstenmal das Phänomen der SS verständlich zu machen schien. »Einen Kogon müssen wir wohl ernst nehmen«, schrieb selbst der SS-Führer Otto Ohlendorf 1948 in seiner Todeszelle [25]. Wo freilich der Professor noch kleine Vorbehalte und winzige Zwischentöne anbrachte, da pinselten nun andere Geister das düstere Kolossalgemälde von Allmacht und Alleinherrschaft.

Der britische Historiker Gerald Reitlinger bewertete Himmlers Imperium als »Staat im Staate, der nur mit der russischen NKWD verglichen werden« könne [26], der Eichmann-Biograph Comer Clarke sah die SS »den Schatten des Naziterrors in nahezu jede Wohnung des Kontinents tragen« [27], und der französische Schriftsteller Joseph Kessel erblickte ganz Europa unter dem Marschstiefel der SS: »Vom Arktischen Ozean bis zum Mittelmeer, vom Atlantik bis zu Wolga und Kaukasus – alle lagen ihm [Himmler] zu Füßen [28].«

Je größer aber die Macht wurde, die in- und ausländische Chronisten der SS beimaßen, desto greller gerieten die Porträts der SS-Männer, desto maskenhafter verzerrten sich die Gesichtszüge der schwarzen Herrenmenschen. »In den Augen der SS-Männer mit ihrem Fischglanz und der Unlebendigkeit des fehlenden Seelenlebens war etwas Gemeinsames«, fand der ehemalige Sachsenhausen-Häftling Rudolf Pechel, Herausgeber der »Deutschen Rundschau«, und traute sich die Kunst zu, einen SD-Spitzel »am Augenausdruck schon zu erkennen« [29]. Kogon entdeckte in den SS-Männern »Tiefunzufriedene, Nichterfolgreiche, durch irgendwelche Umstände Zurückgesetzte, Minderbegabte aller Art« [30]. Bei unteren Gestapo-Chargen sah er »eine Fülle frisch hereingenommener verkrachter Existenzen« [31], im Informantenheer des SD fand sich nach seiner Meinung »an Abschaum alles zusammen, was Adel, Bürgertum, Angestellten- und Arbeiterschaft abzugeben hatten« [32].

Ließ die Kraft abwertender Adjektive nach, dann bemühten die SS-Staat-Theoretiker die Zauberformel moderner Psychoanalyse. Der ehemalige Auschwitz-Häftling Elie Cohen dozierte: »Die SS-Männer bestanden, von Ausnahmen abgesehen, aus normalen Menschen, die dank ihres verbrecherischen Über-Ichs zu normalen Verbrechern geworden waren[33].« Der Psychologe Leo Alexander deutete sogar die SS als eine ganz gewöhnliche Gangsterbande, die sich als Gruppe benommen habe, wie sich Verbrechercliquen stets aufzuführen pflegten. Alexander: »Wenn ein Mitglied der SS etwas unternahm, was seine Treue zur Organisation in Zweifel setzte, dann wurde er entweder liquidiert – getötet – oder er mußte eine verbrecherische Tat verüben, die ihn unweigerlich und für alle Zeiten an die Organisation kettete. Nach der uralten Sitte der Verbrecherbanden gehörte zu einer solchen Tat auch ein Mord[34].«

Indes, die Thesen der Kogon-Schule blieben nicht unwidersprochen. Schon 1954 bezweifelte der deutsch-amerikanische Publizist Karl O. Paetel in einer soziologischen Studie, ob die SS derartig kollektiv abgewertet werden könne. In der SS, so Paetel, habe es »nicht nur einen Menschentyp« gegeben: »Es gab Verbrecher und Idealisten, Dummköpfe und Männer von intellektuellem Rang[35].« Die Doktorandin Ermenhild Neusüß-Hunkel erläuterte in ihrer 1956 veröffentlichten Arbeit »Die SS«, die Funktionsunterschiede zwischen den zahlreichen Gliederungen des Himmler-Apparates ließen »eine eindeutige Beurteilung der gesamten SS-Mitgliedschaft im Sinne eines Kollektivs nicht zu«[36]. Die SS-Expertin machte eine Rechnung auf, der zu entnehmen war, daß allenfalls 15 Prozent aller Mitglieder der SS in dem Beherrschungsapparat des NS-Regimes mitgewirkt hatten: Von den (800 000)[37] eingeschriebenen Mitgliedern der SS im Jahr 1944 dienten 39 415 in den SS-Hauptämtern, 26 000 bei der sogenannten Polizeiverstärkung, 19 254 bei den Einheiten der Sicherheitspolizei und des SD im deutschbesetzten Ausland, weniger als 60 000 bei der Sicherheits- und Ordnungspolizei des Inlands sowie 2 000 bei den KZ-Wachmannschaften[38].

Zudem erforderte das Studium der inzwischen von den Alliierten wieder freigegebenen SS-Akten weitere Korrekturen an dem Nachkriegsbild der SS. Vor allem Kogons Buch geriet ins Zwielicht. Die Akten entblößten eine seltsame Unsicherheit des Professors in Daten, Zahlen und Personalien, soweit sie nicht dem unmittelbaren Erlebnisbereich Kogons, dem KZ Buchenwald, entstammten. Schon früher war aufgefallen, daß sich der Darmstädter Politologe bei jeder neuen Auflage seines Buches verbessern mußte:

Der Kripo-Chef Arthur Nebe wandelte sich von »einem der unbekanntesten, aber erbarmungslosesten Funktionäre des SS-Apparates« (Erste Auflage)[39] in einen Widerstandsmann, der »von Anfang an schwere Gewissenskämpfe durchlebt« habe (Zweite Auflage)[40], die imaginären SD-Oberabschnitte in der Kriegszeit (Erste Auflage)[41] verschwanden wieder, und ebenso korrigierte Kogon seine Annahme, aus der (fiktiven) Bezeichnung SD-Amt V leite sich das Schlagwort von der »Fünften Kolonne« her[42]. Aber auch spätere Auflagen des Kogon-Buches warfen die Frage auf, ob manche Mitteilung des Professors noch mit dem Stand der Forschung übereinstimmt. Kogon nennt ein fünfstufiges Mitarbeitersystem des Sicherheitsdienstes, das kein SD-Mann kennt[43]. Er läßt die »Rächer Röhms« 155 SS-Führer ermorden, die auf keiner Totenliste figurieren[44]. Er stellt fest, die Abteilung I des Geheimen Staatspolizeiamts habe keinen eigenen Chef besessen[45], und weiß offenbar nicht, daß der Chef Dr. Werner Best heißt. Kogon unterstellt den bewaffneten SS-Einheiten des Jahres 1936 etwa 190 000 Mann mehr, als die Truppe tatsächlich besaß (rund 15 000 Mann)[46], er nennt den Gruppenführer Pohl als Chef des SS-Hauptamts[47] und hält anscheinend das Führungshauptamt, das Kommando-Organ der Waffen-SS, für eine Art politische Zentrale der gesamten SS[48].

Doch merkwürdig: Sosehr auch die Fachhistoriker das gängige Bild der SS korrigierten – die Deutschen nahmen kaum Notiz davon. Denn die Arbeit der Geschichtsschreiber drohte das Alibi einer Nation zu zerstören: das Dogma der SS-Allmacht.

Die Enthüllungen über die Massenverbrechen der SS hatten die Deutschen zugleich entsetzt und erleichtert: entsetzt, weil sie den Namen des Vaterlandes in der Welt auf Jahrzehnte hinaus beschmutzten, erleichtert aber deshalb, weil die Kunde von der Schreckensmacht des Schwarzen Ordens zumindest der älteren Generation einen schmalen Ausweg aus der unbewältigten Vergangenheit eröffnete. War die SS – so ließ sich räsonieren – wirklich allmächtig, hatte sie ohne jede Konkurrenz das Land wahrhaftig im eisernen Griff gehalten, dann wäre es in der Tat für die Bürger des Dritten Reiches schierer Selbstmord gewesen, die Politik des Regimes zu kritisieren oder sich gar den Untaten des Nazistaates aktiv entgegenzustemmen.

Die Aufklärung über die SS-Verbrechen kam den Deutschen der Hitler-Ära gar nicht unwillkommen: Die Greuel waren das große Alibi, die Entschuldigung vor sich und vor der Welt. Himmlers Schergenkorps schien dazu verurteilt, das Versagen vieler Deutscher im Dritten Reich zu verkleinern. Schon 1946 hatte OKW-Verteidiger Laternser in Nürnberg die Parole ausgegeben, die SS-Führer seien ohnehin des Todes, daher müßten sie alles auf sich nehmen – der Schild der Wehrmacht müsse rein bleiben[49]. Als später aus amerikanischen Veröffentlichungen bekannt wurde, auch Himmler habe eine Zeitlang mit den Verschwörern des 20. Juli 1944 geliebäugelt, da beschwor der Historiker Hans Rothfels seine deutschen Kollegen, sie sollten sich hüten, diesem Thema »zu viel Gewicht beizulegen«: »Es gibt in Wahrheit kein Kapitel ›Himmler‹ in der Geschichte der deutschen Untergrundbewegung!«[50]

Für die Masse der deutschen Historiker blieb das Thema SS tabu. Kein Werk über die Schutzstaffel, keine größere Arbeit über die Ostpolitik Himmlers, keine Studie über den NS-Polizeiapparat verriet, was die Erben Rankes und Treitschkes über die schauerlichste Organisation dachten, die Deutsche je erfanden. Die deutschen Historiker überließen das Feld weitgehend Ausländern, die mit mehr oder weniger Einfühlungsvermögen, mit mehr oder weniger quellenkritischem Sachverstand begannen, die jüngste deutsche Vergangenheit rund um die SS aufzuarbeiten. Einige ihrer Studien, so die Arbeiten »The Destruction of the European Jews« (Die Vernichtung der europäischen Juden) des Amerikaners Raul Hilberg [51] und »Deutsche Herrschaft in Rußland« seines Landsmannes Alexander Dallin [52], erwiesen sich als Standardwerke; das Gros der Produktion aber, von angesehenen deutschen Verlagen übersetzt und herausgebracht, konnte nicht dazu beitragen, die ungenauen Vorstellungen über die SS durch ein konkreteres Bild zu ersetzen, zumal den meisten Autoren genauere Quellenkenntnis fehlte.

Der französische Schriftsteller Jacques Delarue legte eine »Geschichte der Gestapo« vor, ohne die wichtigste Quelle seines Themas, die Akten des Persönlichen Stabes Reichsführer-SS, durchgesehen zu haben [53], und ein anderer Gestapo-Chronist, der britische Publizist Edward Crankshaw, kann nur schwer die Kompetenzbereiche der Geheimen Staatspolizei und der Einsatzgruppen auseinanderhalten [54]. Der Franzose Benoist-Méchin, Verfasser einer zehnbändigen »Geschichte der deutschen Militärmacht«, bewies sogar, daß sich auch allein mit ein paar Hitler-Reden und alten Zeitungszitaten die Geschichte der Röhmaffäre schreiben läßt. Das Ergebnis war freilich fatal. Der Autor bestätigt nur, was die Nazis immer behauptet haben [55].

Wer so leichtgewichtig Zeitgeschichte schreiben kann, muß sich auch gefallen lassen, daß ihm die Fachleute manche Fehlinterpretation nachweisen: Der Engländer Reitlinger (»Die SS«, »Die Endlösung«) stellte die These auf, der Judenstämmling Heydrich habe aus »Haß gegen sein eigenes jüdisches Blut« mit anderen Nichtariern der SS die Juden ausgerottet [56] – offenbar kennt er nicht das NS-rassenamtliche Gutachten vom 22. Juni 1932, das Heydrich »arische Herkunft« bescheinigte [57]. An weiteren Details aus der Biographie Heydrichs wußte Reitlinger mitzuteilen: Nachrichtenoffizier im Baltikum, Mitarbeiter des »Hauptmanns« Canaris, Chef des Nachrichtendienstes der Ostseeflotte, Günstling des Gauleiters Koch, Liebhaber der Ehefrau Koch [58] – nicht eine einzige Angabe trifft zu.

Was quellenfremde Phantasie alles vermag, demonstrierten drei Autoren, die den Abstecher des Nahost-Reisenden Adolf Eichmann nach Haifa im Jahr 1937 beschreiben. Der Amerikaner Quentin Reynolds (»Minister des Todes«) läßt Eichmann einen jüdischen Kibuzz bei Haifa besichtigen, mit einem deutschen Agenten in Palästina zusammenkommen und den judenfeindlichen Großmufti von Jerusalem besuchen [59]. Eichmann-Biograph Comer Clarke hat den Lesern mehr zu bieten: Er rüstet seinen Helden mit 50000 Dollar »Nazigold« aus, katapultiert ihn in Haifas Hotel »Majestic«, wo Eichmann auf den Anruf »eines geheimnisvollen Mannes namens Ghadar« wartet. Eichmann liefert das Gold arabischen Nationalisten aus, kurz darauf schieben ihn vier britische Militärpolizisten über die Grenze ab [60]. Der Österreicher Simon Wiesenthal (»Großmufti – Großagent der Achse«) berichtet, der ehemalige Theologiestudent Eichmann sei von der deutschen »Gegenabwehr« nach Palästina geschickt worden, habe nahe der Stadt Sarona ein Agentennetz aufgezogen und »zusammen mit der deutschen Großagentin für den Nahen Osten, Ilse Koch«, die Verbindung mit dem Großmufti aufgenommen[61]. So viele Worte, so viele Unrichtigkeiten. Korrekt ist nur, daß Eichmann als Tourist 48 Stunden lang Haifa besichtigt hat.

Derartige Spekulationen wären munter und unaufgehalten weitergeflossen, hätten nicht 1961 der Jerusalemer Prozeß gegen Eichmann und die folgende Welle bundesdeutscher Verfahren gegen die Schergen und Schreibtischtäter der Schutzstaffel das Interesse deutschsprachiger Zeitgeschichtler an der SS geweckt und verstärkt.

Die nach Amerika emigrierte Soziologin Hannah Arendt machte den Anfang. 1963 erschien ihr Buch »Eichmann in Jerusalem«, in dem es zum erstenmal gelang, einem SS-Führer individuelle, menschlich glaubwürdige Gesichtszüge zu verleihen[62]. Im gleichen Jahr zeigte der Junghistoriker Enno Georg am Beispiel der wirtschaftlichen SS-Unternehmen, wie verschiedenartig die Elemente gewesen waren, die sich unter den Sigrunen zusammengefunden hatten[63]. Kurz darauf attackierten die Historiker des Münchner Instituts für Zeitgeschichte mit Hans Buchheims wegweisender Arbeit »SS und Polizei im NS-Staat«[64] und der zweibändigen »Anatomie des SS-Staates« die »emotionale ›Vergangenheitsbewältigung‹, die es, um einige höhere Wahrheiten wirkungsvoll darzustellen, mit der Wirklichkeit der geschichtlichen Fakten nicht sonderlich genau nimmt«, wie es im Vorwort hieß[65]. Und aus der Ferne assistierte der gebürtige Wiener George H. Stein, außerordentlicher Professor für Geschichte an der New Yorker Columbia-Universität, mit dem ersten Werk über die Waffen-SS, das wissenschaftlichen Ansprüchen genügt[66].

US-Professor Stein zog die Bilanz: »Die Doktrin verbrecherischer Verschwörung und Kollektivschuld, die in der Nürnberger Ära formuliert wurde, befriedigt die ernsthaften Forscher nicht mehr. Ohne das Ausmaß der beklemmenden Verbrechen von Himmlers Gefolgsleuten zu verkleinern, haben die letzten Untersuchungen erbracht, daß die SS tatsächlich differenzierter und komplexer war als jene monolithische Verbrecherorganisation, die auf der Anklagebank des Internationalen Militärtribunals saß[67].«

Allerdings: Die Forscher stecken noch in den Anfängen ihrer Arbeit. Noch können sie sich nicht gänzlich von dem Trugbild eines SS-Staats lösen, noch glauben manche von ihnen mit Karl O. Paetel, das Dritte Reich habe (zumindest in der Schlußphase) »auf vier Augen: Adolf Hitler und Heinrich Himmler« gestanden[68]. Viele Historiker haben zu lange Zeit einer irrigen Konzeption des Dritten Reiches gehuldigt, als daß sie sich nun schnell von einer Lieblingsvorstellung lösen können, in der die SS die Rolle der einzig maßgeblichen und unangefochtenen Machtgruppe der NS-Diktatur spielte.

Man stellte sich das Dritte Reich als einen totalitären Staat vor, »durch und durch organisiert« (Kogon)[69], gleichsam fugenlos jeden einzelnen Staatsbürger erfassend und einem einheitlich-zentralen Willen unterwerfend. Die Nationalsozialisten schienen einen uralten Traum der Deutschen verwirklicht zu haben: den starken Staat, in dem nur ein Wille galt, der Wille des Führers, in dem nur eine politische Weltanschauung maßgeblich war, die Weltanschauung der NSDAP, in dem nur eine Ordnungsmacht herrschte, die SS-Polizei.

Der Traum vom starken Staat blieb eine Halluzination. Das Dritte Reich war kein totalitärer Staat, wohl aber dessen Karikatur – Karikatur all der Träume, Hoffnungen und Ideen, die einst die NS-Führer in den Aufbau des autoritären Staates investiert hatten. Der totale Führerstaat, so fand der Historiker Buchheim, war »kein bis ins kleinste ausgeklügelter Apparat, kein bis ins letzte rationalisiertes System, sondern ein Gewirr von Privilegien und politischen Beziehungen, Kompetenzen und Bevollmächtigungen und schließlich ein Kampf aller gegen alle, der seinerzeit mit dem schönen Ausdruck ›NS-Kampfspiele‹ bezeichnet wurde«[70]. Und Buchheims britischer Kollege Trevor-Roper staunte: »Wie viele Menschen sind in den vergangenen Jahren von Nazipropaganda zum Glauben verleitet worden, daß Nazideutschland als ›totalitärer‹ Staat organisiert war – zu einem einzigen Ganzen gemacht, vollkommen mobilisiert, zentral kontrolliert! In Wirklichkeit aber war der Totalitarismus Deutschlands etwas ganz anderes[71].«

Total war im nationalsozialistischen Deutschland nur der Wille Hitlers, der mit sogenannten Führer-Erlassen und Führer-Befehlen ein 80-Millionen-Volk regierte. Soweit die Absichten des Führers formuliert und dekretiert wurden, besaß auch die SS als das wichtigste Instrument der Führerdiktatur absolute Macht. In den Augen der SS hatte aber der launenhafte Führer einen Fehler: Nicht immer gab er in Befehlen kund, was er wollte, nicht jeder Lebensbereich des Staates wurde von Führerbefehlen gedeckt. Da das Reichskabinett nicht mehr tagte und Hitler in seinem Führerhauptquartier den Ministern immer ferner rückte, waren oft die Objekte der Führerbefehle Produkte des Zufalls.

Zudem gehörte es zu Hitlers Führungskunst, das Zentrum politischer Macht in den Reihen der engsten Mitarbeiter ständig zu verlagern, um das Aufkommen unerwünschter Rivalen zu verhindern. Ein ungeschriebenes Gesetz der Führerdiktatur besagte, nirgends dürfe eine staatliche oder gesetzliche Struktur entstehen, die Hitlers Bewegungsfreiheit einenge. Nicht monolithische Einheit bestimmte das NS-Regime, sondern die »Anarchie der Vollmachten«, wie es der enttäuschte NS-Rechtswahrer Hans Frank nannte[72]. Hitler wollte an keine Hierarchie gebunden sein, deshalb delegierte er seine Aufträge an möglichst viele kleinere Hierarchen. Ein mehr instinktives als ausgeklügeltes Verfahren der Multiplikation verhinderte, daß einer der Unterführer sich mit einem Rivalen gegen Hitler verschwören konnte.

Es entstand ein seltsames System »dauernder Selbstbehinderung« (Hannah Arendt) [73]: Die Einschaltung vieler Machtträger für die Lösung der gleichen Aufgabe sicherte dem Diktator jegliche Unabhängigkeit gegenüber den Unterführern, zugleich aber wurde der Staat zum Schauplatz eines Kompetenzkrieges, der die Leistungsfähigkeit der staatlichen Maschinerie stärker lähmte als der von den Nazis verachtete Parteienkampf demokratischer Staatswesen. Der Staat war zum unpolitischen Verwaltungsapparat degradiert, zu einer Fassade, hinter der sich die Machtträger des Regimes ihre Kompetenzschlachten lieferten. Ulrich von Hassell, später einer der Führer des 20. Juli 1944, rief aus: »Diese Leute wissen ja gar nicht, was ein Staat ist! [74]«

Was selbst intelligente SS-Führer wie Otto Ohlendorf gegen Hitler aufbrachte, das war »das eigenartige Bild, daß theoretisch ein absoluter Führerstaat vorhanden war, aber insbesondere im Krieg sich eine pluralistische Anarchie herausgestellt hat« [75]. In Nürnberg erkannte Ohlendorf 1946: »Der Führer hat nicht nur den Staat verneint als Selbstzweck, sondern ihn in einer Form vernichtet, daß er auch nicht mehr als Instrument zur Verfügung stand. Anstelle des Staates trat die pluralistische Willkür der obersten Hierarchen [76].« In diesem »Durcheinander von privaten Reichen, privaten Armeen, privaten Spionagediensten« (so der britische Historiker Trevor-Roper) [77] war kein Platz für eine Monopolstellung der SS. Wo die Dekrete Hitlers ausblieben, da fiel die SS als eine Organisation unter vielen in die Reihen jener Machtgruppen zurück, die unterhalb der obersten Führerebene um den stärksten Einfluß rangen.

Führte die SS nicht unmittelbare Befehle Hitlers aus, fehlte ihr also der schützende Mantel Hitlerscher Autorität, dann mußte sich Himmler mit den anderen Hierarchen des Reiches arrangieren. Die SS war gezwungen, in dem rechtfreien Raum zu agieren, der sich jenseits klar definierter Führerbefehle eröffnete. Dort hatte aber nicht die Oberhand, wer der gläubigere Nationalsozialist war, sondern nur, wer die stärkere Hausmacht, das größere persönliche Gewicht besaß. Auch dies war der Wille des Führers: Der jahrelange Cliquen- und Richtungsstreit in der NSDAP hatte sich auf den Staat verlagert – der Streit der anderen garantierte Hitler die unangefochtene Stellung in Partei und Staat.

Und wie die Feudalfürsten vergangener Jahrhunderte, so koalierten, zerstritten und versöhnten sich wieder die Satrapen Hitlers. Sie schlossen förmliche Bündnisse untereinander: 1936 handelte die Sicherheitspolizei mit der Abwehr ein zehn Punkte umfassendes Abkommen aus, das als der Vertrag der »Zehn Gebote« in die Geschichte eingegangen ist [78]; AA-Chef von Ribbentrop erkaufte sich durch Hereinnahme einiger SS-Führer ins Ministerium eine kurze Feuerpause im Kampf zwischen SS und Auswärtigem Amt [79]; und der Ostminister Rosenberg paktierte mit dem SS-Gruppenführer Berger, um sich vor den Intrigen des ihm formell unterstellten Ukraine-Reichskommissars Koch zu schützen [80].

Die SS mußte sich im Gestrüpp dieser Machtkämpfe so mühsam voranarbeiten, daß sie kaum Zeit und Kraft fand, die Alleinherrschaft in Deutschland an sich zu reißen. Gewiß, sie eroberte eine Machtposition nach der anderen, aber sie konnte zwei Mächte nicht überwältigen: die Partei und die Wehrmacht. Ohnmächtig mußte sie dulden, daß Partei, Arbeitsfront und SA auf die geheimen Vertrauensmänner des SD Jagd machten [81], ohnmächtig mußte sie das Verbot der SD-eigenen »Meldungen aus dem Reich« hinnehmen [82], ohnmächtig zuschauen, wie Generalgouverneur Frank unter dem Beifall von Wehrmacht und SA den mächtigsten Mann im deutschbesetzten Polen, SS-Obergruppenführer Krüger, ausmanövrierte [83].

Mochten auch immer mehr SS-Uniformen in der engsten Umgebung Hitlers auftauchen – das latente Mißtrauen des Diktators hielt die SS von der letzten entscheidenden Machtposition des Staates fern. Hitler ließ die SS-Führer fühlen, daß sie seine Handlanger waren. Die Polizei des neuen Deutschland sei ebenso schlecht wie die des alten, mäkelte er [84], und als sich die SS wider seinen Willen in die deutsche Rumänienpolitik einmischte, schrie Hitler, die »schwarze Pest« werde er noch einmal »ausradieren« [85]. Den Reichsführer-SS, den stets ein Gefühl stiller Panik überkam, wenn ihn der Chef rief, behandelte Hitler selten anders denn als fleißigen, aber nicht sonderlich intelligenten Lehrjungen. Nie sah er in ihm seinen Nachfolger. Im März 1945 begründete er, warum: Himmler werde von der Partei abgelehnt, zudem sei er ein völlig amusischer Mensch [86].

Freilich, zu den Spielregeln dieses Kampfes aller gegen alle gehörte, daß sich der SS nur entgegenstellen durfte, wer die stärkeren Bataillone auf seiner Seite wußte. Eine völlig hilflose Menschengruppe aber gab es im Reiche Adolf Hitlers, über die sich keine schützende Hand erhob: die Juden. Sie wurden eine leichte Beute für die Konzentrationslager und Vernichtungsöfen der SS, für sie nahm keiner der Regime-Hierarchen Partei. Hier, und nur hier, wird der Stacheldrahtzaun des einzigen SS-Staates sichtbar, den es wirklich gegeben hat: die abgeschlossene Welt des KZ. Die Insassen dieser Lager Himmlers waren echte Sklaven, einem unrettbaren Fatum ausgeliefert. Und doch verzeichnet die Geschichte der Judenausrottung, daß einzelne Männer im braunen Parteihemd, alte Nazis, Prominente der SS und Verbündete des Dritten Reiches, Himmlers Todesmaschine ins Räderwerk fielen.

Da war der Exgauleiter Kube, Generalkommissar in Weißruthenien, der Polizeioffiziere wegen Ausschreitungen gegen Juden verklagte, die zur Vernichtung nach Minsk transportierten Juden unter seinen Schutz stellte und einen Ein-Mann-Feldzug gegen SS und SD führte, bis ihn eine Bombe sowjetischer Partisanen in die Luft sprengte [87]. Da war der SS-Obergruppenführer Dr. Werner Best, der das Judenmord-Programm seines Reichsführers sabotierte und Tausende dänischer Juden ins neutrale Schweden entkommen ließ [88]. Da war der Masseur Felix Kersten, Himmlers Leibarzt und »mein einziger Freund, mein Buddha« (Himmler) [89], der im Innersten der SS-Zentrale mit jedem Griff seiner Hände, die den Reichsführer von Magenschmerzen befreiten, jüdisches Leben rettete: zunächst die Juden Finnlands, später andere Tausende, die nach Schweden emigrieren durften [90]. Und da war der bunte Haufen italienischer Generale, balkanischer Politiker und französischer Kollaborateure, die ein verwirrendes Gespinst von List und Lüge über Hunderttausende europäischer Juden warfen und die Häscher Eichmanns so lange düpierten, bis die Juden in Sicherheit waren.

Gerade das Verhalten des Werner Best legt nahe, daß eine Voraussetzung der SS-Staat-These nicht zutreffen kann: Die SS war nie eine monolithische Organisation. Die Geschichte des Dritten Reiches kennt keine Parteiformation, die innerlich widersprüchlicher und heterogener war als die SS. Kaum ein Spitzenfunktionär, der nicht mit einem anderen Spitzenfunktionär verkracht war, kaum eine Frage praktischer Politik, in der zwei hohe SS-Führer übereinstimmten. Der SS-Oberführer Reinecke stöhnte noch in Nürnberg, die SS sei »infiltriert mit ihr vollkommen wesensfremden Personen und Organisationen« [91]. Die von den Historikern bisher kaum benutzten Geheimakten der SS offenbaren die Konflikte innerhalb der SS-Hierarchie:

Himmler warf dem SS-Gruppenführer Reeder vor, er sabotiere die germanische SS-Politik in Belgien [92], der Nürnberger Standortführer der Waffen-SS lehnte jede Zusammenarbeit mit Allgemeiner SS und SD ab [93], ein SS-Untersturmführer sammelte Belastungsmaterial gegen den Gruppenführer Berger [94], während Berger wiederum anderen SS-Führern bescheinigte, sie besorgten die Geschäfte der katholischen Kirche [95]. Ohlendorf machte sich über Himmlers Blut-und-Boden-Romantik lustig [96], Reichssicherheitshauptamt und Wirtschaftsverwaltungshauptamt stritten darüber, ob man Juden ermorden oder als Arbeitssklaven erhalten solle [97], und die Gestapo schoß sowjetische Überläufer nieder, mit denen der SD eine russische Gegen-Armee aufstellen wollte [98]. Aber auch Männer aus dem Laienvolk, keine Mitglieder des Ordens, trugen zu den inneren Konflikten der SS bei: Der Katholik Dr. Richard Korherr wurde Himmlers Inspekteur für Statistik [99], der Buchprüfer Hans Hohberg avancierte zur grauen Eminenz der SS-Unternehmen [100], und der honorige Regierungsbaudirektor Kammler aus dem Luftfahrtministerium stieg in wenigen Jahren zum SS-General und Baumeister berüchtigter Konzentrationslager auf [101].

Bizarr, widersinnig, aller Logik fern – das war die Welt der Schutzstaffel. Bizarr, wenn auch scheinbar logisch, waren die Interpretationen, die bisher offeriert wurden, um das Phänomen SS zu erklären. Die wahre Geschichte der SS aber ist die Geschichte einer Organisation, die nicht durch dämonische Planmäßigkeit, wohl aber durch Zufälle und Automatismen vorangetrieben wurde. Es ist die Geschichte von Idealisten und Verbrechern, von Ehrgeizlingen und Romantikern. Es ist die Geschichte eines Männerordens, wie er phantastischer nicht gedacht werden kann.

2 Die Gründung der SS

Die Geschichte der SS beginnt, wo auch die Chronik der nationalsozialistischen Bewegung einsetzt, in dem tumultuösen Nachkriegs-Frühling des Jahres 1919. Denn: Die Schutzstaffel ist das Produkt eines Geburtsfehlers, der dem Nationalsozialismus von Beginn anhaftete.

Unfreiwilliger Geburtshelfer der NS-Bewegung in jenen Tagen, da Freikorps und Reichswehr die roten Räteherren Bayerns vertrieben hatten, war der Münchner Historiker Karl Alexander von Müller. Er hielt engen Kontakt zu den jungen nationalistischen Offizieren, die damals Münchens Szene beherrschten. Bei einem Vortrag vor Soldaten fiel dem Professor von Müller ein Mann durch eine seltsam mitreißende Beredsamkeit auf. »Ich sah«, erzählt er, »ein bleiches, mageres Gesicht unter einer unsoldatisch hereinhängenden Haarsträhne, mit kurzgeschnittenem Schnurrbart und auffällig großen, hellblauen, fanatisch kalt aufglänzenden Augen [1].« Müller stieß seinen neben ihm sitzenden Schulfreund Mayr an: »Weißt du, daß du einen rednerischen Naturtenor unter deinen Ausbildern hast?«

Karl Mayr, Hauptmann im Generalstab und Leiter der für Presse und Propaganda zuständigen Abteilung Ib/P im Reichswehrgruppenkommando 4 (Bayern), identifizierte den Mann. Mayr: »Das ist der Hitler vom List-Regiment. Sie, Hitler, kommen's einmal 'raus da!« Und der Gerufene, so berichtet Müller, »kam gehorsam, mit linkischen Bewegungen, wie mir schien in einer Art trotziger Verlegenheit«: Die Szene symbolisierte die Abhängigkeit Adolf Hitlers von den Offizieren der bayrischen Reichswehr und eine Unterordnung, die der künftige Führer des Großdeutschen Reiches jahrelang nicht überwinden konnte.

Polit-Hauptmann Mayr erkannte schnell das propagandistische Talent des Gefreiten Hitler. Ab Juli 1919 führte Mayrs Abteilung im Hause des Bayrischen Kriegsministeriums in Münchens Schönfeldstraße eine Geheimliste über die Vertrauensmänner bei den Einheiten, auf der auch die Eintragung stand: »Hittler Adolf« [2]. Wo immer der Hauptmann Mayr die ideologische Front bedroht sah, stand V-Mann Hitler bereit, den letzten rhetorischen Einsatz zu wagen.

Dem Hauptmann erschien der Gefreite allmählich so nützlich, daß Mayrs barscher Vorgesetztenton in Briefen der höflichen Anredeformel »Sehr verehrter Herr Hitler« wich [3]. Hitler war bald ein oft gesehener Besucher des Kriegsministeriums und durfte sich politischer Mitarbeiter des Propaganda-Hauptmanns nennen. Als die Soldaten im Entlassungslager Lechfeld der Kontrolle ihrer Offiziere zu entgleiten drohten, sprang Hitler ein. Er stellte die Lage wieder her. »Besonders Herr Hitler«, meldete V-Mann

Lorenz Frank am 23. August 1919, »ist ein geborener Volksredner, der durch seinen Fanatismus und sein populäres Auftreten in einer Versammlung die Zuhörer unbedingt zur Aufmerksamkeit zwingt[4].«

Mayr beschloß, seinen Konfidenten für größere Ziele einzusetzen. Da er auch die politischen Parteien Bayerns überwachen ließ, schickte er Hitler im September 1919 zu den Versammlungen der Deutschen Arbeiter-Partei (DAP)[5], einem Haufen nationalistischer Sektierer, die neben dem Haß auf Juden und Republik einem kleinbürgerlichen Gefühlssozialismus (»Brechung der Zinsknechtschaft«) frönten. Der Sendbote des Militärs wurde schnell zum Star-Redner der DAP-Kundgebungen und deklamierte zungenschnell bedächtigere Konkurrenten unter die Bierbänke. Im Januar 1920 wählte die 64-Mann-Partei Hitler zum Propagandachef, akzeptierte das von ihm mitredigierte Parteiprogramm und nannte sich später Nationalsozialistische Deutsche Arbeiter-Partei[6].

Da rückte an die Stelle des in Pension gegangenen Mayr ein kleiner Mann mit eingedrückter Nase und rasiertem Schädel, dessen zerschossenes, gerötetes Gesicht verriet, welcher brisante Tatendrang ihn beherrschte: Hauptmann Ernst Röhm sollte wie kein zweiter Mann seiner Zeit den inzwischen demobilisierten Hitler in die deutsche Politik katapultieren. Er war eine seltsame Mischung aus Scharnhorst und bajuwarischem Gschaftlhuber, in ihm brannte das Feuer eines unstillbaren Verschwörergelüsts, und doch galt der Homoerotiker bei seinen Kameraden als ein ehrlicher Haudegen, grob, aller geistigen Verfeinerung abhold, dabei ausgestattet mit der singulären Gabe echter Zivilcourage.

Ernst Röhm wußte manches Konträre in sich zu vereinigen: Der überzeugte bayrische Monarchist, ehemaliger Kompanieführer des 10. Bayrischen Infanterie-Regiments »König« (Inhaber: König Ludwig III.), wollte dem 1918 gestürzten Monarchen »meinen Eid bis zu seinem Tode halten«[7], und doch sah er in Bayern nur eine »Ordnungszelle«, die von den nationalistischen Kräften so gestärkt werden müsse, damit das Sündenbabel der Revolution, Berlin, im Sturm genommen werden könne. In dem Condottiere aus München artikulierte sich, wenn auch in extremster Form, eine Generation enttäuschter, verbitterter Offiziere, die der verlorene Krieg und das Ende der Monarchie in die Niederungen faden Alltags gestürzt hatten.

Ihres einstigen Sozialprestiges beraubt, der Ehre angeblich verlustig gegangen, vergebens nach neuen Gemeinschaftsformen suchend, die im Fronterlebnis schon angedeutet schienen – so kehrten sich die Offiziere gegen die schwankende, wankende, von niemandem geliebte Einrichtung, die für alle Misere verantwortlich gemacht wurde: die Demokratie, die »November-Republik«. Deutschlands Militärs wollten ihre alte soziale Position Schritt um Schritt zurückerobern, wollten dem Vaterland wieder eine Wehr geben, die die Sieger von 1918 dem Reich genommen hatten.

Ein historischer Zufall kam ihnen zu Hilfe: Vor allem in Bayern hatte der Kampf gegen Kommunisten und Spartakisten den Offizieren für kurze

Zeit die Macht in die Hand gespielt; nach dem Sturz der Räterepublik galt nur, wer eine Uniform trug. Die Offiziere, von den Sozialdemokraten halb bekämpft, von der rechtskatholischen Bayrischen Volkspartei halb unterstützt, beherrschten bis zur Rückkehr verfassungsmäßiger Zustände die bayrische Politik. Hauptmann Mayr kontrollierte die Parteien, Kamerad Dr. Roth beaufsichtigte das Rechtsleben, Oberleutnant Ernst Pöhner übernahm das Münchner Polizeipräsidium [8]. Und der damals 32jährige Hauptmann Röhm, zunächst Stabschef des Münchner Stadtkommandanten, dann 1 b (Bewaffnung und Ausrüstung) im Stab der Schützenbrigade des Obersten Ritter von Epp, erhielt den heikelsten Auftrag, den sich ein deutscher Offizier jener Zeit vorstellen konnte: in Bayern die sogenannte Einwohnerwehr aufzubauen und zu bewaffnen [9].

Der Versailler Friedensvertrag hatte Stärke und Bewaffnung der Reichswehr scharf begrenzt; Deutschlands sieben Infanterie- und drei Kavallerie-Divisionen [10] besaßen praktisch keine Reserven, die man im Ernstfall hätte einsetzen können. Die Offiziere kannten nur eine Lösung: Das Land mußte sich eine zweite, eine »schwarze« Reichswehr zulegen. Röhm stellte sich als Ersatztruppe eine Art Nationalmiliz vor, ein »Bürgerheer mit der Flinte im Kleiderschrank«, wie der Chronist Konrad Heiden formuliert. Der Hauptmann fand einen erfindungsreichen Bundesgenossen in dem Forstrat Escherich, einem Anhänger der Bayrischen Volkspartei. Beide schufen die mächtigste Miliz, die Deutschlands Geschichte kennt: die bayrische Einwohnerwehr [11].

Unermüdlich schaffte Röhm Waffen heran, legte geheime Munitionslager an und verwischte vor mißtrauischen Alliierten seine Spuren. Allein in München sammelte er 169 leichte und 11 schwere Geschütze, 760 Maschinengewehre, 21 351 Gewehre, Karabiner und Pistolen, 300 000 Handgranaten und acht Millionen Patronen [12] – noch 1935 stammte ein Drittel der Wehrmachtwaffen, die bei der Heeresvermehrung Mitte der dreißiger Jahre benötigt wurden, aus den Geheimarsenalen Röhms [13].

Doch die bayrische Einwohnerwehr nahm im Sommer 1921 ein abruptes Ende. Die Berliner Reichsregierung setzte in München das (den Alliierten versprochene) Verbot der Wehr durch [14] und beraubte Röhm seiner besten Bundesgenossen. Was dem Hauptmann blieb, war das kleine Häuflein rechtsextremer Wehrorganisationen, Überbleibsel der Freikorps, die im Halbdunkel von Soldatenspielerei und Fememorden dahinvegetierten. Die Verächter der Demokratie merkten plötzlich, daß es ohne die Massen nicht ging. Den Führern fehlte die Gefolgschaft, die Masse, die ihnen erst Gewicht gab – getreu dem Gedicht des reaktionären Poeten Bogislaw von Selchow:

Ich hasse
die Masse,
die kleine,
gemeine,

den Nacken gebeugt,
die ißt und schläft und Kinder zeugt.

Ich hasse
die Masse,
die lahme,
die zahme,
die heut an mich glaubt
und die mir morgen mein Herzblut raubt [15].

Röhm aber kannte einen Mann, der Massen anlocken konnte. Den NSDAP-Werber Adolf Hitler hatte er bei der »Eisernen Faust« kennengelernt, einem nationalistischen Zirkel Münchens [16]. In dem ehemaligen V-Mann der Reichswehr witterte Röhm den mitreißenden Trommler, der jene Menge an sich ziehen werde, die der Hauptmann für sein Schattenheer benötigte. Kaum hatte Hitler im Juli 1921 den Posten des Ersten Vorsitzenden der NSDAP erobert [17], da stand Röhms Entschluß fest: mit Hitler an die Macht zu marschieren.

Und während der österreichische Agitator loszog und von Bierlokal zu Bierlokal die Menge der Kleinbürger und Inflationsopfer gegen die »Novemberverbrecher« aufpeitschte, stellte Röhm die ersten Rollkommandos zusammen, die das kostbare Leben des Trommlers beschützen sollten. Soldaten der Minenwerferkompanie 19 unter Hauptmann Streck knüppelten jeden nieder, der die Versammlungen der NSDAP störte [18]. Aus den Soldaten wurde ein Ordnungsdienst der Partei, aus dem Ordnungsdienst die Turn- und Sportabteilung und aus ihr schließlich die Organisation, ohne die keine NS-Bewegung denkbar wäre: die Sturmabteilung, abgekürzt SA [19].

Röhm hatte die ersten Mannschaften ausgewählt, er suchte nun auch die ersten Führer für die SA. Er fand sie in den Trümmern der II. Marinebrigade des rechtsradikalen Kapitäns Hermann Ehrhardt, die nach ihrem Einsatz im gescheiterten Putsch des Generallandschaftsdirektors Kapp gegen die Reichsregierung (März 1920) in alle Winde zerstoben war [20]. In München hatten sich Ehrhardt-Nachzügler unter dem Namen »Organisation Consul« (OC) verkrochen [21]. Der brummige Kapitän, ein Original und für die Verschwörerkarriere denkbar ungeeignet, lehnte zunächst jede Verbindung mit Hitler ab (»Herrgott, was will der Idiot schon wieder?« [22]), aber Röhm hielt ihm vor Augen, die Brigade brauche doch Kader für die Offiziere. Ehrhardt willigte ein. Er lieh seine besten Offiziere an die SA aus. OC-Leutnant Johann Ulrich Klintzsch übernahm Ausbildung und Leitung der SA [23], Kapitänleutnant Hoffmann wurde Stabschef [24], der wegen Beteiligung am Erzberger-Mord gesuchte Kapitänleutnant Manfred Freiherr von Killinger stieß später auch dazu [25], und nur notdürftig wurde das Kampflied der Mariner umgeändert – die »Brigade Ehrhardt« verwandelte sich in eine »Sturmabteilung Hitler«:

Hakenkreuz am Stahlhelm,
schwarzweißrotes Band,
Sturmabteilung Hitler
werden wir genannt [26].

Am 3. August 1921 versprachen sie im Gründungsaufruf der SA, »als eiserne Organisation« der NSDAP zu dienen und »freudigen Gehorsam gegenüber dem Führer« zu üben [27]. Doch Hitler bekam bald zu spüren, daß er in der SA ein Fremder war. Nicht er bestimmte den Marschtritt, Röhms und Ehrhardts Offiziere gaben die Befehle.

Hitler sah in der SA vor allem ein Instrument politischer Propaganda, eine Kolonne, die Wahlplakate klebte, in Saalschlachten den Schlagring zu führen wußte und durch Aufmärsche autoritätsgläubige Deutsche beeindruckte. Die Führer der SA wollten dagegen ihre Mannschaft als echt militärische Truppe aufgefaßt sehen [28]. Tatsächlich figurierte die SA in den Mobilmachungsplänen der Reichswehr als ernsthafte Truppe: Das Pionierbataillon 7 und das Infanterie-Regiment 19 der bayrischen Reichswehr übernahmen die militärische Ausbildung der SA, das SA-Regiment München (Stärke 1923: 1 150 Mann) legte sich Artilleriehundertschaften, Kavalleriezüge und Dienstränge wie Gewehr- und Geschützführer zu [29].

Der Pour-le-mérite-Hauptmann Hermann Göring, von Hitler als Gegengewicht gegen die Ehrhardt-Offiziere an die Spitze der Sturmabteilung geholt, bildete Anfang 1923 ein SA-Oberkommando [30], das nach der Art eines Divisionsstabes eingerichtet wurde und einen Infanterie- und Artillerieführer erhielt [31]. Hitler witterte instinktiv, daß sich in der Partei eine Macht formierte, die fremden Befehlen gehorchte. Oberstleutnant a. D. Kriebel, der militärische Führer der »Arbeitsgemeinschaft der vaterländischen Kampfverbände«, zu der sich die NSDAP mit anderen rechtsradikalen Gruppen zusammengeschlossen hatte, verlangte schroff: »Die Politiker haben den Mund zu halten [32].« Der Ortsgruppenführer, so hieß es im Nachrichtenblatt 2 des SA-Oberkommandos, könne dem SA-Führer »die allerbeste Unterstützung leisten«, wenn er die Rolle des »Trommlers« übernehme [33], und aus einer Weisung des Stabschefs Hoffmann erfuhr Hitler, die SA sei »eine von den Ortsgruppen und Parteileitung getrennt zu bearbeitende Sonderorganisation innerhalb der nationalsozialistischen Bewegung« [34].

Hier deutete sich bereits der Konflikt an, der die Bewegung später bis zum Ende Röhms immer wieder ramponierte: der mörderische Streit zwischen SA und politischer Führung. Hitler sah schon früh die Gefahr, die heraufdräute. Er umgab sich mit einer Prätorianergarde, die ihn von dem Druck der unbotmäßigen SA-Offiziere befreien sollte.

Im März 1923 entstand, was sich später als eine Urzelle der SS erwies: Ein paar alte Kämpfer schworen, Hitler unter Einsatz ihres Lebens gegen alle äußeren und inneren Feinde zu schützen und nannten sich »Stabswache« [35]. Zum erstenmal tauchte das Schwarz der späteren SS auf. Die

Gardisten legten sich Kennzeichen zu, durch die sie sich von der SA unterschieden: Zu feldgrauen Waffenröcken und Windjacken trugen sie schwarze Skimützen mit einer silbernen Totenkopfnadel und schwarzumrandete Hakenkreuzarmbinden[36].

Der Leibwächtertrupp hatte freilich kein langes Leben. Als Kapitän Ehrhardt zwei Monate später seine Verbindungen zu Hitler kappte und Ehrhardt-Brigadisten aus der SA abrief[37], formierte Hitler eine neue Garde. Ihr gab er seinen Namen: »Stoßtrupp Adolf Hitler«[38]. Unter Führung des fast zwergenhaften Schreibwarenhändlers Joseph Berchtold, zweiten Kassierers der NSDAP, und des SA-Mannes Julius Schreck trafen sich die Stoßtrüppler regelmäßig im Münchner Lokal »Torbräu« am Isartor[39]. In der verräucherten Kegelbahn besprach man die ersten Einsätze. Die Stoßtrüppler entstammten einem anderen soziologischen Bereich der Partei als die Sendboten Ehrhardts und Röhms. Sie kamen meist aus dem Kleinbürger- und Arbeitertum Münchens, waren Handwerker und trugen allenfalls, wenn sie sich Offiziere nennen durften, den Rang eines Reserveleutnants.

Ulrich Graf, erster und wichtigster Leibwächter Hitlers, war Metzger und hatte sich in Amateurringkämpfen Ruhm erworben[40], der Uhrmacher und Hitler-Duzfreund Emil Maurice stand wegen einer Unterschlagung im Strafregister[41], und der ehemalige Pferdeknecht Christian Weber verdiente sich im Münchner »Blauen Bock« als Hausknecht ein bescheidenes Handgeld[42]. Sie alle aber band zusammen, was als ihre vordringlichste Aufgabe galt: das Leben Hitlers und anderer NS-Führer zu schützen.

Wo immer es Hitler verlangte, da klotzten sie mit ihren »Radiergummis« und »Feuerzeugen« (wie sie Gummiknüppel und Pistolen nannten[43]) dazwischen, um ihren Führer vor lästigen Gegnern zu bewahren. Noch 1942 schwärmte Hitler von den »Männern, die zu revolutionären Taten bereit waren und wußten, daß es eines Tages hart auf hart gehen würde«[44].

Der Tag kam im November 1923. Die Politik der bayrischen Regierung hatte eine Wendung genommen, die Hitler für seine Pläne nutzen wollte: Bayerns partikularistisch-monarchistischer Regierungschef, der Generalstaatskommissar Gustav Ritter von Kahr, und der Landeskommandant der Reichswehr in Bayern, Generalmajor Otto Hermann Lossow, hatten sich derartig mit Berlin überworfen, daß jeden Augenblick Bayern vom Reich abfallen konnte. Der bayrische Militärstaat, die »Ordnungszelle«, in der sich seit Jahren alles sammelte, was der Demokratie und dem Fortschritt die Todfeindschaft geschworen hatte, rüstete sich zum entscheidenden Schlag.

Schon berief Ritter von Kahr für den Abend des 8. November eine Honoratioren-Versammlung in den Münchner »Bürgerbräukeller« an der Rosenheimer Straße[45], da beschloß Hitler, einen eigenen Coup zu wagen. Er wähnte, Kahr wolle die Unabhängigkeit Bayerns proklamieren; Hitler aber war entschlossen, die bayrischen Partikularisten zu einer Flucht nach vorn zu zwingen: zum Marsch nach Berlin, zur Beseitigung der »November-Republik«[46]. Hastig alarmierte Hitler seine völkischen Verbündeten, die er für das von ihm geplante Überraschungs-Unternehmen gewann[47]; auch der ehemalige Erste Generalquartiermeister Erich Ludendorff wurde eiligst verständigt[48] – auch er kam zum Putsch, freilich ungehalten darüber, daß er um die Starrolle gebracht war. Hitler trommelte die 50 Männer seines Stoßtrupps zusammen, dann war es soweit: Er zog einen schwarzen Gehrock an, heftete darauf das Eiserne Kreuz Erster Klasse und fuhr los[49]. Gegen 20 Uhr stand er am Eingang des Bürgerbräukellers und wartete auf seinen Einsatz[50].

45 Minuten später schleppte Stoßtrupp-Führer Berchtold ein Maschinengewehr herbei und postierte es am Lokaleingang[51]. Just in diesem Augenblick drängte Hitler mit seinen Leibwächtern in den überfüllten Bürgerbräukeller, zog eine Pistole hervor und schoß in die Luft[52]. Hitler sprang auf einen Tisch und schrie: »Die nationale Revolution ist ausgebrochen. Der Saal ist von 600 Schwerbewaffneten besetzt, niemand darf den Saal verlassen. Die bayrische Regierung und die Reichsregierung sind abgesetzt, eine provisorische Reichsregierung wird gebildet[53].« Bayerns überrumpelte Militärs und Politiker ließen den Besessenen gewähren und erklärten sich bereit, mit Hitler zu paktieren[54].

Doch am nächsten Tag machten Kahr und Lossow ihre Truppen gegen den Naziführer mobil und sagten sich von Hitler wieder los[55]. Der Stratege des Putsches saß wie gelähmt im Bürgerbräukeller und wartete auf gute Nachrichten. Sie kamen nicht. Nur eine Meldung lautete günstig, und sie trieb Hitler schließlich auf die Straße: Röhm war mit einer von ihm gegründeten Wehrorganisation, der »Reichskriegsflagge«, in das Kriegsministerium eingedrungen und hielt es gegen immer stärker werdende Militär- und Polizei-Einheiten[56].

In den Mittagsstunden des 9. November marschierte Hitler mit seinen Gefolgsleuten und Verbündeten in Achterreihen durch die schmale Residenzstraße[57], um Röhm im Kriegsministerium zu befreien. Sie stießen am Odeonsplatz auf etwa 100 Mann Landespolizei, die – auf den Stufen der Feldherrnhalle postiert – den Zug stoppten[58]. Als die Putschisten dennoch weitermarschieren wollten, schob sich eine zweite Einheit von Landespolizisten dazwischen[59]. Hitler und Ludendorff gingen bleich Schritt um Schritt. Hitler-Gardist Graf sprang vor die Gewehrmündungen der Polizisten und schrie: »Nicht schießen! Exzellenz Ludendorff und Hitler kommen!«[60] Da krachten die Salven der Polizisten. 16 Nationalsozialisten, unter ihnen auch fünf Mitglieder des Stoßtrupps, und drei Polizisten kamen ums Leben, nahezu alle Führer der Nazibewegung wurden verhaftet[61]. Stoßtrupp-Führer Berchtold und der schwerverwundete SA-Kommandeur Göring entkamen nach Österreich[62].

Die Wahnsinnstat Adolf Hitlers zerstörte die NSDAP. Parteiorganisation, SA und Stoßtrupp wurden verboten; was übrigblieb, war ein Haufen streitender Nazis, die sich zunächst unter die rettende Fahne Ludendorffs flüchteten, später sich in immer neue Gruppen und Cliquen spalteten[63]. Nur der unermüdliche Ernst Röhm, aus dem Heer ausgeschieden und nach kurzer

Haft auf Bewährung freigelassen [64], glaubte an die Fortsetzung der alten Arbeit. Hitler hatte den Hauptmann noch in seiner Landsberger Festungszelle zum Führer der illegalen SA ernannt [65].

Röhm merkte jedoch schnell, daß die bayrische Regierung das SA-Verbot nicht aufheben werde. Kahr hatte inzwischen mit Hilfe von Röhms altem Chef, Ritter von Epp, alle Wehrorganisationen in einem »Notbann« vereinigt und unter Kontrolle gebracht [66]. Röhm gründete daraufhin aus der SA-Erbmasse eine neue Wehrorganisation und unterstellte sie der Schirmherrschaft des Generals Ludendorff. Er gab ihr den Namen »Frontbann« [67].

Mit dem Frontbann gelang es Röhm zum ersten Mal, außerhalb Bayerns Nationalsozialisten für sich und den Braunauer zu gewinnen. Hitlers Bewegung war bis zum Novemberputsch kaum über die Stadtgrenze Münchens hinausgedrungen, jetzt liefen die Überlebenden alter Freikorps und die führerlosen Nationalsozialisten Norddeutschlands dem Frontbann zu [68]. Die rücksichtslosesten Desperados des extremen Nationalismus, Freikorpsoffiziere, die später das Rabaukentum zum Lebensstil der SA erheben wollten, reihten sich unter Röhms Feldzeichen ein: Hauptmann von Heydebreck und der Graf Helldorf kamen [69], und auch dem Leutnant Edmund Heines, einem in allen Lastern trainierten Rowdy, trat der stets an Männerbekanntschaften interessierte Röhm »erstmals näher«, wie er in seinen Memoiren berichtet [70].

Höchstens 2 000 Mann hatte Hitlers SA in ihrer Glanzzeit unter Waffen gehabt [71] – Röhm konnte jetzt seinem Freund in der Landsberger Zelle 30 000 Frontbann-Mitglieder melden [72]. Doch Hitler beschlich ein leises Unbehagen, als er das wachsende Heer des Hauptmanns erblickte. Röhm (»Ich bin noch heute Soldat und nur Soldat« [73]) hatte nicht aufgehört, die Eigenständigkeit der Wehrorganisationen gegen die völkischen Politiker zu verteidigen. »Die politische und die Wehrbewegung sind gänzlich unabhängig voneinander«, schrieb er schon an Ludendorff [74].

Als nun der im Dezember 1924 freigelassene Hitler [75] den Hauptmann mit der Neugründung der SA beauftragte, prallten die beiden Partner offen aufeinander. Hitler wollte nie wieder eine unabhängige SA nach der Art der Ehrhardtschen Truppe dulden, Röhm aber hielt hartnäckig daran fest, der Parteimann dürfe dem Soldaten nicht dreinreden, Hitler habe Trommler der Wehrverbände zu bleiben [76]. »Parteipolitik wird im Frontbann, auch in der SA nicht geduldet«, erläuterte Röhm dem ehemaligen Gefreiten in einer Denkschrift und gab apodiktisch kund: »Ich verbiete auf das strengste jede Einmischung der SA in Parteiangelegenheiten; ebenso strenge verbiete ich, daß die SA-Führer von parteipolitischen Führern Weisungen entgegennehmen [77].«

Röhm spürte nicht, daß Hitler längst einen Entschluß gefaßt hatte: die SA nicht eher erstehen zu lassen, bis er sicher sein konnte, daß ihm nie wieder Fremde in der Uniform der SA das Gesetz des Handelns aufnötigen könnten. Hitler trennte sich von Röhm. Dem eigentlichen SA-Gründer aber blieb nichts anderes übrig, als Hitler am 30. April 1925 »in Erinnerung an schöne und schwere Stunden, die wir mitsammen verlebt haben, für Deine Kameradschaft herzlich zu danken und Dich zu bitten, mir Deine persönliche Freundschaft nicht zu entziehen« [78]. Einen knappen Monat später gab Hitler die Antwort. Durch sein Sekretariat ließ er mitteilen: »Eine neue Wehrbewegung gedenkt Herr Hitler nicht aufzuziehen. Wenn er es seinerzeit tat, so nur auf Veranlassung der Herren, die ihn nachher im Stich ließen. Heute braucht er lediglich einen Saalschutz, wie vor dem Jahre 1923 [79].«

Die Geburtsstunde der Schutzstaffel (SS) rückte heran. Was die alte SA Röhmscher und Ehrhardtscher Prägung zu leisten nicht bereit gewesen war, sollte nun die SS bewirken: dem Führer, wo immer er war, Autorität in der Partei zu sichern, jeden Augenblick Hitlers Befehle blindlings auszuführen. »Ich sagte mir damals«, so hat Hitler später die Entstehung der SS beschrieben, »daß ich eine Leibwache brauchte, die, wenn sie auch klein war, mir bedingungslos ergeben wäre und sogar gegen ihre eigenen Brüder marschieren würde. Lieber nur zwanzig Mann aus einer Stadt – unter der Bedingung, daß man sich absolut auf sie verlassen konnte –, als eine unzuverlässige Masse [80].«

Das Parteivolk freilich bekam eine andere Version über die Gründung der SS vorgesetzt. Die Version stand später in jeder Schulungsfibel des Dritten Reiches: Da die SA noch immer verboten gewesen sei, habe sich die im Februar 1925 neu gegründete Partei eine Selbstschutzorganisation zulegen müssen, um sich des wachsenden Terrors politischer Gegner zu erwehren [81]. Verschwiegen wurde dabei, daß Hitler absichtlich den Neuaufbau der SA hinauszögerte; das SA-Verbot galt keineswegs in allen deutschen Ländern, im Gegenteil: Vor allem in Nord- und Westdeutschland wuchs die SA mächtig an, jedoch ohne sich dem noch recht umstrittenen Münchner Parteiführer zu unterstellen [82].

Hitler wollte die Zeit für den Aufbau seiner eigenen Leibgarde nutzen. Im April 1925 gab er dem alten Stoßtrupp-Mitglied Julius Schreck, der jetzt Hitler zuweilen auch als Chauffeur diente, die Order, eine neue Stabswache aufzustellen. Ein paar Wochen später wurde diese Stabswache umbenannt: in »Schutzstaffel« [83]. Schreck fand die ersten SS-Männer, wo auch Stabswache und Stoßtrupp entstanden waren: an den Stammtischen des »Torbräu« am Isartor in München. Am Anfang waren sie acht Mann [84]. Fast alle kamen aus dem Stoßtrupp Adolf Hitler. Sie trugen auch die alte Stoßtrupp-Uniform, nur war an die Stelle der feldgrauen Bluse das inzwischen parteiamtliche Braunhemd * mit schwarzem Binder getreten [85].

* Das Braunhemd war durch einen Zufall zum Parteisignum geworden. Dem nach Österreich geflohenen SA-Führer Roßbach hatte man einen größeren Posten brauner Hemden angeboten, die ursprünglich für die Schutztruppe in Deutsch-Ostafrika bestimmt gewesen waren; Roßbach führte sie 1924 nach Deutschland ein. Im Gegensatz zur schwarzen Krawatte der SS trug die SA das Braunhemd mit einem braunen Binder. Vgl. Heinrich Bennecke, Hitler und die SA, S. 125.

SS-Führer Schreck ging daran, auch in anderen Städten Staffeln zu gründen. Am 21. September 1925 schickte er ein »Rundschreiben Nr. 1« ab, in dem er alle Ortsgruppen der NSDAP aufforderte, Schutzstaffeln zu gründen [86]. Sie sollten kleine, schlagkräftige Elitegruppen bleiben, allenfalls ein Führer und zehn Mann stark; nur Berlin wurden zwei Führer und 20 Mann zugestanden [87]. Schreck wachte darüber, daß allein ausgesuchte Leute in die SS kamen, die dem Kraftkult der Nazis als Elitemenschen erschienen. Die SS-Führung nahm nur Bewerber im Alter zwischen 23 und 35 Jahren; sie mußten zwei Bürgen nennen können, fünf Jahre an einem Ort polizeilich gemeldet, außerdem »gesund und kräftig gebaut« sein [88].

»Chronische Säufer, Waschweiber und mit anderen Lastern Behaftete kommen nicht in Betracht«, verhießen die SS-»Richtlinien« [89]. Als Schreck im November 1925 aus den Spalten des »Völkischen Beobachter« erfuhr, in München-Neuhausen habe der Parteigenosse Daub aus 15 ehemaligen SA-Männern eine Schutzstaffel aufgestellt und sich selber zum Führer dieser SS proklamiert [90], protestierte der SS-Gründer. An die Parteileitung schrieb er am 27. November: »Da die sogenannte Neugründung nichts anderes ist als eine Umtaufung der ehemaligen SA in ›Schutzstaffel‹, ersucht die Oberleitung der Schutzstaffeln die Parteileitung, dahin zu wirken, diese Herren dahin aufzufordern, daß der Name Schutzstaffel von diesen Abteilungen nicht benutzt werden darf. Eine mühsam aufgebaute, auf gesunder Grundlage ruhende Organisation soll nicht durch Nachäffereien geschadet werden [91].«

Rastlos warb Schreck für die »Zusammenfassung der besten und zuverlässigsten Parteimitglieder zum Schutze und zur selbstlosesten, unermüdlichsten Arbeit für die Bewegung« und nannte in einer Notiz als SS-Aufgaben: »Versammlungen im Bereiche zu schützen, Werbung von Abonnenten und Inserenten für den Völkischen Beobachter, Werbung von Mitgliedern für die Partei [92].« Und Abteilungsleiter Alois Rosenwink, eigentlicher Organisator der als Zentrale eingerichteten SS-Oberleitung, drohte im besten Braundeutsch: »Auf unseren schwarzen Mützen tragen wir den Totenkopf unseren Feinden zur Warnung und unserem Führer zum Zeichen des Einsatzes unseres Lebens für seine Idee [93].«

Die ersten Erfolgsmeldungen liefen in München ein: In Dresden hatten SS-Männer eine Nazikundgebung vor einem Sprengungsversuch durch 50 Kommunisten bewahrt [94], und in Sachsen – so berichtete Rosenwink – »wagt es kein Marxist mehr, unsere Versammlungen zu stören, seitdem in Chemnitz, im Marmorpalast, die vereinigten Schutzstaffeln von Dresden, Plauen, Zwickau und Chemnitz die Kommunisten nicht nur furchtbar verprügelten, sondern zum Teil auch noch zum Fenster hinauswarfen« [95]. Schon Weihnachten 1925 registrierte die SS-Oberleitung, daß »wir eine einheitlich organisierte Schutzorganisation von beinahe 1 000 Mann zur Verfügung haben« [96]. Die Zahl der echten SS-Männer sank zwar schnell wieder auf 200 herab [97], dennoch hatte die SS als erste gesamtdeutsche Organisation der NSDAP feste Position bezogen.

Im April 1926 kehrte der alte Stoßtrupp-Führer Berchtold aus dem österreichischen Exil zurück und übernahm an Stelle Schrecks die Oberleitung[98]. Nach der Rückkehr des Novemberputschisten erhob Hitler vor aller Öffentlichkeit die Schutzstaffel zu seiner Eliteorganisation. Auf dem zweiten Reichsparteitag in Weimar, am 4. Juli 1926, verlieh Hitler der SS die »Blutfahne«, jenes Tuch, das am 9. November 1923 den Achterreihen in der Residenzstraße vorangeflattert war[99]. Die SS stand und wuchs – jetzt konnte Hitler darangehen, es ein zweites Mal mit der SA zu wagen. Er wußte nur zu gut, daß er des Transmissionsriemens eines Massenheeres bedurfte, der allein ihn im Deutschland der Parteiarmeen und politischen Marschkolonnen an die Macht schleudern konnte.

Aber noch standen die SA-Führer außerhalb Bayerns dem Österreicher Hitler mißtrauisch gegenüber. Hitler mußte einen Mann finden, der ihm den Kontakt zu den vielen verstreuten SA-Gruppen schaffte. Er fand ihn in dem norddeutschen Freikorpsführer und ehemaligen Hauptmann Franz Pfeffer von Salomon[100]. Am 27. Juli 1926 schrieb Joseph Goebbels in sein Tagebuch: »12 Uhr beim Chef. Ernste Beratung. Pfeffer wird Reichs-SA-Führer[101].« Ernst war die Lage für Hitler in der Tat, denn Pfeffer sollte als Vertrauensmann norddeutscher NS-Führer, die sich noch nicht völlig dem Mann aus München anvertraut hatten, in die Parteileitung einziehen – Kundschafter und Aufpasser zugleich.

Hitler mußte dem Freikorpsmann beträchtliche Vollmachten einräumen: Mit Wirkung vom 1. November 1926 wurden Pfeffer als »Oberstem SA-Führer« (OSAF) alle Sturmabteilungen Deutschlands unterstellt; er war zwar gehalten, grundsätzlich Weisungen des Parteichefs Hitler auszuführen, durfte aber die SA-Organisation nach Gutdünken aufbauen[102]. Dennoch erschien Hitler die Allianz mit den norddeutschen Nationalsozialisten als ein so großer Erfolg, daß er auch eine Machteinbuße seiner SS in Kauf nahm. Die SS wurde dem OSAF ebenfalls unterstellt, ihr Führer erhielt nur ein mageres Trostpflaster: Oberleiter Berchtold durfte sich hinfort Reichsführer-SS nennen[103].

Er verlor bald die Lust; er sah die Gefahr heraufkommen, sein Elitehaufen könne vollends von SA und Parteifunktionären abhängig werden. Das Problem hatte schon bei Berchtolds Berufung mitgespielt: Den Vorgänger Schreck hatten die Mitglieder der Oberleitung abgewählt, weil ihnen der tumbe SS-Gründer als ein allzu willfähriger Spielball listiger Parteiapparatschiks vom Typ der späteren Reichsleiter Philip Bouhler und Franz Xaver Schwarz erschien[104]. Man habe, schrieb Oberleitungs-Mitglied Ernst Wagner an Hitler, in der »Erkenntnis« gehandelt, »daß Schreck nicht mit dem nötigen Führer- und Organisationstalent ausgestattet ist und auch nicht einen Namen hat, der die Gewähr bietet, daß die SS zu einer Elitetruppe der Bewegung werde«[105].

So war der energischere Berchtold gerufen worden, aber auch er hatte Mühe, sich der Parteiapparatschiks zu erwehren.

»Weder Ortsgruppe noch Gauleitung«, dekretierte er, »hat sich in die inneren organisatorischen Aufgaben der örtlichen SS zu mischen[106].« Und in einem anderen Befehl hieß es: »Die Schutzstaffel steht innerhalb der Bewegung vollständig selbständig da[107].« Dennoch konnte sich Berchtold gegenüber den Parteifunktionären nicht durchsetzen; zum ersten Mal deutete sich der latente Gegensatz zwischen den Edelingen der SS und den Apparatschiks der Partei an, der bis zum Ende des Dritten Reiches schwelte. Als SS-Mann Wagner in einer parteiinternen Versammlung am 11. Mai 1926 rief, die »Bonzen« müsse man »ausräuchern«, sperrten ihm die Bonzen Bouhler und Schwarz den Zutritt zur SS-Oberleitung im Rückgebäude der Münchner Schellingstraße 50. Reichsführer Berchtold mußte sogar das Hausverbot für den Kameraden Wagner noch eigens schriftlich bestätigen, wie Wagner empört Hitler mitteilte: »Pg. Berchtold [gab mir] den Bescheid, daß er von den Herren Bouhler und Schwarz gezwungen wurde[108].«

Da zu solchen Ärgernissen nun auch noch der erneute Machtaufstieg der SA hinzukam, legte Berchtold sein SS-Amt nieder. Im März 1927 wurde Berchtolds Stellvertreter Erhard Heiden neuer Reichsführer-SS[109]. Auch er konnte sich kaum gegenüber der massiveren SA behaupten, verbot OSAF Pfeffer doch der SS sogar, Schutzstaffeln in Städten aufzustellen, in denen die SA noch nicht stark genug vertreten war[110].

Die Schutzstaffel durfte nur zehn Prozent der SA-Stärke in jeder Gemeinde erreichen[111], sie wuchs daher bis 1928 nur auf klägliche 280 Mann an[112]. Oft genug mußten sich die Elitemenschen der SS von SA-Führern herumkommandieren lassen und Handlangerdienste leisten: Tagesbefehle austragen, Propagandamaterial verteilen und den »Völkischen Beobachter« verkaufen[113]. Oft hatten sie sich mit Erfolgsmeldungen wie dieser aus dem Jahr 1926 zu begnügen: »Im Monat Oktober wurden durch die einzelnen Schutzstaffeln im Reich geworben: 249 Mitglieder neu für die NSDAP, 54 Leser neu für den ›Völkischen Beobachter‹, 169 Leser neu für den ›Stürmer‹, 82 Leser neu für den ›Nationalsozialist‹, 140 Leser neu für den ›Südwestdeutschen Beobachter‹, 475 Leser neu für den ›Westdeutschen Beobachter‹, 189 Leser neu für die übrigen nationalsozialistischen Zeitungen. 2000 Illustrierte Beobachter wurden außerdem verkauft.« Titel der Erfolgsmeldung: »So arbeiten wir!«[114]

Nur der Glaube an die eigene Auserwähltheit ließ diese »Truppe vielleicht der Höchstleistung, jedenfalls des Hochmuts« (Konrad Heiden) weitermarschieren[115]. In ihr galt die Parole: »Der Adel schweigt!«[116] Sie wurde zu einem stummen Begleiter der braunen Marschkolonnen – noch schärfere Eintrittsbestimmungen, noch härtere Dienstanweisungen hielten das Elitegefühl der SS wach. »Die SS beteiligt sich niemals an der Diskussion in Mitgliederversammlungen. Die Teilnahme an den Sprechabenden, in denen während der Dauer des Vortrages von keinem SS-Mann geraucht wird und keiner das Recht hat, das Lokal zu verlassen, dient zur politischen Schulung der Leute«, hieß es im »Befehl Nr. 1« des Reichsführers Erhard Heiden vom 13. September 1927. »Der SS-Mann und SS-Führer schweigt und mischt sich niemals in ein Bereich (politische Ortsgruppenführung und SA), der ihn nichts angeht[117].«

Die Befehle schrieben vor, jede Einheit habe vor dem Einsatz in einer Versammlung »der Größe nach in zwei Gliedern« anzutreten und Anzug- und Ausweiskontrolle zu üben; der SS-Mann mußte stets bei sich tragen: das Mitgliedsbuch der NSDAP, den SS-Ausweis und das Liederbuch der SS[118]. Besonders gründlich wurde auf die Einhaltung des Befehls Nr. 8 geachtet, der das Tragen von Waffen verbot; Hitler hatte die scheinlegale Eroberung der Macht beschlossen, und dazu gehörte auch, daß die Partei sich offiziell von allen Wehrorganisationen und illegalen Militärvereinen fernhielt. Die SS-Führer mußten vor jedem Dienstbeginn ihre Einheiten nach Waffen durchsuchen und gefundene Waffen beschlagnahmen[119].

Selbst die politischen Gegner waren von der eisernen Zucht in den SS-Einheiten beeindruckt. Die Münchner Polizeidirektion registrierte in einem geheimen Lagebericht vom 7. Mai 1929, »welch straffe Disziplin von den SS-Leuten gefordert wird. Schon bei der kleinsten Verfehlung der Anordnungen, die in den laufenden SS-Befehlen ergehen, sind Geldstrafen oder Einzug der Armbinde auf eine bestimmte Zeit oder Dienstenthebung angedroht. Besonderes Gewicht wird auf das Verhalten des einzelnen Mannes und auf dessen Kleidung gelegt[120].«

Jeder Zoll ihrer Erscheinung sollte demonstrieren, daß die SS ein Adel der Partei sei. »Der SS-Mann ist das vorbildlichste Parteimitglied, das sich denken läßt«, hieß es in einer SS-Weisung[121], und auch in ihrem Staffellied, das jede Zusammenkunft der SS beschließen mußte, sollte der fanatische Glaube an das Sendungsbewußtsein der Schutzstaffel durchklingen:

Wenn alle untreu werden,
So bleiben wir doch treu,
Daß immer noch auf Erden,
Für Euch ein Fähnlein sei[122].

»Die SA ist die Linie, die SS ist die Garde«, trotzte einer von ihnen. »Immer hat es eine Garde gegeben, bei den Persern, bei den Griechen, bei Cäsar, bei Napoleon, beim Alten Fritz, bis zum Weltkrieg, und die Garde des neuen Deutschland wird die SS sein[123].«

Der Sprecher war entschlossen, die SS zum Herrn des Reiches zu machen. Von nun an sollte die Geschichte der SS seine Geschichte sein, die Chronik ihrer Taten seine Chronik, die Liste ihrer Verbrechen seine Verbrechen. Am 6. Januar 1929 berief ihn Hitler als neuen Reichsführer an die Spitze der SS. Sein Name: Heinrich Himmler[124].

3 Heinrich Himmler

Der Eisenbahnzug stampfte in monotonem Rhythmus gegen Norden, das Gesicht des Reisenden wurde immer abweisender. Seit Stunden hörte Albert Krebs, Hamburgs erster NS-Gauleiter, auf das Geplapper eines ihm gegenüber sitzenden Mannes, der mit Krebs in Elberfeld den Zug bestiegen hatte [1].

Der Mann war mittelgroß, recht kräftig gewachsen und hatte ein etwas aufgedunsenes Alltagsgesicht. Das kleine, fast fliehende Kinn verriet eine gewisse Weichheit, während die graublauen Augen, die hinter einem Kneifer die Umwelt lebhaft musterten, eher eine beträchtliche Willensstärke andeuteten. Ebensowenig ließ sich die Derbheit seines Auftretens mit der Zartheit seiner kleinen, wohlmanikürten und beinahe femininen Hände vereinbaren.

Dem Gauleiter Krebs fiel freilich damals – im Frühjahr 1929 – das widersprüchliche Wesen seines Mitreisenden nicht auf. Er registrierte nur mit wachsendem Grimm, was der neue Reichsführer-SS Heinrich Himmler zur politischen Lage zu sagen hatte. In der Politik, dozierte Himmler, komme es auf die geheimen Zustände an. Es sei entscheidend wichtig zu wissen, wie der SA-Führer Conn zu seinem seltsamen (nach dem jüdischen Cohn klingenden) Namen gekommen sei; man müsse untersuchen, ob der Gauleiter Lohse als ehemaliger Bankangestellter in die Abhängigkeit jüdischen Kapitals geraten sei. Krebs schüttelte den Kopf [2].

Noch 30 Jahre später erschienen ihm Himmlers Ausführungen, die Krebs »in schrecklicher Erinnerung« geblieben sind, als eine »merkwürdige Mischung von martialischer Großsprecherei, kleinbürgerlichem Stammtischgeschwätz und eifernder Prophetie eines Sektenpredigers« [3].

Wie Albert Krebs den Parteigenossen Himmler auf dessen erster Inspektionsreise zu den Schutzstaffeln der NSDAP erlebte, so sahen auch andere Nationalsozialisten, die sich die Freiheit des eigenen Denkens bewahrt hatten, den neuen 29jährigen Herrn der SS: als einen etwas lauten, unsicheren und ziemlich provinziellen Apparatschik Adolf Hitlers. Später mischten sich in das Bild des Sektierers und Stammtischredners dämonische, unheimliche Züge. Je mehr Macht die Frauenhände Himmlers umkrallten, desto unirdischer, desto geisterhafter, desto unmenschlicher wurde der Reichsführer-SS den Deutschen. Himmler war bald eine unpersönliche Abstraktion, eine blutlose Verkörperung des nationalsozialistischen Polizeistaates, ein Unhold, der andersdenkende Menschen um jeden Preis zu vernichten und dem dabei alles Menschliche fremd zu sein schien. Kein persönliches Detail aus seinem Leben enthüllte, was für ein Mensch hinter dem Titel »Reichsführer-SS« steckte – die Deutschen wissen es noch heute nicht genau.

Wer ihn zu Lebzeiten gekannt hatte, konnte nachher kaum faßlich beschreiben, wie Himmler eigentlich gewesen war. An einem einheitlichen Himmler-Porträt störte so vieles, daß Zeitgenossen und Biographen mehrere Himmlers präsentierten: Himmler, den Henker, Himmler, den gütigen Menschen, Himmler, den fanatischen Ideologen des Rassismus, Himmler, den unbestechlichen Sauberkeitsapostel, Himmler, das willfährige Werkzeug seines Führers, Himmler, den nachdenklichen Gesprächspartner der innerdeutschen Widerständler.

»Dieser Mann, der böse Geist Hitlers, kalt, berechnend, machtgierig, war wohl die zielstrebigste und skrupelloseste Erscheinung im Dritten Reich«, urteilte Hitlers ehemaliger Wehrmachtadjutant, General Friedrich Hoßbach [4], und der Panzer-Generaloberst Guderian fand: »Er lebte nicht auf diesem Planeten [5].« Der Schweizer Carl J. Burckhardt, ehedem Hochkommissar des Völkerbundes in Danzig, sezierte ihn so: »Er war unheimlich durch den Grad von konzentrierter Subalternität, durch etwas engstirnig Gewissenhaftes, unmenschlich Methodisches mit einem Element von Automatentum [6].« Dem NS-Ideologen Alfred Rosenberg fiel vor einem Himmler-Photo ein, »daß ich Heinrich Himmler nie hatte richtig in die Augen schauen können. Stets blieben diese zwinkernd hinter seinem Zwicker verborgen. Jetzt aber sahen sie mich vom Lichtbild unbeweglich an. Und ich glaubte in ihnen eines zu sehen: Heimtücke [7].« Dem V-2-General Walter Dornberger kam er dagegen vor »wie ein intelligenter Volksschullehrer, bestimmt nicht wie ein Mann der Gewalt«; Himmler habe »die seltene Gabe aufmerksamen Zuhörens« besessen und sei »ein Mann der stillen, unpathetischen Gesten« gewesen, »ein Mann ohne Nerven« [8].

Auch der Schweden-Graf Bernadotte, mit dem Himmler 1945 verhandelte, staunte: »Ich fand an ihm wahrhaftig nichts Diabolisches.« Er sei äußerst verbindlich gewesen, »gab manche Proben seines Humors mit einem Stich ins Galgenhumoristische und bediente sich gern eines Witzes, um die Stimmung etwas aufzuheitern« [9]. Manche Diplomaten wußten sein zuweilen nüchternes Urteil zu schätzen, und selbst Ausländer und deutsche Widerstandskämpfer glaubten zuweilen, Himmler sei der einzige NS-Führer, mit dem sich Hitler stürzen lasse. Das Ungeheuer Himmler – so entscheidet der britische Historiker Trevor-Roper – »hatte manche seltsamen Qualitäten, die es zu einer irgendwie unglaublichen Gestalt machten« [10].

Die Biographen Himmlers dachten sich schließlich eine Hypothese aus, um wenigstens notdürftig die Existenz so vieler Menschen in einer Person erklären zu können: Der Schlüssel zum Rätsel Himmler, so las man, liege in den Jugend- und Jünglingsjahren des Mannes; der einsame Bürgerssohn habe im Schatten eines pedantischen Vaters und einer herzenskalten Mutter gestanden und sei so lange ohne Anerkennung in der Nachkriegsgesellschaft herumgeirrt, bis ihm die NS-Bewegung die fehlende Geborgenheit des Elternhauses ersetzt habe [11].

Die Hypothese klingt hübsch und entspricht der Neigung des Zeitalters, Unerklärliches psychoanalytisch zu entschlüsseln. Sie geht jedoch an der Wirklichkeit vorbei. Tatsache bleibt: Himmler entstammte einer bajuwarischen Bürgerfamilie, wie man sie sich normaler kaum vorstellen kann. Nichts konnte Himmlers innige Beziehungen zu den Eltern und zu seinen zwei Brüdern, dem älteren Gebhard (1898 geboren) und dem jüngeren Ernst (1905 geboren)[12], trüben. Mochte er sich immer missionarischer in seine SS-Arbeit hineinsteigern, mochte seine nervös-lamentierende Ehefrau Margarete (»Ich muß immer tief Luft holen, wenn ich an Deine Eltern denke«)[13] die Eintracht unter den Himmlers stören – der Reichsführer ließ sich nie von der Familie trennen. Als seine Mutter starb, hielt Himmler, obwohl selber krank, eine Nacht lang die Totenwache. Bei der Beerdigung reichte er über dem Sarg seinen beiden Brüdern * die Hand und schwor mit der ihm eigenen schwerflüssigen Feierlichkeit: »Wir wollen immer zusammenbleiben!«[14]

Stets fühlte er sich als selbsternannter Protektor der Familie. »Gelt, Vati soll nicht gar so arbeiten, sondern soll in der Woche öfters spazierengehen, daß er sich nicht überarbeitet«, schrieb er als Student 1921 an sein »liebes Mutterle«[15]. Den Brüdern fiel es nicht immer leicht, Heinrichs schulmeisterlichen Pedanterien zu entfliehen. »Sehr freuen mich auch Deine guten Noten. Bilde Dir aber nichts darauf ein«, bekam »Ernsti« am 14. November 1920 von dem knapp fünf Jahre älteren Bruder zu hören. »Ich erwarte übrigens, daß Du auch in Geschichte etwas tust ... Gelt, werde mir nicht einseitig. Und sei fein immer brav und ärgere Vati u. Mutti nicht[16].«

Böser traf Heinrichs martialische Fürsorglichkeit den Bruder Gebhard, der das Unglück hatte, sich mit der Weilheimer Bankierstochter Paula Stölzle verbunden zu haben, die dem hölzernen Sittenrichter nicht behagte[17]. Flugs teilte es ihr Heinrich schwarz auf weiß mit. »Soll Euer Bund«, schrieb er am 18. April 1923 an Paula, »ein glücklicher werden für Euch zwei und zum Heil für das Volk, das sich auf gesunden, sittlich reinen Familien aufbauen muß, so mußt Du an der Kandare gehalten werden mit barbarischer Strenge.« Wer dazu berufen sei, erfuhr Paula einen Satz später: »Da Du Dich selbst nicht streng u. hart behandelst, u. Dein künftiger Mann zu gut ist für Dich, muß es jemand anderer tun ... fühle ich mich dazu verpflichtet[18].« Das Münchner Detektivbüro Max Blüml erhielt von Himmler, der zeit seines Lebens die Edelfrauen der germanischen Sage mit den Frauen des 20. Jahrhunderts verwechselte und jeden vorehelichen Verkehr als Verstoß gegen die von ihm postulierte Reinheit brandmarkte, die Order, Paulas Vorleben zu untersuchen[19]. Noch ehe Rechercheur Blüml am 14. März 1924 einen Bericht vorlegen konnte[20], setzte Himmler einen

* Ernst Himmler, Diplomingenieur und Cheftechniker am Reichssender in Berlin, starb 1945. Gebhard Himmler war Ministerialdirigent im Reichserziehungsministerium und arbeitet heute im Europäisch-Afghanischen Kulturinstitut in München.

weiteren Informanten an. Himmler an einen Beamten namens Rössner: »Darf ich Sie nun bitten, was Sie über Fräulein Stölzle, und namentlich über ein Verhältnis mit Ihrem Kollegen Daffner, wissen, mir umgehend mitzuteilen?« [21] Bruder Gebhard strich die Flagge und löste die Verlobung mit Paula [22]. Die Episode verriet, daß Heinrich Himmler wie wenige Naziführer in der Sicherheit einer ungebrochenen und stickigen Bourgeoisie aufgewachsen war.

Anders als Hitler mit seinen alptraumhaften Erinnerungen an die Zeit des Wiener Obdachlosenasyls, anders als der Werkmeistersohn Joseph Goebbels, anders als der verbitterte Balten-Emigrant Alfred Rosenberg war der zweite Sohn des Geheimen Studienrats Gebhard Himmler ein echter und bewußter Zögling der Mittel- und Beamtenklasse.

Als Heinrich am 7. Oktober 1900 im zweiten Stock des Hauses Nr. 2 der Münchner Hildegardstraße geboren wurde [23], durfte Vater Himmler der gesellschaftlichen Anerkennung seines Sohnes sicher sein. Einer der Großen im Königreich Bayern hielt seine Hand über das Baby: Studienrat Himmlers königlicher Schüler, der Wittelsbacher Prinz Heinrich [24]. Seinen Namen trug das Lehrerkind, der Prinz Heinrich war zur Übernahme der Patenschaft bereit gewesen, sobald ihm Geheimrat Himmler untertänigst angezeigt hatte, der neue Stammhalter wiege sieben Pfund und 200 Gramm [25]. Name und Taufpate verpflichteten den Jungen schon früh zu dem konventionellen Lebensstil des königstreuen Bürgertums.

Nie kam dem Schüler Heinrich der Gedanke, die Autorität der Eltern oder gar die Gesellschaftsordnung seiner Zeit in Frage zu stellen [26]. Vater Himmler lehrte ihn, die Ahnen seien immer gut gewesen, und legte die Grundlagen für eine Geschichtsromantik, in der sich – getreu der spätwagnerianischen Ära – germanische Edelinge und hehre Frauen tummelten, die sich später nur in deutsch-nordische Herrenmenschen zu verwandeln brauchten, um den Erfordernissen des NS-Regimes gerecht zu werden. Der Junge lernte früh, seiner Umwelt die schuldige Reverenz zu erweisen. Selbst Heinrichs unschuldiges Schülertagebuch dokumentiert soziale Artigkeit: Stets treten die in ihm vorkommenden Personen mit vollen Titulaturen auf [27].

Wer aber einen Prinzen zum Paten hatte, mußte natürlich Offizier werden. Hier liegt ein Schlüssel zum Wesen Himmlers: Er träumte sich stets an die Spitze siegreicher Truppen und konnte doch die Vision der Kindertage nie ganz verwirklichen. Zunächst hatte der augenschwache Lehrerssohn zur Kaiserlichen Marine gehen wollen [28], doch die Flotte nahm keine Brillenträger. Himmler entschied sich dann für die Armee. Am 26. Juni 1917 registrierte Geheimrat Himmler: »Mein Sohn Heinrich hat den dringenden Wunsch, Infanterieoffizier von Lebensberuf zu werden [29].« Der Junge konnte es kaum noch erwarten, in den Krieg zu kommen. Als Bruder Gebhard 1915 zum Landsturm eingerückt war, kritzelte Heinrich in sein Notizbuch: »Ach, wie sehr wünschte ich, auch so alt zu sein, um an die Front zu gehen [30].« Wort um Wort schrieb er sich die Frontberichte der Obersten

Heeresleitung ab und beschimpfte die Landshuter (die Familie war nach Landshut gezogen) ob ihrer mangelnden Kriegsbegeisterung [31].

Heinrich drängelte so hartnäckig, daß Vater Himmler seine Freunde bei Hof bitten mußte, den Jungen vorzeitig in die Armee einzuziehen [32]. Die Freunde halfen, und fast zur selben Zeit bekam Himmler noch auf einem anderen Gebiet die Gnadenhand des inzwischen gefallenen Prinzen-Paten zum letzten Mal zu spüren. Die Hofverwaltung teilte »Seiner Hochwohlgeboren Herrn Konrektor G. Himmler« mit, daß »das Bankhaus J. N. Oberndörffer, Hier, Salvatorstraße 18, angewiesen wurde, Ihnen 1 000 M 5 % Deutsche Kriegs-Anleihe zu übersenden. Den Betrag wollen Sie für Ihren Sohn Heinrich annehmen als Geschenk von seinem verstorbenen Taufpaten Weiland Seiner Königlichen Hoheit Prinz Heinrich [33].«

Ende 1917 rückte Himmler zum bayrischen 11. Infanterie-Regiment »Von der Tann« ein [34]. Doch die Soldatenkarriere war zu Ende, ehe sie noch recht begonnen hatte. Zwar erzählte der Reichsführer dem schwedischen Grafen Bernadotte kurz vor seinem Tode, er sei mit seinen Männern »in den Krieg« gezogen [35], andere Quellen sprechen sogar von der Teilnahme an einer Schlacht im Westen [36], tatsächlich hatte der Fahnenjunker Himmler die Front nie gesehen. Der Krieg ließ ihm keine Zeit mehr: Nach halbjähriger Grundausbildung in Regensburg absolvierte Infanterist Himmler den Fahnenjunkerkurs in Freising vom 15. Juni bis zum 15. September 1918, dann durchlief er den Maschinengewehrkurs der 17. MG-Kompanie in Bayreuth vom 15. September bis zum 1. Oktober 1918 [37]. Zwei Monate später entließ ihn die 4. Kompanie im Ersatzbataillon des 11. Infanterie-Regiments aus ihren Diensten [38].

Da schienen die Nachkriegswirren dem abgerüsteten Fahnenjunker doch noch eine militärische Laufbahn zu eröffnen. Im Februar 1919 war Bayerns linkssozialistischer Ministerpräsident Kurt Eisner von einem Offizier ermordet worden [39], worauf die Kommunisten und ihr revolutionärer Anhang die rote Räterepublik ausgerufen hatten [40]. Die rechtmäßige Regierung bayrischer Sozialdemokraten war nach Bamberg geflohen und mußte wider ihren Willen Truppen aufstellen, die meist aus gedienten Soldaten und Freiwilligen bestanden und sich Freikorps nannten [41].

Die von Berlin in Marsch gesetzte Reichswehr und die Freikorps rüsteten sich im April 1919 zum Marsch auf das rote München [42], und auch der Fahnenjunker Himmler meldete sich bei einem kleinen Freikorps, der Schar des Leutnants Lautenbacher [43]. Wiederum kam er zum Kampf zu spät. Himmlers Einheit rückte nicht in München ein [44], der Fahnenjunker blieb ein Paradesoldat. Dennoch schöpfte er neuen Mut. Am 17. Juni 1919 schrieb er an das Nachkommando des 11. Infanterie-Regiments und bat um seine Militärpapiere, »da ich in einigen Tagen zur Reichswehr übertrete« [45].

Aus der Reichswehr wurde auch nichts, denn derweil hatte Vater Himmler beschlossen, angesichts des Fortfalls der königlichen Protektion und der steigenden Inflation aller Werte sei es höchste Zeit, daß Heinrich nach dem Kriegsabitur einen soliden Beruf erlerne. Vater wußte einen: Landwirt[46]. Der verhinderte Feldherr willigte ein, die Landwirtschaft interessierte ihn schon immer neben dem Soldatentum. Als Junge hatte er sich eine große Pflanzensammlung gehalten[47]; seine närrische Vorliebe für Kräutergärten sollten später die KZ-Häftlinge noch übel zu spüren bekommen. Jedes Konzentrationslager mußte eine Sammlung aller möglichen Kräuter anlegen, von denen sich Himmler bessere Heilung menschlicher Krankheiten versprach als durch Pharmazeutica[48].

Freilich, auch die Agronom-Karriere stand unter einem Unstern. Kaum hatte Himmler auf einem Bauernhof bei Ingolstadt die landwirtschaftliche Lehre begonnen, da warf ihn eine Typhusepidemie aufs Krankenbett[49]. Ein Arzt namens Grünstadt entschied: »Unterbrechung für ein Jahr und Studium[50].« Am 18. Oktober 1919 ließ sich Himmler an der Technischen Hochschule der Münchner Universität als Student der Landwirtschaft einschreiben[51]. Hatten ihn die Mißerfolge niedergedrückt, war er ein »lonely wolf« geworden, der isolierte Einzelgänger am Rande der Gesellschaft, wie ihn die Legende sieht? Keineswegs. In München begann ein heiter-beschwingter Lebensabschnitt Himmlers, der die Biographen vor schwere Rätsel stellt.

Niemand hätte in dem freundlichen, hilfsbereiten und ein bißchen langweiligen Studiosus, der auf Münchner Kostümbällen als Türkensultan Abdul Hamid auftrat, eine Dame namens Maja Loritz unglücklich liebte und nach kulinarischen Genüssen lechzte[52], den späteren Exekutor des Massenmordes erkannt.

Gewiß, die Politik und das Soldatenspielen nahmen ihn zuweilen noch gefangen. Er ließ sich, wie ein »Empfangs-Schein« vom 16. Mai 1920 ausweist, zur Einwohnerwehr Münchens überschreiben und nahm dafür von der Schützenbrigade 21 insgesamt »1 Gewehr und 50 Patronen, 1 Stahlhelm, 2 Patronentaschen, 1 Brotbeutel (älterer Art)« entgegen[53]. Den 1. Dezember 1921 hielt er für einen besonderen Tag in seinem Leben: Die Reichswehr teilte ihm mit, er könne sich von nun an Fähnrich nennen[54]. Er bereitete mit anderen nationalistischen Studenten und Offizieren einen Putsch vor, der das Ziel hatte, Graf Arco-Valley, den Mörder des bayrischen Ministerpräsidenten Eisner, aus dem Gefängnis zu befreien. Aber als die Todesstrafe des Grafen in lebenslängliche Haft umgewandelt wurde, gaben die Verschwörer den Plan auf. Himmler war nicht deprimiert, gelassen notierte er sich: »Nun, dann ein anderes Mal[55].«

Himmler plagten diffizilere Sorgen. Er war im November 1919 einer schlagenden Verbindung, der Burschenschaft »Apollo«, beigetreten[56] und grübelte darüber nach, wie er sein neues Leben mit den erzkatholischen Auffassungen seines Elternhauses und der Empfindlichkeit seines Magens in Einklang bringen konnte: Duelle verbot die Kirche, das auf Kneipabenden geübte Biertrinken untersagte der Arzt.

Das Bierproblem wußte er schnell zu lösen; er erwirkte eine Sondergenehmigung seiner Burschenschaft, die ihn vom Bierkonsum befreite[57].

Freilich, den Abstinenzler nahmen Apollos Kneipbrüder nicht sonderlich ernst; sie ließen Himmler bei der nächsten Burschenschaftswahl durchfallen[58]. Er hatte auch Mühe, einen Duell-Partner zu finden. Die meisten Kommilitonen hielten ihn offenbar nicht für satisfaktionsfähig. Erst im letzten Semester, im Juni 1922, ließ sich ein Student herbei, Himmler jene Gesichtsverzierungen beizubringen, ohne die auch dem künftigen Reichsführer-SS teutonisches Akademikertum undenkbar erschien[59].

Peinigender als das Bierproblem erwies sich das religiöse Duell-Tabu. Die Himmlers waren immer überzeugungstreue Katholiken gewesen, ein Vetter Heinrichs, August Wilhem Patin, brachte es zum Stiftskanonikus der Münchner Hofkirche[60]. Auch Heinrich Himmler durfte als eifriger Katholik gelten. Die Sonntagsmesse war ihm kein äußerliches Ritual, sondern innerliches Bedürfnis. Er notierte sich jeden von ihm besuchten Gottesdienst, immer wieder hielt er fest: »In dieser Kirche fühle ich mich wohl[61].« Als er von einem Mädchen, das er schüchtern umschwärmte, erfuhr, sie empfange täglich die Kommunion, vertraute er seinem Tagebuch an: »Dies war die größte Freude, die ich in diesen letzten acht Tagen erlebt habe[62].«

Doch der Eintritt in die schlagende Verbindung lädierte das Verhältnis Himmlers zur Kirche. Der Bruch kam nicht über Nacht, aber er wurde von Monat zu Monat deutlicher. Himmler versuchte zunächst, sich seine und der Kirche Abneigung gegen Duelle zu erhalten, doch der im Elternhaus gelehrte Drang zur sozialen Anpassung war stärker als die religiösen Traditionen. »Ich glaube, ich bin mit meiner Religion in Konflikt geraten«, hielt Himmler am 15. Dezember 1919 fest[63]. Und der Mann, der später Zehntausende von SS-Männern zum Kirchenaustritt zwang und den Papst öffentlich hinrichten lassen wollte[64], schrieb damals: »Was auch kommen mag, ich werde immer Gott lieben, werde zu Ihm beten und werde der katholischen Kirche treu bleiben und werde sie selbst dann verteidigen, wenn sie mich verstoßen sollte[65].«

Das gebrochene Verhältnis zur Kirche irritierte Himmler, aber es erschütterte ihn nicht. Seine Interessen waren weltlicherer Art: Mehr als Religion und Politik kümmerten den Studenten aus Landshut das Amüsement der bürgerlichen Gesellschaft Münchens, die Mahlzeiten am Mittagstisch der Frau Loritz und die sexuellen Probleme der Studenten.

Anna Loritz, Witwe eines Konzertsängers, war eine entfernte Verwandte der Himmlers und unterhielt in Münchens Jägerstraße 9 eine Familienpension; Frau Loritz' Tochter Maria, genannt Maja, hatte es dem Studenten aus Landshut angetan, doch ein Nebenbuhler, der spätere Stuttgarter Lederwarenhändler Hans Knipp, erwies sich als erfolgreicher in der Gunst der Schönen[66]. Zuweilen traf sich die ganze Familie Himmler in der Pension Loritz. »Es war immer ein großes Hallo im Hause Loritz, wenn die ›Himmlischen‹, wie sie genannt wurden, 5 Köpfe stark, angerückt kamen«, erinnert sich Knipp. »Die Familie H[immler] wußte, daß es bei der guten Loritz-Tant' stets was Schönes zu futtern gab[67].«

Auch die Feste bei den Damen Loritz lockten den »Himmler-Heini« an. »Lernst Du auch das Tanzen?« hatte ihm Regimentskamerad Robert Kistler noch nach Landshut geschrieben [68], und in München nahm Himmler sofort Tanzstunden, um vor Maja bestehen zu können. Im Januar 1920 beherrschte er bereits den Boston [69]. Mit seinem Freund Ludwig, genannt »Lu«, war er ein unermüdlicher Gast Münchner Faschingsfeste [70]. Nichts hielt er für zu gering, um es seinem Tagebuch vorzuenthalten. »Das Zimmer«, so schilderte er ein Fest bei Frau Loritz, »war als Harem hergerichtet, Laternen, ein Zelt am Ofen in der Ecke für Lu und mich ... Frau Loritz tischte enorm viel auf, zuerst Kakao, den ich mir über die Hosen schüttete [71].«

Er war mit Festen so beschäftigt, daß dem pedantischen Tagebuchschreiber der in München zur gleichen Zeit abgehaltene Parteitag der NSDAP ganz entging [72]. Den amerikanischen Historikern Werner T. Angress und Bradley F. Smith erscheint der damalige Himmler als »ein junger Mann, der in konventionellen Begriffen dachte, die hergebrachten Werte der bayrischen Mittelklasse hegte und offenbar besonders gutmütig, farblos und normal war« [73].

Seine Betriebsamkeit kannte keine Grenzen. In der Weihnachtszeit las er einem Blinden vor, backte einer alten Rentnerin einen Kuchen, spielte in einer Wohltätigkeits-Show für arme Wiener Kinder mit und lief von einer Versammlung zur anderen [74], denn er war Mitglied zahlreicher Vereine wie: Deutsche Gesellschaft für Züchtungskunde [75], Deutsche Land-Wirtschaftsgesellschaft [76], Vereinigung der Freunde des humanistischen Gymnasiums [77], Schützengesellschaft »Freiweg« [78], Altbayerischer Schützenbund [79], Kriegs-Teilnehmer-Verband der Technischen Hochschule München [80], Alpenvereins-Section München [81], Deutscher Touring-Club [82], Turn-Verein Landshut von 1860 [83], Vereinigung der Offiziere des ehemaligen Königlich-Bayrischen 11. Infanterie-Regiments [84]. Ein Mann mit so vielen Mitgliedskarten hatte keine Schwierigkeiten, sich seiner Umgebung anzupassen. Auch Himmlers politische Auffassungen spiegelten nur die Urteile und Vorurteile der ihn umgebenden Gesellschaft wider: Sie sind nationalistisch-bürgerlicher Art, aber ihnen fehlt der Fanatismus und der Gespensterglaube nationalsozialistischer Weltanschauung.

Er konnte als ein bayrischer Konservativer gelten: Der Student Himmler lieh sich Zylinder und Gehrock aus, um dem verstorbenen Exkönig Ludwig III. die letzte Ehre zu erweisen, er war stolz auf sein Bajuwarentum, aber er entschied sich bei ASTA-Wahlen für die deutsch-nationale Liste [85]. Selbst seine antijüdischen Kommentare bewegten sich in gleichsam kontrollierten Bahnen. Der von Nationalisten ermordete Reichsaußenminister Rathenau (Himmler: »Ich bin froh«) ist ihm immerhin noch »ein fähiger Kopf« [86], seinen ehemaligen Mitschüler und demokratischen Gegner Wolfgang Hallgarten nennt er eher gemütlich als verächtlich »den Judenlauser« [87], und die jüdische Kabarett-Tänzerin Inge Barco, die wegen einer Liaison mit einem Studenten von ihrem Elternhaus boykottiert wird und mit der sich Himmler in der Reichsadler-Bar trifft, erscheint ihm als »ein Mädchen, das Respekt verdient« [88].

Nur in einem Punkt offenbaren seine Tagebücher die politische Aggressivität des späteren Himmler: Er konnte sich nicht damit abfinden, daß es mit seiner militärischen Karriere vorbei sein sollte. Als Maja Loritz, die von ihm begehrte Tochter der Mittagstisch-Wirtin, den tapsigen Werber abwies, erschienen ihm Krieg und Soldatentum als sicherste Auswege aus seinem Liebesschmerz. Am 28. November 1919 notierte er: »Wenn ich doch jetzt nur Gefahren ins Auge blicken könnte, mein Leben aufs Spiel setzen, kämpfen könnte, es wäre für mich eine Befreiung [89].« Am 22. November 1921 schreibt er, und hier führt schon der spätere Himmler den Griffel: »Wenn es zu einem neuen Krieg im Osten kommt, werde ich mitmachen. Der Osten ist für uns am wichtigsten. Der Westen wird schnell sterben. Im Osten müssen wir kämpfen und kolonisieren [90].« Von Mal zu Mal steigerte sich sein Verlangen nach Krieg und Militarismus. Am 19. Februar 1922: »Wenn es doch nur wieder zum Kampf käme, zum Krieg, zum Ausmarsch!« [91] Und am 11. Juni: »Vielleicht rücke ich in dieser oder jener Weise ein. Denn im Grunde bin ich ein Soldat. Aber erst muß ich meine Prüfung machen [92].«

Schon meldete er den Eltern: »Bis jetzt ist es mir im Examen meinem Gefühl nach ganz anständig gegangen« [93], da trat in Heinrich Himmlers Leben der Hauptmann Ernst Röhm, der sich mit ihm blutig-dramatisch verbinden sollte: Er versprach, das militärische Gelüst des unglücklichen Liebhabers zu befriedigen.

Wann sich die beiden Männer kennengelernt haben, läßt sich nicht mehr genau rekonstruieren. Ihre Wege hatten sich schon öfter gekreuzt: Röhm diente Ende 1918 in Himmlers Landshut beim Stab der 12. Bayrischen Infanterie-Division [94] und wirkte dann als Bewaffnungs- und Ausrüstungsoffizier der 21. Schützenbrigade in München [95], aus deren Händen der Wehrmann Himmler im Mai 1920 seine Waffen empfangen hatte. Zudem war Röhm der geheime Zeugmeister der im Halbdunkel zwischen Legalität und Illegalität agierenden Wehrorganisationen, die sich die Reichswehr als eine Art Miliztruppe hielt, und auf einer Tagung dieser Verbände im Münchner »Arzberger Keller« traf Himmler den Hauptmann im Januar 1922. Himmler merkte sich: »Hauptmann Röhm und Major Angerer [Himmlers ehemaliger Kompaniechef] waren auch da; sehr freundlich. Röhm pessimistisch hinsichtlich des Bolschewismus [96].«

Himmler ließ sich von Röhm beeindrucken. Nie konnte der anpassungswillige Fähnrich vergessen, daß der andere um einige Sprossen höher auf der Leiter militärischer Hierarchie stand als er, stets war ein leises Hakkenklappen in Himmler, wenn er dem Herrn Hauptmann gegenübertrat. Der vieldekorierte Kompanieführer des Ersten Weltkriegs und der verhinderte Krieger, der homosexuelle Landsknecht und der sittenstrenge Bürgersohn gaben ein seltsames Paar ab. Dennoch wußte Röhm den Studenten für sich zu begeistern – Himmler war bereit, für Röhm alles zu wagen.

Kaum hatte Himmler am 5. August 1922 sein Examen bestanden[97] und die Stellung eines landwirtschaftlichen Assistenten bei der »Stickstoff-Land G.m.b.H.« in Schleißheim angenommen[98], da trat er einer nationalistischen Organisation bei, die ihm Röhm empfohlen hatte. Sie nannte sich »Reichsflagge«[99]. Der Diplomlandwirt Himmler war froh, endlich wieder eine Uniform tragen zu dürfen, und sei es auch nur die hellgraue Windjacken- und Wickelgamaschen-Uniform der »Reichsflagge«. Nur allzu willig schulterte er am Feierabend das Gewehr, trainierte er mit gleichgesinnten Kameraden für den Straßenkampf des kommenden Bürgerkrieges.

Er erhielt bald Gelegenheit, seine Bewunderung für Röhm in die Tat umzusetzen. Nach seiner Rückkehr aus Schleißheim – Ende August 1923 hatte Himmler seinen Posten bei der Stickstoff-Land aufgegeben und war wieder nach München übergesiedelt[100] – konnte er zum ersten Mal an einer sichtbaren Stelle in der nationalistischen Bewegung mitwirken: am Novemberputsch Adolf Hitlers. Die »Reichsflagge« hatte sich inzwischen nach internen Kabalen in »Reichskriegsflagge« umbenannt und der Führung Röhms und Hitlers unterstellt[101]. Röhm, seit langem Mitglied der Hitler-Partei, wußte seine Freunde zum Eintritt in die NSDAP zu bewegen. Auch Himmler verband sich mit der Partei[102]. Aber noch war er kein Nazi, noch sah er an Stelle Hitlers in Röhm den kommenden Mann, noch erschienen ihm nicht die Hakenkreuzsymbole, sondern die Farben der Monarchie Zeichen der Zukunft.

Mit der kaiserlichen Kriegsflagge in der Hand brach Heinrich Himmler im Münchner »Löwenbräukeller« auf, als am Abend des 8. November 1923 in einer Versammlung der »Reichskriegsflagge« die Nachricht eintraf, Hitler habe mit vorgehaltener Pistole im »Bürgerbräukeller« die führenden Politiker und Militärs Bayerns gezwungen, endlich in den Schlag gegen die Berliner »Novemberverbrecher« einzuwilligen[103]. Himmlers Kameraden sprangen begeistert, so hat Röhm die Szene beschrieben, »von den Stühlen auf und umarmten sich, viele weinten vor Freude und Rührung. Die Soldaten der Reichswehr rissen ihre gelben Kokarden von den Mützen! Endlich! Das war das Wort der Entspannung, das sich aus aller Munde rang[104]«.

Röhm übergab seinem Adlatus Himmler die alte Reichskriegsflagge, auf die der Verband kurz zuvor vereidigt worden war, dann rief er seine Männer auf die Straße. Wenige Minuten später hatte sich der wilde Haufe zur Marschkolonne formiert, Tritt wurde gefaßt – in Richtung des »Bürgerbräukellers«, wo Hitler mit Bayerns Gewaltigen, dem partikularistischen Generalstaatskommissar Ritter von Kahr und dem Reichswehrgeneral von Lossow, über die »nationale Revolution« parlierte. An der Briennerstraße stoppte ein Melder aus dem »Bürgerbräukeller« die Röhm-Kolonne. Er überbrachte den Befehl, Röhm solle das in der Schönfeldstraße gelegene Kriegsministerium, Sitz des Wehrkreiskommandos VII (Bayern), besetzen[105]. Hauptmann Röhm gehorchte. Eine knappe Stunde später war das Kriegsministerium in seinem Besitz[106]. Drohend schoben sich die

Läufe der Maschinengewehre des 400-Mann-Haufens aus den Fenstern des Hauses[107], denn allmählich ahnte auch Röhm, daß etwas schiefgegangen war: Die überrumpelten Politiker und Generale Bayerns schlugen zurück.

Im Morgengrauen des 9. November brachte der Motorenlärm heranfahrender Panzer den Eindringlingen im Kriegsministerium Gewißheit. Einheiten der Reichswehr und der Landespolizei schoben sich heran, riegelten Haus um Haus ab, brachten MG und Geschütze in Stellung und warteten auf Feuerbefehl[108]. Gespensterhafte Ruhe senkte sich über den Schauplatz. Hinter dem Stacheldrahtverhau an der Ludwigstraße, der Freund und Feind trennte, umkrampfte Himmler die Stange mit der Reichskriegsflagge. Die Irrsinnstat Hitlers hatte Kameraden und Gegner, Mörder und Ermordete künftiger Zeitgeschichte in seltsamer Verstrickung zusammengeführt: Neben Himmler stand der kommende SA-Stabschef Röhm, den elf Jahre danach die Mörderkugeln der von seinem ehemaligen Fahnenträger ausgeschickten SS-Häscher zu Boden reißen sollten, neben Röhm postierte sich der spätere SA-Nachrichtenchef Graf Du Moulin-Eckardt, den Himmlers Gefolgsleute in den Gerichtssälen und Konzentrationslagern des Dritten Reiches tyrannisieren würden[109]. Und ihnen gegenüber, jenseits des Stacheldrahts, lag der Reichswehr-Leutnant Hermann Höfle, Röhms ehemaliger Ordonnanzoffizier, insgeheim Mitglied der »Reichskriegsflagge«, der aus Treue zu Röhm seinen ehemaligen Chef im Sommer 1934 vor der heranträuenden Todesgefahr warnen und später noch als Waffen-SS-General Himmler Verdruß bereiten wird[110].

Die Gegner von heute sind die Freunde von morgen, die Kameraden künftige Mörder: Die Kugeln der SS-Schergen des 30. Juni 1934 werden den Ritter von Kahr mit seinem einstigen Gegenspieler Röhm vereinigen[111]. Nur die Vermittler, die an diesem 9. November 1923 Kahr und die Putschisten versöhnen wollten, werden die Geschichte der SS überleben: Röhms ehemaliger Kommandeur Ritter von Epp und der spätere SA-Führer Hörauf[112].

Doch die Vermittlung scheiterte. Röhm mußte vor Reichswehr und Landespolizei kapitulieren und seine Waffen abliefern, nur die unbewaffneten Männer der »Reichskriegsflagge« durften die Postenketten passieren[113]. Die Bewegung Hitlers und Röhms brach zusammen. Hinter dem Hauptmann schlossen sich die Gittertore des Gefängnisses Stadelheim[114].

Der Fahnenträger Himmler stand allein, ohne Uniform, ohne Idol, ohne Glauben. Er trieb einer Krise entgegen: Die berufliche Stellung hatte er verloren und fand trotz zahlreicher Bewerbungen keine neue Arbeit, Maja Loritz hatte ihm endgültig den Laufpaß gegeben, und die Politik war ihm auch zur Enttäuschung geworden. Nur die Huldigungen seiner Verehrerinnen hielten ihn aufrecht, die Freundinnen glaubten ernsthaft, der Fahnenträger Himmler habe am 9. November 1923 eine historische Tat vollbracht. Eine Verehrerin berauschte sich in der Erinnerung: »Vor dem Kriegsministerium Truppen der ›Reichskriegsflagge‹. Heinrich Himmler vorne dran, die Fahne im Arm, man sah es der Fahne wirklich an, wie geborgen sie sich fühlte u. ihm, wie stolz er darauf war. Ich gehe zu ihm hin, unfähig eines Wortes, aber in mir da klingt es:

Seid stolz: Ich trage die Fahne!
Seid ohne Sorge: Ich trage die Fahne!
Habt mich lieb: Ich trage die Fahne!«[115]

Himmler-Freundin Mariä R. (vermutlich: Mariele Rauschmeier) schickte dem Fahnenträger den Brief der unbekannten Anhängerin und schrieb dazu: »Meinem Freunde Heinrich diesen Brief. Er soll ihm sein ein kleines Zeichen heißen Dankes und treuen Gedenkens für jene Tat, die einem Stunden gab, in denen man wieder hoffen lernte[116].«

Der gescheiterte Putschist beschloß, in der Politik zu bleiben. Himmler entschied sich für die eine der beiden völkischen Gruppen *, die sich nach dem Verbot der NSDAP befehdeten: für die »Nationalsozialistische Freiheitsbewegung« unter dem Patronat des Generals Ludendorff[117]. Zur Freiheitsbewegung gehörte auch ein flüchtiger Bekannter Himmlers, der Landshuter Apotheker Gregor Strasser[118], ein angriffslustiger und bauernschlauer Nationalsozialist, der als eigentlicher Kopf der Bewegung galt. Strasser erkannte das organisatorische Talent Himmlers und setzte ihn sofort ein.

Im Mai 1924 standen Reichstagswahlen bevor; zum ersten Mal wagten es die schärfsten Feinde der Republik, Waffe und Wohltat der Demokratie für sich zu nutzen – zum Schaden der Demokratie. Strasser wollte unter Ausnutzung des Aufsehens, das der Hitler-Putsch in ganz Deutschland erregt hatte, seine Nazis endlich in den Reichstag bringen. Der Spektakel eines noch nie dagewesenen Wahlkampfes übertönte Bayern, und in ihm knatterte auch ein schwedisches Motorrad mit einem schwer vermummten Propagandisten, der in Niederbayern von Dorf zu Dorf jagte, die Botschaft des Gregor Strasser zu verbreiten.

Motorradfahrer Himmler zog alle Register nationalsozialistischer Demagogie. Er wetterte gegen Juden und Freimaurer, er hetzte die Bauern gegen das Finanzkapital auf, er malte eine nur vom edlen Bauern bestimmte Welt aus, er donnerte gegen den Bolschewismus, er diffamierte Demokratie und alle Arten rationaler Politik[119]. Unverdrossen fuhr der Propagandist ein Dorf nach dem anderen ab. Aus dem Terminkalender einer Woche: 23. Februar 1924, Reden in Eggmühl, Lanwaid und Birnbach. 24. Februar, Ansprachen in Kelheim und Saal, anschließend »Einzelaufklärung«. 25. Februar, anderthalbstündige Rede in Rohr[120].

»Ich habe entsetzlich viel zu tun«, informierte Himmler seinen Freund Kistler, »habe ich doch die Organisation von ganz Niederbayern zu leiten und auszubauen und zwar in jeder Richtung[121].« Seine Mühe wurde gelohnt: Die Bewegung Strassers gewann fast zwei Millionen Wählerstimmen und zog mit 32 Abgeordneten in den Reichstag[122]. Doch der Erfolg machte Himmler nicht recht froh, in ihm stieg der Zweifel hoch, ob er sich

* Die andere Gruppe nannte sich »Großdeutsche Volksgemeinschaft« und zählte Alfred Rosenberg und Julius Streicher zu ihren führenden Mitgliedern.

wirklich einer zukunftssicheren Bewegung verschrieben habe. Seinem Freund Kistler schrieb er über das »entsagungsvolle Arbeiten von uns Völkischen, ein Arbeiten, das in der nächsten Zeit niemals sichtbare Frucht bringen wird«, ja er fühlte sich auf einem »vielleicht verlorenen Posten«[123].

Das Gezänk zwischen Völkischen und Nationalsozialisten, die Kabalen zwischen den Anhängern und Gegnern des eingekerkerten Parteiführers Hitler irritierten den weichen Mann, der richtungslos zwischen den rechtsextremistischen Cliquen stand und nach dem Idol Ausschau hielt, das ihm die früh gelehrte Anpassung wieder ermöglichen werde. Er war zur Unterwerfung bereit, aber der Herr zeigte sich nicht. Er war zum Glauben entschlossen, aber die Idee enthüllte sich ihm nicht. Er fieberte nach einer Rolle in der Geschichte, er sah sich schon als Märtyrer und schrieb sich auf:

Ob sie dich durchbohren,
Trutze drum und ficht,
Gib dich selbst verloren,
Doch das Banner nicht.

Andre werden's schwingen,
Wenn man dich begräbt,
Und das Heil erringen,
Das Dir vorgeschwebt[124].

Doch wo war es, das Banner, die heilige Sache, die todeswürdige? Heinrich Himmler wußte nur zu gut, daß er allein das Heil nicht erringen werde, daß er zum Willensmenschen nicht geboren war. Immer wieder nagte an seinem Selbstbewußtsein giftige Skepsis, nie konnte er sich restlos dazu überreden, sich für eine beherrschende Figur zu halten. In seinem Tagebuch hatte er niedergeschrieben, was er in Wahrheit von sich hielt.

Er fand, ihm fehle die Sicherheit des Auftretens, er rede zu viel und habe eine Lust, dumme Witzchen zu erzählen. Himmler: »Was für eine armselige Kreatur ist doch der Mensch[125].« »Ich bin ein Spruchmacher und Schwätzer und ohne Energie, mir gelingt nichts«, hatte er am 29. Januar 1922 ins Notizbuch eingetragen. »Sie halten mich für einen Jungen, der sich amüsiert und sich um alles kümmert: ›Der Heini macht es schon.‹[126]« Er wußte es besser.

Er war sich seiner Sache so unsicher, daß er ernsthaft mit dem Gedanken spielte, Deutschland zu verlassen. Er lernte Russisch und wollte sich irgendwo im Osten als Bauer niederlassen, bei anderer Gelegenheit schien ihm seine Zukunft in der Türkei oder in Peru zu liegen – 14mal beschäftigte sich Tagebuchautor Himmler zwischen 1919 und 1924 mit Auswanderungsplänen[127]. Später wähnte der unsicher-abergläubische Mann, ein böses Geschick sei ihm bestimmt. »Wir Landsknechte sollten eigentlich einsam und verfemt bleiben«, klagte er Jahre danach seiner Ehefrau und erhielt zur Antwort: »Denke doch nicht an soviel Grausiges der Zukunft, in dieser

Beziehung lass die Zukunft ruhen[128].« Frau Himmler wurde noch deutlicher: »Denn prompt stand wieder, das Jahr wird grausig werden. Bist Du auch unter die Sterngucker gegangen, u. der Mars regiert uns u. darum Graun über Graun. Ich bitte Dich direkt, es zu lassen[129].«

Er konnte seine selbstquälerischen Zweifel erst allmählich meistern, als er in das Kraftfeld des Mannes trat, der ihm hinfort zum Ersatz-Gott wurde: Im Dezember 1924 verließ Adolf Hitler die Festung Landsberg[130]. Er machte sich umgehend daran, die verbotene und gespaltene NSDAP wiederaufzubauen. Was Himmler im Lager der Völkischen irritiert hatte, wußte Hitler in einem knappen Jahr zu beseitigen. Am 27. Februar 1925 gelang es Hitler, das Gros der Völkischen und Nationalsozialisten Bayerns in die neue NSDAP unter seiner Führung zu ziehen, zwei Monate später gründete er die Schutzstaffel und setzte sich gegen alle Rivalen im eigenen Lager durch, bis er Ende 1926 schließlich die SA als parteieigene Armee gründen konnte[131].

Der Unterwerfungsinstinkt des Heinrich Himmler witterte, daß er sein Idol gefunden hatte. Im August 1925 erwarb er bereits eine Mitgliedskarte der erneuerten Nazipartei[132], kurz darauf saß er mit einem Monatsgehalt von 120 Mark als Sekretär Gregor Strassers in einem ärmlich möblierten Zimmer in der Nähe der St.-Martins-Kirche in Landshut[133]. Strasser, der die Parteipropaganda in Niederbayern leitete, hatte manchen Auftrag für den Adlatus. Himmler hielt engen Kontakt zu den entlegensten NS-Ortsgruppen und war mit seinem Motorrad für NS-Hinterwäldler die Verkörperung der Parteileitung. Bald durfte er sich Geschäftsführer des Gaues Niederbayern nennen[134].

Die Historiker wähnten später, Himmler habe sich ähnlich wie der Rheinländer Goebbels dem Hitler-Gegner Strasser ideologisch verschrieben. Tatsächlich hatte sich Himmler stets als Angestellter der Parteileitung gefühlt, niemals als Gefolgsmann Strassers[135]. Als sein Chef nach Berlin zog und zum norddeutschen Gegenpol Hitlers wurde, rückte Himmler dichter an Hitler heran. Die Chronisten wissen noch heute nicht, wann Himmler zum ersten Mal Hitler begegnet ist. Nie konnte er die Scheu überwinden, mit dem »größten Gehirn aller Zeiten«, wie er Hitler nannte, persönlich zu verkehren.

Schon im Landshuter Strasser-Büro empfand er eine schuljungenhafte Verehrung für seinen Führer. Himmler-Freund Hans Erhard erzählte dem britischen Schriftsteller Willi Frischauer, an die Wand des Büros sei ein Hitler-Bild befestigt worden, mit dem Himmler oft halblaute Zwiesprache geführt habe[136]. Selbst bei Telephongesprächen mit Hitler schlug er die Hacken zusammen, und als später, im Kriege, sein Leibarzt Felix Kersten einmal einen Anruf Hitlers entgegengenommen hatte, konnte sich Himmler über so viel Glück kaum noch fassen: »Herr Kersten, wissen Sie, mit wem Sie gesprochen haben? Sie haben die Stimme des Führers gehört. Welch ein Glück für Sie! Schreiben Sie das nur gleich Ihrer Frau! Wie wird sie sich freuen, daß Sie eine solch einzigartige Möglichkeit hatten[137].«

Die »Kampfzeit« an der Seite Hitlers erschien ihm als der größte Augenblick seiner Karriere. »Das war eine herrliche Zeit«, echauffierte er sich noch 1945. »Wir Mitglieder der Bewegung schwebten ständig in Lebensgefahr. Aber Angst hatten wir keine. Adolf Hitler führte uns, hielt uns zusammen. Diese Jahre bleiben die wunderbarsten meines Lebens [138].« Immer und immer wieder holte er das Motorrad hervor und raste für seinen Führer über die Landstraßen, ein in sich verkrampfter Mensch, von brennendem Ehrgeiz und von Magenschmerzen heimgesucht, die ihn oft an den Rand einer Ohnmacht brachten. »Fabelhaft, was Sie sich alles vornehmen«, feierte ihn eine Berliner Verehrerin Ende 1927, »Ihr Magen rächt sich nur für die ihm immer wieder zugefügte Unbill. Verständlich, da das Recht auf seiner Seite ist [139].« Und die spätere Ehefrau verzweifelte: »Nun bist Du schon wieder unterwegs, ich mußte heute so daran denken, daß Dein Leben doch die reinste Hetzjagd ist [140].«

Hitler versagte ihm nicht den Lohn, Himmler stieg von Stufe zu Stufe in der Parteihierarchie empor: 1925 stellvertretender Gauleiter des Gaues Niederbayern-Oberpfalz, 1926 stellvertretender Gauleiter von Oberbayern-Schwaben, im selben Jahr stellvertretender Reichspropagandaleiter, 1927 stellvertretender Reichsführer-SS [141]. Aus dem unsicheren und richtungslosen Studenten entwickelte sich in wenigen Jahren ein fanatischer Hitler-Anhänger, der sich seinem Führer durch ein ungewöhnliches Organisationstalent empfahl. Doch Organisation genügte Himmler nicht. Er wollte seiner Umgebung Erzieher und Lehrer werden, wollte Partei und Volk an die wahren Quellen des Lebens führen.

Der lange Aufenthalt im Bauernland Niederbayern hatte ihn zu einem besessenen und närrischen Schüler der Blut- und Boden-Philosophie werden lassen. Seit er denken konnte, erschien seiner romantischen Geschichtsvorstellung das Bauerntum als Urquell der Nation. »Der freie Bauer auf freier Scholle«, schmachtete Himmler, »ist das stärkste Rückgrat deutscher Volkskraft und völkischer Gesinnung [142].« Später meinte er, »nach Abstammung, Blut und Wesen« sei er ein Bauer [143]; er konnte sich große Männer nicht anders vorstellen denn als Bauernsöhne, und seinen Lieblingshelden, den Sachsen-König und Slawen-Bezwinger Heinrich I. oder den Vogler (876 bis 936), nannte er denn auch einen »edlen Bauern seines Volkes« [144].

Nach seiner Studentenzeit, schon im Bannkreis völkischer Propaganda, malte er sich eine Gesellschaft aus, die in erster Linie vom Bauern geprägt ist. Als Urzelle des Zurück-zum-Lande-Staates konzipierte er in einer undatierten Aufzeichnung eine Bauernhofschule, deren Lehr- und Schülerpersonal »das Bild des wahrhaft deutschen Staatswesens entrollt« und gleichsam die neue Gesellschaft vorlebt [145].

Lehrer der Schule und des erträumten Bauernvolkes sind »Meister« und »Gesellen« beiderlei Geschlechts. Die männlichen Meister müssen »Führereigenschaften« besitzen, außerdem sollen ihnen »Lug und Trug der Welt genau bekannt sein«; die Meisterinnen hingegen sind »lebensfreudige, sittenreine Frauen von echtem mütterlichem Empfinden, frei von den

Krankheiten der heutigen entarteten Frauen der Städte, stark und doch holdselig im täglichen Leben das letzte Wort gerne den Männern überlassend«. Die Urzelle Himmlerschen Bauerntums ist »mit schlichter Kunst eingerichtet« und steht als »geistiger und Kulturmittelpunkt« den »Volksmännern, Dichtern und Künstlern deutscher Art« jederzeit offen, damit die Arbeiter der Stirn »ungehemmt von den Geistesströmungen des Irrwahns schaffen können«. Wer würde darin nicht Erzelemente nationalsozialistischer und SS-eigener Gesellschaftsutopie erkennen! »Der Hauptwert wird aber nicht auf das Wissen, sondern auf die Gesinnung gelegt«, fordert Staatsgründer Himmler und präsentiert als Produkte seiner Schule »kerngesunde, nervenstarke, willensstarke Menschen«, die »in dauernder Verbindung mit der Schule zu Führern des Volkes heranreifen«.

Himmler fand sogar Freunde, die bereit schienen, seinen bäuerlich-völkischen Edelkitsch in die Tat umzusetzen. Sie kauften ein Bauerngut in Niederbayern und stellten es Himmler zur Verfügung. Doch seine Hoffnung, es könnten sich »noch eine ganze Anzahl von edelsten Menschen finden, die... entsprechend ihrem Vermögen und ihrer Kraft eine Stiftung errichten« würden, zerschlug sich[146]. Die Bauernhofschule blieb eine Halluzination. Himmler ließ indes von seinen bäuerlichen Utopien nicht ab. Der Sohn des Studienrats glaubte in sich das pädagogische Genie entdeckt zu haben, er meinte sich zum großen Erzieher geboren, der immer lehren und Nutzanwendungen ziehen müsse.

Stets belehrte er seine Umgebung, was die Altvorderen in diesem oder jenem Falle getan hätten, und immer wußte er ein Beispiel aus der Geschichte, um die Gegenwart zu erhellen und die Zeitgenossen zu schulen. Noch im Kriege sehnte er die Friedenszeit herbei, »wo wieder erzogen, erzogen wird« – sein intimster Kenner, der Masseur Kersten, meinte später ernsthaft, im Grunde seines Wesens hätte Himmler die Völker des Ostens lieber erzogen als ausgerottet[147]. Auch für das Debakel der Bauernhofschule hatte Himmler eine Nutzanwendung, freilich nur die Nutzanwendung des Utopisten und des Sektierers. Zum ersten Mal stand er den wirtschaftlichen Nöten des Bauerntums gegenüber, er zog aus ihnen eine aberwitzige Schlußfolgerung.

Was der Bauernmystiker Himmler sah, war nicht jene Strukturkrise der deutschen Landwirtschaft, die spätestens nach dem Ende der Schutzzollpolitik Bismarcks eingesetzt hatte, war nicht die zwingende Notwendigkeit zu Rationalisierung und Abbau der lebensunfähigen Zwergbetriebe. Er sah etwas anderes: das schillernde Netzwerk eines Unholds, genannt »internationales Judentum«. »Schlimmster Feind« des Landvolks, schrieb er etwa 1924 in einer Notiz, sei das »internationale jüdische Kapital«, weil es »das Stadtvolk gegen das Landvolk aufhetzt« – und das geschehe so: »Durch Spekulation und Börsenspiel sorgt es für niedrige Erzeugerpreise und hohe Verbraucherpreise. Der Landwirt soll wenig verdienen, der Städter soll viel bezahlen. Den hohen Zwischengewinn schluckt das Judentum und die ihm verbündeten Kreise[148].« Bis zum Novemberputsch von 1923 hatten in Himmlers Tagebüchern Juden wenigstens noch individuelle Züge getragen, jetzt erstarrte jüdisches Wesen zur Fratze, wurde jeder »Nichtarier« zum Partisanen einer vermeintlichen jüdischen Weltgefahr. Von nun an sind im Denken Himmlers jüdische Menschen nur noch Gegenstand kollektiver Diffamierung – der künftige Reichsführer-SS hatte seinen Feind gefunden.

Und in der gleichen Notiz entdeckte er noch einen zweiten Erzgegner, ohne den er hinfort nicht mehr auskommen konnte: den Slawen. Nur im Kampf gegen den Slawen, argumentierte er, werde sich deutsches Bauerntum bewähren und kräftigen, denn nur im deutschen Osten liege die Zukunft. »Namentlich im Osten«, schrieb er, »stehen heute gewaltige Landmassen aus dem Besitzstand der großen Güter zum Verkauf. Ihre Besiedlung mit Bauern- und Landarbeitersöhnen ist notwendig, damit nicht, wie bisher, die 2. und 3. Söhne des deutschen Landwirts zur Abwanderung in die Städte gezwungen werden. Nur durch starke Siedlung kann es erreicht werden, daß das Landvolk wieder zu entscheidendem Einfluß in Deutschland kommt.« Neusiedlung ist mithin auch ein Kraftakt des deutschen Nationalismus. Himmler: »Vermehrung des Bauerntums bedeutet zugleich die einzig wirksame Abwehr gegen das Eindringen der slawischen Arbeitermassen von Osten. So soll der Bauer wie vor 600 Jahren berufen sein, dem deutschen Volke im Kampf gegen das Slawentum den Besitz der heiligen Mutter Erde zu erhalten und zu mehren [149].«

Ohne es zu wissen, hatte Heinrich Himmler zwei Kernpunkte des späteren SS-Programms formuliert, Überzeugungen, die den Ausgangspunkt der antijüdischen und antislawischen Politik des Dritten Reiches bestimmten. Der Kampf gegen den slawischen »Untermenschen« und gegen das »internationale Judentum« wurde zur fixen Idee. Noch fehlte diesem Programm der fanatische Akzent, die pseudoreligiöse Besessenheit – aber hier ist gleichwohl der Punkt, wo in Himmler der Prozeß politischer Wahnideen einsetzt.

Die NSDAP war jedoch damals viel zu unbedeutend, als daß sie Himmler die Möglichkeit bieten konnte, seine völkische Bauernpolitik zu verwirklichen. Himmler schloß sich einer Gruppe an, die mit dem Zurück zum Lande Ernst machen wollte: den Artamanen. Sie kamen vom völkischen Flügel der deutschen Jugendbewegung und waren nationalistische Idealisten, die sich vorgenommen hatten, auf eigener Scholle zu siedeln. Das Gros der Artamanen gehörte nicht zur NSDAP (obwohl ihr Führer Georg Kenstler Mitglied der Partei war), aber auch diese Jugendlichen schworen auf »Blut und Boden«, auch sie peinigte der antislawische Komplex: Sie wollten die polnischen Landarbeiter in Ostelbien zur Rückkehr nach Polen zwingen [150].

1924 brach die erste Artamanen-Gruppe auf, um in einem sächsischen Gut zu leisten, was sie für ihre wirtschaftliche und nationale Pflicht hielt; auch das Himmler vorschwebende Gut in Niederbayern stand offenbar mit der Arbeit der Artamanen in Zusammenhang. 2000 Jugendliche schwärmten auf Ostdeutschlands Bauernhöfe und formierten sich zum Abwehrkampf gegen die Slawen[151]. Himmler drang immer mehr in die vorderen Reihen der Artamanen. Er wurde bayrischer Gauführer[152] und hielt Verbindung mit Artamanen-Gruppen in Deutschland, unter anderem auch mit einem in Brandenburg agierenden Artamanen namens Rudolf Höß[153], der als Kommandant des Vernichtungslagers Auschwitz zu einem der makabersten Helfer des Reichsführers-SS werden sollte.

Im Bund der Artamanen begegnete Gauführer Himmler auch dem Mann, der den Vorurteilen des völkischen Bauernpolitikers erst ideologischen Schliff gab und sie in das System einer Rassenlehre einordnete, der Lehre von der Überlegenheit der nordischen Rasse. Richard Walther Darré, ein Argentinien-Deutscher, geboren 1895, Zögling der King's College School im britischen Wimbledon, ehemaliger Beamter des preußischen Landwirtschaftsministeriums und künftiger Agrarexperte der NSDAP, nahm den um fünf Jahre jüngeren Himmler in die Schule[154].

Er lehrte ihn, was er seit Jahren predigte: Das Problem der Landwirtschaft sei in erster Linie keine Wirtschaftsfrage, sondern »eine Frage des Blutes«; das Bauerntum (wie Darré in einer späteren SS-Publikation formulieren ließ[155]) habe »immer die allein tragfähige blutliche Grundlage unseres Volkes gebildet«, mithin sei es Aufgabe des Staates, die bäuerliche Blutsgrundlage zu verbreitern, und zwar durch Siedlungsprojekte, Förderung der Geburten, Drosselung der Abwanderung nach den Städten. Entscheidend komme es, so Darré, darauf an, »die besten Blutslinien unseres Volkes so schnell wie möglich mit dem Boden unlösbar zu verbinden«[156]. Als bester Blutslieferant erschien ihm jenes legendäre Wesen, das schon die Köpfe der völkischen Jugendbewegung verwirrte: die nordische Rasse. Nur »Träger nordischen Blutes«, dies wollte der Blut-Ideologe Darré in der Geschichte entdeckt haben, hätten die Welt gestaltet. »Wir wissen«, so umriß die SS-Publikation Darrés Vorstellungen, »daß fast alle großen Reiche der Weltgeschichte und die größten Kulturen von Menschen nordischen Blutes errichtet und erhalten worden sind. Wir wissen auch, daß diese großen Reiche und Kulturen zugrunde gegangen sind, wenn die Träger des nordischen Blutes, die sie einst geschaffen hatten, ihr Blut nicht rein hielten[157].«

Das aber hieß für die Gegenwart: Zurückdämmung aller dem nordischen Blutmythos abträglichen Einflüsse, Ausmerzung aller humanistisch-internationalen Kräfte von der (durch NS-Propagandisten in den Rang einer weltbeherrschenden Großmacht erhobenen) Freimaurerei bis zur völker- und menschenversöhnenden Religion des Christentums. Fasziniert erblickte Himmler eine Welt vor sich, deren Vorhandensein er dunkel geahnt, die er aber nie klar erkannt hatte. Jetzt öffnete ihm der Blut-und-Boden-Prophet die Augen, und was sich Himmler offenbarte, war wundersam: Er sah die völkische Elite der Zukunft, er sah die Herrscher der neuen Germanen, er sah den Männerorden der SS.

Die Artamanen verschwanden im Flugsand der Geschichte, der Idealismus der Jugendbewegten zerbrach am Egoismus der ostelbischen Großgrundbesitzer, die prompt die städtischen Phantasten ausnutzten[158], aber lange Zeit konnte Himmler nicht vergessen, was er dem Artamanen-Bruder Darré verdankte. Er holte ihn später in die Schutzstaffel und übertrug ihm die Leitung des neuen Rasse- und Siedlungsamtes der SS[159], das Darré zum Sprungbrett ins Reichslandwirtschaftsministerium wurde. Den Blut-und-Boden-Mythos lehrte Himmler nun auch selber in der niederbayrischen SS, die er aufgebaut hatte. Die Parteioberen wurden auf den Bauerntheoretiker in der SS-Uniform aufmerksam, Himmler winkte die Chance, Chef der Gesamt-SS zu werden. Doch noch war er sich nicht sicher, ob seine Zukunft dem Boden oder der SS gehörte. Er glaubte, einen Partner für bäuerliches Siedeln gefunden zu haben.

1926 stürzte er, um Schutz vor einem Regenfall zu finden, in die Halle eines Hotels in Bad Reichenhall und zog vor einer Dame seinen nassen Jägerhut so schwungvoll, daß der Hotelgast über und über bespritzt wurde[160]. Als Himmler verlegen aufblickte, stand vor ihm die germanische Göttin seiner Visionen: blond, blauäugig, walkürenhaft. Sie hieß Margarete Boden und war die Tochter eines deutschen Gutsbesitzers aus Goncerzewo in Westpreußen[161]. Sie hatte im Ersten Weltkrieg als Krankenschwester gearbeitet, war nach Berlin gezogen und hatte dort nach kurzer Ehe mit Geldern des Vaters eine kleine Privatklinik aufgebaut[162].

Dem keuschen NS-Propagandisten erschien die Liebe auf den ersten Blick, die Eltern aber waren von der Akquisition ihres Sohnes wenig erbaut. Marga, wie sie sich nannte, war acht Jahre älter als Heinrich und zu allem Überdruß auch noch protestantisch und geschieden[163]. Lange Zeit zögerte Himmler, mit Marga vor die Eltern zu treten. Himmler zu seinem Bruder Gebhard: »Lieber würde ich allein einen Saal mit tausend Kommunisten ausräumen!«[164]

Die Eltern fügten sich und überließen das Paar seinen Illusionen. Heinrich und Marga wurden am 3. Juli 1928 getraut[165] und dachten sich ein gemeinsames Siedlerleben aus. Marga verkaufte die Privatklinik, und mit dem Erlös erwarb sich das Ehepaar in Waldtrudering bei München ein Grundstück, auf dem es ein kleines Holzhaus errichtete: Im Erdgeschoß lagen zwei Zimmer, darüber drei weitere Räume; Heinrich ließ es sich nicht nehmen, einen Hühnerstall selber zu zimmern, denn die Himmlers hatten eine große Hühnerfarm projektiert[166].

»Liebchen, ich muß so oft an das Stückchen Land denken, das wir dann besitzen werden«, hatte sich Marga schon Monate vor der Hochzeit gefreut und in dem schäkernden Ton, den sie anfangs gegenüber Himmler anschlug, geschrieben: »Liebchen, ich glaube, der böse Mann muß dafür sorgen, daß gespart wird. Du weißt ja, die böse Frau gibt immer soviel Geld aus, wie sie hat[167].« Die Eheleute legten sich 50 Zuchthennen zu[168], aber das Siedlungs- und Farmprojekt scheiterte an Geldsorgen und an Heinrichs Parteikarriere. Himmlers 200-Mark-Gehalt als Angestellter der NSDAP[169] reichte nicht aus, die Hühnerfarm in Schwung zu bringen.

Am 6. Mai 1929 ließ Marga ihren Mann wissen: »Die Hühner legen furchtbar schlecht 2 Eier pro Tag. Ich ärgere mich so, wo wir davon leben wollten u. dann noch zu Pfingsten sparen. Immer Pech. Ich spare so, aber das Geld ist gleich wieder alle [170].« Stets neue Geldsorgen: »Du hast nicht geschrieben, das ist bös. Das Geld wird nun nicht mehr morgen Vormittag kommen u. so kann [das Dienstmädchen] Berta nicht Deine Schuhe mitbringen [171].«

Zu den Finanznöten gesellte sich eine Ehekrise, die schneller kam, als beide für möglich gehalten hatten. Die kühle, recht nervöse und kaum Gemütlichkeit ausstrahlende Hausfrau in Waldtrudering irritierte den sensiblen Ehemann bald so, daß er immer öfter von zu Hause fernblieb. Nach der Geburt der Tochter Gudrun [172], ihres einzigen Kindes, lebten sich die Himmlers auseinander.

Vergebens hoffte Marga, die NS-Politik werde ihr den Hausvater und Gatten eines Tages wieder zurückgeben. »Wenn die Wahlen vorüber sind, dann ist ja wenigstens für einige Jahre Ruhe damit... Und Du, Du wirst immer um mich sein«, erwartete sie [173]. In einem anderen Brief: »Du böser Landsknecht, Du wirst doch mal in diese Gegend kommen [174].« Und wiederum: »Wenn Du auch nur auf zwei Tage kommst, Du kommst [175].« Doch allmählich ahnte Marga, daß Heinrich ihr verloren war. »Manchmal bin ich doch traurig, daß ich immer zu Hause sitzen muß. Heute habe ich mir ausgedacht, wie wir Deinen Geburtstag feiern werden. Lieber, gehen wir zusammen mal in irgend eine Ausstellung? Waren wir noch nie«, eröffnete sie ihm [176]. Und bei anderer Gelegenheit: »Mir geht es nicht gut. Was soll nur werden. Man muß immerzu daran denken... Ach Guterchen, was wird bloß mit mir [177].«

Heinrich Himmler wußte es nicht. Er stand längst im Banne des Führerbefehls, der ihn am 6. Januar 1929 an die Spitze der Schutzstaffel gerufen hatte. Jetzt konnte SS-Mitglied Nr. 168 beweisen [178], was es bei Gregor Strasser und Walther Darré gelernt hatte. Die SS war da – sie wartete nur, so dünkte Himmler, von einer Meisterhand zum völkischen Orden, zur Elite des Nationalsozialismus ausgebaut zu werden.

Der neue Reichsführer-SS erfuhr freilich bald, daß es nicht weltanschaulicher Purismus war, den sein Führer von ihm erheischte. Hitler brauchte nicht einen Orden gläubiger Runenmänner, er brauchte eine Garde des blinden Gehorsams, ein Instrument seiner persönlichen Herrschaft. Die NSDAP stand an einem Kreuzweg. Die Wirtschaftskrise der endzwanziger Jahre trieb immer mehr verbitterte Deutsche ins NS-Lager, stärkte und gefährdete zugleich die parteiinterne Führerstelle Adolf Hitlers. Sie mußte allen Widerständen zum Trotz erneut befestigt werden. Das mörderischste Kapitel deutscher Parteiengeschichte begann.

4 Von der Leibwache zur Parteipolizei

Parteigenosse Ludolf Haase hatte eine Vision. Er schrieb in einem Brief an die Münchner Parteileitung nieder, was ihm, dem NS-Landesführer für Hannover-Süd und führendem Mitglied des völkischen »Skaldenordens«, von entscheidender Bedeutung zu sein schien.

Die NSDAP, so liefen seine Gedanken, sei nach dem Münchner Novemberputsch von 1923 auseinandergefallen, weil der Partei ein Führerkorps und dem Führerkorps ein Machtinstrument gefehlt habe. Was die neuerstandene Partei benötige, sei »ein nationalsozialistischer Orden innerhalb der Partei«, eine Geheimgesellschaft, die jederzeit Wächter und Helfer der Führung sein müsse. Haase konzipierte einen partei-internen Geheimorden, der die Bewegung eisern zusammenhält. Die Ordensmänner führen »die Säuberung der Organisation herbei, durchsetzen, falls nötig, Nachbarverbände und Behörden«; sie beschaffen zugleich »durch Überwachung usw. die unbedingt notwendigen Kenntnisse über Pläne, Handlungen, Zusammenhänge der Gegner«. Der nationalsozialistische Orden der Zukunft, forderte Haase, müsse »in den Brei der NSDAP« eine Organisation »hineintreiben, die das Instrument liefern soll, das der obere Führer haben muß, um überhaupt völkische Machtpolitik mit Erfolg betreiben zu können« [1].

Landesführer Haase hatte damit prophetisch das Grundkonzept der Schutzstaffel niedergeschrieben, die eines Tages ihren Schatten über die Partei werfen sollte. Doch die Funktionäre in der Münchner Parteileitung wußten mit dem Schreiben aus Hannover-Süd nichts anzufangen. Der Name Haase geriet in Vergessenheit, sein Memorandum in die Akten.

Im Januar 1929 aber zog in ein Hintergebäude der Münchener Schellingstraße 50, dem Sitz der NS-Parteileitung, ein Mann ein, der ähnlich wie Haase dachte und in dessen Personalakten man später die undatierte Denkschrift wiederfand: Heinrich Himmler, der neue Reichsführer-SS, wollte in der Tat seine Organisation »in den Brei der NSDAP« vortreiben. Zunächst erging es ihm freilich nicht anders als dem Parteigenossen Haase. Der Ehrgeiz des Diplomlandwirts und Hühnerzüchters aus Waldtrudering begegnete in der Partei meist nur mitleidigem Lächeln.

Himmler galt vielen als ein Sonderling. Er sei, so erzählte man sich, ein Sektierer, der Zuchtvorstellungen aus seinem Berufsleben mit dem offiziellen Rassendogma der Partei zu einer seltsamen Elite-Konzeption vermengt habe. Zudem stand sein überhitzter Ehrgeiz in einem grotesken Mißverhältnis zu der Winzigkeit der Parteigliederung, die er übernommen hatte. Die Schutzstaffel zählte damals 280 Mann, unterstand dem ihr wenig gewogenen »Obersten SA-Führer« (OSAF) Franz Pfeffer von Salomon und trotzte nur mühsam gegen das in der NSDAP verbreitete Vorurteil an, die SS sei eine Art Werbekolonne für die parteieigene Presse.

Doch Himmler ließ sich von dem Gespött seiner Parteigenossen nicht beirren. Er entwarf ein ambitiöses Expansionsprogramm, mit dem er die Zahl der Schutzstaffeln in kurzer Zeit erhöhen und auch nach außen den Elitecharakter der SS unterstreichen wollte. Im April 1929 legte er Hitler und dem OSAF Pfeffer den Entwurf einer Anordnung vor, die praktisch einen Orden der SS begründete [2]. Von da an konnte in die SS nur noch aufgenommen werden, wer schärfsten Auslesebestimmungen entsprach; für den Schüler des Blut-und-Boden-Mystikers Darré gab es keine andere Auslese als jene der Rasse, kein anderes Männerideal als das kitschig-romantische Bild vom nordischen Recken.

»Wir gingen«, formulierte Himmler später, »so wie der Saatzüchter, der eine alte, gute Sorte, die vermischt und abgebaut ist, wieder rein züchten soll, zuerst über das Feld zur sogenannten Staudenauslese geht, zunächst daran, rein äußerlich die Menschen abzusieben, die wir glaubten für den Aufbau der Schutzstaffel nicht brauchen zu können [3].« Bei strenger Anwendung so hehrer Prinzipien hätte Himmler freilich die halbe SS abbauen müssen, denn ihre meist kleinbürgerlichen Mitglieder glichen kaum dem germanischen Homunkulus aus dem Labor des Walther Darré. Solche Selbstzerstörung wußte Himmler zu vermeiden. Seine Orders besagten, die neuen Bestimmungen träfen nicht auf alte SS-Mitglieder zu, die im Ersten Weltkrieg Soldat gewesen seien [4]. Nur allmählich zog er die Schrauben seines Ausleseprogramms an. »Ich bin zunächst daran gegangen, eine bestimmte Größe [1,70 Meter] zu verlangen«, erzählte Himmler [5]. Er habe nämlich gewußt, setzte er mit dem Stolz des Hellsehers hinzu, »daß Menschen, deren Größe über einer bestimmten Zentimeterzahl liegt, das erwünschte Blut irgendwie haben müssen [6].«

Er ließ sich von jedem Bewerber Bilder kommen, die er mit der Lupe so lange beäugte, bis er sich schlüssig war, ob der Bewerber das besaß, was der rassennärrische Staudengärtner »gutes Blut« nannte [7]. Himmler erläuterte vor Offizieren: »Ich überlegte mir: Sind hier im Gesicht des Mannes ganz deutliche Einschläge von fremdem Blut, also überstarke Backenknochen, wozu man landläufig sagt: der sieht mongolisch oder slawisch aus? Warum habe ich das getan? Da darf ich Ihre Aufmerksamkeit auf eine Erfahrungstatsache lenken. Erinnern Sie sich bitte an die Soldatenratstypen des Jahres 1918 und 1919 [8].«

Die Bemerkung verrät, daß Himmlers biologische, am »guten Blut« orientierte Auslese nicht nur dem Gespinst rassistischer Wahnideen entstammte. Sie zielte auch auf die Zwangsvorstellungen der ehemaligen Weltkriegsoffiziere und Freikorpsführer, die das traumatische Erlebnis abgerissener Achselstücke nicht bewältigt hatten. Der Soldatenrat war für viele von ihnen eine Symbolfigur eigener Schmach; linksextremistische Soldaten hatten bei Kriegsende den Offizieren die Schulterstücke heruntergezerrt, und die gleichen Soldatenräte – das war die andere Seite des Traumas –

hatten erlebt, daß die Offiziere mit keinem Finger den kaiserlichen Obersten Kriegsherrn vor der Revolution schützten. Einerlei, ob der Fähnrich Himmler jemals persönlich die Soldatenräte erlebt hatte, »diese unrühmliche Waffenstreckung vor der roten Meute« (Röhm[9]) – Himmler wußte die ehemaligen Offiziere immer wieder an ihre unliebsame Begegnung mit den Soldatenräten zu erinnern: »Jeder von Ihnen, der damals Offizier war, kennt eine ganze Anzahl dieser Leute aus persönlicher Erfahrung. Sie werden feststellen können, daß das im großen und ganzen Leute waren, die für unser deutsches Auge irgendwie komisch aussahen, die irgendeinen komischen Zug hatten, bei denen irgendein fremdes Blut eingeschlagen war[10].«

Solche Argumentation entsprach genau der Gefühlswelt jener sozialen Gruppe, in der Himmler das erste Reservoir seiner SS sah. Die Idee einer Blut-Elite faszinierte den einsamen Haufen ehemaliger Militärs, inflationsgestörter Akademiker und arbeitsloser Angestellter, die nach ihren Irrfahrten durch Freikorps und nationalistische Wehrverbände neue Gemeinschaftsformen suchten. Himmlers rassischer Elitebegriff versprach ihnen eine Heimat, verhieß ihnen Erlösung aus den Verstrickungen entwurzelter Bürgerlichkeit und verlorengegangenen Sozialprestiges.

Elite war bis dahin ein sozialer Begriff gewesen: Zur Elite gehörte, wer Besitz, Bildung und gute Herkunft besaß. Der Zugang zu dieser Elite war der verlorenen Frontgeneration verschlossen; Anpassungsschwierigkeiten und ein romantisiertes Landsknechtstum hatten sie ins Niemandsland der Gesellschaft getrieben. An die Stelle der sozialen Elite rückte nun Himmler eine ganz andere Elite: die Auslese der Rasse, den Adel der Weltanschauung. Der Elitebegriff des guten Blutes ließ sich nebulös und weitherzig genug fassen, um allen Mitgliedern des verlorenen Haufens Unterschlupf zu gewähren, soweit sie Himmler gefielen. Sie kamen bald in dichten Scharen.

An der Wiege der SS hatten einst die Vorstadt-Kleinbürger vom Typ des Fleischergesellen Ulrich Graf und des Schreibwarenhändlers Josef Berchtold gestanden. Jetzt strömte eine neue Schicht in die SS: die Entwurzelten aus dem mittleren und höheren Bürgertum. Die Neulinge luden die Schutzstaffel mit einer Mentalität der Härte und der voraussetzungslosen Kampfbereitschaft auf, der im Grunde alle Ideologie fremd war. Man merkte ihnen ihre Herkunft an: Sie bildeten die Nachhut der Freikorps, sie waren »die Männer, die der Krieg niemals entließ, die ihn immer im Blute tragen werden«, wie sie der Freikorps-Barde und Rathenau-Attentäter Ernst von Salomon 1930 beschrieb[11].

Die Freikorpsmänner vertraten auf eine allzu deutsche Art eine Generation des Kulturekels, die in den Stahlgewittern des geradezu herbeigesehnten Weltkriegs eine Reinigung von allen Übeln bürgerlicher Heuchelei und Sattheit erwartet und die gehofft hatte, das »eigene Selbst zu verlieren« – so ihr englisches Idol, der Arabien-Oberst Thomas Edward Lawrence[12]. Der Krieg ging vorüber, die bürgerliche Gesellschaft blieb mühselig am Leben, aber die Frontgeneration, kaum angerührt von der Nie-wieder-Krieg-

Stimmung des Grabenkämpfers, hoffte weiter auf den gewaltsamen Untergang der verachteten Welt des Bourgeois.

Der Ekel vor der Vorkriegswelt setzte sich um in einen Abscheu vor der Nachkriegsgesellschaft; auch im Frieden schienen den Frontkämpfern Gewalttätigkeit und Grausamkeit rechte Mittel, den Plunder bürgerlicher Zivilisation zu verbrennen, zumal ihnen Poeten erwuchsen, die mit der Schönheit der Sprache die Klarheit der Gehirne ruinierten. Der Krieg, so schrieb der verlorenen Generation größter Wortführer, der Pour-le-mérite-Hauptmann Ernst Jünger, bleibe für alle Zeiten »in uns, versteinertes Gebirge, von dem wir talwärts schreiten, Neuland zu suchen. Und immer, solange des Lebens schwingendes Rad noch in uns kreist, wird dieser Krieg die Achse sein, um die es schwirrt. Wohl ist er gestorben, sind seine Schlachtfelder verlassen und verrufen wie Folterkammer und Galgenberg, doch sein Geist ist in seine Fronknechte gezogen und läßt sie nie aus seinem Dienst« [13].

Die deutschen Nachkriegswirren gaben genügend Gelegenheit, um die Kriegsachse zu schwirren. Der Staat brauchte Krieger für den Abwehrkampf gegen kommunistische Aufständler und polnische Insurgenten – die Frontgeneration griff nur zu gerne wieder zur Waffe, wußte sie doch durch Jünger: »Was könnte auch heiliger sein als der kämpfende Mensch?« Freilich, die neuen Soldaten unterschieden sich deutlich von den alten. Sie nannten ihre Einheiten Freikorps und wollten wohl damit sichtbar machen, daß sie freiwillig in den Dienst der Regierung getreten waren – und ihn freiwillig wieder verlassen konnten. Ihre Treue gehörte nicht der Regierung, ihre Treue galt nur dem Fähnlein, das ihnen voranflatterte, galt nur dem Führer, dem sie sich unterordneten.

Selten hatte die deutsche Militärgeschichte einen abenteuerlicheren Haufen kämpfender und politisierender Soldaten gesehen als die Freikorps der Jahre 1919 und 1920. Leutnants führten nominelle Regimenter, Befehle aus fernen Stäben wurden nur nach Gutdünken befolgt. Landsknechte waren sie, und sie sagten es mit Stolz. Wie den alten Landsknechten war ihnen die Truppe, die Kumpanei der Kameraden, einzige Heimat, und wie die Landsknechte besaßen auch die 70 000 Freikorpsmänner »die schweifende Unruhe, den Willen zum Selbstverzehr, spürten den unsagbaren männlichen Reiz steter und gesuchter Gefahr. Sie wie jene genossen die Verachtung der Seßhaften, der Pausbäckigen, und erwiderten sie, da sie an Lagerfeuern und im Feldquartier, in heißen Gefechten und auf langen Märschen ... die Begriffe und Wertungen der geschätzten Anderen hohnvoll zerbrachen« (Salomon) [14].

Eine solche Truppe war wie geschaffen dazu, das Panier der unsentimentalen Gewalttätigkeit aufzupflanzen. Da die Traditionen und Normen alter Militärdisziplin längst zerstört waren, erfand die Truppe Femegerichte. Die Freikorps ließen in Verfahren, die sie euphemistisch »richterliche Selbsthilfe« nannten, erschießen, wen sie für schuldig hielten. Menschenleben, eigene wie fremde, galten nicht viel bei den Freikorps; den Tod zu geben und den

Tod zu nehmen, war ihre Parole – wie später bei der Waffen-SS [15]. Ernst von Salomon weiß denn auch 1930 an den Freikorps zu rühmen, was ein Jahrzehnt später die Soldaten Himmlers auszeichnete: »das rücksichtslose Vorgehen gegen bewaffnete und unbewaffnete Massen und Gegner, die grenzenlose Nichtachtung vor der sogenannten Heiligkeit des Lebens, die ausgeprägte Neigung, unter keinen Umständen Gefangene zu machen« [16].

Nach dem Ende der Freikorps schwärte das Krebsgeschwür der Gewalttätigkeit weiter. Die Feme sprang in die Politik über und machte Jagd auf Demokraten und Republikaner, Terror blieb das geheime Schlüsselwort der nationalistischen Wehrverbände und Parteien. Doch die Freikorpsmänner hatten ihr Vaterland verloren. Ein Teil von ihnen lief zur SA über, in deren Führerstellen sie einrückten. Indes, das Einsickern von tausend und abertausend Arbeitslosen im Schatten der Wirtschaftsdepression machte den ehemaligen Freikorpsmännern deutlich, daß die SA nicht ihre Heimat sein konnte: Der aus den Warteschlangen der Arbeitsämter rekrutierte SA-Mann war nur Rebell auf Zeit, er wartete darauf, daß ihm Adolf Hitler wieder Brot geben werde, damit er zu Frau und Kind zurückkehren könne; der Freikorpsmann dagegen, auch jener im braunen Hemd, verachtete die bürgerliche Welt, in die sich selbst der schlimmste SA-Rabauke in einem Winkel seines Herzens zurücksehnte [17].

Da bot Heinrich Himmler eine echte Heimat: den Eliteorden der SS. Ab 1929 begannen die Freikorpsmänner mit dem Zug in die Schutzstaffel. Sie kamen in zwei Wellen; zunächst erschienen die Veteranen, die um keinen Preis Anschluß an die Gesellschaft gefunden oder gesucht hatten. Illustre Namen gehörten zu ihnen: Der pommersche Reichswehroffizier Erich von dem Bach-Zelewski, der wegen nationalsozialistischer Umtriebe sein Infanterie-Regiment hatte verlassen müssen, baute ab 1931 die SS der Grenzmark auf [18], Friedrich Karl Freiherr von Eberstein, Leutnant im Ersten Weltkrieg und Adjutant des Freikorpsführers Graf Helldorf, übernahm später die SS in Sachsen [19], und Udo von Woyrsch, Weltkrieg-I-Oberleutnant und Grenzschutzführer, organisierte die SS in Schlesien [20].

Die Wirtschaftskrise spülte eine zweite Bewerberwelle in die SS. Diesmal traten die Männer an, denen es zunächst gelungen war, im bürgerlichen Leben halbwegs Fuß zu fassen, die aber nun im immer erbarmungsloseren Konkurrenzkampf ihre Positionen in der freien Wirtschaft verloren. Der Bankrott verlockte sie, die Uniform der SS anzuziehen: Friedrich-Wilhelm Krüger, Sohn eines Obersten und früher Oberleutnant im Freikorps Lützow, verzichtete auf den Stand des freien Kaufmanns [21], Karl Wolff, Sohn eines Landgerichtsrats und ehedem Leutnant im großherzoglich-hessischen Leibgarderegiment 115, verlor seine Annoncenexpedition [22], und Dr. Carl-Albrecht Oberg, Sohn eines Arztes und ehemaliger Leutnant an der Westfront, büßte seine Bananen-Importfirma ein [23].

Der Eintritt so vieler schlagbereiter Freikorpsmänner erlaubte Himmler, die Zahl der SS-Einheiten ständig zu erhöhen. Rastlos reiste er durch Deutschland und warb für seinen Eliteorden. Er mißachtete alle Widerstände, die sich in der Partei gegen seinen Expansionsdrang erhoben. Als er ankündigte, in Hamburg werde er demnächst eine Schutzstaffel in Stärke von 500 Mann aufstellen können, hielt ihm Gauleiter Krebs entgegen, in Hamburg gebe es kaum 500 Parteigenossen. Darauf Himmler großspurig: Die Verhältnisse seien unerheblich, es komme nur auf die Männer an [24].

»Die Schutzstaffel wächst und wird wohl Ende dieses Vierteljahres auf 2 000 kommen«, meldete er am 29. Januar 1930 seinem ehemaligen Mentor Röhm, der nach dem Streit mit Hitler als deutscher Militärinstrukteur nach Bolivien gegangen war [25]. Seine Standartenführer seien »feine Kerle«, schrieb Himmler und berichtete Röhm weiter: »Dienstbetrieb und Aufnahmebedingungen werden von Monat zu Monat verschärft [26].« Unaufhörlich kletterten die Mitgliedsziffern der Schutzstaffel: Januar 1929: 280 SS-Männer, Dezember 1929: 1 000 SS-Männer, Dezember 1930: 2 727 SS-Männer [27]. Die SS wuchs so schnell, daß Himmler schließlich den Magneten seines Eliteordens in eine für SS-Werber verbotene Richtung lenkte, einem Sammelbecken entgegen, das der Schutzstaffel bis dahin verschlossen war: der SA.

Dort saßen noch aus Röhms Frontbann-Ära Freikorpsmänner, von denen mancher nicht übel Lust hatte, zur SS überzuwechseln. Doch der OSAF Pfeffer wachte darüber, daß keiner seiner Unterführer zu dem Himmler-Orden überlief. Schon Ende 1926 hatte Pfeffer in einem Befehl festgelegt, daß die SS nur im engsten Einvernehmen mit der SA-Führung handeln dürfe [28]. Jede Eigenmächtigkeit der SS war von vornherein unmöglich gemacht. Bei einem gemeinsamen Einsatz von SA und SS mußten sich Mitglieder der Schutzstaffel stets dem jeweiligen SA-Führer unterstellen [29]. Vor allem die Kontrolle über die SS-Werbung gab Pfeffer nicht aus der Hand. Bestehe die Gefahr, daß die SS (so schrieb Pfeffer) »alle führerfähigen Männer aufsaugt und dadurch ungewollt die Entstehung einer SA erstickt«, müsse der OSAF konsultiert werden [30].

Gleichwohl ließ sich Himmler von Pfeffers Befehlen nicht abschrecken. Er begann, heimlich in der SA den SS-Orden anzupreisen und konnte zahlreiche SA-Männer abwerben. Himmlers Erfolge blieben den SA-Führern nicht lange verborgen. »Es ist höchst bedenklich, wenn die neu aufzustellenden SS-Verbände ihre Werbung mit unlauteren Mitteln betreiben. Und außerdem versuchen, die SA zu zersetzen«, klagte der ostdeutsche SA-Führer Stennes [31]. In Berlin druckten empörte SA-Männer anonyme Flugblätter gegen den »Ausbau der Leibgarde unserer zivilen Bonzen, der SS, auf Kosten der SA« [32].

Hitler bremste die Animosität zwischen den beiden Parteiarmeen und verhalf Himmler zu einem ersten großen Erfolg: Ende 1930 dividierte er SA und SS auseinander. Die Schutzstaffel blieb zwar weiterhin formell dem OSAF unterstellt, aber ihr wurde jetzt die Unabhängigkeit von der SA bestätigt. Hitler: »Kein SA-Führer ist berechtigt, Befehle an die SS zu erteilen [33].« Auch in der Uniform drückte sich nun die Selbständigkeit der SS aus. Im Schwarz unterschied sich die SS vom Braun der SA:

SS-Männer trugen schwarze Mützen, schwarze Binder, schwarze Hosen und schwarzgerandete Hakenkreuz-Armbinden. Ein schwarzer Streifen fünf Zentimeter über dem linken Ärmelaufschlag führte eine arabische Ziffer, die Nummer des jeweiligen SS-Sturms [34].

Die SS hatte ihren ersten Unabhängigkeitskrieg gewonnen. Mehr noch: Hitler erlaubte ihr auch, eine ganz neue Organisation zu schaffen. Das alte Zehnersystem (in jedem Ort keine größere Staffel als in Stärke von einem Führer und zehn Mann) wurde abgeschafft, an seine Stelle rückte eine neue Struktur, die mit ihren Diensträngen und Gliederungen der SA zum Verwechseln ähnelte: Kleinste SS-Einheit war nun die *Schar* in Stärke von acht Mann unter einem Scharführer. Drei Scharen bildeten einen *Trupp* unter einem Truppführer, zwischen 20 und 60 Mann stark und dem Zug in einer militärischen Einheit vergleichbar. Drei Trupps formierten sich zu einem *Sturm*, der wichtigsten SS-Einheit, die mit ihren 70 bis 120 Mann unter dem Kommando eines Sturmführers die Funktion einer Kompanie ausübte. Drei Stürme umfaßten einen bataillonsähnlichen *Sturmbann*, der 250 bis 600 Mann zählte und einem Sturmbannführer unterstand. Drei bis vier Sturmbanne ordneten sich zu einer *Standarte*, deren 1 000 bis 3 000 Mann unter einem Standartenführer dem Regiment gleichkamen. Mehrere Standarten machten eine Untergruppe (später: *Abschnitt*) aus, die an die Brigade erinnerte und deren Chef ein Oberführer war. In Zukunft sollten sich mehrere Untergruppen oder Abschnitte zu einer Gruppe oder einem *Oberabschnitt* zusammenschließen, einer Einheit, die einem Gruppenführer unterstand und der Division entsprach [35].

Noch stand freilich die neue SS-Armee auf dem Papier, noch fehlten Himmler die Leute, um der Konstruktion wirkliches Leben einzuhauchen. Aber auch hier öffnete Hitler dem Selbstbewußtsein der SS ein Ventil. Er gab Anweisung, die SS dürfe in der SA nicht mehr werben, dafür aber müsse die SA Personal für die neu aufzustellenden SS-Einheiten abgeben, und zwar solle sie die Hälfte der für jeden Ort vorgesehenen SS-Gruppe stellen. Besonders unangenehm für die SA war, daß sie nur – wie es in einem Befehl hieß – »ausgesuchte Leute« zur SS entsenden durfte; der jeweilige SS-Sturmbannführer hatte obendrein sogar das Recht, SA-Männer wegen mangelnder Eignung abzulehnen [36].

Die SA-Führer redeten sich ein, nun sei wenigstens jeder Einmischung der SS in SA-Belange ein Riegel vorgeschoben. OSAF-Stellvertreter August Schneidhuber hoffte: »Der SA erwächst hierdurch das Recht, SS-Führern und Männern endlich ihre Werbung in unseren Reihen zu unterbinden, auch wenn diese außer Dienst erfolgt [37].« SA-Führer Schneidhuber irrte. Er hatte offenbar den zentralen Satz in Hitlers Befehl vom 7. November 1930 überlesen, der allein erst erklärte, warum Hitler plötzlich einer so brisanten Verstärkung der Schutzstaffel zugestimmt hatte. Der Satz lautete: »Die Aufgabe der SS ist zunächst die Ausübung des Polizeidienstes innerhalb der Partei [38].« Der Traum des Landesführers Haase hatte sich erfüllt – in der Partei zog der Geheimorden auf Wache.

Adolf Hitler hatte allen Anlaß, gerade jetzt nach den Handlangerdiensten seiner Leibwache zu rufen. Wie selten zuvor war seine Stellung umstritten, rumorte es im Untergrund der Partei. Die nationalsozialistische Bewegung entartete immer mehr zum Tummelplatz von Intrige und Heuchelei, von Mord und politischem Spießertum. Die SS war von Hitler dazu bestimmt, die Partei eisern zusammenzuhalten und jeden Ungehorsam wider den Parteiführer niederzuknüppeln. Und es gab viel Ungehorsam in dieser NSDAP, denn sie war niemals eine einheitliche Partei gewesen.

Ursprünglich ein völkisch-alldeutscher Kleinbürger-Verein, dann aufgeladen mit dem Ideengut des im Sudetenland entstandenen nationalen Sozialismus, kurz darauf degradiert zum politischen Anhängsel der bayrischen Wehrverbände, Labyrinth einander befehdender Politiker des völkischen Lagers, später Testplatz eines proletarisch gemeinten völkischen Sozialismus, Zufluchtsstätte für SA-Proleten und Versuchung reaktionärer Parteiführer und Industrieherren – eine so vielgesichtige Partei kannte keine innere Einheit, sondern allein Aktivismus, Lärm, Bewegung um jeden Preis. Nur der Haß auf Fortschritt und Demokratie, nur der Wunsch nach Eroberung des Staates hielt sie alle zusammen. Kaum ein Glaubenssatz der NSDAP blieb jedoch von ihren Parteigenossen unbestritten, kaum ein Spitzenfunktionär fand die Billigung eines anderen.

Hitler-Paladin Hermann Esser begeiferte die norddeutschen Völkischen als »wotansüchtige Illuminatengesellschaft«[39], der Rheinländer Joseph Goebbels brachte den Antrag ein, den »kleinen Bourgeois Adolf Hitler« aus der Partei zu werfen[40], und kein Parteitag verging, ohne daß jemand verlangte, dem Judenhetzer Julius Streicher die Mitgliedskarte zu entziehen[41]. »Die Diktatur der sozialistischen Idee im Staate ist die Zukunft«, formulierte Goebbels und mußte sich vorwerfen lassen, der Satz gehöre in die »Rote Fahne«, nicht in ein NS-Organ[42]. Gregor Strasser forderte ein Bündnis mit der Sowjet-Union, weil Moskau ein Bruder im Kampf gegen die Versailler Friedensordnung sei, und stieß prompt mit dem antisowjetischen Kreuzzügler Alfred Rosenberg zusammen, der die Partei schon eine Beute des roten Weltfeindes wähnte[43]. Nicht einmal die rabiate Judenhetze verband alle Nazis; jede Schattierung des Antisemitismus war in der Partei zu Hause. Goebbels fand: »Die Judenfrage ist komplizierter, als man denkt. Es wird wahrscheinlich nicht so sein, daß der kapitalistische und der bolschewistische Jude ein und dasselbe sind[44].«

So sehr war die Partei zerstritten, daß eigens ein Untersuchungs- und Schlichtungsausschuß, genannt Uschla, eingerichtet werden mußte, der unter Leitung des ehemaligen Majors und Nürnberger SA-Führers Walter Buch schier pausenlos damit beschäftigt war, die kleinbürgerlichen Querelen der Parteigenossen aus der Welt zu schaffen[45].

Hitler aber wußte die Kabalen zur Befestigung seiner Machtstellung zu nutzen. Genialer Synthetiker konträrster Meinungen, der er war, konnte Hitler die Parteicliquen zusammenhalten und sich zugleich so in den Vordergrund spielen, daß er immer häufiger als einzige Klammer der Partei erschien – er, der selber Rivalitäten schürte, wo er konnte. Je mehr die anderen miteinander stritten, desto akzeptabler mußte ihnen der Münchner Parteipapst dünken. »Völlig bewußt«, so erkannte Rosenberg im Schatten des Nürnberger Galgens, »erlaubte Hitler das Bestehen von antagonistischen Gruppen innerhalb der Partei, damit er den Schiedsrichter und Führer spielen konnte [46].« Im Schutze der parteiinternen Widersprüche hatte sich Hitler zielbewußt nach vorn gearbeitet, jede Krise, jede Meinungsdifferenz ausnutzend. Zunächst reichte Hitlers Macht nach der Neubegründung der Partei im Februar 1925 kaum über Bayern hinaus.

Den Weg zu den völkischen und nationalsozialistischen Gruppen in Nord- und Westdeutschland versperrte ihm eine Riegelstellung, die von drei Männern gehalten wurde: dem Landshuter Apotheker Gregor Strasser, einem genialischen Organisator, seinem irrlichternd-doktrinären Bruder Dr. Otto Strasser und seinem Chefpropagandisten Dr. Joseph Goebbels. Die drei kontrollierten die NS-Organisation im Norden und unterschieden sich auch ideologisch von dem vorsichtig zwischen Restauration und Revolution lavierenden Hitler. Sie glaubten an einen völkischen Sozialismus, forderten die Verstaatlichung der Industrien und propagierten eine proletarische Allianz Deutschland–Rußland [47]. Im Februar 1926 sprengte Hitler die Riegelstellung der Strassers. Auf einer (vor allem mit Hitler-Anhängern bestückten) Führertagung in Bamberg ließ er über das sozialrevolutionäre Programm der Gegenseite abstimmen und siegte [48]. Goebbels lief in das Lager Hitlers über, aber auch Gregor Strasser machte halbherzig Frieden mit Hitler und trat als Reichsorganisationsleiter in die Münchner Parteiführung ein [49].

Nur Otto Strasser setzte von Berlin aus den offenen Kampf gegen Hitler fort. Als Chef des einflußreichsten NS-Organs im Norden, der »Berliner Arbeiterzeitung«, und als Kopf einer Gruppe von Intellektuellen, die den Nationalsozialismus auf gut links interpretierten, baute er Berlin zum Bollwerk der Partei-Opposition aus [50]. Da schob sich an der Spree eine dritte Macht zwischen die streitenden NS-Fraktionen. Die Berliner SA marschierte los.

Ihr Anführer war der hünenhafte Kurt Daluege, Ingenieur der Berliner Müllabfuhr, der 1921 mit einem Freikorps polnischen Insurgenten den oberschlesischen Annaberg entrissen hatte und zu den schlagkräftigsten Randalierern der Reichshauptstadt zählte [51]. »Dummi-Dummi«, wie Berlins Unterweltler ihn wegen seines begrenzten Horizonts nannten, war nach dem Novemberputsch von 1923 zu Röhms Ersatz-SA, dem Frontbann, gestoßen und hatte später aus Freikorps-Veteranen, arbeitsscheuen Rowdys und Turnern völkischer Gruppen die erste Berliner SA gegründet [52]. Anfang 1926 zählte sie 500 Mann, mehr als die Berliner NSDAP an Mitgliedern besaß [53].

Die SA-Männer nutzten ihr zahlenmäßiges Übergewicht. Da ihnen der Berliner Gauführer, ein von Otto Strasser gestützter Regierungsrat namens Ernst Schlange, zu lahm vorkam, forderten sie seinen Rücktritt und präsentierten einen Mann ihres Vertrauens, den ehemaligen Frontbann-Führer Hauenstein[54]. Die Machtübernahme war für den 25. August 1926 geplant. Auf einer gemeinsamen Sitzung von NS- und SA-Führern knallte Hauenstein dem Schlange-Verteidiger Strasser ein paar Ohrfeigen, dann zogen die SA-Kumpels befriedigt ab[55]. Der Regimewechsel schien perfekt.

Hitler griff jedoch ein und zeigte wiederum, wie er es verstand, Rivalen gegeneinander auszuspielen. Im November 1926 entsandte er den Renegaten Goebbels als neuen Gauleiter nach Berlin[56]. Goebbels hatte allen Grund, stur auf die Karte Hitlers zu setzen, ohne den er in Berlin nichts werden konnte: Das Strasser-Lager hielt ihn für einen abscheulichen Verräter, und für die Berliner SA war mit seinem Namen eine schmähliche Niederlage verbunden. Hitler wußte aber auch die heranwachsende SA ins innerparteiliche Spiel zu bringen. Die SA war ein natürlicher Rivale der von Gregor Strasser geleiteten Politischen Organisation (PO), die SA-Leute verächtlich »P-Null« nannten[57]. Parteiapparatschiks und SA konnten sich gegenseitig die Waage halten und Hitler die Herrschaft über die NSDAP erleichtern.

Das war freilich für Hitler nicht der einzige und sicherlich nicht der wichtigste Grund, die SA in den Vordergrund zu rücken. Die SA sollte ihn an die Macht bringen, und nur durch die Geschichte der SA, die Geschichte der mit ihr verbundenen Hoffnungen und Enttäuschungen Hitlers, wird deutlich, warum schließlich die SS zum entscheidenden Instrument der Führerdiktatur avancierte. Hitler sah in der SA eine Organisation, die politische Ideen in Kampfkraft umsetzen sollte; die Heeressäulen der SA waren dazu ausersehen, in »einer Art permanenten Wahlkampfes mit terroristischen Mitteln« (so der Historiker Wolfgang Sauer) den ohnehin mageren Behauptungswillen des demokratischen Gegners zu lähmen[58].

Wie Hitler war ebenso der Oberste SA-Führer Pfeffer von Salomon ein glühender Bewunderer marschierender Kolonnen. Beide glaubten an den massenpsychologischen Zwang, der von dem Gleichklang dröhnender Marschtritte und dem roboterhaften Vorrücken disziplinierter Vierer-Reihen ausging. Von Pfeffer stammt auch die enthüllendste Beschreibung nanationalsozialistischer Massenhypnose. »Der Anblick einer starken Zahl innerlich und äußerlich gleichmäßiger, disziplinierter Männer, deren restloser Kampfwille unzweideutig zu sehen oder zu ahnen ist«, so Pfeffer, »macht auf jeden Deutschen den tiefsten Eindruck und spricht zu seinem Herzen eine überzeugendere und mitreißendere Sprache als Schrift und Rede und Logik je vermag[59].« Dem Marsch-Strategen Pfeffer kam es vor allem auf »den Eindruck der Kraft« an, »der Kraft der marschierenden Kolonnen und der Kraft der Sache, für die sie marschieren. Die innere Kraft der Sache läßt den Deutschen gefühlsmäßig auf deren Richtigkeit schließen. Wo ganze Scharen planmäßig Leib, Leben, Existenz für eine Sache einsetzen, da muß die Sache groß und wahr sein[60].«

Als Bändiger der Marschkolonnen kannte der ehemalige Hauptmann Pfeffer keine besseren Dompteure denn die ehemaligen Offiziere. Sie beherrschten das Einmaleins des Marschdrills; die meisten SA-Männer, ehemalige Frontsoldaten, waren ohnedies deren Kommandos gewohnt. Pfeffer rief die alten Kameraden an die Spitze der braunen Armee. 1928 schuf er sieben Oberführer-Bereiche, die nur ehemaligen Berufsoffizieren unterstanden[61]: Der Polizeihauptmann außer Dienst Walther Stennes wurde SA-Oberführer Ost (Berlin), Major außer Dienst Paul Dincklage avancierte zum SA-Oberführer Nord (Hannover), Oberstleutnant außer Dienst Curt von Ulrich übernahm die Stelle des Oberführers West (Kassel), Kapitänleutnant außer Dienst Manfred Freiherr von Killinger stieg zum SA-Oberführer Mitte (Dresden) auf, Major außer Dienst August Schneidhuber befehligte den Oberführer-Bereich Süd (München), Oberleutnant außer Dienst Viktor Lutze wurde SA-Oberführer Ruhr (Elberfeld), und der Hauptmann außer Dienst Hermann Reschny stand der SA-Oberführung Österreich (Wien) vor[62].

Anfang 1929 zog Pfeffer die Berufsoffiziere noch enger an sich heran. Die Oberführer Stennes, Dincklage, Ulrich und Schneidhuber wurden zu OSAF-Stellvertretern gekürt, und Ulrich erhielt als Generalinspekteur die Kontrolle über die Ausbildung der SA[63]. Die Kader der Parteiarmee standen bereit, das Heer der Rekruten aufzunehmen, die nun nach dem Ausbruch der Wirtschaftskrise im Herbst 1929 in die SA strömten. Das wachsende Elend der Arbeitslosigkeit ließ die SA explosiv anschwellen. 1930 schwankten ihre Stärkezahlen zwischen 60 000 und 100 000[64].

Die SA-Expansion steigerte das Selbstbewußtsein der Sturmabteilungen. Die SA-Führer zeigten sich immer weniger bereit, die Befehle der Polit-Funktionäre zu befolgen. Die SA machte sich weitgehend von der PO unabhängig. Hitler wurde mißtrauisch. Sein Argwohn vertiefte sich noch, als Meldungen aus Berlin besagten, daß dort sein kunstvolles Gleichgewichtsspiel in Gefahr war. An der Spree rückten im Zeichen des sozialen Elends und wachsender Kritik an der angeblich nicht mehr revolutionären Politik Hitlers die Intellektuellen-Brigade des Otto Strasser und die SA-Führer einander näher, und selbst Hitlers Aufpasser Goebbels begann zu schwanken[65].

Ehe sich aber eine Koalition zwischen den beiden Gruppen formiert hatte, trat Hitler das glimmende Feuer aus. Am 21. Mai 1930 erschien er überraschend in Berlin und zog Strasser in einen weltanschaulichen Disput, der mit einem gezielten Mißklang endete: Hitler brach mit Otto Strasser, ließ durch Goebbels alle Otto-Strasser-Anhänger aus der Partei ausstoßen und empfing triumphierend ein Ergebenheitstelegramm Gregor Strassers[66]. Hitler glaubte, die Berliner Opposition mundtot gemacht zu haben. Die SS übernahm zudem die Bewachung der Berliner Parteifeinde. Hitler stützte sich immer mehr auf den Wachhund-Instinkt des Kurt Daluege, der die SA verlassen hatte und im Frühjahr 1929 zum Chef der Berliner Schutzstaffel aufgestiegen war[67].

Der Berliner SS-Chef hatte sich eine Position gesichert, die ihn weitgehend von dem Münchner Reichsführer-SS unabhängig machte; er verkehrte meist nur mit Hitler und dem OSAF[68], wußte er doch nur allzu gut, daß ihm die innerparteilichen Auseinandersetzungen der NSDAP eine Schlüsselrolle zugespielt hatten. Im Auftrage Hitlers beobachtete er jede Bewegung der Berliner SA-Führung. Unweit des Sportpalastes, dem Zentrum der Berliner Sturmabteilungen, schuf Daluege, wie einer seiner Mitarbeiter aufzeichnete, »eine Zentrale für besonders zuverlässige SS-Kameraden und solche, die es werden wollten. Nur wenige Berliner kannten diesen Leitungsstab der SS, und wenn sie von seiner Existenz erfuhren, so blieb ihnen immer der eigentliche Zweck verborgen, der sich schon damals keinesfalls auf die Führung der Berliner SS-Verbände beschränkte[69].«

Zu den Kundschaftern Dalueges gehörte auch ein alter Freund namens Herbert Packebusch, der in der Zentrale der Berliner SA saß. Der Tischlersohn Packebusch, seit Freikorpszeiten ein hundetreuer Begleiter Dalueges, war Sturmführer des Berliner SA-Sturms 21 und notierte alles, was ihm auffiel[70]. Er merkte nichts. Packebusch entging, daß sich um den Berliner OSAF-Stellvertreter Stennes eine Fronde von SA-Führern bildete, die nichts Geringeres planten, als den Münchner Parteiführer zu entmachten. Otto Strasser war nicht vergebens gestürzt; seine sozialrevolutionären Parolen verwirrten die Berliner SA.

Auch die soziale Not trieb die SA-Führer in eine Frontstellung gegen PO-Rivalen und Hitler. Die Arbeitslosen strömten, von radikalen Argumenten und SA-Küchen angelockt, in die Sturmabteilungen und zehrten allmählich das letzte Geld der SA-Kassen auf[71]. »In Berlin gibt es Standarten, die 67 Prozent Erwerbslose haben. In Breslau konnte ein Sturm zur Besichtigung nicht antreten – allerdings bei Frost und Schnee –, weil er kein Schuhwerk hatte«, meldete Stennes nach München[72]. Deutschland zählte bereits (1930) drei Millionen Arbeitslose[73].

Mit den Arbeitslosen sickerten auch kriminelle Elemente in die SA, die den seit Jahren währenden Untergrundkämpfen zwischen SA und Rotfront den Charakter von Gangsterschlachten à la Chicago verliehen. Von Kneipe zu Kneipe, von Spelunke zu Spelunke tobte der Kampf, und schon die Spitznamen verrieten, wer sich hier holzte: Ein Neuköllner SA-Sturm hieß »Ludensturm«, einer am Wedding »Räubersturm«; SA-Führer »Gummibein« säuberte die Straßen, unterstützt von »Mollenkönig«, »Revolverschnauze« und »Schießmüller«[74]. Die SA-Führer schrien nach mehr Geld, weil sie die Neuen nicht wieder verlieren wollten, denn der Graben zwischen Nazis und Kommune war nur zentimeterbreit. Doch die finanzstärkeren Gauleitungen machten die Kassen zu. Die PO-Leute wollten den Geltungsdrang der SA nicht noch subventionieren[75].

Ihre Knauserigkeit ließ in der SA den bösen Verdacht aufkeimen, die Parteiführung wolle die SA bewußt kleinhalten, schlimmer noch – die SA sei dem nach Macht und Respektabilität drängenden Parteiführer ein Hindernis. Eine zündende Parole kam auf: »Adolf verrät uns Proletarier!«[76] Oppositionelle SA-Männer druckten anonyme Pamphlete gegen ihren Führer: »Wir proletarischen Elemente der Bewegung sind ja auch so zufrieden! Wir schieben ja so gern Kohldampf, damit es unseren lieben ›Führern‹ mit ihren 2 bis 5 000 Mk. Monatseinkommen recht wohl ergehe. Hocherfreut waren wir auch, als wir hörten, daß sich unser Adolf Hitler auf der Berliner Automobilausstellung einen neuen großen Mercedeswagen für Rm 40 000.– gekauft hat ... [77]«

Schon lief in Berlin das Gerücht um, Hitler wolle zur Erleichterung der sich anbahnenden Koalition mit den Deutschnationalen die SA Schritt für Schritt abbauen, da schnellte Ostdeutschlands ranghöchster SA-Führer Stennes mit einer Blitzaktion vor. Er war sich der Unterstützung anderer OSAF-Stellvertreter sicher und formulierte harte Forderungen an die Münchner Adresse: Zulassung von SA-Führern als Parlamentsabgeordnete, Zurückdämmung des Gauleiter-Einflusses und Bezahlung des ehrenamtlichen Saalschutzdienstes der SA bei Parteikundgebungen [78]. Stennes hatte den Zeitpunkt seiner Aktion geschickt bestimmt: Im September 1930 sollte ein neuer Reichstag gewählt werden – zum ersten Mal hatte die NSDAP eine Chance, die Verbitterung der Arbeitslosen und Deklassierten für das Hakenkreuz auszubeuten. Die SA nahm im Wahlkampf eine Schlüsselstellung ein.

Eine Abordnung der Berliner SA fuhr nach München, um dem Parteiführer ihre Forderungen vorzulegen. Doch Hitler ließ sich verleugnen [79]. Als kurz darauf die neuen NS-Kandidatenlisten für die Reichstagswahl bewiesen, daß man Stennes und einem zweiten SA-Berliner abermals Mandate verweigert hatte, brach sich die Empörung offen Bahn. Ende August legten die Berliner SA-Führer ihre Ämter nieder und ließen ihre Sturmabteilungen in einen Wahlstreik treten [80]. Die SA weigerte sich, eine mit Goebbels geplante Wahlkundgebung im Sportpalast zu schützen; mitten während der Veranstaltung zogen die SA-Saalschützer davon und überließen die NS-Redner dem Hohn ihrer Gegner [81]. Sprechchöre der SA spotteten:

Wenn mich die Reichstagsgeister rufen,
Ich folge nicht.
Tapeten muß ich suchen
Beim Lampenlicht.
Ich sitz' auf meiner Kiste,
Maltriere mein Gehirn,
Studier' die Professorenliste,
Ob Hakenkreuz oder weiche Birn' [82].

Die SA-Männer Berlins zogen zum Wittenbergplatz und formierten sich zu einer Anti-Goebbels-Kundgebung. »Stürmische Rufe erschollen: ›Dr. Goebbels soll herauskommen und sich rechtfertigen!‹, während andere offen damit drohten, zum Sportpalast zu ziehen und den ganzen ›Goebbels-Rummel‹ auseinanderzuprügeln«, meldete die »Münchner Post« [83]. Eiligst holte Goebbels die Berliner SS zu Hilfe. Dalueges Männer übernahmen den Saalschutz im Sportpalast und besetzten die Wachposten am Sitz der Berliner Gauleitung in der Hedemannstraße 10, da Goebbels jeden Augenblick einen Angriff der SA befürchtete [84]. In der Nacht zum 30. August rollte er an: Die »Stennesen« überfielen die SS-Wachen in der Gauleitung, knüppelten die Daluege-Männer nieder und zerschlugen das Mobiliar [85]. Verzweifelt mußte der Gauleiter die von ihm stets verlästerte Polizei der Republik um Intervention bitten; ein Polizeikommando verhaftete 25 SA-Männer und führte sie ab [86]. Goebbels stürzte sich in den Zug und reiste nach München, seinem Führer die Katastrophe zu melden [87]. Auch der Parteichef war einem Nervenzusammenbruch nahe, aber er raffte sich wieder auf.

Einen Tag später stand Hitler trockenen Halses vor dem OSAF-Stellvertreter Stennes und beschwor ihn, die Partei nicht zu verlassen. Von einem Lokal zum anderen zog der Parteiführer und drängte die SA, ihm weiterhin zu vertrauen [88]. Am Abend des 1. September 1930 feierte man im Berliner Kriegervereinshaus Versöhnung. Hitler versprach, er werde den wesentlichsten Anträgen des Parteigenossen Stennes entsprechen. Friedlich gingen die Kontrahenten auseinander [89].

Die SS aber hatte zum ersten Mal für ihren Führer auf SA-Kameraden eingeschlagen. Hitler war von nun an entschlossen, die SS rücksichtslos als parteiinterne Polizei einzusetzen. Ein künftiger SS-Führer war es denn auch, der Hitler warnte, jeden Augenblick könne der OSAF-Stellvertreter Ost wieder losschlagen. Aus dem Hauptquartier von Stennes bot sich Dr. Leonardo Conti, Oberarzt beim OSAF Ost, später SS-Obergruppenführer und Reichsgesundheitsführer, als Konfident an [90]. Am 8. September 1930 meldete Spion Conti: »Die SA wird unter seiner [des Stennes] Führung zu einer Truppe ohne jede innere Bindung an die Bewegung und ihren Gedankeninhalt. Sie kann daher jederzeit durch ihren Führer losgelöst werden, dem selber die nationalsozialistische Weltanschauung fremd ist und der es bewußt ablehnt, sich in sie zu vertiefen [91].«

Hitler hatte längst die tödliche Gefahr erkannt, die seine Stellung bedrohte. Er löste den schon rücktrittsbereiten OSAF Pfeffer von dessen Posten ab, erklärte sich selber zum Obersten SA-Führer [92] und erinnerte sich an das Wort eines alten Freundes: »Du brauchst mir bloß ausrichten zu lassen: An dem und dem Tag um sechs Uhr morgens mit der Kompanie am Siegestor! – dann stehe ich auch dort [93].« Hitler holte den bolivianischen Oberstleutnant Ernst Röhm zurück.

Doch noch ehe Röhm der Ruf erreichte, als Stabschef die Leitung der SA zu übernehmen, setzte Hitler eine Aktion in Szene, die etwas von den kommenden Dingen verriet. Adolf Hitler pflanzte in seiner Partei das Götzenzeichen des charismatischen Führerkults auf: Jeder SA-Mann mußte ewige, blinde Treue dem Manne geloben, der den Anspruch erhob, in ihm verschmelze Partei und Führung in eins. Am 3. September 1930 informierte der kommissarische SA-Stabschef Wagener alle OSAF-Stellvertreter, sie hätten »ein unbedingtes Treuegelöbnis der Person des Partei- und Obersten SA-Führers Adolf Hitler« abzulegen [94]. Jedes Mitglied der Sturmabteilung mußte geloben, »alle Befehle unverdrossen und gewissenhaft zu vollziehen, da ich weiß, daß meine Führer nichts Ungesetzliches von mir fordern« [95] – jene Führer, von denen es offiziell hieß, sie seien von Hitler persönlich ernannt worden.

Der Führer Adolf Hitler hatte die Alleinherrschaft in der Nationalsozialistischen Deutschen Arbeiter-Partei angetreten, die SS als seine Parteipolizei Posten gefaßt. Die SS wurde schneller benötigt, als sie ahnte: Noch gab es Nationalsozialisten, die nicht vom Führerkult benebelt waren.

Was der künftige SS-Mann Conti prophezeit hatte, erfüllte sich nun: Walther Stennes holte wieder zu einem Schlag aus. Die von Hitler und dem neuen SA-Stabschef Röhm betriebene stärkere Zentralisierung der SA stieß auf den Widerstand des Stennes-Kreises [96]. Diesmal hatte Daluege-Freund Packebusch aufgepaßt; nur mit Hilfe Packebuschs, so hat Daluege bezeugt, »war ich über die Maßnahmen von Stennes fortlaufend unterrichtet« [97]. Was immer im SA-Befehlsbereich Ost geplant wurde, Daluege konnte stets seine Gegenmaßnahmen treffen. Dem Spitzel Packebusch wurde zugesteckt, Stennes plane einen ganz großen Coup gegen den Münchner Führer; man warte nur auf die rechte Stunde. In der Nacht zum 1. April 1931 war es soweit.

Bereits im Morgengrauen meldete SS-Daluege an Röhm: »Ich bekomme soeben am 1. April morgens 1/2 4 Uhr durch den Adjutanten eines Standartenführers die fernmündliche Mitteilung, daß in der Nacht von zwölf Uhr bis drei Uhr eine streng vertrauliche Sitzung der Führer des Gausturmes Berlin unter Vorsitz des Adjutanten von Gruppenführer Ost Jahn stattgefunden hat.« Thema der Geheimkonferenz: »Es wurde ... von Jahn mitgeteilt, daß ab 1. April mittags in einer Sitzung in Weimar der Gruppenführer Ost Stennes durch unseren Führer Adolf Hitler abgesetzt werden solle. Es wurde kein Zweifel gelassen, daß dem Befehle Hitlers nicht Folge geleistet wird. Die anwesenden Führer erklärten sich im Laufe der Sitzung für Stennes und gegen Hitler!« [98]

Wieder traten SS-Männer gegen SA-Männer an, wieder mußten sie vor der größeren Zahl weichen. Stennes-Anhänger besetzten die Büros der Gauleitung und die Redaktionsräume des NS-Organs »Der Angriff« [99]. Die Palastrevolte verbreitete sich rasch über Nord- und Ostdeutschland. In wenigen Stunden brach Hitlers SA-Imperium jenseits der Elbe zusammen: Bis herunter zum Sturmführer schlossen sich die meisten SA-Führer Brandenburgs, Schlesiens, Pommerns und Mecklenburgs dem Kampf gegen Hitler an [100]. Wetzel, Veltiens, Jahn, Pustrow, Lustig, Kremser [101] – kaum ein wichtiger SA-Name fehlte auf der Liste der Anti-Hitler-Frondeure. Nur der intime Stennes-Freund Manfred von Killinger fehlte [102]; auch die Oberführer im restlichen Deutschland distanzierten sich von Stennes [103].

Für einen kurzen Augenblick durften sich die von Hitlers Wahlerfolgen niedergedrückten Demokraten daran ergötzen, daß ein Naziführer den anderen für abgesetzt erklärte. Stennes enthob Goebbels von dessen Posten,

Goebbels entband die SA-Männer von der Treuepflicht gegenüber Stennes; die SA Ostdeutschlands »übernahm« die Partei, die Partei stieß die SA-Rebellen aus[104]. Doch der Elan des Stennes-Putsches ließ rasch nach, die Revolte erlahmte, sobald sich die SA-Kassen gänzlich geleert hatten. Hitler ließ die Scherben beiseite räumen. Der Stettiner Ex-Oberleutnant Paul Schulz, ein ehemaliger Femeheld aus der Zeit der Schwarzen Reichswehr und Anhänger Gregor Strassers[105], übernahm den Neuaufbau der SA-Gruppe Ost, Hermann Göring säuberte die SA von Stennes-Partisanen[106].

Vor der ganzen Partei aber demonstrierte Hitler, daß er den Sieg über Stennes nur der Wachsamkeit seiner Schutzstaffel zuschrieb. Ein neuer SS-Mann, Untersturmführer Friedrich-Wilhelm Krüger, wurde der SA als Gruppenführer Ost vorgesetzt[107], und an Daluege schrieb Hitler jenen Satz, der die SS (in abgewandelter Form) auf ihren Koppelschlössern bis zum Ende begleitete: »SS-Mann, Deine Ehre heißt Treue!«[108] Die SS saß fest im Sattel. Wo immer Hitler seine Autorität gefährdet sah, wo immer braune Nonkonformisten gegen den Führerkult rebellierten, stets war die SS zur Stelle. Himmler triumphierte auf einer SS-Führerbesprechung: »Wir sind nicht überall beliebt, man wird uns nach evtl. getaner Arbeit in die Ecke stellen, wir dürfen keinen Dank erwarten. Unser Führer aber weiß, was er an der SS hat. Wir sind ihm die liebste und wertvollste Organisation, denn wir haben ihn noch nie enttäuscht[109].«

Neue Befehle Himmlers sollten garantieren, daß die Schutzstaffel schnell und lautlos im Auftrag des Parteichefs losschlagen konnte. Die SS-Einheiten eines Ortes wurden in Sektionen eingeteilt, die jeweils drei bis fünf SS-Männer einer Straße oder eines Stadtteils zusammenfaßten; die Sektion traf sich eine halbe Stunde vor dem Dienstbeginn der Einheit, der Sektionsführer kontrollierte, ob alle Mitglieder erschienen waren, und ließ Abwesende zum Dienst holen[110]. Unentschuldigte Abwesenheit wurde hart bestraft. Die SS-Dienstordnung sah vor: »Einmaliges unentschuldigtes Fernbleiben wird von dem SS-Führer mit schriftlicher Rüge bestraft; das zweite unentschuldigte Fernbleiben zieht schriftliche Androhung des Ausschlusses aus der Staffel und Rüge vor versammelter Mannschaft nach sich; das dritte unentschuldigte Fernbleiben ist mit Ausschluß aus der Staffel zu bestrafen[111].«

Der Führer einer Einheit hatte stets darauf zu sehen, daß seine Männer in jedem Augenblick einsatzbereit und beweglich waren. Er mußte unentwegt die Zahl der Motor- und Fahrräder seiner Einheit erhöhen, Langstreckenfahrten veranstalten und das Überbringen von Staffetten auf einer Distanz zwischen 30 und 50 Kilometern üben lassen[112].

Zugleich aber ließ die SS einen dichten Vorhang über ihre Tätigkeit niederfallen. Niemand, nicht einmal der Parteigenosse und der SA-Mann, sollte Einblick in die SS-Arbeit erhalten; Himmlers Orden begann, sich in ein mystisches Dunkel zu hüllen. Daluege ordnete an: »Jede Unterhaltung von SS-Männern und SS-Führern mit SA-Männern und Führern und civilen Pg. & Pgn. über den Zweck der Notwendigkeit u.s.w. der SS verbiete ich strengstens, auch bei unsachlichen Angriffen ... Sollten Angriffe in kleineren Zusammenkünften erfolgen, so verlassen die Angehörigen der SS unverzüglich und stillschweigend den Kreis mit dem kurzen Bemerken, daß die SS die Befehle Adolf Hitlers ausführt [113].«

Schon zuvor hatte der kommissarische SA-Stabschef Wagener der Partei erläutert, warum die SS eigenen Gesetzen folge. Wagener: »Die SS stellt eine Schutzorganisation dar, deren Aufgabe es ist, einerseits den Polizeidienst innerhalb der Bewegung zu versehen und andererseits darüber zu wachen, daß keinerlei Verletzungen staatlicher Verordnungen und Gesetze von Angehörigen der Bewegung begangen werden.« Daraus folgerte er: »Die SS muß, wenn sie ihre Pflichten erfüllen will, völlig selbständig sein, also unabhängig sowohl von der polit[ischen] Leitung als auch von der SA-Führung [114].« Im Schutze solcher Interpretationen konnte sich die SS einer Tätigkeit verstärkt widmen, der sie sich seit ihrer Gründung hingegeben hatte: der Ausforschung Hitler-feindlicher Elemente und des Parteigegners.

Ab 1925 hatte die SS vertrauliche Meldungen gesammelt, die sich mit dem Innenleben umstrittener Parteigenossen beschäftigten. Der älteste Konfidentenbericht der SS trägt das Datum des 24. September 1925. »U an die Parteileitung«, hieß es da in einer von SS-Gründer Schreck weitergereichten Meldung. »Bei dem gestrigen Sprechabend der Ortsgruppe Neubiberg äußerte ein gewisser Herzer ... folgendes: ›Im Völkischen Kurier stand im Frühjahr dieses Jahres ein Artikel, in dem behauptet und [dem Hitler-Vertrauten Hermann] Esser vorgeworfen wird, daß er von einem gewissen Juden Landauer 30000.– M. erhalten hätte. Da diese Angelegenheit bis heute noch nicht widerrufen wurde, mußte und muß ich heute noch annehmen, daß dies der Wahrheit entspricht. Da übrigens Esser bei den Kommunisten war, ist obiges umsomehr anzunehmen.‹ [115].«

Was zunächst Zufall war, wurde später in ein System gebracht. Die örtlichen SS-Einheiten mußten Meldungen über gegnerische Gruppen wie Reichsbanner und KPD, über Freimaurer und prominente Juden und über alle politischen Vorgänge in dem jeweiligen Ort an die SS-Oberleitung senden [116]. Das meiste Material, das in der Münchner Schellingstraße abgeliefert wurde, war freilich papierkorbreif; erst unter Himmler kam Ordnung in die Spitzelarbeit der SS. Im Juni 1931 dekretierte Himmler: »Die Arbeit der Gegner zur Bolschewisierung Deutschlands ist eine immer stärkere. Unser Melde- und Nachrichtenwesen zur Aufdeckung und damit möglichen Bekämpfung von jüdischen und freimaurerischen Gegnern ist heute eine höchstwichtige Aufgabe der SS [117].« In den SS-Abschnitten ließ er geheime Aufklärungsabteilungen einrichten, die den Gegner in und außerhalb der Partei beobachten sollten [118].

SS-Chef Himmler wußte seinem Führer mancherlei zu melden. »In einigen Städten ist es vorgekommen, daß die KPD bewährte Antifa-Leute aus der KPD ausgeschlossen hat, um diese als Spitzel in die SS-Verbände zu schicken«, berichtete er am 10. Oktober 1931, und an einer anderen Stelle hieß es: »Kapitän Ehrhardt..., der Führer des angeblich aufgelösten Wiking, ist in letzter Zeit wieder sehr tätig. Im engsten Zusammenhange mit Regierungskreisen bereitet er unter nationalem Deckmantel eine Freikorpsbildung vor, die durch die Art der Rekrutierung und auf Grund der bisherigen Einstellung des Kpt. Ehrhardt letzten Endes die Zerschlagung der NSDAP anstrebt [119].«

Mit Hilfe des ehemaligen Marine-Oberleutnants Reinhard Heydrich, der erst wenige Monate zuvor zu Partei und SS gestoßen war, baute Himmler einen sogenannten Ic-Dienst auf, aus dem sich später die größte Bespitzelungsorganisation des Nationalsozialismus entwickelte: der Sicherheitsdienst, abgekürzt SD [120].

Der SS-Sturmführer Heydrich erwies sich als ein so begnadeter Nachrichtensammler, daß die SS immer mehr zum wichtigsten Geheimdienst der Partei wurde. Auch Hitler sah seine persönliche Sicherheit nur noch von der SS gewährleistet. Am 25. Januar 1932 ernannte er Himmler zum Sicherheitschef des Braunen Hauses, der Parteizentrale im umgebauten Barlow-Palais in der Münchener Briennerstraße 45 [121]. »Die Leitung des Sicherheitsdienstes im gesamten Parteiheim (Braunes Haus und Nebengebäude)«, verhieß OSAF-Befehl Nr. 114/32a, »wird dem Reichsführer-SS übertragen. Der SA-Oberführer Untergruppe München-Oberbayern und der SS-Standartenführer der 1. SS-Standarte München reichen dem Reichsführer-SS die Liste der ausgewählten SA- und SS-Männer ein [122].« Der OSAF-Befehl legte Himmler nahe, alsbald Maßnahmen »zur Abwehr marxistisch-kommunistischer Übergriffe und zur Verhinderung polizeilicher Übergriffe« zu treffen [123]. Himmler hatte seine Vorbereitungen noch nicht abgeschlossen, da wurde das Braune Haus von einem Mordkomplott erschüttert. Dessen Drahtzieher saßen freilich nicht in den Hauptquartieren der Parteifeinde, sie saßen in den Büros des Braunen Hauses.

Die Affäre spiegelte auf ihre Art wider, daß die Alleinherrschaft Hitlers in der Partei noch keineswegs unumstritten war. Der Stennes-Eklat hatte die Frage aufgeworfen, wieweit sich Hitler über die Auffassungen seiner SA-Führer hinwegsetzen konnte; der neue Skandal stellte die Frage, ob Hitler auch die letzten moralischen Skrupel der Partei mißachten durfte. Denn die neue Affäre ging darauf zurück, daß Adolf Hitler einen Mann hielt, der mit einer Riege unbekümmerter Homosexueller die SA beherrschte und das Revolutionsheer des Nationalsozialismus zu einem Tummelplatz abartiger Gebräuche degradierte. Dieser Mann war Ernst Röhm, der neue Stabschef der SA.

Er hatte seine Neigungen nie verschleiert. Röhm: »Ich stelle vorweg fest, daß ich nicht zu den Braven gehöre und nicht den Ehrgeiz habe, ihnen zugesellt zu werden.« Versuchen des Staates, »durch Gesetze menschliche Triebe regeln oder in andere Bahnen lenken zu können«, hielt er das Richard-Wagner-Zitat entgegen: »Wahn, Wahn, überall Wahn!« [124] Verächtlich wies er die Angriffe prominenter Nationalsozialisten zurück. Dem

Berliner Arzt Dr. Heimsoth vertraute er an: »Mit dem Herrn Alfred Rosenberg, dem tölpelhaften Moralathleten, stehe ich in schärfstem Kampf. Seine Artikel sind auch vor allem an meine Adresse gerichtet, da ich aus meiner Einstellung kein Hehl mache. Das mögen Sie daraus ersehen, daß ›man‹ sich bei mir eben an diese verbrecherische Eigenheit in den nat[ional]soz[ialistischen] Kreisen gewöhnen hat müssen [125].«

Röhms krankhafte Veranlagung war sogar gerichtsnotorisch, seit er einen Berliner Gigolo namens Hermann Siegesmund wegen Diebstahls eines Koffers angezeigt hatte [126]. Hergang der Tat: Röhm lud den Siegesmund am Abend des 13. Januar 1925 im Berliner Marienkasino zu einem Glas Bier und dann zu dem ein, was solchen Kontaktgesprächen immer zu folgen pflegte. Siegesmund gab zu Protokoll: »Während wir noch angekleidet im Hotelzimmer saßen, nahm Herr Röhm eine Zigarettenschachtel aus seiner Tasche; ich bemerkte, daß hierbei ein Stück Papier zur Erde fiel und hob es auf. Nach etwa einer halben Stunde verließ ich das Hotelzimmer, weil mir Herr Röhm einen mir widerlichen Geschlechtsverkehr abverlangte, auf den ich nicht eingehen konnte. Erst auf der Straße stellte ich fest, daß der Zettel, den ich im Zimmer an mich genommen hatte, ein Gepäckschein des Herrn Röhm war [127].« Siegesmund nahm den Koffer mit, der ein Bündel fataler Briefe enthielt.

Auch Hitler war Röhms Veranlagung nicht unbekannt, freilich beharrte er darauf, derlei sei Privatsache. Kaum hatte Röhm seinen Posten als SA-Stabschef angetreten, da belehrte OSAF Hitler die Partei in einem Befehl, die SA sei »keine moralische Anstalt zur Erziehung von höheren Töchtern, sondern ein Verband rauher Kämpfer«; er wies Klagen über menschliche Gewohnheiten, »die rein auf privatem Gebiet liegen«, als »Zumutung grundsätzlich und in aller Schärfe zurück« [128].

Röhms Lust-Unternehmungen beschränkten sich keineswegs auf »privates Gebiet«. Die SA stillte nicht nur seinen politischen, sondern auch seinen erotischen Ehrgeiz. Vertrauensmänner in der SA suchten ihrem Stabschef geeignete Partner, und wenn ein Röhm-Liebling Zeichen der Untreue verriet, knüppelten ihn SA-Rollkommandos nieder [129]. Hauptlieferant war der kaufmännische Angestellte Peter Granninger, seit 1928 ein homoerotischer Partner Röhms, der zur Tarnung in der SA-Nachrichtenabteilung angestellt wurde [130]. Gegen ein Monatshonorar von 200 Reichsmark suchte er Röhm neue Freunde, postierte sich vor der Münchner Gisela-Oberrealschule, warb und testete die Opfer. Dann führte er sie Röhm zu, insgesamt elf Schüler und Lehrlinge [131]. Derweil sickerten andere halbseidene Röhm-Freunde in die höheren SA-Stellungen, die durch die Stennes-Revolte vakant geworden waren. Röhms Stammtisch im Münchner »Bratwurstglöckl« war der zentrale Punkt, an dem die Fäden des Granninger-Kreises und der homosexuellen SA-Führung zusammenliefen:

Wie »Bratwurstglöckl«-Wirt Karl Zehnter, dem Granninger in seiner Wohnung (Sternwartstraße 24, erster Stock, bei Tobler) assistierte [132], so war auch der neue Berliner SA-Führer Edmund Heines, den sogar Hitler 1927 wegen homosexueller Umtriebe aus der SA entfernt hatte, ein alter Kumpan des Röhmschen Stammtisches[133]. Und der neue Stabschef des SA-Gausturmes Berlin, Karl Ernst, gehörte wiederum als Partner zu dem ehemaligen Frontbann-Hauptmann Röhrbein, der sich seinerseits mit Röhm an den Stammtischen Berliner Homosexuellen-Lokale wie dem »Kleist-Kasino« und der »Silhouette« traf[134]. Keine Macht aber vermochte den Ring der andersgearteten SA-Führer zu sprengen. Hitler verschanzte sich bei Anfragen über das Treiben des Röhm-Kreises hinter der Ausrede, die Homosexualität des Stabschefs sei nicht erwiesen; wenn man ihm stichhaltige Beweise bringe, werde er die Konsequenzen ziehen.

Solche Beweise wußten Röhm und ein von ihm ausgehaltener Spitzeltrupp meistens zu beseitigen. Dennoch begannen im März 1932 Röhm-Briefe in die Öffentlichkeit zu sickern[135]; vor allem die sozialdemokratische »Münchner Post« veröffentlichte Röhms Homosexuellen-Schreiben. Unter den Freunden Röhms brach eine Panik aus. Jeder halbwegs normal veranlagte SA-Führer wurde verdächtigt, die Briefe abgetippt und nationalsozialistischen Hitler-Opponenten wie dem ehemaligen Reichstagsabgeordneten Dr. Helmut Klotz zugespielt zu haben[136]. Röhm war so irritiert, daß er seinen Intimus, den Abenteurer und Journalisten Georg Bell, zu einer für einen Nationalsozialisten seltsamen Mission aussandte. Bell, der auch bei Sozialdemokraten für NS-Informationen monatlich 300 Mark einkassierte[137], mußte zu dem Exmajor Karl Mayr reisen, dem Mann, der 1919 gemeinsam mit Röhm den Politiker Hitler entdeckt hatte, dann aber auf die demokratische Seite hinübergewechselt war[138].

Mayr gehörte jetzt zu den Führern des republiktreuen Reichsbanners, das noch in letzter Minute den Machtaufstieg der Nazis verhindern wollte. Bell fuhr zu Mayr ins Magdeburger Reichsbannerhaus; der Major sollte dafür garantieren, daß die Röhm-Briefe ein für allemal aus den Spalten der SPD-Zeitungen verschwänden[139]. »Mayr wußte einfach alles«, erzählte Bell später, und auch Röhm »berichtete mir, daß es stimme, daß die Schweinehunde uns erledigen wollen[140].« Wer auch immer die »Schweinehunde« sein mochten, die Röhms Briefe in die Presse lanciert hatten – die braunen Feinde Röhms wollten das Problem auf ihre Weise lösen. Als sich Hitler abermals weigerte, seinen Freund zu entlassen, griffen die Parteigenossen zur Selbsthilfe: Der oberste Parteirichter Buch, Apostel nationalsozialistischer Gerechtigkeit, faßte den Plan, den SA-Stabschef und dessen vier wichtigste Mitarbeiter zu ermorden.

Exmajor Buch ging vorsichtig zu Werk. Er erinnerte sich eines alten Freundes aus der Frühzeit der Partei, des Bandagenfabrikanten und ehemaligen SA-Standartenführers Emil Traugott Danzeisen, mit dem er einst in Baden die NSDAP aufgebaut hatte[141]. Ihm erzählte Buch, in der Partei gehe der Verrat um; der SA-Standartenführer Uhl habe das ganze Netz geheimer SA-Mitarbeiter an die Polizei verpetzt, und um die beiden SA-Grafen Du Moulin-Eckart und Spreti, Vertraute Röhms, habe sich eine »deutsch-nationale« Clique gebildet, die alle Macht an sich reißen wolle und zudem durch ihre homosexuellen Umtriebe der Partei schade [142].

Danzeisen verstand den Wink des Majors und erinnerte sich seinerseits einiger Kumpels, denen Mord kein peinliches Wort war. Danzeisen stellte eine Mörderbrigade auf, an deren Spitze er einen aus der Bahn geworfenen Architekten namens Karl Horn berief [143]. Am 16. März 1932 erfuhr Horn von Danzeisen, der sich aus Alibigründen nach Österreich abgesetzt hatte und unter dem Decknamen »Wieland II« schriftliche Orders erteilte, die Einzelheiten des Unternehmens. Horn las: »Tatbestand: Der in Zimmer 50 beamtete Graf Du M. ist § 175. Als solcher hat er starken Einfluß auf seinen höchsten Vorgesetzten R. Aus der Vergangenheit. Beide werden erpreßt durch einen Herrn Bell, Grottenmühl am Chiemsee. Gleicherweise muß der im Haus selbst wohnende Stabsführer Uhl behandelt werden [144].« Der SA-Spielmann Grinsch sollte mit acht Männern Bell auflauern, ihn mit einem Hammer erschlagen und aufhängen, geschmückt mit einem Hakenkreuz. Dann war Röhm an der Reihe. Danzeisen an Grinsch: »Männer, tut eure Pflicht, vergeßt nicht den Stabschef! Heil und Glück dem Mann. W. II [145].«

Horn erhielt die Order: »Zi. 50 fährt einen großen Opel 10/50. Er steht jeden Tag vor dem Haus. Radschrauben. Im blauen Anton [146].« Das hieß in Klartext: Horn sollte den Nachrichtenchef der SA, Karl Leonhardt Graf Du Moulin-Eckart, der im Zimmer 50 des Braunen Hauses residierte und jeden Tag mit einem Wagen zum Dienst fuhr, durch einen fingierten Autounfall liquidieren. Doch dem Attentäter kamen plötzlich Bedenken, als er das Braune Haus observierte. Statt ein Rad des Opels zu lockern, meldete er sich bei Du Moulin und gestand ihm alles. Dem Grafen, der übrigens keineswegs Homosexueller war [147], kam ein Einfall: Ob Horn helfen wolle, das Mordkomplott bis zu den letzten Hintermännern aufzudecken? Horn wollte [148].

Er stellte dem Drahtzieher eine Falle. Horn fand die Privatwohnung Buchs in München-Solln und rief den Major an. »Hier Horn, Karlsruhe«, meldete er sich, »ich muß Sie dringend sprechen.«

Buch: »Kommen Sie heute 4.15 Uhr Holzkirchner Bahnhof.«

Horn: »Ich kenne Sie ja nicht.«

Buch: »Trage braune kurze Hose, braunes Hemd, braune Jacke, grauen Mantel, grauen Hut, den Mantel trage ich offen [149].«

Beim Treff am Holzkirchner Bahnhof verhielt sich freilich Buch schlauer, als Horn geglaubt hatte. Offenbar durchschaute er Horns Spiel, denn der Major bedeutete ihm, die Sache habe sich erledigt, die Informationen über Du Moulin seien nicht ganz zutreffend gewesen. Er, Horn, möge für ihn sofort ein Telegramm an Danzeisen aufgeben: »Verlobung mit Helene aufgelöst [150].« Drei Revolverschüsse klärten Horn am nächsten Tag darüber auf, daß Buch in Wahrheit seine Pläne noch nicht aufgegeben hatte. Die Schüsse waren auf Horn abgegeben worden, als er gegen 23 Uhr das Haus des Emil Danzeisen in München-Laim hatte betreten wollen[151]. Den Auftraggeber des nächtlichen Schützen zu erraten, war nicht schwer. Graf Spreti, Röhms Adjutant, kannte ihn genau: Buch habe am Vortag beobachtet, wie Horn das Zimmer des Stabschefs im Braunen Haus verlassen habe. Die SA-Führung stellte daraufhin Horn unter ihren Schutz[152].

Jetzt aber griff Himmler ein. Der Sicherheitschef des Braunen Hauses versuchte, Röhm vor den Partisanen Buchs zu schützen. Am 24. März 1932 erfuhr Horn, Himmler habe – wie Horn notierte – »Major B. vorgenommen und zur Rede gestellt, wodurch die Angelegenheit endgültig beigelegt sei« [153]. Doch Röhm traute den Beschwichtigungskünsten Himmlers nicht. Er und Bell flohen nach Berlin, um sich bei politischen Gegnern Rat zu holen. Am 1. April traf sich Röhm mit dem Ex-Kameraden Mayr und erbat von ihm Belastungsmaterial gegen den SA-Reorganisator Paul Schulz, den Röhm fälschlicherweise hinter dem Mordkomplott witterte[154]. Acht Tage später kreuzte Bell auf der Redaktion des sozialdemokratischen »Vorwärts« auf und erzählte noch einmal die Mordgeschichte[155]. »Vorwärts«-Chef Friedrich Stampfer registrierte Bells Story: »Ihre Reise sei eine Flucht gewesen, da sie ... von ihren eigenen Leuten umgelegt werden sollten. Er, Bell, sei beauftragt, uns von dem Plan zu unterrichten, damit, falls er ausgeführt würde, die Welt die Schuldigen kennen solle[156].«

Wieder tauchte der Schatten Himmlers auf, diesmal in Röhms Berliner Fluchtresidenz. Welche Rolle der SS-Chef gespielt hat, läßt sich heute nicht mehr genau rekonstruieren. Offenbar wußte aber Himmler den SA-Stabschef zu bewegen, nach München zurückzukehren[157]. Freilich, auch der Sicherheitschef Himmler konnte nicht verhindern, daß der Parteiskandal an die Öffentlichkeit kam. Die beiden SA-Grafen Du Moulin und Spreti hatten die Nerven verloren und waren zur Polizei gelaufen; sie zeigten ihren Parteirichter Buch und dessen Helfer an[157]. Emil Danzeisen wurde im Oktober 1932 wegen Mordanstiftung zu sechs Monaten Gefängnis verurteilt, Buch und die Horn-Garde blieben auf freiem Fuß[158].

Der Danzeisen-Prozeß und ein kurz darauf folgendes Beleidigungsverfahren der Partei gegen die »Münchner Post« legten einen noch nie dagewesenen moralischen Sumpf bloß. Die Ironie war nicht mehr zu überbieten: Die halbseidenen Führer der SA hatten die Demokratieschützer um den Major Mayr gegen den mörderischen Parteirichter des eigenen Lagers zu Hilfe gerufen. »Das schlägt dem Faß rundherum den Boden aus«, tobte Martin Bormann, Buchs Schwiegersohn und Konfident. »Einer der prominentesten Führer der Partei schimpft bei einem ebenso prominenten Führer der schärfsten Gegner und ... beschimpft eigene Parteigenossen, die ebenfalls Führer sind, als Schweinehunde[159].« Je peinlicher aber der Modergeruch aus dem braunen Sumpf heraufdrang, desto begieriger richteten sich die Blicke der Parteigenossen auf den Orden Heinrich Himmlers. Bormann zu Hitler-Sekretär Rudolf Heß am 5. Oktober 1932: »Schauen Sie sich die SS an, Sie kennen doch Himmler und Sie kennen Himmlers Fähigkeiten[160].«

Auch außerhalb der Partei begann man zu ahnen, daß in den 50 000 SS-Männern[161] ein Heer erbarmungsloser Puritaner bereit stand, dem wilden, verlotterten Haufen der homosexuellen SA-Führer Paroli zu bieten. Wie hatte doch Himmler am 13. Juni 1931 zu seinen SS-Führern gesagt? Himmler: »Vielleicht dauert es noch Monate, vielleicht auch nur noch Tage, dann wird die Entscheidung fallen. Wir werden stehen, wo uns unser Führer hinstellt[162].« Die SS brauchte nicht mehr lange auf ihren entscheidenden Einsatz zu warten. Der 30. Januar 1933 nahte heran. Am Horizont der deutschen Zukunft dämmerte die Nacht der langen Messer herauf. Noch aber war unklar, wem sie gehören werde: der SA oder der SS.

5 Die Machtergreifung

Das Dritte Reich begann für Heinrich Himmler mit einer Enttäuschung. Niemand rief den Reichsführer-SS, eine Schlüsselposition in jener »nationalen Revolution« einzunehmen, die seit dem 30. Januar 1933 die Stunde Deutschlands bestimmte und das Land mit einer rasend-unheimlichen Dynamik veränderte. Die SA war aufgebrochen, die Straße zu beherrschen und Andersdenkende zu tyrannisieren, die Unterführer Adolf Hitlers hatten sich staatlicher Posten bemächtigt, aber Himmler und seine Schutzstaffel zählten keineswegs zu den wichtigen Mitspielern des neuen Regimes.

Manchem schien es sogar, als gehöre Himmler zu den Verlierern der nationalsozialistischen Machtübernahme. Deutschlands neuer Kanzler hatte dem getreuen Heinrich eine wichtige Rolle im just erstandenen Dritten Reich verwehrt. Der Mann, dem Himmler auf regen- und windgepeitschten Motorradfahrten seine Gesundheit geopfert hatte, dem er mit der Schutzstaffel die Herrschaft über die Partei garantierte, hatte den SS-Chef offenbar vergessen. Göring, Goebbels, Frick und wie sie noch alle heißen mochten – sie bedachte der NS-Führer mit staatlichen Pfründen, aber das blasse und stets übereifrige Faktotum Himmler ignorierte er.

Nicht einmal bei dem Staatsstreich in München am 9. März 1933, dem Tage, an dem SA und SS die legale bayrische Regierung des Rechtskatholiken Dr. Heinrich Held überwältigten, fiel Himmler eine führende Rolle zu. Die Leitung des Putsches hatte Röhms alter Divisionskommandeur Franz Ritter von Epp, den SS-Männer wegen seiner kirchentreuen Art als »Muttergottes-General« verspotteten[1]. Der reaktionäre Ritter war es, nicht Himmler, den Hitler zum Reichsstatthalter in Bayern bestellte[2]. Himmler blieb wiederum ohne eine Spitzenfunktion. Er durfte nur um einen Platz vorrücken: Er wurde kommissarischer Polizeipräsident von München[3].

Noch ärger für ihn war allerdings, daß derweil im fernen Preußen sein schärfster Rivale in der SS, der Gruppenführer Kurt Daluege, in die höchsten Staatsämter aufstieg, protegiert von dem preußischen Innenminister und künftigen Ministerpräsidenten Hermann Göring, dem der ehrpusselig-subalterne »Reichs-Heini« herzlich zuwider war. Göring spielte nicht ohne Bosheit den titelsüchtigen Daluege gegen dessen nominellen Chef Himmler aus. Er holte ihn als Staatskommissar zur besonderen Verfügung in die Regierung, unterstellte ihm die preußische Ordnungspolizei, ernannte ihn zum Ministerialdirektor und beförderte ihn gar zum Generalleutnant der Polizei[4]. Flugs rechnete sich Daluege aus, daß nur Napoleon in einem jüngeren Alter General geworden war[5] – und sah nun überhaupt keinen Grund mehr, sich dem Reichsführer-SS zu unterstellen. Die letzten Fäden zwischen Daluege und Himmler rissen ab.

Um den renitenten Kameraden Daluege wieder auf Vordermann zu bringen, setzte Himmler seinen besten Mann, den inzwischen zum SS-Standartenführer avancierten Reinhard Heydrich, nach Berlin in Marsch[6]. Er sollte an der Spree einen Geheimdienst-Apparat aufbauen und Himmler laufend über Dalueges Manöver berichten. Heydrich ließ die Koffer packen und zog mit seiner schwangeren Ehefrau Lina nach Berlin. Er mietete sich im Westen der Stadt ein Haus und machte sich auf, mit Görings Beinahe-Napoleon ins Gespräch zu kommen[7].

Doch der respektabel gewordene SS-Kamerad ließ den lästigen Besucher aus München nur bis zu den Vorzimmerdamen heran. Dort ereilte Heydrich die Auskunft, der Herr General könne den Standartenführer nicht empfangen, da er bereits anderweitig disponiert habe[8]. Auch neue Annäherungsversuche Heydrichs wehrte Daluege ab. Als Heydrich nicht locker ließ, drohte ihm Görings Geheime Staatspolizei mit einer Gewaltaktion. Lina Heydrich erinnerte sich später: »Mein Mann wußte, daß Göring einen Haftbefehl gegen ihn hatte[9].« Der Sendbote des Reichsführers sah die Aussichtslosigkeit seines Unternehmens ein und reiste wieder ab. Lina Heydrich wartete bis zur Geburt ihres ersten Kindes – es wurde ein Junge –, dann kehrte auch sie nach München zurück[10].

Himmler und Heydrich erkannten, daß ihnen nicht automatisch Macht zufallen würde. Das Dritte Reich ähnelte nicht im entferntesten dem, was Theoretiker den totalitären Staat nannten. Seit dem 30. Januar 1933 lag über dem deutschen Staatsapparat ein dichtes, verknäueltes Netz hierarchischer Rivalitäten und Kompetenzen, und dieses Netz galt es erst einmal zu durchdringen, wenn man im Deutschland Adolf Hitlers Macht ansammeln wollte.

Wie viele, so hatten auch die Führer der SS vor 1933 nur sehr ungenaue Vorstellungen von der nationalsozialistischen Machtübernahme gehegt. Ihnen erschien es als eine Selbstverständlichkeit, daß Nationalsozialisten den Machtapparat des Weimarer Staates irgendwie besetzen und die Demokratie abschaffen würden, alle Einzelheiten der Führung und Weisheit Hitlers überlassend. Wer noch etwas länger darüber nachgedacht hatte, meinte wohl, NS-Bewegung und Staat müßten völlig eins werden, und das war auch nicht anders vorstellbar, da die Führer der NSDAP die Kommandoposten des Staates übernehmen sollten. Was aber die Kraftentfaltung der Nation hemme, so wähnten die Parteigenossen, müsse in der größeren Einheit aufgehen; alle anderen Interessen hätten zurückzuweichen vor der Totalität des Staates.

»Das Ziel der nationalen Revolution muß ein totaler Staat sein, der alle Bereiche des öffentlichen Lebens durchdringt«, erklärte Goebbels[11]. Hitler proklamierte die »Errichtung der Totalität des Staates«[12], und Wilhelm Frick prophezeite »eine starke Regierung, ungehindert von einzelnen Personen, Gruppen, Klassen, Privilegien, Parteien und Parlamenten«[13].

Indes, die Wirklichkeit nach dem 30. Januar 1933 sah völlig anders aus. An die Stelle der Parteien des demokratischen Staates rückten die vielfältigen Cliquen der nationalsozialistischen Staatspartei, an die Stelle des Reichstags mit seinen unsicheren Mehrheitsverhältnissen trat eine neue Art von Parlamentarismus: der Kompetenzkampf zwischen den nationalsozialistischen Satrapien und Sonderinteressen.

Mit der NSDAP war eine Partei ans Staatsruder gelangt, die nach außen als Monolith auftrat und dennoch das widersprüchlichste Gebilde deutscher Parteiengeschichte darstellte. Von der charismatischen Führerschaft Hitlers zusammengehalten, tummelte sich ein bizarres Konglomerat von Fraktionen und Meinungsgruppen, getreue Spiegelbilder der von Kriegsniederlage, Inflation, Arbeitslosigkeit und Demokratie-Auflösung erschütterten deutschen Gesellschaft.

Der amerikanische Historiker Robert L. Koehl hat vier Gruppen gezählt, in die Hitlers Partei zerfiel: Um den Parteichef gruppierte sich eine Clique uralter Kämpfer, der »harte Kern des Nazismus«[14], rabiate Überlebende aus der Frühzeit der Parteigeschichte. Mit ihnen eng verbunden war eine zweite Gruppe rechtsradikaler Individualisten, meist rassistische Doktrinäre, die in den Jahren zwischen 1925 und 1929 zur Partei stießen, als es im Bürgertum noch für unschicklich galt, der Nazipartei anzugehören. Die dritte Gruppe bildete »eine Kombination von völkischem Nationalismus und kleinbürgerlichem Sozialismus« (Koehl); sie war in den Jahren der Wirtschaftsdepression (1930–1933) entstanden, als sich Ladenbesitzer, Facharbeiter und Bauern von der Dynamik der »Nationalen Revolution« anlocken ließen. Und als vierte Gruppe hatte sich zuletzt das sogenannte gute Bürgertum zur »Partei der deutschen Erneuerung« bekehrt, die Schwarz-Weiß-Roten aus Heer, Beamtenstand und Geschäftswelt, die ernstlich glaubten, mit dem Trommler Hitler die Welt vor 1914 zurückholen zu können[15].

Eine so heterogene Partei hatte sich schon in der Zeit der Opposition schwer auf einen gemeinsamen Nenner bringen lassen; nach dem 30. Januar 1933 aber verlagerte sich der innerparteiliche Pluralismus auf den Staat. Der vielproklamierte totalitäre Staat entartete zur Groteske, zumal die Eigenart der nationalsozialistischen Machtübernahme Hitler zwang, zunächst gemeinsam mit Politikern bürgerlicher Rechtsparteien und konservativen Beamten eine Regierung bilden zu müssen.

Neben den traditionellen Staatsorganen entstanden nationalsozialistische Schattengewächse. Fast jede Behörde erhielt einen braunen Aufpasser; so trat dem Auswärtigen Amt das Außenpolitische Amt der NSDAP gegenüber, dem sich später noch das sogenannte Büro Ribbentrop beigesellte[16], erwuchsen dem Reichsjustizministerium in dem Reichskommissar für die preußische Justizverwaltung Kerrl und im Reichsjustizkommissar Frank ehrgeizige Rivalen[17] und beschattete der ehemalige SA-Stabschef Wagener als Reichskommissar für die Wirtschaft das Reichswirtschaftsministerium[18]. Diese multiplizierte Staatsstruktur wurde nun wiederum vervielfacht und überlagert von neuen politischen Satrapien, die sich die Gruppen- und Cliquenführer der NSDAP schufen. Es entstanden neue Staaten im Staate. Der Reichsjugendführer Baldur von Schirach strebte einen, wie er selber erklärte, »Jugendstaat im Staat« an [19], während der thüringische SA-Gruppenführer Lasch die Errichtung eines SA-Staates als reinster Verkörperung nationalsozialistischer Weltanschauung forderte [20]. Himmler träumte von einem SS-Staat, und der ehemalige Oberst und spätere Reichsarbeitsführer Konstantin Hierl konzipierte einen Wehrstaat eigener Art [21].

Rabiatere Naturen verzichteten auf theoretische Begründungen und rafften an staatlicher Macht zusammen, was ihnen unter die Finger geriet. Göring, ohnehin schon preußischer Ministerpräsident und Reichsminister der Luftfahrt, entriß dem Landwirtschaftsministerium dessen Forstabteilung und proklamierte sich zum Reichsforstmeister [22]. Und der Propagandaminister Goebbels, Inhaber eines Amtes, das man seinetwegen geschaffen hatte, erfand sich eine Reichskulturkammer, mit der er seinem Kultus-Kollegen Bernhard Rust ins Gehege kam [23].

Ständig bauten die Satrapen Hitlers ihre Privatreiche aus und beanspruchten, was schon der Nebenmann für sich reklamierte: Robert Ley, Reichsorganisationsleiter der Politischen Organisation der NSDAP und Leiter der Deutschen Arbeitsfront (DAF), wollte das Korps seiner Amtswalter zu einem nationalsozialistischen Orden umwandeln [24]. Ordens-Liebhaber Himmler dagegen beharrte darauf, in der SS sammle sich die wahre Elite, die zum Orden der NSDAP berufen sei [25]. Der Partei-Ideologe Alfred Rosenberg wiederum begehrte für sich das Copyright auf den nationalsozialistischen Orden und fand in seiner Organisation, dem Amt für die weltanschauliche Erziehung der NSDAP, die beste Form des NS-Ordens [26]. Ein vierter aber, der SA-Stabschef Röhm, sah die Ordensidee bereits verwirklicht, und zwar bei den Seinen: im vermeintlichen Männer-Sozialismus der Sturmabteilung [27].

Über dieser Schicht persönlicher Kabalen lag eine dritte Ebene von Konflikten, die tief in das Herz des nationalsozialistischen Staates schnitten. Hier wurde die Kontroverse zwischen Staat und Partei ausgetragen, hier lebte auch der alte Gegensatz zwischen Reich und Ländern in einer neuen Variante wieder auf. In das Reichsinnenministerium des Dr. Wilhelm Frick waren Nationalsozialisten eingezogen, die Hitlers Parolen vom totalitären Staat bitter ernst nahmen. Sie entwarfen einen absoluten Verwaltungsstaat preußischer Tradition und wollten die Partei auf reine Propagandafunktionen herabdrücken [28]. Dagegen rebellierte die Parteibürokratie, die sich auch der von Frick angestrebten Reichsreform, einer totalen Zentralisierung der deutschen Verwaltung mit der Spitze im Reichsinnenministerium, widersetzte, weil jede administrative Vereinfachung das Dunkel der Kompetenzen und Privilegien lichten mußte, in dem die Gauleiter wie Feudalfürsten agierten. Aber auch der größte deutsche Staat, das Preußen Hermann Görings, sabotierte die Reichsreform. Da der neue König von Preußen die immer stärkere Eingliederung seiner Verwaltung in den Kompetenzbereich der Reichsministerien voraussah, spaltete er von der preußischen Administration Teilbereiche ab und unterstellte sie seinem persönlichen Befehl – fast unerreichbar für Fricks Reichsreformer [29].

So sah in Wirklichkeit der totale Staat Adolf Hitlers aus, die starke Regierung, die von Gruppen, Klassen und Parteien nicht behindert werden sollte. Wo aber lag in diesem Durcheinander eines Regierungssystems, »das ebenso unberechenbar war wie irgendein orientalisches Sultanat« (Trevor-Roper) [30], der Platz von Himmlers SS? Der Reichsführer wird es im Frühjahr 1933 nach der gescheiterten Mission Heydrichs kaum gewußt haben.

Ihm blieb nichts anderes übrig, als seine Stunde abzuwarten. Ihm blieb nichts anderes zu tun, als fortzusetzen, was er immer getan hatte: das Leben seines Ersatzgottes Adolf Hitler zu schützen, ihm die Herrschaft über die Partei zu sichern. Er erfüllte die selbstgewählte Pflicht mit der gewohnten Beflissenheit. Da er in der »Hauptstadt der Bewegung« als Polizeipräsident amtierte, hatte Himmler manche Gelegenheit, seinem Führer zu beweisen, wie unrecht Hitler getan hatte, den Bravsten der Braven bei der Verteilung der staatlichen Beute so schnöde zu ignorieren. In München wußte sich der publicityfreudige SS-Chef durch manche Hiobsbotschaft in Erinnerung zu rufen.

Schon Mitte März hatte der Polizeipräsident Himmler den Mann in Schutzhaft nehmen lassen, den einst der Student Himmler aus dem Gefängnis hatte befreien wollen: den Eisner-Mörder Graf Arco-Valley. Grund der Verhaftung laut Himmler: Der Graf habe »nach seinen eigenen Angaben ein Attentat auf Reichskanzler Adolf Hitler vorbereiten« wollen [31]. Zwei Wochen später erstrahlte Himmlers Wachsamkeit aufs neue, diesmal hatte er einen »geplanten Handgranatenanschlag auf den Reichskanzler aufgedeckt«. Drei sowjetische Agenten, so erfuhr man, »hinterlegten drei Handgranaten beim Richard-Wagner-Denkmal, wo das Auto Adolf Hitlers vorbei kommen mußte« [32]. Der allgegenwärtige Polizeipräsident bereitete Führer und Volk auf neue schreckliche Gefahren vor. Himmler ließ mitteilen: »Durch Meldungen aus der Schweiz sind wir seit mehreren Tagen im Bilde, daß von kommunistischer Seite Anschläge gegen den Reichskanzler Adolf Hitler und gegen führende Persönlichkeiten des heutigen Staates geplant sind [33].«

Himmlers Attentatsgeflunker traf den neuen Hausherrn der Reichskanzlei an einer äußerst empfindlichen Stelle. Spätestens seit dem Reichstagsbrand am 27. Februar 1933, der Verzweiflungstat des Holländers Marinus van der Lubbe, fürchtete sich Hitler vor Attentätern und Explosivstoffen, sah er sich unentwegt von Meuchelmördern umschlichen.

Der Kanzler-Führer ließ kaum eine Sitzung des Reichskabinetts vergehen, ohne gegen die ihn bedrängenden Schatten anzuboxen. »Die Folgen eines geglückten Attentats würden für die Öffentlichkeit furchtbar« sein, orakelte er am 7. März im Kabinett [34], und acht Tage später verzeichnete das Kabinettsprotokoll: »Der Reichskanzler bezeichnete es als notwendig, eine Frist zur Ablieferung von Sprengstoffen zu setzen. Im Laufe der letzten Jahre seien rund 3000 Zentner Sprengstoffe gestohlen, 300 Zentner seien jedoch nur wieder abgeliefert worden[35].« Nichts vermochte ihn davon zu überzeugen, daß für seinen persönlichen Schutz genügend unternommen werde. Hinter allen möglichen Masken witterte er Attentäter.

»Da wird sich eines Tages«, so malte er sich die Gefahr aus, »ein ganz harmloser Mann in einer Dachwohnung irgendwo in der Wilhelmstraße etablieren. Man wird ihn für einen pensionierten Oberlehrer halten. Ein biederer Volksgenosse, mit einer Hornbrille, schlecht rasiert und bärtig. Er wird niemanden sein ärmliches Zimmer betreten lassen. Dort wird er sich in aller Ruhe eine Waffe einbauen, und er wird mit einer unheimlichen Geduld Stunde für Stunde und Tag für Tag den Balkon vor der Reichskanzlei durch sein Zielfernrohr anvisieren. Und dann, eines Tages, drückt er ab!«[36]

Hitler fühlte sich nicht einmal in seinen vier Wänden sicher. Im Kabinett saß er mit drei weiteren Parteigenossen (Göring, Goebbels, Frick) einer Mehrheit bürgerlicher Minister gegenüber[37], und die Reichskanzlei bewachten Gardisten einer Reichswehr, deren Generale es keineswegs ausschlossen, eines Tages gegen den NS-Messias zu putschen. Wer konnte da besser helfen als der getreue Himmler, der so sichtbarlich um das Leben seines Führers bangte? Hitler gab der SS-Führung Befehl, zu seinem Schutz eine Stabswache (die dritte in der Geschichte der SS) aufzustellen. Zum Leibwache-Chef erkürten Hitler und Himmler einen gedrungenen Bayern, den SS-Gruppenführer Josef (Sepp) Dietrich[38].

Er sammelte 120 SS-Männer um sich, die meist schon im Braunen Haus in ähnlicher Funktion gedient hatten. Die Leibgardisten zogen eine dreifache Postenkette um Hitler, die jeder Besucher passieren mußte, ehe er den Kanzler erreichte[39]. Im September 1933 gab der Kanzler auf dem Nürnberger Reichsparteitag der Garde seinen Namen: »Leibstandarte-SS Adolf Hitler«[40]. Ohne es bewußt geplant zu haben, hatte Hitler den Grundstock zu einer zweiten Wehrmacht gelegt: der späteren Waffen-SS.

Das Beispiel der Leibstandarte inspirierte Himmler zu weiteren Gründungen ähnlicher Art, die er »SS-Sonderkommandos« und später »Politische Bereitschaften« nannte[41]. In manchen deutschen Ländern entstanden pseudopolizeiliche Einheiten, die Deutschlands neue Herren schützen und politische Gegner terrorisieren sollten. Im Sommer 1933 tauchte Himmlers Truppe zum ersten Mal auf. In Ellwangen und Reutlingen stellte die SS Politische Bereitschaften (Stärke 1934: 800 Mann)[42] zusammen, die im Auftrage der Politischen Polizei Württembergs Demokraten jagte[43]. In Dresden bildete sich das Sonderkommando 3 aus Freiwilligen der hessischen SS, und auch in München und Arolsen formierten sich SS-Trupps zur Menschenjagd[44].

Mit einem Griff war es Himmler gelungen, sich in die Arbeit der außerbayrischen Polizei einzuschalten. Da er über die diszipliniierteste Truppe der Partei verfügte, holten sich die neuen und noch unsicheren Polizeichefs mancher deutscher Länder bei ihm Rat und Unterstützung. Der Enkel des Münchner Gendarmeriekommissärs Konrad Himmler[45] hatte verstanden, daß der Polizei seine Zukunft gehörte – nur auf dem Umweg über den Polizeiapparat konnte er hoffen, in der nationalsozialistischen Hierarchie mitspielen zu können.

Auch in Bayern hatte sich Himmler inzwischen vorangearbeitet. Am 1. April war ihm die gesamte politische Polizei Bayerns unterstellt worden; er nannte sich jetzt Politischer Polizei-Kommandeur und leitete eine Sonderabteilung des bayrischen Innenministeriums[46]. Himmler demonstrierte, wie er sich nationalsozialistische Polizeiarbeit vorstellte. Er ließ politische Gegner mit einer kalten bürokratischen Genauigkeit verfolgen, dämpfte die wilden Exzesse örtlicher SA-Führer, die an wehrlosen Konkurrenten ihr Mütchen kühlten, und machte die Verhaftung katholischer Geistlicher von seiner Genehmigung abhängig[47]. Zugleich aber systematisierte er den politischen Terror. Auf dem Gelände einer ehemaligen Pulverfabrik bei Dachau errichtete Himmler rund um ein paar alte Steinbaracken ein Lager, in dem er verhaftete Kommunisten und Sozialdemokraten konzentrieren ließ[48]. Ein neues Wort erschreckte die Deutschen: Konzentrationslager, »Kazett« – es wurde zum Signum der Polizeiherrschaft Heinrich Himmlers.

Kaum einer sah die getretene Kreatur in Himmlers Muster-KZ; die Polizeichefs im neuen Deutschland starrten nur auf die bürokratische Leistungskraft, die vortreffliche Organisation des Himmler-Apparates. Zum ersten Mal ging das Gefühl um, Himmler sei der künftige deutsche Poliziherr. Er entwarf bereits Pläne für den Aufbau einer reichseinheitlichen Polizei, denn vor sich erblickte der Doktrinär Himmler noch immer »ein wildes Durcheinander, eine Polizei, die in ihren anständigen Teilen gedemütigt war, in der man dem Offizier den Säbel weggenommen und dem Mann einen Gummiknüppel gegeben hatte, eine Polizei durchsetzt mit vorbestraften Leuten und absoluten Marxisten«[49].

Himmler war entschlossen, die bewährte Polizei des demokratischen Staates zu liquidieren. Himmler: »Ich will endlich aus diesen 16 verschiedenen Länderpolizeien eine tatsächliche Reichspolizei schaffen, denn die Reichspolizei ist eine der stärksten Klammern, die ein Staat haben kann[50].« Dem Leiter der Polizeiabteilung im hessischen Staatsministerium, SS-Scharführer Dr. Werner Best, erläuterte Himmler im Sommer 1933, die deutsche Polizei müsse dem Einfluß der »Gaufürsten« entzogen werden; dabei könne man freilich nur vorsichtig und geduldig vorgehen[51]. Dann fragte er Best, ob der Scharführer beim Aufbau der Reichspolizei mitmachen wolle. Best sagte zu[52]. Der Hesse Best war nicht der einzige Polizeibeamte, den sich Himmler für seinen Sprung nach Berlin reservierte. Himmler-Adlatus Heydrich notierte neue Bewerber für die projektierte Reichspolizei, und es konnte das Renommee des Himmler-Lagers nur heben, daß sich auch viele Beamte alter Schule (wie das Münchner Kriminalisten-Quartett Flach–Müller–Meisinger–Huber)[53] darunter befanden.

Doch dem Ehrgeiz des Reichspolizisten Himmler stellte sich eine schier unüberwindliche Mauer entgegen, die über die Hälfte des deutschen Staatsgebietes seinem Zugriff entzog. Preußens Ministerpräsident Hermann Göring zögerte nicht, seine Polizei-Hundertschaften gegen den Münchner Eindringling in Stellung zu bringen. Göring und Himmler trennte die gleiche Ambition: Beide wollten den Polizeiapparat des Dritten Reiches kontrollieren. Der ungekrönte Preußenkönig hatte aber seinem Rivalen einen Vorteil voraus, er beherrschte bereits jenes Machtinstrument, das in jeder deutschen Polizeistruktur das Herzstück bilden mußte – die preußische Polizei.

Sofort nach seiner Machtübernahme in Preußen hatte sich Göring der Polizei bemächtigt. Er schuf sich eine eigene Leibgarde, die »Polizeitruppe zur besonderen Verfügung« unter Polizeimajor Wecke, dem Vorsitzenden des Verbandes nationalsozialistischer Polizeibeamter[54], und stieß Regimegegner aus der Polizei aus, insgesamt 1 457 Beamte[55]. Zum Kristallisationspunkt seiner Herrschaft erwählte sich Göring eine unscheinbare Sektion im Berliner Polizeipräsidium, die Abteilung I A, die schon in der Weimarer Republik trotz des offiziellen Verbots einer gesamtdeutschen Geheimpolizei eine Art politisch-polizeiliche Nachrichtenzentrale des Reiches gewesen war[56]. Aus ihr sollte Preußens gefürchtete Politische Polizei entstehen.

Der braune Preußen-Premier fand in dem Lebemann Dr. Rudolf Diels, Oberregierungsrat in der politischen Polizeigruppe des preußischen Innenministeriums, einen Beamten von seltener Verschlagenheit, der auf Anhieb die Kunst verstand, den kindlich-naiven Erwerbssinn des Renaissancemenschen Göring mit stets neuen Formeln zu befriedigen. Der Nicht-Nazi Diels, künftiger Verwandter * seines Herrn, versprach Göring, ein Machtinstrument zu basteln, wie es die preußische Geschichte noch nicht gesehen hatte. Diels übernahm die Leitung der Abteilung I A[57] und zog immer mehr Kriminalisten in die neue politische Polizei. Der 60-Mann-Betrieb weitete sich schnell zu einem Apparat von 250 Beamten aus[58]. Göring lieferte die nötigen Gesetze, um die Diels-Polizei allmählich aus der staatlichen Verwaltung herauszulösen. Er gründete eine zentrale politische Nachrichtenbehörde für Preußen[59], gab ihr selbständige Exekutivbefugnisse[60] und befreite die neue Organisation, die spätere Geheime Staatspolizei, von dem Paragraphen 14 des Preußischen Polizeiverwaltungsgesetzes[61], der vorschrieb, die Polizei dürfe ihre Maßnahmen nur »im Rahmen der geltenden Gesetze« treffen – mit anderen Worten: unter Wahrung der Grund- und Menschenrechte[62].

Auch räumlich trennten sich die Polit-Kriminalisten von der übrigen Polizei. Sie verließen das Polizeipräsidium am Berliner Alexanderplatz und zogen um: Eine neue »Spezialabteilung zur Bekämpfung des Bolschewismus« okkupierte das ehemals kommunistische Karl-Liebknecht-Haus[63], während das Gros des Diels-Apparates eine geräumte Kunstgewerbeschule

* Diels heiratete 1943 Ilse Göring, die Witwe des jüngeren Göring-Bruders Karl.

in der Prinz-Albrecht-Straße 8 belegte, unweit von Görings Amtssitz in der Leipziger Straße [64]. Ende April reichte Göring das Gesetz nach, durch das Diels' Dienststelle unter dem Namen »Geheimes Staatspolizeiamt« den Charakter einer eigenen Landespolizeibehörde erhielt, die nur einen Chef kannte, Hermann Göring [65]. Ein unbekannter Postbeamter, der einen Laufstempel zu entwerfen hatte, erfand für die neue Behörde eine Abkürzung: Gestapa [66]. Der Volksmund aber machte daraus das unheilschwangerste Wort, das es für Deutsche zwölf Jahre lang gab – Gestapo.

Die derartig polizeilich zementierte Machtstellung Görings blieb jedoch nicht unangetastet. Ein Rivale begann sich zu rühren – ihn bekam Göring zu spüren, als er im Frühjahr 1933 Polizei und die SA, die Göring zur Hilfspolizei deklariert hatte [67], zum großen Gleichschaltungs- und Terror-Feldzug gegen die letzten Widerstandsinseln der Demokratie aufputschte.

Preußen-Satrap Göring forderte, »dem Treiben staatsfeindlicher Organisationen mit den schärfsten Mitteln entgegenzutreten ... und, wenn nötig, rücksichtslos von der Waffe Gebrauch zu machen« [68]. Vor SA-Männern gestikulierte er: »Hier habe ich keine Gerechtigkeit zu üben, hier habe ich nur zu vernichten und auszurotten, weiter nichts!« [69] Von Mal zu Mal wurde seine Sprache giftiger, seine Kehle heiserer. Den Kampf gegen den Kommunismus, schrie er, könne man nicht allein mit polizeilichen Mitteln führen, »den Todeskampf führe ich mit denen da unten, das sind die Braunhemden! Ich werde dem Volk klarmachen, daß das Volk sich selbst zu wehren hat [70].« Doch als das Volk im Braunhemd, die SA, gegen die imaginären Feinde des Staates losschlug, da erschrak der Sprüchemacher Göring vor der Gewalttätigkeit der Herbeigerufenen. Was sich an niedrigsten Instinkten und an sozialen Ressentiments in der SA angesammelt, was Hetzredner und Propagandisten den SA-Bataillonen jahrelang eingebläut hatten, brach sich jetzt Bahn: Preußen verwandelte sich in einen Hexenkessel des Terrors.

Rollkommandos der SA fegten durch Straßen und Städte; besonders wüst hausten die Berliner SA-Schläger. Die Abteilung I C der SA-Gruppe Berlin-Brandenburg trieb sogenannte Staatsfeinde vor sich her, schleppte sie in Schuppen, Bunker, Keller und abgelegene Gegenden, schlug und peinigte die Gefangenen [71]. Allein in Berlin unterhielt die SA 50 »wilde« Konzentrationslager [72]. In der General-Pape-Straße, in der Kantstraße, in der Hedemannstraße, in der Fürstenfeldstraße – überall lagen Bunker, in denen SA-Männer auf ihre Gefangenen eindroschen. Aber nicht nur in Berlin, auch in der Provinz wütete der Terror: Sonnenburg, Bornim, Königswusterhausen, Kemna wurden zu Signalen der Furcht [73]. Göring erkannte, daß die SA seiner Kontrolle entglitten war. Er sah sich von SA umstellt: Ein großer Teil der Polizeipräsidenten Preußens trug die SA-Uniform [74], zudem saßen bei allen Regierungspräsidenten sogenannte SA-Berater [75]. Kein Zweifel, Görings Herrschaft im größten deutschen Staat war unterminiert.

Gestapo-Chef Diels stachelte seinen Herrn zum offenen Kampf gegen die SA auf. Göring zögerte lange, aber Diels hatte längst unter der Hand die Initiative ergriffen. Informationen aus dem Berliner Herrenklub brachten Diels auf die Spur der SA-Folterknechte [76]. Als ihm kurz darauf einer seiner Mitarbeiter, Kriminalrat Heller, meldete, im vierten Stock der Hedemannstraße 10, Sitz der Berliner Gauleitung, befinde sich ein geheimes Torturlager der SA, holte sich der Gestapo-Chef einige Polizisten des Wecke-Bataillons und ließ mit Maschinengewehren die Folterwerkstätte umstellen. Nach endlosem Palaver konnte Diels die SA überreden, ihre Gefangenen herauszugeben [77]. »Die Opfer, die wir vorfanden«, schrieb er, »waren dem Hungertode nahe. Sie waren tagelang stehend in enge Schränke gesperrt worden, um ihnen ›Geständnisse‹ zu erpressen. Die ›Vernehmungen‹ hatten mit Prügeln begonnen und geendet; dabei hatte ein Dutzend Kerle in Abständen von Stunden mit Eisenstäben, Gummiknüppeln und Peitschen auf die Opfer eingedroschen. Als wir eintraten, lagen diese lebenden Skelette reihenweise mit eiternden Wunden auf dem faulenden Stroh [78].«

Der Gestapo-Chef ließ nicht mehr locker. Er mobilisierte seine Geheime Staatspolizei und begann, einen SA-Bunker nach dem anderen auszukämmen. Nur halbherzig unterstützt von Göring, legte sich Diels mit SA-Schlägern an und riskierte nicht selten, von den Unterweltlern verprügelt zu werden. Ende Mai gab es in Preußen kaum noch »wilde« Konzentrationslager der SA [79]. Diels stellte dennoch seinen Feldzug nicht ein. Er verband sich mit einer mutigen Juristengruppe im preußischen Justizministerium, die unter Führung der Staatsanwälte Werner von Haacke und Dr. Joel SA-Gangster jagte und sie vor Gericht brachte [80].

Der Kampf gegen die SA nahm immer härtere Formen an, und doch beschlich den Gestapo-Leiter zuweilen das Gefühl, einen allzu einseitigen Krieg zu führen. Denn je mehr sich die Auseinandersetzung mit der SA erhitzte, desto lautloser sickerten die Partisanen Heinrich Himmlers in die preußische Göring-Domäne. Diels witterte, die größere Gefahr für Görings Alleinherrschaft in Preußen drohe von dem Schwarzen Orden. Diels: »Die SS bereitete ihre Schläge von langer Hand und auf konsequentere Art vor als die unbekümmerte SA [81].« Er mußte es wissen, er war der SS wiederholt in die Quere gekommen.

Die SS vergaß dem Gestapo-Chef nie, daß er ihnen einen Gefangenen abgejagt hatte, der für sie so etwas wie ein Talisman eigener Tüchtigkeit gewesen war: den SA-Meuterer von 1931, Hauptmann Walther Stennes. Sein Tod schien beschlossene Sache [82]. Doch Diels wußte Göring an dem ehemaligen SA-Führer zu interessieren. Göring verlangte die Herausgabe des Stennes – der Hauptmann kam ins Gestapo-Gefängnis [83]. Mit dem Namen Stennes verband sich eine Schlappe Görings aus der Zeit vor der NS-Machtübernahme. Der ehemalige SA-Kommandeur hatte 1931 nicht übel Lust gehabt, wieder an die Spitze der SA zu treten [84], und intrigierte zusammen mit Stennes gegen die Münchner SA-Führung; zumindest versprach er der Berliner SA, ihre Sache in München zu vertreten.

Auch damals ging es bereits gegen Himmlers SS, von der sich Stennes bedroht fühlte. »Göring erklärte unaufgefordert«, meldete das Stennes-nahe Kampfblatt »Wahrheiten der Woche« am 10. Oktober 1931, »daß er sich nunmehr restlos dafür einsetzen würde, daß diesem Treiben ein Ende bereitet werde. Er versicherte ferner, daß ... er auch nicht davor zurückschrecken würde, den Reichsführer der SS Himmler aus seiner Stellung zu entfernen[85].« Göring haftete auch später bei oppositionellen SA-Männern das Renommee eines Himmler-Gegners an, denn noch nach dem Stennes-Putsch wußten die »Wahrheiten der Woche«: »Göring wird den ehrlichen Willen, jedoch nicht die Macht gehabt haben, sich durchsetzen zu können[86].« Der preußische Ministerpräsident wollte jetzt nachholen, was er 1931 versäumt hatte. Er gab Diels die Order, Stennes vor der SS zu retten[87]. Mit Hilfe der Ehefrau des Stennes und eines deutschen Instruktionsoffiziers bei der chinesischen Armee konnte Diels den ehemaligen SS-Häftling im Herbst 1933 über die niederländische Grenze entkommen lassen[88]. Walter Stennes avancierte später zum Kommandeur der Leibwache des chinesischen Staatschefs Tschiangkaischek[89].

Doch solche Siege über die SS waren selten. Meist hatte Diels das Nachsehen. Den Berliner Folterbunker der SS, das Columbiahaus, konnte er niemals knacken[90], und ein anderes Objekt seiner Anti-Prügel-Kampagne, das illegale SS-KZ Papenburg, fiel erst, nachdem Hitler bei einem Vortrag von Diels befohlen hatte, Artillerie des Heeres solle das Lager samt dessen widerspenstiger SS-Mannschaft »erbarmungslos zusammenschießen«[91].

Was den Gestapo-Chef besonders irritierte, war der unleugbare Umstand, daß Mitglieder der SS sowohl im Lager Görings als auch in jenem Himmlers standen. Wie lange würden sie Görings Preußen noch die Treue halten? Der Chef der Preußischen Polizei, SS-Gruppenführer Daluege, mochte persönliche Gründe haben, dem Lager Himmlers fernzubleiben, aber hinter ihm standen Männer, denen die von Göring ernannten Funktionäre im Wege waren. Diels' Mißtrauen richtete sich vor allem gegen den gelbgesichtigen Kriminalrat Arthur Nebe, einen der wenigen Nazis in der Gestapo, und dessen Ohrenbläser, einen baumlangen Gestapo-Assessor namens Hans Bernd Gisevius[92].

Nebes Ehrgeiz war kollegenbekannt. »Er wird einmal ganz groß werden oder er wird gehängt werden«, prophezeite der Kriminalkommissar Liebermann von Sonnenberg[93], und Nebe, Exekutive-Leiter der Gestapo, liebte die Anekdote, die ihm den Ausspruch zuschrieb: »Es gibt keine Überzeugungen, es gibt nur Umstände[94].« »Aber, Herr Nebe, wie kommen Sie zu diesem Zitat? Das sagt bei Balzac der Bagnosträfling Vautrin«, wandte ein literaturkundiger Zuhörer ein. Darauf Nebe: »Sie werden ganz genau wissen, daß er [der Bagnosträfling] später Kriminalchef von Paris wurde[95].« Doch Rudolf Diels versperrte den Weg zu solchen Posten. Der aus dem deutsch-nationalen Lager desertierte Gisevius[96] putschte seinen Freund Nebe gegen den Chef Diels auf, der alles besaß, was dem Notabiturienten Nebe fehlte: Bildung, großbürgerliche Herkunft, gesellschaftliche Sicherheit und eine Unbekümmertheit, die selbst Göring bei Diels zuweilen verblüffte. »Ich warne Sie, Diels, Sie wollen auf zwei Stühlen zugleich sitzen!« rief ihm Göring einmal zu. Diels lächelte nur: »Der Chef der Geheimen Staatspolizei muß auf sämtlichen Stühlen sitzen, Herr Ministerpräsident[97].«

Eben diese, wie Nebe dünkte, »Gesinnungslosigkeit« gab dem Kriminalrat den Verdacht ein, Diels sei in Wirklichkeit ein verkappter Kommunist, und Freund Gisevius nährte noch diesen Aberglauben. »Gegen Diels, den flatterhaften, spielerischen Gesellen... durfte ich getrost den Kampf wagen«, schreibt Gisevius[98]. Die beiden Freunde sammelten Belastungsmaterial gegen Diels und bewogen auch den einfältigen Daluege, an das rote Diels-Gespenst zu glauben[99]. Nur zuweilen hatte der Himmler-Konkurrent Daluege einen hellen Augenblick. Zu Nebe und Gisevius: »Sie werden noch den Teufel mit Beelzebub austreiben[100].« Er wußte nicht, daß Nebe und vermutlich auch Gisevius längst mit Beelzebub Kontakt aufgenommen hatten. Himmler war über jeden Zug seines Gegenspielers Göring informiert. Anfang Oktober hielt er Görings Stellung für so geschwächt, daß er zum Sturm auf die Preußen-Feste antrat:

Zur gleichen Zeit, da die Reichsführung-SS bei Hitler beantragte, SD-Amt und SS-Amt von München nach Berlin verlegen zu dürfen[101], drangen SS-Männer unter Führung des alten Daluege-Kumpels Herbert Packebusch in die Wohnung des Gestapo-Chefs ein. Frau Diels wurde ins Schlafzimmer eingesperrt, dann erbrach Packebusch den Schreibtisch des SS-Gegners[102]. Doch der Ehefrau gelang es noch rechtzeitig, ihren Mann ans Telephon zu bekommen. Wenige Minuten später raste Rudolf Diels mit einem Kommando des Polizeiamts Tiergarten zu seinem Domizil in der Potsdamer Straße. Packebusch blickte auf, als sähe er ein Gespenst. Noch ehe er zu seinem abgelegten Dienstrevolver greifen konnte, packten ihn Polizistenfäuste. Er wurde abgeführt[103].

Der Triumph des Gestapo-Chefs währte jedoch nicht lange. Kurt Daluege erschien und erläuterte Göring die »Disziplinlosigkeit« des Kameraden Packebusch; es habe der dringende Verdacht bestanden, daß Diels gegen die Berliner SS intrigiere[104]. Göring wurde an seinem Polizeichef irre, der ihm allzu undurchsichtig schien. Er entließ Packebusch aus der Haft[105]. Diels hatte die Lektion begriffen: Göring wollte nicht hart gegen die SS durchgreifen. Als der Gestapo-Chef zwei Wochen später erfuhr, Polizei und SS hätten im Auftrag Görings sein Amt umstellt, geriet er in Panik. Er floh ins Ausland; im böhmischen Karlsbald wartete er ab[106].

Indes, Göring hatte den Angriff der SS überlebt. Von Hitler war die Verlegung der Münchner SS-Ämter nach Berlin untersagt worden; für den Reichsführer gab es nur einen kleinen Trost: Er durfte eine SD-Dienststelle an der Spree errichten[107]. In die Berliner Eichenallee zog ein alter Freund Reinhard Heydrichs ein, Dr. Hermann Behrends, Sohn eines Kieler Gastwirts, bei dem der Marineoberleutnant Heydrich oft hatte anschreiben lassen. Behrends gründete den SD-Oberabschnitt Ost, während ein anderer

Vertrauensmann Heydrichs, SS-Hauptsturmführer Heinz Jost, zum Vertreter der Reichsführung-SS beim Geheimen Staatspolizeiamt bestellt wurde [108].

Tiefer reichten die Einbruchstellen Himmlers im Göring-Imperium nicht. Göring zu dem heimgekehrten Gestapo-Chef: »Himmler und Heydrich kommen niemals nach Berlin [109].« Himmler hatte sich sogar mit Göring versöhnen und dabei auch den SS-Gegner Diels besänftigen müssen. Mit Wirkung vom 9. November 1933 war dem Dr. Rudolf Diels die Ehre zuteil geworden, die Uniform eines SS-Standartenführers tragen zu dürfen. In seinen Personalbogen aber schrieben die SS-Oberen hinein, was sie von diesem seltsamsten Mitglied der Schutzstaffel hielten: Er sei aalglatt, »nicht offen« und eigennützig [110].

Der zweite Anschlag Himmlers auf das Polizeiimperium des Parteigenossen Göring war vereitelt worden. Da bot sich dem Reichsführer-SS ein unerwarteter Bundesgenosse gegen den preußischen Satrapen an: das Reichsinnenministerium (RMdI) des Dr. Wilhelm Frick. Nach der Reichstagswahl am 12. November 1933 hatte Reichsreformer Frick den Entschluß gefaßt, auch die letzten Hoheitsrechte der deutschen Länder abzuschaffen. Die Länder sollten nur noch als Verwaltungseinheiten einer von Berlin gesteuerten Administration erhalten bleiben [111]. Die federführenden Zentralisten des RMdI, der ehemalige Regierungspräsident Nicolai und der Ministerialrat Medicus, konzipierten eine Reichsverwaltung, die das Recht haben sollte, den Länderregierungen Anweisungen zu erteilen [112]. Heikelstes Thema der Reichsreform: die Herrschaft über die Polizei. Bis dahin stand die Polizeihoheit nur den 16 Ländern des Deutschen Reiches zu; allein die Länder beherrschten die Polizei, sie kontrollierten deren Organisation, Aufgaben und Dienstrecht. Das Reichsinnenministerium durfte nur eine allgemeine Aufsicht ausüben, allenfalls konnte es durch gewisse Subventionen für die Länderpolizei etwas Einfluß gewinnen [113].

Die Zentralisten des Dr. Frick aber schrieben nun in ihre Entwürfe den Kernsatz hinein, die Hoheitsrechte der Länder, also auch die Polizeihoheit, müßten auf die Reichsregierung übergehen. Das hieß: Der Reichsinnenminister forderte für sich die Kontrolle über alle deutschen Polizeiverbände. Von nun an sollten in der deutschen Polizei keine Dienstvorschriften erlassen, keine Standortverlegungen geplant, keine Beförderungen und Stellenbesetzungen (vom Major an aufwärts) vorgenommen werden, ohne daß der Reichsinnenminister zuvor seine Genehmigung erteilt hatte [114]. Die Reichsreformer wollten verwirklichen, was auch Himmler dem Dr. Best als sein Programm entwickelt hatte: den Gaufürsten das Kommando über die Polizei zu entreißen. Doch ein Gaufürst verweigerte dem Innenministerium die Beute.

Obwohl noch niemand außerhalb des Reichsinnenministeriums den Nicolai-Medicus-Plan kannte, kam Preußen-Premier Göring den Zentralisten zuvor. Am 30. November 1933 erließ er ein Gesetz, das Preußens Geheime Staatspolizei zu einem selbständigen Zweig der inneren Verwaltung erhob; die vom Innenministerium wahrgenommenen Geschäfte gingen auf das Geheime Staatspolizeiamt über, das dem preußischen Ministerpräsidenten unterstellt wurde. Er ernannte einen Inspekteur, der in Görings Namen das Gestapa beaufsichtigen und seinerseits einen Chef der Gestapo bestimmen sollte [115]. Mit einem Streich hatte Göring die Reichsreform ins Herz getroffen, noch ehe sie Gesetzesform angenommen hatte. Das größte deutsche Land entzog sich dem Polizeigriff des Wilhelm Frick.

Der Innenminister aber war machtlos, den Parteigenossen Göring auf die Knie zu zwingen: Er besaß in der Partei keine Hausmacht, er war bei Hitler schlecht angeschrieben, weil er einst auf die Fahne Gregor Strassers geschworen hatte. Wie von Magie angelockt, richteten sich da die Blicke der RMdI-Zentralisten auf den Mann, der angekündigt hatte, die Gaufürsten von den Schalthebeln der Polizei zu vertreiben. Heinrich Himmler – das war die Rettung! Der Reichsführer-SS hatte Macht: Er kontrollierte die parteiinterne Polizei, seine Politischen Bereitschaften waren in vielen deutschen Ländern vertreten, er propagierte seit langem die Errichtung einer Reichspolizei.

Fricks Beamte halfen, sicherlich nicht ohne Zustimmung Hitlers, den Polizei-Zentralisten Himmler gegen den preußischen Separatismus in Marsch zu setzen [116]. Mit der stillen Assistenz des Reichsinnenministeriums besetzte Himmler in einem Land nach dem anderen das politische Polizeikommando. November 1933: Himmler wird zum Kommandeur der Politischen Polizei von Hamburg, Lübeck und Mecklenburg-Schwerin ernannt. Dezember 1933: Kommandeur der Politischen Polizei von Anhalt, Baden, Bremen, Hessen, Thüringen und Württemberg. Januar 1934: Kommandeur der Politischen Polizei von Braunschweig, Oldenburg und Sachsen [117]. Als Frick im Januar 1934 sein »Gesetz über den Neuaufbau des Reiches« vor den Jasager-Reichstag brachte [118], kontrollierte Himmler die politische Polizei aller deutschen Länder mit Ausnahme Preußens und Schaumburg-Lippes. Göring gab freilich noch immer nicht nach. Im Gegenteil, er holte zu einem neuen Schlag aus.

Am 19. Februar 1934 dekretierte Frick in einem Erlaß an die Reichsstatthalter in den Ländern, ihm komme »die unmittelbare Befehlsgewalt über die Landespolizei im Deutschen Reich« zu [119]. Göring konterte am 9. März mit einem Gegenerlaß: Er übernahm die oberste Leitung der preußischen Landespolizei und unterstellte sich den Leiter der Polizeiabteilung im preußischen Innenministerium in allen Fragen der Landespolizei [120]. Wieder hatte Göring seinem Gegenspieler eine Waffe aus der Hand geschlagen.

Doch in den Augenblicken der Verzweiflung und Niedergeschlagenheit, die den künstlichen Aufputschungen des Morphinisten Göring folgten, merkte Preußens Ministerpräsident allmählich, daß er eine verlorene Sache verfocht. Schon glaubte er am Horizont die Rauchzeichen einer tödlichen Gefahr heraufziehen zu sehen, die seine Macht unheilvoller bedrohte, als ihn Frick und Himmler pressierten. Was die Terrorakte des Frühjahrs 1933 erst angekündigt hatten, ergoß sich jetzt über das ganze Land. Immer lauter und lauter dröhnte der Marschtritt ungezählter Kolonnen heran, grollten die Trommeln der braunen Bataillone, schmetterten die Fanfaren und Kampfrufe der Vier-Millionen-SA, beschäftigungslos, machtgierig, revolutionsdurstig.

Göring spürte, daß es Zeit wurde, mit Frick und Himmler Frieden zu schließen. Ende März eröffnete er Verhandlungen mit dem Reichsinnenministerium [121] und feilschte um den besten Preis für die Übernahme der preußischen Ministerien in die Reichsverwaltung. Nur das preußische Finanzministerium blieb neben dem Ministerpräsidenten-Amt erhalten, das Innenressort ging im Reichsinnenministerium auf. Polizeichef Daluege wechselte ins Frick-Ministerium über und kommandierte nun die gesamte uniformierte Polizei des Reiches [122]. Auf dem Gebiet der politischen Polizei ließ sich Göring auf einen für ihn freilich unvorteilhaften Kompromiß ein: Er akzeptierte zwar noch nicht völlig die Oberhoheit des Reichsinnenministeriums, überließ aber Himmler den Posten des Gestapo-Inspekteurs. Heydrich wurde Leiter des Geheimen Staatspolizeiamtes, Nebe übernahm das Landeskriminalpolizeiamt [123].

Heinrich Himmler hatte einen Wendepunkt seiner Karriere erreicht. Zum ersten Mal beaufsichtigte die Schutzstaffel die deutsche Polizei. Doch zum Jubel war kaum Zeit. Noch hielt die Historie den Pakt zwischen Himmler und Göring nicht für perfekt. Der erzwungenen Verlobung folgte die Bluthochzeit. Kaum hatte Göring (»Nicht über jeden Toten stolpern«) [124] am 10. April 1934 die neuen Herren in der Prinz-Albrecht-Straße 8 eingeführt und seinen Intimus Diels auf dem Posten des Kölner Regierungspräsidenten in Sicherheit gebracht [125], da liefen im Gestapa Meldungen ein, die nur einen Schluß zuließen: Adolf Hitlers Staat schlidderte der schwersten Krise seiner kurzen Geschichte entgegen.

Die Meldungen spiegelten die brodelnde Mißstimmung in der SA wider, deren bunt zusammengewürfeltes Führerkorps in nichts anderem übereinstimmte als in der Gewißheit, daß ihm die ganze Richtung nicht paßte, die »Adolf« seit dem 30. Januar 1933 eingeschlagen hatte.

6 Der Röhm-Putsch

In den Versammlungslokalen der SA machte sich der Unmut gegen Adolf Hitler breit. Wie vor dem Stennes-Putsch von 1931 ging die Parole um: »Adolf verrät uns!« Auch der letzte SA-Führer spürte, daß die vielgefeierte Revolutionsarmee des Nationalsozialismus, die SA, zu einem Fremdkörper in eben diesem nationalsozialistischen Staat geworden war.

Jahrelang hatte man die SA mit revolutionären Energien aufgeputscht, um sie für den Tag der Machtübernahme bereitzumachen; aber als der Tag gekommen war, friedlich und scheinbar ganz konstitutionell, wußte die Partei nicht, was sie mit der SA anfangen sollte. Man hatte ihr schließlich eine unverfängliche Aufgabe gestellt: Die SA sollte die Jugend »ertüchtigen«, sollte sich mit der Reichswehr zum großen nationalsozialistischen Volksheer vermählen.

Seit es eine SA gab, sah Stabschef Ernst Röhm in ihr die Keimzelle eines neuen deutschen Heeres. »Ich bin der Scharnhorst der neuen Armee«, prahlte er oft [1] und verbarg dahinter, daß er unter der hochmütigen Ablehnung litt, die ihm die Offiziere der alten Schule entgegenbrachten. Reichspräsident von Hindenburg verweigerte ihm den Handschlag, ihm, der dem Generalfeldmarschall als Homosexueller ebenso verdächtig war wie als Militärrebell [2]. Der Kompanieführer Röhm hatte im Grabenkrieg der Westfront erlebt, daß die alten preußischen Kommißformeln der Wirklichkeit des modernen Krieges nicht mehr gerecht wurden. Er empfand dunkel: »Da muß etwas Neues her, versteht Ihr mich? Eine neue Disziplin. Ein neues Organisationsprinzip. Die Generale sind alte Schuster. Denen kommt keine neue Idee [3].« Er aber glaubte, die neue Idee zu besitzen: die Idee der Miliz, den Gedanken des Volksheeres. Seine SA, das war das neue Volksheer. Es mußte nur militärisch fit gemacht werden, es mußte nur für den modernen, revolutionären Krieg gedrillt sein – dann war die Stunde gekommen, da die SA die Reichswehr übernahm und ihn, den Reformator Ernst Röhm, an die Spitze der neuen Wehrmacht eines neuen Deutschland katapultierte.

Die Kader des neuen Volksheeres waren schon vorhanden. Röhm befahl über eine 500 000-Mann-Armee, rein zahlenmäßig fünfmal so stark wie die Reichswehr; das Parteiheer gliederte sich in fünf SA-Obergruppen (Armeen) und 18 Gruppen (Armeekorps) [4]. Röhm zur Seite stand ein Führerstab, in dem die maßgeblichen Positionen von ehemaligen Offizieren besetzt waren [5]. Bis in kleinste Details hatte Röhm das Militär kopieren lassen. »Rondeoffiziere« übten den Kontrolldienst in den SA-Stürmen aus, die SA-Dienstvorschriften orientierten sich nach den Heeres-Reglements, und die SA-Standarten führten die Nummern früherer Regimenter der kaiserlichen Armee [6].

Je selbstbewußter die Kommandos der SA-Führer das braune Riesenheer dirigierten, desto begieriger beobachtete die Reichswehr Röhms Militärspiele. Die Berufssoldaten witterten in der SA das ideale Rekrutenreservoir für den Tag, da die Reichswehr, befreit von den Fesseln der in Versailles festgelegten Rüstungsbeschränkung, wieder der allgemeinen Wehrpflicht folgen würde. Hitlers Order führte die beiden Mächte zusammen [7]. Doch statt eines »alten Schusters«, den er erwartet hatte, stellte sich Röhm ein Gegenspieler in den Weg, der zu den modernsten und bedenkenlosesten Offizieren der Reichswehr zählte.

Er hieß Walter von Reichenau, war Generalmajor, Sportler und Artillerist; er leitete das Ministeramt des Reichswehrministeriums und spottete trotz seines Monokels im rechten Auge mancher geheiligten Grundsätze preußisch-deutscher Militärtradition. Viele seiner konservativen Kameraden hielten ihn für einen ruhmsüchtigen Karrieremacher, mancher sogar für einen Nazi, weil er neben seinem Vorgesetzten, dem Reichswehrminister Generaloberst Werner von Blomberg, der erste hohe Reichswehroffizier gewesen war, zu dem Hitler schon vor 1933 Vertrauen gefaßt hatte [8]. Gleichwohl verfügte der General von Reichenau von Anfang an über einen klaren Plan: Das militärisch taugliche SA-Potential mußte in die Reichswehr einbezogen, die für die Armee gefährlichen Ambitionen Röhms neutralisiert werden [9]. Damit Röhm auf Reichenaus Spiel einging, blieb nichts anderes übrig, als dem SA-Mann entgegenzukommen.

Reichenau schlug vor, die SA solle zunächst damit beginnen, wichtige Aufgaben im Rahmen einer um Milizelemente erweiterten Landesverteidigung zu übernehmen. Vor allem im Osten klafften arge Lücken im Schutzschild der Reichswehr. Daher sollte gegen Polen ein sogenannter Grenzschutz Ost errichtet werden, der in der Tat als eine Art Miliz geplant war – dort sei, erläuterte Reichenau, der Platz des SA-Heeres. Die SA solle außerdem mit Hilfe der Reichswehr alle außerhalb der Streitkräfte stehenden Organisationen vormilitärisch ausbilden [10].

Mitte Mai 1933 schlossen SA und Reichswehr ein Abkommen, durch das SA, SS und der deutsch-nationale Frontkämpferbund »Stahlhelm« dem Reichswehrministerium unterstellt wurden [11]. Obergruppenführer Friedrich-Wilhelm Krüger avancierte zum Chef des Ausbildungswesens (AW) der SA und erhielt den Auftrag, mit einem Stab von Reichswehr-Ausbildern jährlich 250 000 SA-Männer für einen späteren Einsatz in der Reichswehr zu drillen [12]. Zugleich sollte Röhm die Wehrverbände der Rechtsparteien, vor allem den disziplinierten und mitgliederstarken Stahlhelm, in die SA einbeziehen [13]. Mit dem Stahlhelm aber verband Reichenau eine Spekulation eigener Art.

Der General ermunterte den Stahlhelmführer Theodor Duesterberg, möglichst viele Stahlhelmer in die SA zu delegieren. Reichenaus Feldzugsplan: Träte die eine Million Stahlhelmer geschlossen in die SA ein, dann ließe sich leicht die Röhmsche SA majorisieren; gelänge es zudem noch, die entscheidenden Posten in AW und Grenzschutz mit Reichswehrpersonal zu besetzen, dann sei Röhm ausmanövriert [14]. Reichenaus Rechnung schien aufzugehen. Die Schlüsselpositionen in Krügers Organisation und im Grenzschutz Ost wurden von ehemaligen oder aktiven Offizieren besetzt [15]. Indes, die Stahlhelm-Invasion mißglückte. Röhm fing sie geschickt auf und spaltete die SA in drei gewichtsverschiedene Gruppen, in deren wichtigste – die sogenannte aktive SA – er die gesamte 500 000-Mann-SA und nur 314 000 Stahlhelmer aufnahm [16].

Röhm konnte jetzt den Anspruch erheben, eine Gefolgschaft von 4,5 Millionen Mann zu besitzen [17]; prompt ging er zur Gegenoffensive über. Er verlangte größeren Einfluß und echte Führerstellungen im Grenzschutz Ost, schlimmer noch: Er forderte die Kontrolle über das Heikelste, was die Reichswehr kannte – die ostdeutschen Waffenlager [18]. Röhms Forderungen verstießen gegen die eiserne Überzeugung der deutschen Generale, niemals dürfe es einen anderen Waffenträger der Nation geben als die Reichswehr. Im Reichswehrministerium beschloß man, allen Flirts mit Röhms Milizideen abzuschwören. Ab Dezember 1933 galt grundsätzlich: Die Reichswehr kennt nur eine Organisationsform der Landesverteidigung, und das ist die allgemeine Wehrpflicht [19].

Doch Röhm verließ seine Spur nicht mehr. Seit 1. Dezember zum Reichsminister ohne Geschäftsbereich ernannt [20], ließ er bei den SA-Obergruppen bewaffnete Stabswachen aufstellen [21] und brachte sogar das Ausland ins Spiel: Da vor allem Frankreich auf der Genfer Abrüstungskonferenz Deutschland ein verstärktes Milizheer konzedieren wollte, führte Röhm eigenmächtig Gespräche mit dem französischen Militärattaché in Berlin [22]. Anfang Februar 1934 präsentierte er der Reichswehr seine Forderungen auch in schriftlicher Form [23]. Er hatte seine Denkschrift so hart formuliert, daß Blomberg auf einer Befehlshaberbesprechung nur folgern konnte, Röhm beanspruche die gesamte Landesverteidigung als »Domäne der SA«, die Reichswehr solle nur Ausbildungsfunktionen wahrnehmen [24].

Generaloberst von Blomberg rief daraufhin die Entscheidung Hitlers an und stellte damit den Kanzler vor eine Wahl, der sich Hitler bisher immer entzogen hatte [25]. Gefühlsmäßig neigte er der Röhm-Konzeption zu, dennoch wußte er, daß er ohne die militärischen Fachleute niemals sein außenpolitisches Expansionsprogramm verwirklichen werden könne. Nichts aber war Hitler peinlicher, als dem Freund Röhm ein frontales Nein entgegenzusetzen. Er versuchte einen Kompromiß: Für den 28. Februar 1934 lud Hitler die Führer von Reichswehr und SA in den marmorgetäfelten Vortragssaal des Reichswehrministeriums und beschwor sie in einer (laut Blomberg) »packenden und erschütternden« Rede, Frieden zu halten [26]. Unter seinen Augen mußten Blomberg und Röhm ein Abkommen schließen, das die Reichswehr zum einzigen Waffenträger des Dritten Reiches erklärte und der SA eine Monopolstellung für die vor- und nachmilitärische Ausbildung einräumte [27]. Bei einem Sektfrühstück im Berliner Hauptquartier Röhms in der Standartenstraße reichten sich SA- und Reichswehr-Chef theatralisch die Hände[28].

Kaum aber hatten die Offiziere die Festtafel verlassen, bellte Röhm los: »Was der lächerliche Gefreite erklärte, gilt nicht für uns.« Immer mehr brüllte er sich in Wut: »Ich denke nicht daran, das Abkommen einzuhalten. Hitler ist treulos und muß mindestens auf Urlaub.« Und noch schärfer: »Wenn nicht mit, so werden wir die Sache ohne Hitler machen[29].« Wie erstarrt saß an Röhms Tafel ein SA-Obergruppenführer und hörte die alkoholfeuchten Tiraden gegen den geliebten Führer. Viktor Lutze, Oberleutnant außer Dienst und Führer der SA-Obergruppe Hannover, witterte Hochverrat[30]. Er eilte, ihn mit aller Macht zu verhindern.

Anfang März 1934 ließ er sich bei Rudolf Heß melden, dem »Stellvertreter des Führers«. Er hinterbrachte ihm, Röhm (»Adolf spinnt«) halte ungeheuerliche Reden gegen den Führer. Heß wußte jedoch nicht, was zu tun sei[31]. Lutze zog weiter. Er reiste nach Berchtesgaden und hielt Hitler Vortrag. Ihm enthüllte er die ganze Mißstimmung, die in der SA gegen die Führung des Dritten Reiches herrschte. Aber auch Hitler hatte nur einen dunklen Trost: »Wir müssen die Sache ausreifen lassen[32].« Da Hitler keine Maßnahmen gegen seinen Freund Röhm ergriff, vertraute sich Lutze einem Dritten an. Dem Generalmajor von Reichenau zeigte er auf einer Übungsreise in Braunfels einen Brief, in dem Lutze seinen Stabschef vor einer weiteren Kampagne gegen die Reichswehr warnte[33]. Reichenau dankte dem Obergruppenführer für dessen wertvolle Hinweise und spottete, als der SA-Mann außer Hörweite war: »Der Lutze ist ungefährlich. Der wird Stabschef[34].«

Röhm-Kritiker Lutze wußte nicht, daß der General von Reichenau seit Tagen mit einem SS-Brigadeführer verhandelte, der sehr genaue Vorstellungen darüber hegte, wie man mit einem Schlag das Problem Röhm lösen könne. Reinhard Heydrich, Leiter des Geheimen Staatspolizeiamtes und des Sicherheitsdienstes (SD), war entschlossen, die gesamte Führungsclique um Ernst Röhm zu liquidieren. Er hatte lange Zeit gebraucht, Heinrich Himmler für den Vernichtungsplan zu gewinnen. Der Reichsführer-SS zögerte, und dieses Zaudern war nicht ohne trübe Ahnungen: Der Entschluß zur Vernichtung Röhms öffnete eine Pandorabüchse, deren giftiger Inhalt SS und SA nicht mehr zur Ruhe kommen lassen sollte.

Als habe ihn ein Vorgefühl kommender Entwicklungen beschlichen, hatte sich Himmler von den Gegnern Röhms ferngehalten[35]. Der ehemalige Fähnrich konnte die Jahre nicht vergessen, die ihn mit dem Hauptmann Röhm zusammengeführt hatten. Auch in den ersten Monaten der nationalsozialistischen Ära war Himmler aus der engsten Umgebung Röhms nicht wegzudenken. Gemeinsam hielten sie schwülstige Reden, gemeinsam tafelten sie in Röhms Berliner Quartier[36]. Gemeinsam planten sie auch ihre Verbrechen: Heydrich rüstete zusammen mit dem SA-Standartenführer Uhl das Rollkommando aus, das am 3. April 1933 nach Österreich einsickerte und den von Röhm abgefallenen Stabschef-Intimus Georg Bell in einem Gasthaus bei Durchholzen ermordete[37]. An Röhms letztem Geburtstag, am 28. November 1933, wünschte ihm Himmler »als Soldat und Freund alles, was man in treuer Gefolgschaft versprechen kann. Es war und ist unser größter Stolz, immer zu Deinen Treuesten zu gehören«[38]. Die beiden waren auch gemeinsam Paten des ersten Heydrich-Kindes[39], und selbst nach dem Eklat des 28. Februar 1934, den Anti-Hitler-Tiraden Röhms in der Berliner Standartenstraße, hatte Himmler noch versucht, den SA-Chef vor jeder Unbesonnenheit gegenüber Hitler und Reichswehr zu bewahren[40].

Indes, Himmlers vielberufene Treue zu Röhm wich im Frühjahr 1934 einer opportunistischen Überlegung: Die neue Allianz mit Göring dünkte ihn wichtiger als das Verhältnis zu dem alten Chef. Denn diese Allianz war die Voraussetzung für die Inbesitznahme der preußischen Gestapo durch die Reichsführung-SS. Von hier führte ein direkter Weg zu den Vernichtungsplänen Heydrichs: ohne Göring keine Herrschaft über die Gestapo, ohne Abkehr von Röhm keine Zusammenarbeit mit Göring. Und der preußische Ministerpräsident Hermann Göring war von allen nationalsozialistischen Potentaten der Mann, der Röhms SA am stärksten zu fürchten hatte. Röhm bedrohte mit seinem Netz von SA-Polizeipräsidenten und SA-Beratern bei den Regierungspräsidenten die innerpreußische Macht Görings und gefährdete zugleich dessen Fernziel, Oberbefehlshaber der Wehrmacht zu werden[41].

Himmler schwenkte um. Dem Vorsichtigen wurde der Frontwechsel dadurch erleichtert, daß der unvorsichtige Röhm mit nahezu allen Machtgruppen des Regimes zerfallen war. Jeder hatte ein Interesse am Untergang des Röhm-Kreises, jeder konnte von einer Zerstörung der SA profitieren: Reichswehr und Göring wurden einen unerwünschten Konkurrenten los, Parteiapparatschiks und Tugendwächter waren von einem lästerlich-lasterhaften Störenfried erlöst, und die SS konnte sich endlich von ihren letzten Bindungen an die SA frei machen.

Das tödliche Spiel Reinhard Heydrichs begann, denn tödlich mußte es sein. Eine Partei wie die NSDAP, die im Zeitalter von Freikorps und Fememorden entstanden war und die selber die Politik kriminalisiert hatte, kannte für unlösbare innerparteiliche Differenzen keine bessere Aushilfe als jene der Gewalttätigkeit. »Daß man einen Mann um die Ecke bringt, das wird bei uns nicht so tragisch aufgefaßt. Eine solche Einrichtung gehört mit zu unserer Organisation«, philosophierte einmal Georg Bell, bevor SA-Mörder die Richtigkeit seiner Thesen an ihm selber erhärteten. »Wir sagen, das ist Selbstschutz, Sie sagen da – Mord. Ich finde nichts dabei, wenn einer aus moralischen Gründen im Interesse der Partei beseitigt wird[42].«

Auf den Fall Röhm übertragen bedeutete das: Nur ein toter Stabschef konnte den Machthabern des Regimes Sicherheit vor der SA verbürgen. Eine formelle Absetzung Röhms oder ein Schauprozeß gegen den führenden Homoerotiker des Reiches, den ältesten und einzigen Hitler-Freund, der die NS-Interna besser kannte als jeder andere, hätte die Führer des Regimes nicht beruhigen können. Röhm mußte sterben.

Gestapo- und SD-Chef Heydrich machte sich Ende April 1934 an die Arbeit. Während Himmler die SS-Standarten abreiste, um die Schutzstaffel für den Schlag gegen die SA-Kameraden zu präparieren[43], legte Heydrich die Schlinge, die Röhms Führergarnitur erdrosseln sollte. Zunächst benötigte er einen handfesten Anlaß zu einer Aktion gegen die SA-Führung. Den Monat Mai nutzte Heydrich dazu, Material zu sammeln, das Hitler und Reichswehr von den angeblich hochverräterischen Plänen Röhms überzeugen sollte[44].

Über den Nachrichtenapparat des SS-Untersturmführers Friedrich-Wilhelm Krüger, der im Augenblick die Uniform eines SA-Obergruppenführers trug und bei den Obergruppen und Gruppen der SA als Chef des Ausbildungswesens »M[obilmachungs]-Beauftragte« unterhielt, saugte Heydrich Belastungsmaterial auf[45]. Jede SA-feindliche Information, jeder Helfer gegen Röhm war willkommen. Ein prominenter SS-Freund, der ehemalige Weltkrieg-I-General Friedrich Graf von der Schulenburg, Ehrenführer der SA, intrigierte auch mit[46], und selbst auf die Hilfe des antinazistischen Generalleutnants Wilhelm Adam, eines aus der Schleicher-Schule stammenden Offiziers, der als Kommandeur der 7. Division in München den SS-Gruppenführer Schmauser mit SA-Informationen versorgte, mochte Heydrich nicht verzichten[47].

Freilich, die Ausbeute war recht mager. Außer einigen Mitteilungen über SA-Waffenlager in Berlin, München und Schlesien[48] hatten Heydrichs Sammler nur das blutrünstige Revolutionsgeschwafel einiger SA-Führer zu bieten. Damit ließ sich keine Hochverratsthese ausfüllen. Manche Indizien deuteten sogar darauf hin, daß der SA nichts ferner lag als ein Verrat an Hitler. Oberst von Rabenau, Stadtkommandant von Breslau, urteilte Anfang Mai, ein Aufstand der SA sei unwahrscheinlich[49], und als der schlesische SA-Chef Heines von Göring erfuhr, die Reichswehr wolle keineswegs (wie Heines befürchtet hatte) gegen die SA losschlagen, schickte er sofort die Hälfte seiner Stabswache in Urlaub[50].

Röhm hielt es vielmehr für seine Pflicht, Polizei und Reichswehr auf Regimegegner zu hetzen. Den SA-Brigadeführer Jüttner entsandte er ins Reichswehrministerium und ließ ihn vor den regimefeindlichen Umtrieben des ehemaligen Kanzler-Generals Kurt von Schleicher warnen[51] – jenes Schleicher, den die Legendenschreiber des sogenannten Röhm-Putsches später zum Komplizen des Stabschefs erhoben! »Ich lebe für meinen Führer«, schrie der einarmige SA-Führer Hans Peter von Heydebreck den Schriftsteller Ernst von Salomon an, weil der Hitler ironisiert hatte. Heydebreck: »Der Gedanke an ihn [Hitler] ist das Einzige, was mich aufrechterhält. Wenn ich an meinen Führer nicht mehr glauben könnte, dann möchte ich lieber sterben[52].« Als ihn das Idol ein paar Tage später füsilieren ließ, brüllte der SA-Mann ekstatisch im Feuer des Hinrichtungskommandos: »Es lebe der Führer! Heil Hitler!«[53]

Nein, die SA dachte nicht an Hochverrat, die SA spekulierte nicht auf Putsch und Ungehorsam. Sie wollte Hitler nur unter Druck setzen, ihr endlich den so lange verweigerten Platz in Staat und Militär einzuräumen – und um dieses Ziel zu erreichen, hatte sich Röhm in der Tat eine gefährliche Taktik ausgedacht: Da er nicht glauben mochte, Hitler bleibe noch eine andere Wahl als ein allmähliches Eingehen auf die SA-Wünsche, entfesselte Röhm einen – allerdings dosierten – Nervenkrieg gegen Hitler. Er reiste von SA-Gruppe zu SA-Gruppe. Er inszenierte weiträumige Kriegsspiele seiner Truppe. Er hielt Polterreden, in denen er die »Zweite Revolution« des Nationalsozialismus ankündigte [54]. Und er hoffte, die Massenaufmärsche der Braunhemden würden Hitler schließlich erweichen.

Röhm sah nicht, daß er damit auch bei den arglosesten Deutschen die Furcht wachrief, das Heer der SA schicke sich an, die Macht in Deutschland zu erobern. Auch die Militärs mußten in Röhm einen Todfeind sehen – sie hatten nicht übel Lust, das Spiel Heydrichs mitzuspielen. Den Abwehrchef des Reichswehrministeriums, Kapitän zur See Conrad Patzig, dünkte es »einfach haarsträubend«, daß »solche entwurzelten Existenzen mit verbrecherischen Anlagen« die Reichswehr von ihrem angestammten Platz verdrängen wollten [55]. Der Gedanke lag nahe: Die SA muß weg. Die meisten Offiziere dachten wie der Breslauer Stadtkommandant, der offen sagte, trotz des Fehlens von Putschabsichten der SA sei es höchste Zeit, den »Augiasstall« der Braunhemden auszumisten [56].

Ebenso deutlich redete der politische Chefstratege des Reichswehrministeriums, der in Heydrich einen kongenialen Partner erkannte hatte. General von Reichenau, häufiger Gast im Geheimen Staatspolizeiamt, stellte dem SD-Chef Kasernen, Waffen und Transportmittel für den großen Coup zur Verfügung [57]. Wie hatte er doch 1932 dem Hauptmann Felix Steiner, dem späteren General der Waffen-SS, prophezeit? Reichenau über die SA: »Ich sage Ihnen, die werden uns noch einmal aus der Hand fressen [58].« Heydrichs Hinrichtungskommandos formierten sich bereits, die Weissagung des Generals auf ihre Art zu erfüllen.

Anfang Juni übte die Truppe des Dachauer KZ-Kommandanten, SS-Oberführer Theodor Eicke, in weitgesteckten Planspielen den Schlag gegen Röhms SA. Eicke probte schon damals mit seinen Einheiten den 30. Juni: einen überfallartigen Vorstoß gegen München, Lechfeld und Bad Wiessee [59]. Fast zur gleichen Zeit trafen die Münchner SS-Verbände ihre Einsatzvorbereitungen. SS-Untersturmführer Max Müller vom SS-Motorsturm 3 erhielt den Befehl, seine Einheit für einen schnellen Einsatz fit zu machen und ein Stichwort abzuwarten; Müllers Einheit sollte sich am Tage X in der Münchner Türkenkaserne versammeln, unweit des Sitzes der Bayerischen Politischen Polizei [60]. Auch im Hause Leopoldstraße 10, in den Büros des SD-Oberabschnitts Süd, wurde Vorbereitungsalarm gegeben [61].

Von Süd nach Nord, von Ost nach West mobilisierte Heydrich seine Streitkräfte. Er rechnete mit vier Zentren gewaltsamer Auseinandersetzungen: Bayern, Berlin, Schlesien und Sachsen [62]. Immer enger zog sich der

Ring um die ahnungslose SA. Der unermüdliche SD-Chef ging zur nächsten Phase seiner Vorbereitungen über. Wen sollte der tödliche Schlag treffen? Heydrich setzte seine Vertrauten auf die Spur der engsten Röhm-Freunde und ließ sie Listen der Todeskandidaten entwerfen.

Schon Ende April hatte Eicke eine sogenannte Reichsliste jener »unerwünschten Personen« aufgesetzt, die am Tage X liquidiert werden sollten[63]. Offenbar enthielt sie fast nur SA-Führer. Bald kam jedoch Heydrich eine neue Idee: Wenn man schon beim Aufräumen war, so sollten auch gleich die gefährlichsten Regimegegner mitliquidiert werden! Von einer Woche zur anderen wurden Heydrichs Todeslisten länger und länger. In fast allen SD-Oberabschnitten entstanden Abschußkataloge, SS und Gestapo wußten immer wieder neue Opfer zu nennen[64]. SS-Obersturmführer Ilges vom SD-Hauptamt, Verfasser einer Liquidationsliste, fragte einen Bekannten: »Wissen Sie, was Blutrausch bedeutet? Ich habe das Gefühl, in Blut waten zu dürfen[65].«

Das Abfassen der tödlichen Tabellen wurde zu einem makabren Sport der Eingeweihten. Jeder hatte eine Liste: Göring stellte eine auf[66], der bayrische Gauleiter Wagner besaß eine[67], SS, SD und Gestapo wetteiferten in der Auswahl der Todeskandidaten. Und bald stritten sie darüber, ob dieser oder jener wahrhaft abschußreif sei. Der bayrische SD-Chef Werner Best wollte den »anständigen und treuen« SA-Obergruppenführer Schneidhuber ausgenommen wissen, während Heydrich diesen SA-Mann für »genau so gefährlich wie die anderen« hielt[68]. Göring wiederum strich den Namen seines ehemaligen Gestapo-Chefs Diels, der eine andere Liste anführte[69].

Da lief im Gestapa eine Meldung ein, die Heydrichs weitgesteckten Terminplan gefährdete. Hitler und Röhm hatten sich überraschend geeinigt, die Lösung des SA/Reichswehr-Problems zu vertagen; am 4. Juni waren die beiden in einer vielstündigen Unterredung übereingekommen, die SA ab 1. Juli für einen Monat in Urlaub zu schicken[70]. Mehr noch: Am 8. Juni 1934 veröffentlichte der »Völkische Beobachter« ein Kommuniqué des Presseamtes der Obersten SA-Führung, das aufhorchen ließ. Stabschef Röhm, so hieß es darin, habe auf Anraten der Ärzte einen mehrwöchigen Krankheitsurlaub (eine Jodkur in Bad Wiessee) antreten müssen. Und dann folgte ein seltsamer Satz: »Um allen Mißdeutungen, die daran etwa geknüpft werden könnten, von vornherein vorzubeugen, läßt der Stabschef erklären, daß er nach Wiederherstellung seiner Gesundheit sein Amt in vollem Umfange weiterführen wird[71].«

Die Reichswehr atmete auf; ihren Generalen schien es, als habe Röhm eine Schlacht verloren. Röhms alter Gefährte aus der »Kampfzeit«, der zur Kriegsakademie gehörende Hauptmann Hermann Höfle, meldete ihm als eine der »in maßgebenden Stellen des Heeres herrschenden Ansichten«: »Die erste Pressenotiz [über Röhms Erkrankung] sei der klarste Beweis, daß die Stellung des Stabschefs erschüttert sei. Daran könnten auch später folgende ... Erklärungen nichts mehr ändern[72].«

Das Heer war erleichtert, aber Heydrich schreckte hoch. Die neue Entwicklung ließ ihm nicht mehr viel Zeit, denn einer in den Urlaub abgetretenen SA konnte man schwerlich einen Staatsstreich unterschieben. Schon dachte der Berliner SA-Führer Ernst an eine Schiffsreise nach den Kanarischen Inseln[73], schon bereitete sich Gruppenführer Georg von Detten, Chef des Politischen Amtes der Obersten SA-Führung, auf eine Ferienreise nach Bad Wildungen vor[74] – wo blieb da der vielbefürchtete Putsch der SA? Heydrich mußte schnell handeln, wollte er zu seinem SA-Spektakulum nicht zu spät kommen. Die Pläne lagen bereit, die Mordkommandos waren aufgestellt. Ein Unsicherheitsfaktor blieb indes: die Reaktion Hitlers, der sich soeben noch mit Röhm geeinigt hatte, nicht einig zu sein.

Hitler war stets vor einer frontalen Auseinandersetzung mit der SA zurückgeschreckt. Er betrieb seit langem ein Doppelspiel, das freilich eher Schwäche als rationale Überlegungen widerspiegelte: Einesteils förderte er das Braunhemden-Heer (nicht zuletzt als Gegengewicht zur Reichswehr), zum anderen liebäugelte er mit der Idee, die SA einfach aufzulösen. Doch der NS-Führer fühlte sich zu schwach, seiner SA den Selbstmord abzuverlangen. Er hatte kaum Kraft, die immer waghalsigeren Forderungen Röhms zurückzuweisen. In die Vorzimmer der Reichskanzlei drang einmal der Verzweiflungsruf Hitlers: »Nein, nein, ich kann das nicht. Du verlangst zuviel[75].«

Oft klammerte er sich an die Hoffnung, andere würden für ihn das lästige Problem lösen. Zuweilen bewilligte er eine Forderung Röhms und schickte ihn zu dem Reichsfinanzminister – in der sicheren Erwartung, der unsentimentale Graf Schwerin von Krosigk werde mutig genug sein, die Pläne des Stabschefs mit haushaltstechnischen Argumenten zu zerpflükken[76]. Einmal glaubte Hitler, auf dem Umweg über die Abrüstung könne er die SA aus der Welt schaffen. Dem britischen Lordsiegelbewahrer Anthony Eden bot er bei dessen Berlinbesuch am 21. Februar 1934 an, die Reichsregierung werde für den Fall rüstungspolitischer Konzessionen der Westmächte zwei Drittel der SA demobilisieren und außerdem eine Inspektion des restlichen Drittels durch den Völkerbund gestatten[77].

Jetzt aber traten ihm mit Heydrich, Himmler und Göring drei Männer gegenüber, die einen Plan hatten und genau wußten, wie man das SA-Problem lösen könne. Hitler griff zu, wenn auch nicht ohne Zögern. Noch war er nur halbwegs überzeugt, da erschreckte ihn eine spektakuläre Rede.

Am 17. Juni kletterte Hitlers Vizekanzler, der Zentrumsrenegat Franz von Papen, im Auditorium Maximum der Marburger Universität auf das Rednerpodium und wetterte gegen »all das, was an Eigennutz, Charakterlosigkeit, Unwahrhaftigkeit, Unritterlichkeit und Anmaßung sich unter dem Deckmantel der deutschen Revolution« ausbreite[78]. Durch den Beifall der Studenten drangen Papens oppositionelle Stichworte: »Verwechslung von Vitalität mit Brutalität ... Kein Volk kann sich den ewigen Aufstand von unten leisten ... Terrormethoden in der Domäne des Rechts ... Entscheidung, ob das neue Reich der Deutschen christlich sein wird oder sich in Sektierertum und halbreligiösem Materialismus verliert[79].«

Die »brausende Zustimmung« (Papen)[80] im Lande enthüllte den Machthabern, daß im konservativen Bürgertum noch eine Opposition saß, die offensichtlich die Dampfwalze der Gleichschaltung überlebt hatte. Das Echo der Papen-Rede war deutlich genug, mochte auch das Propagandaministerium den Zeitungen sofort verbieten, die Ansprache zu veröffentlichen[81]. In Hitler keimte ein furchtbarer Verdacht auf: Wie, wenn sich die Unzufriedenen in der SA mit den Unzufriedenen im Bürgertum verbänden? Die Späher der Gestapo hatten bereits erste Fäden zwischen den beiden Lagern glitzern sehen.

Die Fäden liefen bei dem Renommier-Prinzen der SA zusammen, der praktisch in beiden Lagern stand. SA-Gruppenführer Prinz August Wilhelm von Preußen, genannt Auwi, Sohn des letzten Hohenzollern-Kaisers, galt den monarchistischen Restaurateuren des Papen-Kreises als der geeignete Reichsverweser-Kandidat für den Tag, da der 86jährige Reichspräsident Generalfeldmarschall Paul von Hindenburg die Augen schloß[82]. Auwi war der Geheimtip des Werner von Alvensleben, eines Gschaftlhubers, der die Stellung eines Geschäftsführers des ultrakonservativen »Bundes zum Schutz der abendländischen Kultur« bekleidete. Er hatte vor 1933 die Kontakte zwischen Schleicher und Hitler hergestellt, besaß ein Hitler-Bild mit persönlicher Widmung (»Meinem treuesten Freunde«)[83] und sollte nach dem 30. Juni 1934 aus dem »Völkischen Beobachter« erfahren, er sei »eine von Adolf Hitler schärfstens abgelehnte, in Berlin bekannte obskure Persönlichkeit«[84].

Dieser Herr von Alvensleben ließ jeden, der es hören oder auch nicht hören wollte, wissen, daß Auwi der nächste deutsche Kaiser sei. An einem Maitag dinierte Görings Pressechef Martin Sommerfeldt mit dem konservativen Politiker von Gleichen-Rußwurm, als Alvensleben an den Tisch trat. Gleichen sah die gespannte Verschwörermiene des Ankömmlings und spöttelte, Alvensleben habe wohl schon die neue Kabinettsliste in der Tasche. Alvensleben nickte, beugte sich über den Tisch und flüsterte: »Reichskanzler: Adolf Hitler, Vizekanzler: Kurt von Schleicher. Reichswehr: Ernst Röhm. Reichsverweser: Prinz August Wilhelm von Preußen.« Als er gegangen war, fragte Sommerfeldt sein Gegenüber, was an dem Geschwätz wahr sei. Gleichen zuckte die Achseln und vermutete: »Fifty-fifty[85].«

Das Alvensleben-Gerede wird Hitler nicht unbekannt geblieben sein. Er erkannte, daß die Auseinandersetzung mit der Opposition spätestens am Tage des Hindenburg-Todes kommen werde; die Spekulationen der bürgerlichen Opponenten zielten sämtlich auf den verwaisten Präsidentensessel – ihn sollte ein Hohenzollern-Prinz füllen, Galionsfigur einer monarchistischen Restauration, die, gestützt auf die Reichswehr, die nationalsozialistische Dynamik eindämmte. Dem mußte Hitler zuvorkommen.

Flugs machte er sich daran, den Generalfeldmarschall auf dessen ostpreußischem Gut Neudeck zu besuchen. Er wollte sich persönlich von dem Gesundheitszustand des Alten überzeugen, um abschätzen zu können, wieviel Spielraum ihm, Hitler, noch blieb, denn auch er verband mit dem Ableben Hindenburgs einen ehrgeizigen Plan. Von Anfang an war Hitler entschlossen gewesen, sich zum Diktator Deutschlands aufzuschwingen. Solange Hindenburg lebte, war ihm das Ziel versagt; nicht nur das Prestige des Generalfeldmarschalls, auch die auf Hindenburg eingeschworenen Reichswehrgenerale hinderten Hitler an der totalen Machtübernahme. Starb aber Hindenburg, dann war der Weg frei, dann konnte Hitler die Posten von Kanzler und Präsident zu der neuen Diktatorenwürde des »Führers und Reichskanzlers« vereinigen – vorausgesetzt, und das war nun entscheidend, die Reichswehr spielte mit. Sie mußte ihr Jawort geben, mit der Reichswehr stand und fiel Hitlers Plan.

Als hätte es noch einer gleichnishaften Erinnerung an die Schlüsselrolle der Generale bedurft, trat dem Kanzler, als er am 21. Juni 1934 in brennender Sonnenglut die Freitreppe von Schloß Neudeck hinaufstieg, der Reichswehrminister Generaloberst Werner von Blomberg entgegen [86]. Hindenburg hatte ihn sofort nach dem Spektakel um die Papen-Rede rufen lassen, er überließ auch weitgehend dem Generalobersten das Gespräch mit Hitler [87]. Blomberg formulierte: Es sei dringend notwendig, den inneren Frieden des Reiches wiederherzustellen, für Radikalinskis sei im neuen Deutschland kein Platz mehr [88].

Hitler verstand die Anspielung: Wollte er die Reichswehr für sein Nach-Hindenburg-Regime gewinnen, dann mußte er den Rivalen der Reichswehr opfern, Röhms SA. Auf dem Rückflug nach Berlin am 21. Juni 1934, so nimmt der britische Historiker Sir John Wheeler-Bennett an, hat sich Adolf Hitler zu dem entschlossen, was die Ironie der Zeitgeschichte den Röhm-Putsch nennt – den Putsch des Hitler-Regimes gegen Röhm [89].

Einen Tag später klingelte in Hannover bei Viktor Lutze das Telephon; am Apparat meldete sich Hitler [90]. Er befahl dem Röhm-Denunzianten, augenblicklich in die Reichskanzlei zu kommen. Dort, notierte sich Lutze, »empfing mich der Führer sofort, ging mit mir in sein Arbeitszimmer, verpflichtete mich mit Handschlag und durch besonderen Eid zum Schweigen bis zur Erledigung der ganzen Angelegenheit«. Dann erläuterte Hitler dem SA-Mann die »ganze Angelegenheit«: Röhm müsse abgesetzt werden, da unter seinen Augen zahlreiche Führerbesprechungen in der SA stattgefunden hätten, in denen der Entschluß gefaßt worden sei, die SA zu bewaffnen und gegen die Reichswehr marschieren zu lassen, um ihn, den Führer, der angeblich ein Gefangener der Reichswehr sei, aus den Händen der Militärs zu befreien. »Der Führer sagte, er hätte von vornherein gewußt, daß ich zu solchen Sachen nicht hinzugezogen würde«, schrieb sich Lutze in sein Tagebuch. »Ich solle von jetzt ab keine Befehle von München mehr befolgen, nur noch seine eigenen [91].«

Spätestens am 25. Juni erfuhr auch Reichswehrminister von Blomberg, daß Hitler die Feldgrauen von dem braunen Alpdruck befreien wolle. Er werde, so erklärte ihm Hitler, die gesamte SA-Führung zu einer Tagung in Röhms Kurort Bad Wiessee zusammenrufen, dort die SA-Führer persönlich verhaften und mit ihnen »abrechnen«[92]. Zwei Tage später erschien Leibstandarte-Kommandeur Sepp Dietrich im Reichswehrministerium und bat den Chef der Organisationsabteilung des Heeres, ihm Waffen für einen »geheimen und sehr wichtigen Auftrag des Führers« bereitzustellen. Was das für ein geheimer Auftrag war, wußte Blomberg seit dem 25. Juni[93].

Sepp Dietrich hatte Order, am Tage des sogenannten Röhm-Putsches den Hauptschlag zu führen. Er sollte mit zwei Kompanien der Leibstandarte nach Südbayern marschieren, sich mit den Einheiten des Dachauer KZ-Kommandanten Eicke vereinigen und in einem Vorstoß gegen Röhms Kurlager Bad Wiessee die wichtigsten Gefolgsleute des Stabschefs überrumpeln[94]. Doch der Leibstandarte fehlten Transportmittel, sie hatte auch kaum Waffen. Dietrich verabredete nun mit dem Heer, daß eine Fahrabteilung der Reichswehr an einem entlegenen Bahnhof bei Landsberg am Lech die per Bahn nach Süden beförderten Einheiten der Leibstandarte aufnehmen und weiter nach Bad Wiessee transportieren sollte; außerdem seien die beiden Kompanien aus Reichswehr-Kasernen mit zusätzlichen Waffen auszurüsten[95].

Auch Reichenau, Heydrich und Himmler besprachen letzte Details des Feldzugs. Reichswehr und SS vereinigten sich zur Aktion gegen Röhm. Schlag auf Schlag fiel. Am 22. Juni eröffnete Himmler dem nach Berlin befohlenen Führer des SS-Oberabschnitts Mitte, Freiherr von Eberstein, daß Röhm einen Staatsstreich plane. Eberstein solle Kontakt zum Wehrkreisbefehlshaber aufnehmen, seine SS-Einheiten in »stille Alarmbereitschaft« versetzen und sie bei Auslösung des Alarms in Kasernen zusammenziehen[96]. Am 23. Juni benachrichtigte Oberst Fromm, Chef des Allgemeinen Heeresamts, seine Offiziere davon, daß Röhm putschen wolle; die SS stehe auf seiten der Reichswehr, der SS seien Waffen auszuhändigen, falls sie das wünsche[97]. Am 24. Juni wies der Chef der Heeresleitung, General Werner Freiherr von Fritsch, alle Wehrkreisbefehlshaber an, Sicherungen gegen einen drohenden SA-Putsch zu treffen und unauffällig Truppen zusammenzuziehen[98]. Und am 27. Juni rief Himmler die SD-Oberabschnittsführer zusammen und erteilte ihnen den Auftrag, SA-Führer zu beschatten und jede verdächtige Bewegung der SA dem SD-Hauptamt sofort zu melden[99].

Doch seltsam, so kampfbereit auch die Regimenter und Standarten ihre Stellungen bezogen, die Alarmklingeln in den Kasernen schrillten, die Pistolen (wie im Reichswehrministerium)[100] entsichert in die Schubfächer der Schreibtische gelegt wurden – der Operation Heydrichs und Himmlers haftete etwas Unwirklich-Phantastisches an. Kaum einer wollte so recht an die Putschabsichten der SA glauben. Am stärksten zweifelten Offiziere der Reichswehr.

Nach dem Ende des Tausendjährigen Reiches, als es galt, die Schuld an der deutschen Bluthochzeit wegzudisputieren, erschien den Militärs allerdings die Gefahr eines Röhm-Putsches riesengroß. Da wußte der General Siegfried Westphal, daß zahlreiche »stichhaltige Nachrichten über Putsch-

Absichten Röhms« vorgelegen hätten[101], da gab dem Generalleutnant Fretter-Pico »eigenes Erleben« allerlei »Berechtigung, auch heute noch an einen bevorstehenden Putsch Röhms zu glauben«[102], da war sogar dem Generaloberst Halder »bekannt«, Röhm habe »einen Putsch-Plan der SA gegen die Reichswehr ausgearbeitet«[103].

Vor diesem sogenannten Putsch dachten die Militärs anders darüber. Oberst Gotthard Heinrici, damals Abteilungschef im Allgemeinen Heeresamt, konnte sich noch 1958 daran erinnern, zwei oder drei Tage vor dem Röhm-Eklat habe keiner seiner Kameraden befürchtet, daß wirklich ein Putsch bevorstand; ihm selber sei nichts über derartige SA-Vorbereitungen gemeldet worden[104]. »Als mir jemand«, schilderte Heinrici, »ein Gewehr neben meinen Schreibtisch stellte, mit dem ich mich notfalls [gegen SA-Putschisten] verteidigen sollte, sagte ich: Kinder, macht euch doch nicht lächerlich.« Er hielt auch telegrammknapp die Auffassung seines Chefs, des Obersten Fromm, fest: »In SA nicht genügend Entschlußkraft[105].«

Dem Wehrkreiskommandeur in Schlesien, General Ewald von Kleist, erschienen die angeblichen Putschpläne der SA so unwahrscheinlich, daß er einen eigenmächtigen Vorstoß unternahm, der Reichenaus und Heydrichs Spiel beinahe konterkariert hätte. Als er von einer Flut alarmierender Nachrichten über Revoltegelüste der SA überspült wurde, bestellte sich Kleist den schlesischen SA-Chef Heines zu sich und fragte ihn rundheraus, was er gegen die Truppe im Schilde führe. Heines versicherte ihm ehrenwörtlich, die SA denke nicht im Traum an eine Aktion gegen die Reichswehr. Dem General kam plötzlich der Verdacht, »daß wir – Reichswehr und SA – von dritter Seite, ich dachte an Himmler, gegeneinander gehetzt werden«. Er reiste nach Berlin und offenbarte dem General von Fritsch seine Eindrücke. Heereschef von Fritsch ließ von Reichenau kommen. Der Generalmajor blieb gelassen. Er musterte die beiden Herren durch sein Monokel und sprach: »Das mag stimmen. Jetzt aber ist es zu spät[106].«

Gegen die Skeptiker vom Schlage Heinricis und von Kleists aber setzte nun Heydrich eine Lawine in Bewegung, die alle Bedenken mit einem Geröll von Gerüchten, Falschmeldungen und manipulierten Dokumenten zudekken sollte. Auch der letzte Reichswehroffizier mußte putschgläubig gemacht werden. Sepp Dietrich zeigte dem Reichswehrministerium eine angebliche Abschußliste der SA-Führung, aus der hervorging, Röhm wolle die oberste Garnitur der Wehrmacht von den Generalen Beck und von Fritsch an abwärts liquidieren[107], während andere SS-Beauftragte bei Wehrkreis- und Stadtkommandanturen SA-Listen vorlegten, nach denen praktisch der Hinauswurf aller älteren Offiziere beschlossene Sache war[108].

Bei dem Stabschef des Wehrkreiskommandos VI (Münster), Oberst Franz Halder, meldete sich ein SA-Obergruppenführer und bat um Einweisung in Halders Dienstgeschäfte, da demnächst die SA-Führung die Reichswehr übernehmen werde. Halder lehnte ab, fragte aber im Reichswehrministerium nach. Dem Obersten kam die Sache seltsam vor; der SA-Besucher hatte nicht einmal seinen Namen genannt und wieder rasch die

Szene verlassen. Er meldete sich auch nie wieder. Halder vermutete, der vermeintliche Obergruppenführer sei überhaupt kein SA-Mann gewesen, sondern ein Agent provocateur interessierter Kreise [109].

Ein anderer Trick Heydrichs war das Herumreichen angeblicher Röhm-Befehle, die von der Reichswehr meistens geglaubt wurden. Kam aber einmal ein SA-Führer den Falschmeldungen auf die Spur, dann wußten die SS-Männer auch die Richtigstellungen der SA umzulügen.

Karl Ernst, Führer der SA-Gruppe Berlin-Brandenburg, vertraute sich eines Tages dem aus der SA stammenden SS-Gruppenführer Daluege an: Es gingen in der Reichshauptstadt die unsinnigsten Gerüchte über einen bevorstehenden SA-Putsch um; er, Ernst, bäte den Kameraden Daluege, ihm eine Unterredung mit Reichsinnenminister Frick zu ermöglichen, damit er solcher Verleumdung der SA entgegentreten könne. Daluege, damals Ministerialdirektor im Reichsinnenministerium, sorgte dafür, daß sich die Tür zu Frick für Ernst niemals auftat. Statt dessen lief er ins Reichswehrministerium und meldete dem stellvertretenden Abwehrchef: Soeben habe sich bei ihm ein SA-Führer ausgesprochen, der an einer internen Besprechung zur Vorbereitung eines SA-Putsches teilgenommen, dabei aber Bedenken bekommen habe und nun die Reichswehr vor der drohenden Gefahr warnen wolle [110].

General von Reichenau unterstützte treuherzig Heydrichs Dokumentenspiel. Als Abwehrchef Patzig plötzlich auf seinem Schreibtisch, wie von Geisterhand hingeworfen, einen angeblichen Bewaffnungsbefehl Röhms vorfand, aus dem er folgern mußte, die SA plane einen Überfall auf die Reichswehr, und das Dokument von Reichenau vorlegte, zeigte das Gesicht des Generals helle Empörung. Von Reichenau: »Nun wird es aber höchste Zeit [111].«

Aber waren Heydrichs Falschmeldungen nur auf die Offiziere der Reichswehr gemünzt? Manches spricht dafür, daß die Falsifikate ebenso auf Hitler zielten, der ihnen unweigerlich konfrontiert wurde, da von Blomberg keine Begegnung mit dem Kanzler vergehen ließ, ohne sich über die Bewaffnung der SA zu beschweren. Hitler war und blieb die Achillesferse der Röhm-Gegner. Gewiß, der NS-Führer hatte der geplanten Aktion gegen Röhm zugestimmt, aber immer wieder offenbarte er Zeichen des Zweifels. War es ein letzter Funke menschlicher Loyalität gegenüber seinem ältesten Kampfgefährten oder fiel es ihm schwer, ein Gegengewicht zur Reichswehr und einen wichtigen Mitspieler im Gleichgewichtskampf des Regimes fallenzulassen – einerlei, Adolf Hitler verfiel zuweilen in dumpfe Entschlußlosigkeit.

Noch am 28. Juni konnten sich die Offiziere im Wehrkreiskommando VII (Bayern) nicht einig werden, ob Hitler nun auf seiten der Reichswehr oder der SA stehe [112]. Wenn sie Hitlers Gespräche mit dem Ritter von Kraußer, SA-Obergruppenführer und Stellvertreter Röhms, gekannt hätten, wären sie noch unsicherer gewesen. Kraußer erzählte wenige Stunden vor seiner Hinrichtung dem Mithäftling und SA-Gruppenführer Karl

Schreyer von einer Unterredung, die er mit Hitler am 29. Juni geführt hatte. Schreyer schrieb sich auf: »Hitler habe ihm [Kraußer] versichert, daß er die Gelegenheit der SA-Führertagung in Wiessee dazu benützen wolle, um sich mit Röhm und den Gruppenführern gründlich auszusprechen und alle Differenzen und Mißverständnisse zu beseitigen. Er sehe ein und bedauere, daß er sich um die alten SA-Männer zu wenig gekümmert habe. Hitler sei auch sehr versöhnlich gestimmt gewesen gegen seinen getreuen Mitkämpfer Ernst Röhm, der auch in seinem Posten bleiben werde [113].«

Hitler hat also in den entscheidenden Tagen vor dem Röhm-Eklat drei verschiedene Versionen über das künftige Schicksal des SA-Chefs verbreitet: Dem Reichswehrminister von Blomberg kündigte er die Verhaftung Röhms an, mit dem er »abrechnen« wolle, dem Röhm-Gegner Lutze avisierte er die Absetzung Röhms, und dem Ritter von Kraußer prophezeite er eine Versöhnung mit dem Freund. Ein so schwankender Führer aber paßte dem Trio Himmler–Göring–Heydrich nicht ins Konzept. Hitler mußte vor Beginn des letzten Aktes von den Schalthebeln der Macht ferngehalten werden.

Ein Zufall kam den Verschwörern zu Hilfe: In den Morgenstunden des 28. Juni startete Hitler, begleitet von Göring, zu einem Flug an die Hochzeitstafel des westfälischen Gauleiters Josef Terboven [114]. Die »Nationalsozialistische Korrespondenz« schrieb später, Hitler sei nach Westdeutschland gereist, »um nach außen den Eindruck absoluter Ruhe zu erwecken und die Verräter nicht zu warnen« [115]. Die Historiker haben diese Version praktisch übernommen: Hitler, so glauben sie, habe die Reise unternommen, damit die Röhm-Gegner desto geräuschloser zu Werke gehen konnten [116].

Keinem Historiker ist bisher aufgefallen, daß diese vermeintliche Verschleierungstaktik Hitlers völlig im Gegensatz zu der Taktik des Anti-Röhm-Feldzugs stand. Sein Zweck war nicht, die Auseinandersetzung mit Röhm zu tarnen. Im Gegenteil: Eine Spektakelkampagne sollte Röhm in aller Öffentlichkeit herausfordern und das Volk für das große Blutbad reif machen. Am 25. Juni drohte Rudolf Heß über alle deutschen Sender: »Wehe dem, der die Treue bricht, im Glauben, durch eine Revolte der Revolution dienen zu können! Adolf Hitler ist der große Stratege der Revolution. Wehe dem, der plump zwischen die feinen Fäden seiner strategischen Pläne hineintrampelt im Wahne, es schneller machen zu können. Er ist ein Feind der Revolution [117].« Am 25. Juni ließ Reichenau den Hauptmann Ernst Röhm aus dem »Reichsverband deutscher Offiziere« wegen standeswidrigen Verhaltens ausschließen [118] – »eine Maßregel, die etwas von der Übung der Inquisition an sich hatte, ihre Opfer dem weltlichen Arm zu übergeben« (Wheeler-Bennett) [119]. Am gleichen Tag dröhnte Göring in einer Rede: »Wer an diesem Vertrauen [zu Hitler] nagt, begeht Landes- und Hochverrat. Wer dieses Vertrauen zerstören will, der zerstört Deutschland. Wer gegen dieses Vertrauen sündigt, der hat sich um seinen Kopf gebracht [120].«

Deutlicher konnte man Röhm den Fehdehandschuh nicht hinwerfen. Was sollte da das angebliche Tarnmanöver der Hitler-Reise nach Westdeutschland? In Wirklichkeit waren die Regisseure des Röhm-Dramas froh, den unsicheren Kanzler weit weg von Berlin zu wissen – angewiesen auf ihre Nachrichten, auf ihre Spekulationen, auf ihre Gerüchte. Der plötzlich hellhörig gewordene Röhm-Rivale Lutze, zu Terbovens Hochzeit befohlen, notierte sich: »Ich bekam ein Gefühl, als wenn bestimmte Kreise ein Interesse daran hatten, gerade jetzt, wo der Führer von Berlin abwesend war und nicht selbst alles schriftlich, sondern nur telefonisch sehen bzw. hören konnte, die ›Sache‹ zu verschärfen und voran zu treiben [121].«

Kaum hatte sich Hitler am frühen Nachmittag des 28. Juni zu der Hochzeitsgesellschaft Terbovens in Essen gesellt, da wurde er durch dringende Telephonanrufe aufgeschreckt. Aus Berlin meldete sich Himmler [122]. Die Rollen waren gut verteilt: Der in Berlin gebliebene Himmler las Hitler die immer düsterer klingenden Meldungen über die Machinationen der SA vor, während neben Hitler der treue Göring stand, bereit, sofort die Himmler-Nachrichten zu interpretieren.

Hitler war so irritiert, daß er den Hochzeitsschmaus abbrechen ließ und sich auf seine Suite im Essener Hotel »Kaiserhof« zurückzog. Kurz darauf rief er seine engsten Mitarbeiter zu sich, unter ihnen auch Göring und Lutze [123]. »Hier auf seinem Zimmer im ›Kaiserhof‹ in Essen ging nun auch der Fernsprecher fast ununterbrochen«, berichtet Lutze. »Der Führer überlegte stark, war sich aber scheint's klar darüber, daß er nun zuhauen wollte [124].« Ein weiterer Konfident der Verschwörer platzte in die Führerbesprechung: Paul (»Pilli«) Körner, Faktotum Görings und Staatssekretär im Preußischen Staatsministerium, war soeben mit dem Flugzeug aus Berlin eingetroffen und brachte weitere Nachrichten von Himmler [125]. Im ganzen Land, so schien es, rüstete sich die SA zum Aufstand.

Da erhob sich Hitler von seinem Platz und tönte: »Ich habe genug. Ich werde ein Exempel statuieren [126].« Die letzte, endgültige Entscheidung war gefallen. Hitler befahl Göring, mit Körner nach Berlin zurückzukehren und dort auf ein von Hitler gegebenes Stichwort hin loszuschlagen, und zwar sowohl gegen die SA als auch gegen die bürgerlichen Regimegegner. Göring verlor keine Zeit: Am Morgen des 29. Juni alarmierte er, wieder in Berlin, die Leibstandarte Adolf Hitler und die Landespolizeigruppe »General Göring« [127].

Göring entwarf einen Brief, der versiegelt wurde und in die Hände Heydrichs gelangte. Heydrich gab ihn weiter an den SS-Untersturmführer Ernst Müller vom SD-Hauptamt mit der Weisung, den Brief dem SS-Oberabschnittsführer Südost zu übergeben [128]. Inhalt des Göringschen Geheimschreibens: Der Reichskanzler habe den Staatsnotstand erklärt und Ministerpräsident Göring für das preußische Staatsgebiet die vollziehende Gewalt übertragen; er, Göring, delegiere nun alle Exekutiv-Vollmachten in der Provinz Schlesien an den Führer des SS-Oberabschnitts Südost, SS-Gruppenführer Udo von Woyrsch. Dann befahl Göring dem von Woyrsch, bestimmte SA-Führer zu verhaften und sämtliche Stabswachen der SA zu entwaffnen, das Breslauer Polizeipräsidium zu besetzen und mit dem Kommandeur der Landespolizei Verbindung aufzunehmen [129].

Inzwischen überlegte Hitler im Essener »Kaiserhof«, wie man die SA-Führung geräuschlos überrumpeln könne. Er kam auf seinen alten Plan zurück, den er schon Wehrminister von Blomberg entwickelt hatte: die SA-Führer nach Bad Wiessee zu locken und dort zu verhaften. Am Abend des 28. Juni rief Hitler in Bad Wiessee an und erklärte Röhm, SA-Männer im Rheinland hätten einen ausländischen Diplomaten angepöbelt, so gehe es nicht weiter; man müsse sich endlich einmal aussprechen. Dann gab er seine Weisung durch: Für Sonnabend, den 30. Juni 1934, elf Uhr vormittags, hätten sich im Ferienquartier Röhms alle Obergruppenführer, Gruppenführer und Inspekteure der SA zu einer Besprechung mit dem Führer einzufinden [130].

Dann wartete Hitler auf die Reaktion seiner Gegenspieler. Doch Röhm erging sich am 29. Juni sorglos mit seinem Adjutanten Bergmann auf weiten Spaziergängen in Bad Wiessee, freute sich auf die Aussprache mit Hitler und begrüßte die ersten Kameraden, die in der Pension Hanselbauer eintrafen [131]. Zum Handeln war nur die andere Seite entschlossen. Der Chef der Heeresleitung gab Generalalarm für die Truppe [132]. Die Reichsführung-SS ließ ihre Einheiten in die Kasernen einrücken und dort bewaffnen [133]. Und Hitler, der Lager des Freiwilligen Arbeitsdienstes inspizierte, setzte um 15 Uhr einen Funkspruch an das Reichswehrministerium ab, der Sepp Dietrich in Hitlers neues Domizil im Hotel »Dreesen« in Bad Godesberg rief [134].

Als der Leibstandarte-Kommandeur dort um 20 Uhr eintraf, konferierte Hitler mit 15 NS-Funktionären, unter ihnen Lutze, Goebbels und die Hitler-Adjutanten Brückner, Schaub und Schreck [135]. Kurz darauf mußte Dietrich das Glas Bier, das er sich in der Hotelhalle bestellt hatte, stehenlassen und vor seinen Führer treten [136]. Hitlers Befehl war kurz: »Sie fliegen nach München. Von München aus rufen Sie mich an!« [137] SS-Gruppenführer Dietrich flog mit einigen Kriminalbeamten davon, Ziel: Braunes Haus, München [138]. Kurz vor Mitternacht meldete er sich, diesmal telephonisch, wieder bei Hitler. Der gab ihm einen neuen Befehl: sofort nach Kaufering fahren, eine kleine Bahnstation bei Landsberg am Lech, dort zwei Kompanien der Leibstandarte in Empfang nehmen und nach Bad Wiessee überführen [139].

Zur gleichen Zeit, zwischen zwölf und ein Uhr, wurde die Leibstandarte Adolf Hitler in der ehemaligen Hauptkadettenanstalt in Berlin-Lichterfelde durch einen Anruf aus dem Reichswehrministerium alarmiert [140]. Der Führer vom Dienst jagte 220 Männer von den Pritschen hoch; kurz darauf wurden zwei Kompanien für die Bahnfahrt nach Kaufering verladen [141]. Sepp Dietrich saß schon im Wagen unterwegs nach Kaufering, die Kommandos der Leibstandarte waren bereits versammelt, als zwei Meldungen Hitler hochfahren und seine Pläne ändern ließen [142].

Die eine Meldung kam aus Berlin: Himmler berichtete, die Putschvorbereitungen der Berliner SA seien abgeschlossen, am nächsten Tag, dem 30. Juni, solle es losgehen – für 16 Uhr sei die SA alarmiert und (so wird Hitler später dem Reichstag erzählen) »Schlag fünf Uhr« solle »die Aktion überfallmäßig mit der Besetzung der Regierungsgebäude ihren Anfang nehmen«[143]. Hitler wußte in Bad Godesberg nicht, daß die Masse der Berliner SA zu dieser Stunde längst beurlaubt worden war. Noch am 13. Juli sollte er öffentlich glauben, der Berliner SA-Chef Karl Ernst sei, statt nach Bad Wiessee zu fahren, »zur persönlichen Führung der Aktion in Berlin zurückgeblieben«[144] – tatsächlich hatte Ernst schon am 29. Juni Berlin verlassen, um sich mit seiner Ehefrau in Bremen zu einer Reise nach Teneriffa einzuschiffen[145].

Nicht sehr viel wirklichkeitsnäher war die zweite Meldung, die Hitler in Bad Godesberg aus dem Munde des bayrischen Gauleiters und Innenministers Adolf Wagner erreichte: In München sei die SA auf die Straße getreten und randaliere gegen Führer und Reichswehr[146].

Unzweifelhaft waren in den späten Abendstunden des 29. Juni SA-Stürme Münchens unter der Parole »Die Reichswehr ist gegen uns« durch die Straßen der Isarstadt marschiert. Handgeschriebene Zettel unbekannter Autoren hatten sie aus den Sturmlokalen herausgelockt, zudem waren den SA-Männern die Alarmmaßnahmen der Reichswehr nicht unbekannt geblieben[147]. Als der oberbayrische und der Münchner SA-Chef, Obergruppenführer August Schneidhuber und Gruppenführer Wilhelm Schmid, von dem Ausmarsch ihrer Einheiten hörten, griffen sie ein und gaben Order, wieder nach Hause zu gehen[148]. Schmid beschaffte sich zwei Exemplare der anonymen Einsatzbefehle, von denen er nur wußte, daß jedenfalls er und Schneidhuber sie nicht verfaßt oder veranlaßt hatten[149].

Auch der Stabschef des Münchner Wehrkreiskommandos, Oberst Küchler, erfuhr, eine Kolonne der SA bewege sich in Richtung Flugplatz Oberwiesenfeld. Er ließ sich seinen Transportoffizier, Major Hans Doerr, kommen und beauftragte ihn, in Zivil der Sache nachzugehen[150]. Um ein Uhr am frühen Morgen des 30. Juni fuhr Doerr los und stieß bald auf eine 300 Mann starke SA-Einheit. Auf dem Oberwiesenfeld traf er dagegen keinen SA-Mann an. Er rekognoszierte aber eine zweite SA-Gruppe am Königsplatz, deren Führer die Angetretenen gerade mit den Worten verabschiedete: »Geht jetzt ruhig nach Hause und wartet auf die Entscheidung eures Führers. Was auch kommen mag, ob Adolf Hitler euch beurlaubt, ob er das Tragen der Uniform verbietet oder nicht, wir stehen rückhaltlos hinter ihm[151].«

Die beiden Mitternachtsmeldungen aus Berlin und München stürzten den miserabel informierten Hitler in Panik. Jetzt wußte er Bescheid: Die Verräter hatten sich demaskiert, Röhm hatte sein wahres Gesicht gezeigt. Jetzt wollte er die »Verräterbrut« ausrotten. Von solchen Wahnideen befallen, traf Hitler einen Entschluß, der jeden seiner Begleiter überraschte: sofort nach München, sofort nach Bad Wiessee[152].

Um zwei Uhr stapfte er, zerschlagen, übermüdet und zitternd vor Aufregung, über den Bonner Flugplatz Hangelar und kletterte mit seinen Gefolgsleuten in eine dreimotorige Ju 52 [153]. Er hockte sich auf dem vordersten Sitz der großen Flugkabine nieder und starrte wortlos in den nebelverhangenen Nachthimmel. Der Nebel wich allmählich dem blassen Rot des neuen Tages, des mordgierigsten Tages deutscher Vorkriegsgeschichte. Über Deutschland senkte sich der Modergeruch einer Orgie von Blut, Brutalität und Barbarei. Lutze dachte an Röhm und zitierte vor sich hin:

Morgenrot, Morgenrot,
Leuchtest uns zu frühem Tod.
Gestern noch auf stolzen Rossen,
Heute durch die Brust geschossen [154].

Als die Maschine auf dem Münchner Flugplatz Oberwiesenfeld ausgerollt war, stürzte Hitler heraus und lief an den angetretenen Partei- und SA-Prominenten wie in Trance vorbei. Er machte erst vor zwei Reichswehr-Offizieren halt, die er sich per Funk bestellt hatte. Hitler stieß hervor: »Dies ist der schwärzeste Tag meines Lebens. Aber ich werde nach Bad Wiessee fahren und strenges Gericht halten. Bestellen Sie dies General Adam [155].« Dann fuhr er ins bayrische Innenministerium. Kurz nach 4 Uhr klingelte das Telephon den SA-Gruppenführer Schmid aus dem Schlaf. Befehl vom Innenministerium: Hitler erwarte den Gruppenführer zum Rapport [156].

»Ehe er wegging«, so berichtet Witwe Martina Schmid, »hat er im Schlafzimmer verzweifelt nach zwei weißen Zetteln gesucht und gesagt: ›Die konnten doch beweisen, daß ich mit der ganzen Sache nichts zu tun habe.‹ Die Zettel aber waren verschwunden [157].« Doch Gruppenführer Schmid kam gar nicht dazu, Hitler eine Erklärung abzugeben. Kaum hatte ihn der Kanzler erblickt, da stürzte er sich auf Schmid, riß ihm die Rangabzeichen herunter, schimpfte ihn einen Verräter und schrie: »Sie sind verhaftet und werden erschossen!« Schmid wurde abgeführt und ging den Weg, den wenige Minuten zuvor Obergruppenführer Schneidhuber entlanggeschleift worden war: ins Untersuchungsgefängnis München-Stadelheim [158].

Während Gauleiter Wagner Stoßtrupps der SS und der Bayrischen Politischen Polizei (BayPoPo) ausschwärmen ließ, bestimmte SA-Führer und prominente Gegner des Nationalsozialismus zu verhaften [159], hetzte Hitler mit zwei Begleitautos nach Bad Wiessee.

Es war mittlerweile etwa 6.30 Uhr geworden [160]. Noch schliefen in der Pension Hanselbauer die SA-Führer. Die Pensionswirtin haspelte etwas von der großen Ehre des hohen Besuches herunter, doch Hitlers Begleiter stürmten an ihr vorbei und postierten sich, ihre Revolver entsichert, an den Türen der Gästezimmer [161]. Lutze war einen Augenblick zurückgeblieben und blätterte in der Gästeliste, um zu sehen, wo die Opfer wohnten. Er kam noch zurecht, die Verhaftung Röhms mitzuerleben [162].

Lutze traf Hitler, so notierte er später, »vor Röhms Tür. Ein Kriminalbeamter hat angeklopft und um Öffnen gebeten, weil was Dringendes angekommen sei. Es dauert eine Zeit, dann öffnet sich die Tür, die nun sofort aufgestoßen wird. In der Tür steht dann der Führer mit der Pistole in der Hand. Er nennt den Röhm einen Verräter, was Röhm lebhaft abstreitet, befiehlt dann, daß er sich anziehe, und eröffnet ihm seine Verhaftung. Kriminalbeamte bleiben zurück [163].«

Hitler hastete weiter. Er hämmerte gegen eine gegenüberliegende Tür, hinter der nach einigem Warten das Gesicht des Obergruppenführers Edmund Heines und die Figur eines männlichen Schlafgenossen sichtbar wird. Es war eine jener Szenen, die der Propagandist Goebbels in plötzlich erwachtem Zorn über nationalsozialistische Homosexuelle später zu den »widerlichen und fast Brechreiz verursachenden« Bildern zählte, »die sich dabei unseren Augen bieten« [164]. Hitler raste ins nächste Zimmer, derweil Lutze in das Gemach des Heines sprang und den Spind nach Waffen durchsuchte. »Lutze, ich habe doch nichts getan, helfen Sie mir doch«, schrie Heines. Doch der Hitler-Konfident wand sich verlegen: »Ich kann nichts sagen, ich kann nichts tun [165].«

Bald war das ganze »Verschwörernest« ausgeräumt. Die verhafteten SA-Männer marschierten in die Keller der Pension, wo sie eingeschlossen und von ein paar Kriminalisten bewacht wurden. Kurz darauf waren auch die Häftlinge unterwegs nach Stadelheim [166]. Doch noch ehe Hitler abfahren konnte, schnaufte ein Lkw heran, von dem die aus München herbeizitierten Männer der bewaffneten Stabswache Röhms heruntersprangen [167]. Die Lage war heikel: Der Chef der Stabswache, Standartenführer Julius Uhl, hockte als Gefangener im Keller der Pension, und seine Gefolgsleute machten böse Mienen.

Hitler trat vor, räusperte sich zum scharfen Befehlston und deckte die gefährlichen Gäste mit seiner gewohnt erfolgreichen Suada zu. Die SA-Männer gehorchten und ließen sich von ihrem Führer nach München zurückbefehlen. Sie fuhren nordwärts ab [168]. Kurz hinter Bad Wiessee kamen ihnen freilich Bedenken. Der Lkw stoppte, und Röhms Stabswache nahm das ein, was der Hitler-Adjutant Brückner eine »abwartende Stellung« nannte [169]. Sie war so unheildrohend, daß Hitler vorzog, Bad Wiessee in südlicher Richtung zu verlassen und in einem großen Bogen über Rottach-Egern und Tegernsee nach München zurückzukehren [170].

Zur gleichen Stunde schlenderte Regierungsdirektor Dr. Robert Koch, Leiter des Untersuchungsgefängnisses Stadelheim, durch den Haupteingang des Gefängnisaltbaus [171]. Auf seinem Schreibtisch fand er die Meldung vor, daß seit sieben Uhr unentwegt hohe Führer der SA eingeliefert würden [172]. Am Hauptbahnhof, den SS-Männer umstellt hatten, standen Beamte der BayPoPo und hielten jeden ankommenden SA-Führer an; sie ließen den SA-Mann laufen oder verhafteten ihn. Oft verhafteten sie ihn [173].

Als der SA-Brigadeführer Max Jüttner seinen Chef, den Ritter von Kraußer, von dem just eingelaufenen Nachtschnellzug aus Berlin abholen wollte, sah er den Ritter von zwei Zivilisten begleitet, die offensichtlich Polizeibeamte waren. Kraußer eröffnete Jüttner, er sei soeben verhaftet worden. Kraußer-Fahrer Vollmer wollte seinen Chef befreien und wurde auch festgenommen [174]. Einer nach dem anderen mußte den Weg nach Stadelheim gehen: Manfred von Killinger, Hans Peter von Heydebreck, Hans Hayn, Georg von Detten, Hans Joachim von Falkenhausen [175] – kaum ein Name der SA-Prominenz fehlte.

Wer aber den BayPoPo-Häschern entkam und befehlsgemäß den Weg nach Bad Wiessee fuhr, den stoppte eine wild gestikulierende Gestalt mitten auf dem Fahrdamm. Adolf Hitler erzählte jedem SA-Führer, daß er einen neuen Chef habe: Viktor Lutze [176]. Hitler rief: »Ich komme eben aus Wiessee und habe Stabschef Röhm verhaften lassen. Dieser hat mit Schleicher einen Putsch gegen mich und die Staatsführung vorgehabt. Alle beteiligten SA-Führer werden erschossen.« Er gab Order, seinem Wagen zu folgen und sich für eine Besprechung im Braunen Haus bereitzuhalten [177].

Um zehn Uhr erreichte Hitler das NS-Hauptquartier in der Brienner-straße, das inzwischen von Reichswehrsoldaten abgeriegelt worden war, und gab Goebbels einen Wink. Der Propagandaminister stürzte ans Telephon und rief Göring das verabredete Stichwort »Kolibri« zu [178]. Erst jetzt konnten Heydrich und Himmler darangehen, den Großalarm für die Schutzstaffel auszulösen. Im ganzen Deutschen Reich begann der Terror zu wüten. In den SD-Oberabschnitten rissen die Führer versiegelte Briefumschläge mit Geheimbefehlen auf und jagten ihre Mordkommandos los.

Auch in Bayern suchte sich die Brutalität der Runenmänner ihre ersten Opfer. Den Ritter von Kahr, der Hitlers Bürgerbräu-Putsch von 1923 vereitelt hatte, entführten SS-Männer [179] – seine Leiche, durch Spitzhacken verstümmelt, fand man später im Dachauer Moor. Mit drei Herzschüssen und gebrochener Wirbelsäule verendete Pater Bernhard Stempfle, Mitwisser privater Hitler-Geheimnisse [180].

SS-Männer fahndeten nach dem Münchner Arzt Ludwig Schmitt, der mit einem engen Gegner Hitlers, Otto Strasser, zusammengearbeitet hatte. Sie konnten ihn nicht finden, weil ihnen unbekannt war, daß ein Gefängniswachtmeister just in Stadelheim den Dr. Schmitt in einem Holzverschlag versteckt hielt [181]. Als die Häscher den Richtigen verfehlten, packten sie den Falschen, den Musikkritiker Dr. Wilhelm Eduard Schmid. Er wohnte zwar in einer anderen Straße, er schrieb seinen Namen zwar mit einem »d«, er hatte zwar statt des medizinischen einen philosophischen Doktortitel – gleichwohl schleppten ihn die SS-Männer fort. Was die Familie Schmid von ihrem Ernährer wiedersah, lag in einem Sarg aus dem KZ Dachau, den sie nicht einmal öffnen durfte [182].

Niemand aber wußte in dieser Stunde den politischen Terror fanatischer zu predigen als Adolf Hitler. Vor dem Reichsstatthalter Ritter von Epp, der für seinen ehemaligen Untergebenen Röhm ein kriegsgerichtliches Verfahren forderte, polterte Hitler, der SA-Stabschef habe sein Leben verwirkt, der Verrat Röhms sei erwiesen. Ritter von Epp war von dem blindwütigen Ausbruch Hitlers so erstarrt, daß er nach dessen Weggang seinen Adjutanten, den Prinzen zu Ysenburg, nur stumm anschaute und murmelte: »Verrückt[183].« Ebenso verstört waren die nichtverhafteten SA-Führer, die sich im Senatorensaal des Braunen Hauses versammelten, als Hitler gegen 11.30 Uhr die Tür aufriß und unter die SA-Männer trat[184].

Er öffnete den Mund zum Sprechen, da, so beobachtete Gruppenführer Schreyer, »schoß ihm ein Ballen Schaum aus dem Munde, wie ich es bei keinem Menschen je vorher oder hernach gesehen habe. Mit einer Stimme, die sich vor Aufregung mehrmals überschlug, schilderte er dann die Vorgänge: Der größte Treuebruch der ganzen Weltgeschichte hätte sich bei Röhm und in seiner Umgebung abgespielt. Röhm, dem er in allen möglichen und unmöglichen Schwierigkeiten immer die Treue gehalten habe, habe Hoch- und Landesverrat ihm gegenüber begangen, er habe ihn verhaften und töten wollen, um Deutschland an seine Feinde auszuliefern. [Frankreichs Botschafter] François-Poncet sei auf der anderen Seite der Hauptakteur, er habe Röhm, der immer in Geldschwierigkeiten gewesen sei, 12 Millionen Mark Bestechungsgelder gegeben.« Und dann die entscheidende Mitteilung: »Röhm und seine Konspiratoren würden exemplarisch bestraft, er ließe sie alle erschießen. Die erste Gruppe [mit] Röhm, Schneidhuber, Schmid, Heines, Hayn, Heydebreck, Graf Spreti würden heute abend erschossen. Der Befehl sei von ihm schon erteilt[185].«

Diese Ankündigung griff freilich den Ereignissen weit voraus. Röhm wurde nicht »heute abend« erschossen, und den Exekutionsbefehl für die anderen Todeskandidaten hatte Hitler noch nicht erteilt. Bei Hitler war bis dahin auch nicht der Mann erschienen, der die Hinrichtung der Stadelheimer SA-Führer leiten sollte: Sepp Dietrich. Erst nach 12.30 Uhr salutierte der Kommandeur der Leibstandarte vor seinem Führer[186].

Der fuhr ihn unwirsch an und wollte wissen, wo er die ganze Zeit geblieben sei. Dietrich brachte Entschuldigungen vor: Die Straßen nach Bad Wiessee seien naß und die Reifen der Reichswehr-Lkw mit Dietrichs aufgesessenen Leibgardisten abgefahren gewesen, zudem hätte man in der Artilleriekaserne Landsberg Benzin auftanken müssen. So habe ihn erst zwischen Bad Tölz und Bad Wiessee der Befehl des Führers erreicht, nach München umzudrehen[187]. Wo die Truppe jetzt sei, fragte Hitler. Dietrich: Sie stehe am Münchner Karolinenplatz. Daraufhin beauftragte ihn Hitler, er möge die beiden Kompanien der Leibstandarte in der Pionierkaserne unterbringen und sich schleunigst wieder bei ihm melden[188].

Um 14.30 Uhr war Dietrich wieder da. Er mußte sich drei Stunden lang im Adjutantenzimmer des Braunen Hauses langweilen, während durch die Doppeltüren des Sitzungssaals lautes, aber undeutliches Stimmengewirr drang[189]. Hitler und seine engsten Mitarbeiter debattierten über das Schicksal der verhafteten SA-Führer. Es war die große Stunde des Parteirichters Buch, der offen nachholen konnte, was ihm 1932 mißglückt war: die Ermordung des Röhm-Kreises. Rudolf Heß und der NS-Verlagsherr Max

Amann wetteiferten um das Vergnügen des Mordens, Heß rief: »Mein Führer, es ist meine Aufgabe, Röhm zu erschießen [190].«

Fassungslos saß der neue SA-Stabschef Lutze dabei und hörte das mörderische Gerede der anderen. So hatte er sich die Säuberung der SA nicht vorgestellt. Als ihn Hitler fragte, wer erschossen werden solle, wich Lutze aus: Er wisse nichts von Schuld und Mitschuld, er könne keine Namen nennen. Und verließ schweigend den Saal [191]. Gegen 17 Uhr öffnete sich die Tür, und Martin Bormann, Buchs Schwiegersohn, trat heraus. Er führte Dietrich zu Hitler. Der sagte: »Fahren Sie hinaus in die Kaserne, lassen Sie sich sechs Unteroffiziere und einen Offizier geben und lassen Sie die SA-Führer erschießen wegen Landes- und Hochverrats [192].«

Dann reichte Bormann dem Gruppenführer Dietrich eine Häftlingsliste, die Gefängnisdirektor Koch am Vormittag ins Braune Haus geschickt hatte; sie enthielt die Namen der in Stadelheim eingelieferten SA-Führer [193]. Sechs Namen hatte Hitler mit einem Grünstift abgehakt: August Schneidhuber, SA-Obergruppenführer und Polizeipräsident in München (Zelle 504); Wilhelm Schmid, SA-Gruppenführer in München (Zelle 497); Hans Peter von Heydebreck, SA-Gruppenführer in Stettin (Zelle 502); Hans Hayn, SA-Gruppenführer in Dresden (Zelle 503); Hans Joachim Graf von Spreti-Weilbach, SA-Standartenführer in München (Zelle 501), und Edmund Heines, SA-Obergruppenführer und Polizeipräsident in Breslau (Zelle 483) [194].

Der Name Ernst Röhm war nicht abgehakt. Kurz darauf fuhr Hitler zusammen mit Epp zum Flugplatz Oberwiesenfeld, um nach Berlin zurückzukehren, und unterwegs hörte der Prinz zu Ysenburg den Parteichef sagen: »Ich habe Röhm begnadigt wegen seiner Verdienste, Kraußer wegen seines Ordens [195].« Schreckte Hitler doch noch vor dem Freundesmord zurück?

Darüber machte sich Sepp Dietrich keine Gedanken. Er hatte die Todesliste an sich genommen, den SS-Gruppenführer Erbprinz zu Waldeck und Pyrmont gebeten, nach Stadelheim vorauszufahren und nach einem geeigneten Hinrichtungsplatz auszuschauen [196], und suchte nun unter seinen Soldaten, wie er später formulierte, »sechs gute Schützen aus, damit keine Schweinerei passiert« [197]. Um 18 Uhr stand er vor dem Gefängnisdirektor Koch und ersuchte um Auslieferung der Todeskandidaten [198]. Indes, der vorsichtige Beamte Koch hatte sich abgesichert. Gewarnt durch den Besuch des SS-Prinzen, hatte er das bayrische Justizministerium alarmiert. Da Justizminister Dr. Hans Frank bereits auf dem Wege war, spielte Koch auf Zeit [199].

Er diskutierte mit dem einfältigen Dietrich über dessen Liste, die keine Unterschrift trug, so hartnäckig, daß der SS-Mann ins Braune Haus zurückfuhr, neue Instruktionen zu holen. Von den Spitzenfunktionären traf er nur noch den Innenminister Wagner an. Wagner schrieb auf Dietrichs Liste:

> Auf Befehl des Führers sind an SS-Gruppenführer Dietrich die Herren auszuliefern, die dieser des näheren bezeichnet.
>
> Adolf Wagner, Staatsminister [200]

Inzwischen hatte der NS-Rechtswahrer Frank, in Stadelheim eingetroffen, ein paar halbherzige Versuche gewagt, das Morden zu verhindern[201]. Er ließ Rudolf Heß anrufen, der aber verbat sich alle Einmischung und forderte Ausführung des Führerbefehls[202]. Frank wollte wenigstens die Form wahren und eröffnete dem Häftling Schneidhuber, er sei zum Tode verurteilt worden; der SA-Mann reagierte so heftig und ungläubig, daß Frank das Gespräch abbrach[203]. Jetzt konnte Dietrich seines Amtes walten.

Dr. Koch gab Order, die sechs SA-Führer, von je zwei Landespolizisten bewacht, in den Gefängnishof zu führen[204]. Als die SA-Männer den herantretenden Dietrich sahen, schrie Schneidhuber: »Kamerad Sepp, was ist los, wir sind unschuldig[205].« Kein Muskel zuckte im bärbeißigen Bauerngesicht Dietrichs. Der SS-Gruppenführer schlug die Hacken zusammen und verkündete: »Sie sind vom Führer zum Tode verurteilt worden. Heil Hitler!« Ein SA-Führer nach dem anderen wurde in den Exekutionshof geführt[206]. Dort empfing ein SS-Führer den Delinquenten mit den Worten: »Der Führer und Reichskanzler hat Sie zum Tode verurteilt. Die Hinrichtung wird sogleich vollzogen.« Dann peitschten die Gewehrsalven über den Hof, die Exekutionsmauer warf das Echo zurück[207].

Nicht einmal Dietrichs Nerven hielten das Morden durch. Er verließ die Szene, ehe alle sechs erschossen waren. Dietrich: »Bevor Schneidhuber dran kam, bin ich weg. Es hat mir gelangt[208].« Er wartete bis zum Mittag des nächsten Tages und ließ seine SS-Männer in den Zug nach Berlin verladen, dann flog auch er in die Spreemetropole zurück[209] – in das Berlin, das seit dem 30. Juni zehn Uhr vormittags die Göring-Himmler-Version der deutschen Bartholomäusnacht erlebt hatte.

Seit Goebbels das Wort »Kolibri« ins Telephon gerufen hatte, war auch in der Göring-Domäne die Terrormaschine angelaufen. Vizekanzler Franz von Papen erfuhr davon, als ihn Görings Adjutant, Major Bodenschatz, in den Amtssitz des preußischen Ministerpräsidenten am Leipziger Platz bat. »Ich fand Göring«, erinnert sich Papen, »in Gegenwart Himmlers in seinem Arbeitszimmer. Er eröffnete mir, Hitler habe ihm, Göring, die Vollmacht übertragen, den Putsch [Röhms] in Berlin niederzuschlagen.« Herr von Papen fühlte sich als Vizekanzler übergangen und protestierte. Während die beiden palaverten, war der SS-Chef ins Wartezimmer gegangen, wo Papens Begleiter, Fritz-Günther von Tschirschky, sich niedergelassen hatte. Himmler trat an ein Telephon, und Tschirschky hörte ihn sagen: »Es kann jetzt losgehen.« Die Hetzjagd auf den Regimegegner begann[210].

Durch die Straßen der Stadt rasten die Wagen der Landespolizei und die Lkw mit aufgesessenen SS-Männern. Das Tiergartenviertel wurde abgesperrt, in dem die wichtigsten SA-Quartiere lagen. Die noch diensttuenden SA-Führer ließen sich widerstandslos abführen[211]. Zugleich umstellten SS und Polizei das Amt des Vizekanzlers, erschossen Papens Pressechef von Bose und nahmen andere Mitarbeiter des Vizekanzlers fest[212], denn auch der »reaktionäre« Staatsfeind wurde jetzt zur Strecke gebracht.

Inzwischen war bei der Leibstandarte Adolf Hitler in der Lichterfelder Kadettenanstalt Großalarm gegeben worden. SS-Sturmbannführer Wagner, Bataillonsführer der Leibstandarte, sollte auf Weisung der Reichsführung-SS Einsatzkommandos bereitstellen [213]. Für das wichtigste Kommando bestimmte er den Hauptsturmführer Kurt Gildisch, der gewohnt war, jeden Befehl auszuführen [214]. Gildisch ließ 18 Männer seiner Kompanie antreten und rückte mit ihnen ab. Gildisch meldete sich bei Gestapo-Chef Reinhard Heydrich. In dessen Vorzimmer warteten bereits acht Männer in Zivil oder SS-Uniform [215].

Kurz darauf trat Heydrich aus seinem Dienstzimmer und sagte schneidig-knapp, was er an diesem Tag noch oft sagen sollte: Röhm-Putsch, Staatsnotstand, Führerbefehl, sofort handeln. Dann zog er sich wieder zurück und rief die Wartenden einzeln zu sich. Die Zivilisten, Beamte der Geheimen Staatspolizei, erhielten jeweils eine Liste mit Namen der Liquidationsopfer. Ein Gestapo-Beamter sollte zusammen mit Gildischs Trupp sogenannte Staatsfeinde verhaften. Auf Gildisch wartete noch ein Sonderauftrag. Heydrich: »Sie übernehmen den Fall Klausener, der von Ihnen persönlich zu erschießen ist. Sie begeben sich hierzu sofort in das Reichsverkehrsministerium!« Nur nebenbei fragte er, ob der Hauptsturmführer den Klausener kenne. Gildisch verneinte. Heydrich hob die rechte Hand zum Gruß, sagte: »Heil Hitler!«, und Gildisch war entlassen [216].

Auf der Fahrt zum Reichsverkehrsministerium in der Wilhelmstraße grübelte er darüber nach, wie er sein Opfer erschießen würde. Am Koppel trug er eine Dienstpistole des Typs »Parabellum«, Kaliber 9 Millimeter, aber in der rechten Hosentasche, für keinen Außenstehenden sichtbar, steckte eine entsicherte Mauserpistole, Kaliber 7,65 Millimeter. Auf diese unsichtbare Waffe baute der SS-Mann seinen Überrumpelungsplan auf [217]. War das alles, was Kurt Gildisch bedachte? Es war alles. Nicht einen Augenblick überlegte er, was Dr. Erich Klausener, Ministerialdirektor im Reichsverkehrsministerium, Vorsitzender der Katholischen Aktion und ehemaliger Leiter der Polizeiabteilung im preußischen Innenministerium, verbrochen haben mochte, daß er ohne Gerichtsurteil und ohne jede Chance einer Verteidigung erschossen werden sollte [218].

Der Ministerialdirektor trat eben, es war 13 Uhr, aus seinem Zimmer, um sich auf der Toilette die Hände zu waschen, als er sich einem SS-Mann im Stahlhelm gegenübersah. Er lief wieder in sein Büro zurück, bat Gildisch herein, der Klausener eröffnete, er sei verhaftet. Dr. Klausener drehte sich um. Er ging an einen Kleiderschrank und wollte nach einem Jackett greifen, da riß Gildisch seine Privatpistole hervor und feuerte gegen den Kopf seines Opfers. Klausener stürzte tot zu Boden. Gildisch griff zu einem Telephonapparat auf dem Schreibtisch und wählte die Nummer Heydrichs. Die unnatürlich hohe Stimme aus der Prinz-Albrecht-Straße befahl, einen Selbstmord vorzutäuschen. Der Täter legte seine Privatpistole neben Klauseners rechte schlaffe Hand und beorderte einen Doppelposten vor die Tür. Für das Dritte Reich war der Fall Klausener erledigt [219].

Erst als Gildisch um 13.15 Uhr wieder vor Heydrich stand, erfuhr er, wen er erschossen hatte: einen »gefährlichen Katholikenführer«. Doch schon hatte der Gestapo-Chef neue Aufträge. Gildisch mußte nach Bremen fliegen, um den Berliner SA-Chef Karl Ernst zu verhaften und in den Todeshof der Kadettenanstalt zu schleppen. Dem Ernst folgten weitere Opfer Gildischer Tüchtigkeit, unter ihnen der Sanitätsstandartenführer Dr. Erwin Villain [220].

Wie Kurt Gildisch mit seinen 18 Häschern, so jagten an diesem 30. Juni 1934 die Todesroboter der SS überall in Görings Preußen den vermeintlichen Staatsfeind. Sie dachten nicht nach, sie gehorchten. Sie grübelten nicht. sie handelten. Stumm verrichteten sie den Dienst, der ihnen aufgetragen wurde. Die menschlichen Automaten Heinrich Himmlers stellten keine Fragen. Sie wollten nur den Namen ihres Opfers wissen, und schon zuckte das Mündungsfeuer ihrer Pistolen und Karabiner.

Nur wer bereit war, alles auf eine Karte zu setzen, konnte dem Morden entkommen. Der Reichsminister außer Dienst Gottfried Treviranus hörte in seinem Haus das Klingeln der Himmler-Boten; er setzte im Tennisdreß über die Gartenmauer und floh ins Ausland [221]. Kapitän Ehrhardt, der unwillige Hitler-Partner von 1923, zog sich mit zwei Jagdgewehren in seine Wälder zurück und ließ sich, nachdem die Gestapo-Beamten sein Haus wieder geräumt hatten, von Freunden nach Österreich schmuggeln [222].

Dem Generalmajor Ferdinand von Bredow, Reichenaus Vorgänger im Ministeramt des Reichswehrministeriums, den die Nazis verdächtigten, das in Pariser Exilkreisen erschienene »Tagebuch eines Reichswehrgenerals« verfaßt zu haben, bot ein ausländischer Militärattaché an, in seiner Botschaft zu übernachten. Bredow lehnte ab. Ein paar Stunden später lieferte ihn ein Gestapowagen in Lichterfelde ab – tot, Kopfschuß [223]. Der Blutdurst der Schwarzen wuchs von Stunde zu Stunde. Er löste sich von dem offiziell verkündeten Zweck, Beseitigung von Meuterern und Staatsfeinden, und schlug in einen persönlichen Rachefeldzug um. Der SS-Oberabschnittsführer Erich von dem Bach-Zelewski hetzte zwei SS-Männer hinter seinem Rivalen, dem SS-Reiterführer Anton Freiherr von Hohberg und Buchwald, her und ließ den Gutsbesitzer in dessen Herrenzimmer hinterrücks ermorden. Als der 17jährige Sohn des Toten hereinstürzte, sagte einer der Täter gelassen: »Wir haben eben deinen Vater erschossen.« Und ging ungehindert davon [224].

Besonders ungezügelt wütete der private SS-Mord in Schlesien. Dort hatte der SS-Oberabschnittsführer Udo von Woyrsch die Kontrolle über seine Leute verloren. Breslaus stellvertretenden Polizeipräsidenten, den SA-Sturmbannführer Engels, trieben die SS-Männer in den Wald und durchlöcherten ihn mit Schrotladungen [225]. Den ehemaligen schlesischen SS-Stabsführer Sembach ertränkte der Melker des Woyrsch in einem Stausee bei Brieg, dann mordeten andere den Mörder [226]. Rache, Rache, Rache: SS-Männer töteten den Hirschberger Rechtsanwalt Dr. Förster, weil der Advokat an Prozessen gegen Nationalsozialisten teilgenommen hatte [227]

Und der Waldenburger Stadtbaurat Kamphausen mußte sterben, weil er seinem Mörder einmal bei der Vergabe von Baulizenzen nicht zu Willen gewesen war [228].

Persönliche Ranküne leiteten auch viele Aktionen Görings und Himmlers. Sie ließen den Mann aufspüren, der die beiden Gefolgsleute Hitlers wie kaum ein anderer NS-Führer durchschaute: Gregor Strasser. Er war einmal der zweitwichtigste Parteigenosse gewesen, ehe er sich 1932 wegen taktischer Differenzen von Hitler getrennt hatte. Eine der größten Gefahren für Führer und Bewegung, so hatte Strasser den Parteichef Hitler gewarnt, seien »die Himmler und Anhimmler« [229], und über Göring war ihm der Satz eingefallen: »Göring ist ein brutaler Egoist, der sich nicht einen Pfennig um Deutschland kümmert, solange sich nur alles um ihn dreht [230].«

Ein solcher Mann war um so gefährlicher für Himmler und Göring, als die beiden nicht ausschließen konnten, daß Gregor Strasser sich eines Tages wieder mit Hitler versöhnte. Sie wußten, daß Hitler mit dem Gedanken spielte, dereinst Strasser zum Reichsinnenminister zu ernennen [231]. Schon waren sie sich nähergekommen: Hitler und Strasser hatten ein versöhnliches Gespräch miteinander geführt, Hitler hatte dem alten Rivalen am 23. Juni das goldene Ehrenzeichen der NSDAP mit der Mitgliedsnummer 9 überreichen lassen [232]. Gregor Strasser mußte fallen, wenn dieser 30. Juni 1934 für Göring und Himmler einen Sinn haben sollte. Am frühen Nachmittag holten Gestapobeamte Strasser ab, ein paar Stunden später schoß ihn ein SS-Mann in Zelle 16 des Gestapo-Gefängnisses rücklings nieder. »Selbstmord«, lautete die offizielle Lesart [233].

Indes, wo blieb die angeblich befürchtete Meuterei der SA, wo blieben die Drahtzieher des »größten Treuebruches der ganzen Weltgeschichte«, den Hitler den SA-Überlebenden im Braunen Haus angekündigt hatte? Die Drahtzieher genossen das sonnige Wochenende. Sie lebten in ihren Häusern. Sie bereiteten den Urlaub vor. In seinem Haus in der Griebnitzstraße von Neu-Babelsberg saß General Kurt von Schleicher an einem Schreibtisch, als Köchin Marie Güntel zwei Männer in Schleichers Arbeitszimmer führte. Einer der Herren fragte, ob der Mann am Schreibtisch General von Schleicher sei. »Auf die an ihn gerichtete Frage«, so wird die Köchin später zu Protokoll geben, »wandte er [von Schleicher] seinen Körper etwas um, um den Herrn zu sehen und sagte jawohl. In diesem Augenblick krachten auch schon die Schüsse.« Die Ehefrau des Generals, sie hatte im Arbeitszimmer an einem Rundfunkapparat gesessen, stürzte herbei – auch sie wurde niedergeschossen [234].

Doch in den Papieren des Ermordeten fand die Gestapo nichts, was auf eine Zusammenarbeit von Schleichers mit Röhm oder Strasser oder François-Poncet hinwies. Mit Röhm war von Schleicher zum letzten Mal im Juni 1933 zusammengekommen, und zu François-Poncet, so wird der französische Botschafter später schreiben, hatte der Ex-Kanzler »auch nicht das geringste gesagt, was mich hätte erraten lassen können, daß er ... an einer

Verschwörung beteiligt sei. Jedesmal, wenn er den Namen Röhms nannte, tat er es voll Mißachtung und Abscheu«[235]. Die Mär vom Schleicher-Röhm-Putsch war so unglaubwürdig, daß sie nicht einmal den Männern des Reichspropagandaministeriums in den Kopf wollte. Am Nachmittag war im Promi Konferenz für die Auslandspresse. Ein Journalist fragte, ob der Tod des Generals von Schleicher mit der Aktion gegen die Röhm-SA irgendwie zusammenhänge. Der Promi-Sprecher: »Das ist nicht der Fall[236].«

Göring und Himmler waren beunruhigt. Würde die Reichswehr zuschlagen, jetzt, da ihr politisch profiliertester General grundlos von SS-Mördern niedergeschossen worden war? Keineswegs. General von Reichenau war nicht der Mann, wegen eines lästigen Toten eine ganze Konzeption fallenzulassen. Noch am Nachmittag diktierte er ein Kommuniqué: »In den letzten Wochen wurde festgestellt, daß der frühere Reichswehrminister General a. D. von Schleicher mit den staatsfeindlichen Kreisen der SA-Führung und mit auswärtigen Mächten staatsgefährdende Verbindung unterhalten hat. Damit war bewiesen, daß er sich in Worten und Wirken gegen diesen Staat und seine Führung betätigt hat. Diese Tatsache machte seine Verhaftung im Zusammenhang mit der gesamten Säuberungsaktion notwendig. Bei der Verhaftung durch Kriminalbeamte widersetzte sich General a. D. Schleicher mit der Waffe. Durch den dabei erfolgten Schußwechsel wurden er und seine dazwischentretende Frau tödlich verletzt[237].«

Gleichwohl offenbarte der Mord an von Schleicher einen Spalt unter den Liquidatoren. Göring sollte später erklären, er habe den General nur verhaften wollen, aber ein Kommando der Gestapo sei seiner Landespolizei zuvorgekommen und habe sofort gemordet[238]. Tatsächlich gefiel es dem Preußen-Premier, die Blutorgien plötzlich einzudämmen. Die Nachrichten aus der Provinz machten ihm klar, daß sich die Landespolizei gegenüber den immer radikaler werdenden SS-Einheiten nicht mehr durchsetzen konnte; zudem mußte er das Gesicht der Bonhomie und des Konservativismus wahren, das Hermann Göring der Nation zu zeigen beliebte.

Vizekanzler von Papen war einer der ersten, der den Spalt unter den Chefterroristen entdeckte. Als er das Göring-Palais am Leipziger Platz verlassen wollte, versperrten ihm die am Tor stehenden SS-Wachen den Weg. Göring-Adjutant Bodenschatz lief herbei und brüllte: »Wir werden sehen, wer hier zu befehlen hat, Ministerpräsident Göring oder die SS!«[239] Die Todgeweihten erkannten, daß sie sich die Unstimmigkeiten zwischen Göring und Himmler zunutze machen konnten. Der SA-Gruppenführer Siegfried Kasche, das sichere Ende vor Augen, redete so lange auf Göring ein, bis ihn dieser freiließ[240], und den AA-Staatssekretär von Bülow strich Göring von der Todesliste[241]. Auch der gefährdete SA-Prinz Auwi fand bei Göring Sicherheit[242].

Die Rolle des jovialen Lebensretters aber ließ Göring jäh fallen, als Hitler um 22 Uhr aus München zurückkehrte[243] und eine für Göring und Himmler gräßliche Nachricht mitbrachte: Röhm sollte am Leben bleiben.

Das hatte Hitler dem Ritter von Epp versprochen. Die beiden Exekutoren am Leipziger Platz erschraken. Der 30. Juni 1934 wäre für sie wertlos gewesen, hätte ein Ernst Röhm überlebt. »Röhm ist ein toter Mann«, hatte Himmler schon am Abend des 29. Juni zu Frau Annelies von Ribbentrop gesagt[244], und dabei mußte es bleiben. Hitler aber mochte der Gedanke durchblitzt haben, daß es sehr wohl in seinem Interesse liegen könne, Göring und Himmler den Kopf Röhms vorzuenthalten. Der Führer durfte die beiden Gefolgsleute nicht zu mächtig werden lassen, noch war der Adolf Hitler des 30. Juni nicht der Hitler der totalitären Führerdiktatur – er wird es erst sein, wenn er das Erbe Hindenburgs angetreten, wenn er in der Blomberg-Fritsch-Krise die Wehrmacht aller Macht beraubt hat. Fiel Röhm ganz fort, dann war das kunstvolle Gleichgewichtssystem der Regime-Hierarchen gestört, das Hitler zur Wahrung der eigenen Herrschaft förderte.

Hitler begann ein raffiniertes Spiel: Der Mann, der in Stadelheim kaltblütig die wichtigsten SA-Führer hatte hinrichten lassen, dem das Wort »Ausrotten« unentwegt über die Lippen trat, gebärdete sich in Berlin auf einmal als der Maßvolle, der besorgte Führer, der nicht jeden Schritt seiner Unterführer goutierte. Das Kabinett bekam von ihm zu hören, er übernehme die Verantwortung für die Erschießung der »Verräter«, »auch wenn das Schuldmaß nicht bei allen völlig erwiesen sei und nicht alle standrechtlichen Erschießungen von ihm selbst befohlen worden seien[245]«, und dem SA-Führer Jüttner wollte er weismachen: Er habe eine gerichtliche Untersuchung gewünscht, die Ereignisse jedoch seien über ihn hinweggegangen[246].

Die SA-Überlebenden, allen voran der neue Stabschef Viktor Lutze, waren treuherzig genug, ihrem Führer aufs Wort zu glauben. Hitler glückte ein psychologisches Kunststück: Je hektischer die Wut der Geretteten über Himmlers und Görings Exekutoren wurde, desto heller erstrahlte der angebliche Gerechtigkeitssinn Adolf Hitlers. »Es ist ja nicht die Rede von den Erschießungen, die der Führer befohlen hat. Die stehen außerhalb jeder Debatte«, schrieb SA-Chef Lutze[247]. Er glaubte allen Ernstes, Hitler habe die Erschießung von nur sieben SA-Führern befohlen und weitere zehn Morde, die ohne seine Erlaubnis verübt worden seien, »nachträglich anerkannt«[248].

Was auch immer Hitler in der Maske des Maßvollen bezweckt haben mochte – Himmler und Göring bedrängten ihn, Röhm zu opfern. Noch in der Nacht vom 30. Juni zum 1. Juli begannen sie, auf den Führer einzureden, der sich bisher noch immer auf die Seite der stärkeren Bataillone zu schlagen gewußt hatte. Wer in dieser Nacht sein Leben von Hitlers Versprechungen abhängig machte, hatte verspielt. Das ahnte auch ein Mann, der just zur gleichen Stunde blutüberströmt durch die Wälder bei Potsdam keuchte, hinstürzte, sich an Baumwurzeln schlug und sich wieder hochriß. Oberleutnant außer Dienst Paul Schulz, der ehemalige SA-Reorganisator nach dem Stennes-Putsch und Freund Gregor Strassers, rannte um sein Leben[249].

Die irre Logik der 30.-Juni-Verfolger hatte auch Schulz, einen der härtesten Feinde des Homosexuellen Röhm, zu einem Komplizen eben dieses Röhm gemacht. Die Gestapo war ihm auf der Spur. Beim Abendessen hatten sie ihn verhaftet, »fünf junge Burschen in Zivilkleidern, zum Teil ohne Kragen und Krawatte, mit schußbereiten Pistolen in der Hand«, wie sich Schulz später erinnerte. Eine Stunde danach schloß sich hinter ihm die Tür von Zimmer 10 im Geheimen Staatspolizeiamt[250]. Drei Männer hatten sich dann mit ihm in einen grauen, offenen Wanderer gesetzt und die Todesfahrt begonnen. Sie rasten nach Potsdam und suchten einen stillen Platz, wo man jemand »auf der Flucht« erschießen konnte. Doch es war Sonnabendnacht, ständig blitzten die Scheinwerfer ankommender Wagen auf und vertrieben die Schützen.

Sie schlugen die Straße nach Leipzig ein und fanden endlich eine Stelle. Schulz mußte aussteigen und einem der drei Begleiter den Rücken zukehren. Er versuchte auszubrechen, da traf ihn ein Schuß, freilich aus so weiter Entfernung, daß die Kugel nicht tödlich war. Dennoch mimte Schulz geistesgegenwärtig den Sterbenden. Die drei gingen zum Wagen zurück, um eine Zeltplane zu holen und den vermeintlich Toten darin einzuwickeln. Schulz erzählt: »In diesem Augenblick sprang ich auf und rannte mit großen Sprüngen in den Waldweg hinein, wobei ich den Blick seitwärts auf meine Mörder gerichtet hielt. Sie blieben wie erstarrt stehen[251].«

Schulz rannte. Der Rücken schmerzte, die Kugel hatte das Rückgrat getroffen, »aber ich merkte mit Erleichterung, daß ich kein Blut im Munde hatte«. Weiter, weiter, nur nicht schlappmachen, dachte er und schlug nach den ersten Hunderten von Metern die entgegengesetzte Richtung ein. Er erreichte das Dorf Seddin, aber schon sah er Autos mit Suchscheinwerfern, die jeden Straßenwinkel ableuchteten. Er warf sich hinter einer Hecke zu Boden – das dabei verlorene Blut entdeckten die Verfolger später[252]. Er keuchte zu einem Fluß, der Nuthe. Er versteckte sich im Schilf. Er wusch sich im Mondlicht das Blut ab. Und sann, wie er seinen Verfolgern endgültig entkommen konnte.

Da fiel ihm ein Name ein: Ein Bekannter, der pensionierte Konteradmiral Lübbert, war erst kürzlich nach Berlin gezogen, folglich der Polizei noch kaum bekannt – dort wollte sich Schulz verstecken. Es glückte. Der Admiral nahm den Flüchtling auf, derweil ein Massenaufgebot von Polizei und SS die Umgebung von Potsdam durchkämmte und die Bevölkerung aufrief, den verwundeten Flüchtling zu suchen, ihn notfalls auch totzuschlagen. Schulz aber mußte »schneller handeln als diejenigen, die mich umbringen wollten«[253].

Er hatte Freunde, die einen Draht zu Hitler besaßen. Sie machte er nun mobil. Er ließ einen mit Bleistift geschriebenen Brief zu einem Kontaktmann schmuggeln, ohne daß der aber erfuhr, wo sich Schulz aufhielt; Schulz wählte eine irreführende Ortsangabe: »In einem Kornfeld liegend[254].« Ein Freund jagte zu Hitler, der dem alten Femeheld Leben und Sicherheit versprach. In Schulzens Versteck tauchte einer seiner Konfidenten mit der Nachricht auf: »Sie stehen unter dem Schutz des Führers! Hitler hat gesagt: Das Gewesene ist Schulz verziehen; er steht unter meinem persönlichen Schutz[255].« Doch Hitler-Kenner Schulz traute seinem Führer nicht. Tagelang weigerte er sich, sein Versteck preiszugeben. Die Freunde mußten lange auf ihn einreden, bis er sich aus dem Versteck wagte. Er hatte Hitler richtig eingeschätzt; von Tag zu Tag bröckelte das Versprechen Hitlers mehr und mehr ab – Schulz mußte zufrieden sein, daß ihn Hitler schließlich (das war übriggeblieben von dem großen Versprechen) aus Deutschland verbannte[256].

Wie Paul Schulz, so erfuhren auch die letzten lebenden Führer der Röhm-Garde, was die Zusage eines Adolf Hitler wert war. Noch am Vormittag des 1. Juli hatte Hitler das Leben seines einzigen Freundes erhalten wollen, um die Mittagszeit aber schafften es Göring und Himmler endlich: SS-Brigadeführer Theodor Eicke erhielt Befehl, Röhm zu erschießen[257]. Noch freilich hoffte Hitler, Röhm werde ihm den letzten Befehl ersparen: Eicke hatte Weisung, dem ehemaligen SA-Chef nahezulegen, selber aus dem Leben zu scheiden. Eicke präparierte eine Pistole mit einer Kugel, ließ sich seinen Stellvertreter, den SS-Sturmbannführer Michael Lippert, kommen und fuhr nach Stadelheim. Ein Dritter begleitete die beiden: SS-Gruppenführer Schmauser, Kontaktmann der SS zur Reichswehr[258].

Um 15 Uhr standen die drei vor dem Stadelheimdirektor Koch. Der Beamte machte wieder Schwierigkeiten: Er wollte nicht auf ein bloßes Wort hin den Gefangenen Röhm ausliefern, er murmelte etwas von Dienstweg und unternahm, was er in solchen Fällen immer tat – er alarmierte den Justizminister Frank. Als auch der NS-Rechtswahrer Frank am Telephon die Bedenken des Regierungsdirektors Koch teilte, riß Eicke dem Koch den Telephonhörer aus der Hand und brüllte hinein, der Fall ginge den Herrn Minister überhaupt nichts an; er, Eicke, habe Befehl vom Führer, und das genüge wohl[259]. Koch gehorchte. Er rief den Gefängnisverwalter Lechler und ließ ihn Eicke, Lippert und Schmauser zu Zelle 474 im Gefängsnisneubau führen[260].

Dort hockte Röhm mit nacktem, verschwitztem Oberkörper auf einer Pritsche und wendete ein wenig den Kopf, als die Tür aufquietschte und der KZ-Kommandant Eicke in die Zelle trat. Eicke: »Sie haben Ihr Leben verwirkt. Der Führer gibt Ihnen noch eine Chance, die Konsequenzen zu ziehen[261].« Dann legte er die Pistole auf einen Tisch, dazu die neueste Ausgabe des »Völkischen Beobachter« mit der Balkenschlagzeile: »Röhm verhaftet und abgesetzt – Durchgreifende Säuberung in der SA«[262]. Beim Hinausgehen sagte Eicke, Röhm habe zehn Minuten Zeit, dann müsse alles vorüber sein. Die Tür ging wieder zu.

Eine Viertelstunde warteten die drei SS-Männer auf dem zweieinhalb Meter breiten Gang vor der Zelle. Drinnen rührte sich nichts. Eicke blickte auf die Uhr. Er und Lippert zogen ihren Dienstrevolver hervor. Der Brigadeführer stieß die Zellentür wieder auf. Eicke rief: »Stabschef, machen

Sie sich fertig!« Er blickte neben sich und sah, daß in Lipperts rechter Faust die Pistole zitterte. Eicke zischte: »Langsam und ruhig zielen.« Zwei Schüsse knallten, Röhm fiel steif nach hinten zu Boden und hauchte: »Mein Führer, mein Führer.« Eicke höhnte: »Das hätten Sie sich früher überlegen sollen, jetzt ist es zu spät.« Röhm atmete schwer. Einer der beiden SS-Männer (ungeklärt ist, wer) schoß dem Schwerverwundeten noch einmal in die Brust. Ernst Röhm, Gründer der SA, einziger Freund Hitlers, Rivale der Reichswehr, war tot. Seine Sterbestunde: 18 Uhr, 1. Juli 1934 [263].

Das Ende Röhms ließ noch einmal die Gewehrsalven der Hinrichtungskommandos losknattern. Im Columbia-Haus, der zweiten SS-Folterkammer in Berlin, hörte der SA-Gruppenführer Karl Schreyer das Klappen der Zellentüren, die abgehackten Befehle und das Echo der Schüsse immer näher kommen. Der 2. Juli dämmerte bereits herauf, aber immer noch wurde erschossen. Schreyer zählte in seiner Zelle: SA-Oberführer von Falkenhausen fiel um zwei Uhr, Gruppenführer von Detten um 2.30 Uhr, eine halbe Stunde später Ritter von Kraußer, der Mann, dem Hitler auch die Begnadigung zugesagt hatte [264].

Eine weitere halbe Stunde danach war Schreyer an der Reihe. Die Zellentür wurde aufgerissen, ein SS-Truppführer stand breitbeinig im Türrahmen, hinter ihm erschienen zwei SS-Männer mit aufgepflanztem Bajonett: »Schreyer, raus!« rief der Anführer. »Sie werden jetzt im Auftrage des Führers erschossen.« Schreyer: »Ich verlange vorherige Vernehmung.« Der andere: »Das täte euch passen, ihr Hochverräter. Ihr seid überführt und werdet erschossen. Halten Sie Ihren Kopf, wie die anderen auch, unter die Wasserleitung, damit Sie frisch sind und einen guten Eindruck machen [265].«

Nach einiger Zeit wurde Schreyer abgeholt, mußte aber wieder in die Zelle zurückgeführt werden; er sollte in der Kadettenanstalt in Lichterfelde erschossen werden, der Transportwagen aber war noch nicht eingetroffen. Er kam nach einigen Minuten. »Ich wurde über die Treppe geführt«, berichtet Schreyer. »Vor der Türe des Gefängnisses stand ein kleiner Autojagdwagen, zwei Männer stiegen ein, und als ich gerade nachsteigen wollte, brauste ein großer Mercedes-Wagen heran, dem ein Standartenführer der Leibstandarte entsprang, der lebhaft winkte und schrie: ›Halt, halt!‹ und uns eröffnete: ›Es darf nichts mehr passieren, der Führer hat Hindenburg sein Wort gegeben, die Erschießungen sind hiermit endgültig abgestoppt.‹ [266]«

Die Uhr zeigte die vierte Stunde, 2. Juli 1934. Der erste Massenmord in der Geschichte des Dritten Reiches war verübt. 83 Menschen hatten einen grausamen Tod gefunden [267], ohne Gerichtsverfahren, ohne Gelegenheit zur Verteidigung, Opfer einer brutalen Partei- und Cliquen-Räson. Hitler erklärte: »In dieser Stunde war ich... des deutschen Volkes oberster Gerichtsherr [268].« Das Kabinett beeilte sich, dem Staatsverbrechen die Weihen höchster Gerechtigkeit zu gewähren. Am 3. Juli beschlossen die Minister Adolf Hitlers ein Gesetz, dessen einziger Satz lautete: »Die zur Niederschlagung hoch- und landesverräterischer Angriffe am 30. Juni und am 1. und 2. Juli 1934 vollzogenen Maßnahmen sind als Staatsnotwehr rechtens [269].«

In den Kasernen der Reichswehr erklangen Hurrarufe, in den Offizierskasinos das Klirren der Sektgläser. »All catched« (Alle geschnappt) kabelte General von Reichenau in fehlerhaftem Englisch dem Abwehrchef Patzig, als die letzten verhafteten SA-Führer erschossen worden waren [270]. »Schade, da müßte ich dabei sein«, frohlockte Generalmajor von Witzleben [271], und Wehrminister von Blomberg feierte die »soldatische Entschlossenheit« und den »vorbildlichen Mut«, mit denen »der Führer die Verräter und Meuterer selbst angegriffen und niedergeschmettert« habe [272]. Nur der Rittmeister außer Dienst Erwin Planck, ehemaliger Staatssekretär der Reichskanzlei, warnte den General Freiherr von Fritsch: »Wenn Sie tatenlos zusehen, werden Sie früher oder später das gleiche Schicksal erleiden [273].«

Ein prophetisches Wort: Von Fritsch stürzte über eine ähnliche Intrige wie Röhm, von Witzleben endete an einem Fleischerhaken des Volksgerichtshofes, und auch der Oberleutnant Schenk Graf von Stauffenberg mußte am 20. Juli 1944 bitter für den jugendlichen Irrtum büßen, am 30. Juni habe man doch nur »eine Eiterbeule aufgestochen« [274]. Selbst Blomberg begann bald der Jubel seiner Truppe über den 30. Juni unheimlich zu werden. Oberst Heinrici notierte Stichworte einer Blomberg-Rede vor den Abteilungsleitern des Reichswehrministeriums: »Truppe hat nicht die Haltung gehabt, die man erwarten mußte. Ungehörig, sich über die Gefallenen zu freuen und im Kasino zu reden [275].«

Der Minister hatte schon erkannt, daß nicht die Reichswehr der Sieger des 30. Juni war. Die Schutzstaffel Heinrich Himmlers hatte auf der ganzen Linie gesiegt: Die SS war frei von aller Bevormundung durch die SA, ihre Macht in der Partei gefestigt. Bereits am 9. Juni hatte die Parteiführung den SD zur einzigen politischen Nachrichtenorganisation der NSDAP erklärt [276], am 20. Juli verfügte Hitler: »Im Hinblick auf die großen Verdienste der SS, besonders im Zusammenhang mit den Ereignissen des 30. Juni 1934, erhebe ich dieselbe zu einer selbständigen Organisation im Rahmen der NSDAP [277].« Hitler genehmigte der SS auch, bewaffnete Einheiten aufzustellen [278]. Damit durchkreuzte er das geheiligte Konzept der Reichswehr, deretwegen sie der SA die Fehde angesagt hatte: den Anspruch, einzige Waffenträgerin des Staates zu sein.

Der 30. Juni 1934 hinterließ einen tiefen Einschnitt in der Geschichte des Dritten Reiches. Die SA-Morde beschleunigten Hitlers Fahrt in die Allein- und Schreckensherrschaft, begründeten die Achse Göring–Himmler, die bis zum Kriegsbeginn den Machtkampf der NS-Hierarchen bestimmte [279], und enthielten für die Zukunft eine furchtbare Botschaft: Die SS hatte bewiesen, daß sie jeden, aber auch wirklich jeden Befehl Adolf Hitlers auszuführen entschlossen war. Zugleich tat sich freilich ein tiefgehender Riß im Machtgebäude der Partei auf: die Todfeindschaft zwischen SS und SA.

Tausende und aber Tausende SA-Männer konnten nie wieder die Tage der Schmach und der Demütigung vergessen, in denen die SA praktisch zu einer Gefangenen der Schutzstaffel herabgewürdigt worden war. Nichts erschien dafür symbolischer als die Tatsache, daß Lutze auf Befehl Hitlers ausgerechnet den SS-Gruppenführer Daluege hatte beauftragen müssen, die gesamte ostdeutsche SA zu säubern und zu reorganisieren [280]. Die politisch wichtigen Organe der SA-Führung (Politisches Amt und Ministeramt) wurden abgeschafft, und wieder mußte Lutze dekretieren: »Ich beauftrage den SS-Gruppenführer Daluege mit der Durchführung der Auflösung einschließlich Übernahme sämtlicher der Obersten SA-Führung gehörenden Gegenstände (Büromöbel, Büromaterial, Wagen usw.) [281].«

Erst Anfang August war die SA wieder Herr im eigenen Haus und durfte sich nun allein säubern. Der SA-Gruppenführer Böckenhauer bildete ein SA-Sondergericht mit Untersuchungsausschüssen bei den Gruppen, die Auftrag hatten, sogenannte Röhm-Komplizen zu entdecken und »alle Angelegenheiten« zu überprüfen, »durch die SA-Führer wegen Lebenswandel, Unmoral, Postenjägerei, Materialismus, Unterschleife, Saufexzessen, Protzen- und Prassertum usw. als für das SA-Führerkorps untragbar geworden sind«, wie es in einem Hitler-Befehl vom 9. August 1934 hieß [282]. Die Inquisitionstribunale machten sich an die Arbeit, aber bald kehrte sich der Tenor ihrer Untersuchungen um: Statt nach Röhm-Komplizen zu fahnden, sammelten sie Berichte über das Verhalten der SS am und nach dem 30. Juni.

Bericht um Bericht atmete die Empörung der SA, hielt Wut, Haß und Schrecken der Braunhemdler fest. »Ich habe doch«, klagte Sturmführer Hermann Baecke, SA-Mann seit 1925, »für Sauberkeit und Gerechtigkeit gekämpft, und nun droht man mir mit Verhaftung. Sind wir alten SA-Männer denn nicht mehr wert, als Elite bezeichnet zu werden, nachdem wir uns jahrelang mit Kommune und Reichsbanner herumschlugen, bespuckt wurden, die Polizei uns die Kleider vom Leibe herunterriß, aus dem Berufsleben hinausgeschmissen wurden, und nun sind wir wieder so weit, daß man uns von neuem bedroht [283].« Der Führer der SA-Standarte 168 meldete am 28. Juli: »Ich schärfte meinen Leuten ein, sich unbedingt den Anordnungen der SS zu fügen... war es deshalb seelig [sic] niederschmetternd für sämtl[iche] alte SA-Angehörige, in welcher Form z[um] T[eil] junge SS-Angehörige sich gegen alte SA-Kameraden benahmen [284].«

Und Scharführer Felten aus Offenbach erregte sich: »Die Kameraden... beklagten sich bei mir über das Benehmen der SS-Streifen, die des öfteren die Kaiserstraße abpatrouillierten ... Gegen 1/2 4 Uhr fuhr auf einem Fahrrad ein SS-Anwärter an mir vorüber und schrie mir zu: ›Kannst du nicht grüßen – du hast wohl noch nicht ausgeschlafen!‹ Meiner Aufforderung, von seinem Rad abzusteigen, kam er nicht nach, sondern fuhr eiligst davon. Wäre er abgestiegen, dann hätte ich diesem jungen Burschen in leicht verständlicher Weise klargemacht, was er einem Kriegskameraden Adolf Hitlers, einem langjährigen Parteimitglied und einem SA-Mann, der das Ehrenzeichen der SA trägt, schuldig ist [285].«

Die SS hatte sich für alle Zeit den Haß der SA zugezogen. Nie wieder sollten sich die beiden Parteiarmeen des Nationalsozialismus miteinander versöhnen. Von nun an standen sich Sturmabteilung und Schutzstaffel in schärfster Frontstellung gegenüber – ein lautloser, unsichtbarer Krieg war eröffnet. Viktor Lutze übernahm es, dem Gegner den Fehdehandschuh hinzuwerfen, in der Nacht vom 17. zum 18. August 1935: Im Restaurant des Stettiner Hotels »Preußenhof« sagte er, von 20 seiner Kameraden und drei SS-Führern umringt und vor einer Batterie von Biergläsern sitzend, dem Schwarzen Orden den Kampf an [286].

»Es wird sich eines Tages rächen«, rief Lutze, »daß am 30. Juni so willkürlich und ungerecht vorgegangen worden ist. Der Deutsche ist ein Gerechtigkeitsmensch, und diese Verletzung des Gerechtigkeitsempfindens wird eines Tages auf die Schuldigen zurückfallen, und sie werden ein bitteres Ende nehmen.« SS-Standartenführer Robert Schulz vom SD-Oberabschnitt Nord zischte mit mühsam unterdrückter Wut zurück: »Leider hat man nicht alles mit Stumpf und Stiel ausgerottet. Man ist viel zu schonend vorgegangen. Es sind Menschen freigekommen, ja sogar in der SA geblieben, die absolut genau wußten, was von Röhm gespielt wurde.«

Lutze konterte, die SS könne es sich nicht leisten, den Moralisten zu spielen, denn sie sitze selber im Glashaus. Die drei SS-Führer brausten auf, doch der SA-Stabschef überhörte ihre Proteste. Er lärmte: »Wer hat bei jeder Gelegenheit den Stabschef Röhm hochleben lassen und ihm immer wieder die Treue versichert, etwa ein alter SA-Führer oder überhaupt ein SA-Führer? Soll ich hier den Namen dessen sagen, der es gewesen ist?« Der SD-Oberabschnitt Nord meldete später nach Berlin: »Wenn Standartenführer Schulz hier nicht immer wieder eingegriffen hätte, hätten wir die Peinlichkeit erleben können, daß Lutze gesagt hätte: Reichsführer-SS.« Doch der SA-Chef ließ sich nicht stoppen. Lutze: »Wer hat es toller getrieben in dem, was man Röhm vorgeworfen hat, etwa die SA? Die Schweinereien sind nicht in der SA gemacht worden oder zum mindesten nicht alleine, sondern im verstärkten Maße von der Gegenseite. Soll ich Namen nennen? Ich könnte sofort Namen nennen!«

SS-Mann Schulz konnte sich nicht anders helfen, als hastig einzuwerfen: »Stabschef, es geht jetzt auf zwei Uhr, es wäre besser, wenn wir schlafen gingen.« Er rief den Kellner und ließ sich die Rechnung kommen. Die Herren brachen auf. Auch Viktor Lutze torkelte hinaus, aber er hatte das letzte Wort. Jeder konnte es hören: »Und ich werde es immer wieder behaupten, selbst wenn ich bereits morgen abgesetzt wäre und im Konzentrationslager eingeliefert säße [287].«

7 Der Orden

Der Reichsführer-SS ließ in München zu einem Vortrag bitten. Offiziere, Industrielle, Professoren und Gutsbesitzer kamen, neugierig, zögernd und mißtrauisch. Seit Monaten war Deutschlands Oberschicht gewohnt, von NS-Führern als dekadent und judenhörig denunziert zu werden. Doch Heinrich Himmler verzichtete auf jede Kritik. Statt der erwarteten Attacke rief der SS-Chef die Herren auf, aktiv dazu beizutragen, das »Zusammenfließen der verschiedenen Traditionsströme in der SS zu ermöglichen«.

Jeder Staat, so argumentierte er, benötige eine Elite. Im nationalsozialistischen Deutschland stelle die SS eine Elite dar, aber die Funktion könne die Schutzstaffel nur ausüben, wenn sich in ihr »die Tradition echten Soldatentums, die vornehme Gesinnung, Haltung und Wohlerzogenheit des deutschen Adels und die schöpferische Tatkraft des Industriellen auf dem Boden rassischer Auslese mit den sozialen Forderungen der Zeit« verbänden. Ein Zuhörer erzählte später Himmlers Leibarzt Felix Kersten, die Ausführungen des Reichsführers hätten »allgemeines Staunen ausgelöst«. Solche Töne war man von Nazis nicht gewohnt. Ergebnis: Fast alle Zuhörer traten in die SS ein [1].

Diese Episode im Jahr 1 der nationalsozialistischen Zeitrechnung verriet, mit welcher Geschicklichkeit Himmler seine Schutzstaffel der Öffentlichkeit zu präsentieren wußte. Wie keine zweite NS-Formation genoß die SS den Ruf, sie hebe sich deutlich ab von der plebejischen Masse des braunen Fußvolks. »Die sogenannten ›feinen Leute‹ bevorzugten beim Eintritt in eine der Parteigliederungen die SS«, erinnerte sich später der SD-Führer Walter Schellenberg [2], und Freiburgs katholischer Erzbischof Dr. Gröber bekannte noch 1946, die SS habe »bei uns in Freiburg als die anständigste Organisation der Partei gegolten« [3].

Vielen Deutschen erschien der Eliteanspruch der SS nicht verwerflich, denn Elitebildungen hatte es zu allen Zeiten gegeben. Kein Staat, ob demokratisch oder diktatorisch, kam auf die Dauer ohne Elite aus; vom Establishment der angelsächsischen Demokratien bis zur Parteihierarchie des sowjetischen Systems zog sich die Überzeugung, daß ein Regime desto krisenfester sei, je stärker es sich auf eine staatstragende Bevölkerungsschicht stützen könne.

Die Weimarer Republik hatte soeben demonstriert, wie es einem Staat ergeht, der auf eine Auslese verzichtet. Da klang denn die Elitepropaganda der SS den Deutschen besonders verlockend, zumal Himmler seine Thesen in dem Vokabularium der den Deutschen so vertrauten konservativen Romantik ausdrückte. Selbst der kritische Hitler-Biograph Konrad Heiden wähnte noch 1934, in der SS verkörpere sich im Gegensatz zur »revolutionären SA« das konservative Prinzip[4]. Nicht einmal die Morde des 30. Juni 1934 zerstörten des Bürgers Respekt vor dem Himmler-Orden. Die Erleichterung über das Ende der SA-Spitze, die seit Hitlers Machtübernahme die Straße beherrscht hatte, war größer als das traditionelle Rechtsgefühl.

»Das Volk von der Herrschaft Minderwertiger zu befreien, ist ein Preis, der einen hohen Einsatz wert ist«, schrieb die »Frankfurter Zeitung«[5] und formulierte damit nur, was fast alle Deutschen dachten. Vergessen waren die Morde an den bürgerlichen Regimegegnern, vergessen die Todesschreie der liquidierten SA-Führer. Die Nation beherrschte nur eine Hoffnung: Nie wieder sollten Schläger im Braunhemd die Ruhe des Bürgers stören. Die Deutschen kannten noch nicht die »Maskerade des Bösen« (Dietrich Bonhoeffer)[6], sie wußten noch nicht, daß im Vorhof absoluter Diktatur der Angriff auf die Freiheit oft mit dem Anspruch einhergeht, Ordnung zu schaffen und das historisch Notwendige zu tun, das »plausible Verbrechen«, wie es die Theoretiker nennen.

Zudem trug das angeblich notwendige Verbrechen im Sommer 1934 des Deutschen liebstes Kleid, eine Uniform, und eine schicke noch dazu. Sie war von Kopf bis Fuß auf Schwarz eingestellt und hatte das plebejische Braun diskret zurückgedrängt: Auf dem Kopf saß eine schwarze Tellermütze mit schwarzem Sturmriemen und silbernem Totenkopf. Es folgte ein schwarzer Dienstrock, darunter ein Braunhemd mit schwarzen Lederknöpfen und schwarzem Binder, über dem Rock ein schwarzer Schulterriemen. Den Abschluß bildeten schwarze Stiefelhosen, die in schwarzen Marschstiefeln steckten[7].

Der Erfinder dieser Uniform hatte nichts unversucht gelassen, die Phantasie hierarchiefreudiger Deutscher durch allerlei rätselhafte Kennzeichen gefangenzunehmen. Ein Winkel in Aluminiumstickerei verriet am rechten Oberarm den »alten Kämpfer«, eine Raute mit den Buchstaben »SD« wies den Besitzer als Mitglied des gerüchteumwitterten Sicherheitsdienstes aus. Die Schulterstücke entblößten feinste Abstufungen. Dienstgrade bis zum Hauptsturmführer trugen Achselstücke mit sechsfach nebeneinandergelegter Aluminiumschnur, Führer bis zum Standartenführer zierte eine dreifach geflochtene, ab Oberführer trug man eine dreifach doppelt-geflochtene Schnur. Auf den Kragenspiegeln setzte sich die Hierarchie noch verästelter fort: Höhere Chargen führten die Signen ihres Ranges auf beiden Kragenspiegeln, und zwar der Standartenführer je ein Eichenblatt, der Oberführer zwei Eichenblätter, der Brigadeführer zwei Eichenblätter und einen Stern, der Gruppenführer drei Eichenblätter, der Obergruppenführer drei Eichenblätter und einen Stern und schließlich der Reichsführer einen Eichenkranz mit drei Eichenblättern[8].

Jeder Zoll ihrer äußeren Erscheinung sollte demonstrieren, daß sich in der Schutzstaffel eine Elite versammelte, eine Garde strenger Puritaner, die über Wohl und Wehe des Staates wachten, Ausdruck eines Gehorsams,

»der nicht ein einziges Mal zaudert, sondern bedingungslos jeden Befehl befolgt, der vom Führer kommt« (Himmler)[9].

Der Reichsführer riß die Tore seiner SS weit auf, um die anpassungswillige Oberschicht des Reiches in die Schutzstaffel einzulassen. Himmlers Organisationen, vor allem die Sondereinheiten SD, Totenkopfverbände und die Verfügungstruppe, hungerten nach Geld und Führungskräften, sie aber konnten nur aus der herrschgewohnten Alt-Elite kommen: aus Adel, Bürgertum und Finanz. Himmler arbeitete so fieberhaft daran, in der SS ein personelles Sammelbecken für die einzelnen Gliederungen seines wachsenden Imperiums zu schaffen, daß ihm zunächst kaum auffiel, wie widersprüchlich sein Werk wurde: Jahr für Jahr hatte die Parteigarde des Nationalsozialismus die rassisch-biologische Auslese zu ihrem Lebensgesetz erhoben, jetzt aber lockte die SS Bevölkerungsgruppen an, die besaßen, was in keinem Wörterbuch der braunen Rassenphilosophie vorkam: Prestige, Geld und einen generationenstarken Herrschaftsinstinkt.

In die SS strömten Schichten, die das soziale Bild der Schutzstaffel radikal änderten. Bis 1933 hatten drei Typs die SS bestimmt: der ehemalige Freikorpsmann, der Intelligenzler mit der durch die Wirtschaftskrise abgebrochenen Berufsausbildung und der kleinbürgerliche Parteiveteran. Von dieser Vor-1933-SS hielt sich nur eine kleine Führerclique, die allerdings bis zum Ende des Dritten Reiches die entscheidenden Positionen in der SS okkupierte. Bereits bei Beginn des Zweiten Weltkrieges waren 90 Prozent der alten SS in den Ruhestand getreten[10].

Nur zehn Prozent überlebten den Andrang der Neuen, die ab März 1933 (daher von den mißtrauischen SS-Veteranen »Märzveilchen« genannt) in die Organisation Himmlers einsickerten. Den Anfang machte der Adel. Schon kurz vor der Machtübernahme waren namhafte Aristokraten zur SS gestoßen, unter ihnen der Erbgroßherzog von Mecklenburg, der Erbprinz zu Waldeck und Pyrmont, die Prinzen Christof und Wilhelm von Hessen, die Grafen Bassewitz-Behr und von Pfeil-Burghauß, der Reichsfreiherr von Tüngen sowie die Freiherren von Geyr, von Reitzenstein und von Malsen-Ponickau[11].

Im Frühjahr 1933 ergoß sich weiteres blaues Blut in die SS-Venen. Der Prinz von Hohenzollern-Emden aus dem Hause Sigmaringen und der Graf von der Schulenburg traten in die SS ein, und bald glichen die Ranglisten der Schutzstaffel Seiten aus dem Gotha. Kaum ein erlauchter Name der preußisch-deutschen Militärgeschichte fehlte, sie waren alle dabei, die Edler von Daniels, Graf von Rödern, Graf Strachwitz, Freiherr von der Goltz, Edler von der Planitz, von Keudell, von Alvensleben, von Podbielski, von Treuenfeld, von Nathusius und wie sie noch heißen mochten[12]. Die schwarzuniformierten Adligen besetzten manche Position in den oberen Rängen des SS-Führerkorps. 1938 stellten sie 18,7 Prozent der SS-Obergruppenführer, 9,8 Prozent der SS-Gruppenführer, 14,3 Prozent der SS-Brigadeführer, 8,8 Prozent der SS-Oberführer und 8,4 Prozent der SS-Standartenführer[13].

Den Adligen folgten die Söhne des mittleren Bürgertums. Sie waren im Gegensatz zu ihren Vorläufern in der SS Menschen des 20. Jahrhunderts, in der Mehrheit Intelligenzler mit voller akademischer (meist juristischer) Ausbildung und fast sämtlich aufgewachsen in der Gefühls- und Ideenwelt der deutschen Jugendbewegung. Sie wanderten fast alle in den Sicherheitsdienst ab und ließen dort einen juristisch-intellektualistischen Typus entstehen, der sich vom Schützengraben-Sozialismus der SS-Veteranen ebenso weit entfernt wußte wie von dem kleinbürgerlich-vulgären Nationalsozialismus der Kampfzeit. Die Walter Schellenberg und Reinhard Höhn, die Franz Six und Otto Ohlendorf, sämtlich studierte Männer des gebildeten Bürgertums, schufen das Musterbild des unsentimentalen SS-Technokraten, des »social engineer«, der die Führerdiktatur mit jeder gewünschten formalrechtlichen oder organisatorischen Formel bediente – klug, illusionslos, kaum noch einer Ideologie verschrieben außer jener der Macht, aber seelisch entwurzelt und fern jeder Anerkennung allgemeinverbindlicher Normen.

Eine mit den SD-Intellektuellen verwandte Gruppe aus dem Bürgertum war die Riege der jungen Wirtschaftswissenschaftler, die in die Stäbe der SS-Unternehmen einrückten. Sie unterschieden sich kaum von den Technologen, die heute die Managerbüros der westdeutschen Wirtschaft bevölkern. Sie waren noch weniger als ihre SD-Verwandten an einer SS-eigenen Weltanschauung interessiert, ihnen erschienen die Wirtschaftsunternehmen Himmlers nur als eine besonders sichere Karrieremöglichkeit. Für die meisten galt im Grunde, was die SS-Oberen dem Standartenführer Dr. Walter Salpeter, einem aufsteigenden Stern im Wirtschaftsreich des Schwarzen Ordens, in die Personalakte schrieben: Er versuche gern, seinen Ehrgeiz »mit der NS-Ideologie zu verbrämen«[14].

Eine andere Gruppe der Märzveilchen kam aus dem bürgerlichen Offizierskorps der Reichswehr und vermehrte das ohnehin bereits uneinheitlich gewordene Menschenbild der SS um weitere Nuancen. Die Offiziere traten in die seit 1934 aufgestellte Verfügungstruppe (VT) ein und überschatteten in kurzer Zeit die SS-Soldaten der ersten Stunde, die Feldwebel-Naturen vom Schlage eines Sepp Dietrich. Als Gruppe waren die neuen Berufsoffiziere freilich kaum auf einen Nenner zu bringen. Der ehemalige Reichswehrgeneralleutnant und Stahlhelmführer Paul Hausser, Verkörperung des monarchistischen Offiziers, brachte als Inspekteur der Verfügungstruppe einen seltsam konservativen Zug in die Vorläuferin der Waffen-SS[15], während Reformer wie der ostpreußische Major Felix Steiner und der Fliegerleutnant Wilhelm Bittrich in der VT eine Experimentiertruppe sahen[16].

Auch das Bauerntum gab Personal an die SS ab. Seine jüngeren, meist zukunftslosen Jahrgänge füllten die Reihen der KZ-bewachenden Totenkopfverbände, die intelligenteren Bauernsöhne dagegen versuchten ihr Glück auf den SS-Junkerschulen in Bad Tölz und Braunschweig, die notfalls sogar offerierten, was keine Reichswehr bot: eine Offizierslaufbahn ohne abgeschlossene Vorbildung[17].

Als sei die SS-Typologie noch nicht verwirrend genug, schuf Himmler eine neue SS-Figur, den Ehrenführer. Einflußreichen Beamten, Parteifunktionären, Wissenschaftlern und Diplomaten verlieh Himmler einen Führertitel und das Recht, die entsprechende SS-Uniform zu tragen; die SS-Ehrenführer wurden meist beim Stab Reichsführer-SS geführt, machten keine Stunde Dienst und besaßen auch keinerlei Befehlsbefugnisse. Himmler hoffte offenbar, mit solchen Ehrentiteln die SS in der Öffentlichkeit gesellschaftsfähig machen und die Ehrenführer im Sinne der SS beeinflussen zu können – eine phantastische Vorstellung, der außer Himmler nur noch die Entnazifizierer nach 1945 und einige Historiker erlagen [18].

Daß oppositionelle Diplomaten wie der AA-Staatssekretär Ernst Freiherr von Weizsäcker den Rang eines SS-Brigadeführers [19] oder verbissene Himmler-Gegner wie der Gauleiter Forster den Rang eines SS-Obergruppenführers [20] besaßen, verlockte simpel denkende Chronisten dazu, in jedem Schwarzuniformierten ein verschlagenes Mitglied von Himmlers Fünfter Kolonne in Staat und Partei zu wittern. In Wirklichkeit waren die Ehrenführer ebensowenig Partisanen des SS-Chefs wie die Gattin des italienischen Außenministers Graf Ciano [21], der Himmler auch die SS-Ehrenmitgliedschaft verliehen hatte.

Der Ehrenrang eines SS-Oberführers hinderte den Kölner Regierungspräsidenten Rudolf Diels nicht daran, das Einsickern der Gestapo in die innere Verwaltung zu bekämpfen [22], und ein anderer Ehrenführer, der Kriegsverwaltungschef und SS-Gruppenführer Eggert Reeder, den Himmler 1943 zu disziplinieren versuchte, verbat sich in kaum verhüllter Form jede Einmischung des SS-Chefs in seine Amtsgeschäfte [23]. Die SS-Uniform verdeckte manches Wunderliche: Der sudetendeutsche Parteiführer Konrad Henlein wurde SS-Gruppenführer, weil dem SD der Sturz Henleins mißglückt war [24], und der SS-Ehrenführer Martin Bormann legte die Arbeit des Inland-SD lahm [25].

Doch Himmler ließ nicht davon ab, immer neue Rekruten für sein Imperium zu werben. Zeitweilig baute er sogar ganze Organisationen in die SS ein, wenn sie ihm den Zugang zur etablierten Gesellschaft ermöglichten. Einen Kanal zur Agrar-Society hatte er bereits ausgemacht: die ländlichen Reitervereine.

Himmler bemächtigte sich dieser Feste des deutsch-nationalen Konservativismus: Ein Teil der Reitervereine ritt zwar zur SA ab, die fetteste Portion sicherte sich aber die SS – alle Reitervereine in den Hauptzuchtgebieten Ostpreußen, Holstein, Oldenburg, Hannover und Westfalen zogen SS-Uniformen an [26]. Die SS-Reiter garantierten Himmler manche gesellschaftlichen Erfolge. Der Turnierreiter Günter Temme, SS-Unterscharführer, erritt auf »Egly« 1935 im 16. Deutschen Spring-Derby in Klein-Flottbek zum ersten Mal in der Geschichte des deutschen Derby einen fehlerlosen Sieg, und 1937 gewannen die SS-Reiter sämtliche innerdeutschen Reiter-Championate [27].

Diese Siege mußte Himmler freilich teuer erkaufen: Er hatte den ländlichen Reitervereinen zugesagt, jedes ihrer Mitglieder ohne Rücksicht auf dessen politische Einstellung in die SS aufzunehmen [28]. Seither murrten die alten Kämpfer in der Schutzstaffel, die Reiter seien trotz ihrer schwarzen Uniform reaktionäre Deutschnationale geblieben. Das SS-Organ »Das Schwarze Korps« warnte die Reiter mit drohendem Unterton: »In erster Linie haben sie zu pflegen nationalsozialistischen Geist, das heißt all die Tugenden, all die Eigenschaften, die die SS in den langen Jahren ihres Bestehens gepflegt und auf Grund deren sie sich bewährt hat: Treue zum Führer, Unterordnung und Disziplin [29].« Die meisten SS-Reiter kuschten, aber einige hatten doch andere Auffassungen von den Tugenden eines Reiters. Elf Reiter verweigerten 1933 den SS-Eid und wurden ins KZ eingeliefert [30]. Den ostpreußischen SS-Reiterführer Anton Freiherr von Hohberg und Buchwald schossen SS-Männer am 2. Juli 1934 nieder, weil der alte Stahlhelmer SS-Interna an die Reichswehr ausgeplaudert hatte [31], und zehn Jahre später ließ Himmler den Chef seines Remonteamtes, den Turnierreiter und SS-Sturmbannführer Hans-Viktor Graf von Salviati, als Aufrührer gegen Hitler hinrichten [32].

Der Pakt mit den Reitern eröffnete Himmler den Zugang zu den Agrariern, die Allianz mit der Führung des halbmonarchistischen Reichskriegerbundes »Kyffhäuser« sollte ihm das Reservoir der alten Soldaten erschließen. Der Bundesvorstand und die Landesführer des Kyffhäuserbundes traten geschlossen der SS bei [33]. Die alten Kämpfer verstanden ihren Reichsführer nicht mehr, denn an der Spitze der Kyffhäuserführer zog der kaisertreue General der Infanterie Wilhelm Reinhard in die Schutzstaffel ein [34], Kamerad jener reaktionären Militärs, gegen die »Das Schwarze Korps« noch 1935 den Vorwurf erhoben hatte, in ihnen dokumentiere sich der »bürgerlich-nationale Hochmut, der den Arbeiter außerhalb der Volksgemeinschaft stellte, in ihm das gesellschaftliche Empfinden wachrufen mußte, er würde als drittklassig angesehen« [35].

Die Ironie war kaum noch zu überbieten: Den ultrakonservativen General Rüdiger Graf von der Goltz verdammte das »Schwarze Korps« als üblen Reaktionär, dessen Gesinnungsfreund Reinhard aber, mit dem Graf von der Goltz im Kapp-Putsch von 1920 zusammen gefochten hatte, mußte das Blatt der Schutzstaffel als SS-Obergruppenführer und Nationalsozialisten akzeptieren [36]. Noch 1941 konnte Alt-SS-Mann und Reichsschatzmeister Franz Xaver Schwarz den Anblick des schwarzuniformierten Monarchisten Reinhard nicht ertragen. Schwarz: »Ich bedaure nur, daß ein solcher Mann SS-Gruppenführer ist, diese schöne Uniform trägt und innerlich doch der alte geblieben ist [37].«

Nicht anders erging es den SS-Veteranen mit den Überlebenden der Marinebrigade des Kapitäns Hermann Ehrhardt, die Himmler ebenfalls in die SS lockte. Manche erinnerten sich noch an den SS-Befehl Nr. 53 vom 10. Oktober 1931, in dem Himmler vor den dunklen Machenschaften des Kapitäns gewarnt hatte, der durch Eintritt seiner Anhänger in die Gliederungen der Partei »die Zerschlagung der NSDAP anstrebt« [38]. Jetzt aber wollte Himmler die Ehrhardt-Brigadisten korporativ in die SS übernehmen. Die Einzelheiten des Arrangements waren schon ausgehandelt, da scheiterte das Projekt an der Eigenwilligkeit des Kapitäns, der die seltsamste Rede hielt, die je einem SS-Anwärter einfiel.

»Männer meiner Brigade«, schrie Ehrhardt über den Platz, auf dem in Anwesenheit NS-Prominenter die Brigadisten zum letzten Appell angetreten waren, »Ihr wißt, daß wir erst sehr spät und erst nach vielen und langen Kämpfen uns bereit gefunden haben, einer Formation des neuen Reiches beizutreten. Und ich begrüße das! Denn im Kampf erst lernt man den Gegner kennen und achten oder verachten! Und so wollen wir das auch in Zukunft halten.« Die NS-Führer waren so verärgert, daß Himmler auf die Brigade Ehrhardt verzichtete. Nur einzelne Mitglieder traten der SS bei, unter ihnen auch Ehrhardts ehemaliger Adjutant Hartmuth Plaas; er, der SS-Sturmbannführer, endete 1944 als Helfershelfer der 20.-Juli-Fronde in einem Konzentrationslager[39].

Himmler fahndete jedoch nicht nur nach neuen Mitgliedern für die SS, ihm fehlte ebenso das Geld für die immer teureren SS-Verbände. Deutschlands Industrieherren und Wirtschaftsmanager stellten sich dem Reichsführer bereitwillig an die Seite. Sie mobilisierten sich in einem Herrenklub, der sich »Freundeskreis Reichsführer-SS« nannte und dessen Mitglieder aus mancherlei Gründen die Nähe Heinrich Himmlers suchten. Opportunisten wie das IG-Farben-Vorstandsmitglied Dr. Heinrich Bütefisch, überzeugte Nazis wie Dr. Werner Naumann, Staatssekretär im Propagandaministerium, besorgte Konzernherren wie Friedrich Flick und verkappte NS-Gegner wie der Robert-Bosch-Direktor Hans Walz fanden sich zu gemeinsamen Spenden für die SS zusammen[40].

Der Freundeskreis war aus dem »Studienausschuß für Wirtschaftsfragen« hervorgegangen, den Hitlers Wirtschaftsberater Wilhelm Keppler im Sommer 1932 gegründet hatte; zu dem Ausschuß, der den kommenden Herren Deutschlands fachlich beistehen sollte, gehörten prominente Wirtschaftler und Finanziers, darunter Reichsbankpräsident Schacht, der Vereinigte-Stahlwerke-Herr Albert Vögler und der Kölner Bankier Kurt Freiherr von Schröder[41]. Aus der wirtschaftlichen Beratung Hitlers wurde nichts, aber Kepplers junger Adlatus, der SS-Hauptsturmführer Fritz Kranefuß, wußte Rat: Er interessierte Himmler für den Herrenklub, der ab Mitte 1934 unter die Fittiche des SS-Chefs kam[42].

Schacht und Vögler schieden aus[43], aber dafür schlossen sich viele Firmen dem »Freundeskreis Reichsführer-SS« an. Es gab kaum einen großen Wirtschaftsbetrieb, der sich nicht der Hoffnung hingab, durch Entsendung eines Vorstandsmitgliedes und durch Zahlungen an die SS die eigenen Interessen vor Übergriffen der Partei zu schützen. Die Mitgliederliste des Himmler-Kreises las sich wie ein Auszug aus dem Handelsregister. Im Freundeskreis waren vertreten: die Geldinstitute Deutsche Bank, Dresdner Bank A. G., Commerz- und Privatbank, Reichsbank und Bankhaus J. H. Stein; die Schiffahrtsgesellschaften Norddeutscher Lloyd und Hamburg-Amerika-

Linie; die Ölfirmen Deutsch-Amerikanische Petroleum-Gesellschaft und Continentale Ölgesellschaft, die Nährmittelfabrik Dr. August Oetker und die Großbetriebe I. G. Farbenindustrie, Mitteldeutsche Stahlwerke A. G., Siemens-Schuckertwerke A. G., Portland-Zement-Werke, Rheinmetall-Borsig und Reichswerke A. G. »Hermann Göring« [44].

Freundeskreis-Sekretär Kranefuß rief die Herren zu regelmäßigen Tagungen zusammen, an denen stets hohe SS-Führer teilnahmen. Zunächst traf man sich zweimal im Jahr, beim Reichsparteitag in Nürnberg und bei der Vereidigung der Verfügungstruppe in München; später tagten die Mitglieder allmonatlich in Berlins »Haus der Flieger« [45]. Ab 1936 bat Himmler die Herren auch regelmäßig zur Kasse. Dem Freundeskreis-Bankier von Schröder legte er nahe, man möge für »kulturelle, soziale und karitative Aufgaben der SS« Geldspenden zur Verfügung stellen [46]. Der Bankier beeilte sich, den Wunsch des hohen Gönners zu erfüllen [47].

Auch die beteiligten Firmen erklärten sich bereit, und kurz darauf liefen die Spenden auf dem Sammelkonto S des Bankhauses J. H. Stein ein, in dessen Vorstand Schröder saß. Jährliche Gesamtspende: eine Million Reichsmark. Sie wurde auf das SS-eigene Sonderkonto R bei der Dresdner Bank eingezahlt, über das Himmlers Chefadjutant Karl Wolff per Scheck verfügen konnte [48]. Der SS-Chef zeigte sich erkenntlich. Über die Herren des Freundeskreises ging ein Regen von SS-Titeln nieder; von den 32 nicht der SS angehörenden Mitgliedern wurden 15 zu Ehrenführern der Schutzstaffel ernannt, was zu nichts anderem verpflichtete, als sich die SS-Uniform hin und wieder anzuziehen [49].

Wer freilich vor dem Anlegen der Totenkopf-Uniform zurückscheute, für den hielt die SS eine stillere und billigere Form der Partnerschaft bereit. Hitler hatte der stets gelddurstigen SS als einziger Parteiformation das Privileg eingeräumt, sich selber zu finanzieren und fördernde Mitglieder (FM) zu werben [50]. Darunter verstand man Sympathisierende, die zwar die SS finanziell unterstützten, aber nicht der SS beitraten. Sie brauchten keinen Eid auf Hitler zu leisten und waren auch unabhängig von den SS-internen Befehlen [51].

Jede SS-Standarte besaß eine FM-Organisation, die es einem SS-Mann zur Pflicht machte, wenigstens ein förderndes Mitglied zu werben. »Die FM-Organisation«, erläuterte der SS-Führer Kurt Wittje am 1. März 1933, »bedeutet für die Schutzstaffel die einzige sichere Einnahme und muß Garant sein für den weiteren Ausbau der SS-Wirtschaft [52].« Nach der Machtübernahme verstärkte die SS ihre FM-Propaganda, denn sie spekulierte darauf, daß viele Deutsche lieber der im Grunde anonymen FM-Organisation als einer anderen Parteigliederung beitreten würden. Das Signum FM bot ausreichenden Schutz vor NS-Belästigungen, zumal ein FM keineswegs der Partei angehören mußte und den finanziellen Beitrag selber festlegen konnte. Jährlicher Mindestbeitrag: eine Reichsmark [53].

Zu solcher Attraktion fügte Himmler noch Lockmittel eigener Art. Er ließ ein silbernes, im freien Handel nicht erhältliches FM-Abzeichen entwerfen, das in einem ovalen Kreis Hakenkreuz, Sigrunen und die Buchstaben FM führte, gründete eine »FM-Zeitschrift« (Auflage bei Kriegsbeginn: 365 000) und schickte jedem FM-interessierten Volksgenossen den Sinnspruch ins Haus:

Es ist eine Ehre, SS-Mann zu sein,
Es ist eine Ehre, Förderndes Mitglied zu sein;
Tue jeder weiter seine Pflicht,
Wir SS-Männer und ihr Fördernden Mitglieder,
Jeder an seiner Stelle:
Und Deutschland wird wieder groß werden [54].

Der propagandistische Vorstoß brachte den erwarteten Erfolg. Himmlers Schattenheer fördernder Mitglieder überrundete zahlenmäßig in kurzer Zeit die aktive SS und pumpte Geld in die leeren Kassen der Schutzstaffel: 1932 brachten 13 217 Fördernde Mitglieder 17 000 Reichsmark auf, 1933 lieferten 167 272 Fördernde Mitglieder 357 000 Reichsmark ab und 1934 zahlten 342 492 Fördernde Mitglieder 581 000 Reichsmark ein [55].

Indes, einer aus so verschiedenartigen Elementen zusammengesetzten SS mußte die innere Geschlossenheit fehlen. Die Veteranen der Schutzstaffel sahen plötzlich Männer in SS-Uniformen, denen es sichtlich schwerfiel, das Einmaleins des Nationalsozialismus aufzusagen. Die SS war zu einem recht vieldeutigen Begriff geworden. Schatzmeister Schwarz wollte seine SS-Uniform nicht mehr anlegen, weil – wie Gruppenführer Berger festhielt – »zu viele diese Uniform trügen und vor allen Dingen viele SS-Führer seien, die innerlich und äußerlich dazu keine Berechtigung hätten« [56]. Rangzeichen und Uniform der SS sagten wenig über die Gesinnung eines Runenmannes aus. Der künftige Gestapochef Heinrich Müller trug an seiner SS-Uniform den Ehrenwinkel des alten Kämpfers [57], gleichwohl bescheinigte ihm die Gauleitung München-Oberbayern am 4. Januar 1937, der Ehrgeizling und Streber Müller, »nicht Parteigenosse«, habe »noch nie innerhalb der Partei aktiv mitgearbeitet« und daher »keinerlei Verdienst um die nationale Erhebung« [58].

Über den SS-Sturmbannführer Dr. Heinrich Bütefisch notierte die Personalabteilung des Reichssicherheitshauptamtes, als ehemaliger Freimaurer und »durchaus konzernhöriger« Mann habe er »eine auf internationale Zusammenarbeit abgestellte Mentalität, für die es selbstverständlich ist, daß ein Konzern ein Staat im Staate ist, der seine eigenen Lebensgesetze und Lebensrechte besitzt« [59]. Und von dem Oberführer Freiherr von Schröder wußte der Verfasser eines SS-internen Berichts vom August 1937 zu melden, der Bankier sei ehemaliger Kumpan rheinischer Separatisten und Freund Konrad Adenauers, mithin »zweifellos kein Aktivist im Sinne der SS« [60].

Selbst Himmler erkannte allmählich die Gefahr, die der inneren Einheit der Schutzstaffel drohte. 1937 gestand er, es habe »die Gefahr der Zahl, die Gefahr der Masse« gedroht, denn in die SS sei »eine Unmenge Menschen [hereingekommen], die nicht unbedingt lauteren Herzens und unbedingt Idealisten waren«[61]. Himmler wähnte die Gefahr überstanden – in Wahrheit blieb sie bestehen, solange es eine SS gab.

Immerhin verhängte er schon Mitte 1933 einen zeitweiligen Eintrittsstopp für die SS. Himmler: »Ich sagte: Es wird niemand mehr aufgenommen, und wir haben dann von Ende 1933 bis Ende 1935 von den Neuaufgenommenen wieder alles das herausgesetzt, was nichts taugte[62].« In zwei Jahren wurden 60 000 SS-Männer ausgestoßen[63]. Himmlers Säuberungsukas fielen allzu auffällige Opportunisten, Alkoholiker, Homosexuelle, Männer mit unsicherem Ariernachweis und auch alte Schläger zum Opfer, die in der Kampfzeit gut genug gewesen waren, politische Gegner niederzuknüppeln, die jetzt aber nicht mehr in das Bild der Hitler-Garde paßten. Selbst berufsmäßige Arbeitslose duldete Himmler nicht länger: »Einen Mann, der ohne wirklich triftigen Grund seinen Arbeitsplatz zum dritten Mal wechselt, werfen wir hinaus. Leute, die herumstehen, können wir nicht gebrauchen[64].«

Besonders hartnäckig ließ er Homoerotiker verfolgen, denn Verstöße gegen den Paragraphen 175 faßte er als eine persönliche Beleidigung auf. Homosexualität war ihm ein todeswürdiges Verbrechen, kein SS-Homosexueller entging seiner Rache – nicht einmal alte Kämpfer wie der erste Chef des SS-Hauptamtes, Gruppenführer Kurt Wittje[65]. Am 22. Mai 1935 meldete das »Schwarze Korps«, Wittje sei »wegen Krankheit« abgelöst worden, und in einer Ansprache Himmlers hieß es, er habe Wittje »zu meinem Bedauern« und nur »sehr schweren Herzens« gehen lassen, wünsche sich aber, daß Wittje »in absehbarer Zeit wieder voll zur Verfügung stehen würde«[66]. Die SA-Führer, denen noch die SS-Reden über Röhms Homosexuelle in den Ohren klangen, kannten Wittjes wahre Krankheit. SA-Chef Lutze stichelte: »Es hat lange genug gedauert, ehe Wittje auf Druck von allen Seiten entfernt wurde[67].«

Jeder Homosexuelle in der SS, forderte Himmler 1937, müsse ausgestoßen und den Gerichten überantwortet werden; nach Absitzen der Gefängnisstrafen »wird er auf meinen Befehl in ein Konzentrationslager verbracht und auf der Flucht erschossen«[68]. Aber auch die Entdeckung nichtarischer Blutstropfen in SS-Adern erregte Himmler. Ab 1. Juni 1935 mußte jeder SS-Führer vom Sturmführer an aufwärts, ab 1. Oktober 1935 jeder Ober- und Hauptscharführer und bald darauf jeder SS-Mann nachweisen, daß er und seine Ehefrau keine jüdischen Vorfahren besaßen[69].

Die SS-Männer, auch ergraute Kampfgefährten Himmlers, schwärmten aus und durchkramten oft jahrelang Kirchenbücher und alte Folianten, um herbeizubringen, was nun obligat wurde: den »arischen« Stammbaum. Mannschaftsdienstgrade mußten bis 1800 zurückforschen, Führer oder Führeranwärter bis 1750[70]. Kam aber Himmler dem jüdischen Weltfeind in den Stammbäumen seiner Männer auf die Spur, schlug er rücksichtslos zu – bei den unteren Dienstgraden. Wer in sich jüdische Blutstropfen rinnen sah, mußte sofort bei seinem Vorgesetzten die Entlassung aus der SS beantragen; andernfalls schritt das SS-Gericht ein und verfügte Ausschluß [71].

Gegenüber höheren Chargen zeigte Judenverfolger Himmler jedoch Milde. Der mit einer Vierteljüdin verheiratete Obersturmführer M., wie er in den SS-Akten genannt wird, durfte in der SS bleiben, nachdem die Ehefrau auf weitere Kinder und der Obersturmführer auf den Eintritt seiner Söhne in die SS verzichtet hatten [72]. In späteren Jahren zeigte der Reichsführer, daß seine Nachsicht desto größer war, je höher der Rang des Übeltäters ausfiel. Dem Gruppenführer Walter Krüger wurde erlaubt, was man dem Obersturmführer M. verweigert hatte. Als Krüger im Krieg seine Tochter mit dem SS-Sturmbannführer Klingenberg verheiraten wollte, offenbarte plötzlich die Ahnentafel der SS-Tochter, wie Himmler festhielt, »in der mütterlichen Linie im Jahre 1711 einen volljüdischen Ahnen«. Klingenberg durfte die Krüger-Tochter nicht heiraten, aber Krügers Sohn konnte in die Leibstandarte Adolf Hitler eintreten [73].

Der Hinauswurf von 60 000 SS-Männern allein konnte der SS die notwendige innere Einheitlichkeit noch nicht sichern. Himmler wußte: Was der Schutzstaffel fehlte, war ein Korpsgeist, der alle zusammenhielt; waren straffe Organisation, verschärfte Aufnahmebestimmungen und ein Ehrenkodex, dem sich jeder SS-Mann verpflichtet fühlen mußte. Bisher konnte die Schutzstaffel nicht mehr sein als eine Organisation, jetzt sollte sie ein Orden werden.

Heinrich Himmler hatte bereits ein geschichtliches Vorbild gefunden, nach dem er seine Ordenspläne ausrichten wollte: die Gesellschaft Jesu. Es war kein Zufall, daß ihn der tote SA-Führer Karl Ernst oft als den »schwarzen Jesuiten« bespöttelt hatte; auch Hitler nannte den SS-Chef »meinen Ignatius von Loyola« [74]. Denn Himmler hatte in der Gesellschaft Jesu das gefunden, was ihm als Kernelement jeder Ordensmentalität erschien, die Doktrin des Gehorsams, der Kult der Organisation. SD-Führer Schellenberg bezeugt, die Organisation der SS sei von Himmler »nach den Grundsätzen des Jesuitenordens aufgebaut« worden [75].

Die Ähnlichkeit zwischen beiden Mächten war in der Tat verblüffend: hier wie dort ein mit größten Privilegien ausgestatteter Orden, frei von jeder weltlichen Jurisdiktion, geschützt durch strenge Aufnahmebestimmungen, zusammengehalten durch das Gelübde absoluten, blinden Gehorsams gegenüber dem Oberherrn, hier Papst genannt, dort Führer geheißen. Die beiden Organisationen teilten manchen historischen Zufall: Die Jesuiten gründeten im 17. Jahrhundert unter den Indianern Paraguays einen eigenen Staat, der sich weltlicher Oberhoheit entzog – die SS des Zweiten Weltkriegs träumte von einem SS-Staat außerhalb des Großdeutschen Reiches, dem SS-eigenen Reichsland Burgund mit autonomer Regierung, Armee, Verwaltung und einer Gesandtschaft in Berlin [76]. Selbst ihre Krisen ähnelten sich. Wie den Jesuiten im Schoße der katholischen Kirche immer wieder Feinde erwuchsen, so erstanden der SS Gegner in der Partei.

Und wie es im Jesuitenorden umstritten blieb, ob er Schwert der Gegenreformation oder Instrument klösterlicher Frömmigkeit sein solle, so war auch in der SS die Frage ungelöst, ob die SS weltanschaulicher Sauerteig des Nationalsozialismus oder Polizeibüttel des Regimes zu sein habe.

Auch die Spitzengliederung des SS-Ordens erinnerte an das geistliche Vorbild. Jesuiten-Gründer Ignatius von Loyola (1491 bis 1556) hatte an die Spitze seines Ordens einen General gestellt, beraten von vier Assistenten, die eine Art Ordensregierung bilden[77]. Himmler kopierte das System, als er daranging, eine zentrale Befehlsstruktur der SS zu schaffen. Statt der Jesuiten-Assistenten neben dem Ordensgeneral amtierten im SS-Orden an der Seite des Reichsführers Hauptämter: die Chefadjutantur unter Brigadeführer Karl Wolff, oberstes Führungsorgan der SS, 1936 in »Persönlicher Stab Reichsführer-SS« umbenannt und 1939 in den Rang eines Hauptamtes erhoben; das SD-Hauptamt unter Gruppenführer Reinhard Heydrich, Führungsorgan des Sicherheitsdienstes; das Rasse- und Siedlungshauptamt unter Obergruppenführer und Reichslandwirtschaftsminister R. Walther Darré, Wächter der ideologischen und rassischen Reinheit aller SS-Mitglieder; der Chef SS-Gericht, Brigadeführer Paul Scharfe, der die Sondergerichtsbarkeit der SS beaufsichtigte und 1939 ein entsprechendes Hauptamt erhielt; und das SS-Hauptamt unter dem Wittje-Nachfolger August Heißmeyer, verwaltungstechnische Zentrale für alle SS-Einheiten mit Ausnahme des SD[78].

Heißmeyers Hauptamt wurde später zu einer überorganisierten Superbehörde. Das SS-Hauptamt mußte nicht nur die bisherige SS (seit Mitte 1934 zum Unterschied zu den Sonderformationen *Allgemeine SS* genannt)[79] beaufsichtigen, es sollte auch die *Totenkopfverbände* und die *Verfügungstruppe* betreuen. Als neben der Verwaltung dieser beiden bewaffneten SS-Verbände auch noch die Reiterstandarten und die gesamte Finanzadministration der SS in den Kompetenzbereich des SS-Hauptamtes fielen, wurde Heißmeyers Behörde reorganisiert.

Bis 1942 entstanden vier neue Hauptämter, drei von ihnen aus der Erbmasse der Heißmeyer-Organisation. Das entfettete SS-Hauptamt übernahm Gruppenführer Gottlob Berger[80], während sich neue Befehlsorgane bildeten: das Führungshauptamt unter Gruppenführer Hans Jüttner, Kommando-Organ der Waffen-SS; das Personalhauptamt unter Gruppenführer Maximilian von Herff, maßgebliche Instanz für die Personalangelegenheiten sämtlicher SS-Führer und für die Stellenbesetzung der Allgemeinen SS; das Wirtschafts- und Verwaltungshauptamt unter Gruppenführer Oswald Pohl, dem alle Wirtschaftsunternehmen der SS und die Verwaltung der Konzentrationslager anvertraut wurden, und das Hauptamt »Dienststelle SS-Obergruppenführer Heißmeyer«, Kontrollorgan der Nationalpolitischen Erziehungsanstalten[81].

Diese Oberbehörden beaufsichtigten das engmaschige Netz der Oberabschnitte, Abschnitte, Standarten, Sturmbanne und Stürme, die sich zu dem großen SS-Heer verdichteten. Ständig mußten Abgesandte der Hauptämter die Disziplin und den Dienstbetrieb der SS-Einheiten überprüfen. Die Sendboten des Reichsführers kamen unangemeldet. Sie erforschten in hochnotpeinlichen Interviews die Vorschriftenkenntnisse einzelner Führer, visitierten die Tagebücher der Einheiten und kontrollierten den Diensteifer auch höherer Führer [82].

»Bei meinen Besichtigungen habe ich festgestellt«, rügte Gruppenführer Zech vom SS-Hauptamt, »daß die Sturmbann- und Standartenführer fast durchweg zu wenig zum planmäßigen Dienst zur Truppe fahren.« Auch würden die Diensttagebücher, aus denen »genau hervorgehen [muß], was der SS-Führer für seine Truppe an jedem Tag gearbeitet und geleistet« habe, »durchweg nicht so geführt, wie die Vorschrift es verlangt« [83]. Die SS-Einheiten sahen oft dem Kommen der Berliner Aufpasser mit deutlichem Unbehagen entgegen. Wie deutlich, läßt eine interne Mahnung Zechs ahnen: »Das Wort Kontrolle muß verschwinden. Unsere Führer kontrollieren unsere Stürme nicht, sie besichtigen sie [84].«

Der SS-Chef konnte sich einem neuen Programmpunkt zuwenden: Den vielgestaltigen Menschentypen in der Schutzstaffel wollte er den normierten SS-Mann gegenüberstellen, jenen aufgenordeten Herrenmenschen, der nach dem Willen Himmlers zum SS-eigenen Einheitstyp werden sollte. Das Rasse- und Siedlungshauptamt (RuSHA) erhielt Order, neue und verschärfte Bestimmungen für die Aufnahme von SS-Bewerbern auszuarbeiten [85]. Hauptsturmführer Professor Dr. Bruno K. Schultz entwarf eine Wertskala für die Rassenkommission des RuSHA, vor der die SS-Bewerber zu ihrer entscheidenden Aufnahmeprüfung zu erscheinen hatten [86].

Der SS-Professor fächerte seine Wertskala in drei Gruppen auf, und zwar nach dem rassischen Erscheinungsbild des Bewerbers, dessen körperlicher Kondition und allgemeiner Haltung. Für intellektuelle Gaben wußte der Professor in der Totenkopf-Uniform keine Wertskala. Da sich Himmler, getreu der Mär nationalsozialistischer Bevölkerungspolitiker, den Herrenmenschen nur als blond-blauäugig-nordisches Wesen vorstellen konnte und die SS allmählich von Vertretern anderer Rassen säubern wollte, richtete auch RuSHA-Schultz seine Wertewelt nach dem nordischen Homunkulus aus. Seine Rassentabelle kannte fünf Gruppen: die »rein nordische« Gruppe, die »vorherrschend nordische oder fälische« Gruppe, die Gruppe der aus beiden Rassen harmonisch gemischten Menschen mit »leichten alpinen, dinarischen oder mittelmeerischen Zusätzen«, die Gruppe der Mischlinge vorwiegend ostischen oder alpinen Ursprungs und die Gruppe der Mischlinge außereuropäischer Herkunft [87].

Als SS-würdig erschienen nur Bewerber, die in die ersten drei Gruppen fielen. Selbst das war schon eine Konzession des Ideologen Himmler, meinte er doch, in ein paar Jahren dürften nur noch blonde Menschen die verantwortlichen Posten im Staat innehaben, und in spätestens 120 Jahren müsse das deutsche Volk wieder reinblütig germanisch-nordisch aussehen [88]. Allerdings, Rasse war nicht alles. RuSHA-Professor Schultz forderte in einem Neun-Punkte-System von dem zukünftigen SS-Mann auch einen wohlproportionierten Körperbau. Er nahm damit seinem Reichsführer den Horror vor »Leuten, die zwar groß sind, die aber irgendwie falsch gewachsen sind« [89].

Himmler verlangte mit der skurrilen Genauigkeit des gelernten Hühnerzüchters, auf keinen Fall dürfe dem SS-Mann die »Ebenmäßigkeit des Baues [fehlen], wo also zum Beispiel die Unterschenkel in einem völlig falschen Verhältnis zu den Oberschenkeln stehen, wo die Unter- und Oberschenkel in einem völlig falschen Verhältnis zum Oberkörper stehen, so daß der Körper bei jedem Schritt eine unerhörte Hubleistung aufwenden muß, einen unerhörten Kräfteaufwand treiben muß, um Marschleistungen zu vollbringen« [90].

Schultz nahm daher nur Bewerber, die in seinem Neun-Punkte-Programm die ersten vier Noten (»Ideale Statur«, »ausgezeichnet«, »sehr gut«, »gut«) erhielten; Bewerber mit den untersten drei Noten fielen durch, nur zwei Punkteträgern gab Schultz noch eine Chance. Diese Kandidaten mußten trotz »mangelhaften« Körperbaus durch Haltung nachweisen, daß sie gleichwohl nordische Menschen seien. Dazu Himmler: »Es kommt nun also darauf an, daß er [der Kandidat] bei aller Diszipliniertheit doch nicht wie ein Knecht auftritt, daß sein Gang, seine Hände, daß all das wirklich dem entspricht, was wir als Ideal wollen [91].«

Hatte der Bewerber die Hürden der Rassenkommission erfolgreich überwunden, dann mußte er sich in das System anhaltender Prüfungen und Bewährungen einordnen, das Himmler wiederum den Jesuiten abgeguckt hatte. Wie in der Gesellschaft Jesu die Novizen zwei Jahre lang schwere Exerzitien und Proben erdulden müssen, bevor sie die drei Gelübde der Armut, der Keuschheit und des Gehorsams ablegen und in die Klasse der Scholastiker eintreten, so harrten auch des SS-Kandidaten mannigfache Tests, bis er den sogenannten Sippeneid schwören und sich SS-Mann nennen konnte. Die einzelnen Stationen des SS-eigenen Noviziats orientierten sich nach dem nationalsozialistischen Festtagskalender:

Am 9. November, dem Jahrestag des Münchner Bierkeller-Putsches, trat der 18jährige Kandidat in die SS ein, wurde zum Staffel-Bewerber ernannt und zog eine SS-Uniform ohne Kragenspiegel an. Der 30. Januar (NS-Machtübernahme) sah den Staffel-Bewerber bereits als Staffel-Jungmann und im Besitz eines vorläufigen SS-Ausweises. Erster Höhepunkt war dann Hitlers Geburtstag. Am 20. April schwor der neue Staffel-Anwärter, mit Kragenspiegeln und endgültigem SS-Ausweis versehen, den Eid auf seinen Führer:

> Ich schwöre Dir, Adolf Hitler,
> als Führer und Kanzler des Deutschen Reiches
> Treue und Tapferkeit.
> Ich gelobe Dir und den von Dir bestimmten Vorgesetzten
> Gehorsam bis in den Tod,
> so wahr mir Gott helfe [92].

Die Eideszeremonie sollte den Neuling einen Hauch von jenem mystischen Band spüren lassen, das den charismatischen Führer mit seinen schwarzuniformierten Kultdienern vereinigte. Besonders magisch vollzog sich der Schwur in der Verfügungstruppe; der Eid wurde dort (anders als bei der Allgemeinen SS) an jedem 9. November um 22 Uhr in Gegenwart Hitlers an den heiligen Stätten des Nationalsozialismus in München geleistet. Freundeskreis-Mitglied Emil Helfferich denkt noch heute gerührt an die »mitternächtliche Vereidigung vor der Feldherrnhalle in München. Prächtige junge Männer, ernst, in tadelloser Haltung und Ausrüstung. Eine Elite. Mir traten die Tränen in die Augen, als die Tausende bei Fackelschein im Chor den Treueschwur sagten. Wie ein Gebet [93].«

Doch für den Staffel-Anwärter der Allgemeinen SS war die Zeit der Prüfungen noch nicht vorbei. Zwischen Schwur (20. April) und Einrücken zum Arbeitsdienst (1. Oktober) mußte der Anwärter das Reichssportabzeichen erwerben und den SS-Katechismus erlernen [94], dessen Frage- und-Antwort-Spiel den Staffel-Anwärter noch tiefer in den Hitler-Kult des Schwarzen Ordens einführte.

Frage: »Warum glauben wir an Deutschland und den Führer?« Antwort: »Weil wir an einen Herrgott glauben, glauben wir an Deutschland, das er in seiner Welt geschaffen hat, und an den Führer Adolf Hitler, den er uns geschickt hat.« Frage: »Wem müssen wir zuerst dienen?« Antwort: »Unserem Volk und unserem Führer Adolf Hitler.« Frage: »Warum gehorchst Du?« Antwort: »Aus innerster Überzeugung, aus Glaube an Deutschland, an den Führer, die Bewegung, die Schutzstaffel und aus Treue [95].«

Derartig weltanschaulich gedrillt, absolvierte nun der Staffel-Anwärter seine Pflichtzeit in Arbeitsdienst und Wehrmacht, um schließlich in neuer Gestalt wieder bei der SS aufzutauchen, als Staffel-Vollanwärter. Lauteten die Auskünfte der Wehrmacht günstig, so konnte er innerhalb eines Monats endgültig in den Orden aufgenommen werden [96]. Erneut schrieb man den 9. November: Der Kreis hatte sich geschlossen. Der neue SS-Mann legte abermals einen Eid ab. Diesmal schwor er für sich und seine künftige Familie, den Heiratsbefehl des Reichsführers-SS vom 31. Dezember 1931 zu befolgen, der allen SS-Mitgliedern die Pflicht auferlegte, »einzig und allein nach rassischen und erbgesundheitlichen Gesichtspunkten« und nur mit Genehmigung des RuSHA oder Himmlers zu heiraten [97].

Dann erhielt das junge Ordensmitglied den SS-Dolch und tauchte damit ein in eine bizarre, exklusive Bruderschaft, in der sich Sektenfanatismus, feudalistische Lebensgewohnheiten und romantischer Germanenkult mit modernem politisch-wirtschaftlichem Management und kaltblütigster Staatsräson zu einem seltsamen Gemisch vermengten. Jetzt kam der entscheidende Akt der von Himmler geplanten Erziehung zum SS-konformen Herrenmenschen: die Begründung eines Korpsgeistes. Er war offensichtlich dem Standeskult des preußischen Offiziers nachgebildet. Jeder Befehl Himmlers, jede kleine Äußerlichkeit im Dienstbetrieb sollte den SS-Männern ein Elitebewußtsein einhauchen, das bezweckte, die Schutzstaffel von jeder anderen Parteigliederung zu unterscheiden. Himmler gab seinem Orden eine besondere Ehre, inspiriert von mittelalterlichen Rittervorbildern.

SS-Richter Scharfe begründete, warum die SS auch in der Partei etwas Besonderes sei: »Der SS-Mann nimmt gegenüber dem einfachen P[artei]g[enossen] natürlich eine Sonderstellung ein, insbesondere dadurch, daß er die Bewegung und ihre Führer nötigenfalls durch Hergabe seines Lebens zu schützen hat. Diese Sonderstellung ... hat selbstredend eine Sonderbehandlung des SS-Mannes im Gefolge [98].« Daraus leitete Scharf den Anspruch ab, kein Gericht des Staates, aber auch kein Parteigericht dürfe über einen SS-Mann urteilen – das käme allein den Richtern und Vorgesetzten der Schutzstaffel zu [99].

Es entstand eine Sondergerichtsbarkeit, die den SD, die Verfügungstruppe, die Totenkopfverbände, die Junkerschulen und praktisch alle SS-Führer ab Sturmbannführer von der weltlichen Justiz unabhängig machte. Jahrhunderte europäischer Rechtsgeschichte waren ausgelöscht: Der SS-Mann erhielt seine eigene Ehre, und er verteidigte sie selbst. Der empfangene Dolch wurde zum Symbol der Sonderehre des Runenmannes. Nach der Röhm-Affäre war die SS aus der SA-Ehrengerichtsordnung ausgeschieden, im November 1935 verfügte Himmler: »Jeder SS-Mann hat das Recht und die Pflicht, seine Ehre mit der Waffe zu verteidigen [100].« Ein Fossil aristokratischer Selbstüberhebung kehrte zurück – das Duell.

Jeder SS-Mann durfte von nun ab, vorbehaltlich der Zustimmung des Reichsführers, einen anderen zum Zweikampf herausfordern. Himmler legte in einem Befehl mit gewohnter Oberlehrergenauigkeit die Modalitäten des Duelles fest. Nach erfahrener Beleidigung, so verfügte er, habe der SS-Mann »innerhalb von 3–24 Stunden Schritte einzuleiten, die erkennbar werden lassen, daß er sich um Aufklärung bzw. Genugtuung bemüht«; dabei zählten »Sonn- und Feiertage nicht mit«. Werde ihm die Genugtuung verweigert, so habe er dem Gegner »zu eröffnen, daß er durch seinen Beauftragten (Kartellträger) auf den Vorfall zurückkommen und ihm das Weitere mitteilen lassen« werde. Der Kartellträger habe »möglichst im Dienstgrad des Beleidigers« zu stehen, »grundsätzlich im Dienstanzug« zu erscheinen, den Gegner seines Mandanten zum Zweikampf herauszufordern und die Waffenart auszuhandeln. Schriftliche Befragung durch einen Kartellträger sei »nur in Ausnahmefällen zulässig« und müsse dann »stets durch eingeschriebenen Brief erfolgen« [101].

Zu seiner Vorstellung SS-eigener Ehre gehörte auch, daß Himmler zuweilen die Anwendung des Selbstmords erlaubte. Auch hier bevorzugte er eine pedantisch-bürokratische Form, wie der Fall des wegen Untergebenenmißhandlung zum Tode verurteilten Obersturmführers Johannes Buchhold illustriert.

»Ich setzte ... Buchhold«, registrierte Hauptsturmführer Bleyl am 22. Juni 1943, »von der Anordnung des Reichsführers-SS in Kenntnis, wonach ihm eine Pistole in die Zelle zu legen sei, und zwar für die Dauer von 6 Stunden mit dem Hinweis, daß ihm damit Gelegenheit gegeben würde, die von ihm begangene strafbare Handlung ... selbst zu sühnen. Ich übergab SS-Obersturmführer Buchhold eine Pistole 08, durchgeladen mit einem Schuß, gespannt und entsichert, und entfernte mich darauf.« Der Todeskandidat mußte die Gnade seines Reichsführers noch schriftlich bezeugen: »Ich bestätige die Richtigkeit der obigen Vernehmungsniederschrift und zeichne durch Unterschrift: Buchhold, SS-Obersturmführer.« Nächste Nachricht vom Reichsführer: »Die Leiche ist den Angehörigen zur Verfügung zu stellen. Buchhold hat seine Tat mit dem Tode gesühnt. Die Angehörigen sind so zu versorgen, als wenn B. gefallen wäre [102].«

Das Sonderrecht, das für jeden SS-Mann galt, barg jedoch in der Optik Himmlers eine Gefahr für Disziplin und Ordnung: die Tücke der Gleichmacherei. Was einst nur dem preußischen Offizier zustand, die Wahrnehmung einer Standesehre, war in der SS auch auf den niedrigsten Dienstgrad ausgedehnt. Einer solchen Pseudodemokratisierung aber mußte Himmler durch eine verstärkte hierarchische Ordnung innerhalb der Schutzstaffel entgegenwirken [103].

Durch das Kollektiv der SS zog der Reichsführer eine Grenzlinie, die des Ordens Priesterschaft und hohe Priesterschaft von den Laienbrüdern trennte. Bei den Freimaurern, die er fast abergläubisch fürchtete, hatte Himmler gelernt, wie man durch Verleihung bedeutungsschwerer Insignien und Ränge Macht und Geheimnis einer Ordenshierarchie steigerte. In seiner schwarzen Gegenloge führte Himmler drei Insignien ein:

Für bewährte SS-Männer, gleich welchen Ranges, ließ er einen silbernen Ring mit dem SS-eignen Miniatur-Totenkopf entwerfen. Ursprünglich war der Totenkopfring für alte Kämpfer gedacht, er sollte nur an SS-Männer bis zur Mitgliedsnummer 10 000 ausgegeben werden. Aber der Kreis der Ringbesitzer wurde immer weiter gezogen. 1939 besaß den Ring fast jeder SS-Führer, der eine dreijährige Führerposition nachweisen konnte [104].

Vorsichtiger ging Himmler mit einem Totem des SS-Führerkorps um, dem Ehrendegen, der zu einem der wichtigsten Requisiten des neudeutschen Rittertums avancierte. Der Ehrendegen wurde nur an SS-Männer ab Untersturmführer verliehen, und dies nicht (wie im Falle des Totenkopfringes) nach vorgeschriebenen Regeln, sondern ausschließlich nach des Reichsführers Willkür und Huld. Nur die Edelknappen der Schutzstaffeln, die Absolventen der Junkerschulen, erhielten den Degen automatisch nach bestandener Abschlußprüfung [105]. Himmlers Degen sollte anzeigen, wen der Großmeister zur Hierarchie des Ordens zählte. Je höher die Ränge stiegen, desto dichter wucherte das Gestrüpp der Ehrendegen: Bei Kriegsende besaßen von 621 Standartenführern 362 den Degen, von 276 Oberführern 230, von 96 Gruppenführern 88, von 92 Obergruppenführern 91 und von vier Oberst-Gruppenführern jeder [106].

Den Mystiker Himmler befriedigte freilich selbst diese hierarchische Nuancierung noch nicht. Geschichtsromantiker Himmler wußte aus seinen Sagenbüchern, daß der Keltenkönig Artus (500 nach Christus) die zwölf tapfersten und edelsten Ritter um eine runde Tafel versammelt und mit ihnen zusammen Glauben und Freiheit der Kelten gegen die eindringenden Angelsachsen verteidigt hatte [107]. Hier konnte man auch für die SS lernen. Die König-Artus-Sage muß den SS-Chef beeindruckt haben, denn er duldete an seiner Tafel stets nur zwölf Gäste. Und wie einst Artus die tapfersten Zwölf ausgewählt hatte, so bestimmte nun König Heinrich die zwölf besten Obergruppenführer zu oberen Hierarchen seines Ordens [108].

Für die Auserwählten dachte sich Himmler wiederum ein besonderes Signum aus. Professor Karl Diebitsch, Leiter des für künstlerische Fragen zuständigen SS-Amtes München, erhielt 1937 von seinem Reichsführer Weisung, für die wichtigsten SS-Führer Wappen zu entwerfen [109]. Bevor jedoch der Professor mit wissenschaftlicher Akribie die Order des Chefs ausführte, trat eine weitere Himmler-Kreation auf die Szene: das »Ahnenerbe«, eine vorwiegend mit der Ausgrabung germanischer Utensilien befaßte Forschergruppe. Ihre Rechercheure zerstoben in alle Richtungen, dem Wappenschmied Diebitsch den genealogischen Rohstoff zu beschaffen [110]. Vom Ahnenerbe erfuhr Gruppenführer Pohl, einer der Auserwählten, am 17. Juli 1937: »Wir gehen dabei vom Urwappen des germanischen Menschen aus, welches die Hausmarke ist. Sie ist das Symbol der germanischen Sippe und ihres Urahns. Um an das altgermanische Sippenzeichen anknüpfen zu können, bedarf es sorgfältigster Forschungen [111].«

Der SS-Chef fand in Haus Wewelsburg ein Walhall, in dem er seine Artustafel aufstellen und den Wappen seiner Ritter eine würdige Kulisse geben konnte. In Himmlers Gralsburg saßen die Auserwählten in einem 35 Meter langen, 15 Meter breiten Speisesaal, rund um des Reichsführers eichenhölzerne Tafel, jeder in einem schweinsledernen Ohrensessel mit einem silbernen Plättchen, das den Namen des jeweiligen SS-Ritters preisgab [112]. Sie trafen sich zu regelmäßigen Meditationen und Konferenzen, die sich kaum von Spiritistenzusammenkünften unterschieden. Jeder der Auserwählten besaß ein eigenes Gemach in der Burg, das jeweils in einem bestimmten historischen Stil eingerichtet und einer historischen Persönlichkeit gewidmet war [113].

Der Burgherr, nach dem Urteil des Rüstungsministers Albert Speer »halb Schulmeister, halb verschrobener Narr« [114], hatte auch schon das Ende seiner Ritter bedacht. Unter dem Speisesaal lag ein Kellergewölbe aus farbigem Naturstein, das durch 1,80 Meter dicke Mauern von der Außenwelt getrennt war. Dort verbarg sich das Allerheiligste des Ordens: die Kultstätte, das Reich der Toten [115].

In der Mitte des Bodens öffnete sich eine brunnenartige Vertiefung, in die zwei Stufen hinabführten. Eine steinerne Schale bildete das Zentrum, und um die Wand des Kellers zogen sich zwölf steinerne Sockel. In der Schale sollten die Wappen toter Obergruppenführer verbrannt, Urnen mit der Wappenasche auf einem der Sockel postiert werden. Die Entlüftung durch vier faustgroße Löcher in der Kellerdecke war so konstruiert, daß sich während der Verbrennungszeremonie der Rauch wie eine Säule im Raum hielt [116].

Hier, in Haus Wewelsburg, wollte Himmler mit seinen Obergruppenführern das ideologische Rüstzeug des Ordens schmieden. Der Schauplatz eignete sich ideal dazu: Die Wewelsburg war die einzige Höhenfeste Westfalens unweit von Paderborn, genannt nach einem ihrer frühesten Besitzer, dem Raubritter Wewel von Büren [117]. Die Burg, früher Zufluchtsstätte der Paderborner Bischöfe, lag (und liegt noch heute) auf einem vorspringenden Bergrücken hoch über dem kleinen Fluß Alme bei dem Dorf Wewelsburg. Ursprünglich in der Hunnenzeit als sächsische Wallburg angelegt, erhob sich die im 17. Jahrhundert umgebaute Wewelsburg [118] in wuchtiger Dreiecksform groß und grau über der Landschaft, ganz dazu prädestiniert, den mehr in der Vergangenheit als in der Gegenwart weilenden Schwarmgeist Himmler in ihren Bann zu schlagen.

Die Legende will, Himmler habe einmal von der Prophetie gehört, den nächsten Sturm aus dem Osten werde nur eine Burg in Westfalen überstehen, und daraufhin das Land nach der Feste absuchen lassen, bis er auf die Wewelsburg gestoßen sei [119]. Die Wirklichkeit ist prosaischer: Der Landrat des Kreises Büren, zu dessen Aufgaben auch die Instandhaltung der Burg gehörte, war froh, dem burgennärrischen SS-Chef das Gemäuer abtreten zu dürfen [120]. Am 27. Juli 1934 ging die Wewelsburg gegen einen jährlichen Pachtzins in Höhe von einer Reichsmark in den Besitz der SS über, und kurz darauf informierte Himmler den Reichswirtschaftsminister Schmitt: »Ich beabsichtige, die Wewelsburg ... als Reichsführerschule der SS auszubauen und beantrage den höchstzulässigen Reichszuschuß zu den Ausbaukosten [121].«

Der Romantiker Himmler hatte seine Marienburg gefunden, denn wie er in der SS einen zweiten Deutschen Ritterorden sah, so plante er auch die Wewelsburg als geistiges Zentrum, als Stätte der Inspiration des neuen Ordens, analog der Marienburg in Westpreußen, in der einst die Hochmeister der Deutschritter die Herrschaft über die Slawen konzipiert und ihre berühmtesten Toten unter dem Chor der Schloßkirche begraben hatten [122].

Himmler schuf in seinem Persönlichen Stab ein »Amt Wewelsburg« unter Standartenführer Siegfried Taubert, der 1937 auch Burgkommandant wurde [123]. SS-Architekt Hermann Bartels arbeitete die Umbaupläne aus [124], um auf seine Art zu verwirklichen, was der Jesuit Johann Horrion schon zu Anfang des 17. Jahrhunderts so besungen hatte:

> Nun hebt Wewelsburg,
> auf gediegenem Felsen sich türmend,
> hoch zu den Wolken der Luft
> kühn das erhabene Haupt.
> Einst von den Hunnen (wenn Glauben
> du schenkst der Sage) gegründet,
> hat nach verschiedenen Herrn
> dich sie zum Herrscher erwählt,
> jetzo ein Haus, Dein würdig ... [125]

Ein Kommando des Freiwilligen Arbeitsdienstes und ein Stab von SS-Experten legten die Grundlagen der Himmler-Burg. Über dem Speisesaal im Südflügel des Festungsdreiecks wurden die Privatgemächer des Reichsführers eingerichtet, zu denen auch ein Saal für seine umfangreiche Waffensammlung und ein weiterer für eine schließlich 12 000 Bände umfassende Bibliothek gehörten. Daneben entstanden ein Sitzungssaal und ein Gerichtssaal für das oberste SS-Gericht. Im gleichen Trakt lagen Gästezimmer für Hitler, der freilich in der Wewelsburg nie erschien – Grund genug für das im Dorf verbreitete Gerücht, in der Wewelsburg solle dereinst Adolf Hitler begraben werden [126].

Das Herumgeistern Himmlers in einer Burg, die ihn bis Kriegsende 13 Millionen Reichsmark kostete [127], war mehr als ein historischer Mummenschanz. Ihn dünkte, die Historie oder das, was der SS-Chef dafür hielt, könne zu einer ideologischen Klammer, zu einem weltanschaulichen Motor der Schutzstaffel werden. Die Wewelsburg war nicht das einzige Gemäuer, das Himmler mit der SS verband. »Es ist mein Ziel«, so erklärte Himmler 1937, »daß möglichst im Bereich jeder Standarte ein solcher kultureller Mittelpunkt deutscher Größe und deutscher Vergangenheit gezeigt werden kann, daß er wieder in Ordnung gebracht und in einen Zustand versetzt wird, der eines Kulturvolkes würdig ist [128].«

1936 gründete er eine »Gesellschaft zur Förderung und Pflege Deutscher Kulturdenkmäler e. V.« [129], die historische Bauwerke betreute, freilich nur Dokumente aus Perioden, die dem Herzen der SS-Ideologen nahestanden: aus der germanischen Vorzeit, der heidnischen Ära des frühen Mittelalters und der Epoche deutsch-kolonialer Ostmission unter dem Deutschen Ritterorden. Himmlers Denkmäler-Verein pflegte bewußt, was in das antichristliche und antislawische Weltbild der SS paßte, so alte Burgen des Deutschen Ritterordens oder den Sachsenhain bei Verden an der Aller, Erinnerungsstätte für die im Jahr 782 von Karl dem Großen (Himmler: »Karl dem Franken«) hingerichteten 4500 heidnischen Sachsen [130].

Dazu Himmler: »Diese Dinge interessieren uns, weil sie im weltanschaulichen und politischen Kampf von größter Wichtigkeit sind [131].« Geschichtsromantik, Germanen- und Heidentum als Integrationsfaktoren der aus allen Gesellschaftsschichten rekrutierten SS – das war der Sinn dieser und auch anderer Stiftungen Himmlers. Unter ihnen nahm die König-Heinrich-I.-Gedächtnis-Stiftung [132] den wichtigsten Platz ein, denn an dem deutschen, aus sächsischer Dynastie stammenden König und Slawenbezwinger Heinrich I. (876 bis 936) hing der Polenfeind Himmler in schwärmerischer Verzückung.

Am tausendsten Todestag des Königs, dem 2. Juli 1936, schwor der lebende dem toten Heinrich in dessen (damals leerer) Gruft im Quedlinburger Dom, die Ostmission des Sachsen fortzusetzen und zu vollenden [133]. Ein Jahr später ließ er die Gebeine Heinrichs I. in feierlicher Prozession in den Dom überführen [134]. Heinrichs Gruft sollte laut Himmler »eine Weihestätte sein, zu der wir Deutschen wallfahren, um König Heinrichs zu gedenken«[135]. An jedem Todestag des Königs machte sich der Reichsführer auf, mit dem anderen Heinrich stille Zwiesprache zu pflegen – in der kalten Krypta des Doms pünktlich zur Zeit, wenn die zwölf dröhnenden Glockenschläge die Mitternachtsstunde verkündeten[136].

Himmler nahm jede Gelegenheit wahr, mit dem hehren Toten in Kontakt zu treten. Er maß sich die Fähigkeit zu, Geister zu beschwören und mit ihnen regelmäßig zusammenzukommen; allerdings, so vertraute er seinem Intimus Kersten an, kämen nur die Geister von Menschen in Frage, die schon hundert Jahre tot seien[137]. Wenn er im Halbschlaf liege, berichtete Himmler, erscheine ihm der Geist König Heinrichs und erteile ihm wertvolle Ratschläge. Oft begann Himmler mit der Redensart: »König Heinrich hätte in diesem Falle folgendes getan.« Er beschäftigte sich mit seinem Helden so lebhaft, daß er sich allmählich für eine Reinkarnation des Königs hielt[138].

Derartiger Okkultismus entsprang jedoch keiner zwecklosen Liebe zur Geschichte. Der Umgang mit der Vergangenheit sollte dem SS-Orden einen Geist der Auserwähltheit einprägen, sollte eine historische Determiniertheit begründen, die alle SS-Männer zu letzten Gliedern einer langen Kette germanischer Edelinge stempelte. Himmlers »Kernsatz der SS« besagte, die SS marschiere »nach unabänderlichen Gesetzen als ein nationalsozialistischer Orden nordisch-bestimmter Männer und als eine geschworene Gemeinschaft ihrer Sippen«. Himmler: »Wir möchten nicht nur sein die Enkel, die es besser ausfochten, sondern darüber hinaus die Ahnen späterer, für das ewige Leben des deutschen germanischen Volkes notwendiger Geschlechter[139].«

Der Ahnen- und Germanenkult war von Himmler offensichtlich dazu ausersehen, der SS die ideologische Geschlossenheit zu verleihen, die der Schutzstaffel fehlte. Auch die künstlich nachgeahmte Ordensmystik der Runenmänner konnte nicht darüber hinwegtäuschen, daß die SS nicht besaß, was einen Orden auch von seiner Umwelt unterscheidet: eine fugenlose Doktrin.

An weltanschaulichen Grundsätzen wußte die SS nicht mehr zu bieten, als andere NS-Formationen ebenso offerierten: die byzantinische Hitler-Gläubigkeit, einen hypertrophierten Nationalismus und die rassistische Wahnidee. Keinerlei Doktrin hob die SS von anderen Organisationen der NSDAP ab. Die beiden Artamanen Himmler und Darré hatten zwar ein paar eigene Ideen bäuerlicher Siedlungspolitik in die SS eingeschossen, aber diese Glaubenssätze, die einmal das Rasse- und Siedlungshauptamt verwirklichen sollte, besaßen (bis 1940) nur noch rituelle Bedeutung. Die Forderungen nach bäuerlicher Neusiedlung hatten sich längst als Utopien reaktionärer Quacksalber erwiesen, die an der Wirklichkeit der modernen Industriegesellschaft vorübergingen – selbst im Dritten Reich schrumpften die freien Bauernstellen von Jahr zu Jahr zusammen[140].

Nein, die SS hatte keine arteigene Ideologie. Die Schulungsleiter des RuSHA jammerten immer wieder über die ideologische Interesselosigkeit der Verfügungstruppe, und auch bei der Allgemeinen SS erwartete die RuSHA-Ausrichter ein herzliches Gähnen. Die Schulungsabende gehörten zu den schlechtestbesuchten SS-Zusammenkünften. Auch den SS-Führern, meldete Gruppenführer Zech, sei oft der Besuch von Bierabenden der Wehrmacht wichtiger als die Teilnahme an Schulungskursen der SS [141]. Standartenführer Dr. Caesar, Chef des SS-Schulungsamtes, klagte im Januar 1939, der rassenpolitische Unterricht komme bei den SS-Männern kaum noch an. Caesar: »Allmählich machte sich bei den Männern eine Ermüdung diesen Themen gegenüber bemerkbar, und so wurde die Schulung ausgedehnt auf die Grundlagen des nationalsozialistischen Weltanschauungsbildes.« Aber auch diese Methode sei »den Anforderungen nicht gerecht« geworden [142].

Die Schulungsarbeit wurde daraufhin dem RuSHA entzogen und dem SS-Hauptamt unterstellt, das nun Ideologie nur noch recht klein schrieb und statt Weltanschauung »mehr und mehr geschichtliche Themen« (Caesar) bot [143]. Ideologisierte, verkitschte Geschichte wurde zum Ideologieersatz, füllte ein Vakuum, das die SS mit eigenen Ideen nicht zu schließen vermochte.

Aus der Geschichte leitete der Ideologe Himmler auch ein seltsam pseudogermanisches Brauchtum ab, mit dem er ebenfalls den Korpsgeist seiner Schutzstaffel befestigen wollte. Die SS sollte sich durch ein konsequentes Neuheidentum von ihrer Umwelt abheben. Der Schulmeister in der Uniform des Reichsführers griff in den privatesten Bereich des SS-Mannes ein: Liebe, Familie und Religion wurden der Vorzensur Heinrich Himmlers unterworfen, denn für ihn war die SS nicht ein Männerorden, sondern ein »Orden germanischer Sippen«.

Bereits in einer Aufzeichnung aus dem Jahr 1936 forderte er, es werde »vom SS-Mann erwartet, daß er möglichst im Alter von 25 bis 30 Jahren heiratet und eine Familie gründet« [144]. Der Heiratsbefehl des Reichsführers von 1931, dessen Einhaltung jeder SS-Mann durch Eid versprechen mußte, bot Himmler die Möglichkeit, gegen unwillkommene SS-Bräute sein Veto einzulegen.

Der SS-Mann mußte mit seiner Braut einen Fragebogen des RuSHA ausfüllen, eine erbgesundheitliche Untersuchung durch einen SS-Arzt überstehen, den arischen Stammbaum nachweisen und außerdem Badeanzugbilder von sich und seiner Zukünftigen einreichen. Das RuSHA entschied dann, ob die beiden Heiratskandidaten würdig seien, in das »Sippenbuch« der SS eingetragen zu werden; bei SS-Führern entschied Himmler selber [145].

Aber auch die Hochzeit stand im Schatten der doppelten Sigrunen. Kirchliche Trauungen waren verpönt, an ihre Stelle rückten »Eheweihen«, die nach der standesamtlichen Zeremonie im engsten Kreis der Hochzeiter von dem örtlichen Einheitsführer abgehalten wurden. Dabei tauschten die Brautleute ihre Ringe aus und empfingen von der SS Brot und Salz [146]. Jeder Schritt der Eheleute war von Himmler dazu bestimmt, das Ordensmitglied von den christlichen Kirchen zu trennen. Wie der SS-Mann nur Führer werden konnte, wenn er der Kirche den Rücken kehrte und sich als »gottgläubig« bekannte, so durfte kein Geistlicher bei Taufe oder Tod zugegen sein [147].

In die Fußstapfen des Geistlichen trat der örtliche SS-Führer, die Rolle der Taufe übernahmen die fein abgestuften Geschenksendungen des Reichsführers, die aus den Werkstätten der SS-eigenen Porzellan-Manufaktur in Allach bei München stammten: einen silbernen Becher, ein silberner Löffel und ein blaues Seidentuch bei der Geburt des ersten Kindes, ein Geburtsleuchter mit dem Spruch: »In der Sippe ewiger Kette bist Du nur ein Glied« bei jedem vierten Kind [148].

Nur wenn das Weihnachtsfest, des Deutschen liebster Moment, herannahte, geriet der Germanenführer Himmler in theoretische Schwierigkeiten. 1936 hatte er gewettert: »Wir werden ... einen Riegel davorschieben, daß je in unseren Reihen die dem deutschen Volk schon so oft zur tödlichen Gefahr gewordene Gemütlichkeit einziehen kann [149].« Aber die SS-Frau hungerte vor Weihnachten nach dem christlichen Festglanz. Himmler förderte einen Weihnachtsersatz, das Julfest. Alljährlich ergoß sich aus der Allacher Manufaktur ein Strom von »Jul-Leuchtern« und »Jul-Tellern« zu den SS-Familien. Himmler meditierte: »Gerade die Frau will ja, wenn sie den Mythos der Kirche verliert, irgend etwas anderes haben, was ihr und das Gemüt und Herz des Kindes ausfüllt [150].«

Die weltanschauliche Plackerei um das Weihnachtsfest verriet, wie wenig selbst in der SS Ideologie und Wirklichkeit übereinstimmten. Tatsächlich blieb Himmlers neuheidnisches Brauchtum überwiegend auf dem Papier. Schon der beeidete Heiratsbefehl war so umstritten, daß ihn manche SS-Männer mißachteten. 1937 wurden 307 SS-Angehörige wegen Verstoßes gegen den Himmler-Ukas aus der Schutzstaffel ausgeschlossen [151]. Der Unmut in der SS wuchs von Jahr zu Jahr und zwang Himmler, die Strafbestimmungen für Verletzungen des Heiratsbefehls immer mehr zu mildern. Zunächst besagte ein Befehl des SS-Hauptamtes vom 3. Juli 1935, wer das Heiratsedikt vorsätzlich mißachte, werde aus der SS ausgeschlossen [152]. Ab 23. Juni 1937 aber galt, kein SS-Mann dürfe wegen Verstoßes gegen das Edikt ausgeschlossen werden, falls der SS-Mann und seine Frau nachträglich den rassischen Vorschriften der SS genügten [153]. Und am 1. November 1940 gab Himmler Weisung, alle wegen Bruchs des Heiratsbefehls ausgeschlossenen oder ausgestoßenen SS-Männer wieder in den Orden aufzunehmen, wenn sie rassisch akzeptabel seien [154].

Auch das kirchenfeindliche Programm konnte Himmler niemals durchsetzen. Zwei Drittel der Allgemeinen SS blieben kirchlich gebunden; 54,2 Prozent bekannten sich zur evangelischen und 23,7 Prozent zur katholischen Konfession. Nur in den bewaffneten SS-Einheiten überwogen zunächst Himmlers Gottgläubige: in der Verfügungstruppe 53,6 Prozent, in den Totenkopfverbänden 69 Prozent [155]. Der Krieg zwang aber auch die Gottgläubigen der Waffen-SS in die Defensive. In der SS-Truppe tauchten vereinzelt katholische Kapläne auf[156], den germanischen Freiwilligen wurde der Kirchenbesuch freigestellt[157], und in einigen Einheiten, wie jenen des Obergruppenführers Bittrich, durften die Kirchen sogar in den Schreibstuben für ihre Gottesdienste werben[158].

Noch bitterer muß den Blutsmystiker Himmler die mangelnde Geburtenfreudigkeit der SS-Frauen enttäuscht haben. Die SS-Familien unterschieden sich kaum von ihrer bürgerlichen Umgebung: Statt des von Himmler proklamierten Vier-Kinder-Systems wiesen die 115 650 verheirateten SS-Männer am 31. Dezember 1939 nach den Durchschnittsberechnungen der Statistik 1,1 Kinder pro Ehe auf; davon lagen die Zahlen der SS-Führer bei 1,41 Kinder[159]. Nicht einmal Himmlers 1936 gegründeter Aufzuchtverein »Lebensborn« mit seinen diskreten und billigen Mütterheimen vermochte die Geburtenzahlen in der SS zu heben. Obwohl ihm alle 3 500 hauptamtlichen SS-Führer obligatorisch angehörten und ihm einen bestimmten Anteil (fünf bis acht Prozent) ihres Gehaltes überweisen mußten, zählte der Lebensborn 1939 nur 8 000 SS-Männer zu seinen Mitgliedern – 8 000 von insgesamt 238 159 Angehörigen der Allgemeinen SS[160].

Hauptattraktion des Lebensborn war, daß in seinen Heimen auch und vor allem ledige Mütter ihre Kinder gebären konnten. Lebensborn-Geschäftsführer Dr. Ebner rühmte: »Lebensborn ist nämlich als einzige Organisation dazu in der Lage, durch seine Einrichtungen die restlose Geheimhaltung einer Entbindung durchzuführen.« Der Reichsführer habe damit »jedem SS-Mann den Befehl gegeben, sich schützend vor die werdende Mutter guten Blutes zu stellen«[161]. Auch diesen deutlichen Wink, zum Wohle des »guten Blutes« alle Schranken bürgerlicher Konvention zu durchbrechen, überhörten die meisten SS-Männer. Von den 12 081 Kindern der verheirateten SS-Führer zwischen 20 und 50 Jahren entstammten nur 135 unehelichen Verhältnissen[162].

Es war offenkundig, daß sich durch Pflege von Himmlers neugermanischem Brauchtum das verwirrend vielgestaltige Bild der SS nicht vereinheitlichen ließ. Die kirchenfeindliche Propaganda behinderte die SS mehr, als sie ihr nach innen nutzte: Sie schreckte viele Menschen ab, der Schutzstaffel beizutreten. Schon begann der Adel, sich von der SS abzukehren und sich wieder seinem traditionellen Platz in der Wehrmacht zuzuwenden[163], schon fielen die Beiträge der Fördernden Mitglieder von 581 000 Reichsmark (1934) auf 400 000 Reichsmark (1936) ab[164]. SS-Kassenverwalter Pohl bestätigte: »FM-Organisation ... hat ihren Höhepunkt überschritten[165].«

Auch hauptamtliche Führer verließen in zunehmendem Maße die SS, 1938 allein 44[166]. »Eine große Gefahr ist die Abwanderung von hauptamtlichen Führern in die Industrie«, konstatierte SS-Personalchef Schmitt am 31. Dezember 1938 und zählte zu den Abgewanderten »Führer, die zu unseren Besten gehören«. Vor allem im Oberabschnitt Donau hätten viele Führer nur die Gelegenheit benutzt, »um vorerst einmal über eine Anstellung in der Schutzstaffel sich ein Sprungbrett für eine besser bezahlte Stellung in der Industrie ... zu verschaffen«[167].

Zudem machte die Personalkanzlei eine Rechnung auf, der Himmler entnahm, er müsse innerhalb kurzer Zeit 273 Männer des mittleren Führerkorps (Führer von Standarten und Sturmbannen, Stabsführer der Abschnitte, Referenten in den Stäben) wegen mangelnder Leistungen ablösen und durch neues Personal ergänzen. Die Personalkanzlei stellte fest: »Von 513 hauptamtlichen Führern, die sich in den wichtigsten Dienststellungen befinden, sind also nach der Wahrscheinlichkeitsrechnung nur 128 = 26% vollgeeignet für ihre jetzige Dienststellung und geeignet für höhere Dienststellungen [168].«

Hier aber tat sich für den Großmeister des Schwarzen Ordens ein arges Dilemma auf, dessen er niemals Herr werden konnte: Die wachsenden Organisationen des SS-Imperiums und die Mängel im Führerkorps schrien nach immer neuem Personal, aber die beschwerlicher gewordene Werbung zwang Himmler, zum Teil Männer zu nehmen, die keineswegs den nordischen Idealvorstellungen der SS entsprachen.

Die Werber der SS wären in ernsthafte Schwierigkeiten geraten, hätte nicht die Schutzstaffel trotz ihres abstrusen Germanenkults eine geistige Verlockung geboten, der auch anspruchsvollere Gehirne erliegen konnten. Denn die SS besaß ein Kriterium, ein einziges, durch das sie sich von ihrer Umwelt und auch von der Partei unterschied: den eigenen Lebensstil. Nicht Gesinnungstüchtigkeit oder nationalsozialistischer Fanatismus, wie er sich in den bizarren Befehlen Himmlers widerspiegelte, machte den echten SS-Mann aus, ihn bestimmte vielmehr »eine Verpflichtung, die nicht, wie bei der Partei, einem politischen Ziel, sondern einer Charakterhaltung galt« – so der ehemalige Reichsfinanzminister Graf Schwerin von Krosigk [169].

Darin kam noch einmal zum Ausdruck, daß die SS ein Ableger der alten Freikorpsmentalität war. Deren größter Interpret, Ernst Jünger, hatte einst geschrieben: »Nicht wofür wir kämpfen, ist das Wesentliche, sondern wie wir kämpfen [170].« Einer seiner Schüler, der spätere Gestapo-Justitiar und SS-Obergruppenführer Dr. Werner Best, hatte aus Jüngers Philosophie vom verlorenen Haufen einen für das geistige Profil des SS-Führers entscheidenden Gedanken formuliert, die Idee vom »heroischen Realismus« [171]. Best lehrte 1930: »Der Kampf ist das Notwendige, Ewige, die Kampfziele sind zeitbedingt und wechseln. Deshalb kann es auch auf den Erfolg des Kampfes nicht ankommen... So bleibt als Maß der Sittlichkeit nicht ein Inhalt, nicht ein Was, sondern das Wie, die Form [172].«

Eine solche zweckfreie Ethik gab konzentriertester Leistungssteigerung den Weg frei, die denn auch den Kern der SS-Mentalität ausmachte und von Himmler mit der klassischen Formulierung umschrieben wurde: »Das Wort ›unmöglich‹ darf es bei uns niemals geben [173].« Die »Vergötzung der Leistung um ihrer selbst willen«, wie es der Historiker Hans Buchheim sieht [174], zog auch Nicht-Nationalsozialisten in ihren Bann, denen von Hause aus das heroische Getue des Himmler-Ordens zuwider war. Aber der Appell an Leistungsfähigkeit und Tatbereitschaft, die pausenlose

Forderung nach Einsatz und Bewährung stürzte das Ordensmitglied in einen scheinbar urmännlichen Konkurrenzkampf, der es alle allgemeinverbindlichen Normen vergessen ließ.

Freilich, der Jünger-Schüler Best hatte 1930 noch an den »guten Kampf« und wenigstens an eine »heroische Sittlichkeit« geglaubt; sein Kämpfer war eine autonome Persönlichkeit, ehrlicher Subjektivist, nur sich selber verantwortlich. Der heroische Kämpfer der SS aber erhielt Befehle von oben und wurde zum Gefangenen einer zweckfreien Ethik, die plötzlich auch Verbrechen aus angeblich staatspolitischer Notwendigkeit nur als Objekte menschlich-technologischer Leistungskraft deutete. »Wem es nicht darauf ankommt, wofür, sondern nur, wie er kämpft, der ist in einzigartiger Weise dafür disponiert, sich unter Umständen auch für verbrecherische Ziele heroisch einzusetzen«, urteilt Buchheim. »Während der heroische Kämpfer wähnt, allein auf sich selbst gestellt zu sein, wird er... in den Dienst des totalitären Verfügungsanspruches genommen – und merkt es entweder gar nicht oder zu spät [175].«

Werner Best merkte es zu spät. Die Romantik des heroischen Realismus zerbrach, als Best an der Seite Reinhard Heydrichs begann, den Polizei- und Terrorapparat des Dritten Reiches auszubauen. Denn die Schutzstaffel hatte längst begonnen, das wirkungsvollste Instrument der Führerdiktatur in eigene Regie zu nehmen.

DIE DIENSTRÄNGE DER SS
(im Vergleich zum Heer)

SS-Mann (Schütze)
Sturmmann (Gefreiter)
Rottenführer (Obergefreiter)
Unterscharführer (Unteroffizier)
Scharführer (Unterfeldwebel)
Oberscharführer (Feldwebel)
Hauptscharführer (Oberfeldwebel)
Untersturmführer (Leutnant)
Obersturmführer (Oberleutnant)
Hauptsturmführer (Hauptmann)
Sturmbannführer (Major)
Obersturmbannführer (Oberstleutnant)
Standartenführer (Oberst)
Oberführer (Oberst)
Brigadeführer (Generalmajor)
Gruppenführer (Generalleutnant)
Obergruppenführer (General)
Oberstgruppenführer (Generaloberst)

8 Heydrich und die Gestapo

Im Sommer 1932 schreckte der Gauleiter von Halle-Merseburg, Rudolf Jordan, die Reichsleitung der NSDAP auf. Dem Gauleiter schwante Böses: In der nächsten Umgebung Adolf Hitlers, so hatte er erfahren, habe sich ein Partisan des jüdischen Weltfeindes eingenistet.

»Wie mir zu Ohren gekommen ist«, schrieb Jordan am 6. Juni 1932 an den NS-Reichsorganisationsleiter Gregor Strasser, »befindet sich in der Reichsleitung ein Pg mit dem Namen Heydrich, dessen Vater in Halle wohnen soll. Es besteht Veranlassung zu vermuten, daß der als Vater bezeichnete Bruno Heydrich in Halle Jude ist... Vielleicht wäre es angebracht, daß die Personalabteilung einmal diese Sache prüfen könnte.« Der Gauleiter schickte einen Auszug aus Hugo Riemanns »Musiklexikon« mit, und die alarmierten Parteigenossen in München lasen: »Heydrich, Bruno, eigentlich *Süß*, geb. 23. Februar 1865 in Leuben/Sachsen [1].«

Strasser ließ sich die Personalakten kommen und erfuhr: Ein SS-Sturmbannführer Reinhard Heydrich saß tatsächlich seit dem 1. Oktober 1931 in der Oberleitung der Reichsführung-SS und beaufsichtigte eine ebenso winzige wie geheimniskrämerische Organisation, die sich »Sicherheitsdienst Reichsführer-SS« nannte [2]. Sollte Heinrich Himmler just einem Juden die Sicherheit der rabiatesten Antisemiten-Partei anvertraut haben?

Organisator Strasser mobilisierte den renommiertesten Ahnenforscher der Partei, Dr. Achim Gercke, und setzte ihn auf die genealogischen Spuren des Verdächtigen. Zwei Wochen benötigte der Doktor, bevor er das Ergebnis seiner Recherchen in einem »Gutachten über die rassische Herkunft des Oberleutnants zur See a. D. Reinhard Heydrich« niederschrieb [3]. Bilanz: »Aus beiliegender Ahnenliste geht hervor, daß Oberleutnant ... Heydrich deutscher Herkunft ist und frei von farbigem und jüdischem Bluteinschlag... Sämtliche Angaben beruhen auf urkundlichen Belegen, die auf ihre Stichhaltigkeit hin geprüft worden sind.«

Das Gerücht von der jüdischen Abstammung Heydrichs, so erläuterte Gercke am 22. Juni 1932, sei dadurch entstanden, »daß Oberleutnant Heydrichs Großmutter Ernestine Wilhelmine Heydrich geborene Lindner in zweiter Ehe mit dem Schlossergehilfen Gustav Robert Süß verheiratet war und als Mutter einer zahlreichen Kinderschar aus der Ehe mit ihrem ersten Mann Reinhold Heydrich sich des öfteren Süß-Heydrich genannt hat. Es ist hierbei übrigens bemerkenswert, daß auch der Schlossergehilfe Süß nicht jüdischer Herkunft ist«.

Gercke dozierte weiter: »Diese zweite Ehe der Mutter von Bruno Heydrich führte zu der falschen Annahme, die in ›Riemanns Musiker-Lexikon‹

von 1916 durch die Bemerkung ›Heydrich, eigentlich Süß‹ Verbreitung fand. In späteren Auflagen dieses Lexikons wurde dieser falsche Zusatz unterlassen, und zwar auf Veranlassung der Familie Heydrich [4].«

Der Ahnenforscher glaubte, damit die Affäre Heydrich geklärt zu haben. In Wirklichkeit begann sie eben erst, denn je höher Reinhard Heydrich die steile Leiter der nationalsozialistischen Hierarchie erklomm und zum »jungen, bösen Todesgott« des Dritten Reiches (so der Schweizer Burckhardt) wurde [5], desto hartnäckiger heftete sich ihm das Gerücht an, der SS-Mann Nummer Zwei sei jüdischer Abstammung.

Nach dem Ende des Hitler-Regimes spannen Zeitgenossen und Historiker fast genüßlich den vermeintlichen genealogischen Webfehler des SD-Chefs weiter, und beinahe jeder wußte neue Details zu der These vom Nichtarier Heydrich beizutragen. Der ehemalige SS-Obersturmbannführer Dr. Wilhelm Höttl, einst stellvertretender Gruppenleiter im Ausland-SD, berichtete, Heydrich habe Mitte der dreißiger Jahre drei erfolgreiche Zivilklagen gegen Deutsche angestrengt, die ihn öffentlich zum Nichtarier erklärt hätten, und alle belastenden Unterlagen über seine Herkunft beseitigen lassen, darunter auch den Grabstein seiner jüdischen Großmutter Sarah Heydrich auf dem Leipziger Friedhof [6].

Himmlers ehemaliger Leibarzt Felix Kersten wußte zu melden, Hitler habe kurz nach der Machtübernahme die wahre Abstammung Heydrichs erfahren, sich aber für den Verbleib des SD-Chefs ausgesprochen [7], während sich SS-Obergruppenführer Dr. Wilhelm Stuckart erinnern konnte, von dem Ministerialdirigenten Hering erfahren zu haben, daß Heydrich »als jüdisch oder teilweise jüdisch gegolten habe« [8]. In diesem illustren Kreis der Wissenden durfte natürlich der Abwehr-Admiral Canaris nicht fehlen. Der Berliner Pianist und ehemalige Abwehr-Mitarbeiter Helmut Maurer wollte noch 1940 auf dem Standesamt von Halle inkriminierendes Material über die Heydrich-Familie erhalten haben, das Canaris in die Lage versetzt habe, den Rivalen Heydrich zu erpressen und die Abwehr vor SD-Angriffen zu bewahren [9].

Kaum einem aber fiel auf, daß sich die Eingeweihten oft einander widersprachen: Abwehr-Maurer hatte Belastungsmaterial gefunden, das SD-Höttl von Heydrich längst beseitigt wußte [10]; Höttl versteifte sich auf die mütterliche Linie Heydrichs, in der er den »Nichtarier« vermutete [11], Maurer aber beteuerte, es sei die väterliche Linie gewesen. Und gegen die Behauptung, der Abwehrchef habe Heydrich mit Dokumenten über dessen Abstammung unter Druck gesetzt, schien dem Canaris-Biographen Karl Heinz Abshagen schon »die Tatsache zu sprechen, daß Canaris nach einwandfreien Zeugnissen aus seiner Umgebung stets Heydrich fürchtete und daß die Nachricht von ...[Heydrichs] Tod im Mai 1942 von ihm mit einem Aufatmen der Erleichterung aufgenommen wurde« [12].

Als in den fünfziger Jahren auch die Fleißarbeit des Dr. Gercke bekannt wurde, brach ein weiterer Stein aus der Mosaiktheorie vom vermeintlichen Juden Heydrich heraus. Nun war offenkundig: Eine Sarah Heydrich hatte nie existiert. Doch die Theoretiker blieben unverzagt. Der ehemalige Nürnberger Ankläger Robert Kempner wartete mit der Version auf, die Ahnentafel des Nazi Gercke besage überhaupt nichts, weil sie »offensichtlich in Einklang mit der vorher von Hitler und Himmler gefällten Entscheidung [stand], Heydrich zu decken«[13].

Kempner übersah dabei, daß Gerckes Gutachten vom Juni 1932 stammt, Hitlers Entscheidung aber laut Kersten frühestens im März 1933, also fast ein Jahr *später*, gefallen sein soll. Der britische Heydrich-Biograph Charles Wighton wies einen letzten Ausweg aus der Sackgasse. Er vermutete, Gercke habe Heydrichs Großmutter mütterlicherseits und deren Vorfahren völlig ignoriert, und das sei kein Wunder, denn diese Frau »war entweder Jüdin oder hatte zumindest jüdisches Blut«[14].

Der israelische Junghistoriker Shlomo Aronson widerlegte auch diese Argumentation. Er fand, daß Wighton »den Sinn des ganzen Gutachtens nicht verstanden hat. Er übersah, daß die mütterliche Linie überhaupt nicht... zur Diskussion stand. Da diese im NS-Sinne ›einwandfrei‹ war, beschäftigte sich das Gutachten nur mit der väterlichen Linie, dessen ›Rassenreinheit‹ dann auch nachgewiesen wurde«[15]. Doktorand Aronson, Verfasser einer im Sommer 1966 abgeschlossenen Dissertation über »Heydrich und die Anfänge der Gestapo und des SD«, muß es wissen. Er konstruierte Heydrichs Ahnenreihe, die väterliche bis 1738 und die mütterliche bis 1688, und entdeckte nicht einen einzigen jüdischen Blutstropfen[16].

Die wunderliche Hartnäckigkeit, mit der manche Historiker an der Judenthese festhielten und noch heute festhalten, spiegelte das Verlangen wider, hinter der nordischen Herrenmenschenmaske Reinhard Heydrichs ein wohlgehütetes Geheimnis zu entdecken, eine innerliche Monstrosität, einen untilgbaren Makel, der den wichtigsten Partner Himmlers und Chef der Sicherheitspolizei wie unter einem hypnotischen Zwang zu dem gnadenlosesten Verfechter der nationalsozialistischen Staatsdoktrin gestempelt hatte, zu dem »fanatischsten aller Rassisten«, wie der Brite Gerald Reitlinger formuliert[17].

Irgendwo mußte in dieser zweifellos reich angelegten Figur, »einer der großen Verbrechergestalten der Geschichte« (Michael Freund)[18], ein innerer Bruch liegen, und was erschien da plausibler, als die Bruchstelle in jenem vermeintlichen Herkunftsmakel zu wittern, der für einen Nationalsozialisten selbstmörderisch war und einer Todsünde gleichkam. Der Historiker Reitlinger sah denn auch prompt in Heydrich einen »pathologischen jüdischen Haß gegen das eigene Blut« walten, der ihm den Schlüssel zum Verständnis des angeblichen Fanatikers Heydrich zu liefern schien[19], und auch der Theresienstadt-Chronist H. G. Adler spekulierte, das Dritte Reich habe »Heydrich die unbeschränkte Macht [geboten], den gehaßten jüdischen Keim in sich... durch den Mord aller erreichbaren Juden der Vernichtung zu überweisen«[20].

Selbst Himmler kolportierte im vertrauten Kreis, eigentlich sei Heydrich »ein armer Mensch gewesen, innerlich völlig gespalten, wie man das oft bei Mischlingen finde«[21]. Ebenso empfand der Völkerbundskommissar Carl J. Burckhardt; ihm fiel auf, daß Heydrichs Gesicht aus zwei ganz verschiedenen Hälften zusammengesetzt war: »Es schauen mich zwei Personen gleichzeitig an, sagte ich mir[22].«

Burckhardt notierte sich auch, was ihm SS-Männer über Heydrich erzählten. Eines Tages sei der SD-Chef angetrunken in sein taghell erleuchtetes Badezimmer getorkelt und in dem großen Wandspiegel seinem Ebenbild gegenübergetreten. Da habe er die Pistole aus dem Halfter gerissen und auf den Doppelgänger zwei Schüsse abgefeuert mit dem Ruf: »Hab' ich dich endlich, Canaille!« Der Schweizer kommentiert: »Er hatte auf den andern geschossen, er, der Gespaltene, den Mann seiner andern Gesichtshälfte hatte er getroffen, aber nur in dem splitternden Spiegelglas, er wurde ihn dadurch nicht los und sollte bis zum Schluß mit ihm zusammengehen[23].«

So fleißig aber auch die Biographen Detail um Detail über die »blonde Bestie«, wie man Heydrich manchmal auch bei der SS nannte, zusammentrugen, am Ende stand doch oft die Erkenntnis des alten Weisen Georg Christoph Lichtenberg, man könne sehr viel mit einem Manne umgehen und ihn doch nicht kennenlernen. Denn: Reinhard Heydrich war nicht der Saint-Just der nationalsozialistischen Revolution, er war kein Fanatiker des Rassismus, und in ihm fand auch nicht, wie Historiker Freund wähnt, »der Gesinnungsverbrecher luziferisches Format«[24].

Gewiß, die Historie verlockte dazu, das Paar Himmler–Heydrich mit dem Terroristenduo der Französischen Revolution, Maximilian Robespierre und Antoine Saint-Just, zu vergleichen. Im Verbrechen übertrumpfte der SD-Chef sein französisches Vorbild, aber er wußte sich fern von dem schaurigen Idealismus des Doktrinärs und Revolutionsfanatikers Saint-Just. In Himmler und Heydrich begegneten sich vielmehr zwei Archetypen des 20. Jahrhunderts, freilich in extremster Ausprägung: der Ideologe und der Technologe. So sehr sie auch immer die Geschichte anriefen und sie für ihre Zwecke verfälschten – Himmler und Heydrich blieben geschichtsfeindliche Figuren, entwurzelt, radikale Verneiner der Tradition und aller sittlich-humanitären Normen.

Heydrichs Gott war die Macht um ihrer selbst willen, in ihm verkörperte sich die Technologie nacktester Staatsräson, jenes Mißtrauen der Herrschenden, das Heydrich den Spitznamen des »Oberverdachtschöpfers« eintrug[25]. Aber ihm fehlte der Haß, der noch einen Saint-Just mit seinen Guillotineopfern verbunden hatte; Heydrich verabscheute nicht die Juden, für ihn waren sie nur Gegenstand planungstechnischer Vorgänge, seelenlose Figuren in einer von der Staatsführung beschlossenen »Säuberungsaktion« grausigsten Ausmaßes.

Haß kannte er nur als Ausdruck persönlicher Ressentiments. Den Großadmiral Erich Raeder, der ihn aus der Marine hatte ausstoßen lassen, verfolgte er mit nie erlöschender Rachsucht und lehnte jeden Vermittlungsversuch seiner ehemaligen Crew ab[26]. Ideologische Feindseligkeit war hingegen Heydrich unbekannt. Für Weltanschauungen, die braune nicht ausgenommen, hatte er nur Verachtung. Der sportbesessene Heydrich, Fechter, Reiter, Flieger, Skiläufer und moderner Fünfkämpfer, außerdem Inspekteur für Leibesübungen beim Reichsführer-SS, schützte sogar gelegentlich jüdische Sportler: Er ermöglichte dem Deutschen Meister im Fechten, Paul Sommer, die Ausreise nach Amerika und versah den polnischen Olympiakämpfer Kantor mit Geld und Papieren [27].

Ihm fehlte offensichtlich auch die kritiklose Hitler-Gläubigkeit, das Lebenselixier seines Reichsführers, das den Kleinbürger Himmler gleichsam zu Übermenschengröße aufschießen ließ; Heydrich dagegen konnte sich ein Deutschland ohne Hitler, freilich nicht eines ohne Heydrich vorstellen. Seine engeren Mitarbeiter sind noch heute davon überzeugt, daß ein lebender Heydrich am 20. Juli 1944 möglicherweise im Lager der Putschisten gestanden hätte – getreu seiner Ankündigung in Bad Kreuznach im Jahr 1941, an die sich zwei Sportfechter erinnern können: Er würde der erste sein, der Hitler unschädlich machen werde, falls »der Alte Mist baut« [28].

Bis zu seinem Tode blieb er Machttechniker und Nützlichkeitsapostel: Die Handgranaten der tschechischen Fallschirmspringer, die am 27. Mai 1942 den geschäftsführenden Reichsprotektor von Böhmen und Mähren niederstreckten, galten nicht einem brutalen Fronherrn, sondern dem durchtriebenen SS-Rationalisten, der mit seiner geschmeidigen Politik zwischen Zuckerbrot und Peitsche der tschechoslowakischen Exilregierung so gefährlich dünkte, daß sie keinen anderen Ausweg sah als die Liquidierung Heydrichs.

Einen solchen Technologen der Nützlichkeit aber konnte nichts mehr ergrimmen als das haltlose Schwadronieren des Ideologen Himmler. Oft entlud sich bei Ehefrau Lina die Wut Heydrichs über den Reichsführer, der mit seinen rassischen Fieberphantasien den SS-Apparat irritierte. Angetrunken grölte Heydrich: »Guckt euch doch sein Gesicht an, seine Nase, typisch jüdisch, ein richtiger Judenlümmel!« [29] Lina Heydrich zeterte mit, denn ihr war die ganze Familie Himmler herzlich zuwider, am heftigsten die »Reichsführerin«. Über Marga Himmler ulkte Frau Lina nach dem Krieg: »Schlüpfernummer 50, sonst war sie man dünn.« Und: »Diese spießige, humorlose und von Platzangst besessene blonde Frau beherrschte ihren Mann bis mindestens 1936 und hatte allen Einfluß auf ihn [30].«

Wie stark der Einfluß war, bekam Lina Heydrich selber zu spüren: Auf Drängen seiner Frau verlangte Himmler, SD-Chef Heydrich müsse sich von der unmöglichen und unbeherrschten Lina schleunigst trennen. Lina Heydrich war jedoch noch stärker als die gallige Frau Himmler. Bei einem Gartenfest Hermann Görings schlug sie zurück. Der Zufall hatte es gewollt, daß Himmler zum Tischherrn der Frau Heydrich auserwählt worden war. Lina Heydrich erzählt: »Es waren traurig-komische Stunden. Ich machte meine allertraurigste Miene und saß stocksteif. Da fragte Himmler: ›Sie sind ja so still?‹ Darauf ich: ›Wundert Sie das?‹ Dann tanzten wir. Himmler tanzte schlecht. Da sagte er: ›Ach, Frau Heydrich, es wird schon alles gut werden.‹ Sehen Sie, das war wieder typisch für Himmler: Theoretisch befahl er die Scheidung, und als er mich sah, hatte er keinen Mut mehr. Es wurde nie wieder von der Sache gesprochen [31].«

In Reinhard Heydrich aber wühlte es um so mehr, als er sich bewußt war, wie sehr er von diesem spinnerten Ordensmystiker abhing. Mochte er dem SS-Chef intellektuell überlegen sein, keine Minute vergaß Heydrich, mit seinem Reichsführer umzugehen, »wie ein preußischer Leutnant mit einem älteren General verfährt« [32] – so der SS-Gruppenführer Bruno Streckenbach. Heydrich schlug gegenüber Himmler einen fast servilen Ton an und benutzte sogar die in SS-Kreisen verpönte Anredeformel »*Herr* Reichsführer«. Er dienerte um den Chef herum: »Jawohl, Herr Reichsführer, wenn Herr Reichsführer meinen, ich werde sofort das Notwendige veranlassen und Herrn Reichsführer Meldung machen, jawohl, jawohl!« Bei Lina aber tobte er: »Himmler jongliert immer, laviert, will keine Verantwortung tragen [33].«

Himmler dagegen beschlich oft ein heimliches Grauen, wenn sein engster Mitarbeiter zum Vortrag herannahte. Kersten notierte sich: »Ich hatte zuweilen den Eindruck, daß Himmler nach einem solchen Vortrag sich wie vergewaltigt vorkam.« Heydrichs Ausführungen, so erläutert Kersten, seien »Meisterstücke der Vortragskunst: Kurze Schilderungen der Person oder Sachlage, sodann seine Argumente, nach der Wirksamkeit gesteigert, auf den entscheidenden Trumpf, den er als letztes ausspielt, folgt jeweils sein Vorschlag, dem sich Himmler nur schlecht entziehen kann... Himmler kommt dann einfach nicht mit [34].«

Zuweilen trotzte der eingeschüchterte Reichsführer mutig auf – wenn Heydrich wieder gegangen war. Dann griff Himmler zum Telephon und erklärte Heydrich, er müsse über die bereits vereinbarte Maßnahme noch mit Hitler sprechen [35]. Kurz darauf erließ Himmler eine anderslautende Order, nicht ohne sie vor dem Mitarbeiter als vermeintlichen Führerbefehl getarnt zu haben. Einmal steigerte sich Himmlers Mut zu offener Rebellion. Er schrie Heydrich an, die Worte stotternd herausgestoßen: »Sie, Sie... und Ihre Logik. Immer nur kommen Sie mit Ihrer Logik. Alles, was ich vorschlage, machen Sie mit Ihrer Logik herunter. Ich habe genug von Ihnen und Ihrer ewigen kalten Kritiksucht.« Heydrich wich zurück und gab sofort nach. Himmler war wieder versöhnt [36].

Himmlers Mißtrauen gegen mögliche Rivalen war stets wach, dennoch mochte er seinen SD-Chef nicht zu den Männern rechnen, die ihm gefährlich werden konnten. Denn der Reichsführer sah in Heydrich Wesenszüge, die einem Tschekisten wohl anstanden, aber einem weiterreichenden politischen Ehrgeiz selbst im NS-Staat eher hinderlich waren. Den reizbaren, sprungbereiten Machtmenschen umwehte eine Eiseskälte, in der keine Freundschaften, nicht einmal Loyalitäten entstehen konnten. Heydrichs Ruhelosigkeit, seine wendige, wenngleich vordergründige Intelligenz, seine Sucht, stets mehr zu wissen als andere, seine Gier, überall der Erste zu sein, sei es im SD, auf dem Fechtboden oder im Bordell, konnten nicht darüber hinwegtäuschen, daß in ihm eine innerliche Leere war, in der Ideologien und Menschen gleichsam ins Bodenlose sanken.

Wie er offene Feindschaften vermied, so kannte er auch keine Freundschaften, auch mit Ehefrau Lina verband ihn nur das unstillbare sexuelle Bedürfnis. Wo er auftrat, zogen sich die Menschen zurück. Sogar die Sportler, die den harten Schlag des Fechtmeisters Heydrich zu würdigen wußten, flohen seine Nähe [37].

Himmler hinterließ wenigstens eine Rotte ehemaliger Mitarbeiter, die noch heute nicht davon lassen können, die Fürsorglichkeit und Liebenswürdigkeit ihres Reichsführers zu rühmen, Heydrich aber, »der Mann mit dem eisernen Herzen«, wie ihn Hitler nannte [38], blieb ohne Nachruf eines Freundes. Was viele SS-Männer von ihm dachten, brachte der Kommandeur der Leibstandarte, Sepp Dietrich, bei Heydrichs Tod auf die derbe Formel: »Gott sei Dank, jetzt ist die Sau verreckt [39].«

Nicht einmal die käuflichen Damen des horizontalen Gewerbes öffneten ihm freiwillig ihre Boudoirs. Stets nahm er einen Adjutanten auf seine Erotiktouren mit, und oft gab es dann Ärger mit dem Chef, weil die Liebesdienerinnen eher dem Adjutanten ihre Gunst schenkten als dem Mann mit den unheimlichen Wolfsaugen [40]. Nur wenige durchschauten, daß sich hinter der hochmütigen Attitüde des SD-Chefs eine Sensibilität verbarg, in der sich die Minderwertigkeitskomplexe des gescheiterten Marineoffiziers mit der Kritikempfindlichkeit des von den Eltern übernommenen Schauspielererbes mischten. Brutalität war ihm zumindest kein Lebensbedürfnis. Zu dem Besucher Burckhardt sagte er mit gepreßter Stimme: »Man hält uns für Bluthunde im Ausland, ist es nicht so? Es ist fast zu hart für den Einzelnen, aber hart wie Granit müssen wir sein [41].«

Ein innerlich so unsicherer, ständig zwischen Aggressivität und Sucht nach Anerkennung rochierender Mensch war wie geschaffen dazu, Himmlers Juniorpartner zu sein, ohne die Vormachtstellung des Reichsführers zu gefährden. Beide wußten, daß keiner vom anderen lassen konnte – aus Selbsterhaltung. Ohne Himmler, den in der NS-Hierarchie fest postierten Chef der Schutzstaffel, war dem ehrgeizfiebrigen Heydrich der Weg nach oben verstellt, und ohne Heydrichs rouletteschnelle Verstandesschärfe und Dynamik vermochte sich der Kleinbürger Himmler im Spinnennetz der nationalsozialistischen Potentaten kaum durchzusetzen.

Zunächst hatte es allerdings den Anschein gehabt, als sollte die Partnerschaft zwischen den beiden Männern recht einseitig verlaufen. Der junge Mann, den Himmler im Juni 1931 auf dem Krankenlager im Waldtruderinger Heim empfangen [42] und für die Arbeit im Sicherheitsdienst angeworben hatte, war offensichtlich ein Gebrochener gewesen, dem man das Liebste genommen hatte: den Offiziersberuf.

Die Karriere des Reinhard Tristan Eugen Heydrich, geboren am 7. März 1904 in Halle an der Saale [43], hatte begonnen wie die Laufbahn so mancher Bürgersöhne im republikanischen Nachkriegsdeutschland. Der Abkömmling eines Opernsängers und einer Schauspielerin, Zögling des

Reformgymnasiums in Halle [44], lief den wirtschaftlichen Nöten des von Krieg und Inflation getroffenen Elternhauses davon und trat als Sechzehnjähriger in das Freikorps des Generals Maerker ein [45]. Als er zurückkam, wußte er, was er werden wollte: Offizier. Er wählte sich die Marinelaufbahn aus, der auch des Schülers Himmler erste Liebe gegolten hatte; allein die Reichsmarine bot im abgerüsteten Deutschland Heydrich die Chance, Geltungs- und Abenteuerdrang zu befriedigen.

1922 meldete sich Heydrich in Kiel und zog die Uniform eines Seekadetten an. Die Ausbildung führte ihn im Juli 1923 auch an Bord des Schulkreuzers »Berlin« [46] und mit dem Mann zusammen, der als einer der ersten die Fähigkeiten »dieser klügsten Bestie« erkannte: mit dem Korvettenkapitän Wilhelm Canaris, der damals Erster Offizier der »Berlin« war. Dem kleinen, zierlichen Korvettenkapitän blieb der langaufgeschossene Kadett mit den seltsamen Mongolenaugen zeitlebens unheimlich, dennoch bewunderte er die mathematisch-navigatorischen Talente Heydrichs [47].

Canaris-Ehefrau Erika, kunstverständige Tochter des Fabrikanten Carl Friedrich Waag aus Pforzheim, begeisterte sich hingegen an den Violinkünsten des Opernsängersohns [48]. »Heydrich war beim Spielen weich und sanft, zeigte erstklassige Manieren und ausgesprochene Sensibilität als Geiger«, erzählt sein israelischer Biograph Aronson. Beim Musizieren konnte Heydrich »lange weinen. Das war die andere Seite seines Charakters, der zugleich Zynismus und Grausamkeit mit Weichheit und Sentimentalität« verband [49].

1924 wurde Canaris in den Stab der Berliner Marineleitung berufen [50], Fähnrich Heydrich aber kletterte allmählich und ohne sonderliche Leistung das schmale Fallreep der Marinekarriere empor: Anfang 1926 Oberfähnrich, Ende 1926 Leutnant zur See, Besuch der Marinenachrichtenschule, Nachrichtenoffizier des Flottenflaggschiffes »Schleswig-Holstein«, Offizier in verschiedenen Nachrichtenabteilungen der Marinestation Ostsee [51]. Der 1928 zum Oberleutnant beförderte Heydrich [52], der auch eine Prüfung in Russisch abgelegt hatte, galt als ein talentierter Marineoffizier, der bei seinen Kameraden freilich wenig beliebt war und wegen seiner Fistelstimme als »Ziege« gehänselt wurde, unter den Mannschaften dagegen ob seiner rüden Vorgesetztenmanieren zu den verhaßtesten Offizieren zählte [53].

Ihm schien dennoch eine aussichtsreiche Laufbahn sicher. Da zerstörte ein amouröses Abenteuer seine Karriere. Es begann mit einer abendlichen Paddelbootfahrt bei Kiel im Spätsommer 1930 [54]. Als das Boot, in dem Heydrich und der spätere Landrat Mohr saßen, durch die ruhigen Fluten dahinglitt, sahen die Männer plötzlich ein anderes Boot mit zwei Mädchen kentern. Heydrich und Mohr sprangen ins Wasser und retteten die Damen; eine von ihnen war eine blonde Schülerschönheit, die 19jährige Lina Mathilde von Osten, Tochter des Schulmeisters der Ostseeinsel Fehmarn [55]. Aus der Bekanntschaft zwischen Heydrich und Lina entwickelte sich eine Liaison, die am 9. Dezember 1930 – gegen den Widerstand des unwilligen Vaters von Osten – zur Verlobung gedieh [56].

Indes, Lina war nur eine Erwerbung des pathologischen Frauensammlers Heydrich. Bald meldete sich eine andere Dame, die ältere Ansprüche erhob. Heydrich ließ die Petentin kaltblütig abblitzen, doch die Dame, Studentin der Kolonialschule Rendsburg und Tochter eines IG-Farben-Direktors, wußte Wege, den Fall vor den Chef der Marineleitung, Admiral Erich Raeder, zu bringen. Die Vorgesetzten legten Heydrich nahe, auf Lina von Osten zu verzichten; als er ablehnte, setzte Raeder die militärische Justizmaschine in Bewegung [57].

Anfang 1931 trat ein mit vier Marineoffizieren besetzter Ehrenrat zusammen, der den Oberleutnant Heydrich wochenlang durchleuchtete; den Vorsitz führte Admiral Hansen [58], Chef der Marinestation Ostsee, Erstes – und damit wichtigstes – Mitglied des Ehrenrates war der damalige Kapitän zur See Gustav Kleikamp, Heydrichs ehemaliger Lehrer an der Marinenachrichtenschule, der sich, wie er formuliert, »vornehmlich und eingehend mit Heydrich über den von ihm gegebenen Anlaß auseinandersetzen« mußte [59]. Doch der Verlobte der Lina von Osten fertigte den alten Lehrer mit so hochmütigen Antworten ab, daß sich der Ehrenrat Heydrichs naßforschen Ton verbat.

Was den Ehrenrat vor allem gegen Heydrich aufbrachte, war der durchsichtige Versuch des Funkers, die einflußreiche Kolonialstudentin zu belasten und der Lüge zu bezichtigen, sich selber aber von aller Schuld freizusprechen. Das jedoch widersprach dem Ehrenkodex der hohen Marine. »Neben Heydrichs nicht entschuldbarem Verhalten«, entsann sich später Vizeadmiral Kleikamp, habe »besonders seine bei der Aufklärung des Falles stark in Erscheinung getretene Unaufrichtigkeit den Ehrenrat veranlaßt, in seinem abschließenden Urteil in entsprechender, die Entscheidung offen lassender Form die Frage anzuschneiden, ob das Verbleiben eines solchen Offiziers in der Reichsmarine noch möglich sei [60].«

Der Marine-Puritaner Raeder verneinte die Frage und warf Heydrich aus der Flotte hinaus. Ende April 1931 wurde dem Oberleutnant zur See Reinhard Heydrich das Urteil zugestellt. Es lautete: »Schlichter Abschied wegen Unwürdigkeit [61].« Die Fama besagte freilich später, Heydrich habe die Studentin, die von ihm ein Kind erwartet habe, mit dem Argument abgewiesen, er könne kein Mädchen heiraten, das sich ihm bereits hingegeben habe [62].

Der Raeder-Ukas schleuderte Heydrich von den Höhen der ultrakonservativen Marine hinab in das Heer von Millionen Erwerbsloser, die damals Deutschlands Arbeitsämter belagerten. Heydrich wütete gegen das selbstverschuldete Schicksal an. Er sah nicht viele Chancen für sich: Er konnte, wie viele abgetakelte Marineoffiziere, Segellehrer werden, auch ein Posten bei einer Jachtschule stand in Aussicht [63] – aber mit der Marineuniform, und sei es selbst bei der Handelsmarine, war es vorbei. Die verletzte Eitelkeit mußte sich mit einem Uniformersatz begnügen – Heydrich trat der Marine-SA bei [64]. Aber das war keine politische Demonstration. Lina Heydrich: »Er war nur Berufsoffizier, er war mit seiner Marinekarriere verheiratet. Das andere Interesse gehörte dem Sport. Von Politik verstand er nichts und hatte sich auch nie viel dafür interessiert[65].«

Aber Lina, nach dem Urteil Höttls der »Typ jener bösen, ehrgeizgepeitschten Weiber in den Erzählungen der Edda«[66], kannte sich in der Politik aus; Lina war von Hitler begeistert und meinte, auch ihr zukünftiger Mann müsse da seine Zukunft suchen. Eine zweite Frau, Heydrichs Schwester Elisabeth, verwirklichte Linas heimliche Sehnsucht. Sie erinnerte sich einer Patentante Reinhards, deren Sohn hoher SA-Führer in München war und bald zu den maßgeblichen Männern der SS zählen sollte. »Karlchen«, der Jugendfreund Friedrich Karl Freiherr von Eberstein, mußte »Reini« helfen – und er half[67].

Dank des Freiherrn und seines Unvermögens, Funkoffiziere von Nachrichtenoffizieren unterscheiden zu können, fand Heydrich den Weg in das hölzerne Heim des Heinrich Himmler, der gerade einen Abwehrmann für seinen Sicherheitsdienst suchte. Am 14. Juni 1931 trat Heydrich in Himmlers Zimmer und Leben[68]. Himmler gab ihm zwanzig Minuten Zeit, auf einem Blatt Papier die Struktur eines künftigen Abwehrdienstes der SS aufzuzeichnen[69]. Es war die eigentliche Geburtsstunde des SD. Dem SS-Chef gefiel die Heydrich-Skizze, und schon am 5. Oktober 1931 erfuhr die Hamburger Gauleitung aus München: »Pg Reinhard Heydrich, Hamburg, M.-Nr. 544916, wird, als zum Oberstab der Reichsführung-SS gehörig, mit Wirkung vom 1. Oktober d. J. bei der Reichsleitung als Einzelmitglied geführt[70].« Heydrich erhielt den Rang eines SS-Sturmführers[71] und begann mit der Arbeit.

Himmler hatte schon Anfang des Jahres 1931 von Hitler den Auftrag erhalten, einen Sicherheitsdienst zum Schutz der NS-Führer aufzustellen. Er war sogleich darangegangen, in der Oberleitung der SS die Abteilung Ic zu schaffen, so genannt nach dem alten deutschen Generalstabsschema, in dem die Abteilung Ic die Funktionen der Feindaufklärung wahrnimmt. Der SS-Chef behielt auch nach der Berufung Heydrichs die Leitung von Ic, dennoch überließ er dem Ex-Mariner die praktische Arbeit[72].

Heydrich zog mit ein paar Aktenheftern aus dem Besitz Himmlers in ein Zimmer des Braunen Hauses ein[73] und eröffnete, wozu er wie kein zweiter Nationalsozialist prädestiniert war: die Laufbahn des Tschekisten, des totalitären Geheimpolizisten. Schon Ende August stellte er sich auf einer Tagung im Braunen Haus Münchner SS-Führern als der künftige Geheimdienstchef vor und zeichnete das Schreckensgespenst einer Partei, die von zahllosen Spitzeln gegnerischer Parteien und Polizeiapparate infiltriert sei. Folgerung: Die NSDAP müsse von allen Agenten und Saboteuren rücksichtslos gesäubert werden[74]. Kurz darauf erging ein Befehl an alle SS-Einheiten: »Jeder Abschnitt richtet mit sofortiger Wirkung ein Referat Ic ein, durch das alle Nachrichten aus dem Abschnitt erfaßt werden. Ebenso ist in der Folge für jede SS-Standarte ein Ic-Referat vorgesehen[75].«

Er hatte kaum die ersten Mitarbeiter in den SS-Einheiten gewonnen, da trennte sich Heydrich räumlich vom Braunen Haus, dessen Bewohner allzu neugierig wurden. Mit drei Mitarbeitern siedelte er in eine Zweizimmerwohnung in der Münchner Türkenstraße 23 bei Viktoria Endrich über[76] und inaugurierte einen seltsamen, offensichtlich an Kriminal- und Spionageromanen orientierten Dienstbetrieb: Niemals, so forderte Heydrich von seinen Gehilfen, dürften an einer Besprechung mehr als zwei Partner teilnehmen, außer ihm nur eine zweite Person[77]. Anfang 1932 hatte er seinen Mitarbeiterapparat soweit ausgebaut, daß er zu neuen Ufern streben konnte. Der lose Kontakt zu einigen Spitzeln und Zuträgern befriedigte ihn nicht mehr.

Im April machte er sich zu einer Deutschlandreise auf, um herauszufinden, wie man dem gewonnenen Mitarbeiternetz organisatorische Gestalt geben könne[78]. Just in dem Augenblick zwangen ihn die Wächter der Republik zu einer Namensmimikry. Die Reichsregierung verbot die SA und SS; darauf benannte sich der Ic in PID (»Presse- und Informationsdienst«) um[79]. Dennoch ermutigten Heydrich die Reisen durch alle Teile Deutschlands derartig, daß er nun die große Organisation schuf, die später den Namen Sicherheitsdienst (SD) annahm.

Heydrich zog alle Abwehrleute und Spitzel aus den SS-Einheiten heraus und unterstellte sie seinem Dienst[80]. Daraus entstand die erste Sonderformation der SS. Die neue Gliederung blieb eine Einheit der Schutzstaffel, auch wenn sie eine exklusive Einrichtung, gleichsam eine SS in der SS, war. Heydrich schuf eigene Territorialorganisationen, die sich wie Schatten auf die Oberabschnitte und Abschnitte der SS legten. Die Männer der SD-Abschnitte und SD-Oberabschnitte sollten parteifeindliche Elemente in der NSDAP aufspüren und die gegnerischen Parteien observieren[81]. Jedes Detail, jede Beobachtung, jede Personalie wurde sorgfältig in Heydrichs Spezialkartei eingetragen – im Haus der Münchner Zuccalistraße 4, der neuen Zentrale des SD[82].

Doch Heydrichs Ehrgeiz griff weiter aus. Ihm genügte es nicht, den Parteigegner zu beobachten – das taten auch andere Abwehrorgane in Partei und SA. Er wollte höher hinaus: Der SD sollte so hervorragend arbeiten, daß es gelang, die parteiinternen Konkurrenten aus dem Feld zu schlagen und dem SD die Monopolstellung eines einzigen Nachrichtendienstes der Gesamtpartei zu sichern. Selbst das sollte der Schutzstaffel noch nicht genügen: In der Stunde, da Adolf Hitler in Berlin die politische Macht übernahm, wollte Heydrich den Sicherheitsdienst aus seinem Schatten heraustreten und die neue Polizei des neuen Reiches bilden lassen.

Erstaunt, fast verblüfft bewunderte der Kleinbürger Himmler den peitschenden und federnden Tatendrang seines Geheimdienstchefs. Verflogen schien die selbstquälerische Melancholie des geschaßten Marineoffiziers; mit dem wütenden Eifer des frisch überzeugten Konvertiten trieb Heydrich seine Männer an, herrisch, ungeduldig und mit einer nervös-abgehackten, merkwürdig hohen Stimme. Himmler honorierte soviel Beflissenheit mit den rechten Titeln. Heydrich sprang von Stufe zu Stufe: 10. August 1931 Sturmführer, 1. Dezember 1931 Hauptsturmführer, 19. Juli

1932 auch formell Leiter des Sicherheitsdienstes, 29. Juli 1932 Standartenführer, 21. März 1933 Oberführer [83].

Der SS-Chef spürte instinktiv, daß ihm der Zufall, wie er Kersten anvertraute, den »geborenen Nachrichtenmann« an die Seite gespielt hatte, »eine lebendige Registriermaschine, das Gehirn, das alle Fäden kannte und sie immer wieder knüpfte« [84]. Heydrich brachte das ideale Rüstzeug des Geheimdienstchefs mit: Härte, Unsentimentalität, einen schier unstillbaren Durst nach Informationen und eine gänsehauterregende Menschenverachtung.

Von allen Sportarten liebte er besonders das Fechten, und das war kein Zufall. Das argwöhnische Beobachten und Parieren gegnerischer Absichten, das blitzschnelle Reagieren auf unvorhergesehene Situationen wurde Heydrich zur zweiten Natur. Seinem Adlatus Schellenberg erschien er wie ein Raubtier, »stets wachsam, stets Gefahr witternd und mißtrauisch gegen alles und jedes« [85]. Fast gespenstisch, wie eine Art sechster Sinn, wirkte seine Fähigkeit, feinste Zusammenhänge zu erraten. Auf Aktennotizen des Reichsführers, die Behauptungen anderer wiedergaben, schrieb Heydrich oft in steiler Schrift: »Glaube ich nicht« oder »Bloße Angabe«; fragte Himmler nach, ob er den Sachverhalt geprüft habe, erwiderte Heydrich, sein Gefühl täusche ihn nicht – und behielt meistens recht [86].

Dazu Himmler: »Er besaß eine untrügliche Witterung für Menschen. Er sah mit einer geradezu verblüffenden Hellsicht die Wege voraus, die Freund wie Feind gehen würden. Seine Mitarbeiter wagten kaum, ihn zu belügen [87].« Reinhard Heydrich schien dazu geboren, Geheimdienstchef eines totalitären Staates zu werden. SD-Obersturmbannführer Höttl glaubt, Heydrich habe als erster Himmler »darauf aufmerksam [gemacht], was man mit der Stellung eines Reichsführers-SS anfangen konnte«; von ihm stamme auch die Idee, die Schutzstaffel zur Polizeimacht des Dritten Reiches zu erheben [88].

Heydrich konzipierte das Muster eines engmaschigen Überwachungssystems, das jeden Bereich des nationalen Lebens beschattete und die totale Herrschaft der NSDAP sichern sollte, beaufsichtigt von keinem anderen als dem Sicherheitsdienst des Reichsführers-SS, dirigiert von niemand anderem als Reinhard Tristan Eugen Heydrich. In groben Strichen entstand das Bild einer politischen Polizei, die sich von ihren Vorgängern in einem entscheidenden Punkt unterschied: Die Polizei früherer Systeme hatte sich damit begnügt, Staatsfeinde gleichsam auf frischer Tat zu ertappen, sie griff ein, wenn objektive Gefahr vorlag; Heydrichs Polizei aber sollte den Gegner aufspüren, noch ehe er einen oppositionellen Gedanken, geschweige denn eine Tat des Widerstandes erwogen hatte.

Der Polizeibegriff eines Heydrich weitete sich ins Uferlose aus, umschloß jede Lebensäußerung der Nation. Die Polizei hörte auf, ein defensives Abwehrorgan des Staates zu sein, sie ging zum Angriff über – mehr noch: Sie wurde zum »Erzieher« des Volkes, zum allmächtigen Säuberungskommissar, der die Nation von allen unliebsamen Ideen befreite. Aufgabe der

Polizei sollte es nun laut SD-Hauptsturmführer Alfred Schweder sein, »die Aktivität der im Volke ruhenden Kräfte durch Gleichrichtung nach einheitlichen Gedanken bis zum letzten zu steigern ..., dabei aber unter konsequenter Durchführung des völkischen Gedankens alle volksfremden und daher destruktiv wirkenden Energien auszuschalten« [89]. Heydrichs Konzeption sprengte alle gesetzlichen Fesseln traditioneller Polizeiarbeit. SD-Kronjurist Werner Best schrieb der Polizei eine Allgegenwärtigkeit zu, müsse doch jede Störung der staatlichen Ordnung im Deutschen Reich »abgewehrt und verhütet [werden], auch wenn sie die äußere Ordnung nicht oder noch nicht stört« [90].

Mit anderen Worten: Heydrich wollte eine Polizei, die eine grenzenlose Allmacht besaß, nur gezügelt von dem »Gesamtauftrag der Deutschen Polizei« (Best) [91], und der lautete: rücksichtsloser Schutz der Führerdiktatur Adolf Hitlers. Aber konnte man derartig schrankenlose Aufgaben einer Polizei überlassen, die in der Weimarer Republik immer wieder belehrt worden war, Gesetz und Verfassung zu achten? Keineswegs! Konnte man einer Verwaltung trauen, in der trotz aller nationalsozialistischen Lippenbekenntnisse noch immer die Normen preußischer Ordnung galten? Nein und nochmals nein!

Heydrich wußte, wie man es machte: Der SD hatte die Schlüsselstellungen der neuen politischen Polizei zu besetzen, diese Sonderpolizei mußte dann aus dem Gesamtzusammenhang der inneren Verwaltung herausgebrochen, schließlich die gesamte Polizei mit der SS zu einem Staatsschutzkorps vereinigt werden. In diesem Plan lag schon der Keim eines noch viel weitergehenden, eines noch revolutionäreren Projekts: einer SS-eigenen Verwaltung, die Polizei, SS und staatliche Bürokratie zu einem einheitlichen Ganzen zusammenfaßte.

Heinrich Himmler war von den Visionen seines SD-Chefs berauscht. Zwar warnten alte Kämpfer wie der SS-Gruppenführer August Heißmeyer, die Verbindung mit der Polizei werde dem Erziehungsorden der SS einen schweren Ballast der Unpopularität aufbürden [92] (SS-Führer Seyss-Inquart 1946: »Der SS-Gedanke ist untergegangen, weil Himmler ihn für die Exekutive mißbraucht hat« [93]), aber nichts mehr konnte den Reichsführer stoppen, zum Polizeiherrn des Dritten Reiches aufzusteigen. Schon bot Bayern einen Exerzierplatz, auf dem Heydrich seine Ideen in die Tat umsetzen konnte.

Am 9. März 1933 hatte der nationalsozialistische Umsturz in Bayern den Reichsführer und seinen Tschekisten mit der Polizei liiert: Himmler rückte als kommissarischer Polizeipräsident in die Münchner Polizeidirektion ein, Heydrich übernahm das politische Referat der Abteilung VI des Polizeipräsidiums [94]. Eine Woche später waren die beiden SS-Männer schon einen mächtigen Schritt weiter. Himmler wurde als politischer Referent ins bayrische Innenministerium berufen und erhielt das Kommando über die politische Polizei Bayerns; der SS-Chef beeilte sich, seinen Partner Heydrich sofort als geschäftsführenden Vertreter nachzuziehen [95].

Die beiden probten in der bayrischen Provinz, was sie Jahre später im ganzen Reich durchexerzieren sollten. Himmler schuf im bayrischen Innenministerium die Dienststelle »Der Politische Polizeikommandeur Bayerns«, während Heydrich begann, eine Bayerische Politische Polizei (BayPoPo) aufzubauen und sie mit Männern des SD zu besetzen[96]. Heydrich kam es vor allem darauf an, die BayPoPo von der staatlichen Verwaltung unabhängig zu machen. Bis dahin war die Politische Polizei Teil der allgemeinen Polizeiverwaltung gewesen, jetzt nahm sie Heydrich aus dem administrativen Zusammenhang heraus: Die Politische Polizei schied aus der Münchner Polizeidirektion aus und erhielt den Status einer Sonderbehörde[97].

Der SD-Chef faßte die politischen Abteilungen bei den staatlichen Polizeidirektionen und Polizeiämtern sowie die politischen Polizeireferate bei den Bezirksämtern und kreisunmittelbaren Städten zu einem Strang zusammen, der nur noch eine Zentrale kannte: die Dienststelle des Politischen Polizeikommandeurs. Ihr stand zugleich das Recht zu, von Fall zu Fall die uniformierte Polizei Bayerns als Exekutivmittel anzufordern[98]. Die von Heydrich und Himmler konzipierten Befugnisse des Politischen Polizeikommandeurs reichten noch weiter, sie griffen auch in die Reservate der Justiz ein: Dem Kommandeur wurden die Konzentrationslager unterstellt, jene Schutzhaftunterkünfte, die Bayerns Innenminister, der rabiate Gauleiter Adolf Wagner, zur Entlastung der mit politischen Gefangenen überfüllten Justizgefängnisse hatte errichten lassen[99].

Da die vom Reichspräsidenten erlassene Notverordnung »zum Schutz von Volk und Staat« der Polizei ermöglichte, Bürger schon auf bloßen Verdacht staatsfeindlicher Betätigung hin »vorbeugend« in ein Konzentrationslager einzuweisen[100], wuchs dem KZ-Herrn Himmler ungeahnte Macht zu. Kaum einer konnte ihn in seinem fanatischen Drang nach politischer Säuberung stoppen. Zwar war er formell dem Innenminister-Gauleiter Wagner unterstellt, aber seine Doppelfunktion als Reichsführer-SS und als Politischer Polizeikommandeur erlaubte Himmler, sich seinen jeweiligen Vorgesetzten zu entziehen: Der Innenminister Wagner konnte dem Polizeikommandeur Himmler Befehle erteilen, nicht aber dem SS-Chef Himmler, der als Führer einer Parteigliederung über dem Gauleiter Wagner stand, und umgekehrt vermochte ein parteiinterner Vorgesetzter wie der SA-Stabschef Röhm, dessen Kohorten nicht selten die Arbeit der Politischen Polizei störten, dem ihm unterstellten Reichsführer-SS Order zu geben, nicht aber dem im staatlichen Bezirk waltenden Politischen Polizeikommandeur.

Himmler und Heydrich nutzten ihre nahezu unabhängige Stellung rigoros aus. Der Schreckensname Dachau wurde zum Signum einer barbarischen Tüchtigkeit, die selbst überzeugte Nationalsozialisten irritierte, trieben doch die beiden Runenmänner immer mehr Gefangene in ihre Lager, als längst im übrigen Reich die erste große Terrorwelle der nationalsozialistischen Revolution verebbt war. Himmler erinnerte sich später: »Auf das Drängen der Ministerien hin haben wir im Jahre 1933 eine große Zahl von Schutzhäftlingen in Preußen und anderen deutschen Ländern entlassen. Lediglich ich in Bayern habe damals nicht nachgegeben und habe meine Schutzhäftlinge nicht entlassen[101].«

Der bayrische Reichsstatthalter Ritter von Epp beklagte sich über die vielen »Mißbräuche in der Verhängung der Schutzhaft« und schrieb am 20. März 1934 an Wagner, durch solche Willkür könne das »Rechtsvertrauen erschüttert« werden. Wagner verbat sich die Einmischung. Am 14. April 1934 hielt der Ritter fest, Wagners Schreiben sei »in jedem Satz angreifbar und widerlegbar«, ja es enthalte eine Fülle von »Unrichtigkeiten, Verdrehungen, Entstellungen und Verfälschungen«[102].

Selbst der lethargische Reichsinnenminister Frick schaltete sich ein und rügte den plumpen Verhaftungseifer des Polizeikommandeurs Himmler. »Schon mehrfach habe ich«, schrieb er noch am 30. Januar 1935, »auf die verhältnismäßig große Zahl von Schutzhäftlingen in Bayern hingewiesen, ohne daß seitens der bayerischen politischen Polizei hinreichend Erklärungen dafür gebracht wurden, oder ernstlich an die Herabsetzung der Zahl der Häftlinge herangegangen worden ist... kann ich... nicht mehr weiter unbeanstandet lassen, daß auch nach den neuesten Aufstellungen die Zahl der bayerischen Schutzhäftlinge noch mehrere Hundert höher ist als die Gesamtziffer in sämtlichen übrigen Ländern einschließlich Preußen.« Doch Himmler ignorierte die Mahnungen aus Berlin. Auf Fricks Brief schrieb er apodiktisch: »Die Gefangenen bleiben[103].«

Den beiden SS-Polizisten wurde freilich schon bald das bayrische Experimentierfeld zu eng; sie strebten hinaus ins Reich, noch waren die übrigen 16 deutschen Länderpolizeien herrenlos, zumindest nicht in einer einzigen Hand vereinigt. Die Zeit aber drängte, in Preußen hatte bereits Hermann Göring in der Gestapo eine Politische Polizei geschaffen, die ähnlich strukturiert war wie der Himmler-Heydrich-Apparat: herausgelöst aus der Verwaltung, einem Mann unterstellt, unabhängig von Staat und Partei.

Der Machtkampf unter den nationalsozialistischen Potentaten brachte Himmler und seinen Helfer schneller an das Ziel ihrer Wünsche, als die beiden erwartet hatten. Der schwache Reichsreformer Wilhelm Frick wußte in seiner Fehde mit dem preußischen Separatismus Görings keinen anderen Ausweg, als den SS-Chef zu Hilfe zu rufen, denn in einem stimmten Frick und Himmler überein: Beide wünschten eine zentrale Reichspolizei. Frick ließ den bayrischen Polizeikommandeur eine Länderpolizei nach der anderen in den Griff nehmen. Die preußische Feste aber fiel den beiden Runenmännern zu, sobald sich der Kampf zwischen Ernst Röhm und Hermann Göring abzeichnete: Göring schloß mit Himmler Frieden, lieferte ihm die Gestapo aus und gewann dafür die Unterstützung der Schutzstaffel für die blutige Abrechnung mit dem SA-Chef.

Ende April ergriffen Himmler und Heydrich auch in Preußen die Zügel der Polizei: Himmler wurde stellvertretender Chef und Inspekteur der Geheimen Staatspolizei (Gestapo), also der preußischen Variante der BayPoPo, Heydrich übernahm als Stellvertreter des Stellvertreters die Leitung des Geheimen Staatspolizeiamtes (Gestapa)[104]. Zugleich gelang es ihnen, ihre Machtbasis in der Partei zu erweitern. Die Parteiführung erkannte den SD als einzigen Nachrichtendienst der NSDAP an. Der Stellvertreter des Führers verfügte am 9. Juni 1934, es dürfe von nun an »neben dem Sicherheitsdienst des Reichsführers-SS kein Nachrichten- oder Abwehrdienst der Partei mehr bestehen, auch nicht in der Form einer Inlandsnachrichtenorganisation für außenpolitische Zwecke«[105].

Doch der Sieg des SD kam zu früh. Zudem hatte Heydrich irgendwie den Glauben an seine Schöpfung verloren. Die Erfahrungen mit der BayPoPo hatten ihm die Illusion zerstört, er könne mit dem SD eine neue Polizei aufbauen. Die Polizeibeamten der alten Schule erwiesen sich den jugendlichen SD-Parvenus als völlig überlegen. Heydrich muß das schon früh gespürt haben, denn er hatte sich noch wenige Tage vor der nationalsozialistischen Machtübernahme vom SD getrennt. Er trat am 27. Januar 1933 als Leiter des Sicherheitsdienstes zurück und ließ sich dem Stab des Reichsführers-SS als Standartenführer z[ur] b[esonderen] V[erfügung] zuteilen[106]. Ein dreiviertel Jahr lief der SD-Apparat ohne Heydrich[107].

Der ehemalige und künftige SD-Chef war realistisch genug zu erkennen, daß seine Organisation schon zahlenmäßig nicht in der Lage war, das Gerippe einer neuen Polizei auszufüllen. Im Herbst 1933 zählte der SD 100 Mitglieder, davon hatte zum Beispiel der SD-Oberabschnitt Südwest (Stuttgart) ganze fünf Angehörige[108]. Zudem zweifelte Heydrich überhaupt an, ob der SD als eigenständige Organisation eine Zukunft habe. Lina Heydrich erzählte dem israelischen Historiker Aronson, ihr Mann habe damals gesagt: »Jetzt brauchen wir die Partei nicht mehr. Die hat ihre Rolle gespielt und hat den Weg zur Macht eröffnet. Jetzt soll die SS in die Polizei eindringen und mit ihr eine neue Organisation bilden[109].«

Eben dies war sein Ziel, als er sich im Auftrage Himmlers anschickte, an der Spitze des Geheimen Staatspolizeiamtes die Länderpolizeien Deutschlands unter dem Zeichen der Sigrunen zu vereinigen: Er wollte die erfahrenen Polizeifunktionäre in regimetreue, nur notdürftig braungesprenkelte Apparatschiks umwerten, verfügbar für jeden Auftrag der Führerdiktatur. Für den Pragmatiker Heydrich zählte nicht Gesinnungstüchtigkeit, sondern in erster Linie fachliches Können. Und das fand er in einer Gruppe Münchner Kriminalisten, die kaum ein Hehl daraus machten, daß ihnen der neumodische SD recht degoutant war.

Kriminaloberinspektor Reinhard Flesch und seine Kollegen, unter ihnen Heinrich Müller, Franz Josef Huber und Josef Meisinger, saßen in den Abteilungen II und VI der BayPoPo und lauerten darauf, von den Emporkömmlingen des SD aus dem Amt gejagt zu werden. »Heini« Müller machte sich stark: »Laßt sie nur kommen. Denen besorgen wir es schon!«[110] Die alten Profis mußten in der Tat befürchten, von den neuen Herren hinausgeworfen zu werden, weil sie, mit Ausnahme Meisingers, bis 1933 auf der anderen Seite gestanden hatten. Außer dem alten Kämpfer Meisinger, der schon am 9. November 1923 an der Münchner Feldherrnhalle mitmarschiert war[111], galt jeder in der Flesch-Gruppe als Anhänger demokratischer Parteien, meist der Bayerischen Volkspartei (BVP).

Das traf auch auf den untersetzten und stiernackigen Kriminalinspektor Müller zu, dessen Gesicht den Bauernabkömmling verriet. Heinrich Müller, Jahrgang 1900, ehemaliger Westfrontflieger und Unteroffizier, seit Ende 1919 bei der Münchner Polizeidirektion, genoß den Ruf, der grimmigste Kommunistenfresser der bayrischen Kriminalpolizei zu sein – die Geiselerschießungen der Roten in der bayrischen Rätezeit, der erste große Fall des Kanzleiassistenten Müller, hatten in ihm einen fanatischen Antikommunismus wachgerufen[112]. In der politischen Abteilung der Polizeidirektion hatte man ihm bereits zu Weimarer Zeiten das Sachgebiet Kommunismus übertragen, und selbst die Gauleitung von München-Oberbayern, die den Streber Müller nicht mochte, wollte es »unbedingt anerkannt« wissen, daß Müller den Kommunismus »äußerst scharf, ja sogar teilweise unter Außerachtlassung der gesetzlichen Vorschriften und Bestimmungen bekämpfte«[113].

Allerdings, die Gauleitung bescheinigte ihm auch: »Es ist aber ebenso klar, daß Müller, wenn es seine Aufgabe gewesen wäre, gegen Rechts genau so vorgegangen wäre. Bei seinem ungeheuren Ehrgeiz ... hätte er sich auch hier die Anerkennung seines jeweiligen System-Vorgesetzten errungen[114].« Die Münchner NS-Führung bezweifelte mithin, ob der »System«-Polizist und frömmelnde Kirchgänger Müller, der immer nur 40 Pfennig für die NS-Eintopfspende opferte und zu allem Überdruß auch noch Schwiegersohn des BVP-Verlegers Dischner (»Der Würmtalbote«) war[115], im neuen Deutschland eine berufliche Zukunft habe. Das war nicht die Art von Polizeibeamten, die den Nazis vorschwebte.

Die Münchner Gauleitung zeichnete Müllers Charakterbild am 4. Januar 1937 so: »Er geht rücksichtslos vor, bedient sich seiner Ellenbogen und versteht es jederzeit, seine Tüchtigkeit zu zeigen, schmückt sich aber auch ungeniert mit fremden Federn[116].« Und der Ortsgruppenleiter von München-Pasing bekräftigte: »Wir können ihn uns nicht gut als Parteigenossen vorstellen[117].« Doch der SD-Chef Heydrich hatte genügend Phantasie und Kaltschnäuzigkeit, just diesen Routinier in seine Dienste zu nehmen – ihn und die anderen Mitglieder der Flesch-Gruppe. Selbst den in der Partei verhaßten Naziriecher der Polizeidirektion, Kriminalsekretär Huber, akzeptierte er.

Heydrich ließ Huber kommen und holte eine Abschußliste hervor. Stumm, in lastender Stille, fuhr er mit einem Zeigefinger die Zeilen entlang. Er blickte plötzlich auf: »Welcher Huber sind Sie?« Huber erläuterte es. Eine kurze Unterredung folgte. Als der Kriminalbeamte das Zimmer des Inquisitors verließ, wußte Heydrich, daß Franz Josef Huber wie all die anderen braven Familienväter der Münchner Polizeidirektion von nun an noch bedenkenloser, noch eifriger für das Regime arbeiten würden, dessen Aufkommen sie bekämpft hatten[118].

Münchens Gauamtsleiter konnte es nicht fassen, daß (wie er am 9. März

1937 schrieb) ein derartig »gehässiger Gegner der Bewegung« nun Wächter des Regimes sei, ein Mann, der stets »bestrebt [war], durch besonders forsches Vorgehen gegen Nationalsozialisten sich Lob und Anerkennung seiner Vorgesetzten zu erwerben«, ein Mann, der einst den großen Führer Adolf Hitler einen »dahergelaufenen arbeitslosen Anstreicher« und »einen fahnenflüchtigen Österreicher« genannt hatte [119].

Müller und die Seinen waren bereit, soviel Toleranz mit »härtester Einsatzbereitschaft« zu entgelten. Statt der Verjagung aus dem Amt harrte der Münchner Kriminalisten eine unerwartete Rangerhöhung: Sie wurden sämtlich in den SD aufgenommen [120]. Eine unfreiwillige Nebenwirkung Heydrichscher Kaltblütigkeit blieb damals freilich unbeachtet: SS-Untersturmführer Müller, SS-Untersturmführer Flesch, SS-Untersturmführer Huber und wie sie noch alle heißen mochten, nähten sich zwar bereitwillig die SD-Raute an den Ärmel, aber sie brachten zugleich eine Abneigung gegen den SD mit, die bis zum Ende des Dritten Reiches anhielt und mit verhinderte, daß die Gestapo eine Domäne des SD wurde.

Die Männer um Heinrich Müller waren nicht die einzigen Profis, mit denen Heydrich seinen Beherrschungsapparat aufbaute. Der Münchner Kriminalistenbrigade entsprach eine Berliner Gruppe, deren Anführer, der Oberregierungsrat Arthur Nebe, dem Bajuwaren-Müller an fachlichem Können und Opportunismus nicht nachstand.

Nach Nebes Zusammenspiel mit den Männern des 20. Juli 1944 zeichnete Heydrich-Nachfolger Ernst Kaltenbrunner von dem einzigen SS-Gruppenführer, der jemals wegen Widerstandes gegen das NS-Regime hingerichtet wurde, ein Charakterbild, das dem von der Münchner Gauleitung angefertigten Müller-Porträt nicht unähnlich war: »Eine zwiespältige Natur, mit einem geradezu krankhaften Ehrgeiz..., der auch die Veranlassung war, daß Nebe rücksichtslos alles beiseite schob, was ihn auf seinem Wege nach oben hätte behindern können« [121]. Gewiß führte die Wut auf den »Verräter« den Griffel Kaltenbrunners, dennoch war das Nebe-Bild in den Grundlinien kaum verzeichnet: Der Berliner Volksschullehrersohn, Jahrgang 1894, ehemaliger Pionier-Oberleutnant und seit 1920 bei der Berliner Kriminalpolizei, erwies sich nicht selten als gelehriger Schüler des ihn umgebenden Ganovenzynismus [122].

Der mißtrauisch-undurchsichtige Kriminalkommissar Nebe, abwechselnd im Rauschgift- und im Raubdezernat tätig, hatte schon 1931 den Weg in die Partei gefunden [123], angelockt von den kriminalpolitischen NS-Thesen, die damals manchen Polizisten in Versuchungen führten, weil der Nationalsozialismus offerierte, was der Weimarer Staat der Polizei versagte: mehr Geld und technische Ausrüstung, Vereinheitlichung der Verbrechensbekämpfung, Schutz vor einer kritischen Presse und Verschärfung der vorbeugenden Strafjustiz. Die Todeszuckungen der Republik ermutigten den Vorsichtigen zu noch größerem Engagement. Nebe wurde Förderndes Mitglied der SS, trat außerdem in die SA ein und ließ sich zur Gestapo versetzen, wo er die Leitung der Exekutive (Abteilung III des Gestapa) übernahm [124].

Seine Verbindung mit der Gestapo sollte er freilich bald bedauern, denn Nebe geriet schnell in den Heckenschützenkampf zwischen dem herannahenden Gespann Himmler–Heydrich und dem ersten Gestapo-Chef, dem Göring-Protegé Rudolf Diels, dessen akademischen Hochmut der Notabiturient Nebe nicht vertragen konnte [125]. Er lieferte Heydrich Belastungsmaterial über Röhm und hoffte, sich damit den Austritt aus der Gestapo erkaufen zu können [126] – eine Hoffnung, die sich nur sehr bedingt erfüllen sollte.

Neben den beiden Kriminalistenteams, dem Münchner und dem Berliner, zog Heydrich eine dritte Gruppe geschulter Sachkenner an sich heran, Beamte und Juristen aus allen Teilen Deutschlands, darunter auch den Mann, der zum engsten Mitarbeiter und schließlich zum Gegner Heydrichs werden sollte: den ehemaligen hessischen Amtsrichter Dr. Werner Best.

Der Postbeamtensohn Karl Rudolf Werner Best, geboren am 10. Juli 1903 in Darmstadt, nach Rechtsstudium an den Universitäten Freiburg, Frankfurt und Gießen in die Richterlaufbahn gelangt [127], war Anhänger einer herrischen Staatsräson und gläubiger Nationalist, Schüler von Ernst Jünger und Romantiker jener Freikorpsmentalität, die den Krieg – so Best – für »eine notwendige und natürliche Form des gesamten Lebensprozesses« hielt [128]. 1930 veröffentlichte er einen Aufsatz, der sich wie eine Programmstudie des völkischen »Rechts«-Staates las. Bei »leidenschaftlicher Bejahung des Staates als der höchsten überindividuellen Steigerung des Willens zur Macht« entsagte Best radikal dem Ideal des liberalen Rechtsstaates und entkleidete das Recht fast jeder allgemeinverbindlichen Bedeutung [129].

Danach ist Recht nicht ein Zustand, in dem die unter dem Gesetz der juristischen Gleichheit stehenden Bürger Sicherheit vor einer Staatsallmacht finden; in der Sicht Bests ist Recht nur ein Mittel des Machtkampfes, eine »Abmarkung des Ergebnisses des gerade voraufgegangenen Kampfes: Gewinn an Macht auf der einen, Verlust auf der anderen Seite«. Best schrieb: »Das Ziel jeder einzelnen innerstaatlichen Macht ist die Herrschaft über die anderen, wobei sich jede ... mit ›dem Staat‹ zu identifizieren pflegt. Vollendung der Herrschaft ist die Tendenz des Staates: Je vollkommener die Herrschaft, desto vollkommener der Staat [130].«

Er ließ es nicht bei Worten bewenden. Als im Weimarer Deutschland das Gespenst des kommunistischen Umsturzes umging, entwickelte der Nationalsozialist Best in Wort und Schrift einigen Parteigenossen in dem bei Worms gelegenen Pachthof »Boxheimer Hof« Mitte 1931 jene Gedanken eines nationalsozialistischen Gegenumsturzes, die bald unter dem Namen »Boxheimer Dokumente« berüchtigt wurden. Nach dem »Wegfall der seitherigen obersten Staatsbehörden und nach Überwindung der Kommune«, so forderte Best, ergreifen SA und Landeswehren die »verwaiste Staatsgewalt« und sichern rücksichtslos die »schärfste Disziplin der Bevölkerung«; Waffenbesitzer seien »ohne Verfahren auf der Stelle« zu exekutieren [131].

Ein abtrünniger Parteigenosse verriet die Best-Pläne an die Polizei, die sofort zugriff; die hessische Justiz entließ den Rechtswahrer, doch das Reichsgericht in Leipzig setzte ihn im Oktober 1932 »aus Gründen wegen mangelnden Beweises« außer Verfolgung [132]. Die nationalsozialistische Machtübernahme verband hingegen den Theoretiker des Polizeistaates auch physisch mit der Polizei. Ein Freund Bests, Dr. Heinrich Müller, war zum Reichskommissar in Hessen ernannt worden; Müller bat Best, die Leitung der Polizei zu übernehmen, der Freund akzeptierte.

Doch der neue Landespolizeipräsident stieß schnell mit dem Hessen-Gauleiter Sprenger zusammen, dem die sachlich-kritische Distanz des Dr. Best gegenüber Anliegen der Partei mißfiel – im Herbst 1933 mußte Best gehen [133]. Seither stand der Name des Werner Best, der schon 1932 in die SS eingetreten war und nach seiner Vertreibung in Hessen die SD-Oberabschnitte Süd und Süd-West leitete [134], auf der Personalliste Heydrichs. Der SD-Chef holte sich den Hessen Ende des Jahres 1934, als er daran ging, die Gestapo auszubauen. Ihm blieb zunächst verborgen, daß er sich seinen größten »Bremser« (so Heydrich) [135] an die Seite zog. Denn trotz aller theoretischen Forderungen nach dem nationalen Machtstaat saß tief innen in Best die reservatio des Juristen, der an einem schmalen Rest normativen Denkens festhielt. Er war auch zu sehr Beamter, dachte zu nüchtern, um mit der gewissenlosen Gelenkigkeit wetteifern zu können, die das heranwachsende SD-Geschlecht der juristischen Funktionalisten vom Schlage Walter Schellenbergs auszeichnete.

Derartige Differenzen zwischen den nationalsozialistischen Polizeifunktionären lagen indes noch in weiter Ferne, als Heydrich mit seinen neuen Mitarbeitern das Herzstück des kommenden Beherrschungsapparates festigte, jenes Instrument, dessen bloße Erwähnung Millionen Deutscher erschauern ließ: die Gestapo.

Ihr Schreckensruf wurde von Heydrich bewußt gefördert, denn nur das Renommee, alles zu wissen und erbarmungslos zuzuschlagen, konnte die Geheime Staatspolizei zur größten Abschreckungswaffe der Führerdiktatur stempeln und jede mögliche Opposition gegen das Regime ersticken. Später sagte Heydrich einmal, »in einer Mischung von Furcht und Gruseln« werde der Gestapo gedacht [136], und das klang nach der heimlichen Genugtuung eines Mannes, der sein Ziel erreicht hat.

Die Grundlagen der Gestapo stammten noch von Preußenpremier Göring. Er hatte die politischen Sonderabteilungen der Kriminalpolizei, die Politische Polizei (Bekämpfung des Hochverrats) und die Abwehrpolizei (Bekämpfung des Landesverrats), von der Kripo getrennt und sie zu einer neuen Organisation zusammengefaßt, der Geheimen Staatspolizei [137]. Ursprünglich gehörten die politischen Polizeiaufgaben in den Kompetenzbereich des preußischen Landeskriminalpolizeiamtes (LKPA); es unterhielt in jedem Polizeipräsidium sogenannte Ia-Abteilungen, jene des Berliner Polizeipräsidiums fungierte als eine Art Nachrichtenzentrale der politischen Polizei. Die Landeskriminalpolizeistellen unterstanden als Glieder der Polizeiverwaltung den Ober- und Regierungspräsidenten [138].

Das änderte Göring tiefgreifend. An die Stelle des Landeskriminalpolizeiamtes trat im April 1933 das Geheime Staatspolizeiamt, genannt Gestapa, das die politischen Polizeizweige zu einem Stamm vereinigte: Die eigentliche Politische Polizei, Kern der Gestapo, formierte sich im Gestapa zur Abteilung III, die Abwehrpolizei zur Abteilung IV. Eine dritte und vierte, die Abteilungen I (Organisation und Verwaltung) und II (Recht), kamen hinzu [139].

Ähnlich verwandelte sich das Bild auf der Ebene der mittleren Instanzen. Die LKPA-Stellen in den Provinzen mußten neuen Staatspolizei-Stellen weichen, die den Regierungspräsidenten – und das war der entscheidende Punkt – nur noch formell unterstellt wurden. Denn die Gestapo erhob ab Ende 1933 den Anspruch, eine selbständige Behördenorganisation zu sein, unabhängig von der inneren Verwaltung und nur dem preußischen Ministerpräsidenten verantwortlich. Ein Passus in dem preußischen Gestapo-Gesetz vom 30. November 1933 besagte ausdrücklich, der Leiter einer Gestapo-Stelle könne etwaigen »Wünschen« des Regierungspräsidenten entsprechen, sofern nicht Weisungen oder Richtlinien des Geheimen Staatspolizeiamtes entgegenstünden [140].

Der inneren Verwaltung war praktisch jeder Einfluß auf die politische Polizei entzogen: Ab 1. April 1934 durften die staatlichen Polizeibehörden keine politischen Abteilungen mehr unterhalten [141]. Nimmt man hinzu, daß die am 28. Februar 1933 erlassene Notverordnung des Reichspräsidenten »zum Schutz von Volk und Staat« alle Grundrechte aufgehoben hatte und mithin der Polizei ermöglichte, ohne richterlichen Befehl Haussuchungen und Verhaftungen vorzunehmen, Eigentum zu beschlagnahmen, Telephongespräche abzuhören und Briefe zu öffnen [142], so ließ sich kaum eine mächtigere Polizei denken als die Gestapo Görings.

Doch das genügte dem Überwachungsperfektionisten Heydrich noch nicht. Er wurde nicht müde, die Gefahren für das Regime in den grellsten Farben auszumalen. Heydrich befolgte damit jenes Ritual, mit dem die Polizeichefs der Diktaturen den Aufbau ihres Terrorapparates einzuleiten pflegen: der Konstruktion des Staatsfeindes.

Gestapa-Chef Heydrich trat plötzlich aus der Anonymität hervor und alarmierte die Öffentlichkeit. Viele Parteigenossen, zürnte er Anfang 1935 in einer Rede, hätten noch gar nicht begriffen, daß »mit der Zerschlagung der gegnerischen Organisationen« die Gegner noch keineswegs vernichtet seien; die Gegner des Regimes hätten sich »gleichgeschaltet«, und es gelte nun, »den Gegner in seinen neuen Positionen zu finden«. Er erläuterte, »die treibenden Kräfte des Gegners« blieben sich zwar »ewig gleich: Weltjudentum, Weltfreimaurertum und ein zum großen Teil politisches Priesterbeamtentum«, aber noch weit gefährlicher als dieser »sichtbare« Gegner sei der getarnte Feind: »Er arbeitet illegal, ... sein Ziel ist, die Einheit der Führung in Staat und Partei zu zerstören ... Die Verzweigung dieses Netzes ist ungeheuerlich [143].«

Der Ausbau der Beherrschungsmaschine konnte beginnen. Die Abteilungen des Gestapa wurden in drei Hauptabteilungen zusammengelegt, dann ergriff der Generalstab des Terrors die Macht: Während sich Nebe als neuer Chef des LKPA von den Gestapo-Strapazen erholen konnte und erst 1936 unter das Kommando Heydrichs fiel, besetzte SS-Obersturmbannführer Best die Hauptabteilung I (Verwaltung und Recht), im Frühjahr 1935 dann auch als Nachfolger des auf Betreiben der Wehrmacht kaltgestellten SS-Standartenführers Dr. Günther Patschowsky die Hauptabteilung III (Abwehrpolizei)[144].

Die eigentliche Gestapo okkupierte Heydrichs Bajuwaren-Brigade. SS-Untersturmführer Flesch übernahm die Hauptabteilung II[145], derweil seinen Spezis die wichtigsten der zunächst sechs Abteilungen dieser Hauptabteilung II zufielen: Heinrich Müller erhielt die Abteilung »Marxismus«[146] (Beobachtung und Verfolgung der verbotenen sozialistischen und kommunistischen Parteien), Franz Josef Huber leitete die Abteilung »Reaktion, Rechtsopposition, Kirchen«[147] (Beschattung regimefeindlicher Bestrebungen in nicht-nationalsozialistischen Organisationen von der katholischen Kirche bis zum deutsch-nationalen »Stahlhelm«), Josef Meisinger gebot der Abteilung »NSDAP, Abtreibungen, § 175, Rassenschande«[148] (Aufdeckung von Hitler-feindlichen Elementen in der Partei, Homosexuellen, Abtreibungsfällen und Verstößen gegen das Verbot intimer Beziehungen zwischen Nichtjuden und Juden), Amtsrichter Dr. Rhode führte die Abteilung »Wirtschaft« (Überwachung legaler Vereine und Wirtschaftsverbände einschließlich der Deutschen Arbeitsfront[149]), während Staatsanwaltschaftsrat Tesmer die für Schutzhaftbefehle und Einweisungen in Konzentrationslager zuständige Abteilung[150] leitete und Regierungsrat Dr. Harl Hasselbacher weiterhin der Abteilung »Freimaurerei und religiöse Sekten«[151] (Ausforschung NS-feindlicher Strömungen in außerkirchlichen Religionsgemeinschaften und Bekämpfung der Freimaurerlogen) vorstehen durfte.

Die Neuen machten sich daran, das von Göring geschaffene Überwachungsnetz noch enger zu knüpfen. Der verschärfte Kampf gegen den sogenannten Staatsfeind setzte freilich erst einmal voraus, daß die Gestapo wußte, was ein Staatsfeind war. Göring hatte oft seine Beamten darüber im Zweifel gelassen, meist war Staatsfeind identisch mit Kommunist oder »Marxist«; die neuen Herren der Prinz-Albrecht-Straße aber brachten begriffliche Klarheit mit.

»Staatsfeind ist heute jeder, der dem Volk, der Partei und dem Staat, ihren weltanschaulichen Grundlagen und ihren politischen Aktionen bewußt entgegenwirkt«, erklärte der SS-Hauptsturmführer Alfred Schweder[152], und schlichteren Gestapo-Gemütern schilderte Kriminalkommissar Wendzio in einer internen Studie den Staatsfeind so: »Im einzelnen verstehen wir darunter Kommunismus, Marxismus, Judentum, politisierende Kirchen, Freimaurerei, politisch Unzufriedene (Meckerer), Nationale Opposition, Reaktion, Schwarze Front (Strasser, Prag), Wirtschaftssaboteure, Gewohnheitsverbrecher, auch Abtreiber und Homosexuelle (vom bevölkerungspolitischen Standpunkt Schädigung der Volks- und Wehrkraft, bei den Homosex[uellen] auch Spionagegefahr), Hoch- und Landesverräter.« Diesem Kunterbunt war laut Wendzio ein »gemeinsames Ziel« zu eigen; ihr Kampf richte sich »gegen die geistige und rassische Substanz des Deutschen Volkes« [153].

Ein ausgeklügeltes Listen- und Karteisystem sollte jeden möglichen Regimegegner registrieren. Das Gestapa in Berlin und seine Stellen in der Provinz führten eine sogenannte A-Kartei, die alle im Sinne der Gestapo gefährlichen Staatsfeinde in drei Gruppen festhielt: Zur Gruppe A 1, kenntlich durch einen roten Reiter auf der linken Seite jeder Karteikarte, gehörten Regimegegner, die schon bei der Einleitung getarnter Vorausmaßnahmen für eine allgemeine Mobilmachung festgenommen werden sollten, zur Gruppe A 2 (blauer Reiter) zählten Personen, die bei der öffentlichen Ankündigung einer Mobilmachung zu verhaften waren, und zur Gruppe A 3 (grüner Reiter) rechneten Bürger, die zwar keine Sicherheitsrisiken darstellten, dennoch, wie Heydrich in einem Befehl erläuterte, »in Zeiten schwerer Belastungsproben ... als politisch so gefährlich angesehen werden müssen, daß ihre Festnahme oder ihre besondere Überwachung ins Auge gefaßt werden muß« [154].

Die Gestapo wußte ihre Opfer auch farblich bis in letzte Feinheiten zu nuancieren. Ein zweiter Reiter auf der rechten Karteiseite charakterisierte den Staatsfeind: ein dunkelroter Reiter den Kommunisten, ein hellroter den »Marxisten«, ein brauner den »Attentäter«, ein violetter den »Querulanten«. An jedem 1. April und 1. Oktober mußte der Sachbearbeiter überprüfen, ob die Charakterisierung noch zutraf [155].

Eine derartig detaillierte Beobachtung dessen, was man in der Gestapo Staatsfeind nannte, erforderte jedoch eine schier pausenlose Expansion der staatspolizeilichen Macht und Funktion. Mit 35 Mann aus der Ia-Abteilung des Berliner Polizeipräsidiums hatte das Gestapa begonnen, Anfang 1935 zählte es bereits 607 Beamte und Angestellte; 1933 hatten sich die jährlichen Gestapo-Ausgaben auf eine Million Reichsmark belaufen, 1937 erreichte der Etat die 40-Millionen-Grenze [156].

Die Gestapo-Stellen in jedem Regierungsbezirk und die (1937 entstehenden) Gestapo-Leitstellen am Sitz eines Oberpräsidenten oder einer Landesregierung [157] wurden erweitert. Die Abwehrpolizei drang immer mehr in die Reservate der militärischen Spionageabwehr ein. Allmählich gerieten auch die deutschen Landesgrenzen in den Bannkreis der Gestapo. Die Grenzkommissariate, bis dahin dem Landeskriminalpolizeiamt unterstellt, wurden der Geheimen Staatspolizei zugeschlagen und erhielten den Status von auswärtigen Dienststellen der jeweiligen Gestapo-Stelle [158]. Später schuf sich die Gestapo eine eigene Grenzpolizei, die nicht etwa Grenzwachtaufgaben, sondern ausschließlich staatspolizeiliche Funktionen ausübte. Sie sollte an der Grenze nach Regimefeinden fahnden und vor allem Landesverräter jagen; deshalb unterstand sie auch dem Referat G der Gestapa-Hauptabteilung III, also der Abwehrpolizei [159].

An Hitler-Deutschlands Grenzen rasselte ein Eiserner Vorhang herunter. Ein sorgfältig ausgetüfteltes Fahndungssystem sollte garantieren, daß kein Flüchtiger dem Riesenauge der Gestapo entkam. Verschiedene Fahndungsarten warfen ihre Netze über das Land. Es gab örtliche Fahndungen (durch Ortspolizei und städtische Behörden) und staatspolizeiliche Fahndungen. Auch hier bezeichneten Farben den Gegner: Ziegelrote Fahndungskarten galten entflohenen Gefangenen und weiße Karten mit rotem Rand ausweisungspflichtigen Personen [160]. Besonders subtil war die sogenannte Buchstabenfahndung der Gestapo, sie war achtfach unterteilt. Jeder Fahndungsbuchstabe drückte einen Wunsch der Gestapo aus. Fahndung A: Festnehmen. Fahndung B: Festnehmen, falls ohne Wohnung. Fahndung C: Aufenthalt ermitteln. Fahndung D: Ausweisen. Fahndung E: Vermißten suchen. Fahndung F: Verlorene Papiere sicherstellen. Fahndung G: Unauffällig beobachten. Fahndung V: Berufsverbrecher verhaften [161].

Die Fahndungsarbeit der Gestapo wurde auf manchen Gebieten leichter, je mehr Macht die Polizei usurpierte. In späteren Jahren überstellte das Gestapa Staatenlose, die ausgewiesen werden sollten, bis zur Abwicklung der Formalitäten in ein Konzentrationslager – dabei hatte natürlich alles seine papierene Ordnung. »Die Aufnahme des Staatenlosen in das von mir bestimmte K.Z.«, verhieß Gestapo-Justitiar Best am 26. Juli 1937, »wird von der Landespolizeibehörde mittels Vordruck Gestapa Nr. 240 veranlaßt. Das K. Z. reicht mir nach der Annahme des Ausweisungshäftlings den Vordruck Gestapa Nr. 240 urschriftlich nebst der mit Lichtbild des Ausweisungshäftlings versehenen Lagerkarteikarte Gestapa Nr. 98 weiter.« Erst wenn sich ein fremdes Land zur Aufnahme des Häftlings bereit erklärt hatte, durfte er das Lager wieder verlassen. Best bestimmte: »Vor dem Abschub hat die Grenzpolizeibehörde mit dem Staatenlosen eine Verhandlung in doppelter Ausfertigung aufzunehmen, in der ihm für den Fall einer Rückkehr erneut Ausweisungshaft in einem K. Z. angedroht wird [162].«

Mit dem Privileg, Schutzhaftbefehle zu erlassen und Menschen in Konzentrationslager zu werfen, hielt die Gestapo eine mörderische Waffe in der Hand. Sie untergrub jede Justiz in Deutschland, denn kein Richter, kein Staatsanwalt, kein Verteidiger konnte verhindern, daß Menschen hinter den Stacheldrahtzäunen der Konzentrationslager verschwanden.

Als oberste Behörde, die für Schutzhaftbefehle zuständig war, figurierte das Geheime Staatspolizeiamt; es konnte zunächst jeden Preußen, später jeden Deutschen, ungehindert von irgendeiner Justiz, in ein KZ einweisen, und dies auf unbestimmte Zeit. Die untergeordneten Gestapo-Stellen durften auch Schutzhaft verhängen, allerdings nur für die Dauer von sieben Tagen; wurde der Haftbefehl vom Gestapa nicht bestätigt, mußte der Häftling am achten Tag entlassen werden [163]. Seit Heydrich die Gestapo kommandierte, stiegen die Häftlingszahlen in den KZ. Allein von 1935 bis 1936 wurden über 7 000 »Marxisten« verhaftet [164], ganz im Sinne der Ankündigung des Dr. Best: »Jeder Versuch, eine andere politische Auffassung durchzusetzen oder auch nur aufrechtzuerhalten, wird als Krankheitserscheinung, die die gesunde Einheit des unteilbaren Volksorganismus bedroht, ohne Rücksicht auf das subjektive Wollen seiner Träger ausgemerzt [165].«

Je unheildrohender sich aber die Macht der Gestapo ausbreitete, desto mehr wuchs auch die Zahl ihrer Gegner. Juristen und Verwaltungsbeamte versuchten, den Siegesmarsch der Gestapo zu stoppen, zumindest aber zu verlangsamen. Die Gegner beabsichtigten nichts weniger, als der Geheimen Staatspolizei die liebste Waffe aus der Hand zu schlagen: das KZ. Mutige Rechtswahrer deckten Verbrechen und Mißstände in den Konzentrationslagern auf, um die maßvolleren NS-Führer für eine Auflösung der neudeutschen Prügelstätten reif zu machen[166].

Das sorgfältig getarnte Spiel einzelner Juristen hatte schon im Sommer 1933 begonnen, als Heydrich und Himmler in Bayern das Modell ihres Terrorsystems entwarfen. Damals war die Staatsanwaltschaft beim Landgericht München II zahlreichen dunklen Todesfällen im KZ Dachau auf die Spur gekommen. Die Staatsanwaltschaft erhob daraufhin die Forderung, die Justiz sei »verpflichtet, ohne Rücksicht auf irgendwelche Personen die strafrechtliche Verfolgung der genannten Vorkommnisse durchzuführen«, wie sie in einem Schreiben an das bayrische Justizministerium am 2. Juni 1933 formulierte[167]. Wiederholt protokollierte die Staatsanwaltschaft das Morden in Dachau: In der zweiten Maihälfte 1933 ermittelte die Staatsanwaltschaft wegen des Todes der vier Dachau-Häftlinge Schloß, Hausmann, Strauß und Nefzger. Befund: Sie waren vom Lagerpersonal zu Tode gequält worden. Ende September 1933 erzwang die Staatsanwaltschaft die Obduktion der Leiche des in Dachau gestorbenen Häftlings Hugo Handschuch. Die Staatsanwaltschaft registrierte: »Blutungen von der Einwirkung einer stumpfen Gewalt ... Anhaltspunkte für ein fremdes Verschulden.« Ende Oktober 1933 versuchte die Staatsanwaltschaft, den angeblichen Selbstmord der Häftlinge Wilhelm Franz und Dr. Delwin Katz aufzuklären. Die Staatsanwaltschaft stellte fest: »Die Leichenöffnung ergab bei beiden Leichen begründeten Verdacht für Gewalteinwirkungen von fremder Hand ... Erstickungstod durch Erwürgen und Erdrosseln[168].«

Die Staatsanwaltschaft München II ersuchte das Justizministerium, die Lagerordnung von Dachau auf ihre Rechtmäßigkeit zu prüfen, und erhob am 1. Juni 1933 gegen den KZ-Kommandanten, SS-Oberführer Hilmar Wäkkerle, den Lagerarzt Dr. Nuernbergk und den Kanzleiobersekretär Mutzbauer Anklage wegen Mordbegünstigung[169]. Himmler mußte seinen KZ-Kommandanten fallenlassen[170]. Desto wütender reagierten Himmler und Heydrich gegen alle Versuche der Staatsanwaltschaft, auch die anderen Fälle prozeßreif zu machen. Die beiden animierten den Innenminister Wagner dazu, im Kabinett zu beantragen, die Ermittlungsverfahren gegen die KZ-Verbrechen seien »aus staatspolitischen Gründen« niederzuschlagen[171].

Als die Mehrheit des bayrischen Kabinetts Wagners Antrag ablehnte, verlegte Himmler der Staatsanwaltschaft den Weg ins Konzentrationslager. Himmler erwirkte von Justizminister Dr. Hans Frank eine Weisung an den Generalstaatsanwalt, »von dem Antrag auf Eröffnung der Voruntersuchung bis auf weiteres abzusehen«[172]. Die Staatsanwaltschaft ließ jedoch nicht lokker. Sie ersuchte die BayPoPo am 12. Juli 1934, »im Benehmen mit der Kommandantur des Konzentrationslagers Dachau den Sachverhalt weiter aufzuklären und die als Täter verdächtigten Personen zu ermitteln zu suchen«. Heydrichs BayPoPo reagierte giftig: »Der neuerliche Beweiserhebungsantrag durch die Staatsanwaltschaft München II zeigt, mit welchen an den Haaren herbeigezogenen Mitteln gearbeitet wird, um dem Konzentrationslager Dachau angeblich ausgeführte Verbrechen in die Schuhe zu schieben[173].« Im KZ beeilte man sich, alle Spuren zu beseitigen; am 27. September 1934 mußte Oberstaatsanwalt Wintersberger die Verfahren einstellen[174].

Himmler wußte der gefährlichen Staatsanwaltschaft durch einen listigen Schachzug Fesseln anzulegen. Den treibenden Kopf der Dachau-Gegner, den Ersten Staatsanwalt Dr. Walther Stepp, einen gläubigen Nationalsozialisten, bewog Himmler zum Eintritt in die SS und nährte in ihm die Illusion, als SS-Hauptsturmführer könne er die Mißstände in Dachau besser bekämpfen. Aus dem Kritiker der BayPoPo wurde ihr Funktionär – ein Jahr später war Stepp stellvertretender BayPoPo-Chef![175]

Auch in Preußen hatten Couragierte den Kampf gegen KZ-Verbrechen aufgenommen. Der erste Gestapo-Leiter Diels löste zahlreiche »wilde«, meist von der SA betriebene Konzentrationslager auf. Er gewann auch zwei Nationalsozialisten im Justizministerium, den Oberstaatsanwalt Werner von Haacke und den Staatsanwalt Günther Joel, für den Plan, mit ministerieller Autorität politische Verbrechen zu bekämpfen. Haacke und Joel gründeten im preußischen Justizministerium eine Zentrale Staatsanwaltschaft, die zwar meist nur SA-Gangster zur Strecke brachte, sich zuweilen aber auch an Gestapo- und SS-Verbrecher heranwagte[176].

Seinen größten Erfolg errang der braune NS-Verfolger von Haacke im Kampf gegen die Stettiner Gestapo-Stelle, deren Leiter, SS-Sturmführer Dr. Joachim Hoffmann, auf der Vulkanwerft von Stettin-Bredow ein Konzentrationslager unterhielt, in dem Menschen bestialisch gequält (im Gestapo-Jargon: »vulkanisiert«) wurden. Haacke gelang es, Gestapo-Hoffmann zu verhaften; vor ihm stand, so erinnert sich von Haacke, »ein fanatischer, sadistischer Intellektueller von einer mir bis dahin nicht vorgekommenen Kälte des Gefühls. Ich habe nur einen Menschen kennengelernt, der mich im Wesen, ja sogar in seinen einzelnen Bewegungen und Gesten vom ersten Augenblick an ihn erinnerte: Heydrich[177].« Die 2. Große Strafkammer Stettin verurteilte Hoffmann am 6. April 1934 zu 13 Jahren Zuchthaus, seine Helfer erhielten ebenfalls Zuchthausstrafen[178].

Dieses Beispiel ermunterte auch andere Juristen zum Widerstand gegen die schwarzuniformierten Quäler. Ungewöhnlichen Mut bewies der Breslauer Generalstaatsanwalt Dr. Walter Schaeffer, der nach der Blutorgie des 30. Juni 20 SS-Männer, darunter zwei Standartenführer, unter Mordverdacht verhaften ließ und sie erst nach schweren Auseinandersetzungen mit dem Justiz-Staatssekretär Roland Freisler wieder in Freiheit setzte[179]. Der Abgang von Diels und das Einschwenken Görings in das Himmler-Heydrich-Lager beraubte jedoch die Rechtswahrer ihrer wenn auch oft halbherzigen Schutzherren. Im November 1934 tobte Göring auf einer Sitzung des Preußischen

Staatsrates: »Es gibt noch Staatsanwälte, die eine Freude daran haben, Ehrenzeichenträger [der Partei] ins Zuchthaus zu zerren, aber wir werden ihnen das schmutzige Handwerk legen!«[180]

Einige Juristen ließen sich dennoch nicht einschüchtern. Anfang 1935 klagte der sächsische Staatsanwalt Dr. Walther, ein SA-Mann, die verantwortlichen Leiter des Konzentrationslagers Hohnstein wegen schwerer Gefangenenmißhandlungen an, in die auch die Gestapo verwickelt war; Walther präparierte sich auch auf ein Separatverfahren gegen den verantwortlichen Gestapo-Beamten, Oberregierungsrat Erich Vogel. Als die KZ-Schergen zu mehreren Jahren Gefängnis verurteilt wurden, setzte der Sachsen-Gauleiter Mutschmann das Gericht unter Druck und verlangte Freispruch. Doch Reichsjustizminister Dr. Franz Gürtner protestierte: »Derartige an orientalischen Sadismus erinnernde Grausamkeiten können auch in der größten kämpferischen Erbitterung keine Erklärung und Entschuldigung finden.« Das Gericht blieb bei seinem Urteil, doch die Rache der Nazis folgte sofort. Die beiden Schöffen des Gerichts wurden aus der Partei hinausgeworfen und dem Staatsanwalt das Verlassen der SA nahegelegt. Dann intervenierte Gerichtsherr Hitler: Er begnadigte die Verurteilten und schlug das Verfahren gegen den Gestapobeamten Vogel nieder[181].

So geartete Willkür ließ den im Grunde seines Herzens nationalliberal gesinnten Justizminister Gürtner auf ein waghalsiges Unternehmen sinnen. Er hatte eine verzweifelte Idee: Den Despotismus der Führerdiktatur und der Gestapo, so schien ihm, konnte man nur zügeln, wenn es gelang, das Recht auf nationalsozialistische Art zu verkürzen, zugleich aber ein Mindestmaß an rechtlichen Normen zu schaffen, die auch Hitler und dessen Werkzeuge banden[182].

Der Rechtsliberale Gürtner liierte sich mit dem härtesten der nationalsozialistischen Rechtswahrer, dem neuen Reichsjustizkommissar Dr. Hans Frank. Der NS-Eiferer wollte das ganze Strafrecht radikal entliberalisieren und auf einen neuen, verschwommenen Begriff – den Schutz der sogenannten völkischen Werte – fixieren, aber die Willkür einer allmächtigen Polizei hielt auch der Dr. Frank nicht für Recht. Freilich erkannte er erst unter dem Nürnberger Galgen »das Entsetzliche an Adolf Hitler«, und das war, »daß er, der in seinen Kampfjahren selbst den Schutz des Gesetzes genoß, später als Staatsmann nur Verachtung für das Recht und das Richtertum hatte«[183]. Allerdings: Schon am Mordtag des 30. Juni 1934 war der Rechtswahrer Frank im Untersuchungsgefängnis von Stadelheim über juristische Zwirnsfäden der Führerdiktatur gestolpert. Damals hatte in ihm jener allmähliche Prozeß des Zweifels eingesetzt, der 1942 den Polen-Generalgouverneur Frank veranlassen sollte, die größte öffentliche Attacke zu reiten, die jemals im Großdeutschen Reich öffentlich gegen die Polizeidespotie des Heinrich Himmler geführt worden ist.

Frank und Gürtner gründeten bereits Ende 1933 eine »Amtliche Strafrechtskommission«, die ein neues Strafgesetzbuch ausarbeiten sollte. Frank steuerte die nationalsozialistischen Schlagworte bei, der stets dienstbereite

Roland Freisler kleidete sie in Paragraphen, während Gürtner und sein Intimus, der spätere Reichsgerichtsrat und Widerstands-Märtyrer Hans von Dohnányi, die rechtliche Willkür Hitlers und der Gestapo zu zügeln versuchten [184]. Zugleich aber gewann Gürtner den NS-Rechtswahrer Frank für sein vordringlichstes Ziel: die Abschaffung der Konzentrationslager.

Im Sommer 1934 wagten Frank und Gürtner »einen direkten Vorstoß bei Hitler«, wie Frank berichtet. Die beiden Juristen argumentierten im großen Kabinettssitzungssaal der Reichskanzlei in Anwesenheit Hitlers und Himmlers gegen das KZ-System [185]. »Ich beantragte«, erzählt Frank in seinen Memoiren, »daß ein Endzeitpunkt für dieses ganze ›System‹ bestimmt werden müsse, der so nahe wie möglich zu liegen hätte und daß ab sofort sämtliche Weiterverhaftungen einzustellen und alle bisher vorgenommenen und aufrechterhaltenen Inhaftierungen sowie alle Klagen wegen Mißhandlungen juristisch, also durch die ordentlichen Gerichte nachgeprüft werden sollten. Reichsjustizminister Dr. Gürtner stimmte mir in ernsten Worten zu, aber er und ich blieben allein.» Hitler lehnte den Antrag ab und behauptete, es sei »verfrüht«, die Konzentrationslager abzuschaffen. Auch Franks neues Strafrecht ließ er später zu den Akten legen [186].

Gürtner überlegte erneut, wie man die Macht der Gestapo und die Tyrannei ihrer Schutzhaftorders einschränken könne. Der Reichsjustizminister sammelte Material über die zahlreichen verschleierten Todesfälle in den Konzentrationslagern und forderte schließlich, Schutzhäftlingen müsse endlich eine Rechtshilfe durch ordentliche Rechtsanwälte zugestanden werden. Himmler wies die Kritik zurück: »Besondere Maßnahmen werden bei der ohnehin gewissenhaften Leitung der Konzentrationslager nicht als notwendig erachtet.« Stets wußte Himmler sich der Unterstützung Hitlers zu versichern. Himmler belehrte am 6. November 1935 Gürtner: »Ich habe in der Angelegenheit des an uns herangetragenen Wunsches betr. Erteilung der Genehmigung, bei Schutzhaftfällen Rechtsanwälte einzuschalten, dem Führer und Reichskanzler am 1. 11. 1935 Vortrag gehalten. Der Führer hat die Hinzuziehung von Rechtsanwälten verboten und mich beauftragt, Ihnen seine Entscheidung zur Kenntnis zu bringen [187].«

Die Opposition des schwachen und allzu vorsichtigen Justizministers zerschellte am granitenen Durchsetzungswillen Himmlers und Heydrichs. Sie scheiterte aber auch an der Instinktlosigkeit vieler im Gesetzespositivismus des 19. Jahrhunderts aufgewachsenen Juristen, die sich schnell und dienstbeflissen der Euphorie des nazistischen Führerkults unterwarfen.

Nicht beherzte Rechtswahrer wie der Generalstaatsanwalt Schaeffer oder vorsichtige Normen-Verteidiger wie der Reichsjustizminister Gürtner gaben den Ton der deutschen Jurisprudenz an, den Marschtritt befahlen gelenkige Rechtslehrer von der Art Carl Schmitts, der »an Stelle der normativistischen Verkrampfung und der Bindung der Rechtsprechung an exklusive Tatbestände« den Juristen »zum rechtschöpferischen Mitarbeiter des Führerwillens« machen wollte [188]. »Heraus aus der Buchstabensklaverei des positivistischen Rechts«, forderte die »Juristische Wochenschrift« 1934 [189], und

Deutschlands Richter begannen, auch die Macht der Gestapo immer bedenkenloser auszulegen: Am 2. Mai 1935 entschied das Preußische Oberverwaltungsgericht, Maßnahmen des Gestapa könnten nicht durch ein Verwaltungsstreitverfahren angefochten werden, als einziger Ausweg bleibe eine Dienstaufsichtsbeschwerde bei dem Chef des Gestapa[190]. Und am 7. Oktober 1935 hielt das Hamburger Verwaltungsgericht für rechtens, »daß im nationalsozialistischen Staat Gesetzgebung, Verwaltung und Justiz nicht gegeneinander stehen ... und daß daher die Justiz nicht unter dem Blickpunkt einer anderen Betrachtungsweise verneinen könne, was der Staat als politische Handlung vornehme«[191].

Gestapo-Justitiar Best verfolgte befriedigt die behenden Annäherungsversuche der Justizdiener und verschickte die Gerichtsurteile an alle Gestapo-Stellen zur Information und zur Ergötzung[192]. Zug um Zug näherte sich das Gros der Richter Bests zynischer Polizeidefinition, die da schlicht lautete: »Die ›Polizei‹ handelt nie ›rechtlos‹ oder ›rechtswidrig‹, soweit sie nach den ihr von ihren Vorgesetzten – bis zur Obersten Führung – gesetzten Regeln handelt. Solange die Polizei diesen Willen der Führung vollzieht, handelt sie rechtmäßig[193].«

Justizminister Gürtner erregte sich: »Es ist zum Verzweifeln!« Er traue sich, erzählte er Berlins Oberbürgermeister Dr. Sahm, in keine Gesellschaft mehr, weil ihn ständig ausländische Journalisten nach den KZ-Verhältnissen fragten. Sahm wollte wissen, was denn eigentlich der Reichsinnenminister Dr. Wilhelm Frick dazu sage. Gürtner winkte ab: »Göring und Heydrich wiegen mehr als 100 Frick[194].« Gürtner durchschaute nicht, daß just zur selben Zeit der zaghafte NS-Konservative Wilhelm Frick versuchte, den Zauberlehrling wieder loszuwerden, den er einst gegen Göring zu Hilfe gerufen hatte: Dem Chef des Reichsinnenministeriums (RMdI) kamen plötzlich Bedenken, einem so gefährlichen Mann wie Himmler das Kommando über eine vereinigte Reichspolizei zu überlassen.

Fricks Bemühungen wären zu einem völligen Mißerfolg verurteilt worden, hätten sich dem Minister nicht hohe Bürokraten des Reiches angeschlossen, denen es trotz aller Anpassung an das Regime nicht behagte, daß die Gestapo immer größere Macht gegenüber der Verwaltung beanspruchte. Die Ironie wollte, daß die Anführer der Anti-Gestapo-Fronde zwei Männer waren, die nach außen eng mit der SS verbunden schienen: der Aachener Regierungspräsident Eggert Reeder, Förderndes Mitglied und später Gruppenführer der SS[195], und sein Kölner Kollege, der SS-Standartenführer Rudolf Diels[196], eben jener ehemalige Göring-Günstling, der mehr als jeder andere Beamte zur Machtentfaltung der Gestapo beigetragen hatte.

Frick und die beiden Regierungspräsidenten spielten sich geschickt die Bälle zu, um wenigstens in der Provinz den Einfluß der Gestapo zurückzudrängen. Das Gestapo-Gesetz vom 30. November 1933 hatte den Ober- und Regierungspräsidenten jeden Einfluß auf die Gestapo-Stellen genommen[197]; jetzt aber galt es, die Vorposten des Gestapa auf dem Lande wieder stärker unter Kontrolle zu bringen. Frick eröffnete am 16. Juli 1934 den Feldzug mit einem Runderlaß[198] an alle Ober- und Regierungspräsidenten, der einen seltsamen Satz enthielt.

Da stand, es bestünde »Übereinstimmung darüber«, daß die Selbständigkeit der Gestapo »lediglich eine Übergangsregelung« sei, »die infolge der durch die Röhm-Revolte angespannten politischen Lage notwendig geworden ist«. In diesem Runderlaß ordnete der Innenminister an, es müsse »engste Zusammenarbeit« zwischen Gestapo und Verwaltung »sowie die fortlaufende Berichterstattung der Staatspolizeistellen an die Herren Ober- und Regierungspräsidenten gesichert« sein[199]. Mit anderen Worten: Frick konstruierte eine Unterstellung der Gestapo unter die Verwaltung.

Aachens Regierungspräsident Reeder schrieb daraufhin prompt im August 1934 an das Reichsinnenministerium, der Regierungspräsident habe die »tatsächlich unteilbare, politische Verantwortung für seinen Bezirk zu übernehmen«, darauf könne »nicht verzichtet werden«: »Der Leiter der Staatspolizeistelle ist der mir unterstehende Dezernent[200].« Kollege Diels wurde noch deutlicher. Am 4. November 1934 schrieb er Göring: »Die Abtrennung der politischen Polizei führt auf die Dauer zu Schwierigkeiten, die Ihnen, Herr Ministerpräsident, bekannt sein dürften. Zu dieser ›Zerbröselung‹ der inneren Verwaltung kommen alle die Schwierigkeiten, die durch die Herrschaft der Partei über den Staat heraufbeschworen worden sind ... Es muß einmal Schluß gemacht werden mit dem Begriff der ›politischen Zuverlässigkeit‹ ... Dieser Begriff ist der Tummelplatz für das hündische Mißtrauen geworden, das der Staatsverwaltung die Arbeit erschwert[201].«

Auch Ostpreußens Oberpräsident, der ebenso fanatische wie SS-gegnerische Gauleiter Erich Koch, beklagte sich über seinen Gestapo-Schatten und forderte von Frick Abhilfe. Frick am 23. September 1935 an Himmler: »Ich halte das gegenwärtige Verhältnis zwischen dem Oberpräsidenten und dem Leiter der Staatspolizeistelle auf die Dauer für unmöglich und der Staatsautorität im höchsten Grade abträglich.« Himmler gab in bewährter Manier zurück: »Der Führer hat entschieden, daß an der Dienststellung der Staatspolizei Königsberg nichts zu ändern ist[202].« Dennoch setzten die Bürokraten den Polizeiapparat so lange unter Druck, bis sich Himmler und Heydrich einverstanden erklärten, mit dem Reichsinnenministerium ein neues Gestapo-Gesetz auszuhandeln.

Nach monatelangem Feilschen wurde am 10. Februar 1936 das Gesetz erlassen, das praktisch den bestehenden Zustand bestätigte, jedoch im Paragraphen 5 besagte: »Die Staatspolizeistellen sind gleichzeitig den zuständigen Regierungspräsidenten *unterstellt,* haben den Weisungen derselben zu entsprechen und sie in allen politisch-polizeilichen Angelegenheiten zu unterrichten[203].«

Der Teilerfolg machte die RMdI-Beamten angriffslustig. Als nun Himmler und Heydrich vom Innenministerium forderten, ihre Konzessionen gegenüber der Verwaltung durch eine gesetzliche Regelung der organisatorisch noch immer ungelösten Frage der Reichspolizei zu honorieren, zogen die Bürokraten eine neue Widerstandslinie gegen die beiden Runenmänner.

Grundsätzlich war die Frage längst entschieden. Himmler und Heydrich hatten nach der Eroberung der Gestapo im April 1934 beim Gestapa ein »Zentralbüro des Politischen Polizeikommandeurs der Länder« errichtet [204], das praktisch die Arbeit der deutschen Länderpolizeien mit den Unternehmungen der Gestapo koordinierte.

Tatsächlich kommandierte Himmler bereits die politische Polizei des ganzen Reiches. Offen blieb nur, in welcher Form der SS-Chef über die gesamte deutsche Polizei einschließlich ihrer nichtpolitischen Teile gebieten sollte. Die RMdI-Beamten spielten mit dem Gedanken, die vereinigte Polizei dem Reichsinnenminister zu unterstellen und den zu mächtig gewordenen Himmler durch dessen Berliner Konkurrenten, den SS-Obergruppenführer und Generalleutnant der Polizei Kurt Daluege, auszubooten.

Himmler-Rivale Daluege hatte schon im Mai 1933 als Kommandeur der preußischen Landespolizei Pläne ausgearbeitet, die eine – wie man offiziell sagte – »Verreichlichung« der politischen Polizei vorsahen [205]. Dem Reichsreformer Frick gefiel der Daluege-Plan; seither sah er in diesem SS-Mann den künftigen deutschen Polizeichef. Als das preußische Innenministerium im RMdI aufging, übernahm Frick auch den leicht hantierbaren Daluege, der nun als Leiter der neuen Polizeiabteilung im Reichsinnenministerium einzog. Der Machtaufstieg Himmlers im Sommer 1934 lädierte Fricks Daluege-Pläne, dennoch ließ er von den Juristen seines Hauses eine Kommandostruktur für die neue Reichspolizei entwerfen – möglichst ohne Himmler.

So stellte sich Frick das Polizeikommando vor: Die gesamte Polizei des Reiches wird im Reichsinnenministerium zusammengefaßt; Gestapo-Inspekteur Himmler übernimmt die Polizeiabteilung des Ministeriums, er untersteht dem Reichsinnenminister und erhält in Polizeigeneral Daluege einen ständigen Vertreter. Fricks Taktik, so urteilt der Historiker Hans-Joachim Neufeldt, habe »augenscheinlich zum Ziele gehabt, Himmler mehr in eine nur politisch-repräsentative Rolle zu verweisen, die tatsächliche Leitung der gesamten Polizei aber durch Daluege ausüben zu lassen« [206].

Himmler wies Fricks Vorschläge zurück. Am 9. Juni 1936 forderte SD-Chef Heydrich im Namen seines Reichsführers die ganze Macht: Himmler müsse Ministerrang erhalten, den Oberbefehlshabern der Wehrmachtteile gleichgestellt und unter der Dienstbezeichnung »Der Reichsführer-SS und Chef der Deutschen Polizei« zum nahezu alleinigen Befehlshaber des Polizeiapparates ernannt werden, dem Reichsinnenminister nur »persönlich« (also nicht der Sache nach) unterstellt. Frick war empört und ließ sich sofort bei Hitler melden, um Protest einzulegen. Der Führer beruhigte den aufgebrachten Minister: Der Parteigenosse Himmler werde nicht Ministerrang erhalten, sondern lediglich wie ein Staatssekretär zu Kabinettsbesprechungen herangezogen werden. Dennoch kehrte der Innenminister als ein gebrochener Mann zurück – Hitler hatte ihm zu verstehen gegeben, daß Himmlers Berufung beschlossene Sache sei [207].

Der Minister führte nur noch einen hinhaltenden Kampf. Er monierte, daß ein Parteiamt (Reichsführer-SS) mit einem Staatsamt (Chef der Deutschen Polizei) verbunden werden solle. Er schrieb in den Gesetzesentwurf viermal zu Himmlers Polizeititel die Worte hinzu: »im Reichsministerium des Inneren«. Er hielt zäh an seiner Forderung fest, Daluege müsse »ständiger Vertreter« Himmlers werden [208]. Der SS-Chef wich um einige Zentimeter zurück. Er verzichtete auf den Ministerrang. Er unterstellte sich dem Reichsinnenminister »persönlich und unmittelbar«, was in der verdrehten NS-Terminologie wenig bedeutete. Und er ließ Daluege seinen ständigen Vertreter nennen, freilich nur »für den Fall seiner [Himmlers] Abwesenheit« [209].

Kaum aber hatte Hitler am 17. Juni 1936 den Erlaß über die Einsetzung des Chefs der Deutschen Polizei unterzeichnet, da demonstrierte Heinrich Himmler, wie er seine neue Macht verstanden wissen wollte. Er forderte nicht nur die gesamte Polizeiabteilung des Ministeriums für sich, er zog auch wesentliche Kompetenzbereiche des Innenministeriums an sich: die Sachgebiete Presse- und Waffenrecht, Verkehr mit Waffen, Paßangelegenheiten, Personalien aller Beamten der Polizeiabteilung einschließlich der Polizeipräsidenten und Polizeidirektoren [210].

Was aber blieb übrig von Fricks Geheimtip, dem SS-Führer Daluege? Himmler stufte ihn um zwei Posten zurück, denn vor dem stolzen Polizeigeneral rangierten Himmler und Heydrich. Dem SD-Chef hatte Himmler wiederum, wie einst bei der BayPoPo, eine Schlüsselrolle zugedacht. Himmler als Chef der Deutschen Polizei errichtete und unterstellte sich zwei Hauptabteilungen, genannt Hauptämter: die Hauptabteilung Sicherheitspolizei, in der er die Geheime Staatspolizei und die Kriminalpolizei vereinigte, geführt von SS-Gruppenführer Reinhard Heydrich, und die Hauptabteilung Ordnungspolizei, in der Himmler Schutzpolizei, Gendarmerie und Gemeindepolizei zusammenfaßte, geführt von SS-Obergruppenführer und General der Polizei Kurt Daluege [211].

Heinrich Himmler hatte es abermals geschafft. Die Polizei Hitler-Deutschlands lag in seinem Griff. Jetzt konnte er mit Heydrich in den zweiten Abschnitt des großen Plans eintreten: Es begann die Vereinigung von SS und Polizei zum Staatsschutzkorps des Dritten Reiches.

9 Der SD

Im Preußischen Landeskriminalpolizeiamt, Lenkungsorgan aller Kripostellen Deutschlands, wurde Vorbereitungsalarm gegeben. Die Fernschreiber des LKPA tickten an alle Kripo-Leitstellen und Kripo-Stellen im Reich, was die Zentrale der Kriminalpolizei an diesem 27. Januar 1937 für die vordringlichste Aufgabe der Verbrecherjagd hielt.

Die Zentrale am Berliner Alexanderplatz ersuchte um »beschleunigte Übermittlung einer Liste aller Rechtsbrecher des dortigen Kriminalpolizeistellenbezirks, die nach Auffassung der Kriminalpolizei als Berufs- und Gewohnheitsverbrecher sowie als gewohnheitsmäßige Sittlichkeitsverbrecher anzusprechen sind und sich auf freiem Fuß befinden«[1]. Die Kripo-Stellen sollten Listen führen und jeden ihnen bekannten Kriminellen numerieren. Das LKPA ordnete an: »Im Falle der Durchführung der Maßnahme [Verhaftungsaktion] wird durch Funkspruch lediglich die Listennummer der in Frage kommenden Berufsverbrecher übermittelt werden[2].«

Einen Monat später war es soweit. Vom Chef der Deutschen Polizei erging am 23. Februar Weisung an das Preußische Landeskriminalpolizeiamt, am folgenden 9. März »etwa 2 000 Berufs- und Gewohnheitsverbrecher oder gemeingefährliche Sittlichkeitsverbrecher in polizeiliche Vorbeugungshaft zu nehmen«. Wieder tickten die Fernschreiber des LKPA die Befehle ins Land hinaus. Pünktlich am 9. März 1937 lief die Großrazzia in allen Teilen des Reiches ab. Die Kriminalpolizei schwärmte aus, und 2 000 Verhaftete wurden in die Konzentrationslager Sachsenhausen, Sachsenburg, Lichtenburg und Dachau eingeliefert[3].

Die Aktion des LKPA eröffnete das heikelste Kapitel unpolitischer Polizeiarbeit in der Geschichte des Dritten Reiches: die vorbeugende Verbrechensbekämpfung. Reinhard Heydrichs Sicherheitspolizei, zu der auch die Kriminalpolizei gehörte, erklärte ganze Personengruppen zu Volksschädlingen und ordnete sie in den Begriff der Verbrechensvorbeugung ein, der ohne Rücksicht auf juristische Bedenken gestreckt wurde.

Das Stichwort hatte die Kripo gegeben. Am Alex forderte man seit langem, durch härteste Vorbeugungsmaßnahmen (Sicherungsverwahrung) rückfällige Kriminelle an neuen Taten zu hindern[4]. Die Leitung der Sicherheitspolizei griff die Parole auf. Nun waren zwar die Gerichte, gestützt auf Paragraph 42 des Reichsstrafgesetzbuches, durchaus berechtigt, eine Sicherungsverwahrung anzuordnen, wenn es die öffentliche Sicherheit erforderte[5]; der Sicherheitspolizei waren jedoch die Entscheidungen der Gerichte, die nur äußerst skrupulös von ihrem Recht Gebrauch machten, zu »liberalistisch« und zu normativ[6].

Die Sicherheitspolizei sprach sich daher allein die Befugnis zu, sogenannte Berufsverbrecher in Vorbeugungshaft, und das hieß im Dritten Reich: in KZ-Haft, zu nehmen. Begründung: Ein Gericht könne die Gefährlichkeit eines Verbrechers nur im Rahmen einer einzelnen Straftat beurteilen, die Polizei dagegen besitze die Kenntnis aller inneren und äußeren Umstände zur Gesamtbeurteilung des Kriminellen [7].

Dabei ergab sich freilich eine Schwierigkeit: Der Polizei fehlte jede Rechtsgrundlage für die vorbeugende Verhaftung eines Verbrechers. Kein Gesetz erlaubte das Verfahren [8]. Doch die Sicherheitspolizei wußte einen Ausweg, wie ihr Justitiar Dr. Werner Best später in einem Vortrag erläuterte. Best argumentierte so: Eine Rechtsgrundlage für das polizeiliche Vorgehen sei doch vorhanden, weil nach der völkischen Rechtsauffassung die Behörden und auch die einzelnen Volksgenossen Organe des Volkes seien, »die in der Volksordnung nach den von der Führung gesetzten Regeln zur Erreichung völkischer Zwecke zusammenzuwirken haben«. Auch in diesem Falle arbeiteten die Organe des Volkes zusammen, aktiv fungiere die Polizei, und »passiv wirkt der Verbrecher mit, der in Vorbeugungshaft genommen wird« [9]. Kaltblütiger und zynischer konnte man von menschlicher Verstandeskraft nicht mehr Gebrauch machen: Der Verbrecher hilft der Polizei, indem er sich verhaften und in ein KZ einsperren läßt!

Die Praxis der vorbeugenden Verbrechensbekämpfung aber raubte der ordentlichen Justiz das Recht einer unvoreingenommenen Prüfung jedes einzelnen Falles. Es begann, was der Münchner Historiker Martin Broszat so umschreibt: »Man verfuhr mit der Volksgemeinschaft wie mit einer Pflanzenzucht, deren mißratene Schößlinge in bestimmten zeitlichen Abständen regelmäßig ›ausgekämmt‹ und ›ausgejätet‹ werden mußten [10].« Obwohl kein sonderliches Anwachsen der Kriminalität im damaligen Deutschland zu verzeichnen war [11], ordnete die Sicherheitspolizei saisonartig Verhaftungssolls an. Stets entschied der Chef der Deutschen Polizei oder der ihm nachgeordnete Chef der Sicherheitspolizei, wann ein neuer Kriminellen-Schub ins KZ fällig war [12].

Das Beispiel der Vorbeugungshäftlinge illustrierte, welche Macht der SS-Gruppenführer Reinhard Heydrich im Dritten Reich besaß. Seit Heinrich Himmler im Juni 1936 zum Chef der Deutschen Polizei aufgestiegen war und seinem SD-Chef die Leitung der Sicherheitspolizei überlassen hatte, gebot Heydrich über einen Beherrschungsapparat, wie ihn die deutsche Geschichte noch nicht gesehen hatte.

Unter den machtgierigen Händen Himmlers und Heydrichs erhielt freilich das Wort »Sicherheitspolizei« einen anderen Klang, als dem Begriff ursprünglich innewohnte. Die Verwaltungsjuristen hatten früher unter Sicherheitspolizei die Polizei in ihrer Gesamtheit verstanden; sie zerfiel in zwei Gruppen, die *Verwaltungspolizei* (etwa Verkehrspolizei oder Gewerbepolizei) und die *Vollzugspolizei* mit ihren Sparten: Kriminalpolizei, Schutzpolizei, Politische Polizei und Gendarmerie [13]. Himmler aber fügte die machtpolitisch entscheidenden Sparten der Vollzugspolizei, nämlich Politische und Kriminalpolizei, zu einer neuen Sicherheitspolizei (Sipo) zusammen und unterstellte sie Heydrich, während er seinem SS-internen Konkurrenten Kurt Daluege den Rest der Vollzugspolizei und die Verwaltungspolizei überließ, zusammengefaßt zur neuen Ordnungspolizei (Orpo)[14].

Sipo-Chef Heydrich bildete ein »Hauptamt Sicherheitspolizei«, das neben Dalueges »Hauptamt Ordnungspolizei« dem Reichsführer-SS und Chef der Deutschen Polizei unterstand und zu einer Ministerialinstanz des Reichsinnenministeriums wurde. Da aber das Hauptamt Sicherheitspolizei aus polizeirechtlichen Gründen keine Verhaftungen oder Vernehmungen anordnen konnte, mußte es sich auf zwei bereits vorhandene Verwaltungsinstanzen der Polizei stützen: auf das Geheime Staatspolizeiamt (Gestapa), das als Oberste *Landes*behörde die Geheime Staatspolizei in Preußen und als Oberste *Reichs*behörde die politischen Polizeien aller deutschen Länder * administrativ leitete, und das Preußische Landeskriminalpolizeiamt, das die Kripo in den Ländern lenkte und auch offiziell im Juli 1937 unter dem Namen Reichskriminalpolizeiamt (RKPA) eine Oberste Reichsbehörde wurde, der die gesamte deutsche Kriminalpolizei verwaltungsmäßig unterstand[15].

Gestapa und RKPA blieben auch innerhalb des Hauptamts Sicherheitspolizei als sogenannte Reichsfachschaftszentralen erhalten; nur die Gestapa-Abteilung I (Verwaltung und Recht) verließ das Amt und gehörte als Ministerialinstanz unmittelbar zum Reichsinnenministerium[16]. Diese drei Gruppen formierten sich schließlich, obwohl räumlich getrennt, zu den Ämtern, die insgesamt das Hauptamt Sicherheitspolizei ausmachten. Es entstanden: das Amt Verwaltung und Recht. Leiter: SS-Oberführer Dr. Werner Best. Sitz: Reichsministerium des Inneren, Unter den Linden 72–74; das Amt Politische Polizei. Leiter: SS-Standartenführer Heinrich Müller. Sitz: Geheimes Staatspolizeiamt, Prinz-Albrecht-Straße 8; das Amt Abwehrpolizei. Leiter: SS-Oberführer Dr. Werner Best. Sitz: Geheimes Staatspolizeiamt, Prinz-Albrecht-Straße 8; das Amt Kriminalpolizei. Leiter: SS-Sturmbannführer Arthur Nebe. Sitz (ab Ende 1938): Reichskriminalpolizeiamt, Werderscher Markt 5–6[17].

Hier ballte sich eine ungeheure Macht zusammen, die immer mehr Gebiete des nationalen Lebens unter ihre Kontrolle zu bringen versuchte und sich allmählich einen rechtfreien Raum schuf, in den kein anderes Staatsorgan und keine richterliche Autorität mehr einzudringen vermochten. Formell war das Hauptamt Sicherheitspolizei eine Instanz des Reichsinnenministeriums; Heydrich unterstand mithin dem Reichsminister des Inneren[18]. In der Praxis aber verwehrte der Sipo-Chef dem Minister Frick jeden Einblick in seine Arbeit – es war kein Zufall, daß Heydrichs wichtigste Ämter wie er selbst weitab vom Innenministerium residierten.

Heydrich arbeitete unermüdlich daran, seinen Apparat vor jedem fremden

* Ab 1. Oktober 1936 führten die Dienststellen aller politischen Polizeien im Reich die einheitliche Bezeichnung »Geheime Staatspolizei« und nannten sich ihre nachgeordneten Organe Stapo-Stellen und Stapo-Leitstellen.

Einfluß abzuschirmen. In seinem Hauptamt laborierten flinke Juristen an Expertisen, in denen gläubigen Bürgern bewiesen wurde, daß die Willkür der Polizei eine höhere Art von Recht sei. Die Arbeit der Polizei, so fand der allzeit einsatzbereite Best, bedürfe keiner gesetzlichen Regeln mehr, denn schon jeder Wille Hitlers »schafft Recht und ändert bisher geltendes Recht ab« [19]. Der SD-Professor Reinhard Höhn ging noch einen Schritt weiter. Er wollte überhaupt den Staat und den einzelnen als juristische Person abschaffen; der Staat sei nicht Selbstzweck, sondern nur ein Mittel für die Erreichung der Volksziele, und die setze der Führer [20].

Erloschen aber Staat und Individuum als juristische Wesen, so konnte der Bürger auch nicht mehr gegen einen Willkürakt der Polizei klagen. Keine Maßnahme der Sicherheitspolizei vermochte juristisch angefochten zu werden, nicht vor dem Verwaltungsgericht, nicht auf dem Umweg über eine Schadensersatzklage, nicht durch eine private Beleidigungsklage und erst recht nicht durch ein Strafverfahren wegen Freiheitsberaubung. Dem lädierten Bürger blieb nur ein heikler Weg offen: eine Dienstaufsichtsbeschwerde beim Chef der Sicherheitspolizei [21].

Bei solcher Rechtlosigkeit war es praktisch dem Sipo-Chef Heydrich überlassen, wie weit er seine Macht gegenüber schutzlosen Bürgern ausdehnen wollte. Er war Herr über Leben und Freiheit, denn er durfte Schutzhaftbefehle ausstellen und Menschen ins Konzentrationslager überweisen [22]. Zwar besagte der grundlegende Schutzhafterlaß des Reichsinnenministers vom 12. April 1934, die Einweisung in ein KZ sei »nicht zulässig zur Ahndung strafbarer oder ... verwerflicher Handlungen«; sie seien allein »durch die Gerichte abzuurteilen« [23]. Aber die Sipo maßte sich das Recht an, Gerichtsurteile zu korrigieren und zu verschärfen.

Heydrichs Männer lauerten an den Gefängnistoren, wenn Verurteilte nach Beendigung ihrer Haft ins Freie treten wollten. In Konzentrationslager wurden automatisch eingeliefert: wegen Landes- oder Hochverrats verurteilte Personen, kommunistische Funktionäre nach Abbüßen ihrer Strafe, alle von einem Volksgericht verurteilten Menschen und Angehörige der verbotenen Internationalen Bibelforschervereinigung (deren pazifistische Parolen die Sipo als Aufforderung zur Wehrkraftzersetzung deutete) [24].

Es war in das Belieben Heydrichs und seiner Organe gestellt, politisch verdächtige Personen entweder den Gerichten oder den Konzentrationslagern zu überantworten. Meist führte der Weg direkt in das KZ, zumal die Schutzhaft keiner richterlichen Überprüfung unterlag – im Gegensatz zur polizeilichen Haft. Am 26. Februar 1937 wies Heydrich das Gestapa an: »Ich ersuche in Zukunft von der Möglichkeit der Anordnung der polizeilichen Haft keinen Gebrauch zu machen, um zu vermeiden, daß eine richterliche Nachprüfung polizeilicher Maßnahmen notwendig wird. Die Anordnung der Polizeihaft ... ist überflüssig, da in allen diesen Fällen die Möglichkeit der Anordnung der Schutzhaft gegeben ist [25].«

Heydrich begnügte sich jedoch nicht mit den politischen Fällen. Immer weitherziger dehnte er den Begriff des Staatsfeindes aus. Wo politische Kriterien nicht mehr ausreichten, traten kriminalpolizeiliche Momente hinzu: Aus dem Staatsfeind wurde der Volksschädling[26]. Unter dem Mantel der vorbeugenden Verbrechensbekämpfung bemächtigte sich die Sicherheitspolizei in wachsendem Maße jener Gruppen am Rande der Gesellschaft, die auf ihre Art dem totalen Verfügungsanspruch des Regimes auswichen. Immer weiter zog die Sicherheitspolizei den Kreis der Vorbeugungshäftlinge, immer schwammiger wurde der Begriff des Volksschädlings.

Drei vage KZ-reife Gruppen kristallisierten sich heraus: »Berufs- und Gewohnheitsverbrecher«, das waren Personen, die dreimal zu Gefängnis- oder Zuchthausstrafen von mindestens sechs Monaten verurteilt worden waren; »Asoziale«, das waren Bettler, Landstreicher, Zigeuner, Landfahrer, Prostituierte, Homosexuelle, Querulanten, Gewohnheitstrinker, Raufbolde, Verkehrssünder, Psychopathen, Geisteskranke und Preistreiber; »Arbeitsscheue«, das waren laut Himmler Menschen, »die nachweisbar in zwei Fällen die ihnen angebotenen Arbeitsplätze ohne berechtigten Grund abgelehnt haben«[27]. Immer und überall lag es in der Macht der Sicherheitspolizei, zu bestimmen, wer in die Kategorien fiel und ins Konzentrationslager gehörte. Niemals zuvor waren in Deutschland Menschen derartig Opfer polizeilicher Ermessensfreiheit gewesen.

Gleichwohl verdeckte die Fassade der Sicherheitspolizei innere Schwächen und Widersprüche, die den Sipo-Chef Heydrich nicht recht froh werden ließen. Sein schneller Machtaufstieg hatte den Neid mächtiger SS-Führer erregt; die Chefs der SS-Hauptämter bemäkelten Heydrichs Herrscherallüren, und auch Himmler, der Mißtrauische, zog eine Notbremse, um den Adlatus in seinem schier unaufhaltsamen Vorwärtslauf abzustoppen.

Der Vorrang im Deutschland Adolf Hitlers gebührte nur dem, dessen Buschmesser den Dschungel der Herrschafts- und Kompetenzkabalen am sichersten durchstieß. An die Stelle parlamentarischer Auseinandersetzungen waren die Kompetenzschlachten getreten; politische Macht maß sich allein nach Zuständigkeiten, Unterstellungsverhältnissen, Befugnissen – der äußere Rang, die formelle Dienststellung besagte oft nichts. In diesem Dickicht aber war die Herrschaft Heydrichs unvollkommen. Er durfte Schutzhaftbefehle ausstellen, aber ihm fehlte die Kontrolle über die Konzentrationslager. Er schlug daher Himmler vor, ihm auch die KZ-Verwaltung zu übertragen. Er mag dabei spekuliert haben, daß die unumschränkte Herrschaft ihm zuwachsen werde, wenn er erst einmal Polizei und KZ in seiner Hand vereine.

Das Konzentrationslager bildete das Zentrum des Himmlerschen Polizeistaates, es war die schweigende, allgegenwärtige Drohung, die jeden Deutschen konfrontierte. Das KZ oder (wie es in der Sprache der Offiziellen hieß) KL mit seinen elektrisch geladenen Stacheldrähten und seinen hölzernen Wachttürmen verlieh dem Kontrollsystem der SS-geführten Polizei die düstere Realistik: Die beiden Buchstaben sollten die Deutschen in den Bann schlagen, sollten jeden Oppositionsgeist lähmen. »Der Hauptzweck der KL«, so umschreibt es Eugen Kogon, »war die Ausschaltung jedes wirklichen oder vermuteten Gegners der nationalsozialistischen Herrschaft. Absondern, diffamieren, entwürdigen, zerbrechen und vernichten – das waren die Formen, in denen der Terror in Wirksamkeit trat [28].«

Die SS-Herren der KZ-Welt hatten denn auch bewußt darauf verzichtet, die Lager zu Stätten politischer Umerziehung werden zu lassen. Gutgläubige Nationalsozialisten mochten gelegentlich meinen, in den Konzentrationslagern werde der politische Gegner umgeschult und nach einer Probezeit wieder entlassen; in Wirklichkeit waren die KZ von Anbeginn als Werkzeuge des Terrors und der Regime-Erhaltung geplant worden. Bis in die ersten Kriegsjahre, als die Lager zu Produktionsstätten kriegswirtschaftlich wichtiger Sklavenheere wurden, hatten die KZ die Aufgabe, zu schrecken und abzuschrecken. Die Knochenmühlen von Dachau, Buchenwald und Sachsenhausen sollten die Deutschen lehren, wohin es führte, gegen die Führerdiktatur aufzubegehren.

»Vergeßt eure Frauen, Kinder und Familien. Hier werdet ihr wie Hunde verrecken«, rief einmal der KZ-Lagerführer Karl Fritzsch Häftlingen zu, die in sein KZ eingeliefert worden waren [29]. Die durch den Stacheldraht gesikkerten, von Mund zu Mund weitergegebenen Berichte über die Untaten in den Lagern, über den Buchenwalder »Pferdestall« mit seiner Genickschußanlage, über die Dachauer »Hundezellen«, in denen Häftlinge nur seitlich zusammengekauert liegen konnten, über die geplanten Arbeitsunfälle in den Steinbrüchen von Mauthausen [30] erhöhten noch Panik und Furcht, die das Buchstabenpaar KZ im Deutschland Adolf Hitlers auslöste.

Ein solches Instrument der Führerdiktatur aber durfte nicht länger außerhalb des Aktionsbereiches der Sicherheitspolizei bleiben, wollte Heydrich allein über seinen Beherrschungsapparat gebieten. Er drängte Himmler immer wieder, die Lager dem Hauptamt Sicherheitspolizei zu unterstellen. Dem Gestapo-Gesetz vom 10. Februar 1936 folgte denn auch eine Verordnung, die den Satz enthielt, dem Gestapa unterstehe die Verwaltung der Konzentrationslager [31]; in Helmut Schlierbachs maßgeblichem, 1938 erschienenem Buch »Die politische Polizei in Preußen« konnte man bereits lesen, die KZ würden »unmittelbar durch den Inspekteur beim Geheimen Staatspolizeiamt verwaltet« [32]. Wie in der Diels-Ära schien die Gestapo wieder Herr über das KZ zu sein [33].

Tatsächlich aber machte Himmler keine Miene, die Lager dem Sipo-Chef auszuliefern. Die Verordnung von 1936 wurde nie ausgeführt [34]. Himmler behielt sich selber die Kontrolle über das KZ-System vor; die Konzentrationslager blieben eine Einrichtung der SS. Für Heydrich wiederholte sich, was er schon einmal an der Seite seines Reichsführers erlebt hatte. Damals war es um das KZ Dachau gegangen; es gehörte ab März 1933 in den Kompetenzbereich des Politischen Polizeikommandeurs Himmler [35]. Als jedoch dessen Stellvertreter Heydrich das Lager unter die Verwaltung der BayPoPo stellen wollte, da warf ihm Himmler einen Mann entgegen, der sich alle Einmischungen des Grünhorns Heydrich verbat.

Der Mann hieß Theodor Eicke und war ein gefügiges Werkzeug seines Reichsführers, denn der SS-Chef hatte den gescheiterten Polizisten und ehemaligen Zahlmeister aus der Zwangsjacke der Psychiatrischen Klinik von Würzburg befreit, in die er von seinem Erzfeind, dem Gauleiter Bürckel, als »gemeingefährlicher Geisteskranker« eingewiesen worden war. »Papa Eicke« dankte Himmler die Erlösung bis zu seinem Ende [36].

Der gemütliche Spitzname war irreführend. In dem Elsässer Eicke stauten sich explosive soziale Ressentiments an, Ergebnis einer Laufbahn, die in den Ansätzen immer wieder ruiniert worden war: 1919 Studium am Technikum Ilmenau, wegen Geldmangels abgebrochen. 1920 Informant bei der Polizeiverwaltung Ilmenau, fristlos entlassen. Polizeischule Cottbus bestanden, Anstellung verweigert. Schutzpolizei Weimar, nach 14 Tagen Dienst fristlos entlassen. Polizeiverwaltung Sorau, Anstellung verweigert [37]. Einem solchen Mann war nur die Hoffnung auf die nationalsozialistische Revolution geblieben – und die SS-Karriere. Ende Juni 1933 hatte Himmler für den SS-Oberführer Eicke eine angemessene Beschäftigung: Eicke wurde Kommandant des KZ Dachau [38].

Eicke stieß im Lager auf ein artverwandtes Personal, wie er selber im Leben gescheitert, voller Ressentiments, die sich an den Häftlingen entluden. Häftling Benedikt Kautsky traf in Dachau »den stumpfsten und faulsten Teil der Bevölkerung, der nach der Beseitigung der Arbeitslosigkeit meist keine andere Möglichkeit vor sich sah, ehrlicher Arbeit aus dem Weg zu gehen und es doch zu etwas zu bringen, als den Eintritt in die SS« [39]. Wer sich aber noch ein Stück Anstand und Gutherzigkeit bewahrt hatte, verrohte bald unter den kundigen Händen des Grobians Eicke.

Der Kommandant beklagte sich später selber, er habe in Dachau »eine korrupte Wachabteilung von knapp 120 Mann« vorgefunden, zudem seien ihm vom SS-Oberabschnitt Süd Leute geschickt worden, »die er aus irgendeinem Grunde in München loshaben wollte«. Eicke: »Wir galten allgemein als notwendiges Übel, das nur Geld kostet [40].« Aber Eicke schuf mit barbarischen Zuchtmitteln Ordnung in seinem Haufen. Er tüftelte eine Lagerordnung aus, drohte jedem Häftling, wer den Gehorsam verweigere, werde als »Meuterer auf der Stelle erschossen oder nachträglich gehängt«, und impfte seinen Wachmännern den unermüdlichen Haß gegen den Staatsfeind ein [41].

Jegliches Mitleid mit Staatsfeinden, erklärte er in Anwesenheit des späteren Auschwitz-Kommandanten Höß, sei eines SS-Mannes unwürdig. Weichlinge hätten in seinen Reihen keinen Platz und würden gut tun, sich so schnell wie möglich in ein Kloster zu verziehen. Er könne nur harte, entschlossene Männer gebrauchen, die jedem Befehl rücksichtslos gehorchten; nicht umsonst trügen sie den Totenkopf [42]. Himmler war von Eickes Dachauer Regiment so begeistert, daß er beschloß, den ehemaligen Zahlmeister mit der Verwaltung aller Konzentrationslager zu beauftragen. Nach dem 30. Juni 1934 übertrug Himmler dem Röhm-Mörder Eicke außerordentliche Befugnisse. Eicke wurde Chef aller KZ-Wachtruppen, die sich ab 1936 Totenkopfverbände (TV) nannten, und stieg außerdem zum Inspekteur der Konzentrationslager auf [43].

Vergebens versuchte Heydrich, die Macht Eickes über die Konzentrationslager zu brechen. Seinem Angriffselan waren jedoch Grenzen gesetzt, da Eicke als »Inspekteur der KL und Führer der SS-Wachverbände« Himmler persönlich unterstand [44]; seine Zugehörigkeit zum SS-Hauptamt war nur formeller Art.

Heydrich ließ heimlich Belastungsmaterial über die katastrophalen Zustände in Eickes Lagern sammeln. Der KZ-Chef hatte inzwischen die vielen zerstreuten Lager zu vier KZ (Dachau, Sachsenhausen, Buchenwald und Lichtenburg) zusammengefaßt, in denen 1937, dem Jahr der niedrigsten Häftlingszahl, 4 833 TV-Männer etwa 10 000 Häftlinge bewachten [45], aber die Meldungen über viehische Mißhandlungen der Gefangenen rissen nicht ab. »Es dominierten als Strafen in allen Konzentrationslagern«, so hat Broszat festgehalten, »die regelmäßigen Prügelszenen, die Verhängung von Arrest, die Strafarbeiten, Erschwerung der Haftbedingungen durch Schreibverbot und Postentzug, daneben das von Eicke schon in Dachau eingeführte sogenannte Baumbinden u. ä. Mißhandlungen und Tötungen von Häftlingen durch SS-Wachmannschaften blieben auch in dieser Zeit nicht aus [46].«

Heydrichs Justitiare begannen, die Gefangenenbehandlung in Eickes Lagern zu kritisieren, freilich weniger aus Menschlichkeit als aus kompetenzpolitischen Gründen. Schon im Oktober 1935 hatte die Gestapo Richtlinien für die Konzentrationslager herausgegeben, die KZ-Kommandanten anhielten, sofort bei den Staatsanwaltschaften Anzeige zu erstatten, wenn die Ursache für den Tod eines Häftlings ärztlich nicht zweifelsfrei geklärt werden konnte [47]. Die Lager hielten sich kaum daran, schärfte ihnen Eicke doch ein, gegen Häftlinge sei mit härtester Rücksichtslosigkeit vorzugehen. Eicke: Jede Spur von Mitleid zeige den »Staatsfeinden« eine Blöße, die sie sich sofort zunutze machen würden [48].

Heydrich ließ Eickes Lager unter schärfere Beobachtung stellen. In den KZ wurden die Politischen Abteilungen ausgebaut, gleichsam Stützpunkte der Sicherheitspolizei in einem feindlichen Gebiet. Die Männer der Politischen Abteilungen, Beamte der Gestapo oder der Kripo, registrierten alle Vorgänge im Lager, führten die Vernehmungen der Häftlinge und hielten eine Häftlingskartei. Heydrichs Sendboten unterstanden der zuständigen Gestapo- oder Kripo-Stelle und waren auch später »immer ein Staat im Staate, gefürchtet nicht nur von den Häftlingen, sondern auch von der [Lager-]SS« – so Benedikt Kautsky [49].

Eicke witterte Gefahr. Er alarmierte seinen Schutzherrn Himmler. Am 10. August 1936 schrieb er an ihn: »Im Geheimen Staatspolizeiamt kursieren Gerüchte, wonach die SS-Totenkopfverbände im Herbst 1936 meiner Führung entzogen und den SS-Oberabschnitten unterstellt werden sollen. Diese Gerüchte gehen vom Büro des Dr. Best aus [50].« Der KZ-Inspekteur hatte noch Schlimmeres gehört: »SS-Standartenführer Dr. Best vom Gestapa hat an gewisser Stelle erklärt, daß in den Konzentrationslagern eine Schweinerei herrsche; es sei an der Zeit, daß man die Lager wieder der Gestapo unterstelle [51].«

Argwöhnisch beobachtete Eicke alle Winkelzüge des Sipo-Chefs und rüstete sich zum Kampf. Im Februar 1937 verbot er sogar Mißhandlungen von

Häftlingen; denn: »Sosehr ich als Nationalsozialist für ein solches Vorgehen Verständnis habe, kann und darf ich dieses Verhalten nicht dulden, wenn wir nicht Gefahr laufen sollen, vom Innenministerium des Deutschen Reiches als unfähig zur Behandlung von Gefangenen bezeichnet zu werden[52].« Unermüdlich warnte er seine Truppe, vor dem Gegner in den eigenen Reihen auf der Hut zu sein. Eicke: »Erneut ringen wir um unsere Anerkennung und um unsere Existenzberechtigung[53].«

Indes, der KZ-Verwalter machte sich unnütze Sorgen. Himmler war nicht bereit, die Konzentrationslager dem allzu mächtig gewordenen Sipo-Chef zu überlassen. Der Name Eicke bezeichnete ein empfindliches Loch im Kontrollnetz Heydrichs.

Auch im Polizeisektor stieß Heydrich auf das Minenfeld jener Kompetenzkabalen, die den Machtapparat des Dritten Reiches stärker behinderten, als es der unterirdischen Arbeit der Regime-Gegner gelang. Dem polizeilichen Führungsanspruch des Chefs der Sicherheitspolizei stellte sich Polizeigeneral Daluege entgegen, den Himmler mit Hilfe Heydrichs auf den dritten Platz der obersten Polizei-Hierarchie verwiesen hatte.

Freilich, der Chef der Ordnungspolizei war zu schwach und zu lethargisch, dem Konkurrenten Heydrich offen den Kampf anzusagen. Aber er gebot über eine Polizeitruppe, deren Korpsgeist sich nur mit jenem der preußischen Armee vergleichen ließ; die grüne Schutzpolizei Preußens war einmal der Stolz des Weimarer Deutschlands gewesen, auch im Dritten Reich behielt sie anfangs ihr Prestige: Von ihren ursprünglich 150 000 Mann rückte ein Drittel zur neuen Wehrmacht ab, der Rest bildete die Ordnungspolizei[54]. Auch diese Polizei erlag den Verlockungen des Regimes, das an Stelle gefährlicher Einsätze in politischen Straßenschlachten und schlechter Besoldung Scheinruhe, Uniformen-Glanz und bessere Aufstiegsmöglichkeiten bot. Die Gleichschaltung konnte jedoch nicht ganz den Eigenwillen der Ordnungspolizei abtöten, der immerhin verhinderte, was bei Gestapo und Kriminalpolizei völlig gelang: die totale Eingliederung in die SS[55].

Solchen Bestrebungen widerstanden nicht zuletzt die zivilen Bürokraten im Hauptamt Ordnungspolizei, die noch aus der alten Beamtenschaft des Reichsinnenministeriums stammten. Stärker als Daluege suchte sein Chefjurist, der Ministerialdirektor Werner Bracht, Leiter des Amtes Verwaltung und Recht im Orpo-Hauptamt, die Hegemoniepläne Heydrichs zu hintertreiben[56].

Heydrich verlangte von Jahr zu Jahr schärfer, es müßten, wie er einmal Daluege schrieb, »alle Dinge von politischer Bedeutung in den Bereich der Sicherheitspolizei gehören«[57]. Bracht legte sich quer. Er gab zu Protokoll: »Dann würde die Polizei ... am Ende der Entwicklung als Exekutivbüttel der übrigen Ressorts dastehen ohne nennenswerte eigene Anordnungsbefugnisse, nur dazu bestimmt, die Befehle anderer auszuführen[58].« Bracht und Heydrich wateten bald im Schlamm eines Grabenkrieges, in dem zäh um jede Zuständigkeit gerungen wurde. So reinlich auch Orpo und Sipo 1936 getrennt worden waren – einige vorgeschobene Posten der Ordnungspolizei ragten in das gegnerische Territorium. Dalueges Hauptamt bearbeitete alle Organisationsfragen der örtlichen Polizeiverwaltungen, es war auch federführend für den Haushalt der Kriminalpolizei sowie bei Unterkunftfragen von Kripo und Gestapo [59].

Besonders erbittert umkämpft wurde der Frontabschnitt, in dem sich entschied, wem die totale Herrschaft über die Kriminalpolizei zufiel. Denn es gehörte zu den zahlreichen Ungereimtheiten des nationalsozialistischen Regimes, daß es neue Machtstrukturen schuf, die Fassaden der alten aber stehen ließ; so war auch die Kriminalpolizei auf der oberen Ebene mit der Gestapo zur Sicherheitspolizei zusammengeschlossen worden, aber auf der mittleren und unteren Ebene der alte administrative Zustand erhalten geblieben. Das bedeutete: Die Kripo-Stellen im Lande erhielten ihre fachlichen Weisungen von Nebes Reichskriminalpolizeiamt und waren damit Organe der Sicherheitspolizei, zugleich gehörten sie jedoch organisatorisch zu den staatlichen Polizeiverwaltungen, deren Leiter, die Polizeipräsidenten, automatisch Chefs der jeweiligen Kripo-Stellen waren. Diese Polizeipräsidenten wiederum unterstanden dem Orpo-Hauptamt, womit also die Kripo-Stellen indirekt auch Organe der Ordnungspolizei waren [60].

Der Kampf zwischen den beiden Hauptämtern verlagerte sich auf das Polizeipräsidium. Der Sipo-Chef forderte, auch hier müsse man sich die Macht teilen. Heydrich schrieb an Daluege: »Die Zweiteilung des Polizeipräsidiums bedeutet die konsequente Durchführung der Zweiteilung der Zentrale. Das Polizeipräsidium ist ebenso Deine wie meine Behörde [61].« Davon aber wollte der Orpo-Chef nichts wissen; heimlich steifte Stratege Bracht allen Sipo-feindlichen Polizeipräsidenten den Rücken.

Heydrich holte zu einem Gegenzug aus: Nach Absprache mit Himmler ernannte er Inspekteure der Sicherheitspolizei (IdS), die in jedem Wehrkreis die Aufgabe hatten, den Zusammenschluß von Kripo und Gestapo auch auf der mittleren und unteren Ebene zu forcieren [62]. Die IdS entwickelten sich zu gefährlichen Gegenspielern der Orpo-gelenkten Polizeipräsidenten; die Kripo-Stellen besaßen plötzlich zwei Herren und richteten sich nach dem Stärkeren, und das war meist der Sipo-Inspekteur. »Seit der Einrichtung der Inspekteure ... geschehen Eingriffe in meine Tätigkeit als Polizeipräsident, die zum Teil meine Autorität herabsetzen«, jammerte Dresdens Polizeipräsident, SS-Brigadeführer Karl Pflomm, und schrieb, er könne es »nicht mehr länger verantworten, wenn ein Stück nach dem anderen aus meinem Aufgabengebiet herausgebrochen wird« [63].

Heydrichs Inspekteure sollten jedoch nicht nur die Stellung der Polizeipräsidenten untergraben, sie waren auch dazu bestimmt, eine weitere Schwäche des Heydrich-Imperiums zu korrigieren: die mangelnde Zusammenarbeit zwischen Kripo und Gestapo.

Nebes Kriminalpolizei gab sich willig dem Sog eines polizeilichen Machtrausches hin, der die in Weimar vertieften rechtsstaatlichen Skrupel fortspülte. Heydrich bot, wovon die etatknappe Kripo immer nur geträumt hatte: eine verschärfte Verbrechensbekämpfung, ungehindert von Öffentlichkeit und

Justiz – erwog man doch in Heydrichs Umgebung allen Ernstes, die Staatsanwaltschaften abzuschaffen und die Erhebung und Vertretung von Anklagen der Polizei zu übertragen. Die Perversion der vorbeugenden Verbrechensbekämpfung hatte schon gezeigt, wieweit die Männer im RKPA-Haus am Werderschen Markt auf Sipo-Kurs gegangen waren. Dennoch blieb ein harter Kern der Distanz zu den Sipo-Herren in der Prinz-Albrecht-Straße, den keine SS-Uniform zu beseitigen vermochte [64].

Selbst Arthur Nebes SS-treues Strammstehen vor Heydrich, seine nationalsozialistischen Tiraden ließen sich später als das bewußt gebrachte Opfer eines Kriminalisten deuten, der auf jeden Fall verhindern wollte, daß die Kripo eine Domäne der Geheimen Staatspolizei wurde. Nebe nahm Schuld auf sich, aber sein Opportunismus ermöglichte Nicht-Nazis wie dem Nebe-Stellvertreter Paul Werner, dem Exekutive-Leiter Hans Lobbes und Antinazis wie dem Unsittlichkeits-Dezernenten Gerhard Nauck, die Arbeit des Reichskrimialpolizeiamtes weitgehend von der Gestapo freizuhalten [65].

Nicht ohne Grund verfolgten die führenden Männer der Gestapo neidisch und mißtrauisch die Unternehmungen ihrer Kripo-Kameraden. Heinrich Müllers Bajuwaren-Brigade, die von Heydrich umgedrehte und mit dem blinden Fanatismus der Konvertiten aufgeladene Beamtenriege, registrierte jeden Fehler, jedes Versagen der Kriminalpolizei. Was sie antrieb, war die bittere Erkenntnis, einem widerlichen Geschäft nachzugehen. Eine Gestapointerne Studie aus dem Jahr 1937 verrät die Ressentiments der Müller, Huber und Meisinger. Der unbekannte Verfasser verglich die Aufgaben von Gestapo und Kripo. Gestapo: »Der Beruf findet wenig Gegenliebe in der Öffentlichkeit u. ist vielfach direkten Anfeindungen in der Öffentlichkeit ausgesetzt.» Dagegen Kripo: »Volles Verständnis u. Anerkennung bei der öffentlichen Meinung [66].«

Gestapo-Müller ließ keine Gelegenheit vergehen, seinem »Freund Arthur« Unfähigkeit vorzuwerfen. Die beiden Reichskriminaldirektoren befehdeten sich erbittert, zumal Nebe wußte, daß Müller bei Heydrich ein offenes Ohr fand, wenn er forderte, die Kripo müsse bei der Verbrechensbekämpfung Gestapo-Methoden übernehmen.

So konnte der Überwachungsperfektionist Heydrich blindlings nur auf die Gestapo rechnen, deren Personal aber reichte bei weitem nicht aus, um jede verdächtige Regung des 80-Millionen-Volks zu registrieren. Die Beobachtung eines ganzen Volkes, erklärte Gestapo-Best nach dem Kriege, hätte »mit dem kleinen Beamtenstand, der voll mit den laufenden Dingen beschäftigt war, gar nicht geleistet werden können« [67]. Wie lückenhaft Heydrichs Kontrollnetz war, demonstrierte eine Köpenickiade in Bayern. Dort hatten sich hohe Dienststellen drei Jahre lang von einer Bande politischer Hochstapler, Alkoholiker und Psychopathen düpieren lassen.

Anführer der Gruppe war der Münchner Exfabrikant Emil Traugott Danzeisen, ein politischer Gschaftlhuber, der sich schon 1932 an einem von dem obersten Parteirichter Buch ausgetüftelten Mordkomplott gegen den SA-Chef Röhm beteiligt hatte [68]. Der alte Röhm-Feind fühlte sich von der Parteileitung verraten; er hatte offenbar gehofft, nach dem gewaltsamen Ende des SA-Chefs endlich den verdienten Lohn zu erhalten. Als die Orden und Titel ausblieben, beschloß Danzeisen, sich auf seine Art zu rächen.

Er verband sich mit einem Kreis ähnlich gearteter Alt-Kämpfer, die aus mannigfachen Gründen einen Groll gegen die Partei hegten. Unter ihnen befanden sich auch Blutordensträger, die mit Strafgesetzen in Konflikt geraten und bei der NSDAP in Ungnade gefallen waren; zu ihnen gehörten Albert Ampletzer, der Fahnenträger des Hitler-Putsches von 1923, wiederholt vorbestraft, zuletzt wegen Unterschlagung von 16000 Reichsmark des Münchner Boxer-Clubs, und Erich Gruhl, Angestellter der Münchner NS-Reichsleitung, nach einem Bericht der Geheimen Staatspolizei »schwerer Psychopath und nur aufrechtzuerhalten durch Gewährung von Narkotikum«[69].

Diese illustre Runde gründete Ende 1934 eine Organisation mit der Aufgabe, ihre Mitglieder in einträgliche Stellungen zu hieven und zugleich eine Nachrichtenorganisation zu schaffen, vor der die Partei erzittern sollte. Initiator Danzeisen hatte eine hübsche Idee: Man wollte sich fortan »Sicherheitsdienst« nennen, in der sicheren Erwartung, vor den Männern eines SD werde im neuen Deutschland keine Tür verschlossen bleiben.

Der »SD Danzeisen« war bald eine Macht in der bayrischen Hauptstadt, keiner wollte sich den Orders des geheimnisvollen Sicherheitsdienstes entziehen. In kurzer Zeit verfügte Danzeisen über 69 Mitarbeiter, deren Kontaktfäden vom Stab des SS-Oberabschnitts Süd bis in die politische Abteilung des Münchner Polizeipräsidiums und bis zum Braunen Haus reichten[70]. Eine Gruppe von Beamten und Kommissaren des Polizeipräsidiums trug fleißig zusammen, was sie über Ämter und wichtige Personen erfuhr. Auch im Landesarbeitsamt Bayern und in den Arbeitsämtern Pfarrkirchen, Deggendorf, Weißenburg, Schweinfurt und Bamberg zogen Danzeisens V-Männer ihre Drähte[71].

Graue Eminenz des Landesarbeitsamtes war Danzeisens engster Mitarbeiter, der ehemalige SA-Oberführer Hans Kallenbach. Die Gestapo stellte später fest: »Er galt im Amt allgemein als der Mann mit den Beziehungen bis zum Führer. Jeder, der etwas erreichen wollte, steckte sich hinter Kallenbach[72].« Wer von Bayerns Alt-Nazis durch Kallenbach Arbeit erhielt, ließ sich von ihm willig als V-Mann anwerben. Von Kallenbach hieß es, er allein vermittle Arbeit für alte Kämpfer. Selbst der stellvertretende Präsident des Landesarbeitsamtes glaubte, Kallenbach habe von der Partei den Auftrag erhalten, den alten Nazis in ganz Deutschland Stellungen zu beschaffen[73].

Erst als Danzeisen begann, mit dem gewonnenen V-Material hohe NS-Funktionäre, darunter auch den Münchner Polizeipräsidenten, zu erpressen, wurde die Geheime Staatspolizei hellhörig. Im Frühjahr 1937 deckte sie das Spinnennetz des falschen SD auf. Danzeisens Freunde im Polizeipräsidium aber ließen sich selbst jetzt noch nicht von der Meinung abbringen, sie hätten in Wirklichkeit dem echten SD gedient[74].

Heydrich war realistisch genug, die Lücken in seinem Überwachungs- und Beherrschungssystem zu sehen. Mit der Gestapo konnte er es nicht allein schaffen, jetzt mußte die zweite Front eröffnet werden, jetzt war die Stunde da, die andere Organisation einzusetzen, der Reinhard Heydrich ebenfalls vorstand: den Sicherheitsdienst (SD).

Lange Zeit hatte der SD unter einem ungünstigen Stern gestanden. Die nationalsozialistische Machteroberung war praktisch ohne nennenswerte Hilfe des Sicherheitsdienstes abgerollt, das kleine Häuflein von 100 hauptamtlichen und 100 ehrenamtlichen SD-Männern (Herbst 1933) hatte nur bescheidene Handlangerdienste geleistet [75]. Auch der Griff nach den Polizeiapparaten der Länder war Himmler ohne die entscheidende Mitwirkung des SD gelungen. Der SD blieb lange Zeit so unbekannt, daß nicht einmal SS-Männer so recht wußten, welchen Aufgaben der »Sicherheitsdienst Reichsführer-SS« dienen sollte.

Der SS-Scharführer Adolf Eichmann von der Dachauer Verfügungstruppe hielt den SD für ein Begleitkommando Himmlers, dachte sich: »Da kommst Du rum, sitzt im Wagen drin, mußt aufpassen«, und meldete sich beim SD, um bald »die große Enttäuschung« zu erleben [76]. SD-Eleve Otto Ohlendorf hatte den SD für einen Nachrichtendienst gehalten. Ohlendorf: »Die erste Enttäuschung war die, daß es einen SD-Apparat als Nachrichtenerfassungs-Organisation 1936 überhaupt noch nicht gab [77].«

Die Parteiapparatschiks zeigten sich von den SD-Männern keineswegs sonderlich beeindruckt. Der Gauleiter Sprenger drückte im Herbst 1933 den SD-Führer Dr. Best aus dessen hessischem Polizeichef-Posten hinaus [78], und noch demütigender war die Abfuhr, die Braunschweigs NS-Ministerpräsident Dietrich Klagges dem SD erteilte. Als der SD im Sommer 1933 gegen Klagges und zwei mit Himmler rivalisierende SS-Führer, den Justizminister Alpers und den Polizeichef Jeckeln, intrigierte und den Klagges-Clan zu stürzen versuchte, verklagte der Ministerpräsident den Sicherheitsdienst vor dem obersten Parteigericht. SD-Oberherr Himmler hißte rasch die weiße Fahne. Der Leiter des Braunschweiger SD wurde aus der Schutzstaffel ausgestoßen und in ein KZ geworfen, sein wichtigster V-Mann entlassen und der verantwortliche Stabsleiter des SD-Amts vor ein Parteigericht gestellt. Zugleich mußte Himmler den SD-Gegnern hohe SS-Ränge einräumen. SS-Mann Alpers avancierte zum Standartenführer, Nicht-SS-Mann Klagges zum Gruppenführer [79].

Das Prestige des SD war zeitweilig so ramponiert, daß die Partei den SD moralisch wiederaufrichten mußte. Martin Bormann verfertigte Ende 1933, vermutlich auf Wunsch Himmlers, ein Rundschreiben an alle Gauleiter, um dem Gerücht entgegenzutreten, der Sicherheitsdienst solle aufgelöst werden [80]. Nach dem Ende des Tausendjährigen Reiches las man es jedoch bei den Historikern anders. In ihrer Optik geriet der SD von der ersten Stunde an zu einer Art Gruselorganisation, einer allgegenwärtigen Geheimsekte, Träger eines Schreckens, »den er selbst in Kreisen der Partei verbreitete«, wie Eugen Kogon schrieb [81].

In Wirklichkeit glich der SD in den ersten Jahren des nationalsozialistischen Regimes eher einer Bande hochintelligenter Jugendführer als einem ernsthaften Geheimdienst. Dennoch kam ihm schon damals eine wichtige Funktion zu: Der SD war praktisch die einzige zentralgelenkte Organisation, deren sich die Parteiführung bedienen konnte.

Denn: Nach dem 30. Januar 1933 war die in den Hungerjahren der legendären Kampfzeit mühsam zusammengehaltene Partei praktisch auseinandergefallen. Die Parteielite hatte sich in Berlin der staatlichen Kommandoposten bemächtigt, während sich die mittleren und kleinen Parteifürsten auf die Beute in der Provinz stürzten und ihre Feudalreiche errichteten. In diesem Dschungel einander befehdender Parteicliquen fungierte nur der SD als eine vom örtlichen Machtrausch der Parteibonzen unabhängige Organisation der Parteiführung. Oft in Zusammenarbeit mit der Polizei beobachteten die SD-Männer das Intrigenspiel der neuen Herren und Herrchen und begannen, ein feingliedriges Überwachungs- und Observationssystem anzulegen [82].

Die Drahtzieher der Bespitzelungsanlage konnten sich dabei auf den Auftrag der Parteiführung berufen, gegnerische Elemente in der NSDAP zu ermitteln und zu entlarven. Die Parteiführung ermunterte noch den SD zu verschärfter Wachsamkeit; im Juni 1934 proklamierte ihn Rudolf Heß zum einzigen Abwehrdienst der NSDAP [83].

Die Geheimdienst-Romantik und die offenkundige Frontstellung des SD gegen die »kleinen Hitlers« lockte eine Gruppe junger NS-Intellektueller an, die neben dem beruflichen Fortkommen das Ziel verfolgten, den »Nationalsozialismus besser zu machen«, wie es noch heute Gunter d'Alquen, einer ihrer wendigsten Köpfe, umschreibt. In kurzer Zeit formte sich der SD zum Sammelbecken der intelligentesten Männer, die der Nationalsozialismus jemals zu engagieren verstand.

Sie kamen aus der Ruinenlandschaft der sozialen Desintegration, die den deutschen Mittelstand Anfang der dreißiger Jahre befallen hatte, sie waren Nachhuten eines Bürgertums, an dessen vor dem Krieg geprägte Wertewelt sie nicht mehr zu glauben vermochten. Die Jungen aus den Jahrgängen zwischen 1900 und 1912 standen im Banne des völkischen Flügels der deutschen Jugendbewegung, sie reiften dort heran, wo die Abneigung gegen die schwankende Demokratie von Weimar und der Glaube grassierten, man müsse an die Stelle der »dekadenten« Republik ein besseres, spezifisch deutsches Regime setzen, das jenem des Westens weit überlegen sei [84].

Was sie alle zusammenband, waren die bürgerliche Auflösung und das Trauma Versailles, die Zwangsvorstellung, nur durch härteste Disziplin und persönliche Entsagung könne das Vaterland wieder auf die alte Machthöhe gehoben werden. Die patriotischen Sprüche ihrer Lehrer bekräftigten noch den blinden Vaterlandseifer der Jungen. Viele von ihnen studierten Jura, in den Rechtsfakultäten der deutschen Universitäten aber herrschte jene Lehre, die der Allmacht des Staates den Vorrang einräumte. Die Jungen wuchsen auf in einer positivistischen Rechtstradition, die schon 1892 den Juristen Bergbohm den Satz hatte niederschreiben lassen, auch das niederträchtigste Gesetzesrecht sei für den Juristen verbindlich, sofern es nur formal korrekt erzeugt sei [85].

Die Jungen wurden zu juristischen Funktionalisten, denen es höchste Aufgabe dünkte, die Ansprüche der Staatsmacht durch ein fugendichtes System von Gesetzen und Verordnungen zu sichern. Der Staat war für sie eine Gottheit, der man jedes Opfer zu bringen hatte. Recht hatte nur eine Funktion, es sollte dem Staat die juristischen Mittel bereitstellen, damit er seine Absichten reibungslos verwirklichen könne.

Aber welcher Art von Staat wollten sie dienen? Die Diktatur sei dem Führerstil der Jugend angemessen, weil sie die Verantwortung von der anonymen Gesellschaft auf einen Menschen aus Fleisch und Blut übertrage, schrieb 1929 einer der Jugendbewegten in der »Deutschen Allgemeinen Zeitung«[86]; nichts schien den völkischen Bürgersöhnen natürlicher, als daß die Diktatur nationalsozialistisch sein werde. Die Bereitschaft zur Diktatur wuchs, je mehr sich vor den Augen der Jungen die soziale Katastrophe des Bürgertums vollendete. Die Wirtschaftskrise der dreißiger Jahre entwurzelte die Jungen vollends, dennoch wurden auch sie von dem antikapitalistischen Protest ihrer Väter erfaßt.

Der Gefühlsausbruch wider internationale Banken und Konzerne imprägnierte die jungen Intellektuellen mit einem Gift, das vielen, allzu vielen als ein Serum wirtschaftlicher Reform erschien: dem Antisemitismus. Er vermischte sich in den Gehirnen der NS-Jungen mit dem Dogma der Staatsräson zu einer im Grunde doktrinlosen Dynamik, zu einer Technologie des Herrschens, die nur noch auf eine allgemein verbindliche Potenz fixiert war, den Staat oder genauer: den charismatischen Führer. Der sozialen Entwurzelung entsprach auch ein allmähliches Abrücken von den sittlichen Maßstäben der bürgerlichen Gesellschaft. Das Herrschen, die Macht an sich, wurde zu einer neuen ethischen Norm, wurde zur Pflichtübung einer selbsternannten Elite, die längst über den Vulgär-Nationalsozialismus der Parteiveteranen hinausgewachsen war.

Allerdings: Diese neue Ordnung des Dritten Reiches sollte »vernünftig«, diese Diktatur eines Mannes sollte rational faßbar sein, diese nationalsozialistische Revolution sollte nicht gegen die Grundregeln menschlicher Intelligenz verstoßen. Was aber die jungen NS-Intellektuellen sahen, war oft primitivste Machtgier, war das weltanschauliche Geschwafel der Bonzen und Konjunkturritter, war der Größenwahn vieler Parteiapparatschiks. So hatten sie sich das Dritte Reich nicht vorgestellt.

Da hörten sie, in der SS gäbe es eine Organisation, die sich zur Aufgabe gesetzt habe, Mißstände im Staat aufzudecken und Fehlentwicklungen zu korrigieren. Diese Organisation schien nicht ohne Einfluß, denn hinter dem SD stand Heinrich Himmler, der kommende Mann. Für viele der Unmutigen bot der SD eine Hoffnung, eine Rettung. Der hannoversche Bauernsohn, Jurist und Volkswirt Otto Ohlendorf, Jahrgang 1907, Mitglied der Partei seit 1925, hatte es auf seine Art erfahren[87].

Er war monatelang gegen das angegangen, was er für eine Entartung des Nationalsozialismus hielt; er hatte am Kieler Weltwirtschaftsinstitut gemeinsam mit seinem Freund und Lehrer, dem Professor der Volkswirtschaft

Jens Peter Jessen, staatssozialistisch-kollektivistische Strömungen in der Partei bekämpft – so hart, daß er schließlich in einer Verhörzelle der Geheimen Staatspolizei gestrandet war[88]. »Etwas ist in mir erschüttert. Ich habe nicht mehr die alte sorglose Sicherheit, mit der ich für unseren Nationalsozialismus kämpfte«, klagte er seiner Frau in einem Brief[89]. Der Nationalsozialist Ohlendorf war am Ende, die Partei ließ nicht mehr zu, daß er auf öffentlichen Kathedern kritische Reden hielt.

Aus solcher Verzweiflung aber befreite ihn der Rat seines Freundes Jessen, er möge doch einmal zu dem Professor Reinhard Höhn gehen, der eine Zentralabteilung im SD-Hauptamt in der Berliner Wilhelmstraße 102 leite; dort sei der Posten eines Wirtschaftsreferenten frei[90]. Ohlendorf ging und war »verwundert«: Höhn bedeutete ihm, gerade kritische Männer wie Ohlendorf brauche der SD. Otto Ohlendorf akzeptierte[91].

Mit ihm strömten andere NS-Intellektuelle in den Sicherheitsdienst. Den ohnehin schon jungen SD-Männern der ersten Stunde, bewährten Ausforschern wie dem hessischen SS-Führer Dr. Best und dem sächsischen Rechtsanwalt Dr. Herbert Mehlhorn[92], folgte eine noch jüngere Garde nationalsozialistischer Akademiker. Im Oktober 1933 stieß der vom grauen Einheitsbrei der NS-Presse abgestoßene Vollblut-Journalist und »VB«-Redakteur Gunter d'Alquen zum SD[93], kurz darauf schloß sich ein alter Heydrich-Freund an, der Wilhelmshavener Jurist Dr. Hermann Behrends[94], während SD-Professor Höhn allmählich eine meist aus seinem Bekanntenkreis stammende Riege nationalsozialistischer Brain-Truster nachzog.

Einer lud den anderen zum Eintritt in den SD ein: Staatswissenschaftler Höhn charmierte den Kollegen Jessen, der schon seinen Schüler Ohlendorf in den SD bugsiert hatte. Jessen entzog sich jedoch dem Ruf[95], dagegen konnte Höhn einen anderen Kollegen gewinnen, den Staatswissenschaftler Dr. Franz Six[96]; der wiederum vermochte seinen Schüler Dr. Helmut Knochen, der eigentlich Literaturprofessor werden wollte, in die Berliner Wilhelmstraße zu komplimentieren[97]. Erstes Schlußlicht der SD-interessierten Intellektuellen-Kolonne bildete ein junger ehrsüchtiger Saarbrücker namens Walter Schellenberg, Jahrgang 1910, Rechts- und Staatswissenschaftler, der schon in seinen Bonner Studentenjahren an der Universität Spitzelarbeit für den SD geleistet hatte[98] und in dem der Menschenkenner Heydrich ein Geschöpf witterte, das er nach seinen Vorstellungen abrichten könne.

Das Entstehen einer aus beweglichen Intellektuellen zusammengesetzten SD-Elite befreite Heydrich von einer Gefahr, die der Dynamik seines polizeilich-staatlichen Beherrschungsapparates drohte. Da bis dahin die Gestapo in seinem System eine einsame Schlüsselrolle einnahm, mußte der Sipo-Chef befürchten, von der Gestapo und deren Beamtengeist allzusehr abhängig zu werden. Denn: Auch die nationalsozialistische Gesinnungstüchtigkeit der Geheimen Staatspolizei konnte nicht darüber hinwegtäuschen, daß in ihr trotz aller neuen Methoden noch Rudimente der preußisch-deutschen Verwaltungstradition lebendig waren. Selbst der Gestapo-Justitiar Best hatte sich längst als Anhänger des alten Beamtensystems entpuppt und Heydrichs

Versuch konterkariert, an die Stelle eines Fachbeamtentums revolutionäre Dynamik zu setzen[99].

Schon war es zwischen Heydrich und Best zu ersten Differenzen gekommen, weil der Justitiar dem Sipo-Chef allzusehr mit der unpersönlichen Objektivität des Beamten gegenübertrat. Ein unschuldiger Wandspruch offenbarte die wachsende Kluft zwischen den beiden Männern. Beamte hatten dem Dr. Best einen von ihm selbst formulierten Sinnspruch auf ein Schild gemalt und es in seinem Büro befestigt: »Der sachlichen Arbeit ist auf die Dauer kein Gegner gewachsen.« Als Heydrich bei einem Besuch den Wandspruch las, reagierte er säuerlich. Heydrich: »Das mag gut sein für die Ministerialräte, die hier mit Ihnen verhandeln. Aber für die Wirklichkeit ist dieser bürokratische Grundsatz Unsinn!«[100]

Auch bei der Besetzung der Gestapo-Stellen kam es zu Reibungen. Heydrich wollte die Chefposten mit gelenkigen, an keine Norm gebundenen Nicht-Juristen besetzen, Best hingegen forderte, nur Juristen kämen in Frage – jener Menschenschlag, von dem Heydrich ähnlich dachte wie sein Führer, der meinte: »Ich werde nicht eher ruhen, bis jeder Deutsche einsieht, daß es eine Schande ist, Jurist zu sein[101].«

Hier kündigte sich ein Konflikt an, dem Heydrich offenkundig durch die Forcierung der SD-Arbeit die Spitze abbrechen wollte. Anfang 1935 leitete er ein Manöver ein, das später noch die Historiker arg irritieren sollte. Heydrich spaltete den Sicherheitsdienst, gleichsam über Nacht entstanden zweierlei Arten von SD: der SD als *Parteiformation*, in der alle Mitglieder der Sicherheitspolizei aufgenommen werden sollten, Werkzeug der angestrebten Eingliederung des gesamten Beamtenkorps der Sipo in die SS, und der SD als *Nachrichtenorganisation*, als »das bewegliche Instrument, das Tast- und Sinnesorgan am Körper des Volkes, in allen Gegnerkreisen, auf allen Lebensgebieten«, wie Heydrich-Adlatus Schellenberg einmal formulierte[102].

Mit diesem Schachzug hatte sich Heydrich vom Druck der sturen Gestapo-Beamten erlöst. SD-Best und die nur aus formellen Gründen mit SD-Chargen geschmückten Profis vom Schlage Müllers und Hubers wurden als Mitglieder der Parteiformation SD vom eigentlichen SD getrennt – nur so läßt sich der groteske Umstand erklären, daß sich die SD-Führer Best und Müller später mit allen Mitteln gegen das Eindringen des SD in die Gestapo wehrten. Dem Nachrichten-SD aber öffnete nun Heydrich ein schier grenzenloses Aktionsfeld, getreu der Parole, die der SD-Chef ausgegeben hatte: Der SD sei dazu berufen, zum Intelligence Service des Großdeutschen Reiches zu werden[103].

Der schon vorhandene Rahmen des SD-eigenen Überwachungsapparates wurde erweitert und verbessert. Das Sicherheitshauptamt in der Wilhelmstraße, das der SS-Standartenführer Siegfried Taubert als Stabsführer für den in der nahen Prinz-Albrecht-Straße amtierenden Chef Heydrich verwaltete[104], schuf neue Abteilungen und Kommandoposten.

Bereits die Organisation des Apparates bestätigt die Annahme des Heydrich-Biographen Shlomo Aronson, die jungen SD-Männer, »fasziniert von dem Gedanken, sich mit geheimnisvollen Spionageaffären und Nachrichtensachen beschäftigen zu können«, seien einer Art James-Bond-Taumel erlegen [105]. Ihre Vorbilder entnahmen sie denn auch weniger nationalsozialistischen Erbauungsbüchern als Kriminal- und Abenteuerromanen, in denen eine groteske Überschätzung des britischen Geheimdienstes grassierte. So hatte Krimi-Leser Heydrich irgendwo erfahren, der Chef des Intelligence Service nenne sich schlicht-mysteriös »C« (Chief = Chef); fortan kopierte er den Brauch des großen Bruders. »C« geisterte von nun an durch alle Aktionen und Akten des SD. »C hat befohlen«, hieß es da oder: »Die Entscheidung trifft C persönlich.« Sogar Dienststempel sollten die Magie des fast nie sichtbaren Chefs ausstrahlen: »C vorlegen.« [106]

Die naive Freude am Geheimdienst-Spielen verriet sich auch in der Zahlenkabbalistik, die alle Dienstbezeichnungen der einzelnen Ämter, Zentral- und Hauptabteilungen, Abteilungen und Referate umgab. Die drei Ämter des SD-Hauptamtes trugen römische Ziffern: I = Organisation, II = Gegnerbekämpfung, III = Ausland [107], hingegen bezeichneten jeweils um eine Stelle hinzugesetzte arabische Ziffern die Untergliederungen, also etwa: I 1 war die Zentralabteilung »Organisation und Aufsicht«, I 11 die Hauptabteilung »Organisatorische Aufgaben«, I 111 die Abteilung »Stellenbesetzung« und I 1111 das entsprechende Referat [108].

Die wichtigsten Zentral- und Hauptabteilungen wurden mit einer einzigen Ausnahme von Vollakademikern und Doktoren geleitet: Diplomingenieur Dr. Wilhelm Albert führte die Zentralabteilung »Organisation« [109], Jurist und Volkswirt Dr. Herbert Mehlhorn die Hauptabteilung »Dienstaufsicht« [110], Professor Dr. Franz Six die Zentralabteilung »Weltanschauliche Gegnerbekämpfung« [111], Professor Dr. Reinhard Höhn die Zentralabteilung »Lebensgebiet-Berichterstattung« [112] und SS-Oberführer Heinz Jost die Zentralabteilung »Abwehr gegnerischer Nachrichtendienste« [113].

Von diesem Intelligence-Generalstab liefen die Fäden zu den Stäben der sieben Oberabschnitte (OA) des SD, deren Bereiche sich nicht (wie die Oberabschnitte der Allgemeinen SS) nach den Wehrkreisen, sondern nach Landschaften orientierten [114]. Von den OA setzte sich das Nachrichtennetz fort zu den jeweils zwei oder drei Unterabschnitten (UA), die jedem Oberabschnitt unterstanden. Die UA wiederum knüpften das Netz weiter herunter zu den SD-Außenstellen, die je einen Landkreis oder eine Großstadt zu betreuen hatten. Sie waren die wichtigsten Zellen im Nachrichtengefüge des SD [115].

»Jeder Außenstellenleiter«, erläuterte der SD-Oberabschnitt »Nordwest« seinen Leuten im Frühjahr 1937, »muß auf alle Fälle versuchen, in jedem Ort seines Kreises ein oder mehrere V-Männer einzubauen, jeder V-Mann hat wiederum sein Zuträgernetz. Beispiel: Die Außenstelle D. verfügt über 32 Landgemeinden. In der Landgemeinde muß der Außenstellenleiter einen V-M haben, der die Interessen des Sicherheitsdienstes in der Gemeinde vertritt ... Die Arbeit des V-M ist es, seine Gemeinde mit einem Netz von

Zubringern zu überziehen.« Allerdings: »Die Zuträger dürfen niemals erfahren, daß sie für den Sicherheitsdienst arbeiten. Auch wäre es sehr angebracht, wenn die V-Männer mit Meldeblocks ausgerüstet werden und Meldungen täglich mit Kopierstift im Telegrammstil aufzeichnen. Das Interesse eines V-Mannes geht nach kurzer Zeit verloren, wenn der Außenstellenleiter von ihm langwierige Berichte verlangt. Die Masse des Volkes schreibt nicht gern [116].«

In den Städten richteten sich die Außenstellen nach den Ortsgruppen der NSDAP und unterteilten sich dementsprechend, während die Vertrauensleute an Universitäten und Hochschulen zu sogenannten SD-Arbeitsgemeinschaften zusammengefaßt wurden [117]. Wer aber konnte V-Mann werden? Alle Menschen, die »über das nötige Allgemeinwissen verfügen, logisch und sachlich denken können«, meinte der Oberabschnitt »Nordwest« und führte als »gegebene Leute für diesen Posten« an: »Lehrer, Ortsgruppenleiter, SA-, SS-Führer, Ortsbauernführer, Tierärzte und ev[entuell] pensionierte Beamte« [118].

Nur wenige in dem großen Informantenheer des SD gehörten der Partei oder der SS an. Der SD-Führer Heinz Höppner schätzte nach dem Kriege, zehn Prozent der hauptamtlichen SD-Mitglieder seien aus der Allgemeinen SS hervorgegangen und zehn Prozent der ehrenamtlichen Mitarbeiter SS-Männer gewesen [119]. Zuweilen wurden auch ausgemachte Regimegegner vom SD zu Auskünften über NS-kritische Stimmungen herangezogen.

Der Nachrichtenpolyp reichte mit seinen Saugarmen in alle Bereiche der deutschen Gesellschaft. Zu den Mitarbeitern des SD zählten nicht nur die kleinen Angeber und Spitzel, die Wilhelmstraße bedienten ebenso respektable Richter, Unternehmer, Künstler und Wissenschaftler. Wie in der Zentrale junge Akademiker aller Fachrichtungen wirkten, so arbeitete auch in den Außenstellen eine geistige Elite als »Berichterstatter« mit. Der SD-Abschnitt Koblenz besaß 1938 etwa 24 ehrenamtliche Mitarbeiter, darunter vier promovierte Akademiker; von elf namentlich bekannten V-Männern des Abschnitts waren vier Beamte der allgemeinen Verwaltung, vier Polizeibeamte, einer Arzt, einer Lehrer und einer Tierarzt [120].

Gleichwohl bekundeten die Geheimdienst-Intellektuellen einen seltsam jungfräulichen Horror vor dem Wort »Spitzel«. Es wäre »des nationalsozialistischen Staates unwürdig, wollte er ... sich der Hilfe von Spitzeln und Agenten bedienen«, schrieb der SD-nahe Polizeitheoretiker Schlierbach [121], und selbst in einer nicht für die Öffentlichkeit bestimmten Sipo-Dienstschrift kam der Satz vor: »Die Beschäftigung von berufsmäßigen Agenten ist nicht gestattet!!!« [122] Im SD-Hauptamt wich man fast abergläubisch jeder körperlichen Berührung mit Spitzeln aus. Adolf Eichmann erinnerte sich: »Wir kannten keinen, und umgekehrt kam auch nie ein V-Mann ins Hauptamt [123].« Erst später, als die Eierköpfe längst ihre Skrupel verloren hatten, brachte Walter Schellenberg Ordnung in das V-M-System: Von da an kannte die Zentrale ihren V-Mann.

Über jeden einzelnen Vertrauens-Mann wurde in der Wilhelmstraße eine

Akte geführt, die auf zwei Unterordner verteilt war. Der Unterordner A, auch Einbau-Ordner genannt, enthielt unter anderem die Deckbezeichnung des V-M, einen kurzen Lebenslauf ohne Angabe des Namens, das Ergebnis der SD-internen Überprüfung, die Verpflichtungserklärung, Mitteilungen über die Einsatzarten des V-M und Unterlagen über seinen Einbau in das SD-Netz. Im Unterordner B (»Steuerungs-Ordner«) wurden hingegen alle Unterlagen über die einzelnen Aufträge für den V-Mann gesammelt, eine von 1 (»ausgezeichnet«) bis 5 (»völlig unbrauchbar«) reichende Bewertung seiner Berichte aufgehoben und alle Ausgaben für den V-Mann registriert. Beide Unterordner durften an keiner Stelle den Namen des Vertrauens-Mannes preisgeben. Er war nur an zwei Stellen zu finden: in der V-Kartei, einer Anlage zur Auffindung der V-Akten, und in der VZ-Kartei, der zentralen Karteistelle für das jeweilige SD-Amt [124].

Von Jahr zu Jahr wurde das Überwachungsnetz des SD dichter, breitete er seine Fangarme sicherer über das Land. 1937 zählte die Nachrichtenorganisation des SD bereits 3000 hauptamtliche Mitglieder, stand eine unsichtbare Armee von 50000 Informanten zum Sprung bereit [125].

Doch wem galt der Einsatz, was sollte der SD beobachten, was ausforschen? Das war die Kardinalfrage. In der Kampfzeit war die Aufgabe des SD einfach gewesen: Er sollte den Gegner in den NS-Reihen unschädlich machen und die Absichten der feindlichen Seite erkunden. Das klang so lange plausibel, als der Gegner auch den polizeilichen Machtapparat kontrollierte. Nach dem 30. Januar 1933 aber hatte die Partei selber die Polizeimaschine übernommen; der Gegner, wer immer er sein mochte, konnte nun mit Mitteln der Polizei bekämpft werden.

Der SD hatte sich dann zunächst damit begnügt, als eine Art Hilfspolizei zu agieren. Himmler erklärte ihn am 4. Juli 1934 zum »einzigen und politischen Abwehrdienst der Gestapo« [126], und ein halbes Jahr danach war von dem SS-Chef die Weisung gekommen: »Der SD ermittelt die Feinde der nationalsozialistischen Idee und regt die Bekämpfung und Abwehr bei den staatlichen Polizeibehörden an.« Jede Exekutive sei ihm jedoch verboten [127]. Um die Rolle eines Zuträgers der Gestapo zu übernehmen, war der SD jedoch zu stolz. Er ersann sich eine neue Mission: Der SD sollte eine geistige Polizei werden, Instrument der nationalsozialistischen Gedankenkontrolle.

Himmler interpretierte: »Der SD ist der große weltanschauliche Nachrichtendienst der Partei und letzten Endes auch des Staates ... Den Sicherheitsdienst interessieren nur die großen weltanschaulichen Fragen.« Der SD sicherte sich als Wächter ideologischer Reinheit ein neues Arbeitsgebiet, laut Himmler »Kommunismus, Judentum, Freimaurerei, Ultramontanismus, die Tätigkeit politisierender Konfessionen und Reaktion« [128]. Das war praktisch jedoch nur eine Neuformulierung des alten Kampfauftrages; »Gegnerbekämpfung« nannte man das beim SD.

»C« ließ seinen Nachrichtenapparat spielen. Die Späher des Sicherheitsdienstes tasteten den Volkskörper nach jeder ideologischen Unebenheit ab, keine Gelegenheit wurde versäumt, falsche Herztöne unter den Volksgenossen aufzufangen. Unermüdlich verließen die Orders das Wilhelmstraßen-Palais, jagten Fernschreiben und Telefonate die Einsatzkommandos hoch.

SD-Oberabschnitt Rhein an Unterabschnitt Koblenz, 25. November 1937: »In mehreren Berichten und Informationen der letzten Zeit kehrten Behauptungen wieder, daß die Rechtsprechung der Sondergerichte in der Bevölkerung lebhafter Kritik unterliege. Es wird gebeten, umfassend zu erörtern, ob und in welchem Umfange die Rechtsprechung der Sondergerichte ... Anlaß zu Kritik gibt. .. für schnellste Erledigung dankbar[129].«

SD-Oberabschnitt Süd-West an SD-Hauptamt, 27. Mai 1936: »Unverständliche Gerichtsurteile in Rassenschande-Prozessen ... Zusammenfassend kann festgestellt werden, daß in keinem der vorliegenden Fälle die gesetzlichen Möglichkeiten auch nur annähernd ausgeschöpft worden sind. Zuchthausstrafen wurden bis heute überhaupt noch nie ausgesprochen, obwohl deren Verhängung auf Grund des Tatbestandes durchaus möglich wäre[130].«

Lagebericht des Sicherheitsdienstes, No. 037: »Die Lage des Nationalsozialismus ist in dieser Gegend [Köln] gegenüber dem katholischen Angriff geradezu als verzweifelt zu bezeichnen. Hier wird sich entscheiden, ob die nationalsozialistische Revolution endgültig zum Siege gelangt oder nicht ... Überfälle auf einzelne HJ-Angehörige (z. B. Oliva, Köln); Abreißen von HJ-Plakaten (z. B. Augsburg, Altenhofen). Gegen HJ gerichtete Werbung ... Beschimpfungen und Anrempeleien[131].«

Anweisung des SD-Hauptamts an alle SD-Oberabschnitte, 21. März 1937: »Die Tätigkeit der in den einzelnen Orten des Reiches bestehenden Ortsgruppen der ZVfD [Zionistischer Verein für Deutschland] einschließlich sämtlicher Untergliederungen ist zu überwachen ... Den Mitgliedern ... ist eine erhöhte Aufmerksamkeit zu schenken. Erforderlichenfalls ist bei den zuständigen Staatspolizeistellen Post- und Telefonüberwachung zu beantragen[132].«

Der Schatten des SD folgte den Deutschen, wohin sie immer in der Öffentlichkeit traten. Von der Italienreise des KdF-Schiffes »Der Deutsche« meldete SS-Obersturmführer Grillenberger am 26. Januar 1938: »Der Urlauber Fritz Schwanebeck, geb. 30. 3. 01, wohnhaft Mückenberg-Ferrosiedlung, ist unangenehm aufgefallen, daß er beim Absingen der Nationalhymne in lässigster Haltung Interesselosigkeit zur Schau trug ... 60 Urlauber sind ... zu spät einpassiert. Das Verhalten wurde beim Schlußappell gerügt ... Verstöße gegen die Devisenverordnungen ...[133]«

Standen die Scheinwahlen bevor, dann mußte der SD zum Großeinsatz bereit sein. Er begann bereits vor der Wahl, wie eine Order der Außenstelle Erfurt vom 4. April 1938 zeigt, wonach »sämtliche Personen in Ihrem Bezirk, von denen bestimmt anzunehmen ist, daß sie bei der bevorstehenden Wahl mit ›Nein‹ stimmen werden«, dem SD zu melden waren. Lagen die Namen der Nonkonformisten vor, so wurden die Wahlzettel der Verdächtigen präpariert: Auf den Zetteln waren mit einer Schreibmaschine ohne Farbband Zahlen eingedrückt, die gleichen Zahlen wurden hinter die Namen in den Wahllisten gesetzt. So sei es, berichtete Unterabschnitt Koblenz am

7. Mai 1938, möglich gewesen, »die Personen herauszufinden, die eine ungültige oder Nein-Stimme abgegeben hatten ... Die Kenntlichmachung erfolgte mit Hilfe entrahmter Milch [134].«

Von Jahr zu Jahr schwoll im SD-Hauptamt der Haufen der Aktennotizen und Zensurberichte an, in denen jede Geste suspekter Staatsbürger registriert wurde. Von dem noch leicht nonkonformistischen Chefredakteur der »Frankfurter Zeitung«, Rudolf Kircher, sammelte die Abteilung II 112 Aufsätze aus der Weimarer Zeit, »sehr aufschlußreich über die wirkliche politische Einstellung Kirchers«, wie es in einer Notiz hieß [135]. Dem NS-Starjournalisten Schwarz van Bergk war das Mißgeschick unterlaufen, in einem Palästina-Bericht angedeutet zu haben, auch Juden könnten für ihre Sache kämpfen und sterben. »Es ist meines Erachtens unmöglich«, wetterte Oberscharführer Hagen, der Intimus und Ghostwriter des SD-Professors Six, »daß ein Journalist und dazu noch in einer nationalsozialistischen Zeitung offen zugibt, daß aus propagandistischen Gründen gewisse Vorgänge innerhalb der Judenschaft in Palästina verschwiegen werden [136].«

Der SD scheute auch keine Mühe, wenn sich die Möglichkeit bot, unliebsam gewordenen Nicht-Nazis eine jüdische Abstammung nachzuweisen. Die beiden aus Polen stammenden Professoren Ernst und Heinrich Seraphim hatten sich der von der Partei ausgestreuten Gerüchte erwehrt, sie seien Judenstämmlinge, doch der SD witterte die Chance, »auf Grund des hier ermittelten Tatbestandes die Behauptung der jüdischen Abstammung der Seraphim zu beweisen«. Man ging behutsam zu Werk. Der SD-Mann Augsburg sollte den Deutschen Volksverband in Polen dazu animieren, seinerseits einen Studenten anzuwerben, der in Polen den genealogischen Seraphim-Spuren nachgehen konnte. Aber Vorsicht, Vorsicht: »In der mit II 112 gehabten Rücksprache genehmigte SS-Stubaf. Six das von Augsburg vorgeschlagene Vorgehen. Er solle jedoch Sorge tragen, daß der Auftraggeber keinesfalls bekannt werde [137].«

Doch Heydrich genügte es nicht, daß seine Schattenarmee eine lautlose Herrschaft über das Land zu errichten begann. Zur totalitären Gedankenkontrolle gehörte auch der Lärm, das Gedröhn der ideologischen Appelle, das Getöse der weltanschaulichen Ausrichter und Zensoren. Heydrich verband sich mit der wunderlichsten und gefürchtetsten Einrichtung nationalsozialistischer Pressepolitik: mit Gunter d'Alquens Wochenzeitung »Das Schwarze Korps«.

Dem Essener Wollhändlersohn d'Alquen, Rebell wider die deutsch-nationale Bürgerlichkeit seines Elternhauses und einem der frühesten HJ-Führer, war früh bewußt geworden, was man in der Partei unter Pressearbeit verstand. Bei der kümmerlichen »Bremer Nationalsozialistischen Zeitung« mit ihren handgeschriebenen Manuskripten, ihrem stets aus Geldmangel gesperrten Telefon und ihrer altersschwachen Setzmaschine und im Innenpolitischen Ressort des besser ausgestatteten, aber sterilen »Völkischen Beobachter« hatte d'Alquen manchmal bezweifelt, ob man als Nationalsozialist überhaupt Journalist sein könne [138].

Der Anlauf zu höheren Positionen war ihm zunächst mißglückt. Anfang 1934 bot ihm der Parteiverleger Max Amann die Chefredaktion des Berliner »Angriff« an und bat ihn, ein Redaktionsprogramm zu entwerfen. »Und da habe ich eine Dummheit gemacht, wohl die größte meines Lebens, ich habe nämlich die Wahrheit gesagt«, erzählt d'Alquen. »Ich habe die Ansicht vertreten, daß eine konstruktive Opposition unbedingt vonnöten sei, solle der Staat nicht an einer Arterienverkalkung zugrunde gehen.« Die Partei ließ den Frechling abblitzen [139].

Ein paar Monate später traf d'Alquen den SS-Hauptamt-Chef Wittje im Schlafwagenabteil eines Zuges, der beide zu einem Grenzlandtreffen der schlesischen SS bringen sollte. Er beschrieb Wittje die Geschichte seines verlorenen Jobs. »Mensch, Gunter«, tröstete ihn Wittje, »ich werde mal mit Heinrich reden. Schließlich hat jetzt die SA und jeder Kräuterverein eine Zeitung, warum nicht auch die SS?« Ideenträger Wittje kam bei seinem Reichsführer ein paar Tage zu spät; Max Amann hatte Himmler bereits für das gleiche Projekt gewonnen. Himmler wußte auch schon, wie das Blatt heißen sollte: »Das Schwarze Korps«. Dennoch war Wittjes Vorstoß nicht vergebens; Gunter d'Alquen erhielt den Auftrag, die – wie man im Braundeutsch sagte – Hauptschriftleitung der SS-eigenen Zeitung zu übernehmen [140].

Der Schulmeister Himmler ließ es sich nicht nehmen, dem 24jährigen Hauptsturmführer im SD eine längliche Vorlesung über das Geschäft des Zeitungsmachens zu halten. d'Alquen: »Er hatte einfach keine Ahnung.« Auch über den Zeitungstitel konnten sie sich nicht einigen, d'Alquen schwebte »Die Bewegung« vor, Himmler aber ließ sich nicht umstimmen. Erst zwei Tage vor dem Erscheinen der ersten Nummer gab d'Alquen nach und schuf zusammen mit dem Parteikarikaturisten Hans Schweitzer-Mjölnir im Tag-und-Nacht-Einsatz den Zeitungskopf. Inzwischen hatte die Reichsführung-SS mit dem parteieigenen Franz-Eher-Verlag einen Vertrag abgeschlossen, der die Abnahme einer Auflage von 40000 Exemplaren garantierte [141].

Am 6. März 1935 erschien – so der Untertitel – die »Zeitung der Schutzstaffeln der NSDAP, Organ der Reichsführung-SS« zum ersten Mal. d'Alquen konnte mit seinen sechs Mitarbeitern, die ihre Quartiere in der Berliner Zimmerstraße 88 aufgeschlagen hatten, das »Schwarze Korps« schnell in größere Auflagenhöhen treiben: Ende 1935 druckte die jeden Donnerstag erscheinende, zunächst 16, dann 20 Seiten starke Zeitung 189317 Exemplare, 1937 kletterte die Auflage auf 500000 und im Krieg auf 750000 Exemplare [142].

Das d'Alquen-Blatt wurde ein Erfolg, weil es die gleichgeschalteten Deutschen zugleich schockierte und faszinierte. Die Haß-Feldzüge des »Schwarzen Korps« gegen Kirchen und Juden, seine giftigen Attacken auf Bürgertum und Beamtenstand, das atemlose Anpöbeln anpassungsunwilliger Deutscher beleidigten jeden Anstand, und doch ließ mancher Nebenton aufhorchen. Denn diese »einzige oppositionelle Zeitung«, wie der Volksmund das »Schwarze Korps« nannte, spiegelte auf ihren Seiten den Zwiespalt der SD-

Intelligenzler wider, die radikale, aber auch intelligente Nationalsozialisten sein wollten. Was sie in der Wirklichkeit des staatlich-politischen Lebens nicht sein durften, versuchten sie wenigstens in Worte zu fassen: Sie wollten opponieren – gegen aufgeblasene Parteiapparatschiks, gegen parteiinterne Korruption, gegen braunen Ämterschacher.

»Nach jeder Revolution«, hieß es im »Schwarzen Korps« am 21. Januar 1937, »besteht die Gefahr der Erstarrung. Die Geschichte beweist das. Wir Nationalsozialisten haben Geschichte betrachtet ..., um daraus für die politische Gestaltung zu lernen. Deshalb die für manchen überraschende Notwendigkeit einer neuen Form der Opposition [143].« Sie wagten manches offene Wort. Ihnen fiel öffentlich auf, »daß Nationalsozialisten auch auf Posten gestellt werden mußten, für die ihre Kraft und Befähigung nicht ausreichte« [144], und sie polemisierten gegen »Revolutionsgewinnler« der Partei, die »jeden, der die Mitgliedskarte nicht besitzt, zum Volksgenossen zweiter Klasse stempeln, zu einem verabscheuungswürdigen Individuum, und gar wenn der Ärmste irgendwie vielleicht einmal sogar Marxist war« [145].

Als Münchner Nazis im Sommer 1935 in einer Art Probe der Reichskristallnacht die Fensterscheiben jüdischer Geschäfte einschlugen, geißelte das »Schwarze Korps« diese »verbrecherischen Machenschaften« und schrieb: »Die Judenfrage als eines der brennendsten Probleme unseres Volkes wird nicht durch Straßenterror entschieden.« Zum Thema »Gesundes Volksempfinden« konnte man lesen: »Ein selbstbewußter Richter hat es nicht nötig, seine Urteile mit einem so dehnbaren Begriff ... zu begründen [146].« Und der eigenen Polizei riet das SS-Blatt, mit dem Begriff des Staatsfeindes etwas vorsichtiger umzugehen, denn: »Es wird durch zu scharfe Verfolgung mehr geschadet als genützt.« An einer anderen Stelle: »Man sollte einmal eine genaue Statistik darüber machen, wieviel Anklagen auf Grund von Denunziation und persönlicher Rachsucht zustande kommen [147].«

Viele Leser faßten Vertrauen zu dem SS-Blatt, das offensichtlich so kritisch über die Verhältnisse im Dritten Reich dachte. Chefredakteur d'Alquen ermunterte sie noch. Am 18. Februar 1937: »Der Leser durfte von Anfang an das sichere Gefühl haben, daß wir nicht nur gelesen werden wollten, sondern daß wir selber darauf aus waren, zu lesen – zu lesen in den Stimmungen, Meinungen und Erfahrungen des Volkes [148].«

Eben dies aber brachte nun den SD-Chef Heydrich auf die Idee, das »Schwarze Korps« in sein Überwachungssystem einzuschalten. Hier war nicht nur ein Sprachrohr der Gedankenkontrolle, hier war auch ein Kanal ununterbrochen fließender Informationen über Leben und Denken der Bürger. Heydrich und d'Alquen arrangierten sich leicht. Das SD-Hauptamt fütterte die Schreib- und Rotationsmaschinen des »Schwarzen Korps« mit den Informationen des Nachrichtenapparates, und die Hauptschriftleitung dirigierte einen wesentlichen Teil ihrer Leserpost in die Wilhelmstraße 102 zur Auswertung. d'Alquen ließ auch Vordrucke für den intensiven Postverkehr zwischen Hauptamt und Hauptschriftleitung anfertigen. Text: »In der Anlage überreichen wir Ihnen ein Schreiben aus unserem

Leserkreis mit der Bitte um Stellungnahme/Kenntnisnahme und Rückgabe. Wir danken Ihnen für Ihre Bemühungen. Heil Hitler!« [149]

Da schrieb am 7. Juni 1938 ein Berliner namens Paul Koch an das »Schwarze Korps«, der Fleischer Gustav Schiewek in der Stralsunder Straße 37 wickle immer »seinen Kunden die Ware in Papier, welches für ein jüdisches Unternehmen Reklame macht«. Denunziant Koch: »Kann man dem Mann nicht helfen, indem man ihm einen Verweis in Form einer Beule erteilt?« Das »Schwarze Korps« übergab am 21. Juni das Schreiben »an den Sicherheitsdienst der Reichsführung-SS, zu Hd. Dr. Six«. Von dort gelangte der Leserbrief in die Abteilung II 112, die das Papier zwei Wochen später dem SD-Oberabschnitt Ost »mit der Bitte um weitere Veranlassung« zuschickte. Am 8. Juli 1938 schrieb das SD-Hauptamt zurück an die Zimmerstraße: »Zur Kenntnisnahme wird mitgeteilt, daß das Schreiben des Paul Koch der zuständigen Staatspolizeistelle zugeleitet worden ist. Nach Abschluß der Untersuchung wird berichtet [150].«

Die Redakteure des »Schwarzen Korps« waren bald gewohnt, ihre Zeitung im engsten Zusammenwirken mit dem Sicherheitsdienst herauszugeben. Für die SK-Schreiber war das SD-Hauptamt ein gigantisches Archiv, dessen geheime Berichte dem SS-Organ zur Verfügung standen. »Ist Morgenstern Jude oder jüdischer Mischling?« fragte d'Alquens Stellvertreter, SS-Obersturmführer Rudolf aus den Ruthen, auf einem Notizzettel beim SD-Hauptamt an und erhielt prompt Antwort [151]. Die Kameraden in der Wilhelmstraße halfen den Schriftleitern immer wieder bei der Beschaffung von Materialien.

Wichtigere Artikel wurden vorher abgesprochen. Oberscharführer Hagen notierte nach einer Konferenz mit Rolf d'Alquen, Gunters jüngerem Bruder und drittem Mann in der SK-Redaktion: »Bezüglich der Veröffentlichungen über die Situation des Judentums in Deutschland wurde vereinbart, daß über die bisherige Linie hinaus besondere Vorstöße nicht eher unternommen werden, als eine endgültige Vereinbarung mit dem Wirtschaftsministerium über die wirtschaftliche Fundierung der [jüdischen] Auswanderung getroffen ist [152].«

Die Türen der SD-eigenen Panzerschränke öffneten sich desto bereitwilliger, je stärker der Sicherheitsdienst im »Schwarzen Korps« ein öffentliches Zwangsmittel der Gedankenkontrolle erkannte, das die fehlenden Exekutivbefugnisse des SD ersetzen konnte. Die grellen Polemiken des »Schwarzen Korps« übten auf die Bürger oft eine beunruhigendere Suggestivkraft aus als die latente, aber unsichtbare Drohung der Gestapo, gaben doch die SD-Informationen dem Blatt das Air einer dämonischen Allwissenheit.

So überraschte das »Schwarze Korps« den erzkonservativen Reichsverband Deutscher Offiziere mit NS-feindlichen Zitaten aus dem vertraulichen Protokoll einer Landesverbandstagung [153]. Ebenso schockierte es den Publizisten Wilhelm Stapel mit einem aus dessen Schreibtisch stammenden Brief, in dem auch der Satz stand, man könne sich nur mit »konservativem Schaudern« hinter Hitler stellen [154]. Der Bürger Werner Grund aus Zwickau, der in einem Schreiben dem Briten-Premier Chamberlain für seine Bemühungen um den Weltfrieden gedankt hatte, fand Chamberlains Antwortbrief statt im eigenen Postkasten in den SK-Spalten [155], und der Rechtsanwalt Dr. Wolfgang Denk aus Leipzig sah sich von d'Alquens Schreibern angeprangert, weil er es gewagt hatte, eine in KZ-Haft genommene Frau in einem vertraulichen Schriftsatz zu verteidigen [156].

Zuweilen bekannte sich das Blatt auch öffentlich zu den eigenen oder von ihm weitergereichten Denunziationen, wie in einem Fall, der im Sommer 1940 spielte. Es habe, meldete das SK, »die Strafkammer in Wiesbaden mit einem durch das ›Schwarze Korps‹ namhaft gemachten Volksschädling, der zu vier Jahren Zuchthaus und vier Jahren Ehrverlust verurteilt wurde, erfreulicherweise kurzen Prozeß gemacht« [157].

Das Zusammenspiel zwischen SD und »Schwarzem Korps« hätte reiche Früchte getragen, wäre von dem SD-Herrn Heydrich die auch im NS-Reich gültige Regel beherzigt worden, daß der Partnerschaft zwischen Presse und Geheimdienst Grenzen gesetzt sind. Das unruhige Demagogentalent des Gunter d'Alquen aber wehrte sich gegen die Versuche der Wilhelmstraße, das »Schwarze Korps« den vielen taktischen Überlegungen der SD-Führung zu unterwerfen. Die blindwütigen Attacken des »Schwarzen Korps« aber verstießen oft gegen Interessen des SD, der damals noch wie keine zweite Organisation der Schutzstaffel umstritten war.

Im Laufe der Jahre sammelte sich zwischen den beiden Partnern gefährlicher Zündstoff an: Chefredakteur d'Alquen verbat sich jede Vorzensur durch den SD, lehnte es ab, dem SD suspekte Mitarbeiter wie den SK-Schreiber Heinar Schilling zu opfern, und empörte sich darüber, daß Schriftleiterausweise des »Schwarzen Korps« zur Tarnung nachrichtendienstlicher Unternehmungen des SD mißbraucht würden [158]. Heydrichs Leute dagegen monierten, das »Schwarze Korps« überschlage sich in seinen Angriffen gegen tatsächliche oder vermeintliche Regimegegner; zudem greife die Redaktion immer weniger auf SD-Material zurück. Ergebnis: Dem Blatt unterlaufe eine Panne nach der anderen [159].

Später sanken die Beziehungen zwischen Wilhelmstraße und Zimmerstraße derartig auf den Nullpunkt, daß Heydrich einen offiziellen Kontaktpfleger, den SS-Sturmbannführer von Kielpinski, bestellen mußte, der die Beziehungen zwischen den beiden Häusern verbessern sollte [160]. d'Alquen wetterte: »Ich bin es nun endgültig leid, mich von Männern des SD, die ja mit uns zusammenarbeiten wollen, behandeln zu lassen, wie sie vielleicht einen Außenstehenden behandeln [161].« SD-Ohlendorf formulierte schließlich, was der Sicherheitsdienst dem »Schwarzen Korps« vorwarf: Die Artikel des Blattes »strotzen von falschen Voraussetzungen und ebensolchen Verallgemeinerungen«, sie würden »in ihrer unglaublich diffamierenden Art sicherlich nicht dazu beitragen, positiv die Angesprochenen zu beeinflussen«, im Gegenteil: »Durch die Formulierung und den Ton« hätten sich »auch die anständigen Nationalsozialisten mit den zu Recht Angegriffenen zu einer Einheitsfront zusammengeschlossen« [162].

Ohlendorf forderte, eine Zusammenarbeit sei nur möglich, wenn »das ›Schwarze Korps‹ keine Angriffe gegen Personen richtet, ohne sich genau vergewissert zu haben, daß der zugrunde gelegte Tatbestand wirklich eindeutig geklärt ist und der SD zu diesem Zwecke sich für die Klärung zur Verfügung stellt« und »Sachprobleme vorher mit uns besprochen werden, um unser Material und unsere Kenntnisse mit zu verwerten«[163]. Doch die SK-Schreiber entzogen sich dem Führungsanspruch des SD.

Heydrich hatte längst erkannt, daß die Öffentlichkeitsarbeit via »Schwarzes Korps« den SD nicht weiterbringen würde. Wieder erhob sich die alte Frage, worin die Hauptaufgabe des Sicherheitsdienstes liegen solle. Die Frage stellte sich gebieterischer, je unheildrohender die beiden Beherrschungsmaschinen Heydrichs, der SD und die Gestapo, aufeinander zurollten.

10 Das Reichssicherheitshauptamt

Reinhard Heydrich witterte Gefahr: Sicherheitsdienst und Gestapo, als zwei integrierende Bestandteile seines Beherrschungsapparates gedacht, drohten sich gegenseitig lahmzulegen. Beide dehnten ihre Machtbereiche aus, beide strebten nach Kontrolle der Nation – für beide aber war Adolf Hitlers Großdeutschland zu klein.

Jetzt rächte sich, daß beim Neuaufbau des SD ab 1935 unterlassen worden war, ihm ein Arbeitsgebiet zu geben, das sich deutlich von dem Kompetenzbereich der Gestapo abhob. Gestapo und SD fahndeten auf den gleichen Gebieten und kamen sich gegenseitig ins Gehege. Immer wieder stieß der SD bei seiner Überwachung auf die Spuren der Gestapo-Konkurrenten. So jagte die Gestapa-Abteilung II A (Marxismus) dieselben KP-Untergrundler wie die Abteilung II 121 (Linksbewegung) des SD-Hauptamts [1].

Um den Konkurrenzkampf der beiden Überwacher zu bremsen, erließ Heydrich am 1. Juli 1937 einen Funktionstrennungs-Erlaß. »Weder Konkurrenz noch Über- oder Unterordnung, sondern gegenseitige Ergänzung unter Vermeidung jeder Doppelarbeit« sei das Gebot der Stunde, mahnte Heydrich und teilte die Arbeit auf. Die Gestapo erhielt die Sachgebiete: Marxismus, Landesverrat und Emigranten, der SD hingegen: Wissenschaft, Volkstum und Volkskunde, Kunst, Erziehung, Partei und Staat, Verfassung und Verwaltung, Ausland, Freimaurerei und Vereinswesen [2].

Es blieben noch genügend Reibungsflächen übrig, denn als gemeinsames Betätigungsfeld wurde umrissen: »Kirchen, Sekten, sonstige religiöse und weltanschauliche Zusammenschlüsse; Pazifismus; Judentum; Rechtsbewegung, sonstige staatsfeindliche Gruppen (wie Schwarze Front, Bündische Jugend u. a.); Wirtschaft; Presse.« Auch dieser Sektor wurde wieder unterteilt: Der SD sollte »alle allgemeinen und grundsätzlichen Fragen« bearbeiten, die Gestapo »alle Einzelfälle, in denen staatspolizeiliche Vollzugsmaßnahmen in Betracht kommen« [3].

Die langatmige Aufzählung der vielen SD-Aufgaben konnte nicht retuschieren, daß der Sicherheitsdienst immer mehr in die Gefahr geriet, von der Gestapo in die weltanschaulichen Bezirke abgedrängt zu werden. Dagegen aber rebellierten die SD-Männer. In der Stabskanzlei des SD-Hauptamtes entstanden argumentereiche Expertisen, in denen messerscharf nachgewiesen wurde, daß dem SD die Führung zukomme. Die Gestapo sei nur aus einer juristisch-administrativen Notwendigkeit des Staates erwachsen, das Dritte Reich benötige jedoch »einen noch stärkeren Garanten der Staatssicherheit, dessen Ursprung und Lebenselement der Wille einer politischen Bewegung ist«. Und das sei der SD.

Der Satz stand in einem Memorandum, dessen Verfasser unbekannt ist und das die programmatische Überschrift trug: »Die Eigenständigkeit des Sicherheitsdienstes.« Der Verfasser postulierte, die Gestapo habe die »staatsfeindlichen Erscheinungen«, der SD die »volksschädlichen Erscheinungen« zu bekämpfen: »Die Staatsfeindlichkeit ist ein juristisches Phänomen und liegt überall vor, wo einer Person und ihrer Handlung nachgewiesen werden kann, daß sie gegen ein Gesetz verstoßen hat, das den Staat schützt.« Dagegen ist es »die Eigenart der volksschädlichen Erscheinungen, daß sie meist überhaupt kaum strafrechtlich faßbar sind, und doch liegt in den Erscheinungen der Volksschädlichkeit manchmal eine viel größere Gefährdung von Volk und damit auch von Staat als in den direkt staatsfeindlichen Erscheinungen«[4].

Derart papierne Selbstbefriedigung befreite jedoch den SD nicht von dem Zwang, sich neue Arbeitsgebiete zu erschließen. Die Männer der Wilhelmstraße fanden zwei noch unerforschte Aktionsfelder, die freilich neue Konflikte und Intrigen bargen: die Auslandsspionage und die Lebensgebiet-Erforschung.

Spionage elektrisierte von Anfang an die Gehirne der jungen Geheimdienstler. Der geheime Auslands-Nachrichtendienst des SD war allerdings eher ein Zufallsprodukt und ging darauf zurück, daß der SD den Regimegegnern auch über die Reichsgrenzen hinaus folgte. Einer dieser Gegner war der »Schwarze-Front«-Führer Otto Strasser, der von Prag aus einen donquichottischen Kreuzzug gegen seinen ehemaligen Parteichef Hitler führte[5].

Besonders gefährlich dünkte die SD-Führer Strassers Schwarzsender, der seine Anti-Hitler-Parolen in das Reich der totalitären Gedankenkontrolle hineintrug. Der SD hatte in Erfahrung gebracht, daß der Sender von dem Ingenieur Rudolf Formis, dem ehemaligen Technischen Leiter von Radio Stuttgart, betrieben wurde. Heydrichs Entschluß stand fest: Formis muß weg. Am 10. Januar 1935 bestellte sich Heydrich den ehemaligen Mechaniker Alfred Naujocks, SS-Untersturmführer und Faktotum des SD-Chefs, und gab ihm die Order: »Bringen Sie Formis nach Berlin!«[6] Naujocks legte sich einen Feldzugsplan zurecht.

Der SD hatte ermittelt, daß der von Formis betriebene Strasser-Sender an einem Punkt etwa 20 bis 30 Kilometer südöstlich von Prag stehen müsse. Naujocks legte sich die Papiere eines Kaufmanns Hans Müller zu und fuhr mit seiner Freundin, der Berliner Gymnastiklehrerin Edith Käsbach, in einem Mercedes mit der Zulassungsnummer IP 48 259 über die Grenze. Er fand, was er suchte: Der Schwarzsender stand in dem Ort Dobris, genauer: in einem Zimmer des dortigen Hotels »Zahori«[7]. Kurz darauf bezog SD-Späher Naujocks mit seiner Begleiterin Zimmer 4 des Hotels, nicht unweit des Formis-Logis[8]. Naujocks verschaffte sich einen Wachsabdruck des Schlüssels zu dem Formis-Zimmer und telegrafierte an das SD-Hauptamt: »Gefunden«. Dann wartete er auf die nächsten Instruktionen. Ein paar Tage später holte er zum Schlag aus.

Am 23. Januar schaute Naujocks auf die Uhr: 21.30. Er nahm eine Lampe und ließ sie am Fenster kreisen. Wenige Minuten später kletterte der zu Naujocks gestoßene SD-Mann Werner Goetsch an einem Seil die Wand hoch und sprang ins Zimmer[9]. Die beiden glaubten, Formis weile nicht in seinem Hotelzimmer; sie schlichen durch den Korridor und machten an der Tür des fremden Zimmers halt. Doch als sie den nachgemachten Schlüssel ins Schloß steckten, merkten Naujocks und Goetsch, daß ihr Mann im Zimmer war. Naujocks faßte sich schnell. Er klopfte an. Von innen kam eine Stimme: »Was wollen Sie?« Naujocks murmelte, man habe leider vergessen, Herrn Formis die Seife zurechtzulegen.

Formis öffnete die Tür, und im gleichen Augenblick brachen die beiden SD-Männer in das Zimmer und überrumpelten den Ingenieur. Formis versuchte, eine Pistole hervorzuzerren. Einer der Eindringlinge schoß: Staatsfeind Rudolf Formis war tot. Naujocks und Goetsch konnten gerade noch eine Ladung Phosphor an dem Sendegerät anbringen und es in Brand setzen, ehe sie vor den heranpolternden Hoteldienern die Flucht antraten[10].

Im Berliner SD-Hauptamt aber tobte Heydrich über die Gangsterfilm-nahe Plumpheit, mit der Sicherheitsdienstler vom Schlage des Naujocks Geheimdienst spielten. Auch in den nächsten Jahren blieb der SD ein Sammelbecken tapsiger Amateurtalente, die jeden Geheimdienstprofi zur Verzweiflung trieben. Dennoch begann der SD, sich immer stärker im Dschungel der deutschen Geheimdienste auszubreiten. In den grenznahen SD-Außenstellen wurden systematisch Auslandsmeldungen gesammelt, während einige SD-Führer über im Ausland lebende Bekannte Informanten-Netze aufzogen[11].

Die Spionagearbeit lag in der Hand des unerfahrenen SS-Oberführers Heinz Jost und seiner Zentralabteilung III 2 (Abwehr gegnerischer Nachrichtendienste), aber auch andere Abteilungen des Hauptamts fühlten sich bemüßigt, in Spionage zu machen. Die jüdische Abteilung des SD unterhielt beispielsweise einen eigenen Nachrichtenapparat im Nahen Osten, der Material über den jüdisch-arabischen Konflikt in Palästina sammelte[12]. Hauptanlaufstelle des Nahost-Apparates war der Korrespondent des Deutschen Nachrichtenbüros (DNB) in Tel-Aviv, Dr. Reichert, der in beiden Lagern des Palästina-Konflikts Zuträger unterhielt: im arabischen den Nationalistenführer Ibrahim Chanti, Herausgeber der Zeitung »Al Difah«, und im jüdischen den Zionistenführer Feivel Polkes, einen der Kommandeure der jüdischen Geheimarmee »Haganah«[13].

»Dr. Reichert hat sich verpflichtet«, hielt eine Aktennotiz im SD-Hauptamt fest, »bei entsprechender Unterstützung in schwierigen Fällen nur mit dem SD zusammen zu arbeiten und alles nachrichtenmäßig wichtige Material über Herrn v. Ritgen (DNB) unter dem Zeichen H oder an die ihm von St. O'Scharf. Hagen übergebenen Adressen einzusenden.« SD-Reicherts Informationsdienst war nicht ohne Erfolge: 1937 beschaffte er ein Schreiben des britischen Ex-Premiers Stanley Baldwin, das Hinweise auf einen britisch-türkischen Geheimvertrag enthielt, für dessen Text der italienische Geheimdienst 150 000 Pfund Sterling bot[14].

Je stärker sich aber der SD im Unterholz der Nachrichtendienste ausbreitete, desto mehr stieß er auf den Widerstand der militärischen Abwehr des Admirals Wilhelm Canaris. Bis dahin war es dem diplomatischen Canaris geglückt, zu seinem ehemaligen Seekadetten Heydrich vorsichtig-gute Beziehungen zu unterhalten, die Expansion des SD aber ruinierten sie.

Nach den ersten Zusammenstößen zwischen Abwehr und Gestapo in der Ära des Abwehr-Kapitäns Patzig (1932 bis 1934) hatte die Wehrmachtführung in Canaris den geeigneten Offizier gesehen, mit Heydrich auszukommen [15]. Der Kapitän und ehemalige U-Boot-Kommandant Canaris, Jahrgang 1887, war ein scharfer Gegner der Weimarer Republik gewesen und erfreute sich des Rufs, enge menschliche Kontakte zu Heydrich zu unterhalten. Canaris und Heydrich erinnerten sich gern ihrer gemeinsamen Zeit an Bord des Schulkreuzers »Berlin«, Frau Erika Canaris hatte lange Zeit das Geigenspiel des Hausmusikanten Heydrich vermißt. Auch nach seiner Ernennung zum Chef der Abwehr im Januar 1934 suchte Canaris die Nähe Heydrichs [16].

Die Fama erzählt, Canaris sei eines Tages mit Frau Erika durch die in Berlin-Südende gelegene Döllerstraße gegangen, da habe er einen langen SS-Mann mit einer Kinderwagen schiebenden Blondine bemerkt. Canaris: »Das ist doch Heydrich!« Der Angerufene habe zum wohleinstudierten, hackenklappenden Zack-Zack des Hitlergrußes ausgeholt und sei sofort in den früher gewohnten Leutnantsjargon verfallen: »Herr Kapitän wohnen hier in Berlin?« Canaris: »Ein wenig, ein wenig.« Heydrich: »Wir wohnen seit einigen Tagen in der Döllerstraße, Herr Kapitän.« Canaris: »Ach nein! Welch ein Zufall!« [17]

Die beiden Gegenspieler machten sich den Zufall zunutze. Sonntagnachmittags zog Familie Canaris die Straße hinauf zum Krocketspiel im Heydrich-Garten, während am Abend Canaris mit weißer Kochmütze die Eheleute Heydrich zum selbstangerichteten Labskaus und zum anschließenden Hauskonzert empfing. Später rückten die beiden Familien noch näher. Im August 1936 erwarb Canaris in Berlin-Schlachtensee ein Haus in der Dianastraße, und ein halbes Jahr danach tauchte wiederum Heydrichs langer Schatten an der Gartenhecke auf. Der SD-Chef hatte in der nahen Augustastraße ein neues Haus bezogen [18].

Auch dienstlich waren Canaris und Heydrich zunächst miteinander ausgekommen. Am 21. Dezember 1936 hatten Canaris und Abwehrpolizei-Chef Best einen Vertrag (Spitzname: »Die zehn Gebote«) unterzeichnet, der die Kompetenzen von Abwehr und Gestapo festlegte. Danach sollte sich die Abwehr mit Auslandsspionage und Erkundung fremder Spionage befassen, der Gestapo hingegen oblag »die Erforschung strafbarer Handlungen gemäß § 163 StPO (Landesverrat) und die hierfür erforderliche Fahndung«. Canaris hatte dabei der Gestapo ein gewisses technisches Übergewicht zugestanden. Da die Abwehr in Friedenszeiten keine Militärpolizei besaß, war die Gestapo als Exekutivmittel auch in den Fällen zuzuziehen, die von der Abwehr bearbeitet wurden. Gleichwohl räumte der Canaris-Best-Vertrag den militärischen Abwehrbelangen den Vorrang ein. Ein Passus besagte: »In der Behandlung des einzelnen Falles gehen die Interessen des geheimen Meldedienstes und der Gegenspionage der abwehrpolizeilichen Erledigung des Falles vor.« Die Gestapo sehe »auf Wunsch der zuständigen Abwehrdienststelle der Wehrmacht solange von der Fortführung ihrer Maßnahmen ab, bis nach dem Urteil der Abwehrdienststelle der Wehrmacht kein Interesse des geheimen Meldedienstes und der Gegenspionage mehr entgegensteht« [19].

Eben dieser Vorrang der Abwehr wurde nun durch den Expansionsdrang des SD in Frage gestellt. Der SD sickerte auf eigene Faust in das Netz ausländischer Nachrichtendienste ein und störte die Arbeit der Abwehr. Auch bei der Erkundung des ausländischen Wirtschaftspotentials und fremder Rüstungsindustrien stießen Abwehr und SD immer heftiger zusammen [20]. Den Bruch zwischen Canaris und Heydrich beschleunigte eine Affäre, die dem Abwehr-Admiral zum ersten Mal die ganze Bedenkenlosigkeit der SD-Dilettanten offenbarte.

Ende 1936 erhielt Heydrich über SD-Kanäle die Nachricht, in der Sowjetunion formiere sich eine Opposition zum gewaltsamen Sturz Stalins; an der Spitze der Stalin-Gegner stünde der Marschall Michail Nikolajewitsch Tuchatschewski, stellvertretender Kriegskommissar der UdSSR. Dem SD-Chef kam eine phantastische Idee: Wenn es gelang, diese Meldung Stalin zuzuspielen und ihr noch durch ein paar fabrizierte Dokumente den Charakter des Ernsthaften zu verleihen, dann konnte man vielleicht mit einem Schlag die gesamte Armeeführung Rußlands zerstören – zerstören mit Hilfe Stalins und der sowjetischen Staatspolizei! [21]

Heydrich hatte bereits eine Vorstellung, wie man vorgehen konnte. Aus der Ära der engen Nachkriegs-Beziehungen zwischen Reichswehr und Roter Armee mußte es noch Dokumente, Notizen und Briefe geben, die auch die Unterschrift jener Sowjetgenerale trugen, denen man jetzt die Verschwörung gegen Stalin zuschrieb. Übertrug man die alten Papiere durch einige Zusätze in die Sprache des Jahres 1937, dann konnte jeder aus ihnen herauslesen, sowjetische Generale intrigierten mit deutschen Offizieren gegen den Kreml-Herrn. Heydrich rief Naujocks, der in der Berliner Delbrückstraße ein Labor für falsche Papiere und Pässe unterhielt, und weihte den Formis-Jäger in das Top-Secret-Unternehmen ein. Der SD-Führer Ost, SS-Standartenführer Hermann Behrends, wurde ebenfalls ins Vertrauen gezogen, und die Fälscher machten sich an die Arbeit [22].

Vergebens warnte der SS-Hauptsturmführer Erich Jahnke, einer der wenigen Spionageprofis des SD, er glaube nicht an die Echtheit der Tuchatschewski-Informationen, das alles könne doch auch ein Trick des sowjetischen Geheimdienstes sein. Denn: Woher stammten die Tuchatschewski-Informationen? Von dem in Paris lebenden russischen Exilgeneral Nikolaj Wladimirowitsch Skoblin. Und für wen arbeitete der? Für den SD und – den sowjetischen Geheimdienst [23]. Doch Heydrich wußte es besser. Er stellte den lästigen Mahner Jahnke unter Hausarrest und holte die Genehmigung Hitlers ein, die in vier Tagen hergestellten Belastungsdokumente in die Hände der Sowjets gelangen zu lassen [24].

Behrends reiste mit den Dokumenten nach Prag und konnte über Mittelsmänner den tschechoslowakischen Staatspräsidenten Benesch dazu animieren, die Dokumente in Moskau zu avisieren. Die Sowjets rührten sich und entsandten eiligst einen Sonderbeauftragten nach Berlin, der mit Heydrich verhandelte. Moskau bezahlte die Dokumente, nach Angaben Schellenbergs: mit einem Honorar in Höhe von drei Millionen Goldrubel, die sich allerdings als ebenso falsch erwiesen wie die Papiere aus dem Naujocks-Labor [25].

Am 11. Juni 1937 meldete die sowjetische Nachrichtenagentur »TASS«, Marschall Tuchatschewski und sieben Generale der Roten Armee seien von einem Sondertribunal zum Tode verurteilt worden, weil »die Angeklagten staatsfeindliche Beziehungen zu führenden militärischen Kreisen einer ausländischen Macht unterhielten, die eine der UdSSR feindliche Politik betreibt. Die Angeklagten arbeiteten für den Spionagedienst dieser Macht [26].« Die Hinrichtung des Tuchatschewski-Kreises leitete die blutigste politische Säuberung in der Geschichte Stalin-Rußlands ein. In einem Jahr ließ der rote Zar 35 000 Offiziere beseitigen – fast die Hälfte des gesamten Offizierskorps; 90 Prozent der sowjetischen Generale und 80 Prozent der sowjetischen Obristen wurden liquidiert, oder anders ausgedrückt: von fünf Marschällen drei, von 15 Armee-Befehlshabern 13, von 85 Korpskommandeuren 57, von 195 Divisionskommandeuren 110 und von 406 Brigadekommandeuren 110 [27].

Einige Monate später legte der Ausland-SD seinem Chef einen Geheimbericht vor, betitelt »Die politische Lage in der Roten Armee«. Heydrich las: »Die Auswirkungen so weitgehender Ausmerzungsmaßnahmen innerhalb des [sowjetischen] Kommandobestandes durch neue Kräfte kann ... nicht schnell genug erfolgen. Die Leistungsfähigkeit der notdürftig ausgebildeten und im Eiltempo beförderten Kommandeure kann nicht niedrig genug eingeschätzt werden [28].« Reinhard Heydrich jubelte. Was später die Memoirenschreiber der SS von Walter Schellenberg bis Wilhelm Höttl behaupteten, was der O.-E.-Hasse-Film »Canaris« weiterkolportierte, was selbst Winston Churchill und Nikita Chruschtschow nachplapperten [29], erzählte der SD-Chef jedem, der es hören wollte: Der Sicherheitsdienst des Reichsführers-SS habe der gefürchteten Sowjetarmee den Kopf abgeschlagen.

Fast zur gleichen Zeit hielt ein Generalstabsoffizier des Reichskriegsministeriums den Rußland-Referenten der Abteilung »Fremde Heere« (T 3), Oberstleutnant Dr. Karl Spalcke, auf einem Korridor an. Der Generalstäbler wollte wissen, ob Spalcke auch schon gehört habe, daß sich Heydrich brüste, Tuchatschewski abgeschossen zu haben. Der Oberstleutnant lachte. Spalcke: »Reine Angeberei von Heydrich [30].« Oberstleutnant Spalcke war damals der einzige, der die Wahrheit ahnte, denn in der Tat: Tuchatschewski ist niemals durch Heydrich und den SD gestürzt worden. 1937 konnte Spalcke seinen Zweifel nicht erhärten, heute läßt sich jedoch der Beweis führen, daß SS-Gruppenführer Heydrich nur ein kleiner, unwichtiger Helfershelfer des sowjetischen Geheimdienstes gewesen ist.

Stalin hatte das Ende Tuchatschewskis, der dem Diktator zu mächtig und seiner Selbstherrschaft zu gefährlich geworden war, längst beschlossen, ehe Heydrich sein Dokumentenspiel eröffnete. Seit Ende 1936 bereitete Stalin seinen Schlag gegen die Militärs vor. Im Dezember 1936 gründete der sowjetische Staatspolizei-Chef Jeschow eine »Verwaltung für besondere Aufgaben«, kurz »Spezbüro« genannt, das erste Untersuchungen gegen Tuchatschewski führte [31]. Kurz darauf ließ Jeschow einen der engsten Mitarbeiter Tuchatschewskis, den General Witalij Putna, verhaften [32]. Am 27. Januar 1937 wurde im Schauprozeß gegen den Rechtsabweichler Karl Radek der Marschall zum ersten Mal öffentlich als Freund des »Landesverräters« Putna genannt [33]. Am 3. März sprach Stalin in einer Rede vor dem Zentralkomitee der KPdSU von dem ungeheuren Schaden, »den eine Handvoll Spione in den Reihen der Roten Armee dem Lande antun konnte« [34]. Am 11. Mai wurde Tuchatschewski als stellvertretender Kriegskommissar abgesetzt und auf dem entlegenen Chefposten des Militärbezirks Wolga kaltgestellt [35]. Drei Wochen später: Verhaftung des Marschalls [36].

Vergleicht man nun diese Ereigniskette mit den Angaben der SS-Memoirenschreiber, so erhellt sofort, wie gering der SD-Beitrag zur Affäre Tuchatschewski gewesen ist. SD-Höttl gibt an, »die systematische Fälscherarbeit« im Auftrage Heydrichs habe im April 1937 begonnen [37] – zu einer Zeit also, da der Tuchatschewski-Freund Putna bereits öffentlich denunziert worden war und Stalin von der »Handvoll Spione« in der Roten Armee gesprochen hatte. Schellenberg behauptet, die gefälschten Dokumente seien Mitte Mai 1937 an die Sowjets ausgeliefert worden [38] – am 11. Mai aber war Tuchatschewski schon kaltgestellt.

Will man dem SD überhaupt einen Anteil an der Liquidierung Tuchatschewskis einräumen, so müßte man dem sowjetischen Geheimdienst unterstellen, auf mehreren Geleisen zugleich gearbeitet zu haben. Zumindest könnte man annehmen, daß Jeschows Spezbüro sich auch für belastende Informationen aus Deutschland interessierte, dem Lande, mit dem Tuchatschewski einst dienstlich zusammengearbeitet hatte. Er hatte nach dem Ersten Weltkrieg wiederholt Deutschland besucht, er war oft Manövergast der Reichswehr gewesen, er hatte Hindenburg die Greisenhand geschüttelt [39]. Was lag da für den NKWD-Chef Jeschow näher, als belastendes Material von jener nationalsozialistischen Regierung zu beschaffen, die nie die militärische Zusammenarbeit mit dem bolschewistischen »Weltfeind« gebilligt hatte.

Allerdings: Das sowjetische Interesse an dem Belastungsmaterial gegen Tuchatschewski mußte getarnt werden. Und da war just der Doppelagent Skoblin mit dem Renommee des alten Bürgerkriegs-Generals der rechte Mann, den SD-Chef Heydrich zu einem Spiel einzuladen, das der, ach, so allwissende »C« niemals durchschaut hat.

Völlig unrichtig aber ist auch, was ebenso zu den eisernen Bestandteilen der Tuchatschewski-Kolportage gehört: daß Heydrich seinen Gegenspieler Canaris um den Schriftwechsel aus der Reichswehr-Sowjetarmee-Periode gebeten und sich nach der Weigerung des Admirals durch Einbruch bei einer

Wehrmachtdienststelle die deutsch-sowjetische Korrespondenz beschafft habe [40]. Rußlandexperte Spalcke bezeugt, Canaris habe bis zum Ende Tuchatschewskis von Heydrichs Plänen nichts gewußt. Als Spalcke dem Admiral über die Tuchatschewski-Affäre Vortrag hielt, war der Abwehrchef völlig ahnungslos [41].

Canaris wird erst auf einem seiner morgendlichen Ausritte mit Heydrich von dem SD-Chef über den Geniestreich informiert worden sein. Die Nachricht traf ihn vermutlich schwer, denn vor seinen Augen enthüllte sich ein Abenteurertum, das eines Tages das ganze Reich in den Abgrund schleudern konnte. Die Tuchatschewski-Affäre, so urteilt Canaris-Biograph Abshagen, wurde dem Admiral zum Wendepunkt seiner Beziehungen zu Heydrich und zu dem Regime [42]. Nur ein knappes Jahr trennte den Abwehrchef von der Stunde der Entscheidung, in der Wilhelm Canaris die gesamte Führung der Sicherheitspolizei und des SD entmachten wollte.

Kündigte sich hier bereits der Konflikt zwischen Wehrmacht und SD/SS an, so hatte auch der zweite neue Wirkungskreis des Sicherheitsdienstes das Mißtrauen einer Macht geweckt, die für den SD weit gefährlicher war als die Wehrmacht: das Mißtrauen der Partei. Und wie der Ausland-SD den geschriebenen Buchstaben des Canaris-Best-Abkommens verletzte, so forderte die neue Arbeit des Inland-SD den Geist eines ungeschriebenen Übereinkommens heraus, das den Sicherheitsdienst an die Partei seit jenem Augenblick band, da Partei-Verwalter Rudolf Heß den SD zur einzigen Nachrichten- und Abwehrorganisation der Nationalsozialistischen Deutschen Arbeiter-Partei deklariert hatte [43].

Diese Monopolstellung war dem SD nur unter einer Bedingung eingeräumt worden: daß er sich niemals in die inneren Angelegenheiten der Partei einmischen dürfe. Der SD, so lautete die Formel, sei ein Gegner-Nachrichtendienst, und das hieß: Er sollte gegnerische Elemente in der NSDAP aufspüren; interne Fragen der Partei aber durften ihn nicht bekümmern [44].

Himmler und Heydrich hatten auch strenge Weisungen erlassen, die jedem SD-Mann verboten, an innerparteilichen Diskussionen in irgendeiner Form teilzunehmen. Jedwede Berichterstattung über Parteivorgänge war untersagt; unaufgefordert eingegangene Meldungen und Berichte mußten sofort und unbearbeitet an die Parteikanzlei weitergegeben werden [45]. Die Partei, vor allem die Gauleiter, wachten argwöhnisch darüber, daß sich der SD nicht zu einer Bespitzelungsorganisation wider die NSDAP entwickelte.

Seit dem Neuaufbau des SD aber wirkten in der Wilhelmstraße zwei Nationalsozialisten, die just einer solchen Beobachtung der Partei das Wort redeten. Denn für den Professor Reinhard Höhn, Leiter der Zentralabteilung II 2 im SD-Hauptamt, und seinen Stabsführer Otto Ohlendorf war der Sicherheitsdienst so etwas wie ein Korrektiv der NS-Diktatur, eine Stimme der Kritik [46].

Schon bei ihrer ersten Begegnung im Mai 1936 hatte Höhn dem neuen Kameraden Ohlendorf gesagt: Da es keine öffentliche Kritik mehr gäbe, sei es nunmehr Aufgabe des SD, »die Führungsstellen der Partei und des Staates über die nationalsozialistischen Entwicklungen zu unterrichten, und zwar insbesondere über Fehlentwicklungen, Mißstände und so weiter«[47]. Die Professoren-These fand in dem SS-Hauptsturmführer Ohlendorf einen gläubigen Adepten; seit langem fahndete der Alte Kämpfer und ehemalige Ortsgruppenleiter von Hoheneggelsen bei Hildesheim nach einer Möglichkeit, dem entgegenzuarbeiten, was ihm als eine katastrophale Fehlentwicklung des Nationalsozialismus erschien.

Der fast zierliche Ohlendorf, in dem viele Parteigenossen den Typ des neurotischen, stets etwas säuerlichen und besserwisserischen Intellektuellen sahen[48], witterte tödliche Gefahren für die innere Gesundheit des Nationalsozialismus. Er wähnte ihn im Innern von zwei Seiten bedroht: von kollektivistischen Strömungen in der Wirtschafts- und Sozialpolitik sowie von staatsabsolutistischen Tendenzen in der Verfassungspolitik. Die eine Gegenströmung umschrieb er mit dem schwammigen Schlagwort »Bolschewismus« und zählte zu ihren Hauptvertretern: den DAF-Chef Robert Ley und den Reichsnährstand-Ideologen SS-Obergruppenführer R. Walther Darré; die andere Gegenkraft taufte er »Faschismus« und rechnete zu dessen Anhängern alle, die wie der Rechtslehrer Carl Schmitt das von Norm und Institutionen freie Cäsarentum mit nationalsozialistischem Vorzeichen propagierten[49].

Ohlendorf und sein Chef Höhn glaubten allen Ernstes, mit dem SD auf die Entwicklung des Nationalsozialismus einwirken zu können. Der Professor hatte bereits erste organisatorische Voraussetzungen geschaffen. Die Zentralabteilung II 2 war schon vor Ohlendorfs Eintritt vom Konzept der Gegnerbekämpfung zu einer neuen Vorstellung übergegangen: zur sogenannten Lebensgebiet-Beobachtung[50]. Sturmbannführer Höhn erklärte es zur Aufgabe des SD, Meinungsforschung auf allen Lebensgebieten der Nation zu betreiben und die Reaktion der Bevölkerung auf Maßnahmen der Regierungs- und Parteiorgane zu erkunden. Nur so könne die Staatsführung erfahren, wie ihre Politik im Volk ankomme. Es entstand der Gallup-Poll in nationalsozialistischer Version[51].

Höhn hatte mit der Lebensgebiet-Berichterstattung dort begonnen, wo der Staatswissenschaftler zu Hause war: in Hochschulen und Universitäten. Er kam jedoch über einige schüchterne Anfänge noch nicht hinaus. Als Ohlendorf zum SD stieß, fand er in Höhns Zentrale »etwa 20 junge Leute, ohne Schreibkräfte, ohne Registratur, ohne irgendwelche Hilfsmittel«[52]. Ohlendorf übernahm die Hauptabteilung Wirtschaft und baute in kurzer Zeit einen Arbeitsstab aus studierten Volkswirten auf; sie sammelten aus allen Teilen des Landes Berichte über die wirtschaftlichen Verhältnisse und unterzogen die Gesamtlage einer kritischen Analyse[53]. Meinungsforscher Ohlendorf hatte den Sinn ihrer Arbeit in einer Denkschrift (»Die Wirtschaft im nationalsozialistischen Staat«) umrissen.

Die Aufrüstung des Reiches, so schrieb Ohlendorf, führe in der Wirtschaft zu »unerhörten Spannungen«, als da seien: »Stärkung der Großbetriebe, Schwächung der anderen. Ausschaltung der Privatinitiative auf zahlreichen

Gebieten, stattdessen Aufbau großer Einkauf- und Verteilerorganisationen mit all ihren Nachteilen, Eingriff in Preis- und Lohngestaltung«. Da werde es nun zur »Aufgabe der Staats- und Wirtschaftsführung, die Grenzen zu erkennen, die diese Spannungen nicht überschreiten dürfen, wenn nicht der Sinn des Ganzen hinfällig werden soll«. Ohlendorf: »Hier hat der SD durch seine Berichterstattung über Lage und Stimmung sowohl wie über Mißstände selbst eine Aufgabe von ganz außerordentlicher Wichtigkeit [54].«

Die sachlich-nüchternen Berichte der Hauptabteilung Wirtschaft gefielen Höhn derartig, daß er Ohlendorf im April 1937 zum Stabsführer der Zentralabteilung II 2 ernannte [55]. Ohlendorf dehnte das Netz seines bisher nur auf dem Wirtschaftsgebiet praktizierten Reportsystems auf alle Sektoren des nationalen Lebens aus. Es gab bald kein Lebensgebiet mehr, das Ohlendorfs und Höhns Zentrale nicht analysierte. Drei große Arbeitsstäbe durchleuchteten in der Wilhelmstraße die wahre Lage der Nation: die Hauptabteilung II 21 Kultur, Wissenschaft, Erziehung und Volkstum, die Hauptabteilung II 22 Recht und Verwaltung, Partei und Staat, Hochschule und Studententum, die Hauptabteilung II 23 sämtliche Gebiete der Wirtschaft [56].

Je weiter sich aber Ohlendorfs Meinungsforscher vorwagten, desto kritischer klangen die Berichte. Die SD-Reporter nannten die Mißstände beim Namen: Machtausweitung der Konzerne, hemmungslose Ausgabenwirtschaft des Staates, kollektivistische Bestrebungen der DAF, Diffamierung des Mittelstandes, Übermut und Größenwahn in der Partei. Noch ehe sie es sich versehen hatten, waren die Lebensgebiet-Kundschafter auf das Minenfeld der Parteihoheit geraten. Den Parteifunktionären blieb nicht lange verborgen, daß sie vom SD ausgeforscht wurden. Es begann, was Ohlendorf später »einen dauernden Kampf, Niederlagen, Siege und immer wieder Niederlagen für das SD-Amt und für mich« nannte [57].

Die SD-Gegner machten sich im Sommer 1936 einen schweren Fehlgriff Höhns zunutze, um den gefährlichen Meinungsforscher auszumanövrieren. Höhn hatte gegen den Hohepriester der nationalsozialistischen Geschichtsschreibung, Professor Walter Frank, intrigiert und wollte SS-Wissenschaftler in Schlüsselpositionen der deutschen Historiographie bringen [58]. Frank aber schlug mit Hilfe des SD-feindlichen Gauleiters Julius Streicher zurück. Frank fand frühere, gegen den Nationalsozialismus gerichtete Höhn-Zitate (»Vor allem Hitler mit der nationalsozialistischen Bewegung schuf eine große Stimmung des Antigeistes«), die für NS-Ohren so fatal klangen, daß auch Hitler »hinsichtlich der Person des Prof[essors] Höhn die schwersten Bedenken« (so Reichskanzlei-Chef Lammers) bekundete [59]. Himmler und Heydrich mußten daraufhin ihren Chef-Meinungsforscher seines Postens entheben; der aus dem SD entfernte Höhn verschwand auf einige Monate nach Schweden, um wenigstens dem drohenden Ausschluß aus der Partei zu entgehen [60].

Kaum war Höhn untergetaucht, da geriet Ohlendorf in die Schußlinie der Kritik. Anfangs hatten dem Reichsführer-SS die präzisen Ohlendorf-Berichte gefallen [61]; als die Partei aber immer argwöhnischer wurde, rückte der opportunistisch-vorsichtige Himmler von dem SD-Mann ab, zumal ihm die steifbelehrende Art dieses »Gralsritters des Nationalsozialismus« (Himmler) mißfiel. »Er [Ohlendorf] versteht den Reichsführer nicht zu behandeln«, verzweifelte Himmlers Sekretär, Rudolf Brandt. »Er sollte ihm hie und da einmal einen Runenstein mitbringen und auf des Reichsführers Ideen vom Germanentum eingehen, um überhaupt mit ihm Kontakt zu bekommen. Statt dessen tritt er ihm mit eiskalter Überlegenheit auf dem Gebiet gegenüber, auf dem der Reichsführer offensichtlich wenig versteht, und gibt mit todernstem Gesicht die düstersten Prognosen [62].«

Himmler tat sogar, was er sonst peinlichst vermied: Er rief über den Kopf des SD-Chefs Heydrich hinweg den Querkopf Ohlendorf zu sich und kanzelte ihn herunter [63]. Ohlendorf bekam zu hören: Die Lebensgebiet-Arbeit des SD sei illegal, niemals werde die Partei sie zulassen; der SD sei nur als Gegner-Nachrichtendienst legitimiert, alles andere schade SS-Interessen. Heydrich stieß nach. Ohlendorf wurde als Stabsführer von II 2 abgelöst und auf sein ursprüngliches Aufgabengebiet, die Wirtschaft, beschränkt [64]. Heydrich warnte am 4. September 1937 in einem Erlaß: »Aufgabe der Lageberichterstattung auf den Lebensgebieten kann es nur sein, zu berichten, wie sich die nationalsozialistische Weltanschauung auf den einzelnen Lebensgebieten durchsetzt und welche Widerstände und ggf. [gegebenenfalls] von wem zu verzeichnen sind, nur unter diesem Gesichtspunkt ist über kulturelle, materielle oder das Gemeinschaftsleben betreffende Dinge zu berichten [65].«

Unter solchen Umständen hatte Ohlendorf nicht länger Lust, in SD-Diensten zu bleiben. Er bat Heydrich, aus dem SD-Hauptamt ausscheiden zu dürfen. Heydrich lehnte ab [66]; er wollte nicht auf den Sachverstand Ohlendorfs und auf ein mögliches Vehikel künftiger Machterweiterung verzichten. Auch Himmler hielt trotz seiner Furcht vor der Parteikritik an Ohlendorf fest.

Erst im Frühjahr 1938 gelang es dem bekümmerten Lebensgebiet-Forscher, wenigstens als hauptamtlicher SD-Führer freizukommen. Der Volkswirt Ohlendorf, nur noch ehrenamtlicher Standartenführer im SD, durfte als Geschäftsführer in eine der Zwangsorganisationen der NS-Wirtschaft, der Reichsgruppe Handel, eintreten [67]. Freilich, sein Schicksal blieb weiterhin mit dem SD verbunden; nebenberuflich, an jedem Tag ein paar Stunden lang, leitete er nach wie vor seine alte Hauptabteilung im Wilhelmstraßen-Palais [68].

Der Fall des Otto Ohlendorf stand nicht vereinzelt da. Aus allen Teilen des SD-Netzes drangen Signale der Existenzangst in die Wilhelmstraße: Die Ohlendorf-Krise hatte erneut deutlich gemacht, daß mehr denn je ungeklärt blieb, was aus dem experimentiersüchtigen SD werden solle. Heydrich-Adlatus Walter Schellenberg notierte: »Die Meldungen von der Front * über eine psychologisch ungeheuer wirkende und sich ausbreitende Unsicherheit

* SD-eigener Ausdruck für die unteren, dem jeweiligen Gegner am nächsten zugewandten Organe des Nachrichtendienstes.

über das kommende Schicksal des Sicherheitsdienstes häufen sich. Gleichzeitig ist auch festzustellen, daß auch eine starke Abwanderung aus dem hauptamtlichen Dienst begonnen hat [69].«

Himmler und Heydrich sahen sich der Notwendigkeit konfrontiert, endlich eine grundsätzliche Klärung des SD-Status herbeizuführen. Denn noch vor dem Ausscheiden Ohlendorfs hatte ein Riesenskandal offenbart, wie ungefestigt ihr Herrschaftsapparat war. Den Skandal hatte die Gestapo verschuldet; er hätte beinahe die Macht Heydrichs und die Partnerschaft zwischen den beiden SS-Chefs ramponiert.

Die Fäden der Affäre reichten zurück in den Mai 1936 und führten zu dem Vernehmungsrichter des Berliner Amtsgerichts im Polizeipräsidium. Dort verhörte Gerichtsassessor Ernst einen alten Dauergast Berliner Gerichte und Gefängnisse, den vorbestraften Arbeiter Otto Schmidt [70]. Ernst las das Vorstrafenregister: Otto Schmidt, 29 Jahre alt, 1921/22 dreimal wegen Diebstahls zu Gefängnisstrafen von je zwei Wochen, drei Wochen und 30 Tagen verurteilt, 1924 vier Monate Gefängnis wegen Diebstahls, 1927 einen Monat wegen Unterschlagung, 1928 vier Monate wegen Erpressung und noch im gleichen Jahr sechs Monate wegen räuberischer Erpressung, 1929 zwei Wochen wegen Betrugs [71].

1935 war Schmidt von der Kriminalpolizei unter dem Verdacht neuer Erpressungen aufgegriffen worden. Vor dem Kriminalassistenten Justus, seinem ersten Vernehmer, hatte der Ganove ein paar kleine Erpressungen zugegeben, größere Taten aber abgestritten [72]. So war Schmidt schließlich in das Büro des Vernehmungsrichters gelangt. Dem Gerichtsassessor Ernst aber gelang es, dem Schmidt die Zunge zu lösen. Der Gauner öffnete plötzlich die Schleusen seiner Beredsamkeit und schwatzte munter darauf los, viele Menschen, ja »hunderte« und oft auch prominente darunter, wollte er erpreßt haben. Meist seien es Homosexuelle gewesen, die er in flagranti ertappt habe. Und er nannte Namen. Da sei der Rechtsanwalt Rüdiger Graf von der Goltz, Sohn des Baltikum-Freikorpsführers, gewesen und der Potsdamer Polizeipräsident SS-Standartenführer Graf von Wedel und der Reichswirtschaftsminister Funk und auch ein »General Fritsch« [73]. Ernst horchte auf: Welcher Fritsch? Doch Schmidt wollte nicht mit der Sprache heraus.

Aus dem ordinären Erpresserfall war mit einem Schlag ein hochpolitischer Homosexuellen-Casus geworden; solche Affären gehörten in den Kompetenzbereich der »Reichszentrale für die Bekämpfung der Homosexualität«, die im Geheimen Staatspolizeiamt saß und von dem Kriminalrat Josef Meisinger geleitet wurde. Die Akte Schmidt wanderte in die Prinz-Albrecht-Straße. Meisinger las die Akte und stolperte ebenfalls über den Namen Fritsch. Sollte das der Oberbefehlshaber des Heeres sein, jener Generaloberst Werner Freiherr von Fritsch, die heimliche Hoffnung der konservativen Opposition in Deutschland, erklärter Feind aller Versuche der SS, mit der Verfügungstruppe das Waffenmonopol der Wehrmacht zu brechen? Meisinger ließ sich den Häftling Schmidt kommen und ihn durch den Hauptmann der Schutzpolizei Häusserer vernehmen [74].

Am 8. (oder 9.) Juli 1936 legte ihm Häusserer eine von Meisinger präparierte Sammlung von Fotos vor, aus der sich der renommiersüchtige Schmidt das Konterfei mit den höchsten Titeln herauspickte[76]. Kriminalrat Meisinger, allzeit Verfechter kriminalistischer Holzhammermethoden, hatte unter jedes Bild Namen und Amtstitel des Abgebildeten gesetzt. Als Schmidt las: »Generaloberst Freiherr von Fritsch, Oberbefehlshaber des Heeres«, machte er eine Geste. Schmidt: »Das ist er[76].« Dann gab er zu Protokoll:

An einem Novemberabend des Jahres 1933 habe er in der Vorhalle des Wannseebahnhofs Berlin einen Mann beobachtet, der so gekleidet gewesen sei: dunkler Mantel mit braunem Pelzkragen, dunkler Hut, weißer Schal und ein Monokel im Gesicht. Der Mann habe zusammen mit dem Strichjungen Martin Weingärtner, genannt »Bayern-Seppl«, die Bahnhofshalle verlassen und sei in die dunkle, der Reichsbahn gehörende Privatstraße gegangen. Dort habe er, Schmidt, einen gleichgeschlechtlichen Akt zwischen den beiden beobachtet[77]. Nach einer Weile, so erzählte Schmidt weiter, sei der Herr zurückgekehrt und habe sich zu dem nahe gelegenen Ringbahnhof am Potsdamer Platz begeben; dort habe er, Schmidt, dem Herrn alles auf den Kopf zugesagt und sich als »Kriminalkommissar Kröger« vorgestellt[78]. Der Herr habe gesagt, er sei der General von Fritsch, und das habe er durch einen Ausweis bewiesen; auf der breiten Seite des Ausweises sei rechts oben der Name »von Fritsch« deutlich zu lesen gewesen.

Es sei dann über das Erpressungsgeld verhandelt worden; der Herr habe ihm gesagt, er möge ihn nicht unglücklich machen, auf ein paar tausend Mark komme es ihm nicht an, allerdings habe er nur 100 Mark bei sich. Sie seien zusammen nach Lichterfelde gefahren, wo der Herr in dem Haus Ferdinandstraße 21 verschwunden sei. Nach zehn Minuten habe der zurückgekehrte Herr ihm 500 Mark in die Hand gedrückt und ihm außerdem 1 000 Mark für den nächsten Tag versprochen. Auch dieses Geld habe er, Schmidt, erhalten, und wiederum seien ihm weitere 1 000 Mark in Aussicht gestellt worden. Die habe er Mitte Januar 1934 im 2.-Klasse-Wartesaal des S-Bahnhofs Lichterfelde-Ost in Empfang genommen – diesmal in Begleitung eines Freundes, des Arbeiters Heiter, genannt »Bucker«, den er dem Erpreßten als seinen Chef vorgestellt habe. Dem Heiter habe er, Schmidt, 500 Mark abgelassen[79].

Soweit die Aussage des Otto Schmidt Anfang Juli 1936. Meisinger triumphierte: Ein Zufall hatte ihm eine tödliche Waffe gegen den Heeres-OB von Fritsch in die Hand gespielt, mit der er, Josef Meisinger, die Herren der Schutzstaffel von einem ihrer gefährlichsten Gegner befreien konnte. Meisinger trieb den Fall weiter voran. Im August steuerte Schmidt, von dem Kriminalsekretär Löffner erneut vernommen, immer weitere Details zu seiner Erzählung bei, am 20. bestätigte auch Komplice Heiter die Schmidt-Story[80]. Für Meisinger gab es keinen Zweifel mehr: Schmidts von Fritsch war der verhaßte Generaloberst von Fritsch!

Sofort meldete Meisinger den glücklichen Fund seinen Oberen, und alsbald machte sich SS-Chef Himmler auf, seinem Führer die Entdeckung zu melden. Doch in der Reichskanzlei harrte seiner eine Enttäuschung. Adolf Hitler warf einen flüchtigen Blick in das acht Seiten starke Vernehmungsprotokoll und befahl, »diesen Dreck« zu verbrennen [81]: Der Militärtechniker von Fritsch, von dem Hitler einmal gesagt hatte, er »liebe« ihn [82], war dem Aufrüstungsfanatiker Hitler viel zu unentbehrlich, als daß er ihn wegen einer solchen Lappalie opfern wollte.

Himmlers Unglück wollte, daß er die Fritsch-Akte dem Diktator zu einer Zeit vorlegte, da Hitler seinem Heeres-OB noch »mit achtungsvoller Zurückhaltung begegnete, ihn im großen und ganzen in Selbständigkeit wirken ließ und sich der unmittelbaren Kritik an der Heerführung enthielt«, wie Hitlers Wehrmachtadjutant, der damalige Oberst Friedrich Hoßbach, bezeugt [83]. Der SS-Chef mußte eine jener Abfuhren einstecken, die Hitler damals jedem bereitete, der die Wehrmacht und vor allem ihre Generale zu kritisieren wagte. »Dann kommt aber vielleicht«, erklärte Hitler einmal dem Generaladmiral Boehm, »einer von der Partei und sagt zu mir: ›Alles gut und schön, mein Führer, aber der General Soundso spricht und arbeitet gegen Sie!‹ Dann sage ich: ›Das glaube ich nicht!‹ Und wenn dann der andere sagt: ›Ich bringe Ihnen aber schriftliche Beweise, mein Führer!‹, dann zerreiße ich den Wisch, denn mein Glaube an die Wehrmacht ist unerschütterlich [84].«

Auch Himmler und Heydrich mußten ihren »Wisch« zerreißen. Heydrich ließ die Akte Fritsch vernichten, zuvor trug er freilich Sorge, daß eine Teilabschrift angefertigt wurde [85]. Vermutlich erwartete er, den Fall doch noch eines Tages hochspielen zu können. Der Tag kam schneller, als selbst er gehofft hatte. Denn inzwischen hatte sich in der Reichskanzlei eine Szene abgespielt, die zu den entscheidenden Wendepunkten in der Geschichte des nationalsozialistischen Regimes gehört: Am Nachmittag des 5. November 1937 war Hitler bewußt geworden, daß ihm von Fritsch und der Wehrminister Generalfeldmarschall Werner von Blomberg nur noch zögernd und bremsend auf dem Weg in die immer waghalsigere Abenteuerpolitik folgen würden [86].

Hitler hatte sechs Männern seiner engsten Umgebung (neben von Fritsch, von Blomberg, Göring und Hoßbach dem Marine-Oberbefehlshaber Raeder und dem Reichsaußenminister Freiherrn von Neurath) Zukunftspläne enthüllt, die er für so wichtig hielt, daß er sie, wie Hoßbach protokollierte, »als politisches Testament« betrachtet wissen wollte. Kernpunkt: Bis spätestens 1943 müsse Deutschland gewaltsam seinen Lebensraum erweitert haben, müßten Österreich und die Tschechoslowakei in deutschem Besitz sein [87]. Die Soldaten von Blomberg und von Fritsch erhoben Bedenken, freilich nur solche militärtechnischer Art: Die tschechoslowakischen Befestigungen an der Grenze seien äußerst schwer zu nehmen, man müsse selbst im Falle eines französisch-italienischen Krieges mit einem starken Heer Frankreichs an der deutschen Westgrenze rechnen, ein Krieg lasse sich nur führen, wenn die Neutralität Englands und Frankreichs sichergestellt sei [88]. »Die Diskussion nahm zeitweilig sehr scharfe Formen an, vor allem in einer

Auseinandersetzung zwischen Blomberg und Fritsch einerseits und Göring andererseits, an der Hitler sich vorwiegend als aufmerksamer Zuhörer beteiligte«, notierte sich Hoßbach [89].

Hitler hatte genug gehört, um sich eine Meinung zu bilden. Mit solchen Militärs konnte der Start in die kriegerische Risikozone nationalsozialistischer Außenpolitik nur zu einem Fehlstart werden. Hitlers Verhältnis zu seinen führenden Militärs kühlte sich jäh ab.

Mit einem Mal wurde Meisingers Fritsch-Akte wieder aktuell. Hat Hitler sie erneut ins Spiel gebracht? Wohl kaum. Aber ein anderer hatte ein dringendes Interesse daran, die Schergen der Gestapo auf den Heeres-OB loszulassen. Das war der Mann, dem von Fritsch in der Reichskanzlei-Szene Dilettantismus vorgeworfen hatte, der Mann, der formell noch immer Chef der preußischen Gestapo war, der Mann, der sich von den Berufsmilitärs immer bespöttelt fühlte, obwohl er sich Generaloberst nannte: Hermann Göring. Gestapo-Meisinger erzählte im Herbst 1941 Hitlers ehemaligem politischen Adjutanten Fritz Wiedemann, Göring sei es gewesen, der ihm den Befehl gegeben habe, die Fritsch-Akte wiederherzustellen [90]. Ungeklärt ist nur der Zeitpunkt.

Das Interesse der Gestapo am Fall von Fritsch muß unmittelbar nach dem Fritsch-Göring-Disput in der Reichskanzlei erneut geweckt worden sein, denn der Heeres-OB wurde schon auf seiner am 10. November 1937 begonnenen Ägyptenreise von zwei Gestapo-Beamten beschattet, die feststellen sollten, ob der Generaloberst Homosexuellen-Lokale besuche [91]. Mitte Januar 1938 ließ Meisinger seine Kriminalisten erneut ausschwärmen und noch einmal die Angaben des Erpressers Schmidt überprüfen [92]. Meisingers engster Mitarbeiter, der Kriminalinspektor Fehling, kam sogar der Wahrheit ganz nahe: Am 15. Januar entdeckte er, daß im Nachbarhaus der Ferdinandstraße 21, in der einst Schmidts Opfer verschwunden war, ein Rittmeister a. D. von Frisch wohnte – und verließ die heiße Spur wieder! [93]

Görings entscheidende Order zur Rekonstruktion der Fritsch-Akte kam jedoch erst später, in dem Augenblick, da ihm der Berliner Polizeipräsident Wolf-Heinrich Graf von Helldorf eine für die Militärs peinliche Enthüllung machte und ihm damit die Möglichkeit bot, den Ehrgeiz seines Lebens zu befriedigen: Reichskriegsminister zu werden.

Am 12. Januar 1938 hatte Generalfeldmarschall von Blomberg, seit 1932 Witwer mit zwei Söhnen und drei Töchtern, die ehemalige Stenotypistin Erna Gruhn, Sekretärin in der Reichseierzentrale, in einem kleinen Kreis geheiratet [94]. Trauzeugen: Adolf Hitler und Hermann Göring. Die Hochzeiter reisten sofort ins neue Glück ab [95]. Kurz darauf erhielt Kriminalrat Curt Hellmuth Müller, Leiter der Reichserkennungsdienstzentrale im Reichskriminalpolizeiamt, eine Ladung unzüchtiger Bilder, die ihm Kollege Gerhard Nauck vom Referat »Sittlichkeitsverbrechen« zuschickte. Auf einige der Bilder machte Müller-Sekretär Burkert besonders aufmerksam. Müller schaute näher hin [96].

»Als ich auf den unbekleideten Leibern der beiden Dargestellten«, so erinnert sich Müller, »dann in Tintenschrift die Namen der Dargestellten entdeckte, rief ich Nauck an, ob er Interesse an der Feststellung der Personen habe. Er meinte, das sei im Augenblick wohl noch nicht nötig. Mir fiel nur der Name der Frau auf, den ich irgendwo gelesen hatte, mir fiel nur nicht ein, wer das sein könnte.« Müller kramte in seiner Zehnfinger-Abdruck-Sammlung, »und siehe da: Besagte Dame war zwei- oder dreimal in unserer Sammlung vertreten« [97] – so Müller. Er ging zum Leiter des Einwohnermeldeamtes, Regierungsrat Mesch, um zu erfahren, wer die Dame sei. Mesch zog aus einem Stahlkasten eine Meldekarte, die Meldekarte der Frau Generalfeldmarschall [98].

Der Kriminalrat hastete zu seinem Chef. Arthur Nebe: »Mensch, Kamerad Müller, und dieser Frau hat der Führer die Hand geküßt! [99]« Der Kripochef wollte sichergehen und zog seinen Freund, den Polizeipräsidenten von Helldorf, ins Vertrauen. Am Morgen des 23. Januar stand der Graf vor General Wilhelm Keitel, dem Chef des Wehrmachtsamtes im Reichskriegsministerium und engen Vertrauten Blombergs [100]. Der General sollte bestätigen, ob die Dame auf den Karteikarten die neue Frau von Blomberg sei. Doch Keitel erklärte sich außerstande, da er die Dame noch nie gesehen habe. Er rief daraufhin im Ministerbüro an, aber von Blomberg weilte außer Hause. Da hatte Keitel einen fatalen Einfall: Er verwies den Polizeipräsidenten an Göring, der müsse als Trauzeuge doch die Frau Feldmarschall kennen [101].

So hielt denn Hermann Göring am Abend des 23. Januar 1938, da ihn der Graf von Helldorf in den Fall von Blomberg einweihte, eine entscheidende Trumpfkarte in der Hand. Göring erkannte sofort, daß der Skandal den Generalfeldmarschall aus dem Amt vertreiben würde. Wer aber zog dann in die Bendlerstraße ein? Kein anderer als Görings Rivale, der Generaloberst von Fritsch. Und das wollte Göring auf alle Fälle verhindern.

Göring mußte 24 Stunden warten, ehe er losschlagen konnte, denn erst für den Abend des 24. Januar wurde Hitler von seinem Berghof in Bayern zurückerwartet [102]. Kaum aber war Hitler in der Reichskanzlei eingetroffen, da fand sich auch Göring ein. Zu Hoßbach stöhnte er: Immer müsse er dem Führer die unangenehmen Nachrichten bringen. Dem Wehrmacht-Adjutanten Hoßbach offenbarte er auch, welcher Art die unangenehme Nachricht sei: Es gehe um den Reichskriegsminister von Blomberg. Von dem Heeres-OB sagte er kein Wort [103]. Erst bei der Begegnung mit Hitler scheint Göring auch den Fall von Fritsch erwähnt zu haben, freilich zunächst nur am Rande, denn nach dem Weggang Görings fand Hoßbach seinen Führer zwar »in großer Erregung, jedoch nicht etwa sorgenvoll oder bedrückt« [104].

In dieser Nacht muß Göring dem Kriminalrat Meisinger befohlen haben, die Akte von Fritsch wiederherzustellen. Göring führte sie offenbar am 24. Januar bei seinem Abendbesuch in der Reichskanzlei noch nicht bei sich, am nächsten Morgen aber lag sie auf Hitlers Schreibtisch [105]. Daraus könnte man folgern, daß sie in jener Nacht entstanden ist. Tatsächlich haben Gestapo-Beamte immer wieder behauptet, die Rekonstruktion der Akte sei »in intensivster Nachtarbeit« vorgenommen worden[106]. Dazu paßt auch ein Anruf des Hitler-Adjutanten Schaub, der am frühen Morgen des 25. Januar gegen 2.15 Uhr Hoßbach weckte mit der Order, sofort in die Reichskanzlei zu kommen[107] – vermutlich war da soeben Meisingers Fritsch-Akte eingetroffen.

Der Hitler, den Adjutant Hoßbach wenige Stunden später antraf, war kaum wiederzuerkennen. Kein Zweifel, die Doppelaffäre Blomberg-Fritsch hatte den Diktator schwer getroffen, hatte vielleicht ein ganzes Leben naiven Vertrauens in das preußisch-deutsche Militär erschüttert. Hitler war, so berichtet Adjutant Wiedemann, »derart niedergeschlagen, wie ich ihn während der ganzen vier Jahre, die ich bei ihm Dienst tat, nie gesehen habe. Er ging gebückt, die Hände auf dem Rücken, langsam in seinem Zimmer auf und ab und murmelte vor sich hin, wenn so etwas bei einem deutschen Feldmarschall vorkomme, dann wäre auf dieser Welt alles möglich«[108]. Und der General Gerd von Rundstedt fand Hitler »in einer fürchterlichen Aufregung, wie ich ihn noch nie gesehen hatte. Es sei etwas in ihm zerbrochen und er habe jedes Vertrauen in die Menschen verloren«[109].

War das alles nur Schauspielerei? Anfangs sicherlich nicht. Aber bald witterte der Raubtierinstinkt in Hitler die Chance, mit einem Hieb die Führungsschicht der Wehrmacht zu entmachten und sich selber an die Spitze der Armee zu setzen. Kein Soldat sollte ihn mehr hindern, die Fahrt in das außenpolitische Abenteuer anzutreten.

Er kehrte die Fronten um und spielte Göring gegen die Militärs aus. Als der brave Hoßbach immer wieder die Unschuld des Generalobersten von Fritsch beteuerte, beauftragte Hitler seinen ersten Gefolgsmann, die Richtigkeit der Schmidt-Aussage zu überprüfen. Zweimal fuhr Göring in die Prinz-Albrecht-Straße und ließ sich bestätigen, was er und Hitler hören wollten: Zeuge Schmidt bleibe bei seiner Aussage[110]. Da ergriff Hoßbach die Initiative. Gegen das ausdrückliche Verbot Hitlers fuhr er in der Nacht vom 25. zum 26. Januar zu dem Generalobersten von Fritsch und meldete ihm, was sich gegen den Heeres-OB zusammenbraute; von Fritsch war wie gelähmt. Er hatte nur einen Kommentar: »Erstunken und erlogen!«[111] Mehr sagte er nicht.

Schon in diesem Augenblick wurde deutlich, daß die größte Krise der Wehrmacht ein nur in Gehorsam und Führerkult geübtes Soldatengeschlecht fand, über dem das Motto des Franzosen-Marschalls MacMahon schwebte: »Die Generale sind die Leute, die in der ganzen Welt am wenigsten Mut zum Handeln haben[112].« Das traf vor allem auf den Mann zu, den das Fehlurteil der Zeitgenossen zu einem heimlichen Gegenspieler Hitlers gestempelt hatte. Der Generaloberst von Fritsch war alles andere als dies, er stand vielleicht mehr als jeder andere General seiner Zeit im Banne Adolf Hitlers; bis zum Schluß konnte er nicht verstehen, was ihm sein Führer angetan hatte, konnte er den Abgrund nicht sehen, in den er gestürzt wäre, hätten ihn nicht die Kameraden zurückgerissen. Fatalistisch, in dumpfer Ergebenheit sah er dem Schicksal entgegen, seinem Schicksal, Deutschlands

Schicksal. Über Hitler schrieb er später: »Dieser Mann ist Deutschlands Schicksal, im Guten und im Bösen, und dieses Schicksal wird seinen Weg zu Ende gehen; geht es in den Abgrund, so reißt er uns alle mit – zu machen ist da nichts [113].«

Noch aber gab es Offiziere, die sich nicht dem Verhängnis freiwillig auslieferten. Wieder trat Hoßbach für seinen Generalobersten vor. Er sprach so lange auf Hitler ein, bis der einwilligte, von Fritsch zu empfangen [114]. Am Abend des 26. Januar wurde der Generaloberst in die Reichskanzlei gerufen. Von Fritsch eilte zu seinem Führer, wollte endlich »das Schwein« sehen und prallte mit dem ebenfalls herbeizitierten Schmidt zusammen. Schmidt: »Das ist er!« Generaloberst von Fritsch auf sein Ehrenwort: »Den Herrn kenne ich nicht!« [115] Hoßbach hatte derweil im Kleinen Eßzimmer der Reichskanzlei gewartet. »Nach längerem Alleinsein«, so hat er aufgezeichnet, »hörte ich plötzlich lautes Laufen zwischen Bibliothek und Kleinem Eßzimmer, die Tür zu mir wurde aufgerissen, Göring stürzte, beide Hände vor das Gesicht haltend und laut jaulend, in meinen Warteraum, warf sich auf ein Sofa und heulte mehrfach: ›Er war es, er war es!‹« [116]

Hitler erklärte, auch das Ehrenwort des Generalobersten befriedige ihn nicht [117]. Jetzt sah Göring seine Stunde gekommen. Er nahm den Hitler-Adjutanten Wiedemann beiseite: »Hören Sie mal, Sie können doch mit dem Führer reden. Sagen Sie ihm, er soll mir auch das Heer geben. Ich bin bereit, den Vierjahresplan abzugeben [118].« Er begnügte sich nicht mit dem einen Zwischenträger. Als er am 27. Januar hörte, General Keitel sei für 13 Uhr zu Hitler bestellt, rief er ihn an und bat um seinen Besuch. Göring wollte wissen, wer von Blombergs Nachfolger werde. Keitel: »Dafür kommen ja nur Sie in Frage, denn einem anderen Heeresgeneral werden Sie sich [als Oberbefehlshaber der Luftwaffe] ja wohl nicht unterstellen.« Göring konnte ob solcher Zartheit der Gefühle nur kräftig beistimmen [119]. Noch einen Dritten scheint Göring eingespannt zu haben: Blomberg. Auch dem gestolperten Kriegsminister erschien nichts natürlicher, als daß Göring sein Nachfolger würde [120].

Doch Hitler ließ sich von Göring nicht die eigenen Pläne ruinieren, dreimal lehnte der Kanzler mit der ihm eigenen austauschbaren Rabulistik die Göring-Kandidatur ab. Dem Adjutanten Wiedemann erklärte er: »Kommt gar nicht in Frage. Der Göring versteht ja nicht einmal eine Besichtigung bei der Luftwaffe. Da verstehe ich ja mehr davon [121].« Keitel bekam zu hören: »Das käme gar nicht in Frage, er habe ihm [Göring] den Vierjahresplan gegeben, die Luftwaffe müsse er behalten, dafür gebe es keinen besseren Mann, und er müsse sich als sein prädestinierter Nachfolger in die Staatsgeschäfte hineinfinden [122].« Und zu Blomberg machte Hitler »einige unfreundliche Redensarten über Göring: Er sei zu bequem – vielleicht fiel sogar das Wort faul –, und er komme jedenfalls dafür nicht in Frage«, wie sich der Generalfeldmarschall später erinnerte [123].

Just in diesem Augenblick, am 27. Januar 1938 gegen 16 Uhr, erwachte in dem gedemütigten Reichskriegsminister der Haß auf die Militärkaste, die den Hitler-Günstling Werner von Blomberg nie hatte leiden mögen und die in dem Panzer ihrer starren Ehrauffassung keine Hand rührte, dem gefallenen Generalfeldmarschall eine Geste menschlicher Sympathie zu machen. Von Blombergs Sinnen war auf Rache aus, diese Schmach sollten die Militärs noch einmal bitter bereuen. Und der Minister revanchierte sich: In seiner Abschiedsvisite bei Hitler schlug er vor, der Führer und Reichskanzler möge doch persönlich die Stellung des Reichskriegsministers übernehmen [124]. Hitler ließ sich sein Triumphgefühl nicht anmerken. Zur gleichen Stunde aber schrieb sich General Alfred Jodl, Chef der Abteilung »Landesverteidigung« im Reichskriegsministerium, ins Tagebuch: »Man hat das Gefühl, in einer Schicksalsstunde des deutschen Volkes zu stehen. Welch einen Einfluß kann eine Frau, ohne daß sie es ahnt, auf die Geschicke eines Volkes und damit der Welt ausüben [125].«

Hitler hatte seine Entscheidung getroffen. Einen Tag später erfuhr Keitel, Hitler selber werde das Kriegsministerium (umgewandelt in ein Oberkommando der Wehrmacht, OKW) leiten, »ich solle sein Chef des Stabes bleiben, ich dürfte und könne ihn in dieser Lage nicht im Stich lassen« [126]. Am 4. Februar 1938 erfuhr die Nation, daß die Zweifler der Hitlerschen Vabanquepolitik beseitigt worden waren: von Blomberg und von Fritsch zurückgetreten, Reichsaußenminister Freiherr von Neurath durch den diplomatischen Außenseiter Joachim von Ribbentrop abgelöst, 16 Generale zwangspensioniert, 44 andere versetzt, das Kriegsministerium aufgelöst und in OKW umbenannt [127]. Das Propagandaministerium gab für die deutsche Spielart der Tuchatschewski-Affäre die Parole aus: »Konzentration der Kräfte [128].« Der Weg in die Katastrophe war frei, Adolf Hitler unumschränkter Diktator Deutschlands.

Aber noch mußte der Kriminalfall von Fritsch gelöst werden. Hitler hatte schon einige Tage vor dem von ihm erzwungenen Rücktritt des Generalobersten einen raffinierten Plan gehabt: Von Fritsch solle unter gegenseitigem Schweigen ohne Verfahren seinen Abschied einreichen [129]. Doch dagegen bäumte sich der Heeres-OB auf. Hitler kam eine neue Idee: Dann solle ein Sondergericht über den Fall entscheiden [130]. Jetzt schalteten sich Militärs und Juristen ein und führten eine Entlastungsoffensive für den Generalobersten. Am 27. Januar bedeutete der Chef der Wehrmachtsrechtsabteilung im Reichskriegsministerium, Ministerialdirektor Dr. Heinrich Rosenberger, dem General Keitel, ein Sondergericht für Fritsch sei völlig indiskutabel; einem Offizier stünde ein Militärgericht zu, und zwar besage Paragraph 11 der Militärstrafgerichtsordnung, daß für Offiziere vom Generalleutnant an aufwärts Gerichtsherr und Gericht vom Führer bestimmt werden müßten. Keitel erschrak; ihm wurde unheimlich bei dem Gedanken, mit solchen Forderungen vor Hitler zu treten. Keitel zögerte: »Sie müssen bedenken, daß diese Männer aus der Revolution herkommen und einen anderen Maßstab als wir anlegen [131].«

Doch Rosenberger konnte sich durchsetzen, zumal er auch von dem Reichsjustizminister unterstützt würde [132]. Franz Gürtner sah eine Chance, endlich einmal der wachsenden Macht des Himmler-Heydrich-Apparates eine Grenze zu setzen. Er wollte am Fritsch-Fall demonstrieren, welcher rechtlichen Willkür das Reich entgegensteuere, wenn allein die Polizei über Menschen den Stab brechen könne [133]. Hitler selber hatte Gürtner hinzugezogen und um dessen Urteil gebeten. Der Justizminister ließ sich 22 Gerichtsakten, sieben Aktenhefter der Gestapo und zwei weitere Vernehmungsprotokolle aushändigen [134]. Dann fällte er seine Entscheidung, freilich in der vorsichtigen Sprache der NS-Bürokratie. Gürtner schrieb an Hitler: »Die Entscheidung über schuldig oder nichtschuldig soll und kann ich nicht fällen; das ist – ohne Ansehen der Person, ihres Ranges oder ihrer Stellung – Sache des richterlichen Spruchs [135].«

Dem Diktator blieb kein anderer Ausweg, als dem Zusammentreten eines Militärgerichts zuzustimmen. Hitler ernannte ein Gericht des Obersten Befehlshabers der Wehrmacht, zusammengesetzt aus den Oberbefehlshabern von Heer, Marine und Luftwaffe und den beiden Senatspräsidenten am Reichskriegsgericht; er beauftragte die Reichskriegsgerichtsräte Biron und Dr. Carl Sack mit der Voruntersuchung [136]. Zugleich baute Hitler in die Gerichtsmaschine Bremsen ein: Göring wurde zum Vorsitzenden des Gerichts bestellt, während die Geheime Staatspolizei eine parallellaufende Untersuchung führen sollte [137]. Der Wettlauf zwischen Schwarzen und Feldgrauen hatte begonnen.

Zunächst schien es, als säße die Geheime Staatspolizei am längeren Hebelarm. Chefuntersucher Sack hatte seine Arbeit noch nicht aufgenommen, da begab sich plötzlich von Fritsch aus eigenem Antrieb in die Prinz-Albrecht-Straße und stellte sich den Vernehmern der Gestapo zur Verfügung [138]. Von Fritschs Freunde erstarrten. Seit Jahren wurde auch dem letzten Rekruten des Heeres eingeimpft, daß die Gestapo nicht das Recht habe, einen Soldaten zu verhaften oder auch nur zu einer Vernehmung zu bitten, seit Jahren gehörte es zu den wichtigsten Grundsätzen der Wehrmacht, daß ihr Territorium für jeden Gestapo-Beamten, wie hoch auch immer sein Rang sein mochte, sakrosankt sei – und jetzt durchbrach der entnervte Oberbefehlshaber des Heeres die selbstgelegten Schranken und ließ sich in einem Verhörstuhl der Geheimen Staatspolizei nieder.

Er kam nicht einmal, er kam gleich zweimal. Am 27. Januar verhörte ihn SS-Oberführer Dr. Werner Best in Anwesenheit des Kriminalrats Franz Josef Huber, am 28. Januar stellte ihn Best dem Kronzeugen Schmidt gegenüber [139]. Die Fritsch-Vernehmungen zählten zu den längsten in der Geschichte der Gestapo. In dem Gestapo-Justitiar Best aber stieg ein seltsam unruhiges Gefühl auf. Gewiß, der Generaloberst machte einen unsicheren Eindruck, er war offensichtlich nervös und verhedderte sich in seinem Bestreben, die Herkunft des Homosexuellen-Geredes zu ergründen, in allerlei ungereimte Erzählungen über zwei sogenannte NSV-Jungen, die er einmal in seiner Wohnung beherbergt habe [140]. Auch von Fritschs lange Debatten mit dem Häftling Schmidt stießen Best ab.

Und dennoch: Der Oberführer Best konnte sich nicht vorstellen, daß die

Schmidt-Story stimmte. Hatte sich nicht inzwischen manche angebliche Kundschaft des Ganoven, so der Fall des Grafen von der Goltz, als Schimäre erwiesen? Vernehmer Best konnte seiner Zweifel nicht mehr Herr werden. Er trug sie Himmler vor. Der Reichsführer wies den Skeptiker ab. Himmler: »Es gibt so etwas wie eine Ganovenehre.« Mit anderen Worten: Gauner würden in solchen heiklen Situationen niemals lügen [141]. Gleichwohl wurden die Aussagen des Schmidt erneut überprüft, und in dieser Zeit muß den Männern der Gestapo die Erkenntnis gekommen sein, daß sie einem Schwindel aufgesessen waren.

Nebe-Konfident Hans Bernd Gisevius will am Abend des 30. Januar von dem Kripochef erfahren haben, »daß im sogenannten ›Falle‹ Fritsch eine Verwechslung vorliegt. Heydrich und Himmler wüßten es. Jedoch seien alle erdenklichen Maßnahmen getroffen, die Sache zu vertuschen« [142]. Auch Schellenberg bestätigt: »Als Heydrich Bedenken kamen, lagen die Akten bereits auf dem Schreibtisch Hitlers [143].«

Über der Prinz-Albrecht-Straße ging ein Eiserner Vorhang des Schweigens nieder. Kein Wort, keine Andeutung durfte die andere Seite auf die richtige Lösung des Fritsch-Falles bringen. Die Gestapo startete ein dreistes Ablenkungsmanöver. Als sei sie noch immer von der Schuld des Generalobersten überzeugt, fiel ein Schwarm von Heydrich-Sendboten in Kasernen ein und verhörte alle Soldaten, die jemals die Stellung eines Putzers bei von Fritsch bekleidet hatten [144]. Auch die ehemaligen Adjutanten des Generals wurden vernommen. Selbst die Mütter der zwei Jungen, denen von Fritsch einmal Kost und Unterkunft gewährt hatte, waren vor dem Zugriff der Geheimen Staatspolizei nicht sicher [145]. Und das polternde Rauhbein Meisinger ließ keine Gelegenheit vorbei, den falschen Kronzeugen Schmidt immer und immer wieder das alte Märchen aufsagen zu lassen.

Gleichwohl bemächtigte sich der Polizeiherren eine Nervosität, die auch Außenstehenden auffiel. Das Vertrauen Himmlers in seinen gewandten Sipo- und SD-Chef war brüchig geworden; Heydrich klagte, man werde ihn wohl über die Klinge springen lassen [146]. General Jodl notierte: »Himmler soll bedrückt sein, daß ihm von hohen Offizieren der Wehrmacht die unerhörtesten Vorwürfe gemacht werden [147].« Täglich liefen in der Prinz-Albrecht-Straße Meldungen ein, denen Heydrich und Himmler entnehmen mußten, im Heer rotteten sich Offiziere zusammen, die mit dem Gedanken spielten, die Macht der Sicherheitspolizei zu brechen. Heydrich glaubte an die Richtigkeit solcher Meldungen, wußte er doch, daß zu seinen schärfsten Gegnern nun auch der Admiral Canaris gestoßen war [148].

Eines Tages erreichte Schellenberg ein Alarmruf seines Chefs. Heydrich befahl, Schellenberg solle sich sofort mit Pistole und Munition bewaffnen und sich bei ihm melden. Schellenberg traf »C« in unruhiger Stimmung an; zusammen gingen sie ins Kasino des Gestapa. Stunde um Stunde verrann, Heydrich wurde immer nervöser. Plötzlich blickte er auf die Uhr. Heydrich: »Wenn die in Potsdam nicht innerhalb einer Stunde losmarschieren, dürfte die Gefahr vorüber sein.« Erst da merkte Schellenberg, daß Heydrich ernsthaft mit einer Aktion der Potsdamer Garnison gegen die Prinz-Albrecht-Straße gerechnet hatte [149].

In der Tat hegten einige Militärs solche Pläne, aber die Generale zuckten zurück und begnügten sich mit pathetischen Gebärden. Generalstabschef Beck hatte lange Zeit Mühe, den tieferen Sinn der Fritsch-Affäre zu verstehen [150], der neue Heeres-OB Generaloberst Walter von Brauchitsch protestierte gegen die Gestapo-Übergriffe in den Kasernen [151], und der beleidigte Generaloberst von Fritsch schickte Himmler eine Duellforderung, die der Kartellträger – General von Rundstedt – nie überbrachte und sich zu Hause als Souvenir aufhob [152]. Nur Oberst Hoßbach und der Abwehrchef Canaris trieben kompromißlos zum Kampf gegen die Schwarzen an. Ihre engsten Bundesgenossen waren der Fritsch-Verteidiger Rüdiger Graf von der Goltz und der Reichskriegsgerichtsrat Sack, deren Fahndern es nach und nach gelang, hinter das Gestapo-Geheimnis zu kommen.

Sack und von der Goltz versuchten, die Aussage des Schmidt zu erschüttern. Sie konnten nachweisen, daß der Generaloberst von Fritsch niemals den von Schmidt erwähnten Ausweis besessen und niemals in der Gegend um die Ferdinandstraße gewohnt hatte; der General sei auch kein Raucher (wie Schmidts Fritsch) gewesen und besitze keinen Zivilmantel mit Pelzkragen [153]. Bald dämmerte freilich den Fritsch-Verteidigern, daß sich der von Schmidt beschriebene Vorgang tatsächlich abgespielt haben mußte. Schmidts Beschreibung des Tatorts stimmte offensichtlich.

Da kam dem Grafen von der Goltz ein Einfall: Er durchforschte das Adreßbuch nach dem Namen Fritsch oder einem ähnlich klingenden Namen. Vor seinen Augen flimmerte es. Er las: »von Frisch, Rittmeister a. D.« Und wo wohnte der? Ferdinandstraße 20! Cheffahnder Sack eilte mit seinen Leuten zu dem Rittmeister und hielt des Rätsels Lösung in der Hand [154]. Es stimmte alles: Der Rittmeister von Frisch bekannte sich zu dem Vorgang am Wannseebahnhof, er besaß den fraglichen Pelzmantel, er war starker Raucher, und er wies schließlich die Quittungen für das gezahlte Erpressungsgeld vor, abgehoben von seinem Konto Nr. 10 220 auf der Dresdner Bank, Depositenkasse 49 [155].

Der Graf von der Goltz fuhr zu seinem Mandanten und rief ihm zu, ohne jeden Gruß, nur die Nachricht im Kopf: »Herr Generaloberst, Sie können Viktoria schießen lassen, der wirkliche Fritsch ist gefunden, der Fall ist restlos aufgeklärt.« Der ehemalige Heeres-OB aber zweifelte: »Auch das wird dem Führer nicht genügen. Er will etwas derartiges nicht glauben [156].«

Beinahe hätte sich von Fritschs Fatalismus bestätigt. Die Gestapo griff sich den homoerotischen Rittmeister und machte Miene, ihn verschwinden zu lassen, denn Frisch war der Besitzer eines für die Gestapo tödlichen Geheimnisses: Er wußte und hatte auch Sack mitgeteilt, daß der Gestapo-Inspektor Fehling bereits am 15. Januar 1938 bei ihm gewesen war und seine Bankauszüge gelesen hatte [157]. Doch die Freunde des Generalobersten von Fritsch hatten aufgepaßt. Sack intervenierte und erreichte, daß der Rittmeister wieder von der Gestapo herausgegeben wurde [158].

Am 10. März eröffnete das Gericht des Obersten Befehlshabers der Wehrmacht im Berliner »Preußenhaus« die Hauptverhandlung gegen Werner Freiherr von Fritsch[159]. Sie wurde für die Gestapo zu einem Scherbengericht. Der Anfang war freilich für den Angeklagten wenig erfolgverheißend. Schon nach einigen Stunden wurde die Verhandlung unterbrochen; Hitler berief die auf der Richterbank sitzenden Oberbefehlshaber der Teilstreitkräfte in die Reichskanzlei. Von Fritsch wurde vertraulich informiert, warum: Adolf Hitler hatte den Einmarsch in Österreich befohlen[160]. Sieben Tage später wurde der Prozeß fortgesetzt[161]. Gestapo-Zeuge Schmidt versuchte noch immer, bei seiner Version zu bleiben, da riß der Mann die Verhandlung an sich, der einst neben der Gestapo den Fall Fritsch hochgespielt hatte: Vorsitzender Göring drängte Schmidt mit ein paar wuchtigen rhetorischen Hieben derartig in die Enge, daß der Erpresser alles gestand[162].

Am 18. März 1938 erging das Urteil: »In der Sache gegen den Generaloberst a. D. Werner Freiherr von Fritsch hat das Gericht des Obersten Befehlshabers der Wehrmacht auf Grund der Hauptverhandlung ... für Recht erkannt: Die Hauptverhandlung hat die Unschuld des Generaloberst a. D. Freiherr von Fritsch in allen Punkten ergeben[163].«

Himmler und Heydrich gingen in Deckung. Jetzt mußte der große Schlag der Wehrmacht kommen, jetzt war es an den Feldgrauen, ihre Trumpfkarten auszuspielen. Doch die Wehrmacht schwieg. Einzig Hoßbach und Canaris entwarfen einen »Vorschlag für Forderungen«, die das Heer an Hitler stellen sollte. Canaris diktierte: »a) Rehabilitierung des Generalobersten Freiherrn von Fritsch in eindrucksvollster Weise in der Öffentlichkeit, da ... der wahre Abgangsgrund des Generalobersten Frh. v. Fritsch weit verbreitet ist. b) Wesentliche Änderungen in der Führerstellenbesetzung der Gestapo. Hierbei kommen in erster Linie in Frage: Himmler, Heydrich, Jost (SD), Best, Meisinger, Fehling und andere[164].«

Doch die Generale scheuten wiederum zurück. Beck studierte das Canaris-Hoßbach-Papier und legte es in seinen Akten ab[165]. Der Wehrmachtführung war mit der Blomberg-Fritsch-Krise das politische Rückgrat gebrochen worden. Hitler kam zudem den Militärs um einen Schritt entgegen. Er rief einen Kreis von Generalen zusammen und rehabilitierte von Fritsch, ohne ihn freilich wieder in den Dienst zurückzurufen; er ernannte ihn lediglich zum Chef des Artillerie-Regiments 12[166] – in den Reihen des Regiments ist der Fatalist Werner von Fritsch als »Zielscheibe«, wie er sich selber bezeichnete, am 22. September 1939 im Kampf um Warschau in den Tod gegangen[167]. Himmler hingegen ließ den Erpresser Schmidt erschießen[168], stellte den Kriminalinspektor Fehling vor ein Disziplinargericht und versetzte ihn an eine unauffällige Stelle[169]. Einer der Sachbearbeiter der Fritsch-Affäre, Kriminalkommissar Eberhard Schiele, mußte das Gestapa verlassen[170], und auch Meisinger verlor seine Reichszentrale für die Bekämpfung der Homosexualität – 1939 ließ ihn Himmler ins deutschbesetzte Polen abschieben[171].

Himmler brauchte einige Zeit, die Fritsch-Schlappe zu vergessen. Am heftigsten traf den SS-Chef, daß ihm die Wehrmacht vorwarf, gegen die Generalität zu hetzen. Als der SS-Gruppenführer Streckenbach den Fall eines SS-Führers untersuchte, gegen den die Wehrmacht Vorwürfe erhob, mahnte Himmler: »Untersuchen Sie alles, lassen Sie nichts aus, damit man mir nicht noch einmal unkorrektes Verhalten gegenüber der Wehrmacht nachsagt [172].« Selbst gegenüber der SS-Verfügungstruppe hielt es Himmler für geboten, jede Beteiligung am Fall von Fritsch abzuleugnen. In einer Rede vor VT-Führern erklärte Himmler, er sei das Opfer unfähiger Beamter geworden. VT-Inspekteur Hausser: »Wir haben ihm das geglaubt [173].«

Der Reichsführer wachte fast ängstlich darüber, daß sich Polizei und SS jeder schärferen Kritik an der Wehrmacht enthielten. Angriffe auf das Heer duldete Himmler nicht einmal auf geheimen Führerbesprechungen der SS. Als ihm der SS-Brigadeführer Leo Petri im Januar 1939 für eine Gruppenführer-Tagung in Berlin das Konzept eines Vortrages vorlegte, das deftige Anspielungen auf die Blomberg-Fritsch-Krise enthielt, kürzte Himmler unwirsch mit seinem Grünstift den Text und schrieb auf den Entwurf: »Darf so nicht gehalten werden.« Petri: Die Wehrmacht sei gegenüber der SS »etwas nachgiebiger oder gefügiger geworden«. Korrektor Himmler: »... verständnisvoller geworden.« Petri: Die Wehrmacht habe versucht, die Verfügungstruppe, »koste es, was es wolle, zu zerschlagen oder unter die Botmäßigkeit der Wehrmacht zu zwingen«. Korrektor Himmler: Die Wehrmacht habe versucht, die VT »nicht zu ermöglichen oder unter das Kommando der Wehrmacht zu stellen« [174].

Auch Sipo-Herr Heydrich konnte sich eines Gefühls der Schwäche nicht erwehren. Ihr Mann habe damals unter einer schweren nervlichen Belastung gestanden, bekundet Lina Heydrich [175]. Der engste Mitarbeiter Himmlers wußte, was den meisten Historikern entgangen ist: Der Polizeiapparat war durch die Blomberg-Fritsch-Affäre nicht stärker geworden. Gewiß, die Affäre hatte den endgültigen Übergang in die totale Diktatur Adolf Hitlers besiegelt. Aber in dem Verhältnis zwischen Polizeiapparat und Wehrmacht änderte sich nichts; auch die neuen Führer der Feldgrauen standen der SS-Macht ablehnend und feindselig gegenüber.

Eher war der Konflikt noch schärfer geworden. Heydrich-Gegner Canaris und vor allem der Oberstleutnant Hans Oster, Chef der Zentralabteilung im OKW-Amt Ausland/Abwehr, ließen immer mehr den militärischen Geheimdienst in das ihm offiziell verbotene Feld der politischen Berichterstattung einsickern und entzogen in wachsendem Maße Regimegegner dem Zugriff von Gestapo und SD [176]. Selbst Hitlers Jasager-General, OKW-Chef Keitel, hielt es für eine seiner vordringlichsten Aufgaben, das Eindringen des SS-Polizeiapparates im militärischen Sektor zu verhindern. Als Generalstabschef Halder, der Nachfolger des bald nach der Fritsch-Krise gestürzten Generals Beck, dem OKW-Chef einmal vorwarf, er gebe gegenüber Hitler immer nach, traten Keitel Tränen in die Augen. Keitel warb: »Halder, ich tu's ja nur für euch! Versteht mich doch [177].«

Reinhard Heydrich wußte nur allzugut, daß seine Macht nicht bedingungslos akzeptiert wurde. Er mußte versuchen, seine Beherrschungsmittel noch stärker zu zentralisieren, alle Reibungsmomente in seinem Reich auszuschalten. Der Prestigeverlust der Gestapo im Frühjahr 1938 und die Vertrauenskrise des SD ließen in Heydrich einen Plan reifen, mit dem er die beiden Teile seines Überwachungssystems zu einem Ganzen zusammenschweißen wollte: Heydrich projektierte die Vereinigung von SD und Gestapo zu einem Reichssicherheitsdienst [178].

Den Anstoß dazu hatte Himmler gegeben. Ab Sommer 1938 forcierte der Reichsführer sein großes Projekt, SS und Polizei zu einem Apparat zu verschmelzen, zu einem – wie es in einem Himmler-Erlaß vom 23. Juni 1938 hieß – »einheitlich ausgerichteten Staatsschutzkorps des Nationalsozialistischen Reiches« [179]. Dabei unterschied Himmler zwei Verschmelzungsprozesse: Die Angehörigen der Ordnungspolizei sollten in die Allgemeine SS eintreten und sogar in größeren Orten SS-Polizei-Stürme bilden, die Angehörigen der Sicherheitspolizei hingegen der Parteiorganisation des SD beitreten [180]. Himmler hatte bereits ein (zumindest auf dem Papier) ausgeklügeltes System von Personalunionen geschaffen, dazu bestimmt, Schutzstaffel und Polizei wie eiserne Klammern zusammenzuhalten: Im Herbst 1936 waren die Führer der SD-Oberabschnitte zu Inspekteuren der Sicherheitspolizei und des SD ernannt worden, die das Zusammenwachsen von Gestapo, Kripo und SD vorantreiben sollten [181]. Ende 1937 waren die Führer der SS-Oberabschnitte zu Höheren SS- und Polizeiführern ernannt worden, die jeweils in ihrem Wehrkreis die Einheiten von SS, Ordnungs- und Sicherheitspolizei im Falle der Mobilmachung zu leiten hatten [182].

Himmlers Staatsschutzkorps-Plan drohte indes die Eigenständigkeit des SD zu untergraben. Die Propaganda für den Eintritt der Sipo-Beamten in den Sicherheitsdienst als Parteiorganisation spülte eine neue Schicht von vorwiegend aus der Gestapo stammenden Beamten in den SD, die auf ihrem dienstlichen Sektor Konkurrenten des Sicherheitsdienstes als Nachrichtenorganisation waren.

Zudem strömten Beamte in den SD, die als Anfänger nicht etwa einen Anfänger-Dienstgrad der SS erhielten, sondern einen ihrem Beamtenstatus entsprechenden Rang; so wurde aus dem Kriminalobersekretär ein SS-Untersturmführer, aus dem Kriminalrat ein SS-Hauptsturmführer und aus einem Regierungsdirektor ein SS-Standartenführer [183]. Die alten SD-Männer sahen den Tag nicht mehr fern, an dem sie von frisch ernannten (oder wie man damals sagte: angeglichenen) SD-Führern aus der Gestapo monopolisiert wurden. Und das Beamtenkorps der Gestapo barg noch ein ungeheures Reservoir potentieller SD-Eleven. Mitte 1935 gehörten von 607 Gestapo-Beamten nur 244 der SS an, bis zum Kriegsbeginn waren von den 20 000 Beamten der Geheimen Staatspolizei 3 000 SS-Mitglieder [184].

Die Masse der alten SD-Männer war der neuen Konkurrenz nicht gewachsen, solange Sipo- und SD-Angehörige ungleiche Startbedingungen hatten. In der Sicherheitspolizei herrschte der traditionelle Polizeibeamte und Verwaltungsjurist vor, im Nachrichten-SD tummelte sich eine uneinheitliche Menschengruppe, die von der Willkür der SS-Laufbahnregeln emporgetragen wurde. Darin spiegelte sich wiederum die Tatsache wider, daß der SD eine Partei-Einrichtung, die Sicherheitspolizei eine Staatsbehörde war.

Heydrich aber entschloß sich, dieser Ungleichheit ein Ende zu setzen. Er wollte den Nachrichten-SD mit der Sicherheitspolizei vereinigen und den SD damit zugleich verstaatlichen, um zwei Kardinalfehler des SD aus der Welt zu schaffen: die Abhängigkeit von der Partei und das Fehlen einer beamtenähnlichen Laufbahn mit gesicherter Altersversorgung [185]. Schon der Streit um die Lebensgebietarbeit des SD hatte offenbart, wie sehr der Sicherheitsdienst politisch auf den guten Willen der Partei angewiesen war.

Die ständige Geldknappheit demonstrierte eine noch ärgere Abhängigkeit von der Partei; jedes Jahr mußte der Sicherheitsdienst an den Reichsschatzmeister der Partei einen Bettelbrief von der Art richten, wie ihn der SS-Kassenverwalter Oswald Pohl 1936 an Schatzmeister Franz Xaver Schwarz richtete [186]. »Erschrecken Sie bitte nicht über diesen Bedarf«, bat Pohl. »Die Reichsführung-SS ist vollkommen ausgeschöpft, Ersparnisse und stille Reserven sind restlos aufgebraucht. Die Kassen sind leer. Die Geldlage ist in den letzten Monaten sehr oft mehr als katastrophal gewesen. Die flüssigen Mittel der Hauskasse SS betrugen im Durchschnitt der letzten vier Monate RM 3 000.–!!!« [187] Zuweilen streikte Schwarz und rechnete dem SD vor, er verlange mehr Geld (1934: monatlich 700 960 Reichsmark), als die Partei an Mitgliedsbeiträgen einnehme. Auch die unentwegte Erhöhung des SS-Ranges von Schwarz machte den Schatzmeister nicht zahlungswilliger. Oft mußten der Stellvertreter des Führers und die Reichsleitung mit Zwischenfinanzierungen einspringen [188].

Von solcher Abhängigkeit wollte Heydrich den SD befreien. Ende 1938 beauftragte er Schellenberg, in einigen Studien die Zusammenlegung von SD und Sipo durchzuspielen [189]. Kernpunkte der Reform: Verstaatlichung des SD, Verreichlichung seines Etats, Unabhängigkeit von der Partei. Die Zeit drängte, denn überall im Lande machte sich das Gerücht breit, die Tage des Nachrichten-SD seien gezählt. »Diese Gerüchte«, schrieb Schellenberg am 4. April 1939, »gipfeln dann darin, daß von Befürchtungen einer Auflösung des Sicherheitsdienstes bezw. von einem Aufgehen in der Sicherheitspolizei die Rede ist, wobei als notwendige Folge angesehen wird, daß alle Angehörigen des Sicherheitsdienstes ohne eine durch die innere Verwaltung anerkannte Laufbahn, also insbesondere ohne juristische Vollausbildung, ihrer Existenz verlustig gehen würden [190].«

Die Gerüchte waren keineswegs aus der Luft gegriffen. Der SS-Chef hatte tatsächlich einen Augenblick mit dem Gedanken gespielt, den ganzen Nachrichten-SD aufzulösen [191]. Aber eine machtpolitische Überlegung hielt ihn zurück: Himmlers Stellung in der Partei gründete sich darauf, daß der SD die einzige Nachrichtenorganisation der NSDAP war; schaffte Himmler den SD ab, dann bestand die Gefahr, daß eine andere Machtgruppe in der Partei eine neue Nachrichtenorganisation schuf – unabhängig vom Reichsführer.

So konnte Planer Schellenberg darangehen, auf dem Papier eine neue Superorganisation zu schaffen. Er stellte Himmlers Konzeption des Staatsschutzkorps (= SS + Polizei) die Vorstellung eines Reichssicherheitsdienstes* (= SD + Sipo) an die Seite. Schellenberg wollte das SD-Hauptamt, also eine *Partei*-Einrichtung, mit dem Hauptamt Sicherheitspolizei, also einer *staatlichen* Einrichtung, zu einem Reichssicherheitshauptamt vereinigen. Es sollte in den Wehrkreisen Reichssicherheitsdienst-Inspekteure und darunter Reichssicherheitsdienst-Abschnitte unterhalten, die jeweils die Einheiten von Sipo und SD zusammenfaßten. Allerdings – und das war nun der entscheidende Punkt –: Der SD sollte nicht in der Sicherheitspolizei aufgehen, sondern seinen »arteigenen« Charakter behalten [192].

Anders ausgedrückt: Schellenberg wollte den Vorteil eines staatlichen Etats, die Unabhängigkeit von der Partei nutzen und auch die Gleichstellung von SD- und Sipo-Angehörigen erreichen, aber zugleich war er darauf bedacht, den SD den beamtenrechtlichen Kategorien der Gestapo zu entziehen. Vor nichts graute ihm mehr als vor der Aussicht, Verwaltungsjuristen könnten die Beweglichkeit des SD hemmen. Wie sein Chef Heydrich, so war auch Walter Schellenberg ein fanatischer Gegner des normativen Denkens der Juristen. Den Auch-Juristen Schellenberg beherrschte ein fast pathologisches Mißtrauen gegen Verwaltungsjuristen, denen die bedenkenlose Gelenkigkeit des neuen Herrenmenschen fehlte, jenes vom SD propagierten Funktionärtyps, der – frei von allen Gesetzen der Gesellschaft und des Staates – bedingungslos jeden Willen des Diktators in die Tat umsetzte, auch den verbrecherischsten Befehl Adolf Hitlers ausführte. Der neue Apparat, so formulierte Schellenberg, müsse »unter Abstoßung aller hemmender bzw. überkommener Gedanken... endlich einmal die Beweglichkeit besitzen, die eine Staatsapparatur haben muß, um ein Reich nach den Ausmaßen, wie es der Führer zu schaffen gedenkt, leicht zu verwalten« [193]. Einer solchen Beweglichkeit war jedoch der Alt-Jurist Werner Best nicht fähig, der an der Schlüsselstellung des Verwaltungsjuristen festhielt und sich gegen die von Heydrich und Schellenberg betriebene Entbeamtung der Polizei wehrte. Best arbeitete neue Laufbahn-Richtlinien aus, die auch dem SD-Mann im Staatsdienst eine juristische Vollausbildung abverlangten [194].

Zwischen Schellenberg und Best kam es zu einem Heckenschützenkrieg, der teilweise sogar durch die Mauern der Prinz-Albrecht-Straße drang. Best veröffentlichte im April 1939 in der Zeitschrift »Deutsches Recht« einen Aufsatz, der sich offenkundig gegen die Juristenverächter rund um Heydrich richtete [195]. Der Beruf des Juristen, schrieb Best, sei vor allem im Dritten Reich aufzufassen »als der eines Ordners in der Volksordnung, der die Technik der zivilen Befehlsgebung und Befehlsausführung beherrscht und alle Aufgaben der Führung und der Gemeinschaft soweit kennt, daß er in jedem Bereiche ... seine ordnende Funktion ausüben kann. Der Beruf des Juristen ist deshalb heute ... der ›politischste‹ Beruf im Rahmen der Volksordnung [196].«

* Nicht zu verwechseln mit einer Organisation gleichen Namens, dem in der Reichskanzlei stationierten Kriminalisten-Kommando für den persönlichen Schutz Hitlers.

Heydrich erregte sich über Bests Artikel derartig, daß er Schellenberg sofort beauftragte, eine Replik zu verfassen [197]. Der Adlatus machte sich mit gewohnten Scharfsinn an die Arbeit. Schellenberg kritisierte, der Best-Artikel sei »eine Frage des persönlichen Geschmacks«. Schellenberg schrieb am 25. April 1939 über Bests Aufsatz: »Das bedeutet nichts anderes als eine Verewigung der zur heutigen Kritik führenden Anmaßung der Führung durch den Kenner der Form. Es muß also auch zu einer Verewigung der Schäden einer überwunden geglaubten Periode führen ... sehr zweifelhaft, ob der Zeitpunkt für die Verteidigung des ›Juristen‹ gekommen ist ... Freispruch verfehlt ... Überheblichkeit [198].«

Juristen-Verteidiger Best ließ jedoch nicht davon ab, immer wieder zu fordern, auch der SD-Mann in der Sicherheitspolizei habe sich den Normen der Allgemeinen Verwaltung zu unterwerfen. Er blieb dabei, leitende Beamte müßten eine juristische Ausbildung genossen haben. Heydrich: »Ach, Sie mit Ihrem Assessoren-Kindergarten!« [199] Der Streit war freilich müßig. Schellenbergs ehrgeiziges Projekt scheiterte an der Furchtsamkeit Heinrich Himmlers, der sich nicht getraute, das im SD-Hauptamt entworfene Projekt eines Reichssicherheitsdienstes gegenüber der Partei zu vertreten. Schon eine vorsichtige Anfrage bei Rudolf Heß hatte den SS-Chef darüber belehrt, daß die NS-Führung niemals die Zusammenlegung einer Partei-Einrichtung mit einer staatlichen Institution zu einer neuen staatlichen Überbehörde zulassen würde [200]. Eifersüchtig wachte die Partei darüber, daß keine Staatsstelle, mochte sie von noch so eifrigen Nationalsozialisten geführt werden, in Parteiangelegenheiten Einblick gewann.

Was aus dem Reichssicherheitshauptamt (RSHA) schließlich wurde, war nur ein schwacher Kompromiß. Es entstand zwar am 27. September 1939 eine so genannte Stelle, aber sie durfte niemals unter diesem Namen in der Öffentlichkeit auftreten; Anweisungen schrieben vor, der Briefkopf »Reichssicherheitshauptamt« dürfe im Verkehr mit anderen Behörden nicht verwendet werden [201]. Das RSHA führte ein Schattenleben, offiziell durfte es niemand kennen. Es blieb eine innerorganisatorische Einrichtung, nach außen gab es nur den »Chef der Sicherheitspolizei und des SD« [202]. Auch der Traum von einer Zusammenlegung des SD mit der Sicherheitspolizei zerrann. Partei und Staat mischten sich nicht.

Nur die Abteilungen des SD-Hauptamtes und des Hauptamtes Sicherheitspolizei formierten sich zu den Ämtern des Reichssicherheitshauptamtes, aber auch die Ämter führten ein gewisses Eigenleben weiter, je nachdem, ob sie Staat oder Partei verkörperten. Das Amt I (Verwaltung und Recht) entstand aus den Rechts- und Organisationsabteilungen beider Hauptämter. Leiter: Dr. Werner Best. *Staats*behörde [203]. Das Amt II (Weltanschauliche Forschung) rekrutierte sich aus den Zentralabteilungen I 3 und II 1 des SD-Hauptamtes. Leiter: Professor Dr. Franz Six. *Partei*dienststelle [204]. Das Amt III (Deutsche Lebensgebiete oder SD-Inland) stützte sich auf die Zentralabteilung II 2 des SD-Hauptamtes. Leiter: Otto Ohlendorf. *Partei*dienststelle [205]. Das Amt IV (Gegnerbekämpfung) setzte sich zusammen aus den

Abteilungen II und III des Gestapa und der Zentralabteilung III 2 des SD-Hauptamtes. Leiter: Heinrich Müller. *Staats*behörde [206]. Das Amt V (Verbrechensbekämpfung) war identisch mit dem Reichskriminalpolizeiamt und dem Kripo-Amt im Hauptamt Sicherheitspolizei. Leiter: Arthur Nebe. *Staats*behörde [207]. Das Amt VI (Auslandsnachrichtendienst oder Ausland-SD) bildete sich aus dem Amt III des SD-Hauptamtes. Leiter: Heinz Jost [208]. *Partei*dienststelle *.

Der SD aber blieb abhängig vom Wohlwollen der Partei. Die Verstaatlichung des Etats – abgesehen von einigen SD-Stellen, die im Rahmen der Ämter I und IV verreichlicht wurden – mißlang [209], und auch die Arbeit des Inland-SD wurde nicht aus dem Zwielicht des Unerlaubten befreit, in dem er seit dem Übergang zur Lebensgebietforschung agierte. Der Inland-SD erstarrte zur Fassade, aufgestellt für die Partei, damit dort niemand auf die Idee kam, eine neue Nachrichtenorganisation zu schaffen. Selbst das SD-Hauptamt blieb als Parteigebilde offiziell bestehen [210], obwohl es längst aufgelöst war. Ohlendorf interpretierte: »Da der Reichsführer-SS nicht beabsichtigte, den Lebensgebiet-Nachrichtendienst, mit dem er bereits soviel Schwierigkeiten gehabt hatte, wirklich zu entwickeln, so genügte ihm die Lösung der äußeren Fassade [211].«

Der Sicherheitsdienst wäre zu völliger Bedeutungslosigkeit herabgesunken, hätten nicht die Männer um Ohlendorf immer wieder, oft gegen die erklärte Politik Himmlers, versucht, ihr Arbeitsgebiet auszudehnen. Das beschwor neue Konflikte mit der Partei herauf, bis Himmler 1944 den SD vor der Partei vollends kapitulieren ließ. Der SD hatte nur noch zwei echte Funktionen: Auslandspionage zu betreiben und Sammelbecken für alle jene zu sein, die im Zweiten Weltkrieg an der Spitze von Einsatzgruppen und Sonderkommandos den politischen Terror und den Rassenmord in Adolf Hitlers Neues Europa tragen sollten.

Der Befehl zum organisierten Terror aber ging an dem Mann vorbei, der die Grundlagen des gefürchteten Machtapparates gelegt hatte. Dr. Werner Best hatte erkannt, daß selbst für Juristen seines Schlages in dieser Welt kein Platz mehr war. Er nutzte die erste Gelegenheit, aus der Sicherheitspolizei auszuscheiden. Im Mai 1940 erbat er sich von Heydrich Freistellung zum Fronteinsatz – in der Wehrmacht [212]. Heydrich war erleichtert, seinen Bremser zu verlieren. Heydrich zu Best: »Immer wenn ich einen guten Gedanken hatte, riskierte ich, daß Sie bei mir aufkreuzten und mit Ihren juristischen Argumenten bewiesen, daß es nicht ginge oder daß es anders gemacht werden müsse [213].«

Die beiden schieden friedlich voneinander, aber je mehr die Zeit verging, desto stärker wuchs die Abneigung Heydrichs gegen den ehemaligen Mit-

* Nach dem Ausscheiden Bests 1940 wurden die Ämter des RSHA noch einmal umgegliedert: Bests Amt I spaltete sich in zwei neue Ämter, I (Personalien) und II (Organisation, Verwaltung und Recht), wodurch das ursprüngliche Amt II als neues Amt VII an den Schluß rückte.

arbeiter, der sich dem Machtbereich des RSHA entzog. Aus der Abneigung wurde Haß. Wo immer sich Best zeigte, legte ihm der RSHA-Chef Hindernisse in den Weg. »Ich habe einmal«, klagte Best in einem Brief an Heydrich, »Ihrer Frau Gemahlin, die stets ein sehr feines Gefühl für die unausgesprochenen Dinge bewies, versprochen, Ihnen ein wirklicher Freund sein zu wollen. Sie jedoch wollten den Freund nicht. Sie wollten den Untergebenen[214].« Heydrich beantwortete den Brief nicht[215]. Er lehnte jede Zusammenkunft mit seinem alten Justitiar ab. An den Orpo-Chef Daluege aber schrieb er: »Bei mir hat der Jurist nicht die sog[enannte] führende Funktion auf allen Gebieten, sondern ist tatsächlich lediglich die ... beratende und nicht entscheidend führende Hilfe. Das ist letzten Endes – wie Du weißt – der innere Grund meiner Trennung von Dr. Best[216].«

Der Jurist Best hatte die Sicherheitspolizei verlassen. Fast wirkte es wie ein Symbol: Selbst die völkisch verkürzte, des liberalen Freiheitsbegriffes beraubte, aber wenigstens noch einigen schwachen Normen und Haltepunkten zugeordnete Rechtsauffassung des Werner Best galt nicht mehr – der Machtapparat Reinhard Heydrichs hatte jede Bremse verloren. Die Ära der Kriege und Massenmorde begann.

11 SS und Außenpolitik

Adolf Hitler winkelte den rechten Arm nach oben zum Gruß und ließ seinen Blick von einem der Besucher zum anderen wandern. Vor dem Diktator stand die oberste militärische Elite des Großdeutschen Reiches. Die Oberbefehlshaber, Stabschefs und Kommandierenden Generale der Wehrmacht waren an diesem Dienstag, dem 22. August 1939, auf dem Berghof angetreten, um aus dem Munde Hitlers eine furchtbare Entscheidung zu hören: die Entscheidung zum Krieg.

»Ich habe Sie zusammengerufen«, begann Hitler, »um Ihnen ein Bild der politischen Lage zu geben, damit Sie Einblick tun in die einzelnen Elemente, auf die sich mein unwiderruflicher Entschluß zu handeln aufbaut [1].« Aus den stundenlangen Monologen Hitlers erfuhren die Militärs, noch niemals sei die Lage für Deutschland so günstig gewesen: England »auf das äußerste bedroht«, Frankreichs Stellung »ebenfalls schlechter geworden«, Sowjetrußland bereit, mit Deutschland einen Nichtangriffspakt abzuschließen. Hitler: »Niemand weiß, wie lange ich noch lebe. Deshalb Auseinandersetzungen besser jetzt [2].«

Am frühen Nachmittag zogen sich die Herren zu einem kurzen Imbiß zurück. Dann traten sie erneut zusammen. Von Minute zu Minute steigerte sich Hitler in eine Kriegsbesessenheit hinein, wurde sein Blick starrer und fanatischer. Er schrie: »Herz verschließen gegen Mitleid. Brutales Vorgehen. Achtzig Millionen Menschen müssen ihr Recht bekommen [3].« Mit einem Mal fing er sich wieder. Kühl kam von ihm die Ankündigung, er werde noch am nächsten Tag den Angriffstermin für den Krieg gegen Polen bestimmen [4]. Der Krieg werde kommen, so oder so. Hitler: »Ich werde propagandistischen Anlaß zur Auslösung des Krieges geben, gleichgültig ob glaubhaft oder nicht. Der Sieger wird später nicht danach gefragt, ob er die Wahrheit gesagt hat oder nicht. Bei Beginn und Führung des Krieges kommt es nicht auf das Recht an, sondern auf den Sieg [5].«

Als die Militärs auseinandergingen, wußte niemand von ihnen, daß schon die Männer bereitstanden, die den von Hitler angekündigten »propagandistischen Anlaß zur Auslösung des Krieges« liefern sollten. Hitler hatte für diese Mission Heinrich Himmler auserwählt. Die Operation verband den SS-Chef für alle Zeiten mit dem Blut und den Tränen des Zweiten Weltkriegs.

Nur der Heeres-Generalstabschef Halder ahnte, was Hitler plante. Er hatte sich schon am 17. August 1939 die etwas rätselhafte Notiz in sein Tagebuch geschrieben: »Canaris ... I. Abt. Himmler-Heydrich Obersalzberg. 150 polnische Uniformen mit Zubehör ... Oberschlesien [6].« In eine verständlichere

Sprache übersetzt, hieß das: Halder hatte durch den Chef der Abwehr, Admiral Canaris, von einer Konferenz auf Hitlers Obersalzberg erfahren, in der zwischen dem Diktator und den SS-Dioskuren Himmler und Heydrich ein Unternehmen besprochen worden war, das in Oberschlesien mit 150 polnischen Uniform-Requisiten spielen sollte. Es war das Vorspiel eines Dramas, das am Ende 55 Millionen Menschen das Leben kostete [7].

Die Idee stammte von Reinhard Heydrich. Schon während der Sudeten-Krise des Jahres 1938 hatte der SD-Chef vorgeschlagen, das Reich müsse sich durch fingierte Grenzzwischenfälle Vorwände zu einem Einmarsch in die Tschechoslowakei verschaffen [8]. Nur die Kapitulation der Westmächte vor den Drohungen Hitlers und die Konferenz von München hatten verhindert, daß der Heydrich-Plan verwirklicht wurde. Die bevorstehende Auseinandersetzung mit Polen verlockte Heydrich, seinen alten Plan neu zu formulieren. Anfang August wußte er, wie man die Welt glauben machen könne, daß Deutschland von Polen zu einem Krieg provoziert worden sei.

Dies war Heydrichs Plan: In der Nacht vor dem deutschen Angriff sollten entlang der deutsch-polnischen Grenze SD-gelenkte Trupps in der Verkleidung polnischer Freischärler und Soldaten Grenzzwischenfälle mimen. Die falschen Polen hatten die Aufgabe, den deutschen Sender in Gleiwitz für einige Minuten zu besetzen und ein paar deutschfeindliche Tiraden in polnischer Sprache ins Mikrofon zu schreien [9], im grenznahen Forst der Stadt Pitschen nördlich Kreuzburgs die dortige Försterei zu überfallen [10] und im Grenzraum zwischen Gleiwitz und Ratibor das deutsche Zollhaus bei Hochlinden zu zerstören [11].

Das Kriegsspiel des SD – und das war der beklemmendste Part des Heydrichschen Plans – sollte nicht ohne blutige Realistik ablaufen. Auf dem Kampfplatz mußten auch Tote zurückbleiben, denn es galt, die Korrespondenten der Weltpresse zu überzeugen. Heydrich: »Ein tatsächlicher Beweis für polnische Übergriffe ist für die Auslandspresse und für die deutsche Propaganda nötig [12].« Doch woher die Toten nehmen? Der Zyniker Heydrich wußte auch da Rat: Die Konzentrationslager mußten die »Gefallenen« liefern, Häftlinge, die am Tage X zum höheren Ruhme des Dritten Reiches im KZ mit tödlichen Spritzen umgebracht und für den Schauplatz in Oberschlesien präpariert wurden. »Konserven« nannte das die Unmenschen-Sprache der Gestapo [13].

In den ersten Augusttagen trugen Himmler und Heydrich ihrem Führer den Plan vor, und Hitler griff zu. Kurz darauf tickten die Fernschreiber des SD-Hauptamts Befehle an die im Raum Gleiwitz–Beuthen–Oppeln stationierten SS-Standarten 23 und 45, Männer mit polnischen Sprachkenntnissen zu einem Geheimauftrag in die Berliner Wilhelmstraße 102 zu entsenden [14]. Fast zur gleichen Zeit erhielt SS-Oberführer Dr. Herbert Mehlhorn Order, sich beim Chef der Sicherheitspolizei und des SD zu melden. Heydrich weihte ihn ein und beauftragte ihn, das Unternehmen im Raum Hochlinden vorzubereiten [15]. Dann trat schon der nächste Besucher hackenklappend in Heydrichs Chefzimmer: SS-Sturmbannführer Alfred Naujocks, Heydrichs

Kumpan seit den Pioniertagen des SD, sollte die Aktion gegen den Sender Gleiwitz übernehmen.

Naujocks verstand den Chef auf Anhieb, als der ihm enthüllte, daß »wir aus rein optischen Gründen die Schuld für die kommenden Dinge verlagern« müßten. Den Sturmbannführer wies Heydrich an, sich mit sechs Männern in Gleiwitz vor Ort zu legen, das Terrain zu erkunden und im übrigen auf das Stichwort zu warten. Es hieß: »Großmutter gestorben[16].« Heydrich schärfte Naujocks ein: »Erstens: Zu dieser Geschichte haben Sie sich mit keiner deutschen Behörde in Gleiwitz in Verbindung zu setzen. Zweitens: Niemand von Ihnen hat irgendwelche Ausweise bei sich zu führen, die auf Zugehörigkeit zu SS, SD, Polizei oder [auf] deutsche Reichsangehörigkeit hinweisen könnten[17].«

Das war am 10. August. Naujocks suchte sich fünf Männer seiner Dienststelle heraus, ließ sich einen Dolmetscher für die geplante Brandrede zuweisen und fuhr mit seinen Leuten nach Gleiwitz[18]. Sie bezogen zwei Hotels, Naujocks stieg in »Haus Oberschlesien« ab[19]. Dann machte er sich auf den Weg, die Lage rund um den Sender zu erkunden. Der Sender lag außerhalb der Stadt an der Tarnowitzer Landstraße hinter einem zwei Meter hohen Maschendrahtzaun; das Sendegelände und zwei daran angeschlossene Wohnblocks waren kaum bewacht[20].

Inzwischen hatte Heydrich auch die anderen Schlüsselfiguren des Unternehmens versammelt und mit ihnen letzte Einzelheiten besprochen. Der SD-Chef verteilte die Rollen: SS-Brigadeführer Heinz Jost, Chef des Ausland-SD, sollte die polnischen Uniformen für die Aktionen beschaffen, SS-Oberführer Dr. Dr. Otto Rasch das Unternehmen gegen das Forsthaus Pitschen leiten, SS-Oberführer Dr. Mehlhorn das Gebiet um Hochlinden von der Wehrmacht räumen lassen und das Spiel von Angreifern und Verteidigern koordinieren, SS-Obersturmbannführer Ottfried Hellwig mit seiner als polnische Angriffstruppe getarnten Einheit von Süden her (aus Richtung Polen) gegen Hochlinden vorstoßen, SS-Standartenführer Dr. Hans Trummler die Grenzpolizei und die »Verteidiger« in Hochlinden kommandieren und SS-Oberführer Heinrich Müller, der Leiter der Gestapo, die »Konserven« aus den Konzentrationslagern auf die verschiedenen Kampfplätze bringen[21].

Die Vorbereitungen waren Mitte August soweit gediehen, daß sich Himmler und Heydrich erneut bei Hitler melden konnten. Ein Führerbefehl öffnete dem SD die geheimen Uniformschränke der Wehrmacht. »Der Führer«, trug der Tagebuchführer der OKW-Amtsgruppe Abwehr II am 17. August 1939 ein, »hat dem Amtsgruppenchef, Admiral Canaris, folgende Anweisungen gegeben: Bereitstellung von 250 polnischen Uniformen für ein Unternehmen des SS-Reichsführers Himmler.« Hauptmann Dingler, Abwehroffizier beim Generalkommando VIII in Breslau, erhielt Weisung, die Uniformen an Beauftragte des SD auszuhändigen, die Abwehr-Abteilung II stellte polnische Waffen und Soldbücher[22]. Beschaffer Jost ließ alles in die SD-Schule Bernau bringen, wo die von den oberschlesischen Standarten abgestellten Männer Nachtangriffe und polnische Kommandos übten[23].

Das Gros der Bernauer erhielt polnische Uniformen und pro Mann einen Karabiner mit 30 Schuß Munition; nur die für den Überfall auf Forsthäuser und Zollstationen ausersehenen SS-Männer wurden als Partisanen ausstaffiert. »Die Kleidung für diese Männer setzte sich aus grünen Hemden, langen Hosen verschiedener Farben und verschiedenfarbigen Ziviljacketts zusammen. Als Kopfbedeckung wurden zivile Schirmmützen und Hüte ausgegeben«, berichtete später der nach Bernau berufene Hauptscharführer Josef Grzimek[24].

Am 20. August war es soweit. Mehlhorn rief im Großen Saal der SD-Schule alle Männer zusammen und instruierte sie mit dürren Worten über einen streng geheimen »Grenzeinsatz«[25]. Dann rückten die Männer auf geschlossenen Lkw in ihre Bereitstellungsräume ab. Grzimek: »Vor Antritt der Fahrt wurde uns ausdrücklich verboten, aus den Fahrzeugen herauszusehen, andere Menschen anzusprechen oder uns in Gespräche einzulassen[26].« Zwei Tage später liefen bei Heydrich die Meldungen ein, denen der SD-Chef entnahm, daß die Aktion jeden Augenblick starten konnte. Am 23. August setzte Hitler den Beginn des Polen-Feldzugs auf den 26. August, 4.30 Uhr fest[27].

Heydrich wäre freilich weniger selbstsicher gewesen, hätte er gewußt, daß just zur gleichen Stunde Regimegegner in der Abwehr ein Protokoll über Hitlers Rede vor den Generalen am 22. August anfertigten, das neben korrekten Hitler-Zitaten auch die apokryphe (gleichwohl in der Sache zutreffende) Erklärung des Diktators enthielt, er werde einige deutsche Kompanien in Oberschlesien Scheinangriffe gegen die deutsche Grenze führen lassen. Das derartig frisierte Hitler-Protokoll gelangte in die Hände des oppositionellen Jugendführers Hermann Maas, der es über den Berliner Bürochef der amerikanischen Nachrichtenagentur »Associated Press«, Louis P. Lochner, der britischen Botschaft zuspielte. Mithin wußte die britische Regierung bereits am Nachmittag des 25. August, daß Hitler mit gezielten Grenzzwischenfällen den Krieg gegen Polen eröffnen wolle[28].

Doch das Unternehmen war auch noch an einer anderen Stelle gefährdet. Davon ahnte Hitler nichts, als er am Nachmittag des 25. August gegen 15 Uhr den definitiven Befehl gab, den Polenkrieg am nächsten Morgen auszulösen[29]. Heydrich griff zum Telefon und gab seine letzten Weisungen: Naujocks erfuhr, er dürfe das Hotel nicht mehr verlassen und müsse jeden Augenblick zum Losschlagen bereit sein, Mehlhorn erhielt die Order, Hellwigs Truppe an die Grenze zu schicken, Gestapo-Müller ließ seine Lkw mit den toten Häftlingen starten[30].

Da geschah, womit Heydrich nicht mehr gerechnet hatte: Hitler sagte den Krieg ab. In den späten Nachmittagsstunden hatten Hitler in der Reichskanzlei zwei Meldungen erreicht, die den Diktator wankend machten. Italiens Botschafter überbrachte die Mitteilung, sein Duce könne sich an dem Kriegsabenteuer nicht beteiligen, und aus London wurde berichtet, soeben habe England mit Polen ein Beistandsabkommen geschlossen. Hitler ließ sich den Generalobersten Keitel kommen. Er rief ihm entgegen: »Sofort alles anhalten, holen Sie [Heeres-OB] Brauchitsch her, ich brauche Zeit für Verhandlungen[31].«

Keitel stürzte – es war inzwischen 18.30 Uhr geworden – an den Apparat und informierte den Oberbefehlshaber des Heeres. Keitel: »Die bereits angelaufene ›Operation Weiss‹ wird um 20.30 Uhr wegen veränderter politischer Verhältnisse eingestellt.« Mit äußerster Mühe wurde die schon angelaufene Kriegsmaschine wieder zum Halten gebracht[32]. Auch Heydrich zog nach. Seine Befehle jagten nach Oberschlesien; der Chef der deutschen Sicherheitspolizei ordnete an, die Grenzaktion sofort einzustellen. Doch Mehlhorn konnte die längst ins polnische Gebiet eingesickerte Truppe des Obersturmbannführers Hellwig nicht mehr erreichen. Hellwigs Truppe stieß gegen das Zollhaus Hochlinden und eröffnete das Feuer, prompt erwidert von der deutschen Gegenseite; erst das Dazwischentreten Gestapo-Müllers beendete das Gefecht[33].

Mehlhorn und Hellwig konnten sich später nie darüber einigen, wer von ihnen den blutigen Zwischenfall verschuldet habe. Offenbar hatte Hellwig den von Mehlhorn erteilten Vorbefehl bereits für den Auslösungsbefehl gehalten. Hellwig dünkte das Stichwort »Kleiner Auerhahn« der Befehl zur Bereitstellung, »Großer Auerhahn« hingegen die Aufforderung, das Unternehmen auszulösen; für Mehlhorn aber war »Kleiner Auerhahn« nur die Order zur Alarmierung der Truppe, »Großer Auerhahn« der Befehl zur Bereitstellung« dagegen erst »Agathe« die Auslösungsorder. Der mißtrauische SD-Chef Heydrich sah jedoch in dem Zwischenfall mehr als ein Mißverständnis um einen Befehl; in ihm keimte der Verdacht auf, einer habe das Unternehmen sabotieren wollen.

Es hatte in der Tat überrascht, daß Heydrich gerade dem Oberführer Mehlhorn einen Schlüsselplatz in dem Unternehmen einräumte. Der ehemalige Chemnitzer Rechtsanwalt Dr. Herbert Mehlhorn, einer der ältesten und klügsten Mitarbeiter des SD, galt im SD-Hauptamt als der »Bedenken-Rat«; er zählte zu den Intellektuellen älteren Typs, die der prinzipienlosen Bedenkenlosigkeit Heydrichs und seiner Männer widerstrebten. Der Heydrich-Gegner war 1937 als Hauptabteilungsleiter »Dienstaufsicht« im SD-Hauptamt abgelöst und ins Reichsinnenministerium abgeschoben worden, das ihn zu Studien nach Amerika und Japan entsandt hatte. Gleichwohl entsprach es Heydrichs doppelbödigem Denken, den Bedenken-Rat Mehlhorn zu dem Kriegsspiel des SD hinzuzuziehen, um die Gewähr zu haben, daß die Aktion vorsichtig und umsichtig ablief. Erst als Heydrich zu Ohren kam, Mehlhorn halte das ganze Unternehmen für ein »geschichtliches Verbrechen«, und als die nächtliche Panne des 25. August das Prestige des SD-Chefs zu ruinieren drohte, trennte sich Heydrich von Mehlhorn. Der Sachse wurde durch Gestapo-Müller abgelöst; Mehlhorn mußte die SD-Raute ablegen und durfte nie wieder das SD-Hauptamt betreten, der SS-Oberführer, den Heydrich fürchtete wie kaum einen anderen, wurde nicht mehr befördert. Auch Hellwig mußte abtreten, seinen Part übernahm der schon als »Verteidiger« fungierende Standartenführer Trummler[34].

Beim nächsten Mal klappte es besser. Kaum hatte Hitler am 31. August den neuen und endgültigen Angriffstermin (1. September, 4.45 Uhr) festgelegt[35], da alarmierte Heydrich abermals seine Geheimarmee an der deutsch-polnischen Grenze. Gegen 16 Uhr klingelte im Hotelzimmer Naujocks' in Gleiwitz das Telefon. Naujocks lauschte in den Apparat, aus ihm drang eine hohe, metallische Stimme: »Bitte um Rückruf.« Mehr nicht. Naujocks ließ sich mit der Adjutantur Heydrichs in der Berliner Prinz-Albrecht-Straße verbinden. Wieder beschied sich die hohe Stimme mit wenigen Worten: »Großmutter gestorben[36].« Naujocks hatte verstanden. Er rief seine Männer zusammen und verabredete mit ihnen, eine Viertelstunde vor 20 Uhr zum Sender zu fahren und ihn zu besetzen[37]. Auch Müller ließ jetzt vor einer Villa in Oppeln die Motoren seiner Lkw anwerfen, denn er mußte sich beeilen, die Toten zur rechten Zeit auf den Aktionsplätzen niederzulegen. Für Naujocks hielt er eine Konserve bereit, sie mußte bis 20.20 Uhr vor der Pforte des Gleiwitzer Senders liegen[38].

Naujocks raste derweil mit seinen Männern auf der Tarnowitzer Landstraße den Sendetürmen entgegen. Kurz vor 20 Uhr bemerkte der Postfacharbeiter Foitzik, daß fünf Männer den Maschinenraum des Senders betraten und die Treppe zum Senderaum hinaufstiegen. Foitzik wollte fragen, was die Fremden wünschten. Er starrte in eine Revolvermündung. Auch für das übrige Sendepersonal galt Naujocks' Einladung: »Hände hoch!«[39] Der Sturmbannführer gab ein Zeichen, und seine Leute begannen zu lärmen. Naujocks erzählt: »Wir haben im Senderaum mit Pistolen geschossen. Wir haben ein paar Warnschüsse in die Decke abgegeben, um ein bißchen Krawall zu machen und die Leute einzuschüchtern[40].«

Das Personal wurde gefesselt und in den Keller geschleppt. Naujocks: »Dann haben wir uns heiß gesucht, damit wir die Sendung durchbekamen.« Die Eindringlinge waren einen Augenblick lang ratlos, denn sie wußten nicht, wie sie die laufende Sendung unterbrechen konnten, um ihre polnische Hetzrede in den Äther zu bringen. Da fanden sie endlich das sogenannte Gewittermikrophon, mit dem die Sendeleitung bei Gewittern mitzuteilen pflegte, daß die Sendung gestört sei. Naujocks zog das Manuskript der Polen-Rede hervor, und wenige Minuten später hörten Tausende deutscher Hörer ein wüstes Stimmengewirr offenkundig polnischer Zunge, das von einigen Schüssen unterbrochen wurde. Die Vorführung dauerte vier Minuten, dann zog Naujocks mit seinem Trupp wieder ab[41]. Als der SS-Mann auf die Straße trat, lag vor dem Sender die ausgestreckte Gestalt eines KZ-Häftlings. Zwei Männer des Naujocks-Teams hatten den Toten von Gestapo-Chef Müller in Empfang genommen. Naujocks sah ihn sich flüchtig an, dann gab er das Zeichen zum Aufbruch[42].

Wie in Gleiwitz, so rollten auch an den anderen zwei Punkten Reinhard Heydrichs Scheinangriffe gegen Deutschland ab. Als Josef Grzimek aus dem von seinen Kameraden verwüsteten Zollhaus bei Hochlinden herausstolperte, irritierte ihn etwas in der Dunkelheit. Grzimek: »Ich bückte mich und sah mehrere Männer bewegungslos am Boden liegen, welche polnische

Uniformstücke trugen und ... den Kopf kahlgeschoren hatten. Ich kniete mich nieder, weil ich glaubte, es handle sich um Kameraden von uns. Als ich einen von ihnen aufrichten wollte, stellte ich fest, daß er vollkommen steif war[43].«

Der Reichsführer-SS aber strauchelte nicht über ein paar tote KZ-Häftlinge. Er hatte seinem Führer geliefert, was der Auslöser des Zweiten Weltkriegs benötigte: polnische Provokationen. Und während längst die Soldaten und Panzer Adolf Hitlers nach Polen hineinstießen, beeilte sich die Presse des Dritten Reiches in wohlinstrumentierter Entrüstung, der Weltöffentlichkeit das Ungeheuerliche zu melden, das sich angeblich an den Grenzen Großdeutschlands begeben hatte. »Polnische Aufständische überschreiten die deutsche Grenze« überschrieb der »Völkische Beobachter« am 1. September 1939 seine Meldung und berichtete, die Untat von Gleiwitz sei »offensichtlich das Signal zu einem allgemeinen Angriff polnischer Freischärler auf deutsches Gebiet«[44]. Eine andere Zeitung wußte: »Abteilungen der im Grenzdienst stehenden Sicherheitspolizei haben sich den Eindringlingen entgegengestellt. Die heftigen Kampfhandlungen dauern noch an[45].«

Die Führer des Dritten Reiches griffen das Thema begierig auf. Hitler erklärte in seiner den Zweiten Weltkrieg eröffnenden Reichstagsrede am 1. September, in der Nacht zuvor sei es zu 14 Grenzzwischenfällen, darunter drei ganz schweren, gekommen[46], und Außenminister von Ribbentrop offenbarte dem französischen Botschafter, die polnische Armee sei an drei Punkten in das Reichsgebiet eingefallen[47]. Selbst Hermann Göring, der sich über Hitlers Kriegskurs seine eigenen Gedanken gemacht hatte, erzählte dem schwedischen Friedensvermittler Birger Dahlerus »nach einigem Zögern«, daß »der Krieg deswegen ausgebrochen sei, weil die Polen die Radiostation von Gleiwitz angegriffen« hätten[48].

Das gelenkte Wehgeschrei von Presse und Potentaten trieb Gestapo-Müller in einem neuen Satyrspiel an den Tatort zurück, diesmal freilich in einer anderen Rolle. Reichskriminaldirektor Müller und sein Kollege von der Kripo, Reichskriminaldirektor Arthur Nebe, erschienen mit einer Mordkommission, um den Tatbestand der Polen-Überfälle kriminalistisch zu protokollieren[49]. Für Gäste aus neutralen Ländern ließ Kripo-Chef Nebe sogar ein elektrisch betriebenes Schaumodell der Grenzzwischenfälle anfertigen, das im Reichskriminalpolizeiamt Besuchern gezeigt wurde; drückte man auf eine Taste, dann leuchteten versteckte Lämpchen auf und schepperten getarnte Spiel-MG. SD-Chef Heydrich stand bei solchen Vorführungen dabei und murmelte: »Ja, ja, so nahm der Krieg seinen Anfang[50].«

Das Kriegsspiel des SD an der deutsch-polnischen Grenze demonstrierte, daß die Schutzstaffel dabei war, sich eine Schlüsselstellung in der Expansionspolitik des Dritten Reiches zu erkämpfen. Es war nicht ohne Symbolik: Den Weg ins außenpolitische Abenteuer hatten SS-Männer freigeschossen. Auch diese Tat des Schwarzen Ordens signalisierte den Aufbruch Hitler-Deutschlands zu den neuen Horizonten einer schrankenlosen Eroberungspolitik; Gleiwitz war freilich nur eine Station in Heinrich Himmlers großem

Plan, eines Tages auch den Kurs der deutschen Außenpolitik zu bestimmen. Wer wie Himmler von der Weltmission des deutsch-germanischen Herrenmenschen durchdrungen war, mußte sich auch zum Ziel setzen, dem Herrenmenschen die Grenzen zu weltweiter Expansion aufzureißen. Das aber hieß zugleich: Die SS mußte eines Tages Träger deutscher Macht- und Außenpolitik werden.

Himmler mußte jedoch vorsichtig zu Werke gehen. Noch war er nicht stark genug, seinen Willen in dem Dickicht der miteinander rivalisierenden Machtgruppen in der Führungshierarchie des Dritten Reiches durchzusetzen. Gewiß, er verfügte über große Macht. Er kontrollierte den neben der Wehrmacht stärksten Machtapparat des Staates, die Polizei. Er gebot über 258 456 SS-Männer [51]. Er kommandierte vier Regimenter bewaffneter Verfügungstruppe [52]. Und er beaufsichtigte den einzigen politischen Geheimdienst des Reiches. Dennoch genügte diese Macht nicht, die politische Richtung auf jener Ebene, die der Führer-Diktator dem freien Spiel seiner ersten Gefolgsleute überließ, entscheidend zu bestimmen. Die SS konnte zwingende Macht nur dort entfalten, wo sie im Auftrage des Führers wirksam wurde; sie verblaßte, wo sie eigene Interessen vertrat.

Gerade der Kampf um die Kontrolle der Außenpolitik offenbarte, wie wenig der Dschungel nationalsozialistischer Kompetenzen und Cliquen einen endgültigen Sieg der Schutzstaffel zuließ. Schon einmal, in den Anfangsjahren des Regimes, waren die ehrgeizigen Außenpolitiker der SS im Sumpf der NS-eigenen Kabalen versackt – schlimmer noch: Sie hatten das Regime in seine bis dahin schwerste außenpolitische Krise gestürzt.

Damals stand die Forderung nach dem Anschluß Österreichs an oberster Stelle der Traktandenliste neudeutscher Politik. Fünf Gruppen stritten um die Kontrolle über den deutschen Österreichkurs: das Auswärtige Amt des Berufsdiplomaten Constantin Freiherrn von Neurath, das Außenpolitische Amt der NSDAP unter Reichsleiter Alfred Rosenberg, das mit Mitteln der Partei eingerichtete Büro Ribbentrop, genannt nach seinem Chef, dem außenpolitischen Außenseiter und Hitler-Berater Joachim von Ribbentrop, die Auslandsorganisation der NSDAP unter Gauleiter Wilhelm Bohle und die im Münchner Exil lebende Parteileitung der österreichischen NS-Partei mit dem von Hitler eingesetzten Landesinspekteur Theo Habicht. In diesen Knäuel einander befehdender Gruppen aber stieß ab Herbst 1933 auch die SS hinein, weil ein Zufall die Schutzstaffel mit dem Österreich-Problem verhakelt hatte.

Die österreichische NSDAP war im Sommer 1933 von Österreichs rechtskatholisch-autoritärem Bundeskanzler Dr. Engelbert Dollfuß verboten worden [53]. Aus Furcht vor der hart zuschlagenden Dollfuß-Polizei flohen Tausende österreichischer Nationalsozialisten nach Bayern, direkt in die Arme Himmlers, der neue Rekruten für sein Heer suchte. Die SS bildete aus den Flüchtlingen eine »Österreichische Legion«, die der SS-Brigadeführer Alfred Rodenbücher im Militärlager von Kloster Lechfeld ausbildete und die Reichsführung-SS bewaffnete [54]. Wichtiger aber war für die SS, daß sich auch die aktivsten der in Österreich gebliebenen Parteigenossen der Schutzstaffel zuwandten. Da in der österreichischen Partei die politischen Leiter und die SA-Führer zerstritten waren, unterstellten sich immer mehr Nationalsozialisten dem Reichsführer-SS. So erging es auch dem ehemaligen Wachtmeister Fridolin Glass; er hatte im österreichischen Bundesheer eine NS-Soldatengruppe gegründet und war nach dem Verbot der Partei im Sommer 1933 aus dem Heer entfernt worden[55].

Glass faßte die gleich ihm entlassenen Soldaten seiner NS-Zelle zu einer in sechs Kompanien gegliederten »Militärstandarte« zusammen; er unterstellte sie zunächst der SA-Obergruppe XI. Bald aber mißfielen ihm Dienst und Mentalität der SA. Glass fuhr nach Berlin und bot seine Einheit der SS an[56]. Im Frühjahr 1934 gewann er den Guppenführer Wittje vom Berliner SS-Hauptamt für seine Idee, die Militärstandarte in die Schutzstaffel zu übernehmen. Himmler stimmte zu und erklärte die Glass-Einheit zur Standarte 89 der Allgemeinen SS[57]. Der Schritt des Glass sollte für Österreichs Nazis verheerende Folgen haben. Später bestätigte eine Untersuchungskommission der SS: »Das Verhalten Glass' sah die SA-Führung Österreichs als Verrat an der SA an[58].«

Es läßt sich heute nicht mehr rekonstruieren, ob der SS-Sturmbannführer Glass schon damals die Berliner SS-Führung in einen Plan eingeweiht hat, durch den er die österreichischen Nationalsozialisten vom Dollfuß-Regime schlagartig befreien wollte. Glass hatte die Absicht, die Regierung in Wien mittels eines Putsches zu stürzen. Der Plan war nicht neu. Schon im Sommer 1933 hatte eine Gruppe nationalsozialistischer Polizeibeamter in Wien die österreichische Regierung gewaltsam beseitigen wollen. Der Putschplan war jedoch am Widerstand Hitlers gescheitert; im Oktober 1933 hatten die Verschwörer von der in München residierenden NS-Landesleitung erfahren, für einen Putsch sei die außenpolitische Lage noch nicht reif genug[59].

SS-Mann Glass aber mochte sich nicht länger dem Veto seines Führers unterwerfen. Er arbeitete einen neuen Putschplan aus. Glass wollte mit 150 Männern seiner Standarte in Wien die Regierung anläßlich eines Ministerrates im Bundeskanzleramt verhaften, den Rundfunk besetzen und eine neue Regierung ausrufen, worauf sich die SA im ganzen Land erheben sollte[60]. Landesleiter Habicht, der mächtigste Vertrauensmann Hitlers in allen Österreich-Fragen, hörte von dem Glass-Projekt und bestellte sich den SS-Führer Anfang Juni 1934 nach München. Glass behauptete, ein Teil der Wiener Polizei und auch einige Truppenverbände würden einen nationalsozialistischen Putsch unterstützen. Habicht gab dem Verschwörer grünes Licht[61].

Er brachte Glass mit Habichts engsten Vertrauten zusammen. Das waren der Exhauptmann Dr. Rudolf Weydenhammer, Stabsleiter der Landesleitung, und der Wiener SS-Sturmbannführer Dr. Otto Gustav Wächter, Stellvertreter Habichts in Österreich. Die Habicht-Gehilfen erwärmten sich für die Putschidee[62]. Sie teilten sich die Arbeit: Wächter sollte die politische und Glass die militärische Führung des Putsches übernehmen, Weydenhammer den Kontakt zur Außenwelt halten[63]. Am 25. Juni 1934 trafen sie sich mit ihrem Chef Habicht in Zürich und legten die ersten Details fest. Glass erhielt den Auftrag, die Aktion »für alle Fälle« vorzubereiten und vor allem die Mitarbeit von Wiens Polizei und Militär sicherzustellen. Weydenhammer sollte Waffen beschaffen und den christlich-sozialen Gegenspieler des Kanzlers Dollfuß, den österreichischen Gesandten in Rom Dr. Anton Rintelen, für die Rolle eines Gegen-Kanzlers gewinnen[64].

Die Vorbereitungen liefen erfolgversprechend an. Rintelen erklärte sich bereit[65], auch der Wiener Stadtkommandant, Oberstleutnant Sinzinger, machte mit. Er übernahm es, Uniformen für die Glass-Männer zu stellen, die in das Bundeskanzleramt eindringen und die Minister verhaften sollten[66]. Als sich die Verschwörer am Abend des 16. Juli in der Wohnung Habichts in Münchens Kunigundenstraße 60 zu einem neuen Kriegsrat versammelten, bestimmten sie auch das Datum des Putsches[67]. Für den Nachmittag des 24. Juli war im Bundeskanzleramt die letzte Ministerrats-Tagung vor dem Beginn des Sommerurlaubs angesetzt worden; in diesem Augenblick wollten die Putschisten zuschlagen.

Offenbar bereitete ihnen dabei wenig Sorge, was denn eigentlich der Reichskanzler Hitler zu einem Unternehmen sagen mochte, das bei einem Fehlschlag die Außenpolitik des Deutschen Reichs auf das schwerste ramponieren mußte. Nicht einen Augenblick, so schrieb Wächter später, sei ihm der Gedanke gekommen, nicht im Sinne Adolf Hitlers zu wirken. Tatsächlich hatte Habicht seinen Führer in den Plan eingeweiht und Hitlers Zustimmung erhalten[68] – freilich auf eine so vage Art, daß Hitler nachher alle Verantwortung ableugnen und den Oberputschisten Wächter sogar 1938 vor dem Obersten Parteigericht anklagen lassen konnte, er, Wächter, habe »bewußt gegen den erklärten Willen des Führers gehandelt« – so der Beschuldigte Wächter am 31. Mai 1938[69].

Der Diktator praktizierte wieder einmal jene Doppelgleisigkeit, die ihm gestattete, die rechte Hand nicht wissen zu lassen, was die linke tat. Denn zur gleichen Zeit, da er Habichts Intrigen gegen den Kanzler Dollfuß tolerierte, schärfte er dem Auswärtigen Amt des Freiherrn von Neurath ein, die österreichischen Parteigenossen seien vor jedweder Unbesonnenheit gegenüber dem Dollfuß-Regime zu warnen. Die Verschwörer tagten noch in der Kunigundenstraße, da formulierte der deutsche Gesandte in Wien, Dr. Rieth, an einem Telegramm, das den Reichsaußenminister darüber informierte, österreichische Nationalsozialisten planten einen Putsch gegen den Kanzler Dollfuß[70].

Ein Parteigenosse namens Hans Köhler, Postbeamter in Hainfeld, hatte der Gesandtschaft zur Weiterleitung an Hitler ein Memorandum vorgelegt, das in der Forderung gipfelte, die gesamte Regierung Österreichs zu verhaften. Der Gesandte telegrafierte: »Herrn Köhler wurde seitens der Gesandtschaft mitgeteilt, daß die in seiner Denkschrift enthaltenen Ideen der Politik des Reiches zuwiderliefen, und er wurde überdies ersucht, seine Mitarbeiter dazu zu bewegen, von diesem Plan Abstand zu nehmen. Die Denkschrift wurde zurückbehalten, um zu verhindern, daß sie in falsche Hände gelange. Da hier nicht festgestellt werden kann, ob Herr Köhler seinen Plan weiterverfolgt, obwohl er davor gewarnt worden ist, beantrage ich, daß geeignete Schritte unternommen werden, um dieser Aktion Einhalt zu gebieten [71].«

Die AA-Bürokraten teilten die Sorgen ihres Gesandten in Wien. Das Auswärtige Amt schrieb daraufhin den Landesleiter Habicht an und ersuchte ihn, »solche Pläne zu verhindern, die möglicherweise noch bestehen« [72]. Es ist unbekannt, ob Theo Habicht das AA-Schreiben seinen Mitverschwörern zur Erheiterung vorgelesen hat. Und dennoch saß am Tisch der Verschwörer ein Mann, der entschlossen war, den Staatsstreich gegen Kanzler Dollfuß scheitern zu lassen und damit das auszulösen, was den Putschistenführer Wächter später »das erschütterndste Ereignis meines Lebens« dünkte [73].

Der SA-Obergruppenführer Hermann Reschny, Chef der illegalen Sturmabteilungen Österreichs, konnte nicht darüber hinwegsehen, daß in dem Umsturzplan der beiden SS-Führer Glass und Wächter die SA nur eine untergeordnete Rolle spielte; die SA sollte erst heraustreten, wenn in Wien die Entscheidung gefallen war. Reschny witterte darin eine bewußte Brüskierung der Sturmabteilungen. Ihm schien es kein Zufall, daß wieder einmal Männer der SS die SA-Interessen hintansetzten. Die SS hatte im Reich die Monopolstellung der SA zerstört. Die SS hatte die Führergarde der reichsdeutschen SA gemordet. Die SS verlangte auch in Österreich die führende Position für sich. Und die SS hatte der österreichischen SA die schlagkräftigste Einheit, die Glass-Standarte, geraubt.

Zudem konnte Hermann Reschny niemals die Autofahrt nach Tegernsee an jenem Blutsamstag des 30. Juni 1934 vergessen, da der Röhm-Kreis vernichtet worden und der österreichische SA-Chef nur durch einen Zufall dem Zugriff der SS-Schergen entgangen war. Konnte es vielleicht ihm aufgegeben sein, die ermordeten SA-Kameraden zu rächen, jetzt, da sich die SS wiederum anschickte, ihre Macht zu erweitern?

Dem SA-Obergruppenführer kam die Taktik Habichts unfreiwillig zu Hilfe. Habicht hatte verfügt, SA und SS sollten am Tage der Revolte zwar vereint schlagen, aber getrennt marschieren. »Pg. Habicht erklärte mir«, so Wächter, »ich hätte mich bei meiner Arbeit nicht mit der SA in Verbindung zu setzen. Diese werde selbständig geführt und auf das gegebene Stichwort hin zentral durch Obergruppenführer Reschny eingesetzt [74].«

Der SA-Chef konnte daraus folgern, daß eine Niederlage der SS bei dem Wiener Putsch niemals auf die SA zurückfallen könne, da beide Gruppen völlig getrennt agieren sollten. Vorsichtig ließ er Informationen über die Putschpläne an die österreichischen Sicherheitsorgane durchsickern, ohne dabei selber in Erscheinung zu treten [75].

Reschny bediente sich zweier Konfidenten, die schon wiederholt in seinem Auftrag die Regierung Dollfuß kontaktiert hatten. Der SA-Sturmbannführer Friedrich Hamburger, Verbindungsmann der SA-Obergruppe in Wien, und dessen Freund, der Rittmeister Schaller, haben – so behauptete Wächter später auf Grund des Aktenmaterials eines 1935 gegen Hamburger geführten Prozesses – »die österreichischen Regierungsstellen in den Jahren 1933 und 1934 schlechterdings über alles informiert, was von der Partei vor diesen Stellen geheim zu halten war« [76]. Nach der Verschwörer-Sitzung bei Habicht zog Reschny die beiden Konfidenten zu einer Führerbesprechung der SA-Obergruppe in München hinzu und ließ noch einmal den Putsch in aller Breite erörtern [77].

Kundschafter Schaller hatte begriffen: Er notierte sich Einzelheiten, um sie über den Wiener Sicherheitsbeamten Cyhlar an das Bundeskanzleramt gelangen zu lassen [78]. Doch Reschny fürchtete offenbar, Schaller habe noch nicht restlos verstanden. Hamburger instruierte Schaller noch ausdrücklich, wie der Rittmeister später in einer eidesstattlichen Erklärung versicherte, die Namen und Personalien der Putschführer Glass, Wächter und Weydenhammer an die österreichische Polizei weiterzureichen [79]. Österreichs Geheimpolizei kannte wesentliche Details des Putschprojekts. »Hinsichtlich Wächter«, erklärte Cyhlar 1935, »hat Schaller laufend mich in den letzten Monaten über den Juliputsch benachrichtigt [80].«

Daß die Regierung dennoch von den Putschisten überrascht wurde, führt der Historiker Hellmuth Auerbach auf das wunderliche Treiben der Wiener Agentenwelt zurück: In Österreich sei »das Konfidentenwesen damals schon so weit entwickelt [gewesen], daß es sich gegenseitig aufhob« [81]. Wächter wurde von der österreichischen Staatspolizei unter Beobachtung genommen. Wo immer sich der SS-Führer blicken ließ, folgten ihm die Schatten zweier Geheimpolizisten. Dem Wiener Polizeichef Weiser blieb freilich eine Tatsache verborgen: Die Beschatter Wächters waren Nationalsozialisten, die allabendlich gemeinsam mit dem SS-Mann den Beobachtungsbericht an Weiser verfaßten [82].

So schienen Wächter und Glass doch noch eine Chance zu haben, ihren Putsch zum Erfolg zu führen. Allmählich nahte der 24. Juli heran, der Tag des letzten Ministerrates am Ballhausplatz. Schon hielt sich Rintelen im Wiener Hotel »Imperial« bereit, schon rüsteten sich die 150 SS-Männer der 89. Standarte zum Einsatz, schon eilten die ersten Verschwörer zu den verabredeten Versammlungsplätzen [83]. Da erfuhr Weydenhammer am Nachmittag des 24. Juli von Rintelen, der Ministerrat sei abgesagt und auf den nächsten Tag, 11 Uhr, festgelegt worden [84]. Rintelen wollte aufgeben, doch die NS-Führer beharrten darauf, man müsse endlich losschlagen [85]. Die für den Überfall auf das Kanzleramt eingeteilten SS-Männer erhielten einen neuen Befehl: »89 – 1/4 1 Uhr, Siebensterngasse Nr. 11, Bundesturnhalle – nicht über die Breitegasse in die Siebensterngasse gehen [86].«

Am nächsten Tag, dem 25. Juli 1934, waren 30 SS-Männer pünktlich zur Stelle, um sich in der großen Turnhalle des Deutschen Turnerbundes als Militärtruppe auszuputzen. Ein Lkw rumpelte heran, er führte Uniformen des Deutschmeister-Regiments mit sich, die sich die Verschwörer aus Heeresbeständen beschafft hatten. Glass trieb zur Eile an, denn das Umkleiden der Männer dauerte ihm zu lange [87]. Um 12.30 Uhr sollte der Lastkraftwagen mit den aufgesessenen Pseudosoldaten in Richtung Bundeskanzleramt abfahren. Es dauerte jedoch 15 Minuten länger, ehe sich der Wagen in Bewegung setzte. Jeder kannte die Parole, die ihnen den Zugang zu Dollfuß öffnen sollte: Der Bundespräsident Miklas habe sie zu einem Sondereinsatz in das Bundeskanzleramt befohlen [88].

Während Glass mit seinem Kommando dem Ballhausplatz entgegenrollte, faßte Polit-Leiter Wächter im Gasthof Tischler in der Schauflergasse nahe dem Bundeskanzleramt Posten, um notfalls einzuspringen [89]. Sein Einsatz sollte erst später kommen. Er war dazu ausersehen, die Verhandlungen mit den verhafteten Ministern zu führen und die neue Regierung einzusetzen. Glass und Wächter wußten nicht, daß der Putsch verloren war, ehe er noch begonnen hatte. Er scheiterte an einem Verrat, freilich nicht jenem der SA. Einer der Verschwörer der Wächter-Glass-Gruppe, der Polizeirevierinspektor Johann Dobler, ehedem Wirtschaftsdirektor des Braunen Hauses, hatte die Nerven verloren und alles ausgeplaudert [90].

Noch hatte die Tagung des Ministerrats nicht begonnen, da hielt der Heimwehr-Minister Emil Fey die Meldung in Händen, eine Gruppe radikalisierter Nazis habe einen Anschlag auf das Bundeskanzleramt vor [91]. Indes, der Minister Fey war ein Mann eigenen Ehrgeizes. Statt sofort Dollfuß und das Militär zu alarmieren, rief er seine Privatarmee, die Heimwehr, auf die Straßen und versuchte mit detektivischem Spürsinn, der Verschwörung auf die Spur zu kommen [92]. Als er sich endlich seiner Pflicht besann, waren wertvolle Minuten verloren. Erst kurz vor 12 Uhr eilte er in den Ministerrat und bat den Bundeskanzler in eine Ecke, wo er ihm die Nachricht ins Ohr flüsterte. Der zierliche Kanzler richtete sich auf, ungläubig und doch entschlossen [93].

Dollfuß sagte zu seinen Ministern: »Fey hat mir gerade etwas mitgeteilt, und ich weiß nicht, ob etwas dahinter ist oder nicht. Es ist aber vielleicht besser, wenn wir die Sitzung unterbrechen und jeder Minister in sein eigenes Amt zurückkehrt. Ich werde euch alle verständigen, wenn wir fortsetzen können [94].« Die Minister schritten davon, kopfschüttelnd und kaum ihrer Sache sicher. Nur der Kanzler, Fey und der Staatssekretär für das Sicherheitswesen Karwinsky blieben im Bundeskanzleramt zurück [95].

Karwinsky beorderte Polizeiverstärkung zum Ballhausplatz. Ahnungslos sah er auf den Hof, als ein Lkw durch das Tor des Kanzleramtes bog. Das ist die Polizei, dachte der Staatssekretär. Es waren die Verschwörer [96]. Wenige Minuten später stürzte ein Hauptmann herein und meldete Dollfuß, Bewaffnete seien in das Bundeskanzleramt eingedrungen. Der Kanzler eilte aus seinem Arbeitszimmer in den anschließenden Säulensaal, um aus dessen Fenster in den Hof zu schauen. Ein Kriminalbeamter meldete, die Eindringlinge seien Soldaten. Dollfuß: »So, Soldaten?« [97] Da polterte der Türhüter Hedvicek ins Zimmer und faßte den Kanzler an der rechten Hand. Hedvicek drängte: »Herr Bundeskanzler, schnell!« Der Türhüter kannte eine geheime Wendeltreppe, die ins Freie führte; sie war von einem Eckzimmer neben dem Arbeitsraum des Kanzlers zu erreichen [98].

Kaum aber hatte Hedvicek mit seinem Schützling das Eckzimmer erreicht, da stürmte vom Treppenhaus her der SS-Mann Otto Planetta mit zehn seiner Kameraden in den Raum und stieß auf den Kanzler [99]. Einen Augenblick blieben die Eindringlinge stehen. Dann schrie alles hysterisch: »Hände hoch!« Der Kanzler blickte den Männern ins Gesicht: »Was wollt ihr von mir?« Er machte eine jähe Bewegung mit der Hand. Planetta fuhr zurück und zog den Abzugshahn seiner Selbstladepistole. Ein Schuß peitschte auf, Dollfuß sackte zusammen und stürzte rücklings zu Boden. Aus dem Oberkörper sickerte Blut [100].

Die Verschwörer legten den Schwerverwundeten auf ein Sofa. Nach einer Weile öffnete Dollfuß die Augen. Verwirrt stammelte er: »Kinder, was ist denn da los, da kommen ein Major und ein Hauptmann und mehrere Militaristen herein und haben auf mich geschossen [101].« Erst allmählich erkannte er, daß es mit ihm zu Ende ging. Dollfuß musterte die Männer um ihn. Dann begann, was sein britischer Biograph Gordon Shepherd »eine merkwürdig friedliche politische Diskussion« zwischen Dollfuß und den Rebellen nennt [102].

Dollfuß: »Ich habe immer getrachtet, das Beste zu tun, was ich tun konnte, und ich habe immer den Frieden gewollt.« Ein SS-Mann erwiderte, der Kanzler habe es doch in der Hand gehabt, Frieden mit Deutschland herbeizuführen. Darauf der Sterbende: »Kinder, das versteht ihr halt nicht [103].« Stumm sahen die SS-Männer auf ihr Opfer herab, keiner sprach ein Wort. Um 15.45 Uhr hauchte Österreichs Kanzler sein Leben aus. Seine letzten Worte: »Kinder, ihr seid so lieb zu mir. Warum sind die anderen nicht auch so? Ich habe ja nur den Frieden haben wollen. Wir haben nie angegriffen. Wir mußten uns immer wehren. Der Herrgott soll ihnen vergeben [104].«

Doch noch gaben die Putschisten nicht auf. Der Schlag gegen den Ministerrat war gescheitert, die Hauptaktion mißglückt: die Verhaftung aller Minister. Nur die Besetzung des Rundfunks hatte geklappt [105]. Otto Gustav Wächter hetzte durch die Straßen Wiens, um Hilfe zu holen. Jetzt, so hämmerte es in ihm, war die Stunde da, in der die SA losschlagen konnte, jetzt mußte Obergruppenführer Reschny seine Kohorten auf die Straße rufen und gegen die Regierung ins Feld werfen. Endlich erreichte Wächter die im Hotel »St. James« versammelten Führer der österreichischen SA. Wenige Sekunden später stand er vor dem SA-Brigadeführer Türk [106]. »Als ich den Stand kurz schilderte«, notierte sich Wächter, »und den Einsatz der SA forderte, gab Türk in meiner Anwesenheit den Alarmbefehl für die Gruppe Wien und Niederösterreich. Er erklärte auf meine Frage weiter, die SA sei in einer Stunde im Marsch auf die Innenstadt [107].«

Indes, der Brigadeführer Türk teilte die Gefühle seines Chefs Reschny. Als Wächter zu einem neuen Treff jagte, zog Türk die Alarmbefehle wieder zurück und beorderte die alarmierte SA Wiens heim in ihre Quartiere. Keine Sturmabteilung rührte sich, den bedrängten SS-Putschisten zu Hilfe zu kommen. Kurz darauf ließ Türk die Parole verbreiten: »Der Putsch des 25. Juli ist eine Privataktion der SS-Standarte 89, für den die SA jede Verantwortung ablehnt[108].« Gelassen sahen die SA-Kameraden zu, als Österreichs Polizei und Armee dem Putschisten-Spuk in Wien ein Ende bereiteten. Der Kanzler-Mörder Planetta und sechs seiner Mitverschwörer wurden hingerichtet, die übrigen Putschisten zu hohen Freiheitsstrafen verurteilt[109].

Deutschlands Diktator aber sah sich über Nacht einer internationalen Protestwelle gegenüber. Zum ersten Mal in der Geschichte des Dritten Reiches galt Adolf Hitler in der Weltöffentlichkeit als ein ausgemachter Mörder, gegen den alle Kräfte der zivilisierten Welt aufzubieten selbstverständliche Pflicht verantwortlicher Staatsmänner war. »Wir stehen vor einem zweiten Sarajewo«, schrie Hitler seinem ehemaligen Vizekanzler Franz von Papen entgegen, als er den Renommierkatholiken des Regimes bedrängte, als Versöhnungs-Botschafter nach Wien zu gehen[110]. Hitler griff durch: Theo Habicht wurde seines Postens enthoben, die »Österreichische Legion« entwaffnet und eine parteiamtliche Untersuchung gegen die Verschwörer eingeleitet[111]. Am schwersten aber traf die Niederlage den Reichsführer-SS, der eine schwere Prestigeeinbuße hinnehmen mußte.

Was nutzte es da, daß der düpierte Chefputschist Wächter geiferte, die SA habe »ihre auf Herbeiführung des SA-Primats in Österreich gerichtete Politik mit landesverräterischen Mitteln betrieben« und es sei »einer Führung, die es zuwege bringt, aus eigensüchtigen Motiven ihre Kameraden ... dem Gegner preiszugeben, schlechthin alles zuzumuten«[112]. Der Schaden für das Renommee der SS war nicht mehr gutzumachen. Nur Zug um Zug konnte die Schutzstaffel das lädierte Vertrauen Hitlers zurückerobern.

Die SS hatte eine Erfahrung gemacht: Im Spiel der nationalsozialistischen Hierarchen wirkten Interessengruppen mit, die ihre Belange mit naiver Brutalität durchzusetzen verstanden, ohne jede Rücksicht auf das alle verbindende NS-Glaubensbekenntnis. Der Krieg der Cliquen und Machtgruppen innerhalb der Partei und seit 1933 innerhalb des Staat–Partei-Apparats war derart zu einem Lebensgesetz der braunen Herren geworden, daß auch ein Appell an die gemeinsame Ideologie der immanenten Selbstbehinderung des Regimes nicht Einhalt gebieten konnte. Eher war man bereit, dem politischen Gegner nachzugeben, als gegenüber dem parteiinternen Konkurrenten auf eine Kompetenz oder auf ein Stück Macht zu verzichten.

Der SA-Chef Röhm floh 1932 lieber in die Arme der sozialdemokratischen Reichsbanner-Führung, als sich mit seinen parteiinternen Gegnern zu verständigen. SA-Reschny ließ lieber einen nationalsozialistischen Putsch scheitern, als der SS den Sieg in Österreich zu gönnen, und der reichsdeutsche SA-Stabschef Viktor Lutze träumte, statt sich nach dem Röhm-Eklat mit der Schutzstaffel zu versöhnen, von einer gemeinsamen Aktion von SA und Wehrmacht gegen die verhaßte SS.

In dem Grabenkrieg so handfester Interessen konnte die SS als eine Macht unter vielen keine nennenswerten Einbrüche erzielen. Sie vermochte sich auf dem Feld deutscher Macht- und Außenpolitik nur voranzuarbeiten, wenn sie im Windschatten des einzigen von allen anerkannten Machtzentrums blieb: der Autorität Adolf Hitlers und der von ihm eingesetzten

Parteiführung, damals verkörpert in Rudolf Heß, dem »Stellvertreter des Führers«. Partei-Verwalter Heß war es denn auch, der schließlich der Schutzstaffel einen Nebenschauplatz deutscher Außenpolitik eröffnete, auf dem die rassisch-volksbiologischen Wahnideen Heinrich Himmlers so recht wuchern konnten: das Gebiet der deutschen Volkstumspolitik.

Die Führer der Partei hatten schon frühzeitig in den menschenstarken Inseln der Grenz- und Auslandsdeutschen, die durch die Grenzziehungen der Versailler Friedensstifter noch zahlreicher geworden waren, Stützpunkte künftiger deutscher Großmachtpolitik erkannt. Mannigfache Fäden, sichtbare und unsichtbare, verbanden die NSDAP mit den Volksdeutschen vor allem in Ost- und Südosteuropa.

1931 hatte die Reichsleitung der NSDAP eine Auslandsabteilung gegründet, die alle Reichsdeutschen im Ausland zusammenfassen sollte. Die später »Auslandsorganisation« (AO) genannte Abteilung unter dem Gauleiter Wilhelm Bohle verfügte 1937 über 51 000 Mitglieder [113] und war bald eine solche Macht in der Außenpolitik, daß Reichsaußenminister von Neurath den Gauleiter vorsichtshalber als Staatssekretär ins AA berief, um ihn besser kontrollieren zu können [114]. Bohles AO war nur eine von vielen Interessengruppen, die in die traditionelle Arbeit der deutschen Diplomatie hineinregierten. Alfred Rosenbergs »Außenpolitisches Amt« betreute die auslandsdeutschen Studenten im Reich [115], während der offiziell private, politisch aber längst auf NS-Kurs gebrachte »Verein für das Deutschtum im Ausland« (VDA) den Kontakt zu den Volksdeutschen in aller Welt hielt [116].

Die Kabalen zwischen diesen Organisationen wurden so unerträglich, daß Hitler 1936 seinen Adlatus Heß mit der Leitung aller auslandsdeutschen Angelegenheiten beauftragte. Heß wiederum ernannte einen Alten Kämpfer, den Ministerialrat Otto von Kursell, zum Chef einer »Volksdeutschen Mittelstelle« (Vomi), die – der Parteiführung unterstellt – als eine Art geheime Superbehörde die Arbeit aller mit auslandsdeutschen Fragen befaßten Regierungs- und Parteistellen koordinieren sollte [117]. Kursell fehlte jedoch die Autorität, die in Kompetenzstreitigkeiten verhedderten Organisationen auf einen Nenner zu bringen. Da kam Heß die rettende Idee. Hier konnte nur noch die Parteiformation helfen, deren Führern man Organisationsgabe und Diszipliniertheit nachsagte – die SS.

Heß bat den Reichsführer-SS, einen Mann abzustellen, der in das Durcheinander Ordnung bringen könne. Himmler ergriff die Chance, endlich einen Zipfel deutscher Außenpolitik in die Hand zu bekommen. Er beorderte einen der elegantesten und pfiffigsten SS-Führer an die auslandsdeutsche Front: den SS-Obergruppenführer Werner Lorenz.

Der 1891 geborene Zögling des wilhelminischen Kadettenkorps, ehedem Offizier und Flieger, dann Gutsbesitzer in Danzig und zuletzt Führer des SS-Oberabschnitts »Nordwest« (Hamburg), galt als der Bonvivant der Schutzstaffel und brachte die Kasino-Manieren des alten preußischen Offiziers mit, die leicht darüber hinwegtäuschten, daß der spätere Schwiegervater des Hamburger Verlegers Axel Springer ein unübertroffener Meister der Hinterzimmer-Intrige war [118]. Himmler mag später bereut haben, daß seine Wahl just auf Lorenz gefallen war. Denn der machtfrohe Obergruppenführer erlag schnell der Versuchung, sich in dem Dreieck zwischen Partei, Auswärtigem Amt und SS eine eigene Hausmacht zu schaffen, die keineswegs immer den Ambitionen des Reichsführers dienlich war. Zudem trennte ein für SS-Männer fundamentaler Unterschied die beiden: Lorenz war traditioneller Nationalist und sah stets ein wenig mitleidig auf die rassischen Fieberphantasien seines Chefs herab [119]. Himmler wußte das, aber ihm gelang es erst im Krieg durch einen Kraftakt, Lorenz von der Spitzenposition in der Volkstumspolitik zu verdrängen und die allzu unabhängige Vomi als ein neues SS-Hauptamt seinem Reich einzuverleiben.

Gleichwohl konnte sich die SS über die Volksdeutsche Mittelstelle in das Feld deutscher Volkstumspolitik und damit auch deutscher Außenpolitik kräftig vorschieben. Was als eine Koordinierungsstelle der Partei gedacht war, entwickelte sich zu einem SS-eigenen Magneten, der immer mehr Bereiche und Organisationen der Volkstumspolitik an sich zog.

Im Januar 1937 begann Vomi-Chef Lorenz mit 30 Mann und bescheidenen Mitteln [120]. In kurzer Zeit fiel ein Verband nach dem anderen unter seine Kontrolle: Im Juli 1938 stürzte der Reichsführer des VDA, der allzu maßvolle Volkstumspolitiker Dr. Steinacher, worauf die VDA-Geschäftsführung einem Lorenz-Vertrauten zufiel [121], kurz darauf nahm die Vomi den für die Grenzlandarbeit maßgeblichen »Bund Deutscher Osten« in eigene Regie [122] und sicherte sich die federführende Rolle bei Leitung und Finanzierung der deutschen Minderheitsparteien in Osteuropa [123]. Die vielfältigen Beziehungen der Vomi zu den deutschen Volksgruppen jenseits der Reichsgrenzen machte sich auch der SD zunutze, um im Schatten der Vomi-Beauftragten ein Netz von Horch- und Beobachtungsposten anzulegen. Vomi und SD arbeiteten eng zusammen – es war kein Zufall, daß ein hoher SD-Führer, der Heydrich-Vertraute Dr. Hermann Behrends, dem Vomi-Chef Lorenz als Stellvertreter zur Seite stand [124].

Immer fühlbarer überlagerte das Netz der SS- und SD-Kontakte die offizielle Arbeit des Auswärtigen Amtes. Auch in den Vorständen zahlreicher Kulturorganisationen und Gesellschaften, die den Verkehr mit den Ländern Südosteuropas pflegten, tauchten zusehends Träger der Totenkopf-Uniform auf. Der SS-Oberführer Ewald von Massow wurde zum Beispiel Präsident der »Deutsch-Bulgarischen Gesellschaft«, Lorenz übernahm den Vorsitz der »Zwischenstaatlichen Verbände« [125].

Besonders engen Kontakt hielten Himmler und Lorenz zu einem Kameraden, dem die Volksdeutsche Mittelstelle formell unterstellt war. Von dem – wie er sich offiziell nannte – »Beauftragten für außenpolitische Fragen im Stabe des Stellvertreters des Führers«, dem SS-Gruppenführer Joachim von Ribbentrop [126], versprach sich die Schutzstaffel einen zwingenden Durchbruch ihrer Sache in der Außenpolitik. Die Beziehungen zwischen Ribbentrop und der SS waren so intimer Art, daß manche wähnte, der spätere Reichsaußenminister sei der »Exponent der SS« in der Außenpolitik gewesen[127]. Man konnte kaum herzlicher miteinander verkehren als Heinrich Himmler und Joachim von Ribbentrop. »Du weißt, wie ich zu Deiner SS stehe und wie ich ihren Aufbau, der Dein ureigenstes Werk ist, bewundere«, schrieb Ribbentrop dem Reichsführer im Juli 1940. »Ich werde es immer als eine besondere Ehre empfinden, diesem stolzen Führerkorps, das für die Zukunft unseres Großdeutschen Reiches von entscheidender Bedeutung ist, anzugehören[128].«

Die beiden Männer kannten sich seit Ende 1932, da der abgerüstete Oberleutnant und ehemalige Sekt-Vertreter von Ribbentrop, Ehemann der Erbin des Sekt-Unternehmens Henkell, seine Villa in Berlin-Dahlems Lentze-Allee 9 für Geheimverhandlungen zwischen Hitler und Franz von Papen zur Verfügung gestellt hatte[129]. Himmler war damals die Aufgabe zugefallen, dem Reporter-scheuen Hitler beim Übersteigen der rückwärts gelegenen Gartenmauer des Ribbentrop-Anwesens zu helfen und durch manierliche Tischsitten zu demonstrieren, daß auch die Nazis regierungsfähig seien[130].

Die Demonstration überzeugte zumindest den Gastgeber von Ribbentrop, denn kurze Zeit darauf trat er in die NSDAP ein und bat Himmler um den Vorzug, der Schutzstaffel angehören zu dürfen. Am 30. Mai 1933 verlieh ihm der SS-Chef den Rang eines Standartenführers, während Himmler ein gerngesehener Gast in der Ribbentrop-Villa wurde[131]. Je erfolgreicher der Hitler-hörige Ribbentrop sich in der Gunst des Führers emporturnte und zum außenpolitischen Sonderberater des Diktators avancierte, desto hartnäckiger blieb Himmler dem offenbar glückhaften Dilettanten auf den Fersen. Als Ribbentrop im Auftrage Hitlers gegenüber dem Auswärtigen Amt in der Wilhelmstraße ein Büro eröffnete, das die Arbeit der Hitler suspekten AA-Diplomatie durch ein Netz eigener Berichterstatter kontrollieren sollte, half Himmler mit Geldern und Personal.

SS-Oberführer Rolf von Humann-Hainhofen trat 1937 als Stabsführer (eine Art Geschäftsleiter) in die »Dienststelle Ribbentrop« ein[132], Vorreiter jener SS-Diplomaten, die im Gefolge von Ribbentrops immer häufiger auftauchten. SS-Führer gehörten zu den engsten Vertrauten des NS-Sonderdiplomaten, so Ribbentrops alter Schulfreund, der SS-Oberführer Rudolf Likus[133], und der im Geheimdienst dilettierende SS-Standartenführer Werner Picot[134]. Ribbentrop und SS arbeiteten so eng zusammen, daß Himmler die Ernennung seines Duzfreundes zum Reichsaußenminister im Februar 1938 als einen eminenten Prestigeerfolg der Schutzstaffel werten durfte.

Der neue AA-Chef hielt auch weiterhin zur SS: Zu seinen Adjutanten wählte er sich nur SS-Führer aus[135], er ließ seinen Sohn Rudolf in der SS-Leibstandarte »Adolf Hitler« dienen[136] und hatte einen wunderlichen Einfall, der die AA-Diplomaten entsetzte. Eines Tages eröffnete von Ribbentrop den hohen Bürokraten des Auswärtigen Amtes, er habe mit dem Reichsführer Himmler ihre globale Aufnahme in die SS verabredet[137]. Jeder hatte von nun an eine SS-Uniform anzulegen: der Staatssekretär Freiherr von Weizsäcker die Uniform eines SS-Oberführers[138], der Unterstaatssekretär Ernst Woermann die eines SS-Standartenführers[139], der Protokollchef von

Dörnberg jene eines SS-Obersturmführers [140]. Und den Joachim von Ribbentrop dünkte es kein größeres Vergnügen, als – so berichtet der SS-Obersturmbannführer und Hitler-Opponent Erich Kordt – »in der Uniform eines SS-Gruppenführers mit hohen Stiefeln im Amt [zu erscheinen], wohl in der Annahme, daß er sich dadurch am besten seinem Vorgänger Bismarck anpasse, den er sich ... als einen Mann vorstellte, der vorwiegend in unbequemen, hohen Kürassierstiefeln einhergegangen sei« [141].

Des Führers Bismarck konnte sich an SS-uniformierten Mitarbeitern nicht satt sehen; zuweilen schalt er sogar seinen »lieben Himmler«, er stelle dem AA nicht genügend SS-Männer zur Verfügung. »Ich habe seit Übernahme des Auswärtigen Amtes keinen einzigen Mitarbeiter von Format aus der SS erhalten«, klagte er einmal in einem Brief an Himmler und meinte, es wäre doch »im Hinblick auf die gute Zusammenarbeit meines Amtes mit der SS und unsere persönliche enge Verbundenheit mehr als bedauerlich, wenn die SS durch Abwesenheit glänzen würde« [142].

Die Ironie aber wollte, daß sich gerade diese beiden Partner in den Kompetenzschlachten der Bürokratie zerrieben und zu erbitterten Gegnern wurden. Der Mann, der einst die SS-Uniformen im Auswärtigen Amt eingeführt hatte, erlitt später Wutanfälle, sobald er eines seiner Diplomaten in der SS-Uniform ansichtig wurde [143]. Auch die Uniform des SS-Gruppenführers bewahrte den Reichsaußenminister von Ribbentrop nicht davor, in jene Kabalen verwickelt zu werden, die nicht selten den Alltag der NS-Potentaten bestimmten. Denn: Joachim von Ribbentrop war Chef einer Behörde geworden, die sich gegen das Eindringen der SS in ihre Reservate zur Wehr setzen mußte, wollte sie nicht die technische Kontrolle über die deutsche Außenpolitik an die Schutzstaffel verlieren.

Anlaß des Streits war eine verhängnisvolle weltgeschichtliche Entscheidung Adolf Hitlers. Nach der Besetzung Österreichs hatte sich der Diktator entschlossen, den deutschen Machtraum zu erweitern und ungeachtet eines Kriegsrisikos das krisenbeladene Problem der deutschen Volksgruppen in der Tschechoslowakei und in Polen hochzuspielen. Damit aber rückte in das Zentrum der deutschen Außenpolitik just jenes Aktionsfeld der Volkstumsarbeit, auf dem sich die SS via Volksdeutsche Mittelstelle bereits eine Vormachtstellung errungen hatte. Die Diplomaten des AA sahen sich von den Volkstums-Beauftragten der SS zur Seite geschoben.

Tatsächlich nahm das Auswärtige Amt an der von Hitler ausgelösten Sudeten-Krise im Hochsommer 1938 nur im zweiten Rang teil. Der deutsche Gesandte in Prag, Ernst Eisenlohr, ein Gegner der Hitlerschen Annexionspolitik, wurde bewußt in Unkenntnis gelassen [144], derweil Vomi-Chef Lorenz im Auftrage Hitlers mit dem sudetendeutschen Führer Konrad Henlein die einzelnen Schachzüge gegen die CSR-Regierung absprach [145]. Dabei schaltete sich auch zum ersten Mal, unabhängig von und manchmal auch gegen Lorenz' Vomi, ein zweiter Machtträger der SS ein, der dem Auswärtigen Amt zu einem Alpdruck werden sollte: der Ausland-SD Reinhard Heydrichs. Er verfolgte ein Separatziel, den Sturz Henleins.

In SD-Gehirnen hatte sich die fixe Idee festgesetzt, der Sudetenführer Henlein sei ein Kompromißler und Weichling, der die Interessen des Führers nicht energisch genug vertrete. Der SD beobachtete mißtrauisch einige Führer der Sudetendeutschen Partei, die, wie Walter Brand, Wilhelm Sebekowski und Heinrich Rutha, Anhänger der katholischen Ständestaats-Theorie waren; sie setzten denn auch nicht auf Hitler-Deutschland, sondern sie erhofften sich von den Großmächten Hilfestellung für ein besseres Minderheitenstatut *innerhalb* der CSR [146]. Selbst Henlein meinte noch 1934: »Wir stehen nicht an zu erklären, daß uns ein grundsätzlicher Unterschied vom Nationalsozialismus trennt. Wir werden niemals auf die Freiheit des Individuums verzichten [147].« Nur eine kleine Gruppe extremer Nationalsozialisten plädierte für die Angliederung des Sudetenlandes an das Reich, und auf sie setzte Heydrich [148].

Ende 1937 war der SD-Chef entschlossen, Henlein durch eine Parteirevolte zu stürzen. Henlein kam jedoch dem SD zuvor und schloß dessen Verbündeten, einen Kreis von Politikern rund um die Zeitschrift »Der Aufbruch«, aus der Partei aus [149]. Im Frühsommer 1938 sah Heydrich eine neue Chance, an sein Ziel zu gelangen. Er hatte inzwischen mit Henleins parteiinternem Gegenspieler Karl Hermann Frank, einem Führer der verbotenen und mit Henleins Organisation verschmolzenen NS-Partei des Sudetenlands, Kontakt aufgenommen; Frank war nicht abgeneigt, sich an die Spitze der Partei zu setzen, und sei es mit Hilfe des SD [150].

Henlein muß die Gefahr gespürt haben; er befreite sich vom SD-Schatten durch eine Flucht nach vorn. Da er ohnedies glaubte, die Intransigenz der Prager Regierung und der Ausfall Österreichs ließen ihm keine andere Wahl als die Zusammenarbeit mit Deutschland, reiste er Ende Juli 1938 zu dem deutschen Turnfest nach Breslau und verständigte sich mit dem ebenfalls anwesenden Hitler [151]. Der Diktator verbot dem SD, weiterhin gegen Henlein zu intrigieren. Henlein war gerettet, freilich zu einem hohen Preis – der SS aber blieb nichts anderes übrig, als der Lage auf ihre verdrehte Art Rechnung zu tragen: Der frühere NS-Kritiker Henlein wurde zum SS-Gruppenführer ernannt [152].

Den Diplomaten des Auswärtigen Amtes aber hatte sich offenbart, wie tief die SS schon in das außenpolitische Reservat eingedrungen war. Die von Vomi-Lorenz erstrebte Ernennung zum Staatssekretär für deutsche Minderheitsfragen konnte AA-Chef von Ribbentrop noch verhindern [153], aber desto gebieterischer bemächtigte sich der SD diplomatischer Privilegien. Schon bei der nächsten außenpolitischen Krise sah sich das Auswärtige Amt vom Sicherheitsdienst völlig ausgepunktet. Der Diktator überließ es seinen treuen Geheimdienstlern, das neue Bubenstück in Szene zu setzen: die Zerschlagung der Rest-Tschechoslowakei im März 1939.

Hitler hatte sich einen raffinierten Plan ausgedacht. Die Führer der erzkonservativ-klerikalen Slowakischen Volkspartei sollten zum Abfall ihres Landes vom Prager Zentralstaat animiert, die Tschechen aber zugleich zum Niederschlagen des slowakischen Aufruhrs ermuntert werden – in dem dann entstehenden Eklat wollte Hitler als Schiedsrichter auftreten und beide Mächte unter seine Kontrolle bringen: die Rest-Tschechei als Reichsprotektorat Böhmen und Mähren, die Slowakei als formell unabhängigen Staat unter dem »Schutz« des Großdeutschen Reiches.

Anfang des Jahres reisten SS-Gruppenführer Wilhelm Keppler, sein Adlatus, der SS-Standartenführer Edmund Veesenmayer, und ein Kommando von SD-Agenten nach Preßburg und nahmen mit slowakischen Politikern Verbindung auf [154]. Die Geheimmissionare hatten von Hitler strikte Weisung, das Auswärtige Amt auf keinen Fall über den Zweck ihrer Reise zu informieren [155]. Der Keppler-Trupp kam zur rechten Zeit: Soeben hatte die Regierung in Prag, der ständigen Reibungen mit der halbautonomen slowakischen Landesregierung überdrüssig, die Slowaken zu einer Versöhnungskonferenz in die CSR-Metropole eingeladen. Die Herren aus Berlin wußten jedoch den slowakischen Ministerpräsidenten Josef Tiso zu bewegen, die Einladung aus Prag abzulehnen und sofort die slowakische Unabhängigkeit vorzubereiten [156].

Da störte einer der prominentesten slowakischen Politiker das deutsche Konzept: Dr. Karel Sidor, slowakischer Staatsminister in der Prager Zentralregierung und Oberkommandant der Hlinka-Garde, einer Art slowakischer SA, lehnte die von den Deutschen inspirierten Separationspläne ab. Sidors Nein ließ auch die anderen slowakischen Politiker schwankend werden. Die Deutschen verhandelten daraufhin mit Sidor, doch der Slowake blieb bei seiner Ablehnung [157]. In dieser Situation fiel dem SD ein, was ihm in solchen Lagen immer einzufallen pflegte: Er wurde wieder kriminell.

Der trouble-shooter des SD, Alfred Naujocks, wurde mit einem Sprengtrupp in die Slowakei beordert. Er sollte Attentate inszenieren, die so auszusehen hatten, als seien sie von slowakischen Nationalisten verübt worden [158]. Schon gingen die ersten Bomben in einer Preßburger Schokoladenfabrik hoch, schon ließ sich Prag von deutschen Zusagen düpieren, setzte die Regierung Tiso ab und erklärte den Ausnahmezustand in der Slowakei, da schnellte ein Möchtegern-Diplomat vor, der eigentlich im Programm nicht vorgesehen war [159].

Wiens Gauleiter Josef Bürckel, auch er SS-Gruppenführer, reiste zu Sidor, der inzwischen von Prag an Stelle des Separatisten Tiso zum slowakischen Ministerpräsidenten ernannt worden war, und versuchte ihn umzustimmen. Doch »diese eigenartigen Bemühungen des Gauleiters«, wie Keppler spitz urteilte, scheiterten [160].

In Berlin wurde Hitler nervös, denn jetzt begann eine Zeitbombe zu tikken: Der tschechoslowakische Staatspräsident Hacha hatte sich in böser Vorahnung des deutschen Doppelspiels für den 14. März zu einem Besuch bei Hitler angemeldet [161] und dadurch ungewollt den Diktator gezwungen, bis zum Abend des 13. März die slowakische Unabhängigkeitserklärung durchzusetzen – Vorbedingung der Kapitulation, die Hitler den Tschechen abverlangen wollte. Am 11. März fuhr Keppler noch einmal zu Tiso und bestürmte ihn, endlich der Trennung von Prag zuzustimmen. In der Nacht vom 12. zum 13. März gab Tiso nach [162]. Kaum hatte er sein Jawort gegeben, da erreichte ihn bereits die Einladung Hitlers, nach Berlin zu kommen. Stunden später stand er vor Hitler, rechtzeitig genug, um dem Herrn Mitteleuropas vor dem Eintreffen Hachas die Slowakei zu Füßen zu legen [163].

Zum ersten Mal hatte sich der SD als der Vollstrecker von Hitlers außenpolitischem Willen bewährt. Der Führer ignorierte denn auch die Schmähbriefe des Gauleiters Bürckel, der von Wien aus zeterte, der SD habe sich in der Slowakei als ein rechter Stümper erwiesen; hätte man ihm, Josef Bürckel, mehr Zeit bei den Sidor-Verhandlungen gelassen, so wäre alles glatter abgerollt. Die Schutzstaffel blieb sich auch darin treu: Dem slowakischen Sieg folgten die Schimpfereien zwischen den SS-Führern, die sich nicht einigen konnten, wer nun eigentlich gesiegt habe. SS-Gruppenführer Bürckel überschüttete Hitler, Göring und von Ribbentrop mit Memoranden über die vermeintliche Unfähigkeit des SS-Gruppenführers Keppler, und der SS-Gruppenführer Keppler warf dem SS-Gruppenführer Bürckel vor, er hätte dem Reich beinahe einen unermeßlichen Schaden zugefügt. »Ich darf wohl Dein Einverständnis darin annehmen«, erregte sich Keppler in einem Brief an Himmler, »daß ich bei Weiterverfolgung obigen Tatbestandes ebenso wenig auf die SS-Angehörigkeit Bürckels Rücksicht nehmen muß, wie er dies mir gegenüber getan hat; denn es erscheint mir wahrscheinlich, daß ich mich der groben Verdächtigungen ... erwehren muß [164].«

Der Diktator schenkte seinem SD unbegrenztes Vertrauen. Da nahm es dann nicht wunder, daß er dem Sicherheitsdienst auch die »Ehre« zuteil werden ließ, die Brandfackel des Zweiten Weltkriegs zu entzünden. Das Unternehmen an der deutsch-polnischen Grenze war nur ein Teil der großen Kriegsprovokation des SD; zugleich setzten sich 12 SD-Kommandos nach Polen mit dem Auftrag ab, Ende August 200 Einzelaktionen zu führen, die man polnischen Extremisten anlasten wollte [165].

Immer weiter schob sich der SD in der Außenpolitik vor. In Hitlers Führerhauptquartier traten die SD-Berichte an die Stelle der diplomatischen Exposés des Auswärtigen Amtes; Hitler traf oft, jammerte von Ribbentrop später, »auf Grund falscher [SD-]Informationen spontane Entscheidungen, ohne mich zu unterrichten« [166]. Es gab kaum noch ein Gebiet der Außenpolitik, auf dem Ribbentrop allein gebieten konnte. Wie Himmler schon im Januar 1939 ohne jede Befragung des Auswärtigen Amtes Japans Berliner Botschafter General Oshima geholfen hatte, zehn Exilrussen mit Bomben zur Ermordung Stalins in die Sowjetunion zu entsenden [167], so trieb der SD auch im Krieg eine Sonderpolitik. SD-Beauftragte versuchten auf eigene Faust und gegen den Widerstand des Auswärtigen Amtes Argentiniens Staatspräsidenten Castillo zu einem Anti-USA-Bündnis mit dem Dritten Reich zu charmieren [168], in Spanien den kriegsunwilligen Caudillo Franco durch einen NS-freundlicheren Falangistenführer zu stürzen [169] und in Rumänien die faschistische Eiserne Garde an die Macht zu bringen [170].

Noch bedenklicher für das Eigenleben der deutschen Diplomatie war, daß Ribbentrop in der Hektik der ersten Kriegstage einer Novität des Reichssicherheitshauptamtes (RSHA) zugestimmt hatte, die das AA nicht mehr froh werden ließ: dem Einbau sogenannter Polizeiattachés in die diplomatischen Vertretungen.

Am 26. Oktober 1939 erklärte sich Ribbentrop damit einverstanden, daß sich der SD zur Tarnung seiner Arbeit im Ausland der deutschen Botschaften und Gesandtschaften bedienen dürfe; der Chef des SD-eigenen Nachrichtennetzes in dem jeweiligen Land sollte diplomatischen Status erhalten und sich Polizeiattaché nennen. Der SD versprach dafür, sich nicht in außenpolitische Fragen einzumischen [171]. Die Polizeiattachés aber begannen, die Politik ihrer Missionschefs zu bemäkeln und das diplomatische Personal zu bespitzeln. Das AA konnte dem nicht entgegenarbeiten, denn Ribbentrop, damals noch auf engste Zusammenarbeit mit der SS bedacht, hatte Himmler und Heydrich das Recht zugestanden, Agenten des SD »unmittelbar« – und das hieß: ohne vorherige Befragung des Auswärtigen Amts – einzusetzen und an das RSHA berichten zu lassen. Diese SD-Berichte enthielten oft heftigste Anklagen gegen deutsche Diplomaten. »Als Beispiel hierfür sei nur angeführt«, schrieb Ribbentrop in seinen Memoiren, »daß ich auf Grund von Geheimberichten des SD, die unmittelbar an den Führer gelangten, plötzlich einen Befehl erhielt, der die sofortige Abberufung von drei Missionschefs in Spanien, Portugal und Schweden verlangte [172].«

Doch Joachim von Ribbentrop war nicht der Mann, solche Einbrüche in seine Reservate zu dulden. Er verbarrikadierte sich hinter seinen Befugnissen und eröffnete einen zähen Kleinkrieg gegen den einstigen Kameraden Himmler. In kurzer Zeit wurde der AA-Chef zu einem gefürchteten Virtuosen nationalsozialistischer Kompetenzstrategie.

Ribbentrop nutzte listig einen Führerbefehl zur Einleitung seiner Gegenoffensive. Hitler hatte am 3. September 1939 verfügt, »für die Dauer des Krieges« seien »sämtliche im Ausland befindlichen Vertreter der Zivilbehörden oder der Parteidienststellen ... dem deutschen Missionschef in dem betreffenden Ausland unterstellt«. Hitler: »Die Berichterstattung der genannten Vertreter oder Beauftragten erfolgt über den Missionschef an das Auswärtige Amt [173].« Der AA-Chef wollte den Hitler-Ukas dazu benutzen, die SD-Agenten im Ausland unter AA-Kontrolle zu bringen. Doch von Ribbentrop mußte vorsichtig taktieren; solange der SD im Auftrage Hitlers wirksam wurde und sich streng an die Befehle Hitlers hielt, hatte das Auswärtige Amt keine Chance, ein Mindestmaß an Aufsicht über die Auslandsarbeit des SD zurückzugewinnen. Ribbentrop mußte warten, bis dem SD ein Fehler unterlief, der auch im Führerhauptquartier das Prestige des Sicherheitsdienstes erschütterte. Ribbentrop wartete.

Schon kurz nach dem Polizeiattaché-Abkommen vom 25. Oktober 1939 hatte ein Ereignis illustriert, wie unratsam es im Augenblick noch war, vor Hitler die SD-Praktiken zu kritisieren. Ribbentrop waren Bedenken gekommen, als er gehört hatte, der SD plane an der deutsch-niederländischen Grenze eines der größten Kidnapping-Unternehmen in der Geschichte der Geheimdienste.

Mitte Oktober 1939 hatte SD-Führer Walter Schellenberg von Heydrich den Auftrag erhalten, in dem damals noch neutralen Holland mit dem vielbeneideten Intelligence Service des britischen Kriegsgegners ein Geheimdienstspiel zu beginnen, von dem sich der SD-Chef mancherlei erhoffte: Einblick in die Methoden des britischen Nachrichtendienstes, in die Zusammenarbeit zwischen den Geheimdiensten Hollands und Englands und in die Kontakte des Auslands zur innerdeutschen Opposition [174]. Ein deutscher Emigrant in Holland namens Dr. Franz, als SD-Agent unter der Kennziffer F 479 geführt, erfreute sich guter Beziehungen zu dem Briten-Geheimdienst. Er verkehrte mit Captain S. Payne Best, dem Beauftragten des Intelligence Service in den Niederlanden; der Captain interessierte sich besonders für die Hitler-Opposition in den Reihen der deutschen Generale. F 479 versprach dem Briten, Material zu liefern [175].

Der Ausland-SD, Amt VI des Reichssicherheitshauptamtes, versorgte via Franz den Briten mit sorgfältig präpariertem Spielmaterial. Im RSHA urteilte man, es würde sich vielleicht lohnen, den Spionage-Captain genauer auszuhorchen. Für diese Mission kannte Heydrich keinen besseren Mann als seinen Intimus Schellenberg. Der verwandelte sich flugs in einen Hauptmann Schemmel von der Transportabteilung des OKW, Träger eines Monokels und wichtiger Geheimnisse der innerdeutschen Opposition [176]. F 479 vermittelte die Verbindung, und am 21. Oktober saß der Monokelträger Schemmel in den Niederlanden dem Monokelträger Best gegenüber [177].

Der Brite steuerte in seinem Buick den Schellenberg-Schemmel ins niederländische Arnheim, wo zwei weitere Herren aus dem Spionagegewerbe warteten: der britische Geheimdienst-Major Stevens und ein holländischer Generalstabsoffizier, der sich Copper nannte und in Wirklichkeit Klop hieß [178]. Die drei Fremden waren an den Offenbarungen ihres neuen deutschen Freundes überaus interessiert. Der Deutsche gab sich als Vertrauensmann eines Generals aus, der mit anderen Militärs einen Staatsstreich gegen Hitler plane [179].

Man verabredete sich zu einem neuen Gespräch am 30. Oktober, und wieder fuhr Schellenberg in die Niederlande [180]. Zwar hatte Copper-Klop eine kleine als Irrtum getarnte Verhaftung Schellenbergs arrangiert, um die Papiere des Deutschen ungestört durchsehen zu können, aber die Briten vertrauten dem SS-Mann [181]. Sie gaben ihm sogar ein Funkgerät für eilige Nachrichten mit, Rufzeichen: ON 4 [182].

Die beiden Briten hatten sich inzwischen als so veritable Geheimnisträger entpuppt, daß Heydrich die Idee kam, Best und Stevens über die niederländische Grenze nach Deutschland zu entführen [183]. Und dies war nun just der Augenblick, da Joachim von Ribbentrop vor seinem Führer Bedenken gegen die Methoden des SD erhob. Indes, der Augenblick war schlecht gewählt; Adolf Hitler fühlte sich nicht in der Stimmung, seinen SD kritisieren zu lassen. Er verteidigte Heydrichs Männer so übelgelaunt, daß Ribbentrop einen seiner berüchtigten Purzelbäume schoß. Der Außenminister stammelte: »Ja, mein Führer, das ist auch schon von vornherein meine Meinung gewesen. Aber diese Bürokraten und Juristen im Auswärtigen Amt sind ja so schwerfällig[184].«

Ribbentrop konnte sich noch rechtzeitig von der falsch angelegten Attacke zurückziehen, ehe das Geheimdienstspiel Schellenbergs ins Irrationale abrutschte. Denn: Das Attentat eines einsamen Schreiners stempelte die beiden Geheimdienstler Stevens und Best zu Figuren eines Traumas, das Hitler nicht mehr aus seinem Bann entließ.

Am Abend des 8. November 1939 stoppte Nürnbergs Polizeipräsident Martin den soeben aus München heranfahrenden Führerzug mit Hitler und Himmler. Martin kletterte an Bord und meldete: Wenige Minuten nach Beendigung der traditionellen Bürgerbräu-Rede des Führers in München sei an der Versammlungsstätte der Alten Kämpfer ein Attentat verübt worden; die Decke des Saals sei eingestürzt, zehn bis zwölf Parteigenossen vermutlich tot, der Täter noch unbekannt[185]. Hitler schoß es sofort in den Kopf: Das war die Tat des britischen Geheimdienstes, dahinter stecken Stevens und Best! Himmler verstand. Er eilte ans Telefon und alarmierte das Reichssicherheitshauptamt. Dann ließ er sich mit einer Telefonnummer in Düsseldorf verbinden.

Kurz darauf klingelte es in Schellenbergs Nachtquartier. Der SD-Mann hörte Himmlers aufgeregte Stimme: »Heute abend nach Abschluß der Ansprache im Bürgerbräukeller in München ist ein Attentat auf den Führer verübt worden. Der Führer hatte jedoch den Saal einige Minuten zuvor verlassen. Es handelt sich hier bestimmt um einen Anschlag des englischen Secret Service[186].« Dann gab Himmler den Befehl Hitlers durch: Sofort Stevens und Best verhaften und ins Reich bringen. Schellenberg gehorchte. Auf das Unternehmen war er seit Tagen vorbereitet: SD-Naujocks stand mit einem Überfallkommando bereit, Schellenberg hatte sich mit den beiden Briten für den Nachmittag des nächsten Tages in dem niederländischen Grenzort Venlo verabredet[187].

Es war 15 Uhr, als sich der SD-Mann am 9. November in einem der grenznächsten Cafés von Venlo niederließ. Die Minuten rannen träge dahin, lähmend, entnervend. Schellenberg sah aus dem Fenster und beobachtete die Straße – der Schlag mußte kommen, noch ehe die Briten das Café betreten hatten. Da sah Schellenberg, daß Bests Buick heranfuhr. Der SS-Mann ging mit gutgespielter Gemächlichkeit auf die Straße, um die Ankömmlinge zu begrüßen. Best und Stevens kamen näher[188].

In diesem Augenblick fuhr ein offener SS-Wagen heran, durchbrach die Grenzsperre und hielt vor den beiden Briten. Einige Maschinenpistolen feuerten, die Briten rissen ihre Pistolen heraus. Naujocks sprang mit seinen Männern aus dem Wagen und überrumpelte die Briten; deren holländischer Begleiter Klop war schwer angeschossen, aber auch er wurde mitgenommen. Derweil hastete Schellenberg zu seinem hinter dem Kaffeehaus abgestellten Wagen – in wenigen Minuten hatte sich alles abgespielt: Der Streich war gelungen[189].

Am nächsten Tag lief die deutsche Propagandamaschine an. Die Deutschen erfuhren, daß es den Sicherheitsorganen des Reiches gelungen sei, die Drahtzieher des abscheulichen Attentats auf den Führer zu verhaften. SS-Oberführer Walter Schellenberg durfte aus der Hand des Führers das Eiserne Kreuz Erster Klasse für seine Bravourtat wider das Völkerrecht entgegennehmen, der Diktator lud ihn sogar zusammen mit der SS-Prominenz zum Abendessen in der Reichskanzlei ein [190]. An der Abendtafel bereitete freilich der vorlaute Benjamin der SS-Führung dem Hausherrn eine arge Enttäuschung. Er meinte, das Attentat auf den Führer sei niemals ein Werk des britischen Geheimdienstes gewesen, ganz sicher nicht der beiden Gefangenen Stevens und Best; seines Erachtens habe nur einer das Attentat auf dem Gewissen, eben der Täter – Georg Elser [191].

Himmler dämpfte sofort: »Mein Führer, das ist nur seine [Schellenbergs] Auffassung [192].« In Wahrheit war es die einheitliche Meinung des Reichssicherheitshauptamtes. Schellenberg hatte zuvor die Akten des Reichskriminalpolizeiamtes studiert, und die ließen nur einen Schluß zu: Elser war der Alleintäter [193]. Kripo-Chef Nebe war noch in der Nacht zum 9. November mit der Sonderkommission »Attentat« (Mitglieder: Heydrich, Gestapo-Müller, Nebe-Stellvertreter Lobbes und Sprengstoffexperten) vom Flugplatz Döberitz aufgebrochen, um die Spuren im Münchner Bürgerbräukeller zu sichern [194]. Nebe fand allerdings nicht viel mehr, als die Kripo-Leitstelle München bereits registriert hatte.

Aus Beweisstücken und Indizien ging hervor: Die Tat war von langer Hand vorbereitet worden. Der Täter hatte eine Höllenmaschine verwendet, deren Explosionsladung nicht schwerer als zehn Kilo wog. Die Sprengladung hatte in einem holzgetäfelten Stahlbetonpfeiler des Bürgerbräu-Saals gesteckt. Und schon hockte der Mann vor den Verhörscheinwerfern der Gestapo, der das Attentat arrangiert hatte und noch am Abend des 8. November bei einem illegalen Grenzübertritt in die Schweiz verhaftet worden war: Georg Elser, Schreinerlehrling und Uhrmacher aus Königsbronn, 36 Jahre alt, Arbeiter aus Passion und Prinzip, einer der Stillen im Lande, denen Hitlers Krieg nicht paßte [195].

Er beschrieb, wie er es gemacht hatte: »Ich habe die Holztäfelung der Säule mit einer Stichsäge herausgesägt, habe Scharniere daran befestigt und den Ausschnitt als Türchen wieder eingesetzt. Ich habe später die erwähnte Tür in der Holzverschalung innen mit zwei Millimeter starkem Eisenblech ausgeschlagen. Das Blech diente verschiedenen Zwecken. Erstens sollte es verhindern, daß man bei einem eventuellen Abklopfen des Pfeilers den Hohlraum entdeckte, zweitens wollte ich vermeiden, daß durch einen bei der Dekoration des Saales vielleicht zufällig eingeschlagenen Nagel meine dahinter stehenden Uhrwerke beschädigt werden könnten.« Dann hatte er seine mit Uhren gekoppelte Dynamitladung geholt. Elser: »Am Abend des 5. November ging ich zwischen 21 und 22 Uhr mit den verpackten Uhrwerken zum Bürgerbräu. Ich ging auf die Galerie ..., versteckte mich hinter einem Pfeiler. Dort wartete ich, bis das Licht gelöscht und der Saal abgeschlossen wurde.« Und: »Ich wartete zur Sicherheit noch eine halbe Stunde.

Dann begab ich mich mit den Uhren an die Säule, öffnete das Türchen und stellte fest, daß die Uhrwerke in den Vorraum der Sprengkammer paßten. Am Schluß stellte ich die beiden Uhren richtig [196].«

So einfach war das gewesen. Doch der Führer des Großdeutschen Reiches wünschte keine einfache Wahrheit, für ihn war alles eine riesige Verschwörung des britischen Geheimdienstes, ein weitverzweigtes Intrigennetz, an dem alle mitgewirkt hatten, denen er Todfeindschaft geschworen hatte: die Juden, die Briten, die Freimaurer und nicht zuletzt Otto Strasser. Heinrich Himmler geriet ins Schwitzen. Wo waren die Hintermänner? Als Arthur Nebe keine finden konnte, wurde er abgelöst und nach Berlin zurückgerufen [197]. Himmler flehte fast weinerlich: »Schellenberg, wir müssen die Hintermänner finden. Hitler glaubt einfach nicht daran, daß Elser das Attentat allein verübt hat [198].« Und auf das Protokoll der ersten Elser-Vernehmung mit der Alleintäter-Version schrieb der empörte Reichsführer: »Welcher Idiot hat diese Vernehmung geführt?« [199]

Mit der verzweifelten Wut des panikgetriebenen Untergebenen fuhr Himmler zu dem Häftling Elser und stürzte sich auf den Attentäter, kaum noch seiner Sinne mächtig. Der Oberregierungsrat Dr. Böhme, Leiter der Kripo-Leitstelle München, beobachtete die Szene im Wittelsbacher Palais, dem Sitz der Gestapo-Leitstelle. »Unter wüsten Beschimpfungen trat Himmler den gefesselten Elser schwer mit den Stiefeln in den Leib«, berichtet Böhme, »dann ließ er ihn von einem mir unbekannten Gestapo-Beamten in den angrenzenden Waschraum des Zimmers des Leiters der Gestapoleitstelle München zerren, wo er von diesem mit einer Peitsche oder ähnlichem Instrument traktiert wurde, so daß er vor Schmerzen aufbrüllte, dann wurde er wieder im Geschwindschritt vor Himmler gebracht, der ihn abermals trat und beschimpfte [200].«

Georg Elser blieb bei seiner Geschichte. Himmler befahl einen neuen Oberfahnder nach München, den Wiener Gestapo-Chef und Kriminalrat Franz Josef Huber. Der fand auch keine Hintermänner. Huber rief Müller in Berlin an und machte ihn mit seinen Feststellungen bekannt, doch der Chef der Gestapo war entsetzt: »Um Gottes willen, wie kann man nur solche Gedanken haben!« [201] Einer nach dem anderen erkannte, daß Elser ein Alleintäter war, selbst Heydrich beugte sich der Wahrheit [202]. Nur Himmler jagte weiterhin nach den nebulösen Hintermännern. »Mit einem Mann ist uns noch nicht gedient«, schrieb der Chef von Himmlers Persönlichem Stab, SS-Gruppenführer Karl Wolff, am 4. Dezember an den SS-Oberführer Zimmann [203], aber es blieb bei dem einen Täter.

Heinrich Himmler mußte sich schließlich dem Vorwurf aussetzen, den er aus dem Munde Hitlers am ärgsten fürchtete: dem Vorwurf, versagt zu haben. Hitler konnte dem Reichsführer-SS nie vergessen, daß er ihm die »wahren« Täter des 8. November 1939 vorenthalten hatte – Grund genug für Himmler, den Alleintäter Elser als den kostbarsten Zeugen polizeilicher Tüchtigkeit zu hüten, den Mann, der als einziger bestätigen konnte, daß Himmlers Funktionäre nicht versagt hatten.

Für den Himmler-Rivalen von Ribbentrop aber enthielt die Affäre Elser eine recht ermutigende Lehre: Die Macht des Himmler-Apparates war nur solange unumstritten, als er die Befehle und Wünsche Hitlers blindlings befolgte; wich er aber auch nur um Haaresbreite vom Kurs des Diktators ab, war er jeder Kritik ausgesetzt. Der Außenminister wartete geduldig auf den Moment, da er seinem Führer beweisen konnte, daß auch der SD kein unbedingt zuverlässiges Werkzeug des Führerwillens sei. Der Moment kam ein Jahr nach dem Hitler-Attentat. Der SD zeigte sich so ungehorsam, daß Hitler wütend schrie, die »Schwarze Pest« werde er »ausradieren«, wenn sie nicht pariere [204].

Gegenstand des Diktatorenzorns war ein Aufstandsversuch der SD-ermunterten Eisernen Garde in Rumänien, die Hitlers Verbündeten, den ultrakonservativen Ministerpräsidenten General Jon Antonescu, stürzen wollte. Die deutsche Rumänien-Politik spiegelte besonders grotesk die Gegensätze zwischen Auswärtigem Amt und Sicherheitsdienst wider. Der SD unterstützte schon seit Jahren die Eiserne Garde, eine nationalrevolutionäre Partei faschistischer Observanz, in der die Sendboten Heydrichs und Himmlers eine Verwandte der NSDAP sahen [205]. Dem Machtantritt der Garde aber kam im September 1940 der General Antonescu zuvor, ein Offizier in der Tradition der balkanischen Caudillos, der den Faschismus ebenso ablehnte wie die Demokratie.

Antonescu hatte Grund, den Deutschen dankbar zu sein; im Juli 1940 war er von König Carol verhaftet und erst durch eine Demarche deutscher Diplomaten wieder entlassen worden [206]. Da die Eiserne Garde zudem über keine profilierten Köpfe verfügte, setzte das Berliner AA auf Antonescu als den künftigen Diktator des Landes [207]. Die Entscheidung fiel Hitler leicht, da sich Antonescu zunächst mit der Eisernen Garde verbündete und mit ihr gemeinsam Rumänien regierte. Doch das Bündnis zwischen den Reaktionären und den Revolutionären zerbrach schnell, schon ein paar Monate später rüstete sich der Garde-Chef Horia Sima zum Aufstand gegen Antonescu – nicht zuletzt im Vertrauen auf die von seinen SD-Beratern versprochene Hilfe Deutschlands.

Am 21. Januar 1941 schlug die Garde in Bukarest los. Fast alle wichtigen Plätze und Gebäude der Hauptstadt fielen in ihre Hände, nur der Amtssitz des Ministerpräsidenten war noch in Antonescus Hand [208]. Antonescus Lage war verzweifelt: Jetzt konnte nur noch Hitler helfen. Am 22. Januar ließ der General über die deutsche Gesandtschaft bei Hitler anfragen, ob er noch dessen Vertrauen genieße. Ribbentrops Blitzantwort: Ja, Antonescu solle handeln, wie er es für richtig halte; der Führer lasse ihm raten, die Legionäre zu behandeln, wie er, Adolf Hitler, einst mit den Röhm-Putschisten umgegangen sei [209].

Antonescu schlug zurück und konnte den Aufstand liquidieren. Der General verfolgte seine Gegner rücksichtslos. Da griff plötzlich der SD ein. Er brachte die führenden Männer der Eisernen Garde, unter ihnen deren Chef Horia Sima und 14 Kommandanten, in Sicherheit; Sima wurde im Hause des deutschen Volksgruppenführers Andreas Schmidt versteckt[210]. Erst als die rumänische Polizei die Suche nach den Geflohenen aufgegeben hatte, schmuggelte der SD die Rebellen aus dem Lande hinaus. Sie wurden in deutsche Uniformen gesteckt und mit Krankentransporten in das Reich gebracht[211].

Kaum aber hatte Ribbentrop von den rumänischen Extratouren des SD erfahren, da entfachte er den Zorn Hitlers gegen den Sicherheitsdienst. Ribbentrop sah eine gigantische SS-Verschwörung gegen die offizielle Außenpolitik des Reiches: Der SD-Chef in Rumänien hatte Horia Sima zum Putsch ermuntert, Vomi-Chef und SS-Obergruppenführer Lorenz den Andreas Schmidt als Volksgruppen-Chef eingesetzt, dieser wiederum Sima versteckt. Mithin war die ganze SS-Führung in das Komplott verstrickt, reichten doch Schmidts Fäden bis in die nächste Umgebung Himmlers, bis zu dem Chef des SS-Hauptamtes, Gruppenführer Gottlob Berger, den Schwiegervater des Volksgruppen-Chefs Schmidt[212].

Ribbentrop setzte einen neuen Gesandten nach Bukarest in Marsch, der – mit höchsten Vollmachten ausgestattet – den zur Gesandtschaft gehörenden SD-Führer Rumänien absetzte und ins Reich zurückbefahl. Dort wartete bereits eine Verhaftungsorder auf den SD-Mann, der monatelang in Gestapo-Haft blieb[213]. Das Prestige des SD war so ramponiert, daß Ribbentrop nun endlich wagen konnte, die gefürchteten Polizeiattachés zu disziplinieren. Im April und Juni 1941 schrieb er an RSHA-Chef Heydrich drei Briefe, die sämtlich auf die Forderung hinausliefen, die fortgesetzten Übergriffe des SD auf außenpolitischem Gebiet erheischten ein neues Arbeitsverhältnis zwischen den beiden Ämtern[214].

Der Reichsaußenminister kündigte die Vereinbarung vom 26. Oktober 1939. Er berief sich auf die Hitler-Verfügung, durch die alle Aktionen deutscher Behörden im Ausland dem jeweiligen Missionschef unterstellt worden waren, und verlangte, auch der Polizeiattaché habe seinen dienstlichen Verkehr nur über den Missionschef abzuwickeln[215]. Himmler gab nach: Am 9. August 1941 vereinbarte er mit Ribbentrop einen neuen Vertrag, der vorsah, der gesamte Schriftwechsel zwischen Polizeiattaché und RSHA sei von dem Missionschef einzusehen, außerdem habe sich der SD von allen Einmischungen in die inneren Angelegenheiten des jeweiligen Landes fernzuhalten[216].

Wie ernst auch immer der SD solche Vereinbarungen nehmen mochte – der kompetenzfreudige Außenminister hatte plötzlich Auftrieb bekommen, seine Belange gegenüber der SS energischer zu verteidigen. Er ließ sich keine Gelegenheit entgehen, den Reichsführer-SS immer wieder an die außenpolitischen Prärogativen des Ministers von Ribbentrop zu erinnern.

Als sich Himmler einmal von Italiens Außenminister zu einer Reise einladen ließ, ermahnte ihn der AA-Chef, »daß Anträge auf Genehmigung von Auslandsreisen führender Persönlichkeiten des Staates und der Partei rechtzeitig in schriftlicher Form dem Auswärtigen Amt zu übermitteln sind«. Erst wenn Himmler ihm, dem Außenminister, den genauen Zweck seiner

Italienreise angeben könne, werde der Chef des AA entscheiden, ob er dem Führer diese Reise empfehlen könne. Und wieder die Ermahnung: »Wenn Du von der Auffassung ausgehen solltest, daß aus den Dir im Rahmen des Reiches zustehenden Funktionen besondere Befugnisse dieser oder jener Art auch zu Aktionen im Ausland herzuleiten seien, so ... steht allerdings [für mich] von vornherein fest, daß ich meinerseits die Inanspruchnahme derartiger Befugnisse gegenüber dem Ausland, die die Außenpolitik des Reiches berühren, unter keinen Umständen anerkennen könnte [217].«

Er legte auch einen Sperriegel, der die außenpolitische Unternehmungslust der SS in Südosteuropa hemmen sollte, wo die Schutzstaffel weitreichende Beziehungen unterhielt. Der Außenminister liierte sich mit einer Macht, an der schon einmal der außenpolitische Ehrgeiz Himmlers zerschellt war: der SA. Von Ribbentrop besetzte im Sommer 1941 sämtliche Botschafter- und Gesandtenposten auf dem Balkan mit SA-Führern, die nicht zufälligerweise Überlebende des 30. Juni 1934 waren: Niedersachsens SA-Obergruppenführer Siegfried Kasche wurde Gesandter in Agram, Berlins SA-Obergruppenführer Dietrich von Jagow Gesandter in Budapest, Mitteldeutschlands SA-Obergruppenführer Manfred Freiherr von Killinger Gesandter in Bukarest, Schwabens SA-Gruppenführer Hanns Ludin Gesandter in Preßburg und Hessens SA-Obergruppenführer Adolf-Heinz Beckerle Gesandter in Sofia [218]. Sie alle hatten nicht verwunden, daß sie einmal dem Tod aus SS-Hand ganz nahe gewesen waren.

Joachim von Ribbentrop zog eine Grenze, die Himmler nicht mehr überschreiten sollte. Dem SS-Gruppenführer Werner Best, der in die Dienste des Auswärtigen Amtes trat, bedeutete der Minister, von nun an dürfe Best nur noch sein, von Ribbentrops, Mann sein, nicht aber derjenige Himmlers [219]. Doch den Reichsführer-SS konnten die Nadelstiche des einstigen Kameraden nicht mehr treffen. Er hatte längst erkannt, daß Außenpolitik desto weniger zählte, je schneller die Kriegsjahre voranschritten. Der Sektor autonomer Außenpolitik wurde immer kleiner, die Welt der neutralen und unabhängigen Staaten schrumpfte zusammen. An die Stelle der Außenpolitik rückte jetzt die Besatzungspolitik. Im Westen und vor allem in den riesigen Weiten des Ostens eröffnete sich ein neues Tätigkeitsfeld. Dort erblickte das Seherauge des Phantasten Himmler eine neue Welt: die Welt des deutschen Herrenmenschen.

12 Die Volkstumspolitik im Osten

Heinrich Himmler ließ keine Vorsichtsmaßregeln außer acht, das Geheimdokument an einem sicheren Ort zu verwahren. Kein Unberufener sollte es lesen, kaum einer der höchsten Funktionäre des Dritten Reiches seinen Inhalt kennen. Denn auf seinen sechs Seiten hatten sich die verborgensten Tagträume des SS-Chefs niedergeschlagen, Fieberphantasien, die Millionen von Menschen zum Verhängnis werden sollten.

»Der Führer«, notierte sich Himmler am 28. Mai 1940 über die geheime Denkschrift, »gab die Anweisung, daß sie nur in ganz wenig Exemplaren vorhanden sein dürfe, nicht vervielfältigt werden dürfe und ganz geheim zu behandeln sei.« Nur wenige NS-Potentaten wurden in das Geheimdokument eingeweiht, neben einigen Gauleitern, zwei Reichsministern und dem Generalgouverneur in Polen lediglich die Höheren SS- und Polizeiführer im Osten sowie die Chefs der SS-Hauptämter. SS-Führer mußten jeweils ein Exemplar des Geheimdokuments den Hauptamt-Chefs überbringen und so lange warten, bis die Chefs den Text gelesen und dies dem Überbringer schriftlich bezeugt hatten [1].

Was der Reichsführer-SS selbst den gläubigsten Augen der meisten Nationalsozialisten vorenthielt, waren »einige Gedanken über die Behandlung der Fremdvölkischen im Osten«, die er unter diesem Titel im Mai 1940 zu Papier und Hitler zur Kenntnis gebracht hatte [2]. Himmler formulierte darin in der ihm eigenen dürren Bürokratensprache die Zerstörung der Ostvölker zugunsten des deutschen Herrenmenschen.

Oberstes Ziel der deutschen Ostpolitik, forderte der Denkschriften-Autor, müsse sein, das ehemalige Polen mit seinen zahlreichen Völkerschaften (Polen, Ukrainer, Weißrussen, Juden, Goralen, Lemken, Kaschuben) »in möglichst viele Teile und Splitter zu zergliedern«, die »rassisch Wertvollen aus diesem Brei herauszufischen« und allmählich den Rest verkümmern zu lassen. Himmler: »Die Bevölkerung des Generalgouvernements setzt sich dann zwangsläufig nach einer konsequenten Durchführung dieser Maßnahmen im Laufe der nächsten zehn Jahre aus einer verbleibenden minderwertigen Bevölkerung zusammen. Diese Bevölkerung wird als führerloses Arbeitsvolk zur Verfügung stehen und Deutschland jährlich Wanderarbeiter und Arbeiter für besondere Arbeitsvorkommen stellen [3].« Zug um Zug seien die Völkerschaften des Ostens zurückzudrängen: Die Juden müsse man mittels »einer großen Auswanderung nach Afrika oder sonst in eine Kolonie völlig auslöschen«, und es werde auch möglich sein, »in unserem Gebiet die Volksbegriffe der Ukrainer, Goralen und Lemken verschwinden zu lassen. Dasselbe ... gilt in dem entsprechend größeren Rahmen für die Polen [4].«

Wie aber zerstört man ein Volkstum? Durch Beseitigung seiner Führungsschicht und »Siebung« seiner Jugend. Da gibt es wiederum zwei Methoden: Die »rassisch wertvollen« Kinder werden ins Reich entführt und eingedeutscht, die restliche Jugend hingegen wird systematisch verdummt. »Für die nichtdeutsche Bevölkerung des Ostens«, schrieb Himmler, »darf es keine höhere Schule geben als die vierklassige Volksschule. Das Ziel dieser Volksschule hat lediglich zu sein: Einfaches Rechnen bis höchstens 500, Schreiben des Namens, eine Lehre, daß es ein göttliches Gebot ist, den Deutschen gehorsam zu sein und ehrlich, fleißig und brav zu sein. Lesen halte ich nicht für erforderlich[5].«

Plumper konnte man den Eroberungswillen des nationalsozialistischen Deutschlands nicht ausdrücken, eine extremere Fortsetzung des alten deutschen Dranges nach Osten ließ sich nicht denken. Und dennoch verbarg sich hinter Himmlers Sätzen noch mehr. In der Denkschrift manifestierte sich der Anspruch der SS-Führung, die deutsche Ostpolitik zu kontrollieren, spiegelte sich jene herrische Forderung wider, die der SS-Gruppenführer Otto Hofmann vom Rasse- und Siedlungshauptamt in die schlichte Feststellung kleidete: »Der Osten gehört der Schutzstaffel[6].«

Tatsächlich hatte das anfängliche Kriegsglück Hitler-Deutschlands der SS im Osten eine Schlüsselstellung zugespielt, die Himmler als den wahren Herrn der deutschen Ostgebiete erscheinen ließ. Zum ersten Mal sah der SS-Chef einen alten Traum der Verwirklichung greifbar nahe: seinem neuen deutschen Ritterorden, der SS, ein neues Ordens-Preußen zu erkämpfen, den festgefügten Ordensstaat; er sollte Damm gegen die heranwogenden Fluten des Slawentums und Garant fruchtbarer Siedlungsräume für das deutsche Bauernvolk sein.

Seit Heinrich Himmler denken konnte, hatte er sich just auf diese Aufgabe vorbereitet. Nichts erschien seiner innersten Natur gemäßer als die heilige Mission, die Deutschen in den Osten zu führen und sie wieder in ein Bauernvolk zurückzuverwandeln. »Sie begreifen gar nicht, wie glücklich ich bin«, rief er eines Tages verzückt seinem Leibarzt Felix Kersten zu, als er von einer Besprechung im Führerhauptquartier zurückkehrte. »Der Führer hat mich nicht nur angehört, er hat das, was ich ihm vorgetragen habe, auch gebilligt. Es ist der glücklichste Tag meines Lebens.« Und was hatte er, der Glückstrahlende, seinem Führer vorgetragen? Das Projekt, im Osten ein System SS-eigener Wehrbauernsiedlungen anzulegen. Himmler: »Das deutsche Volk war ein Bauernvolk und muß es in seiner Grundsubstanz wieder werden. Der Osten soll dazu dienen, diese bäuerliche Seite des deutschen Volkes zu stärken, er soll der ewige Jungborn für das deutsche Blut werden, aus dem es sich ständig erneuern kann[7].«

Von Jugend auf sah er sich in dieser Rolle des großen germanischen Bauernführers. In seiner bizarren Vorstellungswelt verdichteten sich das romantische Geschichtsbild mittelalterlicher Ostbesiedlung und die biologische Furcht vor dunkelhaarigen Rundköpfen zu der Wahnidee, Deutschlands Heil liege in einer Art feudalistischer Bauernaristokratie im Osten. Der

SS-Chef Himmler war nicht müde geworden, die deutsche Ostsiedlung zu propagieren. Der ehemalige Artamane, der einst zusammen mit seinem Freund R. Walther Darré auf den deutschen Gütern die Flut der billigen polnischen Landarbeiter hatte eindämmen wollen, paukte seinen SS-Männern immer wieder ein, der Deutsche müsse abermals bodenständig gemacht werden und sich neues Siedlungsland schaffen.

Himmler und Darré, der Chef des Rasse- und Siedlungshauptamtes (RuSHA), hatten schnell die deutsche Siedlungspolitik in die Hand bekommen. 1934 war SS-Gruppenführer Darré zum Reichslandwirtschaftsminister avanciert [8], hatte der SS-Standartenführer Dr. Horst Rechenbach die Reichsstelle für Siedlerauswahl übernommen [9], waren die Spitzenfunktionäre des Reichsnährstandes sämtlich als Ehrenführer in die SS eingegliedert worden [10]. Dennoch scheiterten die Sozialutopien der beiden reaktionären Schwärmer an den Realitäten der modernen Industriegesellschaft. Daran zerbrach auch die Freundschaft zwischen Darré und Himmler. Den RuSHA-Chef, der starr an dem Projekt seiner Blut-und-Boden-Aristokratie festhielt, löste Himmler im Februar 1938 ab, weil ihm Darré »zu theoretisch« war [11]. Der Opportunist Himmler wartete ab, bis die Politik seines Führers ihm jene Siedlungsgebiete eröffnete, in die Himmler das neue Bauerntum des Großdeutschen Reiches verpflanzen wollte.

Als Hitler im März 1939 zum erstenmal fremdes Volkstum, die Tschechen der Rest-CSR, dem Großdeutschen Reich einverleibte, sah Himmler eine Chance, seinen alten Plänen neues Leben einzuhauchen. Er setzte im Juni den Chef des Siedlungsamtes im RuSHA, SS-Oberführer Curt von Gottberg, nach Prag in Marsch, um dort ein Bodenamt zu errichten [12]. Von Gottberg sollte in landwirtschaftlich günstigen Gegenden des Reichsprotektorats Böhmen und Mähren tschechische Landbesitzer enteignen und die freigewordenen Höfe mit Deutschen besiedeln. Auch Hitler erörterte schon die Aussiedlung von sechs Millionen Tschechen [13], dennoch kam Chefenteigner von Gottberg nicht an das Ziel seiner Wünsche. Das Anlaufen der großdeutschen Rüstungsmaschine, die sich auch auf das tschechische Industrie- und Arbeiterpotential stützte, verbot alle weitreichenden Aussiedlungsmaßnahmen im Hinterhof des Reiches. Das Prager Bodenamt mußte sich damit begnügen, die Ansiedlung einiger SS-Familien in Böhmen und Mähren vorzubereiten [14].

Erst der Zweite Weltkrieg öffnete dem antislawischen Bauernmystiker Himmler das Land seiner Sehnsucht. Freilich, er mußte es zunächst gleichsam durch eine Nebenpforte betreten. Denn den Diktator, der seinen treuesten Gehilfen vor Beginn des Polenfeldzuges rief, verlangte es nicht nach dem Siedlungs-Apostel, ihn interessierte nur der rabiat zuschlagende Polizist.

Adolf Hitler hatte beschlossen, die »polnische Frage« zu lösen. Der Krieg gegen Polen war ihm allerdings mehr als nur die gewaltsame Auseinandersetzung um Danzig und den Korridor, jetzt war die Stunde da, die Prophezeiung zu erfüllen, die er vor Jahren in »Mein Kampf« gewagt hatte: »Wir setzen dort an, wo man vor sechs Jahrhunderten endete. Wir stoppen den ewigen Germanenzug nach dem Süden und Westen Europas und weisen den Blick nach dem Land im Osten. Wir schließen endlich ab mit der Kolonial- und Handelspolitik der Vorkriegszeit und gehen über zur Bodenpolitik der Zukunft[15].« Allerdings: Solcher Bodenpolitik stand ein fremdes Volk entgegen, das den Boden bereits bewirtschaftete. Auch darüber hatte sich Hitler schon 1928 Gedanken gemacht: Das Reich, schrieb er, müsse »entweder diese rassisch fremden Elemente abkapseln, um nicht das Blut des eigenen Volkes immer wieder zersetzen zu lassen oder ... sie überhaupt kurzer Hand entfernen und den dadurch freigewordenen Grund und Boden den eigenen Volksgenossen überweisen«[16].

In die Sprache des August 1939 übersetzt, bedeutete dies für Hitler, Polen auf das Niveau eines Helotenvolks herabzudrücken, es seiner Oberschicht zu berauben, seiner nationalen Persönlichkeit, seiner Staatlichkeit und Kultur. Aus den stolzen Polen sollte ein unfreies Arbeitsvolk werden, nur einem Fatum verhaftet: dem deutschen Herrn zu dienen. Spätestens am 22. August 1939 erfuhren Deutschlands führende Militärs bei einer Konferenz auf dem Obersalzberg, daß der Diktator das Ende Polens beschlossen hatte. Generalfeldmarschall Fedor von Bock erinnert sich an das Wort Hitlers: »Es würden sich dann Dinge ereignen, die nicht den Beifall der deutschen Generale finden würden. Er wolle deshalb nicht das Heer mit den notwendigen Liquidationen belasten, sondern [sie] ... durch die SS vornehmen lassen[17].«

Eben dies hatte Hitler veranlaßt, den SS-Chef zu sich zu rufen und die Schutzstaffel für alle Zeiten mit der polnischen Tragödie zu verketten. Der Diktator erteilte Himmler den Auftrag, Einsatzgruppen aufzustellen, die den in Polen vorrückenden deutschen Truppen folgen und Polens Oberschicht liquidieren sollten, wo immer man sie traf.

Einsatzgruppen der Sicherheitspolizei hatten bis dahin alle Vorstöße der nationalsozialistischen Expansionspolitik begleitet. Schon beim Einmarsch in Österreich waren Reinhard Heydrichs Sonderkommandos mit den Truppen vorgerückt[18], auch die Zerschlagung der Tschechoslowakei hatte die Einsatzgruppen ins Land gelockt[19]. Heydrichs Einsatzgruppen waren rollende Vorkommandos der Sicherheitspolizei und des SD, die im blitzschnellen Zugriff nachrichtendienstliche und sicherheitspolizeiliche Aufgaben zu erfüllen hatten; war ihr Auftrag beendet, verwandelten sie sich in die auch im Reich üblichen ortsfesten Stützpunkte der beiden Teilorganisationen, aus deren Personal sich die Einsatzgruppen zusammensetzten: in Leitstellen und Stellen der Geheimen Staatspolizei und in Leitstellen (Abschnitte) und Unterabschnitte des Sicherheitsdienstes[20].

In kurzer Zeit errichtete Heydrich die Einsatzgruppen für den Polen-Feldzug. Er stellte fünf Einsatzgruppen auf, deren Mitglieder die Felduniformen der SS-Verfügungstruppe mit der SD-Raute am linken Ärmel trugen[21]; jede Einsatzgruppe wurde einer vormarschierenden Armee zugeteilt und gliederte sich in vier Einsatzkommandos zu je 100 bis 150 Mann, die wiederum jeweils einem Armeekorps unterstanden[22]. Die maßgeblichen Kommandoposten besetzten sämtlich Führer des SD: SS-Brigadeführer Bruno

Streckenbach übernahm die Einsatzgruppe I, die der 14. Armee des Generalobersten Wilhelm List auf ihrem Vormarsch Richtung Lemberg folgte[23], SS-Obersturmbannführer Dr. Emanuel Schaefer leitete die Einsatzgruppe II, die rückwärts der 10. Armee des Generals Walter von Reichenau bis an die Weichsel südlich Warschaus vorstieß[24], SS-Obersturmbannführer Dr. Herbert Fischer führte die Einsatzgruppe III, die im Gefolge der 8. Armee des Generals Johannes Blaskowitz in Richtung Lodz operierte[25], SS-Brigadeführer Lothar Beuthel kommandierte die Einsatzgruppe IV als Schatten der auf die Festung Modlin vorstoßenden 4. Armee des Generals Günther Kluge[26], und SS-Standartenführer Ernst Damzog befehligte die Einsatzgruppe V, die hinter der 3. Armee des Generals Georg von Küchler marschierte[27].

Dieses Reichssicherheitshauptamt auf Rädern aber mußte Bedacht darauf nehmen, sich von den Militärs nicht allzusehr in die Karten schauen zu lassen, wollten Heydrich und Himmler den vor der Wehrmacht geheimgehaltenen Führerbefehl über die Massenliquidierung der Polen-Elite ungestört ausführen. Denn: Die Wehrmacht gebot über manche Möglichkeit, die Einsatzgruppen zu kontrollieren; die Heydrich-Einheiten waren im gesamten Operationsgebiet dem Heer unterstellt, wenn sie auch ihre fachlichen Weisungen vom Reichssicherheitshauptamt in Berlin erhielten. Sie unterstanden auch der Wehrmachtgerichtsbarkeit[28]. Zudem hatte der Oberbefehlshaber des Heeres bei Hitler durchgesetzt, daß nach Beendigung der Kämpfe die vollziehende Gewalt im okkupierten Polen dem Militär zufalle[29]. Besaßen Deutschlands Generale genügend politischen Instinkt, so erwuchsen hier Himmler und Heydrich ernste Gefahren für ihre Terrorkampagne.

Die beiden SS-Chefs mußten vorsichtig taktieren. Sie informierten die Militärs nur so knapp, daß zum Beispiel die 8. Armee in einem Grundsatzbefehl vom 9. September 1939 die Aufgaben der Einsatzgruppen so umriß: »Bekämpfung aller reichs- und deutschfeindlichen Elemente rückwärts der fechtenden Truppe, insbesondere Spionageabwehr, Festnahme von politisch unzuverlässigen Personen, Beschlagnahme von Waffen, Sicherstellung von abwehrpolizeilich wichtigen Unterlagen usw.[30]« Himmler und Heydrich verschleierten freilich die wahren Aufgaben der Einsatzgruppen nicht ohne Unbehagen, konnte doch das Morden der Einsatzgruppen unter Polens Adligen, Geistlichen und Intellektuellen den Soldaten auf die Dauer nicht verborgen bleiben. Dann aber gerieten die prestigehungrigen SS-Führer in ein arges Dilemma: Entweder mußten sie das Geheimnis des Diktators verraten oder in Kauf nehmen, daß sie von den Soldaten für eine disziplinlose Mörderbande gehalten wurden – mit dem Nachdruck auf: disziplinlos.

Noch Monate später wurmte es Himmler und Heydrich, daß sie von ihrem Führer in eine so mißliche Lage gebracht worden waren. Nicht ohne Geschicklichkeit versuchte Himmler, die Schuld auf den Diktator zu schieben. Fast flehentlich beschwor er Generale: »Ich tue nichts, was der Führer nicht weiß[31].« Und Heydrich vertraute später einer Aktennotiz an, im besetzten Polen sei es zu Zerwürfnissen mit dem Heer gekommen, weil »die Weisungen, nach denen der polizeiliche Einsatz handelte, außerordentlich radikal waren (z. B. Liquidierungsbefehl für zahlreiche polnische Führungskreise, der in die Tausende ging)«, diese Führerorder aber den »Heeresbefehlsstellen und selbstverständlich auch ihren Stabsmitgliedern nicht mitgeteilt werden konnte, so daß nach außen hin das Handeln der Polizei und SS als willkürliche, brutale Eigenmächtigkeit in Erscheinung trat« [32].

Die Militärs hatten bald erkannt, was in Wahrheit die Einsatzgruppen nach Polen geführt hatte. Schon am 8. September meldete Abwehr-Admiral Canaris dem Oberquartiermeister I, General von Stülpnagel, SS-Führer brüsteten sich damit, täglich 200 Polen erschießen zu lassen; die Exekutionen fänden meist ohne Verfahren statt, Opfer seien hauptsächlich Juden, Adlige und Geistliche [33]. Drei Tage später erstattete Canaris im Führerzug bei Illnau OKW-Chef Keitel Bericht. Canaris warnte: »Für diese Methoden wird einmal die Welt auch die Wehrmacht, unter deren Augen diese Dinge stattfinden, verantwortlich machen.« Der Generaloberst Keitel zeigte sich wenig beeindruckt. Er verschanzte sich hinter Hitlers Kannibalen-Logik: Wenn die Wehrmacht »diese Dinge« nicht machen wolle, dann müsse sie es sich eben gefallen lassen, daß Sicherheitspolizei und SS die Liquidationsarbeit übernähmen [34].

Die Wehrmacht hatte sich selber dazu verurteilt, eine unwürdige Statistenrolle zu spielen. Mochten auch Canaris und seine Beauftragten weiterhin Material über die Taten der Einsatzgruppen sammeln, vor den Augen der Militärs rollte eine Terrorwalze über das unglückliche Polen, deren furchtbare Spuren an die Schreckenstage nach der NS-Machtübernahme in Deutschland erinnerten. Die Menschenjäger der Einsatzkommandos schwärmten aus, das Wort Hitlers wahrzumachen: »Was wir jetzt an Führerschicht in Polen festgestellt haben, das ist zu liquidieren, was wieder nachwächst, ist von uns sicherzustellen und in einem entsprechenden Zeitraum wieder wegzuschaffen [35].«

Mit vorbereiteten Listen trieben Heydrichs Häscher polnische Lehrer, Ärzte, Beamte, Geistliche, Gutsbesitzer und Kaufleute zusammen. Die Verhafteten kamen in Auffanglager, die sich nicht selten als Liquidierungsstätten erwiesen. Die Schmalzfabrik Thorn, Mühltal bei Bromberg, das Lager Soldau, Stutthof, Fort VII in Posen [36] – sie alle wurden für Tausende von Polen zu Signalen der Furcht und des Todes. »Es ist geplant, die radikalen Elemente zu liquidieren«, erklärte der Führer des Einsatzkommandos Bromberg, SS-Sturmbannführer Dr. Roeder [37]. Als »radikal« galt jeder polnische Nationalist, schon die Zugehörigkeit zum »Westmarkenverein«, dem Verband polnischer Chauvinisten, die eine Annexion weiter Reichsgebiete gefordert und damit Hitlers Polen-Politik erleichtert hatten, genügte den Liquidatoren für die Ausstellung eines Todesurteils [38].

Schlag um Schlag dezimierte sich die polnische Elite. Von den 690 Weltgeistlichen der Diözese Kulm-Pelplin wurden zwei Drittel verhaftet, 214 hingerichtet, darunter nahezu das gesamte Domkapitel von Pelplin [39]. »Ein Großteil der katholischen Geistlichkeit ist infolge der bekannten radikalpolnischen Haltung beseitigt«, meldete Roeder nach Berlin [40]. Der Historiker

Martin Broszat, kundigster Chronist der deutschen Polen-Politik, beziffert die Zahl der Opfer in den ersten Monaten der Deutschen-Herrschaft auf »einige Zehntausende«[41]. Heydrich erklärte am 27. September 1939: »Von dem polnischen Führertum sind in den okkupierten Gebieten höchstens noch 3% vorhanden[42].«

Neben die Liquidierungs-Abteilungen der gleichsam kalt-rational agierenden Einsatzgruppen schob sich eine zweite SS-Macht, die nicht ein geheimer Führerbefehl leitete, sondern Haß und Rachegier antrieben. Vor allem in Danzig und Westpreußen brachen Tausende fanatisierter Volksdeutscher auf, die nicht vergessen konnten, daß sie einmal so etwas wie Freiwild für polnische Chauvinisten gewesen waren.

Von Hitlers Heim-ins-Reich-Propaganda irritiert und durch eine hysterische Spionen-Furcht in Panik versetzt, hatten sich polnische Behörden und Organisationen bei Kriegsausbruch auf die deutsche Volksgruppe gestürzt. Vor den Volksdeutschen tat sich ein Weg des Martyriums auf: Über die Deutschen in Polen ergossen sich Haftbefehle auf rotem (Einlieferung ins Ortsgefängnis), auf rosa (Einweisung in Internierungslager) und auf gelbem Papier (Verbannung nach Mittel- und Ostpolen). Nationalistische Organisationen, die Schwarze Listen besaßen, schritten zu Sonderaktionen gegen die »Niemcy«, die »Hitlerowcy«, die »Szwaby«[43].

50 000 Volksdeutsche wurden aus ihren Heimatorten im Westen Polens vertrieben und nach dem Osten verlagert, Tausende verschwanden hinter Gefängnisgittern[44]. Polnische Rollkommandos plünderten Häuser und Gehöfte der Deutschen, ermordeten ihre Bewohner. Tausende Deutscher kamen ums Leben, andere überlebten nicht die Spießruten-Fahrten durch Dörfer und kreischende, spuckende Menschenmengen. Die Behörden des Dritten Reiches behaupteten später, bis zum 1. Februar 1940 seien die Leichen von 13 000 ermordeten Volksdeutschen entdeckt worden[45]. Die Zahl dürfte übertrieben hoch sein. Immerhin konzediert der Verfasser einer 1954 vom Polnischen West-Institut in Posen verfaßten Denkschrift »mehrere tausend«[46], der Wirklichkeit am nächsten kommt vermutlich Broszat: Er rechnet mit 4 000 bis 5 000 Ermordeten neben etwa 2 000 durch Kriegseinwirkung umgekommenen Volksdeutschen[47].

Indes, die polnischen Morde unterschieden sich von den deutschen Untaten in einem wesentlichen Punkt: Sie entsprangen keiner zentralen Planung, der Staat war nicht Auftraggeber der Mörder. Mancher Pole versteckte Volksdeutsche vor der Wut der aufgehetzten Menge, nicht selten schützten polnische Offiziere deutsche Verfolgte. Gleichwohl rüsteten sich die Volksdeutschen, um an ihren Verfolgern Rache zu nehmen. Kaum hatte der Krieg einen Ort überrollt, da vereinigten sich die Polen-Deutschen zu einer Selbsthilfeorganisation. Anfangs galt das nur der Verteidigung. Die Deutschen auf dem Territorium Polens fürchteten neue Angriffe der polnischen Mehrheit, eine Freiwilligen-Miliz sollte sie davor schützen[48].

Aus dem Selbstschutz wurde jedoch schnell ein Vehikel nationalistischer

Ranküne, zumal der Danziger Gauleiter Albert Forster mit seinen Heimwehren und einer frisch aufgestellten Sonderformation (SS-Sturmbann Eimann) nach Westpreußen vorstieß und den Volkstumskampf gegen die Polen anheizte [49]. Bald war Westpreußen Hauptschauplatz eines gnadenlosen Schlagt-die-Polen-Feldzuges, in dem sich aufgeputschte Leidenschaften mit kalter Berechnung mischten. In den Volkstumskämpfern aus Danzig, die noch im Banne revolutionärer SA-Traditionen standen, entluden sich jahrelang aufgestaute antipolnische Ressentiments, planvoll gelenkt von dem Ehrgeizling Forster, der das Ziel verfolgte, vor den Augen seines Führers als erster Gauleiter des Ostens sein Gebiet »polenfrei« zu machen [50].

Der Führungsanspruch Forsters schreckte Himmler auf; er sah in dem Gauleiter seit altersher einen der schärfsten Konkurrenten im Kampf um die Gunst Hitlers. Forster durfte auf keinen Fall die Herrschaft über die Selbstschutzorganisationen zufallen. Himmler entsandte den Chef seines Ergänzungsamtes, SS-Brigadeführer Gottlob Berger; er hatte den Auftrag, aus den Selbstschutzeinheiten eine volksdeutsche SS zu bilden [51].

Berger zog eine Gruppe reichsdeutscher SS-Führer nach, die im besetzten Polen die Leitung des Volksdeutschen Selbstschutzes übernahmen. Bergers Unterführer teilten die Milizorganisation in vier Selbstschutzbereiche auf; diese zerfielen in sogenannte Inspektionen, die dem jeweiligen Höheren SS- und Polizeiführer unterstanden [52]. Der Selbstschutz wurde in der Regel als Hilfspolizei eingesetzt, nur in Westpreußen (später auch im Raum Lublin) ging er auf mörderische Polen-Jagd.

In Westpreußen war der SS-Oberführer Ludolf von Alvensleben an die Spitze des Selbstschutzes getreten, ein fanatischer Nationalsozialist, der das Land tyrannisierte, wie einst SA-Rabauken vom Typ Karl Ernsts mit ihren »wilden« Konzentrationslagern Demokraten und Republikaner drangsaliert hatten [53]. Bereichsführer von Alvensleben warf sich zum Herrn über Leben und Tod auf. Eine einfache Denunziation durch Volksdeutsche, ein kleiner Haken auf einer Liste, und schon führten die Selbstschützler einen Polen in einen Keller oder in eine Garage oder in ein Waldstück, um den Todeskandidaten zu liquidieren.

Manche Nationalsozialisten konnten das Grauen der Polenverfolgung allmählich nicht mehr ertragen. Die Parteigenossin Lily Jungblut, Frau eines volksdeutschen Gutsbesitzers im Landkreis Hohensalza, klagte in einem Protestbrief an Hermann Göring, »Tausende und Abertausende unschuldige Menschen [seien] erschossen worden« [54]. Selbst Heydrich, weniger an Menschlichkeit denn Disziplin interessiert, murrte über »zum Teil unmögliche, unkontrollierbare Racheakte« des Selbstschutzes [55].

Doch für Himmler zählte nur der »Erfolg«, die Statistik der liquidierten oder – wie es jetzt hieß – »sonderbehandelten« Polen. Der Reichsführer setzte Mitte September einen neuen Vernichtungstrupp in Marsch, die Einsatzgruppe z. b. V. unter dem SS-Obergruppenführer Udo von Woyrsch; sie hatte den Auftrag, im Raum Kattowitz Polen und Juden zu liquidieren [56]. Einsatzgruppen-Leiter von Woyrsch, Himmlers alter Partner aus der tödlichen

Treibjagd auf Röhm, sollte im östlichen Oberschlesien eine neue Phase SS-eigener Ostpolitik einleiten: die Verdrängung der rund 500000 Juden von Danzig, Westpreußen, Posen und Oberschlesien in das Innere Polens[57].

Woyrschs Einheit war offenbar als eine Schocktruppe gedacht, die durch Terror die Juden Ostoberschlesiens in Panik versetzen und zur Abwanderung in Richtung Krakau zwingen sollte. Der SS-Obergruppenführer hatte seine Kampagne eben eröffnet, da machte sich Heydrich auf den Weg ins Oberkommando des Heeres, um den Generalquartiermeister Eduard Wagner in den neuen Plan einzuweihen. Der Plan: alle Juden der wieder deutsch gewordenen Ostgebiete in polnischen Gettos zu konzentrieren und eines Tages nach Übersee auswandern zu lassen[58]. Wagner hatte nichts dagegen einzuwenden. Schon 24 Stunden später, am 21. September, wies Heydrich die Einsatzgruppen an, mit dem jüdischen Zwangsexodus in das Herz Polens zu beginnen[59].

Die vorsorgliche Informierung des Heeres zahlte sich freilich für Heydrich nicht aus. Das Heer begann plötzlich rebellisch zu werden. Inzwischen hatte sich im eroberten Polen eine Militärverwaltung etabliert, die der Oberbefehlshaber Ost (Oberost), Generaloberst Gerd von Rundstedt, leitete; das deutsche Besatzungsgebiet zerfiel in vier Militärbezirke unter Führung von Generalen, denen als Chefs der Zivilverwaltung bewährte NS-Funktionäre zur Seite standen[60]. Die Militärs waren für Sicherheit und Ordnung verantwortlich, getreu der feierlichen Proklamation des Heeres an die Polen: »Die Wehrmacht sieht in der Bevölkerung nicht ihren Feind. Alle völkerrechtlichen Bestimmungen werden geachtet werden[61].« Der wilde Terror der SS-Einheiten, vor allem das brutale Vorgehen der Einsatzgruppe Woyrsch, machte die Versprechungen des Heeres illusorisch. Noch gab es jedoch Offiziere, die gegen das Morden der SS aufbegehrten.

Am 20. September meldete der Ic der 14. Armee, in der Truppe herrsche große Unruhe, »die im Armeebereich durch die z. T. ungesetzlichen Maßnahmen der Einsatzgruppe ... Woyrsch entstanden ist (Massenerschießungen, insbesondere von Juden). Die Truppe sei vor allem darüber verärgert, daß junge Leute, statt an der Front zu kämpfen, ihren Mut an Wehrlosen erprobten[62].« Oberost erklärte daraufhin, die Einsatzgruppe Woyrsch könne nicht länger im Operationsgebiet geduldet werden. Himmler wich zurück: Von Woyrsch mußte sich den Wünschen der Militärs beugen. Das Heer verlangte außerdem, von den bereits angelaufenen Maßnahmen gegen die Juden abzusehen. Himmler willfahrte abermals[63]. Das Oberkommando des Heeres informierte am 1. Oktober die Armee-Oberkommandos in Polen: »Der vom Chef der Sicherheitspolizei den Einsatzgruppen erteilte Befehl II Nr. 288/39 G. vom 21. 9. 39 betreffend Judenfrage im besetzten Gebiet darf vorerst nur vorbereitende Maßnahmen auslösen. Ein entsprechender neuer Befehl sei vom RFSS [Reichsführer-SS] an die Einsatzgruppen ergangen[64].«

Die Wehrmacht hätte möglicherweise die Willkür im Osten stoppen können, wäre sie entschlossen gewesen, ihre Pressionen auf Himmler fortzusetzen. Doch Hitler kannte seine Generale besser. Er setzte der Militärverwaltung im Osten ein rasches Ende und durfte dabei noch des erleichterten Aufatmens hoher Militärs gewiß sein.

Am 5. Oktober erschien bei Hitler der Gauleiter Forster und beklagte sich über den ständigen Ärger, den ihm die Militärs in Westpreußen bereiteten. Noch am gleichen Tag befahl Hitler, Westpreußen der Militärverwaltung zu entziehen und Forster zu unterstellen [65]. Die Blitzentscheidung brachte eine Lawine ins Rollen, die das Militärregime im Osten unter sich begrub. Mitte Oktober errichtete Hitler mit wenigen Federstrichen im deutschbesetzten Polen ein neues Herrschaftssystem, ein neues Labyrinth konkurrierender Kompetenzen und künftiger Kabalen unter den ostinteressierten NS-Hierarchen: Danzig und Westpreußen wurden zu einem Reichsgau vereinigt und dem Gauleiter Forster unterstellt, Forsters Danziger Konkurrent, der stellvertretende Gauleiter und Senatspräsident Arthur Greiser, übernahm die Leitung des neuen Reichsgaues Wartheland (Posen), kleinere polnische Gebiete am Rande Ostpreußens fielen in die Domäne eines weiteren Forster-Rivalen, des Königsberger Gauleiters Erich Koch, Oberschlesien kam zu dem Schlesien des Gauleiters Josef Wagner, wurde jedoch 1941 ein selbständiges Verwaltungsgebiet unter Gauleiter Fritz Bracht, und das derartig von den Deutschen (und von den im Osten eingedrungenen Sowjets) amputierte Restpolen erhielt die Zwangsjacke eines Generalgouvernements, an dessen Spitze der NS-Juristenführer Dr. Hans Frank mit scheinbar außerordentlichen Vollmachten berufen wurde [66].

Begehrten die Militärs auf gegen den Raub ihrer Vollmachten im Osten, verwahrten sie sich gegen das gebrochene Versprechen Hitlers, die vollziehende Gewalt komme der Wehrmacht zu? Keineswegs. Die Generale waren froh, daß ihnen der Diktator die Verantwortung für das Morden abnahm, hatte doch der listige Hitler zuvor Sorge getragen, den Militärs ein beklemmendes Schreckensbild polnischer Zukunft auszumalen. Am 17. Oktober entwickelte Hitler in Anwesenheit Keitels die Grundzüge seiner Polen-Politik. Die erschreckten Militärs schrieben hastig mit: »Harter Volkstumskampf gestattet keine gesetzlichen Bindungen ... Die Methoden werden mit unseren Prinzipien unvereinbar sein ... Verhindern, daß eine polnische Intelligenz sich als Führerschicht aufmacht ... Das alte und neue Reichsgebiet säubern von Juden, Polacken und Gesindel [67].«

Die Militärs wandten sich schaudernd ab. Wie richtig Hitler spekuliert hatte, offenbarte das Verhalten des Generalobersten von Rundstedt: Als der Oberost erfuhr, der Ultra-Nazi Frank solle Generalgouverneur werden, reichte er sofort seinen Rücktritt ein [68]. Die Generale hatten es so eilig, die Militärverwaltung zu beenden, daß die neue staatliche Verwaltung bei dem Aufbau ihres Apparates mit dem militärischen Rückzug kaum Schritt halten konnte. Es entstand ein »anarchisches Rechtsvakuum« (so Broszat), in das nun Himmler mit seinen SS- und Polizeieinheiten hineinstieß [69].

Noch ehe die neuen Verwaltungsherren ihre Arbeit aufnehmen konnten, hatte sich über Polen bereits das Netz einer SS-eigenen Nebenregierung niedergesenkt. Die Einsatzgruppen verwandelten sich in ortsfeste Gestapo-

Leitstellen und SD-Abschnitte, die in jedem Distrikt des Generalgouvernements von einem Kommandeur der Sicherheitspolizei und des SD (KdS) zusammengefaßt wurden; die KdS der fünf Polen-Distrikte unterstanden dem Befehlshaber der Sicherheitspolizei und des SD (BdS), der wiederum dem Reichssicherheitshauptamt unmittelbar unterstellt war [70]. Daneben zog sich ein zweiter Polizeistrang durch das polnische Besatzungsgebiet, die Befehlskette der Ordnungspolizei. Die Orpo war gleich bei Kriegsausbruch mobilisiert worden, zahlreiche Polizeibataillone hatten am Polen-Feldzug und an manchen Unternehmungen der Einsatzgruppen teilgenommen. Der Aufbau der Orpo-Hierarchie entsprach jenem der Sicherheitspolizei: in jedem Distrikt des Generalgouvernements ein Kommandeur der Ordnungspolizei, für das gesamte Generalgouvernement ein Orpo-Befehlshaber, dieser wiederum unterstellt dem Hauptamt Ordnungspolizei [71].

Die eigentliche Macht lag bei den Höheren SS- und Polizeiführern (HSSPF), die beide Polizeistränge zusammenhielten. Die HSSPF gab es im Reich seit 1937; sie waren meist Führer der SS-Oberabschnitte, die Himmler zu seinen Repräsentanten in jedem Wehrkreis ernannt hatte. Offiziell sollten sie im Mobilmachungsfall die Maßnahmen sämtlicher SS- und Polizeieinheiten koordinieren, in Wirklichkeit waren sie von Himmler als eiserne Klammern der erstrebten SS-Polizei-Integration konzipiert. Himmlers Repräsentanten im Reich führten jedoch ein kümmerliches Leben, denn der Widerstand der inneren Verwaltung gegen das Vordringen polizeifremder SS-Funktionäre zwang den Reichsführer, seine HSSPF auf rein repräsentative Aufgaben zu beschränken [72].

In Großdeutschlands polnischer Kolonie aber, herrenlos und nicht von einer traditionsbewußten Bürokratie regiert, diktierte Himmler den Höheren SS- und Polizeiführern mehr Macht zu. Die neuen HSSPF sollten sämtliche Polizei- und SS-Verbände im Osten beaufsichtigen, ein Gegengewicht zu Heydrichs übermächtiger Stellung innerhalb des Schwarzen Ordens bilden und eine politisch-polizeiliche Sonderverwaltung schaffen, die Himmler dazu ausersehen hatte, der wahre Träger des Führerwillens zu sein [73].

Von den HSSPF würde es nicht zuletzt abhängen, ob Himmler sich im Osten durchsetzen konnte. Der Reichsführer wählte sich drei Männer aus, hart zupackende, ehrgeizige SS-Führer, dynamisch und doch nicht stark genug, Himmler gefährlich zu werden: Zum Höheren SS- und Polizeiführer Weichsel (Danzig) ernannte er den Gruppenführer Richard Hildebrandt, einen Alten Kämpfer, der als Gegner der »kleinen Hitlers« galt – wegen einer Auseinandersetzung mit dem Gauleiter Streicher war er schon einmal von Himmler aller SS-Ämter enthoben worden [74]; zum HSSPF Warthe (Posen) den Gruppenführer Wilhelm Koppe, einen energischen Funktionär [75], und zum HSSPF Ost (Krakau) den Obergruppenführer Friedrich-Wilhelm Krüger, einen der unbeliebtesten SS-Führer, bei der SA wegen seines Doppelspiels am 30. Juni 1934 verhaßt, Zuträger und Pedant, dessen Petzereien über angeblich nicht linientreue Kameraden selbst Himmler nur schwer ertragen konnte [76]. Den Höheren SS- und Polizeiführern in Polen attachierte

Himmler noch ein Gehilfen-Korps, das es bis dahin nicht gegeben hatte: die SS- und Polizeiführer[77]. In jedem Distrikt des Generalgouvernements amtierten sie und garantierten die SS-Polizei-Integration auch auf der Provinzebene.

Den schnellen Aufbau der SS- und Polizeisysteme im Osten nutzte Himmler dazu, die führende Rolle in der deutschen Besatzungspolitik zu beanspruchen. Er begann jetzt auch, versprengte polnische Truppen und neue Partisanengruppen zu bekämpfen, ohne dabei die Wehrmacht zu konsultieren. Unter dem Deckmantel des Anti-Partisanenkrieges setzten Himmlers Verbände den Ausrottungsfeldzug gegen die polnische Oberschicht fort. Immer wieder wurden Polen verhaftet und von Zeit zu Zeit reihenweise liquidiert, wie in dem berüchtigtsten Unternehmen dieser Art, der »Außerordentlichen Befriedungsaktion« im Frühjahr 1940, bei der 3 500 Polen erschossen wurden[78].

Himmlers Verbände maßten sich die Rechte einer Besatzungstruppe derartig an, daß nun selbst die Generale der Wehrmacht hart reagierten. Mochten auch Jasager wie OKW-Keitel oder Fatalisten wie Rundstedt auf eine politische Rolle im Osten verzichtet haben, an seiner Monopolstellung als Okkupationstruppe ließ das Heer nicht rütteln. Zu spät erkannten die SS-Führer, daß sich der neue Oberost, Generaloberst Johannes Blaskowitz, »durchaus als Herr der Lage fühlte, als der Mann, der in Wirklichkeit befiehlt«, wie Brigadeführer Berger notierte[79].

Die Wehrmacht besaß noch immer eine feste Position im Generalgouvernement: Ihr war durch einen Hitler-Erlaß der ausschließliche Oberbefehl für den Fall innerer Unruhen reserviert worden. Sie konnte alle im Interesse der Reichsverteidigung notwendigen Maßnahmen anordnen. Sie kontrollierte Verkehrs- und Fernmeldewesen. Sie beaufsichtigte sämtliche kriegswirtschaftlich wichtigen Fabriken und Betriebe[80]. Nein, die Wehrmacht würde sich von einem Himmler nicht vertreiben lassen. Da bedurfte es nur noch eines Anlasses, um die Wut der Offiziere zu entladen. Der verstärkte Ausrottungsfeldzug der Sicherheitspolizei und der SS-Einheiten war dieser willkommene Anlaß. Der Oberost Blaskowitz eröffnete den ersten und vielleicht einzigen Feldzug der Wehrmacht gegen SS-Mörder, und dies »in einer Sprache, die in der deutschen Heeresgeschichte ihresgleichen sucht« – so der Münchner Historiker Helmut Krausnick[81].

Blaskowitz ließ Meldungen über die Untaten der SS in Polen sammeln und verarbeitete das Material zu einer Denkschrift, die er Mitte November 1939 an den Oberbefehlshaber des Heeres absandte. Am 18. November lag das Blaskowitz-Papier auf dem Schreibtisch Hitlers[82]. Hauptmann Engel, Hitlers Wehrmachtsadjutant, hielt den Inhalt der Denkschrift in seinem Tagebuch fest: »Größte Besorgnis wegen illegaler Erschießungen, Festnahmen und Beschlagnahmungen, Sorgen um Disziplin der Truppe, die diese Dinge sehenden Auges erlebt; örtliche Absprachen mit SD und Gestapo ohne Erfolg, berufen sich auf Weisungen Reichsführung-SS; Bitte, gesetzmäßige Zustände wieder herzustellen, vor allem Exekutionen nur bei rechtmäßigem

Urteil durchführen zu lassen [83].« Hitler verbat sich solche »kindlichen Einstellungen« der Heeresführung. Er habe, so wetterte Hitler, dem General Blaskowitz noch niemals Vertrauen geschenkt, es werde höchste Zeit, den Mann seines Postens zu entheben [84].

Oberost Blaskowitz ließ sich von den Zornesausbrüchen seines Führers nicht beirren. Er sammelte weiterhin Material gegen die SS. Von allen Seiten liefen die Meldungen der Truppeneinheiten ein. Bericht des Generals Petzel, Wehrkreisbefehlshabers im Warthegau, 23. November 1939: »Fast in allen größeren Orten fanden durch die erwähnten Organisationen [SS und Polizei] öffentliche Erschießungen statt. Die Auswahl war dabei völlig verschieden und oft unverständlich, die Ausführung vielfach unwürdig. Verhaftungen waren fast immer von Plünderungen begleitet [85].« Meldung über Vorgänge in der Stadt Turck am 30. Oktober 1939: »... wurden eine Anzahl Juden in die Synagoge getrieben, mußten dort singend durch die Bänke kriechen, wobei sie ständig von den SS-Leuten mit Peitschen geschlagen wurden. Sie wurden dann gezwungen, die Hosen herunterzulassen, um auf das nackte Gesäß geschlagen zu werden. Ein Jude, der sich vor Angst in die Hose gemacht hatte, wurde gezwungen, den Kot den anderen Juden ins Gesicht zu schmieren [86].« Schreiben des Generals Ulex, Oberbefehlshabers im Grenzabschnitt Süd, 2. Februar 1940: »Die sich gerade in letzter Zeit anhäufenden Gewalttaten der polizeilichen Kräfte zeigen einen ganz unbegreiflichen Mangel menschlichen und sittlichen Empfindens, so daß man geradezu von Vertierung sprechen kann ... Den einzigen Ausweg aus diesem unwürdigen, die Ehre des ganzen deutschen Volkes befleckenden Zustand sehe ich darin, daß die gesamten Polizeiverbände einschließlich ihrer sämtlichen höheren Führer ... mit einem Schlag abgelöst und aufgelöst werden [87].«

Blaskowitz stellte eine neue Liste der SS-Taten zusammen; sie führte 33 Vorkommnisse auf, die in allen Einzelheiten belegt wurden: Mißhandlungen von Juden und Polen, Vergewaltigungen, Plünderungen, Morde [88]. Der Generaloberst zog am 6. Februar die Bilanz: »Die Einstellung der Truppe zur SS und Polizei schwankt zwischen Abscheu und Haß. Jeder Soldat fühlt sich angewidert und abgestoßen durch diese Verbrechen, die in Polen von Angehörigen des Reiches und Vertretern der Staatsgewalt begangen werden [89].«

Der neue Vorstoß des Oberbefehlshabers Ost drängte die SS und ihre Polizeiorgane in die Defensive. Auch Hitler ergebene Militärs wie Walter von Reichenau reihten sich in die Front der SS-Ankläger ein, kein Wehrmachtoffizier gab im Führerhauptquartier einem SS-Führer mehr die Hand. Selbst Himmler mußte sich zur Wahrung des Gesichts eine Geste einfallen lassen: Er wies den Chef der Ordnungspolizei und das SS-Hauptamt Gericht an, die »Beanstandungen« des Oberost nachzuprüfen [90].

Doch schon eilte dem bedrängten SS-Chef der Generalgouverneur Frank zu Hilfe, der später diese Rettungsaktion bitter bereuen sollte. Er meldete sich bei Hitler an und erbat am 13. Februar, was der Führer längst beschlossen hatte: die Abhalfterung des lästigen Kritikers Blaskowitz [91]. Drei Monate später war der SS-Chef von seinen militärischen Gegenspielern befreit. Blaskowitz wurde nach dem Westen versetzt, und mit ihm rückte das Gros der deutschen Heeresverbände im Generalgouvernement zur deutsch-französischen Grenze ab. Nur noch wenige Wochen trennten die Militärs von dem 10. Mai 1940, dem Beginn des Westfeldzuges [92].

Es war jener Mai 1940, in dem Heinrich Himmler die Denkschrift über die »Behandlungen der Fremdvölkischen im Osten« diktierte. Der Weg war frei: Jetzt konnte Himmler beginnen, aus der Kraterlandschaft des untergegangenen Polenstaates das Ordensland der Schutzstaffel zu meißeln, das Utopia der kommenden deutschen Bauern- und Kriegerrasse.

Die Mai-Denkschrift markierte einen neuen Abschnitt in Himmlers Drang nach Osten. Aus dem Massenliquidator der polnischen Oberschicht wurde der Gärtner des Deutschtums, aus dem Chef der Deutschen Polizei der »Reichskommissar für die Festigung deutschen Volkstums«. Eine neue Invasionsarmee des Schwarzen Ordens mit recht unfreiwilligen Hilfstruppen stand zum Einsatz bereit. Ansiedlerstäbe der SS schlugen ihre Quartiere auf, Flüchtlingslager entstanden, Rassekommissionen bereiteten Fragebogen vor – die bis dahin größte Völkerwanderung deutscher Geschichte formierte sich, planvoll gelenkt von der Schutzstaffel.

Und schon marschierten sie heran, sie, mit denen die SS ihren Herrschaftsanspruch im Osten geltend machen wollte, sie, die ahnungslosen Opfer einer gewissenlosen Machtpolitik, gerufen und gelockt von der Heim-ins-Reich-Propaganda: 120 000 Baltendeutsche, 136 000 Deutsche aus dem sowjetischbesetzten Ostpolen, 200 000 aus Rumänien, Tausende aus Jugoslawien und der Slowakei [93]. Sie sollten im deutschen Osten angesiedelt werden. Die Propagandisten erzählten ihnen, die Stimme des Bluts habe sie alle gerufen. In Wirklichkeit hatten die Herren des Regimes die Rückwanderung aus einem sehr nüchternen Grund ausgelöst: Großdeutschland fehlten Arbeitskräfte, das Land mit dem vermeintlichen »Volk ohne Raum« hatte nicht einmal genügend Menschen, seine Industrie und Landwirtschaft auf vollen Touren laufen zu lassen.

Schon 1937 hatte Hermann Göring, der Beauftragte für den Vierjahresplan, ausrechnen lassen, daß dem Reich 150 000 Arbeiter fehlten [94]. Dem Polizeichef Himmler war daraufhin von Göring befohlen worden, alle Maßnahmen zu treffen, um den Bedarf an Arbeitskräften zu sichern. Himmler schuf in seinem Persönlichen Stab eine »Dienststelle Vierjahresplan«, die er mit einem SS-Führer besetzte, der zu den maßgeblichen Köpfen der SS-Technokraten zählte [95]. Dem Berliner Apothekersohn Ulrich Greifelt, 1896 geboren, Freikorpsmann, Prokurist, ehemaliger NS-Gegner und nun SS-Oberführer, galt die Welt der Statistiken, Produktionsziffern und Verkaufserfolge mehr als die Sphäre der Ideologie; nur in privaten Stunden gab er sich einer gewissen Managern eigenen Sentimentalität hin [96].

Im Januar 1939 – der Fehlbedarf an Arbeitskräften hatte schon die 500 000-Marke überschritten [97] – erläuterte Greifelt in einem Vortrag, wie das Problem des Arbeitermangels zu lösen sei: durch Rückwanderung der 30

Millionen Reichs- und Volksdeutschen im Ausland; sie allein seien die naturgegebenen Reserven, sie müßten zur Befriedigung des Kräftebedarfs erschlossen werden [98]. Ein halbes Jahr später erhielt Greifelt Gelegenheit, seine Worte in die Tat umzusetzen. Hitler und Mussolini hatten beschlossen, einen lästigen Bremsklotz der gutgeölten Achse zu beseitigen, die deutschsprechenden Südtiroler; im Juli 1939 vereinbarten beide Regierungen die Rückführung der Volksgruppe ins Reich. Die Transporte sollte Greifelt arrangieren [99].

Er stellte einen Stab von 20 Mitarbeitern auf, nannte seine Abteilung »Leitstelle für Ein- und Rückwanderung« und ließ sich im Haus 142 des Berliner Kurfürstendamms nieder [100]. Die ersten Rücksiedler waren eben im Reich eingetroffen, als Himmler für seinen Planer eine noch weit größere Aufgabe bereithielt: Greifelt sollte die Volksdeutschen Osteuropas im deutschbesetzten Polen ansiedeln [101].

Die Abwanderung Hunderttausender deutscher Arbeitskräfte ins Kriegsheer und die wachsenden Bedürfnisse der Rüstungsindustrie hatten Hitler und Göring veranlaßt, Greifelts Rat vom Januar 1939 zu befolgen. Ende September schloß das Reich mit der Sowjetunion und den baltischen Staaten Übereinkommen, die eine Umsiedlung der dort lebenden Deutschen nach dem Reich vorsahen [102]. Der Diktator rief den SS-Obergruppenführer Werner Lorenz, Chef der Hitler persönlich unterstellten Volksdeutschen Mittelstelle, zu sich und ernannte ihn zum Leiter der Umsiedlungsaktion [103]. Die Wahl des Lorenz war plausibel; seit 1938 kanalisierte die Vomi alle politisch-finanziellen Beziehungen zu den Volksdeutschen im Ausland.

Kaum aber hatte Himmler von dem Glück des Kameraden Lorenz erfahren, da trieb es ihn zu seinem Führer. Himmler hielt ihm vor, eine so gewaltige Aufgabe der Volkstumspolitik könne man nicht einem Obergruppenführer übertragen, das sei eine Mission der Gesamt-SS [104]. Der Diktator ließ sich erweichen und überließ Himmler die Oberleitung des Unternehmens. Am 29. September hielt der SS-Chef den Entwurf eines geheimen Führer-Erlasses in Händen, der Himmler mit der »Festigung deutschen Volkstums« beauftragte. Der Reichsführer-SS, so hieß es darin, habe drei Aufgaben: »Zurückführung der für die endgültige Heimkehr in das Reich in Betracht kommenden Reichs- und Volksdeutschen im Ausland, Ausschaltung des schädigenden Einflusses von solchen volksfremden Bevölkerungsteilen, die eine Gefahr für das Reich und die deutsche Volksgemeinschaft bedeuten, Gestaltung neuer deutscher Siedlungsgebiete durch Umsiedlung, im besonderen durch Seßhaftmachung der aus dem Ausland heimkehrenden Reichs- und Volksdeutschen« [105].

Hier waren Vollmachten, die Himmler in die Lage versetzen konnten, im Osten das Gesetz des Handelns an sich zu reißen, räumte doch der Erlaß dem Volkstumsfestiger außerordentliche Befugnisse ein; der Ukas besagte, Himmler könne sich »der vorhandenen Behörden und Einrichtungen des Reichs, der Länder und der Gemeinden sowie der sonstigen öffentlichen Körperschaften und der bestehenden Siedlungsgesellschaften« bedienen [106].

Nutzte er die neuen Vollmachten energisch aus, so konnte er in kurzer Zeit der Oberherr des eroberten Ostens sein.

Freilich, er wußte nur zu gut, daß er einem Minenfeld nationalsozialistischer Machtkämpfe zusteuerte, einem Haufen brauner Möchtegern-Imperialisten, denen der Leichnam Polens zu einem Tummelplatz neofeudalistischer Instinkte geworden war. Himmler konnte nicht alle Teilherrscher des Ostens auf einmal herausfordern. Er mußte möglichst geräuschlos an die Schalthebel der Macht gelangen. Er durfte nicht eher Aufsehen erregen, als bis er seine neue Invasionsarmee in Stellung gebracht hatte.

Er legte sich den gravitätischen Titel eines »Reichskommissars für die Festigung deutschen Volkstums« (RKF) zu [107], verzichtete aber zugleich darauf, eine Mammutorganisation zu schaffen. Greifelts Leitstelle erwählte er sich zum Generalstab der Volkstums-Offensive; die Leitstelle wurde umbenannt in »Dienststelle RKF« (ab 1941: »Stabshauptamt«) [108]. Dann verteilte Himmler die Arbeit auf mehrere SS-Organisationen: Die Dienststelle RKF plante die Um- und Ansiedlung der deutschen Rückwanderer und stellte durch Beschlagnahme polnischen oder jüdischen Eigentums Siedlungsland bereit [109]. Die Volksdeutsche Mittelstelle führte die Rückwanderer heran, versorgte sie in Auffanglagern und beaufsichtigte die politische Führung der einzelnen Einwanderergruppen [110]. Das Rasse- und Siedlungshauptamt nahm die rassische Überprüfung der volksdeutschen Rückwanderer vor [111]. Das Reichssicherheitshauptamt besorgte die Requirierung des sogenannten staatsfeindlichen Eigentums, die Vertreibung der Polen und ihre, wie man sagte, »Absiedlung« ins Generalgouvernement [112].

Das Unternehmen konnte beginnen. Vomi-Chef Lorenz hatte inzwischen mit seinen Stäben die Vorbereitungen für die Rückwanderung der Baltendeutschen abgeschlossen, ab 20. Oktober trafen die ersten Umsiedler-Schiffe aus Estland ein [113]; die Baltendeutschen sollten im Raum Danzig untergebracht werden. Wenn jedoch Himmler geglaubt haben sollte, seinen Rivalen sei der neue Machtzuwachs des Reichsführers-SS entgangen, so wurde er schnell eines anderen belehrt. Einer der schärfsten Himmler-Rivalen, der zu allem Überdruß auch noch die Uniform eines SS-Gruppenführers trug, verbat sich jede Einmischung des RKF in seinen Herrschaftsbereich: der Gauleiter Forster.

Um sich bei der Umsiedlung aller Behörden bedienen zu können, wollte Himmler den jeweils höchsten Machtträger eines Gebiets zu seinem Beauftragten ernennen. Der Chef des Reichsgaus Danzig-Westpreußen aber lehnte es ab, von dem Reichskommissar Himmler Orders entgegenzunehmen. Himmler mußte den Höheren SS- und Polizeiführer zum RKF-Beauftragten ernennen [114]. Forster ließ sich auch nicht bewegen, dem RKF die Arbeit zu erleichtern. Als Vomi-Leute mit Hilfe der Sicherheitspolizei begannen, in westpreußischen Städten ganze Viertel für die Umsiedler zu reservieren, ließ der Gauleiter den Vertreter der Volksdeutschen Mittelstelle kommen und drohte ihm die Verhaftung an, wenn er nicht augenblicklich seinen Männern Befehl gäbe, ihre Arbeit einzustellen [115]. Der braune Duodezfürst zeigte sich so ungastlich, daß die für Danzig bestimmten Rückwanderer-Transporte nach Stettin weitergeleitet werden mußten [116]. Erst ein paar Telefonanrufe Himmlers stimmten Forster um; er erlaubte eine allerdings nur zeitweilige Unterbringung der baltendeutschen Umsiedler [117].

Dennoch sah sich Himmler gezwungen, die Seßhaftmachung der Baltendeutschen auf das nächste Jahr zu verschieben. Forsters Obstruktion und die organisatorischen Schludereien der Vomi lieferten die Rückwanderer einem so argen Schicksal aus, daß nun ein anderer Kritiker Himmlerscher Volkstumspolitik, der baltendeutsche NS-Ideologe Alfred Rosenberg, vorprellte. »Die Art und Weise, mit der viele die Balten behandeln, erinnert an die Bolschewikenzeit«, lamentierte Rosenberg in einem Brief an Himmler. Die Vomi habe aus den Baltendeutschen »eine zersprengte Schar zutiefst enttäuschter, verbitterter und hoffnungsloser Menschen gemacht« [118]. Forster und Rosenberg waren nicht die einzigen Himmler-Konkurrenten, die sich dem Volkstumsfestiger entgegenstellten. Andere Rivalen versuchten, Himmler das Siedlungsland streitig zu machen, von dem der Erfolg des Unternehmens entscheidend abhing.

Ostpreußens rabiater Gauleiter Koch, ein alter Gegner der SS, verhinderte jede RKF-gesteuerte Ansiedlung deutscher Rückwanderer im »Neuen Ostpreußen«, wie man die dem Koch-Gau zugeschlagenen polnischen Gebiete nannte. Als Greifelts führender Raumplaner, Professor Konrad Meyer-Hetling, das Land zu vermessen begann, drohte Koch, ihn aus Ostpreußen hinauswerfen zu lassen [119]. Andere zeigten ihre Gegnerschaft auf subtilere Art. Kaum hatte Himmler ein Zentralbodenamt gegründet, als federführendes Organ für die Beschlagnahmung polnischen Landbesitzes gedacht, da gründete Görings Vierjahresplan-Behörde eine »Haupttreuhandstelle Ost« (HTO). Sie manifestierte den Anspruch des zweitstärksten Mannes im Reich, den gesamten polnisch-jüdischen Besitz zu kontrollieren, also auch jene Ländereien, die Himmlers Zentralbodenamt den Umsiedlern vorbehalten wollte [120].

Göring demonstrierte dem SS-Chef sofort, daß er ihn nicht als gleichrangigen Partner betrachtete. Als Himmler, von der Gründung der Göringschen HTO alarmiert, bei dem Vierjahresplan-Chef vorstellig wurde, verwies ihn Göring an den Leiter der HTO, den Bürgermeister Max Winkler. Erst nach langem Palaver konnte sich der RKF mit dem Göring-Mann einigen: Die Haupttreuhandstelle Ost behielt die Kontrolle über den gesamten polnischen Industrie- und städtischen Landbesitz, Reichskommissar Himmler fiel das konfiszierte landwirtschaftliche Eigentum im deutschbesetzten Polen zu [121].

Damit aber besaß Himmler noch immer kein totales Verfügungsrecht über das neue Siedlungsland. Himmlers enttäuschter Artamanen-Freund, der Agrarminister Darré, dem der RKF bereits ein Mitspracherecht bei der Verteilung des Siedlungslandes im Osten hatte einräumen müssen [122], flüchtete sich in den Schatten des jäh im Osten aufgetauchten Göring-Apparates. Er gründete seinerseits eine Organisation für die Bewirtschaftung enteigneter

Polen-Güter und unterstellte sie Göring – offenbar in der Hoffnung, auf diesem Umweg stärkeren Rückhalt gegenüber dem RKF zu gewinnen [123].

Zwischen solchen Widerständen mußte sich Himmler vorsichtig hindurchwinden, um seine Planziele zu erreichen. Der RKF wäre schon bald an dem eisernen Gesetz nationalsozialistischer Selbstbehinderung gescheitert, hätte sich der Reichsführer-SS nicht auf seinen Polizeiapparat im Osten stützen können. Bereits am 8. November 1939 hatten sich in Krakau die Höheren SS- und Polizeiführer des Ostens mit dem Befehlshaber der Sicherheitspolizei im Generalgouvernement getroffen und das besprochen, was SS-Männer euphemistisch den »negativen« Aspekt der Volkstumspolitik nannten: die zwangsweise Aussiedlung von Polen und Juden aus den ins Reich »wiedereingegliederten«, ehemals polnischen Gebieten [124].

In Litzmannstadt (Lodz) errichtete die Sicherheitspolizei eine sogenannte Umwanderungszentralstelle (UWZ), die einheitlich die Zwangsauswanderung unerwünschter Polen und Juden aus den Reichsgauen ins Generalgouvernement plante [125]. Mit gewohnter Rücksichtslosigkeit trat die Sicherheitspolizei zur Vertreibung der gezeichneten Polen an. Bis zum Februar 1940 waren 300 000 Polen ins Generalgouvernement »umgesiedelt«, immer schneller und höher kletterten die Vertreibungsziffern der Sipo: im Warthegau 120 000 polnische Landbesitzer deportiert, in Danzig-Westpreußen 35 000, in Ostoberschlesien 15 000 [126]. Bis zum Ausbruch des Rußlandkrieges waren eine Million Polen aus ihrer angestammten Heimat verjagt [127]. Rasch führten die SS-Ansiedlerstäbe die volksdeutschen Einwanderer heran und delegierten sie – nach komplizierten Überprüfungen durch das RuSHA – auf die verlassenen Polen-Anwesen.

Mitte 1941 waren 200 000 deutsche Rückwanderer mit Neubesitz versorgt [128]. Die Verteilung des polnischen Eigentums besorgte Greifelts Dienststelle: Die deutschen Umsiedler erwarben von Polens 928 000 Bauernhöfen mit 99,5 Millionen Hektar Land insgesamt 47 000 Bauernhöfe mit 9,22 Millionen Hektar. Von den 60 000 Wirtschaftsbetrieben Polens erhielten Umsiedler bis Ende 1942 etwa 20 Prozent zugewiesen, Reichsdeutsche acht Prozent; 51 Prozent gehörten schon den ansässigen Deutschen, und 21 Prozent wurden von deutschen Treuhändern verwaltet. Etwa 20 000 Handwerkerbetriebe gingen in den Besitz der deutschen Einwanderer über, die Masse (80 Prozent) blieb in der Hand ihrer polnischen Besitzer [129].

Dem Volkstums-Phantasten Himmler genügte es freilich nicht, die echten Volksdeutschen ins Reich zu rufen und im Osten anzusiedeln. Getreu seiner Denkschrift vom Mai 1940 begann Himmler, jeden deutschen Blutstropfen aus dem polnischen Volkstum herauszupressen: Wieder machten die Rassekommissionen mobil, die versteckten Germanen aufzuspüren. Himmler ließ eine »Deutsche Volksliste« anlegen, in die jeder deutschstämmige Bewohner des Ostens eingetragen wurde. Er mußte sich in einer der vier Gruppen kategorisieren lassen. Volksliste I: bewährte Volkstumskämpfer. Volksliste II: passive Volksdeutsche, die mindestens zu 50 Prozent die deutsche Sprache beherrschten. Volksliste III: Personen zweifelhafter deutscher Abstammung.

Volksliste IV: deutschstämmige NS-Gegner, die am Kampf gegen die deutsche Volksgruppe in Polen teilgenommen hatten [130].

Neben den Deutschstämmigen gerieten auch Nationalpolen unter die Lupe der Rassefahnder. Hier mußten nordische Wesenszüge entdeckt werden, um den Mechanismus der »Wiedereindeutschung« auszulösen, ging es doch nach der irren Logik der rassischen Heilslehre und nach einer SS-amtlichen Schrift (»Der Menscheneinsatz«) darum, das im Osten »vorhandene deutsche Blut auch dann für das Deutschtum zurückzugewinnen«, wenn der Blutsträger Pole sei [131]. Für Himmler gab es kaum ein fremdes Volkstum, dessen »nordische Vertreter« nicht germanisiert werden konnten. Himmler erklärte, auch »Goralen, Lemken und Huzulen, deren germanischer Ursprung, zumindest germanische Durchsetzung« feststehe, sollten »im Laufe der Zeit verdeutscht werden«[132].

Besonders hartnäckig ließ Himmler polnische Kinder verfolgen, in denen er ideale Eindeutschungs-Kandidaten witterte. In Posen war das Gerücht aufgekommen, Polen hätten in den ersten Kriegstagen deutsche Kinder in Waisenhäusern versteckt. Prompt erließ der RKF den Befehl, alle polnischen Waisenhäuser aufzulösen und ihre Insassen nach rassenpolitischer Überprüfung in deutsche Kinderheime zu überführen. Später wurden auch Kinder aus Familien nach Deutschland entführt [133]. »Reinrassige Kinder von Polen«, schrieb Himmler am 13. Juni 1941 an den Herrn des Warthegaus, Gauleiter Greiser, »sollten von uns in speziellen Kindergärten oder Kinderheimen erzogen werden. Den Eltern kann man sagen, es handelt sich um die Gesundheit der Kinder [134].«

Ein halbes Jahr danach brachte Himmler die SS-eigene Entbindungs-Organisation »Lebensborn« ins Spiel. Deren Heime wurden dazu ausersehen, polnische Kinder aufzunehmen und später an kinderlose Familien von SS-Angehörigen zu vermitteln. Die »Heu-Aktion« (so der Codename des Kidnapper-Unternehmens) ließ Tausende polnischer Kinder im Reich untertauchen [135]. Wer sich aber weigerte, seine Kinder eindeutschen zu lassen, mußte schärfster Repressalien der Sicherheitspolizei gewärtig sein. Die Volksdeutsche Brunhilde Muszynski, Ehefrau eines polnischen Offiziers, wollte ihre Kinder nicht in Deutschland erziehen lassen. Beschluß der Einwandererzentrale Zamosc, einer Dienststelle des Reichssicherheitshauptamtes: »Ihre Kinder sind zu sterilisieren und irgendwo als Pflegekinder unterzubringen [136].«

Solche Fälle waren jedoch selten, meist ergaben sich Polen und Volksdeutsche der Germanisierungsprozedur Himmlers. 100 000 Vollblutpolen ließen sich eindeutschen, eine Million Menschen zu Deutschen der Volkslisten I und II erklären, zwei weitere Millionen zu Deutschen der Kategorien III und IV[137].

Die Umsiedlungs- und Germanisierungs-Erfolge Himmlers vermehrten jedoch auch die Zahl seiner Gegner. Schlesiens katholischer Gauleiter Josef Wagner befürchtete, Himmler werde noch das ganze Heer der polnischen Facharbeiter in der oberschlesischen Schwerindustrie zur Abwanderung

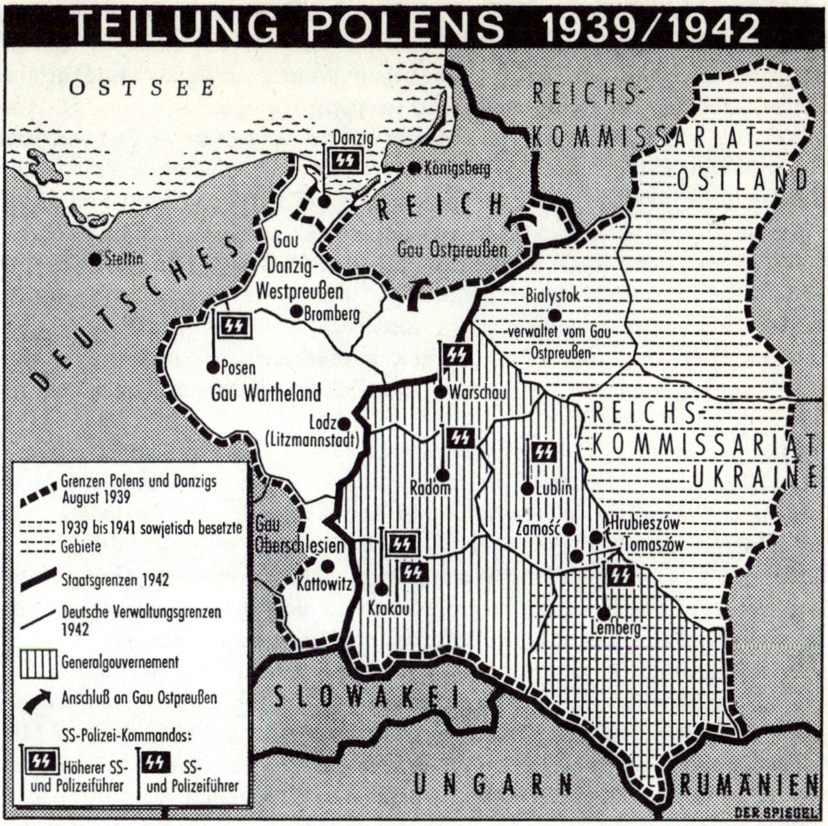

zwingen; seinen Gegenzügen gelang es immer wieder, die bereits angeordneten Evakuierungsmaßnahmen der Dienststelle Greifelt zu verwässern [138]. Auch die Wirtschaftsoffiziere des OKW appellierten an Himmler, das Tempo der Umsiedlung herunterzuschrauben [139]. In Danzig spottete Forster öffentlich – »in sehr zynischer Form«, wie der lokale Sipo-Inspekteur meldete –, gewisse Theoretiker (»Es war eindeutig klar, daß er ganz besonders die Kreise der SS gemeint hat«) hätten ja keine Ahnung von Volkstumspolitik [140]. Und die Regierung des Generalgouvernements maulte in Brandbriefen an die Reichskanzlei, allmählich werde die Umsiedlungspolitik »unmöglich, in ihren katastrophalen Folgen auch nicht mehr erträglich«. Das Hineinpumpen polnischer Abwanderer ins Generalgouvernement, so hieß es in einem Brief vom 25. Juni 1940, habe zu einer »trostlosen Ernährungslage« geführt [141].

Himmler sah sich an allen Fronten so von Rivalen, Neidern und Kritikern behindert, daß er nur hoffen konnte, ein Wunder möge ihm neue Bewegungsfreiheit verschaffen. Das Wunder besorgte Adolf Hitler: Am 22. Juni 1941 meldeten alle deutschen Rundfunksender, die Divisionen des Reiches seien zum Kreuzzug wider den bolschewistischen Weltfeind angetreten.

Die Fortsetzung des Krieges im Osten, der Feldzug gegen Rußland, erschloß dem Himmlerschen Tatendurst neue und immer weiträumigere Gebiete. Was die Forster und Wagner, die Koch und Göring verhindert hatten, das sollten Himmler jetzt die unendlichen Weiten Rußlands ermöglichen: neues, unbegrenztes Siedlungsland zu schaffen. Himmler und seine SS-Führer erfaßte ein Rausch, der Rausch der schier unbegrenzten Steppen und riesigen Wälder. Benebelt von den kontinentalen Ausmaßen der russischen Räume, begannen die SS-Planer ihre Reißbretter hervorzuzerren und phantastische Zukunftsvisionen zu entwerfen, grotesk, utopisch, pathologisch.

Schon im Januar 1941 hatte Himmler dem SS-Gruppenführer Erich von dem Bach-Zelewski bei einer Tagung auf der Wewelsburg anvertraut, die große deutsche Ostplanung mache erforderlich, 30 Millionen Slawen zu beseitigen [142]. In der Gruppe III B des Reichssicherheitshauptamtes setzten sich die Volkstumsexperten zusammen, das Zukunftsreich der Deutschen im Osten zu entwerfen [143].

Der »Generalplan Ost«, wie sie ihre zu Papier gebrachte Phantasmagorie nannten, sah vor, Deutsche sollten den ganzen Osten bis zu einer Linie Leningrad–Ladogasee–Waldaihöhen–Brjansk–Dnjeprbogen besiedeln. 31 Millionen Fremdvölkische seien auszusiedeln, 14 Millionen dürften im Siedlungsraum verbleiben, müßten jedoch innerhalb von 30 Jahren eingedeutscht sein. Das Generalgouvernement und die Baltenstaaten sollten völlig »umgevolkt« werden. 85 Prozent der 20 Millionen Polen seien in Westsibirien anzusiedeln, ebenso 65 Prozent der Westukrainer. Sie hätten den deutschen Einwanderern Platz zu machen, zunächst 840 000 »Sofortsiedlern«, dann einer zweiten Welle deutscher Umsiedler in Stärke von 1,1 Millionen. Für die folgenden zehn Jahre rechnete das RSHA mit 200 000, für die weiteren zwei Jahrzehnte mit 2,4 Millionen Deutschen [144].

Wie sollte sich aber ein so kleiner Haufen gegen die schon zahlenmäßige Übermacht der fremden Völker halten und den von Himmler verordneten Führungsanspruch durchsetzen? Der Siedlungs- und Raumplaner Konrad Meyer-Hetling, SS-Oberführer, Professor und Direktor des Instituts für Agrarwesen und Agrarpolitik an der Universität Berlin, wußte darauf eine papierene Antwort. In einer Denkschrift, die der SS-Professor dem Reichsführer am 28. Mai 1942 ablieferte [145], skizzierte Meyer das Wunderland des deutschen Herrenmenschen: Aus der östlichen Landmasse werden sogenannte Siedlungsmarken herausgeschnitten und der Hoheitsgewalt des Reichsführers-SS unterstellt; er, der kommende Lehnsherr des Ostens, dirigiert die Marken-Siedler in die vorgesehenen Räume und verleiht ihnen Lehen verschiedener Art, »Zeitlehen«, »Erblehen« und »Eigentum besonderen Rechts« [146]. Die vom Reichsführer-SS eingesetzten »Markhauptleute« beaufsichtigen die Siedlungsmarken, deren Bevölkerung nach 25jähriger Pionierarbeit zur Hälfte aus Deutschen bestehen muß. Meyer-Hetling konzipierte zunächst drei Marken außerhalb der total einzudeutschenden Balten- und Polenländer: den Raum westlich Leningrads (Ingermanland), das Gebiet Krim-Cherson (»Gotengau«) und das Memel- und Narewgebiet [147]. Daneben wird das deutsche Kolonialreich im Osten mit einem

System von 26 Stützpunkten bedeckt. Die fremde Bevölkerung in diesen Gebieten ist zunächst nur bis zu 30 Prozent einzudeutschen; die Stützpunkte sichern die »großen deutschen Lebensadern an ihren Schnittpunkten durch kleine Städte mit rund 20 000 Einwohnern und einem Kranz deutscher Dörfer in einem Radius von 5 bis 10 km« – so Himmler [148].

Der Reichsführer war begeistert. Hier formierte sich endlich jene Welt, die er erträumt hatte: die Welt der Wehrbauernsiedlungen unter dem alleinigen Protektorat Heinrich Himmlers. »Stellen Sie sich vor, Herr Kersten, welch ein herrlicher Gedanke«, enthüllte er seinem Intimus. »Es ist die größte Siedlungstat, die die Welt je gesehen haben wird, zugleich verbunden mit der höchsten und notwendigen Aufgabe, dem Schutz der abendländischen Welt vor dem asiatischen Einbruch [149].« Immer wieder holte er Karten und Pläne hervor, in denen die Wehrbauernsiedlungen aufgezeichnet waren. Himmler wurde nicht müde, seinem Leibarzt die Grundrisse der Wehrbauernsiedlungen zu erklären: hier die 30 bis 40 Bauernstellen eines Dorfes, dort der Führerhof, um den sich das Wehrbauerndorf gruppiert, da der SS-Wehrbauernsturm, zu dem alle männlichen Bewohner zusammengefaßt sind. Kersten notierte Himmlers Worte mit: »Wir werden hier einen Wehrgeist heranbilden, wie Sie ihn noch nicht erlebt haben und der uns die Garantie dafür gibt, daß der Block, der entsteht, unzerstörbar ist [150].«

Himmler hatte bereits den SS-Führer gefunden, der die Phantasien des Reichsführers realisieren wollte: den SS- und Polizeiführer von Lublin, Brigadeführer Odilo Globocnik. Der gelernte Baumeister Globocnik, einer der ungebildetsten und hitzigsten Gefolgsleute Himmlers, hatte allen Grund, den Reichsführer durch nimmermüden Übereifer zufriedenzustellen. Er mußte Himmler dafür danken, daß die SS den Altnazi und Triester Rittmeistersohn in den Orden aufgenommen hatte, obwohl ihn selbst der nicht engherzige Reichsschatzmeister Schwarz zu den dunkelsten Ehrenmännern der Partei rechnete: 1933 war der Vizegauleiter Globocnik wegen Ermordung eines Wiener Juweliers nach Deutschland geflohen, 1939 der Gauleiter Globocnik wegen Devisenschiebungen abgesetzt worden [151]. Er machte durch rüde Gesinnungstüchtigkeit wett, was ihm an bürgerlicher Reputierlichkeit fehlte. »Sein Draufgängertum läßt ihn oft die gegebenen Grenzen sprengen und die ihm innerhalb des Ordens gezogenen Grenzen vergessen«, schrieb ihm das SS-Personalhauptamt in die Führungspapiere [152].

Der spätere Juden-Liquidator Globocnik, wie Himmler Anhänger rassenbiologischer Mammutprojekte, war im Südosten seines Lubliner Distrikts auf die Spuren früher deutscher Siedlungen gestoßen. Die Entdeckung inspirierte ihn zu dem Plan, ein neues deutsches Siedlungsgebiet zu schaffen; die polnische Bevölkerung sollte »abgesiedelt«, in jedem Kreis SS- und Polizeieinheiten mit deutschen Siedlern seßhaft gemacht werden – in den Städten Zamość, Tomaszów und Hrubieszów wollte Globocnik beginnen [153].

Nun wußte freilich der Brigadeführer, daß der Generalgouverneur Frank schwerlich sein Einverständnis zu einer so gewaltigen Umsiedlungsaktion geben würde, die Polens katastrophale Wirtschafts- und Verkehrslage noch verschlimmern mußte. Doch Globocnik setzte auf die natürliche Rivalität zwischen Frank und Himmler. Er trug seinem Reichsführer den Plan vor. Himmler griff zu. Ein Blick auf die Karte wird ihm verdeutlicht haben, daß Globocniks Experimentierfeld just dort lag, wo ein langräumiges Viereck begann, in das Himmler den Schwerpunkt SS-eigener Ansiedlungspolitik verlagern wollte.

Das Viereck erstreckte sich zwischen Lublin, Schitomir, Winniza und Lemberg. Jeder dieser Namen bezeichnete einen Höhepunkt der SS-Aktivität: In Lublin residierte Globocnik, in Schitomir hatte Himmler während der ersten Phase des Ostfeldzuges seine Feldkommandostelle aufgeschlagen und zugleich ein Zentrum der Ansiedlung aller Ukraine-Deutschen eröffnet, Winniza lag am Rande Transnistriens, wo ein weiteres deutsches Siedlungsgebiet entstehen sollte, und in Lemberg, Hauptstadt des inzwischen dem Generalgouvernement angegliederten Ostgalizien, regierte der alte Dollfuß-Gegner, SS-Brigadeführer Wächter [154]. »In diesem Viereck«, so vermutet der amerikanische Historiker Robert L. Koehl, hervorragendster Kenner der Volkstumspolitik des Schwarzen Ordens, »dort, wo zwei deutsche Verwaltungsgebiete zusammenstießen und die polnisch-ukrainische Volksgrenze lag, hätte sich vielleicht eines Tages ein SS-Staat erhoben, wären die Deutschen in Rußland siegreich gewesen [155].«

Himmler gab Globocnik im Herbst 1941 das Startzeichen [156]. Den möglichen Widerstand Franks gegen das Lubliner Umsiedlungsprojekt schätzte er offenbar gering ein. Er beschwor damit einen hemmungslosen Machtkampf herauf, der wiederum bewies, wie wenig die Schutzstaffel die Politik des Dritten Reiches allein beherrschen konnte.

Kaum hatte Himmler bei einem Besuch in Lublin, ohne die Regierung des Generalgouvernements zu informieren, den Kreis Zamošć zum ersten deutschen Großsiedlungsgebiet erklärt [157], da trat ihm ein Mann entgegen, der bis dahin nach außen verborgen hatte, daß ihn das Einsickern des RKF in sein Hoheitsgebiet bis aufs Blut reizte: Dr. Hans Frank, Generalgouverneur in Polen, Reichsminister ohne Geschäftsbereich, Reichsrechtsführer und Reichsleiter der NSDAP.

Nichts wies darauf hin, daß sich des Rechtswahrers Frank ein Haß auf die SS bemächtigt hatte, der ungestüm zur Entladung drängte. Hans Frank galt als einer der radikalsten NS-Führer, er hatte das Recht aller liberalen Zusätze berauben wollen, er folgte Adolf Hitler mit einer blindfanatischen Ergebenheit, ja Hörigkeit, wie sie oft Ästheten und Homosexuelle viril-autoritären Vaterfiguren bezeugen. Dieser Advokat des Teufels, »einer der intelligentesten und zugleich emotional unstabilsten Alten Kämpfer«, wie ihn der amerikanische Psychiater G. M. Gilbert analysierte [158], war auch nach Polen mit dem festen Willen gekommen, das Programm des Führers rücksichtslos auszuführen. In seinen Tagebüchern stehen Kernsätze aus Frank-Reden, Aussprüche eines beklemmenden Machtwahns. Frank: »Wir wollen das Generalgouvernement behalten, wir geben es nicht mehr her [159] ... Ich gestehe ganz offen, daß das einigen tausend Polen das Leben kosten wird, vor allem aus der geistigen Führerschicht Polens[160] ... Wir liquidieren die Dinge im Lande. Wir werden es auch in der Form tun, die die einfachste ist[161] ... Es kommt hauptsächlich darauf an, die große nationalsozialistische Ostaufgabe hier in diesem Raum zu erfüllen. Es kann also nicht das Ziel sein, hier einen Rechtsstaat aufzubauen[162] ... Wer bei uns verdächtig ist, der soll gleich liquidiert werden[163].«

Frank war freilich zu intelligent, um nicht eines Tages zu entdecken, daß man allein mit Brutalität nicht regieren konnte. Er glaubte, die Polen nur dann für das Reich mobilisieren zu können, wenn es gelang, das Generalgouvernement zu einem wirtschaftlichen Musterland zu entwickeln, eine deutsche Herrenschicht ins Land zu ziehen und die fremden Völkerschaften von den Ukrainern bis zu den Kaschuben gegen die Polen auszuspielen.

Doch Himmlers Volkstumspolitik machte Franks Konzept zunichte. Die Sicherheitspolizei trieb eine Million Polen aus den wiedereingegliederten Gebieten ins Generalgouvernement und ramponierte damit die Ernährungsbasis der Frank-Domäne. Der Umsiedler Himmler zog 30000 der im Generalgouvernement lebenden Volksdeutschen (von insgesamt 90000) in den Warthegau ab[164] und ruinierte Franks Vision einer deutschen Herrenschicht. Der RKF begann, Goralen, Lemken, Kaschuben und Huzulen einzudeutschen, jene Volkssplitter, die Frank als Gegengewichte gegen die Polen einsetzen wollte. Schlimmer noch: SS-Verbände und Sicherheitspolizei gingen zu einer gnadenlosen Verfolgung tatsächlicher oder angeblicher polnischer Widerständler über, die Tausende harmloser Bauern in die Wälder und in die Reihen der Partisanen trieben. SS- und Polizeigerichte verhängten pauschale Todesurteile, ohne sich um Regierung und ordentliche Justiz zu kümmern[165].

Allmählich erwachte in Frank der Verdacht, der Höhere SS- und Polizeiführer Friedrich-Wilhelm Krüger sei von Himmler, wie es heute Gottlob Berger freimütig gesteht, »mit dem klaren Auftrag nach Krakau geschickt worden, Frank fertig zu machen«[166]. Immer deutlicher spaltete sich von der Verwaltung des Generalgouvernements eine SS- und Polizeiadministration ab, die sich als die eigentliche Herrscherin der Frank-Domäne aufspielte.

In ohnmächtiger Wut wetterte der bedrängte Generalgouverneur gegen die SS-Invasoren. Einen Protestbrief nach dem anderen sandte er an die Reichskanzlei ab[167], fast jede »Kabinettssitzung« in Krakau benutzte er, um Krüger zumindest in Worten darzulegen, wer Herr im Generalgouvernement sei. »Ich habe niemandem gegenüber einen Zweifel darüber gelassen, daß man hier nur regieren kann, wenn derjenige, der die Verantwortung hat, sie auch ganz hat«, herrschte Frank den Obergruppenführer Krüger an. »Deshalb ist es klar, daß der Höhere SS- und Polizeiführer mir unterstellt, daß die Polizei Bestandteil der Regierung, daß der SS- und Polizeiführer im Distrikt dem Gouverneur unterstellt ist[168].« Bei einer anderen Gelegenheit: »Es gibt keine Dienststelle des Reiches, die direkt oder indirekt in dies Gebiet hineinregieren könnte. Befehle erteilt nur der Generalgouverneur in unmittelbarer Vertretung des Führers, sonst niemand[169].«

Gelassen ließen Himmlers Beauftragte die Frank-Predigten über sich ergehen. Sie warteten auf ihre Stunde, König Frank den Todesstoß zu versetzen. Im Spätherbst 1941 glaubten sie, am Ziel ihrer Wünsche zu sein: Die Sicherheitspolizei kam einer Korruptionsaffäre auf die Spur, in die auch Hans Frank verwickelt war [170].

Der SS-Untersturmführer Lorenz Löv, Leiter der Warschauer Hauptverwaltungsstelle des Generalgouverneurs, hatte den Verdacht auf sich gelenkt, Gegenstände aus einem ihm unterstellten Pelz- und Warenlager mit einträglichem Gewinn verschoben zu haben. Er wurde vor dem SS- und Polizeigericht VI in Krakau angeklagt und wegen Unterschlagungen zu einer lebenslänglichen Zuchthausstrafe verurteilt [171]. Dabei waren die Ermittler des zuständigen SS-Richters Dr. Günther Reinecke auch auf das muntere Profitstreben des Generalgouverneurs und dessen Familie gestoßen, die sich offenbar mit staatlichen Mitteln zu Repräsentationszwecken erworbene Güter angeeignet hatten. Besonders Pelze hatten es der Familie Frank angetan.

Gleich nach der Verhaftung Lövs war das Pelzlager von Frank aufgelöst und der Inhalt zu Spottpreisen verkauft worden. SS-Richter Reinecke meldete dem Reichsführer am 1. Dezember 1941: »Die Frau des Generalgouverneurs bezog aus dem Lager verschiedene Pelzmäntel (mindestens 10 Stück), die über ihren persönlichen Bedarf bei weitem hinausgingen. Der Bedarf der Frau des Generalgouverneurs an Pelzen war damit aber bei weitem noch nicht gedeckt! So bezog sie von der Firma Apfelbaum in Warschau u. a. noch eine Maulwurfjacke, einen Bibermantel, einen Bisammantel, einen Hermelinmantel, zwei Breitschwanzmäntel, eine Hermelinjacke, ein Silberfuchs- und Blaufuchscape und andere Pelze. Nach Aussagen des SS-Sturmbannführers Faßbender wurde bei diesen Käufen der Preis von den Beauftragten der Frau des Generalgouverneurs, Angehörigen der Dienststelle des Generalgouverneurs, einfach auf ungefähr die Hälfte des Einkaufswertes festgesetzt [172].«

Auch andere Güter aus staatlichem Besitz hatte der Generalgouverneur in den eigenen Familienbesitz umzuleiten verstanden: Die Familie Frank ließ sich von der Warschauer Judenschaft Brillantringe, goldene Armbänder, goldene Füllfederhalter, Konserven, Picknickkoffer, Kaffeemaschinen und Lebensmittel zu »enorm billigen Preisen« (Reinecke) liefern [173]. Frank gab Order, Eigentum und Erzeugnisse des Staatsgutes Kressendorf auf sein in Süddeutschland gelegenes Gut Schobernhof zu verlagern, darunter 200 000 Eier, die eingekochte Obsternte eines Jahres, ferner Bettzeug und Möbel [174]. Im November 1940 wurden zwei Lebensmitteltransporte für den Schobernhof zusammengestellt; der eine Transportzug enthielt 72 Kilo Rindfleisch, 22 Kilo Schweinefleisch, 20 Gänse, 50 Hühner, 11 Kilo Salami, 13 Kilo Schinkenwurst und 11 Kilo Schinken, der andere: 80 Kilo Butter, 50 Kilo Öl, 12 Kilo Käse, 1 440 Eier, 20 Kilo Bohnenkaffee und 56 Kilo Zucker [175]. Zugleich ließ Frank aus Kirchen geraubte Plastiken, Madonnen, Engelputten und Ikonen in die Hauskapelle des Schobernhofes schaffen [176].

»Die Angelegenheit«, so urteilte SS-Richter Reinecke, »stellt einen Korruptionsfall übelster Art dar, der umso trauriger ist, als man aus ihm ersehen kann, daß ... Volksgenossen ihre Stellung als höhere politische Führer des Reiches fortlaufend dazu mißbrauchen, sich unter Ausnutzung der durch den Kriegszustand gegebenen Verhältnisse persönlich zu bereichern [177].«

Himmler nutzte die Affäre zu einem Coup gegen Frank. Da inzwischen auch Franks engster Gefolgsmann, der Radomer Gouverneur Dr. Karl Lasch, wegen eines Korruptionsskandals von der Sicherheitspolizei gestürzt worden war [178], glaubte der SS-Chef jetzt seinen Gegner auf die Knie zwingen zu können. Am 5. März 1942 mußte sich der Generalgouverneur im Salonwagen des Reichskanzlei-Chefs Lammers melden und einem Inquisitionstribunal stellen, dem außer Lammers der Parteikanzlei-Chef Bormann und Himmler angehörten. Der Reichsführer hielt die Anklagerede. Mit pedantischer Akribie hielt er dem Polen-Herrn jede Sünde vor, von dem Frank-Schwager Heinrich Herbst, der plötzlich die schwedische Staatsangehörigkeit angenommen hatte, bis zu den Pelzen der Frau Brigitte Frank [179].

König Frank mußte einen tiefen Kniefall machen, ehe man ihn wieder ziehen ließ. Der Preis: Aufnahme des HSSPF Krüger als Staatssekretär in die Regierung des Generalgouverneurs, Zugeständnis, daß Krüger auch unmittelbare Weisungen des Reichsführers-SS entgegennehmen dürfe, Versprechen Franks, den SS-feindlichen Lubliner Gouverneur Zörner abzulösen [180].

Indes, das Himmler-Tribunal erreichte nicht seinen Zweck. Frank war eben nach Krakau zurückgereist, da demonstrierte er bereits, daß er seinen Kampf gegen die SS fortführen werde. Am 10. März setzte Frank nicht ohne Dreistigkeit einen Brief an Lammers auf, in dem er praktisch alles zurücknahm, was Frank im Salonwagen gestanden hatte. »Heute kann ich sagen«, schrieb er, »daß es im Generalgouvernement eine einwandfreie staatliche, wirtschaftliche und soziale Ordnung der Deutschen gibt, die nur gemeinste Verleumdung zu negieren vermag. Ich ... möchte mich vor allem auf das entschiedenste dagegen verwahren, daß irgendwie auch nur der Schatten des Vorwurfs größerer korruptionistischer Ereignisse gerechtfertigt werden könnte [181].«

Den Aufpasser Krüger mußte er zwar zum Staatssekretär ernennen, aber der SS-Gegner Zörner blieb auf seinem Posten [182]. Frank tat, als sei nichts geschehen. Er begann erneut, SS und Polizei in Reden und Erlassen auf das schärfste anzugreifen. Die Berichte des SD, so ließ Frank zum Beispiel ins Kabinettsprotokoll eintragen, seien »Spitzelprodukte schlimmster Art, die nichts mit der objektiven Wahrheit zu tun hätten und nichts anderes seien als eine Ausgeburt des Hasses gegenüber der staatlichen Arbeit im Generalgouvernement« [183]. Als schließlich Globocnik in Lublin anfing, ohne Genehmigung der Krakauer Regierung Polen zu vertreiben und an deren Stelle Deutsche anzusiedeln, kannte Franks Wut keine Grenzen mehr. Ohne die Folgen zu bedenken, eröffnete er einen Feldzug gegen Himmler, der in der Geschichte des Dritten Reiches einmalig dasteht.

In Frank brach auf, was er kurz vor seinem Tode so beschrieb: »1942 bin ich endlich zu Verstand gekommen[184].« Was in ihm schon am 30. Juni 1934 im Stadelheimer Untersuchungsgefängnis leise angeklungen war, was sich in ihm bei dem Kampf gegen die Weiterexistenz der Konzentrationslager verstärkt hatte, das wurde ihm jetzt zur Gewißheit. Des Führers Advokat warnte die Deutschen vor dem Gift des totalitären Staates. Er ließ sich von deutschen Universitäten zu Vorträgen einladen und hastete von Katheder zu Katheder. Berlin, Wien, München, Heidelberg – seine alarmierten Zuhörer hörten eine noch nie öffentlich formulierte Botschaft: fort mit der Willkür von Polizei und SS.

Am 9. Juni 1942 in der Berliner Universität: »Noch nie war ein Reich denkbar ohne Recht – oder gegen das Recht. Ein Volk läßt sich nicht durch Gewalt beherrschen, ein Volksleben ohne Recht ist undenkbar ... Es geht nicht an, daß in einem Staat einem Mitglied der Gemeinschaft Ehre, Freiheit, Leben, Eigentum genommen werden, daß man es verstößt und verurteilt, ohne daß es zuvor gegen die erhobenen Anklagen hat Stellung nehmen können[185].«

Am 1. Juli 1942 in der Wiener Universität: »Ich werde mit dem ganzen Fleiß meiner Ideen immer wieder bezeugen, daß es schlimm wäre, wollte man etwa polizeistaatliche Ideale als ausgeprägt nationalsozialistische Ideale hinstellen ... Es gibt viele, die sagen: Die Menschlichkeit ist etwas Müdes, irgend etwas, was sich mit der Stärke dieser Zeit nicht verträgt. Ich bin anderer Meinung. Jeder Staat, auch der unsere, muß es sich zum Grundsatz machen, daß seine Methoden der geschichtlichen Aufgabe, die ein Staat jeweils zu erfüllen hat, zu entsprechen haben, daß aber in keinem Fall Menschlichkeit einen Staat gefährden kann[186].«

Am 20. Juli 1942 in der Münchner Universität: »Auch im Kriege ist das Postulat einer Rechtskultur für die Entwicklung unserer völkischen Ordnung wichtig. Es darf nicht den Anschein bekommen, als ob das Recht in unserem Reiche schutzlos werden sollte. Das Recht ist der persönliche Schutz unseres Volkes ... Es ist nicht die Gewalt allein, die den Staat stark macht. Brutalität aber ist niemals mit Stärke identisch ... Ich sage: Stark ist nur, wer das Recht nicht fürchtet[187].«

Am 21. Juli 1942 in der Heidelberger Universität: »Niemals darf es einen Polizeistaat geben, niemals! Das lehne ich ab. Ich bin daher als Nationalsozialist und als Führer der deutschen Rechtswahrer berufen, mich gegen diese dauernden Verunglimpfungen des Rechts und der Rechtswahrer in jeder Form zu verwahren. Ich verwahre mich dagegen, daß man einen Stand lediglich aus Gehässigkeit und dauernder nörgelnder Kritiksucht angreift und verunglimpft[188].«

Die Eingeweihten hielten den Atem an. Jetzt mußte der vernichtende Schlag gegen den selbstmörderischen SS-Kritiker Frank kommen, jetzt konnte nichts und niemand den Herausforderer Himmlers mehr retten. Und der Schlag kam. »Führer, schütze auch den Rechtswahrer!« hatte Frank ekstatisch vom Katheder heruntergerufen[189]. Hitler gab die Antwort: Er stieß Frank aus allen Parteiämtern aus und entließ ihn auch als Reichsminister[190]. Am

24. August 1942 reichte Frank seinen Rücktritt als Generalgouverneur in Polen ein [191].

Doch seltsam: War es eine Art Respekt für die Courage des alten Mitkämpfers, oder wollte der Diktator den Polizeiapparat nicht zu mächtig werden lassen – Hans Frank blieb auf seinem Posten in Krakau. Er blieb 1942. Er blieb 1943. Er blieb 1944 – er blieb, bis er den Weg zum Nürnberger Galgen antreten mußte. Himmler sollte niemals in Polen die Alleinherrschaft erringen. Im Gegenteil, die SS-eigenen Gegenspieler Franks stürzten in die Kulissen. Im Herbst 1943 wurde Odilo Globocnik wegen allzu dunkler Geschäfte von Himmler aus der Anti-Frank-Front herausgezogen [192], im Herbst folgte ihm der Höhere SS- und Polizeiführer Krüger, der sich schon als Nachfolger des schwankenden Frank gefühlt hatte [193].

Heinrich Himmler mußte den Prestigeverlust verwinden. Sein Führer gab ihm wenig Zeit zum Nachdenken. Er hatte Himmler bereits zu einer neuen Aufgabe gerufen, gegen die das polnische Martyrium nur ein schwaches Vorspiel war. Auf den Reichsführer-SS wartete die grausigste Henkersarbeit der Geschichte: die Vernichtung des europäischen Judentums.

13 Die Endlösung

Am 11. November 1941 notierte sich Leibarzt Felix Kersten: »Himmler ist heute sehr bedrückt. Er kommt aus der Kanzlei des Führers. Ich behandle ihn. Nach längerem Drängen und Fragen, was ihm fehle, erklärt er, man plane die Vernichtung der Juden [1].« Es war das erste Mal, daß Himmlers Intimus und Masseur von der »Endlösung der Judenfrage« erfuhr. Kersten (»Ich war entsetzt«) [2] will sich sofort gegen den furchtbaren Plan schärfstens geäußert haben, doch der sonst so gesprächige Himmler verhielt sich auffallend reserviert.

Kurz darauf nahm Kersten einen neuen Anlauf. Am 16. November merkte er sich: »Ich versuchte in den letzten Tagen immer wieder bei Himmler, auf das Los der Juden zurückzukommen. Gegen alle Gewohnheit hörte er mich nur stumm an [3].« Erst ein Jahr später, am 10. November 1942, wurde Himmler gesprächiger. Himmler: »Ach, Kersten, ich wollte ja die Juden gar nicht vernichten. Ich hatte ganz andere Ideen. Aber dieser Goebbels hat das Ganze auf dem Gewissen [4].« Dann erzählte er: »Vor Jahren bekam ich vom Führer den Befehl, die Juden aus Deutschland zu entfernen. Sie sollten ihr Vermögen sowie bewegliches Hab und Gut mitnehmen können. Ich begann die Aktion, habe sogar Übergriffe, die von meinen Leuten begangen und mir gemeldet wurden, bestraft. Fest stand aber unerbittlich und unerschütterlich: Heraus mußten die Juden aus Deutschland! Bis zum Frühling 1940 konnten Juden noch ungestört Deutschland verlassen, dann siegte Goebbels.«

Kersten: »Wieso Goebbels?«

Himmler: »Goebbels vertrat den Standpunkt, daß die Judenfrage nur mit der restlosen Vernichtung aller Juden zu lösen sei. Solange noch ein Jude lebe, werde er immer ein Feind des nationalsozialistischen Deutschlands sein. Daher sei jede Milde und Humanität den Juden gegenüber am falschen Platz [5].«

Das Gespräch mit Himmler, das der fleißige Tagebuchschreiber Kersten festgehalten hat, widerspricht dem Bild, das sich viele Zeitgenossen und vor allem die Nachwelt von der Entstehungsgeschichte der sogenannten Endlösung der Judenfrage entworfen haben. Die Vernichtung des europäischen Judentums ist so sehr mit der Geschichte der Schutzstaffel verbunden, ja sie wird vermutlich die einzige Tat bleiben, der sich Menschen in Jahrhunderten erinnern werden, wenn der Name der SS fällt, daß leicht die irrige Vorstellung entstehen konnte, die Täter des größten Massenverbrechens der Geschichte seien zugleich mit seinen Urhebern identisch.

Der erste Gestapo-Leiter, Rudolf Diels, wähnte nach dem Krieg, die Endlösung habe sich 1942 »in den Köpfen Himmlers und Heydrichs abgezeichnet«[6]; nach der Überzeugung des ehemaligen Chefdolmetschers des Auswärtigen Amts, Paul Schmidt, ging ebenfalls »die ›Endlösung‹ von der Gruppe Heydrich, Himmler, Streicher aus«[7]. Selbst aktenkundige Historiker haben solche Urteile akzeptiert. Der Geschichtsschreiber Léon Poliakov meint, Heydrich habe als erster NS-Funktionär noch vor Kriegsausbruch die Vernichtung der Juden projektiert[8], und Poliakovs amerikanischer Kollege Henry A. Zeiger behauptet gar, erst auf Heydrichs Vorschlag hin, jeden Juden in Europa zu töten, hätten Hitler und Göring 1941 die Endlösung beschlossen[9].

Diese Interpretation entbehrt der konkreten Beweise. Sie stützt sich praktisch nur auf die naheliegende Überlegung, daß die Männer, die Millionen Juden in eine Orgie von Blut, Vernichtung und Sadismus stürzten, nicht gleichsam über Nacht von friedlichen Bürgern zu Massenmördern geworden sein können – mit anderen Worten: daß die Judenvernichtung in den Herzen und Hirnen der SS bereits angelegt war, noch ehe der Befehl zur Vernichtung gegeben wurde. Dem stehen jedoch Indizien gegenüber, die den Schluß zulassen, daß die Judenmord-Entscheidung außerhalb der SS-Führung entstanden ist. Bis zum Frühsommer 1941, dem mutmaßlichen Datum der Hitler-Entscheidung, gibt es kein Dokument irgendeiner SS-Organisation, das die physische Vernichtung des europäischen Judentums vorsieht. Noch in seiner berüchtigten Denkschrift über die »Behandlung der Fremdvölkischen im Osten« vom Mai 1940 lehnte Himmler »die bolschewistische Methode der physischen Ausrottung eines Volkes aus innerer Überzeugung als ungermanisch und unmöglich« ab[10].

Was die These von der geistigen Urheberschaft Himmlers vollends fragwürdig macht, ist die unbezweifelbare Tatsache, daß Hitlers Entschluß zur Endlösung eine andersartige Konzeption zerstörte, der die Schutzstaffel jahrelang angehangen hatte. Das SS-Konzept hieß: Vertreibung der Juden aus Deutschland, euphemistisch Auswanderung genannt. Wie gnadenlos auch diese ursprüngliche Judenpolitik der SS betrieben wurde, ein Gedanke war ihr bis zum Kriegsausbruch fremd: die Vorstellung, Juden physisch zu vernichten. Nichts konnte die Juden-Referenten der SS-Führung mehr ergrimmen als die unverhüllte Mordhetze des antijüdischen Gauleiters Julius Streicher und seiner Wochenzeitung »Der Stürmer«.

Seit die Schutzstaffel zum wichtigsten Instrument der Führerdiktatur geworden war, zogen maßgebliche Männer der SS eine Judenpolitik vor, die sich in manchen Nuancen von dem Vulgär-Antisemitismus der NSDAP abhob. Selbstverständlich stand auch die SS im Banne der inhumanen Doktrin, die das Judentum zu einer Art Gegenrasse deklarierte, zu einem Prinzip des Bösen, dem der Spruch des obersten Parteirichters Buch galt: »Der Jude ist kein Mensch. Er ist eine Fäulniserscheinung[11].«

Der SS bedeutete der Antisemitismus um so mehr eine unerschütterliche Glaubenswahrheit, als in den Zeiten der Wirtschaftskrise die depossedierten Söhne jenes Bauern- und Kleinbürgertums in die SS geströmt waren, das dank der monokausalen Weltschau des Antisemitismus im Juden die eigentliche Ursache des wirtschaftlichen Unglücks sah. Die jungen Bürgersöhne im SS-Rock teilten den leicht sozialistisch eingefärbten Antisemitismus ihrer Väter, aber für ihr Denken wurde eine verfeinerte Art der Judenfeindschaft noch entscheidender: der Sozialdarwinismus, also die Lehre, deren Verfechter glaubten, die von dem britischen Naturforscher Charles Darwin (1809 bis 1882) entdeckten Gesetze über die natürliche Auslese und den Kampf ums Dasein ließen sich auch auf das Gebiet der Staatspolitik übertragen.

Wie in keiner zweiten Organisation der NSDAP grassierte im Schwarzen Orden die von Darwin übernommene und abgewandelte Überzeugung, durch Auslese könne man die wertvollen Arten eines Volkes verbessern und fortbilden. Für die Rassemystiker der SS gab es nur eine wertvolle Art: die der nordisch-germanischen Rasse [12]. Diese politisch angewandte Biologie gab Darwins Begriff vom Kampf ums Dasein einen ganz neuen Sinn. Was bei dem Engländer noch Natur war, wollten die Sozialdarwinisten mit den Zwangsmitteln des autoritären Staates künstlich etablieren: das Recht der stärkeren und besseren Rasse, die niedere Art auszuschalten.

Die Zielrichtung jeder Sozialpolitik zivilisierter Staaten verkehrte sich ins Gegenteil. Nicht länger schien es selbstverständliche Aufgabe des Staates, andersartige Minderheiten, Schwache und Benachteiligte zu schützen; jetzt sollte nur noch gelten, das »gute Blut« zu stärken und die angeblich lebensuntüchtigen Elemente auszumerzen. Nationen waren für die SS-Männer nicht mehr gewachsene Wesen, sondern – wie der Historiker Buchheim formuliert – »unrationell angelegte und von Unkraut durchwucherte Pflanzungen, in denen einmal Ordnung geschaffen werden mußte, indem man die Asozialen isolierte, die ›Fermente der Dekomposition‹ unschädlich machte, wertvolle Elemente vermehrte und minderwertige verkümmern ließ« [13].

Auch die frühen Sozialdarwinisten hatten schon den Rassebegriff in den Mittelpunkt ihrer Überlegungen gerückt. Der Biologe Wilhelm Schallmayer schlug 1903 eine »Fruchtbarkeitsauslese« vor; durch rassenhygienische Kontrolle der Heiratspartner, Heiratsverbote, Sterilisierung Minderwertiger könne man erreichen, daß sich die gute Rasse durchsetze [14]. Wer erkennt da nicht Himmlers Rasseromantik mit ihren Sippeneiden, Heiratserlaubnissen und rassehygienischen Untersuchungen wieder? Himmler redete in der Sprache der Sozialdarwinisten: »Wenn nämlich dieses führende Blut in Deutschland, mit dem wir stehen und fallen, mit dem guten Blut sich nicht vermehrt, werden wir die Erde nicht beherrschen können [15].«

Hier war auch der Punkt, an dem sich der wirtschaftlich argumentierende Antisemitismus mit dem rassistisch zugespitzten Sozialdarwinismus zu jener Judenfeindschaft verband, die für das Weltbild der Schutzstaffel charakteristisch war. Der jüdische Mensch wurde zur Symbolfigur des Anders- oder Minderwertigen, gegen das sich die gute Rasse behaupten müsse. Himmler erklärte, der antijüdische Kreuzzug, »der Kampf zwischen Menschen und Untermenschen«, sei »genau so Naturgesetz, wie der Kampf des Menschen gegen irgendeine Seuche, wie der Kampf des Pestbazillus gegen den gesunden

Körper«[16]. Über die Schutzstaffel ergoß sich ein Strom judenfeindlicher Schulungsvorträge, überall hämmerte es: Der Jude ist ein Fremdkörper. Ein Standardvortrag für SS-Einheiten verbreitete 1936 dies: »Der Jude ist ein Schmarotzer. Wo er gedeiht, sterben die Völker. Seit grauer Vorzeit bis in unsere Tage hinein hat der Jude ganz buchstäblich alle seine Gastvölker ums Leben gebracht und ausgerottet, sowie er die Macht dazu hatte. Wenn wir den Juden aus unserem Volkskörper ausscheiden, so ist das ein Akt der Notwehr[17].«

Wie aber sollte man die Juden »ausscheiden«? Das war für die NS-Antisemiten die zentrale Frage, und an ihr schieden sich die Geister im nationalsozialistischen Lager. Die jungen Intellektuellen, die vor allem in den Kommandoposten des SD saßen, zeigten einen deutlichen Horror vor den primitiven Rezepten des parteiamtlichen Haut-den-Juden-Kurses. Lange Zeit wußten sie freilich nur, was sie *nicht* wollten. Sie wollten nicht die »Stürmermethoden«, jene vom Gauleiter Julius Streicher und seinem »Stürmer« betriebene, aus wirtschaftlichen und sexuellen Haß- und Neidmotiven gemischte Hetze, die letzten Endes darauf hinauslief, niedrigste Instinkte gegen jüdische Menschen zu mobilisieren und den Juden jedes Lebensrecht zu rauben.

Den SD-Intellektuellen, die ebenso radikale wie »vernünftige« Nationalsozialisten sein wollten, erschien just diese Form der Judenfeindschaft als ein »Antisemitismus, der uns schadet«, wie eine Schlagzeile im »Schwarzen Korps« besagte[18]. Die Aufhetzung der Straße gegen Juden dünkte die SD-Führer eine Torheit von Primitivlingen; wer – so etwa räsonierten sie – die Schaufenster jüdischer Geschäfte einschlage, beeinträchtige den Ruf des neuen Deutschlands in der Welt, ohne die Judenfrage auch nur um einen Schritt der Lösung näherzubringen. »Die nationalsozialistische Bewegung und ihr Staat«, konnte man am 5. Juni 1935 im »Schwarzen Korps« lesen, »treten diesen verbrecherischen Machenschaften mit aller Energie entgegen. Die Partei duldet nicht, daß ihr Kampf für die heiligsten Güter der Nation zu Straßenaufläufen und Sachbeschädigungen umgefälscht wird[19].«

Die Männer des SD waren zu intelligent, um die niedrige antisemitische Propaganda der Partei goutieren zu können. Wäre es nach ihnen gegangen, hätten sie die Masse der Anti-Juden-Propaganda einstampfen lassen, kam es ihnen doch nur darauf an, die sogenannte Judenfrage auf eine kaltrationale Art zu lösen. Ihrem Rotstift fiel manches Produkt des nationalsozialistischen Judenwahns zum Opfer. Als die Berliner Verlagsanstalt Paul Schmidt im Herbst 1935 ein Flugblatt veröffentlichte, das dem Judentum die Schuld am Abessinien-Krieg zuschob und so konstruiert war, daß sich aus dem Zusammenfalten des Papiers ein karikierter Judenkopf ergab, vermerkte die Abteilung II 2 B des Geheimen Staatspolizeiamts: »Der Inhalt des Flugblattes ist als grober Unfug anzusehen. Polizeirat Reinke (Stapo Bln.) hat fernmündlich Anweisung erhalten, die Beschlagnahme des Flugblattes sofort zu veranlassen[20].«

Nicht einmal die Protokolle der »Weisen von Zion«, eisernes Rüstzeug jedes antijüdischen Propagandisten, fanden Gnade vor den Augen der SD-Zensoren. In den Schulungskursen der Allgemeinen SS blieben sie als Relikte antisemitischen Hexenwahns und gleichsam als geistige Nahrung für die SS-Laienbrüder erhalten, der SS-Untersturmführer Edler von Mildenstein aber, erster Judenreferent des SD, hielt sie schlicht für »Quatsch«[21]. Bei den Büchern des Hochmuth-Verlages handle es sich um unbedenkliche Erzeugnisse, »abgesehen davon, daß auch auf die Protokolle der Weisen von Zion Bezug genommen wird«, befand am 21. Juli 1938 SS-Oberscharführer Herbert Hagen, Juden-Experte des SD[22]. Über die im Zentralverlag der NSDAP erschienene Broschüre »Der Judenspiegel« von Rudolfs notierte Hagen: »In seinem Übereifer sieht er [der Verfasser] auch das Werk des Judentums, wo eine natürliche und geistige Entwicklung wirksam war, die auch ohne Einwirkung des Judentums zu irgendeiner Auswirkung ... geführt hätte[23].«

Die SD-Gutachter ließen sich auch nicht durch ein Aufgebot gewichtigster NS-Funktionäre davon abhalten, allzu plumpe antisemitische Schwarten abzulehnen. Das berüchtigtste Produkt aus dem Streicher-Lager, das Jugendbuch »Der Giftpilz« des »Stürmer«-Chefredakteurs Ernst Hiemer, zog höchste Lobsprüche auf sich. NS-Verlagsherr Amann: »Gehört in die Hand eines jeden deutschen Jungen und Mädels.« SA-Stabschef Lutze: »Dieses Werk [ist] in seiner Einmaligkeit geeignet, ... aufklärend in der Judenfrage zu wirken.« Gauleiter Wächtler: »Garantiert auch für die Zukunft richtiges Verhalten des deutschen Menschen dem Judentum gegenüber[24].« Das SD-Hauptamt urteilte dagegen trocken: »Der Ansicht der zahlreichen Begutachter kann nicht beigetreten werden, da das Buch vom Sachlichen abgesehen nicht einmal stilistisch einwandfrei ist und damit hies[igen] E[rachtens] nicht für die Unterrichtung von Kindern geeignet ist[25].«

Das unverkennbare Unbehagen der SD-Elite blieb jedoch weitgehend unartikuliert, bis im Sommer 1935 der spätere SS-Untersturmführer Leopold Edler von Mildenstein eine SS-eigene Judenpolitik zu formulieren begann. Heydrich war auf den gebürtigen Prager durch den Bericht über eine Palästinareise aufmerksam geworden, den der gelernte Ingenieur und Globetrotter von Mildenstein im Herbst 1934 in dem Berliner NS-Organ »Der Angriff« veröffentlicht hatte. Von Mildenstein schilderte darin völlig nüchtern die Zukunftsaussichten eines jüdischen Palästina[26].

Der Untersturmführer war ebensowenig Antisemit wie sein unbeholfener Adlatus Adolf Eichmann oder der SD-Zentralabteilungsleiter Reinhard Höhn, der noch 1929 in einem Buch den Antisemitismus eine »verseuchende Hetze« genannt hatte[27]. Edler von Mildenstein durfte sich Freund prominenter Zionistenführer nennen, er war ein regelmäßiger Besucher von Zionistenkongressen, wo er auf die Idee gekommen war, die ihn mit den Zionisten verband: daß nur die Auswanderung nach Palästina die Judenfrage lösen könne. Er hegte die Illusion, der NS-Antisemitismus könne und werde diese Auswanderung fördern. Die SS sollte dabei helfen, denn von Mildenstein wußte, daß die SS-Führung der weitgehend willkürlichen, uneinheitlichen Judenpolitik der NSDAP kritisch gegenüberstand.

Die Partei hatte sich nie schlüssig werden können, wie Antisemitismus praktisch zu verwirklichen sei. Hitler vermied in »Mein Kampf« jeden konkreten Hinweis auf eine antisemitische Gesetzgebung, und der NS-Rassenexperte Achim Gercke hielt es 1933 für »in jeder Hinsicht verfrüht, Pläne auszuarbeiten«[28]. Alfred Rosenberg behalf sich mit der Formel, die Juden müßten als »eine in Deutschland lebende Nation anerkannt«, aber aus führenden Positionen in Politik, Kultur und Wirtschaft ausgeschaltet werden[29]. Und der SS-Standartenführer und spätere Reichsgesundheitsführer Dr. Conti erklärte gar, das neue Deutschland verurteile jeden Rassenhaß, Juden stellten »keine minderwertige, sondern eine andersartige Rasse« dar[30].

Die Historiker begnügten sich später damit, in diesen uneinheitlichen NS-Deklarationen nur verschiedene Tarnungen eines zentral geplanten, von Stufe zu Stufe schärferen Ausrottungsfeldzugs zu sehen. Wer so viel Planung in die Aktionen des Dritten Reiches hineinliest, verkennt die seltsam strukturlos-widerspruchsreiche Natur der nationalsozialistischen Herrschaft. Solche Erklärungen spiegelten die Auffassungen verschiedener Antisemiten-Gruppen in der Partei wider, von denen es mindestens drei gab: eine völkische Gruppe, die den Einfluß der Juden in Politik und Kultur zurückdämmen, ihnen aber in der Wirtschaft eine nahezu unbegrenzte Mitarbeit zugestehen wollte – zu den führenden Männern dieser Gruppe zählten Dr. Walter Groß, der Leiter des Rassenpolitischen Amtes der NSDAP, und der Rassereferent im Reichsinnenministerium, Ministerialrat Dr. Bernhard Lösener; eine Gruppe mystischer NS-Antisemiten und Rassetheoretiker rund um Alfred Rosenberg und eine Gruppe pornographisch-neurotischer Judenfeinde um Julius Streicher und den erst spät dazugestoßenen Joseph Goebbels.

In der Leidensgeschichte der deutschen Juden nach 1933 läßt sich ablesen, welche der verschiedenen NS-Gruppen jeweils die Politik gegenüber den jüdischen Deutschen bestimmte:

In den ersten Monaten nach der NS-Machtübernahme bestimmte Streichers Antisemitismus die antijüdischen Maßnahmen des Regimes. Die blutigen Ausschreitungen gegen Juden im März 1933, der Boykott jüdischer Geschäfte am 1. April, die Ausschaltung jüdischer Beamter, Ärzte und Juristen, die ersten Arisierungen jüdischer Geschäfte, die Vertreibung jüdischer Menschen aus Badeanstalten, Konzertsälen und Kunstausstellungen – dies alles trug unverkennbar die Handschrift Streichers[31].

1934 ebbte der Terror gegen die Juden ab. Das Kommando übernahmen etwas maßvollere Antisemiten, die wie der NS-Juristenführer Hans Frank erklärten, das Regime wolle »in der Weiterverfolgung der Auseinandersetzung mit den Juden eine gewisse Beendigung eintreten lassen«[32]. Die jüdischen Mitbürger faßten neuen Mut, schon meldete der »Völkische Beobachter« am 9. Mai 1935, fast 10 000 der aus Deutschland geflohenen Juden seien wieder zurückgekehrt[33].

Das Pendel der Judenfeindschaft schlug jedoch 1935 erbarmungslos zurück.

Diesmal gab Joseph Goebbels den Ton an. »Wir wollen die Juden nicht mehr!« schrie er in einer Rede am 29. Juni 1935 und polemisierte gegen die »dummen und albernen Phrasen bürgerlicher Intellektueller, daß der Jude auch ein Mensch sei«[34]. Schlag um Schlag verringerte sich der Lebensraum des deutschen Juden. Auf dem Berliner Kurfürstendamm kam es zu heftigen Ausschreitungen gegen jüdische Mitbürger, Juden mußten Wehrmacht und Arbeitsdienst verlassen, neue Schilder tauchten auf: »Juden unerwünscht« – und am Ende stand das schmachvollste Gesetzeswerk deutscher Geschichte, die Nürnberger Gesetze, die das deutsche Judentum zu einer Pariagruppe und jeden Verkehr zwischen Juden und Nichtjuden zu einem Staatsverbrechen erklärten[35].

Allerdings, ein weiteres Jahr danach – 1936 – lockerte sich wieder die eiserne Faust der Antisemiten. Der latente Verleumdungsfeldzug gegen die Juden ging weiter, aber der jetzt bestimmende und eher – wenn überhaupt – zur völkischen Antisemiten-Gruppe zu rechnende Vierjahresplan-Chef Hermann Göring zögerte offenkundig, die Juden vollends aus der Wirtschaft zu vertreiben.

Dieses Spiel der Antisemiten-Gruppen in der Partei wollte der SS-Untersturmführer Leopold von Mildenstein beenden und die Judenfrage auf die einzige Art lösen, die nach seiner Meinung eine vernünftige und dauerhafte Regelung sicherte: durch die Auswanderung aller Juden. Die Idee war nicht neu; ihre Verwirklichung zerschellte jedoch immer wieder an der Unlust anderer Länder, Juden in großer Zahl aufzunehmen. Die SD-Führung wollte daher die 503 000 Juden Deutschlands in das Land abschieben, das SS-Führer und Zionisten gleichermaßen für das Heimatland der alten und neuen Juden hielten – Palästina.

Leopold von Mildensteins Palästina-Plan barg jedoch eine Schwierigkeit. Nur eine Minderheit unter den deutschen Juden zeigte Lust, nach Palästina auszuwandern; von den jüdischen Auswanderern des Dritten Reiches gingen 1933 etwa 19 Prozent nach Palästina, ein Jahr später kletterte die Prozentzahl auf die einsame Höhe von 38, um dann immer stärker abzufallen: 36 Prozent im Jahr 1935, 34 im Jahr 1936, 16 im Jahr 1937[36]. Verzweifelt hielt die Masse der deutschen Juden, trotz Drangsalierung, trotz Diffamierung, trotz Terrors, an der Auffassung der »C. V. Zeitung«, der Stimme des Central-Vereins deutscher Staatsbürger jüdischen Glaubens, fest: »Mit Würde und mit Mut werden wir die mitleidlosen Maßnahmen Deutscher gegen deutsche Juden auf eigener Heimaterde zu ertragen wissen[37].«

Neben jener Mehrheit wirkte allerdings auch eine kleine Gruppe zionistischer Wortführer, die das traditionelle deutsch-patriotische Denken der Juden des Reiches umlenken wollten. Ihnen erschien zunächst der Einbruch des Nationalsozialismus keineswegs als eine Katastrophe, sondern als die einmalige geschichtliche Chance, den Zionismus zu verwirklichen: die Heimkehr zu einem jüdischen Staat und zu einem jüdischen Nationalgefühl. Sie waren seltsam fasziniert von dem Sieg der deutschen Antisemiten, in dem sie zugleich eine Niederlage des westlich-aufgeklärten Judentums sahen, das nichts anderes wollte als in den nichtjüdischen Wirtsvölkern aufzugehen. Fast klang es wie Triumph, als die zionistische »Jüdische Rundschau« nach Hitlers Machtübernahme proklamierte: »Eine Weltanschauung ist zusammengebrochen; wir wollen ihr nicht nachjammern, sondern an die Zukunft denken [38].«

Mancher geriet anfangs in die Versuchung, den 30. Januar 1933 für einen nützlichen Wendepunkt jüdischer Geschichte zu halten, für eine Rückkehr »des Juden zu seinem Judentum«. Der Satz stand in einer Schrift des jungen Rabbiners Dr. Joachim Prinz (»Wir Juden«), in der Hans Lamm, der Chronist des deutschen Judentums im Dritten Reich, »eine eigenartige, fast apologetische Deutung des Phänomens des Antisemitismus« fand. Prinz schrieb, es gäbe »dieser Judenfrage gegenüber kein Entrinnen mehr«; die Emanzipation habe den Juden »zur Anonymität und zur Leugnung seines Judentums« gezwungen, ohne ihm zu nützen. Denn: »Diese Anonymität schuf in den Menschen, die den Juden trotz alldem erkannten, die Spannung des Fremdseins und des Mißtrauens.« Was für ein Weg aber führt hinaus aus dieser jüdischen Tragödie? Nur einer, der Weg nach Palästina. Prinz: »Kein Schlupfwinkel birgt uns mehr. Wir wünschen an die Stelle der Assimilation das Neue gesetzt: das Bekenntnis zur jüdischen Nation und zur jüdischen Rasse [39].«

Welch eine Verlockung für die jüdischen Nationalisten, mit Hilfe und unter dem Druck des deutschen Rassismus der zionistischen Idee den Sieg zu erfechten, der ihr im human-demokratischen Klima der Weimarer Republik versagt geblieben war! Wo Zionisten und Nationalsozialisten Rasse und Nation zu Maßstäben aller Dinge erhoben, da mußte sich eine gemeinsame Brücke finden lassen. Die »Jüdische Rundschau«, das Organ der deutschen Zionisten, hatte es schon am 13. Juni 1933 offen ausgesprochen: »Der Zionismus anerkennt die Existenz der Judenfrage und will sie in einer großzügigen, konstruktiven Weise lösen. Er will hierfür die Mithilfe aller Völker gewinnen, der judenfreundlichen ebenso wie der judenfeindlichen, weil es sich nach seiner Auffassung hier nicht um Sentimentalitäten, sondern nur um ein reales Problem handelt, an dessen Lösung alle Völker interessiert sind [40].«

Und just an dieser Stelle setzten die Überlegungen Leopold von Mildensteins ein. Der SD mußte die deutschen Assimilationsjuden wieder zu »bewußten« Juden machen, mußte die »Dissimilation« fördern, um in möglichst vielen Juden den Drang nach Palästina zu wecken – in das einzige Land, das (damals) die jüdische Einwanderung noch weitgehend erlaubte. Himmler leuchtete Mildensteins Plan ein, er befahl ihm, mit der Arbeit zu beginnen. Der Untersturmführer errichtete im SD-Hauptamt ein Judenreferat, das die Amtsbezeichnung II 112 erhielt, und eröffnete eine Ära SS-eigener Judenpolitik, der es nach Hans Lamm gefiel, »eine prozionistische Haltung einzunehmen oder vorzugeben« [41].

Die neue SS-Politik offenbarte sich in den Spalten des »Schwarzen Korps«, dessen antijüdische Attacken plötzlich vor den »nüchternen, ganz unsenti-

SCHICKSAL DER DEUTSCHEN JUDEN

Jüdische Bevölkerung 1933:	**503 000**
Auswanderer 1933 bis 1945:	**270 000**
davon in die USA:	90 000
nach Palästina:	50 000
Ermordete: (darunter Auswanderer in solche Länder, die im Verlauf des Krieges von Deutschland besetzt wurden)	**170 000**
Sterbeüberschuß 1933 bis 1945: (= mehr Todesfälle als Geburten, ohne Ermordete)	**72 000**
Jüdische Bevölkerung 1945:	**23 000**

Alle Angaben beziehen sich auf die jüdische Bevölkerung des Reichsgebiets in den Grenzen von 1933

Auswanderungen und Deportationen der deutschen Juden 1932 bis 1945

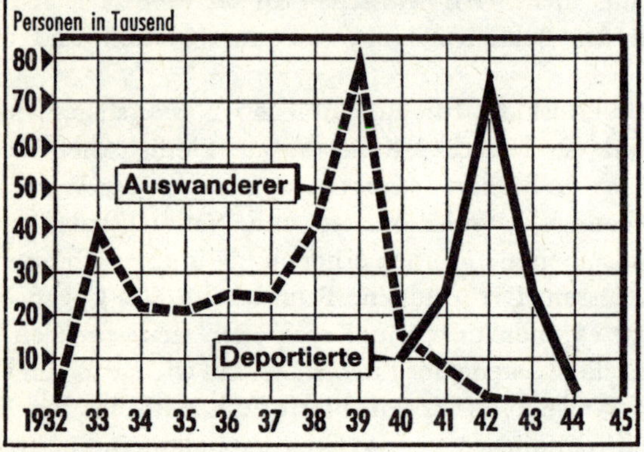

mentalen Juden« des Zionismus haltmachten. »Die Zeit dürfte nicht mehr allzu fern sein, in der Palästina seine seit über ein Jahrtausend verlorenen Söhne wieder aufnehmen kann«, prophezeite das SS-Organ. »Unsere Wünsche, verbunden mit staatlichem Wohlwollen, begleiten sie [42].«

Der SD forcierte die jüdische Auswanderung nach Palästina, obwohl einstweilen formell nur die Gestapo und das Reichsinnenministerium zuständig waren. Zwischen 1933 und 1937 hatten 24 000 Juden nach Palästina emigrieren können; der SD verstärkte nun seinen Druck auf auswanderungswillige Juden [43]. Referatsleiter von Mildenstein förderte die von zionistischen Organisationen unterhaltenen Umschulungslager, in denen junge Juden auf die landwirtschaftliche Arbeit in Palästinas Kibbuzim vorbereitet wurden [44]. Er verfolgte aufmerksam die Arbeit der Zionisten. Er ließ in seinem Referat große Karten entwerfen, die das Vordringen des Zionismus im deutschen Judentum festhielten.

Jeder zionistische Erfolg dünkte den Männern von II 112 wie ein eigener Erfolg, zionistische Niederlagen waren ihnen auch Niederlagen des SD. Es habe erst der NS-Machtübernahme bedurft, hielt II 112 nicht ohne Stolz fest, »um einen Teil der Juden in Deutschland zurückzuführen zum jüdischen Nationalismus« [45], und fast wie Bedauern klang die betrübte Feststellung, »daß ein sehr großer Teil der augenblicklich begeisterten Zionisten nur ›Scheinzionisten‹, ohne wirkliche Verbindung mit den Ideen des Zionismus« seien [46]. Und argwöhnisch registrierte ein Zionismus-Beobachter des SD die Unternehmungen der antizionistischen Juden, so des Sportvereins des assimilatorischen »Reichsbundes jüdischer Frontsoldaten«, besaß er doch »zahlen- und leistungsmäßig das absolute Übergewicht im jüdischen Sport, ein Umstand, der keineswegs begrüßenswert ist und wieder einmal zeigt, daß das zionistische Gedankengut bei einem großen Teil der jüdischen Jugend noch nicht Fuß gefaßt hat« [47].

Zu den Beobachtern des Zionismus gehörte ein junger SS-Mann, den die SS-Oberen in einer Fensternische des Johannis-Saals im Wilhelmstraßen-Palais, dem Sitz des SD-Hauptamts, beim Aufkleben alter Siegel aus Freimaurerlogen aufgestöbert und zum Judenreferat abkommandiert hatten. Der Mann war durch seine grotesk-dienstbeflissene Art aufgefallen, mit der er jedem Vorgesetzten begegnete. Der Scharführer Adolf Eichmann, 1906 in Solingen geboren, mit der Familie nach Oberösterreich gezogen, ehedem Kumpel in einem Bergwerk, Elektroverkäufer und Handelsvertreter in Ölsachen, durch Zufall ins Reich verschlagen und nach kurzem Dienst bei der SS-Verfügungstruppe in den SD eingetreten, hatte es sich zur Regel gemacht, in jedem SS-Führer ein höheres Wesen zu sehen. Unermüdlich sprang er zackig in Habachtstellung, wenn Vorgesetzte den Saal betraten, und das waren nicht wenige [48]. Einen so eifrigen Mann konnte Leopold von Mildenstein gut gebrauchen. Eichmann wurde gefragt, ob er für II 112 arbeiten wolle. Eichmann nickte stramm. Er wußte zwar keinen Grund zu nennen, warum gerade er sich mit der jüdischen Frage beschäftigen solle, aber Adolf Eichmann war später sicher: »Ich hätte damals zu allem Ja und Amen gesagt, nur um von dieser Siegelaufkleberei wegzukommen [49].«

Nichts deutete auf antisemitische Spuren in Eichmanns Leben. Wie er sich lange Zeit nicht hatte schlüssig werden können, ob er einer Loge oder der SS beitreten solle, so wußte er auch kaum, was von Juden zu denken war. Er besaß nicht mehr Vorurteile gegen sie als andere Kameraden, eher weniger: Er zählte manchen Juden in seiner Verwandtschaft, er hielt sich eine jüdische Freundin, er verdankte Juden seine mäßige Karriere im Geschäftsleben [50]. Gleichwohl entwickelte er sich unter Mildensteins Obhut schnell zum antisemitischen Experten. Er war bald ein unentbehrlicher Helfer des Juden-Referats, während von Mildenstein, dessen unorthodoxe Art Himmlers Stab mißfiel, schon nach zehnmonatiger Dienstzeit aus dem SD-Hauptamt ausschied und später in die Dienste des Auswärtigen Amtes trat [51].

Im Referat II 112 erhielt Eichmann das Sachgebiet »Zionistische Organisationen«[52]; er wußte so überzeugend mit hebräischen Vokabeln und zionistischen Begriffen zu renommieren, daß sich im SD-Hauptamt das Gerücht verbreitete, Eichmann sei ein alter Palästina-Deutscher mit genauer Kenntnis von Land und Leuten[53]. Tatsächlich paukte er sich mühsam mit Theodor Herzls »Der Judenstaat« und einem hebräischen Lehrbuch in nächtlichen Überstunden ein paar notdürftige Begriffe ein[54]. Immerhin reichte das Wissen aus, in das Gewebe der zionistischen Organisationen und Parteien einzudringen. Eichmann arbeitete in kurzer Zeit eine Denkschrift »Die zionistische Weltorganisation« aus, die im Oktober 1936 als SS-Leitheft erschien[55]. Bei dieser Arbeit war Eichmann und dem Nachfolger von Mildensteins, dem Journalisten und SS-Oberscharführer Herbert Hagen, zum ersten Mal aufgegangen, welchem Dilemma die SS-eigene Förderung der zionistischen Auswanderung zusteuerte.

Vor den SS-Männern tat sich eine ideologische Kluft auf, die sie nie ganz überwinden sollten. Das Dilemma: Einerseits wollten sie alle Juden nach Palästina ziehen lassen, andererseits graute ihnen vor der Möglichkeit, dort könne ein starker jüdischer Staat entstehen. »Die Arbeit der ›Zionistischen Weltorganisation‹«, so schrieb Eichmann 1936, »birgt eine sich verstärkende Gefahr: ein starkes jüdisches Palästina. Das Weltjudentum wird für alle Zeiten ... für Deutschland als Gegner bestehen; ein starkes jüdisches Palästina könnte ein wesentlicher Faktor seines Kampfes sein[56].« Damit erschöpfte sich die Gefahr noch nicht; der Zionismus drohte den deutschen Antisemitismus in dessen eigener Festung herauszufordern, nämlich in der Stunde, da in Palästina ein jüdischer Staat entstand und die deutschen Juden unter sein Protektorat nahm. Referatsleiter Hagen sah es so: »Es ist selbstverständlich, daß Deutschland die Bildung eines solches Staatsmonstrums keineswegs billigen kann, käme doch sonst möglicherweise der Tag, wo sich seine ganzen staatenlosen Juden die palästinensische Staatsbürgerschaft holen würden, um dann als sogen[annte] Minderheit eine Vertretung bei der deutschen Regierung zu fordern[57].«

Da Hagen und Eichmann nicht, wie später der einzelgängerische SD-Führer Otto Ohlendorf, bereit waren, den Juden einen Minderheitenstatus einzuräumen[58], blieb ihnen nur die vage Hoffnung, Palästinas britische Mandatsmacht werde die Gründung eines jüdischen Staates niemals erlauben. Aber konnte man dessen sicher sein? Der SD beschloß, die zionistischen Organisationen noch schärfer zu überwachen.

Das SD-Hauptamt befahl, alle Unternehmungen der »Zionistischen Vereinigung für Deutschland« (ZVfD) und der zionistischen Bewegung »Hechaluz« sorgfältig zu kontrollieren. »Die Arbeit der Zentrale der ZVfD in Berlin W, Meinekestr. 10, Tel. Nr. J 1 90 31, erfordert eine besonders scharfe Überwachung«, hieß es in einem SD-internen Befehl. Für die Hechaluz ordnete II 112 an: »Die Arbeit der Umschulungslager des ›Hechaluz‹ und seiner Nebenorganisationen ist nach Möglichkeit zu überwachen; d. h. die Teilnehmer an solchen Kursen sind namentlich zu erfassen. Nach Beendigung von den... Kursen ist festzustellen, ob die Teilnehmer, soweit sie im Oberabschnittsgebiet wohnhaft sind, tatsächlich auswandern[59].«

Doch Hagen und Eichmann begnügten sich nicht damit, die Zionisten in Deutschland zu kontrollieren. Wollten sie sich ernsthaft über die Chancen einer jüdischen Staatsgründung informieren, so mußten sie in die Gehirnzentrale der zionistischen Bewegung eindringen.

Ein alter Freund von Mildensteins bot ihnen eine Chance dazu. Der Kaufmann Otto von Bolschwingh, Parteigenosse, Informant des SD und lange Zeit im Autogeschäft tätig, unterhielt Beziehungen zu einer Gruppe von Palästina-Deutschen, die ihre Kasse durch nachrichtendienstliche Nebenbeschäftigungen aufbesserten. Zu ihnen gehörte auch Dr. Reichert, der Korrespondent des »Deutschen Nachrichtenbüros« in Jerusalem[60]. Reichert wiederum verfügte über Kontakte zu einem der führenden Männer einer zionistischen Geheimorganisation, die wie kaum eine andere Institution (vom britischen Intelligence Service abgesehen) die Phantasie des SD beschäftigte: der Hagana.

Über sie hatte Eichmann schon 1936 vermerkt: »Sämtliche in der ZO [Zionistische Weltorganisation] zusammengefaßten Parteien und Verbände werden von einer zentralen Abwehr- und Überwachungsstelle überwacht, die im jüdisch-politischen Leben eine außerordentlich wichtige Rolle spielt. Diese Stelle führt den Namen ›Hagana‹ [= Selbstschutz].« Sie sei nicht nur die militärische Verteidigungsorganisation der jüdischen Siedler, sie unterhalte auch einen weitverzweigten Spionageapparat[61]. Aus dem Führungsstab dieser Geheimarmee kam der am 11. September 1900 in Polen geborene Buchprüfer Feivel Polkes, der durch Gelegenheitsinformationen bei Dr. Reichert manches Honorar einkassierte[62]. Er bekleidete den Rang eines Kommandeurs in der Hagana, ihm oblag – so registrierte Hagen – »die Leitung des gesamten Selbstschutzapparates der palästinensischen Juden«[63].

II 112 bekundete Interesse für den Hagana-Kommandeur, und im Februar 1937 machte sich der Israeli auf den Weg nach Berlin. Am 26. Februar durfte Adolf Eichmann seinen jüdischen Gast in Berlin begrüßen, zweimal – das eine Mal im Weinrestaurant »Traube« am Zoo – bewirtete der SS-Hauptscharführer den Hagana-Mann[64], beim zweiten Male revanchierte sich Polkes: Er lud Eichmann nach Palästina ein[65]. Freilich, der Sendbote aus Palästina war kein gewöhnlicher Agent. Ihm gehe es darum, erläuterte er Eichmann, die jüdische Einwanderung nach Palästina zu verstärken, damit die Juden in ihrer alten Heimat das Übergewicht über die Araber erhielten; zu diesem Zweck arbeite er mit den Geheimdiensten Englands und Frankreichs zusammen, er wolle auch mit Hitler-Deutschland kooperieren[66].

»Er würde u. a. die deutschen außenpolitischen Interessen im Vorderen Orient tatkräftig unterstützen..., wenn die deutschen Devisenverordnungen für die nach Palästina auswandernden Juden gelockert würden«, meldete Eichmanns Referat am 17. Juni 1937[67]. Dem SD wird wohl allmählich aufgegangen sein, daß Polkes nicht aus eigenem Antrieb nach Berlin gekommen war – hinter ihm stand offenkundig die Einwanderungspolitik der Hagana. Eichmann schrieb denn auch, »als Gegenleistungen könnten Polkes folgende Zusicherungen gemacht werden: Auf die Reichsvertretung der Juden in Deutschland wird ein Druck dahingehend ausgeübt, daß sie die aus Deutschland auswandernden Juden verpflichtet, ausschließlich nach Palästina, nicht aber in irgendein anderes Land zu gehen. Eine solche Maßnahme liegt durchaus im deutschen Interesse und wird bereits durch Maßnahmen des Gestapa vorbereitet [68].«

Am 26. September 1937, pünktlich um 8.50 Uhr bestiegen Eichmann und Hagen einen Eisenbahnzug, um das sich vorsichtig ankündende Bündnis zwischen Schutzstaffel und Hagana zu befestigen [69]. SD-Chef Heydrich hatte erlaubt, der Einladung des Polkes nach Palästina zu folgen [70]. Die beiden Sendboten waren nur notdürftig getarnt; Eichmann reiste als Schriftleiter des »Berliner Tageblattes«, Hagen als Student [71].

Am 2. Oktober legte das Schiff »Romania« mit den zwei SD-Männern an Bord im Hafen von Haifa an, doch die arabischen Judengegner störten das Konzept der deutschen Judengegner: Ende September hatten arabische Nationalisten einen neuen Aufstand entfesselt, der die britische Mandatsmacht zwang, den Belagerungszustand zu verhängen und die Grenzen des Landes abzuriegeln [72]. Die SD-Männer mußten sich mit Polkes in Kairo treffen. Der Hagana-Kommandeur erklärte sich mit einer Monatsgage von 15 Pfund Sterling einverstanden und lieferte die ersten Informationen [73]. Hagen hielt als Meinung des Polkes fest: »Über die radikale deutsche Judenpolitik zeige man sich in nationaljüdischen Kreisen sehr erfreut, weil damit der Bestand der jüdischen Bevölkerung in Palästina so vermehrt werde, daß in absehbarer Zeit mit einer Mehrheit der Juden gegenüber den Arabern in Palästina gerechnet werden könne [74].«

Die Ausbeute des Palästina-Unternehmens erschien zwar Eichmann als ein »mageres Ergebnis« [75], gleichwohl dünkte Himmler und Heydrich die Arbeit ihres Zionismus-Experten so erfolgversprechend, daß sie ihm ein halbes Jahr später, nach dem Einmarsch in Österreich, die Leitung der jüdischen Auswanderung übertrugen. Zum ersten Mal wurde der SD auch formell in die Judenpolitik des Regimes eingeschaltet. Eichmann, seit Januar 1938 Untersturmführer, war zum Judenreferenten beim Inspekteur der Sicherheitspolizei und des SD in Wien bestellt worden [76]; sein Auftrag lautete, mit allen Mitteln die jüdische Auswanderung zu betreiben.

Bis dahin war die Auswanderung mehr oder weniger freiwillig gewesen, jetzt setzte Eichmann den Zwang der Sicherheitspolizei dahinter und bedrängte die Juden derartig, daß die Auswanderung einer Austreibung gleichkam. Der neue Untersturmführer erlag einem Rausch der Organisation: Er entdeckte plötzlich, daß er planen und befehlen konnte. Eichmann kam eine Idee. Dem Durcheinander der Polizei-, Staats- und Parteidienststellen, die sämtlich für die Auswanderung der Juden zuständig waren, wollte er ein Ende machen und alle Beteiligten – Behörden und jüdische Vertreter – zusammenfassen. Für den jüdischen Zwangsauswanderer sollte eine einheitliche Stelle entstehen, »ein laufendes Band, vorne kommen das erste Dokument drauf und die anderen Papiere und rückwärts müßte dann der Reisepaß abfallen« – so Eichmann[77].

Aus dem Fließband wurde die »Zentralstelle für jüdische Auswanderung«, die sich unter Eichmanns Führung in einem alten Rothschild-Palais in Wiens Prinz-Eugen-Straße 20–22 niederließ. Mit Eichmann kamen die Mitarbeiter, die später zu Boten und Befehlsträgern des Rassenmordes werden sollten: die Brüder Hans und Rolf Günther, Franz Novak, Alois und Anton Brunner, Erich Rajakowitsch, Stuschka, Hrosineck, kaltblütige und unermüdliche Strategen der Judenaustreibung[78].

Mit den Mitteln der Erpressung brachte Eichmanns Zentralstelle den jüdischen Exodus in Gang. Da die Masse der 300 000 Juden Österreichs mittellos war und nicht das von den Einwanderungsländern verlangte Mindestkapital (»Vorzeigegeld«) besaß, andererseits das devisenschwache NS-Regime die jüdische Auswanderung nicht finanzieren mochte, wurden die reicheren Juden gezwungen, den Auszug mit ihrem eigenen Hab und Gut zu subventionieren[79]. »Wir haben das in der Form gemacht«, erläuterte Heydrich die Praktik seines Judenvertreibers, »daß wir den reichen Juden, die auswandern wollten, bei der jüdischen Kultusgemeinde eine gewisse Summe abgefordert haben. Das Problem war ja nicht, die reichen Juden herauszukriegen, sondern den jüdischen Mob[80].« Zugleich ließ Eichmann die Führer der österreichischen Juden ins Ausland ausschwärmen, um von jüdischen Hilfsorganisationen Gelder für die Auswanderung zu beschaffen. So stellte das »American Joint Distribution Committee« im Frühjahr 1938 rund 100 000 Dollar zur Verfügung[81].

Mit derartigen Methoden fiel es Eichmann leicht, Erfolgszahlen nach Berlin zu melden. Bis zum Spätherbst 1938 hatte die Zentralstelle 45 000 österreichische Juden zur Auswanderung gebracht, in knapp achtzehn Monaten waren 150 000 Juden aus dem Land ihrer Väter vertrieben[82]. Doch Eichmanns Politik kalter Zwangsauswanderung konnte nur gelingen, solange die SS-Technokraten durch einen ruhigen Ablauf der Austreibung die Grenzen der Einwanderungsländer und die Schatullen der jüdischen Hilfsorganisationen offenzuhalten verstanden. Eben dies aber sabotierten die Extremisten in der Partei, die, ohnehin verstimmt über die Intervention des SD in die Judenpolitik, im Sommer 1938 eine neue Hetzkampagne gegen das Judentum starteten.

Julius Streichers »Stürmer« machte den Anfang. In den Spalten des Blattes tauchte immer stärker die Forderung auf, die Juden aus den ihnen noch verbliebenen wirtschaftlichen Positionen zu vertreiben. Unentwegt rief der »Stürmer« die Länder Europas auf, sich zum Kampf gegen die Juden zu vereinigen und ihre Grenzen gegen den »Weltfeind Nr. 1« abzuriegeln – jene Grenzen, die Eichmann für seine Auswanderungstransporte offenzuhalten versuchte.

Vergebens bemühte sich Eichmann, das Hetzblatt von dessen Kurs abzubringen. Ende Mai 1938 nahm sich der Untersturmführer den in Wien weilenden »Stürmer«-Chefredakteur Hiemer vor, erklärte ihm die Auswanderungspraxis der SS und hielt dem Gast einen »etwa zweistündigen richtungsweisenden Vortrag« (Eichmann)[83]. Der SD-Mann ließ sich auch von dem Gauleiter Streicher nach Nürnberg einladen, um – so Eichmann in einer Aktennotiz – »bei dieser Gelegenheit eine andere Linienführung des ›Stürmer‹ zu erreichen«[84]. Die Mühe war umsonst. Ein zweiseitiger Artikel Hiemers über das Wiener Judentum offenbarte dem Eichmann-Chef Hagen, »wie schwer wir mit unserer Ansicht gescheitert sind, daß man nur auf diese Weise etwa eine Bekehrung zuwege bringen würde«[85].

Am 28. Juni 1938 schrieb Hagen an Eichmann: »Das tollste Stück scheint mir aber zu sein, wenn er [Hiemer] zu der durchaus erfreulichen Tatsache, daß sehr viele Juden in Wien wieder zu ihrem Judentum zurückkehren, folgende Klammerbemerkung beifügt: ›Zu einer Religion, die die Lehren des Talmuds als oberstes Gesetz anerkennt! Des Talmuds, der alle Verbrechen am Nichtjuden gestattet.‹ Wenn ich so etwas höre, fasse ich mich an den Kopf: was denn die noch eigentlich sollen! Vielleicht trägt der ›Stürmer‹ zu der radikalen Lösung bei, sie um einen Kopf kürzer zu machen, damit sie gar nicht erst auf den erfreulichen Gedanken verfallen können, sich wieder als Juden zu bekennen[86].« Die Beziehungen zwischen SD und Streicher verschlechterten sich derart, daß Heydrich befahl, Eichmann solle sich bei Streicher wieder ausladen. Obersturmbannführer Six hielt fest: »C. [Heydrich] will, daß SS-Untersturmführer Eichmann vorläufig der Einladung dadurch ausweicht, indem er sagt, daß er sich gerade auf Urlaub begeben habe[87].«

Zu den Gegnern der SS-Judenpolitik stieß einige Wochen später ein noch weit gefährlicherer Widersacher, der Reichspropagandaminister Goebbels. Er wartete seit langem auf eine Chance, die Judenpolitik des Regimes in den Griff zu bekommen; schon stand sein Propagandaapparat bereit, eine neue Welle antisemitischer Maßnahmen auszulösen.

Ein Heckenschützenkrieg zwischen den judenfeindlichen Führern Deutschlands und Polens gab ihm Gelegenheit dazu. Am 6. Oktober 1938 hatte die polnische Regierung ein Dekret erlassen, das alle polnischen Pässe für ungültig erklärte, wenn sich deren Inhaber nicht bis zum Monatsende einen nur in Polen erhältlichen Sondervermerk einstempeln ließen[88]. Das Auswärtige Amt in Berlin witterte darin sofort die Absicht der Warschauer Regierung, sich mit einem Schlag der vielen polnischen Juden in Deutschland zu entledigen. Das NS-Regime reagierte auf seine Art. Am 28. Oktober ließ Sipo-Chef Heydrich 17 000 polnische Juden verhaften, in Eisenbahnwaggons sperren und an die deutsch-polnische Grenze schaffen. In der Nacht vom 28. zum 29. Oktober wurden die Opfer der ersten jüdischen Massendeportation des Dritten Reiches über die Grenze getrieben – vor die MG polnischer Grenztruppen[89].

Zwischen den deutschen und polnischen Polizisten irrte auch der hannoversche Schneidermeister Grünspan herum. In Paris hörte der 17jährige Herschel Grünspan von dem Martyrium seines Vaters. Am 7. November kaufte er sich einen Revolver und streckte mit fünf Schüssen den Dritten Sekretär an der Deutschen Botschaft Ernst vom Rath nieder[90]. Die Ermordung eines deutschen Diplomaten durch einen Juden war just die Tat, auf die Joseph Goebbels gewartet und gehofft hatte. Seine Propagandamaschine begann zu arbeiten. Der »Völkische Beobachter« wetterte am 8. November: »Es ist klar, daß das deutsche Volk aus dieser neuen Tat seine Folgerungen ziehen wird[91].« Schon rotteten sich in den Gauen Kurhessen und Magdeburg-Anhalt NS-gelenkte Mobs zusammen und verwüsteten jüdische Läden[92].

Goebbels schien die Stunde günstig: An jedem 9. November versammelten sich in Münchens Altem Rathaussaal die ältesten Kampfgefährten Hitlers zur Erinnerung an den braunen Bierkeller-Putsch von 1923. Wer in der Partei Rang und Namen hatte, erschien dort – da bedurfte es nur einer flammenden Ansprache des hinkenden Mephistos, um die Parteiformationen zur letzten Schlacht gegen die Juden zu treiben. Was folgte, hat der bittere Berliner Volkswitz in Anspielung auf die millionenfach zerschlagenen Fensterscheiben jüdischer Geschäfte die Reichskristallnacht getauft. Sie ist als eine Nacht der Schande in die Geschichte eingegangen: Ein Regime befahl Menschen zum organisierten Pogrom.

Für die innere Geschichte des Hitlerregimes bedeutet indes die Reichskristallnacht noch etwas anderes. Sie ist ein Lehrstück nationalsozialistischer Herrschaft. Sie verrät wie die Röhm-Affäre und der Blomberg-Fritsch-Skandal das ganze widersinnige Gestrüpp jenes chaotisch-strukturlosen Regierungssystems, das sich Führerstaat nannte. Und sie hat eine Fußnote voll grausiger Ironie hinterlassen: Die Endlöser der späteren Jahre waren die Gegner des Goebbelsschen Coups. Denn: Der Aktion des 9. November 1938 wohnt zugleich ein Element des parteiinternen Aufruhrs gegen die beherrschende Rolle der SS in der Judenpolitik inne[93]. Es war kein Zufall, daß Himmler und Heydrich von der Aktion erst erfuhren, als sie längst lief – lief unter der Federführung des Reichspropagandaministers.

Er war offenkundig am 9. November nach München gereist, die Alten Kämpfer zu einem blutigen Pogrom anzustacheln. Ein Zufall unterstützte noch sein Unternehmen. Kaum hatten sich die Altnazis im Alten Rathaussaal zum gemeinsamen Abendessen niedergelassen, da wurde die Nachricht hereingereicht, Ernst vom Rath sei um 16.30 Uhr seinen Verletzungen erlegen[94]. »Hitler war dadurch stärkstens beeindruckt und lehnte es ab, zu sprechen, was er sonst immer tat«, bezeugt Münchens Polizeipräsident, der SS-Obergruppenführer Freiherr von Eberstein. Hitler und Goebbels steckten die Köpfe zusammen; Eberstein hielt das Gespräch für eine »außerordentlich eindringliche Unterredung«[95].

Kein Zweifel: In diesem Augenblick muß die Entscheidung gefallen sein. Das Staatsoberhaupt Hitler durfte allerdings in den Pogrom nicht verwickelt werden; Goebbels übernahm nur allzu gerne die Rolle des Regisseurs. Der Diktator verließ den Saal, derweil der Promi-Chef zu einer nichts und alles sagenden Rede ausholte, die man, obwohl ihr Text nicht erhalten geblieben ist, zu den Meisterleistungen nationalsozialistischer Demagogie rechnen muß. »Diese Rede war ausgesprochen hetzerisch, und es war aus ihr zu entnehmen, daß Goebbels vorhatte, eine Aktion zu starten«, erinnerte sich später der Reichsjugendführer Baldur von Schirach [96]. Jeder hörte etwas anderes heraus: der eine den Auftrag, Aktionen gegen Juden nicht zu behindern, der andere den Befehl, Pogrome aktiv zu inszenieren, ein dritter das Gebot, Synagogen anzuzünden, ein vierter die Order, die Juden aus der Stadt hinauszutreiben [97].

Was aber hatte Goebbels konkret gesagt? Nur dies: Er, Goebbels, habe dem Führer berichtet, daß es in einigen Gauen bereits zu antijüdischen Aktionen gekommen sei. Der Führer habe daraufhin entschieden, derartige Demonstrationen seien von der Partei weder vorzubereiten noch zu organisieren, soweit sie aber spontan entstünden, sei ihnen auch nicht entgegenzutreten [98]. Mehr sagte Goebbels nicht. Doch die Alten Kämpfer waren gewohnt, ihre Führer auch ohne Worte zu verstehen. »Die mündlich gegebenen Weisungen des Reichspropagandaleiters«, so urteilte später das Oberste Parteigericht, »sind wohl von sämtlichen anwesenden Parteiführern so verstanden worden, daß die Partei nach außen nicht als Urheber der Demonstrationen in Erscheinung treten, sie in Wirklichkeit aber organisieren und durchführen sollte [99].«

Die Alten Kämpfer, meist Führer der einzelnen Parteiformationen, stürzten an die Telefone und jagten Alarmbefehle an ihre Einheiten im Land hinaus. Endlich durften sie sich als Herren der Judenfrage fühlen, endlich konnte die Partei ihr Mitspracherecht wieder geltend machen, endlich sah die SA die Stunde herannahen, aus ihrer Schattenrolle herauszutreten und den 30. Juni 1934 zu rächen. Und Dr. Joseph Goebbels beherrschte die Szene. Unermüdlich diktierte er seine Fernschreiben an die Propagandadienststellen der Partei, schier pausenlos klingelten Telefone und hasteten Adjutanten heran, die Befehle des Reichspropagandaministers zu empfangen.

Die offiziellen Dirigenten der nationalsozialistischen Judenpolitik aber ahnten nicht, was sich zusammenbraute. Hermann Göring, mit der Lösung der Judenfrage von Amts wegen beauftragt, rollte in einem Nachtzug gen Berlin [100], während Himmler mit seinem Führer zu der Vereidigung von SS-Rekruten vor der Feldherrnhalle fahren wollte [101] und Heydrich in einem Zimmer des Münchner Hotels »Vier Jahreszeiten« mit Kameraden zusammensaß [102]. Der Chef der deutschen Sicherheitspolizei wurde von der Goebbels-Aktion »völlig überrascht«, wie später der Gestapo-Justitiar Dr. Werner Best aussagte, der seinen Chef Heydrich zu dem Traditionstreffen der NS-Prominenz begleitet hatte. Best: »Ich war mit ihm zusammen, als wenige Meter von dem Hotel, in dem wir uns befanden, eine Synagoge in Brand hochging [103].«

Heydrich und seine Begleiter rätselten noch über die Hintergründe des Synagogenanschlags, da klärte sie ein Anruf der Gestapo-Leitstelle München auf. Um 23.15 Uhr meldete der Führer vom Dienst in der Leitstelle: Soeben habe die Gaupropagandaleitung München-Oberbayern mitgeteilt, es seien Judenpogrome befohlen worden, in die sich die Geheime Staatspolizei nicht hindernd einmischen dürfe[104]. Der Anrufer bat um Befehle. Heydrich wußte keine. Er entsandte sofort Gruppenführer Karl Wolff, Chef des Persönlichen Stabes Reichsführer-SS, zu Himmler, ihm die Botschaft zu überbringen. Es war 23.30 Uhr, als Wolff seinen Chef in Hitlers Privatwohnung in der Äußeren Prinzregentenstraße erreichte[105].

Niemand schien über die Judenaktion erstaunter als Adolf Hitler. Der arglose SS-Chef gab später zu Protokoll: »Als ich den Führer fragte, hatte ich den Eindruck, daß er von den Vorgängen nichts wußte[106].« Doch Adolf Hitler erholte sich schnell von seiner gutgespielten Überraschung. Er befahl, die SS solle sich aus der Aktion heraushalten, die Gestapo habe lediglich jüdisches Eigentum sicherzustellen. Wolff gab den Befehl an Heydrich weiter[107]. Über die nächsten Minuten – Himmler fuhr inzwischen mit Hitler zur Vereidigungszeremonie an der Feldherrnhalle – gibt kein Zeugnis Aufschluß. Es ist aber anzunehmen, daß Heydrich den in Berlin weilenden Gestapo-Müller instruierte, für alle Gestapostellen Alarm zu geben. Heydrich selber, nur knapp informiert über die Hintergründe des Unternehmens, behielt sich detaillierte Befehle bis zum Eintreffen Himmlers vor. Er wollte offenbar von seinem Chef erfahren, wie sich die SS zu dem Goebbels-Coup verhalten solle. Endlich, um ein Uhr des 10. November, traf Himmler im »Vier Jahreszeiten« ein. Er gab seine Befehle an Heydrich und die versammelten Oberabschnittsführer der Allgemeinen SS[108].

Heydrich wies in einem Blitzfernschreiben alle Dienststellen der Gestapo und des SD an: »Geschäfte und Wohnungen von Juden dürfen nur zerstört, nicht geplündert werden. Die Polizei ist angewiesen, die Durchführung dieser Anordnung zu überwachen und Plünderer festzunehmen.« In Geschäftsstraßen sei besonders darauf zu achten, »daß nicht jüdische Geschäfte unbedingt gegen Schäden gesichert werden«, allerdings dürften »ausländische Staatsangehörige – auch wenn sie Juden sind – nicht belästigt werden«[109]. Kaum aber hatte Himmler seine Befehle erlassen, da brach sich seine Wut über den Widersacher Goebbels Bahn. Er hatte von Anfang an erkannt, was der Pogrom des 9. November bedeutete: Querschuß gegen die rationalistische Judenpolitik der SS, Attacke auf die Vorherrschaft der SS in allen Fragen der jüdischen Auswanderung, Sabotage der nach SS-Auffassung einzig möglichen Lösung der Judenfrage. Himmler ließ sich Untersturmführer Luitpold Schallermeier, den Persönlichen Referenten Wolffs, kommen und diktierte ihm um 3 Uhr eine Aktennotiz, die er in einem Umschlag versiegelte. Himmler formulierte: »Ich vermute, daß Goebbels in seinem mir schon lange aufgefallenem Machtbestreben und in seiner Hohlköpfigkeit gerade jetzt in der außenpolitisch schwersten Zeit diese Aktion gestartet hat[110].«

Wie Himmler mißfiel auch anderen SS-Führern das Unternehmen des Joseph Goebbels. Otto Ohlendorf, der spätere Chef des Inland-SD, war nach dem Zeugnis eines unpolitischen Studienfreundes von dem Pogrom »tief empört«[111]. Gruppenführer Wolff gestand dem indischen Politiker Hafiz

Khan, Deutschland habe »eine moralische Schlacht« verloren[112], und der Polizeipräsident von Eberstein, der jede Teilnahme seiner SS-Einheiten verbot, empfand »diese ganze Aktion als ausgesprochen unanständig«[113]. War das alles, was die SS zum Zeichen ihres Protestes unternahm? Es war alles oder beinahe alles. Kein SS-Führer kam auf den Gedanken, in den Streik zu treten und die Mitarbeit an einem Unternehmen zu verweigern, das auch für die Juden-Referenten der SS eine irre Aktion bedeutete. Die Schutzstaffel trat an und gehorchte.

Die Fama freilich schrieb Himmler eine stärkere Geste des Protestes zu. Der preußische Finanzminister Popitz hörte, Himmler habe Hitler erklärt, er könne den Befehlen des Führers nicht Folge leisten[114], und der SS-Führer Günther Schmitt erzählte dem Ex-Botschafter Ulrich von Hassell, der Reichsführer habe den Pogrom »mißbilligt und deshalb der Verfügungstruppe zwei Tage Kasernenarrest befohlen«[115]. Daran war nur soviel wahr, daß Himmler geduldig Material über die Verwüstungen und Plünderungen des von Goebbels aufgestachelten Mobs sammelte, um dem Diktator die ganze Sinnlosigkeit des Goebbels-Coups zu beweisen und die Entfernung des Gegenspielers aus allen Staatsämtern zu verlangen.

Als das Ergebnis des Schadens vorlag, rüstete sich Himmler zum offenen Kampf gegen Goebbels. Am 11. November registrierte Heydrich ein Zwischenergebnis: 815 Geschäfte zerstört, 29 Warenhäuser demoliert, 171 Wohnhäuser vernichtet, 76 Synagogen verwüstet und weitere 191 in Brand gesetzt, 36 Juden ermordet, 36 schwer verletzt, 174 Plünderer festgenommen[116]. Der vorsichtige Reichsführer-SS sah sich nach einem Bundesgenossen gegen den mächtigen Promi-Chef um. Er fand ihn in Hermann Göring, der gleichfalls seine Stellung in der Judenpolitik durch Goebbels angetastet sah.

Nach dem Empfang der ersten Pogrommeldungen war Göring in die Reichskanzlei geeilt und hatte Hitler gebeten, die Aktion augenblicklich einstellen zu lassen[117]. Görings Argumente ähnelten denen Himmlers, sie waren nicht humanitärer Art, den Beauftragten des Vierjahresplanes interessierten nur die materiellen Verluste. Göring: »Diese Demonstrationen habe ich satt!«[118] Hitler verteidigte seinen Propagandaminister, dennoch heizte Göring den Kampf gegen Goebbels an. Bei der ersten Begegnung mit Goebbels kanzelte er ihn »in sehr scharfen Worten« (Göring) ab[119], derweil Himmler eine neue Anklage gegen den Propagandaminister formulierte, die den Sturz des Ministers bezweckte. Himmler beschuldigte Goebbels, durch den unverantwortlichen Pogrom habe er dem Reich unermeßlichen Schaden im Ausland zugefügt[120].

Der Kampf gegen Goebbels erreichte am 14. November seinen Höhepunkt. Für diesen Tag hatte sich der Danziger Völkerbundskommissar Carl J. Burckhardt zu einem Besuch bei dem Reichspropagandaminister angesagt; als er im Promi erschien, ließ ihm Goebbels ausrichten, er könne den Schweizer erst später empfangen. Burckhardt erkannte bald, warum[121]. Der Völkerbundspolitiker hörte von dem polnischen Botschafter Lipski, im

Reichskabinett sei »eine spontane Bewegung gegen Goebbels entstanden«, und aus »direkter Quelle« erfuhr der Schweizer, es sei »die momentane Kaltstellung des Propagandaministers verlangt worden«[122]. Am 13. November war der Kampf noch unentschieden gewesen, aber am Morgen des nächsten Tages votierte Hitler für seinen Leibpropagandisten. Gegen 11 Uhr ließ sich der Diktator in die Privatwohnung des Goebbels fahren und bekundete ihm sein Vertrauen, am Abend erfuhr es Berlin und die Welt: Hitler zeigte sich zusammen mit Goebbels in einer Vorstellung des Schiller-Theaters[123].

Nachdenklich reiste Burckhardt nach Danzig zurück. Kaum aber war er dort angelangt, da fand er die Notiz vor, Himmler habe angerufen und bitte ihn dringend, sofort in die Reichshauptstadt zu kommen[124]. Der SS-Chef hatte den Kampf gegen Goebbels noch nicht aufgegeben, noch konnte das Argument zünden, Goebbels habe der deutschen Außenpolitik geschadet. Der Reichsaußenminister Joachim von Ribbentrop war allerdings dem Propagandachef bereits zu Hilfe gekommen und hatte ihm bescheinigt, von einer Schädigung außenpolitischer Interessen des Reichs könne keine Rede sein[125]. In dieser Lage konnte nur noch Burckhardt helfen, der unermüdliche Konfident aller jener NS-Führer, in denen der Mann des Völkerbundes Bremser der radikalen Politik Hitlers sah.

Als Carl Burckhardt in der Prinz-Albrecht-Straße erschien, hatte Himmler endgültig resigniert. Statt des Reichsführers-SS empfing den Besucher der Gruppenführer Karl Wolff. Sein Chef sei leider erkrankt, berichtete Wolff, die Ereignisse der letzten Woche hätten Himmlers Nerven allzu sehr angegriffen. Aber: Der Reichsführer verurteile die verderblichen Methoden gegenüber den Juden. »Die innere Lage in diesem Lande ist unerträglich geworden, etwas muß geschehen«, rief Wolff. »Der Verantwortliche ist Herr Goebbels, der einen unleidlichen Einfluß auf den Führer ausübt.« Wolff klagte: »Wir hofften schon, ihn wegen der Propaganda, die er in bezug auf die Tschechenkrise machte, zur Strecke zu bringen, und diesmal glaubten wir definitiv, unserer Sache sicher zu sein, aber auch diesmal hat ihn der Führer gerettet. Das kann so nicht weitergehen, man wird handeln müssen[126].«

Reichlich verwirrt zog sich Burckhardt zurück; er wird sich mit der Erkenntnis begnügt haben, Himmler sei wohl doch »klüger als sein Auftreten und seine Taten«[127]. Burckhardt wußte sicherlich nicht, daß die Einladung nach Berlin nur das Rückzugsgefecht einer Schlacht war, die Himmler gegen Goebbels verloren hatte. Allerdings: Goebbels hatte sein Überleben zu einem hohen Preis erkauft. Er blieb auf seinem Posten, aber er durfte sich nicht mehr in die Judenfrage einmischen. Hitler hatte verfügt, daß es auf diesem Gebiet allein Göring zukomme, »jetzt die entscheidenden Schritte zentral zusammenzufassen«, wie es Göring im unverfälschten Braundeutsch umschrieb[128].

Das aber hieß: noch stärkere Drangsalierung des deutschen Judentums, restlose Verdrängung aus dem Wirtschaftsleben und vor allem Fortsetzung der Auswanderungspolitik des SD. An Heydrich ging daher auch am 24. Januar 1939 die Göring-Order, die Judenauswanderung sei mit allen Mitteln zu fördern. Die Auspowerung und Vertreibung der Juden ging weiter [129].

Heydrich kopierte nun im Reichsmaßstab, was Eichmann in Österreich vorexperimentiert hatte. In Berlin wurde eine »Reichszentrale für die jüdische Auswanderung« geschaffen, in der nach dem Wiener Vorbild alle Reichsbehörden und die Zwangsvertretung der deutschen Juden (»Reichsvereinigung der Juden in Deutschland«) am Exodus der Nichtarier mitwirkten [130]. Die Leitung der Reichszentrale unterstand Heydrich als Chef der Sicherheitspolizei, der seinerseits einen Geschäftsführer ernannte, den SS-Standartenführer Heinrich Müller, Chef der Abteilung II im Geheimen Staatspolizeiamt [131]. Mit neuen Pressionen wurden die jüdischen Führer angetrieben, ihre Leute zur Auswanderung bereitzustellen.

Die Reichszentrale verlangte von den Juden Berlins, täglich sei eine Liste von 70 auswanderungsbereiten Familien vorzulegen. Und die Reichsvertretung der Juden spornte zur Auswanderung an, schon im Sommer 1938 hatte sie öffentlich erklärt, 200 000 reichsdeutsche Juden müßten noch auswandern [132]. Heydrichs und Müllers Reichszentrale konnte zunächst Rekordzahlen der Auswanderung verbuchen. 1939 verließen 78 000 Juden des Altreichs (1938: 40 000) das Land Adolf Hitlers [133]. Unter dem Druck Eichmanns, der inzwischen in Prag eine weitere Zentralstelle für jüdische Auswanderung errichtet hatte, räumten knapp 30 000 Juden das Reichsprotektorat Böhmen und Mähren [134].

Die Auswanderungsexperten Heydrichs ließen keine Gelegenheit aus, Juden zum Land hinauszuschaffen. Sie liierten sich sogar mit einer zionistischen Geheimorganisation, die auf ihre Art verwirklichen wollte, was Eichmann und Hagen schon 1937 gemeinsam mit ihrem jüdischen Gesprächspartner Feivel Polkes geplant hatten: die massierte Einwanderung deutscher Juden nach Palästina. Den Plan hatte die britische Mandatsmacht durchkreuzt. Nach den blutigen Auseinandersetzungen zwischen Arabern, Juden und der Mandatsmacht im Herbst 1937 war die britische Regierung dazu übergegangen, die jüdische Einwanderung ins Heilige Land schärfer zu drosseln [135].

Im Dezember 1937 erschienen die ersten Verordnungen, 1938 verfügte Englands Regierung neue Sperrmaßnahmen, die sich schließlich in einem britischen Weißbuch vom 17. Mai 1939 niederschlugen: In den nächsten fünf Jahren sollten zwar noch einmal 75 000 Juden nach Palästina einwandern dürfen, die Regierung in London aber behielt sich das Recht vor, alle sechs Monate bestimmte Einwanderungsquoten für das jeweils kommende Halbjahr festzusetzen [136]. Gegen Englands neue Einwanderungspolitik formierte sich eine zionistische Widerstandsgruppe, hinter der nicht zuletzt jene Hagana stand, in der auch Polkes saß. 1937 entstand im Zimmer des mächtigen Hagana-Führers Eliahu Golomb eine Geheimorganisation, die sich »Mossad le Aliyah Bet«, Büro für Einwanderung, nannte [137].

Das Mossad errichtete in Europa einen Apparat von Vertrauensleuten, die jüdische Einwanderer heimlich und auf kleinen Schiffen nach Palästina schafften. Durch alle Länder Europas jagten die Mossad-Beauftragten, um junge Juden zu finden, die für das harte Leben in Palästina bereit waren. Wie von einem unwiderstehlichen Drang angezogen, richteten sich die Augen der Mossad-Agenten auf das Dritte Reich. Die Männer des Hagana-Führers Golomb waren auch unsentimental genug, mit Hilfe des SS-Apparates Juden nach Palästina zu schaffen und das zu wagen, was die beiden britischen Publizisten Jon und David Kimche den »Pakt mit dem Teufel« nennen.

Etwa um die Zeit der Kristallnacht fuhren zwei Beauftragte des Mossad, Pino Ginzburg und Moshe Auerbach, in das Reich Adolf Hitlers, den Herren des Schwarzen Ordens ihre Hilfe bei der Auswanderung der Juden anzubieten[138]. Die beiden Mossad-Männer schlugen vor, das zionistische Umschulungsprogramm für auswanderungswillige Juden zu beschleunigen und die Juden nach Palästina zu verfrachten. Der SD griff zu und ließ das Mossad gewähren, zumal die Auswanderungsziffern immer mehr zusammenschrumpften. Untersturmführer Hagen beobachtete eine zusehends »stärkere Abschließung aller Immigrationsländer gegen Zuwanderung«. Am 15. Juni 1939 notierte er als »Ziele deutscher Judenpolitik«: »Mit allen Kräften Auswanderungen fördern. Einwanderung der Juden immer schwieriger. Alle Auswanderungspläne, wohin auch, fördern[139].«

Da mußte der SD jedem dankbar sein, der deutsche Juden ins Ausland schaffte. Freilich, die schwarzen Judenexporteure durften nicht offenen Visiers mit den Zionisten zusammenarbeiten. Das Auswärtige Amt Joachim von Ribbentrops war ein Gegner aller jüdischen Auswanderung nach Palästina, auch die Auslandsorganisation der NSDAP intrigierte gegen die unbegreifliche Hilfestellung der SS beim Aufbau eines jüdischen Staates. Statt dem Weltjudentum, so faßte das AA in einem Runderlaß an alle diplomatischen Missionen und Konsulate des Reichs am 25. Januar 1939 die Auffassungen der Israelgegner zusammen, einen »völkerrechtlichen Machtzuwachs« zu verschaffen, müsse eine fortgesetzte »Zersplitterung des Judentums« Ziel der deutschen Politik sein[140].

Die deutschen Auswanderertransporte des Mossad – das war die ungeschriebene Bedingung des SD – durften auf keinen Fall Palästina als Bestimmungsland nennen. Eine seltsame Allianz formierte sich: Der SD verband sich mit den Zionisten gegen die Radikalen in AA und Partei und nicht zuletzt gegen England, das an der Küste Palästinas seine Flotte verstärkte und jedes illegale Einwandererschiff aufbringen ließ.

Beauftragter Pino Ginzburg zog im Zionistenhauptquartier in Berlins Meinekestraße ein und begann, Transporte zusammenzustellen[141]. Heydrichs Reichszentrale forderte, Ginzburgs Organisation müsse jede Woche 400 Juden bereitstellen und auf Schiffen nach Palästina schaffen[142]; die Reichszentrale stellte später sogar einen deutsch-griechischen Reeder, dessen Schiffe sich allerdings bald als armselige Seelenverkäufer entpuppten[143]. Planer Golomb in Palästina besorgte bessere Transportmittel;

zunächst hatte er sich mit Booten begnügen müssen, die nur 50 Passagiere an Bord nehmen konnten, jetzt stellte er Schiffe für 800 Menschen. Doch noch fehlte den Mossad-Leuten in Deutschland das Geld zur Finanzierung der Transporte [144].

Immerhin konnte Pino Ginzburg im März 1939 den ersten Transport zusammenstellen. Er umfaßte 280 Auswanderer, deren Bestimmungsland den SD-Organen augenzwinkernd als Mexiko angegeben wurde. Die 280 vereinigten sich mit einer von Moshe Auerbach organisierten Gruppe in Wien; zusammen kletterten sie im jugoslawischen Hafen Sušak an Bord der »Colorado«. Im Raum Korfu wurden die Einwanderer von einem anderen Mossad-Schiff, der »Otrato«, aufgenommen und nach Palästina gebracht [145]. Von Mal zu Mal liefen die Judentransporte des Mossad flüssiger, wurde die Zahl der Auswanderer größer. Im Sommer stach die »Colorado« mit weiteren 400 Einwanderern in See, kurz darauf folgte die von Holland startende »Dora« mit 500 Flüchtlingen [146].

England wehrte sich erbittert gegen die illegalen Einwanderer. Die britische Marineleitung verlegte eine Zerstörerflottille vor die Küste Palästinas und ordnete verstärkte Luftbeobachtung an, während in den europäischen Küstenstädten Vertrauensleute des britischen Geheimdienstes auftauchten, um das Auslaufen von Auswandererschiffen zu melden [147]. Englands Diplomaten machten sich auf, die Regierungen Griechenlands und der Türkei von jeder Unterstützung der Flüchtlingsschiffe in den Häfen der betreffenden Länder abzubringen. Die britische Mandatsmacht verhängte eine »Strafe«: Für das nächste Halbjahr wurden alle Quoten jüdischer Einwanderung gestrichen [148]. Englands Kolonialminister MacDonald konnte unter den Buh-Rufen der Opposition manchen Sieg über die hilflosen Einwanderer melden. Am 21. Juli 1939 berichtete er im Unterhaus, britische Streitkräfte hätten innerhalb von zwei Monaten 3 507 illegale Einwanderer verhaftet. Im Juni war die »Astir« mit 724 Juden aufgebracht worden, im August stoppte die Royal Navy fünf Schiffe mit 297 deutschen Juden, kurz darauf ein weiteres Schiff mit 800 illegalen Einwanderern [149].

Je härter die britischen Behörden reagierten, desto hilfsbereiter gerierte sich Heydrichs Reichszentrale. Im Hochsommer genehmigte sie Pino Ginzburg, er dürfe seine Schiffe nach Emden und Hamburg dirigieren, damit die Auswanderer auf direktem Wege das Land verlassen konnten; Ginzburg hatte bereits vier Schiffe für Oktober gechartert, insgesamt sollten 10 000 Juden unter dem neuen Programm abreisen [150].

Da machte Adolf Hitlers Zweiter Weltkrieg der unfreiwilligen Partnerschaft zwischen SS und Zionismus ein Ende. Unter dem Feuerhagel der Stukas und Geschütze verendete die letzte große Chance, das deutsche Judentum zu retten. Die autonome Judenpolitik des SD erlosch. Nichts war dafür bezeichnender als die Tatsache, daß nun die Judenfrage in den alleinigen Kompetenzbereich jener Gestapo rückte, die noch mehr als der SD politische Probleme nur mit der groben Einheitselle des polizeistaatlichen Denkens maß, in dem Menschen auf die Funktion beschränkt waren, jederzeit verfügbare Objekte der Staatsallmacht zu sein. Die SD-Intellektuellen vom Schlage eines Herbert Hagen hatten wenigstens noch versucht, in der Judenfrage Nuancen zu sehen und eine Lösung anzusteuern, die nationalsozialistisches Dogma und ein gewisses Maß an Weltläufigkeit in Einklang brachte. Für die Männer der Gestapo aber, befehlsgewohnte Beamte aus der Umerziehungsschule Reinhard Heydrichs, Zöglinge des Führerkults und nicht selten durch dienstlichen Übereifer den Mangel an nationalsozialistischer Gläubigkeit überspielend, war die Judenfrage einzig ein Sektor der Staatssicherheit, deren Grenzen und Inhalt die politische Führung bestimmte.

So subalternes Denken konnte sich kaum treffender verkörpern als in dem Hauptsturmführer Adolf Eichmann, der bald an die Spitze der Gestapo-eigenen Judenpolitik treten sollte. Im Oktober 1939 hatte Gestapo-Müller seinen Posten als Geschäftsführer der Reichszentrale für die jüdische Auswanderung aufgegeben und vorgeschlagen, Eichmann zu seinem Nachfolger zu ernennen[151]. Eichmann kam nicht gerne. »Ich sträubte mich dagegen, mir war das Leben in der Provinz bedeutend lieber«, erzählte er später seinem israelischen Vernehmer[152]. Aber Eichmann wäre nicht er selbst gewesen, hätte er nicht gehorsam die Hacken zusammengeschlagen und den neuen Auftrag willig entgegengenommen. Er wußte nichts anderes, als zu gehorchen und Befehle auszuführen.

Eichmann ließ sich die Sprossen der Gestapo-Hierarchie emporschieben, fast erstaunt darüber, daß ihm der SS-Oberführer Müller eine solche Bedeutung beimaß. Er wurde in das Amt IV (Gestapo) des Reichssicherheitshauptamtes berufen. Er erhielt das Referat IV D 4 (Auswanderung und Räumung). Er wechselte über zu IV B 4 (Judenangelegenheiten, Räumungsangelegenheiten)[153]. Er holte sich seine alten Mitarbeiter aus Wien und Prag, er bezog eine Zimmerflucht in dem vierstöckigen Haus der Berliner Kurfürstenstraße 116, mit seinen Marmortreppen und großen Sälen »denkbar ungeeignet für eine Behörde« (Eichmann)[154]. Und wußte nicht, daß er den Kommandostand der kommenden Judenvernichtung betreten hatte.

Freilich, bis zur letzten und grausamsten Version der Endlösung war noch ein längerer Weg, denn zunächst glaubte Eichmann an die Fortsetzung der Auswanderungspolitik. Allmählich fiel aber auch ihm auf, daß sich kaum ein jüdischer Antragsteller in der Kurfürstenstraße meldete. Eichmann: »Tendenz lustlos, möchte ich sagen[155].« Doch Eichmann klammerte sich an das Auswanderungskonzept, er kannte keinen anderen Weg, die Judenfrage zu lösen. Da schien ihm der Polenfeldzug das rechte Mittel zu liefern, doch noch das Ziel erreichen zu können. Eichmann und der SS-Brigadeführer Walter Stahlecker hatten schon früher ein Programm entworfen, das Eichmann so zusammenfaßte: »Gebt den Juden Territorium, dann ist das ganze Problem für alle gelöst[156].«

Die beiden SS-Führer schlugen vor, im äußersten Osten des deutschbesetzten Polen ein Judenreservat zu errichten, in dem Juden konzentriert werden sollten. Eichmann und Stahlecker fuhren nach Polen, ein entsprechend großes Gebiet zu suchen. Südwestlich von Lublin, nahe dem Städtchen Nisko am San, fanden sie es. »Wir sahen ein riesiges Gebiet«, so begeisterte sich Eichmann mit der Ekstase des Propheten, der das Land seiner Sehnsucht gefunden hat, »wir sahen den San, Dörfer, Märkte, kleine Städtchen, und wir sagten uns, das sei das Gegebene. Dann sagten wir uns, warum soll man nicht einmal Polen umsiedeln und Juden hier in ein großes Territorium geben [157].«

Ohne es zu merken, hatten Eichmann und Stahlecker die Judenpolitik der SS um eine weitere Drehung entmenschlicht. Strich um Strich war das Konzept gnadenloser, die Methode inhumaner geworden. Erst hatte die SS Juden »freiwillig« auswandern lassen, dann war daraus die Zwangsauswanderung geworden, jetzt folgte die konzentrierte Austreibung und Deportierung der Juden. Sipo-Chef Heydrich erläuterte am 21. September 1939 seinen engsten Mitarbeitern den neuen Feldzugsplan; eine Niederschrift hielt stichwortartig seine Order fest: »Juden so schnell wie möglich in die Städte, Juden aus dem Reich nach Polen, systematische Ausschickung der Juden aus den deutschen Gebieten mit Güterzügen [158].«

Das hieß: Die Juden in den von Deutschland annektierten, ehemals polnischen Gebieten und die auf dem Lande lebenden Juden im deutschbesetzten Rest-Polen sollten im Raum östlich von Krakau in Städten konzentriert werden; in den Gettos seien Ältesten- oder Judenräte zu gründen, die später die Selbstverwaltung in dem projektierten Judenreservat ausüben sollten [159]. Heydrich zeichnete in einem Schnellbrief an die Chefs der Einsatzgruppen, die sofort mit der Konzentration der Juden im Osten beginnen sollten, die geographischen Umrisse des künftigen Judenreservats. Er schrieb: »Dieser Erlaß gilt nicht für das Gebiet der Einsatzgruppe I, welches etwa, östlich von Krakau liegend, umgrenzt wird von Polanico, Jarosiaw, der neuen Demarkationslinie und der bisherigen slowakisch-polnischen Grenze. Innerhalb dieses Gebiets ist lediglich eine behelfsmäßige Judenzählung durchzuführen [160].« Es war jenes Gebiet, in dessen Mittelpunkt Nisko lag, Eichmanns künftiger Judenstaat.

Anfang Oktober begannen die ersten Transporte nach dem Eichmannschen Juden-Utopia Nisko zu rollen, Baumaterialien, Ingenieure und 4 000 Ansiedler, die Einheiten der Sicherheitspolizei unter tschechischen und Wiener Juden zusammengetrieben hatten [161]. Dann setzte die Sipo zu der großen Jagd auf die Juden in den Ostgebieten an. Rücksichtslos wurden die jüdischen Menschen aus ihren Heimen vertrieben und ins Generalgouvernement gejagt: 6 000 Juden aus Wien und Mährisch-Ostrau und 87 000 Juden aus den sogenannten wiedereingegliederten Gebieten [162]. Zug um Zug fuhren die Juden in den Wilden Osten Eichmannscher Phantasie, einem ungewissen Schicksal entgegen.

Der Mann in der Kurfürstenstraße sah sich schon als künftiger Gouverneur des Judenstaates, als Herr über ein jüdisches Ansiedlervolk im Osten. Da aber erfuhr Adolf Eichmann an sich ein Grundgesetz nationalsozialistischer Judenpolitik, das er ärgerlich so umschrieb: »Jede Stelle mengte sich rein, es gehörte zum guten Ton, sich in Judenangelegenheiten dreinzumengen [163].« Generalgouverneur Hans Frank war es, der sich »dreinmengte«. Ihm mißfiel, daß er allein die ausgetriebenen Juden aufnehmen sollte; die ehrgeizige Judenpolitik der SS zerstörte die ohnehin schmale Ernährungsgrundlage des Generalgouvernements, die immer abenteuerlicheren Umsiedlungsprojekte Heydrichs und Eichmanns zerrütteten die Wirtschaft des Landes. Frank rebellierte gegen die Politik der Judentransporte. Am 12. Februar 1940 reiste er nach Berlin und beklagte sich bei Göring über die chaotische Art, mit der man die Juden ins Generalgouvernement schaffe. Franks Protest hatte Erfolg. Göring befahl die Einstellung der Judentransporte [164], ab Ende März durften nur noch Juden nach Polen geschickt werden, wenn es Frank erlaubte. Und er erlaubte es selten. Eichmanns Traum zerrann, am 13. April 1940 wurde die jüdische Barackenstadt Nisko aufgelöst [165].

An die Stelle des verlorenen Judenparadieses im Osten rückte ein noch weit phantastischerer Plan antisemitischer Utopisten. Schon während des Frankreichfeldzugs spielten NS-Diplomaten mit dem Gedanken, alle Juden Europas auf der ostafrikanischen Insel Madagaskar anzusiedeln; lautester Wortführer solcher Überlegungen war der Legationsrat Franz Rademacher, Leiter des Juden-Referats in der Deutschlandabteilung des Auswärtigen Amtes. Frankreich, so forderte er, müsse im Friedensvertrag Madagaskar an Deutschland abtreten, es seien alle dort wohnenden Franzosen auszusiedeln, ein »Großgetto« für vier Millionen Juden zu schaffen und der Sicherheitspolizei zu unterstellen [166].

Eichmann griff das Projekt begierig auf und fertigte Expertisen an, die das Wohlwollen Himmlers und Heydrichs fanden. Ein Fieber hatte den Mann in der Kurfürstenstraße ergriffen. Er reiste mit seinem Freund Rajakowitsch zum Tropeninstitut in Hamburg und erkundete die klimatischen Verhältnisse der fernen Insel [167]. Er schickte seinen Mitarbeiter Theodor Dannecker ins Pariser Kolonialministerium, die Unterlagen für Madagaskar einzusehen [168]. Er vergrub sich in die Historie und entdeckte, daß es von Napoleon bis Frankreichs Außenminister Bonnet manchen Politiker gegeben hatte, dem der Gedanke gekommen war, Juden nach Madagaskar zu verfrachten [169].

Dem Ministerialrat Dr. Bernhard Lösener vom Reichsinnenministerium erzählte er, man werde rund sechs Millionen Juden nach Kriegsende im Rahmen eines Fünfjahresplanes nach Madagaskar transportieren, mit »nur nichtdeutschem Schiffsraum«, versteht sich. Lösener notierte sich: »Die Juden sollen drüben produktiv tätig sein. Produktion und Handel werden drüben von Organisationen geleitet, die unter deutscher Aufsicht stehen. Es werden rein deutsche und rein jüdische Unternehmen geschaffen werden. Deutsch werden sein die Zentralfaktorei und die Emissions- und Transferbank. Jüdisch werden sein die Arbeitsbank und die Produktionsorganisationen [170].«

Wieder sah sich Eichmann als Generalgouverneur eines Judenstaates, seine makabre Phantasie riß selbst die Oberen des Staates und der SS mit. »Man könnte einen israelischen Staat auf Madagaskar errichten«, erklärte Hitler seinem Bündnispartner Mussolini bei einer Begegnung am 18. Juni 1940[171]. Doch abermals entschwand das Land der Verheißung dem Seherblick des Adolf Eichmann. Bald sah er »den kritischen Punkt, wo ich mir sagte, jetzt ist der Bart ab, aus der Traum, nichts mehr zu machen«[172]. In der Tat: Der Madagaskarplan war das letzte Zucken der SS-Auswanderungspolitik, das Ende einer eigenen Konzeption. Was folgte, war der Rassenmord.

Der Diktator, der noch eben Mussolini die Gründung eines jüdischen Staates auf Madagaskar empfohlen hatte, war entschlossen, wahr zu machen, was er bereits am 21. Januar 1939 dem tschechoslowakischen Außenminister Chvalkovsky laut amtlichem Protokoll eröffnet hatte: »Die Juden würden bei uns vernichtet[173].« Der neun Tage später prophezeit hatte, wenn es zum Krieg käme, dann werde »das Ergebnis nicht die Bolschewisierung der Erde und damit der Sieg des Judentums sein, sondern die Vernichtung der jüdischen Rasse in Europa«[174]. Adolf Hitler war zur Ausrottung eines ganzen Volkes bereit. Wann er den Befehl zur allerletzten Endlösung der Judenfrage gegeben hat, ist unbekannt; kein Aktenstück verrät das Datum der ungeheuerlichen Entscheidung.

Zwar ist der Befehl an Reinhard Heydrich erhalten geblieben, in dem Reichsmarschall Göring am 31. Juli 1941 den Chef der Sicherheitspolizei anwies, »mir in Bälde einen Gesamtentwurf über die organisatorischen, sachlichen und materiellen Vorausmaßnahmen zur Durchführung der angestrebten Endlösung der Judenfrage vorzulegen«[175]; alles spricht aber dafür, daß der grundlegende Mordbefehl Hitlers früher gefallen ist. Der Historiker Helmut Krausnick hat zusammengetragen, was sich mit Gewißheit über die Entstehung des Endlösungsplans sagen läßt. Krausnick: »Sicher ist wohl, daß, je mehr Hitlers Plan ausreifte, mit Sowjetrußland den letzten möglichen Gegner auf dem europäischen Kontinent niederzuwerfen, desto stärker ihn auch der Gedanke beschäftigte – der ihm längst als ›Maximallösung‹ vorschweben mochte –, die Juden in seinem Herrschaftsbereich auszurotten. Spätestens im März 1941, als er mit der Absicht herauskam, die politischen Kommissare der Roten Armee erschießen zu lassen, dürfte er daher auch den geheimen Befehl zur Ausrottung der Juden erteilt haben[176].«

Eine Art Vorbefehl läßt sich dokumentarisch nachweisen: Am 3. März 1941 diktierte Adolf Hitler dem Chef des Wehrmachtführungsstabes im OKW, General Alfred Jodl, Richtlinien für den bevorstehenden Krieg gegen die Sowjetunion, in denen zum ersten Male der Satz auftauchte, der Reichsführer-SS Heinrich Himmler solle im Osten die Aufgabe übernehmen, die jüdisch-bolschewistische Führungsschicht auszurotten. Hitler sprach, und Jodl notierte: »Die jüdisch-bolschewistische Intelligenz als bisheriger Unterdrücker des Volkes muß beseitigt werden.« Vor allem seien sämtliche

»Bolschewistenhäuptlinge und Kommissare« zu vernichten, möglichst noch im Operationsgebiet der vorrückenden Truppen; ob es »notwendig sei, auch dort schon Organe des Reichsführers-SS neben der Geheimen Feldpolizei einzusetzen, müsse mit dem Reichsführer-SS geprüft werden« [177].

Das derart in Auftrag gegebene Massenverbrechen trug freilich noch einen Schleier. Hitler sprach zunächst »nur« von der Vernichtung der jüdisch-sowjetischen Führungsschicht, keine Zeile seiner Richtlinien verriet, daß später praktisch jeder Jude der Ausrottungsmaschine ausgeliefert werden sollte – getreu der abstrusen Logik brauner Judenhetzer, die den Bolschewismus zur typischsten Ausprägung des Judentums erklärten. Zug um Zug verlangte der Diktator dem Schwarzen Orden den Tribut des Massenmordens ab. Erst hieß er ihn jüdische »Bolschewistenhäuptlinge« zu vernichten, dann zog er den Kreis der Opfer weiter und weiter: Den Politfunktionären folgte die Intelligenzschicht, ihr alle Beamten, diesen wiederum die Partisanenverdächtigen und schließlich jeder einzelne Jude.

Die Militärs ahnten nichts von dieser Eskalation des Grauens. Ihnen hatte Hitlers Hinweis auf die bevorstehende Schlüsselrolle des Reichsführers-SS im Osten genügt, um sofort Verhandlungen mit Himmler aufzunehmen und seinen Einheiten die befohlene Schmutzarbeit zu überlassen, ohne dabei die Rechte der Wehrmacht zu gefährden. Am 13. März saß der Generalquartiermeister des Heeres, Generalmajor Eduard Wagner, dem RSHA-Chef Reinhard Heydrich gegenüber und erkundigte sich, wie sich das Reichssicherheitshauptamt die Zusammenarbeit im Osten vorstelle. Heydrich gab bereitwillig Auskunft: Der Reichsführer-SS werde wie im Polenfeldzug Einsatzgruppen der Sicherheitspolizei und des SD verwenden [178].

Unentschieden war nur, wieweit die Einsatzgruppen der kämpfenden Truppe unterstellt werden sollten. Heydrich beauftragte Gestapo-Müller mit den Verhandlungen im Oberkommando des Heeres, doch der ungeschlachte Leiter der Geheimen Staatspolizei verfuhr so hochmütig, daß die Diskussionen zeitweilig in eine Sackgasse gerieten [179]. Gleichwohl mußten die Militärs mit dem Polizeiapparat zu einer Einigung kommen, machte doch Hitler am 30. März in der Reichskanzlei vor 200 hohen Offizieren der Wehrmacht deutlich, daß der Ostfeldzug der barbarischste Krieg aller Zeiten werden würde. »Bolschewismus ist gleich soziales Verbrechertum«, schrie der Diktator. »Wir müssen von dem Standpunkt des soldatischen Kameradentums abrücken. Kommissare und GPU-Leute sind Verbrecher und müssen als solche behandelt werden [180].«

Hitlers Raserei ließ den verbrecherischsten Befehl deutscher Militärgeschichte entstehen, jenen berüchtigten Kommissarbefehl, der den Kommandeuren der Heeresverbände die Pflicht auferlegte, gefangengenommene Polit- und Geheimdienstoffiziere der Roten Armee nicht als Soldaten zu behandeln, sondern als politische Verbrecher zu liquidieren oder der Sicherheitspolizei zur Exekution zu übergeben. Da aber kaum ein General dem Hitler-Ukas aktiv widerstreben mochte, mußte die Versuchung wachsen, die »Sonderbehandlung« der von vornherein gezeichneten Russen Himmlers Polizei zu überlassen[181].

Die Völkerrechtler des OKW begannen eben, den Kommissarbefehl zu formulieren, als Generalquartiermeister Wagner am 4. April Heydrich den Entwurf einer Vereinbarung über die Rolle der Einsatzgruppen im Ostfeldzug sandte[182]. Das Heer erklärte sich darin mit einer nahezu unbegrenzten Tätigkeit der Einsatzgruppen einverstanden. Wagners Entwurf sah vor, in rückwärtigen Armeegebieten seien die Einsatzgruppen »hinsichtlich Marsch, Versorgung und Unterbringung« den Armeen unterstellt, disziplinarisch und fachlich hingegen dem Reichssicherheitshauptamt. Allerdings, der Oberbefehlshaber einer Armee dürfe Aktionen der Einsatzgruppen dort unterbinden, wo möglicherweise Störungen der militärischen Operationen eintreten könnten. Der für Heydrich befreiende Kernsatz steckte in einem Passus des Wagner-Entwurfs, der besagte: »Die Sonderkommandos [Einsatzgruppen] sind berechtigt, im Rahmen ihres Auftrages in eigener Verantwortung gegenüber der Zivilbevölkerung Exekutivmaßnahmen zu treffen.« Heydrich akzeptierte das Wagner-Papier[183]. Er sah den Weg frei für seine Mordkommandos.

Hatte das Heer damit dem generellen Judenmord der Einsatzgruppen seine Zustimmung erteilt? Keineswegs. Alles spricht dafür, daß die Militärs von der Hitler-befohlenen Endlösung der Judenfrage nichts wußten. Wagner formulierte denn auch als Aufgaben der Einsatzgruppen: »im rückwärtigen Armeegebiet: Sicherstellung vor Beginn von Operationen festgelegter Objekte (Material, Archive, Karteien von reichs- oder staatsfeindlichen Organisationen, Verbänden, Gruppen usw.) sowie besonders wichtiger Einzelpersonen (führende Emigranten, Saboteure, Terroristen usw.)«, und »im rückwärtigen Heeresgebiet: Erforschung und Bekämpfung der staats- und reichsfeindlichen Bestrebungen, soweit sie nicht der feindlichen Wehrmacht eingegliedert sind, sowie allgemeine Unterrichtung der Befehlshaber der rückwärtigen Heeresgebiete über die politische Lage«[184].

Schon hier dokumentierte sich eine seltsame Schizophrenie des Militärs, die den Einsatzgruppen die Arbeit erleichtern sollte: Die Generale sahen in Heydrichs Stoßtrupps normale Abwehrorgane zur Bekämpfung des Gegners hinter der Front, zugleich aber wußten sie zumindest, daß politische »Sonderaufgaben«, welcher Art auch immer, die Einsatzgruppen in den Osten geführt hatten – »Sonderaufgaben«, die das Militär Heydrichs Leute nur allzu gerne übernehmen ließ[185].

Eine ähnliche Ambivalenz beherrschte sogar anfangs auch die Männer der Einsatzgruppen, denn Heydrich zog es vor, seinen Schergen den Mordbefehl in kleinen Dosierungen zu offenbaren. Als er im April 1941 die Amtschefs des Reichssicherheitshauptamtes zusammenrief, war nur von einem »harten Auftrag« die Rede. Der RSHA-Chef erläuterte, es gehe darum, den russischen Raum mit den Mitteln der Sicherheitspolizei und des SD »zu sichern und zu befrieden«. Heydrich: »Ich brauche ganze Männer und hoffe, daß meine Amtschefs sich rückhaltlos zur Verfügung stellen werden[186].«

Kripo-Herr Arthur Nebe trat einen Schritt vor, klappte die Hacken zusammen und erklärte: »Gruppenführer, Sie können auf mich rechnen.« Heydrich nickte: Der erste Chef einer Einsatzgruppe hatte sich gemeldet, noch ehe sie zusammengestellt worden war [187]. Die überlebenden Freunde des Widerstandskonfidenten Nebe hatten später alle Mühe, die Freiwilligenmeldung des Kripo-Chefs zu erläutern. Hans Bernd Gisevius erzählt in seinem Buch »Wo ist Nebe?« eine umständliche Geschichte, mit der er dartun will, daß Nebe nur unter schwersten Bedenken und lediglich auf Rat der Widerstandsgruppe Beck-Goerdeler das Kommando übernommen habe [188].

Autor Gisevius führt sogar zugunsten seines Freundes Nebe an, es seien die »überdimensionalen Greueltaten erst angelaufen, als er wieder [aus Rußland] zurück war« [189]. Immerhin verzeichnete die Einsatzgruppe Nebes 45 000 ermordete Juden [190]. Gisevius' Argumente erinnern an die Verteidigungsrede eines anderen Nebe-Freundes, dem US-Ankläger Robert Kempner im Nürnberger Kriegsverbrecherprozeß entgegenhielt: »Nun sagen Sie mal, Herr Chef des Widerstands, wie viele Juden muß man bei Ihnen denn eigentlich umgelegt haben, um gegen die Menschlichkeit zu verstoßen?« [191] Die Wahrheit war einfacher: Der SS-Brigadeführer Nebe glaubte, sich durch zackiges Melden zu einem Osteinsatz die Spange zum Eisernen Kreuz Erster Klasse und die stets ein wenig unsichere Sympathie Heydrichs erwerben zu können. Daß dieser »Osteinsatz« mit dem größten Massenmord der Geschichte identisch sein würde, wird Nebe anfangs nicht gewußt haben.

Allerdings: Arthur Nebe blieb der einzige Freiwillige unter den Führern der Einsatzgruppen. Kaum einer von ihnen kam aus eigenen Stücken, jeder hatte triftige persönliche Gründe, dem Befehl Heydrichs zu folgen: Der Inland-SD-Chef Otto Ohlendorf, wegen seines Räsonierens als übellaunischer »Gralshüter des Nationalsozialismus« bei Himmler in Ungnade gefallen, hatte zweimal einen Osteinsatz abgelehnt und parierte der Heydrich-Order nur, um sich nicht weiterhin dem Vorwurf der Feigheit auszusetzen [192], der SS-Brigadeführer Walter Stahlecker, ein in das Auswärtige Amt übergewechselter Gegenspieler Heydrichs, wollte sich als Einsatzgruppenchef die Rückkehr ins RSHA erkämpfen [193], und auch der im ostpreußischen SD-Abschnitt gestrandete SS-Brigadeführer Dr. Dr. Otto Rasch witterte eine Chance, durch Ost-Aktivität in der Berliner Zentrale einen Chefposten zu ergattern [194].

Die Ironie aber wollte, daß nur die einzigen beiden unkonventionellen Amtschefs des RSHA, Nebe und Ohlendorf, den Judenmord im Osten praktizierten. Ihre Kollegen wußten weit besser Zurückhaltung zu üben: Die Amtschefs Franz Six (Vorkommando Moskau) und Heinz Jost (Einsatzgruppe A) verließen ihre Einheiten schon nach einigen Wochen östlicher Praxis [195], während sich die übrigen Amtschefs – Heinrich Müller, Bruno Streckenbach, Walter Schellenberg und Dr. Nockemann – vollends an jedem SS-konformen Heldentum vorbeidrückten.

Kaum bereitwilliger kamen die Sturmbann- und Obersturmbannführer, die das mittlere Führerkorps der Einsatzgruppen bildeten. Heydrich hatte sie aus allen Bereichen des SS-Polizei-Apparates zusammengelesen, meist enstammten sie intellektuellen Berufen. Eine seltsame Gruppe von Judenliquidatoren formierte sich: Vollakademiker mit doppelten Doktorgraden, Ministerialbeamte, Rechtsanwälte, auch ein protestantischer Geistlicher und ein Opernsänger waren darunter. Einige nutzten später die Gelegenheit, die Mordmaschine wieder zu verlassen. Wie Six und Jost ihre Posten mit oder ohne Genehmigung Heydrichs räumten, so entgingen auch Einsatzkommandoführer wie Erwin Schulz oder Karl Jäger den schlimmsten Konsequenzen des Rassenwahns [196]. Selbst mindere Dienstgrade konnten sich dem Mordbefehl entziehen. Der SS-Oberscharführer Mathias Graf lehnte es in Rußland ab, ein Unterkommando zu übernehmen; er wurde verhaftet und ins Reich abgeschoben [197]. SD-Professor Six bezeugt: »Man konnte zumindest versuchen, von einer Einsatzgruppe wegversetzt zu werden. Auf jeden Fall wurde niemand deshalb erschossen [198].«

Auch unter den Mannschaftsdienstgraden war die Begeisterung für den von Heydrich geforderten Osteinsatz so gering, daß der RSHA-Chef alle Dienststellen der Gestapo, Kripo und des SD durchkämmen mußte, um das nötige Personal zu erhalten. Heydrich war sogar gezwungen, bei Ordnungspolizei und Waffen-SS Männer auszuborgen. Ein Berliner Polizeibataillon wurde aufgelöst und in Zügen auf die einzelnen Einsatzgruppen verteilt [199].

Immerhin hatte Heydrich im Mai 1941 etwa 3 000 Mann zusammen, mit denen er vier Einsatzgruppen aufstellen konnte [200]: Stahlecker übernahm die Einsatzgruppe A, die der Heeresgruppe Nord in die Baltischen Staaten bis nach Leningrad folgen sollte; Nebe leitete die Einsatzgruppe B im Gefolge der Heeresgruppe Mitte, deren Operationsraum zwischen den Baltischen Staaten und der Ukraine lag; Rasch führte die Einsatzgruppe C, die in den westlichen, nördlichen und östlichen Gebieten der Heeresgruppe Süd operierte, während Ohlendorfs Einsatzgruppe D in den Südbezirken der Heeresgruppe Süd zwischen Bessarabien und Krimgebiet agieren sollte [201].

Die Einsatzgruppen hatten Bataillonsstärke und setzten sich jeweils, wie etwa die Gruppe A, zusammen aus: Männern der Gestapo (9 Prozent), des SD (3,5 Prozent), der Kriminalpolizei (4,1 Prozent), der Ordnungspolizei (13,4 Prozent), ausländischer Hilfspolizei (8,8 Prozent) und der Waffen-SS (34 Prozent); den Rest füllte technisches und Schreibstubenpersonal aus [202]. Die Stärke einer Einsatzgruppe schwankte zwischen 990 Mann (Gruppe A) und 500 Mann (Gruppe D) [203]. Jede Einsatzgruppe gliederte sich in zwei Abteilungen: in die Einsatz- oder Sonderkommandos, jeweils etwa 70 bis 120 Mann stark und einer Armee zugeteilt, und in die Teilkommandos, jeweils etwa 20 bis 30 Mann [204].

Ende Mai rief Heydrich die 120 Führer der Einsatzgruppen und Einsatzkommandos zusammen und ließ sie in der Grenzpolizeischule Pretzsch an

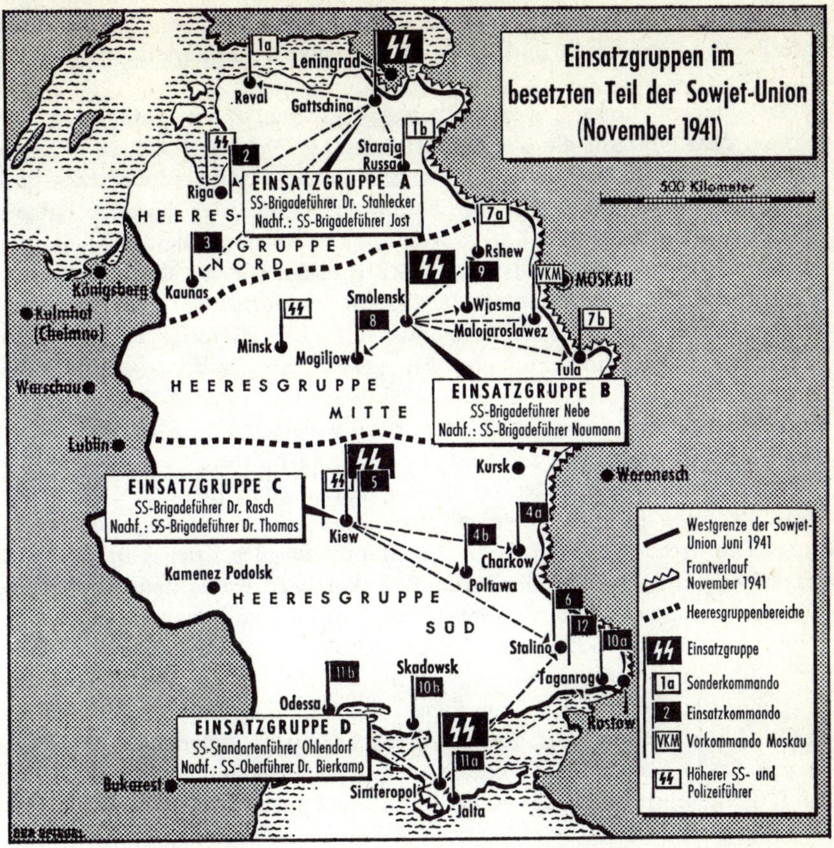

der Elbe bei Wittenberg den Vernichtungsfeldzug gegen den Rassenfeind üben[205]. Allmählich zog Heydrich die Schraube der weltanschaulichen Indoktrination an: Instrukteure aus dem Reichssicherheitshauptamt trimmten, von Mal zu Mal deutlicher und schärfer werdend, die Männer auf den Rassenmord. Heydrich ließ Mitte Juni die 3 000 Männer der Einsatzgruppen nahe dem Städtchen Düben an der Mulde aufmarschieren. In der Pose des Feldherrn stand der Chef der Sicherheitspolizei und des SD vor seinen im Viereck angetretenen Todesbrigaden. Er holte zu einer markigen Rede aus, die freilich vage blieb: Er sprach von einem Einsatz, der unerhörte Härte verlange[206].

Später wurde er in dem alten Barockschloß von Pretzsch, das die Grenzpolizeischule beherbergte, vor den Führern der Einsatzgruppen deutlicher. Standartenführer Dr. Walter Blume konnte sich nach dem Krieg an Heydrichs Formulierung erinnern, »daß das Ostjudentum das Reservoir des Bolschewismus sei und deshalb nach Ansicht des Führers vernichtet werden« müsse[207]. Auch Ohlendorf wußte noch Jahre danach, Heydrich habe ihnen allen einen Führerbefehl übermittelt, in dem »kommunistische Funktionäre und Aktivisten, Juden, Zigeuner, Saboteure und Agenten grundsätzlich als Elemente bestimmt werden, die die Sicherheit der Truppe durch ihre Existenz gefährden und daher ohne weiteres Verfahren hinzurichten sind«[208].

Hat einer von ihnen gegen den ungeheuerlichen Befehl aufbegehrt, hat jemand dem Diktator die Gefolgschaft versagt? Ohlendorf will in Pretzsch »laut und deutlich angesichts aller versammelten Einsatzgruppenchefs und Kommandoführer gegen die Hinrichtungsforderungen protestiert« haben; allerdings sei es für ihn Pflicht gewesen, »den Befehlen meiner Regierung zu gehorchen, unabhängig davon, ob ich ihre Befehle für sittlich oder unsittlich hielt«[209]. Ebenso deutete der Doktor der Jurisprudenz Martin Sandberger, Führer des Sonderkommandos 1a, seine Haltung: Er habe den Führerbefehl abgelehnt, ihn jedoch für »gesetzlich« gehalten, da Hitler »die oberste Macht im Staate darstellte«[210]. So etwa argumentierte nachher auch Blume; er habe sich dem Führerbefehl widersetzen wollen, aber: »Der Befehl des Führers war für mich die Art der Kriegsführung[211].«

Keiner begehrte auf. Jeder gehorchte. Willig ließen sich die Männer der Einsatzgruppen in ihre Bereitstellungsräume fahren. Am 23. Juni 1941, einen Tag nachdem Adolf Hitler die Brandfackel des Krieges in Rußland entzündet hatte, brachen Heydrichs Todesboten zu ihrem grauenhaftesten Abenteuer auf: 3 000 Männer jagten Rußlands fünf Millionen Juden[212].

Der mörderische Schlag der Einsatzgruppen traf das russische Judentum völlig unvorbereitet. Nur wenige Juden kannten die Todesgefahr des deutschen Antisemitismus, die Presse im latent antisemitischen Stalin-Rußland hatte kaum über die nationalsozialistische Judenhetze berichtet. Es gab Städte, so in der Ukraine, deren Judengemeinden die Soldaten Adolf Hitlers mit jenen des Kaisers von 1918 verwechselten und die NS-Deutschen als Befreier begrüßten. »Die Juden sind auffallend schlecht unterrichtet über unsere Haltung ihnen gegenüber«, meldete Sonderführer Schröter am 12. Juli 1941 aus Weißrußland[213]. Desto grausamer traf sie der Anschlag der Heydrichschen Endlöser.

Die Einsatzgruppen folgten den vorstoßenden Truppen dicht auf dem Fuße, um den Überraschungseffekt ausnutzen zu können. Ihr Hauptziel waren die sowjetischen Städte, in denen sich über 90 Prozent des Judentums zusammendrängten[214]. Oft war eine Stadt noch umkämpft, als schon die ersten Vorausabteilungen der Einsatzgruppen mordeten. Das Eindringen der deutschen Truppen war nicht selten mit dem Einsickern der RSHA-Mordkommandos gleichbedeutend. Städte wie Kaunas, Jelgava, Riga und Reval wurden von den Einsatzgruppen gemeinsam mit den Heeresverbänden eingenommen, drei Wagen der Einsatzgruppe C folgten den ersten Panzern beim Vorstoß nach Shitomir, das Einsatzkommando 4a besetzte Kiew am gleichen Tag (19. September 1941), an dem die Stadt fiel[215].

Kaum aber hatte eine Einheit der Einsatzgruppen eine Stadt erreicht, da sahen sich die jüdischen Bewohner von einem tödlichen Würgegriff umklammert, dem täglich, stündlich Tausende und Abertausende Menschen zum Opfer fielen. Keine Brutalität schien den Männern Heydrichs zu gering, kein Trick zu hinterlistig, keine Barbarei zuviel, um das grausige Soll zu erfüllen. Meldung um Meldung, in der Sprache von Kühlschrankproduzenten und Schädlingsbekämpfern abgefaßt, bezeugte den fanatischen Eifer der Endlöser.

Ereignismeldung Nr. 153 von der Einsatzgruppe D: »Arbeitsbereich der Teilkommandos vor allem in kleineren Orten judenfrei gemacht. In der Berichtszeit wurden 3 176 Juden, 85 Partisanen, 12 Plünderer, 122 kommunistische Funktionäre erschossen. Gesamtsumme 79 276[216].« Ereignismeldung Nr. 17 von der Einsatzgruppe C: »Auf Grund der vom RSHA gegebenen Weisungen wurden in allen genannten Städten Weißrußlands die Liquidierungen an Funktionären des Staats- und Parteiapparats vorgenommen. Betreffs der Juden wurde im gleichen Sinne nach den Befehlen gehandelt[217].« Meldung von der Einsatzgruppe C: »Zur Beseitigung dieses Zustandes [Seuchengefahr] wurden vom Kommando 4a 1 107 erwachsene Juden und von der ukrainischen Miliz 661 jugendliche Juden erschossen. Damit hat das Sonderkommando 4a bis zum 6. 9. 1941 insgesamt 11 328 Juden erledigt[218].«

Töten und töten und töten. Einsatzkommando 6: »Von den übrigen 30 000 wurden ungefähr 10 000 erschossen[219].« Einsatzgruppe D: »In der Berichtszeit wurden 2 010 Personen erschossen[220].« Einsatzkommando 8: »... brachte 113 Juden zur Liquidierung[221].« Vorkommando des Einsatzkommandos 4a: »... insgesamt 537 Juden (Männer, Frauen und Jugendliche) erfaßt und liquidiert[222].« Der Schreckensruf der Einsatzgruppen verbreitete sich wie ein Steppenbrand. Je weiter die deutschen Truppen in das Innere Sowjetrußlands vordrangen, desto panischer flohen die Juden aus den vom deutschen Vormarsch bedrohten Städten. Die Juden waren endlich gewarnt, die Endlösung wurde schwieriger. Nicht ohne Ärger verzeichnete ein Einsatzkommando: »Gerüchte über Erschießungen aus anderen Gebieten erschwerten die Aktion erheblich. Allmählich sickert durch geflüchtete Juden, Russen und auch Redereien deutscher Soldaten das Vorgehen gegen die Juden durch[223].«

Die Menschenjäger entfalteten dennoch manchen Scharfsinn, um ihre Opfer massenweise zu fangen. Der Verfasser einer Meldung rühmte: »Die Juden der Stadt waren aufgefordert worden, sich zwecks zahlenmäßiger Erfassung und zur Unterbringung in einem Lager an bestimmter Stelle einzufinden. Es meldeten sich etwa 34 000 einschließlich der Frauen und Kinder. Alle wurden, nachdem sie ihre Wertsachen und Kleidungsstücke hatten abgeben müssen, getötet, was mehrere Tage in Anspruch nahm[224].« In Kiew wurde, so hielt die Einsatzgruppe C fest, »durch Maueranschläge die jüdische Bevölkerung zur Umsiedlung aufgefordert. Obwohl man zunächst nur mit einer Beteiligung von etwa 5 000 bis 6 000 Juden gerechnet hatte, fanden sich über 30 000 Juden ein, die infolge einer überaus geschickten Organisation bis unmittelbar vor der Exekution noch an ihre Umsiedlung glaubten[225].«

Die kalte Bürokratensprache der Massenvernichter verriet nichts von dem Meer der Scheußlichkeit und Infamie, in dem Rußlands Judentum versank. Aber auch die Zeugnisse unbeteiligt-erschrockener Zuschauer vermochten kaum das Entsetzliche zu artikulieren: den Leidensweg der Tausende und Hunderttausende, die Gruben mit den Leichen, den Marsch der ihrer Kleider beraubten Frauen, Säuglinge auf den Armen, die mörderischen Szenen am Grubenrand.

Der Major Rösler, Kommandeur des 528. Infanterie-Regiments, wurde Ende Juli 1941 in seinem Quartier in Shitomir durch wildes Gewehrfeuer alarmiert. Er ging der Sache nach und stieß an einem Bahndamm auf »ein Bild, dessen grausame Abscheulichkeit auf den unvorbereitet Herantretenden erschütternd und abschreckend wirkte«. Vor Rösler erstreckte sich eine Grube, in der sich zahllose Leichen erschossener Juden jeden Alters und jeden Geschlechts befanden; herbeigelaufene Soldaten und Zivilisten starrten neugierig in die Tiefe. Rösler: »Unter anderem lag in dem Grab ein alter Mann mit einem weißen Vollbart, der über seinem linken Arm noch ein kleines Spazierstöckchen hängen hatte. Da dieser Mann noch durch seine stoßweise Atemtätigkeit Lebenszeichen von sich gab, ersuchte ich einen der Polizisten, ihn endgültig zu töten, worauf dieser mit lachender Miene sagte: ›Dem habe ich schon siebenmal was in den Bauch gejagt, der krepiert schon von alleine!‹ [226]«

Die Juden eines russischen Dorfes hatten sich versteckt, weil sie von dem Herannahen eines Mordkommandos informiert worden waren; als das Kommando das Dorf erreichte, sahen die SS-Männer nur eine Frau, die mit einem Baby auf dem Arm am Straßenrand stand. Die Frau weigerte sich, das Versteck der Juden zu verraten. Daraufhin entriß ihr einer der Männer das Baby, packte es an den Beinen und zerschlug dessen Kopf an einer Tür. Ein SS-Mann erinnert sich: »Es klang, als wenn ein Reifen zerplatzte. Ich werde den Ton mein Leben lang nicht vergessen.« Die verstörte Frau verriet das Versteck [227]. In Riga sah ein SS-Mann zwei Juden, die einen Balken trugen. Gelassen zog er einen Revolver hervor und schoß einen Juden nieder. Kommentar: »Für diese Arbeit langt einer!« [228] Ähnlich reagierte ein SS-Führer bei der Räumung eines lettischen Gettos. Auf Liegen wurden die kranken Juden herangetragen. Der SS-Führer schritt mit seiner Dienstpistole von Bahre zu Bahre und erschoß einen Juden nach dem anderen [229].

Erbarmungslos lichtete das Feuer der Einsatzgruppen die Reihen des russischen Judentums. Bis zum Winter 1941/42 meldeten die Einsatzgruppe A: 249 420 liquidierte Juden, die Einsatzgruppe B: 45 467 liquidierte Juden, die Einsatzgruppe C: 95 000 liquidierte Juden und die Einsatzgruppe D: 92 000 liquidierte Juden [230].

Der ersten Welle der Einsatzgruppen folgte bald eine zweite Welle SS-gelenkter Judenmörder. Inzwischen hatte sich hinter der Front eine deutsche Zivilverwaltung etabliert, geleitet von einem Reichsminister für die besetzten Ostgebiete (Inhaber des Amts: Alfred Rosenberg), dem die Reichskommissariate »Ostland« und »Ukraine« unterstanden, die sich wiederum in Generalkommissariate gliederten. Auch in dieser Zivilverwaltung besaß der Reichsführer-SS eine Schlüsselposition; in einem Führer-Erlaß vom 17. Juli 1941 war Himmler die »polizeiliche Sicherung der neu besetzten Ostgebiete« und das Recht übertragen worden, »den Reichskommissaren im Rahmen seiner... Aufgabe Weisungen zu erteilen«[231]. Schon vorher hatte Himmler Höhere SS- und Polizeiführer zu seinen Hauptbeauftragten in Rußland ernannt: den Gruppenführer Hans Prützmann zum HSSPF Nord (Riga), den Gruppenführer Erich von dem Bach-Zelewski zum HSSPF Mitte (Minsk) und den Obergruppenführer Friedrich Jeckeln zum HSSPF Süd (Kiew); zu ihnen stieß ab Mitte 1942 der Brigadeführer Gerret Korsemann als HSSPF Kaukasus[232].

Die Chefvertreter Himmlers, denen jeweils ein Regiment der Ordnungspolizei und bestimmte Einheiten der Waffen-SS unterstanden, erhielten ähnliche Liquidierungsaufträge wie die Chefs der Einsatzgruppen. Was den ersten Mordbrigaden entgangen war, sollten die Verbände der Höheren SS- und Polizeiführer niederwalzen. Die HSSPF hatten den Ehrgeiz, den Judenmord der Einsatzgruppen noch zu übertrumpfen. Mit ihren Verbänden, verstärkt durch miserabel ausgebildete Hilfswillige (»Hiwis«) aus den Baltenstaaten und der Ukraine, versuchten sie, noch größere Liquidierungsziffern zu erreichen; dabei tat sich besonders der HSSPF Jeckeln hervor. Er meldete allein für den Monat August 1941 insgesamt 44 125 Exekutierte, hauptsächlich Juden[233].

Wie viele Juden die Einheiten der Höheren SS- und Polizeiführer in den ersten Monaten des Ostfeldzugs getötet haben, läßt sich nicht genau feststellen. Nachweisbar ist jedoch: Als Einsatzgruppen und HSSPF-Verbände am Jahresende ihre Operationen einstellten und bis zum folgenden Frühjahr neue Kräfte sammelten, waren 500 000 Juden umgebracht, von denen etwa 300 000 auf das Konto der Einsatzgruppen gehen[234].

Trotz so gearteter »Erfolge« verrieten die SS-eigenen Judenvernichter offenkundige Anzeichen der Erschöpfung. Ihr war schon mancher zum Opfer gefallen: Kommandoführer Schulz hatte sich im September versetzen lassen[235], Einsatzgruppenchef Rasch war in einen Urlaub gereist, von dem er nie wieder zurückkehren sollte[236], und Nebe hatte im November seinem Stellvertreter Werner (»Arthur, wenn du nicht mehr kannst, werde ich dich loseisen«) das verabredete Zeichen zur Heimholung gegeben, denn er war, bezeugt Gisevius, »nur noch ein Schatten seiner selbst, übernervös, unfroh«[237] – sein Fahrer, Kriminalobersekretär Köhn, hatte sich angesichts der Judengreuel erschossen[238].

Ein paar Monate später sollte auch Himmlers aggressivster Funktionär im Osten dem Alptraum des Judenmords erliegen: HSSPF von dem Bach-Zelewski, nach Nervenzusammenbruch und Darmkolik ins SS-Lazarett Hohenlychen gebracht, schrie nachts auf und verhedderte sich in Halluzinationen, verfolgt von den Gespenstern eigener Schuld und Verdammnis. »Er leidet insbesondere an Vorstellungen im Zusammenhang mit den von ihm selbst geleiteten Judenerschießungen und anderen schweren Erlebnissen im Osten«, meldete der Reichsarzt-SS Dr. Grawitz seinem obersten

Chef[239]. Auf die Frage des Arztes nach dem Grund der Angstzustände, hatte ihn Bach-Zelewski angebrummt: »Kunststück, daß ich fertig bin. Wissen Sie denn nicht, was in Rußland geschieht? Da wird das ganze jüdische Volk... ausgerottet[240].« Doch als der Patient Bach-Zelewski den Reichsführer fragte, ob man nicht endlich mit den Judengeschichten im Osten Schluß machen könne, wurde Himmler böse. Himmler: »Das ist ein Führerbefehl. Die Juden sind die Träger des Bolschewismus ... Wenn Sie Ihre Finger nicht aus den Judenangelegenheiten draußenlassen, dann sollen Sie sehen, was Ihnen passiert!«[241]

Freilich, selbst dieser Fanatiker des Führerbefehls wird gewußt haben, daß die Männer der Einsatzgruppen, abgesehen von einer kleinen Minderheit geborener Sadisten und Totschläger, kaum anders dachten als Bach oder der Brigadeführer Eberhard Herf, der dem Chef des SS-Personalhauptamtes schrieb, er wolle »weg aus dem Osten, da ich nun offen gesagt die Schnauze voll habe«[242].

Dabei war in den Einsatzgruppen eine entschlossene Todesarmee entstanden, wie sie selbst in der SS ihresgleichen suchte. Mit ihrer schrankenlosen Vergötzung von Leistung, Härte und Kameraderie bekannte sie sich zu einer Gefühllosigkeit, die allenfalls noch von dem seelenlosen Automatentum der KZ-Wachmannschaften übertroffen wurde. Hier rottete sich eine Elite jenes barbarisch-leistungswütigen Menschentums zusammen, das Himmler zum Idealtypus der Schutzstaffel erhoben hatte: ein Orden unter dem Totenkopf, losgelöst von der bürgerlichen Umwelt und deren moralischen Kategorien, verfügbar für jeden Auftrag der Führung, ausgeliefert an ein Kollektiv, das allein die sozialen und ethischen Maßstäbe für den SS-Mann festlegte. Den Männern der Einsatzgruppen war jahrelang eingeimpft worden, den Rausch der Macht zu empfinden, das Hochgefühl von Elitemenschen auszukosten, die sich über die Masse der Volks- und Parteigenossen ebenso erhaben dünkten wie über sittliche Normen, maßten sie sich doch sogar das Recht an, Menschen zu Objekten biologischer Laborversuche zu machen.

Niemand schien für den Judenmord prädestinierter als diese Verschworenen des Schwarzen Ordens, zumal die ihnen abverlangten Taten in den unendlichen Weiten Rußlands geschahen, so fern der gewohnten Umwelt, daß die Liquidatoren das Morden wie im Traume erlebten, ja das Geschehene vor dem Gewissen, soweit noch vorhanden, als nicht geschehen hinwegleugneten. Und dennoch: Als sie dem eigenen Morden tausendfach gleichsam selber konfrontiert waren, da zerbrach in ihnen alles neugermanische Heldengetue. Aus den germanischen Edelingen wurden wieder, was sie immer gewesen waren: aufgeputschte Spießer, die mit typisch deutschem Selbstmitleid ihr bestialisches Handwerk verrichteten und dabei weinerlich-sentimental an Frau und Kind zu Hause dachten.

»Eine schöne Arbeit ist das nicht!« In so trüber Erkenntnis, die von dem in Serbien mordenden Gruppenführer Turner stammte[243], mähten die Einsatzgruppen ihre jüdischen Opfer Reihe um Reihe nieder und glaubten gar noch, auf das Mitleid wohlmeinender Arier rechnen zu dürfen. Der

Führer des Einsatzkommandos 4a, Paul Blobel, fand nach dem Krieg, die eigentlich Bedauernswerten seien doch sie, die Liquidatoren, gewesen: »Unsere an den Exekutionen beteiligten Männer hielten nervlich sehr viel mehr aus als ihre Opfer. Vom psychologischen Gesichtspunkt aus haben sie Schreckliches durchgemacht[244].« Und der Gendarmeriemeister Fritz Jacob, der sich beklagte, ohne die Nähe des heimischen Herds Juden liquidieren zu müssen, ließ sich nur widerwillig von dem Gruppenführer Querner auf seine vaterländische Pflicht hinweisen. Jacob gelobte Besserung: »Ich danke Ihnen für Ihre Mahnung. Sie haben sehr recht. Wir Männer des neuen Deutschland müssen hart mit uns selbst sein, auch wenn es sich um eine längere Trennung von der Familie handelt[245].«

Himmler kannte nur zu gut die Qualen seiner Spießerseelen. Er ließ keine Gelegenheit aus, die Männer der Einsatzgruppen moralisch wieder hochzupäppeln – in jener pseudopatriotischen Diktion, die auch dem zynischsten Zuhörer einsuggerieren sollte, Teilhaber eines gewaltigen, von Menschengehirnen kaum zu begreifenden Weltplanes zur Errettung des deutschen Volkes und der nordischen Rasse zu sein.

»Von Euch werden die meisten wissen«, so sprach er sie an, »was es heißt, wenn 100 Leichen beisammen liegen, wenn 500 daliegen oder wenn 1 000 daliegen. Dies durchgehalten zu haben, und dabei – abgesehen von Ausnahmen menschlicher Schwächen – anständig geblieben zu sein, das hat uns hart gemacht. Dies ist ein niemals geschriebenes und niemals zu schreibendes Ruhmesblatt unserer Geschichte[246].« Unerschöpflich war seine Phantasie, um dem Massenmord den Charakter des Verbrechens zu nehmen. Seinen Reden an die SS-Liquidatoren wohnte nicht selten ein Element der Selbstbeschwichtigung und Selbstrechtfertigung inne, denn die Endlösung war »für mich die schwerste Frage meines Lebens geworden«, wie Himmler einmal auf einer Tagung von Reichs- und Gauleitern erklärte[247].

Selbst engsten Mitarbeitern verkleinerte er das wahre Ausmaß der Judenvernichtung. Er ließ kein Argument unversucht, das Grauen der Endlösung hinwegzudisputieren. Tief in seinem Innern fühlte er sich isoliert wie seine Schergen, sah er sich dem Entsetzen der Umwelt ausgeliefert – die täglichen Bittgesuche um Rettung von Juden bewiesen es ihm. »Bedenken Sie selbst«, so Himmler zu Gauleitern, »wie viele – auch Parteigenossen – ihr berühmtes Gesuch an mich oder irgendeine Stelle gerichtet haben, in dem es hieß, daß alle Juden selbstverständlich Schweine seien, daß bloß der Soundso ein anständiger Jude sei, dem man nichts tun dürfe. Ich wage zu behaupten, daß es nach der Anzahl der Gesuche und der Anzahl der Meinungen in Deutschland mehr anständige Juden gegeben hat, als überhaupt nominell vorhanden waren[248].«

Aus dieser Isolierung gab es nur einen Ausweg: sich selbst und den Endlösern im Osten immer wieder einzureden, daß man das Werkzeug einer Jahrtausendmission sei, Handlanger eines Werkes, das menschliche Vorstellungskraft sprenge. Himmler: »Man darf die Dinge nicht unter kleinen ichbezogenen Gesichtspunkten betrachten, sondern muß das Gesamtgermanentum ins Auge fassen. Einer muß sich opfern[249].« Unentwegt ermunterte Himmler die Einsatzgruppen, ihre »schwere Aufgabe« zu erfüllen, stets hatte er ein Trostwort für die geplagten Henker im Osten: »Ich kann Ihnen sagen, es ist scheußlich und furchtbar für einen deutschen Menschen, wenn er das ansehen muß. Das ist es, und wenn es nicht scheußlich und furchtbar für uns wäre, dann wären wir ja keine deutschen Menschen mehr und wären wir ja keine Germanen. Ebenso scheußlich wie es ist, ebenso notwendig ist es gewesen und wird es auch in vielen Fällen noch sein, daß wir es durchführen[250].«

Himmler bereiste auch die Einsatzgruppen, um die seelisch ramponierten Endlöser aufzuheitern. In Minsk ließ er sich die Hinrichtung von 200 Juden vorführen, erlitt jedoch angesichts der grausamen Szene einen solchen Schock, daß Obergruppenführer Karl Wolff, Chef des Persönlichen Stabes Himmlers, Mühe hatte, ihn aufrecht zu halten. Wolff zu seinen Begleitern: »Der soll nur merken, was er den Leuten zumutet[251].« Erst allmählich faßte sich Himmler und begann eine pathetische Durchhalterede. Die Männer, so erklärte er, hätten sicherlich bemerkt, daß ihm »das blutige Handwerk zuwider« sei, aber jeder müsse seine Pflicht tun, so schwer sie auch falle. Himmler erklärte dem zuständigen Einsatzgruppenchef Nebe, man müsse jedoch eine neue Hinrichtungsmethode finden[252]. Es war die Geburtsstunde eines grausigen Hinrichtungsinstruments: des Gaswagens.

Die Führer der Einsatzgruppen vertrauten freilich nicht allein der Überzeugungskraft Himmlerscher Suada. Ohlendorf, Rasch, Nebe und Stahlecker fürchteten nichts mehr als den Zusammenbruch der Disziplin und die Kettenreaktion sadistischer Einzelunternehmen der enthemmten Judenmörder. Genaue Vorschriften sollten daher gewährleisten, daß die Exekutionen schnell und wirkungsvoll abliefen, ehe die Henker zur Besinnung kamen[253].

Ohlendorf zog bei seiner Einsatzgruppe D in einer makabren Perversion des Soldatischen die Hinrichtungen als militärische Exekutionen auf. Dahinter verbarg sich eine wohlüberlegte Politik: Der Mann der Einsatzgruppe sollte als einzelner keine Berührung mit den Opfern haben, er sollte in ein Kollektiv eingefügt sein, das geschlossen und nur auf Befehl eines Vorgesetzten handelte, damit gleichsam jedes individuelle Schuldgefühl auslöschend. Niemals durfte der einzelne Juden erschießen, stets nahm Ohlendorf darauf Bedacht, daß die Opfer bis zur letzten Minute Ruhe bewahrten, barg doch jeder Aufruhr unter den Todgeweihten die Gefahr in sich, daß die Liquidatoren wild in die Opfer hineinfeuerten und einen Amoklauf auslösten, den der Pseudosoldat Ohlendorf mehr fürchtete als eine Massenflucht der Juden. Derartige Sorgen, nicht humanitäre Überlegungen, ließen auch Ohlendorf vor dem Einsatz von Gaswagen zurückschrecken. In dem Gaswagen sah er eine »unzumutbare seelische Belastung« für seine Männer: Nach der Exekution mußten die verzerrten, oft mit Kot verschmierten Leichen aus dem Gaswagen gehoben werden – damit aber sah sich der Exekutor wieder der eigenen Tat konfrontiert, jener Sekunde der Wahrheit, die ihm Ohlendorf ersparen wollte[254].

Der Chef der Einsatzgruppe C, Dr. Dr. Otto Rasch, verfolgte eine andere Taktik: Jeder Mann seiner Einsatzgruppe mußte zum Partner einer kollektiven Schuld werden, das gemeinsame Erleben des Grauens war dazu bestimmt, um die Einsatzgruppe das Band einer Kameradschaft zu schlingen. Das kollektiv verschuldete Blut sollte zum Kitt werden, der alle zusammenhielt[255]. Der Doppeldoktor befahl, jeder Mann der Einsatzgruppe müsse an Hinrichtungen teilnehmen; der einzelne hatte sich selber zu »überwinden«[256]. Es gab kaum einen in dieser Einsatzgruppe, der nicht, wie es ein Zuschauer formulierte, von »Angstträumen fürchterlichster Art« gepeinigt wurde[257]. Aber das Ziel war erreicht: die Kameraderie der Schuld.

Kein psychologischer Trick wurde ausgelassen, um den Henkern die Arbeit zu erleichtern. Schon die Sprachregelung diente diesem Zweck. Das Vokabularium der Mörder kannte das Wort Mord nicht, wohl aber eine verwirrende Fülle von Verharmlosungen und Tarnungen: Sie reichten von »Sonderaktionen«, »Sonderbehandlung«, »Ausschaltung« bis zur »Vollzugstätigkeit«, »Säuberung« und »Aussiedlung«. Eine propagandistische Dauerberieselung, in Rußland noch verstärkt, verfolgte außerdem das Ziel, in dem Endlöser das Gefühl abzutöten, der Jude sei auch ein Mensch. In der Diktion der Propaganda verwandelte sich der Jude in den Schädling, in das Ungeziefer.

Gleichwohl genügte den Führern der Einsatzgruppen selbst diese Greuelpropaganda noch nicht. Der amerikanische Historiker Raul Hilberg, der die Aktionen der Einsatzgruppen mit seltener Akribie untersuchte, fand, »daß die psychologische Rechtfertigung ein wesentlicher Teil der Tötungsoperationen war. Wenn eine vorgesehene Aktion nicht gerechtfertigt werden konnte, fand sie nicht statt«[258]. Zwei Arten von Rechtfertigungsversuchen überwogen: Sorge vor Seuchengefahr und Abwehr jeder Zusammenarbeit der Juden mit dem Feind. In Balti wurden Juden wegen »Angriffen« auf die deutsche Wehrmacht liquidiert[259], in Nowo Ukrainka wegen einiger »Übergriffe«[260], in Kiew wegen Brandstiftung, in einer anderen Stadt wegen »Oppositionsgeistes«[261].

»In Rußland hätten wir«, so log Himmler 1942 nach eigener Aufzeichnung dem italienischen Diktator Benito Mussolini vor, »eine nicht unerhebliche Anzahl von Juden, und zwar Mann und Weib erschießen müssen, da dort selbst die Frauen und halbwüchsigen Kinder Nachrichtenträger für die Partisanen gewesen wären.« Die Juden seien ja »überall die Träger der Sabotage, Spionage und des Widerstandes sowie der Bandenbildung«[262].

Diese Alle-Juden-sind-Partisanen-These gehörte bereits zu einem neuen Vernichtungsprogramm, das Anfang 1942 begann. Es war nicht ohne Raffinesse ausgedacht: Der Judenmord verbarg sich jetzt unter dem Deckmantel des Kampfes gegen die Partisanen und verhedderte auch die Wehrmacht in die Schuldverstrickungen des Jahrhundert-Verbrechens.

Da das Heer die Einsatzgruppen auch gelegentlich zu militärischen Aufgaben (Bekämpfung versprengter Truppenteile des Feindes) heranzog, unterhielten die Führer der Frontverbände von Anfang an gute Beziehungen zu Heydrichs Beauftragten. »Wehrmacht erfreulich gute Einstellung gegen die Juden«, rühmte das Einsatzkommando 4b [263], und die Einsatzgruppe A fand, die Kontakte zur 4. Panzerarmee seien »eng, ja sehr herzlich« [264]. Die Panik der verfolgten Juden und erste Aktionen der Partisanen verleiteten die Militärs dazu, die Einsatzgruppen zum verstärkten Kampf gegen die Juden anzuspornen. Im September 1941 bat die 17. Armee das Einsatzkommando 4b, die Juden der Stadt Krementschug auszurotten. Anlaß des Hilferufs: In Krementschug waren dreimal Fernsprechkabel der Armee von unbekannten Tätern zerstört worden [265]. Ein anderes Beispiel: Im August forderte die Geheime Feldpolizei (GFP) des XXX. Korps eine Abteilung des Einsatzkommandos 10a für einen Schlag gegen die Juden der ukrainischen Stadt Kodyma an, weil dem GFP-Hauptmann Krämer gemeldet worden war, die Juden planten einen Angriff auf deutsche Heereseinheiten [266].

Das Liquidieren von Juden erschien manchen (freilich nicht allen) Militärs keineswegs als ein so ungewöhnliches Unterfangen, ermahnte doch Generalfeldmarschall Walter von Reichenau die Soldaten seiner 6. Armee in einem Tagesbefehl, als »Träger einer unerbittlichen völkischen Idee« hätten sie »für die Notwendigkeit der harten, aber gerechten Sühne am jüdischen Untermenschentum volles Verständnis« aufzubringen [267]. Ihr Verständnis ging recht weit: Die 17. Armee ordnete an, für den Fall, daß die Hintermänner von Sabotageakten nicht festzustellen seien, müßten Juden, vor allem jüdische Komsomolzen, erschossen werden [268], und die Einsatzgruppe A meldete, bis zum Dezember 1941 habe die Heeresgruppe Mitte 19000 Partisanen und Verbrecher, in der Mehrzahl Juden, liquidiert [269]. Adolf Hitlers Rußlandarmee kannte auch Konzentrationslager. Der Kommandierende General des XXX. Korps verfügte zur Abwehr von Partisanenangriffen die Festnahme von Geiseln, die in KZ festgehalten werden sollten. Das Infanterie-Regiment 124 unterhielt ein Konzentrationslager in Kutschuk Muskomja, das Infanterie-Regiment 266 eines in Warmutka, die Panzerjägerabteilung 72 eines in Foros [270].

Nervös reagierten die Militärs auf jede Unruhe unter den ihnen anvertrauten Juden. Der Ortskommandant von Dschanskoi witterte in dem ihm unterstellten Juden-KZ Seuchengefahren und bat die Einsatzgruppe D, alle Juden des KZ zu liquidieren; er mußte auf die personalarme Einsatzgruppe lange Zeit einreden, bis sie endlich bereit war, gemeinsam mit der Geheimen Feldpolizei den Wunsch des Ortskommandanten zu erfüllen [271]. Einzelne Militärs drängten den RSHA-Beauftragten zusätzliche Liquidierungsaufgaben so hartnäckig auf, daß der Sturmbannführer Lindow vom Reichssicherheitshauptamt einmal ärgerlich ausrief, die Geheime Staatspolizei sei doch nicht »der Henker der Wehrmacht« [272].

Je schärfer aber der sowjetische Gegner den Partisanenkrieg gegen die Deutschen aktivierte, desto emsiger riefen die Militärs nach den Einsatzgruppen. Als Generalstabschef Halder im Dezember 1941 die Befehlshaber der Armeen in Orscha versammelte, hörte er ein einstimmiges Loblied auf die Einsatzgruppen: »Diese Leute sind für uns Goldes wert, denn sie sichern die rückwärtigen Verbindungen und ersparen so die Heranziehung von Truppen für diese Aufgabe[273].«

Die Einsatzgruppe A war die erste gewesen, die sich den Partisanen entgegengestellt hatte. Ende September 1941 waren im Raum Leningrad sowjetische Partisanen gesichtet worden; bis Ende des Jahres hatte sich das Gros von Stahleckers Einsatzgruppe an der Nordfront konzentriert, um die Partisanen auszuräuchern. Stahlecker selber fiel Anfang März 1942 im Kampf gegen Partisanen[274]. Himmler hatte schnell die Gelegenheit ergriffen, im Tarnmantel des Partisanenkrieges die Vernichtung der Juden zu forcieren. Er befolgte praktisch nur, was Hitler schon im Juli 1941 ausgesprochen hatte: »Dieser Partisanenkrieg hat auch wieder seinen Vorteil; er gibt uns die Möglichkeit, auszurotten, was sich gegen uns stellt[275].«

Der SS-Chef maskierte die Armee seiner Endlöser als soldatenähnliches Anti-Partisanen-Heer, offiziell »Bandenkampfverbände« genannt. Die Einsatzgruppen verwandelten sich in stationäre Kommandostellen der Sicherheitspolizei; aus den Chefs der Einsatzgruppen A und C wurden Befehlshaber, aus den Führern der Einsatzkommandos Kommandeure der Sicherheitspolizei und des SD[276]. Zu diesem Heerhaufen der Partisanenjäger, die später einem Chef der Bandenkampfverbände (Bach-Zelewski) unterstellt wurden, stießen fünf Regimenter der Ordnungspolizei und die landeseigene Miliz der deutschbesetzten Ostgebiete[277]. Gesamtstärke Ende 1942: 14 953 Deutsche und 238 105 Ost-Hiwis[278].

Mit dieser Armee traten die sorgfältig getarnten Endlöser zum neuen Angriff an, der von Fall zu Fall durch Einheiten des Heeres und der Waffen-SS unterstützt wurde. Der an die Nordfront versetzte HSSPF Jeckeln machte den Anfang. Im Februar und März 1942 eröffnete er »Aktion Sumpffieber«, eine Operation gegen Juden und Partisanen. Er konnte nach Abschluß des Unternehmens melden: 389 Partisanen getötet, 1 774 Verdächtige erschossen, 8 350 Juden liquidiert[279].

Das kombinierte Juden- und Partisanenunternehmen »Aktion Sumpffieber« wurde zum Vorbild jener Mordoperationen, mit denen Himmler unter Vorspiegelung militärischer Notwendigkeiten die Ausrottung jüdischer Menschen fortsetzen ließ. Unternehmen Erntefest, Unternehmen Hamburg, Unternehmen Altona, Unternehmen Hornung, Unternehmen Nürnberg – sie alle dienten der Vernichtung des jüdischen Volkes[280]. Zugleich zog sich auch die Schlinge um die Juden, die sich nicht zu den Partisanen gerettet hatten, immer enger zusammen. Die Liquidatoren hatten die Masse der Juden in Gettos und Konzentrationslagern zusammengetrieben; im Ostland lebten noch 100 000 Juden, davon etwa 68 000 in den Städten[281]. Gegen sie richtete sich ein weiterer tödlicher Schlag.

Im Mittelpunkt dieser Vernichtungsaktion lag das Generalkommissariat Weißrußland, das die neuen Herren mit dem alten Namen Weißruthenien belegt hatten. Eine Stadt nach der anderen suchten die Polizeibataillone und die Hiwi-Brigaden heim, Getto um Getto fiel unter den Maschinenpistolen der Liquidatoren. Der Höhere SS- und Polizeiführer, seine Sipo-Befehlshaber und Sipo-Kommandeure konnten sich schon ausrechnen, wann der letzte Jude Weißrutheniens ausgelöscht wäre. In just diesem Augenblick erwachte in den Ziviladministratoren des Reichskommissariats Ostland ein Besitzer- und Beschützerinstinkt, der altgediente Nazis zu einer seltsamen Auflehnung gegen den Rassismus des Tausendjährigen Reiches trieb. An der Spitze dieser Rebellion stand einer der korruptesten Parteifunktionäre: Gauleiter Wilhelm Kube, der Generalkommissar von Weißruthenien.

Kube nahm wie auch andere NS-Kolonialherren im Osten daran Anstoß, daß die hastigen Judenaktionen der SS-Polizei-Verbände die wirtschaftliche Grundlage des Ostlands ramponierten. »Eine sofortige Ablösung aller im Arbeitsprozeß eingesetzten Juden [ist] nicht möglich, insbesondere noch nicht in den großen Städten«, hatte einst sogar Stahlecker gewarnt[282], aber der Endlöser in Weißruthenien, der Sipo-Kommandeur und SS-Obersturmbannführer Dr. Eduard Strauch, trieb die Liquidierungen fanatisch voran. Weißrutheniens cholerischer Herr sah die Wirtschaft seines Gebietes zusammenbrechen, denn die weißrussischen Juden stellten die einzige Handwerker- und Facharbeiterschicht des Landes. Noch ärgerlicher aber berührte Kube, daß die Kommandos der SS über die Juden herfielen, ohne ihn vorher benachrichtigt zu haben. Kubes Zorn datierte noch aus der Zeit vor der neuen Offensive der Mordbrigaden.

Am 27. Oktober 1941 meldete sich in Sluzk der Adjutant des Polizeibataillons 11 und eröffnete dem Gebietskommissar Carl, innerhalb der nächsten Stunden würde mit der Liquidation sämtlicher Juden der Stadt begonnen werden[283]. Parteigenosse Carl erschrak. Er bat den Kommandeur des Polizeibataillons, die jüdischen Handwerker zu schonen, doch die Polizei ignorierte Carls Bitte. Die Juden von Sluzk wurden ausgerottet. »Das ganze Bild war überhaupt mehr als grauenvoll«, meldete Carl dem Generalkommissar Kube am 30. Oktober. »Mit einer unbeschreiblichen Brutalität sowohl vonseiten der deutschen Polizeibeamten wie insbesondere von den litauischen Partisanen [Hilfspolizisten] wurde das jüdische Volk ... aus den Wohnungen herausgeholt und zusammengetrieben. Überall in der Stadt knallte es, und in den einzelnen Straßen häuften sich Leichen erschossener Juden.« Carl hatte mit seinen Beamten noch versucht, »zu retten, was zu retten war. Mehrfach habe ich buchstäblich mit gezogenem Revolver die deutschen Polizeibeamten wie auch die litauischen Partisanen aus den Betrieben herausdrängen müssen«[284].

Wilhelm Kube stellte gegen das gesamte Offizierskorps des Polizeibataillons 11 Strafantrag wegen Disziplinlosigkeit[285]. Es sei, schrieb Kube in einem Brief, »eine bodenlose Schweinerei«, angeschossene Juden – wie in Sluzk geschehen – lebendig zu begraben. »Mit derartigen Methoden läßt sich die Ruhe und die Ordnung in Weißruthenien nicht aufrecht erhalten[286].« Der Alt-Antisemit Kube (1934: »Der Pestträger muß ausgemerzt werden«)[287] hätte freilich gegen eine »ordentliche« Vernichtung des russischen Judentums nichts eingewandt und hätte sich auch weiterhin – wie schon früher – am Judenmord beteiligt, wären nicht plötzlich Tausende deutscher Juden nach Minsk zur Vernichtung deportiert worden[288]. Als Kube der deutschen Juden ansichtig wurde, zerbrach in ihm eine Weltanschauung: Der Judenfeind Kube wandelte sich zum Judenbeschützer.

Kube erfuhr, unter den deutschen Juden befänden sich auch Männer, die im Ersten Weltkrieg Soldaten gewesen und mit hohen Orden ausgezeichnet worden seien. Der Gauleiter ließ sich eine Liste zusammenstellen und appellierte an das Reichssicherheitshauptamt, als habe er niemals von einer Endlösung der Judenfrage gehört. Ärgerlich konterte Heydrich, es habe alles seine Richtigkeit, im übrigen gäbe es wohl »kriegswichtigere Aufgaben als dem Geseires von Juden nachzulaufen, zeitraubende Ermittlungen anzustellen und soviele meiner Mitarbeiter von anderen und weit wichtigeren Aufgaben abzuhalten«. Heydrich schrieb an Kube: »Ich bedaure, sechseinhalb Jahre nach Erlaß der Nürnberger Gesetze noch eine derartige Rechtfertigung schreiben zu müssen[289].«

Doch Kube wollte nicht verstehen. Er stellte die deutschen Juden unter seinen persönlichen Schutz und eilte herbei, sobald sich die Sicherheitspolizei des Obersturmbannführers Strauch zum tödlichen Schlag anschickte. »Eine merkwürdige Einstellung zur Judenfrage«, mäkelte Strauch, ehe er begriff[290], daß einer der ersten Gauleiter des Dritten Reiches unter die Judenschützer gegangen war. Strauch verzweifelte an dem Sinn der Welt. Er hielt fest: »Ich betonte, daß es mir unverständlich sei, daß deutsche Menschen wegen einiger Juden uneins würden. Ich könne immer wieder feststellen, daß man meinen Männern und mir Barbarei und Sadismus vorwerfe, während ich lediglich meine Pflicht täte[291].« Was aber entgegnete der Nationalsozialist Kube? Strauch notierte: »Diese Art unseres Vorgehens sei eines deutschen Menschen und eines Deutschlands Kants und Goethes unwürdig. Wenn der deutsche Ruf in aller Welt untergraben würde, so sei es unsere [der SS] Schuld. Im übrigen sei es auch richtig, daß meine Männer sich an diesen Exekutionen geradezu aufgeilen würden[292].«

Kube begnügte sich nicht damit, die Endlöser öffentlich als Barbaren zu brandmarken. Er ließ die SS-Wachen vor seinem Amtsgebäude durch SA-Männer ersetzen[293]. Er war stets zur Stelle, wenn ein SS-Mann sich an Juden vergangen hatte[294]. Er sabotierte die Judenliquidierung, wo immer er konnte. Für den 1. März 1942 hatte Strauch eine Vernichtungsaktion gegen das Minsker Getto angesetzt; 5 000 Juden erhielten von der Sicherheitspolizei Order, sich zwecks »Umsiedlung« an einem bestimmten Platz zu versammeln. Doch Kube verriet die Aktion. Durch ihn erfuhren die Juden Strauchs wahre Absichten; die in den Stäben des Generalkommissariats beschäftigten Juden wurden von Kube indirekt gewarnt, nicht das Getto zu betreten. Wütend mußte Strauch versuchen, einzelne Juden zu verhaften[295]. Dabei kam es zu Aufläufen, die wiederum den Generalkommissar zu einem Protest veranlaßten. Strauch meldete: »Er hat mehrere meiner Männer erheblich beschimpft. Dabei fielen immer Ausdrücke wie ›Schweinerei‹ und ›wir sprechen uns wieder‹[296].«

Der Endlöser Strauch sah sich von dem Alten Kämpfer Kube derartig behindert, daß er seine Vorgesetzten alarmierte. Himmler beklagte sich bei Kubes höchstem Vorgesetzten, dem Ostminister Alfred Rosenberg, und der versprach denn auch prompt, den SS-Kritiker Kube zu verwarnen [297]. Kube gab jedoch nicht nach, zumal er wußte, daß sein nächsthöherer Dienstherr, der Ostland-Reichskommissar Hinrich Lohse, den Himmler-Apparat ebenso wie er verabscheute. Ein neues als Partisanenabwehr getarntes Unternehmen zur Massenliquidierung von Juden (»Großunternehmen Kottbus«) benutzte Kube, um die gesamte Kampfart der SS-Verbände zu kritisieren. Die politischen Auswirkungen solcher Unternehmen, monierte er in einem Bericht an Rosenberg, seien »verheerend«, denn die von der Polizei liquidierten Russen seien zum Teil gar keine Partisanen, sondern harmlose Bauern. Kube: »Wenn bei 4 500 Feindtoten nur 492 Gewehre erbeutet wurden, dann zeigt dieser Unterschied, daß sich auch unter diesen Feindtoten zahlreiche Bauern des Landes befinden [298].« Zu Kubes Bericht schrieb Lohse am 18. Juni 1943 den Kommentar: »Was ist dagegen Katyn *? Man stelle sich nur einmal vor, solche Vorkommnisse würden auf der Gegenseite bekannt und dort ausgeschlachtet! Wahrscheinlich würde eine solche Propaganda einfach nur deshalb wirkungslos bleiben, weil Hörer und Leser nicht bereit wären, derselben Glauben zu schenken [299].«

Die Herren des Terrorapparates wußten nicht, wie sie sich ihres Gegners in Minsk entledigen konnten. Da halfen ihnen die sowjetischen Partisanen: In der Nacht zum 22. September 1943 fiel Wilhelm Kube einer Bombe zum Opfer, die ihm sein Dienstmädchen, eine Agentin der Partisanen, unter das Bett geschoben hatte [300]. Himmler strahlte: Kubes Tod – so erklärte er – sei ein Segen für das Vaterland [301].

Er konnte gelassen urteilen, denn die Arbeit der Endlöser in Rußland ging zu Ende. Sie hatten viel erreicht: Von den 2,5 Millionen Juden Rußlands, die nicht vor den Deutschen hatten fliehen können, waren 900 000 liquidiert worden [302]. Noch ehe die Sowjetarmeen die deutschen Eindringlinge zurücktrieben, machte sich Standartenführer Paul Blobel auf, die Spuren der Mörder zu verwischen. An der Spitze eines Sondertrupps, der sich »Kommando 1005« nannte, öffnete er die Massengräber der liquidierten Juden und ließ die Leichen auf ölgetränkten Eisenrosten verbrennen, die übriggebliebenen Knochenreste in Spezialmühlen zerhacken [303]. Das Feuer der Leichenschänder erleuchtete eine gespenstische Szene, letzter Akt eines pervertierten Soldatentums, das in der Geschichte der Feldzüge und Kriege einmalig dasteht.

Doch noch ehe die Judenvernichtung in Rußland beendet worden war, hatte Himmler Befehl gegeben, zu einer neuen Phase des Massenmordes überzugehen. Aus den beweglichen Mordstätten wurden stationäre Todesfabriken, an die Stelle der Erschießungen trat die Vergasung, die grausige

* In Katyn bei Smolensk fanden deutsche Truppen beim Einfall in die Sowjet-Union die Massengräber von etwa 10 000 polnischen Offizieren, die 1940 von den Sowjets ermordet worden waren.

Herrschaft der Gaskammern. Den Anstoß dazu hatte SS-Gruppenführer Arthur Greiser, der Reichsstatthalter des Warthegaues, gegeben. Er bat Himmler und Heydrich im Herbst 1941, ihm die bewährten Endlöser zu überstellen, damit auch das Wartheland möglichst schnell »judenfrei« gemacht werden könne. In Greisers Domäne lebten noch 100 000 Juden, fast alle im Getto Litzmannstadt konzentriert – sie sollten rasch liquidiert werden[304].

Himmler und der zuständige RSHA-Chef Heydrich sagten sofort zu und setzten den Hauptsturmführer Lange in Marsch. Heydrich gab ihm die furchtbarste Kreation seines Hauses mit auf den Weg, jene Gaswagen, die schon in Rußland eingesetzt worden waren. Lange schuf Ende des Jahres in der Nähe von Litzmannstadt die erste Mordfabrik menschlicher Geschichte. In den Wäldern von Kulmhof, einem Ort 60 Kilometer nordwestlich von Litzmannstadt, fand der Hauptsturmführer ein altes Schloß, einsam gelegen und wie geschaffen für seine bestialische Mission. Im Dezember 1941 begann das Kommando Lange mit drei Gaswagen die Vernichtungsarbeit[305].

Zug um Zug wurden die aus Litzmannstadt herangeschafften Juden vom Bahnhof Kulmhof abgeholt und in das Schloß verfrachtet; dort mußten sie sich völlig entkleiden und einen geschlossenen Lkw besteigen, der die Ankömmlinge angeblich in ein Duschbad bringen sollte. Die Fahrt ins Bad wurde zu einer Fahrt in den Tod: Kaum waren die Türen des Lkw hinter den Juden zugeschlagen worden, da leitete ein versteckter Schlauch die Auspuffgase in den Laderaum und tötete die Opfer. Derweil stand ein Sonderkommando selektierter Juden bereit, die Toten in das vorbereitete Massengrab zu befördern und ihnen auch die letzten Wertsachen abzunehmen. Mit solchen Hilfsdiensten erkauften sich manche Juden das Privileg, in den Kellern des Schlosses ein paar Wochen länger zu leben und auf den nächsten Transport der Unglücklichen zu warten[306]. Das primitive Mordwerkzeug brachte jedoch die Liquidatoren oft in Schwierigkeiten, die Vergasung klappte nicht immer. Die Gebrauchsanweisungen des RSHA besagten, in einer Viertelstunde sei alles vorbei; oft dauerte es aber Stunden. Manchmal waren einzelne Opfer noch am Leben, wenn die Türen des Todeswagens wieder geöffnet wurden[307].

Die Meldungen von der Massentortur in Kulmhof müssen auch den Gruppenführer Heinrich Müller erreicht haben, denn der Gestapo-Leiter rief eines Tages seinen Judenreferenten Eichmann zu sich. Müller: »Fahren Sie runter. Ich will wissen, was da vorgeht.« Und SS-Sturmbannführer Adolf Eichmann fuhr los. Er betrat das Schloß des Kameraden Lange und sah zu, wie Juden in den Todes-Lkw getrieben und ins Massengrab transportiert wurden. »Ich fuhr dann dem Wagen nach«, erinnerte sich Eichmann später, »und da sah ich das Entsetzlichste, was ich in meinem Leben bis dahin gesehen hatte.« Eichmann: »Der [Wagen] fuhr an eine längliche Grube, die Türen wurden aufgemacht und heraus wurden die Leichen geworfen; als ob sie noch lebten, so geschmeidig waren die Glieder. Wurden reingeworfen. Ich sehe da noch, wie ein Zivilist mit einer Zange Zähne rauszieht, und dann bin ich abgehauen. Bin in den Wagen und bin weg und habe nichts mehr gesprochen. Da war ich bedient. Da war ich fertig.« Eichmann wußte »nur noch, daß ein Arzt dort in einem weißen Kittel mir sagte, ich soll durch ein Guckloch schauen, wie sie im Wagen drin waren. Das habe ich abgelehnt. Ich konnte nicht, ich konnte nichts mehr sagen, ich mußte weg. Fürchterlich, sag ich, das Inferno. Kann nicht. Ich kann das nicht, hab ich ihm [Gestapo-Müller] gesagt[308].«

Die Quälereien in Kulmhof eröffneten einen makabren Wettlauf der Mordtechniker und Vergasungsspezialisten, denn das Unternehmen Lange signalisierte ein neues Kapitel der Endlösung, eine neue Abart des rassistischen Wahns: die Massenvernichtung des polnischen Judentums, der größten jüdischen Volksgruppe, die im Zweiten Weltkrieg unter das Würgezeichen des Hakenkreuzes geriet.

Von den drei Millionen Juden, die Polen 1931 in einer Volkszählung registriert hatte, waren 2,3 Millionen unter die deutsche Herrschaft gefallen[309]. Fast alle hatten in den ersten Monaten der NS-Besetzung in die von Heydrich angewiesenen Gettos ziehen müssen, die zunächst als Sammelplätze der projektierten Judenauswanderung gedacht waren; seit Anlaufen der Endlösung aber wurden sie immer mehr zu Warteräumen des Todes. »Wir müssen die Juden vernichten, wo immer wir sie treffen«, krakeelte Polen-Generalgouverneur Hans Frank vor seinen Mitarbeitern. »Diese Juden [Polens] können wir nicht erschießen, wir können sie nicht vergiften, werden aber doch Eingriffe vornehmen können, die irgendwie zu einem Vernichtungserfolg führen, und zwar im Zusammenhang mit ... großen Maßnahmen[310].«

Heinrich Himmler hatte sich schon die »großen Maßnahmen« ausgedacht, um das Problem auf seine Art zu lösen. Das Experiment Kulmhof wies den Weg: Auf dem Territorium des alten Polen, im Generalgouvernement und in den sogenannten eingegliederten Gebieten, sollte sich eine Kette von Todesfabriken erheben, dazu bestimmt, auch den letzten Juden Polens, ja ganz Europas zu vernichten. Ein Zufall hatte Himmler auch die dazu notwendige Mannschaft hochtechnisierter Folterknechte geliefert. Noch ehe Greiser den Reichsführer um Hilfe bei der Liquidierung »seiner« Juden gebeten hatte, war jene Mordaktion zu Ende gegangen, die unter dem Namen »Euthanasie« 100 000 Geisteskranke und – so der NS-amtliche Ausdruck – »lebensunwerte« Menschen beseitigte[311].

Dabei taten sich auch einige von dem Reichsführer-SS und Chef der Deutschen Polizei ausgeliehene SS-Führer und Kriminalbeamte hervor, die ihre Opfer mit Gas umbrachten. Ihr Anführer war der Kriminaloberkommissar Christian Wirth, ein kaltschnäuziger Grobian, der in der Kanzlei des Führers, der Gehirnzentrale des Euthanasie-Projekts, als der eigentliche Henker galt[312]. Wirth arbeitete in den Todesanstalten des Euthanasie-Unternehmens mit Kohlenmonoxydgas; es tötete die Opfer rasch und lautlos. Als nun Himmler Anfang 1942 den Reichsarzt-SS Dr. Ernst Grawitz fragte, wie man die Millionen polnischer Juden am schnellsten liquidieren könne, wies ihn der Äskulap-Jünger auf den arbeitslosen Kriminaloberkommissar hin[313]. Himmler ließ sich den Gasexperten kommen und gab ihm Order, sein Werk in Polen fortzusetzen. Wirth meldete sich kurz darauf bei dem Lubliner SS- und Polizeiführer Odilo Globocnik, den Himmler im Rahmen der sogenannten »Aktion Reinhard« mit der Liquidierung des polnischen Judentums beauftragt hatte[314]. Wirth machte sich an die Arbeit.

Statt der fahrbaren Gaskammern seines Kameraden Lange in Kulmhof, den der Spezialist Wirth verächtlich für einen Pfuscher hielt, konstruierte der Kripo-Mann ortsfeste Gaskammern, in die er mittels Schläuchen die Abgase von Dieselmotoren hineinpumpte. Die Todeskammern tarnte er als »Inhalier- und Baderäume«. Das System der Gaskammern sah aus, notierte ein Beobachter, wie »eine Art Badehaus« mit »Geranien, dann ein Treppchen und dann rechts und links je drei Räume 5 × 5 Meter, 1,90 Meter hoch, mit Holztüren wie Garagen. An der Rückwand große hölzerne Rampentüren. Auf dem Dach als ›sinniger kleiner Scherz‹ der Davidstern!«[315] Rund um diese Mordwerkstätten baute Wirth die gewohnte Kulisse nationalsozialistischer Konzentrationslager: Baracken, Appellplätze, Stacheldraht und immer wieder Stacheldraht. Ungefähr entlang der Linie des Bug zog sich bald eine Kette von Vernichtungslagern, die mit Ausnahme des Lagers Lublin sämtlich dem SS-Brigadeführer Globocnik unterstanden.

Eine Todesfabrik nach der anderen wuchs aus der Erde. Am 17. März 1942 begann das Vernichtungswerk des ersten Wirth-Unternehmens, des Lagers Belzec an der Bahnstrecke Lublin–Lemberg; es war mit sechs Gaskammern ausgerüstet und konnte täglich bis zu 15 000 Menschen töten[316]. Im April folgte das Lager Sobibor nahe der Grenze zum Reichskommissariat Ukraine mit einer täglichen Mordhöchstleistung von 20 000 Personen[317]. Drei Monate danach entstand Treblinka, 120 Kilometer nordöstlich von Warschau, mit 13 Gaskammern das größte der Wirth-Lager; es konnte an einem Tag 25 000 Menschen sterben lassen[318]. Den Abschluß bildeten die Gaskammern, die im Herbst 1942 dem bereits vorhandenen Konzentrationslager Lublin (nach dem Krieg Majdanek genannt) angeschlossen wurden[319]. Christian Wirth übernahm die technische Leitung sämtlicher Vernichtungsstätten des SS-Imperiums auf dem polnischen Territorium[320]. Er erhöhte immer mehr die Todesziffern, Bestätigungen einer furchtbaren Tüchtigkeit, die den Kripo-Oberkommissar zum ungekrönten König unter den Judenvernichtern Polens stempelte.

Indes, Wirth hatte in der abstrusen Welt der Vernichtungslager Konkurrenten, die ihm seine Position neideten. Vor allem die Männer in dem größten KZ des deutschbesetzten Ostens, dem ebenfalls als Vernichtungsfabrik vorgesehenen Auschwitz in Oberschlesien, ruhten nicht, den Gas-Experten Wirth durch neue Methoden von seiner einsamen Höhe herunterzuholen. Dem Schutzhaftlagerführer von Auschwitz, Hauptsturmführer Karl Fritzsch, gelang es, den Rivalen in Treblinka auszustechen. Er fand ein neues Tötungsmittel, das der Schädlingsideologie des Judenmords am gemäßesten war: das Blausäuregas Zyklon B, ein von der Firma Degesch (»Deutsche

Gesellschaft für Schädlingsbekämpfung mbH«) vertriebenes Ungeziefervertilgungsmittel [321]. Zyklon B war dem Wirthschen Gas überlegen: Man brauchte, durch eine Gasmaske geschützt, die runden Zyklon-B-Dosen nur zu öffnen und den Inhalt auszuschütten – in einigen Minuten waren die Opfer tot. Bei Wirth dauerte es länger [322].

Ein Trupp von SS-Führern machte sich auf, Wirth von seinem Thron herunterzustoßen. SS-Obersturmführer Kurt Gerstein, Blausäureverteiler, Christ und Gegner des NS-Regimes in einer Person, und der Eichmann-Stellvertreter Rolf Günther tauchten im Lager Belzec auf, um Wirths Vernichtungsmethoden auf die Probe zu stellen. Gerstein schrieb sich später auf, was er in diesem August 1942 erlebte [323].

»Der Zug fährt ein«, beobachtete Gerstein. »200 Ukrainer reißen die Türen auf und peitschen die Leute mit ihren Lederpeitschen aus den Waggons heraus. Ein großer Lautsprecher gibt die weiteren Anweisungen: Sich ganz ausziehen, auch Prothesen, Brillen usw. Dann die Frauen und Mädchen zum Friseur, der mit zwei, drei Scherenschlägen die ganzen Haare abschneidet und sie in Kartoffelsäcken verschwinden läßt. Dann setzt sich der Zug in Bewegung. Voran ein bildhübsches Mädchen, so gehen sie die Allee entlang, alle nackt, Männer, Frauen, Kinder, ohne Prothesen ... sie kommen herauf, zögern, treten ein in die Todeskammern! Die Mehrzahl ohne ein Wort zu sagen. Eine Jüdin von etwa 40 Jahren, mit flammenden Augen, ruft das Blut, das hier vergossen wird, über die Mörder. Sie erhält 5 oder 6 Schläge mit der Reitpeitsche ins Gesicht, dann verschwindet auch sie in der Kammer. Die Kammern füllen sich. Gut vollpacken – so hat es Wirth befohlen. Die Menschen stehen einander auf den Füßen ... Jetzt endlich verstehe ich auch, warum die ganze Einrichtung Heckenholt-Stiftung heißt. Heckenholt ist der Chauffeur des Dieselmotors, ein kleiner Techniker, gleichzeitig der Erbauer der Anlage. Mit den Dieselauspuffgasen sollen die Menschen zu Tode gebracht werden.«

Aber gerade jetzt, da der Motor anspringen sollte, erlebte der Mordtechniker Wirth die Stunde seiner größten Demütigung: Der Motor blieb stumm. Gerstein holte eine Stoppuhr hervor und maß die Niederlage des Zyklon-B-Gegners nach Stunden, Minuten und Sekunden. »Wirth kommt«, hielt Gerstein fest. »Man sieht, es ist ihm peinlich, daß das gerade heute passieren muß, wo ich hier bin. Jawohl, ich sehe alles! Und ich warte. Meine Stoppuhr hat alles brav registriert. 50 Minuten, 70 Sekunden – der Diesel springt nicht an! Die Menschen warten in ihren Gaskammern. Vergeblich! Man hört sie weinen, schluchzen ... Wirth schlägt mit seiner Reitpeitsche den Ukrainer, der dem Unterscharführer Heckenholt beim Diesel helfen soll, 12-, 13mal ins Gesicht. Nach zwei Stunden 49 Minuten – die Stoppuhr hat alles wohl registriert – springt der Diesel an ... Von neuem verstreichen 25 Minuten. Richtig, viele sind jetzt tot. Man sieht das durch das kleine Fensterchen, in dem das elektrische Licht die Kammern einen Augenblick beleuchtet. Nach 28 Minuten leben nur noch wenige. Endlich, nach 32 Minuten ist alles tot. Von der anderen Seite öffnen Männer vom Arbeitskommando die Holztüren. Wie Basaltsäulen stehen die Toten aufrecht aneinandergepreßt in den Kammern. Es wäre auch kein Platz hinzufallen oder auch nur sich vornüber zu neigen[324].«

Die Anhänger des Zyklon B, wie Günther, hatten genügend gesehen, der Mordexperte Wirth seine beherrschende Rolle verloren. Von der Stunde an herrschte zwischen Auschwitz und den Wirth-Lagern Kriegszustand. Das Ungeziefervertilgungsmittel wurde endgültig in Auschwitz eingeführt. Und niemand war ob solchen Sieges froher als der Auschwitz-Kommandant Rudolf Höß. »Ich muß offen sagen, auf mich wirkte diese Vergasung beruhigend«, bekundet er in seiner Autobiographie. »Mir graute immer vor den Erschießungen, wenn ich an die Massen, an die Frauen und Kinder dachte. Nun war ich doch beruhigt, daß uns allen diese Blutbäder erspart bleiben sollten[325].«

Die konzentrierte Ausrottung des polnischen Judentums konnte beginnen. Himmler gab das Startzeichen. Ordnungspolizei, ausländische Hilfswillige und der von den Deutschen aufgestellte Jüdische Ordnungsdienst trieben die Juden aus den Gettos in die Todesmühlen der sechs Vernichtungslager. »Ich ordne an«, schrieb Himmler am 19. Juli 1942 an den Höheren SS- und Polizeiführer Ost (Krakau), SS-Obergruppenführer Friedrich-Wilhelm Krüger, »daß die Umsiedlung der gesamten jüdischen Bevölkerung des Generalgouvernements bis 31. Dezember 1942 durchgeführt und beendet ist[326].« Schon bewegten sich die Elendszüge der Todgeweihten in die Mordfabriken, schon entleerte sich ein Getto nach dem anderen, da drohte noch einmal eine Macht die Todesmühlen zu stoppen. Zum zweiten Mal in der kurzen Geschichte der deutschen Polen-Besetzung begehrte die Wehrmacht gegen den Wahnsinn der Endlösung auf.

Anders als mancher ihrer vom Partisanenkrieg entnervten Kameraden in Rußland versuchten die in Polen stationierten Militärs, mit heruntergelassenem Visier die Juden zu schützen. Sie verschanzten sich hinter einer Ausrede, die auch Rassenfanatiker beeindrucken mußte: Der letzte Akt der Endlösung beraube die Wehrmacht jener jüdischen Arbeitskräfte, ohne die kein Rüstungsbetrieb im Osten funktionieren könne. Heydrich hatte den Protest vorausgesehen. Es bestehe die Gefahr, so erklärte Heydrich am 4. Oktober 1941, »daß vor allem von seiten der Wirtschaft in zahlreichen Fällen Juden als unentbehrliche Arbeitskräfte reklamiert würden und daß sich niemand bemühe, an Stelle der Juden andere Arbeitskräfte zu bekommen«[327]. Der Wehrkreisbefehlshaber im Generalgouvernement, General Curt Freiherr von Gienanth, und der Chef des Rüstungskommandos Warschau, Oberst Freter, waren entschlossen, just das zu tun, was Heydrich argwöhnte.

Für sie bestand nicht der geringste Zweifel, daß die sogenannte Umsiedlung der Juden (Globocnik: »Diese ganze Angelegenheit ist eine der geheimsten Sachen, die es zur Zeit überhaupt gibt[328]«) in Wirklichkeit den millionenfachen Mord bezweckte. Im Juli fragte Hauptmann Friedrich Wilhelm Hassler den Oberst Freter, ob es zutreffe, daß die Juden vernichtet würden. Freter schwieg. Hassler stieß nach: »Was hier geschieht, ist juristisch ein Verbrechen und für mich als Christen eine Sünde. Das wird sich einmal rächen.« Darauf hielt ihm Freter vor, für Hassler gäbe es drei Alternativen: Er könne seine Meinung laut sagen und müsse dann in Kauf nehmen, sein Leben zu zerstören; er könne sich krank melden; er könne aber auch bei ihm, Freter, bleiben und das Rüstungskommando dabei unterstützen, für die Juden zu tun, was noch möglich sei. Hauptmann Hassler blieb [329].

Der HSSPF Krüger durchschaute jedoch die Absichten der Militärs und kam ihnen scheinbar um einen Schritt entgegen. Er vereinbarte mit der Rüstungsinspektion des OKW, sie dürfe vorerst ihre jüdischen Arbeitskräfte behalten, doch müßten die Juden in Betrieben oder Lagern unter SS-Kommando kaserniert werden [330]. Krüger wollte auf diese Weise den Militärs Schritt um Schritt die Verfügungsgewalt über die Juden entziehen. Doch schon solche geringen Konzessionen gingen dem Endlösungsfanatiker Himmler zu weit. Er schärfte Krüger immer wieder ein, der Wehrmacht nicht die geringsten Zugeständnisse zu machen. Er setzte den Hebel gegen den militärischen Widerstand noch an einer anderen Stelle an: Himmler bedrängte das Oberkommando der Wehrmacht, die Militärs im Generalgouvernement zurückzupfeifen [331].

Wieder einmal, wie so oft bei politischen Auseinandersetzungen, fiel der OKW-Marschall Keitel seinen Offizieren in den Rücken. Während die Rüstungsinspektion im Generalgouvernement zäh um jeden Juden rang, erließ Keitel – am 5. September 1942 – den Befehl, sofort alle jüdischen Arbeitskräfte durch Polen zu ersetzen [332]. Wehrkreisbefehlshaber von Gienanth begehrte gegen den Lakaitel im Führerhauptquartier auf. Am 18. September schickte er eine Denkschrift an den Wehrmachtführungsstab, in der er mit Statistiken seine Auffassung belegte, »sofortige Entfernung der Juden hätte zur Folge, daß das Kriegspotential des Reiches erheblich gedrückt und die Versorgung der Front sowie der Truppen im Gen[eral] Gouv[ernement] mindestens augenblicklich stocken würde« [333].

Gienanth erklärte: »Es wird gebeten, die Aussiedlung der in den gewerblichen Betrieben tätigen Juden bis dahin [Erledigung wichtiger Produktionsaufträge] auszusetzen [334].« Keitel mußte wohl oder übel die Gienanth-Denkschrift Himmler zustellen, der aber reagierte wütend gegen die militärischen Saboteure der Judenvernichtung. »Gegen alle diejenigen«, zeterte Himmler am 2. Oktober, »die glauben, hier mit angeblichen Rüstungsinteressen entgegentreten zu müssen, die in Wirklichkeit lediglich die Juden und ihre Geschäfte unterstützen wollen, habe ich Anweisung gegeben, unnachsichtlich vorzugehen [335].« Der eingeschüchterte Keitel wartete Himmlers Reaktion gar nicht erst ab, sondern ließ seinen Feldmarschallstab auf die Rebellen in Polen niedersausen. General von Gienanth wurde daraufhin abgesetzt [336]. Am 10. Oktober belehrte ein Fernschreiben des Wehrmachtführungsstabes erneut: »Das Oberkommando der Wehrmacht hält im Einvernehmen mit dem Reichsführer-SS an dem Grundsatz fest, daß die von der Wehrmacht zum militärischen Hilfsdienst und in der Rüstungswirtschaft beschäftigten Juden sofort durch arische Arbeitskräfte zu ersetzen sind [337].«

Die Wehrmacht hatte kapituliert. Zwischen dem 13. und 15. Oktober 1942 erhielt die Oberfeldkommandantur im Generalgouvernement den Befehl, ihre jüdischen Arbeitskräfte zu entlassen. Damit waren – so urteilt der Historiker Hanns von Krannhals – »alle Juden im Generalgouvernement in die Hände der SS geraten« [338]. Die Endlöser konnten sich ungehindert austoben. Woche um Woche, Tag um Tag, Stunde um Stunde trieben die SS-Schergen und ihre ausländischen Helfershelfer die Juden in die Gaskammern, schlugen, quälten, beleidigten, folterten jüdische Menschen.

Schier pausenlos mahlten die Todesmühlen im Osten, mit jeder Stunde und mit jedem Toten die Liste deutscher Barbarei verlängernd. Die Zahlen der Mordfabriken vermag noch heute menschliches Begriffsvermögen kaum zu fassen: In Kulmhof starben mehr als 152 000 Juden, in Belzec 600 000, in Sobibor 250 000, in Treblinka 700 000, in Lublin-Majdanek 200 000 und in Auschwitz über eine Million Juden [339]. Hunderttausende jüdischer Menschen wurden von einer mörderischen Welle sadistischer Zügellosigkeit überspült. Angefangen bei der eisernen Wasserkanne, mit der Sobibor-Henker Gomerski die Schädel der bereits auf dem Transport erkrankten Juden zertrümmerte [340], bis zu dem Zerschmettern von Kinderköpfen an Barakkenwänden gab es kaum eine »Freizeitbeschäftigung«, deren die Rohlinge in der SS-Uniform nicht fähig waren [341].

Häftling Max Kasner, Leichenräumer in Auschwitz, war auf den Hof eines Bunkerblocks befohlen. »Auf der linken Seite lagen etwa 70 tote Frauen. Ganz ausgesucht schöne Menschen. Schön noch im Tode«, erzählt er. »Den toten Frauen waren die Brüste abgeschnitten und aus allen Weichteilen, etwa an den Schenkeln, war mit großen, tiefen Schnitten das Fleisch herausgeschnitten worden. Der Hof fiel schräg ab und die Kanalisation war verstopft mit Blut und wir wateten weit bis über die Fußknöchel im Blut [342].« Täglich feuerten Wachen auf kleine Kinder. Der Warschauer Professor Ludwik Hirszfeld sah »ein kleines Mädchen, das sich bemüht, durch die Posten zu schlüpfen. Die Wache ruft sie an. Langsam nimmt der Mann sein Gewehr von der Schulter. Das Kind klammert sich an seine Stiefel und bittet um Gnade. Der Posten lacht und sagt: ›Du wirst nicht sterben, aber nicht mehr schmuggeln.‹ Dann schießt er das Kind in die Füßchen, die später amputiert werden müssen [343].«

Der Oberscharführer Oswald Kaduk, Rapportführer in Auschwitz, ließ abends Häftlinge in den Duschraum treiben und nackt über einen Spazierstock springen, den er 50 Zentimeter hoch hielt. Wer dabei stolperte, mußte auf die linke Seite treten und wurde anschließend vergast. Wenn allzu vielen Häftlingen der Sprung gelang, schlug Kaduk sie, bis sie ebenfalls zu Boden fielen [344]. »Eine andere Spezialität von Kaduk« hat der Häftling Lederer überliefert: Kaduk ging dazu über, bei sogenannten Läuseappellen dem betreffenden Häftling, der noch eine Laus an sich hatte, eine Stange zum Tragen der Essenkübel über den Hals zu legen, sich dann auf die beiden Enden zu stellen und so lange hin und her zu wiegen, bis der Häftling tot war[345].

Der Treblinka-Kommandant Kurt Franz hetzte regelmäßig seinen scharf abgerichteten Bernhardiner »Bari« auf die Häftlinge; Juden, die mit dem Kopf nach unten am Galgen hingen, wurden von dem Hund zerfleischt. Franz unterhielt auch eine Hinrichtungsstätte, die als Lazarett getarnt war; daran schloß sich eine acht mal vier Meter große Leichengrube, in der ständig Feuer brannte. Täglich hielt der Kommandant drei Appelle ab und suchte sich jedesmal zehn Juden zur persönlichen Liquidierung heraus. Er hat sie dann, berichtet der Häftling Jakubowicz, »mit einer Peitsche ins Lazarett getrieben und sie dort erschossen. Es ging wie automatisch, abgeschossen, rein in die Grube, abgeschossen, wieder rein«[346].

Mit gleicher Satanie herrschte der Oberscharführer Wilhelm Boger, der zur Politischen Abteilung des Lagers Auschwitz gehörte. Er hatte sich das wohl berüchtigtste Folterinstrument in Europas größter Vernichtungsfabrik gebaut. SS-Oberscharführer Perry Broad beschrieb es nach dem Krieg: »Zwei Tische standen in einem Meter Abstand nebeneinander. Das Opfer hatte sich auf den Boden setzen und die Hände vor den angezogenen Knien falten müssen. Mit Handschellen wurden ihm dann die Handgelenke vor den Beinen zusammengeschlossen. Eine massive Stange ist ihm zwischen Ellenbogen und Knie geschoben worden, deren Enden auf den Tischen aufliegen. Er pendelte nun hilflos mit dem Kopf nach unten zwischen den Tischen. Mit einem Ochsenschlauch wurde er nun auf das Gesäß und die nackten Fußsohlen geschlagen. Die Schläge waren so heftig, daß der Gefolterte beinahe ganze Umdrehungen ausführte. Jedesmal, wenn das Gesäß in die entsprechende Stellung pendelte, fiel ein mit aller Kraft niedersausender Schlag. Als seine Schreie zu gellend wurden, setzte ihm der sadistische Stapoteufel eine Gasmaske auf... Nach etwa 15 Minuten erstarben die konvulsivischen Bewegungen des Gequälten. Er vermochte nicht mehr zu sprechen. Seine Hose hatte sich tiefrot gefärbt, und das Blut tropfte auf den Fußboden. Schließlich hing sein Kopf regungslos herab, er war ohnmächtig geworden. Den Stapobeamten erschütterte das jedoch keineswegs. Mit sachverständigem Grinsen zog er aus der Tasche ein Fläschchen mit einer stechend riechenden Flüssigkeit, das er dem Gefangenen vor die Nase hielt. Nach einigen Minuten kehrte dessen Bewußtsein auch tatsächlich zurück[347].«

Solche Bestialitäten verleiteten später die Nachwelt zu der Vorstellung, der Sadismus sei der Schlüssel zum Verständnis des Phänomens der Massenvernichtung. Man stellt sich noch heute die Endlöser als entmenschte Wesen vor, als eine Horde von Ungeheuern, die nur danach lechzten, zu zerstören und zu morden. Das Bild ist zu simpel. »Ich kenne«, bezeugte die Auschwitz-Gefangene Dr. Ella Lingens-Reiner, »kaum einen SS-Mann, der nicht sagen könnte, er habe nicht einem das Leben gerettet. Es gab wenig Sadisten. Nicht mehr als fünf bis zehn Prozent waren Triebverbrecher im klinischen Sinne. Die anderen waren ganz normale Menschen, die durchaus wußten, was Gut und Böse ist. Sie haben alle gewußt, was da geschieht[348].«

Gerade die erschütternden Enthüllungen westdeutscher Nachkriegsprozesse über die Quälereien der Massenvernichter drohen eine Wahrheit zu verdunkeln, die von der deutsch-amerikanischen Soziologin Hannah Arendt schon 1944 ausgesprochen wurde – die Erkenntnis, daß die Organisation der Massenvernichtung »weder mit Fanatikern noch mit Lustmördern noch mit Sadisten« rechnete: »Sie rechnet einzig und allein mit der Normalität von Menschen vom Schlage Herrn Heinrich Himmlers[349].« Daß auch Sadisten und Vertierte die Apparate der Massenvernichtung bedienten, macht nicht das Typische des Vorgangs aus. Verbrechen dieser Art haben immer abartige Naturen angelockt, der Guillotinerausch der Französischen Revolution kannte sie ebenso wie der Säuberungsfanatismus sowjetischer GPU-Kommandos.

Die eigentliche Sensation, das wahrhaft Entsetzliche der Judenvernichtung lag darin, daß Tausende biederer Familienväter dem öffentlichen Geschäft des Mordens nachgingen und sich gleichsam am Feierabend in dem Gefühl streckten, gesetzestreue, ordentliche Bürger zu sein, denen es nicht einfallen würde, einen Schritt vom Pfad privater Tugend abzuweichen. Der Sadismus war nur ein Aspekt der Massenvernichtung und nicht einmal ein von der SS-Führung gewünschter. Im Gegenteil, Himmler beherrschte die fixe Idee, die Massenvernichtung müsse sachlich-sauber verwirklicht werden, der SS-Mann habe im staatlich befohlenen Mord »anständig« zu bleiben.

Dem Sturmbannführer Franke-Gricksch schärfte er ein: »Auch der SS-Führer muß hart sein können, aber er darf nicht verhärtet sein. Dort, wo Sie Fälle erleben, daß bei Ihrer Aufgabe der eine oder der andere Führer über das notwendige Maß seiner Pflicht hinausgeht oder bei ihm gewisse Grenzen zu verschwimmen beginnen, greifen Sie sofort ein! Wer sich selbst betäuben muß oder sich diesem Gegner, der ihm ausgeliefert ist, gegenüber vergißt, beweist, daß er nicht SS-Führer ist[350].« Himmler erließ sogar Bestimmungen, die Quälereien von KZ-Schergen eindämmen sollten. »Ich verbiete aufs schärfste jede Einzelaktion irgendeines SS-Angehörigen gegen Juden«, verhieß er im August 1935 in einem Befehl[351], und KZ-Wachmänner mußten damals alle drei Monate eine Erklärung unterschreiben, die sie verpflichtete, Häftlinge nicht zu mißhandeln[352].

Im Herbst 1942 stellte ihm das Hauptamt SS-Gericht die Doktorfrage, wie eigenmächtige, durch keinerlei Befehl gedeckte Erschießungen von Juden zu beurteilen seien. Himmlers Antwort: »1. Bei rein politischen Motiven erfolgt keine Bestrafung, es sei denn, daß die Aufrechterhaltung der Ordnung eine solche erfordert. 2. Bei eigensüchtigen oder sadistischen bzw. sexuellen Motiven erfolgt gerichtliche Ahndung, und zwar gegebenenfalls auch wegen Mordes bzw. Totschlages[353].« Zuweilen ließ er tatsächlich SS-Sadisten bestrafen. Im Juni 1943 wurde ein SS-Untersturmführer zum Tode verurteilt, der zahllose Juden bestialisch mißhandelt hatte. Das Oberste SS- und Polizeigericht erläuterte in einem Urteil vom 9. Juni 1943, warum der Untersturmführer zu bestrafen sei. Begründung: »Er hat sich ... zu Grausamkeiten hinreißen lassen, die eines deutschen Mannes und SS-Führers unwürdig sind. Diese Übergriffe lassen sich auch nicht, wie der Angeklagte will, damit rechtfertigen, daß sie nur gerechte Vergeltung für das Leid seien, das die Juden dem deutschen Volke angetan haben. Es ist nicht deutsche Art, bei der notwendigen Vernichtung des schlimmsten Feindes unseres Volkes bolschewistische Methoden anzuwenden. An solche grenzt die Handlungsweise des Angeklagten bedenklich [354].«

Verband sich gar Sadismus mit Korruption, dann gab Himmler echten Strafverfolgern den Weg frei. Denn beides hielt er für Krebsschäden der SS: Sadismus untergrub die Disziplin, Korruption zerstörte die Ideologie. Der SS-Richter Konrad Morgen durfte zeitweilig eine Selbstreinigung der SS-Liquidatoren betreiben, in der Heinrich Himmler als eine Art Dr. Jekyll und Mr. Hyde * figurierte. In dem Reichsführer stritt plötzlich die private Moral des Kleinbürgers mit dem Automatentum des Führerbefehl-Fanatikers. Ein absurdes Schauspiel: Himmler ließ durch eine Rotte SS-eigener Staatsanwälte ein paar »unerlaubte« Judenmorde verfolgen – in Vernichtungslagern, die täglich Zigtausende von Menschen zu Tode brachten!

Der Eisenbahnersohn Dr. Konrad Morgen, 1910 in Frankfurt am Main geboren, wegen Auflehnung gegen das Urteil seines Landgerichtsdirektors aus dem Justizdienst entlassen, dann Korruptionsjäger und Hilfsrichter am SS- und Polizeigericht Krakau, nach einem Streit mit dem HSSPF Krüger zur SS-Division »Wiking« strafversetzt, war auf eine weitverbreitete Korruption in Konzentrationslagern gestoßen. 1943 hatte man ihn in das Reichskriminalpolizeiamt versetzt, ihm freilich zugleich untersagt, an politischen Fällen mitzuwirken [355]. Da lief eines Tages in der RKPA-Gruppe »Kapitalverbrechen«, der auch Morgen angehörte, ein Hilferuf aus Kassel ein. Das dortige für das Konzentrationslager Buchenwald zuständige SS- und Polizeigericht XXII wollte eine alte Korruptionsaffäre aufklären, die bis hinter die Stacheldrähte des KZ reichte [356].

Der junge Kriminalsekretär Emil Holtschmidt war auf den Weimarer Ortsgruppenleiter Bornschein aufmerksam geworden, einen Lebensmittelhändler, der zusammen mit dem Buchenwalder KZ-Kommandanten Karl Koch allerlei einträgliche Schiebergeschäfte getätigt hatte. Als Holtschmidt zu neugierig geworden war, hatte sich Bornschein zur Waffen-SS gemeldet und in den Kommandanturstab Buchenwald versetzen lassen [357]. Das SS- und Polizeigericht griff den Fall auf, aber vermochte nichts auszurichten. Zwar waren die SS- und Polizeigerichte als eine Art von Militärgerichten für die Waffen-SS zuständig, zu der auch formell das KZ-Wachpersonal gehörte; im Lager selber aber herrschten die sogenannten Gerichtsoffiziere, und die unterstanden nicht dem Hauptamt SS-Gericht, sondern dem ober-

* Figuren aus einer Erzählung des britischen Schriftstellers Robert Louis Stevenson: Der freundlich-hilfsbereite Arzt Dr. Jekyll verwandelt sich laufend mittels Drogen in den finster-brutalen Mr. Hyde und entwickelt sich wiederum zum Menschenfreund Jekyll zurück.

sten Gerichtsherrn der Konzentrationslager, dem Obergruppenführer Oswald Pohl, Chef des SS-Wirtschaftsverwaltungshauptamtes [358].

Das Kasseler SS- und Polizeigericht brachte nun das Reichskriminalpolizeiamt ins Spiel. Es bat um kriminalistische Amtshilfe gegen den Koch-Klan, machte jedoch zur Bedingung, das RKPA müsse einen Beamten schikken, der einen Führerrang in der Waffen-SS besitze – ein anderer habe nicht die geringste Aussicht, in das KZ Buchenwald hineingelassen zu werden [359]. Der damalige Obersturmführer der Waffen-SS Konrad Morgen erhielt den Auftrag und fuhr nach Weimar. Er quartierte sich im Hotel »Elephant« ein und stellte unauffällig Nachforschungen an. Es gelang ihm in kurzer Zeit, Bornschein zu überführen [360]. Er drang auch bald in die finstersten Geheimnisse des Lagers Buchenwald ein. Ohne dazu legitimiert zu sein, kontrollierte er die Konten Kochs auf Weimarer Banken und ließ den Briefwechsel zwischen Koch, der inzwischen Kommandant des Vernichtungslagers Lublin geworden war, und dessen in Buchenwald verbliebener Ehefrau Ilse überwachen [361]. Je mehr er nachforschte, desto deutlicher breitete sich vor Morgen das Spinnennetz einer Korruption aus, deren Fäden auch in andere KZ liefen.

Aus einem Fall von Korruption wurde ein vielfacher Mordfall, denn Morgen ermittelte: Koch hatte nicht nur reiche, in der Kristallnacht von 1938 eingelieferte KZ-Juden erpreßt, er hatte auch mißliebige Zeugen unter den Häftlingen umbringen lassen. Morgen war entschlossen, die gesamte Erpresser- und Mörderclique rund um Koch zur Strecke zu bringen. Doch als er Kripo-Chef Nebe das Ergebnis seiner Ermittlungen vorlegte, erblaßte der Oberkriminalist ob des Übereifers seines Sherlock Holmes. Arthur Nebe sah schreckliche Konsequenzen in Morgens Feldzug. Er wollte die Verantwortung nicht tragen. Der Detektiv aber, die Beute schon vor Augen, jagte von einem SS-Führer zum anderen. Er trug Gestapo-Müller den Fall vor, der schickte ihn zum Chef des Reichssicherheitshauptamtes. Dieser wiederum verwies ihn an den Chef des Hauptamtes SS-Gericht, und der wußte nur eine Antwort: Himmler [362].

Morgen reiste in die Feldkommandostelle des Reichsführers, erreichte Himmler jedoch nicht. Mit einem Mann aus Himmlers Persönlichem Stab, dem er alles berichtete, verabredete er ein Telegramm mit harmlos klingendem Wortlaut; träfe es ein, dann habe Himmler zugestimmt. Das Telegramm traf ein [363]. Niemand wird nachweisen können, was Himmler bewog, die Aktion gegen die Koch-Clique freizugeben. War es sein stets waches Mißtrauen gegen den Obergruppenführer Pohl und dessen korrupten Anhang, oder verkannte er die Kettenreaktion, die der Fall Koch zeitigen mußte – Tatsache bleibt: Für einen Augenblick durfte sich der Kleinbürger Himmler schmeicheln, Sauberkeit auf sein Panier geschrieben zu haben.

Und Dr. Konrad Morgen nutzte die Chance. Er bestellte Koch ins Konzentrationslager Buchenwald und unterwarf ihn einem so harten Verhör, daß der einstige KZ-Herr schließlich zusammenbrach und gestand. Die Anklageschrift gegen Koch wurde immer länger: Ermordung der beiden Häftlinge

Krämer und Peix, Unterschlagung, Wehrkraftzersetzung [364]. Auch die Komplizen Kochs hatte Morgen bereits festgesetzt: den sadistischen Bunkeraufseher Sommer, den Lagerarzt Dr. Waldemar Hoven, den Hauptscharführer Blanck und nicht zuletzt die »Kommandeuse« Ilse Koch. Anklagepunkte: Mord, Totschlag, Körperverletzung mit tödlichem Ausgang [365].

Doch Morgen und seine Mitarbeiter begnügten sich nicht damit, den Koch-Kreis unschädlich zu machen. Auf Morgens Initiative war derweil das Kasseler SS- und Polizeigericht in ein Gericht »zur besonderen Verfügung« umgewandelt worden; es hatte das Recht, alle Verbrechen in Konzentrationslagern zu untersuchen [366]. Morgen hatte neue Spuren gesichtet: Sie führten gen Osten, unmittelbar in die supergeheimen Vernichtungslager. Cheffahnder Morgen entdeckte, was er gar nicht entdecken sollte: den millionenfachen Judenmord in den östlichen Todesfabriken. In Lublin und in Auschwitz stieß er plötzlich auf die Gaskammern und merkte, daß er ein paar Mordfällen nachgejagt war, wo Millionen umgebracht wurden [367]. Wie reagierte er auf die Entdeckung? Die Antwort, die er heute zu geben weiß, offenbart, daß auch er an der Schizophrenie seines Reichsführers teilhatte. Es habe damals, so unterscheidet der Dr. Morgen, drei Arten von Mord gegeben: die offiziellen Judenmorde, »gegen die nichts zu machen war, weil die Befehle dazu im Rahmen der Endlösung von der Kanzlei des Führers und damit von Hitler selbst ausgingen«, die ebenfalls offiziellen Tötungen im Rahmen der Euthanasie und schließlich die »eigenmächtigen Tötungen« von Häftlingen [368]. Gegen diese dritte Gruppe von Morden aber habe er die SS-Justizmaschine in Gang gesetzt.

Nebes RKPA und Morgen legten in nahezu jedes KZ Untersuchungskommissionen, die nach Korruption und »eigenmächtigen Tötungen« fahndeten [369]. Pohls Unterführer setzten dem Eindringen der Nachforscher heftigen Widerstand entgegen; es war nicht ungefährlich, in einem Lager Sadisten aufzuspüren – das Lagerpersonal schlug brutal zurück, notfalls auch mit Mord. Häftling Rothe vom KZ Oranienburg, ein Informant des RKPA, konnte nur im letzten Augenblick vor dem Galgen gerettet werden [370]; die KZ-Leitung hatte die öffentliche Hinrichtung Rothes arrangiert, um weitere Häftlinge an der Zusammenarbeit mit Morgen zu hindern [371]. In einem anderen Lager brannte eine Baracke mit Akten eines RKPA-Stabes ab, in Auschwitz verschwand der Hauptscharführer Gerhard Palitsch in einem Strafbunker, der Mann, den Morgen zum Sturz des Lagerkommandanten Höß eingesetzt hatte [372].

Gleichwohl konnte Morgen manchen Erfolg verzeichnen. Unter seiner Leitung wurden 800 Fälle von Korruption und Mord bearbeitet, 200 gerichtlich abgeschlossen [373]. Morgens Abschußliste zierten prominente Namen der düsteren KZ-Aristokratie: Karl Koch, Kommandant von Buchenwald und Lublin, wegen Mordes zweimal zum Tode verurteilt und hingerichtet [374]; Hermann Florstedt, Kommandant von Lublin, wegen Mordes zum Tode verurteilt und hingerichtet [375]; Hermann Hackmann, Schutzhaftlagerführer von Lublin, wegen Mordes zum Tode verurteilt, dann aber zu einer Strafeinheit versetzt[376]; Hans Loritz, Kommandant von Oranienburg, Ermittlungen eingeleitet wegen des dringenden Tatverdachts unerlaubter Tötungen[377]; Adam Grünewald, Kommandant von Hertogenbosch, verurteilt wegen Häftlingsmißhandlung, strafversetzt[378]; Karl Künstler, Kommandant von Flossenbürg, wegen Trunkenheit und ausschweifenden Lebenswandels abgesetzt[379]; Alex Piorkowski, Kommandant von Dachau, wegen Mordes angeklagt, aber nicht verurteilt[380]; Maximilian Grabner, Leiter der Politischen Abteilung von Auschwitz, wegen Mordes angeklagt, aber nicht verurteilt[381].

Je tiefer aber die Männer des RKPA in die Geheimnisse der KZ-Welt eindrangen, desto unruhiger wurde Himmler. Schon Mitte April 1944 gab er Order, Morgen solle sich nur noch auf den Fall Koch beschränken; alle weiteren Untersuchungen seien einzustellen[382]. Der Befehl verriet die theoretischen Schwierigkeiten, in die der Massenliquidator Himmler mit dem Sauberkeitsapostel Himmler geraten war. Obergruppenführer Pohl, so befahl der Reichsführer, habe die Hinrichtung Kochs persönlich zu leiten, die anderen Täter aber müßten ihre Verbrechen freiwillig melden. Wer freiwillig vortrete, könne mit Begnadigung rechnen[383]. Heinrich Himmler zog sich wieder in das Gehäuse seiner Illusionen zurück. »Insgesamt können wir sagen«, so hatte er schon 1943 auf einer Tagung von SS-Gruppenführern erklärt, »daß wir diese schwerste Aufgabe [die Judenvernichtung] in Liebe zu unserem Volk erfüllt haben. Und wir haben keinen Schaden in unserem Innern, in unserer Seele, in unserem Charakter daran genommen[384].«

Es war kein Zufall, daß Himmler die Aktion Morgens just in dem Augenblick abstoppte, da sich die Ermittlungen gegen den Auschwitzer Lagerkommandanten Höß richteten. In Rudolf Höß verkörperte sich jener hygienische Massenmord, jenes klinisch-saubere Robotertum, jener ideale SS-Mann, um dessen »Reinheit« Himmler allein besorgt war, als er die kurze Episode der Selbstsäuberung zuließ. Denn: Nicht der Sadist vom Schlage Bogers oder Kaduks bestimmte Tempo und Wesen der Massenvernichtung, sondern Menschen wie Rudolf Höß: rührige Familienväter, aufgewachsen in der antisemitischen Schädlingsbekämpfungs-Mentalität, eingespannt in einen unpersönlichen, auf militärisch-industrielle Präzision eingestellten Mechanismus, der den Einzelnen aller persönlichen Verantwortung enthob.

Die Massenvernichtung, so hat der Historiker Martin Broszat aufgezeichnet, war »das Werk ehrgeiziger, pflichtbesessener, autoritätsgläubiger und prüder Philister, die, im Kadavergehorsam erzogen, kritik- und phantasielos mit bestem Gewissen und Glauben sich einredeten und sich einreden ließen, die ›Liquidierung‹ Hunderttausender von Menschen sei ein Dienst für Volk und Vaterland«[385]. Die Apparate der Judenvernichtung bediente der moderne Massenmensch, den Hannah Arendt in Ermangelung eines neuen soziologischen Begriffs den Spießer nennt[386]. In ihm hatte sich die Trennung von öffentlicher und privater Moral am unheilvollsten ausgeprägt; der Rückzug ins Private und eine unausrottbare Selbstgerechtigkeit hinderten ihn daran, sich als Mörder zu sehen.

Im Gegenteil, ein grotesk gesteigertes Gefühl bürgerlicher Rechtschaffenheit gab ihm sogar den Gedanken ein, er sei doch im Grunde inmitten allen Mordens ein mitleidiger Mensch, der mit dem Sterben der anderen, »dem Werden und Vergehen«, wie Höß das Massenmorden heuchlerisch umschrieb [387], alle Sympathie empfinde. Höß: »Nichts ist wohl schwerer, als über dieses kalt und mitleidlos, ohne Erbarmen hinwegschreiten zu müssen [388].« Wie die Männer der Einsatzgruppen, so legten sich auch die Techniker der Todesfabriken den eisernen Panzer eines falschen Selbstmitleids an, das ihnen vorgaukelte, wahrhaft tragische Menschen zu sein. »Es gab für mich kein Entrinnen«, schreibt Höß. »Ich mußte den Vernichtungsvorgang, das Massenmorden weiter durchführen, weiter erleben, weiter kalt auch das innerlich zutiefst Aufwühlende mitansehen [389].« Hatte ihn ein Vorgang erregt, verrät der Gefühlvolle, »so war es mir nicht möglich, nach Hause, zu meiner Familie zu gehen. Ich setzte mich dann aufs Pferd und tobte so die schaurigen Bilder weg, oder ich ging oft des Nachts durch die Pferdeställe und fand dort bei meinen Lieblingen Beruhigung« [390].

War aber erst einmal der Panzer ihrer philisterhaften Selbstgerechtigkeit durchlöchert, dann ergaben sie sich einer weinerlichen Sentimentalität und meist dem Alkohol. Selbst ein so barbarischer Judenvernichter wie der Brigadeführer Globocnik vertraute sich dem Fabrikanten Schultz im Trunk an: »Ich bin nicht mehr mit dem Herzen dabei, aber ich bin so tief in die Dinge verstrickt, daß mir nichts anderes übrigbleibt, als mit Hitler zu siegen oder unterzugehen [391].« Und Globocniks ungeschliffener Helfer, der Sturmbannführer Hermann Höfle, der für die Deportation von über 200 000 Juden verantwortlich war, schluchzte am Grabe seiner durch Diphtherie umgekommenen Kinder: »Das ist die Strafe des Himmels für alle meine Missetaten!« [392]

In all den aufkeimenden Zweifeln aber blieb ihnen nur eine Gewißheit: der Befehl. »Ich stellte damals keine Überlegungen an«, so Höß, »ich hatte den Befehl bekommen und hatte ihn durchzuführen. Wenn der Führer selbst die ›Endlösung‹ der Judenfrage befohlen hatte, gab es für einen alten Nationalsozialisten keine Überlegungen, noch weniger für einen SS-Führer. ›Führer, befiehl, wir folgen‹ – war keineswegs eine Phrase, kein Schlagwort für uns. Es war bitter ernst gemeint [393].« Der Befehl war ihr Götze, Rechtfertigung und letzte Zufluchtsstätte. Als der US-Psychologe Gilbert später Höß fragte, ob er denn jemals geglaubt habe, die Juden hätten ihr Schicksal verdient, da versuchte Höß, berichtet der Amerikaner, »geduldig zu erklären, daß solchen Fragen etwas Unwirkliches anhafte, weil er in einer ganz anderen Welt gelebt habe: ›Begreifen Sie doch, von uns SS-Männern erwartete man nicht, daß wir über diese Dinge nachdachten, es fiel uns auch gar nicht ein.‹ [394]«

Wie aber, wenn der Befehl seine Eindeutigkeit verlor, wenn sich die Orders der Befehlsgeber widersprachen, ja verurteilten, was noch eben eherner Glaubenssatz gewesen war? Dann mußten sich die Massenmörder rettungslos in einem Labyrinth verirren, aus dem es keinen Ausweg gab. Just dem sahen sich die Endlöser konfrontiert, als die Judenvernichtung in das letzte Stadium eintrat: Noch ehe das polnische Judentum vollends ausgerottet war, schob sich an die Schalthebel der östlichen Gaskammern eine SS-Macht, die das Vernichtungswerk verlangsamte und die Erhaltung der Juden als Arbeitssklaven für den großdeutschen Kriegseinsatz proklamierte.

Das Wirtschaftsverwaltungshauptamt (WVHA) unter Oswald Pohl, Kommandostand der SS-Wirtschaftsunternehmen, war ein Neuling in der Welt der Konzentrations- und Vernichtungslager. Ursprünglich hatten die Lager dem KL-Inspekteur Theodor Eicke unterstanden, der formell zum SS-Hauptamt gehörte; nach Eickes Einrücken in die Waffen-SS war dessen Nachfolger Richard Glücks in den Kompetenzbereich des SS-Führungshauptamtes geraten [395]. 1942 hatte Himmler das Zuständigkeitssystem der KZ-Spitze noch einmal reorganisiert: Glücks war daraufhin mit seinem Stab in Pohls Wirtschaftsverwaltungshauptamt übergesiedelt, wo der KL-Inspekteur die Amtsgruppe D bildete [396].

Der Einzug in die Gehirnzentrale der Manager und Produktionsenthusiasten verlieh dem KZ-System ganz neue Akzente. Die Konzentrationslager waren bis dahin auf Strafe und Unschädlichmachung des sogenannten Staats- und Rassenfeindes fixiert gewesen; die WVHA-Intelligenzler aber kannten nur einen Daseinszweck für die Lager: Sklavenheere für die Wirtschaftsbetriebe der SS zu stellen. Die Rüstungssteigerung, so schrieb Pohl am 30. April 1942 an Himmler, mache die »Mobilisierung aller Häftlingsarbeitskräfte« notwendig und erheische »Maßnahmen, welche eine allmähliche Überführung der Konzentrationslager aus ihrer früheren einseitigen politischen Form in eine den wirtschaftlichen Aufgaben entsprechende Organisation erfordern« [397].

Hatte man bis dahin die Häftlinge bewußt brutal und erbarmungslos behandelt, um sie zu dezimieren, so wurde nun die Schonung und Erhaltung der KZ-Insassen zum obersten Ziel erklärt. Der Häftling müsse ständig, ordnete Glücks an, zur Arbeit angetrieben werden; daß es dabei aber »verboten ist, den Häftling zu schlagen, zu stoßen oder nur zu berühren, ist selbstverständlich« [398]. Himmler befahl, »durch vernünftige, notfalls zusätzliche Verpflegung und Bekleidung« sei die Arbeitsleistung der Häftlinge zu steigern, »das Interesse der Häftlinge für den wirtschaftlichen Einsatz zu heben«: »Willige Häftlinge müssen deshalb dem Gros der Gleichgültigen gegenüber herausgehoben werden, damit sie als Beispiel wirken [399].« Das dem WVHA unterstehende Baumaterialien-Unternehmen »Deutsche Erd- und Steinwerke GmbH« richtete Schulungskurse ein, um sich unter den Häftlingen Fachkräfte heranzubilden. Man wollte durch lukrative Versprechungen interessierte Häftlinge anlocken, sagte besondere Unterbringung, ja Entlassung aus dem Lager und Weiterbeschäftigung als Zivilarbeiter zu [400]. Einzelne SS-Wirtschaftsbetriebe planten ernsthaft, eine größere Anzahl entlassener Häftlinge in Wohnsiedlungen am Rande der SS-Firmen seßhaft zu machen [401].

Immer härter aber steigerte zur gleichen Zeit das WVHA den Arbeitseinsatz der Häftlinge; die Sklaven Oswald Pohls mußten täglich durchschnittlich elf Stunden arbeiten, schlecht ernährt und oft miserabel behandelt. Das unfreiwillige Arbeiterheer des WVHA drang in alle Sektoren der SS- und der privaten Wirtschaft ein. Von den 600 000 Häftlingen, die das WVHA Ende 1944 hinter Stacheldraht unterhielt, arbeiteten 250 000 in privaten Rüstungsbetrieben, 170 000 in Unternehmen, die der unmittelbaren Kontrolle des Reichsministeriums für Bewaffnung und Munition unterstanden, 15 000 in Bauunternehmen, 12 000 für Firmen, die in Thüringen ein Führerhauptquartier bauten, 50 000 für Firmen, die der Amtsgruppe C des WVHA unterstellt waren, und 130 000 in Landwirtschaft und Dienstleistungsbetrieben [402].

Ehe er es sich versehen hatte, war Himmler ideologischen und praktischen Konsequenzen ausgeliefert, die sein Endlösungsprogramm gefährdeten. Denn: Die Nützlichkeitsapostel des WVHA machten auch vor den todgeweihten Judenmassen nicht halt. Schon streckten die »Deutschen Ausrüstungswerke GmbH« (DAW), Zentralorganisation aller holz- und eisenverarbeitenden SS-Betriebe in den KZ, ihre Greifer nach dem noch lebenden Arbeiterpotential des polnischen Judentums aus [403].

Bis Ende 1942 waren drei Viertel der polnischen Juden ermordet; 700 000 Menschen lebten noch [404]. Sie vegetierten in den zahllosen Arbeitslagern, die den SS- und Polizeiführern im Generalgouvernement unterstanden und die sich in regelmäßigen Abständen dem Zugriff der Todesfabriken öffneten. Die Wirtschaftsimperialisten des WVHA brachten die SS-Lager in Polen unter ihre Kontrolle. Im März 1943 gründeten außerdem Pohls Manager die »Ostindustrie GmbH« (Osti), mittels der sie das jüdische Arbeitspotential und die erhalten gebliebenen Werkstätten der Gettos in Besitz nahmen. Torfwerk Dorohucza, Bürstenfabrik Lublin, Ausrüstungswerke in Radom-Blizyn, Pelzwerk Trawniki [405] – es gab kaum einen ehemals jüdischen Betrieb, den die Osti nicht erwarb.

Der Griff nach den polnischen Juden aber verwirrte die Endlösungsfanatiker, die sich jäh in ihrem Vernichtungswerk behindert sahen. Der Warschauer SS- und Polizeiführer brachte ihre Gefühle auf einen Nenner. Einen WVHA-Mann fuhr er an: »Ostindustrie! Wenn ich schon ›Industrie‹ höre, wird mir übel!« [406] Der Widerwille gegen die Kameraden vom WVHA wurde in den Mordtechnikern so übermächtig, daß sie der Osti einen tödlichen Schlag versetzten. Die Ostindustrie hatte sich kaum zu entfalten begonnen, da beraubten sie die Endlöser aller jüdischen Arbeiter. Am 3. November 1943 mußten die Osti-Juden den Weg in die Gaskammern antreten [407]. SS-Obersturmführer Dr. Max Horn, zweiter Osti-Geschäftsführer, klagte: »Durch den Entzug der jüdischen Arbeitskräfte war die bis dahin geleistete Aufbau- und Ausbauarbeit völlig wertlos geworden [408].«

Der Fall Osti offenbarte eine Fehde zwischen dem WVHA und dem Reichssicherheitshauptamt, die bis zum Ende des Dritten Reiches andauern sollte. Das RSHA wollte möglichst jeden Juden vernichten, das WVHA möglichst jeden arbeitsfähigen Juden erhalten wissen. »Das RSHA«, notierte

Höß, »sah in jedem neuen Arbeitslager, in jedem neuen Tausend Arbeitsfähiger die Gefahr der Befreiung, das am Leben-bleiben durch irgendwelche Umstände. Doch Pohl schien stärker, denn hinter ihm stand der RFSS und verlangte immer dringender Häftlinge für die Rüstung[409].« Je heftiger der Streit der Endlöser wurde, desto verwirrter zeigten sich die Männer an den Schalthebeln der Gaskammern. Am schwersten traf der Kampf der Mordtechniker die RSHA-Judenfänger Adolf Eichmanns, zumal der Widerstand europäischer Staaten von Mal zu Mal stärker und auch die Gewissensbedenken einiger SS-Führer fühlbar wurden.

Zunächst hatte es den Anschein gehabt, als werde es Eichmann und seinen Beauftragten in einer Kette schlagartiger Aktionen gelingen, die Juden Europas zu ergreifen und in die Todeszüge nach Auschwitz zu pferchen. Seit RSHA-Chef Heydrich im Januar 1942 in einer Konferenz, die nach ihrem Tagungsort die Wannseekonferenz genannt wird, die Einbeziehung aller europäischen Juden in das Mordprogramm angeordnet hatte[410], kannte Adolf Eichmann nur ein Ziel: der zuverlässige, nie versagende Zutreiber und Transporteur des Todes zu sein.

In dem düsteren, früher einer Freimaurerloge gehörenden Haus Nr. 116 der Berliner Kurfürstenstraße, dessen weite und fast etwas spukhafte Räume das Gestapo-Referat IV B 4 beherbergten, zog der SS-Obersturmbannführer Eichmann jene durch den ganzen Kontinent laufenden Drähte, die das europäische Judentum erdrosseln sollten. Ein Stab kaltblütiger Funktionäre stand ihm zur Seite, jederzeit bereit, Eichmanns Befehle in fremde Länder zu tragen. Der Apparat erstreckte sich bis in die Machtbereiche anderer deutscher und ausländischer Institutionen. Unterstützt von den Pressionsmitteln der großdeutschen Diplomatie, die den fremden Regierungen die Auslieferung der einheimischen Juden abtrotzen sollte, und den Transportmitteln der Reichsbahn, die Deportationszüge zu stellen hatte, eröffnete Eichmann seinen Fang-Feldzug. Eichmann unterhielt bei den Sipo-Befehlshabern in den besetzten Gebieten und bei den diplomatischen Missionen des Reiches Judenreferenten, die augenblicklich die Befehle der Kurfürstenstraße in Taten umsetzten.

Der Todesmarsch der mittel- und westeuropäischen Juden hatte schon vor der Wannseekonferenz begonnen. Im Oktober 1941 waren von Eichmanns Stab zum ersten Mal die Todeszüge des deutschen Judentums zusammengestellt worden; im November strandeten Juden aus dem Altreich und Österreich in den todgeweihten Gettos von Minsk, Riga und Litzmannstadt[411]. Ein paar Deportationszüge – und das deutsche Judentum war dezimiert. Die Mordwalze der Endlöser wendete sich gen Westen. Das nächste Opfer war das Judentum der Niederlande. Dort amtierte eine deutsche Zivilverwaltung unter dem Reichskommissar Arthur Seyß-Inquart, der nicht zufälligerweise die Uniform eines SS-Obergruppenführers trug. Die Judenvernichter hatten freie Bahn. Ab Mai 1942 mußten die holländischen Juden den gelben Stern tragen, einen Monat später dirigierte Eichmann die Deportationszüge heran. Im Juli rollten die Todestransporte in den Osten.

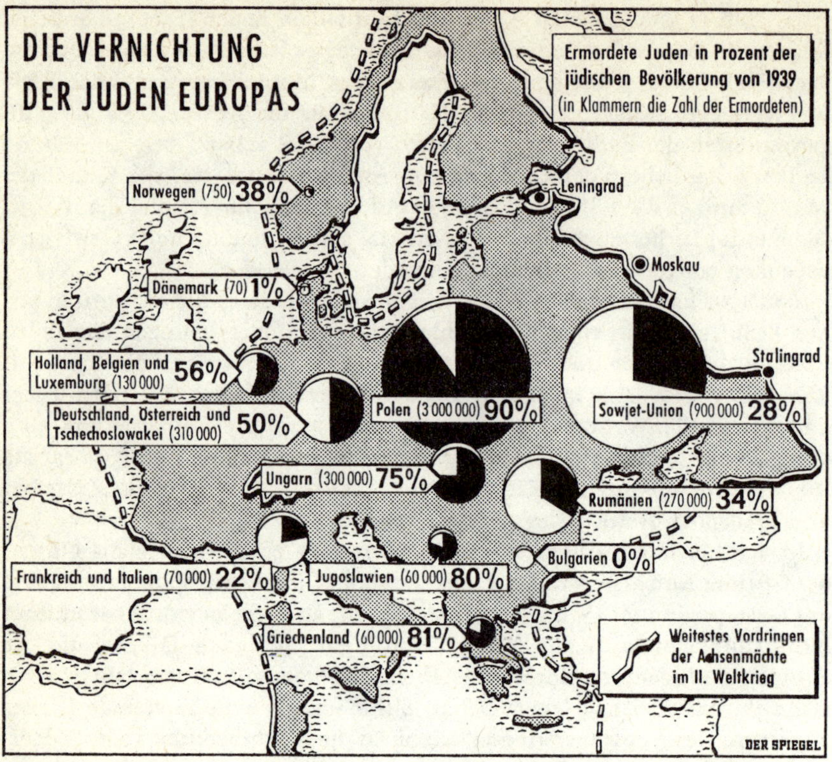

Das niederländische Judentum wurde mit einzig dastehender Präzision ausgerottet: Von 110 000 deportierten Juden überlebten nur 6 000[412].

Eichmanns Judenfänger schwärmten weiter nach Süden aus, Belgien und Frankreich entgegen. Doch hier begann das Terrain für die Endlöser schwierig zu werden; in den beiden Ländern herrschten die Generale der Wehrmacht, und bei ihnen konnte man nie sicher sein, ob sie sich nicht doch noch der Judenvernichtung entgegenstellen würden.

Wie in Polen und Rußland hing das Schicksal jüdischer Menschen nicht zuletzt von der Haltung der Wehrmacht ab, und wieder – wie im Osten – gaben die Militärs eine janusköpfige Antwort. Zum Glück für die Juden Frankreichs und Belgiens fiel sie weniger eindeutig aus als auf dem Balkan, dessen deutsche Militärherren sich gerade als willfährige Helfer der Endlösung erwiesen hatten. Abermals war es der Partisanenkrieg, der die Militärs zu Komplizen der Judenvernichter degradierte. Der Kampf gegen die serbischen Partisanen hatte manchen Endlöser auf die Idee gebracht, man solle es getrost den Militärs überlassen, die 20 000 serbischen Juden als Geiseln zu erschießen[413]. Der oberste Endlöser im Auswärtigen Amt, Unterstaatssekretär Martin Luther, stichelte: »In anderen Gebieten sind andere militärische Befehlshaber mit einer wesentlich größeren Zahl von Juden fertig geworden, ohne überhaupt darüber zu reden[414].«

Die Militärs taten, wie ihnen geheißen. Als am 2. Oktober 1941 eine Lkw-Kolonne der 342. Infanterie-Division im Raum Topola von Partisanen überfallen wurde[415], ließ der Gebirgstruppen-General Franz Böhme, Bevollmächtigter Kommandierender General in Serbien, 2 100 Juden zur Strafe erschießen[416]. Ende des Monats war die Zahl auf 5 000 Juden gestiegen – liquidiert von der deutschen Wehrmacht[417]. Nur die übriggebliebenen 15 000 jüdischen Frauen und Kinder wollte das Militär nicht exekutieren, da es – wie Kriegsverwaltungschef SS-Gruppenführer Dr. Harald Turner verständnisvoll erklärte – der Auffassung des deutschen Soldaten widerspreche, Frauen zu Geiseln zu machen[418]. Die Gaswagen des RSHA übernahmen den restlichen Part: Kaum ein serbischer Jude überlebte[419].

Ebenso enge Tuchfühlung zu den RSHA-Sendboten hielten die deutschen Besatzer-Generale in Griechenland. Dem Generalleutnant von Krenzki, Militärbefehlshaber Saloniki-Ägäis, war es vorbehalten, den ersten Schlag gegen die 55 000 Juden der deutschen Besatzungszone (den Rest Griechenlands mit 13 000 Juden hielten die Italiener und den Nordostzipfel mit 5 000 Juden die Bulgaren besetzt) zu führen: Er ließ 7 000 Juden zum Festungsbau zusammentreiben[420]. Als Eichmann Anfang 1943 zwei Emissäre, die Hauptsturmführer Dieter Wisliceny und Anton Brunner, nach Griechenland entsandte, um dort die Transporte nach Auschwitz zu lenken, halfen die Militärs wiederum[421]. Soldaten des Heeres wurden bei der Säuberung des Saloniki-Gettos eingesetzt[422], die Juden rollten in Wehrmachtszügen gen Nordosten[423], der deutsche »Admiral Ägäis« stellte Schiffsraum zur Verfügung, um auch die letzten Juden auf den griechischen Inseln in die Gaskammern zu befördern[424].

Indes, die deutschen Generale im besetzten Westeuropa waren von anderer Art als ihre Kameraden auf dem Balkan. Als Militärbefehlshaber in Belgien und Nordfrankreich amtierte General Alexander von Falkenhausen, der – so urteilt Endlösungs-Chronist Gerald Reitlinger – »bis zu seiner eigenen Verhaftung im Juli 1944 in der Lage [war], sich erfolgreich gegen Eingriffe der Sicherheitspolizei zu behaupten«[425]. In Belgien begann sich das Tempo der Judenvernichtung zum ersten Mal zu verlangsamen. Eichmanns Häscher konnten nur halbe Erfolge nach Berlin melden: Von den 52 000 in Belgien lebenden Juden kamen 24 000 ums Leben, kaum ein Jude aber, der eine belgische Staatsbürgerschaft besaß, wurde den Todesfabriken im Osten ausgeliefert[426].

Auch der Militärbefehlshaber Frankreich, General Carl-Heinrich von Stülpnagel, zeigte wenig Lust, das Programm der Judenvernichtung zu unterstützen. Er lehnte es wiederholt ab, dem Befehlshaber der Sicherheitspolizei in Frankreich, SS-Standartenführer Dr. Helmut Knochen, Truppen für die Judenjagd auszuleihen[427]. Gleichwohl hätte Stülpnagel den französischen Juden das Schicksal ihrer Leidensgenossen in Serbien und Griechenland kaum ersparen können, wären nicht die Franzosen entschlossen gewesen, die Juden dem Zugriff der Knochen-Männer zu entziehen. Selbst die von den Deutschen abhängige Regierung Vichy-Frankreichs wehrte sich gegen die Endlöser. Obwohl Frankreichs listig-verschlagener Regierungschef Pierre Laval noch nicht wußte, daß die von den Eichmann-Beauftragten geforderte Umsiedlung der Juden nach dem Osten mörderische Konsequenzen hatte, verlegte er den Judenjägern den Weg – allerdings um einen hohen Preis: Er wollte, falls er sich nicht länger widersetzen konnte, die staatenlosen Juden opfern, auf keinen Fall aber französische Staatsbürger jüdischer Abstammung ausliefern [428].

Triumphierend meldete Eichmanns Pariser Vertreter, Hauptsturmführer Theodor Dannecker, am 6. Juli 1942 nach Berlin, die französische Regierung sei zum Abschub der staatenlosen Juden bereit [429]. Doch der Jubel währte nicht lange. In Paris traten zwar 12 000 Juden den Weg nach dem Osten an [430], aber in der Provinz blieben Eichmanns Todeswaggons leer. Da die Sicherheitspolizei auf die Mitarbeit der französischen Gendarmerie angewiesen war, konnten die Franzosen Eichmanns Programm sabotieren. In Bordeaux war für Mitte Juli eine Großaktion gegen staatenlose Juden angesetzt worden, doch die Gendarmen boten nur 150 Opfer auf [431]. Wütend rief Eichmann in der Abteilung Danneckers an, Obersturmführer Heinz Röthke nahm den Anruf entgegen. Röthke schrieb sich am 15. Juli als Eichmann-Worte auf: »So etwas sei ihm bisher noch nicht vorgekommen. Die Angelegenheit sei sehr ›blamabel‹. Er müsse sich überlegen, ob er Frankreich nicht überhaupt als Abschubland fallenlassen müsse [432].«

Erst ein halbes Jahr später sah Eichmann eine Chance, seiner Beute doch noch habhaft zu werden. Im November 1942 landeten die Alliierten in Französisch-Nordafrika; daraufhin marschierten die deutschen Truppen im unbesetzten Teil Frankreichs ein – der letzte Rest französischer Handlungsfreiheit schwand dahin. Eiligst rückten Eichmanns Menschenfänger in Südfrankreich nach. Da aber lehrten die Vertreter einer von den deutschen Militärs gerne bewitzelten und verspotteten Macht, was im Zeitalter des Massenmords Offiziersehre und Menschlichkeit erforderten: Die Offiziere der italienischen Armee, seit dem November-Umsturz Besatzungstruppe in den südfranzösischen Gebieten östlich der Rhone, stoppten die Judenvernichtung.

Schon früher war aufgefallen, daß die italienischen Militärs in ihren Besatzungsgebieten (Griechenland, Kroatien) jede antisemitische Maßnahme ablehnten. Der Chef des italienischen Generalstabes hatte einem Führer der Organisation Todt erklärt, »Ausschreitungen gegen die Juden« seien »mit der Ehre der italienischen Armee nicht zu vereinbaren« [433]. Der Satz hätte auch einem deutschen General nicht schlecht angestanden. Ungezählt waren die Fälle, in denen italienische Soldaten den Juden geholfen hatten: In Griechenland lehnte der Kommandeur der italienischen 2. Armee, General Geloso, die Einführung des Judensterns in seinem Besatzungsgebiet ab und beorderte Wachen vor die Athener Synagoge und das jüdische Gemeindehaus, um eine Organisation judenfeindlicher Griechen vor antisemitischen Krawallen abzuschrecken [434]. Im deutschbesetzten Saloniki rettete das italienische Konsulat Hunderte von Juden durch Verleihung der italienischen Staatsbürgerschaft[435]. Im Sommer 1941 stieß eine italienische Einheit unter dem Vorwand der Partisanenbekämpfung in das Innere Kroatiens vor, um eine Gruppe von Juden vor dem Zugriff faschistisch-kroatischer Endlöser zu bewahren. Erst nach einem Protest der kroatischen Regierung wurden die Offiziere der Einheit vor ein Militärgericht gestellt, aber nur zu einigen Tagen Arrest verurteilt[436].

Auch in ihrer neuen französischen Besatzungszone verboten die italienischen Militärs jedwede Aktion gegen die Juden. Die Deutschen begannen, mit Hilfe der französischen Verwaltung Juden zu arretieren; prompt stellten sich die Italiener gegen die Judenfänger. Als im Februar 1943 der Polizeichef von Lyon 300 Juden zum Abtransport nach Auschwitz internieren ließ, erzwang ein italienischer General die sofortige Freilassung der Juden[437]. Anfang März verhaftete französische Gendarmerie in der italienischen Zone Juden, die Italiener verhinderten deren Abtransport nach Deutschland[438]. In Annecy umstellten italienische Soldaten die Kasernen der Gendarmerie so lange, bis die dort verhafteten Juden wieder freigelassen wurden[439].

»Die für ganz Europa angeordnete Endlösung der Judenfrage ist durch das Verhalten der italienischen Stellen im gesamten Frankreich erheblich gehemmt worden«, klagte Sipo-Befehlshaber Knochen und appellierte an den deutschen Oberbefehlshaber West, die Italiener zur Räson zu bringen[440]. Die deutschen Militärs waren plötzlich vom Beispiel ihrer italienischen Verbündeten angesteckt. Generalleutnant Blumentritt, Generalstabschef beim OB West, informierte Standartenführer Knochen: »Oberbefehlshaber West kann keine Entscheidung treffen, wenn die italienische Regierung andere Auffassungen zu haben scheint[441].«

Eichmann rief daraufhin das Auswärtige Amt zu Hilfe. Joachim von Ribbentrop bemühte sich emsig, in Rom über die Sabotage der italienischen Generale Klage zu führen und Diktator Mussolini um Abhilfe zu bitten[442]. Statt Klärung zu bringen, irritierte nun auch der Duce die Bundesgenossen: Er entsandte den Generalinspekteur der italienischen Polizei, Guido Lospinoso, nach Südfrankreich; der Polizist schien jedoch seine vordringlichste Aufgabe darin zu sehen, jeden Kontakt mit den Deutschen zu meiden[443]. Eichmann und seine Beauftragten begriffen auch bald, warum. Lospinoso hatte einen Adlatus namens Donati mitgebracht, der Präsident einer französisch-italienischen Bank und Vertrauensmann des Vatikans war. Lospinoso und Donati wollten mit Hilfe des Heiligen Stuhls die 30 000 Juden, die sich inzwischen in die italienische Besatzungszone geflüchtet hatten, in die Schweiz schleusen[444]. Die Zubringer des Judenmordes reagierten heftig, zumal Obersturmführer Röthke ein furchtbarer Verdacht kam: »Donati ist möglicherweise sogar ein Volljude[445].« Röthke entwarf den Plan, Donati von dem italienischen Hauptquartier in Nizza nach Marseille zu entführen. Noch ehe aber die SD-Kidnapper aufbrachen, hatte Donati schon ein Flugzeug nach Rom bestiegen[446].

Erst die Kapitulation Italiens im Sommer 1943 beraubte die französischen Juden ihrer italienischen Schutzherren. Immerhin hat die Menschlichkeit der italienischen Generale dazu beigetragen, daß 80 Prozent der 300 000 Juden Frankreichs den Todesfabriken entgingen[447]. Mehr noch: Der italienische Kampf gegen die Endlösung markierte einen Wendepunkt, denn er fiel zusammen mit zwei Ereignissen, die Tempo und Umfang der mörderischen Judenverfolgung herabminderten – dem fallenden Kriegsglück Adolf Hitlers und den nicht zuletzt vom Vatikan ausgestreuten Enthüllungen über die wahre Natur der Eichmannschen »Umsiedlung« im Osten.

Die opportunistischen Bundesgenossen an der Seite NS-Deutschlands begriffen, daß sie in einem sinkenden Schiff saßen. Der Bann der SS-Endlöser brach. Schritt um Schritt rückten Großdeutschlands Satelliten vom Judenpogrom ab: Im Herbst 1942 stellte die Regierung der Slowakei alle Judendeportationen nach dem Osten ein. Offizieller Anlaß: Informationen des Vatikans über das wahre Los der angeblich zur »Umsiedlung« nach Polen deportierten slowakischen Juden und die Weigerung Eichmanns, eine slowakische Untersuchungskommission die angeblichen jüdischen Umsiedlungslager im Osten besichtigen zu lassen[448]. Im Dezember 1942 ließ die Regierung Rumäniens, dessen Antisemiten sich noch mörderischer gebärdet hatten als die deutschen, die Auslieferung der Juden an die Deutschen stoppen[449]. Im April 1943 ordnete Bulgariens Zar Boris III. an, alle Judendeportationen zu unterlassen – nicht ein einziger bulgarischer Jude wurde den Massenvernichtern ausgeliefert[450].

Das Programm der Judenvernichtung ließ sich nur noch bruchstückweise verwirklichen. Nicht einmal Eichmanns Rache an den italienischen Saboteuren, die geplante Verhaftung sämtlicher Juden Roms in der Nacht vom 16. zum 17. Oktober 1943, wollte gelingen; von den 8 000 Juden konnten nur 1 259 verhaftet werden[451]. »Verhalten der italienischen Bevölkerung eindeutig passiver Widerstand, der sich in großer Reihe von Einzelfällen zur aktiven Hilfeleistung steigerte«, funkte SS-Obersturmbannführer und Polizeiattaché Herbert Kappler, der Leiter der Aktion, am 17. Oktober. »Antisemitischer Teil der Bevölkerung trat während der Aktion nicht in Erscheinung, sondern ausschließlich die breite Masse, die in Einzelfällen sogar versuchte, die Polizisten von den Juden abzudrängen[452].«

Kein Zweifel: Europas Widerstand gegen die Endlösung wuchs. Selbst einige Berater und Gefolgsleute Himmlers konnten sich dem Geist des europäischen Widerstandes nicht entziehen und reihten sich – vorsichtig sich nach allen Seiten tarnend – in die Front der Anständigen ein. Himmlers Leibarzt, der Masseur Felix Kersten, machte den Anfang. Als er am 15. Juli 1942 erfuhr, Hitler habe nun auch die Auslieferung der Juden Finnlands verlangt und Himmler werde demnächst die Forderung bei einem Besuch in Helsinki vorbringen, warnte der Masseur den finnischen Gesandten in Berlin[453].

Himmler flog am 29. Juli in Begleitung Kerstens nach Finnland. Doch noch ehe Himmler die Gespräche mit der finnischen Regierung aufnehmen konnte, fuhr Kersten zu Außenminister Witting und unterbreitete ihm, wie man Himmlers Attacke abwehren könne: mit dem Hinweis, das Judenproblem sei eine so wichtige Frage, daß über sie nur der Reichstag entscheiden könne, der aber trete erst wieder im November zusammen. Die Finnen wandten Kerstens Taktik an – tatsächlich ließ sich Himmler bewegen, bis zum November zu warten. Am 14. Dezember erinnerte sich der Reichsführer wieder der Finnen und wollte von seinem Leibarzt wissen, was aus der finnischen Endlösung geworden sei. Kersten hatte ein neues Argument zur Hand: Der Krieg stünde für die Finnen so schlecht, daß sich die Regierung nicht traue, den Reichstag einzuberufen und ihm ein derartig heikles Thema vorzulegen. Am 18. September 1943 kam Himmler erneut auf die finnischen Juden zu sprechen. Ärgerlich brummte er seinen Masseur an: »Was bildet sich dieser Lausestaat ein, einen Wunsch des Führers nicht zu respektieren!« Die finnischen Juden waren gerettet – erste Tat jenes Himmler-Konfidenten, dem später noch Tausende und Abertausende europäischer Juden ihr Leben verdanken sollten [454].

Auch der SS-Brigadeführer Eggert Reeder, Militärverwaltungschef bei dem Militärbefehlshaber in Belgien und Nordfrankreich, machte sich eigene Gedanken über den Judenmord. Schon im März 1942 hatte er den Vorschlag Sipo-Knochens, auch in Belgien den Judenstern einzuführen, abgelehnt [455]; im September 1943 verfügte er eigenmächtig die Entlassung belgischer Juden, die bereits in der Kaserne Dossin in Mecheln für Auschwitz gesammelt wurden [456].

Nicht einmal ein so verkrampfter Hitler-Anhänger wie der SS-Gruppenführer Wilhelm Stuckart, Staatssekretär im Reichsinnenministerium, mochte sich mit dem Judenmord belasten. Unter sanfter Pression seines Ministerialrats Dr. Bernhard Lösener versuchte er zwei Randgruppen des deutschen Judentums zu retten, deren Schicksal noch nicht völlig entschieden war: die 107 000 »Mischlinge« und die 28 000 Juden in »Mischehen« [457].

Durch mehrere Konferenzen mit Eichmann und den Judenvernichtern des RSHA schleppte das Reichsinnenministerium das Gepäck seiner Argumente, mit denen es die Experten des Reichssicherheitshauptamtes von der Liquidierung der Mischlinge abzubringen versuchte [458]. Als die RSHA-Männer nicht lockerließen, griff der Gruppenführer Stuckart zu einem letzten verzweifelten Mittel: Er schlug statt der Tötung die Sterilisierung vor. Im September 1942 entwarf Lösener ein persönliches Stuckart-Schreiben an Himmler [459], das wie kaum ein anderes Schriftstück aus den Geheimarchiven des Dritten Reiches offenbart, welch fataler Mittel und Sprache sich bedienen mußte, wer Juden in Deutschland helfen wollte. Geschickt beutete Lösener den Germanen- und Ahnenkult des SS-Chefs aus.

Es sei, so schrieb Lösener alias Stuckart, bei den Mischlingen zu bedenken, »daß mit der Abschiebung der Halbjuden ihre zur Hälfte germanische Erbmasse nicht nur von uns preisgegeben, sondern geradezu den Gegnern Deutschlands zugeführt würde«; außerdem hätten sich die Mischlinge »zum nicht unerheblichen Teil in starkem Maße bemüht, sich für die deutschen Interessen einzusetzen«. Auch müsse die »psychologisch-politische Rückwirkung« berücksichtigt werden, denn die Gleichbehandlung der Mischlinge mit den Juden könne »für den arischen Ahnen- und Verwandtenstamm zu einer großen Verschärfung der seelischen Belastung führen«. Lösener formulierte: »Ich kann daher den Abschiebungsplan nicht als im richtig verstandenen deutschen Interesse liegend ansehen und möchte ... der Sterilisation der Halbjuden und ihrem natürlichen Aussterben den Vorzug geben.« Dann kam noch ein entscheidender Satz: »Abschiebung wie Sterilisation könnte selbstverständlich erst nach ... Kriegsende vorgenommen werden[460].«

Der Brief Stuckart-Löseners traf den Reichsführer in einer weichen Stunde: Die meisten Mischlinge wurden gerettet – Himmler verbot ihre Liquidierung. Das Schreiben fand später auch vor den Nürnberger Richtern der Alliierten Gnade, zumal Stuckart nachweisen konnte, was er im Brief verschwiegen hatte: daß er sich zuvor von dem Staatssekretär für das Gesundheitswesen, dem SS-Gruppenführer Dr. Conti, die Auskunft geholt hatte, die Sterilisierung der Mischlinge sei praktisch gar nicht zu verwirklichen[461].

Am krassesten aber offenbarte sich die leise Skepsis mancher SS-Führer in dem einstigen Gestapo-Justitiar und SS-Gruppenführer Dr. Werner Best, der als Reichsbevollmächtigter in Kopenhagen die Vernichtung des dänischen Judentums aktiv sabotierte. Best hatte Anfang September 1943 erfahren, daß Hitler den Abtransport der 6 500 dänischen Juden befohlen habe[462]. Sofort setzte er ein Telegramm an das Auswärtige Amt auf und argumentierte gegen die Aktion: »Der König und der Reichstag [würden] aufhören, an der Regierung des Landes mitzuwirken. Außerdem müßte mit Generalstreiks gerechnet werden[463].«

Gleichwohl bestanden Hitler und Himmler darauf, den Schlag gegen die dänischen Juden zu führen. Am 18. September warnte Best erneut: »In politischer Hinsicht wird der Abtransport der Juden die Lage in Dänemark zweifellos außerordentlich verschärfen. Es kann zu Unruhen und gegebenenfalls zum Generalstreik kommen[464].« Die Warnungen Bests überzeugten selbst den AA-Chef von Ribbentrop derartig, daß er Hitler die Bedenken des Reichsbevollmächtigten vortrug. Erwiderung durch den Botschafter Hewel, Vertreter des Auswärtigen Amtes im Führerhauptquartier: »Der Führer bezweifelt, daß die Aktion diese Folgen haben wird[465].« Die Aktion lief an. Zwei Bataillone der Ordnungspolizei wurden nach Dänemark verlegt, der Dampfer »Wartheland« tuckerte in den Hafen von Kopenhagen, um die jüdischen Gefangenen an Bord zu nehmen[466].

Da entschloß sich Werner Best zur Abwehr. Der Reichsbevollmächtigte rebellierte gegen den Führer – freilich seinem Stil gemäß, vorsichtig, präzis und mit einem Schuß zynischer Zwielichtigkeit. Kaum hatte Best den Termin der geplanten Aktion erfahren, da weihte er den ihm attachierten Schiffahrtssachverständigen und Alt-Pg Georg Ferdinand Duckwitz ein und ließ ihn die Juden warnen. Duckwitz, ehedem enger Mitarbeiter Alfred Rosenbergs und Träger des goldenen Parteiabzeichens, verlor keine Zeit. Am 27. September traf er sich in Kopenhagen mit Führern des dänischen Widerstandes

DIE OPFER DER ENDLÖSUNG	
Judenermordungen im Machtbereich der SS	
Deutsches Reich (einschl. Österreich und Reichs-Protektorat):	250 000
Slowakei:	60 000
Dänemark und Norwegen:	unter 1 000
Belgien, Niederlande und Luxemburg:	130 000
Frankreich und Italien:	70 000
Sowjet-Union (einschl. Litauen, Estland und Lettland):	900 000
Polen:	3 000 000
Jugoslawien:	60 000
Griechenland:	60 000
Rumänien:	270 000
Ungarn:	300 000
Insgesamt:	5 100 000
Die Zahlen beruhen auf Forschungen des amerikanischen Historikers Raul Hilberg, der sich fast ausschließlich auf Dokumente der SS und des Reichsaußenministeriums stützt.	

und bat sie, die Führer des dänischen Judentums zu alarmieren[467]. Die Flüsterparole ging von Mund zu Mund, durchdrang Synagogen und jüdische Heime. Dänemarks Juden flohen in Verstecke und wurden dann in der denkwürdigsten Rettungsaktion, die jemals ein Volk für eine Minderheit unternommen hat, über den Öresund nach Schweden in Sicherheit gebracht[468].

Best tat noch ein übriges, die Juden zu schützen. Er belehrte den Befehlshaber der Sicherheitspolizei, dessen Beamte dürften bei der fraglichen Aktion nicht in jüdische Wohnungen eindringen, sondern nur an der Wohnungstür klingeln. Best begründete das später so: Da »der weitaus größte Teil der hiesigen Juden sich nicht mehr in ihren eigenen Wohnungen aufhielt«, hätte »das Aufbrechen leerer Wohnungen nur einen unerfreulichen Eindruck verursacht und zu Diebstählen usw. Gelegenheit gegeben, die dann uns zur Last gelegt worden wären«[469]. Die Judenaktion in der Nacht vom 1. zum 2. Oktober 1943 mußte mit einem Fehlschlag enden. Die Sipo fing nur ein paar alte Juden, die Bests Warnung nicht erreicht hatte. Insgesamt wurden 477 Juden abgeführt – von 6 500. Best konnte durchsetzen, daß diese Juden in das sogenannte Alters-KZ Theresienstadt kamen, wo fast alle das Ende des Tausendjährigen Reiches überlebten[470].

Werner Best wäre jedoch nicht der einstige Gestapo-Rabulist gewesen, hätte er zur Tarnung nicht eine Eulenspiegelei folgen lassen. Als sei der Sicherheitspolizei soeben ein gewaltiger Schlag gegen das Weltjudentum gelungen, meldete er stramm nach Berlin: »1. Die Judenaktion in Dänemark ist in der Nacht vom 1. zum 2. 10. 43 ohne Zwischenfälle durchgeführt worden. 2. Vom heutigen Tage an kann Dänemark als entjudet bezeichnet werden[471].« Als die Berliner Endlöser aufschrien, es seien doch nur wenige Juden arretiert worden, belehrte sie Best mit ebenso gutgespielter wie aufreizender Nachsicht. Best am 5. Oktober 1943: »Daß nur sehr wenige Juden gefaßt werden würden, hatten der Befehlshaber der Sicherheitspolizei und ich vorausgesehen... Da das sachliche Ziel der Judenaktion in Dänemark die Entjudung des Landes und nicht eine möglichst erfolgreiche Kopfjagd war, mußte festgestellt werden, daß die Judenaktion ihr Ziel erreicht hat[472].«

Adolf Eichmann verstand seine Welt nicht mehr. Zum zweiten Mal hatte ihm nach Wilhelm Stuckart ein SS-Führer das Konzept der totalen Endlösung verdorben. »Ich entsinne mich dessen deswegen genau«, erzählte später Eichmann seinem israelischen Vernehmer, »weil ich mich damals noch wunderte und sagte: ›Ja, der Dr. Best war doch mal Amtschef I im Reichssicherheitshauptamt gewesen und hat damals einen großen Vortrag über die Aufgaben und Ziele der Polizei gehalten.‹ Und da sagte ich mir: ›Schau, schau, jetzt ist er in Dänemark, und jetzt ist er gegen die Maßnahmen seines Chefs.‹[473]«

Und so viel Seltsames vermochte Eichmanns banal-böses Untertanengehirn kaum mehr zu fassen. Dabei stand ihm noch die weit ärgere Überraschung bevor, in der letzten großen Aktion seiner Henkerskarriere, dem Untergang des ungarischen Judentums, selbst einen Judenschützer namens Heinrich Himmler gegen sich zu haben.

14 Macht und Ohnmacht der SS

Die Zerstörung des europäischen Judentums offenbarte auch dem letzten Zweifler, welche furchtbare Macht die SS über schutzlose Menschen im Deutschland Adolf Hitlers ausübte. Wie ein vielarmiger Polyp umspannte die SS mit ihren zahlreichen Organisationen das Reich. Sicherheitsdienst und Gestapo, Waffen-SS und Reichskommissar für die Festigung deutschen Volkstums, Ahnenerbe und Lebensborn, Konzentrationslager und Wirtschaftsunternehmen – es gab kaum einen Lebensbereich der Nation, in den Ämter und Gefolgsleute Heinrich Himmlers nicht vordrangen. Immer labyrinthischer wurde das Gefüge der SS-Organisationen, immer verwirrender und verschachtelter das System des SS-Apparates.

Ein steter Wechsel in den Bereichen der Mammutorganisation verschleierte nicht selten das Ausmaß des SS-Einflusses. Die Urzelle des Schwarzen Ordens, die Partei- oder Allgemeine SS, war längst zur bedeutungslosen Kulisse erstarrt; 60 Prozent ihrer Mitglieder hatte das Kriegsheer aufgenommen[1], der Rest traf sich lustlos zum Heimabend oder Absperrdienst und war kaum von den NS-Veteranen bei SA oder NSKK zu unterscheiden. An die Stelle der Allgemeinen SS waren die Sonderformationen der Schutzstaffel getreten, unauffälliger und weit einflußreicher.

An der beklemmenden Erfolgsgeschichte des Reichssicherheitshauptamts ließ sich deutlich ablesen, wie weit die SS deutsches Leben schon beherrschte. Mit jedem weiteren Kriegsjahr wußten die Staatsschützer des RSHA den ohnehin schmalen Rechtsraum der Deutschen mehr und mehr einzuengen.

Gleich nach Kriegsausbruch hatte sich das RSHA zusehends das Recht angemaßt, die Urteile der ordentlichen Justiz durch willkürliche Hinrichtungen zu »korrigieren«. Protesten des Reichsjustizministeriums hielt das RSHA entgegen, der Reichsführer-SS habe laut Führerbefehl die Sicherheit des Reiches mit allen Mitteln zu garantieren, und dieser Auftrag schließe bei Vergehen gegen die Kriegsgesetze auch sofortige Exekutionen ein[2].

Die Macht des Reichssicherheitshauptamts hielt sich jedoch noch in Grenzen, solange der von Hitler mit einem gewissen scheuen Respekt behandelte Deutschnationale Dr. Franz Gürtner an der Spitze des Reichsjustizministeriums stand. Nach dem Tod Gürtners im Januar 1941 aber nutzte das RSHA das Vakuum im Justizministerium – statt eines neuen Ministers verwaltete der schwächliche Staatssekretär Franz Schlegelberger den Chefposten kommissarisch – zu einem Schlag, von dem sich die Justiz nie wieder erholen sollte.

RSHA-Chef Reinhard Heydrich wurde im Herbst 1941 zusätzlich zu seinen bisherigen Ämtern zum geschäftsführenden Reichsprotektor in Böhmen und Mähren ernannt. Da ihn Hitler beauftragt hatte, gegen die unruhigen Tschechen rücksichtslos durchzugreifen, wollte Heydrich sein Regime mit einem Schauprozeß eröffnen, dazu bestimmt, den tschechischen Untertanen die Strenge des neuen Zwingherrn zu demonstrieren. Zum Opfer des Schauprozesses erwählte sich Protektor Heydrich den tschechischen Divisionsgeneral Alois Eliáš, der die einheimische Protektoratsregierung in Prag leitete. Er wurde seit langem vom SD verdächtigt, mit tschechischen Widerständlern und der tschechoslowakischen Exilregierung in London heimlich zusammenzuarbeiten [3].

Seit Mitte 1940 forderte das RSHA, Eliáš müsse abgesetzt und vor ein Standgericht gestellt werden. Die Forderungen des Hauses Heydrich waren jedoch an dem Widerstand des maßvollen Reichsprotektors Freiherrn von Neurath gescheitert, der sich weigerte, ein Verfahren gegen Eliáš einzuleiten. Selbst der NS-Jurist Ernst Lautz, Oberreichsanwalt beim Volksgerichtshof, hielt das Eliáš-Material des RSHA für zu dürftig, um einen Prozeß zu rechtfertigen [4].

Der neue Tschechen-Protektor Heydrich wußte jedoch, wie man Eliáš zu Fall bringen konnte. Da Heydrich bekannt war, daß der ehrgeizige Volksgerichtshof-Präsident Dr. Otto Thierack, ein Alter Kämpfer und ehedem Sachsens erster nationalsozialistischer Justizminister, nach dem Chefposten im Reichsjustizministerium gierte, animierte er Thierack zu einer Intrige, die den Sachsen unfehlbar an die Spitze des RJM katapultieren mußte. Heydrich und Thierack vereinbarten am 27. September 1941, den Ministerpräsidenten Eliáš zu verhaften und vor den Volksgerichtshof zu stellen; der skeptische Oberreichsanwalt Lautz aber sollte aus dem Verfahren ausgeschaltet, die Anklagevertretung der Sicherheitspolizei überlassen werden [5]. Das RSHA kam mit einem Schlag der Verwirklichung eines alten Traumes nahe: Der künftige Reichsjustizminister stimmte der totalen Ausschaltung der noch immer an normative Maßstäbe gebundenen Staatsanwaltschaften zu, sagte ja zur uferlosen Willkür einer Polizei, die nun auch im Gerichtssaal in der Maske des Staatsanwalts auftreten wollte. Thierack war zum Ausverkauf der Justiz bereit, erzählte er doch später seinem Staatssekretär Rothenberger, er habe damals mit Heydrich vereinbart, »im Falle seiner Ernennung zum Reichsjustizminister« werde er, Thierack, »die Staatsanwaltschaften dem Reichsführer abtreten« – so Rothenberger in einer Notiz [6].

Wie in Berlin verabredet, so spielte sich in Prag das Drama Eliáš ab. Thierack ließ seinen ahnungslosen Oberreichsanwalt ins Wochenende reisen, derweil Heydrich in Prag den Tschechen-Premier verhaftete und der Chef der Gestapo-Leitstelle Prag, SS-Obersturmbannführer Dr. Hans Geschke, die Vertretung der Anklage gegen Eliáš übernahm [7]. Noch ehe die Berliner Justiz-Spitze begriffen hatte, was in Prag geschehen war, hatte Heydrich die grausame Justizkomödie durchgepeitscht: am 28. September Verhaftung des Eliáš, einen Tag später Anklageerhebung durch SS-Geschke, am 30. September Übersiedlung des Ersten Volksgerichtshofs-Senats nach Prag, am 1. Oktober, pünktlich um zehn Uhr Eröffnung der Hauptverhandlung gegen Eliáš, vier Stunden danach Urteilsverkündung. Das Verdikt lautete: Tod wegen versuchten Hochverrats in Tateinheit mit einem Unternehmen der Feindbegünstigung [8].

Otto Thierack hatte gute Arbeit geleistet, Otto Thierack durfte seines Lohnes sicher sein: Der dankbare Diktator ernannte ihn am 20. August 1942 zum Reichsjustizminister [9]. Der neue Minister lehnte sich auch später eng an die SS an. Zwar hinderte der Widerstand im Fußvolk der Justiz Thierack daran, die Staatsanwaltschaft dem Schwarzen Orden vollends auszuliefern, dennoch trat der Justizminister ein Rechtsreservat nach dem anderen an den Reichsführer-SS ab: Am 18. September 1942 billigte Thierack in einem Abkommen mit Himmler dem RSHA das Privileg zu, Gerichtsurteile durch die Geheime Staatspolizei mittels »Sonderbehandlung« korrigieren zu dürfen; er gestattete auch, daß Häftlinge der ordentlichen Justiz mit einer Gefängnisstrafe von mehr als acht Jahren an die Polizei ausgeliefert wurden [10]. Anfang November 1942 überließ Thierack der Sicherheitspolizei die gesamte Strafrechtspflege gegenüber Polen und Juden in den eingegliederten Ostgebieten [11]. Im Sommer 1943 stimmte er zu, daß sämtliche Juden im Hoheitsgebiet des Deutschen Reiches der Strafjustiz des Reichssicherheitshauptamtes unterstellt wurden [12].

Die Macht des RSHA dehnte sich immer weiter aus. Ein Kreis traditionsbewußter Bürokraten des Reichsinnenministeriums (RMdI) hatte noch versucht, den formell dem RMdI unterstellten Polizeiapparat des RSHA zu disziplinieren. Ab August 1943 war auch dieser internen Opposition der Mund verstopft: Heinrich Himmler wurde als Nachfolger des gestürzten SS-Kritikers Wilhelm Frick Reichsminister des Innern [13]. Wichtige Befugnisse des Reichsinnenministeriums gingen auf das RSHA über. Die Abteilung I des Ministeriums verlor fast alle wesentlichen Sachgebiete aus dem Komplex Verfassung–Gesetzgebung–Verwaltung an den Konkurrenten in der Prinz-Albrecht-Straße [14].

Von Himmlers Revirement wurde besonders arg das Hauptamt Ordnungspolizei betroffen, dessen traditionsbewußte Beamte, Juristen und Offiziere zuweilen Distanz zur Sicherheitspolizei des RSHA geübt hatten. In einer internen Säuberungsaktion, euphemistisch »Bereinigung der Geschäftsbereiche« geheißen, mußte das Orpo-Hauptamt dem RSHA die totale Kontrolle der Kriminalpolizei überlassen [15]. Mehr noch: Das polizeiliche Melde- und Registerwesen, das allgemeine Polizeirecht, Fragen der allgemeinen Polizeiorganisation, bis dahin Domänen der Orpo, wurden vom Reichssicherheitshauptamt geschluckt. Nahezu jede politische Zuständigkeit war der Orpo genommen, das Hauptamt vom politischen Übergewicht des RSHA erdrückt [16].

Triumphierend ließ Innenminister Himmler das Orpo-Amt »Verwaltung und Recht« auflösen, über dessen nonkonformistischen Leiter, Ministerialdirektor Werner Bracht, der SS-Chef sich oft genug hatte ärgern müssen. Aus dem lästigen Rechtsressort wurde ein Wirtschaftsverwaltungsamt, an die Stelle des alten Beamten Bracht trat der Alte Kämpfer und SS-Gruppenführer August Frank[17]. Da fast zur gleichen Zeit der Orpo-Chef und Himmler-Rivale Kurt Daluege schwer erkrankte, konnte der Reichsführer auch den letzten Rest Orpo-eigener Selbstbehauptung abtöten[18]. Im Sommer 1944 gingen die Fürsorgefragen der Ordnungspolizei an die SS über; auch das materielle Polizeirecht wurde der Orpo genommen und dem RSHA einverleibt[19].

Das Vordringen des Reichssicherheitshauptamtes war freilich nur *ein* Indiz für die wachsende Machtstellung der Schutzstaffel. Eine weitere Kreation Himmlerscher Organisationsgabe verriet ebenfalls, wie tief sich die SS in die Herrschaftsstruktur des NS-Regimes hineingebohrt hatte: das Wirtschaftsverwaltungshauptamt (WVHA).

Das WVHA ging auf das Verwaltungsamt der SS zurück, das – eingebaut in das SS-Hauptamt – seit 1934 administrative Fragen der Allgemeinen SS bearbeitete[20]. An seine Spitze hatte Himmler einen ehemaligen Marineoberzahlmeister namens Oswald Pohl berufen, einen ebenso rechthaberischen wie beweglichen Schreibtischtyrannen, der äußerlich an Mussolini erinnerte und mit dem Italiener auch den gewissenlosen Ehrgeiz teilte. Der Brigadeführer Pohl erwies sich als ideenreicher Organisator und konnte bald seinen Bereich erweitern: Er dehnte sein Verwaltungsamt auf Totenkopfverbände und Verfügungstruppe aus, avancierte zum Reichskassenverwalter der SS und übernahm als Ministerialdirektor das (staatliche) Hauptamt »Haushalt und Bauten« beim Reichsführer-SS und Chef der Deutschen Polizei im Reichsinnenministerium[21].

1939 verfügte Finanzier Pohl, inzwischen SS-Gruppenführer, über eine solche Machtfülle, daß ihn Himmler aus dem Korsett des SS-Hauptamtes befreite und ihm ein eigenes Hauptamt zugestand, das Hauptamt Verwaltung und Wirtschaft[22]. Drei Jahre später, als auch die KZ-Verwaltung Pohl unterstellt wurde, vereinigte er das V- und W-Hauptamt mit dem Hauptamt Haushalt und Bauten zum WVHA, dem Wirtschaftsverwaltungshauptamt[23]. In kurzer Zeit hatte sich Pohl eine Position erkämpft, die ihn neben dem RSHA-Chef zum mächtigsten Mann in der Runde der SS-Hauptamtchefs stempelte.

Vier derbe Stränge verbanden ihn mit den wichtigsten Kraftquellen des SS-Imperiums: Er beaufsichtigte die gesamte Truppenverwaltung und Truppenwirtschaft der Waffen-SS, er kontrollierte die 20 Konzentrations- und 165 Arbeitslager[24], er lenkte alle Bauvorhaben von SS und Polizei, er dirigierte die Wirtschaftsunternehmen der Schutzstaffel. Vor allem in der Kopplung zwischen dem Häftlingsreservoir der KZ und den SS-Betrieben sah WVHA-Chef Pohl eine Potenz, die sein Hauptamt zu einem der stärksten Machtfaktoren des deutschen Wirtschaftslebens erheben konnte.

Schon früh hatten sich Diplomkaufleute wie die Brüder Georg und Hans Lörner und Bauleiter wie der Hauptsturmführer Franz Eirenschmalz mit SS-eigenen Firmen auf das Gebiet der Wirtschaft gewagt[25]. Bei Kriegsausbruch verfügte die SS über vier große Unternehmen: die »Deutschen

Erd- und Steinwerke GmbH«, ein Unternehmen zur Gewinnung von Baumaterialien, dessen 14 Granit-, Ziegel- und Klinkerwerke 1943 einen Gesamtumsatz von 14 822 000 Reichsmark erzielten[26]; die »Deutschen Ausrüstungswerke GmbH«, ein Unternehmen, das sämtliche Werkstätten in den Konzentrationslagern von Brotfabriken und Schwertschmieden bis zu holz- und eisenverarbeitenden Betrieben vereinigte und 1943 einen Umsatz von 23 204 032 Reichsmark verbuchte[27]; die »Deutsche Versuchsanstalt für Ernährung und Verpflegung GmbH«, ein Lieblingsbetrieb des heilkräuternärrischen Himmler, der allerlei Gewürzgärten am Rande der KZ anlegen ließ, später aber auch dem Unternehmen Güter, Forstbetriebe und Fischzuchtanstalten zuschlug, in denen mit neuen und unschädlicheren Nahrungsmitteln experimentiert wurde[28]; die »Gesellschaft für Textil- und Lederverwertung GmbH«, ein Betrieb im Frauen-KZ Ravensbrück, der vorwiegend für die Waffen-SS Truppenbekleidung herstellte und im Geschäftsjahr 1943 über neun Millionen Reichsmark als Gesamtumsatz verzeichnete[29].

Pohl faßte die vier Unternehmen zu einem Konzern (»Deutsche Wirtschaftsbetriebe«, DWB) zusammen, der als Holding-Gesellschaft die Geschäftsanteile der SS-Firmen übernahm[30]. Die Gründung der DWB war typisch für die großkapitalistische Infiltrationstechnik, mit der sich das WVHA manches Randgebiet der deutschen Wirtschaft zu unterwerfen verstand. Nach außen trat die SS als Firmenbesitzer und Unternehmer kaum hervor – im Falle der DWB erschienen als Gesellschafter ein gewisser Ministerialdirektor Oswald Pohl und ein gewisser Diplomkaufmann Georg Lörner[31]. Man mußte schon in den SS-Listen nachblättern, um zu wissen, daß der SS-Obergruppenführer Pohl Chef und der SS-Gruppenführer Lörner stellvertretender Chef des WVHA waren[32].

»Mit Hilfe der Kasuistik des Handelsrechts«, so urteilt der Historiker Enno Georg, dem die Geschichtsschreibung grundlegende Aufschlüsse über Himmlers Wirtschaftsunternehmen verdankt, habe sich das SS-Imperium »auf ideale Weise verschleiern« lassen und das öffentlich-rechtliche Behördengefüge dieses privatwirtschaftlich organisierten Kartells aufgelöst »in die Formen eines opportunistischen Groß-Unternehmertums«[33]. Der Superkapitalist Pohl war freilich nüchtern genug, um sich zu versagen, alle Bereiche der Wirtschaft zu durchdringen. Er entwarf ein Schwerpunkt-Programm, das einzelne Produktionsbranchen dem Monopolstreben der SS öffnen sollte.

Pohls erster Vorstoß richtete sich auf einen Industriezweig, der die kapitalistische Raffgier des WVHA ebenso anlockte wie den antialkoholischen Feuereifer des Lebensreformers Himmler. Im Sudetenland lag das Gros der meist in jüdischem oder britischem Besitz befindlichen Mineralwasserfabriken; im Schutze der Arisierungs-Dekrete wußten sich Pohls Beauftragte in den Besitz vieler Getränkefirmen zu setzen. Das WVHA erwarb den Mineralwasserbrunnen Grün, später in »Sudetenquell« umbenannt, hinzu kam die Heinrich Mattoni AG, gefolgt von dem Trinkunternehmen des Deutschen Ritterordens in Freudenthal[34] – kaum ein nennenswertes Werk der nichtalkoholischen Getränkeindustrie entging dem Zugriff der SS. Auch im Reich füllte Pohl Mineralwasser in SS-Behälter ab: Der Brunnen Niederselters bei Limburg wurde vom WVHA gepachtet, die deutsche Apollinaris Brunnen AG in Besitz genommen[35]. 1944 kontrollierte Pohl 75 Prozent des deutschen Mineralwassermarktes[36].

Das Sudetenland war ebenfalls der Schauplatz eines zweiten, nicht weniger erfolgreichen Beutezuges der WVHA-Kapitalisten. Ihnen fiel eine der größten Möbelfabriken der Tschechoslowakei, das ehemals jüdische Unternehmen Emil Gerstel, in die Hand; das Beutestück wurde zum Stammhaus einer SS-eigenen Möbelindustrie. Allerdings mußte das WVHA sein Manöver besonders vorsichtig tarnen. Da das Reichswirtschaftsministerium gefordert hatte, die Firma Gerstel dürfe nicht in den Besitz der SS übergehen, sondern nur durch eine von Möbelfachleuten zu bildende GmbH übernommen werden, gründeten der Stuttgarter Möbelfabrikant Dr. Kurt May und zwei Mitgesellschafter die Firma »Deutsche Meisterwerkstätten GmbH«, künftige Besitzerin des Gerstel-Unternehmens. Dem Reichswirtschaftsministerium blieb verborgen, daß Dr. May nebenberuflich SS-Untersturmführer und Leiter des Amtes W IV im Wirtschaftsverwaltungshauptamt war. May und seine beiden Strohmänner traten auch sofort ihre Geschäftsanteile in der Deutschen Meisterwerkstätten GmbH an den SS-Konzern (DWB) ab[37]. Stück um Stück fraß sich der SS-Wurm in das Gebälk der Holz- und Möbelindustrie ein. Das Sägewerk Bachmanning bei Linz, die Sperrholzfabrik Jirat Richard, die Unternehmen der jüdischen Möbeldynastie Drucker begründeten ebenso eine Vormachtstellung der SS auf dem Möbelmarkt[38] wie der WVHA-Verein »Deutsche Heimgestaltung e. V.«, der besonders billige Wohnungseinrichtungen propagierte und ein Produktionsprogramm entwarf, dem sich auch SS-freie Möbelfabriken anschlossen[39].

Ein dritter Vorstoß der SS-Industriebarone galt den Baustoffunternehmen der deutschbesetzten Ostgebiete und den Werkstätten der jüdischen Gettos in Polen. In Posen etablierte sich die Betriebsgesellschaft »Ostdeutsche Baustoffwerke GmbH«. Sie verwaltete als Treuhänderin 313 ehemals polnische oder jüdische Ziegeleien der eingegliederten Ostgebiete (Jahresumsatz 1943: über elf Millionen Reichsmark)[40], während eine andere Pohl-Gründung, die »Klinker-Zement GmbH«, in Ostoberschlesien und im Generalgouvernement Ziegeleien, Kalkwerke, Zementbetriebe und keramische Unternehmen pachtete[41]. Hingegen versuchte die 1943 gegründete »Ostindustrie GmbH«, sich jüdische Arbeitskräfte und Getto-Betriebe noch vor dem letzten schaurigen Akt der Endlösung in Polen nutzbar zu machen[42]. Auch die DWB-Tochter »Deutsche Ausrüstungswerke« übernahm holz- und eisenverarbeitende Betriebe in Polen und streckte ihre Arme nach neuen Textilbetrieben, Druckereien und Schuhmacherwerkstätten aus[43]. Es gab kaum noch ein Gebiet wirtschaftlicher Betätigung, auf dem sich Pohls Sendboten nicht versuchten. Ob es um Beteiligung an der Schieferölgewinnung ging oder um Betriebe mit neuen Buchbindeverfahren, um landwirtschaftliche

Güter in Rußland oder um Konservenfabriken – Oswald Pohls Hauptamt war immer dabei.

Nicht weniger erfolgreich als die WVHA-Amtsgruppe W (Wirtschaftsunternehmen) erwies sich die Amtsgruppe C, die zur Keimzelle einer SS-Rüstungsindustrie wurde. Der Amtsgruppe C unterstand das Bauwesen von SS und Polizei, ihr Chef galt als einer der skrupellosesten Karrieremacher in der Totenkopfuniform. Er hieß Hans Kammler, war Dr. Ing. und wurde von einem selbst in der SS seltenen Ehrgeiz angetrieben, der ihn Gaskammern in Auschwitz ebenso sorgfältig bauen ließ wie Abschußrampen für die V 1. Trotz seiner hohen Stellung blieb der Gruppenführer in der Schutzstaffel ein Fremder, weil für ihn die SS nichts weiter war als ein Transmissionsriemen eigenen Vorwärtsdranges.

Das störte Pohl nicht; er verstand, auch SS-ferne Männer für das WVHA zu engagieren und an ihnen festzuhalten, solange sie ihm nützlich schienen. Wie die Amtsgruppe W von dem unpolitischen Wirtschaftsprüfer Dr. Hans Hohberg geleitet wurde, der niemals Mitglied einer NS-Formation und nie Träger einer SS-Uniform war[44], so kam auch Dr. Ing. Hans Kammler aus einem anderen Lager: Der Oberregierungsrat hatte lange Zeit als Baudirektor dem Reichsluftfahrtministerium gedient. Der Talentjäger Himmler animierte den Baudirektor 1941, mit einem Stab von Bauexperten der Luftwaffe in die Dienste der SS zu treten[45]. Kammler, mit dem Anfangsrang eines SS-Standartenführers ausgestattet, übernahm die Amtsgruppe C im WVHA und arbeitete ein ambitiöses Bauprogramm aus, für das er bereits 1942 etwa 175 000 KZ-Häftlinge und Kriegsgefangene anforderte[46].

Kammler begnügte sich jedoch nicht damit, Verpflegungsdepots und Mordkammern in Konzentrationslagern, Munitionsbunker und Kasernen für die Waffen-SS zu bauen. Sein Ehrgeiz war höherer Art. Rüstungsminister Speer erinnert sich: »Als Kammler seine Aufgabe übernahm, erkannte ich nicht, daß er als mein Nachfolger vorgesehen war[47].« Himmlers und Kammlers Ambitionen wiesen in die gleiche Richtung: Der SS-Chef erträumte sich den Aufbau einer eigenen Rüstungsindustrie, die alle Einheiten der Schutzstaffel von den Waffenzuteilungen der mißtrauischen Wehrmacht unabhängig machen sollte, der Bauchef Kammler sehnte sich an die Spitze eines Super-Rüstungsministeriums. Beide erhielten Gelegenheit, ihren Ehrgeiz zumindest partiell zu befriedigen.

Ab 1943 hatte Kammler Order, noch stärker als bisher neue Waffenbetriebe zu bauen und wichtige Rüstungsfabriken unter die Erde zu verlagern[48]. Mit seinen Bautrupps, den ihm teilweise unterstellten Sklavenarmeen aus den KZ und den weiträumigen Übungsplätzen der SS im Osten wurde Amtsgruppenchef Kammler zu einem unentbehrlichen Helfer aller Rüstungsanstrengungen. Er gründete einen »Sonderstab Kammler«, der allmählich die Amtsgruppe C der Jurisdiktion Pohls entzog und nur noch den Reichsführer-SS als einzigen Vorgesetzten anerkannte[49]. Gruppenführer Kammler nannte sich ab 1944 offiziell »Beauftragter des Reichsführers-SS«. Seine Baupioniere sprengten Himmler von Mal zu Mal größere Schneisen in das

Herzstück der Rüstungspolitik. Ungezählt waren die Sonderaufträge für Kammler: Bau eines unterirdischen Führerhauptquartiers in Thüringen, Konstruktion unterirdischer Hallen für die Herstellung von Flugzeugen und Flugbomben, Einschaltung in den Fertigungsprozeß des Düsenjägers Me 262 und schließlich Kontrolle der geheimsten Zauberwaffen großdeutscher Wundergläubigkeit, der Raketen V 1 und V 2 [50].

Da Himmler nach dem 20. Juli 1944 Befehlshaber des Ersatzheeres geworden war, fiel es ihm nicht schwer, Kammler die technische Leitung der (vom Heer entwickelten) V-2-Waffen zuzudiktieren; im September 1944 fiel dem SS-General auch das taktische Kommando über die beiden Heeres-Raketeneinheiten »Gruppe Nord« und »Gruppe Süd« zu [51]. Einsatzergebnis bis zum 31. Dezember 1944: 1 561 V-2-Raketen auf London und Antwerpen abgefeuert [52]. Anfang 1945 trat die Luftwaffe auch die 5. Flakdivision (W) und damit die Kontrolle über die V 1 an Kammler ab; der SS-Gruppenführer durfte sich Kommandierender General eines Armeekorps zur besonderen Verfügung nennen und einen für SS-Männer einzigartigen Prestigeerfolg verzeichnen: Er war nur noch Hitler persönlich unterstellt [53].

So illustrierte auch die raketenartige Karriere des Dr. Ing. Hans Kammler, zu welcher zentralen Position die Schutzstaffel und ihre Führer in der Mächtegruppe des Dritten Reiches aufgestiegen waren. Fast jede SS-Organisation kannte Erfolgsgeschichten wie jene des RSHA oder des WVHA – der Gedanke mußte sich aufdrängen, der Tag sei nicht mehr fern, an dem die SS den ganzen Staat übernehmen werde. Diese Akkumulation von Prestige, Positionen und Persönlichkeiten verleitete später Historiker dazu, in die Schutzstaffel eine Allmacht hineinzulesen, die gleichsam das Dritte Reich als eine Dependence des Schwarzen Ordens erscheinen ließ [54]. Eine solche Vorstellung beruht jedoch auf einem weitverbreiteten Mißverständnis totalitärer Führungspraxis.

Die meisten Historiker schreiben dem Herrschaftssystem des Dritten Reiches ein Maß an Planung, Struktur und Hierarchie, kurz: ein Maß an Ordnung zu, das den Machthabern Hitler-Deutschlands völlig unbekannt war. Denn: Nicht Autorität und Ordnung, sondern die absolute Hierarchie- und Strukturlosigkeit machten das bewegende Prinzip der Führerdiktatur aus. Nichts scheute Adolf Hitler mehr als das Entstehen neuer Ordnungsstrukturen, die das hätten hemmen müssen, was man den dynamischen Willen der Führung nannte. Aus Überlegung und Instinkt ließ Hitler zwischen sich und den Massen keine neue hierarchische Zwischenschicht entstehen, die nur die Allein-Position des Führers geschmälert hätte.

Was das NS-Regime auszeichnete, war die »Abwesenheit jedes Systems«, wie einmal der CSR-Präsident Thomas Masaryk das Stalin-Regime charakterisiert hat [55]: Auch das Dritte Reich kannte die ständige Verschiebung der Machtgewichte unter den Paladinen, das Abkappen jeglicher Querverbindungen zwischen den Unterführern des Regimes, das Wachhalten der Rivalitäten unter den NS-Hierarchen. »Der Wille des Führers«, hat Hannah Arendt gesagt, »kann sich jederzeit überall verkörpern, und er selbst ist an keinerlei Hierarchie, auch nicht an die von ihm etwa selbst etablierte, gebunden[56].« Die Autoritätslosigkeit der Instanzen konnte geradezu als ein Mittel gelten, die Alleinherrschaft des nur der eigenen Dynamik ausgelieferten Führers zu sichern. Nicht einmal die einer Hierarchie ähnelnde Machtpyramide des Funktionärskorps der Partei begründete eine eigene Autorität; nach der Totalitarismus-Expertin Arendt entschied über die Rechtmäßigkeit einer Handlung »nicht der Vollzug von Befehlen, die von dieser oder jener Instanz erlassen sein mochten, sondern das ›Vollziehen des Willens der Führung‹« [57].

In diesem System der Systemlosigkeit konnte zwar die SS mit ihren zahlreichen Organisationen mächtige Stellungen okkupieren, die Autoritätslosigkeit aber produzierte immer wieder Gegenkräfte, die der Schutzstaffel das totale Übergewicht im Staat verwehrten. Ob Partei, ob SA, ob Wehrmacht – stets formierten sich Rivalen, die sich wie bleierne Gewichte an den Höhenflug der machtgierigen SS hängten. Selbst die Wehrmacht, seit der Blomberg-Fritsch-Krise von 1938 politisch entmannt, fand immer noch Mittel und Wege, sich dem Führungsanspruch der SS zu entziehen. Bis zum Kriegsende wußte sie auch ihre Sonderstellung zu behaupten. Die Besatzungspolitik im deutschbesetzten Europa spiegelte den latenten Krieg zwischen SS und Heer wider. Er hatte in dem Augenblick eingesetzt, da die deutschen Armeen zum Polenfeldzug angetreten waren.

Das Heer forderte von Anfang an, die vollziehende Gewalt im polnischen Besatzungsgebiet müsse ihm überlassen und die dort operierenden Einsatzgruppen der Sicherheitspolizei (zumindest während der Kämpfe) dem Heer unterstellt werden. Die Soldaten bildeten tatsächlich eine Militärverwaltung, doch verwickelte sich das Heer in so hektische Auseinandersetzungen mit Himmlers Mordkommandos, daß sich die Spitzenmilitärs nur allzu gerne von Hitler aus dem Polen-Regime verdrängen ließen[58]. Gleichwohl erhöhte der Oberbefehlshaber des Heeres, Generaloberst Walter von Brauchitsch, seine Forderungen. Vor dem nächsten Feldzug, dem Krieg gegen Norwegen, verlangte der Heeres-OB von Hitler, die vollziehende Gewalt müsse abermals dem Heer zugebilligt und die Tätigkeit von Einsatzgruppen in Norwegen unterbunden werden[59].

Hitler ging scheinbar auf die Forderungen der Militärs ein: Vom Norwegen-Feldzug wurden Heydrichs Spürtrupps ausgeschlossen. Doch schon zehn Tage nach Beendigung der Kämpfe brach der Diktator sein Wort. An die Stelle der entmachteten Militärs setzte er einen Reichskommissar ein, den scharfmacherischen Gauleiter Josef Terboven, der allerdings zu den parteiinternen Gegnern der SS zählte; gleichzeitig zog in Oslo ein Höherer SS- und Polizeiführer ein, der sofort Einsatzkommandos ins Land rief[60]. Das Spiel wiederholte sich bei dem Überfall auf Holland. Einsatzkommandos waren erst zugelassen, nachdem Hitler einen Reichskommissar ernannt hatte. Diesmal bedeutete der Regimewechsel einen echten Machtgewinn für die SS: Der Reichskommissar Dr. Arthur Seyß-Inquart trug die Uniform eines SS-Gruppenführers[61].

Dagegen vermochten sich die Militärs auf ihren Besatzerpositionen in Belgien und Frankreich zu behaupten. Auch in diesen Ländern duldeten die Militärs während der Kampfhandlungen keine Einsatzkommandos; erst nach einer Intervention Hermann Görings hatte das Oberkommando des Heeres genehmigt, daß ein Zehn-Mann-Trupp der Sicherheitspolizei unter dem Kommando des damaligen SS-Obersturmbannführers Dr. Helmut Knochen nach Frankreich mitziehen durfte – in Wehrmachtuniform[62]. Knochen schlug im Pariser »Hotel du Louvre« sein Hauptquartier auf, aber der Militärbefehlshaber Frankreich, General Otto von Stülpnagel, und die 2 500 Mann seiner Geheimen Feldpolizei schnürten die Arbeit der Knochen-Männer ein[63].

RSHA-Chef Heydrich graute vor der Aussicht, das Heer könne »unter Führung der zum Teil politisch nicht immer zuverlässigen, reaktivierten und Reserve-Offiziere der Abwehrstellen« einen eigenen, vom RSHA unabhängigen Polizeiapparat aufbauen[64]. Er forderte daher, was das RSHA in allen Besatzungsgebieten forderte: Einsetzung eines Höheren SS- und Polizeiführers, der die örtlichen Polizeieinheiten ausschließlich nach Weisungen Himmlers befehligte[65]. Die Militärs lehnten ab, sie wollten allenfalls einen »Beauftragten der Sicherheitspolizei und des SD« hinnehmen, zu dem der SS-Brigadeführer Dr. Max Thomas bestellt wurde[66]. Als Himmlers Aufpasser allzu aktiv wurde, booteten ihn die Offiziere wieder aus.

Thomas hatte den französischen Antisemitenführer Eugène Deloncle kennengelernt, der ihm einen phantastischen Plan unterbreitete: Um die Endlösung der Judenfrage in Frankreich anzuheizen, wollte Deloncle mit ein paar Kumpanen mehrere Pariser Synagogen in die Luft sprengen. Thomas schlug ein und beauftragte einen seiner Mitarbeiter, den SS-Obersturmführer Hans Sommer vom Ausland-SD, Sprengstoff zu beschaffen. In der Nacht zum 3. Oktober 1941 erzitterte gegen 2.30 Uhr die Synagoge in der Pariser Rue des Tourelles von der Detonation einer Bombe. Sechs weitere Synagogen wurden ebenfalls durch Sprengstoffanschläge beschädigt[67]. Knochen trat pflichtgemäß in Aktion: Ein paar Tage später meldete er dem Militärbefehlshaber Frankreich, es habe sich um ein Unternehmen französischer Rechtsextremisten gehandelt, die nach Informationen der Pariser Polizei von einem gewissen Deloncle angeführt würden[68].

Doch Knochen hatte nicht mit dem Alkoholdurst des Sprengstoffbeschaffers Sommer gerechnet. Bei einem Trinkgelage in der Bar des »Cabaret Chantilly« lallte der Obersturmführer zwei V-Männern der Militärverwaltung vor, Knochen selber habe die Attentate inszeniert[69]. »Den Sprengstoff«, so hielt das Oberkommando des Heeres (OKH) Heydrich am 21. Oktober 1941 vor, »hat der SS-Ostuf. Sommer aus Berlin beschafft und den Tätern geliefert. SS-Ostuf. Sommer war über den Zeitpunkt der Anschläge und die Art ihrer Ausführung unterrichtet und ist mit den Tätern unmittelbar vor Ausübung der Anschläge zusammen gewesen. SS-Ostuf. Sommer hat auf Befehl des Leiters der Dienststelle Paris der Sicherheitspolizei und des SD, SS-Ostubaf. Dr. Knochen, gehandelt[70].«

Die Militärs beuteten die SD-Panne wider ihre SS-Gegenspieler aus. Am 22. Oktober verlangte Generalfeldmarschall Keitel, der Chef des Oberkommandos der Wehrmacht, die Abberufung Knochens, Sommers und auch Thomas'. Begründung: Durch die Verschleierungspolitik Knochens sei der Militärbefehlshaber Frankreich in die unmögliche Lage geraten, Franzosen für Attentate zu bestrafen, die in Wirklichkeit vom SD angestiftet worden seien [71]. Verlegen diktierte Heydrich am 6. November seine Antwort: »Wegen der Besonderheit der durchzuführenden Maßnahmen unterrichtete der Leiter meiner Dienststelle Paris nicht den Herrn Militärbefehlshaber, da auf Grund der bisherigen Erfahrungen in der Zusammenarbeit mit dem Herrn Militärbefehlshaber kaum mit dem erforderlichen Verständnis für die Notwendigkeiten der Durchführung dieser Maßnahmen in der Auseinandersetzung mit weltanschaulichen Gegnern gerechnet werden konnte [72].«

Das Heer versteifte sich auf seine Forderungen, und Heydrich mußte nachgeben. Thomas und Sommer wurden abberufen, nur Knochen blieb auf seinem Posten. Die Militärs engten daraufhin Knochens Aktionsbereich noch mehr ein. Zeitweilig wurden ihm alle Nachrichtenverbindungen mit Berlin abgeschnitten und eigenmächtige Fahndungen verboten. Der Sipo-Mann war derartig zur Tatenlosigkeit verurteilt, daß Gestapo-Müller in Berlin wähnte, Knochen sei auch schon verwestlicht [73]. Erst im Mai 1942 konnte Heydrich durchsetzen, daß für Frankreich ein Höherer SS- und Polizeiführer ernannt wurde, der nun Knochen und dessen Leute aus den Fesseln der Wehrmachtkontrolle befreite [74]. Dennoch war der HSSPF Carl-Albrecht Oberg, ein alter Divisionskamerad des neuen Militärbefehlshabers Frankreich, General Carl-Heinrich von Stülpnagel, eines Vetters Otto von Stülpnagels, sichtlich bemüht, gute Beziehungen zu den Militärs zu unterhalten [75].

Zu vorsichtigem Taktieren gegenüber dem Militär hatten die SS-Führer auch deshalb Anlaß, weil die Wehrmacht inzwischen über weitere Besatzungsgebiete gebot. Nach dem Balkan-Feldzug waren auch in Griechenland und Jugoslawien Militärregierungen entstanden, die der SS kaum Einfluß einräumten [76]. Argwöhnisch beobachtete die SS-Führung alle Versuche der Wehrmacht, sich gegen das Vordringen der Schutzstaffel abzukapseln. Himmler glaubte freilich, über eine zuverlässige Fünfte Kolonne in den Reihen der Militärs zu verfügen: In einigen Militärverwaltungen West- und Südosteuropas saßen hohe SS-Führer als Kriegsverwaltungsräte. Indes, die Mitglieder der SS standen unter einem unguten Stern. Kaum einer von ihnen erwies sich als wertvoller Helfer. Am ärgsten bekümmerte Himmler der SS-Brigadeführer Eggert Reeder, der als Militärverwaltungschef im Stab des Militärbefehlshabers in Belgien und Nordfrankreich diente.

Der ehemalige Regierungspräsident Reeder, kompromißloser Verfechter altpreußisch-deutschnationaler Bürokratentradition, mußte immer wieder von Himmler und dessen zahlreichen Sendboten daran erinnert werden, daß er auch Ehrenführer der SS sei und folglich eine SS-gemäße Politik zu betreiben habe [77]. Vor allem Reeders relativ maßvolle Besatzungspolitik, unterstützt von dem NS-feindlichen Militärbefehlshaber von Falkenhausen, schockierte die Herren in der Prinz-Albrecht-Straße. Ständig hatte Himmler »Dinge zu beanstanden, die ich bei SS-Führern nicht gewohnt bin«, wie er Reeder am 16. Februar 1943 schrieb[78], und SS-Gruppenführer Gottlob Berger, Chef des SS-Hauptamts und Himmlers zuverlässigstes Sprachrohr, erklärte, Reeder sei sich wohl »nicht darüber im klaren, daß er die Politik der Belgier macht«, statt »seine Politik zu ändern und sie zu einer ›Politik des Reiches‹ zu machen«[79].

Reeder ließ Himmlers Ermahnungen gelassen über sich ergehen, zumal er auf einen rechtskatholischen, antinazistischen Ratgeber hörte, der nicht nur durch seine demonstrativen Kirchenbesuche in Wehrmachtuniform die SS-Herren aufbrachte: den Oberkriegsverwaltungsrat Franz Thedieck, der spätere Staatssekretär im Gesamtdeutschen Ministerium zu Bonn[80]. Der Reichsführer forderte erneut: »Sie hatten dem SS-Gruppenführer Berger versprochen, daß Ihr Referent Thedieck, der von uns als wenig wünschenswerter, um nicht zu sagen: als unseliger Ratgeber auf politischem Gebiet in Belgien angesehen wird, zum 31. 12. 1942 entfernt wird. Dieses Versprechen wurde nicht eingelöst.« Reeder löste es nie ein[81].

Ebensowenig erfüllten sich die Hoffnungen Himmlers auf den SS-Brigadeführer Dr. Werner Best, Leiter der Abteilung Verwaltung im Stab des Militärbefehlshabers Frankreich. Der Mitbegründer des RSHA sympathisierte allzu oft mit der behutsameren Besatzungspolitik der Militärs, zudem setzten ihn die Offiziere im Juli 1942 mit einem eleganten Organisationstrick auf die Straße. Nach dem Einzug des HSSPF Oberg in Frankreich hatten die Militärs beschlossen, sich den Rücken von SS-Männern freizuhalten. Der Verwaltungsstab in Paris wurde so verkleinert, daß der ehemalige Ministerialrat Best auf den kümmerlichen Posten eines Referenten gerutscht wäre. Werner Best wich freiwillig[82].

Ein ähnliches Manöver inszenierten Serbiens Militärherren gegen den SS-Gruppenführer Dr. Harald Turner, einen fanatischen Nationalsozialisten und Antisemiten, der als Kriegsverwaltungschef im Stab des Bevollmächtigten Kommandierenden Generals in Belgrad amtierte. »Es besteht kein Zweifel«, meldete Turners Mitarbeiter, SS-Sturmbannführer Dr. Georg Kiesel, am 31. März 1942 nach Berlin, »daß von Seiten der Wehrmacht nunmehr versucht wird, Gruf. Turner mit allen Mitteln zu zwingen, aus der Militärverwaltung auszuscheiden, weil er ihr einfach nicht paßt, da er als SS-Führer zu gefährlich erscheint[83].« Durch einen Spitzel beim Wehrmachtbefehlshaber Südost hatte Kiesel erfahren, wie in Paris wolle man den Verwaltungsstab in eine Verwaltungsabteilung umwandeln und dadurch den SS-Mann Turner aus Serbien hinausgraulen. Anlaß des Manövers war der gleiche wie in Paris: die Einsetzung eines Höheren SS- und Polizeiführers[84].

Die Militärs eröffneten gegen den SS-Kriegsverwaltungschef eine Kampagne der »persönlichen Kränkungen«, die laut Kiesel das Ziel verfolgten, »Gruf. Turner nervlich zu zermürben«[85]. Der Wehrmachtbefehlshaber Südost wollte Turner aus seiner Dienstwohnung vertreiben, verbot ihm,

Verwaltungsberichte selbst zu unterzeichnen und lehnte die Weitergabe eines Turner-Berichts ab, weil der Befehlshaber – wie er mitteilen ließ – »in dem Bericht eine gewisse Kritik an der Truppenführung als störend empfunden« habe[86]. Dann holte Oberst Hermann Foertsch, Chef des Stabes beim Wehrmachtbefehlshaber Südost, zum letzten Stoß aus. An Turner schrieb er: »Ich kann mir denken, daß die Weiterentwicklung der Verhältnisse in Serbien einen Mann mit Ihren Erfahrungen und Fähigkeiten auf die Dauer nicht befriedigen und ausfüllen kann[87].«

Turner alarmierte den Reichsführer, und Himmler gelang es, die von den Militärs geplante Reorganisation des Serbien-Stabes zu verhindern[88]. Die Offiziere mußten ihre Sache schon verlorengeben, da kam ihnen ein unerwarteter Bundesgenosse zu Hilfe: Der Höhere SS- und Polizeiführer Serbien, Gruppenführer August Meyszner, hielt es eher mit den Militärs als mit dem SS-Kameraden Turner. Die beiden SS-Führer verhedderten sich in einen so erbitterten Kampf um Zuständigkeiten und Prestigefragen, daß – so Turner – »interessierte Belgrader Herren die Schadenfreude hierüber kaum verbergen« konnten[89]. Ob es um Kontrolle der serbischen Landespolizei ging, um die Verwaltung des Vermögens der ermordeten Juden oder um Prioritäten im Kampf gegen Partisanen – stets intervenierte HSSPF Meyszner bei den Militärs, »ihren« Kriegsverwaltungschef zur Ordnung zu rufen[90].

August Meyszner zählte offenbar zu jenen SS-Führern, die – meist ehemalige Polizei- oder Armeeoffiziere – in sich eine gewisse heimliche Sehnsucht nach dem alten feldgrauen Waffenkameraden nie überwunden hatten. Auch der Uniformen- und Elitekult der Schutzstaffel konnte den versteckten Glauben der Ehemaligen nicht abtöten, im Grunde sei doch wohl die Wehrmacht der einzig legitime Waffenträger der Nation. Von dem Höchsten SS- und Polizeiführer Karl Wolff hat der ehemalige Hitler-Adjutant, Generalleutnant Engel, erzählt, er habe »als ehemaliger aktiver Gardeoffizier immer zwischen der Pflicht gegenüber der SS und der Zuneigung zur Wehrmacht« gestanden[91]. Nicht viel anders erging es dem einstigen Pionieroberleutnant Arthur Nebe, der als Chef der Einsatzgruppe B zuweilen mehr auf die Ratschläge oppositioneller Offiziere aus dem Stab der Heeresgruppe Mitte hörte als auf RSHA-Befehle[92]. Selbst der Höhere SS- und Polizeiführer Frankreich, Gruppenführer Oberg, konnte nie die Verehrung verbergen, die er für seinen Kriegskameraden, den antinazistischen General Carl-Heinrich von Stülpnagel, empfand; nach dem 20. Juli 1944 bewahrte er manchen gefährdeten Verschwörer vor dem Zugriff der Gestapo. Stülpnagel: »Wenn Oberg könnte, wie er wollte – ich glaube, er wäre auf unserer Seite[93].«

Manchen SS-Führern war die militärische Präponderanz der Wehrmacht noch eine solche Selbstverständlichkeit, daß sie sich nicht selten dem fachmännischen Urteil der Generale unterwarfen. Der Höhere SS- und Polizeiführer Rußland-Mitte, Gruppenführer Gerret Korsemann, enthüllte diese schleichende Krankheit in dem sonst so hochmütig zur Schau getragenen

Selbstbewußtsein der SS-Führer auf eine Weise, die Himmler die Schamröte ins Gesicht trieb.

Als SS-Führer im Sommer 1943 Korsemann vorwarfen, er habe sich bei dem Rückzug aus dem Kaukasus etwas allzu eilig davongemacht und sich als »ein Angsthase oder gar ein Feigling« (Korsemann) erwiesen [94], erschien dem Beleidigten nichts selbstverständlicher, als die Wehrmacht um einen Persilschein zu bitten. Am 30. Juni 1943 ging er in einem länglichen Brief den ihm vorgesetzten Generalfeldmarschall Ewald von Kleist an. »Hochzuverehrender Herr Feldmarschall!« begann Korsemann und bat »gehorsamst« ihm »unterbreiten zu dürfen«, der Herr Feldmarschall möge »mir einen kurzen Brief schreiben, aus dem hervorgeht, daß ich nicht nur so lange als notwendig, sondern zeitmäßig noch darüberhinaus auf meinem Platz verblieben bin und daß ich im Einverständnis mit Herrn Feldmarschall erst abflog, als faktisch überhaupt keine Aufgabe mehr für mich vorlag« [95]. »Ein Brief von Dummheit und Anbiederung, der die SS im allgemeinen und den Reichsführer-SS im besonderen belastet«, brauste SS-Hauptamts-Chef Berger auf [96], und Himmler war so erregt, daß er Korsemann seines Postens enthob und zur Waffen-SS strafversetzte [97].

Himmler verfolgte jede »Anbiederung« an die Wehrmacht um so rücksichtsloser, als er die Generale im Verdacht hatte, über gewisse Querverbindungen aus früheren Jahren den Einflußbereich der Wehrmacht zu erweitern und die Expansion der SS stoppen zu wollen. Zudem sah der Reichsführer an der Seite der Wehrmacht einen zweiten SS-Gegner auftauchen, der seit Jahren nicht müde wurde, Bundesgenossen für einen Schlag gegen den Schwarzen Orden zu werben: die SA.

Röhms trauernde Hinterbliebene waren auf den Stand eines Kriegervereins herabgedrückt worden, aber der Haß gegen die Mörder des 30. Juni 1934 schwelte in den Sturmabteilungen weiter. Auch der SA-Stabschef Viktor Lutze vergaß nie den heißen Sommer von 1934, da er aus verblendeter Treue zu Hitler und blinder Karrieresucht den Rivalen Röhm denunziert hatte. Er sah sich noch immer im Braunen Haus sitzen, an jenem 30. Juni, als Hitlers Gefolgsleute in makabrem Spiel um den »Spaß« des Mordens wetteiferten und Hitler von ihm, Viktor Lutze, verlangt hatte, den Tod der eigenen Kameraden zu bestimmen. Nein, Stabschef Lutze würde nie Hitlers Bluthochzeit vergessen. Er wollte Rache an den SS-Mördern, die SA-Männer reihenweise in den Kellern SS-eigener Folterwerkstätten gemeuchelt hatten. Indes, die SA war zu schwach, die SS herauszufordern. Lutze kannte nur einen sicheren Bundesgenossen: die Wehrmacht.

Schon nach dem Sturz von Blombergs und von Fritschs wollte Lutze gemeinsam mit der Wehrmacht gegen die SS marschieren. Bei der Grundsteinlegung des Wolfsburger Volkswagenwerkes im Mai 1938 nahm der Stabschef den als Parteigegner bekannten General Ulex beiseite und erklärte ihm, man müsse den Fall Fritsch benutzen, um Himmler zu stürzen; der SS-Chef schaffe sich bereits eine Hausmacht, um die Nachfolge Hitlers anzutreten [98]. Als der General fragte, wie sich die SA im Falle eines Vorgehens der Wehrmacht gegen die SS verhalten werde, brach es aus Lutze heraus: »Bedingungslos auf seiten der Wehrmacht!« Und wenn sich Hitler hinter den SS-Chef stelle? Lutze: »Nach Möglichkeit muß der Führer natürlich geschont werden.« Ulex übersetzte sich die Lutze-Antwort so: »Wenn er nicht will, muß er eben mitfallen.« Ulex erklärte sich bereit, Lutzes Plan an Generaloberst Freiherr von Fritsch und dessen Nachfolger Walter von Brauchitsch heranzutragen, allerdings nur dann, wenn ihm Lutze den Beweis liefern könne, daß der Erpresser Schmidt von der Gestapo gewaltsam zu seinen Aussagen gegen von Fritsch getrieben worden sei [99].

»Acht oder vierzehn Tage später«, so erzählte Ulex, »meldete sich bei mir der Führer der SA-Standarte Feldherrnhalle. Er käme im Auftrage des Stabschefs Lutze, um mir mitzuteilen, daß der Stabschef nunmehr auch den Beweis erbringen könnte, daß der Verbrecher Schmidt durch Himmlers Zwangsmaßnahmen zu seinen Aussagen gebracht wäre.« General Ulex fuhr daraufhin zu von Fritsch und von Brauchitsch, aber die beiden Militärs wollten sich auf Lutzes Putschplan nicht einlassen. Brauchitsch: »Wenn die Herren das wollen, sollen sie es doch alleine machen.« Der Oberbefehlshaber des Heeres, zwischen Abneigung gegen das Regime und militärischem Gehorsam hin- und herschwankend, hatte wieder einmal zu Hitler Vertrauen gefaßt. Seine Gläubigkeit hielt freilich nie lange an. Später erinnerte er sich wieder, was er früher zu Ulex gesagt hatte: »Ich versichere Ihnen, daß ich nicht eher nachgebe, als bis ich diesen Saustall Himmler ausgemistet habe [100].«

Lutze versuchte denn auch immer wieder, den schwankenden Heeres-OB für das Unternehmen gegen die SS zu gewinnen. Da er ohnedies über seine Frau mit dem Generalobersten verwandt war [101], umwarb er ihn unentwegt und putschte ihn gegen die SS auf. Je bedrohlicher die Kriegslage wurde und je gefährlicher die Macht der SS anwuchs, desto dringlicher wurden die Mahnungen des SA-Mannes. Den hohen Parteigenossen blieb das Zusammenspiel Lutzes mit den Militärs nicht verborgen. »Lutze hat sich hier leider durch seine Frau und durch den dadurch hochgekommenen Familienverkehr mit Brauchitsch in eine allzu scharfe Stellungnahme gegen die SS hineinmanövrieren lassen«, notierte sich Reichspropagandaminister Goebbels und ärgerte sich: »Überall kritisiert und meckert er. Überall glaubt er, daß die SA zurückgesetzt werde. Er ist in die falschen Hände geraten [102].«

Schon am 12. März 1940 hielt Gruppenführer Berger fest: »Das Verhalten des Stabschef Lutze wird allmählich eine Gefahr für die SS, wenn nicht für die Partei. Die von ihm veranstalteten Kameradschaftsabende, insbesondere bei der Wehrmacht, werden immer dazu benutzt, gegen ... die SS ... Propaganda zu machen, und zwar in einer Form, die jedes anständigen Mannes unwürdig ist [103].« Lutze machte bei öffentlichen Zusammenkünften mit Offizieren der Wehrmacht »in unerhörter Weise gegen den Reichsführer Stimmung« (Berger), so sehr, daß der treue Himmler-Gefährte schließlich vorschlug: »Es wäre meiner Ansicht nach notwendig, Stabschef Lutze zu überwachen [104].«

Himmlers Beauftragte beobachteten jeden Winkelzug ihres Gegners. Auch nicht das kleinste Detail entging ihnen. Ließ sich Lutze die Bemerkung des Reichskirchenministers Kerrl gefallen, Hitler habe sein religiöses Toleranz-Versprechen gebrochen [105], hielt sich Lutze übermäßig viele Pferde im Reitstall [106], warf Lutze (»Wir wollen Ideenträger, nicht Degenträger«) der degenfreudigen SS Ideenlosigkeit vor [107] – alles wurde registriert und der Parteikanzlei gemeldet. Der SS-Führung fiel auch auf, daß der SA-Chef inzwischen einen neuen Bundesgenossen gefunden hatte, den Polen-Zwingherrn und SS-Feind Hans Frank, der nicht übel Lust hatte, die SA gegen die ihn bedrängenden SS- und Polizeiverbände im Generalgouvernement auszuspielen.

Frank hatte sich zunächst einen sogenannten Sonderdienst geschaffen, eine Art Privatpolizei, die nur ihm unterstellt war und dem jeweiligen Kreishauptmann zur Verfügung stand. Dem Krakauer HSSPF Krüger, Franks heftigstem Rivalen, war es jedoch nach zweijährigem Kampf gelungen, dem Generalgouverneur die Herrschaft über den Sonderdienst zu entreißen [108]. In diesem Augenblick – Ende 1942 – bot sich die SA als neue Schutztruppe dem SS-Gegner Frank an. Der für den Osten zuständige SA-Oberführer Pelz versuchte sogar, Krügers Polizeiapparat zu unterwandern: Er schlug dem HSSPF Krüger vor, die SA im Generalgouvernement in geschlossenen Einheiten als Hilfspolizei zu akzeptieren – offenbar wollte Pelz so ein Gegengewicht gegen die SS- und Polizeiverbände bilden [109]. Krüger lehnte auf Himmlers Weisung sofort ab [110], und prompt suchte sich die SA eine neue Rückendeckung: Pelz stellte seine Truppe dem in Krakau residierenden Luftgaukommando VIII zur Verfügung. Der Schachzug hätte die Pelz-SA in den Besitz der ersehnten Waffen (MG, Flak) gebracht – Krüger wußte noch in letzter Minute die bereits erteilte Zusage des Luftgaukommandos rückgängig zu machen [111]. Die SA machte einen neuen Anlauf: Sie beantragte bei dem Reichsministerium für die besetzten Ostgebiete die Genehmigung, einen Aufbaudienst in allen besetzten Ostterritorien bilden zu dürfen. Aufpasser Berger beschaffte sich den Antrag »illegal«, wie er es nannte, und wieder konnte Himmler eine Intrige des Gegners durchkreuzen [112].

Als er aber im Februar 1943 erfuhr, Lutze sei in das Reich von »König« Frank gereist und habe sogar in der Frank-Villa in Bad Kryniza sein Quartier genommen, da bemächtigte sich Himmlers beinahe eine Panik [113]. Er schrieb sofort einen Beschwerdebrief an Bormann. »Ich halte den Aufenthalt des Stabschefs Lutze dort in einem Bade des Generalgouvernements«, so erklärte Himmler am 26. Februar 1943, »nicht für glücklich und hielte es für besser, wenn Stabschef Lutze ... diesen Kuraufenthalt in irgendeinem reichsdeutschen Badeort nehmen würde [114].«

Ein paar Monate später fiel Lutze einem Verkehrsunfall zum Opfer [115]. Die SS hatte einen gefährlichen Feind verloren, gleichwohl blieb die SA ein Reservoir von SS-Gegnern, auf das nicht ungern zurückgriff, wer Helfer im Kampf gegen die Schutzstaffel benötigte. Auch der Reichsostminister Alfred

Rosenberg liierte sich mit SA-Führern und prominenten Parteimännern, um sich des übermächtigen Einflusses der SS im deutschbesetzten Osten erwehren zu können. Himmler-Späher Berger witterte eine gefährliche Anti-SS-Fronde. »Ich stellte zu meinem Erstaunen fest«, meldete Berger seinem Reichsführer, »daß sich um Rosenberg eine ganze Reihe von Gauleitern gesammelt hat und daß er auch von der SA als letzter ›Verteidiger der Rechte‹ angesehen wird. Es gibt viele hohe Führer in der Partei, denen die Stellung von RFSS [Reichsführer-SS] zu hoch ist und die mit neidischen Augen auf die Entwicklung der Staffel sehen [116].«

Die Reihen der Neokolonialisten in Rußland waren dicht gegen die SS abgeriegelt: Unter den zehn Generalkommissaren der Ostverwaltung zählte man zwei Gauleiter, zwei SA- und einen NSKK-Obergruppenführer, einen NS-Reichsamtsleiter, zwei DAF-Funktionäre und zwei Beamte, aber keinen einzigen SS-Mann [117]. Die SS-Gegner waren unter sich. Auch die höchsten Ränge besetzten eingefleischte SS-Feinde. In der Ukraine saß Reichskommissar Erich Koch, den die SS Mitte der dreißiger Jahre hatte abhalftern wollen [118], im Reichskommissariat Ostland befehligte Gauleiter Hinrich Lohse, laut Beobachter Berger »ein Mann ohne den geringsten Anstand« und getrieben von einem »abgrundtiefen Haß auf die Schutzstaffel« [119], während für das (nie gebildete) Reichskommissariat Moskau der SA-Obergruppenführer Siegfried Kasche figurierte, ein Überlebender der Röhmschen Mordnacht, der die SS sabotierte, wo er konnte [120].

Die Motive ihres Kampfes gegen die SS waren so buntscheckig wie die Reihen der braunen Ost-Feudalisten. Der rüde Neoimperialist Koch, grausamer Unterdrücker slawischer »Untermenschen«, befehdete die SS, weil er sie im Verdacht hatte, seine Herrenmenschenmoral nicht zu goutieren, und Amtsbruder Lohse bekämpfte die SS, weil deren Methoden allzu arge Ähnlichkeit mit den Gebräuchen der GPU aufwiesen.

Den HSSPF Ostland, der baltische Kinder zur Eindeutschung entführen wollte, rüffelte Lohse wegen Amtsanmaßung und politischer Torheit, erschien es ihm doch als »erschwerend« und »fragwürdig«, daß »diese Kindeserfassung durch die Polizei durchgeführt werden sollte, da auch der Bolschewismus eine Verschickung von Kindern auf polizeilichem Wege zur bolschewistischen Erziehung gekannt hat« – so Lohse am 13. April 1942 [121]. Der Ukraine-Zar Koch wiederum fühlte sich von seinem Höheren SS- und Polizeiführer bespitzelt und ließ keine Gelegenheit aus, den HSSPF zu dukken. Immer wieder versuchte Koch, den HSSPF Obergruppenführer Prützmann zu entmachten; er verbot ihm sogar, Befehle Himmlers entgegenzunehmen. Oft kam es zu Brüllszenen, die Kochs Mitarbeiter zusammenlaufen ließen. »Koch erwiderte«, berichtete Prützmann über einen Zusammenstoß mit dem Gauleiter am 27. September 1942, »ich sei sein Untergebener und hätte lediglich von ihm die Weisungen entgegenzunehmen. Im übrigen müsse er mich abschießen, denn er brauche einen gefügigen Höheren SS- und Polizeiführer. Außer den sachlichen Vorwürfen erhob Koch noch eine Reihe verletzender persönlicher Vorwürfe, offenbar von Koch bewußt, so daß das Gespräch dauernd an Schärfe zunahm. Zum Schluß mußte ich mich in aller Form abmelden, da Koch im lautesten Brüllen mir wieder erklärte, er glaube mir kein Wort [122].«

Die Heckenschützenkämpfe zwischen Koch und SS zeigten freilich, daß es in den NS-internen Auseinandersetzungen im Osten nicht nur um die rohen Machtgelüste der Schutzstaffel ging. In den Streit mischte sich auch ein Element SS-eigener Kritik an Korruption und Herrenwahn brauner Bonzen, das den Schwarzen Orden in eine immer fühlbarere Frontstellung gegen die Partei treiben mußte.

Die Wendung des Krieges im Osten hatte einige maßvollere SS-Führer veranlaßt, von dem Konzept der Herrenmenschenpolitik abzurücken und die Ostvölker etwas behutsamer zu behandeln. Im Sommer 1943 erwies sich selbst Berger als Anhänger einer differenzierteren Ostpolitik: Er trat als Leiter des Führungsstabes Politik in das Ostministerium ein und wurde zu Rosenbergs stärkstem Helfer gegen den selbstherrlichen Koch [123]. Je mehr sich die Ostpolitiker der SS zur weicheren Welle bekehrten, desto stärker gerieten sie mit Koch und dem ihn deckenden Parteikanzlei-Chef Martin Bormann in Konflikt. Der SD begann, Detail um Detail der Kochschen Schrekkensherrschaft festzuhalten.

Die SD-Berichte wurden so kritisch und Kochs Proteste bei Himmler so laut, daß der aus Frankreich vertriebene SS-Gruppenführer Thomas, Befehlshaber der Sicherheitspolizei und des SD in der Ukraine, den ihm unterstellten SD-Referenten verbot, weiterhin über den Reichskommissar zu berichten [124]. Als der SD seine Berichterstattung über Koch fortsetzte, griff Himmler ein. Standartenführer Dr. Hans Ehlich, Gruppenleiter im SD-Amt des RSHA, konnte sich später noch daran erinnern, von Himmler sei die Weisung gekommen, »der SD habe nun endlich seine Berichte einzustellen, andernfalls er aufgelöst werde und der verantwortliche Amtschef eingesperrt werden würde« [125]. Die Koch-Berichte hörten auf.

Heinrich Himmler hatte plötzlich in einen Abgrund gesehen und war zurückgeschreckt. Der Reichsführer sah in der Zukunft, was ihn nur beunruhigen konnte: den Zusammenprall mit der Partei.

Seit Adolf Hitler das Kriegsglück verlassen hatte, polarisierte sich der Machtapparat des Regimes immer stärker. Von Monat zu Monat fraßen sich SS und Partei, von entgegengesetzten Enden startend, durch das Gebälk der Herrschaftsstruktur des Reiches, dem innersten Zentrum politischer Macht entgegen – der Augenblick konnte nicht mehr weit sein, da sie sich frontal gegenüberstehen würden. Während des ganzen Krieges, so hat der britische Historiker Hugh R. Trevor-Roper den Vorgang beschrieben, war ebenso wie die SS »die Parteimaschine gewachsen; wie die SS hatte sie Funktionen der Streitkräfte an sich gerissen, besonders in Fragen der Verwaltung und Versorgung, der Befestigung und der Evakuierung; wie die SS war die Partei mit jeder Niederlage der deutschen Waffen mächtiger und unentbehrlicher geworden« [126]. In Martin Bormann hatte zudem die Partei nach dem Englandflug von Rudolf Heß einen Führer gefunden, der entschlossen war, die SS von den letzten Schalthebeln des Dritten Reiches fernzuhalten. Sein Regiment war ebenso lautlos wie gefährlich: Er amtierte in der innersten Kammer des Führerhauptquartiers, er kanalisierte den Verkehr zwischen Hitler und Partei, er hielt die Garde der Gauleiter und Amtswalter in seinem Griff, unauffällig, allgegenwärtig, effektvoll.

Nichts plagte den dünnblütigen Kleinbürger Himmler mehr als der Gedanke, es könne eines Tages zum Duell mit der Partei kommen. Er wußte nur zu gut, daß ihn die Partei nicht mochte. Er mußte dem Kampf um die letzten Positionen ausweichen, solange es sich mit dem Prestige der SS vertrug. Mit der Parteibürokratie hatte Himmler nie einen guten Faden gesponnen. Die meisten Apparatschiks, lebensgierige Grobiane voll eitlen Verlangens nach Ämtern und goldenen Uniformlitzen, verschmähten diesen moralspeienden Schulmeister mit seinem spinnerten Ordens- und Germanenkult, diese blutlose, irgendwie unwirkliche Gestalt. Für die Partei blieb er ein Fremder, mochte er noch so viele Uniformen um sich scharen. Der schier allmächtig scheinende Reichsführer reagierte denn auch höchst sensibel auf jede Kritik aus der Partei. Mochte Himmler manchmal auch in Anwesenheit von Kripo-Beamten grollen, in Deutschland werde Ordnung erst wieder einkehren, wenn der letzte Gauleiter am Laternenpfahl aufgeknüpft sei [127] – die Parteihierarchie brauchte nur ein wenig zu hüsteln, um Himmler zu irritieren.

Schon seine wiederholt schriftlich niedergelegten Befehle, der SD dürfe niemals Parteifunktionäre ausforschen oder sich in Parteifragen einschalten, verrieten Himmlers Empfindlichkeit [128]. Ärgerlich reflektierte er auch jede Beschwerde der Bormann-Kanzlei über parteikritische Ausfälle des »Schwarzen Korps« – den Ärger bekamen die SS-Redakteure dann stets schriftlich auf den Schreibtisch. Monierte die Reichsfrauenführerin Gertrud Scholtz-Klink eine Glosse des »Schwarzen Korps«, in dem sich der redaktionelle Scherzbold Michel Mumm über eine alberne Geburtsanzeige eines Ortsgruppenleiters (»Wir haben uns vermehrt«) lustig machte [129], dann gab Himmler in einem Aktenvermerk zu wissen kund: »Der Reichsführer-SS wünscht, daß im ›Schwarzen Korps‹ Gedichte von Michel Mumm nicht mehr veröffentlicht werden, da diese zu oft zu Beschwerden Anlaß geben [130].«

Wenn der Reichsleiter Karl Fiehler Klage führte, das »Schwarze Korps« ergreife »wie einstmals in jüdischen Blättern jede mögliche und unmögliche Gelegenheit begierig, um ganze Beamtengruppen skrupellos zu rückständigen Bürokraten abzustempeln« [131], oder wenn Bormann forderte, Angriffe auf einzelne Parteigenossen hätten zu unterbleiben [132], dann konnte die Redaktion einer Himmler-Schelte sicher sein. »Das kommt davon«, schrieb er am 2. Mai 1941, »weil dies einst einmal so hochanständige Blatt auf dieses Küchen- und Dienstmädchenniveau herabgebracht worden ist. Lassen Sie doch endlich diese blöden kleinen Anpflaumereien, die keinen Menschen interessieren, sondern offenkundig nur die Herren Schriftleiter, die damit wohl einem inneren Bedürfnis Ausdruck verleihen wollen [133].«

Himmler besaß freilich auch ein privates Motiv, die Beziehungen zu der

Partei-Eminenz Bormann zu pflegen. Ab 1940 hatte sich der SS-Chef von seiner übernervös-zänkischen Ehefrau Marga innerlich gelöst und seiner ehemaligen Sekretärin Hedwig (»Häschen«) Potthast zugewandt, einer attraktiven Kölnerin, die er seit 1937 kannte [134]. Die Kaufmannstochter, am 6. Februar 1912 geboren, war nach dem Besuch der Mannheimer Handelshochschule Mitte der dreißiger Jahre in den Persönlichen Stab Reichsführer-SS als Sekretärin eingetreten [135] und hatte bald auf den steifen Himmler einen menschlich entkrampfenden Einfluß ausgeübt [136]. Himmler wollte sich zunächst scheiden lassen, konnte sich dann aber doch nicht dazu entschließen. Das Verhältnis blieb nicht ohne Folgen. Anfang 1942 sah Hedwig Potthast der Geburt ihres ersten Kindes Helge entgegen (1944 folgte ein zweites, das Mädchen Nanette Dorothea) [137].

Für Himmler aber ergab sich ein kniffliges Problem. Er konnte die Mutter seines neuen Kindes nicht länger in Untermiete bei der Familie Müller in Berlin-Steglitz, Bismarckstraße 48c, wohnen lassen, er mußte ihr ein Heim schaffen [138]. Das Wohnungsproblem erwies sich als um so dringlicher, als Hedwig Potthasts Eltern – über die Liaison ihrer Tochter ungehalten – die Geliebte Himmlers immer wieder drängten, die Beziehungen zu dem Reichsführer abzubrechen [139]. Sie meinten, Himmler könne als verheirateter Mann Häschen doch kein bürgerliches Heim bieten. Hedwigs Schwägerin Hilde Potthast, Frau des an der Ostfront gefallenen Bruders Dr. Walter Potthast, machte sich zum Dolmetscher der elterlichen Gefühle. »Der Eltern wegen wünschte ich, daß Du möglichst bald heiraten würdest«, beschwor sie die Schwägerin [140]. Und in einem anderen Brief: »Ich befürchte, Hedwig, daß es nie zu einer Versöhnung [mit den Eltern] kommen kann. Sie würden jederzeit alles verzeihen, wenn Du Dich von ihm trennen würdest oder wenn er sich für Dich freimachte. Dein Zusammenleben mit ihm ist das Härteste an der ganzen Sache [141].« Schwägerin Hilde ließ nicht locker: »Er ist nun einmal verheiratet, und sie sehen die ganze Angelegenheit als Betrug seiner Frau und Mißachtung Dir gegenüber an. Mutter frug mich, ob seine Frau es nun wüßte, ich mußte ihr da ja leider sagen, daß es bis jetzt, soviel ich wüßte, nicht der Fall sei. Das legte sie dann als Feigheit aus. Die Eltern leiden ganz schrecklich darunter [142].«

Himmler mußte ein Heim schaffen, wollte er Hedwig Potthast nicht verlieren. Doch womit? Der Herr des SS-Imperiums, der Gebieter der wirtschaftlichen SS-Unternehmen, der Beherrscher des größten Polizeiapparates deutscher Geschichte, verfügte über kein Privatkapital. Ihm kam keine andere Idee, als das zu tun, was auch andere Parteigenossen machten: bei der Parteikanzlei einen Kredit zu beantragen. Bormann bewilligte ihn großzügig und zahlte Himmler 80 000 Reichsmark aus [143], mit denen der SS-Chef Hedwig Potthast ein Haus nahe des Königssees in Berchtesgaden-Schönau bauen ließ [144]. »Haus Schneewinkellehen« begründete auch eine zeitweilige Allianz zwischen Himmler und Bormann, zumal sich die einsame Himmler-Geliebte mit der nahebei wohnenden Bormann-Ehefrau Gerda anfreundete [145].

Wie ihre Frauen, so hielten auch Bormann und Himmler engen Kontakt. »Ach, Pappi«, schrieb Gerda Bormann an den Parteikanzlisten, »man kann sich gar nicht vorstellen, was alles passieren würde, wenn Du und Heinrich nicht um alles bemüht wäret. Der Führer könnte niemals alles alleine machen. Deshalb müßt ihr euch beide gut halten und auf euch aufpassen[146].« Martin Bormann paßte auf. Er sorgte dafür, daß »Onkel Heinrich« nicht zu mächtig wurde, er richtete ihn auf, wenn den Reichsführer einmal der Kleinmut befiel, er rüffelte ihn, falls Himmler sich unterstand, den »Chef« – Hitler – zu kritisieren. Einmal jammerte Himmler dem Kameraden vor, Hitler behandle ihn ungerecht, er sei nur gut genug, für den Führer immer neue Divisionen aufzustellen. Bormann beschwichtigte ihn und warnte, Himmler solle die Kritik an Adolf Hitler nicht zu weit treiben. Ehefrau Gerda erfuhr: »Seine frostige Art der Kritik ist unerfreulich. Wenn alles gesagt und getan ist, der Führer ist der Führer! Wo wären wir ohne ihn?«[147]

Einem solchen Seelsorger, der noch dazu das einzige Tor zu Himmlers launischem Ersatzgott Hitler bewachte, wollte der Reichsführer nicht die aggressive Macht des Schwarzen Ordens entgegenstellen, solange keine wesentlichen SS-Interessen auf dem Spiel standen. Himmler verbot jegliche Kritik an der Partei.

Indes, der SS-Chef unterschätzte den brisanten Ehrgeiz seiner Unterführer, die keine privaten Gründe hatten, die Partei zu schonen. Vor allem ein Mann dachte anders über die Partei, einer, in dem sich die ganze Schizophrenie der SS-Intellektuellen am wunderlichsten widerspiegelte: Er konnte in einem Zug ein Riesenheer von Spitzeln dirigieren und von der Ablösung der Partei durch einen Kulturorden nationalsozialistischer Edelinge träumen. Himmlers Unglück wollte, daß dieser Mann an der Spitze des Inland-SD stand: Otto Ohlendorf. Er war eine der zwiespältigsten Gestalten in der Welt der Schutzstaffel; Himmler dünkte er eine Intelligenzbestie, den Historikern blieb er ein Rätsel, weil er 70 000 Juden ermorden ließ[148] und zugleich vor der Primitivität der braunen Machthaber erschauerte.

Seine Freunde spielten ihn später als eine Art Widerstandskämpfer innerhalb des Schwarzen Ordens hoch, als Sprachrohr »einer positiven Opposition«, wie der NS-Abschnittsleiter Justus Beyer formulierte[149]. Sie verschwiegen geflissentlich, daß diese Opposition unfreiwillig war; der SS-Brigadeführer Ohlendorf erwies sich weniger als Herr denn als Opfer eines Automatismus, den er selber in die Welt gesetzt hatte. Denn: Ohlendorfs Idee, einen geheimen Gallup-Poll aufzuziehen, alle Lebensregungen der Deutschen ungeschminkt zu registrieren und in den von ihm zwei- bis dreimal wöchentlich herausgegebenen »Meldungen aus dem Reich« der hohen Führung zur Kenntnis zu bringen, mußte den Chef des RSHA-Amts III in arge Konflikte stürzen. Dem SD war untersagt, die Partei auszuforschen. Wenn aber die SD-»Meldungen aus dem Reich« alle sogenannten Lebensgebiete umgreifen sollten, wie konnte man da das wichtigste politische Lebensgebiet, eben die Partei, aussparen?

Befriedigt und ebenso bestürzt sah Ohlendorf, daß den SD-Beobachtern kaum ein Detail der Parteiquerelen entging. Der SD protokollierte den Größenwahn und Übermut der Bonzen, die Unfähigkeit der Parteipropaganda, die Mißwirtschaft in Gau- und Kreisleitungen. Vergebens versuchte der Nationalsozialist Ohlendorf, den von ihm ausgelösten Mechanismus zu bremsen. Er habe – so beschwor er hohe SD-Führer – die »unerhört große Sorge«, die SD-Berichte könnten den Eindruck erwecken, die Partei sei »etwas Negatives oder Gegnerisches« und es gehe »mit dem Führer und dem Reichsführer und der SS gegen den Bürokratismus der Partei«[150]. Seine Befehle enthielten immer wieder die Beteuerung, einziges Anliegen des SD sei es, die Herrschaft des Nationalsozialismus noch stärker zu befestigen. Die »Rechtswirklichkeit«, forderte er 1941 in seinen Direktiven für die SD-Arbeit, müsse »stets im Einklang mit den politischen und weltanschaulichen Grundsätzen des Nationalsozialismus stehen«. Er schalt, die Justiz habe es »bisher nicht fertiggebracht, die Rechtsprechung eindeutig auf die politischen Erfordernisse der Sicherung unserer Volksordnung einzustellen«[151].

In Grundfragen der menschlichen Freiheit dachte er kaum anders als die barbarischen Rechtsmanipulatoren vom Typ eines Roland Freisler. Im Oktober 1942 entwarf er einen Vortrag, in dem er den Polizeiregime-Kritiker Hans Frank als Komplizen britischer Plutokraten diffamierte und mit der ganzen Brillanz, deren Otto Ohlendorf fähig war, nachwies, daß Unrecht eine höhere Art von Recht sei. Recht, so argumentierte Ohlendorf, ziele nicht auf die Sicherung des einzelnen, sondern auf jene der Volksgemeinschaft. Rechtssicherheit sei gleichbedeutend mit Reichssicherheit. Wo sie durch ein weltanschaulich unsicheres Richterkorps gefährdet werde, müsse die Polizei die »Korrektur unzulänglicher Strafurteile« vornehmen und »der vielfach zu weichlichen Rechtsprechung der Justiz entgegenarbeiten«. Und die Rechtssicherheit? Ohlendorf: »Dieses abgegriffene Wort[152].«

Bei so fanatischer NS-Orthodoxie sah der Puritaner Ohlendorf allerorten Versagen, Dummheit und Verderbtheit, die sein nationalsozialistisches Idealbild verdüsterten. Der Zweckoptimismus seiner Umwelt lag Ohlendorf ohnehin fern; jeder neue Bericht der SD-Männer vertiefte in ihm den Glauben, die Partei kranke an einem Krebsgeschwür, das auch bald die gesunden Glieder des Regimes befallen werde. Himmler rätselte: »Er ist wohl leber- und gallenkrank. Seine Berichte sind stets düster, er sieht die Welt mit so pessimistischen Augen, daß dahinter sicher ein körperliches Leiden steckt. Bei Leber- und Gallenkranken kennt man ja solche psychischen Auswirkungen[153].« Dem SS-Chef kam nicht in den Sinn, daß der NS-Intellektuelle Ohlendorf an dem litt, was er täglich in den SD-Berichten las. Gleichsam Blatt um Blatt konnte er verfolgen, wie sich die Stimmung der Bevölkerung immer mehr von Partei und Regime abwandte.

Meldung von der SD-Außenstelle Bünde, 13. Mai 1941: »Wohl noch nie hat eine Angelegenheit ein derartig lähmendes Entsetzen hervorgerufen, wie die Nachricht, daß der Stellvertreter des Führers [Heß] nach England geflogen ist. Es schwirren die tollsten Gerüchte und glaubt man überhaupt nicht, daß tatsächlich eine Wahnvorstellung die Ursache zu einem derartigen Schritt gewesen ist. Andere sprechen von einer moralischen Niederlage ..., einem erneuten großen Treubruch unter den alten Kämpfern [154].«

Meldung der SD-Außenstelle Minden, 24. Juni 1941: »Die Ereignisse vom Sonntag, Krieg mit Rußland, haben auf den größten Teil der Bevölkerung zunächst wie eine gewaltige Lähmung gewirkt. Auch die Tatsache, daß der Führer den Segen Gottes für diesen Kampf erbeten hatte, hat mit dazu beigetragen, daß die Stimmung nicht als rosig zu bezeichnen war [155].«

Je härter sich der Krieg gegen seine Anstifter kehrte, desto pessimistischer klangen die SD-Berichte. Immer stärker geriet die Propagandaarbeit der Partei und Joseph Goebbels' in die Schußlinie der SD-Berichterstatter. »Nach den der SD-Hauptaußenstelle Erfurt vorliegenden Meldungen«, hieß es in einem Bericht vom 12. Januar 1942, »wird die Pressepropaganda der letzten Woche von der Bevölkerung überwiegend stark abgelehnt. Sowohl die Schlagzeilen, insbesondere der ›Thüringer Gauzeitung‹, als auch die zu einzelnen Meldungen gegebenen Kommentare seien alles andere als sachlich und in ihren Schlußfolgerungen derartig übertrieben, daß man die Zeitung bald kaum noch ernst nehmen könne [156].«

»Der Artikel von Dr. Goebbels im ›Reich‹ Nr. 2 vom 11. 1. 42«, konnte Ohlendorf lesen, »hat in der Bevölkerung ebenfalls keinen Beifall gefunden. Wenn Dr. G. dann behaupte, daß Churchill auf die Varietébühne, aber nicht an die Leitung eines Empire gehöre, so könne diese Feststellung doch auch nur zu einer Unterschätzung des Gegners führen. Dr. Goebbels als oberster Leiter der deutschen Propaganda solle doch nun wirklich aufhören, sich mit solchen Albernheiten abzugeben [157].« Der Promi-Chef blieb auch weiterhin Buhmann der SD-Berichte. Zu einem anderen Goebbels-Artikel hielt SD-Erfurt als Bevölkerungsmeinung fest: »Das seien Worte, die von einem Blockleiter bei der Abhaltung eines Blockabends vielleicht hingenommen werden könnten, für einen Reichspropagandaminister dagegen als dürftig bezeichnet werden müßten [158].«

Ohlendorfs »Meldungen aus dem Reich« wurden bald auch in der Partei bekannt und alarmierten die Apparatschiks. Eine Woge parteieigener Empörung, von prominenten Gauleitern ausgelöst, brandete gegen das Ausforschungssystem des SD. Immer mehr beklagten sich führende NS-Funktionäre bei Martin Bormann und warfen dem Reichsführer-SS vor, er dulde, daß der SD die ihm gesetzten Grenzen unentwegt verletze. Als handle es sich um Agenten einer feindlichen Macht, verschärften sich die Anklagen gegen den SD von Monat zu Monat: Polen-Generalgouverneur Hans Frank protokollierte »ernstliche Vorbehalte über die sogenannten vertraulichen Informationsberichte, die der sogenannte SD über das Generalgouvernement dauernd ins Reich flattern lasse«. Sie seien »reine Spitzelprodukte schlimmster Art« [159]. Gauleiter Albert Florian am 30. November 1942: »Meine leider bis dahin noch nicht beweisbare Vermutung, daß der SD sehr wohl in Partei-Dingen herumwühlt, ist... [jetzt] eindeutig erwiesen. Ich muß zur Selbsthilfe schreiten und... werde jedem Politischen Leiter und

Angestellten die Übernahme einer Aufgabe des SD verbieten bezw. von der Genehmigung seines Kreisleiters bezw. der meinigen abhängig machen [160].« Gauleiter Karl Weinrich erklärte am 22. Januar 1943: »Ich verbitte mir ein für alle mal eine derartige Beschnüffelung durch den SD. Wir sind nicht in Rußland, daß wir von einer GPU überschattet werden [161].«

Der SD sah sich jäh einem Generalangriff der Parteifunktionäre ausgesetzt, die mit allerlei Tricks versuchten, das Agentennetz des Sicherheitsdienstes aufzudecken oder gar lahmzulegen. »Wer von Ihnen ist sogenannter Vertrauensmann (VM) des SD?« rief der Danziger Kreisleiter Kampe auf einer Zusammenkunft seiner Ortsgruppenleiter. Als sich einer – der Ortsgruppenleiter Pohle aus Praust – zu erkennen gab, überschüttete ihn Kampe mit Vorwürfen und zeichnete dabei, wie der zuständige HSSPF Richard Hildebrandt meldete, »ein Bild des VM, das nur mit dem eines vaterlandslosen und charakterlosen Nachrichten-Agenten verglichen werden kann«. Kampes Ausfall gegen den SD quittierten die anderen Ortsgruppenleiter mit frenetischem Beifall. »Spitzel!« schrie einer, »Tscheka-Methoden!« ein anderer. Ein Ortsgruppenleiter vertraute Hildebrandt an: »Ich muß sagen, ich war ehrlich erstaunt, welche Gehässigkeit in der Politischen Leitung gegen die SS besteht [162].«

Die empörten Apparatschiks stellten den entlarvten SD-Informanten in der Partei das Ultimatum, sich entweder für die NSDAP oder die SS zu entscheiden; Kampe belehrte den V-Mann Pohle, man könne nicht dem Gauleiter gehorchen und zugleich »Herrn Himmler« verpflichtet sein [163]. Die SA-Führung verbot jede Mitarbeit im SD. SA-Scharführer Hermann Springer, stellvertretender Blockstellenleiter des SD, erhielt am 26. März 1943 von seiner SA-Standarte die Aufforderung: »Laut Anordnung der SA-Gruppe Weichsel darf kein SA-Mann im SD-Dienst sein. Innerhalb von 8 Tagen haben Sie mir eine schriftliche, eidesstattliche Erklärung abzugeben, daß Sie aus dem SD-Dienst ausgetreten sind. Falls nicht, muß ich Sie aus der SA entlassen [164].« Die Parteiapparatschiks versuchten, Vertrauensmänner des SD als Parteigegner zu denunzieren und dadurch unschädlich zu machen. So leitete Kreisleiter Kampe ein Parteigerichtsverfahren gegen den Parteigenossen Kurt Öhlert, Sachbearbeiter des SD, ein und beschuldigte ihn, »den Bestrebungen der NSDAP zuwidergehandelt zu haben«. Begründung: VM Öhlert habe in der Partei nicht genügend mitgearbeitet [165].

Andere NS-Funktionäre belegten den SD mit einem totalen Boykott. Der Gauleiter Wilhelm Kube, Generalkommissar von Weißruthenien, verbot allen männlichen und weiblichen Mitgliedern seines Stabes den Verkehr mit SD-Männern; keiner aus Kubes Stab durfte die SD-Dienststelle betreten – dienstliche Gespräche mit dem SD konnten erst nach vorheriger Genehmigung des Gauleiters und auch dann nur in den Räumen des Generalkommissariats stattfinden [166]. Selbst Parteikanzlist Bormann mahnte den Reichsführer am 2. Februar 1943: »Schon unlängst machte ich Sie darauf aufmerksam, daß verschiedene Gauleiter den Eindruck haben, der SD sehe seine Tätigkeit in einer Überwachung Politischer Leiter bezw. in einer Überwachung der Arbeit der Partei. Es erscheint mir dringendst notwendig, daß Sie baldigst diese Dinge in einem Rundschreiben an die Gauleiter klären [167].«

Als der Lärm der Parteifunktionäre immer schriller wurde, gab Himmler nach. Am 18. März 1943 richtete der SS-Chef ein Schreiben an Bormann, in dem er versicherte, der SD habe »nach wie vor den strikten Befehl, sich mit parteiinternen Parteiangelegenheiten nicht zu befassen« [168]. Bormann gab sich mit Himmlers Versprechen zufrieden, zumal er wußte, daß Himmler kaum einen SS-Führer weniger leiden konnte als den Intelligenzler Ohlendorf.

»Offen gesagt, ich mag ihn nicht«, vertraute Himmler seinem Leibarzt Kersten an. »Er ist ein humorloser, unausstehlicher Besserwisser, der mit seinem goldenen Parteiabzeichen und seiner niederen SS-Nummer sich als der Gralshüter des Nationalsozialismus vorkommt [169].« Himmler fühlte sich von Ohlendorf, wie Himmler-Sekretär Rudolf Brandt erklärte, »ständig bevormundet, ihm ist in Ohlendorf ein zweiter Reichsführer entstanden, der alles besser weiß und es bis ins einzelne zu begründen vermag« [170]. Kein Zweifel, Otto Ohlendorf war der letzte SS-Mann, dem zuliebe Himmler eine Kontroverse mit der Partei wagen wollte. Der SS-Chef schränkte die Arbeit des SD ein. Ein Himmler-Ukas nach dem anderen verdarb dem SD das Konzept.

Oft kamen die Himmler vorgelegten »Meldungen aus dem Reich« zerrissen zu Ohlendorf zurück, wiederholt drohte der Reichsführer, er werde Ohlendorf verhaften und den Inland-SD auflösen lassen, wenn sich der Sicherheitsdienst weiterhin um Parteisachen kümmere [171]. Himmler lehnte es auch ab, die »Meldungen aus dem Reich«, getreueste Spiegelbilder der wirklichen Lage, Hitler vorzulegen. Himmler: »Die sind gewöhnlich so pessimistisch, daß dies gar nicht möglich ist, das würde den Führer in seiner Schaffenskraft stören.«

»Und wenn sie wahr sind?« fragte Kersten.

»Das ist gleichgültig«, trumpfte Himmler auf. »Den Führer muß ich mit all dem negativen Kleinkram verschonen, auch wenn er noch so wichtig scheint [172].«

Doch Amtschef Ohlendorf zeigte keine Lust, den Befehlen seines Reichsführers zu folgen. Der SD beobachtete weiterhin die Apparatschiks der Partei. Und eben dies erleichterte dem vielgescholtenen Goebbels, eine Lawine in Bewegung zu setzen, die mit Hilfe Martin Bormanns das Ohlendorf-Werk unter sich begraben sollte. Goebbels forderte, man müsse die »Meldungen aus dem Reich« verbieten oder zumindest mit den Berichten der (Goebbels unterstellten) Reichspropagandaämter vereinigen. Begründung: Die SD-Meldungen informierten deren Bezieher, darunter auch staatliche Stellen, über Vorgänge in der Partei, das aber sei allein Sache der Parteikanzlei [173].

Der Promi-Herr führte auch den ersten aktiven Schlag gegen den SD. Er verbot eine Weiterverbreitung der Meldungen in seinem Ministerium, seien sie doch – so erinnert sich Rundfunk-Dirigent Hans Fritzsche an eine Goebbels-Erklärung – »geeignet, auch in führenden Kreisen der Partei und des Staates defaitistische Auffassungen von der Stimmung im Volk und den Chancen des Krieges zu verbreiten« [174]. Himmler steckte zurück. Schon am 12. Mai 1943 hielt Goebbels in seinem Tagebuch fest, der Reichsführer sei »jetzt bereit, den SD-Bericht einstellen zu lassen, da er auf die Dauer defaitistisch wirkt« [175]. Soweit war es freilich noch nicht – Himmler wartete ab, was Bormann unternehmen würde.

Der Parteikanzlist rührte sich lange Zeit nicht, bis ein Ereignis eintrat, das die Beziehungen zwischen Himmler und dem Chef der Parteikanzlei grundlegend änderte: Himmler wurde im August 1943 zum Reichsinnenminister ernannt. Der Punkt war erreicht, von dem an Partei und Schutzstaffel sich gegenüberstanden. Die Konfrontation der beiden Machtgruppen begann.

Himmler bekam bald zu spüren, daß sich etwas geändert hatte. Bormann reihte sich in den Kreis der SD-Gegner ein und forderte strikteste Befolgung der Parteibefehle. Die aber lauteten: Begutachtung parteiinterner Vorgänge, ja sogar politische Bewertung staatlicher Beamter seien allein Sache der Partei. Schlag um Schlag engten die Gegner des Sicherheitsdienstes die Aktionsfreiheit des Ohlendorf-Apparates ein: Im Sommer 1943 wurde der Bezieherkreis der »Meldungen aus dem Reich« radikal eingeschränkt, ein Jahr darauf die Berichte vollends verboten [176]. Zur gleichen Zeit untersagte Bormann hauptamtlichen und ehrenamtlichen Funktionären der NSDAP jede Mitarbeit im SD, kurz darauf folgte die Deutsche Arbeitsfront mit einem ähnlichen Verbot – die SA hatte es schon früher verhängt [177].

Wehrte sich Heinrich Himmler gegen diese Denaturierung seines Sicherheitsdienstes, mobilisierte er jetzt endlich jene Macht, die ihm zu Gebote stand? Nein, er wehrte sich nicht. Er kuschte. Ohlendorf wetterte: »Er hat eine Macht gehabt, [aber] in Wirklichkeit hat er diese Macht in Deutschland nicht ausgeübt, sondern er und seine Macht waren eine hohle Blase [178].« Der Taktiker Himmler wußte nur ein Mittel, den SD zu retten: die gerade mit der Parteikanzlei begonnenen Verhandlungen über neue Aufgaben des SD in die Länge zu ziehen, auf ein Wunder hoffend. Bei Kriegsende verhandelte Himmler immer noch [179]. Aber er scheint an ein gutes Ende nicht mehr geglaubt zu haben; er hatte längst dem SD-Amt aus der Erbmasse des Reichsinnenministeriums polizeirechtliche Sachgebiete zugeschoben, um dem Sicherheitsdienst eine neue Aufgabe und wieder eine Existenzberechtigung zu geben [180].

Das Zurückweichen Himmlers verriet nicht zuletzt eine innere Schwäche des Ordens, die gemeinhin von der Fassade totalitärer Einheitlichkeit verdeckt wurde. Die SS wagte niemals den entschlossenen Kampf gegen die Partei, weil sich die Führer der Schutzstaffel nicht darüber einigen konnten, wo die eigentlichen Interessen der SS lagen. Denn die monolithische Einheit des Schwarzen Ordens war ein Mythos, sorgfältig gehegt von den Propagandisten der doppelten Sigrune.

Himmler machte sich keine Illusionen darüber, daß der Traum von der erzenen Einheit der Schutzstaffel einer Halluzination gleichkam. Schon 1940 hatte er vor Führern der Leibstandarte »Adolf Hitler« seine »Sorgen, die ich manchmal habe« ausgebreitet: »Leben wird diese Waffen-SS nur dann, wenn die Gesamt-SS lebt. Wenn das gesamte Corps wirklich ein Orden ist, der in sich nach diesen Gesetzen lebt und sich darüber klar ist, daß ein Teil ohne den anderen nicht denkbar ist[181].« Im Oktober 1943 wurde er vor SS-Gruppenführern in Posen noch deutlicher: »Wehe, wenn die SS und Polizei auseinanderfielen. Wehe, wenn die Hauptämter in gut gemeinter, aber falsch verstandener Vertretung ihrer Aufgaben sich mit je einem Befehlsweg nach unten selbständig machen würden. Das würde, wie ich wirklich glaube, an dem Tag, an dem mich einer über den Haufen schießt, das Ende der SS sein.« Düster malte er den Untergang des Schwarzen Ordens aus: »Wehe, wenn die einzelnen Hauptämter, die einzelnen Chefs ihre Aufgabe hier falsch sehen würden... Wehe, wenn sich diese Bänder [um die SS-Organisationen] einmal lösen würden, dann würde alles, davon seien Sie überzeugt, in einer Generation und in kurzer Zeit in seine alte Bedeutungslosigkeit zurücksinken[182].«

In solchen Einheitsbeschwörungen spiegelte sich gelegentlich die Verzweiflung eines von Expansion besessenen Firmengründers wider, der immer mehr und immer größere Unternehmen aus dem Boden stampft und dabei in die Gefahr gerät, Übersicht und Kontrolle zu verlieren. Auch Heinrich Himmler, ohnehin zu Mißtrauen und Furchtsamkeit neigend, mußte sich manchmal fragen, ob er noch Herr im eigenen Haus sei. Je dynamischer und raffgieriger sich das SS-Imperium entfaltete, desto deutlicher wurden auch der sich von Himmler zusehends lösende Automatismus der Teilorganisationen und die Herrenallüren der selbstbewußten Unterführer. Zudem nötigte das unablässige Wachsen des SS-Organismus Himmler den Zwang ab, Männer in die Schutzstaffel zu rufen, die keineswegs immer den Vorstellungen eines lupenreinen Nationalsozialismus entsprachen.

Selbst die vordersten Reihen der SS füllten sich allmählich mit so heterogenen Elementen, daß die Schutzstaffel zu einem seltsam pluralistischen Gebilde inmitten einer totalitären Führerdiktatur wurde. Die SS glich einem Riesenschwamm, der Menschen widersprüchlichster Mentalität aufsog – so widersprüchlich, daß es der Schutzstaffel zuweilen schwerfiel, eine einheitliche Haltung zu demonstrieren. »Es ist ja leider so«, empörte sich Andreas Schmidt, Chef der deutschen Volksgruppe in Rumänien und Schwiegersohn Gottlob Bergers, »daß sogar Angehörige der Schutzstaffel in schwierigen Zeiten nicht eine gemeinsame Front bilden, sondern daß sie gerade in schwierigen Zeiten am meisten intrigieren und dadurch die vorhandenen Schwierigkeiten erheblich vermehren[183].«

Die Interessenvielfalt der SS-eigenen Teilorganisationen und der jahrelang eingepaukte Glaube an die eigene Auserwähltheit hatten sich zu einem Herrenwahn verdichtet, der sich manchmal auch gegen die Gesamtbelange des Ordens kehrte. Macht- und prestigehungrige SS-Führer bekämpften einander oft zum Schaden der Schutzstaffel, und es gab sogar Beispiele einer derben Klüngelpolitik, die hohe SS-Führer den Interessen und Befehlen Himmlers entgegensetzten. Am Beispiel der Höheren SS- und Polizeiführer ließ sich ablesen, wie schwer es Himmler fiel, sich im Dschungel der SS-internen Cliquen durchzusetzen. Er hatte alle Mühe, seinen wichtigsten Repräsentanten Respekt zu verschaffen; die Höheren SS- und Polizeiführer waren mancherlei Kränkung und Mißachtung in der SS ausgesetzt.

1937 hatte Himmler die Einrichtung der Höheren SS- und Polizeiführer geschaffen, um zwei Ziele zu erreichen: Der HSSPF sollte auf Länderebene (wie Himmler in der Zentrale) SS und Polizei zu einem »Staatsschutzkorps« zusammenfassen und zugleich als Vertreter Himmlers die unmittelbare Aufsicht über alle SS-Einheiten führen [184]. Die Einrichtung der HSSPF war ein Vorgriff auf die Zukunft gewesen. Seit die Schutzstaffel immer mehr wuchs und stets neue Organisationen gebar, beherrschte Himmler die alptraumhafte Furcht, die einzelnen Teile des SS-Imperiums könnten sich selbständig machen und die Spitzenbürokraten der Teilorganisationen, die Chefs der Hauptämter, Himmlers Alleinherrscherposition untergraben. Deshalb hatte Himmler die Höheren SS- und Polizeiführer nicht nur als Klammern der pluralistischen SS-Gesellschaft konzipiert, sie sollten auch Gegengewichte zu der wachsenden Macht der SS-Hauptämter bilden.

Die mächtigen Großwesire der Berliner Hauptämter ließen denn auch nichts unversucht, die Vizekönige des SS-Sultans zu einflußlosen Statthaltern mit wohlklingenden Titeln zu stempeln. Da ohnedies die traditionsbewußte Staatsverwaltung den neuen HSSPF jede behördenrechtliche Disziplinargewalt absprach und Himmler zunächst aus Tarnung gegenüber der renitenten Verwaltung die HSSPF mit rein repräsentativen Aufgaben betrauen mußte [185], hatten die SS-Konkurrenten der HSSPF leichtes Spiel.

Aber auch als es Himmler gelang, in den deutschbesetzten Gebieten Europas, in denen keine konservative Verwaltung störte, mehr Macht in die HSSPF zu investieren, gehörte es zum Sport örtlicher SS-Einheiten, Himmlers Vizekönige zu ignorieren, wo immer es ging. Ebenso sorgten die Hauptämter von SS und Polizei dafür, daß die HSSPF nicht zu mächtig wurden. So lehnte das Hauptamt Ordnungspolizei den wiederholt vorgetragenen Wunsch der HSSPF ab, sie mit Straf- und Beförderungskompetenzen gegenüber der Orpo auszustatten [186]. Der Chef der Ordnungspolizei bestand auch darauf, daß die HSSPF in Rußland ihm unterstellt wurden [187]. Immer wieder ließen SS-Führer durchblicken, daß sie Himmlers Beauftragte nicht sonderlich ernst nahmen. Dem für Hamburg zuständigen HSSPF verweigerte der örtliche KZ-Kommandant Auskünfte über die Zahl seiner Häftlinge mit dem Hinweis, ihm sei Schweigepflicht auferlegt worden, und der Kommandeur der 8. SS-Totenkopf-Standarte, SS-Oberführer Leo von Jena, bestritt dem Höheren SS- und Polizeiführer Krüger das Recht, von ihm Meldungen über Stärke, Kräfteverteilung und Stimmung der Truppe zu verlangen [188].

Vor allem die Waffen-SS widersetzte sich den Versuchen der HSSPF, über sie Befehlsgewalt zu erlangen. Als HSSPF Krüger dem Oberführer von Jena befahl, für eine bevorstehende Operation gegen polnische Partisanen dessen Truppe neue Positionen einnehmen zu lassen, verweigerte Jena den Gehorsam und verwies Krüger an den Generalinspekteur der Verstärkten Totenkopfstandarte, der allein zu solchen Umbesetzungen befugt sei[189]. Himmler war von dem Ungehorsam seiner Unterführer so ergrimmt, daß er neue Befehle über die Kompetenzen der Höheren SS- und Polizeiführer entwarf, hatte er doch im Falle der Waffen-SS entdeckt, die bis dahin geltenden Vorschriften liefen »praktisch« – wie Himmler schrieb – darauf hinaus, »daß der Höhere SS- und Polizeiführer der Waffen-SS helfen darf, sonst aber von ihr als lästiger Außenseiter nicht beachtet wird[190]«. An die widerspenstigen Großwesire richtete Himmler am 16. März 1942 die Mahnung: »Ich bitte alle meine Hauptamtschefs, zu bedenken, ob sie bei einem derartig würde- und machtlosen Zustand Höherer SS- und Polizeiführer sein wollten. Ich bitte, weiter zu bedenken, wie es um die SS und Polizei in 10 Jahren schon bestellt wäre, wenn ich diesen Zustand weiter zuließe[191].«

Himmler bewaffnete seine Satrapen mit vermehrten Vollmachten. Er unterstellte den HSSPF in deren örtlichen Bereichen alle Dienststellen der Allgemeinen SS, die Kommandeure der Ordnungspolizei sowie der Sicherheitspolizei und des SD, ferner sämtliche Dienststellen des Hauptamtes Volksdeutsche Mittelstelle und des Stabshauptamtes[192]. In einem Entwurf von Himmlers Persönlichem Stab aus dem Januar 1943 hieß es, die HSSPF seien »verantwortlich für das SS-mäßige Handeln und das öffentliche Auftreten aller Dienststellen der Allgemeinen SS, der Waffen-SS, der Ordnungspolizei und des Sicherheitsdienstes«[193]. Die HSSPF beanspruchten von nun an Alleinzuständigkeit für alle SS-Vorgänge in ihrem jeweiligen Dienstbereich[194].

Abermals fanden die Hauptämter Lücken in der Autorität der Höheren SS- und Polizeiführer, besagte doch die »Vorläufige Dienstanweisung« für HSSPF vom 8. Januar 1943, alle SS-Angehörigen seien dem HSSPF »hinsichtlich ihrer SS-mäßigen Haltung« unterstellt, »Befehle und Weisungen auf fachlichem Gebiet« aber könnten nur die Hauptämter den »fachlich zu ihnen gehörenden SS-Angehörigen« erteilen[195]. Als die HSSPF über neue Sabotageakte der Hauptämter klagten, erweiterte Himmler wiederum die Befugnisse seiner Beauftragten. Bei Dienstreisen zu Hauptämtern mußten sich die örtlichen SS-Führer bei dem jeweiligen HSSPF abmelden, auch Urlaubsgenehmigungen hatten nun von den HSSPF gegengezeichnet zu werden[196].

Dennoch wußte der Reichsführer nur allzu gut, daß die Autorität der HSSPF oft ebenso auf dem Papier stand wie die SS-Einheit. Himmler 1943: »Es muß so werden, daß auch unter dem zehnten Reichsführer-SS dieser Orden der SS mit allen seinen Sparten ... ein Block, ein Körper, ein Orden ist[197].« Die Akten der zahlreichen Disziplinar- und Schlichtungsverfahren zeigten jedoch, daß der Orden in Wirklichkeit ein Tummelplatz der verschiedensten und streitbarsten Elemente war. Kaum ein hoher SS-Führer, der einem anderen nicht Verrat an Politik oder Ideengut der Schutzstaffel vorwarf:

Der HSSPF Serbien, SS-Gruppenführer August Meyszner, beantragte ein

Verfahren gegen seinen SS-Kameraden, den Kriegsverwaltungschef und SS-Gruppenführer Harald Turner, weil der in einem Gasthaus Einzelheiten einer bevorstehenden Operation gegen Partisanen ausgeplaudert und sich damit des Verrats von Staatsgeheimnissen schuldig gemacht habe. Meyszner hintertrieb auch Turners gegen die Wehrmacht gerichtete Politik, weil er in dem SS-Kameraden einen Kompetenzkonkurrenten witterte [198]. »Mit Ihrer Handlungsweise«, klagte Turner dem HSSPF Meyszner am 29. August 1942, »haben Sie mir leider bewiesen, daß Sie ... die Tiefe des SS-Gedankens – nämlich ein Orden, eine verschworene Gemeinschaft zu sein – in keiner Weise erkannt haben. Noch weniger allerdings die von mir ... dargelegte Idee, den Einflußgelüsten der Wehrmacht ein Paroli zu bieten, und zusammenstehend die Beherrscher des Raumes zu sein [199].«

Der Brigadeführer Dr. Otto G. Wächter, Gouverneur von Galizien und eine Art NS-Idealist, stellte sich im Kampf Himmlers gegen den Generalgouverneur Frank auf die Seite des SS-Gegners Frank und warf dem HSSPF Krüger vor, er heize unnötig und zum Schaden der deutschen Autorität den Anti-Frank-Kreuzzug an [200]. Krüger gab zurück: »Sie tragen zwar die Uniform als SS-Brigadeführer, haben sich jedoch in Durchführung der Ihnen gestellten Aufgaben niemals davon leiten lassen, daß Sie SS-Angehöriger sind [201].«

Der Inland-SD-Chef Otto Ohlendorf warf dem Hauptschriftleiter des »Schwarzen Korps«, Gunter d'Alquen, die »unglaublich diffamierenden« Ausfälle des SS-Organs gegen ganze Berufsstände vor [202], worauf der quicke Journalist zurückgab, Ohlendorfs Auffassungen gingen »an der nationalsozialistischen Grundidee und den Sonderinteressen der SS vorbei« [203]. Ohlendorf dünkte d'Alquens Replik »eine Antwort, die ich nur als grobe Anpöbelei empfinden kann«. An Himmlers Persönlichen Stab ging Ohlendorfs »Bitte um eine entsprechende Zurechtweisung des SS-Standartenführers d'Alquen« [204]. Himmler-Sekretär Rudolf Brandt war ein wenig ratlos: »Unter die gesamte Angelegenheit müßte wirklich großzügig ein Strich gemacht werden, damit in einer persönlichen Rücksprache zwischen Ihnen und SS-Standartenführer d'Alquen die künftige Zusammenarbeit im Interesse der SS ... erörtert werden kann [205].«

Auch der Chef des SS-Hauptamtes, Gruppenführer Gottlob Berger, fühlte sich unentwegt von SS-Kameraden beleidigt, vor allem von dem HSSPF Obergruppenführer Erbprinz zu Waldeck-Pyrmont. Berger: »Erbprinz zu Waldeck liebt mich nicht. Warum, weiß ich nicht [206].« 1943 kamen dem Erbprinzen die Pressionsmethoden zu Ohren, mit denen Bergers Männer »Freiwillige« für die Waffen-SS warben. Gegen einen Werber, den Hauptsturmführer Lange, ließ der Prinz ein Verfahren wegen Nötigung einleiten. Berger tobte: »Es ergibt sich das katastrophale Bild, daß ein Höherer SS- und Polizeiführer die Geschäfte der katholischen Kirche macht, eine Sache aufgreift, die durch persönliche Verhandlungen schon lange erledigt ist, womöglich jetzt noch ›Material sammelt‹, Eltern verhört und damit einen Riesenstunk macht [207].«

Der großgermanische Ehrgeiz Himmlers ließ die SS-Einheit vollends zu einer Groteske entarten. So befehdete der SS-Gruppenführer Dr. Arthur Seyß-Inquart, Reichskommissar der besetzten Niederlande, die vom Berliner SS-Hauptamt gesteuerte »Nederlandsche SS« und liierte sich mit der von Himmler als »korrupt« verabscheuten NS-Bewegung Adrian Musserts [208]. In Belgien bekämpften sich gleich drei SS-Parteien: Der SS-Gruppenführer Eggert Reeder, Chef der Militärverwaltung beim Militärbefehlshaber in Belgien und Nordfrankreich, setzte auf flämische Nationalistenführer, die ein »Großdietschland« (Vereinigung der flämischen Teile Belgiens mit den Niederlanden) anstrebten [209]. Der SS-Hauptamts-Chef Gottlob Berger leitete und förderte die »DEVLAG«, eine belgische Kollaborateur-Organisation, die eine Abtrennung der flämischen Gebiete von Belgien und deren Anschluß an Deutschland propagierte [210], und der belgische Faschistenführer Leon Degrelle trat mit seinen Anhängern (gegen den Widerstand Bergers) in die Waffen-SS ein, um sowohl die großdietschen wie großdeutschen Pläne zu konterkarieren und die staatliche Einheit Belgiens zu retten [211]. In Dänemark wiederum spielte Berger den SS-Sturmbannführer Martinsen, Führer des dänischen SS-Freikorps »Danmark«, gegen den einheimischen NS-Führer Frits Clausen aus, bis er begriff, daß Martinsen Gegner der deutschen Politik war, und ihn ins Konzentrationslager werfen wollte [212], während im Führungshauptamt, dem Kommandoamt der Waffen-SS, finnische Kriegsfreiwillige mit SS-Dienstgraden saßen, die von der finnischen Armeeführung den geheimen Auftrag hatten, die Finnland-Kontakte der SS zu überwachen [213].

In diesem Labyrinth individueller und nationaler Sonderinteressen konnte sich schwerlich eine innere Geschlossenheit bilden. Auch Himmler schaffte keine Einheit, wo verwirrende Vielfalt wucherte. Der derb-aggressive Individualismus der SS-Führer machte auch vor der Person des Reichsführers nicht halt. Die dicklich-groteske Gestalt des »Reichsheini« konnte sich in offener Konfrontation mit den Unterführern nur mühsam behaupten. Himmler empfing denn auch ungern mehrere Unterführer auf einmal, am sichersten fühlte er sich im Schutz seiner Aktenberge, im Abwehrfeuer der zahllosen Befehle, die er auf seine Domäne niedergehen ließ.

»Von Ihnen behauptet man, daß Sie keinen mehr anhören, der es unternimmt, die Dinge so zu sehen und zu nennen, wie sie sind«, schrieb ihm einmal der alte KZ-Oberscherge, SS-Gruppenführer Theodor Eicke, und belehrte den Chef ungerührt, die SS-Führer sollten »nicht immer Jawohl sagen; sie erweisen ihren Vorgesetzten damit meistens einen schlechten Dienst« [214]. Der Ton gegenüber Himmler wurde zeitweilig so despektierlich, daß sich der Reichsführer den naßforschen Leutnantsjargon verbitten mußte. Berger assistierte: »Kritik ist notwendig, aber eine Kritik der Führer an ihren Vorgesetzten und höchsten Dienststellen unwürdig. Hier haben wir manche Führer, die über den alten Leutnantsstandpunkt nicht hinweggekommen sind [215].«

Berger, der Treueste der Treuen, machte seinem Reichsführer sogar konkrete Vorschläge, wie man dem Ungehorsam in höchsten Führerkreisen den Kopf abschlagen könne. »Da diese Art, aus persönlichen Gründen auch gegen den Reichsführer anzugehen, nicht ausgestorben ist, bei einzelnen hohen Führern bewußt oder unbewußt in ihren Gedanken geistert«, schrieb er am 2. Dezember 1940 an Himmler, »halte ich es für dringend notwendig, eine Stelle zu schaffen, die dafür sorgt, daß die SS-Angehörigen, bevor sie den Weg der Untreue beschreiten oder auf dem Wege hierzu sind, gewarnt werden.« Hätten diese Untreuen sich dreimal an Interessen des Reichsführers vergangen, dann müßten sie »vor die Konsequenz gestellt werden, entweder freiwillig aus der Staffel auszutreten oder ausgestoßen zu werden, da sie das erste Grundgesetz der Staffel, die Treue gegen den Reichsführer, verletzt haben. Scheiden erst einmal 2 oder 3 Führer aus, spricht sich das herum und unser Ansehen steigt beträchtlich!« [216]

Himmler kannte freilich noch andere Methoden, den Eigenwillen der Unterführer zu bändigen. Anpfiffe im rüdesten Schulmeisterstil, eine auch auf höchste SS-Führer ausgedehnte Bespitzelung und die Verteilung einer Order auf möglichst viele Funktionäre fügten sich zu einem Kontrollsystem, das die Entstehung neuer Machtzentren in der SS schon im Keim ersticken sollte. Ständige Ermahnungen und Rügen verfolgten das Ziel, SS-Führer immer wieder daran zu erinnern, daß der Reichsführer die einzige Quelle ihrer Macht sei.

Himmler an Brigadeführer Hintze: »Ich habe Ihnen diese Chance, SS- und Polizeiführer zu sein, gegeben. Wenn Sie sie aus Unbeherrschtheit, Säufertum und Größenwahn nicht wahrnehmen, so sind Sie selbst daran schuld, wenn nichts aus Ihnen wird [217].« Kurz darauf ein neuer Anpfiff: »Melden Sie sich bei SS-Obergruppenführer Jeckeln, wie es Ihnen befohlen ist. Halten Sie nicht so viel Reden, sondern arbeiten Sie [218].« SS-Oberführer Professor Dr. Arnold Waldschmidt bekam zu hören: »Ich erwarte von Ihnen als altem Parteigenossen und SS-Mann in Zukunft, daß Sie strikt und bedingungslos die Meinung des Führers vertreten. Für dieses Mal sehe ich, obwohl Sie ... das Ansehen des Deutschtums und der SS schwer geschädigt haben, noch von Konsequenzen ab. Die Genehmigung für Auslandsreisen erhalten Sie bis auf weiteres nicht mehr [219].«

Auch erprobteste Obergruppenführer erhielten Zurechtweisungen. An den HSSPF Südwest: »Ich ersuche Sie, jetzt in dieser ernsten Zeit endlich die Härte und den Schwung aufzubringen, die zur Behebung von Paniklagen notwendig sind [220].« An den alten Duzfreund und Rivalen, Oberstgruppenführer Kurt Daluege: »Ich beschwöre Dich, greife eisern durch und töte den Beamtengeist, der da und dort noch sitzt, restlos und reiße ihn mit der Wurzel heraus [221].« Selbst in das Eheleben seiner SS-Führer griff er ein. »Lieber Pancke«, schrieb er am 16. Mai 1944 an den HSSPF Dänemark, »ich bitte Sie ... Ihre Frau dahingehend zu erziehen, daß sie nicht ihre Meinung über den oder jenen politischen Vorgang im Gau oder über den Gauleiter selbst laut und deutlich an den verschiedensten Orten kundtut. Alles in allem habe ich den Eindruck, daß Sie in Ihrer Ehe die notwendige Führung sowie die Erziehung Ihrer jungen Frau noch nicht in dem Maße übernommen haben, wie ich es von einem SS-Führer erwarten muß [222].«

Zugleich ließ er hohe SS-Führer beobachten und jede Unregelmäßigkeit in deren Privatleben registrieren. Viele von ihnen fühlten sich von anonymen Briefschreibern verfolgt, die Himmler äußerst wichtig nahm.

Das mußte auch der Obergruppenführer Oswald Pohl, Chef des Wirtschaftsverwaltungshauptamtes, erfahren, der sich zu einem Schreiben äußern sollte, in dem behauptet wurde, Pohls Schwager, der Generalhauptführer Clasen vom Deutschen Roten Kreuz, bereichere sich an den Waren des ihm unterstellten DRK-Hauptlagers Neubabelsberg [223]. Als Pohl »diese Schmiererei« gelesen hatte, begehrte er gegen seinen Reichsführer auf. »Das haben wir davon, wenn wir anonyme Briefe ernst nehmen«, protestierte er in einem Schreiben an Himmler-Sekretär Brandt. »Der Reichsführer tut es ja. Seine grundsätzliche Auffassung... hat allerdings ein sehr verschiedenartiges Echo gefunden, meistens Kopfschütteln und Ablehnung. Ich persönlich befördere jeden anonymen Brief mit der Feuerzange dorthin, wo er hingehört [224].« Wütend verbat sich Himmler die Kritik. Am 29. August 1942 diktierte er: »Nachdem es bisher immer noch üblich gewesen ist, daß die Vorgesetzten die Untergebenen qualifizieren, qualifiziere ich meine Gruppenführer und Obergruppenführer danach, wieviel anonyme Briefe aus ihrem Bereich kommen [225].«

Ein SS-Führer kontrollierte den anderen. Der Obergruppenführer Wolff hielt dem Gruppenführer Kaltenbrunner einen Bericht vor, wonach der Gruppenführer dienstliches Benzin für Fahrten zur Familie vergeudete [226], und der Brigadeführer Ohlendorf präsentierte dem Obergruppenführer Wolff einen Bericht, dem zu entnehmen war, Wolff lasse übermäßig viele Gänse und Enten mittels Dienstwagen in sein Heim transportieren [227]. Zuweilen mißtraute Himmler den alten SS-Führern und bediente sich zur Kontrolle auch Außenseiter. 1940 holte er sich einen Super-Aufpasser, kein Mitglied der Schutzstaffel, der prompt zum verhaßtesten und meistgebeutelten Mann des Schwarzen Ordens wurde [228].

Der Prügelknabe hieß Dr. Richard Korherr, war überzeugter Katholik und zählte zu den hervorragendsten Statistikern des Reiches. »Ängstliche Natur, etwas menschenscheu, gereizt, empfindlich«, charakterisierte ihn die Würzburger NS-Kreisleitung [229]; kaum einer war weniger geeignet, mit den robusten Interessenpolitikern der Hauptämter fertig zu werden. Genau dies aber hatte Himmler mit dem ahnungslosen Statistiker Korherr vor; der Wissenschaftler sollte als »Inspekteur für Statistik beim Reichsführer-SS und Chef der Deutschen Polizei und Reichskommissar für die Festigung deutschen Volkstums« die Angaben und Berichte der Hauptämter überprüfen. Die Chefs der Hauptämter rotteten sich sofort zusammen, dem Grünhorn den Garaus zu machen. Selbst Berger, der um das Prestige seines Reichsführers so besorgte Biedermann, versuchte, den Aufpasser Himmlers auf seine Seite zu ziehen. Berger: »Du, Korherr, komm zu mir. Ich mach' Dich dann auch zum Standartenführer.« Der Statistiker lehnte ab [230].

Korherr entdeckte bald die kleinen und großen Lügen, mit denen die Hauptamtschefs gegenüber Himmler ihre Erfolge garnierten. Er rechnete Himmler vor, »daß ich sofort aus den Hauptämtern der SS drei kriegsstarke Divisionen herausziehen könnte, ohne daß die Verwaltungsarbeit im geringsten leiden würde« (so Korherr)[231], und wies nach, ein Lebensborn-Bericht über Kindersterblichkeit sei »von vorn bis hinten erstunken und erlogen«[232]. Lebensborn-Geschäftsführer Dr. Gregor Ebner hatte gemeldet, die Säuglingssterblichkeit in seinen Entbindungsheimen betrage vier Prozent und liege mithin um zwei Prozent unter dem Durchschnitt der übrigen deutschen Kinderheime. Korherr ermittelte, daß die Sterblichkeit der Lebensborn-Heime tatsächlich bei acht Prozent lag. Ebner forderte erregt, den lästigen Pedanten Korherr in Schutzhaft zu nehmen[233].

Mit der Idee spielte auch der Gruppenführer Greifelt, Chef des Stabshauptamtes. Er geriet mit Korherr aneinander, weil Greifelt statistische Angaben auf Schaubildern einer Posener Ausstellung (»Kampf und Aufbau im Warthegau«) durch Männer seines für die Volkstumsarbeit zuständigen Hauptamts hatte überprüfen lassen, ohne Korherr hinzuzuziehen[234]. Der cholerische Statistiker geißelte daraufhin »die Methode, mich einfach vor vollendete Tatsachen zu stellen« und drohte an, er könne ja seinen »Laden zusperren und den Reichsführer-SS wegen des fortgesetzten passiven Widerstandes der Hauptamtschefs bitten, mich von meiner äußerst undankbaren Aufgabe zu entbinden«[235]. »Ganz unerhört«, feuerte Greifelt zurück, sei es, »den seit langen Jahren dem Reichsführer in Treue und Aufopferung dienenden Hauptamtschefs den Vorwurf des ›fortgesetzten passiven Widerstandes‹« zu machen. Greifelt: »Eine aus der Luft gegriffene Unterstellung[236].«

Mit dieser Breitseite war der offene Kampf zwischen Statistiker und Hauptämtern eröffnet. Die Chefs ruhten nicht, bis Korherr zur Strecke gebracht war. Greifelt beschwerte sich beim Reichsführer über »ungehöriges Verhalten des Inspekteurs für Statistik«[237], das Stabshauptamt beschuldigte Korherr der mißbräuchlichen Benutzung eines Dienstwagens[238], Berger stichelte, man müsse Korherr »zum toten Mann« machen[239].

Schließlich schritt ein Hauptamtschef zur handgreiflichen Selbsthilfe. Obergruppenführer Richard Hildebrandt, der neue Chef des Rasse- und Siedlungshauptamtes, rief Dr. Korherr am 12. August 1943 zu einer Besprechung und warf ihm vor, er maße sich gegenüber dem Hauptamt Zensorenrechte an. Und dann geschah, was sich in einer Korherr-Meldung an Himmler so las: »Ich wollte weggehen, da sagte Ogruf. Hildebrandt noch: ›Ich verbitte mir jedenfalls Ihre Lümmeleien.‹ Ich spontan darauf: ›Die Lümmelei ist bei Ihnen‹, grüßte nochmals und machte kehrt zur Türe hinaus. Ogruf. Hildebrandt ging mir nach und versetzte mir zwei schallende Ohrfeigen, je eine auf die linke und die rechte Backe. Er sagte m[eines] E[rachtens] noch dazu: ›Und jetzt raus!‹, was ich jedoch nicht beeiden kann. Ich entfernte mich wortlos ohne jede Gegenhandlung[240].« Verbittert wartete Korherr auf Genugtuung, Woche um Woche verging. Der Reichsführer rührte sich kaum, seinem Statistiker beizuspringen. Was Himmler dem

Hauptamtschef abringen konnte, war nur eine lahme Entschuldigung – nicht an Korherr adressiert, sondern an Himmler. Hildebrandt schrieb: »Sehr verehrter Reichsführer! Ich bitte Sie gehorsamst, dem Oberregierungsrat Dr. Korherr wegen des ihm zugefügten tätlichen Angriffs mein Bedauern zum Ausdruck zu bringen. Heil Hitler! Ihr Hildebrandt [241].«

Richard Korherr hatte die Lektion begriffen. Himmler war offensichtlich nicht in der Lage, seinen eigenen Inspekteur zu schützen. Korherr ließ sich in die Umgebung von Regensburg versetzen, wo er im Auftrage Himmlers ein Statistisch-Wissenschaftliches Institut aufmachte und für die Fäuste der Hauptamtschefs unerreichbar war [242]. Auch die Episode Korherr zeigte, wie selbständig die Position der Hauptämter im Gefüge der SS geworden war. Freilich, die Hauptämter traten nur bei gemeinsamer Gefahr geschlossen auf – im Alltag operierten sie getrennt und gingen ihre eigenen Wege. »Statt daß sich die Organisationen, so wie es Himmler hatte haben wollen, zueinander entwickelt hätten«, urteilte der SS-Oberführer Reinecke nach dem Krieg, »haben sie sich eben wegen der Verschiedenartigkeit ihrer Aufgaben stets auseinander entwickelt [243].«

Nicht selten trieben sie eine Politik, die kaum noch auf einen gemeinsamen Nenner zu bringen war: Das Reichssicherheitshauptamt verfocht die restlose Vernichtung aller Juden, dagegen das Wirtschaftsverwaltungshauptamt die Erhaltung aller arbeitsfähigen Juden [244]. Die Spitze des Reichssicherheitshauptamtes hielt auf dem Gebiet der Besatzungspolitik in Rußland an dem antirussischen Untermenschenkonzept fest, das SS-Hauptamt hingegen propagierte die Aufstellung einer russischen Gegenarmee unter deutscher Führung [245]. Die Gestapo vertrat in Fragen der Staatssicherheit (zum Beispiel: Abhören gegnerischer Rundfunksendungen) einen wesentlich härteren Standpunkt als der SD [246]. Das WVHA versuchte, seine Unternehmen jeder staatlichen Kontrolle zu entziehen, während eine Gruppe von SS-Führern um Ohlendorf eine stärkere Aufsicht der Reichsbehörden über die Wirtschaftsunternehmen der SS anstrebte [247]. In Rumänien gab es vier Arten von SS-Politik: den auf Rekrutierung möglichst vieler Volksdeutscher bedachten Kurs des SS-Hauptamts, die noch radikalere Tour der Volksdeutschen Mittelstelle (Vomi), die Vomi-feindlichen Praktiken des VDA unter Leitung des SS-Standartenführers Minke und die Privatpolitik des in AA-Diensten stehenden SS-Oberführers und Generalkonsuls Rodde [248].

Am deutlichsten aber entblößte sich das Unabhängigkeitsstreben der SS-Glieder in der Geschichte des Führungshauptamtes, das jene Truppe verwaltete, die den Schreckensruf der Schutzstaffel auf den Schlachtfeldern Europas verbreitete und doch immer mehr von der Gedankenwelt des Schwarzen Ordens abrückte: die Waffen-SS.

15 Die Waffen-SS

Im März 1942 leitete das Reichssicherheitshauptamt Heinrich Himmler einen Geheimbericht zu, in dem die Ausforscher des SD festgehalten hatten, was die Deutschen über Adolf Hitlers gefürchtetste und härteste Truppe dachten. »Grundsätzlich ist festzustellen«, meldeten die SD-Rechercheure, »daß sich die Waffen-SS durch ihre Leistungen in der Anerkennung der Bevölkerung ihren Platz erobert hat. Hier wird insbesondere über die gute Kameradschaft und das ausgezeichnete Verhältnis der SS-Führer zu den Unterführern und Männern gesprochen.«

Der SD verzeichnete allerdings auch »Stimmen, die sich dahin äußern, daß die Waffen-SS... keine ausgebildeten Offiziere habe, deshalb würden die SS-Männer ›leichtsinnig hingeopfert‹. Die Waffen-SS sei auch ›sinnlos vorgestürmt‹, weil sie glaubte, der Wehrmacht ›etwas vormachen‹ zu müssen«. Schlimmer noch: »Kritische Stimmen äußern sich dahin, daß die Waffen-SS eine Art ›Aufpasser auf das Militär‹ sei. Die Erziehung der Waffen-SS-Männer zu einer brutalen Rücksichtslosigkeit sei anscheinend auch in dem Sinne erfolgt, um sie gegebenenfalls auch gegen andere deutsche Verbände einsetzen zu können.« Fazit: »Die Waffen-SS sei die radikalste Truppe, die überhaupt keine Gefangenen mache, sondern jeden Gegner restlos vernichte [1].«

Der SD hatte damit in wenigen Strichen die Volksmeinung über die Waffen-SS skizziert, jene Furcht und Bewunderung, die sich vieler Deutscher angesichts einer Truppe bemächtigten, die wie keine zweite Gliederung der Schutzstaffel Vielfalt, Schrecken und Idealismus des Schwarzen Ordens widerspiegelte. In der Waffen-SS hatte Ordenschef Himmler dem nationalsozialistischen Regime eine Gardetruppe geschaffen, deren Soldaten im Zweiten Weltkrieg einen militärischen Erfolg nach dem anderen errangen und deren Führer dennoch zu knorrig-eigenwillig waren, um sich den ideologischen Phantastereien ihres Reichsführers blindlings zu ergeben.

Als Garde der Partei konzipiert, für den fanatisch-erbarmungslosen Krieg der Weltanschauungen und Eroberungen trainiert, rückte die Waffen-SS im Laufe der Jahre immer deutlicher von dem Himmler-Orden ab. Der Alltag des Zweiten Weltkriegs verwandelte die Legionäre des Reichsführers in fast normale Soldaten, kaum zu unterscheiden von den Angehörigen der Wehrmacht. Das Nürnberger Kollektivurteil aber stempelte die Waffen-SS zu einer »Armee der Geächteten« (Felix Steiner) und zu einem Haufen politischer Fanatiker. Die Soldaten der Waffen-SS sahen sich ihres militärischen Ranges entkleidet, auf eine Stufe gestellt mit den Mordkommandos des Reichssicherheitshauptamtes und den Folterknechten der KZ.

Die ehemaligen Offiziere der Wehrmacht hätten das einseitige Bild der Waffen-SS korrigieren können, aber viele schwiegen. Manche von ihnen konnten sich nicht mehr erinnern, daß sie einmal froh gewesen waren, die Elite-Divisionen der Waffen-SS an ihrer Seite zu wissen. Nicht wenige Militärs wirkten an dem Pauschalurteil über die SS-Truppe mit. Da dünkte den Generalfeldmarschall Albert Kesselring die Aufstellung der Waffen-SS die »Spielerei eines eigenwilligen Kindes«[2], da klagte der General Siegfried Westphal, die Waffen-SS habe dem Heer »wertvollsten Ersatz und Nachwuchs« entzogen[3], da zürnte Generalfeldmarschall Erich von Manstein: »Der hohe Blutzoll, den sie entrichtete, stand im allgemeinen nicht im richtigen Verhältnis zu dem, was erreicht wurde[4].« Das Erinnerungsvermögen einiger Militärs zeigte offenkundige Lücken. Der Feldherr Manstein hatte einst nach den Abwehrkämpfen westlich von Charkow im August 1943 der SS-Division »Das Reich« öffentlich das Verdienst zugeschrieben, durch das Zurückwerfen der im Raum Bjelgorod-Walki durchgebrochenen Sowjettruppen eine deutsche Gegenoffensive möglich gemacht zu haben – der Memoirenschreiber Manstein weiß nichts mehr davon[5].

So durchsichtige Zurückhaltung provozierte die ehemaligen Führer der Waffen-SS zu einer Konteroffensive, mit der sich die SS-Generale den Memoirenschreibern der Wehrmacht als ebenbürtig erweisen – zumindest auf dem Feld praktizierten Gedächtnisschwunds. Denn: Die Apologeten der Waffen-SS, allen voran der Oberstgruppenführer und Generaloberst außer Dienst Paul Hausser, sein verstorbener Kamerad Felix Steiner und die Sprecher der »Hilfsgemeinschaft auf Gegenseitigkeit der Soldaten der ehemaligen Waffen-SS« (Hiag), wollen beweisen, was nicht zu beweisen ist: daß ihr Verband nie etwas anderes gewesen sei als eine militärische Truppe. Mit fiktiven Hitler-Zitaten und irrigen Jahreszahlen müht sich vor allem die Hiag, der Waffen-SS und deren Vorläuferin, der SS-Verfügungstruppe (VT), eine unpolitische Herkunft zu attestieren. Die VT soll erst nach der Proklamation der allgemeinen Wehrpflicht im Jahr 1935 entstanden sein, und zwar als ein »vierter Wehrmachtsteil«, als eine »moderne Versuchstruppe«[6].

Tatsächlich reicht die Geschichte der Waffen-SS viel weiter zurück. Ihre Chronik beginnt in den ersten Monaten nach der nationalsozialistischen Machtübernahme, als sich die Schutzstaffel anschickte, bewaffnete Einheiten aufzustellen. Damals entstanden in den Abschnitten und Oberabschnitten der Allgemeinen SS mit Handwaffen ausgerüstete Kampfgruppen, die der Schutzstaffel gegenüber dem Heer der SA Respekt verschaffen und den geschlagenen, aber noch regen demokratischen Gegner terrorisieren sollten.

In der Regel waren es etwa 100 bewaffnete SS-Männer, die sich in jedem SS-Abschnitt zu einer sogenannten Stabswache zusammenschlossen; der Name verrät, daß sie zunächst keinem anderen Zweck diente, als dem (oft von Himmler unabhängigen) Ehrgeiz lokaler SS-Chefs eine martialische Kulisse zu stellen. Hatte sich die Stabswache eintrainiert, dann nannte sie sich Sonderkommando und agierte als Hilfspolizei, nicht zuletzt deshalb, weil sie sich aus dem Etat der jeweiligen Landespolizei besolden lassen wollte [7]. Verfügte ein Sonderkommando über mehrere Kompanien, so legte es sich einen neuen Namen zu: »Politische Bereitschaft«. Sie war schon völlig militärisch strukturiert: Die Politischen Bereitschaften setzten sich aus Gruppen, Zügen, Stürmen (Kompanien) und Sturmbannen (Bataillonen) zusammen [8].

So spannte sich schließlich über das ganze Reich ein weitmaschiges Netz Politischer Bereitschaften, in denen sich die bewaffneten Mannschaften der SS für den innenpolitischen Terror präparierten. In Wolterdingen, Arolsen, Ellwangen und Leisnig, in Württemberg und Sachsen probten die Politischen Bereitschaften den deutschen Bürgerkrieg [9], der am 30. Juni 1934 für einige Stunden grausige Wirklichkeit werden sollte.

Prominenteste Einheit dieser Polit-Krieger der Allgemeinen SS war eine Truppe, die Adolf Hitler ins Leben gerufen hatte. Zu seinem persönlichen Schutz ließ er eine Stabswache aufstellen, mit deren Führung Hitler einen bauernschlauen und schlagkräftigen Oberbayern beauftragte: den SS-Gruppenführer Joseph (»Sepp«) Dietrich. 1892 geboren, im bunten Nacheinander Landarbeiter, Diener, Panzersoldat, Polizist, Aufseher in einer Tabakfabrik, Zöllner und Tankwart [10], zählte Dietrich zu den bajuwarischen Grobianen mit Mutterwitz, die in Hitlers Mercedes den Chef auf seinen Redetourneen durch Deutschland begleiteten und von bildungsbeflissenen Parteigenossen die »Chauffeureska« genannt wurden [11]. Hitler hatte für seinen vielseitigen Leibwächter mancherlei Verwendung: Der 1928 in die Partei eingetretene Dietrich arbeitete als Expedient im NS-eigenen Franz-Eher-Verlag in München, baute die Schutzstaffel in Südbayern auf, übernahm 1931 die Führung des SS-Oberabschnitts Nord in Hamburg und zog unmittelbar nach dem Machtantritt der Nazis in die Reichskanzlei, zum obersten Leibgardisten des NS-Kanzlers bestellt [12].

Am 17. März 1933 stellte er, getreu der Weisung seines Führers, mit 120 gleichgearteten Männern aus Hitlers ehemaliger Münchner Leibwache die »SS-Stabswache Berlin« auf, die zunächst in der Alexander-Kaserne unweit des S-Bahnhofs Friedrichstraße ihr Quartier bezog [13]. Sepp Dietrich hatte die Keimzelle der denkwürdigsten Truppe nationalsozialistischer Militärgeschichte geschaffen: der Leibstandarte. Ihre Entwicklung unterschied sich zunächst kaum von dem Weg der anderen Politischen Bereitschaften: Verstärkung der Stabswache auf zwei Kompanien, Zusammenlegung mit einem SS-Sonderkommando, im Frühherbst 1933 als »Wachbataillon Berlin« Überführung in die Kasernen der ehemaligen Hauptkadettenanstalt in Berlin-Lichterfelde, kurz darauf verstärkt durch drei weitere, auf dem Truppenübungsplatz Jüterbog gedrillte Kompanien [14].

Die militärische Ausbildung besorgte das Potsdamer Infanterie-Regiment 9 [15], denn die Anforderungen des modernen Krieges überstiegen allzeit den Horizont des ehemaligen Oberwachtmeisters Dietrich. Seine Kameraden hatten auch später manche Mühe, Skeptikern die militärischen Meriten des ersten Generalobersten der Waffen-SS nachzuweisen. Sie mußten sich meist mit der Konstruktion begnügen, daß der einstige Panzersoldat, den gleichwohl eine seltene Zivilcourage und eine derbe, um Himmler-Befehle unbekümmerte Querköpfigkeit zum populärsten Mann seiner Truppe stempelten, eine Art soldatisches Naturtalent sei. Es reichte freilich kaum zur Führung eines Regiments. Der ehemalige SS-Obergruppenführer Wilhelm Bittrich erinnert sich: »Ich habe einmal den Versuch gemacht, Sepp Dietrich an Hand einer Karte in einem anderthalbstündigen Vortrag die Lage zu schildern. Es hat gar keinen Zweck gehabt. Er hat nichts verstanden [16].«

Über solche Mängel seines Chef-Gardisten sah Hitler gelassen hinweg. Die neue Truppe sollte kein militärischer Kampfverband sein, sie war in erster Linie als des Dritten Reiches Leib- und Repräsentationsgarde gedacht. Sie übernahm daher auch bald, aller Welt sichtbar, den Schutz Hitlers. Später versah die Leibwache den Innendienst in der neuen Reichskanzlei. Die schwarzuniformierten Doppelposten mit ihrem weißen Koppelzeug, ihren weißen Handschuhen und weißen Hemden symbolisierten vor dem Arbeitszimmer Hitlers [17] den Beginn einer neuen Ära: die Bildung einer zweiten militärischen Macht neben der Wehrmacht.

Auf dem Nürnberger Parteitag im September 1933 gab Hitler dem Wachbataillon auch seinen Namen, von nun an durfte es sich Leibstandarte-SS »Adolf Hitler« (LAH) nennen [18]. Zwei Monate später, am zehnten Jahrestag des Münchner Bierkeller-Putsches, schwor die Leibstandarte ihrem Namensgeber ewige Treue [19]. Kaum einem aber fiel auf, daß sich soeben eine militär- und verfassungspolitische Revolution en miniature vollzogen hatte: Die Männer der Leibstandarte legten ihren Eid auf den Kanzler Adolf Hitler ab, einziger Oberbefehlshaber der bewaffneten Macht war jedoch der Reichspräsident; nirgendwo stand, daß sich der Reichskanzler eine Privattruppe halten dürfe [20]. Mochte die Leibstandarte damals auch nur einige hundert Mann zählen, die Geste Hitlers verriet etwas von jener Janusköpfigkeit, die später auch noch der Waffen-SS anhaftete: Hitler schuf sich einen Verband zur persönlichen Verfügung, den er heute als militärische Truppe, morgen aber schon als Werkzeug des politischen Terrors einsetzen konnte – notfalls auch gegen den traditionellen Waffenträger, die Reichswehr.

Wer daran zweifelte, wurde am Blutsamstag des 30. Juni 1934 belehrt: Zwei Kompanien der Leibstandarte rückten nach Bayern ab mit dem Befehl, die in Bad Wiessee versammelten Führer der SA zu überfallen und zu verhaften [21]. Ein Sonderkommando unter Dietrich mähte im Gefängnishof von München-Stadelheim sechs prominente SA-Führer nieder [22], während in Berlin andere Rollkommandos der Leibstandarte NS-Gegner jagten und im Hof der Lichterfelder LAH-Kasernen exekutierten. Auch die Politischen Bereitschaften beteiligten sich an der blutigen Hatz. Die Politische Bereitschaft SS 3 (Sachsen) mordete neun mißliebige Parteigenossen; andere Bereitschaften in West- und Süddeutschland arretierten verdächtige SA-Führer [23].

Mit dem spektakulären Einsatz der Politischen Bereitschaften erwachte in Himmler der Ehrgeiz, eine große bewaffnete Truppe zu bilden. Hitler stimmte zu und versprach dem Reichsführer, er werde ihm aus dem Arsenal der beschlagnahmten SA-Rüstung genügend Waffen freigeben, um damit eine Truppe bilden zu können – und dies, obwohl die Generale der Reichswehr schon begannen, gegen die militärische Konkurrenz des Schwarzen Ordens zu murren. Hitler war allerdings umsichtig genug, sich gegen die Kritik der Reichswehrführung abzuschirmen. Er genehmigte drei bewaffnete SS-Regimenter, verbot aber zugleich aus Rücksicht auf die Wehrmacht die Zusammenlegung dieser SS-Verbände zu einer geschlossenen Division mit Pionier- und Artillerie-Einheiten [24].

Weitere Weisungen Hitlers und der Heeresführung legten zudem fest, daß die vordringlichste Aufgabe der künftigen »SS-Verfügungstruppe« in der *inneren* Sicherung des Regimes liege; die VT blieb eine Gliederung der SS und damit der Partei, sie wurde lediglich von der Reichswehr für den Kriegsfall auf einen militärischen Einsatz vorbereitet, über den allerdings erst am Mobilmachungstag »auf Grund der jeweiligen innenpolitischen Verhältnisse und der erreichten militärischen Verwendungsfähigkeit der SS-Regimenter« entschieden werden sollte. So stand es in einer Anordnung des Reichsverteidigungsministers (wie sich der Wehrminister damals zeitweilig nannte) vom 24. September 1934, in der nochmals unterstrichen wurde: »Für besondere innenpolitische Aufgaben, die der SS vom Führer gestellt werden können«, habe die SS »eine bewaffnete stehende Verfügungstruppe« zu bilden [25].

Mithin war deutlich ausgesprochen, daß die VT die Aufgaben einer Staatstruppenpolizei des Regimes wahrnehmen sollte. Himmler brauchte nur die Leibstandarte und die Politischen Bereitschaften zu einer einzigen Truppe zu vereinigen, und schon verfügte er über die Kader der kommenden SS-Armee. Der Reichsführer erkannte jedoch bald, daß er aus dem Mannschaftsreservoir der Allgemeinen SS allein die neue Truppe nicht aufbauen könne. Er brauchte die Handwerker des Krieges, die militärischen Fachleute; mit den Feldwebelnaturen vom Schlage Sepp Dietrichs ließ sich keine Elitetruppe errichten.

Hier aber tat sich ein arges Dilemma auf: Himmler benötigte erfahrene Berufssoldaten, sie aber würden sich schwerlich einer Truppe verschreiben, die sich nur graduell von der Polizei unterschied. Der SS-Chef mußte den wahren Daseinszweck der Verfügungstruppe verschleiern, mußte ihr traditionellere Aufgaben zuweisen, als der VT tatsächlich in den Befehlen Hitlers und der Reichswehr zugeschrieben wurden – nur so läßt sich erklären, warum noch heute die ältesten Führer der Waffen-SS ernsthaft glauben, von Anfang an einer normalen militärischen Truppe gedient zu haben.

Das trügerische Bild einer neuen Garde lockte ehemalige Militärs in die Reihen der Verfügungstruppe. Der SS-Richter Paul Scharfe gewann sogar einen echten General der Reichswehr: Bei einem SA-Manöver im Odenwald traf er seinen alten Kriegskameraden Paul Hausser wieder, der damals die Uniform eines SA-Standartenführers trug; Scharfe fragte den Kriegskameraden, ob er nicht zur Schutzstaffel kommen wolle. Hausser kam [26].

Zu dem stiernackig-untersetzten Bajuwaren Dietrich ließ sich kaum ein krasserer Gegentyp denken als der langaufgeschossene, hagere Brandenburger Hausser. Der Zögling des preußischen Kadettenkorps, Sohn eines Offiziers und gelernter Generalstäbler, Jahrgang 1880, verriet in jedem Zoll seiner äußeren Erscheinung den preußischen Offizier; er war elegant, gebildet und mit jenem Sarkasmus begabt, der Hausser unter den Hierarchen der Reichswehr manchen Gegner geschaffen hatte [27]. Seine militärische Laufbahn offenbarte normales Vorwärtsstreben und gediegene Routine: Infanterieausbildung, Kriegsakademie, im Ersten Weltkrieg Truppen-Generalstabsstellen an der West- und Ostfront, Chef des Stabes des Wehrkreis-Kommandos II, Kommandeur des Infanterie-Regiments 10, Infanterieführer Magdeburg und schließlich im Januar 1932 Verabschiedung mit dem Charakter eines Generalleutnants [28]. Der erzkonservative Ruheständler wußte keine bessere Beschäftigung als die Mitarbeit im deutsch-nationalen Frontkämpferbund »Stahlhelm«, in dem er sofort zum Landesführer Berlin-Brandenburg avancierte – ein Posten, für den man »als pensionierter Reichswehrgeneral geradezu prädestiniert war« (Hausser) [29]. Willig ließ er sich bei dem Zwangsanschluß des Stahlhelms an die SA von Stabschef Röhm den Rang eines Standartenführers der SA-Reserve verleihen, ebenso willig von Himmler die Uniform eines SS-Standartenführers anpassen [30].

Der SS-Chef witterte in dem ehemaligen Reichswehrgeneral die Nüchternheit eines handwerklichen Könnens, dessen Himmler bedurfte, als er begann, die bewaffnete Schutzstaffel zu reorganisieren. Er hatte bereits, am 14. Dezember 1934, Weisung gegeben, die Politischen Bereitschaften in Bataillone umzugliedern und sie gemeinsam mit der Leibstandarte zur Verfügungstruppe zusammenzufassen [31]. In diesem Neuaufbau war dem Standartenführer Hausser eine zentrale Stellung zugedacht: Er sollte den SS-Soldaten einimpfen, was ihnen fehlte – Disziplin, Gehorsam, Drill, Gefechtsbereitschaft, kurz: das militärische Knowhow.

Der neue Drillmeister eröffnete Anfang 1935 im Braunschweiger Herzogsschloß eine SS-Junkerschule, Lehrstätte für den Nachwuchs, der eines Tages die Regimenter und Bataillone der SS-Armee übernehmen sollte. Es war die zweite Führerschule dieser Art, schon am 1. Oktober 1934 hatte der ehemalige Reichswehroffizier Paul Lettow in der Junkerschule von Bad Tölz mit dem ersten Lehrgang begonnen [32]. Hausser erkannte rasch, daß er eine schlagkräftige Truppe nur dann aufstellen könne, wenn er sich in Ausbildung und Mentalität an die Reichswehr anlehne. »Ich habe gemeint«, sagt er heute, »daß die SS eine Truppe zu schaffen habe, die sich zunächst einmal auf die Ausbildungsvorschriften der Reichswehr gründete, denn diese Vorschriften hatten sich bewährt [33].«

Das solide Handwerk, das Hausser in Braunschweig lehrte, zog genügend ehemalige Polizeioffiziere, ausgediente Reichswehr-Feldwebel und junge Militärenthusiasten an, um mit ihnen die Führer- und Unterführerkader der künftigen SS-Armee schaffen zu können. Die Kader wurden auf die verstreuten Bataillone verteilt, die sich allmählich zu Regimentern formierten: In München entstand aus drei Sturmbannen das SS-Regiment 1 (»Deutschland«), ausgerüstet und gegliedert als pferdebespanntes Infanterie-Regiment, in Hamburg aus ebenfalls drei Sturmbannen das SS-Regiment 2 (»Germania«), in Berlin erweiterte sich die Leibstandarte zu einem motorisierten Infanterie-Regiment, während in Wien ab 1938 ein viertes Infanterie-Regiment aufgestellt wurde, das SS-Regiment 3 (»Der Führer«) [34]. Der Aufbau der Verfügungstruppe nahm bereits im Hochsommer 1936 so deutliche Konturen an, daß Himmler seinen General auch offiziell an die Spitze der SS-eigenen Kleinstarmee stellte: Am 1. Oktober 1936 avancierte SS-Brigadeführer Hausser zum Inspekteur der Verfügungstruppe [35].

Der wohlklingende Titel verbarg, daß Hausser kaum Herr im eigenen Haus war. Er schuf sich, formell dem SS-Hauptamt unterstellt, eine Art Divisionsstab, der Ausrüstung und Ausbildung der Truppe überwachen sollte, aber die politischen und militärischen Duodezfürsten der Schutzstaffel waren anfangs nicht bereit, Haussers Autorität freiwillig anzuerkennen. Die Oberabschnittsführer der Allgemeinen SS wollten nur ungern die Kontrolle über die bewaffneten Einheiten abgeben, die sie einst (als Politische Bereitschaften) aufgestellt hatten [36]. Ein Himmler-Befehl vom 17. September 1936 besagte denn auch, die Inspektion werde »nur in dem Umfange gebildet, wie es die Ausbildung verlangt« und berühre »die territorialen Befugnisse über die im Bereich der SS-Oberabschnitte liegenden V-T-Einheiten nicht« [37]. Erst allmählich konnte sich der vorsichtige Hausser mit Hilfe Himmlers in den SS-Oberabschnitten durchsetzen.

Kaum aber hatte er sich den Rücken freigekämpft, da erwuchs ihm in der eigenen Truppe ein brummiger Widersacher: Leibstandarte-Chef Dietrich zeigte keine Lust, sich von dem Preußen Hausser inspizieren zu lassen. Selbst Himmler zuckte zurück, Dietrich zur Ordnung zu rufen. Vorbeugend hatte er schon in seinem VT-Ukas geschrieben, die Besichtigung der Leibstandarte behalte er sich vor, der Inspekteur sei lediglich »berechtigt, dem Dienst der L.ST.SS A.H. beizuwohnen« [38]. Die Sätze zeugten von der stillen Resignation des Reichsführers, dem es nicht gelingen wollte, Dietrichs Leibwächter zur Einhaltung von Himmler-Befehlen zu bewegen. Oft erlosch die Macht des »Reichsheini« am Kasernentor in Lichterfelde.

»Lieber Sepp, das ist selbstverständlich wieder eine Unmöglichkeit«, erregte sich Himmler einmal in einem Brief. »Deine Führer sind so gütig, mich persönlich anzuerkennen, sonst aber ist die Leibstandarte-SS ein Unternehmen für sich, das tun und lassen kann, was es will, das sich um keinen Befehl von oben zu kümmern braucht [39].« Häufige Schlägereien mit Soldaten der Wehrmacht [40], Schmährufe auf die Kameraden von der »Vergnügungstruppe« [41], eigenmächtiges Einziehen Dienstpflichtiger ohne Genehmigung der Wehrmacht [42] – der Ärger mit der Leibstandarte nahm kein Ende. Der Chef des SS-Hauptamtes sorgte sich: »Wenn die Leibstandarte, allen Anordnungen, Befehlen und Versprechen zuwider, weiterhin solche eigenmächtigen Handlungen vornimmt, sehe ich große Schwierigkeiten kommen [43].« Wieder mahnte Himmler den Sepp: »Ich bitte Dich wirklich zum letzten Mal, stelle diese Dinge ab. Es ist ebenso unmöglich, daß ich der Wehrmacht gegenüber eingestehen kann, ich wäre nicht in der Lage, die Leibstandarte dazu anzuhalten, die für die gesamte SS-V. T. geltenden Anordnungen und Verfügungen einzuhalten, wie es unmöglich ist, daß ich es dulde, daß die Leibstandarte immer wieder Extratouren macht[44].«

Auch Chefausbilder Hausser mußte zunächst vor dem Unwillen Dietrichs zurückweichen, obwohl den »Asphaltsoldaten«, wie die VT ihre selbstbewußten LAH-Kameraden nannte, gründliche militärische Ausbildung fehlte. Der schier pausenlose Parade- und Absperrdienst hatte der LAH versagt, das Einmaleins einer Gefechtsausbildung zu erlernen[45]. Erst als selbst Dietrich aufging, daß kein Soldat die Leibstandarte ernst nahm, ließ er sich erweichen, dem Inspekteur Hausser mehr Einfluß einzuräumen. 1938 stimmte er einem Austausch von Bataillons- und Kompaniechefs zwischen VT und Leibstandarte zu, allmählich brachten Haussers Schüler militärische Ordnung in die Leibstandarte[46].

Gleichwohl konnte der ehemalige General Hausser allein das militärische Bild der VT nicht bestimmen. Schon bald waren in die Verfügungstruppe ehemalige Militärs und nationalsozialistische Heißsporne eingesickert, die es keineswegs – wie Hausser – für erstrebenswert hielten, die Reichswehr zu kopieren. Die Neuen trieb vielmehr der Glaube, die VT sei dazu berufen, die revolutionäre Kerntruppe des neuen Reiches zu werden, ausersehen, die vermeintlich verknöcherte Wehrmacht abzulösen. Sie luden die Verfügungstruppe mit der Dynamik und dem herrischen Elitebewußtsein einer Garde auf, in der sich die blinde Gläubigkeit der heranwachsenden Hitlerjugend-Generation mit den militärreformerischen Thesen nonkonformistischer Frontoffiziere zu einer Attitüde der Auserwähltheit verdichtete.

Führender Kopf der Militärreformer war der SS-Sturmbannführer und ehemalige Reichswehroffizier Felix Steiner, den ein Erlebnis an der Westfront des Ersten Weltkriegs zum Rebellen gegen die konservative Heeresleitung hatte werden lassen. In den Durchbruchsschlachten des Jahres 1918 wurde er Zeuge des Untergangs der unbeweglichen Massenheere und der Geburt eines neuen Militärverbandes: des Stoßtrupps, der mobilen Kampfgruppe[47].

Um sich von dem lähmenden Stillstand des Grabenkrieges zu befreien, in dem Massenheer gegen Massenheer kämpfte und sich gegenseitig erschöpfte, waren deutsche Frontoffiziere auf die Idee gekommen, ihre besten Soldaten aus den Schützengräben herauszuziehen und zu Stoßtrupps zusammenzustellen. Sie sollten als sogenannte Sturmbataillone gleichsam Korsettstangen am weichen Leib der Massenheere sein: Kern der Abwehr, Spitze des Angriffs. Die Kampfgruppen wurden für den Nahkampf ausgebildet, mit Flammenwerfern, Maschinengewehren, Pistolen, Handgranaten und Spaten ausgerüstet und erlernten schon früh, was man später militärische Teamarbeit nannte: das Zusammenwirken in kleinsten Verbänden[48]. Hinter einem MG lag der damals 20jährige Leutnant Steiner, Ostpreuße, Abkömmling einer Salzburger Emigrantenfamilie und Kompanieführer einer

Maschinengewehr-Scharfschützen-Abteilung [49], und glaubte, eine neue Ära der Militärgeschichte zu erleben. Ihn dünkte, weder der amorphen Masse noch dem traditionellen Einzelkämpfer gehöre die Zukunft, sondern allein dem elitären Gruppenkämpfer.

Der Leutnant irrte. Die Generale der nachfolgenden Reichswehr dachten ähnlich wie später der SS-Brigadeführer Hausser, der fand, die Sturmbataillone seien Notlösungen gewesen und könnten immer nur Ausnahmeerscheinungen im Rahmen eines normalen Heeres sein [50]. Der ostpreußische Reformer, seit 1927 Hauptmann und seit 1932 Kompaniechef im Königsberger Infanterie-Regiment 1, geriet in einen immer stärkeren Gegensatz zu den Doktrinen der Reichswehr [51]. Die Generale wollten den nächsten Krieg wieder mit einem Volksheer der allgemeinen Wehrpflicht führen, Steiner aber setzte ihnen den Begriff der militärischen Elite entgegen. Der totale Krieg, so etwa liefen Steiners Gedanken, verlange Massenarmeen, die in der Lage sein müßten, defensive Operationen zu führen. Die entscheidende Rolle aber käme »schnellen operativen Heereskörpern hochwertiger Eliten« zu, einer ultramodernen Kerntruppe, »die den Gegner in blitzschnellen Schlägen aufspalten und seine zusammenhanglosen Teile zerschlagen« könne [52].

Ein folgerichtiger Weg führte den Elitetheoretiker Steiner zu Haussers VT, die dem Militärreformer als jene Kerntruppe der Zukunft erschien, von der Felix Steiner immer geträumt hatte. Er erhielt den Befehl über das projektierte VT-Regiment »Deutschland« und wurde in wenigen Monaten zum geistigen Gegenpol des Reichswehr-Traditionalisten Hausser [53]. Steiner beschränkte seine Reformen allerdings zunächst auf ein Bataillon. Er brach die Vorherrschaft des mechanischen Kasernenhofdrills, stellte in den Mittelpunkt seiner Ausbildung einen Leistungssport auf breitem Niveau und erzog den Soldaten zu jenem geländekundigen Typ des »Jägers, Pürschgängers und Athleten«, den der britische Militärschriftsteller Liddell Hart einmal zum Ideal des modernen Infanteristen erhoben hatte [54].

Ihm kam es darauf an, die Unterschiede zwischen Mannschaften und Führern zu nivellieren, um eine Kameradschaft unter seinen Soldaten zu fördern, die den Strapazen und Qualen rüder Ausbildung und Kampfführung ein Ventil bot. Führer, Unterführer und Mannschaften mußten Sportkämpfe gegeneinander führen – ebenfalls ein Mittel, Rangunterschiede zu eliminieren [55]. Zudem begünstigte das System der Führerauslese die innere Geschlossenheit der Truppe. Die SS-Junkerschulen hatten mit dem System der Wehrmacht gebrochen, frühzeitig Offiziersanwärter zu akzeptieren, die sich allein durch ihre Vorbildung legitimierten. Die künftigen Junker mußten vor Besuch der Kriegsschule zwei Jahre lang in der Truppe dienen, das Vorrecht von Bildung und Herkunft fiel – vor 1938 besaßen 40 Prozent der Junker kein Abitur [56]. Immer wieder demonstrierten Steiner und andere SS-Kommandeure ihre Abkehr von den Maximen der Wehrmacht: Die Türen von Stuben und Schränken in den SS-Unterkünften mußten grundsätzlich unverschlossen bleiben [57], die Führer der Truppenverwaltung durchliefen zunächst eine militärische Ausbildung, ehe sie auf ihre Fachschulen entlassen wurden[58], und immer mehr entwickelte sich »zwischen Offizieren, Unteroffizieren und Mannschaften ein Gefühl der Zusammengehörigkeit und des gegenseitigen Respektes, das im Heer allgemein unbekannt war«, wie der amerikanische Historiker George H. Stein urteilt[59].

Auch in der Kampfausbildung ging Steiner neue Wege. Für ihn war nicht (wie bei der Wehrmacht) die Gruppe die militärische Grundeinheit, sondern der Stoßtrupp – Steiner wollte sein ganzes Regiment in Stoßtrupps aufgliedern, schnell genug, den Feind sofort in einen Nahkampf zu verwickeln und dennoch in Regimentsformation zu bleiben[60]. An die Stelle der Wehrmacht-üblichen Karabiner traten Waffen größerer Beweglichkeit und Schnelligkeit, allen voran Maschinenpistole, Handgranate und Pioniersprengmittel. Auch eine neue Kampfbekleidung löste den Felddreß des Heeres ab: die Tarnjacke und der Tarnanzug[61]. Zug um Zug schuf Steiner eine Truppe von Militärathleten, einen »lockeren und elastischen Soldatentypus von sportlicher Haltung, aber hoher überdurchschnittlicher Marsch- und Gefechtsleistungsfähigkeit«, wie es Steiner später umschrieb[62]. Selbst die Wehrmacht staunte: eine Truppe mit kurzen Sprüngen drei Kilometer in 20 Minuten bewältigen zu lassen – das hatte man noch nicht erlebt[63].

Die Erfolge des Modernisierers Steiner waren so offenkundig, daß die Verfügungstruppe in ihm den eigentlichen Führer sah. Auch Himmler, durch Neuerungen leicht zu beeinflussen, erkor den eigenwilligen Ostpreußen zu seinem »ausgesprochenen Lieblingskind« (so der Rivale Hausser)[64]. Himmler sah anfangs darüber hinweg, daß Felix Steiner seinem Reichsführer allzu gelassen gegenübertrat, nicht heiraten wollte und den Austritt aus der Kirche (Voraussetzung höherer Führerlaufbahn in der SS) verweigerte[65]; fast immer war der SS-Chef bereit, auf die Ideen seines Wundersoldaten einzugehen.

Steiner konnte jahrelang seine Starrolle in der VT genießen, weil er neben seinen Kameraden Hausser, Bittrich, Friedemann Goetze, Georg Keppler und Herbert Gille zu den wenigen Berufsmilitärs gehörte, die den Weg in die SS-Truppe gefunden hatten. Auch die Euphorie des VT-Aufbaus konnte nicht verdecken, daß der neuen Truppe eine ausreichende Anzahl erfahrener Offiziere und eine tragende, prägende Menschenschicht fehlte, die im von Generation zu Generation fortgesetzten Soldatendienst erzogen war. In der Reichswehr kamen 49 Prozent des Offizierskorps aus Militärfamilien, in der Verfügungstruppe allenfalls fünf Prozent. Knapp zwei Prozent der Wehrmachtoffiziere waren bäuerlicher Herkunft, dagegen kamen 90 Prozent der VT-Führer vom Lande[66]. Die Verfügungstruppe konnte nie das Bürgertum und die Großstädter für sich engagieren, die VT blieb eine Bauern- und Handwerkerarmee. In Schleswig-Holstein, Niedersachsen, Franken und an der Saar trat fast jeder dritte Bauernsohn in die VT oder später in die Waffen-SS ein[67].

Was den Rekruten und neuen Führern der Verfügungstruppe an militärischer Tradition fehlte, suchten sie durch Lerneifer und durch einen NSkonformen Hitler-Kult zu ersetzen, der viele in der VT glauben ließ, im Gegensatz zur »reaktionären« Wehrmacht sei die Verfügungstruppe die einzige zuverlässige Streitmacht des nationalsozialistischen Staates. Züchteten schon die militärtechnischen Reformideen Steiners ein soldatisches Elitegefühl, das die VT hoch über die Wehrmacht erhob, so schleppten die neuen, in der HJ vorgeformten und auf den Junkerschulen weltanschaulich getrimmten VT-Führer in die Truppe eine nationalsozialistische Gesinnungstüchtigkeit ein, die Himmlers Soldaten in eine kaum noch verhüllte Frontstellung gegen »die alten Schuster« trieb, wie Röhm einst die Generale der Reichswehr genannt hatte. Die Animosität gegen die Feldgrauen gehörte zu einem Lebenselixier der Verfügungstruppe, denn der Wehrmacht war es zunächst gelungen, der unwillkommenen Truppe Fesseln anzulegen.

Die Generale hatten niemals in der VT einen vierten Wehrmachtteil gesehen, im Gegenteil: Sie befürchteten, eine zweite Truppe in der Hand Himmlers, der bereits den gesamten Polizeiapparat des Regimes kontrollierte, werde sich in kurzer Zeit zu einer tödlichen Existenzbedrohung der Wehrmacht auswachsen [68]. Jede Schlägerei zwischen den Angehörigen von VT und Wehrmacht, jede Lästerrede in SS-Kasinos gegen den antinazistischen Heeres-OB Freiherr von Fritsch, jeder Zwischenfall auf den von Heer und SS gemeinsam benutzten Truppenübungsplätzen führte der Heeresleitung die Gefahr vor, sie könne eines Tages die militärische Monopolstellung, das Privileg des einzigen Waffenträgers der Nation, an die Schwarzen verlieren [69]. »Alle Stellen melden übereinstimmend«, registrierte Generaloberst von Fritsch am 1. Februar 1938, »daß das Verhältnis der SS-Verfügungstruppe zum Heer ein sehr kühles, wenn nicht ablehnendes sei. Man kann sich des Eindruckes nicht erwehren, daß die ablehnende Haltung gegen das Heer in der SS-Verfügungstruppe geradezu gefördert wird [70].«

Fritsch und die Generale des Heeres hatten Hitler so bedrängt, daß der Diktator einstweilen jede Ausweitung der SS-Truppe verhinderte und ihr sogar die volle Anerkennung als militärischer Kampfverband versagte. Die Verfügungstruppe sah sich von der Wehrmacht eingeschnürt: Sie durfte keine Division aufstellen [71]. Artillerie wurde ihr verweigert [72]. Werbung durch Zeitungsannoncen war ihr verboten [73]. Das Heer durfte SS-Einheiten inspizieren [74]. Und alles sollte nur Gültigkeit haben bis zum Ausbruch eines Krieges – dann wollte Hitler entscheiden, ob er die VT als eigene Truppe dem Heer unterstellte oder sie gar auflöste, um ihre Angehörigen einzeln auf Wehrmachtseinheiten zu verteilen [75]. Ein ärgeres Schicksal konnte keine Truppe bedrohen, zumal eine Formation, die sich selber als Elite und Kerntruppe deutscher Wehrkraft hochputschte.

Da kam der VT eine unerwartete Krise der Wehrmacht zupaß. Im Februar 1938 stürzten der VT-Gegner von Fritsch und der Reichskriegsminister von Blomberg, Hitler bemächtigte sich der Wehrmachtführung. Ein halbes Jahr später war die Existenzangst der Verfügungstruppe verflogen. Am 17. August 1938 unterzeichnete Hitler einen Erlaß, der zur eigentlichen Geburtsurkunde der späteren Waffen-SS wurde: Hitler erkannte die VT als stehende

Truppe für Friedens- und Kriegszeit an. Sie sollte, so ließ Hitler formulieren, »für besondere innerpolitische Aufgaben des Reichsführers-SS und Chefs der Deutschen Polizei, die ihm zu stellen ich mir von Fall zu Fall vorbehalte, oder für mobile Verwendung im Rahmen des Kriegsheeres« bereitstehen [76]. Die Verfügungstruppe hatte es geschafft. Brigadeführer Leo Petri vom SS-Hauptamt triumphierte: »Die Wehrmacht ist zur Erkenntnis gekommen, daß die Zähigkeit des Reichsführers-SS in der Durchkämpfung seiner Ziele doch wohl stärker ist als ihr Widerstand gegen Neu-Erscheinungen des Dritten Reiches [77].«

Doch seltsam: Die ehemaligen VT-Führer wollen heute dem Hitler-Erlaß kaum noch eine Bedeutung beimessen, der Text des Geburtsscheins ihrer Truppe klingt ihnen unangenehm in den Ohren [78]. Denn der Hitler-Ukas enthielt Passagen, die erneut dokumentierten, daß die Verfügungstruppe als ausschließlich militärische Formation noch immer nicht von Staats wegen anerkannt war. »Die SS-Verfügungstruppe«, hieß es in dem Erlaß, »ist weder ein Teil der Wehrmacht noch der Polizei. Sie ist eine stehende bewaffnete Truppe zu meiner [Hitlers] ausschließlichen Verfügung. Als solche und als Gliederung der NSDAP ist sie weltanschaulich und politisch nach den von mir für die NSDAP und die Schutzstaffel gegebenen Richtlinien durch den Reichsführer-SS auszuwählen [79].«

Da aber heute die ehemaligen Führer der Waffen-SS nicht mehr einer Parteiarmee angehört haben wollen, müssen sie das Schlüsseldokument des 17. August 1938 bagatellisieren. Hausser 1966: »Dem Erlaß kann eine grundlegende Bedeutung nicht beigemessen werden [80].« Der Brigadeführer Hausser war freilich einmal anderer Meinung. Auf einer Gruppenführertagung in Berlin erläuterte er am 23. Januar 1939, warum der Hitler-Befehl für die gesamte Verfügungstruppe »grundlegend« sei: »Die VT ist und bleibt ein Teil der Schutzstaffel. Sie verwirklicht die Einheit zwischen den bewährten politischen Soldaten und dem Waffenträger innerhalb der Partei [81].«

Dennoch darf man Berufsmilitärs wie Hausser und Steiner unterstellen, daß sie schon damals dem Hitler-Erlaß innerlich nur sehr bedingt zugestimmt haben, verwehrte er ihnen doch, was ihre ganze Welt ausmachte: Soldaten zu sein, die nur einem militärischen Auftrag folgen. Wie sehr auch Hausser, Steiner und die anderen ehemaligen Berufssoldaten in militärtechnischen Fragen differierten, eines war ihnen gemeinsam: Sie wollten einem ausschließlich militärischen Handwerk nachgehen, sie wollten Soldaten sein »wie andere auch« – nichts lag ihnen ferner als das Triumphgeschrei Petris, der vom Sieg der »Parteitruppe« sprach, nichts schien ihnen abartiger als die Gedankenwelt ihres Reichsführers, der in der VT zuvörderst ein Glied unter vielen in der eisernen Kette des erträumten Staatsschutzkorps sah. Das wurde schon in Haussers Vortrag am 23. Januar 1939 deutlich. Mochte Hausser auch die Eingliederung der VT in die Gesamt-SS betonen, so versuchte er doch gleichzeitig, eine SS-fremde Autorität in die Truppe einzuschmuggeln: den Oberbefehlshaber des Heeres (OBH). Hausser erklärte: »Die SS-V. T. ist der einzigste Teil der Schutzstaffel, der neben den Weisungen des Reichsführers nach dem Befehle des Führers an Bestimmungen einer Dienststelle *außerhalb* der SS, nämlich des OBH, gebunden ist[82].«

Allmählich tat sich eine Kluft auf, zunächst kaum wahrnehmbar, im Krieg aber von Jahr zu Jahr deutlicher werdend: die Kluft zwischen dem Ordensmystiker Himmler und der militärischen Spitze seiner Truppe, jene Entfremdung, die später den Chef des SS-Hauptamtes ausrufen ließ, die Führer der Truppe hätten »die Maßnahmen des Reichsführers-SS nie verstanden und immer kritisiert«. Mißtrauisch verfolgte Himmler alle Versuche seiner Militärs, sich äußerlich der Wehrmacht anzugleichen. Daß der VT-Dienst als Wehrdienst anerkannt wurde[83], hatte Himmlers Einverständnis gefunden; weniger erbaut war er darüber, daß die VT an Stelle der schwarzen Dienstuniform die feldgraue des Heeres einführte und sich auch die in der Wehrmacht üblichen Schulterstücke und Tressen anlegte[84]. Als die VT-Führer sogar militärische Einheitsbegriffe und Ränge adoptieren wollten, legte Himmler sein Veto ein. SS-Gruppenführer Heißmeyer, damals Chef des SS-Hauptamtes, mußte die SS-Militärs in einer Verfügung belehren, die VT kenne »keine Kompagnien und Bataillone, sondern Stürme und Sturmbanne. Die Führer sind nicht Kompagniechefs und Bataillons-Kommandeure, sondern Führer der Stürme und Sturmbanne«[85].

Hinter der traditionsbewußten Titelsucht der VT-Militärs witterte der Reichsführer Verrat, wußte doch auch er, daß »einsichtige hohe SS-Führer in den Friedensjahren im Gegensatz zu Himmler die Ansicht« vertraten, die Truppe solle sich »in vollem Umfange in das Heer eingliedern«, wie Hitlers SS-gegnerischer Wehrmachtadjutant, General Hoßbach, bezeugt[86]. Die SS-eigenen Berufsmilitärs hatten sich stets daran gestoßen, daß die VT auch innenpolitische, polizeiartige Aufgaben wahrnehmen sollte. Nur mühsam war es gelungen, Himmler von der Idee abzubringen, Führer in der Verfügungstruppe müßten durch regelmäßigen Dienst in anderen nichtmilitärischen SS-Einheiten weltanschaulich gestählt und zu einem Korpsgeist erzogen werden, der den VT-Mann mit dem KZ-Wächter und dem SD-Rechercheur auf die gleiche Ebene stelle[87].

Der Absolvent einer Junkerschule, prophezeite Himmler am 22. Mai 1936, »kommt rund 10 Monate zur Verfügungstruppe als Zugführer, kommt dann 10 Monate ins Rasse- und Schulungsamt, um weltanschaulich seine erste große Schulung zu machen. Weiter kommt er 10 Monate in den Sicherheitsdienst, um den Gegner kennen zu lernen, 10 Monate in die Allgemeine SS, damit er lernt zu führen«[88]. Das Projekt scheiterte ebenso wie der Versuch des SS-Schulungsamtes, mit eigenen weltanschaulichen Instruktoren eine Hausmacht in der Truppe zu schaffen, die – dem sowjetischen Politruksystem nicht unähnlich – sich gleichberechtigt neben die Autorität der Einheitsführer schob. 1936 mußte Himmler den Kommandeuren die weltanschauliche Schulung übertragen; das Schulungsamt war nur noch für Richtlinien und Texte verantwortlich[89].

Aber gerade der NS-Unterricht der Kommandeure enthüllte, daß den jungen, im braunen Deutschland-erwache-Rausch aufgewachsenen VT-Führern eine ältere Generation nüchterner Nur-Militärs gegenüberstand, die sich nur selten zu nationalsozialistischen Lippenbekenntnissen aufrafften. Mehr als einmal kam es zwischen beiden Gruppen zu Auseinandersetzungen. In dem SS-Oberführer Goetze, einem »alten, grundehrlichen Soldaten«, so berichtete einer der NS-Gläubigen, der Sturmbannführer Ernst Fick, am 17. Mai 1938, habe er einen »todehrlichen Gegner angetroffen, und wir sind so aufeinandergeprallt in weltanschaulichen Dingen, daß ich immer glaubte, es müßte einen Knacks geben bei ihm« [90]. Dem gleichen Beobachter fiel auch auf, das VT-Idol Steiner sei keineswegs für nationalsozialistische Ideen zu begeistern. Er notierte über Steiner: »Geistig wehrmachtstypisiert mit dem Plus des Schwergewichtes in der Tradition, mit dem Minus, für unsere politische Problematik schwer zugänglich zu sein [91].«

Die Nur-Militärs waren jedoch nicht stark genug, der politischen Radikalisierung ihrer jungen Führer wirksam entgegenzusteuern. Die VT blieb eine Truppe der Regimewächter: Jeder weltanschauliche Unterricht impfte Himmlers Soldaten ein, sie müßten notfalls bereit sein, Adolf Hitlers Staat gegen die eigenen Brüder zu verteidigen. Die VT-Männer lernten, die Truppe sei, wie es in einer SS-amtlichen Schrift hieß, »der sichtbare Waffenträger der nationalsozialistischen Partei«; Werbeprospekte forderten jeden »gesunden, deutschblütigen Mann« zum Eintritt in die VT auf, sofern er die nationalsozialistische Weltanschauung bedingungslos bejahe [92]. Der Schulungsunterricht hatte sicherzustellen, daß der Soldat der Verfügungstruppe auch ideologisch ein fanatischer, blindlings gehorchender, jeden Befehl des Diktator-Kanzlers ausführender Nationalsozialist war. Über die Truppe ergoß sich eine Flut antichristlicher Hetzpropaganda, die den VT-Mann zwingen sollte, den Kategorien bürgerlich-christlicher Sittlichkeit abzuschwören und das Band mit den Kirchen zu lösen.

Die VT wurde zu einer Hochburg SS-eigener Gottlosigkeit, die NS-Propagandisten damals in bezeichnender Umkehrung »Gottgläubigkeit« nannten. Ende 1938 hatten bereits 53,6 Prozent der VT-Soldaten die Kirche verlassen; die VT sah sich nur noch von den rabiateren Totenkopfverbänden übertroffen, dort hatten 69 Prozent mit der Kirche gebrochen [93]. Nicht wenige VT-Männer wurden freilich zum Kirchenaustritt gezwungen. Manchem wird es ergangen sein wie dem Katholiken Franz Waldmann aus Spessart, dessen Fall später das Oberkommando der Wehrmacht beschäftigte. Er hatte sich zur Truppe freiwillig gemeldet, weil sein Vater in der bewaffneten SS, wie Waldmanns katholischer Pfarrer schrieb, »eine Art Gardetruppe sah«.

Kaum war Waldmann zur Truppe eingerückt, da setzte – so der Pfarrer in einem Bericht an seine zuständige Erzdiözese – »die Bearbeitung ein, er solle aus der Kirche austreten. Nach seinen Erzählungen, die er der Mutter gab, waren es etwa 30 Kameraden, die sich weigerten. Diese mußten nun einen Leidensweg gehen, den junge Menschen zu gehen kaum im Stande sind. Bei jedem Dienste, besonders bei jedem Unterrichte hieß es: Wer noch nicht aus der Kirche ausgetreten ist, vortreten! Keine Gelegenheit ließ man sich entgehen, um diese Leute zu beschämen und zu verspotten. Franz verteidigte sich immer wieder mit dem Worte: Es kommt nicht auf die Religion an, sondern darauf, wie ich meinen Dienst mache, das ist hier die Hauptsache. Einer nach dem andern seiner Kameraden wich dem Drucke, so daß Franz ... allein stand. In diesen Tagen schrieb ein Freund von Franz an dessen Vater, daß Franz unmöglich noch standhalten könne. Auch Franz war nun des Kampfes müde.« Kurz darauf erreichte den Pfarrer die Meldung, Franz Waldmann sei aus der Kirche ausgetreten. Im Oktober 1942 ist Waldmann in Finnland gefallen. Seiner Mutter hatte er während des letzten Urlaubs erzählt: »Tag für Tag wurde ich genötigt, meinen Glauben zu verlassen. Nie mehr würde ich zu dieser Truppe gehen, wenn auch der Dienst mir gut gefallen hat. Ich will nach dem Kriege wieder frei sein, wieder sein, was ich früher gewesen [94].«

An der mit 1 000 Mann belegten SS-Kaserne in Radolfzell ließ sich die wachsende Anti-Christen-Propaganda der VT und späteren Waffen-SS deutlich ablesen. Gemeldete Kirchenaustritte unter den etwa 300 katholischen SS-Männern: 1937 – vier Mann; 1938 – drei Mann; 1940 – 67 Mann; 1942 – 129 Mann [95]. »Die Sammelaustritte in dieser Kaserne«, schrieb Generalvikar Kösch vom Erzbischöflichen Ordinariat Freiburg in einem Protestbrief an das OKW, »erfolgten regelmäßig am Ende eines weltanschaulichen Lehrganges. Ein ... direkter Gewissenszwang ... dürfte wohl kaum vereinzelt dastehen [96].« Auch junge VT-Führer mußten unentwegt nachweisen, daß sie kompromißlose Kämpfer gegen die angeblich undeutsche Versöhnungs- und Toleranzbotschaft des Christentums seien. Die Offiziere lernten von früh an, im Christentum eine zersetzende, verweichlichende und »jüdische« Lehre zu verabscheuen. »Inwiefern hat das Christentum den Untergang der Ostgoten und Vandalen verschuldet?« oder: »Auswirkung des Christentums auf die Ahnenverehrung in unserm Volk« lauteten die Themen von Prüfungsarbeiten, die VT-Führer nach Verlassen der Junkerschulen anfertigen mußten. Das nannte Himmler »Weiterbildung« [97]. Sie sollte garantieren, daß die VT auch in jeder Gedankenfalte ihrer Führer eine »weltanschauliche Truppe« war.

Die VT-Männer erfuhren, die Truppe habe jeden Augenblick entschlossen zu sein, durch schärfstes Eingreifen im Innern einen neuen November 1918 zu verhindern. Die Lehren der Geschichte, so lautete eine Kernthese, die noch im Oktober 1943 in der SS-Panzergrenadier-Division »Hohenstaufen« verbreitet wurde, »machten eine Truppe notwendig, die unerschütterlich ist und der Führung des Reiches in jeder Lage zur Verfügung steht, auch wenn es gilt, die Ordnung im Innern des Reiches mit allen Mitteln aufrecht zu halten« [98]. Es blieb nicht bei papierenen Erklärungen. Als sich am 9. November 1938 über Großdeutschlands Juden die erste Nacht der Barbarei niedersenkte, stellten auch die Blitz-Fernschreiben des Sipo-Chefs Heydrich die Verfügungstruppe zu dem makabersten Dienst bereit, den bis dahin Deutsche im militärischen Uniformrock geleistet hatten [99]. Aus Wien meldete am 14. November 1938 der SD-Oberabschnitt Donau an das SD-Hauptamt zu Berlin: »Vor den Synagogen fuhren Rollkommandos der VT vor und begannen mit Handgranaten das Inventar für eine Inbrandsetzung vorzubereiten.« Die Untat blieb in der Kristallnacht-Chronik der Verfügungstruppe eine Ausnahme, aber sie zeigte, welche Funktionen der VT von der SS-Führung zugedacht waren [100].

Himmler hatte in der VT nie etwas anderes gesehen als ein innenpolitisches Machtinstrument. Es sollte das Regime schützen und die nie ganz zuverlässige Wehrmacht in Schach halten; drohte ein militärischer Putsch, dann war es Aufgabe der Verfügungstruppe, sich mit den Polizeiverbänden und den Einheiten der Allgemeinen SS zu vereinigen und den Staatsstreich niederzuschlagen. Indes, Hitlers Zweiter Weltkrieg zerstörte das politische VT-Konzept. Die Abenteurerpolitik des Diktators trieb die Verfügungstruppe auf das Schlachtfeld – als soldatischen Kampfverband.

Am 19. August 1939 reichte das OKW einen Hitler-Befehl an die VT-Inspektion weiter: »Die Truppenteile der SS-Verfügungstruppe werden mit sofortiger Wirkung dem Oberbefehlshaber des Heeres unterstellt. Ihre Verwendung regelt der Oberbefehlshaber des Heeres nach den von mir gegebenen Weisungen [101].« Einen Feldzug lang konnten sich die Männer der Verfügungstruppe in der Illusion wiegen, nichts anderes zu sein als normale Soldaten. VT-Inspekteur Hausser ließ sich als Verbindungsoffizier zum Divisionsverband des Heeres-Generalmajors Werner Kempf versetzen und kehrte nie wieder in den Bereich der Berliner SS-Hauptämter zurück [102]. Vergessen waren die Tage der Inspekteur-Ohnmacht, jetzt konnte Paul Hausser wieder werden, was er immer hatte sein wollen: ein General, der Truppen führt.

Zu Kempfs gemischter Panzer-Division stießen auch Steiners Infanterie-Regiment »Deutschland«, ein Artillerie-Regiment und andere Einheiten der Verfügungstruppe [103]. Ebenso wurden das motorisierte Infanterie-Regiment der Leibstandarte und das VT-Regiment »Germania« den gegen Polen aufmarschierenden Angriffsarmeen einverleibt [104]. Steiners Truppe zeichnete sich beim Vorstoß der 3. Armee auf Mlawa und Modlin aus [105], während die Leibstandarte an der Bzura-Schlacht in Mittelpolen teilnahm [106] und die »Germania« im Verband der 14. Armee an dem Vormarsch auf Lemberg mitwirkte [107].

Gleichwohl vermochte der Einsatz der SS-Truppen kritische Militärs nicht zu befriedigen. Die Verfügungstruppe erlitt wesentlich schwerere Verluste als vergleichbare Einheiten des Heeres; schon bald hatte sich enthüllt, daß die VT-Soldaten für den Kampf im Divisionsverband nicht ausgebildet und die VT-Offiziere den Anforderungen komplizierter Truppenführung nicht gewachsen waren [108]. Die VT-Führer konnten zwar dagegen einwenden, das Heer habe die Verfügungstruppe im Polenfeldzug mit schweren Waffen nur mangelhaft unterstützt und schlecht versorgt, dennoch waren auch die SS-Militärs mit den Leistungen ihrer Truppe unzufrieden [109]. Es gab nur einen Ausweg: Die VT mußte sich zur Division formieren, mußte schwere Waffen und eigene Versorgung erhalten. Diesen Ausweg aber versperrten die OKW-Generale, die sich geschworen hatten, Himmlers Truppe möglichst kleinzuhalten.

Das Oberkommando der Wehrmacht bestimmte praktisch die zahlenmäßige Stärke der Verfügungstruppe: Es setzte alljährlich einen Zahlenschlüssel fest, nach dem bestimmte Jahrgänge wehrpflichtiger Deutscher, die bei den örtlichen Wehrbezirkskommandos (WBK) registriert waren, zu den einzelnen Teilstreitkräften eingezogen wurden; die WBK hatten das letzte Wort, kein Deutscher konnte zu einer Truppe einberufen werden, ehe ihn nicht sein zuständiges Wehrbezirkskommando freigegeben hatte [110]. Das galt auch für die Verfügungstruppe. Das OKW konnte der SS-Truppe nicht den Ersatz für ihre Feldeinheiten vorenthalten, aber es lag in der Macht der Wehrmachtführung, eine Höchstgrenze zu bestimmen, die so knapp gehalten war, daß die VT ihren Mannschaftsbestand nicht erweitern konnte. Und von dieser Möglichkeit machten die OKW-Generale weidlich Gebrauch [111].

Da bot sich den VT-Führern ein energischer Schwabe an, der listig und skrupellos genug war, die Verfügungstruppe von den Wehrmachtfesseln freizusprengen. Mit dem SS-Brigadeführer Gottlob Berger betrat der Mann die Szene, der zum eigentlichen Begründer der Waffen-SS wurde und der dennoch seit dem Ende des Tausendjährigen Reiches von den ehemaligen Generalen seiner Schöpfung wie ein Aussätziger behandelt wird. »Berger? Der hatte doch mit der Waffen-SS gar nichts zu tun«, wehrte Felix Steiner noch kurz vor seinem Tod ab [112], und der ehemalige Obergruppenführer Bittrich schüttelt sich, sobald der Name Berger aufklingt: »Ein Angeber. Ein Gschaftlhuber [113].«

So geartete Vokabeln legen den Verdacht nahe, daß Berger den Apologeten der Waffen-SS nicht in das Wir-waren-alle-nur-Soldaten-Bild paßt. Der »Schwabenherzog«, wie man Berger in der Schutzstaffel gerne titulierte [114], war ein Nationalsozialist und SA-Führer der ersten Stunde [115], der in den SS-Einheiten vor allem Waffenträger der Partei und des Nationalsozialismus erblickte. Mochte auch der ehemalige Kriegsfreiwillige, Stoßtruppführer und schwerverwundete Leutnant Berger, 1896 als Sohn eines Sägewerkbesitzers geboren und gelernter Sportlehrer, militärischen Sachverstand besitzen [116] – die Berufsoffiziere der VT hielten sich von ihm stets fern. Die gemütliche Schwatzhaftigkeit des Schwaben mißfiel ihnen ebenso wie seine Souffleurrolle an der Seite Himmlers. Er kam sich seit Jahren als Treuester der Treuen vor, der seinen Reichsführer vor dem Ungehorsam engster Mitarbeiter, namentlich der VT-Militärs, bewahren müsse. Bei manchen »Regimentern und insbesondere beim Stab VT«, schrieb er an Himmler, habe man »versucht, sich über Reichsführer-SS hinwegzusetzen«. Berger: »Ich kann es selbst bezeugen und hatte damals deswegen einen Zusammenstoß mit Hausser [117].«

In einer Mischung aus Byzantinismus, Bauernschläue und Offenheit beriet er Himmler, befreite den SS-Chef von mancher Wahnidee (vor allem in der Ostpolitik) und hielt an ihm fest, »weil mein Reichsführer mir das Vertrauen geschenkt und mir persönlich Dinge mitgeteilt hat, was man nur tut, wenn das Visier in jeder Form geöffnet ist« – so in einem Schreiben am 9. März 1943 [118]. Mit solchen Formulierungen klammerte sich der treue Ekkehard an Himmler, dessen Wohlwollen allein Berger die Karriere sichern konnte, die schon einmal in der SA gescheitert war. Der alte SA-Führer Berger war im Frühjahr 1933 in einen Streit mit jüngeren Kameraden verwickelt worden und nach einem Schiedsverfahren aus der SA ausgetreten; nach dem Röhm-Eklat aber sah er eine neue Chance, einen Führerposten in der SA zu ergattern [119].

Am 13. November 1934 versicherte er der SA-Führung brieflich, »daß ich die SA immer als das Primäre ansehe und ... ich mich nie mit Leuten, die die SA zusammenschlagen wollten, auf eine Stufe stelle« [120]. Doch schon ein paar Wochen später hatte er sich eines anderen besonnen: Er trat in die Dienste des SA- und späteren SS-Obergruppenführers Krüger, der in der Sturmabteilung wegen seiner zwielichtigen Rolle am 30. Juni 1934 als Verräter befehdet wurde; ein Jahr danach landete Berger endgültig bei der SS [121]. Der SA-Gruppenführer Hanns Ludin, ein ehemaliger Freund Bergers, klärte am 7. Dezember 1934 das Sondergericht der Obersten SA-Führung darüber auf, daß Berger an »einer nicht unerheblichen Selbstüberschätzung« leide, »den Mund reichlich voll [nehme]« und »einen bedauerlichen Mangel an Selbstkritik und soldatischer Bescheidenheit« verrate [122]. Der schier unversöhnliche Haß zwischen den SA-Führern und dem abtrünnigen Berger sollte für die Waffen-SS noch fatale Folgen haben. Drei der SA-Gruppenführer (Ludin, von Jagow, Beckerle), die das SA-interne Schiedsgerichtsurteil gegen Berger unterschrieben hatten [123], saßen später als Gesandte auf dem Balkan und sabotierten Bergers Werbung für die Waffen-SS – ohne Hilfe des Auswärtigen Amtes aber konnte Berger keine Volksdeutschen in die Truppe ziehen.

Die Werbung für die SS-Truppe gehörte zu Bergers wichtigsten Aufgaben, seit er 1938 Leiter des Ergänzungsamtes im SS-Hauptamt geworden war [124]. Da er den Ehrgeiz Himmlers teilte, die Verfügungstruppe zu einer schlagkräftigen Armee auszubauen, hatte er wiederholt darüber nachgedacht, wie man die bewaffneten SS-Einheiten erweitern könne. Als nun nach dem Polenfeldzug die Expansionspläne der VT am Widerstand der Wehrmacht zu scheitern drohten, wußte Berger Rat. Drei Personengruppen in den Einheiten des Reichsführers-SS und Chefs der Deutschen Polizei waren vom Dienst in der Wehrmacht ausgenommen: die Männer der KZ-bewachenden Totenkopfverbände und deren für den Kriegsfall vorgesehene Verstärkungen (der sogenannten Polizeiverstärkung, auch Verstärkte Totenkopfstandarten genannt) und ein Teil der Ordnungspolizei [125]. Zwei Hitler-Befehle gaben nun Berger die Möglichkeit, die Waffen-SS auszubauen, ohne den Widerspruch der Wehrmacht herauszufordern: Der Erlaß vom 17. August 1938 sah im Kriegsfall eine Ergänzung der VT durch Teile der Totenkopfverbände vor, ein weiterer Erlaß vom 18. Mai 1939 erlaubte Himmler die Einberufung von 50 000 Mann der Allgemeinen SS als »Verstärkte Totenkopfstandarten« [126].

Berger rechnete seinem Reichsführer vor, er könne sofort die bewaffnete SS verdoppeln und zwei kriegsstarke Divisionen aufstellen, ja mehr noch: Wenn Hitler einer Versetzung der Totenkopfverbände und Einheiten der Ordnungspolizei in die VT zustimme, dann verfüge Himmler in kürzester Zeit über drei bis vier Divisionen [127]. Hitler genehmigte den Berger-Plan, weil das Projekt formell nicht gegen die Ersatz-Maximen der SS-sensiblen Wehrmacht verstieß. Berger und die VT-Inspektion konnten beginnen, eine ganz neue Armee aufzustellen, die auch einen neuen Namen erhielt: Waffen-SS [128].

Bergers Kriegslist aber verband die Verfügungstruppe mit der ruchlosesten Einheit des SS-Ordens, die selbst manche VT-Führer als eine Herausforderung für jeden Soldaten empfanden. Die Totenkopfverbände des SS-Gruppenführers Theodor Eicke waren im bewußten Gegensatz zum Soldatentum erzogen worden. Sie teilten mit der Verfügungstruppe die gemeinsame Abstammung, beide waren aus den Politischen Bereitschaften hervorgegangen [129]; seither aber standen sie sich wie feindliche Brüder gegenüber. Während die VT eine militärische Truppe sein wollte, wurden die Totenköpfler von einem antimilitärischen Affekt beherrscht, der sich in mancher Wirtshauskeilerei entlud [130].

Der cholerische Elsässer Eicke, Mörder des SA-Chefs Röhm und Erfinder des bürokratisierten KZ-Terrors, hatte die fixe Idee, er müsse seinen Verband zu einer Art Gegen-Truppe der VT erziehen. Als ehemaliger Zahlmeister im alten Heer erfüllte ihn eine abgrundtiefe Abneigung gegen Berufsoffiziere, in deren Händen er auch die SS-Verfügungstruppe sah [131]. Aus dem Heer entlassen, in der dann eingeschlagenen Polizeilaufbahn gescheitert, in der Partei als Querulant diskreditiert, übertrug der KZ-Scherge Eicke auf seine Männer die Ressentiments, von denen er sich selber nicht lösen konnte. Solche Art von Pädagogik wurde ihm leichtgemacht, denn die unbeholfenen Bauernburschen und verbitterten Arbeitslosen, die das Gros seiner Prügel-Armee stellten, setzten »Papa« Eickes Haßtiraden gegen Juden, Marxisten und Berufssoldaten keinen Widerstand entgegen.

Schon ihre erdbraune Uniform sollte dokumentieren, daß die Truppe im Orden der Schwarzuniformierten einen Sonderstatus beanspruchte. Himmler räumte seinem obersten KZ-Wächter auch nach außen eine nahezu autonome Stellung ein: Eicke war als Inspekteur der Konzentrationslager und Führer der SS-Wachverbände nur noch dem Reichsführer-SS untertan [132]. Eicke legte in jedes der Konzentrationslager Wachverbände und bildete zunächst Sturmbanne, die der Kontrolle der Allgemeinen SS entzogen wurden. Ab 29. März 1936 hießen die Eicke-Einheiten offiziell »Totenkopfverbände« und zählten bereits 3 500 Mann [133]. Im April 1937 faßte Eicke die fünf Sturmbanne zu den drei Totenkopfstandarten »Oberbayern« (Standort: Dachau), »Brandenburg« (Standort: Oranienburg) und »Thüringen« (Standort: Weimar-Buchenwald) zusammen; 1938 kam als vierte Standarte »Ostmark« (Standort: Linz) hinzu [134].

Argwöhnisch wachte Eicke darüber, daß keine Berufsoffiziere in seine

Truppe einsickerten und ihm die Herrschaft über die Totenkopfverbände streitig machten; immer wieder warnte er seine Männer vor »dem lächerlichen Versuch, eine militärische Organisation nachzubilden«[135]. 1937 belehrte er die KZ-Wachen: »Wir gehören weder zum Heer oder Polizei, noch zur Verfügungstruppe. Die Einheiten der SS-Totenkopfverbände rechnen sich bewußt zur Allgemeinen SS und können daher weder von Offizieren noch Unteroffizieren geführt werden. Von nun an werde ich damit beginnen, SS-Führer, die sich nur wie Offiziere, Unterführer, die sich nur wie Unteroffiziere, SS-Männer, die sich nur wie Musketiere benehmen, in die Allgemeine SS versetzen zu lassen[136].«

In solcher Mentalität war die Schläger-Truppe aufgewachsen, die sich nun mit der VT liieren sollte. In ihrer Sucht nach Expansion sahen die SS-Militärs darüber ebenso hinweg, wie Himmler die mangelnde ideologische Zuverlässigkeit der aus der Ordnungspolizei hereinströmenden SS-Soldaten ignorierte. Himmler: »Das sind keine Nationalsozialisten, keine SS-Männer, nicht ausgesuchte Leute, ... sondern sie wurden eben eingezogen, genau wie etwa Männer zu einem Baubataillon eingezogen werden[137].«

Mochte die Waffen-SS auch zu einer merkwürdig heterogenen Truppe werden – Berger und seine Organisatoren stellten Division um Division auf. Die SS-Armee nahm allmählich Konturen an: Ende September 1939 bildete der SS-Brigadeführer und Generalmajor der Polizei Karl Pfeffer-Wildenbruch aus Angehörigen der Orpo und Spezialeinheiten des Heeres eine SS-Polizei-Division[138]. Am 10. Oktober begann SS-Gruppenführer Hausser, aus den VT-Regimentern »Deutschland«, »Germania« und »Der Führer« die motorisierte VT-Division (späterer Name: »Das Reich«) zusammenzustellen[139]. Ab 1. November schuf SS-Gruppenführer Eicke aus den von jedem KZ-Dienst losgelösten Standarten seiner Totenkopfverbände und Teilen der Polizeiverstärkung die Division »Totenkopf«[140]. Die Leibstandarte blieb zunächst ein motorisiertes Infanterie-Regiment, erst 1942 wurde sie Division[141].

Mit einem Schlag war es Berger gelungen, eine ansehnliche SS-Streitmacht zu schaffen. 18 000 Mann hatte die Verfügungstruppe gezählt, als sie im Polenfeldzug angetreten war, jetzt gebot Himmler schon über 100 000 bewaffnete SS-Männer[142]. Zugleich schuf Berger das »Ergänzungsamt der Waffen-SS«, denn nun kam es entscheidend darauf an, ob es Berger gelingen würde, ausreichenden Ersatz für die SS-Feldeinheiten und die Totenkopfstandarten zu erhalten. Berger legte ein Netz von Ergänzungsstellen in den 17 SS-Oberabschnitten an und eröffnete Verhandlungen mit der Wehrmacht[143]; er wollte das OKW überreden, der Bildung größerer SS-Reserveeinheiten zuzustimmen, mit denen Berger eines Tages die Waffen-SS wiederum erweitern zu können hoffte.

Doch die Wehrmacht lehnte es zunächst ab, die (ursprünglich nur für Polizeiaufgaben vorgesehenen) Totenkopfstandarten als militärische Einheiten anzuerkennen; das OKW gab lediglich eine begrenzte Anzahl Wehrpflichtiger für die Wiederauffüllung der in die VT abgerückten Totenkopfstandarten und Polizei-Einheiten frei und erlaubte Berger die Werbung von damals Zwanzigjährigen für die Feldeinheiten der Waffen-SS [144]. Das OKW duldete eine Werbung für die Waffen-SS, behielt sich aber das Recht vor, selber zu entscheiden, ob ein von der Waffen-SS Geworbener für den SS-Dienst freigegeben werden könne. Die Wehrmacht legte damit Berger neue Hindernisse in den Weg. Berger mochte der Wehrmacht noch so viele für den Dienst in der Waffen-SS bereite Bewerber zur Freigabe melden – die Wehrbezirkskommandos gaben in der Regel nur ein Drittel davon frei [145].

Je hartnäckiger Berger die Wehrmacht bedrängte, desto schärfer wies das OKW den von seinen Expansionsplänen berauschten SS-Ergänzer ab. Am 8. März 1940 umriß das OKW, was es hinfort als Waffen-SS anerkennen werde: die Leibstandarte, die drei Divisionen, die Totenkopfstandarten, die Ersatzeinheiten und die Junkerschulen [146]. Selbst Hitler schloß sich dem Nein seiner Generale an. Für ihn blieb die Waffen-SS eine militarisierte Polizeitruppe nationalsozialistischer Elitemenschen, die jederzeit bereit sein solle, das Regime zu verteidigen.

Da Hitler nur mit einer kurzen Kriegsdauer und einem baldigen Sieg rechnete, zudem die traditionellen Militärs nicht mit dem Schreckensbild einer zweiten Wehrmacht verprellen wollte, widersetzte er sich (bis Juni 1942) allen größeren Expansionsplänen der Waffen-SS. Er verhinderte die Aufstellung von SS-Armeekorps. Er legte fest, die Stärke der Waffen-SS dürfe nur fünf bis zehn Prozent der Friedensstärke des Heeres erreichen [147]. Er unterstrich immer wieder, was die Waffen-SS nicht sein solle: eine nursoldatische Truppe. Am 6. August 1940 ließ er in einem Geheimerlaß bekannt werden, worin er, Adolf Hitler, die »Notwendigkeit der Waffen-SS« sehe. Die Ausdehnung des Großdeutschen Reiches, hieß es da, mache es »notwendig, eine Staatstruppenpolizei zu unterhalten, die in jeder Situation befähigt ist, die Autorität des Reiches im Innern zu vertreten und durchzusetzen« [148].

Die Abfuhr aus dem Führerhauptquartier war deutlich genug, dennoch ließ Berger sich nicht von seinen Erweiterungsplänen abbringen. Er hatte inzwischen eine zentrale Position erlangt: Seit dem 1. Juni 1940 leitete er das SS-Hauptamt und galt damit als der für die Expansion der Waffen-SS entscheidende Mann [149]. Nach dem Westfeldzug war die Führung der Waffen-SS auf zwei Hauptämter verteilt worden. Aus der VT-Inspektion hatte Himmler am 15. August das Führungshauptamt als – so der Gründungsbefehl – »Kommandostelle zur militärischen Führung der Waffen-SS« gebildet [150], während das SS-Hauptamt für die weltanschauliche Erziehung, Werbung und vor allem für die Ergänzung der Waffen-SS verantwortlich zeichnete [151].

Berger sann auf neue Mittel, die ihm die Erweiterung seiner Heerscharen ermöglichen sollten. Die Wehrmacht verweigerte ihm weitere Ersatzeinheiten für die Waffen-SS, er mußte seine Rekruten auf einem Feld finden, das sich dem Zugriff der OKW-Generale entzog. Und er fand es. Jenseits der Reichsgrenzen, namentlich auf dem Balkan, lebten Hunderttausende von

Volksdeutschen, Bürger fremder Staaten und doch hochgeputscht von Hitlers Eroberungszügen und den Lockrufen der großdeutschen Propaganda. Diese Volksdeutschen galt es in die Reihen der Waffen-SS zu ziehen, hier konnte kein General der Wehrmacht die Heranbildung einer Riesenreserve für Himmlers militärische Legionen verhindern.

Berger fing in seiner eigenen Familie an. Er hatte einen Schwiegersohn namens Andreas Schmidt, der die deutsche Volksgruppe in Rumänien leitete. Der Ultra-Nazi Schmidt, Urtyp des unreifen, vom Hitler-Kult trunkenen Jungfanatikers, versprach seinem Schwiegervater, der Waffen-SS die Tore des Rumänien-Deutschtums zu öffnen. Im Frühjahr 1940 konnten Schmidt und Bergers Beauftragte 1 000 Volksdeutsche aus Rumänien hinausschmuggeln, obgleich die rumänischen Behörden darüber wachten, daß keiner ihrer wehrpflichtigen Bürger zu fremden Armeen desertierte [152]. Der rumänische Erfolg begeisterte Berger derartig, daß er Himmler im August 1940 vorschlug, die Wehrdienstfähigen der anderthalb Millionen Volksdeutschen Südosteuropas in die Waffen-SS zu lenken – mit oder ohne Hilfe der ausländischen Regierungen [153].

Schier unerschöpflich war Bergers Phantasie, wenn es galt, Volksdeutsche in die Reihen der Waffen-SS zu lotsen. Die SS-Freiwilligen wurden als Wanderarbeiter getarnt, sie versteckten sich in deutschen Lazarettzügen, sie schlüpften im Troß der Südosteuropa durchquerenden SS-Divisionen unter [154]. Später schloß Bergers SS-Hauptamt mit den ausländischen Regierungen Verträge ab, die es Volksdeutschen unter bestimmten Voraussetzungen erlaubten, sich freiwillig zur Waffen-SS zu melden und ihr Gastland offiziell zu verlassen. Nicht immer hielten die Balkanstaaten die Verträge ein; dann trieben Bergers Agenten die Freiwilligen wieder auf Schmuggelpfaden in die Waffen-SS[155].

Freiwilligkeit war allerdings im Reiche Gottlob Bergers ein vielschillernder Begriff. Wo die Lockrufe der Propaganda versagten, halfen die Schlägerkommandos der nationalsozialistischen Volkstumsführer nach. Berger berichtete: »Wenn eine Volksgruppe halbwegs passabel geführt wird, dann melden sich schon alle Freiwilligen, und diejenigen, die sich nicht freiwillig melden, bekommen eben die Häuser eingeschlagen!« [156] In den letzten Kriegsjahren trat an die Stelle der Freiwilligkeit vollends der Zwang. Das Reich drängte den Balkanstaaten Abkommen auf, die vorsahen, alle wehrpflichtigen Männer deutschen Blutes hätten nach den Gesetzen des Heimatstaates ihren Wehrdienst in der deutschen Armee, vor allem in der Waffen-SS, abzuleisten [157]. Mit solchen Mitteln fiel es Berger leicht, immer mehr Volksdeutsche in die Waffen-SS zu pressen. Ende 1943 stellten die Volksdeutschen bereits ein Viertel des Mannschaftsbestandes der Waffen-SS, bei Kriegsende dienten 310 000 Volksdeutsche aus allen Teilen Europas in den SS-Einheiten [158].

Inzwischen war Berger auf ein neues; noch weit phantastischeres Rekrutenreservoir gestoßen: auf das, was man in der SS die germanischen Länder nannte. Die deutschen Anfangs- und Blitzsiege hatten eine nord- und westeuropäische Jugend elektrisiert, vor deren Augen binnen weniger Wochen eine Welt zusammengebrochen war, die Welt der bürgerlichen Demokratien. Manchem einfältigen Gemüt erschienen die Eroberer, die durch die Straßen von Oslo, Brüssel oder Den Haag marschierten, wie federnd-jugendliche Sendboten eines neuen Zeitalters.

In manchem jungen Belgier oder Holländer oder Norweger erwachte der Wunsch nach Anpassung, stieg die Sehnsucht auf, den Anschluß an die neue Zeit nicht zu versäumen. Sie waren freilich nicht immer die blauäugigen Idealisten, als die sie in die Legende der Waffen-SS eingegangen sind. Der Drang nach dem Abenteuer trieb sie ebenso wie die Aussicht, Karriere zu machen und dereinst als Wehrbauern über Millionen slawischer »Untermenschen« zu gebieten. Nur eine Minderheit folgte politischen Ideen; ein knappes Drittel jener 125 000 Westeuropäer, die in der Waffen-SS kämpften, mag zu den pro-nazistischen und nationalistischen Parteien gehört haben, in denen die Anpassung an die neuen deutschen Herren ihren krassesten Ausdruck fand [159].

Was immer sie auch vorwärtstrieb, sie strömten in die Werbebüros, die der SS-Brigadeführer Berger seit Mitte 1940 in den deutschbesetzten Ländern West- und Nordeuropas errichtet hatte – nicht ahnend, welche politischen und ideologischen Konsequenzen das Einsickern so verschiedenartiger Völkerschaften für die Schutzstaffel und ihr Verhältnis zu Adolf Hitler nach sich ziehen würde. Berger sah nur die Zahlen der Freiwilligen-Meldungen, und sie erfüllten ihn mit Genugtuung. Ende 1940 hatte das SS-Hauptamt ein Ausbildungslager im elsässischen Sennheim errichtet, wo SS-Freiwillige aus allen Ländern Europas weltanschaulich und militärisch gedrillt wurden [160]. Im Frühjahr 1941 entstand die erste große Ausländer-Truppe, die SS-Division »Wiking«, zusammengesetzt aus flämischen, niederländischen, dänischen und norwegischen Freiwilligen sowie deutschem Rahmen- und Führungspersonal [161].

Die germanische Waffen-SS häutete sich bald zur europäischen Truppe, denn immer neue Völkerschaften sickerten in die Truppe ein und – verwässerten deren NS-Ideologie. Selbst im Osten rekrutierte Berger für die Waffen-SS, Fez und Kosakenmütze brachten eine zusehends bizarre Note in das einst weltanschaulich stromlinienförmige Puritanerheer des Heinrich Himmler. Vorsichtig umschiffte der Chef des SS-Hauptamtes die antislawischen Ressentiments seines Reichsführers, dem es anfangs ein schändlicher Verrat am Germanentum dünkte, östliche »Untermenschen« in Uniformen der Waffen-SS zu kleiden; Berger wußte jedoch Himmler zu überreden, nahezu alle Osteuropäer als Beutegermanen anzuerkennen: erst die Baltenvölker, dann die Ukrainer, schließlich auch die Russen und andere Völkerschaften bis zu den Muselmanen des Balkans. 200 000 Angehörige dieser Völker dienten schließlich in der Waffen-SS [162].

Von Jahr zu Jahr wurden Bergers Rekrutierungslisten länger, von Jahr zu Jahr schwoll das Heer der Waffen-SS explosiver an: Mitte 1940: 100 000 Mann, Ende 1941: 220 000 Mann, Ende 1942: 330 000 Mann, Ende 1943:

540000 Mann, Ende 1944: 910000 Mann[163]. Gottlob Berger führte dem Kommando der Waffen-SS ein Rekrutenheer zu, das den Offizieren des Führungshauptamtes endlich erlaubte, die ungeliebte Montur der Staatstruppenpolizei abzuwerfen. Die Waffen-SS trat an zu einem ungewöhnlichen Siegeszug durch die Kriegsgeschichte.

Schon im Westfeldzug von 1940 hatte die Waffen-SS demonstriert, daß sie sich mit den Elitedivisionen des Heeres messen konnte. Die Militärathleten der Schutzstaffel brachen los und stürmten durch Holland, Belgien und Frankreich – fanatisch, schier unaufhaltsam, ohne Rücksicht auf eigene Verluste und getrieben von einer blinden Angriffswut, die Himmlers Armee von allen anderen Verbänden der deutschen Wehrmacht unterschied. Dem SS-Obersturmführer Kraas von der Leibstandarte wurde das erste Eiserne Kreuz des Feldzugs verliehen[164], und das war nicht ohne Symbolik: Immer wieder traten SS-Einheiten an die Spitze der Angriffsverbände und trieben die deutsche Invasion voran. Besonders Sepp Dietrichs Leibstandarte zeigte eine in der Wehrmacht seltene Unbekümmertheit gegenüber Feind und Führer.

Bei der Verfolgung britischer Truppen im Raum Dünkirchen erhielt die Leibstandarte den Befehl, den Aa-Kanal trotz schwersten Widerstandes des Feindes zu überqueren und die Stadt Watten einzunehmen. Am Nachmittag des 24. Mai 1940 traf jedoch aus dem Führerhauptquartier eine Gegenorder ein: Kanal nicht überqueren. Dietrich mißachtete den Führerbefehl – ein paar Stunden später stand er am anderen Ufer[165]. Mit mächtigen Sprüngen setzte Dietrichs Infanterie-Regiment in einem späteren Stadium des Feldzugs dem fliehenden Gegner nach. Als Vorhut der Panzergruppe des Generalobersten von Kleist stürzte sich die LAH nach Südfrankreich, um die französischen Truppen zu hindern, an der Loire eine Widerstandslinie aufzubauen. In einem weit ausholenden Südvorstoß drang das Regiment bis nach St-Etienne und ließ das Gros der deutschen Armee weit hinter sich[166]. Auch die anderen SS-Verbände erzielten Erfolge. Das Regiment »Der Führer« durchstieß die Grebbe-Linie, die VT-Division jagte den Gegner bis an die spanische Grenze, während die Totenkopf-Division den Übergang über die Seine erzwang und Brückenköpfe an der Loire erkämpfte[167].

Beeindruckt und erschreckt zugleich beobachteten die Generale des Heeres die Kampfbesessenheit der SS-Grenadiere, die manchem Traditionalisten Vorboten eines neuen Kriegertums dünkten, das der Rationalität einer sinnvollen und noch kalkulierbaren Kampfführung hohnsprach. Vielen erschien die SS-Truppe, wie der Soziologe Werner Picht bemerkt, »nicht als neue Form des Frontkämpfertums, sondern als verschworene Gemeinschaft, die für jeden Führerauftrag zur Verfügung« stehe[168]. Der Panzergeneral Erich Hoepner brachte den Widerwillen der konservativen Militärs auf eine einfache Formel. Als der ihm unterstellte Totenkopf-Kommandeur Eicke meldete, ein bestimmter Angriffsbefehl sei ausgeführt worden, Menschenleben hätten dabei keine Rolle gespielt, da wurde der alte Reiter Hoepner ärgerlich. Er fuhr Eicke an: »Das ist die Mentalität eines Schlächters!«[169]

Die Heeresoffiziere stießen sich daran, daß die Führer der Waffen-SS offensichtlich nie gelernt hatten, die ihnen anvertrauten Menschen umsichtig einzusetzen. Manche, freilich nicht alle SS-Führer praktizierten im Felde, was sie sich auf den Junkerschulen eingeprägt hatten: den Tod zu geben und den Tod zu empfangen sei höchstes Gebot der Truppe[170]. Die SS-Verbände erlitten denn auch Verluste, wie sie dem Heer unbekannt waren. Schon während der Kämpfe im Westen – in der Kampfpause vor der Schlacht in Frankreich – hatten sich die Führerreihen der SS-Divisionen so drastisch gelichtet, daß sich die Truppe ihre neuen Offiziere aus den Hörsälen der Junkerschulen holen mußte[171].

Trotz dieser offenkundigen Schwäche der SS-Truppe witterte die Wehrmachtführung Gefahr. Auf dem Schlachtfeld war der Wehrmacht ein Nebenbuhler erstanden, dessen Elan den Diktator im Führerhauptquartier nicht unbeeindruckt lassen konnte. Hitler machte schließlich in einer Reichstagsrede am 19. Juli 1940 den Einsatz »der tapferen Divisionen und Standarten der Waffen-SS« publik[172]. Das Lob des Diktators, die eigenen Erfolge und nicht zuletzt die Zurückhaltung des militärischen Nebenbuhlers befestigten Arroganz und Korpsgeist einer Truppe, die mit der traditionellen Verachtung des Gardisten für den gewöhnlichen Soldaten auf die militärische Umwelt herabblickte. Von Schlacht zu Schlacht gerierte sich die Waffen-SS zusehends als die militärische Elite der Nation. Mochten die SS-Soldaten auch gelernt haben, besonders gläubige und kompromißlose Kämpfer für den Nationalsozialismus zu sein – in ihrer Mentalität unterschieden sie sich kaum von Amerikas Ledernacken oder Frankreichs späteren Paras: Sie alle umhüllte ein Mythos der Härte und Mannhaftigkeit, sie alle elektrisierte das Bewußtsein, Mitglieder einer aristokratischen Minderheit zu sein, eines Sonderkollektivs mit eigenen Gesetzen und eigenen Loyalitäten.

SS-Gruppenführer Hans Jüttner, Stabschef und später Chef des Führungshauptamts, wachte streng darüber, daß die Verbände der Waffen-SS den militärischen Normen und Anforderungen der Wehrmacht genügten. Immer stärker drängte er alle Erinnerungen an den einstigen Polizei-Charakter der SS-Truppe zurück. Das sollte auch Theodor Eicke zu spüren bekommen, dessen pseudorevolutionärer Antimilitarismus nicht mehr in das Konzept der militärischen Garde paßte. Mit steigender Härte forderte das Führungshauptamt von dem Kommandeur der Totenkopf-Division, er müsse sich stärker an die Orders des (im Sommer 1940 gebildeten) Kommandos der Waffen-SS halten[173]. Eicke klagte dem Obergruppenführer Wolff, in Berlin werde ein »Kesseltreiben gegen mich« veranstaltet: »Seitdem ich die Heimat verlassen habe, haben es gewisse Kreise darauf abgesehen, das Vertrauen des Reichsführers-SS, das ich jahrelang besessen habe, mit allen Mitteln zu untergraben[174].«

Tatsächlich hielt es Stabschef Jüttner im Interesse des militärischen Renommees der Waffen-SS für dringend geboten, dem dilettantischen Exzahlmeister das Kommando über die Divisionen zu nehmen. Zuviel Sprengstoff hatte sich angesammelt: In der Totenkopf-Division war es zu dem ersten großen Kriegsverbrechen im Westen gekommen (ein Kompaniechef des 2. Regiments hatte bei den Kämpfen in Nordwestfrankreich am 26. Mai 1940 100 britische Kriegsgefangene erschießen lassen) [175], in manchen Einheiten der Division grassierten die barbarischen Sitten der alten KZ-Garde, Eicke ließ heimlich aus den Konzentrationslagern Dachau und Oranienburg Waffen zu seiner Division schaffen [176] und kaufte eigenmächtig im unbesetzten Frankreich Lkw, weil ihm die Wehrmacht die Motorisierung seiner pferdebespannten Division verweigerte [177]. Als Eicke im August 1940 zur Entlassung vorgesehenen Soldaten seiner Division einen Revers aufnötigte, der sie verpflichtete, sich niemals über die internen Verhältnisse der Division zu beschweren, rief Jüttner den gefürchteten Grobian zur Ordnung. Eicke erhielt vom Kommando der Waffen-SS den Befehl, die Verpflichtungsschreiben sofort zurückzuziehen [178]. Jüttner ließ außerdem Eickes geheimen Waffenbeschaffer von SS-Gerichtsoffizieren vernehmen und illegal beschaffte Reservefahrzeuge der Division beschlagnahmen. Zugleich drohte er Eicke an, im Falle weiteren Ungehorsams werde er vor dem zuständigen SS- und Polizeigericht ein Verfahren gegen Eickes Waffenhändler beantragen [179].

Wütend gab der Gruppenführer zurück, bisher habe er grundsätzlich nur Befehle des Reichsführers entgegengenommen, daher könne es sich Jüttner zur Ehre anrechnen, daß er ihm seine Mitarbeit zugesagt habe. Eicke: »Der Ton, der einem höheren SS-Führer und Kommandeur einer Division in ... Schreiben [des Führungshauptamtes] angeschlagen wurde, ist nicht einmal unter eingefleischten Militärs üblich [180].« Jüttner steckte nicht zurück. Das Führungshauptamt verhörte ehemalige Angehörige der Division und legte umfängliche Protokolle über Eickes Führungsstil an. Wieder verwahrte sich der Divisionskommandeur gegen die Attacken »durch schreibgewandte Organe Ihres Stabes und durch blöde Redereien gehässiger Kameraden«, wie er Jüttner schrieb. Eicke tobte: »Es ist durchaus marxistisch und wirkt zersetzend, wenn jemand nach Zuständen in einer SS-Felddivision, die vor dem Feinde 23 tote Führer, 370 brave Unterführer und Männer gelassen hat, zu dem Zwecke gefragt wird, belastendes Material gegen anständige SS-Führer und Männer in die Hand zu bekommen [181].«

Zuweilen beteiligte sich sogar Himmler am Anti-Eicke-Feldzug. Als er einmal in einem Divisionsbefehl »zum Gaudium aller« (Himmler) las, Eicke lasse auch seine Regimentskommandeure wegen Kleinigkeiten bestrafen und die Geschlechtskrankheiten hoher Führer öffentlich bekanntgeben, brauste Himmler auf: »Lieber Eicke, wenn ich so etwas lese, zweifle ich an Ihrem Verstand. Und hier sind die Augenblicke, in denen ich zweifle, ob Sie wirklich eine Division führen können [182].« Dennoch erlaubte Himmler, offiziell (bis Anfang 1943) Chef des Führungshauptamtes, dem Stabschef Jüttner nicht, den einstigen KZ-Herrn aus dem Divisionskommando zu vertreiben. Eicke steckte einen Verweis ein und blieb Herr der Division.

Das Führungshauptamt trieb inzwischen den militärischen Ausbau der Gardetruppen weiter voran. Das Kommando der Waffen-SS verfügte im Frühjahr 1941 bereits über vier Divisionen und eine Brigade, als sich der

Zweite Weltkrieg gen Osten kehrte und die SS-Verbände zunächst auf den Kriegsschauplatz Balkan rief. Wieder formierten sich die Truppen der Waffen-SS zur Angriffsspitze der deutschen Invasionsarmeen. Die Leibstandarte erzwang im südlichen Serbien den Durchbruch nach Albanien, stürmte durch Thessalien und gewann den Übergang auf den Peloponnes. Dagegen stieß die SS-Division »Das Reich« im mittleren Serbien vor, nahm Belgrad im Handstreich und überrollte die Batschka [183].

Kaum aber hatten die SS-Verbände ihre Ruhequartiere bezogen, da tickten die Fernschreiber des Führerhauptquartiers neue Befehle für die Armee der doppelten Sigrune. Adolf Hitler hatte den Überfall auf die Sowjetunion beschlossen. 160 000 Mann zählte jetzt das Heer Himmlers [184]; es rückte in seine Bereitschaftsstellungen an den Ostgrenzen des deutschen Herrschaftsbereiches, bereit zu dem letzten katastrophalen Abenteuer des Dritten Reiches. Die Leibstandarte und die Germanen-Division »Wiking« reihten sich in die Heeresgruppe Süd ein, »Das Reich« trat zur Heeresgruppe Mitte, derweil die Totenkopf- und die Polizei-Division in den Verband der Heeresgruppe Nord eingefügt wurden [185]. Doch noch ehe die Waffen-SS am 22. Juni 1941 um 3.15 Uhr das Kampffeld ihrer größten Bewährung betrat und die eigentliche Saga des Sigrunen-Heeres begann, legte sich auf die Truppe ein Schatten, dem die Waffen-SS nie wieder entrinnen konnte. Heinrich Himmler hatte eine Verfügung erlassen, die alle Truppen der Waffen-SS mit dem düstersten Winkel des Schwarzen Ordens lose verband: mit den Konzentrationslagern.

Am 22. April 1941 legte Himmler fest, was er unter Waffen-SS verstanden wissen wollte. Bis dahin hatte er sich der Auslegung durch das Oberkommando der Wehrmacht gebeugt, das als Waffen-SS lediglich die Kampfverbände, deren Ersatzeinheiten, die Totenkopfstandarten und die drei Junkerschulen Braunschweig, Bad Tölz und Klagenfurt anerkannte. Himmler aber, jetzt Herr über vier Divisionen, fühlte sich am Vorabend des Ostkrieges stark genug, den Begriff der Waffen-SS eigenmächtig auszuweiten. In einer Direktive des Führungshauptamtes ließ er 179 Einheiten und Dienststellen der Schutzstaffel aufführen, die sämtlich zu Bestandteilen der Waffen-SS erklärt wurden – darunter auch die Konzentrationslager, deren Verwaltungsstäbe und die Totenkopf-Wachsturmbanne [186], also jene Einheiten, die 1939 nach dem Ausscheiden von Eickes Totenkopfverbänden aus dem KZ-Dienst mit nichtkriegsverwendungsfähigen Angehörigen der Allgemeinen SS, des Kyffhäuserbundes und der SA gebildet worden waren [187].

Auch die KZ-Wächter galten von nun an als Angehörige der Waffen-SS. Sie trugen dieselben Soldbücher und Uniformen wie die eigentliche Waffen-SS [188], deren Kampfverbände an der Front standen und in das Terrorsystem des KZ-Imperiums nicht eingeschaltet waren. Gleichwohl hatten die Schergen mit den Soldaten einiges gemeinsam: Das Führungshauptamt war zuständig für die Bewaffnung und militärische Ausbildung der Wachsturmbanne, jede Versetzung von einem KZ in ein anderes mußte über das Kommando der Waffen-SS laufen. Schlimmer noch – die Inspektion KL, das

Führungsorgan der Konzentrationslager, gehörte zeitweilig (vom Herbst 1940 bis zum Frühjahr 1942) formell zum Führungshauptamt, ehe sie zum Wirtschaftsverwaltungshauptamt überwechselte [189].

Protestierten die Soldaten der Waffen-SS gegen diese Zumutung, begehrten sie auf gegen die Gleichsetzung einer militärischen Truppe mit den Folterknechten der Prügelstätten und Vernichtungslager? Sie nahmen den Befehl Himmlers wortlos entgegen. Sie gehorchten. Sie schwiegen. Sie blieben stumm wie Ende 1939, als die Verfügungstruppe mit den 6 500 Mann jener KZ-bewachenden Prügelgarde Eickes vereinigt worden war, die das Gift jahrelang gelehrter und geübter Inhumanität und barbarischer Gefangenenbehandlung in die Waffen-SS schleppte [190]. Sie blieben stumm, als später die 50 000 Mann der Verstärkten Totenkopfstandarten, ebenfalls in den Konzentrationslagern ausgebildet und Träger des politischen Terrors in den deutschbesetzten Gebieten Europas, in die Waffen-SS eintraten und die Kader neuer SS-Divisionen bildeten [191]. Sie blieben stumm, als im weiteren Verlauf des Krieges manche makabre Gestalt aus dem Schattenreich des Terrors und der Massenvernichtung in die Waffen-SS überstellt wurde, so der Hauptsturmführer Bothmann mit seinem Liquidations-Kommando, das 300 000 Juden in Kulmhofs Gaswagen ermordet hatte [192], so 2 500 Mann aus dem Vernichtungsstab von Auschwitz [193], so 1 500 aus Sachsenhausen [194].

Die Führer der Waffen-SS mögen sich mit der Überlegung beruhigt haben, daß Disziplin und Ehrbegriff der Truppe stark genug sein würden, Distanz zu der politischen Unterwelt des Schwarzen Ordens zu halten. Eine lupenreine Distanzierung gelang ihnen jedoch nie: Die Waffen-SS mußte Einheiten (etwa 1 500 Mann) an die mordenden Einsatzgruppen abgeben [195], einige ihrer Ersatzeinheiten nahmen an den grausigsten Unternehmen des Himmler-Ordens wie der Niederschlagung des Warschauer Getto-Aufstandes teil [196], und die Truppe mußte auch hinnehmen, daß die aus Wilddieben, Berufsverbrechern und von Kriegsgerichten Verurteilten zusammengesetzte Kriminellen-Brigade des Berger-Intimus Dr. Oskar Dirlewanger den offiziellen Status einer Einheit der Waffen-SS erhielt [197].

Die SS-Militärs glaubten dennoch, ihren Schild reinhalten zu können. Sie sahen sich in dieser Annahme sogar durch Himmler bestärkt, der mit einer Geste zu erkennen gab, daß er die Kampfverbände der Waffen-SS von dem Terrorapparat getrennt wissen wollte [198]. Anfang April 1941 schuf sich Himmler eine Art Waffen-SS innerhalb der Waffen-SS, eine Privattruppe, die er für seine eigene politische Kriegführung einsetzen wollte [199]. Im Gegensatz zu den Kampfverbänden der Waffen-SS, die sofort nach Eintreffen im Frontgebiet unter die Befehlsgewalt des Heeres fielen, war diese Spezialtruppe ausschließlich Himmler unterstellt; er konnte sie zwar dem Heer zur Verfügung stellen, sie aber ebenso auf Gutdünken dem Heer wieder entziehen [200]. Das Gros dieser Himmler-Armee bildeten die Totenkopfstandarten, die das OKW anfangs nicht als Einheiten der Waffen-SS anerkannt hatte. Himmler gliederte den größten Teil der Standarten zu Infanterie- und Kavallerie-Brigaden um, die allein auf das Kommando des

Reichsführers hörten [201]. Er wählte sich in dem SS-Brigadeführer Knoblauch einen Generalstabschef aus, der im Mai 1941 den »Kommandostab Reichsführer-SS« aufstellte [202], und ließ seine Truppe marschieren – hinter der Front, gegen Partisanen und Juden.

Die Feldherrn-Träume des älteren Himmler zerrannen freilich ebenso schnell wie die des jüngeren. Der Ostfeldzug erforderte immer mehr Truppenverbände. Himmlers Privatarmee zerbröckelte Regiment um Regiment, Mitte 1942 waren alle Einheiten in das Feldheer eingegliedert [203]. Gleichwohl verstärkte die Gründung des Kommandostabes RFSS die Entfremdung zwischen Himmler und den professionellen Führern der Waffen-SS. Je weiter die SS-Divisionen in die schier unendlichen Räume Rußlands vorwärtsstürmten, desto deutlicher entfernten sich die SS-Militärs von den Befehlen und Phantasien ihres Reichsführers.

Eine neue Welt umfing den SS-Soldaten, grausam, unerbittlich und sternenweit entrückt den weltanschaulichen Parolen des Schwarzen Ordens. Im Glauben an ihren Führer und den Endsieg jagten die SS-Verbände durch Rußlands Steppen, Sümpfe und Wälder, Helden und Opfer eines schauerlichen Kapitels menschlicher Irrungen und Wahnideen. Schlag auf Schlag meißelten sich die Soldaten der Schutzstaffel in die Tafeln der Kriegsgeschichte ein. Ob am Südabschnitt, ob in der Mitte oder im Norden – wo immer sich der überraschte Feind zum Widerstand stellte, wo immer der Gegner zum Konterschlag ausholte und Lücken in die deutsche Angriffsfront riß, stets riefen die Befehle die SS-Verbände herbei.

Wieder stürmten die SS-Divisionen als Angriffskeile den deutschen Armeen voran. Die Leibstandarte schlug einen Brückenkopf über den Dnjepr, brach bei Perekop durch die sowjetischen Verteidigungsstellungen vor der Krim und erstürmte Taganrog und Rostow [204]. Die »Wiking« verfolgte den Gegner bis zum Asowschen Meer, während »Das Reich« die Schutzstellungen Moskaus südlich von Borodino durchbrach und der sowjetischen Metropole auf wenige Kilometer nahe kam [205]. Als jedoch die Sowjets Ende 1941 zu den ersten großen Gegenstößen antraten, da wurde die Waffen-SS zu einem Inbegriff soldatischer Standhaftigkeit ohne Beispiel. Unter den Hammerschlägen sowjetischer Stalin-Orgeln, Panzer und Infanteriemassen härtete sich das Renommee der SS-Soldaten, die Feuerwehr des deutschen Ostheeres zu sein.

Nach dem Durchbruch starker sowjetischer Kräfte westlich Moskaus, die im Januar 1942 bis in den Rücken der Heeresgruppe Mitte vorgestoßen waren, warf der Oberbefehlshaber der 9. Armee, General Model, das SS-Regiment »Der Führer« unter Obersturmbannführer Otto Kumm an den Wolgabogen bei Rshew. Das Regiment sollte die dünne Barriere, die eine Verbindung mit den Heeresverbänden im Westen sicherte, gegen die anrennenden Sowjets halten, bis Model im Süden genügend Truppen konzentriert hatte, um einen vernichtenden Schlag gegen den Gegner führen zu können. Bei 52 Grad Kälte hielten die SS-Männer aus, Tag für Tag, Stunde um Stunde den Gegner unermüdlich abweisend. Am 18. Februar hatte Model den Gegner geschlagen. Als Kumm mit seinem Regiment abgelöst wurde, traf er den Oberbefehlshaber der Armee. Model: »Ich weiß, was Ihr Regiment durchmachen mußte, Kumm. Aber ich kann es noch nicht entbehren. Wie stark ist es noch?« Kumm wies zum Fenster hinaus: »Mein Regiment ist draußen angetreten!« Da stand es: 35 Mann stark, der Rest von 2 000 Mann[206].

Selbst Theodor Eicke bewies jetzt, daß er sich militärischer Mentalität anpassen konnte. Seit er die Kragenspiegel eines SS-Obergruppenführers trug, war der alte KZ-Wächter wie verwandelt. Tagelang hatte er sich in seinem Quartier eingeschlossen, die taktischen Zeichen der Lagekarten ausgeschnitten und mit ihnen auf dem Erdboden den Aufmarsch einer Division durchgespielt – heimlich, damit sein Erster Generalstabsoffizier nichts von Eickes jäh erwachter Liebe zum Militär merkte[207]. Als sowjetische Verbände am 8. Februar 1942 südöstlich des Ilmensees die Division Totenkopf und fünf weitere Divisionen des Heeres im Kessel von Demjansk einschlossen, fanden sie unter den deutschen Generalen in dem Divisionskommandeur Eicke einen umsichtigen und harten Gegner[208]. Es war nicht zuletzt »der energischen Führung des Obergruppenführers Eicke« (so Generalfeldmarschall Busch) zuzuschreiben, daß sich die Eingeschlossenen von Demjansk monatelang halten konnten[209]. Dann aber zeigten wiederum die SS-Soldaten ihren Angriffselan: Zusammen mit Verbänden des Heeres erzwangen sie die Öffnung des Kessels und befreiten die Verteidiger der Festung Demjansk aus dem Griff der sowjetischen Einschließung.

Demjansk, Rshew, Abwehrkämpfe am Mius, Ladogasee, Wolchow – jeder dieser Namen signalisierte militärische Höchstleistungen einer Truppe, die bald hüben und drüben einen legendären Ruf genoß, angesiedelt zwischen abergläubischer Furcht und neidvoller Bewunderung. Freund und Feind waren sich einig: In der Waffen-SS kämpfte ein Kriegertum, das von keiner anderen Truppe erreicht oder gar übertroffen wurde.

Der sowjetische Generalmajor Artemenko, Kommandierender General des XXVII. Armeekorps, sagte bei seiner Gefangennahme im Herbst 1941 aus, die SS-Division »Wiking« habe an Kampfkraft alles Dagewesene übertroffen; auf russischer Seite habe man aufgeatmet, als die Division durch Heereseinheiten abgelöst worden sei[210]. Ähnlich urteilte General Wöhler, Oberbefehlshaber der deutschen 8. Armee. Er lobte nicht ohne poetische Bemühung, die ihm unterstellten SS-Verbände hätten »wie ein Fels im Heer« mit »unerschütterlicher Kampfkraft« dem Gegner getrotzt[211]. Und General von Mackensen, der Kommandierende General des III. Panzerkorps, feierte begeistert in einem Brief an Himmler der Leibstandarte »innere Disziplin, ihr frisches Draufgängertum, ihre fröhliche Unternehmungslust, ihre durch nichts zu erschütternde Krisenfestigkeit«. Mackensen: »Eine wahre Elitetruppe[212].«

Nicht alle Heeresoffiziere waren bereit, derartige Pauschalhuldigungen zu unterstützen. Mancher traditionelle Soldat konnte sich nicht des Gefühls der Rivalität und des Neids entschlagen, als er sah, daß die Waffen-SS immer mehr in den Vordergrund trat und dabei offensichtlich von der Staatsführung bevorzugt wurde. Die Abneigung gegen die Sigrunen-Truppe war ein offenes Geheimnis. Die Führer der Waffen-SS wähnten schon, das Heer habe es darauf abgesehen, die Waffen-SS an die gefährlichsten Brennpunkte des Krieges zu werfen und den lästigen Rivalen zu »verheizen«.

»Die SS soll aus diesem Kampfe so geschwächt herauskommen, daß sie nicht wieder auf die Beine kommt«, schimpfte Eicke [213], und auch Himmler wollte später »bei manchen Böswilligen« die Absicht erkannt haben, »diese unangenehme Truppe zu schlachten und aus dem Weg zu räumen für eine etwaige zukünftige Entwicklung« [214]. So konnte der SS-Oberführer Simon, Regimentskommandeur der Totenkopf-Division, nachweisen, der Stab des zuständigen II. Armeekorps habe absichtlich die Befehle des Führerhauptquartiers für die Ablösung der dänischen Freiwilligen und der Stämme des 2. Infanterie-Regiments der »Totenkopf« zurückgehalten, um diese Einheiten nicht durch Heerestruppen ersetzen zu müssen [215]. Es werde höchste Zeit, murrte Eicke, »unsere Männer aus den Klauen einer gehässig-neidischen Zunft zu befreien« [216].

Mit Neidkomplexen allein ließ sich freilich die kühle Reserve vieler Offiziere nicht erklären. In der neuen Truppe witterten die Militärs eine artfremde Besessenheit, die sich gegen den kämpfenden Gegner ebenso entlud wie gegen hilflose Gefangene und eine apathische Zivilbevölkerung. Nicht selten verletzten Einheiten der Waffen-SS das militärische Sittengesetz, das die soldatischen Traditionalisten trotz aller Bestialisierung des Krieges noch einzuhalten versuchten. Die Tapferkeit der SS-Truppe sprach sich genauso schnell herum wie die barbarische Art, in der manche Einheiten der Waffen-SS mit Kriegsgefangenen und Zivilpersonen umsprangen.

Verteidiger der Waffen-SS wandten später ein, die Truppe habe nur auf die inhumane Kriegführung der Sowjets reagiert. Tatsächlich hatten deutsche Truppen in erbeuteten Akten sowjetischer Armeen und Korps Befehle gefunden, aus denen hervorging, daß gefangengenommene deutsche Soldaten von den Sowjets ermordet wurden. Meldung des Stabes der sowjetischen 26. Division vom 13. Juli 1941: »Der Feind ließ ungefähr 400 Tote auf dem Schlachtfeld; ungefähr 80 Mann ergaben sich und wurden erschossen [217].« Meldung der 33. Roten Armee vom 8. Dezember 1941: »100 Kriegsgefangene, die von der 1. ›GM‹-Infanterie-Division gefangengenommen worden waren, wurden im Hinblick auf die schwierige Lage auf Befehl des Divisionskommissars erschossen [218].« Die Liquidierung deutscher Kriegsgefangener nahm solche Ausmaße an, daß der Stabschef der sowjetischen Küstenarmee Sewastopol am 2. Dezember 1941 im Befehl Nr. 0068 rügen mußte: »Die Truppenverbände töten in der Regel Gefangene, ohne sie zu vernehmen und dem Divisionsstab zuzuführen. Gefangene dürfen nur getötet werden, wenn sie Widerstand leisten oder fliehen. Außerdem wirkt die Erschießung von Gefangenen am Platz der Gefangennahme oder an der Front, wie dies vielfach geschieht, abschreckend auf feindliche Soldaten, die zu uns überlaufen wollen [219].« Am 29. März 1942 meldete der Gräberoffizier der Leibstandarte, auf dem Hof des ehemaligen GPU-Hauptquartiers in Taganrog seien sechs Angehörige der 3. LAH-Kompanie ermordet aufgefunden worden, sämtlich in einen Brunnenschacht gestürzt. Aus dem ärztlichen Befund: »4 Finger der rechten Hand fehlen (vermutlich abgehackt), Zertrümmerung des Schädels (vermutlich durch das Hinabwerfen in den Schacht) ... Bruch der Halswirbelsäule ... Zertrümmerung des Brustkorbes[220].«

Dennoch ignorieren die SS-Apologeten, daß die grausame Kriegsgefangenen-Praxis auf beiden Seiten gehandhabt wurde und der Angreifer, der in diesem Fall bereits *vor* der ersten Kampfhandlung die Liquidierung ganzer Kriegsgefangenengruppen (Kommissarbefehl!) beschlossen hatte, eher als der verstörte Verteidiger Gelegenheit hatte, seine Gefangenen abzutransportieren. Zudem ahndeten die Soldaten der Waffen-SS sowjetische Verbrechen mit einer brutalen Vergeltung, die jedes Maß verlor und selbst viele Landser abstieß, auch wenn aus Gründen der Fairneß gleichzeitig gesagt werden muß, daß hohe Kommandeure der Waffen-SS, darunter auch Sepp Dietrich (»Das sind wir unserem Namen auf dem Ärmelstreifen schuldig«)[221], sich gegen Racheakte an Kriegsgefangenen wandten. Aber ihr Wort drang nicht bis zum letzten SS-Soldaten durch.

Das Einsickern truppenfremder, aus den Niederungen eines politischen Fanatismus kommender Elemente, wie die ehemaligen Mitglieder der Totenkopfverbände oder das Austauschpersonal der Konzentrationslager, die Kampfbesessenheit und eine gelockerte Manneszucht machten die Waffen-SS für viele Arten inhumaner Kriegführung anfällig. Verbrechen überschatteten immer wieder den militärischen Ehrenschild der Truppe: Zwei Wochen nach Beginn des Rußlandfeldzuges erschossen Soldaten der Division »Wiking« 600 galizische Juden in Vergeltung sowjetischer Untaten[222]. Im Sommer 1943 liquidierten Soldaten der Division »Prinz Eugen« die Bewohner des serbischen Ortes Kosutica, weil aus der dortigen Kirche »angeblich« (so das Einsatzkommando 2 in einem Bericht) auf die Truppe geschossen worden war[223]. Im Frühjahr 1944 vernichtete die SS-Polizei-Division nach einem Feuerüberfall auf eine ihrer Einheiten den nordgriechischen Ort Klissura[224]. Im Juni 1944 zerstörte eine Kompanie der SS-Division »Das Reich« auf der Suche nach einem SS-Führer, der dem Maquis in die Hände gefallen war, den südfranzösischen Ort Oradour-sur-Glane und tötete dessen gesamte Bevölkerung[225]. Zwei Monate später erschossen Soldaten der SS-Panzer-Division »Hitlerjugend« bei den Abwehrkämpfen in der Normandie 64 kanadische und britische Kriegsgefangene[226].

So erklärbar solche Brutalitäten auch sein mögen – bemerkenswert und bezeichnend blieb doch, daß die Wehrmacht ähnliche Verbrechen kaum kannte. Die vom Allgemeinen Wehrmachtamt (AW) des OKW gesammelten Berichte über Vergehen der Wehrmacht und der Waffen-SS machten den Unterschied deutlich. »In dem Berichtszeitraum«, hielt das AW am 2. August 1943 fest, »gelangten 151 einschlägige Fälle zur Meldung. In 19 Fällen gehörten die Täter dem Heere, in 53 Fällen der Waffen-SS an, während in 79 Fällen die Einheit der Täter nicht ermittelt werden konnte. Die Zahl von

Vergewaltigungen ist groß. Durch die G. F. P. [Geheime Feldpolizei] und in einigen Fällen durch Angehörige des Streifendienstes wurden 18 Fälle von Vergewaltigungen nach Vernehmung der Betroffenen und Zeugen einwandfrei festgestellt. In 12 Fällen waren Angehörige der Waffen-SS die Täter, während in 6 weiteren Fällen die Truppenzugehörigkeit nicht einwandfrei ermittelt werden konnte [227].«

In Teilen der Ukraine hausten Soldaten der Waffen-SS so rabiat, daß die Ukrainer ihre Dörfer verließen und zur Sowjetarmee überliefen. Das AW registrierte: »Viehdiebstähle, Verprügeln der Einwohner, Vergewaltigung der Frauen und Mädchen halten die im Ort und Umgebung wohnenden Ukrainer in Aufregung [228].« Am 30. Mai 1943 baten zwei russische Agronomen die Ortskommandantur von Groß-Rogosjanka, den Soldaten der Waffen-SS »den Befehl zu geben, die Bevölkerung nicht mehr zu schlagen, nichts mehr zu requirieren und die Dörfer nicht mehr heimzusuchen«. Die beiden Bittsteller schrieben: »Bis zum Einmarsch der SS brachte die Bevölkerung der Truppe und Adolf Hitler die größte Sympathie entgegen [229].«

Auch aus anderen Gebieten liefen Meldungen über Grausamkeiten und Herrenmenschen-Allüren der Waffen-SS ein. Der rumänische Generalstab monierte im November 1942, volksdeutsche Angehörige der Waffen-SS schlügen rumänische Beamte, überträten rumänische Gesetze und intrigierten gegen die rumänische Staatsautorität. »Auf Grund dieser konkreten Vorfälle«, kabelte Polizeiattaché Böhme aus Bukarest, »stellt der rumänische Große Generalstab fest, daß die Mißbräuche und Zwischenfälle besonders von den Angehörigen der Waffen-SS hervorgerufen wurden ... Der Große Generalstab glaubt aber, daß es notwendig sei, die Ordnung und Disziplin, die auch im Innern herrsche, gegenseitig zu achten [230].« Selbst die Einsatzkommandos des Reichssicherheitshauptamts protestierten gegen die inhumane Kriegführung der auf dem Balkan eingesetzten SS-Divisionen. Deren Kampfmethoden hätten »sich zum Nachteil der deutschen Interessen in diesem Raum auszuwirken begonnen«, notierte SS-Sturmbannführer Reinholz vom Einsatzkommando 2 am 15. Juli 1943 [231]. Als der SS-Brigadeführer Reichsritter von Oberkamp, Kommandeur der Division »Prinz Eugen«, in einer Aussprache mit einem kroatischen Minister einen Übergriff seiner Einheit als Panne bagatellisieren wollte, fuhr ihm der anwesende SS-Oberführer Fromm dazwischen: »Seitdem ihr hier seid, passiert leider eine Panne nach der anderen!« [232]

Manche dieser »Pannen« ließen sich nicht zuletzt auf den Mangel an Manneszucht zurückführen, die immer problematischer wurde, je mehr sich die Waffen-SS aufblähte und Division auf Division ihrem Heerbann einverleibte. Denn: Die Erfolge der SS-Verbände und das untergehende Kriegsglück des großdeutschen Diktators hatten inzwischen Adolf Hitler bewogen, alle Schranken rund um die Waffen-SS niederzureißen. Von Jahr zu Jahr mehr wurde die Waffen-SS zur letzten Hoffnung des Tyrannen, wuchs in Hitler der verzweifelte Glaube, allein die schier unüberwindliche Truppe der Schutzstaffel werde ihn vor der Katastrophe bewahren.

Schon im Frühjahr 1942 hatte Hitler der Aufstellung einer neuen SS-Division (»Prinz Eugen«) zugestimmt [233], kurz darauf entstand aus der Kavallerie-Brigade die Division »Florian Geyer« [234], und ab Herbst legte Hitler der Waffen-SS keine Zügel mehr an. Es folgten die Panzergrenadier-Division »Hohenstaufen« (erstmals bis zu 70 Prozent aus Gezogenen bestehend) [235], dann die »Frundsberg« [236], eine neue Germanen-Division namens »Nordland« [237], die »Hitlerjugend« [238], eine Bosniaken-Division [239] – die Waffen-SS wuchs und wuchs. Die Truppe konnte auch die Waffenkontrolle lockern, die das OKW über die Waffen-SS ausübte. Das OKW hatte darüber gewacht, daß die Wehrmacht bei der Verteilung moderner Waffen den Vortritt vor der Waffen-SS erhielt. Hitler kehrte jetzt das Verhältnis um: Von Sturmgeschützen bis zu Schützenpanzern schob er der Waffen-SS die neueste Ausrüstung zu [240].

Endlich gelang es der Truppe auch, den Krebsschaden zu beseitigen, auf den sie ihre schweren Verluste an Menschen und Material zurückführte: den Mangel an Panzern. »Schaffen Sie uns Panzer, ohne sie geht diese herrliche Truppe zu Grunde«, hatte Ende 1941 der Siebenbürgener Arthur Phleps, ehemaliger rumänischer General und damals Regimentskommandeur der »Wiking«, Felix Steiner zugerufen [241]. Gegen den hinhaltenden Widerstand der Wehrmacht wurden nun allmählich die drei Stammdivisionen der Waffen-SS (LAH, »Das Reich«, »Totenkopf«) zu Panzerverbänden umgerüstet [242] und unter Paul Haussers Führung zu dem ersten SS-Panzerkorps zusammengefügt, das man der Waffen-SS konzedierte [243]. Später folgten weitere Panzerkorps [244]. Im März 1943 stieß Obergruppenführer Hausser an der Spitze seiner Panzerverbände über die Schlachtfelder der Ukraine vor und erfüllte Hitlers kühnste Hoffnungen. Das Korps wehrte den sowjetischen Großangriff im Raum Charkow ab und übernahm im Sommer 1943 die Spitze der südlichen Angriffsgruppe in der letzten großen deutschen Rußland-Offensive [245].

Ein Jahr später waren die Divisionen der Waffen-SS zur Kerntruppe der deutschen Ostfront geworden. Zweimal »verhinderten SS-Verbände ein neues Stalingrad«, wie der US-Historiker Stein urteilt [246]: Sie zerschlugen die tödlichen Sowjet-Kessel von Tscherkassy und Kamenez-Podolsk. In dem einen Kessel hatten sowjetische Truppen im Januar 1944 zwei deutsche Korps zusammengetrieben, in dem anderen einen Monat danach eine ganze deutsche Panzerarmee. Den Kessel von Tscherkassy öffnete neben Heeresverbänden die miteingeschlossene »Wiking«, den Kessel von Kamenez-Podolsk zerbrach das (inzwischen nach Frankreich verlegte und wieder herbeigerufene) Hausser-Korps [247]. »Wo immer die SS-Verbände eingesetzt waren, sie griffen an«, hat der Amerikaner Stein in die Chronik der Waffen-SS geschrieben. »Manchmal kämpften sie mit großem Erfolg, manchmal mit geringem oder gar keinem. Aber wie auch jede einzelne Aktion enden mochte, das Endresultat blieb: Der feindliche Vormarsch wurde aufgehalten [248].«

Die militärischen Triumphe der Waffen-SS konnten jedoch nicht darüber hinwegtäuschen, daß die Truppe längst »zu Schlacke ausgebrannt« war – so der »Wiking«-Kommandeur Steiner[249]. Die Ausrüstung mit Panzern hatte zu spät eingesetzt. 1943 lag bereits ein Drittel der klassischen Waffen-SS-Divisionen unter russischer Erde[250]. Die Waffen-SS mußte Verluste hinnehmen, die jeder anderen Truppe das Rückgrat gebrochen hätten. Allein zwischen 22. Juni und 19. November 1941 fielen 1 239 Führer und 35 377 Mann aus, darunter 13 037 Tote[251]. Die »Wiking« verlor bei dem Ausbruch in Tscherkassy sämtliche Panzer, sämtliche Ausrüstung und die Hälfte der Mannschaften[252]. Am Beispiel der Totenkopf-Division, deren Kommandeur Eicke im Februar 1943 im Raum Charkow fiel, ließ sich erkennen, wie die Ausfälle auf die Kampfbereitschaft der Waffen-SS einwirkten. Die Division stellte am 15. November 1941 fest: »Die im Kampf bisher erlittenen Verluste haben das tragende Führer- und Unterführergerippe des Kampfverbandes nahezu [zu] 60% aufgezehrt. Katastrophal wirkt sich der Blutverlust beim Unterführerkorps aus.« Daraus folgte: »Eine Kompanie, die ihre alten, eingeschulten Unterführer und Rottenführer verloren hat, kann nicht mehr angreifen. In der Verteidigung ist sie unzuverlässig, weil ihr das Rückgrat fehlt. Es gibt in der Division jetzt schon Kompanieführer, die vor ihrem Gefechtsabschnitt nicht mehr aufklären können[253].«

Die Hilferufe der von wachsenden Mannschaftsverlusten bedrohten SS-Divisionen wurden zusehends schriller, zumal die Ergänzungsstellen des SS-Hauptamtes einen Ersatz anlieferten, der Elitecharakter und Kampfniveau der Truppe arg verändern mußte. Einst waren die Soldaten der Waffen-SS begeistert in den Krieg gezogen, entflammt vom Hitler-Kult und zu der Überzeugung gebracht, sie dienten einem neuen, sozialeren Deutschland. Diesen jungen SS-Grenadieren, Idealisten und im Banne eines großen Rausches, erschien nichts selbstverständlicher, als sich dem zu weihen und zu opfern, was sie Führer und Reich nannten. Die Gräber und Holzkreuze in den Weiten Rußlands besiegelten ihren tragischen Irrtum, den sie mit einer ganzen Generation teilten. Den SS-Grenadieren der ersten und zweiten Stunde folgte eine neue Welle tatsächlicher oder angeblicher Freiwilliger, denen die naive Gläubigkeit ihrer toten Vorläufer fehlte. Oft versahen sie ihren Dienst nicht ohne Widerwillen, Gepreßte und Hineingelockte, die sie in vielen Fällen waren. Ohne Begeisterung in die Waffen-SS eingetreten, schlecht ausgebildet und skeptisch geworden, brachten sie eine Mentalität in die Truppe, die den alten VT-Pionieren fremd war.

Das Führungshauptamt notierte im Frühjahr 1943 mit NS-konformer Entrüstung: »Geistige Haltung ist schlecht. Unverkennbare Einflüsse durch das Elternhaus, Kirche usw. machen sich bemerkbar. Grundsatz: Wenn ich gezogen werde, kann ich es nicht ändern, freiwillig gehe ich nicht. Aber auch Angst vor einem Einsatz[254].« Chefwerber Berger aber konnte den von den Militärs gewünschten Ersatz nicht mehr stellen, da er längst die Grenzen seiner Möglichkeiten erreicht hatte. Das Reservoir der Freiwilligen war bei der Waffen-SS ebenso schnell ausgetrocknet wie bei der Wehrmacht. Seit Ende 1942 mußte die Waffen-SS auf Wehrpflichtige zurückgreifen[255]: Jede neue Meldung der Ergänzungsstellen bestätigte, daß sich die Deutschen – erschreckt über die Berichte von den rabiaten Kampfmethoden und hohen Blutverlusten der Truppe – gegen die Waffen-SS stellten.

Im Februar 1943 registrierte die Führung der Waffen-SS in 13 Berichten aus Ergänzungsstellen Fehlschlag auf Fehlschlag der Werbung[256]. Ergänzungsstelle Südost (Breslau): »Aufnahmebereitschaft nicht gut. Es fehlt Begeisterung am Wehrdienst. Die Jungen wollen sich nicht freiwillig melden. Teilweise waren sie ausgesprochen gegen die Waffen-SS eingestellt[257].« Ergänzungsstelle Süd (München): »Aufnahmebereitschaft ließ zu wünschen übrig, erweckte teilweise sogar den Eindruck passiver Resistenz. Die Männer wollten sich nicht freiwillig melden, sondern abwarten, bis man sie holt[258].« Ergänzungsstelle Main (Nürnberg): »Aufnahmebereitschaft ... gering, zum Teil sogar katastrophal. Jungen sind nicht nur gegen die Waffen-SS, sondern grundsätzlich gegen jede Art von Wehrdienst[259].« Auf die Waffen-SS schlug jetzt auch die antichristliche Propaganda zurück, die in der Truppe jahrelang betrieben worden war. Elternhaus und Kirchen legten die Werbung für die Waffen-SS lahm – selbst die Furcht vor der Gestapo hinderte den Bürger nicht, gegen die Truppe Heinrich Himmlers zu votieren.

»Elternhaus und Kirche üben negativen Einfluß aus«, registrierte die SS-Ergänzungsstelle Nordost[260]. »Einfluß des Elternhauses ungünstig« (Ostsee II)[261]. »Verschiedenen Jungen war die Meldung zur Waffen-SS von den Eltern verboten« (München)[262]. »Elternhaus meist gegen die Waffen-SS eingestellt« (Hamburg)[263]. »Einfluß der Kirche sehr stark. Es kam zu der Äußerung: ›Der Pfarrer hat uns gesagt, die SS wäre gottlos, und wenn wir in die SS eintreten, kämen wir in die Hölle‹« (Wien)[264]. Berger meldete seinem Reichsführer, bei einer Nachmusterung in der Leibstandarte hätten es nahezu alle befragten Offiziersanwärter abgelehnt, Führer in der Waffen-SS zu werden. Ein Junge aus Hannover habe gesagt: »Wir wollten keinen Krieg. Wir hatten genug zu fressen und haben es auch heute noch. Wer nicht genug zu fressen hat, soll diesen Krieg allein weiterführen.« Berger: »Das sind nicht nur Einzelfälle, Reichsführer!«[265]

Niedergedrückt nahm Himmler die Hiobsbotschaften Bergers entgegen. »Das Gesamtergebnis«, schimpfte er am 14. Mai 1943, »ist für mich die sichtbare und planmäßige Vergiftung der Jugend unseres Volkes durch die christliche Erziehung, der wir offenkundig in der Jugend nicht genügend an positiver weltanschaulicher Erziehung, gerade jetzt im Kriege, gegenüberstellen[266].« Doch Berger wollte nicht an das Ende aller Werbung glauben. Er fand zwei Bundesgenossen, die bereit waren, ihm Freiwillige zuzutreiben: In den Wehrertüchtigungslagern der HJ und den Ausbildungslagern des Reichsarbeitsdienstes (RAD) durfte er mit allen Mitteln werben[267].

Um bei der Jagd nach neuen Rekruten einen Vorsprung vor den Musterungskommissionen der Wehrmacht zu gewinnen, ließ Berger Angehörige bestimmter Jahrgänge für die SS-Truppe vormustern. Es erschienen Werbeoffiziere der Waffen-SS, entschlossen, jeden jungen RAD-Mann in die Waffen-SS zu zwingen. In einer Landwirtschaftsschule des RAD in Halle rief ein SS-Führer am 24. Februar 1943 jungen Arbeitsmännern nach, die sich bei einem Vortrag über die Waffen-SS versteckt hatten: »Wenn diese Leute zur SS kämen, so würden sie sofort erschossen, denn das ist nichts anderes als Sabotage und Fahnenflucht!«[268] Andere Schüler konfrontierte er vorgedruckten Formularen, auf denen sich jeder zum Eintritt in die Waffen-SS verpflichten sollte. Als ein Schüler einwandte, er müsse darüber erst mit seinem Vater sprechen, raunzte der SS-Führer: »Auf diese alten Kamellen lassen wir uns nicht mehr ein. Ihr habt alle zu unterschreiben, oder ich lasse niemanden hier fort.« Einen anderen Schüler fuhr er an: »Ihr Schweine denkt wohl, Eure Kameraden draußen lassen sich die Knochen für euch kaputtschießen, damit ihr hier euch vom Kriege drücken könnt.« Nahezu alle unterschrieben[269].

»Lieber Papa! Heute habe ich die größte Gemeinheit meines Lebens erlebt«, klagte ein RAD-Mann seinem Vater, der den Brief seines Sohnes später Himmler vorlegen ließ. In seinem Lager waren drei SS-Männer mit einem Polizisten und der Forderung aufgekreuzt, alle Anwesenden hätten sich in die Bewerbungslisten der Waffen-SS einzutragen. Der RAD-Mann erzählte seinem Vater: »Ungefähr 60 Mann mußten unterschreiben, oder sie bekamen Schelte oder 3 Tage Haft. Es wurde gedroht auf alle Arten. Alle Mann waren furchtbar erregt. Einige gingen los, andere sogar durchs Fenster. Der Polizist stand an der Tür und ließ niemand hinaus. Das ganze Lager ist empört. Mir langt's, ich bin ein anderer Mensch geworden[270].«

Die Gauleitung Moselland referierte der Parteikanzlei: »Den Berichten zufolge ist von allen Arbeitsmännern mit einer Größe über 1,65 m eine bestimmte Anzahl herausgezogen und trotz Weigerung durch dienstlichen Befehl unter Hinweis darauf, daß die SS-Abordnung unmittelbar aus dem Führerhauptquartier komme, zum ›freiwilligen‹ Eintritt in die Waffen-SS gezwungen worden[271].« Das Stellvertretende Generalkommando des V. Armeekorps verzeichnete am 30. März 1943 »wieder zahlreiche Klagen, daß die Waffen-SS mit unerlaubten Mitteln für ihre Verbände wirbt«[272]. Meldung aus Saßbach-Achern: »Als sich trotz 5maliger Aufforderung niemand meldete, wurde erklärt, daß niemand den Saal verlassen dürfe, der sich nicht freiwillig zu einem der Verbände gemeldet habe[273].« In Mülhausen drohten SS-Führer den von ihnen umworbenen Lehrlingen eines Betriebes »für den Fall der Weigerung mit der Ausweisung ihrer Eltern aus dem Elsaß«[274].

Die Truppe aber erschrak, als sie sah, mit welchem Ersatz sie gegen den immer härter werdenden Gegner kämpfen sollte. Schon im August 1941 und im März 1942 hatte Stabschef Jüttner bei Berger gegen den »völlig untragbaren Ersatz« protestiert, den das SS-Hauptamt der Truppe zur Verfügung stelle[275]. Im September 1942 verschärfte Jüttner seine Kritik. Er wandte sich gegen die rüden Werbemethoden des SS-Hauptamts, das der Truppe Menschen zuführe, die unter falschen Vorspiegelungen oder gar unter Druck angeworben worden seien. Ständig werde auch die Truppe mit den Beschwerden der Familien behelligt, die ihre in die Waffen-SS gepreßten Angehörigen zurückverlangten[276].

Die Kommandeure beklagten sich außerdem über den miserablen Ausbildungsstand der Neuen. »Ein großer Teil der Männer kommt ahnungslos an die Front«, erklärte Totenkopf-Kommandeur Eicke. »Die unentschlossenen, zum Teil uninteressierten Gesichter stimmen bedenklich. Man sieht den Männern an, daß sie keine harte, den Notwendigkeiten des Kampfes angepaßte Ausbildung hinter sich haben[277].« Vermochte schon der reichsdeutsche Ersatz die Frontkommandeure nicht zu befriedigen, so sahen sie ihre Verbände durch Bergers Schützlinge, die volksdeutschen Freiwilligen, noch stärker behindert. Der Stab der SS-Kavallerie-Division »Florian Geyer« beobachtete 1943 bei den Volksdeutschen »eine auffallende Gleichgültigkeit und Sturheit«, die den Geist der Truppe lähme[278].

Dabei hatten sich zunächst die volksdeutschen Freiwilligen aus Rumänien und Kroatien (im Gegensatz zu ihren Schicksalsgenossen aus Ungarn) gerne in die Waffen-SS eingereiht, zeigten sich jedoch bald von der Truppe enttäuscht[279]. Der Stab der »Florian Geyer« hielt es für »durchaus möglich, daß der eine oder andere der volksdeutschen Freiwilligen diesen Krieg nicht als den seinen betrachtet und seinen Dienst hier in der Waffen-SS nicht als Pflicht dem deutschen Volke gegenüber ansieht«[280]. Eicke urteilte noch härter: »Unter den Volksdeutschen befindet sich eine große Anzahl, die man als geistig minderwertig bezeichnen kann. Viele können nicht deutsch schreiben und lesen. Sie verstehen die Kommandosprache nicht und neigen zum Ungehorsam und zur Drückebergerei. Gegebene Befehle werden meistens nicht durchgeführt, mit der Ausrede: Man habe nicht verstanden, was der Vorgesetzte von ihnen will. Der Feigheit wird auf diese Weise Vorschub geleistet[281].« Die Unlust der volksdeutschen SS-Grenadiere beeinträchtigte die Kampfkraft der Truppe so stark, daß es schließlich zum Gütezeichen einer guten SS-Division gehörte, möglichst wenige Volksdeutsche unter sich zu haben[282].

Angesichts eines so irritierenden Ersatzes mußte es den Kommandeuren gefallen, mit welchem Elan die europäischen Freiwilligen in die Waffen-SS eintraten. Die 200 000 nichtdeutschen Europäer in der Waffen-SS stempelten die Truppe zu einem Vielvölkerheer und brachten wieder etwas von jenem Idealismus zurück, den die Kommandeure vermißten. Doch der Alltag des Krieges ernüchterte die Truppe schnell. Auch die gemeinsame Parole des antibolschewistischen Kreuzzuges konnte nicht verbergen, daß die Waffen-SS dem politischen und militärischen Phänomen der europäischen Freiwilligenbewegung keineswegs gerecht wurde.

Die aus verschiedenen Ländern und Ideologien zusammengeströmten SS-Freiwilligen sollten plötzlich von einer Truppe ausgebildet werden, die im schärfsten Preußen-Drill und im engsten Scheuklappen-Blick einer totalitären Weltanschauung aufgewachsen war. In der Waffen-SS prallten die Ausländer mit Menschen zusammen, die nie gelernt hatten, Angehörige anderer Völker und Bekenntnisse zu tolerieren. Bald häuften sich die Klagen, daß Unterführer und Führer der Waffen-SS ihre ausländischen Freiwilligen im rabiaten Herrenmenschen-Stil behandelten. Vor allem unter Flamen,

Norwegern und Holländern bildete sich in der Truppe ein Widerstand gegen die allzu deutschen Ausbildungsmethoden der Waffen-SS [283]. Selbst Himmler bemängelte die »ungerechte und psychologisch so falsche Behandlung« seiner fremden Germanen und drohte, es müßten »die Führer und Unterführer, die sich an dieser germanischen Zukunft versündigen, rücksichtslos degradiert und ausgestoßen werden« [284]. In Norwegen rotteten sich ehemalige Soldaten der Waffen-SS zusammen und sagten Bergers SS-Werbern den Kampf an [285]; ab Anfang 1943 mehrten sich die Anträge germanischer Freiwilliger aus Holland, Dänemark und Belgien, die um Entlassung aus der Waffen-SS baten [286].

»Es ist geradezu unverständlich, wie negativ sich in manchen Fällen die Behandlung der Männer bei der Waffen-SS auf ihre weltanschauliche Haltung ausgewirkt hat«, jammerte das Amt VI des SS-Hauptamts im Oktober 1942 [287]. Mancher verkappte Gegner der Schutzstaffel trug die Uniform der Waffen-SS. So fing die Feldpostprüfstelle einen Brief des holländischen SS-Führeranwärters 't Veer auf, der einem Freund in Amsterdam anvertraut hatte, er sei »mal wieder doppelt optimistisch, weil unsere Bundesgenossen [die Alliierten] festen Fuß auf italienischem Boden gefaßt haben«. Befehl Himmlers: »Dieser Mann muß sofort vor ein SS-Gericht gestellt werden [288].« Auch ein so gefeierter Held der Waffen-SS wie der belgische Rexistenführer Leon Degrelle, Sturmbannführer und Eichenlaubträger, war nur in die Truppe eingetreten, weil er darin das einzige Mittel sah, die von Himmler betriebene Abspaltung der flämischen Landesteile Belgiens und deren Anschluß an das Reich zu verhindern [289]. Und der Propagandachef der holländischen NS-Bewegung, Voorhoeve, Deutschenfeind und Gegner der großgermanischen SS-Politik, erklärte einem Freund, allein durch einen Beitritt zu diesem »Trupp blöder Idioten« könne man die SS-Pläne konterkarieren [290]. »Es ist schon sehr gefährlich, diesen Mann in die Waffen-SS zu nehmen«, warnte der Höhere SS- und Polizeiführer Rauter. »Wenn dieser Mann dann als ›Held‹ in Holland wieder auftritt, wird es für uns sehr schwer sein, gegen solch ausgezeichneten Frontkämpfer aufzutreten [291].«

Aber auch der schlichte europäische Freiwillige der Waffen-SS begann zu spüren, daß er Versprechungen gefolgt war, die von der Truppe nicht erfüllt wurden. Manche von ihnen waren in die Waffen-SS eingetreten, weil sie dem (von Bergers Werbern geförderten) Glauben anhingen, durch Kriegsdienst für die Deutschen ihren Heimatländern die Unabhängigkeit im neuen Europa Adolf Hitlers sichern zu können. Die Führer der Waffen-SS stellten sich hinter die Unabhängigkeitsforderungen ihrer europäischen Grenadiere, aber Hitler verschloß sich den Vorstellungen seiner Garde. Von Monat zu Monat wurde die Stellung des Führerkorps gegenüber den europäischen Freiwilligen unhaltbarer. Die Führer der Waffen-SS wichen in Surrogate aus: Sie ließen die Junkerschule Bad Tölz in eine europäische Militärakademie umwandeln [292], auf der Nichtdeutsche auch das nationalsozialistische Parteiprogramm kritisieren durften, sie wollten in Holland ein »Mahnmal des germanischen Kriegers« errichten [293], sie entwarfen Pläne für eine gemeinsame Zukunft – und wußten doch längst, daß sie ihren Grenadieren eine Zukunft vorspiegelten, die es nie geben würde.

In den Führern der Waffen-SS zerbrach eine Welt, an die sie einmal geglaubt hatten. Die Nabelschnur der Ideologie, die das Heer der Steiner, Hausser, Bittrich und Dietrich mit dem Schwarzen Orden verband, zerriß – nicht auf einen Schlag, aber allmählich, Monat um Monat dünner und schadhafter werdend. In ihrem Glauben an Hitler unsicher geworden, am Sieg verzweifelnd, mit einem fragwürdigen Ersatz belastet, dem Gewissenskonflikt in der Frage der europäischen Freiwilligen konfrontiert – so schwankte das Heer der SS-Divisionen zwischen den ideologischen Fronten des Krieges und wußte im Grunde nicht, ob es noch zur Schutzstaffel gehöre. Die Marschkolonnen der SS-Verbände folgten nur noch einem eigenen Fähnlein, geführt von Feldherren, die in ihrem Verhältnis zur Staatsführung schwankend geworden waren.

Die stereotypen Formeln von Führer und Reich und Treue und Endsieg flossen ihnen weiterhin über die Lippen, aber in ihrem Innern krampfte sich die Truppe zusammen, wurde sie eine Macht eigenen Gepräges – nicht mehr SS und noch nicht Wehrmacht. Sie teilte damit das Schicksal mancher Gardetruppen, die nach den Worten des Schweizer Soziologen Rolf Bigler stets »eine sonderartige Beziehung zur staatlichen Autorität, mithin zur Regierung« auszeichnet[294]. Auch für die Waffen-SS wurde in den Einsätzen und Enttäuschungen des Krieges die Truppe zum eigentlichen Vaterland, formierten sich die Feldzeichen, die bitteren Schlachten und die Erinnerung an gefallene Kameraden zu einem mystischen Band, das die Truppe zusammenhielt und das kein Fremder zu durchdringen vermochte. Und wie die Männer, so ihre Führer. Selten hatte eine deutsche Truppe selbstbewußtere und hochmütigere Generale an ihrer Spitze gesehen. Manches Beispiel zeugte von der knorrigen Eigenwilligkeit der SS-Generale.

Paul Hausser hatte im Februar 1943 den Befehl erhalten, mit seinem II. SS-Panzerkorps den gegen Charkow massiert vorstoßenden Gegner zu stoppen und die Stadt auf jeden Fall zu halten. Am 12. Februar gelang es jedoch den Russen, in den Rücken der deutschen Verbände zu gelangen. Jeden Augenblick konnte sich der sowjetische Einkreisungsring um Haussers Korps schließen. Hausser ersuchte daraufhin die ihm übergeordnete Armeeabteilung Lanz, die Räumung Charkows und eine Absetzbewegung zu erlauben. Doch der Stab Lanz lehnte ab mit dem Hinweis, Hitler habe jeden Rückzug verboten. Am 15. Februar jagte das Oberkommando des Heeres einen Funkspruch nach Charkow, in dem – abermals unter Berufung auf einen Führerbefehl – Hausser die Räumung Charkows untersagt wurde. Hausser traf seine eigene Entscheidung. Am 15. Februar gegen 12.50 Uhr gab er den Befehl zum Rückzug – gegen die ausdrückliche Order seines Führers. Ergebnis: Das Panzerkorps wurde vor der Vernichtung bewahrt und bot später Generalfeldmarschall von Manstein die Möglichkeit, zu einer Gegenoffensive auszuholen. Hitler murrte über den ungehorsamen SS-General, aber er ließ ihn unangetastet[295].

Die SS-Generale mißachteten nicht selten die Befehle der Wehrmachtführung. Dem Leibstandarte-Kommandeur Dietrich warf das OKW vor, er habe sich bei dem deutschen Vormarsch in Südrußland gegen die Order seiner Vorgesetzten »auf Rostow gestürzt, rein um einen Prestigeerfolg zu erringen« (so eine Aktennotiz Bergers) [296], und bei einer anderen Gelegenheit hielt Generalfeldmarschall von Kleist in einem klassischen Befehl den Ungehorsam eines SS-Generals fest. »Dem Kommandeur der Division ›Wiking‹«, funkte er, »ist 1. sofort das Verbot der Armee, gegen Anordnungen Stellung zu nehmen, bekanntzugeben, 2. ist der Kommandeur der Division ›Wiking‹ zur Meldung zu veranlassen, wie es kommt, daß er, ohne Meldung zu machen, eine andere als die vom Korps ausdrücklich befohlene Stellung bezogen hat [297].«

Besonders arg aber bekam Heinrich Himmler den Unabhängigkeitssinn seiner Generale zu spüren. Mißtrauisch beobachtete er die vorsichtige Absetzbewegung der Waffen-SS, für die insgesamt galt, was der SS-Personalchef Maximilian von Herff am 23. November 1942 über die maßgeblichen Männer des Führungshauptamtes notiert hatte: »Um Jüttner ist ein Kreis, der beobachtet werden muß, da er einmal gefährlich werden kann. Es ist dies die Liäson Gruf. Petri, Brif. v. Jena und Hansen. Vom SS-mäßigen Denken und Wollen sind sie weit entfernt. Sie wollen nur Gardesoldaten sein, das andere ist für sie Nebensache [298].«

Der Reichsführer-SS hatte nie ein sonderliches Verhältnis zur Truppe gehabt, aber er war sensibel genug, die immer stärker werdende Distanz zwischen der Truppe und dem Orden der Schutzstaffel zu bemerken. Die Entfremdung wird ihn nicht überrascht haben. Schon am 5. März 1942 hatte er nicht ohne Prophetie geschrieben: »Ich sehe hier eine große Gefahr, daß nämlich die Waffen-SS unter dem Motto ›Kriegsnotwendigkeit‹ genau wie früher die Wehrmacht unter dem Motto ›Landesverteidigungsmaßnahmen‹ ein eigenes Leben zu führen beginnt [299].« Das neue Eigenleben der Waffen-SS hatte den Reichsführer bereits wiederholt irritiert. Es kündigte sich in kleinen Details an: in der Unlust der Waffen-SS-Führer, sich mit Männern der Allgemeinen SS zu verbrüdern oder in dem Bemühen, SS-eigene Ränge gegen den Befehl Himmlers durch Wehrmacht-übliche Ränge zu ersetzen. Oder in der Beflissenheit, mit der sich Einheiten der Waffen-SS dem Befehl der Wehrmacht unterstellten – wiederum gegen klare Orders des Reichsführers.

Als sich bei einem Luftangriff in Berlin 600 SS-Soldaten der dortigen Wehrmachtkommandantur unterstellten, zürnte Himmler: »Wenn einmal noch ein Mann der Waffen-SS unter dem Kommando der Wehrmacht eingesetzt wird und die Waffen-SS mir als dem Reichsführer-SS damit in den Rücken fällt, werde ich den Standortkommandanten Berlin innerhalb weniger Stunden nicht nur entsetzen, sondern festnehmen lassen [300].« Die Führer der Waffen-SS ließen sich freilich kaum bewegen, das aufzugeben, was ihr Reichsführer den »Wehrmachtstandpunkt« nannte. So lehnte es der Standortkommandant der Waffen-SS in Nürnberg, SS-Sturmbannführer Loh, grundsätzlich ab, Kontakt mit Dienststellen der Allgemeinen SS und des SD aufzunehmen. Meldung des SD-Abschnitts Nürnberg vom 10. Oktober 1941: »SS-Brigadeführer Dr. Martin hat als SS-Oberabschnittsführer persönlich alles daran gesetzt, die gesamte SS in einem Block zusammenzuhalten ... Seine Versuche, die Waffen-SS einzubeziehen, scheiterten an der sturen und unverständlichen Einstellung des obengenannten SS-Sturmbannführers Loh[301].«

Vergebens mahnte Himmler seine Militärs, die wahre Heimat der Waffen-SS sei die Schutzstaffel. Im August 1941 forderte er, in den SS-Divisionen seien nur Dienstgradbezeichnungen der Schutzstaffel zu verwenden[302]. An Steiner erging die Rüge, er solle seine Korpsbefehle nicht immer mit »General Steiner« unterschreiben[303]. Zuvor hatte Himmler allerdings einen ersten Schritt vor seinen Militärs zurückweichen müssen. Er genehmigte, höhere Führer der Waffen-SS vom Brigadeführer an aufwärts dürften neben ihren SS-Chargen auch die Wehrmachtränge in Anspruch nehmen[304].

Desto lautstärker begehrte Himmler gegen die weltanschauliche Laxheit seiner Generale auf. Er ließ hart formulierte Befehle an die Führung der Waffen-SS ergehen, in denen jeder SS-Führer verpflichtet wurde, seine Soldaten »zu immer fanatischeren und überzeugten Willensträgern der nationalsozialistischen Weltanschauung, zur Idee unseres Führers Adolf Hitler zu erziehen«. Himmler drohte: »Die Fähigkeit, eine Truppe zu führen, werde ich nicht nur nach dem Vermögen, eine gute waffenmäßige Ausbildung zu vermitteln, ... bemessen, sondern ebensosehr nach dem Vermögen, jeden einzelnen Führer, Unterführer und Mann zu einem überzeugten, weltanschaulich in jeder Lage krisenfesten Kämpfer zu erziehen[305].«

Kaum ein SS-General beachtete den Ukas. Gottlob Berger wunderte sich »darüber, daß es in der Schutzstaffel Leute gibt, die einen klaren Befehl des Reichsführers-SS überhaupt nicht beachten«[306]. In mancher Division wurde der von Himmler befohlene weltanschauliche Unterricht abgelehnt; beflissene SS-Führer aber, die den Unterricht abhalten wollten, mußten sich des Spotts der Truppe erwehren. Der weltanschauliche Ausrichter der 13. SS-Division klagte 1944, er sei in seiner »Ehre als SS-Führer und Offizier angegriffen« worden, weil seine politische Arbeit »weitgehend Ablehnung seitens einiger Herren des Div[isions]-Stabes« gefunden habe[307]. Drastischer formulierte ein geheimer Informant des SS-Hauptamtes am 2. Oktober 1943: »Es ist zum Kotzen, ich höre immer SS-Geist, ein Scheißdreck, nichts ist davon zu sehen[308].«

Je öfter Himmler solche Meldungen las, desto stärker überkam ihn der Verdacht, der Reichsführer-SS sei von undankbaren Generalen umgeben, die bereits im anderen Lager – jenem der Wehrmacht – stünden. Einen General nach dem anderen sah er vom Schwarzen Orden abfallen:

Über den Kommandierenden General des V. SS-Gebirgskorps, Obergruppenführer Phleps, notierte Berger, er sei »sehr wunderlich geworden«, weil er nichtmilitärische Nationalsozialisten wie den Volksgruppenführer Andreas Schmidt von Stabsbesprechungen ausschloß[309]. Der Obergruppenführer Höfle verstimmte Himmler durch sein wehrmachtfrommes Gebaren derartig, daß der SS-Chef dem alten Kampfgefährten aus den Tagen des Novemberputsches von 1923 das Du verweigerte und ihn mit schärfsten Repressalien bedrohte. Himmler diktierte: »Herr Höfle! Mit diesem Brief warne ich Sie zum letzten Male, bevor ich Sie absetze. Sie sind ein ebenso ungehorsamer Untergebener wie schwach in der Durchsetzung der Ihnen gegebenen Befehle. Ich habe den Eindruck, daß Sie völlig Wachs in den Händen Ihres Stabes sind. Sie wollen mir kurz und bündig – ohne jede Entschuldigung oder Erklärung – schriftlich mitteilen, ob Sie nunmehr gewillt sind, auf das Wort zu gehorchen und Befehle von mir höher zu achten, als Einflüsterungen Ihres Stabes oder Anweisungen der örtlichen Heeresstellen [310].«

Den Zornesausbruch seines Reichsführers überstand Höfle ebenso wie der mit der Führung des II. SS-Panzerkorps beauftragte Obergruppenführer Bittrich, den Himmler nach der Invasionsschlacht wegen kritischer Äußerungen absetzte, der sich jedoch weigerte, seinen Posten zu verlassen – gedeckt durch den Oberbefehlshaber West, Generalfeldmarschall Model [311]. Besonders aber mußte Himmler verdrießen, daß auch sein einstiger Favorit, der SS-Obergruppenführer und General der Waffen-SS Felix Steiner, zu den härtesten Kritikern des Reichsführers gestoßen war.

»Sie sind mein ungehorsamster General!« rief Himmler ihm einmal zu, nachdem er von dritter Seite erfahren hatte, Steiner habe ihn, Himmler, einen »schlampigen Romantiker« genannt [312]. Seither beobachtete er mißtrauisch den knorrigen Ostpreußen. Ihm war schon frühzeitig aufgefallen, daß sich Steiner mit SS-Führern umgeben hatte, die nicht nur die spinnenbeinige Uniformgestalt des »Reichsheini« bespöttelten. Himmler hatte bereits schockiert, daß Steiner 1940 – damals noch Kommandeur des VT-Regiments »Deutschland« – in Kasinoreden Hitlers Strategie im Westfeldzug kritisiert hatte – so laut, daß Himmler eigens Hausser in Marsch gesetzt hatte, den Hitler-Kritiker zum Schweigen zu bringen [313]. Himmler nahm auch Anstoß an den kritischen Äußerungen von Steiners Erstem Generalstabsoffizier, dem SS-Sturmbannführer Reichel, der laut Himmler »einen außergewöhnlich unseligen Einfluß auf die Stimmung im Führerkorps der Division« Wiking ausübte [314]. Warum, erläuterte Himmler dem General im August 1942: »Insbesondere halte ich es auf die Dauer für unmöglich, daß sich Reichel mit seinem undisziplinierten Mund Kritik an den Maßnahmen nicht nur der Führung insgesamt, sondern sogar des Führers selbst oder auch von mir erlaubt [315].« Auch Steiners Artilleriekommandeur, der Standartenführer Gille, war dem Reichsführer unliebsam aufgefallen. Der Nur-Soldat Gille schob alles beiseite, was nach Weltanschauung klang. Den ideologischen Beobachter der Division, Obersturmbannführer Fick, raunzte er an: »Im aristokratischen A[rtillerie-]R[egiment] 5 ist das Tragen des Braunhemdes verpönt. Ich werde Ihnen ein Ausziehkommando auf Ihr Zimmer stellen!« [316]

Himmler versuchte, seinen einstigen Lieblingsgeneral zu disziplinieren. Er drohte. Er schmeichelte. Er bat. Er appellierte an Steiners Dankbarkeit. Er schickte Sendboten aus, den General zu überreden. Er glaube doch, vertraute Himmler dem Intimus Berger an, »dafür bekannt zu sein, daß ich für die nun einmal vorhandene Eitelkeit, die den Soldaten und insbesondere den typischen General ziert, weiteste Großzügigkeit immer bewiesen habe« [317]. Appell an die Dankbarkeit: Er, Steiner, solle »sich doch im Klaren sein, daß er in der SS zwar Obergruppenführer und Kommandierender General der Waffen-SS im Alter von 47 Jahren werden konnte, in der Armee bezweifle ich, ob er überhaupt General geworden wäre. Also soll er so anständig sein und von der SS nicht den Obergruppenführer und General annehmen, sondern soll sich so heißen, wie er als revolutionärer General befördert worden ist: ›Gruppenführer bezw. Obergruppenführer‹ [318].« Drohung: Der Reichsführer »wünsche, daß er [Steiner] den lästerlichen Ton, den immer noch manche Männer in der Division ›Wiking‹ mir als dem Reichsführer-SS gegenüber sich in ihren Gesprächen in Kasinos usw. erlauben, ein für allemal abschafft. Ich sehe diesen Dingen nicht mehr zu [319].«

Indes, die Pressionen Himmlers stießen ins Leere. Berger resignierte und erkannte, »daß man den SS-Gruppenführer Steiner einfach nicht erziehen kann. Er tut, was er will, und läßt sich auch nichts sagen [320].« Als Steiner seine Soldaten nur mit »Heil!« statt des obligaten »Heil Hitler!« begrüßte und gar noch die SS-eigene »Untermenschen«-Politik in Rußland kritisierte, erhielt Berger von seinem Chef den Auftrag, »festzustellen, ob es bei Steiner an der Treue zum Reichsführer-SS fehlt«, wie Berger in einem Brief formulierte [321]. Berger beruhigte Himmler [322].

Treue wurde in der Waffen-SS ein dehnbarer Begriff. Himmler und Berger wußten nicht, daß Felix Steiner wenige Tage zuvor – im Juni 1943 – in einem Berliner Café einen alten Freund getroffen hatte, den einstigen Nationalsozialisten und jetzigen NS-Gegner Fritz-Dietlof Graf von der Schulenburg, ehedem Vizepolizeipräsident von Berlin. Mit dem Grafen war Steiner befreundet, seit beide im Königsberger Infanterie-Regiment 1 gedient hatten. Der Freund vertraute dem Freund gefährliche Gedanken an. Schulenburg: »Wir werden Hitler totschlagen müssen, bevor er Deutschland völlig zugrunde richtet!« [323] Nachdenklich verließ der SS-Obergruppenführer Steiner den Widerstands-Grafen. Die Waffen-SS steuerte ihrer größten Entscheidung zu. Nur noch ein Jahr trennte die Truppe von der Stunde der Wahrheit: dem 20. Juli 1944.

16 SS und deutscher Widerstand

Im Herbst 1942 liefen im Reichssicherheitshauptamt Meldungen ein, die den Gestapo-Chef, SS-Gruppenführer Heinrich Müller, aufhorchen ließen. Die Gestapo-Leitstelle München berichtete über ein Devisenvergehen, das auf den ersten Blick wie ein alltägliches Delikt wirkte und dennoch die Machtstruktur des Dritten Reiches erheblich verändern sollte.

An der Grenze zum Reichsprotektorat war ein Mann namens David von der Zollfahndungsstelle Prag aufgegriffen worden, weil er unerlaubt 400 Dollar mit sich führte. David gab an, ein Offizier der militärischen Abwehr des Admirals Wilhelm Canaris habe ihm den Auftrag erteilt, gewisse finanzielle Transaktionen für jüdische Menschen aus dem Protektorat abzuwickeln [1]. Die Spur des David führte zu zwei Geldgebern, die bei der Abwehrstelle München als V-Männer dienten. Das waren der Hauptmann Ickrat und sein Freund, der deutsche Außenhandelskaufmann Dr. Wilhelm Schmidhuber. Beide wurden unter dem Verdacht festgenommen, die Devisengesetze Hitler-Deutschlands verletzt zu haben [2].

In seiner Bedrängnis diktierte der Konsul den Verhörbeamten der Gestapo eine Version ins Protokoll, die dem Devisenvergehen einen politischen Akzent geben sollte. Dabei berief er sich auf ähnliche Unternehmungen des Reichsgerichtsrats Dr. Hans von Dohnányi, der als Sonderführer in der Abwehr-Zentralabteilung des Generalmajors Hans Oster Dienst tat [3]. Die Gestapobeamten glaubten, auf eine weitere Abwehr-Affäre gestoßen zu sein, und setzten zu neuen Nachforschungen an. Sie ermittelten, daß der Sonderführer von Dohnányi Juden mit Papieren und Geldern der Abwehr ausgestattet und ihnen als V-Männern die Ausreise in die Schweiz ermöglicht hatte [4].

Inzwischen ließ sich der Gestapo-Häftling Schmidhuber eine weitere Enthüllung entlocken. Er deutete an, seine Transaktionen stünden in einem gewissen Zusammenhang mit den Bemühungen des Münchner Abwehr-Oberleutnants Dr. Joseph Müller, den Vatikan zu einer Friedensvermittlung zwischen Deutschland und den Alliierten zu bewegen [5]. Der Gestapo-Chef erkannte sofort, was die Meldungen aus München bedeuteten: Zum ersten Mal war es der Geheimen Staatspolizei gelungen, an den innersten Zirkel jener mächtigen Abwehr heranzukommen, die dem Überwachungsapparat der Prinz-Albrecht-Straße die Alleinherrschaft im Deutschen Reich streitig machte und die Wehrmacht dem Zugriff der Gestapo entzog. Mehr noch: Mit den Namen Hans Oster, Joseph Müller und Hans von Dohnányi verbanden die Männer der Prinz-Albrecht-Straße seit langem die Vorstellung, im OKW-Amt Ausland/Abwehr habe sich eine Gruppe entschlossener

Regimegegner eingenistet, die im Schutz der Wehrmacht – unerreichbar für die Gestapo – den Sturz des nationalsozialistischen Systems planten.

Seit das Reichssicherheitshauptamt sein Kontrollnetz über Deutschland gestülpt hatte, standen sich RSHA und Abwehr in schärfster Frontstellung gegenüber. Auch die dienstliche Zusammenarbeit beider Mächte konnte darüber nicht hinwegtäuschen, zumal die Offiziere der Abwehr immer wieder die gewissenlosen Gestapo-Methoden der sogenannten Gegnerbekämpfung beanstandeten und alle Versuche der SS-Führung konterkarierten, den politischen und den militärischen Geheimdienst – SD und Abwehr – in einer Hand zu vereinigen, in der Hand des Reichssicherheitshauptamtes. Im RSHA lagerte auch bereits jene »Munitionskiste« (Heydrich), die das Führerteam der Prinz-Albrecht-Straße an dem Tag öffnen wollte, da es galt, dem Gegner den Todesstoß zu versetzen [6]. Die Kiste barg Geheimdossiers, die manche regimefeindliche Spur der Müller, Oster und Dohnányi festhielten: Der Monarchist Oster, eine Art Stabschef der Abwehr, hatte einen innenpolitischen Informationsdienst aufgezogen, der die Führer des deutschen Widerstandes gegen das Hitler-Regime mit Nachrichten versorgte und so wirkungsvoll war, daß der Gesandte von Hentig übertreibend von einer »Überwachung der gesamten Partei durch die Abwehrabteilung der Wehrmacht« sprechen konnte [7]. Der Jurist von Dohnányi stand auf der Schwarzen Liste des RSHA, seit er 1938 dazu beigetragen hatte, die Gestapo-Intrige gegen den Generalobersten Freiherrn von Fritsch aufzudecken, und seit er engsten Kontakt zu anderen Hitler-Opponenten aus dem Kreis um den ehemaligen Generalstabschef Ludwig Beck und den Ex-Oberbürgermeister Carl Goerdeler hielt [8]. Gegen den Katholiken und späteren CSU-Mitbegründer Joseph Müller hatten Gestapo und SD jahrelang ermittelt, weil er im Verdacht stand, der belgischen Gesandtschaft am Vatikan den Angriffstermin des deutschen Westfeldzugs (10. Mai 1940) preisgegeben zu haben [9].

Eben diese Zusammenhänge spornten nun Gestapo-Müller an, die Münchner Devisenaffäre zu einem tödlichen Schlag gegen die Abwehr zu nutzen. Allerdings: Er mußte vorsichtig manövrieren. Nichts durfte die wahren, die politischen Motive seines Vorgehens verraten; die Gestapo mußte sich den Anschein geben, lediglich einen Fall von Devisenvergehen zu verfolgen. Da die Gestapo keine Delikte innerhalb der Abwehr verfolgen durfte, überließ Gestapo-Müller der Wehrmacht die Untersuchung des Falles, trug aber dafür Sorge, daß die Gestapo durch einen Beobachter – den Kriminalkommissar Sonderegger – eingeschaltet blieb [10]. Das Reichskriegsgericht, das die Gestapo-Intrige nicht durchschaute, ernannte einen Untersuchungsrichter, den Oberstkriegsrichter Dr. Manfred Roeder, der sich schon im Falle des sowjetischen Spionageringes »Rote Kapelle« als Verfolger antinazistischer Widerständler bewährt hatte [11].

Am 5. April 1943 meldete sich Roeder in Begleitung des Gestapo-Kommissars Sonderegger bei Canaris. Roeder wies einen Haftbefehl für Dohnányi vor und erklärte dem Admiral, er sei vom Reichskriegsgericht ermächtigt worden, das Amtszimmer Dohnányis zu durchsuchen [12]. Wenige Minuten später standen die drei Männer vor Dohnányi. Roeders Blitzbesuch enthüllte eine fatale Schwäche der Anti-Hitler-Frondeure. Obwohl noch wenige Tage zuvor Kripo-Chef Arthur Nebe, seit Jahren mit dem innerdeutschen Widerstand verbunden, die Abwehr gewarnt hatte, Gestapo-Müller plane einen Coup gegen sie, ließ sich der Sonderführer von Roeder überrumpeln.

Der Militärrichter steuerte auf Dohnányis Schreibtisch zu und zog einen Stapel verfänglicher Dokumente hervor. Er legte sie auf die Tischplatte; unter den Papieren befanden sich eine Akte über Dohnányis jüdische V-Männer-Gruppe in der Schweiz und Aufzeichnungen über Friedensgespräche in Rom und Stockholm, an denen Abwehr-Offiziere und der unter Gestapo-Beobachtung stehende Pastor Dietrich Bonhoeffer teilgenommen hatten [13]. Da bemerkte der Gestapo-Kommissar Sonderegger, daß der ebenfalls anwesende Abteilungsleiter Oster wie gebannt auf den Schreibtisch Dohnányis starrte. Dort lag eine Akte. »Der Zettel, der Zettel!« zischte der Sonderführer dem Generalmajor zu. Langsam näherte sich Oster dem Schreibtisch und langte nach einem Zettel, um ihn schnell an sich zu nehmen [14]. »Halt!« schrie Sonderegger und zeigte mit dem Finger auf den Generalmajor. Roeder schnellte herum. Er verstand sofort. Er bat Admiral Canaris, Oster aufzufordern, er möge den Zettel herausgeben. Zunächst weigerte sich Oster, dann gehorchte er [15].

Roeder las den Zettel. Auf ihm hatten Dohnányi und Oster eine Sprachregelung entworfen, die es der Abwehr ermöglichen sollte, einer im Ausland geplanten Zusammenkunft Bonhoeffers mit pro-alliierten Politikern einen harmlosen Anschein zu geben. Die Szene in Dohnányis Zimmer leitete das Ende der unabhängigen Abwehr ein. Stabschef Oster, außer dem SS-Gruppenführer Nebe der wichtigste Informant der Opposition, wurde abgesetzt und aus dem Wehrdienst entlassen, Dohnányi, Joseph Müller und Bonhoeffer verhaftet [16].

Im Januar 1944 glückte der Gestapo ein neuer Streich gegen die unvorsichtigen Abwehr-Verschwörer. Gestapo-Müller zerschlug den Widerstandskreis um die Botschafter-Witwe Hanna Solf und verhaftete dabei weitere Mitglieder der Abwehr-Zentrale, darunter den ehemaligen Gesandten Kiep, den Kriegsverwaltungsrat Graf von Moltke und den Hauptmann Gehre [17]. Kaum aber hatte die Abwehr diesen neuen Schlag überlebt, da fiel sie ihrer eigenen Schwäche zum Opfer. In mehreren Ländern liefen Mitarbeiter der Abwehr zu den Alliierten über: in der Schweiz, in Schweden und in der Türkei [18].

Als Hitler die Desertionen gemeldet wurden, überschüttete er die Abwehr mit schweren Vorwürfen. Die engsten Mitarbeiter des Diktators bekamen zu hören, der Apparat des Admirals Canaris habe auf der ganzen Linie versagt. Da stichelte der SS-Gruppenführer Fegelein, Himmlers Vertreter im Führerhauptquartier, man solle doch »den ganzen Kram« dem Reichsführer-SS unterstellen. Hitler griff den Vorschlag seines späteren Schwagers auf und ließ sich den SS-Chef kommen [19]. In wenigen Minuten hatte sich das Schicksal der Abwehr erfüllt: Heinrich Himmler erhielt Ende Februar 1944 von seinem Führer den Auftrag, Abwehr und SD zu vereinigen. Die Wehrmacht hatte gegenüber der SS eine entscheidende Schlacht verloren [20]. Ein jahrelanger Kampf war entschieden. Die großdeutsche Wehrmacht verlor ihren Abwehrapparat und wurde damit zur einzigen Armee der Welt, die über keinen eigenen Geheimdienst verfügte. Die militärische Gegenspionage war von nun an eine Domäne der Schutzstaffel – die SS triumphierte.

Doch seltsam, die erwartete Rache des Siegers blieb aus. Gestapo-Chef Müller, der sich gerne auf die »Verräterbrut« im Hause Canaris gestürzt hätte, erhielt nicht die Herrschaft über die Abwehr, an seine Stelle trat vielmehr Müllers ärgster Rivale: SS-Brigadeführer Walter Schellenberg, der Chef des Amtes VI (Ausland-SD) im RSHA. Ein merkwürdig ambivalentes Verhältnis liierte ihn seit Jahren mit Admiral Canaris, der Schellenbergs ungewöhnliche Intelligenz schätzte. Der Abwehrchef hegte fast väterliche Gefühle für den SS-Mann, und auch Schellenberg respektierte den Admiral auf eine menschliche Art, die den frostigen SD-Intellektuellen sonst fremd war [21].

Selbst in den Stunden seiner schärfsten Auseinandersetzungen mit Schellenberg-Chef Heydrich hörte der Admiral auf den Rat des Jüngeren. »War ich wieder zu heftig?« fragte er oft, wenn er sich mit Schellenberg zum morgendlichen Ausritt im Berliner Tiergarten traf [22]. Er wußte, daß Schellenberg zumindest ihm, Canaris, gegenüber gewisse Grenzen der Loyalität nie verletzte. Der Nachrichtenchef des Auswärtigen Amtes, ein Ultra-Nazi aus der Schule Ribbentrops, stellte Schellenberg einmal die Doktorfrage, ob Canaris nun eigentlich ein alter verschlagener Fuchs oder ein Anhänger des NS-Regimes sei. Der SD-Führer erwiderte kurz, an der Treue des Admirals sei nicht zu zweifeln [23]. An dieser Auffassung hielt er fest – auch über den 23. Juli 1944 hinaus, jenen Tag, an dem der boshafte Gestapo-Chef just Schellenberg die Mission übertrug, den Admiral als angeblichen Komplicen der 20.-Juli-Verschwörer zu verhaften [24]. Schellenberg wird es besser gewußt haben. Vielleicht kannte er sogar das Telefongespräch zwischen Canaris und dem Attentäter Graf Stauffenberg, der am Nachmittag des 20. Juli dem Admiral die Nachricht von dem vermeintlich tödlichen Anschlag auf Hitler durchgegeben hatte. Canaris: »Tot? Um Gottes willen! Wer war es denn? Die Russen?« [25].

Gleichwohl sah auch Schellenberg in dem Ende der Abwehr einen persönlichen Triumph, einen Sieg seines Ausland-SD. Endlich war nahegerückt, was er jahrelang herbeigesehnt hatte: der Aufbau eines einheitlichen Super-Geheimdienstes. In seinen Tagträumen erblickte er sich schon als den Magier eines Spionage-Imperiums, gegen das der vielbeneidete Intelligence Service verblaßte [26]. Auch darin dokumentierte sich, daß Walter Schellenberg zu den ehrgeizigsten und undurchsichtigsten Figuren der SS-Führung gehörte; selbst den übrigen Amtschefs des RSHA dünkte er ein gefährlicher Außenseiter, den man lieber mied. Der Jurist aus Saarbrücken war über das Spitzelsystem des SD in die Schutzstaffel und dort in die engste Umgebung Reinhard Heydrichs gelangt, mit dem ihn eine Art Haßliebe verband [27].

Die Kameraden im RSHA hatten ihn anfangs für ein willenloses Faktotum Heydrichs gehalten, bis sie merkten, daß sich hinter der fast femininen Sensibilität des eleganten und vielbelesenen Plauderers eine Eigenwilligkeit verbarg, die sich auch neben dem gefürchteten RSHA-Chef zu behaupten verstand. Zudem wußte er sich bei Himmler rückzuversichern; der Reichsführer fand an dem verschlagenen »Benjamin«, wie er Schellenberg gerne nannte, offensichtlich Gefallen [28]. Bei einem Flug nach Wien hatte Schellenberg einmal seinen Reichsführer an der Uniform gepackt, als Himmler leichtfertig mit dem Rücken gegen den Türdrücker lehnte [29]. Seither vertraute der SS-Chef dem Instinkt und der Umsicht des SD-Mannes.

Trotz so enger Verfilzung mit den Mächtigsten des SS-Ordens besaß der Brigadeführer Schellenberg eine gute Portion Schlauheit, die ihm verwehrte, »dem totalen Staat den Tribut der tödlichen Schuld zu entrichten«, wie der Publizist Klaus Harpprecht formuliert [30]. Nichts konnte ihn bewegen, sich dem NS-Staat bis zum letzten Blutstropfen zu verschreiben. Die Anpassungsfähigkeit, die einst den depossedierten Bürgersohn in die SD-Elite geführt hatte, ließ ihn auch wieder vom Hitler-Regime abrücken, als er das Menetekel der braunen Götterdämmerung entdeckte. Die wahre Lage des Reiches kannte er, seit er sich in die vorderste Reihe des SS-Nachrichtendienstes vorgeschoben hatte. Zunächst war ihm 1940 nach dem Weggang Dr. Werner Bests die Leitung der Abwehrpolizei zugefallen, aber mit seinem Chef, dem brutal-verbissenen Gestapo-Müller, hatte er sich im Laufe der Zeit so hart überworfen [31], daß er froh sein mußte, 1942 die Nachfolge des Ausland-SD-Chefs Heinz Jost antreten zu dürfen [32].

Er bewies als Chef des Auslandsnachrichtendienstes so beachtliche Talente, daß sich Himmler sofort seines Benjamin erinnerte, nachdem er den Auftrag erhalten hatte, SD und Abwehr zusammenzuschließen. Schellenberg machte sich im Frühjahr 1944 daran, einen uniformen Geheimdienst unter dem Dach des Reichssicherheitshauptamtes zu schaffen [33]. Der besiegten Abwehr gegenüber aber ließ er sich das Triumphgefühl des SS-Führers nicht anmerken. Fast behutsam liquidierte er den Apparat der Abwehr, sorgfältig darauf bedacht, die alte Canaris-Mannschaft möglichst unversehrt im RSHA einzubauen.

Dieses vorsichtige Taktieren erschien ihm allerdings auch deshalb ratsam, weil der Kampf zwischen Abwehr und RSHA nicht mit einem totalen SS-Sieg geendet hatte. Im Führerhauptquartier wurde das Abwehr-Erbe zwischen Wehrmacht und SS zerstückelt: Die Zentralabteilung, Osters einstige Domäne, wurde aufgelöst, die Amtsgruppe Ausland blieb beim OKW, die Abteilungen I (Geheimer Meldedienst) und II (Sabotage) kamen zum Reichssicherheitshauptamt, und die Abteilung III (Spionageabwehr) teilten sich Wehrmacht und Gestapo – ein Part wurde als »Frontaufklärung und Truppenabwehr« dem Oberkommando des Heeres zugeschlagen, der Rest dem Amt IV E des RSHA [34]. Schellenberg faßte die Abteilungen I und II zu einem neuen militärischen Abwehrdienst, dem »Amt Mil«, zusammen und unterstellte ihn dem insgeheim mit dem Widerstand liierten Abwehr-

Oberst Georg Hansen[35]. An der Oberfläche blieb alles beim alten, fast schien es, als hätten nur die obersten Chefs gewechselt.

Auch Canaris wurde zunächst von der Gestapo nicht belästigt. Er war anfangs auf der Burg Lauenstein in einer Art Ehrenarrest festgehalten worden, doch nach einer Aussprache mit Schellenberg reiste der Admiral nach Berlin zurück, um die Leitung des OKW-Sonderstabes für Handelskrieg und wirtschaftliche Kampfmaßnahmen zu übernehmen[36]. Die Führer der Schutzstaffel stimmten sogar ein Loblied auf ihren gestürzten Gegner Canaris an. In Anwesenheit vieler SS-Führer feierten Himmler und der OKW-Chef Keitel Anfang Mai 1944 auf einem Schloß bei Salzburg die neue Geheimdienst-Ära, wobei der Reichsführer auch »das verdienstvolle Wirken der militärischen Abwehr« pries[37]. Die Masse der Abwehr-Offiziere durchschaute nicht, warum Schellenberg mit der Canaris-Gefolgschaft so glimpflich umging. Erst allmählich erschloß sich ihnen die phantastische Wahrheit: Der SD-Chef Schellenberg folgte einem Kurs, der jenem der Abwehr-Frondeure überraschend ähnelte.

Kaum einer wußte an diesem Vorabend des 20. Juli 1944, wie sehr sich die geheimen Absichten der Abwehr und des Ausland-SD glichen. Beide glaubten nicht mehr an den deutschen Endsieg. Beide wünschten einen Sonderfrieden mit den Alliierten. Beide waren bereit, im Interesse des deutschen Überlebens Adolf Hitler zu beseitigen.

Die kritischen Analysen der Abwehr über die Kriegslage stimmten überein mit den Feindmeldungen und Stimmungsberichten des SD. Auch in der Erfolglosigkeit ihrer Bemühungen waren beide Mächte vereint. Canaris hatte immer wieder geklagt, seine Lageberichte würden im Führerhauptquartier nicht mehr gelesen, der SD aber durfte ab Mitte 1944 seine für die höchste Führung redigierten »Meldungen aus dem Reich« überhaupt nicht mehr vorlegen[38]. Bei ihrer Suche nach einem Ausweg aus Hitlers Krieg benutzten SD und Abwehr oft dieselben Schleichpfade. Nicht selten erstreckte sich ihre Gemeinsamkeit auf die gleichen Mittelsmänner und Gesprächspartner der Alliierten.

Hier offenbarte sich eine zumindest partiell gleichlaufende Zielrichtung, die den Aufstand des Gewissens in den Reihen des deutschen Offizierskorps mit den Ausweichmanövern kaltblütiger SD-Rationalisten so schicksalhaft verband, daß Apologeten des Schwarzen Ordens später meinten, im Grunde habe man das gleiche gewollt. Werner Best sah nach dem Krieg die Abwehr und ihre Gegenspieler im SD von der gleichen Tragik überschattet. Es sei, schrieb er, »unsere gemeinsame Tragödie« gewesen, »daß wir um unseres Volkes willen ein Regime schufen, das nach einem guten Start und erheblichen Anfangserfolgen aus nicht vorausgesehenen Gründen (Hitlers Prophetenwahn) zur Katastrophe führte«[39].

Eine solche Interpretation ignoriert zwar den weiten moralischen Abstand, der die aus vorwiegend sittlicher Motivation handelnden Männer des 20. Juli 1944 von den SS-Technologen der Macht trennte, gleichwohl spiegeln die Worte des ehemaligen Gestapo-Justitiars jene Bitterkeit und Enttäuschung wider, in die der Alltag des Dritten Reiches die Halbgötter der Führerdiktatur gestürzt hatte. Was Best »Hitlers Prophetenwahn« nennt, bietet in der Tat einen Schlüssel, ohne den sich einem das Verhalten der SS oder zumindest einiger ihrer Führer vor und am 20. Juli 1944 nicht erschließt. Manche SS-Führer sind damals innerlich an dem Mann zerbrochen, dem sie blinde und fanatische Treue geschworen hatten: an Adolf Hitler.

Nur in der Fixierung auf dieses »größte Gehirn aller Zeiten«, wie Himmler seinen Abgott nannte [40], sahen die SS-Führer Sinn und Aufgabe ihres Ordens. Das Leben Adolf Hitlers zu schützen, seine Befehle rücksichtslos auszuführen und dereinst Vollstrecker seines Vermächtnisses zu sein – dies dünkte sie die heilige Mission der SS. Das Weimarer Zerrbild der Demokratie mit ihrer scheinbaren Unordnung vor Augen, erträumten sich viele SS-Führer das Utopia eines völkischen Ordnungsstaates, gelenkt von einem genialen, sein Jahrhundert bezwingenden Führer, getragen von einer Technologen-Schicht, die unsentimental und »sachlich« (einer ihrer Lieblingsausdrücke) die Forderungen der Staatsführung verwirklichte. Der totalitäre Staat war ihnen das einzige Heil, von ihm erhofften sie sich die vielberufene Ordnung und nationale Disziplin, nach der sie sich ebenso sehnten wie Millionen unpolitischer Deutscher. Doch die allzu enge Nähe mit den Machtträgern des Regimes ernüchterte manche SS-Führer. Sie merkten bald: An die Stelle der demokratischen Parteikämpfe war nicht der einheitliche Wille der Führerdiktatur getreten, sondern die Kompetenzrangelei einer Vielzahl von NS-Hierarchen, denen Hitler zur Selbsterhaltung seiner Alleinherrschaft weiten Spielraum ließ.

Am ärgsten irritierte vor allem die im SD sitzenden SS-Führer, daß sich der Diktator keineswegs als der realistische und überlegene Staatsschöpfer erwies, den sich die SD-Intellektuellen in ihrer Retortenwelt erdacht hatten. Statt der durchsichtigen Rationalität, statt der vom SD verabsolutierten »Sachlichkeit« trat ihnen an der Spitze des Staates ein brutaler Eroberungswille entgegen, ein nicht mehr kontrollierbarer Machtrausch, inspiriert von dem plattesten biologischen Nationalismus des 19. Jahrhunderts und von einem kolonialistischen Herrenmenschen-Wahn, der auch jene Grenzen sprengte, die selbst noch die SS-Führer der nationalistischen Doktrin setzten.

Als der erfolgstrunkene Diktator das erste fremde Volk – die Tschechen der Rest-CSR – annektierte, erhielt das Verhältnis zwischen Hitler und der SS-Führung einen leisen Bruch, den freilich nur Eingeweihte bemerkten. Der Griff nach dem Hradschin machte nicht nur das Ausland, er machte auch einige SS-Führer stutzig. Nie konnte der SS-Standartenführer Reinhard Höhn den Märztag von 1939 im Berliner Tiergarten vergessen, als ihm der Oberführer Best bei einem Morgenritt begegnet war. »Kamerad Höhn«, vertraute ihm Best an, »das ist das Ende. Bisher haben uns die Leute geglaubt, daß der Nationalsozialismus die völkische Idee verkörpert und daß diese völkische Idee Grenzen kennt. Mit dem Einmarsch in Prag aber wird der Nationalsozialismus zum Imperialismus [41].«

Solche kurzlebigen Erkenntnisse hinterließen freilich keine sichtbaren Spuren in den Gedanken und Taten der SS-Führer; die Schutzstaffel folgte Hitler in seine Wahnwelt, folgte ihm in die Eroberungszüge und den Rassenmord. Dennoch war symptomatisch, daß selbst Himmler in dem starren Gehäuse seiner ekstatischen Hitler-Hörigkeit zuweilen Anzeichen eines unverkennbaren Unbehagens verriet – schon im Sommer 1939. Hitlers selbstmörderischer Ritt am Abgrund des Krieges machte den im Innersten seines Wesens furchtsamen SS-Chef nachdenklich. In der Sudeten-Krise von 1938 hatte Himmler noch in der vordersten Front der Kriegshetzer gestanden, die den Diktator in dessen aggressivem Kurs bestärkten, aber in dem von Hitler ausgelösten Streit um Danzig beschlich Himmler das Gefühl, Hitler setze alles aufs Spiel.

Himmler verband sich mit Hermann Göring, der in der Danziger Frage einen von Hitlers Brachialpolitik abweichenden Kurs steuerte, und stellte sich gegen den AA-Chef Joachim von Ribbentrop, in dem er Hitlers unseligsten Berater sah. In den ersten Apriltagen von 1939 reiste er nach Danzig, um dem kriegslüsternen Gauleiter Albert Forster, Danzigs Oberherrn, zur Mäßigung zu raten [42]. Der französische Generalkonsul in Danzig, Baron Guy de la Tournelle, meldete nach Paris, Himmler sei fest entschlossen, in Berlin die Absetzung Forsters zu betreiben [43]. Himmler fand dabei die Unterstützung des Danziger Senatspräsidenten und Forster-Konkurrenten Greiser, doch der SS-Chef konnte sich nicht durchsetzen [44]. Auch der polnische Botschafter in Berlin rechnete Himmler damals eher zu den Gegnern eines Krieges [45]. Und der schweizerische Danzig-Kommissar Burckhardt schrieb am 26. Juli 1939 an den Generalsekretär des Völkerbundes, man rede im Ausland »von der Isolierung Hitlers durch Himmler und Goebbels. Solche Bemerkungen entsprechen dem genauen Tatbestand nicht. Himmler hatte sich seit dem letzten Herbst, besonders seit den Judenverfolgungen im November, umgestellt, er hatte sich Göring genähert und stand zu Goebbels und seinen Propagandamethoden im Gegensatz [46]«.

Himmler schwenkte später eilfertig auf Hitlers Kriegskurs ein, gleichwohl bewahrte er sich eine Abneigung gegen von Ribbentrop, den er – um nicht seinen Ersatzgott Adolf Hitler belasten zu müssen – für die verhängnisvolle deutsche Kriegspolitik verantwortlich machte. In Himmlers Umgebung gaben sich SS-Führer der Illusion hin, durch einen Sturz von Ribbentrops könne das Reich zu einem schnellen Friedensschluß mit den Alliierten gelangen. »Das ist nicht unser Krieg, das ist Ribbentrops Krieg!« rief einmal Göring, und so dachte auch mancher in der SS-Führung [47]. Der ehemalige Botschafter Ulrich von Hassell, einer der führenden Männer des innerdeutschen Widerstandes, erfuhr davon im Oktober 1939. Er traf den Grafen Welczek, Deutschlands ehemaligen Botschafter in Paris, der ihm erzählte, man wolle so rasch als möglich den Krieg beenden. Hassell notierte sich: »Sein [Welczeks] Aktionskreis sind Leute der obersten SS-Führung – Stukkart und Höhn –, von denen er behauptet, daß sie im Grunde so dächten wie wir [Widerständler] und besonders schon erwägen, ob man Ribbentrop der Gegenseite zum Fraß hinwerfen solle. Man überlege dort schon die Zusammensetzung eines neuen Ministeriums [48].«

Diese Indizien, so sporadisch sie auch sein mochten, verrieten deutlich genug, daß die SS-Führung beileibe nicht die blinde Siegeszuversicht teilte, in der sie Tausende und aber Tausende junger SS-Männer in Grauen und Völkermord des Zweiten Weltkriegs stürmen ließ. »Da sie über den Kriegsausgang nach wie vor real, das heißt sehr skeptisch denkt«, wie sich Hassell auf dem Höhepunkt der deutschen Siege aufschrieb, vermochte sich die SS-Führung dem NS-gelenkten Hurrapatriotismus nicht anzuschließen [49].

Nicht, daß sie etwa an der inneren Berechtigung der Hitlerschen Gewaltpolitik gezweifelt hätte. Wie stets stand die Schutzstaffel bereit, auch den barbarischsten Befehl ihres Führers in die Tat umzusetzen. Ob der Tod des jüdischen Volkes beschlossen war oder eine neue Offensive auf dem Schlachtfeld bevorstand, ob Benito Mussolini aus der Gefangenschaft seiner Feinde zu befreien war oder der Abfall eines Satelliten Hitler-Deutschlands verhindert werden mußte – die SS kannte kein Zögern.

Aber manche SS-Führer irritierte, was schon öfter den Dienst für die Führerdiktatur beeinträchtigt hatte: die eigene Intelligenz. Die SD-Elite war einfach zu klug, um dem Gift jener plumpen Gewalt zu erliegen, die der völkische Lebensraum-Apostel im Führerhauptquartier predigte. In der Besatzungspolitik ließen sich einige bedeutsame Nuancen beobachten, durch die sich das Herrschaftsmuster des Schwarzen Ordens von Hitlers simpler Herr-und-Sklaven-Politik abhob. Die unsentimentalen Macht-Techniker, die mit ihren Polizeiapparaten das eroberte Europa beherrschen und zugleich befrieden sollten, sahen ihre Arbeit erschwert durch Hitlers undifferenzierten Raumimperialismus, dessen nackte Eroberer-Logik die beherrschten Völker eines Tages zum Widerstand gegen die deutschen Herren reizen mußte.

Was Hitler seinen Mitarbeitern über die Behandlung des besetzten Rußlands einschärfte, galt im Grunde auch für das restliche Europa: Es komme, so erklärte Hitler, grundsätzlich darauf an, »den riesenhaften Kuchen handgerecht zu zerlegen, damit wir ihn erstens beherrschen, zweitens verwalten und drittens ausbeuten können« [50]. In dieser Welt gab es außerhalb Deutschlands keine autonomen Völker und Staaten mehr, sondern nur noch Satrapien einer zentralistischen Super-Diktatur. Das »Kleinstaatengerümpel«, erläuterte Hitler 1943 vor Reichs- und Gauleitern, müsse so schnell wie möglich liquidiert werden, ein einheitliches Europa könne »eine klare Organisation nur durch die Deutschen erfahren«. Den deutschbesetzten Staaten wollte er nicht einmal ein Mindestmaß an nationaler Autonomie zugestehen [51]. Hitler warnte: »Der Weg der Selbstverwaltung führt zur Selbständigkeit; mit demokratischen Einrichtungen kann man nicht halten, was man mit Gewalt einst genommen hat [52].«

Diesem Programm setzten die SS-Führer eine intelligentere, moralisch freilich nicht weniger fragwürdige Politik entgegen, die sich mit dem gängigen Begriff des »Zuckerbrot und Peitsche« umschreiben läßt. Durch ein Wechselbad von Härte und Milde wollten die Besatzungspolitiker der SS versuchen, einen dürren Consensus zwischen Herrschern und Beherrschten herzustellen. Von Hitlers Hohn über das »Kleinstaatengerümpel« hob sich die Meinung des SS-Führers Best ab, im »Verhältnis des Führungsvolkes zu den übrigen Völkern« sei »zu beachten, daß Führung auf die Dauer nie ohne oder gegen den Willen der Geführten ausgeübt werden kann«. Denn: »Das Leben läßt sich nicht zwingen und nicht betrügen.« Best schrieb 1942 in der Zeitschrift »Reich, Volksordnung, Lebensraum«: »Als stärkstes Volk eines Völkerkreises mit gleichem Raumschicksal in enger Zusammenarbeit mit seinen Bundesgenossen eine völkische Großraumordnung zu schaffen und sie als echtes Führungsvolk nach lebensgesetzlicher Hinsicht zu führen, ist für ein Volk die höchste erreichbare Stufe der Selbstentfaltung, weil sie Dauer in lebensgesetzlicher Entwicklung verbürgt statt des Niedergangs, der einem kurzen Herrenwahn unentrinnbar folgt[53].«

Reinhard Heydrich war der erste, der eine SS-eigene Besatzungspolitik erprobte. Der SS-Obergruppenführer, Chef des SD und Leiter des Reichssicherheitshauptamtes wurde im September 1941 zusätzlich zu seinen übrigen Posten zum Stellvertretenden (in der Praxis tatsächlichen) Reichsprotektor in Böhmen und Mähren ernannt.

Heydrich führte sich bei den Tschechen mit einer Terrorwelle ein, die ihm den Namen eines »Schlächters von Prag« eintrug. Er arrangierte den ersten Schauprozeß der NS-Geschichte, in dem er den Tschechen-Premier Alois Eliáš binnen weniger Stunden zum Tode verurteilen ließ, während Gestapo-Kommandos tschechische Widerstandsgruppen zerschlugen und Oppositionelle verhafteten[54]. Täglich meldete er dem Führerhauptquartier die »Erfolge« seiner Terrorkampagne. In knapp zwei Wochen war das Gros der tschechischen Widerstandsbewegung liquidiert, zu der sich kurze Zeit zuvor pro-westliche und kommunistische Gruppen zusammengeschlossen hatten[55].

Kaum aber hatte Heydrich sein Ziel erreicht, da zog er die Standgerichte zurück. Den Terrorisierten präsentierte sich ein neuer Reichsprotektor. Dem »Schlächter« Heydrich folgte der »Wohltäter« Heydrich. Er erklärte die politische Verfolgung für beendet und begann, die tschechischen Arbeiter und Bauern zu hofieren, die er gegen die bürgerliche Intelligentsia ausspielte, in der Heydrich den Hauptherd des Widerstandes sah[56]. Da Heydrich zudem Auftrag hatte, die tschechische Industrie- und Agrarproduktion zu steigern, baute er viele der Bestimmungen ab, die Tschechen zu Menschen zweiter Klasse degradierten.

Heydrich erhöhte die Fettrationen für zwei Millionen tschechische Industriearbeiter, stellte 200 000 Paar Schuhe für Rüstungsarbeiter bereit und ließ die Luxushotels in Böhmens weltberühmten Kurorten als Ferienheime für tschechische Arbeiter requirieren[57]. Zugleich reorganisierte er das System der tschechischen Sozialversicherung, das hinter dem deutschen weit zurücklag. »Zum ersten Mal selbst für die demokratische Tschechoslowakei setzte er die gesellschaftliche Anerkennung der Arbeiter und Bauern durch«, registriert Heydrichs britischer Biograph Charles Wighton[58]. Gemeinsam mit Ehefrau Lina empfing der Protektor eine tschechische Delegation nach der anderen, die manchem Beobachter den irrigen Eindruck vermittelten, die Tschechen hätten sich mit der deutschen Zwangsherrschaft abgefunden [59].

Die Meldungen von den Befriedungserfolgen des SS-Gouverneurs schokkierten Eduard Beneschs tschechische Exilregierung in London. Die Friedhofsruhe im Reichsprotektorat drohte die Sache der demokratischen Exiltschechen zu lähmen, denn: Je passiver sich die Bevölkerung Böhmens und Mährens gegenüber den deutschen Herren verhielt, desto unhaltbarer wurde die Stellung der Exilregierung in den Verhandlungen mit den Alliierten [60]. Nur eine aktive Widerstandsbewegung im Protektorat konnte der Exilregierung die Legitimation geben, von ihren Verbündeten volle Berücksichtigung der tschechischen Interessen in einer Nachkriegsregelung zu fordern. Eine Resistance aber war solange unmöglich, als die Deutschen und der Zwingherr Heydrich an ihrer geschmeidigen Besatzungspolitik festhielten. Daraus ergab sich für die Exiltschechen eine nüchterne Folgerung: Heydrich mußte liquidiert werden – nur die Ermordung des mächtigen Reichsprotektors konnte jene deutsche Brutalität herausfordern, ohne die eine tschechische Resistance kein Ziel und keinen Schwung fand.

Im Dezember 1941 beschloß das Londoner Exilkabinett den Tod Heydrichs. Zwei tschechische Unteroffiziere, Jan Kubis und Josef Gabcik, wurden für die Aufgabe ausersehen, den Protektor zu ermorden. Kurz nach Weihnachten nahm ein britisches Flugzeug die beiden Tschechen an Bord und setzte sie über dem Protektorat ab [61]. Kubis und Gabcik waren für ihren Auftrag wohlgerüstet. Sie hatten eine Spionageschule bei Manchester besucht, waren im Lager Cambusdarroch in Nordschottland für die Sabotagearbeit ausgebildet worden und hatten dann in der Villa Pellasis bei Dorking letzte Instruktionen erhalten. Kubis und Gabcik planten, Heydrich auf seiner täglichen Fahrt von der Sommerresidenz Jungfern-Breschan nach dem nahe gelegenen Prag zu ermorden [62].

Als Tatort wählten sie sich den Prager Stadtteil Holesovice aus, und zwar die Stelle, wo die Straße Dresden–Prag in einer spitzen Haarnadelkurve zur Troja-Brücke hinunterführt. Bei dem Passieren der Kurve mußte der mit seinem Wagen ohne Begleitschutz nach Prag fahrende Heydrich die Geschwindigkeit stark herabmindern. Diesen Augenblick wollten Kubis und Gabcik, verstärkt durch zwei weitere Saboteure, für den Schlag ausnutzen [63]. Die vier Männer verteilten sich an der Kurve, jeder mit (unter Regenmänteln versteckten) Sten-Maschinenpistolen und Handgranaten bewaffnet. Mitverschwörer Valcik postierte sich 270 Meter vor der Kurve, um durch ein Pfeifsignal die Ankunft Heydrichs zu melden [64].

Am Morgen des 27. Mai 1942 war es soweit. Die von den Attentätern ermittelte Ankunftszeit Heydrichs – 9.30 Uhr – verstrich, das grüne Mercedes-Kabriolett des Protektors blieb der Szene fern. Eine Stunde verrann, die Männer wurden nervös. Dann hörten Gabcik und Kubis das Pfeifsignal. Gabcik knöpfte seinen Mantel auf, packte die Maschinenpistole und sprang auf den Fahrdamm. Er legte an und zielte, als der Mercedes um die Ecke bog.

Gabcik konnte alles sehen: das bleiche Gesicht Heydrichs, den Kopf des Fahrers Klein, davor die Windschutzscheibe. Der Attentäter drückte ab – vergebens. Er lud noch einmal durch – wieder vergebens. Wütend schrie der hinter ihm stehende Kubis auf. Er holte seine Handgranate hervor und schleuderte sie gegen den bremsend-schlingernden Mercedes. Die explosive Ladung traf den Fond des Wagens. Der Mercedes zersplitterte[65].

Doch scheinbar unverletzt sprang Heydrich aus dem Kabriolett, seinem Fahrer etwas zubrüllend. Schon bei dem Anblick des Gabcik hatte sich Heydrich im Wagen erhoben und seinen Dienstrevolver aus dem Halfter gezerrt. Jetzt taumelte er auf die Straße und setzte schreiend und schießend den fliehenden Attentätern nach, »Hauptfigur einer Szene, die einem Wildwestfilm entstammen konnte« (Wighton)[66] Heydrich kam dem Attentäter Kubis immer näher, als der Tscheche jäh seine Chance sah: Aus entgegengesetzten Richtungen fuhren zwei Straßenbahnen aufeinander zu – Kubis konnte hinter der einen verschwinden, noch ehe ihn Heydrich erreicht hatte. Der Tscheche schwang sich auf ein bereitgestelltes Fahrrad und entkam. Der Protektor wandte sich nun dem zweiten Attentäter zu. Gabcik hatte sich erst allmählich von der Verzweiflung über die Ladehemmung seiner Maschinenpistole befreit; er erkannte auf einmal die ihm drohende Gefahr. Er zog einen Revolver aus der Tasche und lief feuernd zurück. Schuß um Schuß, jede Deckung ausnutzend, floh er vor dem SS-Führer[67].

Da sah er, daß Heydrich seinen Revolver zu Boden warf; die Munition war ihm ausgegangen. Heydrich griff sich mit der rechten Hand an die Hüfte und wankte zurück. Auch Attentäter Gabcik konnte entkommen. Erst jetzt zeigte sich, daß Heydrich von den Attentätern doch nicht verfehlt worden war: Die Sprengladung des Kubis hatte Lederteile und Stahlspiralen der Sitzpolsterung in Heydrichs Rippen und Zwerchfell getrieben und sie verletzt; Partikel der Polsterwolle waren bis in die Milz gedrungen. Die Ärzte konnten Reinhard Heydrich nicht mehr retten. Am 4. Juni 1942 erlag er seinen Verletzungen[68]. Was von dem Herrn des größten Terrorsystems deutscher Geschichte erhalten blieb, war seine Totenmaske, Symbol des SS-eigenen Machiavellismus. Der Kriminalkommissar Dr. Bernhard Wehner, zur Aufklärung des Attentats nach Prag beordert, sah als einer der ersten Heydrichs Totenmaske. Er notierte später: »Täuschende Züge unirdischer Vergeistigung und unendlich verderbter Schönheit, wie von einem Kardinal der Renaissance[69].«

London aber erhielt, was es erstrebt hatte. Über Böhmen und Mähren ging eine Terrorwelle nieder, eine der beklemmendsten in der Geschichte des Dritten Reiches. 10 000 Tschechen wurden verhaftet, mindestens 1 300 erschossen, darunter auch sämtliche männlichen Bewohner des bei Prag liegenden Dorfes Lidice, das angeblich den Attentätern Hilfe geleistet hatte und dem Erdboden gleichgemacht wurde. Bei so blind-fanatischem Zuschlagen war es eher ein Zufall, daß auch die Heydrich-Attentäter den Verfolgern in die Hände fielen.[70]. Der britische Labourabgeordnete Ronald T. Paget urteilte nach dem Krieg, es habe oft zur Taktik des Partisanenkrieges gehört, »Repressalien zu provozieren, um den Haß gegen die Besatzer zu verstärken und mehr Menschen zum Widerstand anzuhalten. Das war der Grund, warum wir ein Kommando zur Ermordung Heydrichs in die Tschechoslowakei einflogen. Die große tschechische Widerstandsbewegung war das unmittelbare Ergebnis der konsequenten SS-Repressalien [71].«

Heydrichs Besatzungspolitik fand einen Erben, der entschlossen war, in Zukunft derartig barbarische Repressalien zu vermeiden. Die Ironie wollte, daß der Heydrich-Kurs von dem Mann fortgesetzt und verfeinert wurde, den der Ermordete gehaßt hatte wie kaum einen zweiten SS-Führer: von Dr. Werner Best, ehedem Mitbegründer des Gestapo-Apparates, SS-Gruppenführer und seit August 1942 Ministerialdirektor im Auswärtigen Amt [72].

Eine Krise zwischen Dänemark und dem Reich katapultierte Best Ende 1942 nach Kopenhagen. Hitler fühlte sich von Königshaus und Regierung Dänemarks, das trotz deutscher Besetzung seine verfassungsmäßigen Institutionen behalten hatte, öffentlich beleidigt; er wollte die Gelegenheit dazu benutzen, die kleine Gruppe dänischer Nationalsozialisten auf entscheidende Regierungsposten zu hieven. Der Diktator brach im Herbst die Beziehungen zum dänischen Königshaus ab und berief seine beiden wichtigsten Vertreter – den Reichsbevollmächtigten und den Befehlshaber der deutschen Truppen – zurück. Hitlers Plan: Ein neuer Reichsbevollmächtigter, rabiater als sein Vorgänger, sollte den Rücktritt der dänischen Regierung und die Aufnahme der Nationalsozialisten in ein neues Kabinett fordern [73].

Für diese Mission wählte AA-Chef Joachim von Ribbentrop den SS-Gruppenführer Best aus, dem der Ruf eines energischen Unterhändlers vorausging. Best aber erkannte bald, daß Hitlers Forderung die deutsche Besatzungspolitik in Dänemark ruinieren mußte. Niemals würde der dänische Reichstag der Ernennung von NS-Ministern zustimmen. Reichsbevollmächtigter Best tat, was noch nie ein Diplomat aus dem Hause Ribbentrop gewagt hatte: Er ignorierte den Befehl seines Führers. Der SS-Mann verständigte sich mit den dänischen Politikern. Sie bildeten ein neues Kabinett und verzichteten auf einige den Deutschen suspekte Minister, Best hingegen ließ die dänischen Nazis fallen [74]. Best machte den dänischen Parteigenossen deutlich, daß sie der deutschen Besatzungspolitik eher schadeten als nützten. Als die Partei bei den Reichstagswahlen im März 1943 nur drei Mandate eroberte, überredete er den NS-Führer Frits Clausen, Kopenhagen zu verlassen und sich praktisch ins Privatleben zurückzuziehen [75].

Das Manöver war typisch für die unterkühlte Art, mit der SS-Führer Best einen lautlosen Kurs steuerte, der ihm in Dänemark als die praktikabelste Besatzungspolitik erschien. Best wollte seiner Domäne Ruhe und Stabilität sichern, und dafür war er bereit, gegen alle Störenfriede vorzugehen, gegen Alliierte, dänische Widerständler und – Hitler.

Seine geschmeidige, mit eiskalter Logik vorangetriebene Politik stieß denn auch auf den Widerstand Hitlers. Die Preisgabe der dänischen Nazis hatte das Führerhauptquartier noch hingenommen, die vermeintlich knieweiche Behandlung dänischer Widerständler aber empörte den Diktator. Denn in

Dänemark wiederholte sich nun, was Heydrich in Prag zu Fall gebracht hatte. In England ausgebildete dänische Widerstandskämpfer entfachten in Werner Bests Musterprotektorat einen Kleinkrieg gegen die deutsche Besatzungsmacht. Die Widerständler verfolgten nicht zuletzt das Ziel, die Deutschen zu harten Repressalien gegen die noch zurückhaltende Bevölkerung herauszufordern. Doch der Diplomat Best vermied alle unnötigen Härten. Er bewog Militär und Sicherheitspolizei, nur zu kurzen, gezielten Repressalien auszuschwärmen. Der SS-Führer war sogar eher geneigt, in seinen Meldungen an das Auswärtige Amt den wahren Umfang des Widerstandes zu bagatellisieren, um jene grobschlächtige Reaktion Hitlers zu verhindern, die Best mehr als die Partisanen fürchtete [76].

Die Tagesmeldungen des deutschen Militärbefehlshabers Dänemark an den Wehrmachtführungsstab zeichneten indes ein so schwarzes Bild vom dänischen Widerstand, daß sich Hitler von seinem Reichsbevollmächtigten düpiert glaubte. Der aufgebrachte Diktator forderte schwerste Vergeltungsaktionen gegen die dänischen Partisanen, weil andernfalls das Reich in die Gefahr gerate, seine dänische Brücke nach Norwegen zu verlieren [77]. Best erhielt von Hitler den Befehl, er solle von der dänischen Regierung ultimativ fordern, sie müsse Schnellgerichte zur Aburteilung dänischer Widerständler schaffen und die Todesstrafe für Angriffe auf die deutsche Besatzungsmacht einführen. Reichsbevollmächtigter Best erklärte sofort, die dänische Regierung werde das Ultimatum niemals akzeptieren [78]. Ein paar Tage später hatte er Gewißheit: Das dänische Kabinett lehnte ab und trat am 29. August 1943 geschlossen zurück. Daraufhin proklamierte der deutsche Militärbefehlshaber den Ausnahmezustand [79].

Dem nüchternen Sachverstand des Machttechnikers Best konnte nicht länger verborgen bleiben, daß Hitlers Gewaltpolitik nur den Partisanen nutzen konnte. Er mußte unweigerlich mit Hitler zusammenstoßen, als der Diktator dazu überging, auch in Dänemark die rüden Methoden deutscher Partisanenbekämpfung einzuführen. Am 30. Dezember 1943 wurde Best ins Führerhauptquartier bestellt. Hitler erläuterte, der Terror in Dänemark könne nur durch verschärften Gegenterror gebrochen werden; er befehle daher, daß Sabotageaktionen dänischer Widerständler durch deutsche Terrorakte gegen Angehörige, Geldgeber und Helfer der Partisanen im Verhältnis 5 : 1 beantwortet würden. Best wandte ein, der Gegenterror werde die Dänen nicht überzeugen. Angesichts eines so rechtsstaatlich eingestellten Volkes wie dem dänischen seien die Saboteure dann am wirkungsvollsten ins Unrecht zu setzen, wenn man deutscherseits nichts anderes unternehme, als verhaftete Terroristen nach geltendem Kriegsrecht abzuurteilen. Solche Advokaten-Logik brachte den Diktator erneut gegen Best auf, erschien ihm doch ohnedies der Juristenberuf als der allerverächtlichste auf Erden. Es blieb bei dem Gegenterror-Befehl Hitlers [80].

In Dänemark überspülte eine Flut harter deutscher Repressalien das Land; die Vergeltungsaktionen verwickelten auch den Skeptiker plumper Gewaltpolitik in die schuldhafte Mitverantwortung aller Spitzenfunktionäre des Dritten Reiches. Der SS-Gruppenführer Best mußte an einem Gegenterror teilnehmen, dem er innerlich widerstrebte. Gleichwohl versuchte er wiederholt, das Tempo des Terrorfeldzuges zu mindern. Er verkleinerte gemeinsam mit dem Befehlshaber der Sicherheitspolizei Hitlers Vergeltungsschlüssel von 5 : 1 auf 1 : 1 und ließ allmählich deutsche Feldgerichte an die Stelle des Gegenterrors treten [81].

Hitler entging die Absetzbewegung seines Reichsbevollmächtigten nicht. Am 3. Juli 1944 kabelte Außenminister von Ribbentrop an Best: »Auf Grund der Berichte über die Lage in Dänemark hat der Führer sehr scharfe Kritik an Ihrer bisherigen Politik gegenüber den Dänen geübt. Der Führer äußerte, daß an der Entwicklung in Dänemark die Einrichtung von Gerichten schuld trage.« Drohend verlangte von Ribbentrop sofortigen ausführlichen Bericht, insbesondere zu der Frage, »warum Sie entgegen der Weisung des Führers die Sabotagetätigkeit nicht nur mit Gegenterror, sondern auch noch durch gerichtliche Verfahren bekämpft haben« [82]. Erneut wurde der SS-Abweichler zu seinem Führer zitiert. Am 5. Juli stand er Hitler gegenüber. »Die Herren wollen immer klüger sein als ich«, grollte der Diktator. Hitler wiederholte seinen Befehl über den Gegenterror und beharrte darauf, der Reichsbevollmächtigte habe keine eigene Politik zu betreiben. Als Best entgegnen wollte, schrie Hitler: »Ich will nichts hören!« SS-Gruppenführer Best salutierte und verließ das Zimmer [83]. Wenige Stunden später sah er sich dem Widersinn des braunen Totalstaates vollends konfrontiert. Der Reichsaußenminister von Ribbentrop, nach Bests Vortrag plötzlich nachdenklich geworden, gab ihm einen grotesken Rat: »Handeln Sie so, wie Sie es für richtig und vernünftig halten. Aber die Befehle des Führers müssen ausgeführt werden!« [84]

Die Episode Best machte zum ersten Mal deutlich: In der großdeutschen Besatzungspolitik waren die Vorstellungen Hitlers und jene des Schwarzen Ordens nicht immer identisch. Vor allem bei der Behandlung der sogenannten germanischen Völker zeigten sich erhebliche Unterschiede, die unter dem Mantel einheitlicher NS-Dogmatik zwei verschiedene Grundauffassungen entblößten. Die Differenzen spiegelten wider, daß Adolf Hitler trotz aller germanischen Phraseologie der deutsche Nationalist der wilhelminisch-völkischen Ära geblieben war, der in jeder überstaatlichen Form einen nationalen Verrat sah, die SS-Führer hingegen ernsthaft ein Großgermanisches Reich erstrebten, von dem sie sich verschwommen-gläubig ein neues Zeitalter übernationaler Bruderschaft erhofften – unter deutschem Vorzeichen, versteht sich.

Er könne sich durchaus vorstellen, daß der nächste Reichsführer-SS kein Deutscher sein werde, schwärmte Himmler einmal, während Hitler die germanische Experimentiersucht des SS-Chefs nicht selten bespöttelte [85]. Er meinte, ohne ideologische Abrichtung müsse sich doch jeder germanische SS-Freiwillige »als Verräter an seinem Volk fühlen« [86]. Die beiden Aussprüche lassen ahnen, daß im Gegensatz zu Hitlers nationalistischem Programm, wie der Historiker Paul Kluke formuliert, in der SS Ansätze »zu einer selbständigeren, in anderen Kategorien denkenden Politik« lagen. Bei Himmler entdeckte Kluke »die sehr viel größere Bereitwilligkeit, aus den nichtdeutschen Staatsbürgern die nordischen Elemente auszukämmen, d. h. jene biologischen Fischzüge bei anderen Völkern zu unternehmen, gegen die Hitler selbst so viele Bedenken entwickelte« [87].

Der Zwiespalt zwischen SS und Hitler mußte fühlbarer werden, je mehr sich Himmler auf sein germanisches Programm versteifte und eine Schlüsselposition in der Besatzungspolitik der Länder gewann, die in der SS-Terminologie die nordisch-germanischen genannt wurden. Der Ruf nach germanischen Freiwilligen für die Waffen-SS und das Gewirr einander befehdender NS-Cliquen in den deutschbesetzten Gebieten hatten Hitler veranlaßt, den SS-Chef zu einem Art Oberherrn für die germanischen Länder zu bestellen. Ein Hitler-Erlaß verhieß: »Für Verhandlungen mit den germanisch-völkischen Gruppen in den besetzten Gebieten über gemeinsame germanisch-völkische Belange ist ausschließlich der Reichsführer-SS zuständig [88].« Im SS-Hauptamt wurde eine »Germanische Leitstelle« (GL) unter Führung des Schweizer Militärarztes Dr. Franz Riedweg, eines Schwiegersohns des 1938 gestürzten Generalfeldmarschalls Werner von Blomberg, eingerichtet [89]. Die GL unterhielt Außenämter in den Hauptstädten Norwegens, Dänemarks, Hollands und Belgiens und legte ein Geflecht pangermanischer SS-Stützpunkte an.

Die GL-Außenämter warben Rekruten für die Waffen-SS, sie beaufsichtigten die germanischen Ableger der Allgemeinen SS, sie schufen Schulungsstätten, kauften Verlage auf, gründeten Zeitungen und spannen Fäden zu einheimischen NS-Führern, die in Opposition zu ihren offiziellen Parteileitungen standen [90]. Die fanatischen SS-Germanen sahen bereits das Großgermanische Reich entstehen. SS-Hauptamt-Chef Gottlob Berger gab die Parole aus: »Die germanischen Freiwilligen in der Waffen-SS ... werden einmal zusammen mit den Angehörigen der Germanischen Schutzstaffel das Fundament bilden, auf dem das Germanische Reich errichtet wird [91].« Das Protokoll einer Führerbesprechung im SS-Hauptamt am 8. Oktober 1942 hielt als SS-Programm fest: »Dem Reichsführer wird die Verantwortung für den gesamten germanischen Raum übertragen. Dabei muß es unsere Aufgabe sein, dem Führer den Weg zu bereiten, daß er später die germanischen Länder im Germanischen Reich vereinigen kann. Ohne Aufgabe ihres Volkstums und ihrer Kultur sollen diese Länder in unser Germanisches Reich kommen [92].«

Die imperialen Illusionen der SS-Germanen zerstoben jedoch angesichts der nationalistischen Urinstinkte des Diktators, der keine Miene machte, den germanischen Ländern wenigstens das Maß an Autonomie zu gewähren, das die SS-Führer konzedieren wollten. Denn: Die meisten deutschbesetzten Länder befanden sich völkerrechtlich noch im Kriegszustand mit dem Reich. Solange Hitler nicht bereit war, diesen Ländern verbindlich zuzusagen, wieviel nationale Souveränität er ihnen in dem projektierten »Germanischen Reich deutscher Nation« einräumen werde, mußte die großgermanische Propaganda der SS wirkungslos verpuffen.

Das war nicht nur eine Frage der Ideologie; Hitlers Schweigen traf auch die praktische Arbeit der SS an einer empfindlichen Stelle. Da sich der Diktator weigerte, das erlösende Wort zu sprechen, sahen sich die Werber der Waffen-SS von Adolf Hitler lahmgelegt. Immer deutlicher zeichnete sich in den Meldungen der Germanischen Leitstelle ab, daß die SS-Werbung gänzlich zum Erliegen kommen werde, wenn Hitler nicht bald den germanischen Ländern ihre nationale Selbständigkeit verbriefe. Gruppenführer Berger meldete 1943 über die Lage in Norwegen: »Der Zugang an Freiwilligen hat vollkommen aufgehört. Trotz aller Mühe sind wir nicht mehr in der Lage, Freiwillige zu erhalten, weil die Grundlagen einer Werbung fehlen.« Von Monat zu Monat stellten laut Berger norwegische SS-Männer dringlicher »die alte Frage: Was wird aus uns nach dem Kriege?« [93]

Verzweifelt drängte Berger seinen Reichsführer, er solle Hitler bitten, mit dem besetzten Norwegen einen Friedensvertrag abzuschließen. Berger am 25. September 1943 an Himmler: »Da wir die Wehrkraft der germanischen Länder ausschöpfen müssen, glaube ich, berechtigt zu sein, diese Frage – obwohl schon einmal vom Führer abgelehnt – im Hinblick auf kommende Rekrutierungsmaßnahmen neu anschneiden zu dürfen [94].« Hitler lehnte abermals ab. Erst später verstand er sich dazu, den Norwegen regierenden Reichskommissar Josef Terboven eine Hitler-Erklärung verlesen zu lassen, die mit vagen Vokabeln dem norwegischen Volk innere Souveränität für eine noch nebulösere Zukunft in Aussicht stellte. Die SS-Führer ließen sich von Hitlers inhaltsloser Suada nicht täuschen. Das Amt III des Reichssicherheitshauptamtes und die Germanische Leitstelle Norwegen hielten in einem gemeinsamen Bericht fest, was die Norweger von Hitlers Erklärung dachten: »Sie sei in einem Maße dehnbar, daß derjenige, der die Macht habe, mit ihr alles machen könnte. Es habe sich also in Wirklichkeit nichts geändert [95].«

Hitlers Schweigetaktik verlockte SS-Führer, den germanischen Untertanen auf eigene Faust politische Versprechungen zu machen. Schon im Sommer 1942 hatte der Höhere SS- und Polizeiführer Ostland, Obergruppenführer Jekkeln, lettischen Offizieren zugesagt, »daß in einem großgermanischen Reich auch das lettische Volk seinen Platz an der Sonne« erhalten werde. Jeckeln wurde konkreter: »Schon jetzt sei Lettland die Selbstverwaltung gegeben, es sei in seinem kulturellen Leben nicht eingeengt, und auch seine Wirtschaft begänne sich bereits wieder zu beleben. In ähnlicher Weise würde wohl auch nach dem Kriege Lettland sich dieser Selbständigkeit erfreuen können, und im Anschluß an das Reich würde es wiederum in jeder Hinsicht aufblühen [96].« Indigniert verbat sich das Ostministerium die politischen Extratouren der SS-Führer. Der stellvertretende Ostminister Meyer verwahrte sich am 14. August 1942: »Es kann nicht Aufgabe eines Höheren SS- und Polizeiführers sein, über evtl. Möglichkeiten einer staatsrechtlichen Entwicklung Lettlands überhaupt nach außen hin in Ansprachen eine Anschauung mitzuteilen [97].«

Jeckeln war nicht der einzige SS-Führer, der merkte, daß man Hitlers Generalbefehlen eigene Initiative entgegensetzen mußte, wollte man in den besetzten Gebieten nicht den Boden unter den Füßen verlieren. Auch andere SS-eigene Statthalter bewegten sich auf dem schmalen Grat zwischen noch erlaubter Politik und schon entfachtem Diktatoren-Zorn. Der SS-Gruppenführer Otto Gustav Wächter, Gouverneur von Galizien, trat für eine pflegliche Behandlung der Polen ein, obwohl die allerhöchsten Befehle ihm abverlangten, zugunsten deutscher Siedler Polen zu vertreiben[98], und sein Kamerad Curt von Gottberg, Generalkommissar in Weißruthenien, förderte eine russische Selbstverwaltung, obgleich Hitler predigte, jede innere Autonomie untergrabe die deutsche Herrschaft[99].

Die Schauplätze Baltikum, Galizien und Weißruthenien verbinden bereits die Geschichte der SS mit dem letzten großen Drama, das geradewegs in den 20. Juli 1944 hineinführt – jenem Drama, das wie kein anderes das Band zwischen Hitler und SS lockerte und in der Mentalität mancher Führer des Schwarzen Ordens eine ungeahnte Wandlung auslöste: dem Krieg gegen Rußland.

Die Rußland-Konzeptionen Hitlers und der SS-Führung waren ursprünglich völlig identisch gewesen. Beide wollten den russischen »Riesenkuchen« ausschlachten, die Völker des Ostens dezimieren und den derart freigewordenen Raum mit Deutschen besiedeln. Die weltanschaulichen Instruktoren der SS diffamierten Millionen von Slawen als kulturlose Untermenschen, die sich wie Ungeziefer ausnahmen. Eine Broschüre (»Der Untermensch«) aus der weltanschaulichen Werkstatt von Bergers Hauptamt machte SS-Männern deutlich, warum im Grunde Slawen gar keine Menschen mehr seien. »Der Untermensch, jene biologisch scheinbar völlig gleichgeartete Naturschöpfung mit Händen, Füßen und einer Art von Gehirn, mit Augen und Mund«, so hieß es in dem Pamphlet, »ist doch eine ganz andere, eine furchtbare Kreatur, ist nur ein Wurf zum Menschen hin, mit menschenähnlichen Gesichtszügen – geistig, seelisch jedoch tiefer stehend als jedes Tier. Im Innern dieses Menschen ein grausames Chaos wilder hemmungsloser Leidenschaften: namenloser Zerstörungswille, primitivste Begierde, unverhüllteste Gemeinheit[100].«

Die Morde der Einsatzgruppen, die Massenerschießungen sowjetischer Kriegsgefangener durch die Gestapo, die Ausschreitungen einzelner Soldaten und Einheiten der Waffen-SS gegenüber der russischen Zivilbevölkerung – sie bewiesen, daß bitterernst gemeint war, was da Zeile um Zeile stand. Die SS wurde zur Geißel des deutschbesetzten Rußlands. Tausenderlei Augenpaare des Schwarzen Ordens wachten darüber, daß kein deutscher Soldat mit slawischen Untermenschen fraternisierte. Die Späher und Kommandos des RSHA bemühten sich, jeden Versuch deutscher Militärs und Administratoren zu hintertreiben, die Bewohner des Ostens durch Gewährung einer politischen Selbstverwaltung für das Reich zu engagieren. Darin erblickte Himmler bereits einen Verrat an der deutschen Ostmission. Wer Russen als Helfer oder gar als gleichberechtigte Bundesgenossen im antisowjetischen Kreuzzug zu akzeptieren bereit war, der sabotierte in Himmlers Optik das deutsche Herrschaftsprogramm im Osten. Folgerichtig liquidierte er jeden

Ansatz zu einer östlichen Selbstverwaltung. Einsatzkommandos lösten die mit Billigung der Wehrmacht gegründete ukrainische Nationalregierung auf und verhafteten deren Führer [101], die Sicherheitspolizei brachte in Weißrußland eine Nationalistengruppe zur Strecke, mit der Gauleiter Kube (von Gottbergs Vorgänger) eine einheimische Verwaltung aufbauen wollte [102], die SS-Führung schlug alle Angebote kriegsgefangener Sowjetgenerale ab, gemeinsam mit den Deutschen gegen Stalin zu kämpfen [103].

Aber auch die härteste Ideologen-Wachsamkeit konnte nicht verhindern, daß die Deutschen der russischen Wirklichkeit konfrontiert wurden. Zwei Jahre blutigsten, ernüchterndsten Rußlandkrieges genügten, die Mär vom Untermenschen auf eine grausame Art zu widerlegen. Schon im August 1942 registrierte der SD in einer seiner »Meldungen aus dem Reich«, im deutschen Volk habe sich »das Gefühl herausgebildet, daß wir einer gewissen Täuschung zum Opfer gefallen seien. Die große Masse der [sowjetischen] Waffen, ihre technische Qualität, die riesige Industrialisierung seien der erste verblüffende Eindruck gewesen, der gegen wesentliche Argumente des bisherigen Bildes von der Sowjetunion gestanden habe. Man frage sich, wie hat das der Bolschewismus alles zustande gebracht?« [104]

Die Führer der Waffen-SS waren die ersten, die gegen die Untermenschen-Lüge aufbegehrten. Jede Minute in Schlamm und Dreck bewies den SS-Grenadieren aufs neue, was es hieß, gegen Russen zu kämpfen. Der Ärger über das Gefasel der Ideologen brach sich in bitteren Denkschriften an den Reichsführer Bahn. »Wiking«-Kommandeur Felix Steiner erklärte Himmler, der Krieg sei nur zu gewinnen, wenn man Völkern wie den Ukrainern Eigenstaatlichkeit konzediere und Seite an Seite mit deutschen Verbänden gegen den sowjetischen Gegner kämpfen lasse. Himmler lehnte ab: »Vergessen Sie es nicht, daß diese ›lieben‹ Ukrainer 1918 den Feldmarschall von Eichhorn ermordet haben!« [105] Als Gunter d'Alquens Abteilung SS-eigener Kriegsberichter dazu überging, das schal gewordene Dogma vom Untermenschen zu kritisieren und eine neue Europa-Konzeption zu fordern, wetterte Himmler gegen »das blöde Gewäsch von der Gemeinschaft Europas, in die also der Ukrainer und Russe miteingeschlossen sind«. Himmler: »Ich verbitte mir ein für allemal, daß die SS auch nur in irgend einer Form diesen ... vom Führer klar abgelehnten Weg ... mitgeht [106].«

Himmler scheute nicht nur den Zusammenbruch einer ganzen Weltanschauung, er fürchtete auch die Rügen des Diktators, der jedes Eingehen auf die nationalen Wünsche der Völker im Osten verbot. Schon der Kampf um eine Autonomie-Erklärung für die Baltenstaaten hatte den SS-Chef in einen Gegensatz zu seinem Führer gebracht.

Der Kampf entsprang Himmlers Plan, in Estland, Litauen und Lettland Rekruten für die Waffen-SS auszuheben. Da ihm seine Völkerrechtler vorhielten, eine allgemeine Mobilmachung im Baltikum mache eine Änderung des Besatzungsstatus notwendig, setzte sich Himmler dafür ein, den Baltenstaaten eine Autonomie einzuräumen [107]. Die drei Staaten sollten eigene Souveränität unter der »Schutzherrschaft« des Großdeutschen Reiches erhalten, das Reich jedoch die Militär- und Außenpolitik der Baltenstaaten weiterhin kontrollieren. Himmler vermochte sich im Führerhauptquartier nicht durchzusetzen. Am 8. Februar 1943 lehnte Hitler unter dem Beifall des Parteikanzlei-Chefs Bormann, der in einer Stärkung der SS eine Schwächung des Parteiapparates witterte, das Himmlersche Autonomieprojekt ab[108].

Indes, eine Art List der Vernunft verwickelte die SS immer mehr in die Problematik der deutschen Besatzungspolitik im Osten und ließ die antirussischen SS-Dogmen an der östlichen Wirklichkeit zerschellen. Der weitere Verlauf des Streites um die Balten-Autonomie bewies das: Im Baltikum strömten unter der Führung des ehemaligen lettischen Kriegsministers Rudolf Bangerskis so viele Freiwillige in die Waffen-SS, daß es Himmler seinen baltischen Brigaden schuldig zu sein glaubte, den Kampf für die Autonomie erneut aufzunehmen[109]. Im November 1943 stand er wieder seinem Führer gegenüber, abermals lehnte Hitler ab. Der Ostminister Alfred Rosenberg notierte: »Im Laufe der Unterredung warf auch der Führer mehrfach die Bemerkung ein, daß er selbstverständlich niemals auf diese Länder verzichten könnte. Auch er sei innerlich dagegen, in schweren Zeiten ein so weitgehendes Entgegenkommen zu zeigen[110].«

Himmler war erneut abgeschmettert worden, gleichwohl sollte, wie der amerikanische Historiker Alexander Dallin urteilt, »dieser erste Bruch mit der ›antiöstlichen‹ Haltung der SS ein wichtiger Präzedenzfall werden«[111]. Der Appetit nach neuen SS-Rekruten aus der Bevölkerungsmasse des Ostens war einmal geweckt, jetzt gab es kein Halten mehr: Schritt um Schritt wich der Untermenschen-Ideologe Himmler zurück, ließ er ein Volk nach dem anderen in die Kolonnen der SS-Beutegermanen einscheren.

Nach den Balten waren die Ukrainer an der Reihe. Der Gouverneur von Galizien, SS-Brigadeführer Dr. Otto Wächter, hatte schon im Frühjahr 1943 begonnen, aus ukrainischen Bewerbern eine SS-Freiwilligen-Division »Galizien« aufzustellen[112] Himmler stimmte zu, weil für ihn Galizien und ukrainischer Nationalismus zweierlei waren: Galizien umfaßte die westukrainischen Gebiete, die früher zur österreichisch-ungarischen Monarchie gehört und von jeher im Rufe der Deutschfreundlichkeit gestanden hatten.

Als sich aber auf einen Schlag 100 000 Ukrainer freiwillig meldeten, beantragte Wächter bei Himmler, den Namen »galizisch« in »ukrainisch« zu ändern[113]. Himmler erschrak: Das klang nach Ermunterung des ukrainischen Nationalismus, das klang nach Verrat an der deutschen Ostkolonisation. Was würde da der Führer sagen? Am 14. Juli 1943 dekretierte Himmler: »An alle Hauptamtschefs. Bei der Erwähnung der galizischen Divison verbiete ich, jemals von einer ukrainischen Division oder vom ukrainischen Volkstum zu sprechen[114].« Wächter opponierte: Der Division den Namen »Ukraine« vorzuenthalten, schrieb er am 30. Juli an Himmler, würde einem deutschen Versuch gleichkommen, die Ukrainer zu entnationalisieren, und das liege nicht im Interesse Deutschlands, denn es würde den Widerstand der Ukrainer gegen bolschewistische Verlockungen schwächen[115]. Himmler hielt an seinem Befehl fest, wenn er auch zugleich konzedierte, er werde niemanden bestrafen, der den Begriff »Ukraine« verwende. Als Wächter neue Einwendungen erhob, brach der SS-Chef den Briefwechsel ab [116]. 1945 nahm er jedoch eine ideologische Frontbegradigung vor: Himmler ließ zu, daß sich die galizische Division zur »1. Division der Ukrainischen Nationalarmee« erklärte [117]; der ukrainische General Schandruk wurde einer der ersten »Untermenschen« in der Uniform eines SS-Gruppenführers [118].

Immer weitere Völkerschaften des Ostens wurden nun für SS-würdig befunden. Zu den Ukrainern stieß eine Brigade unter dem russischen Abenteurer Kaminski [119], ihr folgte eine weißrussische SS-Division [120], während sich der Heeres-Generalleutnant von Pannwitz mit seinen Kosakenverbänden der SS unterstellte [121] und auch sowjetische Mohammedaner in den Reihen der Waffen-SS auftauchten [122]. Eine so dramatische Zerbröselung des Untermenschen-Dogmas lockte schließlich eine Gruppe osterfahrener Offiziere, Edel-Nazis und Rußland-Schwärmer an, die zwei Jahre lang vergeblich der politischen und militärischen Führung Großdeutschlands eine Geheimwaffe offeriert hatten, von der sie sich eine entscheidende Wende des Ostfeldzugs erhofften.

Generalstabs- und Abwehroffiziere des Heeres hatten frühzeitig gefordert, Deutschland müsse aus der Masse sowjetischer Kriegsgefangener eine russische Befreiungsarmee aufstellen; sie sollte nach Zusicherung voller Souveränität für das künftige Rußland gegen den gemeinsamen sowjetischen Feind eingesetzt werden – nicht als »Hilfswilliger« (Hiwi), sondern als gleichberechtigter Bundesgenosse Deutschlands. Durch einen Zufall war den Planern auch der Führer einer solchen Russenarmee geschenkt worden: Generalleutnant Andrej Andrejewitsch Wlassow, Verteidiger Moskaus in der Winterschlacht von 1941, Befehlshaber der 2. sowjetischen Stoßarmee am Wolchow und 1942 in deutsche Gefangenschaft geraten. Der Kriegsgefangene Wlassow erklärte sich bereit, gemeinsam mit den Deutschen gegen Stalin zu marschieren. Mit Unterstützung junger deutscher Offiziere, die auf eigene Verantwortung handelten, begann Wlassow, in den Kriegsgefangenenlagern zu werben. Schon einige Reden des Generals genügten, ihm unerwartet großen Zulauf unter den Kriegsgefangenen zu sichern [123].

Doch das Projekt der Wlassow-Armee zerstob im Spott und Zorn des Diktators. Hitler verbat sich jedes Paktieren mit dem russischen Nationalismus, das die nur auf Ausbeutung des östlichen Raums gerichtete Kolonialpolitik des NS-Führers störte. Hitler am 8. Juni 1943: »Ich baue nie eine russische Armee auf. Das ist ein Phantom ersten Ranges. Es soll sich niemand bei uns einbilden, wir brauchten nur einen ... [russischen] Staat zu gründen. Dann wäre alles in Ordnung. Dann bekämen wir eine Million Soldaten. Wir werden nichts kriegen, nicht einen Mann. Aber wir würden einen einzigen Wahnsinn begehen [124].«

Die militärischen Freunde Wlassows kapitulierten. Nur ein kleiner Haufen unverbesserlicher Rußland-Enthusiasten glaubte weiterhin an die Möglichkeiten einer Wlassow-Bewegung. Zu ihm gehörten einige HJ-Führer, nationalsozialistische Intellektuelle, ein paar Offiziere und eine Frau namens Melitta Wiedemann, die nicht verzagte, ihren Heros Wlassow immer wieder mit einflußreichen Männern des Dritten Reiches zusammenzubringen [125]. Der gebürtigen Petersburgerin Melitta Wiedemann, ehedem Sekretärin in der Redaktion des Goebbels-Organs »Der Angriff« und Hauptschriftleiterin der Antikomintern-Postille »Die Aktion«, kam die verzweifelte Idee, der Wlassow-Bewegung könne nur noch deren schärfster Gegner helfen: die SS. Mit sicherem Sinn für NS-Realitäten pickte sich die Journalistin den SS-Führer heraus, dem sie den Mut zutraute, die Wlassow-Bewegung allen Widerständen zum Trotz zu fördern: den Galizien-Gouverneur Wächter. Frau Wiedemann arrangierte in der Wohnung ihrer Eltern eine Zusammenkunft zwischen Wlassow und Wächter. Der SS-Gruppenführer war von dem Russen eingenommen und versprach Hilfe [126].

Doch Himmler konnte sich nicht entschließen, sich von dem eigenen Dogma und den Befehlen seines Führers zu trennen. Himmler: »Wir dürfen niemals auf die Gedanken dieses russischen Generals eingehen, denn dann schaffen wir uns eine neue russische Nation, womöglich noch von uns organisiert [127].« Als sich Himmler den vorsichtig vorgetragenen Plädoyers der Wlassow-Freunde verschloß, stieß Melitta Wiedemann ungeduldig nach. Mit Briefen und Denkschriften trieb die Cassandra den mächtigen Großmeister des Schwarzen Ordens vor sich her, der sich hilflos an seinen alten Dogmen festkrampfte.

»Die Untermenschen-Theorie gegenüber den Ostvölkern, vor allem gegenüber den Russen, ist durch die Praxis widerlegt«, schrieb Frau Wiedemann am 26. Mai 1943 an Himmler. »Sie schlagen sich gut, sie opfern alles für ihr Vaterland, sie bauen z[um] T[eil] Waffen, die mindestens so gut sind wie unsere ... Für den Einsatz von Millionenmassen von Ostarbeitern im Reich und morgen von Millionenheeren von Osttruppen an den Fronten ist also das Verschwinden der Untermenschentheorie aus unserer Propaganda absolut erforderlich [128].« Am 5. Oktober 1943: »Unsere Untermenschen-Parole hat Stalin zum nationalen Krieg verholfen. Der Haß gegen uns ist furchtbar ... Demgegenüber steht absolut fest, daß die ganze russische Bauernschaft, der größte Teil der Intelligenz und das gesamte mittlere, höhere und höchste Führerkorps der Roten Armee Feinde des Bolschewismus und speziell Stalins sind. Aber diese Menschen haben wir durch unsere Politik in die tragische Entscheidung hineingezwungen: entweder für Stalin zu kämpfen oder ihr eigenes Volk und damit sich selbst dem Schicksal eines auszurottenden, auszuplündernden Kolonialbereichs auszuliefern, dessen Einwohner, in Wahrheit eines der begabtesten Völker der weißen Rasse, zu Untermenschen proklamiert und zu generationenlanger Sklavenarbeit deklassiert werden sollen.« Einziger Ausweg aus diesem Dilemma: eine neue deutsche Ostpolitik, Errichtung nationaler Staaten im Osten, Aufbau einer russischen Befreiungsarmee. Frau Wiedemann warb: »Wirklich gefährlich ist nur stures Weitertreiben ohne klare Einsicht in die Ursachen eines rückläufigen Kriegsglücks [129].«

Als die Cassandra dem SS-Chef ihre Gedanken persönlich vortragen wollte, entzog sich Himmler ihrem herben Charme. Himmler verbarrikadierte sich, wie so oft in Stunden der Verlegenheit, hinter Führerbefehlen. »Im einzelnen«, ließ er seinen Sekretär Rudolf Brandt an Frau Wiedemann schreiben, »möchte ich nicht näher darauf eingehen, da ich Ihnen mitteilen kann, daß der Führer gerade in der Wlassow-Angelegenheit klare Richtlinien gegeben hat [130].«

Die Sache der Wlassow-Bewegung wäre in der SS vollends zum Scheitern verurteilt gewesen, hätte sich ihrer nicht der Standartenführer Gunter d'Alquen, Chef der SS-Kriegsberichter, angenommen, der die Kunst beherrschte, durch eine Mischung von Schocktherapie und Schlaumeierei Himmler Schritt für Schritt von der antirussischen Gedankenwelt seines Führers zu trennen. Bei einem gemeinsamen Flug an die Front im September 1943 zeigte ihm der Reichsführer die »Untermensch«-Broschüre. d'Alquen überlegte einen kurzen Augenblick, dann kehrte er den verbitterten SS-Landser hervor. Diese Schrift sei »eine Pleite«, murrte er. d'Alquen schimpfte: »Unsere Männer draußen wissen nicht, wo sie ihren Arsch lassen sollen. Und Sie können mir glauben, wenn unsere Männer die Broschüre hier sehen, dann werden sie sehr laut und einfach fragen: Die uns da so zusetzen und bessere Panzer haben als wir und auch sonst ganz gut in Taktik und Strategie auf der Höhe sind, das sollen lauter Untermenschen sein? Was sind wir dann für schlechte Obermenschen! Was leisten diese Untermenschen für ihr Land, was bringen die für Opfer! Wie lassen die sich zusammenschlagen.«

Himmler fuhr zurück: »Was ist denn das für ein Ton?«

d'Alquen: »Reichsführer, das ist der Ton, den ich jetzt überall bei unseren Männern gehört habe. Wir können nicht nach zwei Jahren Krieg gegen den Gegner, der uns da gegenübersteht, noch länger mit solchen Theorien operieren [131].«

Ärgerlich brach Himmler das Gespräch ab. d'Alquens Ausfall beschäftigte jedoch den SS-Chef weiter, denn schon ein paar Tage später rief er den Chefpropagandisten zu sich und ermächtigte ihn, an der Front zusammen mit Angehörigen der Wlassow-Bewegung psychologische Kriegführung gegen die Sowjetarmee zu betreiben, freilich nur in dem von Hitler genehmigten Rahmen – und das hieß: sowjetischen Überläufern den Eintritt in eine russische Befreiungsarmee zu versprechen, die es nicht gab und nach dem Willen Hitlers niemals geben sollte [132].

d'Alquen behielt seine Bedenken gegen diese Marschroute für sich und ging an die Arbeit. Im Korpsbereich eines anderen Kritikers des Untermenschen-Dogmas, des Obergruppenführers Steiner, begann d'Alquen sein »Unternehmen Wintermärchen«, die erste von mehreren Propaganda-Aktionen, mit denen es gelang, sowjetische Überläufer in großer Zahl auf die deutsche Seite zu locken [133]. »Wintermärchen« schlug zugleich eine Bresche in die ideologische Abwehrfront Himmlers, der allmählich vor den Argumenten seines Leibpropagandisten zurückwich. Immer prominentere Figuren aus Wlassows Lager durfte d'Alquen in sein Propagandaheer einbeziehen, bis der Standartenführer seinen Chef überreden konnte, auch Andrej Andrejewitsch Wlassow die Hand zum Bunde zu reichen [134]. »Dieser Metzgergeselle ist ein gefährlicher Bolschewist«, hatte Himmler noch im Oktober 1943 ausgerufen [135]. Ein Jahr später wußte er es anders. Der Reichsführer genehmigte Wlassow die Aufstellung von zwei russischen Divisionen und schrieb an den einstigen »Untermenschen«: »Ich wünsche Ihnen vollen Erfolg im Interesse unserer gemeinsamen Sache [136].«

Mochte Himmler auch nie die Furcht verlassen, sein Führer werde ihm noch einmal das Techtelmechtel mit dem russischen Nationalisten Wlassow übel vermerken – die Allianz zwischen dem einstigen Sowjetgeneral und der SS im Zeichen der nationalsozialistischen Götterdämmerung ließ die Schutzstaffel zum letzten Rettungsanker all jener Illusionisten werden, die noch an eine Wendung der deutschen Ostpolitik glaubten. Denkschrift auf Denkschrift, in den Akten des Himmler-Stabes abgelegt, bekundete, daß die nationalsozialistischen Kritiker Hitlerscher Eroberungspolitik nur noch in der SS ein Instrument der Reform sahen. Zugleich entwarfen die Memoranden ein klägliches Bild von Lage und Leistungsfähigkeit des NS-Regimes.

Melitta Wiedemann drängte erneut: »Das Tempo, in dem die Entwicklung der Wlassow-Aktion vor sich geht, hat nichts mit den Methoden eines autoritären Staates zu tun: Es ist ein Tempo der Entschlußlosigkeit und der verpaßten Gelegenheiten [137].« Noch resignierter klang, was der SS-Gruppenführer von Gottberg, Weißrutheniens Statthalter, schrieb: »Ich weise darauf hin, daß ich mündlich und schriftlich seit dem Winter 1941–1942 immer wieder auf die Notwendigkeit einer Änderung grundsätzlicher Maßnahmen hingewiesen habe. Denn m[eines] E[rachtens] sind gerade bei der Mentalität der Ostvölker, die sich nur für die Gegenwart interessieren, die Voraussetzungen für eine schnelle Beendigung des Krieges im Osten so günstig gewesen, wie sie wohl noch nie eine ... Nation vorgefunden hat [138].«

Am schärfsten geißelte der ehemalige Gauleiter Alfred E. Frauenfeld, Generalkommissar der Krim, die deutsche Besatzungspolitik. Er bediente sich dabei einer derartig harten Sprache, daß selbst ein so strenger Kritiker des NS-Regimes wie der Nürnberger Ankläger Robert Kempner später überrascht ausrief: »Das ist doch ein dolles Ding, was Sie da geschrieben haben [139].« Frauenfeld sah in der deutschen Besatzungspolitik »das Meisterstück falscher Behandlung und die ebenso ansehnliche wie erstaunliche Tat, binnen einem Jahr ein absolut deutschfreundliches Volk, das in uns den Befreier bejubelte, als Partisanen in die Wälder und Sümpfe zu treiben und damit den Verlauf der Ereignisse im Osten maßgeblich negativ zu beeinflussen«. Der Gauleiter zensierte: »Kurs einer rücksichtslosen Brutalität ... Methoden, wie sie in vergangenen Jahrhunderten farbigen Sklavenvölkern gegenüber angewandt wurden ... jeglicher vernünftigen Politik hohnsprechend ... Zeugnis von einer Instinktlosigkeit in der Behandlung von Fremdvölkern ... Gipfelpunkt der Verblendung ... zeigt, wie sehr die nach außen Brutalität und Herrenmenschentum zur Schau tragenden Personen innerlich Spießbürger ohne Format sind [140].«

Der Parteikanzlei-Chef Bormann legte auch Himmler die Denkschrift Frauenfelds vor, die nicht zuletzt eine Kritik der antislawischen SS-Dogmatik darstellte. Himmlers Kommentar, am 26. März 1944 niedergeschrieben: »Frauenfeld hat nicht Unrecht [141].« Zug um Zug enthüllte sich auch vor den Augen der gläubigsten Nationalsozialisten im SS-Rock das bittere Schauspiel eines totalitären Staates, der nicht einmal in der Lage war, die einfachsten Gesetze psychologischer Kriegführung anzuwenden. Unfähig zur Reform, in einem Laokoonkampf der führenden Machtgruppen des Regimes verstrickt, der wachsenden Übermacht der Alliierten in Ost und West ausgeliefert, torkelte Hitler-Deutschland dem Untergang entgegen.

Je verzweifelter aber die Lage des Reiches wurde, desto gebieterischer stellte sich für SS-Führer die Frage, ob eine Zukunft der Schutzstaffel auch nach Adolf Hitler denkbar sei. Die vom SD bearbeiteten »Meldungen aus dem Reich« ließen keinen Zweifel daran, daß es die Deutschen nach Ruhe und Beendigung von Hitlers wahnwitzigem Krieg verlangte.

»Meldungen aus dem Reich«, 10. Februar 1944: »Trotz aller Dummheit und Sturheit rücke uns der Gegner immer näher aufs Fell, und man könne sich nicht vorstellen, wie wir ihn jemals wieder ganz abschütteln könnten, so oft er schon ›auf den Deckel gehauen‹ worden sei und noch werde [142].«

»Meldungen aus dem Reich«, 6. April 1944: »In der ständigen Unruhe des Wartens auf die Invasion und die Vergeltung sowie auf eine Wendung der Lage im Osten mache man sich viel Gedanken darüber, was geschehen würde, wenn wir jetzt nicht mehr standhalten könnten. Man trage die Frage mit sich herum, ob sich die vielen und schweren Opfer und Leiden, die der Krieg forderte und noch fordern wird, lohnen werden ... Man sehne sich allmählich sehr nach dem Frieden [143].«

»Meldungen aus dem Reich«, 20. April 1944: »Viele Volksgenossen zeigten sich allmählich müde unter dem ständigen Druck, durch das Bangen um die Entwicklung im Osten und die immer wieder enttäuschte Hoffnung ›auf ein erlösendes Wunder‹. Allgemein habe man den Krieg ›bis obenhin satt‹. Der Wunsch nach einer baldigen Beendigung sei überall sehr groß [144].«

Können die SS-Führer diese geheimen Stimmungsberichte des SD gelesen haben, ohne die Überlegung anzustellen, was aus der SS an dem Tag werden würde, da alles zusammenbrach, woran sie einmal geglaubt hatten? Wohl kaum. Die SS-Führer hatten längst begonnen, das Undenkbare zu denken. Manchen schien es nicht mehr revolutionär, sich ein Deutschland ohne Hitler vorzustellen. Der Krieg hatte viele Illusionen der SS-Führer ramponiert, der Regime-Alltag und vor allem der Feldzug im Osten die totale Identität zwischen Adolf Hitler und seiner Schutzstaffel zerstört. Auch SS-Führer konnten sich nicht länger der Frage entziehen, der sich 1944 jeder Machtträger im Deutschen Reich konfrontiert sah – ob einer verbrecherischen Staatsführung zuliebe das Vaterland vollends zugrunde gehen solle.

Allerdings: Die SS wäre sich selber untreu geworden, hätte sie auf die deutsche Schicksalsfrage einheitlich reagiert. Von der Aufforderung zum Sturz Hitlers bis zur blindwütigen Verteidigung des Regimes reichten die

Antworten maßgeblicher SS-Führer. Fünf Gruppen kristallisierten sich heraus: ein kleiner Kreis um den Reichskriminaldirektor Arthur Nebe, dessen Gesinnungsfreunde seit Jahren mit dem innerdeutschen Widerstand zusammenarbeiteten, mithin echte Partner der Verschwörung des 20. Juli 1944 waren; die führenden Generale der Waffen-SS, die eine Ermordung Hitlers ablehnten, jedoch gemeinsam mit der Wehrmacht Hitler aus der Kriegsführung ausschalten und einen Waffenstillstand mit den westlichen Alliierten abschließen wollten; ein Zirkel um den SD-Chef Walter Schellenberg, der mit zeitweiliger Billigung Himmlers einen Sonderfrieden mit den Alliierten wünschte und notfalls Hitler an die Alliierten ausliefern wollte; ein großer Kreis hoher SS-Führer von Werner Best bis Otto Ohlendorf, die jede gewaltsame Veränderung des Regimes mitten im Krieg bekämpften, jedoch an die Möglichkeit glaubten, nach dem Krieg das Regime zu reformieren; und die Bis-zum-bitteren-Ende-Fanatiker um den Heydrich-Nachfolger Ernst Kaltenbrunner und den Gestapo-Chef Heinrich Müller, die auch den leisesten Anflug einer Regimekritik rabiat verfolgten.

Die Anti-Hitler-Opposition des Kreises um Nebe reichte bis in das Jahr 1938 zurück, bis in die Hochspannung der Sudetenkrise, in der antinazistische Generale des Heeres zum ersten Mal ernsthaft das Projekt erwogen hatten, durch einen Militärputsch und eine Beseitigung Hitlers den Marsch in die Katastrophe zu verhindern[145]. Damals hatte der oppositionelle Regierungsrat Dr. Hans Bernd Gisevius seinen Freund Arthur Nebe in einen Widerstandszirkel eingeführt, dem auch der verabschiedete Generaloberst Beck und der Abwehroffizier Hans Oster angehörten[146]. Der Kripo-Chef Nebe, später SS-Gruppenführer und Amtschef im Reichssicherheitshauptamt, kam nicht ohne Mißtrauen und Skepsis, denn was er in den geheimen Zusammenkünften mit Oster und Beck antraf, sah dem gelernten Kriminalisten allzu sehr nach konspirativem Dilettantismus aus.

Dem Leichtsinn, mit dem die Verschwörer gleichsam in halber Öffentlichkeit die Beseitigung Hitlers planten, setzte Nebe die Kunst des Spurenverwischens entgegen. Nie fuhr er mit einem Dienstwagen zu einem Verschwörertreff; er ließ den Wagen in einer abgelegenen Straße stehen, beobachtete wieder und wieder die Umgebung des Treffpunkts und stand dann plötzlich mitten unter den Verschwörern[146a]. Nicht einmal der allzu offenherzige Widerstands-Chef Goerdeler ahnte, wie der SS-Führer hieß, dem die innerdeutsche Opposition ihre Informationen aus dem RSHA verdankte. Drohte Goerdeler bei einer von Nebe besuchten Geheimkonferenz aufzutauchen, so wußte der umsichtig-ängstliche Reichskriminaldirektor rechtzeitig zu entkommen[147].

Was Nebe auch in den Widerstand getrieben haben mochte – Furcht vor der eigenen Zukunft oder Sorge um das Land –, er blieb der Fronde treu. Schon Ende 1941 sah der Einsatzgruppenchef Nebe in der Ermordung Hitlers die einzig mögliche Befreiung von dem NS-Regime und von eigener Schuld[148]. Seither spornte er die Widerständler zum Attentat auf Hitler an, stellte er für jeden der immer wieder geplanten und immer wieder abgesagten Putschversuche ein Kriminalistenkommando bereit, das die Heereseinheiten der Verschwörer am Tag X in die Berliner Ministerien einschleusen sollte [149]. Solche Vorbereitungen machten es notwendig, weitere SS-uniformierte Funktionäre des Polizeiapparates für den Putsch zu gewinnen. Nebe engagierte seinen Freund Hans Lobbes, SS-Sturmbannführer und Exekutiveleiter des Reichskriminalpolizeiamtes [150], während aus dem Gestapo-Reich ein anderer NS-Gegner dazustieß: der spätere SS-Brigadeführer Paul Kanstein.

1937 hatte Kanstein die Gestapo-Leitstelle Berlin übernommen und war zu einer Schlüsselfigur aller antinazistischen Putschpläne geworden. Er, der SS-Mann, glättete die zunächst gespannten Beziehungen zwischen zwei prominenten Mitverschwörern, dem Berliner Polizeipräsidenten Wolf Graf von Helldorf und dessen Stellvertreter Fritz-Dietlof Graf von der Schulenburg [151]. Kanstein sicherte damit, daß die Berliner Polizei zumindest als Gegenspieler der Verschwörer ausfiel. Die Putschisten dankten es ihm: Wäre der Coup des 20. Juli 1944 gelungen, dann hätte der ehemalige Gestapo-Beamte Kanstein die neue Sicherheitspolizei im Nach-Hitler-Deutschland geleitet [152].

Zu diesem Berliner SS-Zirkel hielten unabhängig voneinander agierende SS-Führer lockeren Kontakt, so der Sturmbannführer Hartmut Plaas, Oberregierungsrat in Hermann Görings telephonüberwachendem Luftforschungsamt, der die Verschwörer vor der fortschreitenden Überwachung durch die Gestapo warnte [153], so der Sturmbannführer Hans-Viktor Graf von Salviati, Leiter der Remonteanstalt im SS-Hauptamt und seit 1941 Adjutant des Generalfeldmarschalls von Rundstedt [154], so der SS-Führer und Alt-Pg. Max Frauendorfer, Präsident der Hauptabteilung Arbeit (eine Art Arbeitsministerium) in der Regierung des Generalgouvernements [155]. Was sie alle zusammenband und von anderen Hitler-Kritikern in der SS unterschied, das war die moralische Empörung über ein Regime der Menschenverachtung und des selbstmörderischen Größenwahns, war der sittliche Protest gegen eine verantwortungslose Staatsführung. Der SS-Mann Frauendorfer beeindruckte den Tagebuchschreiber von Hassell »durch seine unbegrenzte Verzweiflung über das, was er stündlich und täglich in Polen erlebt, und das so furchtbar ist, daß er es nicht mehr aushält« [156].

Die lautlose Zusammenarbeit mit Führern aus dem Reiche Heinrich Himmlers gab einigen Widerständlern die Idee ein, man müsse versuchen, weitere Funktionäre aus jenem gefährlichen Apparat zu gewinnen, der am Tage des Putsches über Erfolg oder Mißerfolg des Umsturzes entscheiden konnte. Schon Canaris hatte gemeint, nach dem Scheitern so vieler Attentate auf Hitler bleibe nichts anderes übrig als der Versuch, Himmler durch eine »klärende Aussprache« für ein Unternehmen gegen den Diktator zu engagieren [157]. Auch der Generalfeldmarschall von Bock erklärte, er werde nur mitmachen, wenn sich Himmler am Putsch beteilige [158].

Goerdeler bat daraufhin den ihm befreundeten schwedischen Bankier Jakob Wallenberg um einen Rat. Wallenberg: »Weiß Himmler, was Ihr macht?« Goerdeler: »Ich weiß es nicht.« Als der Schwede später hörte, man habe auf die günstige Gelegenheit eines Anschlags auf Hitler verzichtet, weil der ebenfalls zu liquidierende Himmler nicht anwesend war, riet er Goerdeler: »Laßt doch Himmler aus euren Attentatsplänen heraus. Der hindert euch nicht, wenn es gegen Hitler allein geht[159].«

Im Herbst 1943 fühlte Verschwörer von der Schulenburg im SS-Hauptamt vor. Er fragte den Obersturmbannführer Riedweg von der Germanischen Leitstelle, mit welchem SS-Führer man offen über die politische Lage sprechen könne. Riedweg nannte dem Grafen den Höheren SS- und Polizeiführer Hildebrandt und zwei Generale der Waffen-SS, die Obergruppenführer Hausser und Steiner[160]. Seinen ehemaligen Kompaniechef Steiner aus dem Infanterie-Regiment 1 hatte Schulenburg schon früher kontaktiert. In einem Berliner Café erklärte der Verschwörer dem SS-General, Hitler müsse gewaltsam beseitigt werden, wenn man den Verfall des Reiches noch aufhalten wolle. Steiner verschloß sich jedoch dem Werben des alten Regimentskameraden. Er hielt Schulenburg entgegen: Die Front im Osten krache schon in allen Fugen, jeden Augenblick könne im Westen die Invasion der Alliierten beginnen, da sei ein Systemwechsel nur möglich, wenn die gesamte Wehrmacht hinter einem Putsch stünde, und gerade das sei mehr als fraglich[161]. Einige Verschwörer glaubten freilich nicht, daß dies das letzte Wort der SS-Generale war. Marie-Louise (»Puppi«) Sarre, Mitarbeiterin Ulrich von Hassells, wußte: »Der nationalsozialistische Geist der Waffen-SS wurde immer fragwürdiger. Sie fühlten sich eins mit der kämpfenden Wehrmachttruppe[162].« Ulrich von Hassells Freundin behielt recht. Schon einige Wochen später unterhielten sich Steiner und sein Stabschef, SS-Oberführer Joachim Ziegler, mit Melitta Wiedemann bei einer dreitägigen Zusammenkunft über die Frage, wie man Hitler beseitigen könne. Sie hatten eine ungefähre Vorstellung: Steiners III. Germanisches Panzerkorps sollte bei dem Marsch an die Ostfront Hitler in dessen Wolfsschanze »kidnappen und – unter öffentlicher Aufzählung seiner Verbrechen – für geisteskrank erklären«, wie Frau Wiedemann erzählt[162a]. Ein Jahr später bekundeten die Führer der Waffen-SS auch gegenüber Männern des Widerstandes ihre wahre Meinung: Sie gaben dem Generalfeldmarschall Rommel ihr Wort, gemeinsam mit ihm von Hitler abzufallen. Aber 1943 waren sie dazu noch nicht bereit, Schulenburg hatte keinen Erfolg.

Ebenso fruchtlos waren die Bemühungen des Professors der Staatswissenschaften Dr. Jens Peter Jessen, seinen ehemaligen Schüler und Freund Otto Ohlendorf, SS-Gruppenführer und Amtschef III im Reichssicherheitshauptamt, für die Verschwörung zu gewinnen. Einst hatten Jessen und Ohlendorf gemeinsam für den Nationalsozialismus gestritten, aber Hitlers Krieg und das Abgleiten ins staatspolitische Verbrechen trennten die beiden. Im Grunde waren sie auf ihre Art Nationalsozialisten geblieben, dennoch schieden sich die Geister an der zentralen Frage: ob ein Regime noch lebenswert sei, das millionenfachen Mord befohlen habe und nun auch noch das Vaterland dem fanatischen Durchhaltewillen eines einzigen Mannes opfere.

Der ehemalige Einsatzgruppen-Chef Ohlendorf bejahte die Frage, obgleich ihm viele Erscheinungsformen dieses Dritten Reiches ebenso zuwider waren wie dem Verschwörer Jessen. Nicht ohne Grund galt der Redakteur der »Meldungen aus dem Reich« in NS-Kreisen, wie der Promi-Sprecher Fritzsche später aussagte, als »Sprachrohr der Opposition, die sonst nicht zu Wort kommen konnte«[163]. Er hatte sich wegen seiner Unterstützung der verbotenen Theosophen wiederholt bei Gestapo-Müller verdächtig gemacht[164], er war mit dem NS-feindlichen Bankier Wilhelm Ahlmann befreundet, der wegen ihm nachgewiesener Kontakte zu dem Hitler-Attentäter Stauffenberg später Selbstmord verübte[165], er entwarf in privaten Studien Zukunftspläne für ein nationalsozialistisches Deutschland, mit einer praktisch entmachteten NSDAP. Er sammelte kritische Feldpostbriefe junger Frontsoldaten, kontaktierte die Schreiber und ersann sich ein Nachkriegsregime, geprägt von HJ-Führern und Landsern und ergänzt von einer gereinigten NSDAP, die auf machtpolitisch-administrative Befugnisse verzichten und nur noch als ein »Tempel der Weisheit«, als politischer Braintrust fungieren sollte[166].

Trotz solcher Überlegungen konnte sich der SS-Gruppenführer Ohlendorf nicht vorstellen, daß Deutschland etwas anderes sein könne als die Domäne der NSDAP und das Reich Adolf Hitlers. Wer daran zweifelte, beging in Ohlendorfs Augen eine schwere Sünde wider Vaterland und »Volksgemeinschaft«. Noch in seiner Nürnberger Todeszelle zürnte er 1948 gegen die »vielen Personen, die ihre Vergangenheit verleugnen und den auf den Führer abgelegten Eid mit einem Gewebe von Verrat und Lüge umgeben[167]«. Sein Zorn galt auch dem vermeintlichen Verrat des einstigen Mitstreiters Jessen. Als der Professor später in die Gewalt der Gestapo fiel, rührte Ohlendorf keine Hand. Nur die schlaflose Nacht, in der Jens Peter Jessen unter den Galgen trat, konnte Ohlendorf nicht vergessen – und nicht seinen schuldbewußten Schwur, fortan sein Gehalt zwischen den Familien Jessen und Ohlendorf zu teilen[168].

Wie Otto Ohlendorf, so reagierten auch die Höhn und Best, die Stuckart und Streckenbach: Niemand von ihnen vermochte sich der noch immer wirksamen Magie Hitlers zu entziehen, niemand Katastrophe und Untergang abzuwenden. Mochten sie auch teilweise erkennen, was aus dem von ihnen erträumten völkischen Führerstaat geworden war – die Abkehr von einem Leben voll Illusion, Irrtum und Schuld gelang ihnen nicht.

Nur ein SS-Führer war skrupellos und hellsichtig genug, alles zu verbrennen, was er und seinesgleichen einmal angebetet hatten, einer, der jeden Zug der antinazistischen Verschwörer beobachtete und in seine eigenen Pläne einkalkulierte, um am Tag nach der Katastrophe am rettenden Ufer zu stehen: der Brigadeführer Walter Schellenberg.

Seit er im Juni 1941 – zunächst als stellvertretender Amtschef – an die Spitze des SD-Auslandsnachrichtendienstes getreten war, hatte er die Aussichten eines totalen deutschen Sieges skeptisch beurteilt. Die Meldungen des SD vermittelten Schellenberg ein allzu realistisches Bild von den wachsenden Kriegsanstrengungen der Gegner, als daß sich der SD-Chef einem Wunschdenken hingeben konnte. Ab Herbst 1941 begann er, die Möglichkeiten eines Sonderfriedens mit den westlichen Alliierten zu erkunden, vorsichtig und noch unentschlossen. Dabei bediente sich Schellenberg auch eines Kreises antinazistischer Widerständler, die seit Kriegsausbruch über internationale Kanäle vertrauliche Gespräche mit Alliierten oder pro-alliierten Ausländern führten. Mancher seltsame Zufall verband diese NS-Gegner mit der SS-Führung. Der Berliner Rechtsanwalt Dr. Carl Langbehn, Mitglied der Oppositionsgruppe Beck-Goerdeler, war über die Schulfreundschaft zwischen seiner Tochter und der Himmler-Tochter Gudrun mit dem SS-Chef in Kontakt gekommen[169], Professor Jessen, einer der schärfsten Dränger zum Umsturz, verkehrte nach wie vor mit dem SS-Führer Höhn, dem er einst seinen Schüler Ohlendorf empfohlen hatte[170], und auch von Hassell wußte sich einer Gemeinsamkeit mit dem Reichsführer zu rühmen: Sein Butler Schuhknecht war in Himmlers Dienste getreten[171].

Schellenberg hielt es für opportun, sich in die geheimen Auslandsgespräche der NS-Gegner einzuschalten. Als im Spätsommer 1941 der amerikanische Bankier Stallforth in Berlin erschien und deutschen Gesprächspartnern wie Ulrich von Hassell klarmachte, US-Präsident Roosevelt werde den Deutschen erst die Hand reichen, wenn Hitler von ihnen beseitigt sei, hörte der SD gelassen mit[172]. Die Gruppe D des Ausland-SD im RSHA registrierte fleißig alle geheimen Verabredungen zwischen Hassell und dessen amerikanischem Partner. Am 11. November 1941 notierte sie den telephonischen Auftrag Stallforths an seine Sekretärin, Fräulein Boensel, »sie möge Herrn von Hassell (im Gespräch – wie vorher ausgemacht – Howe genannt) mitteilen, daß seine Vorschläge sehr günstig aufgenommen worden seien. Herr von Hassell möge ihn wissen lassen, ob es möglich sei, mit irgendeiner autorisierten Persönlichkeit nach Lissabon zu kommen, um dort führende Amerikaner zu einer Besprechung zu treffen«[173]. Auch das Lesen abgefangener Hassell-Stallforth-Briefe mit vorher vereinbarten Decknamen und Abkürzungen bereitete Schellenbergs Männern keine Schwierigkeiten. Gruppe D erläuterte: »›Der aus Süden‹ soll Mussolini sein. Mit Ph. ist der amerikanische Botschafter Phillips in Rom gemeint[174].«

Die Herren des SD waren mit den Geheimverhandlungen der Frondeure so vertraut, daß sie den amerikanischen Unterhändler selber ansprachen. Der Verschwörer von Hassell konnte seine Verblüffung kaum verhehlen, als sich bei ihm der SD-Mann Danfeld mit den herzlichsten Grüßen von Mr. Stallforth meldete. Hassell notierte sich: »Dieser noch junge SS-Mann zeigte sich außenpolitisch bemerkenswert unterrichtet, nüchtern im Urteil und erstaunlich frei in der Äußerung. Er blieb anderthalb Stunden und betrat Bahnen, auf die ich ihm vorsichtigerweise nicht folgte. Aus allem ging hervor, daß man sich in Himmlers Rayon schwere Sorge macht und über Auswege grübelt[175].«

Schellenberg dünkte es jedoch noch nicht an der Zeit, seine weitreichenden Pläne Himmler vorzutragen. Noch wälzten sich die deutschen Armeen in Rußland von Sieg zu Sieg; in Rußland mußte sich entscheiden, ob es Hitler gelingen werde, den Krieg bald zu beenden. Auf einer Reise durch Spanien und Portugal im April 1942 erklärte Schellenberg den beiden Polizeiattachés Winzer (Madrid) und Schroeder (Lissabon), im bevorstehenden Sommer würden die Würfel fallen: Gelänge den deutschen Verbänden in Südrußland und in Ägypten der Durchbruch, dann sei der Krieg entschieden; gelänge er nicht, habe das Reich verspielt[176].

Als im Hochsommer die Meldungen über die beiden Operationen immer ungünstiger lauteten, wußte Schellenberg, woran er war. Bereits im August 1942 will der SD-Chef, wie er in seinen Memoiren erzählt, Himmler in dessen Feldkommandostelle im ukrainischen Winniza die Frage gestellt haben: »Reichsführer, in welcher Ihrer Schreibtischschubladen haben Sie eine Alternativlösung zur Beendigung des Krieges?«

Himmler: »Sind Sie plötzlich verrückt geworden? Haben Sie die Nerven verloren?«

Schellenberg: »Ich wußte, Reichsführer, daß Sie so reagieren würden. Ich hatte sogar geglaubt, es würde noch schlimmer kommen.«

Himmler – so berichtet Schellenberg weiter – habe sich wieder beruhigt und den SD-Chef aufgefordert, einen Plan zu entwickeln. Er, Schellenberg, habe vorgeschlagen, man müsse sofort, unter Ausnutzung der starken Spannungen zwischen Rußland und den Westmächten, geheime Friedensgespräche mit den westlichen Alliierten eröffnen; Voraussetzung sei allerdings, daß der Reichsaußenminister von Ribbentrop verschwände, der – das hatte auch der Amerikaner Stallforth bestätigt – im Westen als der »Hauptschuldige am Kriege« gelte. Himmler habe dem Plan seines Spionagechefs zugestimmt. Schellenberg erinnert sich: »Er versprach mir sogar durch Handschlag, daß Ribbentrop bis Weihnachten (1942) seines Postens enthoben werden würde[177].«

Einerlei, ob das Gespräch in dieser oder in einer anderen Form stattgefunden hat – Tatsache ist, daß Schellenberg und Himmler, assistiert von Himmlers Leibarzt Felix Kersten und dem Chef des Persönlichen Stabes RFSS Obergruppenführer Karl Wolff, ab Spätsommer 1942 ernsthaft versucht haben, einen Sonderfrieden mit dem Westen herbeizuführen, der auch die Beseitigung Hitlers einschloß. Himmler ergab sich schon seit geraumer Zeit dem verführerischen Gedanken, ob nicht er berufen sei, bei einer Verschlechterung der Kriegslage an Stelle Hitlers Deutschland und der Welt den Frieden zu bringen. So schnell die Überlegung gekommen war, so hastig hatte er sich ihrer wieder entledigt – nein, der Reichsführer-SS würde dem größten Gehirn aller Zeiten niemals untreu werden. Aber der verlockende Gedanke war zurückgekommen, wieder und wieder. Bereits im Mai 1941 hatte der Schweizer Burckhardt der Tirpitz-Tochter Ilse von Hassell, der Ehefrau des Exbotschafters, erzählt, »ein Vertrauensmann von Himmler sei bei ihm gewesen, um ihn zu fragen, ob England wohl mit Himmler statt Hitler Frieden machen würde«[178], und der italienische Außenminister Graf Ciano hatte sich am 9. April 1942 in sein Tagebuch geschrieben: »Himmler war früher ein Extremist, aber heute hält er die Hand am Puls des Volkes und wünscht einen Kompromißfrieden [179].«

Der Nachwelt erschien es als eine aberwitzige Vorstellung, der SS-Chef, Exekutor der grauenhaftesten Verbrechen des Jahrhunderts, habe allen Ernstes glauben können, die Welt werde mit ihm einen Frieden aushandeln. Die Zeitgenossen haben es damals anders gesehen: Gerade weil sie an die Macht Himmlers glaubten, wünschten sie sich ihn an den Verhandlungstisch. Manche Staatsmänner werden insgeheim argumentiert haben wie José Maria Doussinague, der Generaldirektor des spanischen Außenministeriums. Er rechnete Himmler »zu denen, die einen friedlichen Ausgleich mit den Alliierten suchten, um einer sowjetrussischen Invasion zuvorzukommen. Man ging völlig darin einig, daß dazu das Verschwinden Hitlers und seiner engsten Führungsgruppe unerläßlich war. Himmler konnte das bewerkstelligen. In seinen Händen lag folglich der Schlüssel, der die Tür zu Friedensverhandlungen öffnete [180].«

Doch Himmler zuckte vor der garstigen Idee zurück, den Gleichschritt mit seinem Führer zu verlieren. Dabei hatte er sich bereits im Sommer 1942 eine Waffe beschafft, mit der sich notfalls der Diktator beseitigen ließ: einen 26seitigen Krankenbericht, dem zu entnehmen war, Hitler leide an den Folgen einer syphilitischen Erkrankung und werde von progressiver Paralyse bedroht [181]. Himmler legte seinem Leibarzt Kersten eine ähnliche Frage vor, wie sie Nebe bei einem nächtlichen Spaziergang mit dem Leiter des Kriminalbiologischen Instituts im Reichskriminalpolizeiamt aufgeworfen hatte: »Doktor, nun sagen Sie mir einmal, kann man mit Recht sagen, daß der Führer geisteskrank ist?« [182] Kersten gab Himmler eine knappe Antwort: Adolf Hitler gehöre dringend in eine Nervenheilanstalt, nicht aber ins Führerhauptquartier [183]. Der Reichsführer wand sich, er konnte sich zu keiner klaren Entscheidung aufraffen. Himmler: »Ich kann mich doch nicht als Reichsführer der SS, auf deren Koppel die Inschrift steht: ›Meine Ehre heißt Treue‹, gegen den Führer stellen!« [184]

Schellenberg aber besaß solche Skrupel nicht. Er hatte eine Operation eingeleitet, die über viele Kanäle lief und zwei Ziele verfolgte: mit amerikanischen Stellen ins Gespräch zu kommen und den Ballast Ribbentrop abzuwerfen. Der Brigadeführer aktivierte dabei manche schillernde Persönlichkeit für seine Pläne. Den korrupten AA-Unterstaatssekretär Martin Luther spannte Schellenberg in seinen Kampf gegen Ribbentrop ein, den Widerständler Langbehn schickte er in neutrale Länder, um Alliierte zu kontaktieren [185], über den ehrgeizigen SS-Oberführer Fritz Kranefuß, Sekretär des »Freundeskreises Reichsführer-SS«, nutzte er die internationalen Beziehungen der im Freundeskreis sitzenden Geschäftsleute [186], und er ließ sich nicht zuletzt von einem Mitglied der europäischen Hocharistokratie beraten, das in Schellenbergs V-Männer-Listen unter der Kenn-Nummer 144/7957 geführt wurde: von dem Prinzen Max-Egon Hohenlohe-Langenburg [187].

Den Prinzen, geboren 1897, Leutnant außer Dienst, verheiratet mit der spanischen Marquesa de Belvis de las Navas und seit Jahren in Spanien lebend[188], veranlaßte die besitzerhaltende Politik seines Hauses, engen Kontakt zum SD zu wahren. Die Hohenlohes besaßen große Güter im Sudetenland; sie galt es vor den Unruhen des Jahrhunderts und dessen wechselnden Akteuren zu sichern. Das hatte den katholischen Prinzen auch 1938 bewogen, in der Sudeten-Krise für Hitler zu optieren und dem SD seine nicht geringen diplomatischen Fähigkeiten anzubieten, das ließ ihn aber ebenso im Krieg schon frühzeitig die Chancen eines Verständigungsfriedens ausloten, der den Hohenlohes ihren sudetenländischen Besitz garantierte[189].

Der Besitzerinstinkt des Prinzen allein erklärt freilich Hohenlohes Rolle im Spiel Schellenbergs nicht; in Max-Egon Hohenlohe lebte noch ein Stück der klassischen Diplomatie und Aristokratie Europas – nicht umsonst hatten die Hohenlohes im 19. Jahrhundert einen deutschen Reichskanzler, einen französischen Marschall, einen Kardinal der römisch-katholischen Kirche, österreichisch-ungarische Feldmarschalleutnants, preußische und badische Generale, württembergische Erb-Reichsmarschälle und kaiserlich-russische Generaladjutanten gestellt. Auch Prinz Max-Egon Hohenlohe glaubte an das alte europäische Konzert der Mächte, er benutzte nicht ungern hohe NS-Funktionäre dazu, den Machthabern des Dritten Reiches ein paar Wahrheiten nahezubringen.

»Deutschland ist bei seinem Unternehmen [Entfesselung des Zweiten Weltkrieges] von ganz falschen Voraussetzungen ausgegangen und hat sich in jeder Weise verrechnet«, formulierte er in einem Memorandum vom September 1939, das er Hermann Göring vorlegen ließ. »Es hat nicht angenommen, daß England und Frankreich in dem Kampf für Polen eintreten werden. Es hat dabei übersehen, daß es sich nicht um Polen, sondern um etwas ganz anderes handelt, um die Erhaltung und Sicherstellung der Ruhe in Europa.« Ungeniert forderte er, man müsse, »auch wenn es bereits spät scheint, eine große Lösung im Auge behalten. Diese muß beinhalten: Wiederherstellung von Vertrauen, Garantie der Einhaltung der Verträge, Abrüstung unter gegenseitiger Kontrolle, eventuell Freigabe der Tschechei als bereits demobilisierter Staat«. Er warnte: »Roosevelt könnte bis jetzt noch ein Weg der Vermittlung sein, jedoch wird dies bald zu spät sein.«[189a]

Gemeinsam mit dem SS-Oberführer Höhn setzte der Prinz Denkschriften auf, die maßvollere NS-Führer und solche, die er dafür hielt, zu Friedensinitiativen inspirieren sollten; einige der Memoranden wurden auf Geheiß des mit Hohenlohe und Höhn kooperierenden Botschafters Hewel, eines Alt-Nazis, der das Auswärtige Amt bei Hitler vertrat, auf der speziellen Führerschreibmaschine umgeschrieben und sogar dem Diktator vorgelegt, bis dieser sich empört das »defaitistische Geschreibsel« verbat und Höhn verwarnen ließ[189b]. Doch der Prinz propagierte weiterhin einen Sonderfrieden mit den westlichen Alliierten. Er reiste in die Schweiz, interessierte Diplomaten der Alliierten für seine Vorschläge und gewann auch die Sympathie des Vatikans, der sich zuweilen des Prinzen zur Übermittlung warnender Botschaften an die Adresse des Dritten Reiches bediente[189c].

Nicht ohne Souffleurdienste des Vatikans verfaßte Prinz Hohenlohe ein

Memorandum, das er Hewel bei einem Spanienbesuch Ende 1941 übergab. Der Prinz konstatierte: »Nunmehr stellt sich heraus, daß Adolf Hitler sich vollkommen in den Armen des Generals Preußen befindet und die preußischen Methoden auf die Behandlung der unterworfenen Völker überträgt. Jeder Monat wird es den Völkern klarer machen, daß der General Preußen in Europa regiert, die brutalen Gewaltmittel des Generals Preußen werden den Völkern vor Augen geführt werden und sie zu einer Auflehnung bereit machen. Jede Erschießung ist ein wichtiger Anknüpfungspunkt, im Endergebnis muß ganz Europa zu einer einzigen großen, moralischen Abwehrfront werden. Deutschland ... kann gar nicht anders, als sich Schritt für Schritt zurückzuziehen. Dann ist der große Moment gekommen, wo die Völker zum Befreiungskampfe aufstehen.[189d]« Diesen Kampf aber werde das Reich verlieren, wenn es seine Politik nicht mäßige und den Ausgleich mit den Völkern und Mächten Europas suche.

Göring las die Memoranden des Prinzen, aber er wagte nicht, gegen den Kurs seines Führers zu revoltieren. Hohenlohe suchte nach besseren Bundesgenossen und fand einen: Schellenberg. 1942 machte er die Bekanntschaft des Ausland-SD-Chefs und erfuhr sofort, daß Schellenberg entschlossen war, notfalls Hitler zu stürzen. Obwohl sich der Prinz heute keine entscheidende Rolle in Schellenbergs Plänen zumessen möchte, erinnert er sich sehr genau an die Argumentation des Brigadeführers: »Er ging dabei soweit, mir zu erklären, daß er wisse, daß der Westen keinen Frieden mit Hitler unterzeichnen würde und deshalb seien innerpolitische Veränderungen in Deutschland notwendig. Er erklärte mir weiter im Laufe des Gespräches, er hoffe, Hitler würde genug Patriotismus haben, um seine Person hinter das Interesse des deutschen Volkes zurückzustellen. Wenn das nicht geschehe, so müsse er mit Gewalt ausgeschaltet werden[189e].«

Der Prinz wußte Schellenberg einen Weg und einen Pfadfinder zu nennen, die den SD-Chef zu amerikanischen Unterhändlern führen würden. Ein Geschäftsfreund des Prinzen, SS-Mann und in den erhaltenen SD-Akten nur »Alfonso« genannt, verfügte über Beziehungen zu Amerikanern in Lissabon, die sich nach kurzer Anfrage für Schellenbergs Offerten interessierten[190]. Im Dezember 1942 setzte sich Alfonso mit amerikanischen Unterhändlern in Lissabon zusammen und erklärte, seine Auftraggeber seien zu einem Sonderfrieden mit dem Westen bereit, der Deutschland die Möglichkeit lasse, den Krieg im Osten fortzuführen und Rußland von Europa fernzuhalten. Die Amerikaner hielten den SD-Vorschlag für diskutabel, sofern Alfonsos Auftraggeber einen innenpolitischen Umbau in Deutschland garantieren könne, der es den westlichen Regierungen erlaube, die eigene Öffentlichkeit zufriedenzustellen. Im Laufe der Unterhaltungen konzentrierten sich die Forderungen der Amerikaner immer stärker auf die Person Hitlers. Der Diktator – das war die eherne Bedingung – müsse den Alliierten lebend ausgeliefert werden; nur so könne man das Entstehen eines posthumen Hitler-Mythos verhindern und einen dauerhaften Frieden sichern[191].

Selbst Schellenberg wird diese Forderung der Amerikaner schockiert haben, aber welche Wahl blieb ihm bei dem nun einmal eingeschlagenen Kurs? Die Lage des Reiches verschlechterte sich von Monat zu Monat: Im November 1942 waren britisch-amerikanische Truppen in Nordafrika gelandet; sie verengten den Aktionsraum des Afrikakorps immer gefährlicher. Und im Osten kündigte sich bereits das Desaster von Stalingrad an. Schellenbergs Antwort muß so wenig negativ ausgefallen sein, daß die US-Partner in Lissabon auf weitere Verhandlungen mit dem SD-Chef erpicht waren. Sie verwiesen die Deutschen an den »einflußreichsten Mann des Weißen Hauses in Europa«, wie ihn Hohenlohe nannte: an den in Bern residierenden Sonderbeauftragten Allen W. Dulles, den späteren Chef des US-Geheimdienstes[192]. »Er ist ein kräftig gebauter, hochgewachsener, sportlicher Typ von ca. 45 Jahren, von gesundem Aussehen mit guten Zähnen und frischen, einfachen und großzügigen Auftreten«, beschrieb ihn Prinz Hohenlohe dem SD-Chef[193], und ein anderer SD-Bericht vermerkte: »Es ist mit Sicherheit anzunehmen, und durch Nachforschungen erhärtet, daß bei ernsten Partnern Mr. Bull [so der SD-eigene Deckname für Dulles] keine unfaire Handlung begehen würde[194].«

Doch noch ehe Schellenberg seine Sendboten nach Bern in Marsch setzen konnte, gefährdete die Detonation einer von ihm gelegten Zeitbombe das kunstvolle Intrigenspiel des SD-Chefs. Der Schellenberg-Komplice Luther und eine Gruppe junger Diplomaten schlugen gegen den Reichsaußenminister von Ribbentrop los.

Der SA-Brigadeführer Martin Luther, eine der ungebildetsten und verhaßtesten Figuren des Auswärtigen Amts, hatte durch seine Freundschaft zu Joachim von Ribbentrop Karriere gemacht. Luther war zum Unterstaatssekretär und Leiter der Deutschland-Abteilung avanciert, die das Verhältnis des AA zu Partei und SS regelte, zugleich aber auch Hilfestellung bei der Judenvernichtung leistete[195]. Trotz anfänglicher Streitigkeiten mit dem RSHA hatte sich Luther immer mehr auf die Seite der SS-Kritiker Ribbentrops geschlagen. Er wurde zudem von einer Gruppe jüngerer AA-Bürokraten bedrängt, die der Vorstellung anhingen, man müsse Ribbentrop stürzen und auf diese Weise den Weg zum Frieden ebnen. Einer der Anti-Ribbentrop-Frondeure, Legationsrat Dr. Walther Kieser, ehemaliger Studienkollege Schellenbergs, vertraute sich dem SD-Chef an, der ihn sofort ermunterte, sich in der Kritik an Ribbentrop keinen Zwang aufzuerlegen. Luther rief am nächsten Tag bei Schellenberg an und ließ sich das Gespräch bestätigen. Im Januar 1943 wurde Schellenberg gegenüber Luther noch deutlicher: Er, Schellenberg, habe eine erste, noch vage Verbindung zur amerikanischen Abwehr aufgenommen, und es sei »nunmehr erforderlich, von Ribbentrop zu stürzen, um mit den Amerikanern weiterzukommen«, wie sich Luther-Referent Walter Gödde notierte. Auch der führende Kopf der AA-internen Ribbentrop-Gegner, Legationsrat Walter Büttner, kontaktierte Schellenberg und bereitete den Schlag vor[196]. Schon damals erfuhr der AA-Personalchef Schröder von den Plänen Luthers und informierte den Staatssekretär von Weizsäcker[197].

»Schellenberg bat«, so erinnert sich Luther-Mitarbeiter Walter Büttner, »am 8. Februar 1943 seinen Gesprächspartner nochmals zu sich und erklärte, Himmler sei bereit, die Ablösung Ribbentrops bei Hitler mitzubetreiben. Er wolle jedoch noch eine schriftliche Darstellung aller Argumente seitens der Gruppe um Luther. Die Anfang Februar mündlich vorgetragenen Besorgnisse wurden sodann in Gegenwart Schellenbergs diktiert.« Die Argumentation lief auf die These hinaus, Joachim von Ribbentrop sei geisteskrank und amtsunfähig. Doch ehe sich Himmler, wieder einmal unsicher geworden, zum Kampf gegen Ribbentrop entschließen konnte, schlug der vorzeitig informierte Außenminister zurück. Er berief Luther zu sich und beschuldigte ihn des Verrats; kurz darauf wurden Luther und seine Mitverschwörer im Auswärtigen Amt verhaftet – Luther kam ins KZ, Büttner und seine Komplizen erhielten Frontbewährung. Der Urberliner Luther hatte noch kurz vor seiner Verhaftung am 10. Februar 1943 Büttner am Telefon zugerufen: »Mit uns ist es aus, bestellen Sie zwei Kränze bei [der Berliner Sargfabrik] Grieneisen!« [198]

Vergebens appellierte Schellenberg an Himmler, den Mitverschwörer Luther vor dem KZ zu bewahren und den Fall zum Sturz Ribbentrops zu nutzen. Himmler schwankte. Der Chef seines Persönlichen Stabes aber fand die rettende Formel, die Himmlers Lethargie in den Augen eines SS-Mannes rechtfertigte. Wolff: »Reichsführer, Sie können doch nicht zulassen, daß SS-Obergruppenführer Joachim von Ribbentrop von diesem Schuft Luther rausgeschmissen wird [199].«

Schellenberg mußte versuchen, auch ohne die Abhalfterung Ribbentrops mit den Amerikanern im Gespräch zu bleiben. Am 15. Januar 1943 hatten Hohenlohe alias Pauls und ein SD-Führer (Deckname: Bauer) Verhandlungen mit dem US-Beauftragten Dulles eröffnet [200]. Auch Dulles unterstrich, worum es den Amerikanern ging: die Ausschaltung Hitlers. Dabei verfolgte Dulles offensichtlich das Ziel, Schellenbergs Beauftragten klarzumachen, mit Hitler sei Deutschland verloren. Ihm erscheine es, so gab Prinz Hohenlohe in einem Bericht die Dulles-Äußerungen wieder, »schwer vorstellbar, daß sich die aufgeputschte öffentliche Meinung der Angelsachsen mit Hitler als unumstrittenem Herrn Großdeutschlands abfinden würde. Man habe kein Vertrauen in die Dauer und Verläßlichkeit von Abmachungen mit ihm« [201]. Gelänge aber – so liefen Dulles' Argumente weiter – die Beseitigung Hitlers, dann müsse man eine Friedensordnung herstellen, die weder Sieger noch Besiegte kenne. Dulles zögerte nicht, seinen deutschen Gesprächspartnern die Fata Morgana eines mächtigen Großdeutschlands zu entwerfen. Prinz Hohenlohe notierte: »Der deutsche Staat müßte als Ordnungs- und Aufbaufaktor bestehen bleiben, eine Aufteilung desselben oder Loslösung Österreichs käme nicht in Frage. Andererseits aber müsse die preußische Macht im deutschen Staate auf ein vernünftiges Maß zurückgeschraubt werden. Der tschechischen Frage schien Mr. Bull wenig Bedeutung zuzumessen, andererseits glaubte er, durch eine Vergrößerung Polens nach dem Osten hin und der Erhaltung Rumäniens und eines starken Ungarns einen sanitären Riegel gegen Bolschewismus und Panslawismus befürworten zu müssen.« Dulles sah »in einem föderativen Großdeutschland ähnlich USA mit einer an dieses angelehnten Donaukonföderation den besten Garanten für Ordnung und Aufbau in Zentral- und Osteuropa«[202]. So jedenfalls steht es in dem Bericht des Prinzen Hohenlohe an seine Berliner SD-Freunde von Mitte Februar 1943.

Immerhin war Dulles bereit, mit Schellenbergs Beauftragten weiterhin zu verhandeln. Dem Prinzen erklärte er, die amerikanische Botschaft in Madrid sei von ihm angewiesen worden, jederzeit für Hohenlohe zur Verfügung zu stehen; als Kontaktmann empfehle er dem Prinzen den Botschaftsrat Butterworth. Auch Alfonso, der Lissaboner SS-Konfident, könne ihn, Dulles, zu jeder Stunde unter Benutzung eines bestimmten Codewortes anrufen[203].

Bald wurde freilich deutlich, daß die britische Regierung die Gespräche der Amerikaner mit dem SD mißbilligte. SD-Männer waren später davon überzeugt, Schellenbergs Spiel sei nicht zuletzt am britischen Widerstand gescheitert; der SD baute damals auf manchen Konfidentenbericht über die Verhandlungsbereitschaft der Amerikaner. SS-Obersturmführer Ernst Kienast meldete am 10. Juni 1943 aus amerikanisch-ungarischen Quellen: »1. Die USA wollen einen Ausgleich mit dem Reich auf folgender Basis: a) Deutschland verbleibt der germanische Norden und Osten, b) USA besetzen Italien etwa bis in die Höhe von Florenz, c) Danach sind die USA an einem Krieg in Europa nicht mehr interessiert. 2. Dieser Plan wurde ... in Spanien ventiliert. 3. Dieser Plan platzte, bevor er an das Reich herangebracht werden konnte, durch englischen Querschuß auf[204].«

Schellenbergs Mitarbeitern kam der Einfall, man müsse mit Hilfe neutraler Staaten den britischen Widerstand überwinden. Hohenlohe zog die führenden Männer des spanischen Außenministeriums ins Vertrauen und gewann sie für das Projekt, durch Himmler Hitler zu stürzen. »Wir erfuhren«, so hat der spanische Außenamt-Generaldirektor Doussinague aufgezeichnet, »es sei der Regierung der Vereinigten Staaten sehr genau bekannt, daß es in Himmlers Macht stand, in Deutschland eine radikale politische Umstellung herbeizuführen, vorausgesetzt, daß dies nicht mit einer totalen militärischen Niederlage identisch war. Man konnte ihm ohne weiteres zutrauen, daß er willens und imstande war, die Hauptfiguren der deutschen Regierung zu beseitigen[205].« Indes, England erteilte auch den spanischen Vermittlern eine Absage. Als Generaldirektor Doussinague den Ersten Botschaftsrat Yencken von der Madrider Mission Seiner Britischen Majestät Regierung für das Himmler-Projekt gewinnen wollte, fertigte ihn der Brite ab: »Es wundert mich doch sehr, daß sich das katholische Spanien mit dem Hauptexponenten des deutschen Atheismus, der SS, zu Friedensgesprächen niedersetzen will!«[206]

Die Rückschläge in Spanien veranlaßten nun Schellenberg und den ihm nur zögernd folgenden Himmler, ihre Friedensofferten einem breiteren Publikum vorzutragen. Im Auftrage des SD-Chefs schwärmten Sendboten in neutrale Länder und verhießen den Sturz Hitlers durch seinen getreuen SS-Chef: Im Mai und Juni 1943 ließ Himmler den schwedischen Bankier Jakob Wallenberg kontaktieren und die Möglichkeiten eines SS-inspirierten Sonderfriedens erkunden[207]. Im Sommer schickte Schellenberg den Widerständler Langbehn nach Stockholm zu Gesprächen mit sowjetischen Diplomaten, nachdem Langbehn dort bereits vorher mit einem britischen und einem amerikanischen Vertreter verhandelt hatte[208]. Im Spätsommer konferierte Langbehn in Bern mit dem deutsch-amerikanischen Dulles-Mitarbeiter Gero von Gaevernitz[209]. Im Oktober besprach Kersten in Stockholm mit dem US-Sondergesandten Hewitt einen amerikanischen Sieben-Punkte-Friedensplan, konnte aber Himmler nicht dazu bewegen, sich persönlich mit Hewitt zu treffen; als sich der SS-Chef endlich am 9. Dezember zu einem Geheimtreff mit dem Amerikaner entschloß, war Hewitt abgereist[210]. Am 25. Dezember 1943 teilte der britische Botschafter in Moskau seinem amerikanischen Kollegen Harriman mit, Englands Regierung sei via Schweden »von Kontaktwünschen Himmlers unterrichtet« worden; Himmler habe seine Bereitschaft erklärt, Vertreter nach Großbritannien zu entsenden, um sich erläutern zu lassen, wie England den Begriff der »bedingungslosen Kapitulation Deutschlands« definiere. Englands Antwort: Der Begriff bedürfe keiner Definition[211].

Immer wieder aber erhob sich die Frage, wie die SS-Führung Hitler beseitigen könne, um den Weg zum Frieden frei zu machen. Hier zeichnete sich deutlich ein Zwiespalt ab: Schellenberg war zu den schärfsten Konsequenzen bereit, Himmler aber erschrak bei dem Gedanken, er oder die SS solle Hand an das Leben des geliebten Führers anlegen. »Wölfchen«, Himmlers Intimus Karl Wolff, fand eine rettende Formel. Seine Vorschläge liefen auf die Überlegung hinaus, man solle sich doch ruhig einmal anhören, was jene Männer mit Hitler vorhätten, die offensichtlich den Sturz des Regimes beabsichtigten. Vielleicht – es läßt sich nicht beweisen – verbarg sich dahinter ein raffinierter Plan: Hitler durch die Antinazis beseitigen zu lassen und sie dann selber unschädlich zu machen.

Der Kontakt zum innerdeutschen Widerstand war schnell hergestellt. Parteigenosse Langbehn, Freund des Hauses Himmler und Konfident der Anti-Regime-Verschwörung, verfügte über einen guten Draht zur Berliner »Mittwochsgesellschaft«, in der sich die aktivsten Regime-Gegner trafen: Jessen, Hassell und der militärische Senior des Widerstands, Generaloberst Beck[212]. Zu dieser Runde gehörte auch der preußische Finanzminister Dr. Johannes Popitz, ein energischer, geistvoller, zuweilen allerdings recht umstrittener Förderer des Umsturzes. Ihn fragte der von Wolff instruierte Konfident Langbehn, ob es sich nicht lohnen würde, Himmler einmal ganz offen die Gedanken der Opposition vorzutragen. Dem Minister waren die SS-Kontakte des Mitverschwörers Langbehn etwas unheimlich. Popitz meditierte: »Er erreicht alles bei den Leuten und ist ihr erbittertster Gegner. Und manchmal glaube ich, sie wissen es[213].« Dennoch nahm er das Angebot Langbehns an.

Der Zufall wollte, daß sich just zur selben Zeit – im Sommer 1943 – die Widerständler ähnliche Gedanken machten wie Himmlers Umgebung, nur mit umgekehrtem Vorzeichen. Da sich die Generale der Wehrmacht dem Drängen der Verschwörer nach der befreienden Tat immer wieder entzogen, verlockte die Vorstellung, mit dem anderen großen Machtträger, der SS, gegen Hitler und Partei loszuschlagen. Es werde, schrieb sich von Hassell auf, zusehends »häufiger die Möglichkeit erörtert, wenn alle Stricke reißen, sich der SS zum Sturz des Regimes zu bedienen, schon um dies Instrument in der Hand zu haben und innere Unordnung zu verhindern. Nachher will man dann natürlich auch die SS ausschalten«. Allerdings: »Die Frage ist nur, erstens, ob Himmler und Genossen ein solches Spiel wagen und nachher in dem so freundlich gewünschten Sinne mitspielen, zweitens, welche Wirkung dies Verfahren im Ausland hätte, für das doch gerade die SS mit Recht den Teufel verkörpert [214].« Die »Himmlerlösung« war denn auch unter Widerstandsführern nicht unumstritten, obwohl ihr Beck, viele Militärs (Olbricht, Witzleben, Tresckow) und auch Goerdeler vorübergehend zustimmten [215]. Finanzminister Popitz machte sich auf, den Regime-Wächter Himmler für den Sturz des Regimes zu gewinnen.

Am 26. August 1943 fand sich Popitz in Begleitung Langbehns im Reichsinnenministerium ein; Langbehn blieb mit Wolff im Vorzimmer Himmlers, während der Finanzminister dem SS-Chef in einem langen Vortrag erläuterte: Der Krieg sei nicht mehr zu gewinnen, Hitler müsse von seinen Posten entlastet werden und eine starke Persönlichkeit (gemeint war Himmler) die Aufgabe übernehmen, Frieden mit dem Westen zu machen. Geschickt appellierte er an den Auserwähltheitswahn Himmlers. Das Volk – so lasen sich später seine Argumente in der Anklageschrift der Reichsanwaltschaft gegen Popitz – »frage sich nun, was wolle Himmler, wolle er ein Terrorregiment entfesseln oder wolle er wirklich für Ordnung sorgen. Wenn er das in Ruhe und Vernunft tun wolle, so könne er noch einmal den Staat wieder festfügen« [216]. Freilich, mit Hitler könne man das Reich nicht mehr retten. Für die Rettung, umschrieb Himmler nach dem 20. Juli 1944 Popitzens Vorschläge in einer verwässernden Rede, sei »Voraussetzung, der Führer müßte eigentlich weg und müßte so ungefähr aufs Altenteil gesetzt werden, auf einen Ehrenpräsidentenposten« [217].

Inzwischen bearbeitete im Nebenzimmer Langbehn den Himmler-Adlatus Wolff mit ähnlichen Formulierungen. Es werde Zeit, daß in Deutschland von klugen, sauberen und weitblickenden Männern wieder ein Rechtsstaat errichtet werde, meinte Langbehn und ließ wohl durchblicken, daß zu diesen Männern auch die SS-Führer zählten [218]. Als es nach dem gescheiterten Putsch Himmler opportun erschien, diese für Hitler-Anhänger recht seltsamen Gespräche mit den Widerständlern hinwegzudisputieren, erzählte der SS-Chef einer Runde von Gau- und Reichsleitern, er sei sofort zum Führer gegangen und habe alles gemeldet; von Hitler aber sei die Weisung ergangen, Himmler solle noch nicht zuschlagen, sondern den Popitz-Kreis weiterhin beobachten [219].

Tatsächlich reagierte Himmler anders, als er es der Parteiprominenz weismachen wollte. Er vereinbarte noch am 26. August eine neue Zusammenkunft mit Popitz[220], der seinerseits zu dem Generalfeldmarschall von Witzleben reiste und ihn – man kann es wiederum in der Anklageschrift gegen Popitz nachlesen – »fragte, ob er [Popitz] ihn, wenn sich die geplante Kombination mit dem Reichsführer-SS als möglich erweisen sollte, als bereit zur Übernahme der obersten militärischen Führung nennen dürfe«[221]. Und Wolff bestellte Langbehn bereits am 27. August erneut zu sich und besprach mit ihm Details für weitere Zusammenkünfte mit führenden Widerständlern[222]. Die Gespräche waren hoffnungsvoll genug, um Langbehn einige Tage später im Auftrag Wolffs zu einer Reise in die Schweiz aufbrechen zu lassen[223].

Langbehn traf sich mit dem Dulles-Berater Gero von Gaevernitz und berichtete ihm, ein hoher SS-Führer aus dem Stab Himmlers (er spielte auf Wolff an) habe sich in eine Aktion eingeschaltet, die das Ziel verfolge, die unbegrenzte Macht Hitlers einzuschränken; damit hoffe man, Voraussetzungen zu schaffen, die das Gespräch mit den Westmächten erleichterten[224]. Just in diesem Augenblick aber traf die Verschwörer und Himmler ein Schlag, der ihre Pläne ramponierte. Anfang September 1943 entschlüsselte die Gestapo, rabiateste aller Regime-Schützer im Reiche Himmlers, einen Funkspruch, der (laut Dulles) »von einer alliierten Stelle, weder amerikanisch noch britisch« stammte und Langbehns Schweizer Gespräche enthüllte, und leitete den Text sofort an das Führerhauptquartier weiter, ohne ihn zuvor Himmler vorzulegen[225]. War es Zufall oder eine Intrige gegen den schwankenden Reichsführer – die Meldung zwang Himmler, sofort seine Verbindungen zu den Widerständlern abzubrechen, ehe Hitler reagierte. Der SS-Chef ließ Langbehn verhaften und in ein Konzentrationslager überführen, Popitz aber erhielt keinen Zutritt zu Himmler mehr[226].

Jetzt trieb wieder Schellenberg die Pläne über eine radikale Ausschaltung Hitlers voran. Der SD-Chef war vor allem in Spanien mit amerikanischen Militärkreisen in Kontakt gekommen und hatte mit ihnen ein phantastisches Projekt erörtert, dem die Madrider Zeitung »Pueblo« 1958 den Namen »Operation KN« (Kidnapping) gegeben hat: die Entführung Hitlers und seine Auslieferung an die Alliierten. Zwischen der SS-Führung und dem amerikanischen Militär, so behauptete die spanische Zeitung, habe »enges Einvernehmen darüber bestanden, den Entführungsplan zu verwirklichen. Einzelheiten der technisch-organisatorischen Maßnahmen waren festgelegt, es bestand bereits eine ganze Organisation mit Stützpunkten in Madrid, Lissabon und an der Mittelmeerküste unweit Valencias«[227]. Das Unternehmen kam jedoch niemals über Erörterungen hinaus. Die Gespräche mit den Alliierten liefen über den Polizeiattaché Paul Winzer in Madrid, der versuchte, auch die katholische Kirche als Helferin der Hitler-Entführung zu gewinnen. Die Kirche wollte nicht ungefällig sein: Pater Conrado Simonsen, Vertrauensmann höchster Kreise des Vatikans, stellte sich mit iberischen und südamerikanischen Mitarbeitern, Kurieren und Geldgebern dem

Polizeiattaché zur Verfügung [228]. Spätestens im Mai 1944 wurde das Projekt zu den Akten gelegt. Winzers Hauptkurier, ein Franzose namens Letellier, verkaufte mit der Operation KN zusammenhängende Geheimpapiere aus dem Winzer-Safe an einen alliierten Geheimdienst, im SD wuchs zweifellos die Erkenntnis, daß der Entführungsplan angesichts der scharfen Bewachung Hitlers technisch nicht zu verwirklichen sei [229].

Schellenbergs Verhandlungen in Spanien verbreiteten gleichwohl in Kreisen der Alliierten immer stärker das Gefühl, allein Himmler und die SS könnten das Hitler-System stürzen. Auch britische Stellen zeigten jetzt Neugier für die sogenannte Himmler-Lösung. SS-Brigadeführer Kranefuß registrierte am 3. April 1944, »daß angeblich der Reichsführer-SS und die Schutzstaffel in englischen Kreisen oft der Gegenstand vielfacher Gerüchte und Kombinationen« seien [230], und ein in Lissabon stationierter Konfident des SD, dessen Name nicht bekannt ist, meldete, die Briten versprächen sich nur noch von der SS, nicht aber mehr von der Wehrmacht einen Umsturz in Deutschland.

Der Konfident schrieb: »Hingegen hat sich im Laufe des letzten Jahres die Aufmerksamkeit dieser [britischen] Kreise immer mehr auf die SS und neuerdings insbesondere auf die Waffen-SS konzentriert. Die Meinungen, die von einem teils denkbaren, teils... bereits latenten und sogar akuten Gegensatz zwischen dem Führer und der SS bzw. Waffen-SS wissen wollen, gehen offenkundig auch auf englische Meinungen zurück.« Vor allem die Generale der Waffen-SS, so ließ sich der Konfident aus britischen Kreisen berichten, würden zusehends kritisch gegenüber Hitler; »die Ursprünge dieser Tendenz gingen auf die Beurteilung der Kriegslage zurück.« Anfang Januar 1944 sei bereits in Lissabon »die Meinung verbreitet worden, ›Generäle der Waffen-SS, darunter ein General, der im Spätherbst mit dem Eichenlaub zum Ritterkreuz ausgezeichnet worden sei‹, hätten mit Engländern verhandelt« [231].

Der Verfasser wird vermutlich nicht geahnt haben, daß sich sein Bericht als prophetisch erweisen sollte. Denn: Die Führer der im Westen eingesetzten SS-Verbände formierten sich drei Monate später zu der ersten offiziellen SS-Gruppe, die geschlossen Adolf Hitler den Gehorsam aufkündigen wollte. Und entscheidend war für sie eben jenes Motiv, das der Lissaboner SD-Mann den SS-Generalen unterstellt hatte: die Beurteilung der Kriegslage.

Die Invasionsschlacht seit dem 6. Juni 1944 hatte auch die letzten Illusionen der Waffen-SS-Führer über Hitler und die wahre Lage des Reiches zerstört. In der Normandie verblutete ein SS-Regiment nach dem anderen – hingeopfert von einem Führer, den kein Rückzug, keine materielle Überlegenheit des Gegners, keine Erschöpfung des deutschen Landsers aus seiner gespenstischen Wunschwelt in der Wolfsschanze aufschrecken konnten. Die Gardetruppen der Sigrunen drohten vollends aufgerieben zu werden, denn im Westen war das Gros der Waffen-SS eingesetzt: sechs Divisionen einschließlich der Leibstandarte, gegliedert in Sepp Dietrichs I. und

Paul Haussers II. SS-Panzerkorps[232]. Die Aussicht auf das sichere Ende ihrer Verbände machte auch die SS-Generale für die Sache der Anti-Hitler-Frondeure reif. Sie hätten noch gezögert, wäre ihnen nicht in dem Generalfeldmarschall Erwin Rommel, dem Oberbefehlshaber der Heeresgruppe B, ein Soldat gegenübergetreten, der wie die Generale der Waffen-SS Höhen und Tiefen des Glaubens an Hitler durchlebt hatte. Noch Anfang 1944 war Rommel für Argumente des Widerstandes nicht ansprechbar gewesen, seit Mai wußte er, daß es um die nackte Existenz ging.

Die Zeit drängte: Rommel schätzte, die deutsche Abwehrfront in der Normandie werde noch drei Wochen halten, dann sei mit dem Durchbruch der amerikanischen Verbände und dem Verlust Frankreichs zu rechnen[233]. Diese bittere Erkenntnis gewann ihn für einen Plan, den oppositionelle Offiziere im Stab der Heeresgruppe B schon vor Beginn der Invasion ausgearbeitet hatten. Unter der Federführung von Rommels Stabschef, Generalleutnant Dr. Hans Speidel, war ein »Mobilmachungskalender« entworfen worden, der die kampflose Räumung der besetzten Westgebiete, die Rückführung des deutschen Heeres hinter den Westwall und die Übergabe der Besatzungsverwaltung an die Alliierten vorsah. Wichtigster Punkt: »Festsetzung Adolf Hitlers, um ihn vor ein deutsches Gericht zur Aburteilung zu stellen[234].«

In den ersten Julitagen war Rommel entschlossen, das Programm auszuführen. Am 9. Juli gab er dem führenden Planer der Militäropposition im Westen, dem Oberstleutnant und Stauffenberg-Vetter Dr. Caesar von Hofacker, den Auftrag, in seinem, Rommels, Namen ein Schreiben an die Alliierten zu entwerfen, in dem mitgeteilt wurde, das deutsche Westheer werde die Feindseligkeiten auf eigene Faust einstellen und sich ins Reich zurückziehen[235]. Doch wie würde sich die Waffen-SS verhalten, jene sechs Divisionen, die das Rückgrat der Heeresgruppe B ausmachten? Rommel wollte ganz sichergehen. Unermüdlich bereiste er die Front und befragte die Kommandierenden Generale und höheren Kommandeure. Einer nach dem anderen erklärte sich für den Abfall von Hitler. Auch die Generale der Waffen-SS machten darin keine Ausnahme. Selbst der Parteiveteran Sepp Dietrich konnte sich der Wirklichkeit nicht länger entziehen; Dietrich habe, so bezeugt Speidel, »seinen Unwillen über die höchste Führung bekundet und ›selbständige Maßnahmen im Falle eines Zerreißens der Front‹ gefordert«[236]. SS-Obergruppenführer Hausser, der inzwischen den Befehl über die 7. Armee übernommen hatte, stimmte der Kritik an Hitler und dessen irrsinniger Durchhalte-Strategie zu[237].

Am schärfsten äußerte sich der Obergruppenführer Wilhelm Bittrich, der von Hausser die Führung des II. SS-Panzerkorps übernommen hatte. Er war soeben – in der Nacht vom 15. zum 16. Juli 1944 – in seinen Gefechtsstand zurückgekehrt, als ihm der Generalfeldmarschall Rommel gemeldet wurde. Der Obergruppenführer, wegen seiner scharfen Zunge in der Waffen-SS gefürchtet, legte los: »Ich kenne nicht nur die Lage in der Normandie, Herr Feldmarschall. Ich weiß auch, wie schlecht es an der Ostfront steht. Von einer zielbewußten Führung kann dort nicht mehr gesprochen werden. Was dort geschieht, ist primitivste Flickarbeit.« Bittrich zürnte: »Oben kennt man die Gefahr nicht, weil man keinen Einblick besitzt und die Lage deshalb auch nicht richtig beurteilen kann. Ich selbst sehe tagtäglich, wie die jungen Menschen nutzlos fallen müssen, weil sie von oben schlecht geführt werden. Deshalb werde ich zukünftig widersinnige Befehle nicht mehr ausführen und so handeln, wie es der Lage entspricht.« Rommel hakte ein und informierte den SS-Führer über seine eigenen Pläne. Rommel: »Auch ich weiß, daß es so nicht mehr weiter gehen kann. Aber es sind Verbindungen mit dem Gegner geschaffen, die mich hoffen lassen, daß eine Räumung des besetzten Frankreich bis zum Westwall planmäßig durchgeführt werden kann.« Der SS-Mann zögerte nicht lange, in den Pakt wider Adolf Hitler einzuwilligen. »Herr Feldmarschall«, sagte er, »wenn dieses Wort gilt, dann stehe ich mit dem II. SS-Panzerkorps hinter Ihnen und Ihrer Führung. Meine Kommandeure denken genauso wie ich [238].«

Indes, die Anti-Hitler-Koalition zwischen der Führung der Waffen-SS und dem Westheer zerbrach ebenso schnell wie sie zustande gekommen war. Am 17. Juli wurde Rommel bei einer Autofahrt hinter der deutschen Front in der Normandie von einem britischen Tiefflieger schwer verwundet – die Militäropposition im Westen verlor ihre Führerfigur [239]. Drei Tage später zerstörte die Tat des Obersten im Generalstab Claus Graf Schenk von Stauffenberg, Chef des Generalstabes beim Befehlshaber des Ersatzheeres, die Gemeinsamkeit, die SS-Generale und oppositionelle Generale des Westheeres miteinander verband. Der Anschlag auf Hitler sprengte die Bedingung auseinander, von der Rommel und die SS-Generale die Rebellion des Westheeres abhängig gemacht hatten: daß Hitler nicht ermordet werden dürfe.

Das Attentat im Führerhauptquartier überraschte die frondierenden SS-Generale nicht weniger als die politische SS-Führung. Himmler und Schellenberg waren von dem Militärputsch wie gelähmt – es dauerte Stunden, ehe sie sich zur Gegenwehr aufrafften und den längst mißglückten Staatsstreich erbarmungslos niederschlugen. Die Ratlosigkeit der SS-Führer, die noch Monate zuvor mit Männern des Widerstandes verhandelt hatten und zahlreiche Geheimnisse der antinazistischen Opposition kannten, hat die Historiker vor ein schweres Rätsel gestellt. Wie war es möglich, daß die Mitwisser der 20.-Juli-Bewegung von der Stauffenberg-Aktion derartig überrascht wurden? Manche Theoretiker haben sich mit der naheliegenden Version begnügt, die Überraschung der SS-Führung sei nur gespielt gewesen – in Wirklichkeit hätten Himmler und seine engsten Mitarbeiter nur abwarten wollen, um sich im Falle eines Gelingens der Stauffenberg-Aktion den Rebellen anschließen zu können [240]. Die Vertreter dieser Theorie können sich freilich nur auf Vermutungen stützen, über konkrete Beweise verfügen sie nicht.

Dagegen lassen die Akten der SS-Führung die Annahme zu, daß weder der Persönliche Stab Reichsführer-SS noch das Reichssicherheitshauptamt den engeren Verschwörerkreis um Stauffenberg jemals verdächtigt hat. Von den drei Gruppen der 20.-Juli-Bewegung: dem Kreis konservativer Beamter und meist pensionierter Militärs (Beck-Goerdeler-Gruppe), dem Zirkel christlich-konservativer Intellektueller und sozialistischer Politiker (Kreisauer Kreis) und dem erst seit Herbst 1943 aktiven Kreis junger Frontoffiziere um den Grafen Stauffenberg, kannte die Gestapo nur die beiden ersten Gruppen. Über die Mitglieder der Gruppe Beck-Goerdeler wurden in der Gestapo detaillierte Akten geführt. Namen wie Beck, Goerdeler, Langbehn und Oster waren Gestapo-Müller geläufig. Schon 1943 hatte Himmler den Abwehrchef Canaris gewarnt, er wisse jetzt, wer hinter der regimefeindlichen Opposition im Heer stünde, und er werde »Leuten wie Beck und Goerdeler rechtzeitig das Handwerk legen« [241]. Auch der Kreisauer Kreis bot der Gestapo keine Geheimnisse mehr, seit deren Oberhaupt, Helmuth James Graf von Moltke, und andere Mitglieder Anfang 1944 verhaftet worden waren.

Nur Stauffenbergs Offiziersgruppe blieb dem RSHA unbekannt, denn sie wirkte im Schutze der Wehrmacht, die den Fahndern der Geheimen Staatspolizei verschlossen war. Dem SS-Chef erschien der Oberst von Stauffenberg so wenig suspekt, daß er dem schwerbehinderten Generalstabsoffizier Mitte Juni 1944 bei einem Besuch im Führerhauptquartier aus dem Mantel half und dem künftigen Attentäter eine schwere Aktenmappe trug, in die Stauffenberg das Dynamit gelegt hatte, mit dem er eines Tages Hitler ermorden wollte [242]. Der Graf galt Himmler – die beiden Männer kannten sich erst seit Anfang Juni 1944 – als ein fähiger Stabsoffizier, der gefördert werden solle. Als der Generaloberst Guderian dem Reichsführer Mitte Juli erklärte, der Generalstab müsse endlich mit fronterfahrenen Offizieren besetzt und Stauffenberg Generalstabschef werden, war Himmler sofort bereit, Stauffenberg bei Hitler zu empfehlen [243].

Nein, Heinrich Himmler wußte nichts von den Plänen des Grafen Stauffenberg. Er hatte ihn auch noch keineswegs im Verdacht, als Himmlers Fahrer, Sturmbannführer Lukas, gegen 13 Uhr in den Schlafwagen der Feldkommandostelle Reichsführer-SS stürmte und in alle Zimmer hineinbrüllte: »Attentat auf den Führer! Attentat auf den Führer!« [244] Um 12.42 Uhr war Stauffenbergs Bombe in Hitlers Gästebaracke während der Lagebesprechung hochgegangen, kurz zuvor hatte sich der Attentäter eiligst entfernt. An der Außenwache des Führerhauptquartiers war Stauffenberg kurz nach der Explosion noch einmal von dem mißtrauischen Wachhabenden aufgehalten worden, aber ein Telefonanruf hatte dem Chefverschwörer das Tor zum Putsch geöffnet [245].

Himmler aber ahnte noch immer nichts. Auch als er einige Minuten danach im nahe gelegenen Führerhauptquartier dem geretteten Hitler gratulierte, weilte seine Kombinationsgabe auf einer falschen Spur: Er verdächtigte eine im Hauptquartier eingesetzte Bauarbeitergruppe der Organisation Todt, die Bombe im Fußboden des Lagebunkers eingebaut zu haben [246]. Erst nach geraumer Zeit schenkte Himmler der Aussage eines im Telefondienst der Lagebaracke arbeitenden Feldwebels Aufmerksamkeit, dem sofort die Blitzabfahrt des Obersten von Stauffenberg aufgefallen war. Den mutmaßlichen Attentäter bei seiner Landung in Berlin zu verhaften, unterließ Himmler jedoch[247].

Bei Kaltenbrunner rief schließlich ein Mann aus dem Führerhauptquartier an und riet ihm, er möge sich doch einmal bei dem Herrn Oberst von Stauffenberg in der Berliner Bendlerstraße, dem Sitz des OKW, erkundigen, warum er so hastig die Wolfsschanze verlassen habe. Der RSHA-Chef nahm den Rat allzu wörtlich. Er entsandte den Oberführer Dr. Piffrader im Alleingang in das schwerbewaffnete Verschwörernest und mußte einstweilen der Mitarbeit des Oberführers entraten: Stauffenberg hatte den arglosen Interviewer abgewiesen und in ein Zimmer einsperren lassen[248].

Die Episode verriet etwas von der Ratlosigkeit, die das SS-Lager befallen hatte. Seit Jahren war die Schutzstaffel der NSDAP gerüstet, jeden Staatsstreich niederzuschlagen, seit Jahren übten Sicherheitspolizei und SD den Kampf gegen den sogenannten Staatsfeind – jetzt aber genügten einige Stunden, die Legende von der schlagbereiten Wachsamkeit der allmächtigen SS für kurze Zeit zu zerstören. Die Berliner SS-Führung sah sich von den Putschisten der Bendlerstraße, deren Macht vom RSHA grotesk überschätzt wurde, am Nachmittag des 20. Juli gelähmt. Während Nebes Kriminalisten-Kommando ausschwärmte, den von Stauffenberg alarmierten Heereseinheiten bei der Zernierung des Berliner Regierungsviertels zu assistieren[249], hielten sich die Kompanien der Leibstandarte in ihren Lichterfelder Kasernen vorsichtig zurück[250]. Keine Einheit der Waffen-SS oder der Ordnungspolizei eilte dem Reichssicherheitshauptamt in der Prinz-Albrecht-Straße zu Hilfe, dessen Herren irritiert an den Fenstern standen und den Aufmarsch der vom Verschwörer-Stichwort »Walküre« herbeigerufenen Bataillone der Wehrmacht beobachteten. Noch hilfloser aber agierten die SS- und Polizeiverbände in den Provinzen und in den Besatzungsgebieten des deutschen Herrschaftsbereiches.

Um 18.20 Uhr erreichte den Oberst Heinrich Kodré, Chef des Generalstabes im Wehrkreis XVII (Wien), ein Fernschreiben der Bendlerstraße, das ihn hieß, die gesamte Partei- und Polizeiprominenz in Österreich zu verhaften. Begründung: »Eine gewissenlose Clique frontfremder Parteiführer hat es unter Ausnutzung dieser Lage [Hitler-Attentat] versucht, der schwerringenden Front in den Rücken zu fallen und die Macht zu eigennützigen Zwecken an sich zu reißen[251].« Kurz darauf tickten die Fernschreiber eine neue Order der Putschisten: »Ohne Verzug ihres Amtes zu entheben und in besonders gesicherte Einzelhaft zu nehmen sind: sämtliche Gauleiter, Reichsstatthalter, Minister, Oberpräsidenten, Polizeipräsidenten, Höhere SS- und Polizeiführer, Gestapoleiter und Leiter der SS-Dienststellen.« Außerdem: »Bestehen Zweifel am Gehorsam von Führern der Verbände der Waffen-SS oder erscheinen sie ungeeignet, sind sie in Schutzhaft zu nehmen und durch Offiziere des Heeres zu ersetzen. Verbände der Waffen-SS, deren uneingeschränkte Unterordnung zweifelhaft ist, sind rücksichtslos zu entwaffnen[252].«

Kodré las die Berliner Befehle nicht ohne Beklemmung, denn er mußte die ganze Verantwortung übernehmen, da sein Kommandierender General verreist und dessen Stellvertreter abwesend war. Aber mit einiger List und einigem Wiener Charme konnte er die Gewaltigen des SS- und Polizeiapparates bewegen, sich in das Unvermeidliche zu fügen. Er bat die Spitzenfunktionäre des Regimes für 20 Uhr zu einer dringenden Besprechung in das Zimmer des Kommandierenden Generals [253] und ließ die Geladenen sämtlich arretieren, dabei stets die militärische Höflichkeit wahrend. Und alle, alle kamen: der Höhere SS- und Polizeiführer Querner, der Polizei-Generalleutnant Schumann, der stellvertretende Inspekteur der Sicherheitspolizei und des SD, der Standortkommandant der Waffen-SS [254].

Die Herren wußten ihre Überraschung zu meistern. Obergruppenführer Querner und der Polizeipräsident Gotzmann stellten sich sofort dem neuen Regime zur Verfügung [255], fast war Querner ein wenig indigniert, als ihm Kodré beteuerte, er handle nur gemäß einem Fernschreiben der Bendlerstraße, der Herr Obergruppenführer könne gern Einblick nehmen. Querner winkte ab: »Wenn Sie mir das sagen, glaube ich Ihnen doch!« [256] Kurz, die Polizeigewaltigen machten keine Schwierigkeiten. Man blieb als Gefangener im jeweiligen Zimmer und vertrieb sich die Zeit mit mancher Plauderei. Auch als sich gegen 21.30 Uhr durch ein letztes Telefongespräch mit Berlin erwies, daß der Putsch gescheitert war, zeigten die SS-Führer keinerlei Grimm [257].

Die Militärs entschuldigten sich bei ihren Gefangenen, wiesen auf die leidigen Berliner Befehle hin und komplimentierten die SS-Prominenzen hinaus. Kodré erinnerte sich später, »daß sich auch nachher keiner von den Anwesenden irgendwie beschwerte oder nun jetzt das Gefühl zum Ausdruck gebracht hätte, im Recht gewesen zu sein und zu Unrecht festgenommen worden zu sein [258].«

Ähnlich ließ sich auch der SS- und Polizeiapparat im besetzten Paris von den Putschisten überrumpeln. Etwa zur selben Stunde, da sich in Wien Oberst Kodré von seinen Gefangenen verabschiedete, rüsteten sich Stoßtrupps des Sicherheitsregiments 1 unter Oberstleutnant von Kraewel zu dem entscheidenden Schlag gegen die Pariser Dienststellen der Sicherheitspolizei (Gestapo und SD) [259]. Alt-Pg und Blutordenträger Brehmer, Generalmajor und stellvertretender Stadtkommandant von Paris, übernahm es persönlich, die höchsten SS-Führer in Frankreich zu verhaften: den Höheren SS- und Polizeiführer Carl-Albrecht Oberg und den Standartenführer Helmut Knochen, Chef der Sicherheitspolizei. In wenigen Minuten war auch in Paris der Regimewechsel perfekt. Um 23 Uhr saßen Oberg und Knochen bereits bei Kognak und Radiomusik in einem versperrten Zimmer des Hotels »Continental« [260], während 1200 Mann der Sicherheitspolizei im Wehrmachtsgefängnis Frèsnes und in den Kasematten des alten Fort de l'Est untertauchten [261].

Die Offiziere der Pariser Garnison feierten gerade im Hotel »Raphael« den Sieg über den Schwarzen Orden, als eine Rundfunkrede Hitlers und die Befehle des Oberbefehlshabers West, des Generalfeldmarschalls Günther von

Kluge, allen Hoffnungen auf einen Umsturz ein Ende setzten. Kluge hatte früher einmal enge Kontakte zur Opposition unterhalten, war dann aber wieder der Suggestion Hitlers verfallen. Als er von der Verhaftung der Sicherheitspolizisten in Paris erfuhr, setzte er den Militärbefehlshaber Frankreich, den antinazistischen General Carl-Heinrich von Stülpnagel, ab und befahl die sofortige Freilassung der Oberg-Leute [262].

Um 1.30 Uhr am frühen 21. Juli machte sich der Pariser Stadtkommandant, Generalleutnant Hans Freiherr von Boineburg-Lengsfeld, auf den Weg, um die SS-Führer freizulassen. In ihrem Hotelzimmer hatten Oberg und Knochen inzwischen ebenfalls die Hitler-Rede gehört. Als der General den beiden SS-Führern erklärte, sie seien wieder frei, sprang Oberg auf und schrie: »Was haben Sie da für eine Schweinerei gemacht, Boineburg!« Der General bat die beiden Herren, sich alles von Stülpnagel im »Raphael« erklären zu lassen [263]. Oberg stapfte erregt durch die Bar des »Raphael« und wollte eben den sich von seinem Platz erhebenden General von Stülpnagel anfahren, da schob sich der ebenfalls anwesende Botschafter Otto Abetz dazwischen. Abetz beschwichtigte: »In Berlin mag vorgefallen sein, was immer; hier in Frankreich tobt die Normandieschlacht, da müssen alle Deutschen eine geschlossene Front bilden [264].«

Der SS-Gruppenführer Oberg maulte weiterhin, aber er ließ sich allmählich besänftigen. In jener Nacht entstand, was der Militärhistoriker Wilhelm Ritter von Schramm zu den menschlichen Wundern des 20. Juli 1944 zählt: eine geheime Front zwischen SS und Wehrmacht gegen die rüden Verfolger aus dem Reichssicherheitshauptamt. »Was noch zu retten war, sollte gerettet, eine gemeinschaftliche Front sollte gegen das Reichssicherheitshauptamt gebildet werden«, berichtet Schramm [265]. Gegenüber der Außenwelt und nicht zuletzt gegenüber Himmler fand der Sipo-Chef Knochen eine Sprachregelung: Die Verhaftung der Sicherheitspolizisten, so hieß es nun, sei nur eine Übung gewesen, vorher abgesprochen zwischen SS-Gruppenführer Oberg und dem General von Stülpnagel [266].

Ein paar Stunden lang konnten Oberg und die Militärs die gefährdeten Putschisten von Paris vor dem Zugriff des RSHA bewahren. Selbst als die ersten Befehle Himmlers eintrafen, versuchte der Höhere SS- und Polizeiführer zu helfen; in die Untersuchungskommission, die das Verhalten der Offiziere zu überprüfen hatte, zog er korrekt denkende Militärs hinzu. Er ließ sich von einem Mitwisser der Verschwörung, dem General Blumentritt, Generalstabschef des Oberbefehlshabers West, beraten und engte damit von vornherein die Inquisition ein [267]. Als Stülpnagel – durch eine Meldung des Generalfeldmarschalls von Kluge dem Führerhauptquartier als einer der wichtigsten Putschisten genannt – zur Berichterstattung nach Berlin befohlen wurde und auf der Fahrt einen Selbstmordversuch unternahm, reiste ihm Oberg nach und versprach dem General, er werde Stülpnagels Familie vor jeder Sippenhaft schützen [268]. Zwar konnte der Gruppenführer nicht verhindern, daß die führenden Männer des Putsches in Frankreich – Hofacker, die Obersten Finckh und von Linstow, Dr. Ernst Röchling, Geheimrat Kreuter – in die Gewalt der Gestapo fielen, aber den meisten Verschwörern und Mitwissern blieb dank Obergs Haltung der tödliche Weg in die Prinz-Albrecht-Straße erspart. Ritter von Schramm bezeugt: »Die Führer der Überraschungsaktion gegen den Pariser Sicherheitsdienst am 20. Juli sind sämtlich mit dem Leben davongekommen. Den verantwortlichen Offizieren wurde kein Haar gekrümmt[269].«

Auch Führer der Waffen-SS beteiligten sich an der Rettungsaktion für gefährdete Putschisten. SS-Generale befreiten drei künftige Führer der Bundeswehr: Sepp Dietrich erreichte durch Intervention im RSHA die Freilassung Speidels[270], der SS-Obergruppenführer Lombard erlöste den Generalstabsobersten Graf Kielmannsegg aus Gestapohaft[271], auch Generalmajor Heusinger kam durch SS-Fürsprache frei[272].

Als Obergruppenführer Bittrich, Rommels einstiger Partner, im Rundfunk hörte, das Todesurteil gegen seinen alten Oberbefehlshaber im Ostfeldzug, den Generalobersten und 20.-Juli-Teilnehmer Erich Hoepner, sei durch Hängen vollstreckt worden, sprang er erregt von seinem Sitz hoch und tobte: »Das ist das Ende der deutschen Armee! So etwas hat es in der Geschichte der deutschen Armee noch nicht gegeben, daß ein Offizier wegen Hochverrats aufgehängt wurde – früher hat man ihn füsiliert.« Bittrichs Stabschef, ein zur Waffen-SS abkommandierter Heeresoffizier, zischte ihm zu: »Herr General, ich muß Sie bitten, in der Öffentlichkeit nicht derartige Erklärungen abzugeben.« Der Obergruppenführer machte eine Handbewegung. Bittrich: »Ach, lassen Sie doch.« Der Ausfall des SS-Obergruppenführers wurde Himmler hinterbracht, der sofort Befehl gab, Wilhelm Bittrich habe unverzüglich sein Kommando niederzulegen. Doch der Bittrich übergeordnete Heeresbefehlshaber, General Eberbach, Oberbefehlshaber der 5. Panzerarmee, lehnte die Absetzung des Obergruppenführers unter Hinweis auf die kritische Frontlage ab, was möglich war, da die Waffen-SS an der Front dem Heer und dessen Führern unterstellt, mithin die Autorität Himmlers in seiner eigenen Truppe nicht unbegrenzt war. Himmler ließ jedoch nicht davon ab, doch noch den Sturz des allzu unbotmäßigen SS-Generals zu erzwingen. Während der Schlacht bei Arnheim einige Wochen später sah er eine neue Chance. Himmler entsandte seinen Jugendfreund Karl Gebhardt, Reichsarzt-SS und Polizei sowie Obersten Kliniker und Generalleutnant der Waffen-SS, zu Bittrich mit dem Befehl, der Obergruppenführer habe sich beim Reichsführer-SS zu melden. Wieder stellte sich das Heer gegen Himmlers Disziplinargewalt. Generalfeldmarschall Model, der neue Oberbefehlshaber West, erklärte sich gegen jedwede Absetzung Bittrichs und hielt auch nach dem Rückzug aus Frankreich an Bittrich weiterhin fest. Himmler gelang es nie, den ungehorsamen SS-General zu stürzen[273].

Die Schlappe im Kampf gegen Bittrich war freilich nur eine der wenigen Niederlagen, die Himmler in seinem Ausrottungsfeldzug gegen die Verschwörer und Mitwisser des 20. Juli 1944 erlitt. Erbarmungslos schlug der SS-Chef auf die vermeintlichen Verräter und deren Familien ein – die grausigste Blutjustiz deutscher Militärgeschichte begann.

Verzweifelt hatte Leibarzt Kersten schon in der Mittagszeit des 20. Juli erkannt, daß Himmler wieder zum Fanatiker seines Führers geworden war – jenes Führers, den Himmler noch kurz zuvor mit Hilfe der Widerständler hatte entmachten wollen. Die Erinnerung an solchen Wankelmut wollte er nicht mehr gelten lassen, er rief Kersten zu: »Jetzt ist meine Stunde gekommen. Ich werde die reaktionäre Brut ausheben und habe bereits Befehl gegeben, die Verräter zu verhaften [274].« Als Kersten bezweifelte, ob die Rettung des Diktators eine solche Wohltat für Deutschland sei, fuhr Himmler auf. Himmler: »Was sagen Sie da, Kersten? Ist das Ihre wirkliche Überzeugung? Das dürfen Sie nicht glauben, noch weniger sagen. Die Vorsehung hat uns mit der Errettung des Führers ein Zeichen gegeben. Der Führer lebt, er ist unverwundbar, die Vorsehung will, daß er uns erhalten bleibt, daß wir unter seiner Führung den Krieg siegreich zu Ende führen [275].«

In pseudoreligiöser Besessenheit war er dann ins Führerhauptquartier gestürzt und hatte die Todesmaschine der Geheimen Staatspolizei gegen die Verschwörer auf höchste Touren gestellt. Er witterte, daß ihm die Stunde günstig war. Keinen Augenblick wich er von der Seite seines Ersatzgottes und hatte doch trotz aller Verzückung die Gelassenheit, Hitler Erlasse vorzulegen, die ihn, Heinrich Himmler, zum zweitmächtigsten Mann des Reiches stempeln sollten.

Als sich am Nachmittag des 20. Juli Hitler über Meldungen erregte, die eine Ausweitung der Aufstandsbewegung anzeigten, legte ihm Himmler ein Papier vor, durch das der Reichsführer-SS zum Befehlshaber des Ersatzheeres ernannt wurde. Hitler unterschrieb, er hätte in dieser Lage alles unterschrieben, was ihm die Vernichtung der Verschwörer garantierte. Hitler schrie: »Erschießen Sie jeden, der Widerstand leistet, ganz gleich, wer es ist. Es geht um das Schicksal der Nation. Seien Sie unerbittlich.« Himmler schlug die Hacken zusammen. Er tönte: »Mein Führer, Sie können sich auf mich verlassen!« [276] Und stürzte hinaus, ein treuer Wachhund seines Herrn. Himmler fuhr nach Berlin, um 16.30 Uhr landete er in der Reichshauptstadt [277]. Der Inquisitor des Führers war freilich besonnen genug, die Verschwörer erst durch Kameraden aus den eigenen Reihen liquidieren zu lassen. Kaum aber hatten die Telefonanrufe des OKW-Chefs Keitel die Befehle der Verschwörer konterkariert, da entfesselte Himmler den Terror eines Gegenputsches.

Er ließ die in Berlin verbliebenen Einheiten der Leibstandarte und Truppen der SS-Standarte Saarow in das Berliner Regierungsviertel vorrücken, gründete die Sonderkommission »20. Juli« und ergriff Besitz über das ihm anvertraute Ersatzheer [278]. Hexenjäger der Gestapo kämmten jeden Winkel durch, schon der leiseste Verdacht genügte, einen Deutschen in die Verhörzellen der Prinz-Albrecht-Straße zu werfen. Selbst über unschuldige Familienmitglieder senkte sich der eiserne Vorhang rabiatester Polizeiwillkür. Kaum einer der prominenten Widerstandsführer entging der Rache des Regimes. Die engere Stauffenberg-Gruppe hatten noch Hitler-treue Offiziere in der Bendlerstraße am Abend des 20. Juli erschossen, die anderen Widerständler aber zogen den Märtyrerpfad durch Gestapo-Gefängnisse, Konzentrationslager, Schauprozesse mit dem keifenden Tribun Roland Freisler bis zur letzten Station unter dem Galgen Hitler-Deutschlands.

Die Todeswalze des Reichssicherheitshauptamtes erfaßte auch die SS-Führer, die sich mit den Widerständlern der Gruppe Beck-Goerdeler verbündet hatten. Am 24. Juli floh Kripo-Chef Nebe, weil er sich – irrigerweise – von der Gestapo durchschaut glaubte [279], und ließ sich monatelang von der eigenen Kriminalpolizei jagen, bis er im November 1944 durch den Verrat einer eifersüchtigen Freundin entdeckt und verhaftet wurde [280]. Die in Schellenbergs »Amt Mil« übernommenen Abwehr-Obersten Hansen und Freiherr von Freytag-Loringhoven fielen ebenso [281] wie der SS-Sturmbannführer Plaas, der schon vor Ausbruch des Putsches festgenommen und am 19. Juli hingerichtet worden war [282]. Ein verräterisches Tagebuch lieferte auch den SS-Reiterführer von Salviati den Häschern aus. Besonders gegen ihn richtete sich die Rachsucht Himmlers. Er ließ gegen Salviati beim Oberreichskriegsanwalt ein Ermittlungsverfahren einleiten, weil der Reiter – so der SS-Personalchef von Herff – »ein unbelehrbarer Feind des Nationalsozialismus und des Führers ist« [283]. Himmler: »Wenn das Volksgericht ihn nicht verurteilt, lasse ich Herrn Salviati als treulosen SS-Mann erschießen [284].«

Von den antinazistischen SS-Verschwörern konnte jedoch Brigadeführer Kanstein der Hinrichtung entgehen. Der designierte Sicherheitspolizei-Chef der Verschwörer wurde im RSHA pausenlos verhört, aber dank einer eigenmächtigen Order des Innen-Staatssekretärs und SS-Obergruppenführers Stuckart erhielt Kanstein die Freiheit zurück – der wütende RSHA-Chef Kaltenbrunner konnte dem Kameraden Stuckart diese Einmischung nie verzeihen [285].

Doch je blindwütiger Himmlers Schergen unter den Widerstandsführern wüteten, desto zurückhaltender wurden die Kommentare des Großinquisitors. Seine Zuversicht in Adolf Hitler dauerte nicht lange an. Schon meldeten sich die alten Zweifel, die ihm die Treue zu seinem Führer erschwert hatten. Eine wahnwitzige Idee bemächtigte sich seiner: Konnte man vielleicht gemeinsam mit den todgeweihten Verurteilten des 20. Juli 1944 doch noch den Frieden gewinnen? In Himmler reifte der Plan, mit den internationalen Freunden der Beck-Goerdeler-Gruppe ins Gespräch zu kommen. Er ließ die Hinrichtung der Todeskandidaten hinausschieben und eröffnete einen gespenstischen Dialog mit seinen Opfern. Goerdeler, Popitz und der Graf von der Schulenburg erhielten die Genehmigung, in ausführlichen Expertisen zu beschreiben, was sie zum Widerstand gegen Hitler bewogen hatte [286].

Hinter so kaltblütiger Lebensverlängerung verbarg sich die Überlegung, die SS könne in die Kleider des Widerstandes schlüpfen. Im Oktober 1944 ließ Himmler seinen SD-Chef Schellenberg jenen schwedischen Bankier Jakob Wallenberg kontaktieren, dessen Freundschaft zu Carl Goerdeler dem angeklagten Widerstands-Chef als todeswürdiges Verbrechen angelastet worden war [287]. Jetzt aber wollte sich Himmler der Goerdeler-Wallenberg-Freundschaft bedienen, um mit den Alliierten wieder ins Gespräch zu kommen. Doch Wallenberg entzog sich dem Werben Schellenbergs. Himmler gab nicht auf. Er ließ sich Goerdeler kommen und drängte ihn, dem Vaterland noch einen letzten Dienst zu leisten [288].

»Eines Tages«, so erzählt Goerdelers Bewacher Wilhelm Brandenburg, »wurde Dr. Goerdeler von höchster Stelle – Himmler – das Angebot gemacht, man kann es auch einen Auftrag nennen, seine engen persönlichen und natürlich auch politischen Beziehungen und Freundschaften zu dem schwedischen Finanzmann Wallenberg in Stockholm und dem Zionistenführer Dr. Weizmann und über diesen weiter an den schwedischen König auszuspielen und also jetzt das zu tun, was Goerdeler und sein Kreis höchstwahrscheinlich, nach einem erfolgreichen Staatsstreich sicher, getan hätten, nämlich ... die Verbindung zum englischen Premierminister Churchill anzubahnen und auf diesem Wege zu einem schnellen und noch erträglichen Kriegsschluß zu kommen [289].« Goerdeler war dazu bereit, wenn Himmler ihn nach Schweden reisen ließ. Doch das wagte der SS-Chef nicht. Er traf noch einmal mit dem Widerstands-Chef zusammen, aber man konnte sich nicht einigen [290].

Himmler brach den Dialog mit Goerdeler ab. Am 2. Februar 1945 mußte der Märtyrer des deutschen Widerstandes den letzten Weg antreten [291], Heinrich Himmler aber konnte sich nicht mehr von dem Regime befreien, das er verteidigen und zugleich beseitigen wollte. Er und der Schwarze Orden blieben Gefangene ihres Wunschdenkens und ihres Fanatismus – bis zum bitteren Ende.

17 Das Ende

Ministerialdirektor Gebhard Himmler traf im Herbst 1944 seinen Bruder Heinrich, der soeben, schwer erkältet, zu einer Besprechung mit hohen NS-Führern aufbrechen wollte. »Du solltest dich schonen, verschiebe doch die Konferenz«, riet der Bruder dem SS-Chef. Da entgegnete der Reichsführer, fast ein wenig beleidigt: »Hast du schon einmal gehört, daß Ostern verschoben wurde, weil der Papst einen Schnupfen hatte?« [1]

Die Antwort illustrierte die Wahnwelt missionarischer Auserwähltheit, in die Heinrich Himmler vollends eingetaucht war, seit er als Hauptgewinnler des gescheiterten 20.-Juli-Putsches eine Machtstellung okkupierte, die kaum noch zu überbieten war. Manchem schien es, als warte er nur noch auf den Tod Adolf Hitlers, um sich endgültig an die Spitze des Staates zu stellen. Schon eine Aufzählung seiner Ämter verriet, wieviel Macht die wohlmanikürten Hände Himmlers umklammerten: Er war Herr der Schutzstaffel, der neben der Partei gewichtigsten Organisation des Dritten Reiches. Er kontrollierte den Polizeiapparat und die Geheimdienste. Er stand dem Reichsinnenministerium vor. Er überwachte als Reichskommissar für die Festigung deutschen Volkstums die Rassenpolitik des Regimes. Er beaufsichtigte die Beziehungen des Reiches zu den NS-Bewegungen in den sogenannten germanischen Ländern. Ihm unterstanden, wenn auch nur dem Namen nach, 38 Divisionen der Waffen-SS. Er kommandierte als Chef der Heeresrüstung und als Oberbefehlshaber des Ersatzheeres die Streitkräfte in der Heimat. Einer seiner Obergruppenführer (Gottlob Berger) verwaltete die Kriegsgefangenenlager der Wehrmacht [2].

Eine solche Machtfülle verleitete manche Zeitgenossen zu der Annahme, im Schatten des alternden und verfallenden Hitler halte allein noch der SS-Herr das auseinanderbrechende Regime zusammen. »Himmler – Diktator Deutschlands«, proklamierten Ende 1944 die Schlagzeilen der Weltpresse von Stockholm bis San Francisco [3], und wer die grausig-groteske Realität der nationalsozialistischen Endphase nicht im Lande miterlebt hatte, mochte auch später noch glauben, Hitler-Deutschland sei in den letzten Monaten von SS-Kasernen aus regiert worden. »Zehn Monate vor dem Ende hatte die SS somit Deutschland endgültig in Händen. In den Jahren 1944/45 gab es keine Wirtschafts-, keine Staats-, keine Parteistelle mehr, die eine Aktion der SS zu konterkarieren vermochte«, wähnte der im fernen New York lebende Chronist Karl O. Paetel noch ein Jahrzehnt danach. »Der Orden hatte, sichtbar und teilweise unsichtbar, die Macht übernommen. Alles andere war Werkzeug geworden. Deutschland stand 1944 auf vier Augen: Adolf Hitler und Heinrich Himmler [4].«

Zumindest einer glaubte an diese vermeintliche Allmacht der SS: der Großmeister des Ordens. Ihn dünkte endlich die Stunde gekommen, in der er das nationalsozialistische Deutschland von allem »Verrat« und von allem Zweifel befreien konnte, von jenen dunklen Mächten, die in Himmlers verzerrter Optik bis dahin den deutschen Endsieg verhindert hatten. Ekstatisch kündigte er im August 1944 an: »Was wir jetzt machen, ist der heilige Volkskrieg [5].«

Mit Drohungen, fliegenden Standgerichten und schriller Volk-ans-Gewehr-Propaganda trieb Himmler die Mobilisierung des letzten Aufgebots voran, die er den Sowjets abgeschaut hatte. Er bekannte sich offen zu seinen bolschewistischen Vorbildern: Er stellte Generalen des Heeres die SD-Studie »Die sowjetischen Maßnahmen zur erfolgreichen Verteidigung Leningrads« als Leitfaden für den deutschen Abwehrkampf zu [6]. »Ich gebe Ihnen die Vollmacht«, tönte er vor Offizieren einer Grenadier-Division, »jeden Kerl, der sich herumtreibt, zu packen, wenn notwendig zu binden und auf einen Troßwagen zu tun. Stellen Sie die brutalsten, energischsten und besten Offiziere der Division hin, die sofort einen solchen Haufen zusammenfangen, die jeden, der widerspricht, an die Wand stellen!« [7]

Dabei verband Himmler die Mobilisierungsmaßnahmen seiner fanatischen Durchhalte-Strategie mit einem jahrelang angestauten Haß gegen das konservative Militär. Hitler hatte ihm nach dem 20. Juli den Befehl gegeben, 15 neue Divisionen aufzustellen – Himmler witterte darin die einmalige Chance, eine neue Wehrmacht zu schaffen: die »nationalsozialistische Volksarmee« [8]. Die neuen Verbände, deren Personal er in Fabriksälen und Schulklassenzimmern zusammenkratzte, baute Himmler im bewußten Gegensatz zum Heer auf: Gläubige Jungnazis mit unsicherer Vorbildung ließ er in die Offiziersstellen einrücken, die Macht der braunen Politruks, der Nationalsozialistischen Führungsoffiziere (NSFO), wurde verstärkt, und schon in den Namen der Einheiten sollte sich die Eigenart der Himmlerschen »Revolutionsarmee« manifestieren. Die Verbände nannten sich »Volks-Grenadier-Divisionen« und »Volksartilleriekorps« [9].

»Die innere Vermählung zwischen Partei und Wehrmacht ist heute ... lebendige Wirklichkeit geworden«, frohlockte der »Völkische Beobachter« [10]. Himmler wollte sein Volksheer vor jedem Zugriff der traditionellen Offiziere schützen. Kein »Volksoffizier« durfte zu anderen Einheiten versetzt werden, die neuen Verbände sollten stets der Gerichtsbarkeit des Ersatzheer-OBs Himmler unterstellt bleiben. Himmler: »Die Armee, die diesen Krieg gewinnen muß, ist die nationalsozialistische Volksarmee [11].«

Zugleich ließ er Spitzel und Informanten in das übrige Ersatzheer einsikkern, die ihm auch die leiseste Abweichung von dem Durchhalte-Kurs melden mußten. Schon am 3. August 1944 hatte Himmler in Posen vor Gauleitern angekündigt, er werde jeden Zweifler am Endsieg erbarmungslos zur Strecke bringen. Er wußte auch, wo er ansetzen mußte. »Dann wird ein kleinerer oder größerer Teil da sein«, malte sich der Großinquisitor genüßlich aus, »5, 10, 15%, das kann man nicht so sagen, das sind wirkliche

Schweine, Leute, die der [regimefeindlichen Offiziers-]Clique angehören. Die wird man herausbringen oder, wenn sie feindlich sind, früher oder später vor Gericht stellen [12].« Die Späher des SD klopften alle Dienststellen der Wehrmacht nach defaitistischen Tönen ab. Die Höheren SS- und Polizeiführer mußten Listen anlegen und regelmäßig überprüfen, ob die Standortältesten der Wehrmacht politisch zuverlässig seien und die Truppe zum Durchhalten bis zum »Endsieg« anspornten [13].

Der HSSPF West, Obergruppenführer Gutenberger, markierte als unsichere Offiziere: »Oberst Feind, Düren, lau in seiner Dienstauffassung, Ablösung erforderlich... Oberstltn. Bührmann, Krefeld, 60 J., mangelnde Verantwortungsfreudigkeit, keine Entschlußkraft. Ablösung dringend erforderlich ... Oberst Kaehler, Neuß, politisch farblos, keine Entschlußkraft, Ablösung erforderlich [14].« Dem HSSPF Südwest, Obergruppenführer Hofmann, fielen auf: »Oberstltn. Graf, Schlettstadt, politisch unzuverlässig, Ablösung dringend geboten ... Oberstltn. von Hornstein, Rastatt, ablösungsreif (angeblich jüdische Großmutter) [15].« Auch Offiziere in der Truppe wurden von dem Riesenauge des Reichssicherheitshauptamtes erfaßt. Vertrauensmänner des SD, meist Soldaten und Unteroffiziere aus den Reihen der Allgemeinen SS, registrierten in ausführlichen Berichten »die Planlosigkeit der militärischen Führung ..., das Brachliegen wertvollster Kampftruppen und Kampfmittel ..., eine verhängnisvolle Verantwortungslosigkeit maßgebender Stellen«, wie es in einem SD-Bericht hieß [16].

»Über die Verhältnisse in der Panzerabteilung 205, z. Zt. Dossenwald-Lager bei Schwetzingen, und besonders über die ungeeignete Persönlichkeit des 29jährigen Kommandeurs Hirschberger«, meldete die SD-Hauptaußenstelle Mannheim am 14. November 1944 an den SD-Führer Straßburg, »können am besten die Leutnante der Abteilung: 1. Oberleutnant Gruschopf und vor allem 2. Oberleutnant Brossmann, der Adjutant des Kommandeurs, ... zu einer Stellungnahme herangezogen werden. Beide gehören der SS an [17].« Dem V-Mann der Panzerabteilung entging nichts. Über NSFO: »Der NS-Offizier kann sich auch heute noch nicht genügend durchsetzen. Viele haben einfach nicht das nötige Rückgrat dazu. Offiziere und Unterführer, sogar der einfache Soldat, machen sich heute über dieses Verhältnis Gedanken. Sie sind der Auffassung, daß man das Vorbild der bolschewistischen Armee ruhig ganz hinnehmen müßte [18].« Privatleben der Offiziere: »Das Kasinounwesen steht für sie heute noch im Mittelpunkt. Frankreich hat sie noch mehr verludert und verhurt. Vielfach fehlt sogar eine politische Ausbildung [19].« Haltung zum nationalsozialistischen Offizier: »Noch immer halten die Offiziersklüngel die gesellschaftlichen Rücksichten als wichtigen Maßstab für die Übernahme eines Unterführers in das Offizierskorps. Bislang wurden vor allem auch ausgesprochene nationalsozialistische Männer ferngehalten [20].«

Die Gruppe A 2 im Amt III des Reichssicherheitshauptamtes sammelte Spitzelberichte, in denen festgehalten wurde, wieweit die Urteile der Wehrmachtgerichte gegen sogenannte Wehrkraftzersetzer Himmlers rüden Durchhalte-Maßstäben entsprachen. Als freilich das RSHA die Akten umstrittener Kriegsgerichtsverfahren anforderte, verweigerte das Heer die Mitarbeit. »Ich schlage deshalb vor«, schrieb RSHA-Chef Kaltenbrunner am 17. Oktober 1944 an Himmler, »daß zunächst für den Bereich der Heeresjustiz dem Reichssicherheitshauptamt sämtliche Akten und Urteile der Heeresgerichte auf Anfordern zuzuleiten sind und den SD-(Leit)Abschnitten die Einsichtnahme in die Vorgänge der in ihrem Abschnittsbereich liegenden Divisionsgerichte gestattet wird[21].« Ein solcher Eingriff in die Hoheitsrechte der Wehrmacht erschien jedoch Himmler zu gewagt – noch verteidigten selbst die militärischen Jasager vom Schlage des OKW-Chefs Keitel die längst durchlöcherten Vorrechte der Wehrmacht. An den Rand des Kaltenbrunner-Schreibens kritzelte Himmler: »Nein, unklug.«[22]

Er glaubte zudem, die Zeit arbeite ohnehin für ihn. Wie ein Ertrinkender klammerte sich Hitler verzweifelt an den Glauben, nur die schlagbereite Schutzstaffel könne ihm den Anblick der Katastrophe ersparen, nur der getreue Himmler werde vollbringen, woran die Generale der Wehrmacht gescheitert waren. Der Lebensraum des Reiches verengte sich immer fataler; die Sommeroffensive von 1944 hatte die Sowjets an die Weichsel und bis nach Ostpreußen katapultiert, im September waren die britisch-amerikanischen Armeen an der alten deutschen Westgrenze aufgetaucht – da hielt nur noch der Glaube an die alte Schreckensmagie der SS den Diktator aufrecht.

Und Himmler erfüllte anfangs, was sein Führer von ihm erwartete. Mit der ihm eigenen organisatorischen Geschicklichkeit trieb der SS-Chef im September und Oktober 500 000 neue Soldaten zusammen, die – hastig und miserabel ausgebildet – an die Front geworfen wurden[23]. Schon früher hatte er sechs für die Bekämpfung innerer Unruhen vorgesehene Brigaden des Ersatzheeres nach den Kriegsschauplätzen in Marsch gesetzt[24]. Er entwarf aberwitzige Pläne zur Verteidigung auch des letzten deutschen Hauses, laborierte mit dem »Werwolf«, einer projektierten Organisation fanatischer NS-Partisanen, und träumte von einer Alpenfestung in Süddeutschland, der unbesiegbaren Zufluchtsstätte der nationalsozialistischen Elite. »Kein Deserteur ... wird der gerechten Strafe entgehen. Außerdem wird sein schmähliches Verhalten schwerste Folgen für seine Familie nach sich ziehen«, ließ Himmler am 10. September auf Anschlägen verkünden[25], und bald brachen seine Standgerichte auf, die düstere Prophezeiung des Reichsführers auf eine blutige Art zu erfüllen. Je verzweifelter der Kampf in West und Ost wurde, desto bestialischer mahlte die Todesmühle von Himmlers Sonderkommandos. Immer dichter wurden die Reihen der an Bäumen aufgehängten Standgericht-Opfer mit Schildern vor der Brust: »Ich bin ein Deserteur« oder: »Ich hänge hier, weil ich ohne Erlaubnis meine Einheit verließ«[26].

Wo immer Hitler eine neue Schlappe an der Front drohte, da ließ der Reichsführer-SS seine Kohorten zum Gegenstoß antreten. Dreimal holte der Diktator seine Garde zu Hilfe, dreimal walzte sie den Gegner nieder.

Am 1. August 1944 rief der polnische Insurgentenführer General Tadeusz Bor-Komorowski seine 35 000 Partisanen gegen die Deutschen auf die Straßen Warschaus, ermutigt von dem Heranrücken der sowjetischen Armeen, die auf breiter Front die Weichsel erreicht hatten und mit ihren Spähtrupps bereits in dem Warschauer Vorort Praga jenseits des Flusses standen. Der Warschauer Aufstand bedrohte die deutsche Abwehrfront – er zerriß die Verbindung zu der ostwärts Warschau kämpfenden 9. Armee [27]. Der Generalstabschef des Heeres, Generaloberst Heinz Guderian, beantragte bei Hitler, den noch nicht in das Operationsgebiet des Heeres einbezogenen Raum Warschau der Wehrmacht zu unterstellen und dem Heer die Niederschlagung des Aufstandes zu überlassen. Hitler lehnte ab, der Auftrag ging an den zuständigen Oberbefehlshaber des Ersatzheeres – Himmler [28].

Himmler beorderte den Chef seiner Bandenkampfverbände, SS-Obergruppenführer Erich von dem Bach-Zelewski, an die Warschauer Front und ließ ihn die Polen-Revolte mit gewohnter Brutalität liquidieren. Bach-Zelewski mobilisierte die berüchtigtsten Verbände der SS: Neben den 12 Polizei-Kompanien des SS-Gruppenführers Heinz Reinefahrt setzte er das aus Wilddieben und Zuchthäuslern bestehende Regiment des SS-Oberführers Dr. Oskar Dirlewanger und die mit russischen Kriegsgefangenen zusammengefügte Truppe des weißrussischen SS-Brigadeführers Bronislaw Kaminski ein [29]. Die Schreckenskunde von den Untaten der Brigaden Dirlewanger und Kaminski drang bis ins Führerhauptquartier. »Was ich da erfuhr«, berichtet Guderian in seinen Memoiren, »war so haarsträubend, daß ich mich veranlaßt sah, noch am gleichen Abend Hitler darüber Vortrag zu halten und die Entfernung der beiden Brigaden von der Ostfront zu fordern.« Selbst Himmlers Chefvertreter, Gruppenführer Fegelein, bestätigte: »Jawohl, mein Führer, das sind wirkliche Strolche!« [30]

Hitler gab dem Drängen des Heeres-Generalstabschefs widerwillig nach, freilich nicht ohne zuvor Bach-Zelewski die Gelegenheit zu geben, den Obermarodeur Kaminski als »einen nicht einwandfreien Zeugen« (Guderian) zu erschießen [31]. Die Tat bestärkte den Diktator nur in seiner Meinung: »Dieser Bach-Zelewski ist einer der geschicktesten Menschen [32].«

Die Asche des Warschauer Aufstandes war noch nicht gänzlich ausgetreten, da rief ein Hitler-Befehl die SS an einen neuen Gefahrenherd im Rükken der deutschen Ostfront. Am 29. August lösten slowakische Politiker und Militärs auf sowjetische Ermunterung hin einen Aufstand aus, dem sich Teile der slowakischen Armee anschlossen; er sollte den aus Galizien zurückflutenden deutschen Verbänden den Weg abschneiden [33]. Noch ehe sich aber der Aufstand über das ganze Land ausbreiten und die zögernde Regierung in Preßburg mit sich fortreißen konnte, griff abermals die SS ein. Während der SD einige Putschistenführer verhaftete, formierte sich das Personal der SS-Ausbildungsschule in Böhmen und Mähren zu einem Panzerregiment und marschierte gegen die slowakischen Aufständler [34].

Die Schüler eroberten das Aufstandszentrum Neusohl, derweil von Osten die 18. SS-Panzer-Grenadier-Division »Horst Wessel« und die neuformierte SS-Division »Galizien« heranrückten; später trat neben Wehrmachteinheiten auch das Regiment Dirlewanger hinzu. Aus Berlin holte Himmler den

Treuesten seiner Treuen, den SS-Hauptamt-Chef Gottlob Berger, der als neuer Wehrmachtbefehlshaber Slowakei das Kommando übernahm [35]. Berger benötigte nur vier Wochen, um mit der Einsatzgruppe H des SS-Obersturmbannführers Dr. Josef Witiska hinter der Front die Friedhofsruhe großdeutscher Herrschaft noch einmal herzustellen [36]. Die Slowakei verwandelte sich, wie der amerikanische Historiker Hilberg formuliert, »von einem Marionettenregime zu einer Schattenexistenz« [37]: Die SS übernahm praktisch zusammen mit der Wehrmacht die Leitung des Satellitenstaates.

Als sich Berger von seiner slowakischen Mission zurückmeldete, wartete im Führerhauptquartier bereits ein baumlanger SS-Führer auf eine neue Hitler-Weisung. Der Diktator hatte den legendärsten Mann der Schutzstaffel in die Wolfsschanze gerufen: Der SS-Sturmbannführer Otto Skorzeny sollte den letzten internationalen Streich des SD führen.

Der Wiener Skorzeny, 1908 geboren, von Hause aus Ingenieur und Geschäftsführer in einem Gerüstbaubetrieb, 1939 zur Luftwaffe, später zur Leibstandarte »Adolf Hitler« eingerückt [38] und über die technische Offizierslaufbahn in den Ausland-SD gelangt, wo er die Leitung von Sabotageunternehmen übernommen hatte [39], war eine Art Symbolfigur für alle jene Deutschen, die sich von Geheimdienstgags eine Wendung des Krieges erhofften. Sein fast mythischer Ruf datierte vom 12. September 1943, einem Sonntag, an dem Skorzeny an der Spitze deutscher Fallschirmjäger den von der Regierung Badoglio inhaftierten und in ein Berghotel im unwirtlichsten Teil Italiens, dem Gran-Sasso-Massiv, verschleppten Benito Mussolini aus den Händen der Carabinieri befreit hatte. Skorzeny zum Duce: »Der Führer schickt mich!« [40] Auch diesmal, ein Jahr später, wollte Hitler den Kommandeur der SS-Jagdverbände zu einem Bundesgenossen schicken, freilich mit umgekehrtem Auftrag: War es damals um die Befreiung eines Chefsatelliten gegangen, so galt es jetzt, einen zu verhaften und unschädlich zu machen.

»Wir haben nun geheime Nachrichten«, instruierte Hitler den SS-Mann, »daß der ungarische Reichsverweser, Admiral von Horthy, versucht, mit den Feinden in Verbindung zu kommen, um einen Separatfrieden für Ungarn zu erreichen. Sie, Skorzeny, werden für den Fall, daß der Reichsverweser seinen Bündnisverpflichtungen untreu wird, die militärische Inbesitznahme des [von Horthy bewohnten] Burgberges vorbereiten [41].«

Skorzeny zog zur Tarnung einen Zivilanzug an und reiste mit den falschen Papieren eines Dr. Wolff nach Ungarn [42]. Unterwegs fiel ihm auch ein Deckname für die Aktion ein: Da er vergessen hatte, den Unterführern seiner Fallschirmjägereinheiten die Mitnahme von Panzerfäusten zu befehlen, taufte er die Operation »Unternehmen Panzerfaust« [43]. Als sich Skorzeny bei dem Höheren SS- und Polizeiführer in Ungarn, Obergruppenführer Dr. Otto Winkelmann, meldete, erfuhr er, daß die Entwicklung in Ungarn einer dramatischen Entladung entgegentreibe: Am 30. August 1944 hatte Horthy Ungarns deutschfreundliche Regierung durch ein Kabinett des Feldmarschalleutnants Geza Lakatos abgelöst, das offensichtlich das Ausscheiden Ungarns aus dem Krieg einleiten sollte. Einen knappen Monat später war Feldmarschalleutnant Farago, Inspekteur der ungarischen Gendarmerie, nach Moskau gereist, um mit den Sowjets einen Waffenstillstand zu vereinbaren[44].

Noch ehe aber Farago am 11. Oktober mit den Russen ein Vorabkommen unterzeichnen konnte[45], erhielt der HSSPF Winkelmann von dem bevorstehenden Waffenstillstand Kenntnis. Seit Einsetzung der Regierung Lakatos (Winkelmann: »Für uns ein Alarmsignal des Verrats«)[46] hatte der HSSPF einige Vorbereitungen getroffen, im Falle eines ungarischen Frontwechsels das Horthy-Regime durch ein Nazi-System schlagartig abzulösen[47]. Ab Ende August stand der ungarische NS-Führer Ferenc Szálasi für seinen Einsatz bereit[48], lagerten beim SD drei Millionen Flugblätter mit dem Aufruf der neuen Nazi-Regierung[49], wartete der SS-Untersturmführer Erich Kernmayr mit einem Kommando darauf, die Radiostation Budapest im Handstreich zu nehmen[50].

Winkelmann wollte nicht länger warten, sondern den Ungarn zuvorkommen. Winkelmann: »Da faßte ich am Freitag, d. 6. 10. 1944, in der Erkenntnis, daß der Verrat unmittelbar vor der Tür stand, andererseits aber aus militärischen Gründen keine große Aktion stattfinden dürfe, den Entschluß, ... die Situation zu klären[51].« Winkelmanns Entscheidung: »So schnell wie möglich die Umgebung Horthys festzunehmen«[52]. Winkelmann, der für Ungarn zuständige Befehlshaber der Sicherheitspolizei, SS-Oberführer Hans Geschke, und Skorzeny entwarfen einen Feldzugsplan. Am Morgen des 10. Oktober schlugen sie zum ersten Mal zu.

Als Horthys wichtigster militärischer Vertrauensmann, Feldmarschalleutnant Bakay, Kommandierender General des in Budapest stehenden ungarischen I. Armeekorps, gegen fünf Uhr seine Wohnung im Hotel »Ritz« aufsuchen wollte, griffen ihn Geschkes Häscher und entführten ihn an einen entlegenen Ort[53]. Horthy ernannte daraufhin den Feldmarschalleutnant Aggteleki zum Bakay-Nachfolger – auch er verschwand, ohne eine Spur zu hinterlassen[54]. Ebenso lautlos wollten sich die Deutschen des Reichsverweser-Sohns Miklós (»Nicky«) von Horthy bemächtigen. Er wurde seit geraumer Zeit vom SD beschattet, weil er im Verdacht stand, mit Vertretern des jugoslawischen Partisanenchefs Tito über einen Waffenstillstand verhandeln zu wollen. Der Stab des SD in Budapest entwarf daraufhin einen Plan, recht nach Art des Sicherheitsdienstes. Man wollte den jungen Horthy bei seinen Verhandlungen mit Titos Abgesandten in flagranti ertappen, ihn entführen und damit dem Vater Horthy das Versprechen abpressen, weiterhin an der Seite Deutschlands zu bleiben und eine pro-deutsche Regierung einzusetzen[55]. Das Kidnapper-Unternehmen erhielt den Codenamen »Aktion Maus« – ein Hörfehler hatte Jung-Horthys Spitznamen »Nicky« zum »Micky« verunstaltet und damit die Scherzbolde des Budapester SD animiert, das Pseudonym »Micky-Maus« zu erfinden[56].

Zwei SD-Männer wurden als Offiziere der Tito-Armee ausstaffiert, und rasch fanden sie den Kontakt zu Nikolaus von Horthy. Man verabredete sich für den 13. Oktober zu einem geheimen Zusammentreffen, doch das vorzeitige Auftauchen eines auch in Budapest bekannten SD-Führers machte Nicky mißtrauisch – er brach die Unterhaltung ab[57]. Gleichwohl ließ sich der Horthy-Sohn zu einem neuen Treff überreden, der am 15. Oktober im Büro des mit Horthy befreundeten Direktors der Ungarischen Donauhafengesellschaft, Félix Bornemissza, am Eskü-Platz in Budapest stattfinden sollte. Nikolaus von Horthy sicherte sich ab: Er nahm fünf Honved-Offiziere mit, die den Eingang des Hauses beobachteten; ein paar Straßen weiter wurde außerdem eine Kompanie der Honved-Garde postiert[58].

Aber auch die Deutschen trafen ihre Vorbereitungen. Tags zuvor hatte sich ein SD-Kommando in einer Pension, die ein Stockwerk über den Räumen der Donauhafengesellschaft lag, einquartiert, und in einer Seitenstraße ließ Skorzeny eine seiner Kompanien in geschlossenen Lkw Stellung nehmen[59]. Für 10.10 Uhr war die Entführung Horthys geplant. Wenige Minuten zuvor steuerte Skorzeny, wiederum in Zivil, einen Wagen vor das Haus, das soeben der Reichsverweser-Sohn betreten hatte. Vor dem Eingang des Hauses parkte Horthys Auto, hinter ihm ein Kübelwagen, in dem – für Außenstehende unsichtbar – drei ungarische Offiziere saßen[60].

Da näherten sich zwei SD-Männer dem Haus. Als die beiden das Haus betreten wollten, erkannten die drei Honved-Offiziere die Gefahr und schossen auf die SD-Männer. Einer brach zusammen und war sofort tot[61]. In diesem Augenblick schoben sich aus Häuserfenstern die Läufe von Gewehren und Maschinenpistolen ungarischer Soldaten und eröffneten das Feuer auf Skorzenys Wagen. Der Sturmbannführer riß seine Pistole hervor und holte seine Kompanie heran. Skorzenys Männer besetzten den gegenüberliegenden Platz und scheuchten mit ihren Schüssen die vorstürmenden Ungarn in die Nachbarhäuser zurück. Die in der weiteren Umgebung aufmarschierten Honved-Soldaten waren kaum alarmiert worden, da rannten die im Haus eingesetzten SD-Männer mit dem gefesselten Horthy und dessen Freund Bornemissza aus dem Gebäude heraus. Die beiden Gefangenen wurden auf einen Lkw geworfen, wenige Minuten später nahm sie ein Flugzeug auf – Kurs: Konzentrationslager Mauthausen[62].

Jetzt rollte das »Unternehmen Panzerfaust« ab: Um 12 Uhr ließ sich der deutsche Gesandte Dr. Veesenmayer, auch er ein SS-Führer, bei Admiral von Horthy melden, um den Reichsverweser zu ersuchen, sich unverzüglich für oder gegen das Reich zu erklären[63]. Der SS-Brigadeführer Veesenmayer fühlte sich freilich nicht wohl in seiner Erpresserrolle; er hatte schon früher die grobschlächtigen Methoden des HSSPF Winkelmann kritisiert – schon einmal hatte RSHA-Chef Kaltenbrunner gegen Veesenmayer ein SS-Verfahren wegen »Defaitismus« eingeleitet[64]. Veesenmayer unterließ, wie Winkelmann nachher zürnte, »das gröbste Geschütz anzuwenden, das er verabredungsgemäß anwenden sollte, nämlich dem Alten zu sagen, daß bei dem geringsten Verrat sein Sohn an die Wand gestellt würde«[65]. Der skrupulöse Gesandte schwieg und gefährdete damit das Unternehmen: Um 14 Uhr verkündete Radio Budapest, Ungarn habe mit der Sowjetunion einen Waffenstillstand abgeschlossen[66].

Inzwischen aber hatte Winkelmann Budapest längst in die Hand bekommen. Unter dem drohenden Kettengerassel von 40 deutschen Panzern[67] konnte Untersturmführer Kernmayr die Rundfunkstation Budapest besetzen und die Proklamation des neuen NS-Regimes verlesen[68]; zudem okkupierten deutsche Truppen alle entscheidenden Punkte der Stadt. Jetzt brach auch Otto Skorzeny auf, dem Horthy-Regime den Gnadenstoß zu versetzen. Er alarmierte die 22. SS-Kavallerie-Division, die alle Zufahrtstraßen zu Horthys Feste, dem Burgberg, abriegelte[69]. Dann verteilte Skorzeny seine Fallschirmjäger, die in den frühen Morgenstunden des 16. Oktober zum entscheidenden Sturm antreten sollten. Pünktlich um sechs Uhr hechtete sich Skorzeny mit seinen Männern den Berg empor und war in kurzer Zeit Herr der Lage. Skorzeny: »Wir sind, ohne einen Schuß abzugeben, auf den Burgberg gekommen. Keine halbe Stunde hat der ganze Einsatz gedauert[70].« Im Grunde war die Mühe umsonst gewesen, denn schon kurz vor 4 Uhr hatte Veesenmayer dem HSSPF Winkelmann gemeldet, Horthy sei bereit, seine Macht an den NS-Führer Szálasi abzutreten[71]. Ungarn mußte für Hitler weiter bluten.

Wieder einmal hatte die SS demonstriert, daß sie noch immer in der Lage war, durch schnelle Pyrrhus-Siege Hitler in seinem Durchhaltewahn zu bestärken. Und je spektakulärer sich die letzten Erfolge der SS ausnahmen, desto heller erstrahlte der Stern Heinrich Himmlers an jenem wunderlich-düsteren Hofe, der sich Führerhauptquartier nannte und doch dem Intrigennest eines arabischen Sultanats immer ähnlicher wurde.

Der Oktober 1944 darf denn auch als der Monat gelten, in dem die Macht Himmlers auf ihrem Höhepunkt stand. Der Diktator wußte sich für die Erfolge seiner Garde in Polen, in der Slowakei und in Ungarn zu bedanken: Der SS-Chef erhielt das Privileg, am 8. November 1944 an Stelle Adolf Hitlers die traditionelle Bierkellerputsch-Gedenkrede in München zu halten[72]. Wie in Trance kostete Himmler seine Macht aus, berauschte ihn das Glücksgefühl, erster und scheinbar unersetzlicher Helfer seines Führers zu sein. Der Niedergang des Reiches, so spottet der britische Historiker Trevor-Roper, hatte Himmler »zu Gott gebracht«: Der Mann, der noch wenige Monate zuvor die Kaltstellung Hitlers im Interesse des Friedens erwogen hatte, kannte keine Skrupel, für seine Gottheit die schauerlichsten Blutopfer zu verlangen.

»Im Laufe des letzten Jahres«, vertraute er dem Finanzminister Graf Schwerin von Krosigk an, »habe ich wieder an Wunder zu glauben gelernt. Die Rettung des Führers am 20. Juli war ein Wunder[73].« Mit schaurig-groteskem Optimismus tötete er in sich jeden Zweifel an dem Diktator ab. Dem notorischen Skeptiker Felix Kersten hielt er vor: »Alle Kalkulationen Hitlers werden sich als richtig erweisen. Er ist doch noch immer das größte Genie aller Zeiten. Er weiß bis auf den Tag genau, wann wir den Sieg errungen haben. Am 26. Januar nächsten Jahres werden wir wieder an den Ufern des Atlantik stehen[74].« Als Heeres-Generalstabschef Guderian einwandte, er wisse nicht, wo er die Truppen hernehmen solle, um die nächste

Offensive der Sowjets aufzuhalten, lächelte der Reichsführer über soviel unnötige Sorge und Kleingläubigkeit. Himmler: »Wissen Sie, lieber Generaloberst, ich glaube nicht, daß die Russen überhaupt angreifen. Das ist alles nur ein Riesenbluff[75].«

Einen Augenblick schien es, als stünde das Reich auf den vier Augen Hitlers und Himmlers. Doch das Bild Himmlerscher Macht trog. Geschichtsschreiber Trevor-Roper bestätigt: »Dennoch war Himmler, trotz diesem anscheinenden Machtzuwachs, in Wirklichkeit im Abstieg[76].« Die Vier-Augen-Theoretiker haben vergessen, zwei weitere Augen mitzuzählen, die zu einem Mann gehörten, der mit brennender Eifersucht jeden Schritt des Nebenbuhlers Himmler verfolgte. Parteikanzlei-Chef Martin Bormann, Manager des NS-Apparates, Haupteinflüsterer des Diktators und zugleich Wächter am Eingang zu dessen engster Umgebung, stoppte den Aufstieg »Onkel Heinrichs«, wie er Himmler gern nannte.

Schon der Himmler-Bormann-Streit um die Vollmachten des Inland-SD hatte die schnell wachsende Macht der grauen Eminenz im Führerhauptquartier demonstriert. Je mehr das Reich unter den Keulenschlägen seiner Gegner zusammenschrumpfte, desto schriller wurden die Kommandos von Bormanns Goldfasanen-Brigade im Hinterland der Front. Argwöhnisch wachte Bormann darüber, daß Himmler und die Höheren SS- und Polizeiführer die Vormachtstellung der Partei nicht antasteten. Sah sich ein Gauleiter durch Übergriffe eines SS-Führers herausgefordert, griff Bormann ein. Rüstungsminister Speer erinnert sich: »Bormann berichtete solche Fälle sofort an Hitler und nützte sie aus, um seine eigene Position zu stärken[77].« Da auch Hitler die Auffassung seines Ohrenbläsers teilte, die politische Führung des immer mehr auf deutschen Boden übergreifenden Krieges komme allein der Partei zu, schob Bormann seine Apparatschiks zusehends an die Schalthebel militärischer Kommandoposten. Nicht die SS trat an die Stelle der im Führerhauptquartier desavouierten Wehrmacht – die Gauleiter boxten sich nach vorn.

Der rabiateste unter ihnen, Erich Koch, von der Ukraine ins heimatliche Ostpreußen zurückgetrieben, demonstrierte zuerst, wie sich die Parteiführung Bormannscher Observanz die Heimatverteidigung vorstellte. Als Reichsverteidigungskommissar seines Gaues schwang sich Koch zum wahren Herrscher Ostpreußens auf[78] – ungehindert von Wehrmacht und SS, die er beide gleichermaßen verachtete. Ohne die zuständige Heeresgruppe des Generalobersten Reinhardt zu befragen, ließ er Verteidigungsstellungen ausheben, stellte mit Invaliden, Greisen und Halbwüchsigen eine Privatarmee auf, die er »Volkssturm« nannte, beschlagnahmte die für das Heer arbeitenden Waffenfabriken Ostpreußens und verweigerte seinem Volkssturm jede militärische Fachberatung[79]. Ostpreußen-Verteidiger Koch handelte dem Führerhauptquartier sogar das Recht ab, jene Funktionen auszuüben, die schon Himmler für sich und die Seinen beanspruchte. Der Gauleiter durfte Offiziere und Soldaten kontrollieren und nach Fahnenflüchtigen suchen lassen[80].

Die aus Dilettantismus und Größenwahn gemischten Triumphe Kochs inspirierten Hitler und Bormann dazu, die Herrschaft der Partei über das letzte Aufgebot auf das ganze Reich auszudehnen. Guderian hatte vorgeschlagen, im Osten einen ortsgebundenen, dem Heer unterstellten Landsturm zu schaffen; daraus machte Hitler einen von der Partei gelenkten Volkssturm nach dem Vorbild Kochs. Chef des Volkssturms: Martin Bormann [81]. Am 26. September instruierte Bormann die Gauleiter, sofort Vorbereitungen für die Aufstellung eines Volkssturms zu treffen [82]. Drei Wochen später, am Jahrestag der Völkerschlacht bei Leipzig (18. Oktober 1813), wurde der Volkssturm offiziell durch einen Hitler-Erlaß ins Leben gerufen [83]. Die letzte große Verzweiflungstat des NS-Regimes minderte aber zugleich die Macht Himmlers. Denn: Dem Oberbefehlshaber des Ersatzheeres wurde nur zugestanden, Organisation, Ausbildung und Ausrüstung des Volkssturmes zu kontrollieren, während Bormann Rekrutierung und politische Führung übernahm [84].

Zudem wußte Bormann noch einen anderen Himmler-Rivalen gegen den SS-Chef ins Spiel zu bringen: Joseph Goebbels. Vor dem 20. Juli hatte der Reichspropagandaminister spekuliert: »Für Himmler die Armee und für mich die zivile Kriegführung! Das ist eine Verbindung, welche der Macht unserer Kriegführung neuen Auftrieb geben könnte« [85]; nach dem Hitler-Attentat aber erkannte Goebbels in Bormann den Stärkeren und stellte sich auf dessen Seite. Bormann setzte daraufhin die Ernennung des Promi-Chefs zum Reichsbevollmächtigten für den totalen Kriegseinsatz durch [86]. Im Dezember erhielt Goebbels den Auftrag, die Mannschaftsstärke der Wehrmacht zu untersuchen und dem Führerhauptquartier Versetzungen von Einheiten vorzuschlagen – wiederum ein klarer Eingriff in die Domäne des Ersatzheer-OBs Himmler [87].

Gleichwohl hatte Bormann die Macht Himmlers zu fürchten, solange der SS-Chef im Führerhauptquartier verkehrte und den Einflüsterungen des Parteikanzlisten entgegentreten konnte. Es gab nur eine Lösung: Himmler mußte aus der engeren Umgebung des Diktators entfernt werden. Bormann hatte eine Idee. Er kannte die heimliche Sehnsucht des ehemaligen Fähnrichs Himmler, einmal an der Spitze kämpfender Truppen zu stehen; seit der Erste Weltkrieg dem Gymnasiasten aus Landshut das sogenannte Fronterlebnis verwehrt hatte, träumte er von einer Feldherrnkarriere. Martin Bormann verschaffte sie ihm – und leitete damit Himmlers Niedergang ein.

Ende November waren britisch-amerikanische Verbände ins Elsaß eingedrungen und hatten die Truppen der deutschen 19. Armee bis auf einen Brückenkopf am linken Rheinufer zurückgedrängt. Es galt, am anderen Ufer einen Auffangverband zu schaffen, der bei einem weiteren Rückzug über den Rhein die Trümmer der 19. Armee aufnehmen und die Offensive des Gegners stoppen konnte. Das Führerhauptquartier beschloß, eine neue Heeresgruppe für den Raum zwischen Karlsruhe und Schweizer Grenze zu bilden [88]. Da schlug Bormann vor, Himmler zum Oberbefehlshaber dieser Heeresgruppe zu ernennen. Den entsetzten Militärs machten Hitler

und Bormann die Himmler-Kandidatur schmackhaft: Himmler sei Oberbefehlshaber des Ersatzheeres, das allein die Kräfte für die neue Heeresgruppe stellen könne, zudem gehe es in erster Linie um Auffangmaßnahmen, für die gerade der Polizeichef Himmler geeignet sei [89].

Himmler wurde Anfang Dezember ernannt. Der glückstrahlende »Oberbefehlshaber Oberrhein« sah nicht das aufgeklappte Messer, das ihm Bormann entgegenhielt. Jetzt konnte Himmler endlich den Traum seiner Jugendjahre verwirklichen, jetzt würde der Feldherr Himmler die große Wende des Zweiten Weltkrieges herbeiführen. Anfangs vermochte er auch manchen Soldaten durch seinen Fleiß und sein Organisationstalent zu düpieren. Er baute in kurzer Zeit eine Abwehrfront auf, machte Einheiten seines Ersatzheeres für die Heeresgruppe Oberrhein mobil und gebot bald über eine seltsam buntscheckige Streitmacht aus Landsern, Volkssturmmännern, Zollgrenzschützern, Flakhelfern und Ost-Bataillonen [90]. Er hatte zwar eine abergläubische Scheu, seine im Schwarzwald gelegene Feldkommandostelle zu verlassen, gleichwohl präparierte er sich für die große Schlacht mit dem Gegner. Einstweilen begnügte er sich allerdings mit kleineren Siegen über den internen Feind: Er entließ Korps- und Armeeführer wegen angeblicher Unfähigkeit und verweigerte jedwede Unterstellung der Heeresgruppe unter den für die gesamte Westfront zuständigen Oberbefehlshaber West [91].

Auf dem Papier seines Hauptquartiers schlug er bereits die große Entscheidungsschlacht im Westen und bemerkte dabei nicht, daß sein Regime in SS und Staat auseinanderbröckelte. Das Untertauchen des Reichsführers im Schwarzwald ermunterte manchen SS-Führer, sein Glück bei dem offenbar mächtigeren Himmler-Rivalen Bormann zu suchen. Zu den Überläufern gehörten einflußreiche SS-Männer, so Himmlers persönlicher Vertreter im Führerhauptquartier, SS-Gruppenführer Hermann Fegelein, der Eva Brauns Schwester Gretel geheiratet hatte, so der Obergruppenführer Dr. Ernst Kaltenbrunner, Chef des Reichssicherheitshauptamtes.

Die Desertion des RSHA-Chefs war nicht ohne Ironie, denn nach dem Tode Heydrichs hatte Himmler im Januar 1943 den zur zweitklassigen SS-Führergarnitur zählenden Linzer Rechtsanwalt Kaltenbrunner in die Prinz-Albrecht-Straße berufen, um das Entstehen eines zweiten Heydrich zu verhindern [92]. Den hochaufgeschossenen, narbengesichtigen Kettenraucher Kaltenbrunner kannte damals kaum einer; Kameraden wollten wissen, er habe seine Karriere – er leitete zuvor den SS-Oberabschnitt Donau – nur dem Umstand zu verdanken gehabt, daß Österreichs halbfaschistische Polizei vor 1938 alle seine Vorgänger unschädlich gemacht hatte [93]. Zudem war von Himmler dafür Sorge getragen worden, daß Kaltenbrunner weniger Machtbefugnisse besaß als dessen Vorgänger Heydrich. Der SS-Chef hatte vorher dem RSHA die Zuständigkeit in Personal- und Wirtschaftsfragen genommen und sie zwei SS-internen Gegenspielern des RSHA zudiktiert, dem Personalhauptamt und dem Wirtschaftsverwaltungshauptamt [94].

Kaltenbrunner fand bei seinem Amtsantritt ein RSHA vor, dessen Amtschefs mehr Autorität besaßen als der neue Herr. Er werde von seinen selbständigen Amtschefs »oft umgangen und erfahre vieles erst nachträglich«, klagte Kaltenbrunner einmal seinem ehemaligen Studienkollegen Skorzeny, und der Mussolini-Befreier notierte: »Mir kam vor, als ob sich dieser Mann ... nicht ganz wohl in seiner Haut fühlte [95].« Aber auch der etwas zu plump aufgetragene österreichische Charme des neuen RSHA-Chefs konnte nicht verbergen, daß Kaltenbrunner fieberhaft danach strebte, die Macht seines Vorgängers zurückzuerobern. 1944 durfte er bereits als der zweitmächtigste Mann des Schwarzen Ordens gelten – selbst Himmler erschauerte zuweilen vor den groben ungepflegten Händen Kaltenbrunners, die schon den Abwehrchef Canaris erschreckt hatten [96].

Die Koalition mit Bormann aber garantierte Kaltenbrunner ein Privileg, das nicht einmal Heydrich genossen hatte. Der RSHA-Herr wurde ständiger Gast im Führerhauptquartier und nahm unmittelbar die Befehle Hitlers entgegen – ohne Zwischenschaltung Himmlers. Das hatte es noch nie gegeben: Ernst Kaltenbrunner amtierte, als habe nur er die Politik des RSHA gegenüber seinem Führer zu verantworten [97].

Himmlers getreue Gefolgsleute verstanden den Abfall Kaltenbrunners zu deuten. Sie warnten den Reichsführer vor den Machenschaften der Bormann-Clique und versuchten, Himmler von seinen Feldherrnphantasien abzubringen. Am 21. Dezember 1944 schrieb Gottlob Berger an Himmler:

»Ich bitte, die Tätigkeit als Oberbefehlshaber Oberrhein möglichst abzukürzen und wieder zum Führerhauptquartier zu gehen. Diese meine Bitte kommt nicht nur aus der von gewissen Seiten mit aller Energie geförderten Gerüchtebildung – Reichsführer-SS ist in Ungnade, die Wehrmachtrichtung/Keitel hat doch gesiegt –, sondern weil ich spüre, daß, wenn Reichsführer-SS nicht im Hauptquartier ist, unsere politische Arbeit... unerhört leidet[98].« Auch die Himmler-Treuen in der Standarte »Kurt Eggers«, der Propagandatruppe der Waffen-SS, wurden unruhig. Standartenführer Gunter d'Alquen ließ von seinen Offizieren eine Denkschrift für Himmler ausarbeiten, in der gefordert wurde, die SS müsse dem »Bormann-Monopol« ein Ende setzen[99].

Doch der in seine Feldherrnpose vernarrte Himmler mißachtete die Warnungsrufe. Er war sich seiner Kronprinzenrolle sicher, er glaubte fest an sein Recht auf die Nachfolge Hitlers – erst spät erkannte Himmler, was er dem SS-Obergruppenführer Best in der Nacht vom 2. zum 3. Mai 1945 so umschrieb: Bormann und das OKW hätten ihn ausmanövriert, man habe ihm die militärischen Kommandos nur übertragen, um ihn scheitern zu lassen[100]. Ende 1944 wollte er es noch nicht glauben, da schien eine Feldherrnzukunft vor ihm zu liegen. Wie besessen drängte er sich vor, als sich ihm in den ersten Januartagen von 1945 die Gelegenheit bot, militärische Qualitäten zu zeigen.

Zwei schnellen Divisionen einer benachbarten Heeresgruppe war es gelungen, in einer begrenzten Gegenoffensive die französische Maginotlinie bei Hagenau zu durchbrechen und in das nördliche Elsaß vorzustoßen. Der Erfolg animierte Himmler zu einem ehrgeizigen Plan: Er beantragte im Führerhauptquartier, man möge ihm die beiden Divisionen unterstellen und ihn mit diesen Truppen Straßburg zurückerobern lassen. Himmler pochte darauf, daß seine 19. Armee noch einen Brückenkopf im mittleren Elsaß unterhielt; verstärke man ihn mit den beiden Divisionen im Raum Hagenau, so sei es nicht schwer, Straßburg einzunehmen. Gegen den Widerstand des OB West genehmigte das Führerhauptquartier den Plan des Feldherrn, und Obergeneral Himmler jagte seine Befehle hinaus[101].

In einer umständlichen Operation wurden die beiden Hagenauer Divisionen den Rhein entlang nach Süden geführt, doch noch ehe sie ihre neuen Stellungen beziehen konnten, hatten sich die Allierten von dem Rückschlag im Nordelsaß erholt[102]. Gleichwohl wurden die amerikanischen Verbände von Himmlers Angriff – er kam bis auf wenige Kilometer an Straßburg heran – derartig überrascht, daß der alliierte Oberbefehlshaber, General Eisenhower, bereits mit dem Gedanken spielte, die Stadt aufzugeben und den rechten Flügel seiner Streitkräfte hinter die Vogesen zurückzunehmen. Der Straßburger Bürgermeister Frey protestierte jedoch – und die Alliierten hielten die Stadt[103]. Der deutsche Angriff blieb stecken. Am 20. Januar traten die Alliierten zum Gegenangriff an, rollten die Brückenköpfe der Himmler-Truppe westlich des Rheins auf und trieben in einem Monat auch den letzten deutschen Soldaten auf das andere Rheinufer[104].

Die Niederlage des Feldherrn Himmler kündigte sich bereits an, da hielt Bormann für den Rivalen ein weiteres Militärkommando bereit, das den SS-Chef noch ärger in die militärische Katastrophe des untergehenden Regimes verstricken und den Wutausbrüchen des mißtrauischen Diktators konfrontieren mußte. Himmler übernahm ein neues Schattenheer, diesmal an der Ostfront: die Heeresgruppe Weichsel.

Am 12. Januar 1945 hatten die Sowjets ihren von Himmler noch kurz zuvor belächelten Angriff eröffnet, der sich als die größte Offensive internationaler Militärgeschichte erwies: Drei Millionen Rotarmisten berannten 750 000 schlecht bewaffnete deutsche Soldaten und zerschlugen in wenigen Tagen nahezu die gesamte deutsche Abwehrfront. Die Heeresgruppen der Sowjetmarschälle Tschernajakowski und Rokossowski stürzten sich auf Königsberg und Danzig, während Marschall Schukow in der Mitte der sowjetischen Angriffsfront den Warthegau eroberte und sein Kamerad Konjew bis nach Sagan vorstieß[105]. Panik ergriff die deutschen Verteidiger: Im Chaos der Flüchtlingstrecks, der Verzweiflungsschreie vergewaltigter Frauen und dem selbstmörderischen Wüten deutscher Standgerichte ging Ostpreußen bis auf einen Randstreifen am Meer verloren, wurde die Heeresgruppe Nord schwer angeschlagen[106].

Im Nordosten aber klaffte ein Loch, das die sowjetischen Angriffsverbände zwischen den deutschen Heeresgruppen Nord und Mitte geschlagen hatten. Der Raum zwischen Oder und Weichsel lag dem russischen Zugriff offen, kaum verteidigt von versprengten Truppenteilen, Ersatzeinheiten und Volkssturmabteilungen, die ohne jede einheitliche Führung agierten[107]. Generalstabschef Guderian schlug deshalb am 23. Januar vor, in Pommern einen neuen Heeresgruppenstab einzusetzen, der rasch die zwischen Weichsel und Oder stehenden Einheiten zusammenfassen und eine Abwehrfront aufbauen müsse. Diese »Heeresgruppe Weichsel« könne der Generalfeldmarschall Freiherr von Weichs übernehmen, dessen Stab durch die Verkleinerung des Kriegsschauplatzes auf dem Balkan freigeworden war[108].

Hitler stimmte zu, doch Guderians Kandidat für die Leitung der neuen Heeresgruppe machte dem Diktator einen »müden Eindruck«. Er wußte einen besseren Mann: Himmler. Allein der SS-Chef komme für die Verteidigung jenes Raumes in Frage. Guderian protestierte. »Ich war entsetzt über diesen krassen Fehlgriff«, erzählt der Generalstabschef, »und bot meine ganze Beredsamkeit auf, um diesen Unsinn von der unglücklichen Ostfront abzuwenden. Alles war vergeblich. Hitler behauptete, Himmler habe seine Sache am Oberrhein sehr gut gemacht. Er habe das Ersatzheer an der Hand und verfüge daher ohne Umschweife über dessen Hilfsquellen[109].« Als Guderian versuchte, dem Laienstrategen Himmler wenigstens ein paar erfahrene Generalstabsoffiziere beizugeben, machte der Diktator auch diese Aushilfe zunichte. Zum Chef seines Stabes erwählte sich Himmler einen couragierten, aber mit der Führung großer Verbände unvertrauten Panzer-General der Waffen-SS, den Brigadeführer Heinz Lammerding, und umgab sich mit weiteren SS-Führern; erst später duldete er auch Heeresoffiziere in seiner Umgebung[110].

Allerdings: Der Mann, der am 24. Januar in Deutsch-Krone seine Feldkommandostelle aufschlug[111], besaß nicht mehr die größenwahnsinnige Zuversicht, mit der er sich noch am Oberrhein bizarren Feldherrnträumen hingegeben hatte. Er kam nicht ohne Bangen in den Osten; ihn beherrschte eine Furcht: die Angst vor dem unbeherrschten Temperament und der Rachsucht des Diktators. Himmler wußte nur zu gut, daß er sich eine neue Niederlage nicht leisten konnte, ohne aufs Spiel zu setzen, was er sich in vielen Jahren aufgebaut hatte. Er durfte keine Zeit mehr verlieren, er mußte sofort und zu jeder Stunde Erfolge vorzeigen können. Ängstlich und zugleich fanatisch-blindwütig stürzte sich Himmler auf seine neue Aufgabe.

Er zog die letzten Kräfte des Ersatzheeres an sich, ließ SS- und Polizeikommandos in der Etappe nach kampffähigen Soldaten fahnden, stellte neue Waffen-SS-Verbände zusammen, deren Divisionen freilich nur noch Brigadestärken besaßen, und rief bewährte SS-Generale wie den Obergruppenführer Steiner in seine Heeresgruppe[112]. Was ihm an kampffähigen Truppen fehlte, ersetzte er durch das hohle Pathos seiner Kampf-bis-zum-letzten-Mann-Appelle und durch martialische Ankündigungen, die der Zivilbevölkerung eine Stärke vortäuschten, an die nicht einmal Himmler glauben konnte. »Die Aufgabe, die uns gestellt ist«, so belehrte er die Kommandierenden Generale und Divisionskommandeure seiner Heeresgruppe, »haben unsere Ahnen gegenüber den Avaren, den Mongolen und im Südosten gegenüber den Türken und Tataren hundertmal zu lösen gehabt. Auch damals waren die einzigen verläßlichen Bundesgenossen die eigene Kraft und das tapfere Herz[113].« Und die parteiamtliche »Pommersche Zeitung« ließ er verkünden: »Die Auswertung der vorhandenen Vorräte an Soldaten und Waffen und der Einsatz der gesamten Kraft des rückwärtigen Gebietes wirken geradezu Wunder. Die Bevölkerung Südpommerns hat die Aufgabe der Stunde erkannt, die Front steht und wird ständig stärker[114].«

Doch auch das Getöse der eigenen Propaganda konnte Himmler nicht verschleiern, daß er einer Katastrophe entgegensteuerte. Der abergläubische Pseudofeldherr, wie kein anderer Potentat des Dritten Reiches sternengläubig und von den Sprüchen der Astrologen abhängig, sah sich unter einem unguten Stern. Schon Himmlers Versuch, durch Entsendung des X. SS-Armeekorps in das Gebiet des Oder-Warthe-Bogens den sowjetischen Vorstoß zur Oder aufzuhalten, war zum Scheitern verurteilt. Am 29. Januar tauchten Schukows Truppen vor den alten Panzerwerken der Oderstellung auf und konnten sie schnell erobern[115].

Verzweifelt mühte sich Himmler, die Oder-Schlappe durch einen Gegenangriff wettzumachen. Er setzte seine besten SS-Einheiten zu einem Flankenstoß gegen Schukows Armeen im Raum Schneidemühl ein – das von Anfang an hoffnungslose Unternehmen scheiterte[116]. Die Deutschen mußten weiter zurück. Von Niederlagen verfolgt, der Gunst seines Führers nicht mehr sicher, flüchtete sich Feldherr Himmler in die Krankheit. Immer häufiger suchte er seinen Jugendfreund Karl Gebhardt auf, der in Hohenlychen ein SS-Lazarett unterhielt; in der Feldkommandostelle aber war der Oberbefehlshaber Himmler nur noch stundenweise ansprechbar, ab 22 Uhr hörte für ihn der Krieg überhaupt auf – kein Offizier wagte den hohen Langschläfer zu stören [117].

Die Selbstausschaltung Himmlers wollte nun Generalstabschef Guderian zu einem letzten Kraftakt der Heeresgruppe Weichsel nutzen. Er faßte den Plan, aus dem Raum Arnswalde überraschend gegen die sowjetischen Verbände vorzustoßen, sie nördlich der Warthe zu schlagen, Pommern von Russen zu säubern und die Verbindung nach Westpreußen zu sichern. Zu diesem Zweck wollte Guderian den General Walter Wenck in den Stab Himmlers entsenden, wo er die Operationen leiten sollte; vermutlich hoffte Guderian, auf diese Weise Himmler praktisch als militärischen Kommandeur ausschalten zu können. Der Generalstabschef trug am 13. Februar in der Reichskanzlei Hitler den Plan vor [118], doch der Diktator durchschaute sofort Guderians Hintergedanken. Verlegen und bleich hörte der anwesende Himmler zu, als sich Diktator und Generalstabschef über die militärischen Qualitäten des SS-Chefs stritten. Immer lauter wurde der Disput, immer schärfer die Vokabeln.

Guderian: »Der General Wenck muß in den Stab des Reichsführers kommandiert werden, sonst besteht keine Gewähr, daß der Angriff gelingt.«

Hitler: »Der Reichsführer ist Manns genug, um den Angriff allein zu führen!«

Guderian: »Der Reichsführer hat nicht die Erfahrung und nicht den geeigneten Stab, um den Angriff selbständig zu führen. Die Anwesenheit des Generals Wenck ist dazu unerläßlich.«

Hitler: »Ich verbiete Ihnen, mir vorzuwerfen, daß der Reichsführer seiner Aufgabe nicht gewachsen ist.«

Guderian: »Ich muß darauf bestehen, daß der General Wenck in den Stab der Heeresgruppe kommandiert wird, um die Operationen sachgemäß zu leiten.«

Zwei Stunden lang schrien sich die beiden Kontrahenten an, keiner wollte nachgeben. Wütend schritt Hitler auf und ab, plötzlich blieb er vor dem SS-Chef stehen. Hitler: »Also, Himmler, der General Wenck tritt noch heute nacht zu Ihrem Stabe und leitet den Angriff.« Er blickte Guderian an und lächelte dünn: »Bitte, fahren Sie in Ihrem Vortrag fort. Der Generalstab hat heute eine Schlacht gewonnen [119].«

Das Ende Himmlerscher Macht hatte begonnen. Guderians Plan scheiterte zwar – Wenck erlitt vier Tage später einen Autounfall, der Angriff mißglückte [120] –, aber der Generalstabschef ließ nicht mehr locker bei seinen Versuchen, das Ostheer von Himmler zu befreien. Zweimal beantragte er bei Hitler die Ablösung des Oberbefehlshabers Weichsel, zweimal lehnte der Diktator ab [121]. Da faßte Guderian einen verzweifelten Plan: Er machte sich auf, Himmler den Rücktritt nahezulegen. Als er jedoch die Feldkommandostelle – sie war inzwischen nach Prenzlau verlegt worden – aufsuchte und sich bei dem Oberbefehlshaber der Heeresgruppe melden lassen wollte, erfuhr Guderian, der Chef liege seit Wochen in der Klinik seines Freundes Gebhardt, an »schwerer Grippe« leidend. Brigadeführer Lammerding fragte den Generalobersten: »Können Sie uns nicht von unserem Oberbefehlshaber befreien?« [122]

Guderian konnte. Am 18. März stand er vor Himmler, der sich hustend und scheu in die Bettfedern drückte, als er den Besucher erkannte. Doch Guderian sprach begütigend auf den SS-Chef ein und versicherte ihm, man habe doch Verständnis dafür, daß der Reichsführer mit all seinen vielen verantwortungsvollen Posten nicht auch noch die Kleinarbeit eines Heeresgruppen-Befehlshabers übernehmen könne, zumal seine Gesundheit derartig angegriffen sei. Der gescheiterte Feldherr horchte auf und erschrak zugleich wieder. Was werde der Führer sagen, murmelte er und sah den Generalstabschef erwartungsvoll an. Guderian bot seine Hilfe an: Wenn der Reichsführer keine Bedenken hege, dann werde er, Guderian, von sich aus den Führer bitten, den Reichsführer vom Kommando der Heeresgruppe zu entbinden [123]. Am 20. März 1945 war es geschafft. Fast gleichgültig stimmte Hitler dem Antrag zu, den Generalobersten Gotthard Heinrici, Oberbefehlshaber der 1. Panzer-Armee, an Stelle des Reichsführers-SS mit der Führung der Heeresgruppe Weichsel zu betrauen [124]. Der Feldherrntraum Himmlers war zerronnen.

Kaum einer aber ahnte, daß der 20. März 1945 einen Abschied manifestierte: den Abschied Heinrich Himmlers von einem lebenslangen Idol, die Abkehr von einem Gott, dem der Mystiker im SS-Rock die grausigsten Blutopfer dargebracht hatte, die Trennung von einer Lebenslüge, wie sie furchtbarer kein Autor erfinden kann. Von diesem 20. März 1945 an wollte Himmler retten, was er noch retten zu können glaubte: das eigene Leben, den Orden, die Illusionen einer düsteren Karriere. Er wäre freilich nicht Heinrich Himmler gewesen, hätte er sich nicht in eine neue Wahnwelt geflüchtet, in neue Illusionen, die ihm vorgaukelten, er sei dazu berufen, Frieden zu stiften und das von Hitler befreite Nachkriegsdeutschland zu leiten.

Generaloberst Heinrici erfuhr davon, als er sich am 22. März bei seinem Vorgänger im Prenzlauer Hauptquartier meldete. Verlegen zeigte ihm Himmler das Erbe, das er Heinrici hinterließ, aber als der Soldat den Reichsführer um eine »allgemein-politische Aufklärung« bat, kehrte die alte Zuversicht in Himmler zurück. Er war wie verwandelt. Vorsichtig drehte sich der mächtige SS-Herr um, dann griff er Heinrici an den Arm und führte ihn behutsam auf ein Sofa in einer Ecke des Chefzimmers. Himmler wisperte: »Es ist jetzt der Zeitpunkt gekommen, an dem wir mit unseren westlichen Gegnern in Verhandlungen eintreten werden. Ich habe Schritte dazu eingeleitet, meine Unterhändler haben Verbindungen aufgenommen [125].«

Zum ersten Mal hatte Himmler einem Außenstehenden ein Geheimnis preisgegeben, das er bis dahin ängstlich gehütet hatte: Seit Monaten versuchte der SS-Chef, über schwedische und schweizerische Verbindungsleute mit den Alliierten in Kontakt zu kommen und die Westmächte zu einem Sonderfrieden zu animieren. Bis dahin hatten die Deutschen nur die eine Seite des Januskopfes SS gesehen. Jetzt enthüllte sich zumindest den Eingeweihten die andere Seite, und sie entbehrte nicht bitter-grotesker Züge: Die gleiche Schutzstaffel, die jeden Zweifel am Endsieg brutal abtötete, die mit Standgerichten, pathetischen Appellen und Harakiri-Unternehmungen die Deutschen zum Aushalten aufputschte, suchte durch ein geheimes Paktieren mit dem Gegner ihre Existenz zu retten, weil sie selber nicht mehr an den Sieg glaubte. In die Groteske mischte sich ein Element des Makabren, denn die kapitulationswilligen SS-Führer hatten sich als Helfer und Unterpfand der eigenen Rettung just jenes Volk auserwählt, das bis zum letzten Mann auszurotten sie angetreten waren. Nur über die jüdischen Geiseln, so kalkulierten sie, konnten die SS-Führer den Dialog mit dem Westen erzwingen.

Daß sich manche SS-Führer einschließlich Himmlers solcher Illusionen hingaben, war nicht zuletzt das Verdienst eines dicken, geschäftstüchtigen und etwas prahlsüchtigen Balten, der nicht müde wurde, die SS und ihren Reichsführer zum Abfall von Adolf Hitler zu bewegen. Der Medizinalrat Felix Kersten, Abkömmling einer Familie aus der Mark Brandenburg, geboren 1898 in Dorpat, Bonvivant, Menschenfreund und Masseur, übte auf Himmler seit Jahren einen wunderlichen Einfluß aus, für den es in der Geschichte nur ein vergleichbares Beispiel gibt: die Faszination des italienischen Astrologen Giovanni Baptista Seni, der Wallenstein erlag. Wie der kaiserliche Feldherr des 17. Jahrhunderts keinen Schritt unternahm, ohne das Orakel seines Intimus Seni befragt zu haben, so zog auch der Reichsführer seinen ausländischen Dauergast stets zu Rate. Brachte dem einen das Fernrohr des Italieners Erlösung vom Alpdruck dunkler Mächte, so befreiten des Balten »Zauberhände«, wie sie der französische Schriftsteller Joseph Kessel nennt, den anderen von schier unerträglichen Magenschmerzen.

Denn Felix Kersten war die Kunst zu eigen, durch den sensiblen Druck seiner Hände Menschen von ihren Qualen zu erlösen. Er hatte früh in Finnland die manuelle Therapie und jene Heilkunde erlernt, deren Vertreter meinen, viele Krankheiten entstünden durch Nervenspannungen und ließen sich daher durch Entspannung der Nerven wieder kurieren. Mit seinem finnischen Massagediplom war Kersten nach Berlin gezogen und zu einem Modearzt der Berliner Society aufgestiegen. Der chinesische Meistermasseur Dr. Ko rief aus, als er sich von dem Balten einmal hatte behandeln lassen: »Junger Freund, Sie verstehen noch gar nichts. Aber dreißig Jahre habe ich auf Sie gewartet. Sie sind ein Auserwählter[126].«

Kerstens Zauberhände wirkten Wunder und strichen die einträglichsten Honorare ein, die je ein Heilkundler im Berlin der zwanziger Jahre einkassierte. Der Ruf des Prominenten-Masseurs verbreitete sich rasch in Europa, zumal Kersten seine Heilkunst und ein derbes Profitstreben mit der Artigkeit höfisch-aristokratischer Umgangsformen zu verbinden verstand. Die Rolle des Leibarztes hoher Potentaten war ihm beinahe schon in die Wiege gelegt worden: Zu seinen Paten gehörte Alexander Westberg, Leibarzt am russischen Zarenhof[127]. Kersten selber wurde 1928 Leibarzt der niederländischen Königsfamilie[128], und elf Jahre später durfte er sich Leibarzt des gefährlichsten Patienten nennen, den sich ein Heilkundler im Dritten Reich vorstellen konnte: des Reichsführers-SS Heinrich Himmler.

Der Kali-Industrielle August Rosterg, ein Patient Kerstens und Mitglied des »Freundeskreises Reichsführer-SS«, hatte den Wunderarzt mit Himmler zusammengebracht. Im März 1939 stellte Kersten, so berichtet sein Biograph, der katholische Theologe Achim Besgen, »bei Himmler sehr schmerzhafte Störungen im sympathischen Nervensystem fest und konnte ihn, da er gerade stark unter Schmerzen litt, in wenigen Minuten von seinen Schmerzen befreien«. Der SS-Chef vermochte die Blitzheilung kaum zu fassen. Himmler: »Ich habe viele deutsche Professoren konsultiert und keiner konnte mir helfen. Helfen Sie mir bitte, Herr Professor.« Kersten mußte seinen neuen Patienten aufklären, daß er weder Professor noch Doktor sei, dennoch ließ er sich als Leibarzt des Gefürchteten anwerben[129].

Kersten wich nicht mehr von Himmlers Seite. Er hatte bald begriffen, daß ihm die schmerzstillenden Hände eine Macht über Himmler verliehen, die nur dort ihre Grenzen fand, wo die Magie Adolf Hitlers begann. Sonst aber öffnete sich Himmler allen Einflüsterungen Kerstens – hatten sich erst einmal die Finger des Masseurs in den gemarterten Leib des Reichsführers gesenkt, offenbarte selbst Himmler, daß er ein Mensch war. Mit jeder knetenden Bewegung seiner Hände entlockte Kersten dem Patienten ungewöhnliche Konzessionen. Hier war es ein Prominenter, der aus dem KZ befreit wurde, dort galt es, einem Gefährdeten die Ausreise aus Deutschland zu ermöglichen, in einem anderen Fall ging es um Tausende jüdischer Menschen, die vor der Endlösungsmaschine bewahrt wurden – Kersten half fast immer, und oft gelang ihm das Unmögliche. Immer länger wurde die Reihe der Geretteten, die dem Masseur Himmlers ihr Leben verdankten. Er verhinderte die Hinrichtung des späteren schleswig-holsteinischen Ministerpräsidenten Theodor Steltzer[130], er hintertrieb die Judenvernichtung in Finnland, er stoppte den Raub der holländischen Kunstschätze[131], er schleuste skandinavische KZ-Häftlinge ins neutrale Schweden.

Zugleich aber steigerte er das Vertrauen des SS-Chefs in dessen kosmopolitischen Intimus derartig, daß sich Kersten 1943 sogar von Himmler völlig unabhängig machen konnte. Kersten durfte sein Gut Hartzwalde im Norden Berlins verlassen und nach Stockholm umziehen, ausgestattet mit dem Privileg, Himmler unter der Kennummer 145 jederzeit anrufen zu können[132]. Die Geschichte des Felix Kersten erschien der Nachwelt so phantastisch und unglaubwürdig, daß die niederländische Regierung 1947 eine Historikerkommission unter Führung des Professors Nicolaas Wilhelmus Posthumus, Direktors des Reichsinstituts für Kriegsgeschichte, beauftragte, die Tätigkeit des einstigen holländischen Leibarztes Kersten zu untersuchen. Drei Jahre lang verhörte die Kommission Gegner und Freunde Kerstens, durchforschte die Archive mehrerer Länder und prüfte das 800-

Seiten-Tagebuch des Masseurs. 1950 fällte Posthumus sein Urteil: Felix Kersten habe für Menschlichkeit und Frieden so überwältigend viel getan, daß er, der Professor, zu behaupten wage, die Geschichte kenne kein vergleichbares Beispiel wagemutiger Philantropie [133].

Das Verdikt des Professors mochte nicht zuletzt von der Geschicklichkeit beeinflußt sein, mit der es Kersten ab Anfang 1944 verstanden hatte, in Himmler den Irrglauben zu nähren, allein durch einen Stopp des Judenmordprogramms könne sich der Reichsführer Sympathie und Gehör der westlichen Alliierten sichern. Schritt um Schritt drängte Kersten den zwischen Hitler-Hörigkeit und Überlebensbedürfnis schwankenden SS-Chef vom Kurs der radikalen Endlösungspolitik ab und schürte die groteske Vorstellung, an dem Tag, da Himmler die Judenvernichtung stoppe, würde sich ihm automatisch das Tor zu Verhandlungen mit den Westmächten öffnen. Himmler war nur allzu bereit, die Kersten-Mär zu glauben.

»Im Frühsommer 1944«, so ließ sich Professor Posthumus von einem SS-Obergruppenführer berichten, dessen Namen er geheimhält, »brachte Kersten bei einem Essen im Hegewaldheim in Ostpreußen die Judenfrage zur Sprache. Es geschah recht unvermittelt. Die Unterhaltung wurde darum sehr erregt, und es fielen scharfe Worte. Kersten wurde ultimativ. Ich selbst war dabei. Kersten, zäh wie eine Hirschlaus, ließ nicht los, bis Himmler schließlich zusagte, die ganze Judenangelegenheit grundsätzlich zu ändern. Zu Gunsten der Juden. ›Sie werden zufrieden sein, Kersten‹, sagte Himmler [134].«

Endlöser Adolf Eichmann merkte als einer der ersten SS-Führer, daß sich etwas geändert hatte. Er war im März 1944 mit seinen Mitarbeitern Krumey, Dannecker, Wisliceny, Nowack, Hunsche und Abromeit nach Ungarn gereist, den letzten Akt rassistischer Henkersarbeit in Szene zu setzen: die Vernichtung des ungarischen Judentums [135]. Angesichts der heranrückenden Sowjetarmeen hatte Eichmann die deutschen und ungarischen Endlöser zur Eile angespornt. Ungarns 900 000 Juden waren in Gettos zusammengetrieben und das Land in sechs Deportationszonen eingeteilt worden; daraufhin hatte der unermüdliche Obersturmbannführer die Todeszüge der Reichsbahn herankommandiert. Der letzte Marsch nach Auschwitz konnte beginnen [136]. Eichmann bereitete eben den Abtransport der Juden in den ersten beiden Zonen vor, da fiel ihm ein Kamerad in den Arm.

Der SS-Hauptsturmführer Otto Clages, Leiter des SD in Ungarn, witterte das herannahende Ende des Tausendjährigen Reiches und suchte nervös nach einem Mittel, das ihm eine Zukunft nach der Katastrophe sicherte. Seinem Stab in Budapest waren auch Beauftragte der vom SD geschluckten Abwehr des Admirals Canaris zugeteilt worden. Von ihnen erfuhr Clages, sie verfügten über Kontakte zu einer zionistischen Organisation, die mit dem Plan umgehe, durch riesige Geldzahlungen die Deutschen zur Beendigung des Judenmordes zu bewegen [137].

Im Januar 1943 hatten sich drei Zionisten – der Ingenieur Otto Komoly, der Publizist Rezsö Kastner und der Strickwarenhändler Joel Brand – zu einer Gruppe zusammengeschlossen, die sie »Waadat Ezra Vö-Hazzalah Bö-

Budapest« (Waadah) nannten, zu deutsch: Jüdisches Rettungskomitee von Budapest. Sie wollten gefährdeten Juden in Deutschland, Polen und der Slowakei zur Flucht nach Ungarn und zur Ausreise nach Palästina verhelfen [138]. Bei ihren Rettungsversuchen war den Waadah-Führern die Idee gekommen, man müsse den Endlösungs-Funktionären durch Bestechungsgelder jüdische Opfer abhandeln. Kastner und Brand hatten bald erkannt, daß hinter der Einheitsfassade der SS Männer saßen, die durchaus bereit waren, sich kaufen zu lassen.

Der für die Slowakei zuständige Endlöser, SS-Hauptsturmführer Dieter Wisliceny, hatte sogar einmal die Käuflichkeit zu einem Programm der SS erhoben. In einem »Europaplan« war von ihm 1942 vorgeschlagen worden, man solle das noch lebende Judentum Europas (mit Ausnahme des polnischen) vor der Endlösung bewahren, falls das »Weltjudentum« bereit sei, dafür ein Lösegeld in Höhe von zwei bis drei Millionen Dollar zu hinterlegen [139]. Als nun das Waadah erfuhr, eben jener Wisliceny sei Eichmanns Sondereinsatzkommando in Budapest zugeteilt worden, schöpften Kastner und Brand die Hoffnung, mit Bestechungsgeldern das Los der ungarischen Juden erleichtern zu können. Anfang April 1944 suchte Kastner den SS-Hauptsturmführer auf und schlug ihm ein Geschäft vor, in das Wisliceny sofort einwilligte [140]. Der SS-Mann versprach, gegen Zahlung von vier Millionen Reichsmark würde das Sondereinsatzkommando 600 Juden erlauben, nach Palästina auszuwandern. Kastners Rettungskommitee zahlte das Lösegeld, doch Wisliceny brach sein Versprechen. Höhnisch wies er alle Bitten Kastners zurück [141].

Gleichwohl hielt das Waadah an seinem Lösegeldplan fest und suchte sich zuverlässigere Partner im Heer der Judenmörder. Brand kontaktierte dabei auch Angehörige der deutschen Abwehr, und auf diesem Umweg hörte SD-Chef Clages Anfang April 1944 von dem Vorschlag des Waadah. Er reichte die Waadah-Offerte an Himmler weiter und empfahl dem Reichsführer, mit dem jüdischen Rettungskomitee über die Lieferung von Kriegsmaterial für die Waffen-SS verhandeln zu lassen. Der Vorschlag des Clages weckte offenbar die Habsucht Himmlers, denn schon wenige Tage später erhielt Eichmann allerhöchste Order, Joel Brand zu kontaktieren [142].

War es nur Habsucht, die den SS-Chef trieb? Zunächst ohne jeden Zweifel. Doch bald scheinen weitere Überlegungen Himmler zu der Spekulation verführt zu haben, über den Zionisten Brand und das Waadah könne der Reichsführer-SS mit den Alliierten ins Gespräch kommen, zumal Brand und Kastner den kecken Anspruch erhoben, hinter ihnen stünden Geld und Macht dessen, was die abergläubischen SS-Männer das »Weltjudentum« nannten. Dem ungarischen Unternehmer Andreas Biss, einem Vetter Brands, aktivem Helfer des Waadah und kenntnisreichstem Chronisten der Endlösung in Ungarn, enthüllte sich »immer deutlicher das Bild eines Heinrich Himmler, der durch Kontakte zu uns zunächst Waffen und Material zur Verstärkung und zum weiteren Ausbau seiner SS zu erhalten gehofft hatte, dann aber – bereits wenig später – eine Rückversicherung in Washington abzuschließen suchte. Und zwar beschränkte sich diese Rückversicherung, wie ich noch später merkte, nur auf ihn selbst und schloß seinen Führer Adolf Hitler vollständig aus [143].«

Auch Eichmann muß ein Gefühl des Unbehagens beschlichen haben, als er Himmlers Order las, dem Waadah das mögliche Ende des Judenmords in Aussicht zu stellen. Mißmutig entledigte er sich seines Auftrags. Am 25. April bestellte er Brand zu sich und unterbreitete ihm den Vorschlag, die ungarischen Juden könnten von der Endlösung ausgenommen werden, wenn das Weltjudentum einen Preis zahle, und zwar nicht in Geld, sondern in Gütern. Eichmanns Forderung: Lieferung von 10 000 Lastkraftwagen, zwei Millionen Kisten Seife, 200 Tonnen Tee und 200 Tonnen Kaffee [144]. Brand solle – so verlangte Eichmann weiter – nach Istanbul reisen und mit den dortigen Vertretern der jüdischen Weltorganisationen über die Lieferungen verhandeln. Zur gleichen Zeit werde jedoch die Deportation der ungarischen Juden beginnen und erst gestoppt werden, wenn Brand die Zusage des Weltjudentums vorweisen könne [145]. Das Waadah erklärte sich trotz mancher Bedenken einverstanden, forderte allerdings von Eichmann ein Zeichen des guten Willens: die Entsendung eines »Musterzuges«. Die Ankunft Brands in Istanbul müsse mit der Ausreise von 600 bis 1 200 ungarischen Juden in ein neutrales Land zusammenfallen. Eichmann stimmte zu, am 17. Mai 1944 reiste Unterhändler Brand ab [146].

Der Waadah-Delegierte hatte seine Koffer noch nicht gepackt, da begann Eichmann bereits, die Juden Ungarns in die Todeszüge nach Auschwitz zu peitschen. Brand wollte in spätestens 14 Tagen nach Budapest zurückkehren – bis dahin, so schwor sich Eichmann, mußte die Masse des ungarischen Judentums vernichtet sein [147]. Mit der krankhaften Besessenheit eines Mannes, der sich um den Sinn seines Lebens geprellt glaubt, jagte Eichmann Eisenbahnzug um Eisenbahnzug nach Auschwitz. Sein subalterner Verstand hatte begriffen, daß die Tage der Endlösung gezählt waren; seine unmittelbaren Chefs, Kaltenbrunner und Gestapo-Müller, hielten am Judenmord fest, in Himmlers Weisungen aber klangen neue Akzente auf. Immer hastiger wurden die Deportationsbefehle Eichmanns, immer schneller leerten sich die ungarischen Gettos. Am 7. Juni waren die Zonen I und II geräumt, waren 289 357 Juden in den oberschlesischen Gaskammern ermordet. Am 17. Juni: Zone III geräumt, 50 805 Juden in Auschwitz. Am 30. Juni: Zone IV, 41 499 Juden [148].

Als der Unterhändler Brand – von den jüdischen Vertretern in Istanbul abgewiesen, von den Briten auf einer Reise durch Syrien verhaftet – scheinbar spurlos verschwand [149], ließ Eichmann jede Hemmung fallen. Mit allen Mitteln versuchte er, den zugestandenen Judentransport ins Ausland zu sabotieren. Er weigerte sich, die für den »Musterzug« ausersehenen Juden in Budapest zu sammeln. Er wollte die Zahl der auserwählten Juden ständig verkleinern. Er verbot, die Juden – wie verabredet – nach Portugal ausreisen zu lassen [150]. Kein Trick war Eichmann zu abwegig, um den wenigen Juden die Freiheit zu verweigern. Vergebens appellierte Kastner an die Vertragstreue des Endlösers, vergebens rief er die Hilfe des SD-Chefs Clages an. Da erfuhren die verzweifelten Waadah-Funktionäre, in Budapest residiere ein Himmler-Beauftragter, in dem Eichmann seinen ärgsten Konkurrenten sehe.

Der SS-Obersturmbannführer Kurt Becher leitete einen Ausrüstungsstab des SS-Führungshauptamtes und sollte im Auftrag des Kommandoamts der Waffen-SS Nachschubmaterial für die Truppe beschaffen [151]. Eine Laune des Zufalls hatte ihn dem Judenmord-Programm Eichmanns in die Quere kommen lassen. Auf der Suche nach 20 000 Pferden, die er für die Waffen-SS beschaffen sollte, machte Becher die Bekanntschaft des Bankiers Dr. Franz Chorin, eines Aktionärs des größten ungarischen Industriekonzerns, der von Juden gegründeten Manfred-Weiss-Werke. Der Pferdekenner Chorin gab dem passionierten Reiter Becher ein paar nützliche Tips für die Beschaffung guten Pferdematerials, und der SS-Mann revanchierte sich durch manche Artigkeit [152].

Bald verstanden sich die beiden Reiter derartig, daß der Bankier dem SS-Mann die Sorgen der Familie des verstorbenen Industriellen Manfred Weiss anvertrauen konnte. Die meist jüdischen Mitglieder der Familie Weiss wollten das Land verlassen, ehe sie Eichmanns Todesmaschine erreichte, und Becher sollte dabei helfen – zum Nutzen und Frommen der SS. Becher und die Firma Weiss schlossen einen Pakt ab, der Menschlichkeit mit Erpressung verband: Die SS übernahm die von den »arischen« Mitgliedern der Familie Weiss verwalteten Firmenanteile (55 Prozent des Aktienkapitals), ließ 48, darunter 35 jüdische, Mitglieder der Familie nach Portugal ausreisen, zahlte ihnen eine Entschädigung von drei Millionen Reichsmark und behielt neun Familienmitglieder als Geiseln zurück [153]. Am 17. Mai 1944 wurde der Vertrag unterschrieben, die jüdische Industriedynastie reiste in die Freiheit [154].

Der Vertrag begründete eine Todfeindschaft zwischen Becher und Eichmann, weil nun der Endlöser sein Programm von einem Beauftragten Himmlers gefährdet sah. Monierte schon die von den Deutschen abhängige Regierung Ungarns den Eingriff Bechers in die magyarische Wirtschaft, so meuterte Eichmann gegen Bechers Extratouren, hinter denen er ein von ihm bekämpftes Konzept witterte: Rettung der Juden durch Lösegeld. In Kurt Becher sah Eichmann sein Mißtrauen bestätigt, angesichts des untergehenden NS-Regimes werde auch der Reichsführer in der Judenfrage »weich«. Für ihn personifizierte Becher auch, was Eichmann über alle Maßen verhaßt war: den »SS-Führer mit den Glacéhandschuhen«. Der Kleinbürger Eichmann, den auch Uniform und Auftrag nicht darüber hinwegtäuschen konnten, daß er eine Randfigur der Gesellschaft geblieben war, konnte den Anblick des Kaufmannsohns Becher nicht ertragen, das Bild des Zöglings der etablierten Hamburger Gesellschaft, des SS-Reiters und Freundes feudaler Kreise, der nun auch durch den Weiss-Vertrag zur letzten Hoffnung der jüdischen Pußta-Society geworden war [155].

Ein solcher Mann schien den Waadah-Funktionären wie geschaffen dazu, Eichmanns Todesmaschine abzuschalten. »Reichsführers gehorsamster

Becher«, wie er seine Schreiben an Himmler abzuschließen liebte, besaß einen direkten Draht zu dem SS-Chef, und seine Verhandlungen mit der Weiss-Dynastie entsprachen just dem alten Programm des Waadah. Kastner gelang es, bis zu Obersturmbannführer Becher vorzudringen und ihn für die Idee des Musterzuges zu gewinnen. Becher flog Ende Juni zu Himmler und erhielt die Genehmigung, an Stelle Eichmanns fortan selber mit dem Waadah zu verhandeln [156]. Becher trieb das Projekt energisch voran. Er forderte eine in Ungarn zu hinterlegende Garantiesumme für den Musterzug; sei der Transport in seinem Bestimmungsland eingetroffen, müsse die Gesamtsumme bezahlt werden. Preis pro Kopf jedes jüdischen Auswanderers: 1 000 Dollar. Kastner akzeptierte [157]. Am 30. Juni verließ der Zug mit 1 684 Juden Budapest [158].

Doch Eichmann gab nicht auf. Eigenmächtig ließ er den Juden-Zug nach dem Konzentrationslager Bergen-Belsen umleiten [159]. Himmler aber fiel plötzlich wieder um, weil inzwischen in der britisch-amerikanischen Presse Meldungen über die Mission Joel Brands und über das Lkw-gegen-Juden-Angebot erschienen waren, die nur den Schluß zuließen, weder jüdische Organisationen noch die Regierungen der Alliierten würden auf den Handel eingehen [160]. Triumphierend drohte Eichmann dem Waadah, so notierte sich Biss, »daß die in Bergen-Belsen befindlichen Insassen des Musterzuges binnen einer Woche nach Auschwitz transportiert und dort ohne vorherige Selektion in die ›Mühle‹ gebracht würden«, wenn sich Joel Brand bis dahin nicht mit der Zusage jüdischer Weltorganisationen in Budapest zurückgemeldet habe [161]. Als Kastner und Biss ihren Helfer Becher bestürmten, ihnen gegen Eichmann beizustehen, wies der SS-Mann sie ab. Reichsführers gehorsamster Becher spürte den neuen Wind aus Himmlers Feldkommandostelle und verweigerte jede Hilfe [162].

Diesmal aber half SD-Clages: Er erlaubte Biss, ein Memorandum mit neuen finanziellen Versprechungen des Waadah aufzusetzen, und leitete es Himmler zu [163]. Am 26. Juli 1944 erfuhr Biss von Clages, »daß mein Memorandum in Berlin günstig aufgenommen worden sei und daß Himmler Anweisung gegeben habe, die Deportationen aus Ungarn bis auf weiteres einzustellen« – so Biss in seinen Erinnerungen [164]. Ein erster Erfolg war errungen, der Todesmarsch nach Auschwitz unterbrochen.

Jetzt faßte auch Becher neuen Mut und flog abermals zu Himmler. Der SS-Chef genehmigte die sofortige Ausreise von 500 Mitgliedern des jüdischen Musterzuges; über die Finanzierung der Auswanderung aller übrigen Mitglieder sollte Becher mit Vertretern der jüdisch-amerikanischen Hilfsorganisation »American Joint Distribution Commitee« in der Schweiz sprechen [165]. Endlich sah Himmler das Tor zu Verhandlungen mit den Westmächten um einen winzigen Spalt geöffnet. Das durch das Waadah vermittelte Verhandlungsangebot der Joint bestärkte Himmler, der sich Amerika nicht anders als eine Beute des Weltjudentums vorstellen konnte, in dem Glauben, von dem Waadah über das Joint führe ein gerader Weg in das Weiße Haus in Washington und zum Sonderfrieden zwischen Deutschland und den westlichen Alliierten. Und das Waadah nährte noch diesen aberwitzigen Glauben. Biss erinnert sich: »Wir hatten uns immer wieder auf den Präsidenten Roosevelt als unseren Gönner berufen [166].« Die wundergläubigen SS-Partner sogen alles brav ein, was sie von den Waadah-Funktionären über deren vermeintliche Beziehungen zu Washington erfuhren.

Die SS-Führer drängten ihre jüdischen Helfer, das Tor zum Westen weit zu öffnen. Schließlich handle es sich, mahnte Clages seinen Partner Biss, nicht nur um die Rettung einiger Hunderttausender Juden, sondern es könne sich aus den Schweizer Verhandlungen »durchaus eine Angelegenheit von internationaler und historischer Bedeutung entwickeln« [167]. Der Unterhändler Becher durchschaute freilich nach kurzer Zeit die Zweckpropaganda des Waadah. Schon das erste Gespräch mit dem Joint-Beauftragten, dem bieder-eidgenössischen Bankier Saly Mayer, am 21. August 1944 im Schweizer Grenzort St. Margarethen, hatte Becher gelehrt, daß kaum eine Aussicht bestand, die jüdischen Organisationen zu dem Juden-gegen-Lkw-Geschäft zu bewegen; Mayer wollte mit sich erst reden lassen, wenn Himmler offiziell das Ende des Judenmordes verkündet und sämtliche Mitglieder des Musterzuges freigegeben habe [168].

Ein Bericht Bechers an Himmler hätte genügt, und die Verhandlungen mit der Joint wären gescheitert. Doch der SS-Obersturmbannführer Becher klärte seinen Reichsführer nicht über die wahre Lage auf. Er beschönigte die Erklärungen des ablehnenden Bankiers Mayer und zog damit den schwankenden, zögernden und ängstlichen Himmler immer tiefer in das Gestrüpp der Anti-Hitler-Kabalen [169]. Mochte Becher das jüdische Schicksal rühren oder mochte er selber an die Chance eines Sonderfriedens ohne Hitler glauben – Tatsache bleibt, daß der SS-Mann das Spiel des Waadah mitmachte. Bei einem Gespräch mit Mayer am 1. September ließ Becher seinen Adjutanten, Hauptsturmführer Max Grüson, den Schweizer fast beschwörend bitten, er möge wenigstens ein paar Konzessionen einräumen, selbst auf die Gefahr hin, daß die amerikanische Joint-Direktion Mayer desavouieren werde [170].

Doch der Joint und Bankier Mayer zögerten jede konkrete Zusage hinaus. Becher hätte das Scheitern seiner Bemühungen eingestehen müssen, wäre nicht Ende September gemeldet worden, US-Präsident Franklin D. Roosevelt habe den Quäkerführer Roswell D. McClellan als seinen persönlichen Beauftagten in die Schweiz entsandt – mit dem Auftrag, sich in die Joint-SS-Verhandlungen einzuschalten [171]. Das war just die Meldung, auf die Himmler seit Monaten gewartet hatte. Er reagierte sofort: Noch am 30. September ließ er dem Waadah mitteilen, die Einstellung der (allerdings ohnehin von den heranrückenden Sowjettruppen bedrohten) »Aktionen« in Auschwitz habe er nunmehr endgültig genehmigt und bestätigt; Mitte Oktober entschied er, der Rest des Musterzuges könne in die Schweiz abreisen, unabhängig von der Zahlung des Kopfgeldes.

Einen Augenblick sah es aus, als honoriere Amerika das Entgegenkommen Himmlers. Roosevelt-Delegat McClellan bemühte sich um eine Unterredung mit dem Obersturmbannführer Becher, und die US-Gesandtschaft in Bern beeilte sich, die schweizerischen Behörden um sofortige Ausstellung eines Einreisevisums für den Himmler-Delegaten zu bitten [172]. Am 5. November 1944 setzten sich Quäker und SS-Mann im Züricher »Savoy Hotel Baur-en-Ville« zusammen [173]. »Himmler mußte in der Tatsache, daß ein solches Gespräch stattfand, obwohl die Alliierten vereinbart hatten, mit keinem Deutschen zu verhandeln, außer gemeinsam und über die bedingungslose Kapitulation, ein wichtiges – das bis dahin wichtigste – Resultat seiner Kontakte zu uns sehen«, urteilt Chronist Biss. »Rein formal gesehen bedeutete dieses Zusammentreffen allerdings einen Bruch des Abkommens von Teheran, in dem die westlichen Alliierten mit Stalin einen absoluten Boykott des Dritten Reiches vereinbart hatten [174].«

Indes, die an dieses Gespräch geknüpften Hoffnungen Himmlers und Bechers erfüllten sich nicht. Der SS-Chef rief den Endlöser Eichmann aus Ungarn ab, im Dezember trafen die restlichen Mitglieder des Budapester Musterzuges in der Schweiz ein, die weitergehenden Verhandlungen zerschellten jedoch an dem Unwillen der jüdischen Organisationen, Himmlers Gesten mit Geld und Waren zu belohnen [175]. Gleichwohl inspirierten die Schweizer Verhandlungen einen SS-Führer, der seit geraumer Zeit versuchte, seinen Reichsführer gegen Adolf Hitler mobil zu machen.

Der SS-Brigadeführer Walter Schellenberg, Leiter des Ausland-SD, hatte sich seit mehr als zwei Jahren bemüht, Himmler für eine Aktion zu gewinnen, die dem Krieg ein Ende setzte und die SS in die hitlerlose Zukunft hinüberrettete. Da er ebenso wie Himmler wähnte, die jüdischen Geiseln würden die SS-Führung ins Lager der Alliierten bringen, suchte Schellenberg die Bekanntschaft prominenter Juden des Auslands. Er kontaktierte die Brüder Sternbuch in Montreux, zwei orthodoxe Juden, die in der Schweiz den amerikanischen Rabbinerverband vertraten [176]. Der SD-Chef bot ihnen eine Chance, ebenfalls Juden aus dem Herrschaftsbereich Himmlers zu retten. Von den Sternbuchs führte eine Verbindung zu dem Schweizer Altbundespräsidenten Dr. Jean-Marie Musy, der nicht abgeneigt war, aus Gründen der Humanität auf Schellenbergs doppelbödiges Spiel einzugehen [177].

Anfang Oktober 1944 erklärte sich Musy bereit, nach Deutschland zu reisen und mit Himmler über das Schicksal der Juden zu verhandeln [178]. In der Nähe Wiens trafen der Schweizer und der SS-Chef zusammen. Nach anfänglichem Zögern erklärte sich Himmler bereit, allmählich sämtliche im deutschen Gewahrsam festgehaltenen Juden freizugeben und in die Schweiz ausreisen zu lassen [179]. Der Memoirenschreiber Schellenberg behauptet, in seiner Gegenwart habe Himmler damals eine Anweisung an RSHA-Chef Kaltenbrunner diktiert, wonach in allen KZ das Leben der Juden zu schonen sei [180]. Den gleichen Anspruch erhebt allerdings auch der heutige Bremer Getreidegroßhändler Becher, der sich im Nürnberger Prozeß an den Himmler-Text erinnern konnte: »Ich verbiete mit sofortiger Wirkung jegliche Vernichtung von Juden und befehle im Gegenteil die Pflege von schwachen und kranken Personen [181].«

Wer immer auch zu dem Himmler-Ukas beigetragen haben mag, unbezweifelbar ist, daß der SS-Chef einen Befehl erlassen hat, der ihn in schweren Konflikt mit Hitler stürzen konnte. Der Ukas besagte nichts geringeres als dies: Die SS werde das Gebot Adolf Hitlers ignorieren, die Endlösung der Judenfrage ohne Rücksicht auf die Kriegslage weiterhin zu betreiben. Heinrich Himmler hatte einen ersten Schritt unternommen, der ihn von seinem Ersatzgott fortführte. Schellenberg stieß nach. Jetzt mußte er die Chance nützen und das Band zwischen Diktator und Polizeichef vollends zerschneiden. Den nächsten Akt übernahm Kersten, der Schellenbergs illusionäre Absetzbewegung mit allen Mitteln unterstützte. Zudem hatte etwa zur gleichen Zeit die schwedische Regierung an den Himmler-Intimus appelliert, das Land aus einer argen außenpolitischen Verlegenheit zu befreien.

Um den wachsenden Pressionen der Alliierten auszuweichen, die Schweden zum Kriegseintritt an der Seite der Anti-Hitler-Koalition aufforderten, war von der schwedischen Regierung beschlossen worden, eine spektakuläre Rettungsaktion zu unternehmen. Schweden erklärte sich bereit, KZ-Insassen mit Lebensmitteln zu versorgen und befreite Häftlinge aufzunehmen [182]. Das schwedische Außenministerium trat daraufhin an Himmler heran, doch der SS-Chef hatte alle Hilfsangebote Schwedens zurückgewiesen. Schwedens Außenminister Ch. von Günther wandte sich nun an den in Stockholm lebenden Kersten und bat um Hilfe. Der Masseur bearbeitete seinen Patienten solange, bis Himmler nachgab [183]. Am 8. Dezember 1944 schloß Kersten in Himmlers Feldkommandostelle im Schwarzwaldort Triberg eine Vereinbarung mit dem Reichsführer. Der SS-Chef genehmigte: Überführung sämtlicher skandinavischer KZ-Häftlinge in ein Sammellager (Neuengamme bei Hamburg), Versorgung durch das Schwedische Rote Kreuz, Freilassung von 1 000 Holländerinnen, 800 Französinnen, 500 Polinnen, 400 Belgiern, je 50 Dänen und Norwegern – abzutransportieren durch schwedische Autobusse [184].

Außenminister Günther bedankte sich bei Kersten und ließ Himmler ausrichten, Schweden werde Autobusse und Transportpersonal zur Verfügung stellen. Das war am 1. Januar 1945 [185]. Doch die Schweden ließen sich Zeit. Offenbar hofften sie, die sich überstürzenden Kriegsereignisse würden den Schweden die lästige Rettungsoperation ersparen. Erst am 5. Februar rührte sich Günther erneut und informierte Kersten, die Leitung der Transportaktion werde ein Neffe des Schwedenkönigs, Folke Graf Bernadotte, Vizepräsident des Schwedischen Roten Kreuzes, übernehmen [186]. Weitere Wochen verstrichen ereignislos, ungeduldig erwarteten Schellenberg und Kersten die Ankunft des Mannes, dem sie die Rolle zugedacht hatten, Himmler vollends von seinem Führer fortzulocken.

Endlich, am 16. Februar 1945, stapfte Graf Bernadotte über den Flugplatz in Bromma bei Stockholm und flog in das belagerte und brennende Hitler-Deutschland [187]. Der erste SS-Führer, der dem Schweden nach seiner Landung in Tempelhof gegenübertrat, war Walter Schellenberg; der SD-Chef saß auch dabei, als der Graf aus Protokollgründen Kaltenbrunner besuchte [188].

Bernadotte erkannte schnell, daß Schellenberg nur ein Ziel kannte: das sinkende Schiff zu verlassen. »Ich gebe gerne zu«, hat der Schwede in seinen Memoiren festgehalten, »daß ich von Anfang an zu diesem menschlich fühlenden Nazi ein gewisses Vertrauen faßte[189].« Dennoch fiel es Schellenberg schwer, den Schweden für seine und Kerstens Pläne zu gewinnen. Auch Himmler zögerte, auf Schellenbergs Argumente einzugehen. Ebenso ängstlich wie neugierig sah er dem Kommen des Schweden entgegen, zumal er wußte, daß RSHA-Chef Kaltenbrunner die Schachzüge Schellenbergs argwöhnisch beobachtete. Kaltenbrunner hatte über Fegelein dem Diktator die Frage vorlegen lassen, wie der Bernadotte-Besuch zu behandeln sei. Hitlers Antwort: »In einem totalen Krieg kann man mit einem solchen Blödsinn nichts erreichen[190].« Schellenberg mußte lange Zeit auf seinen Chef einreden, ehe der sich entschloß, den Schweden zu empfangen. Am 19. Februar holte Schellenberg den Grafen ab und stellte ihn im SS-Lazarett Hohenlychen dem Reichsführer vor[191].

Himmler beteuerte sofort: »Ich habe Adolf Hitler den Treueid geschworen. Als Soldat und als Deutscher kann ich diesen Eid nicht brechen. Deshalb kann ich auch keine Maßnahmen treffen, die den Absichten und Wünschen des Führers zuwiderlaufen[192].« Nach zweieinhalb Stunden hatte er sich freilich wieder anders entschieden. Er erlaubte, daß Bernadotte einen Teil der skandinavischen KZ-Häftlinge nach Norwegen heimholen dürfe. Auch bestätigte er noch einmal, was er schon Kersten zugebilligt hatte: die Versorgung der nordischen Häftlinge durch das Schwedische Rote Kreuz[193].

Kaum war Bernadotte nach Schweden zurückgeflogen, da setzte Schellenberg seinem Reichsführer die Daumenschrauben einer unermüdlichen Überredungskunst an. Schier pausenlos hämmerte er auf Himmler ein, seine Argumente liefen immer wieder auf die Forderung hinaus: Schluß machen mit Hitler, Schluß machen mit dem Krieg. Schellenberg ersetzte, so hat der Historiker Trevor-Roper geschrieben, »in Himmlers privatem Heiligenschrein das Hitleridol, das allmählich zerbröckelte, langsam und zögernd und gegen den starrsinnigen und verzweifelten Widerstand des Götzendieners, durch ein neues, noch weniger passendes Bildnis: das Bildnis Himmlers als des gekrönten zweiten Führers, der zweiten Verkörperung des arischen Deutschland«[194]. Unverdrossen drängte der SD-Chef, man müsse sich jetzt des Grafen Bernadotte bedienen und ihn mit einem Kapitulationsangebot in das Hauptquartier General Eisenhowers entsenden. Himmler fuhr entsetzt zurück. Aber die Argumente Schellenbergs hatten ihn schon so aufgeweicht, daß er zumindest seinem Versucher erlaubte, von sich aus Bernadotte für die Mission zu den Alliierten zu gewinnen.

Am 2. April meldete sich Bernadotte erneut bei Himmler[195]. Als der SS-Chef zu einem Telefongespräch ins Nebenzimmer gerufen wurde, nutzte Schellenberg den Augenblick. Schellenberg: »Können Sie sich nicht zu Eisenhower begeben, um mit ihm die Möglichkeit einer Kapitulation an der Westfront zu diskutieren?«[196] Bernadotte lehnte ab: Die Initiative müsse von Himmler kommen. Jetzt machte sich der SD-Chef daran, den Schweden zu bearbeiten. »Er sprach ununterbrochen auf mich ein. Sein Ton war zugleich gezwungen und vertraulich«, berichtet der Graf. Der Schwede aber wollte nur dann zu Eisenhower fahren, wenn Himmler sich zuvor zum Nachfolger Hitlers erkläre, die NSDAP auflöse und sämtliche skandinavischen Häftlinge freigebe [197]. »Ich für meinen Teil glaubte«, so Graf Bernadotte, »daß Himmler diese Forderungen niemals annehmen würde. Aber Schellenberg erklärte sich bereit, seinen Chef zur Annahme dieser Bedingungen zu bewegen [198].« Der SD-Chef ging erneut an die Arbeit, glaubte er doch, der sinkende Stern Himmlers im Führerhauptquartier lasse dem SS-Chef keine andere Wahl, als durch einen Schlag gegen Hitler die eigene Existenz zu retten.

»Sie verlangen also von mir, daß ich den Führer beseitige?« fragte Himmler. Darauf Schellenberg: »Ja [199].« Er wußte freilich, daß sich Himmler nur aufraffen werde, wenn man ihm nachweisen könne, daß Adolf Hitlers Leben ohnehin zu Ende gehe. Schellenberg schickte seinen Freund Max de Crinis, Professor der Medizin und Direktor der Neurologischen Klinik der Berliner Charité, vor, der dem Reichsführer erläuterte, Hitler sei ein schwerkranker Mann, er sei nahezu völlig gelähmt und leide an der Parkinsonschen Krankheit. Himmler folgerte: »Schellenberg, ich glaube, es ist mit Hitler nichts mehr zu machen [200].«

Doch Himmler konnte sich nicht entscheiden. Er erträumte sich die Rolle eines Retters Deutschlands und vermochte sich nicht vom braunen Aberglauben zu lösen. Er plante den Tod des Diktators ein und befreite sich nicht von der Suggestion Hitlers. Er sah den Krieg verloren und putschte sich und die Deutschen zum Durchhalten auf. Noch am 1. April belehrte er Hamburger NS-Stadträte in einem Vortrag, die Uneinigkeit der Alliierten und der bevorstehende Großeinsatz deutscher Düsenjäger würden eine entscheidende Atempause bringen [201]. Und als er am 13. April die Meldung erhielt, »Wölffchen«, der Obergruppenführer Karl Wolff, Höchster SS- und Polizeiführer in Italien, habe in der Schweiz mit dem US-Sonderbeauftragten Allen W. Dulles verhandelt, witterte er sogleich Verrat am Führer [202].

Noch in der Nacht rief Himmler seinen einstigen Intimus Wolff an, stellte ihn barsch zur Rede und forderte ihn auf, sich unverzüglich bei ihm zu melden. Der Obergruppenführer sagte zu, doch dann schickte er seinem Chef ein Fernschreiben, das Himmler in dürren Worten informierte, Wolff könne nicht kommen [203]. Am 14. April rief Himmler erneut im Hauptquartier Wolffs am Gardasee an. Zweimal verlangte Himmler die sofortige Abreise des Obergruppenführers, zweimal ignorierte Wolff den Befehl [204]. Dann bat er Dulles um Rat. Der Amerikaner empfahl, Wolff möge sich mit seiner Familie in die Schweiz flüchten, wo ihn der Arm Himmlers nicht erreichen könne [205]. Indes, Karl Wolff faßte einen anderen Entschluß. Der ehemalige Gardeoffizier, dem Reichsführer jahrelang als dessen Chefadjutant und Chef des Persönlichen Stabes menschlich verbunden und in die düstersten Geheimnisse der SS-Führung verstrickt, vertraute seinem entwaffnenden Charme und wagte sich unter die Augen Himmlers. Er wollte feststellen, wieviel Himmler über Wolffs Schweizer Verhandlungen mit den Alliierten wußte[206].

Die Reise nach Berlin konnte eine Fahrt in den Tod werden, denn der Obergruppenführer Wolff hatte gewagt, wessen sich kein anderer General Adolf Hitlers rühmen konnte: Er hatte mit dem Feind die Kapitulation von einer Million deutscher Soldaten verabredet.

Eine Audienz bei Papst Pius XII. im April 1944 war dem NS-Gottgläubigen Wolff zu einem entscheidenden Erlebnis geworden. Der SS-Standartenführer Dr. Eugen Dollmann, Historiker, Dolmetscher und Wolffs Verbindungsoffizier zu Mussolinis Rumpfrepublik, hatte über Beziehungen zur römischen Gesellschaft die Papstaudienz arrangiert. Der Papst war von dem SS-Führer beeindruckt. Pius XII: »Wieviel Unglück hätte vermieden werden können, wenn Gott Sie früher zu mir geführt hätte[207].« Nie konnte Wolff die Abschiedsworte des Papstes vergessen: »Sie gehen einen schweren Gang, General Wolff! Darf ich Ihnen auf diesem gefährlichen Weg für Sie und Ihre Familienangehörigen meinen Segen mitgeben?« Schon damals hatte der Obergruppenführer, der deutschen Niederlage längst gewiß, durchblicken lassen, er werde vielleicht einmal durch eine Sonderaktion den Kämpfen in Italien ein Ende setzen[208].

Im Februar 1945 war es soweit gewesen. Wieder hatte der Italienkenner Dollmann mit seinen vielfältigen Beziehungen geholfen. Ein Mann seines Vertrauens, Baron Luigi Parilli, Fabrikant aus Mailand und Freund einflußreicher Schweizer, ließ über Offiziere des schweizerischen Geheimdienstes den in Bern residierenden US-Beauftragten Dulles wissen, daß die Führer der deutschen Italien-Armee an einer Beendigung des Kampfes interessiert seien[209]. Dulles forderte eine Geste des guten Willens, und sofort ließ Wolff zwei seiner prominentesten Häftlinge, Führer der italienischen Partisanenbewegung, frei[210]. Zunächst fuhr Dollmann in die Schweiz und verhandelte mit Amerikanern, dann folgte Wolff[211]. Am 8. März 1945 fiel die Entscheidung: SS-Obergruppenführer Wolff sagte die deutsche Kapitulation in Italien zu[212]. Die deutschen Heeresoffiziere aber, noch immer im Banne einer pervertierten Offizierseidmentalität, zögerten die Unterzeichnung der Kapitulation von Woche zu Woche hinaus. Die sich nacheinander ablösenden Oberbefehlshaber in Italien, Generalfeldmarschall Kesselring und Generaloberst von Vietinghoff, scheuten zurück[213], derweil Informationen über Wolffs Schweizer Visiten Himmler erreichten[214].

Wolff aber grübelte nun auf seinem Flug nach Berlin darüber nach, ob die Wolff-Dulles-Absprache schon Himmler bekannt und mithin seine automatische Verhaftung sicher sei. Am 16. April landete der Obergruppenführer in der Nähe Berlins, just an dem Tage, da Sowjetmarschall Schukow mit seinen Verbänden zum letzten Großangriff auf Berlin angetreten war und das letzte Kapitel in der Geschichte des Dritten Reiches aufgeschlagen hatte[215].

Einige Stunden später stand Wolff vor Himmler. Der SS-Chef scheute sich jedoch, »Wölffchen« offen des Verrats zu bezichtigen, und überließ es seinem Jugendfreund Gebhardt, den Höchsten SS- und Polizeiführer zu vernehmen. Die Herren zogen sich ins Berliner Hotel »Adlon« zurück[216]. Wolff hatte sich eine überzeugend klingende Geschichte ausgedacht. Jawohl, er habe mit Dulles in der Schweiz verhandelt, aber dabei sei es nur um den Austausch von Kriegsgefangenen gegangen; überdies habe er eine Anregung des Führers in einem Gespräch mit Wolff im Februar 1945 aufgegriffen: jede Gelegenheit zu nutzen, die Alliierten gegeneinander auszuspielen. Und das habe er, Obergruppenführer Wolff, getan[217].

Freudig akzeptierte Himmler die Wolff-Version, glücklich darüber, daß sein alter Freund dem Führer nicht untreu geworden sei. Da trat plötzlich RSHA-Chef Kaltenbrunner ins Zimmer und bat Himmler unheilverkündend um eine Aussprache unter vier Augen. Kaltenbrunner brachte eine für Wolff gefährliche Nachricht mit: Ein V-Mann habe soeben gemeldet, daß Wolff mit dem Mailänder Kardinal Schuster über die Kapitulation der deutschen Italien-Armee verhandelt habe, jeden Augenblick könne die gesamte deutsche Südfront zusammenbrechen. Wütend fiel Himmler über Wölffchen her, assistiert von dem RSHA-Chef. Wolff beteuerte: »Ich habe niemals persönlich mit Kardinal Schuster über eine Kapitulation verhandelt!« Wolff sah sich an die Wand gedrängt. Er merkte, daß ihn nur noch eine Flucht nach vorn retten konnte[218].

Wolff kehrte den Beleidigten hervor und rief, er müsse nunmehr Reichsführer und Kamerad Kaltenbrunner bitten, mit ihm zum Führer zu fahren und in dessen Gegenwart ihre schändlichen Behauptungen zu wiederholen. Dort, und nur dort, werde er sich rechtfertigen. Himmler erbleichte, den Gang zu Hitler wagte er nicht. Er entschied, es genüge, wenn Kaltenbrunner den Obergruppenführer Wolff in den Führerbunker begleite[219]. Es war drei Uhr morgens am 18. April 1945, als die beiden SS-Führer den Bunker betraten. Kurz darauf begegneten sie dem schleppend gehenden Hitler im Korridor. »Ach, Sie sind hier, Wolff«, begrüßte ihn der Diktator. »Gut! Warten Sie bitte, bis die Morgenlage vorbei ist[220].«

Um vier Uhr wurden die beiden SS-Männer zu Hitler gerufen. Ungehalten wollte der Diktator wissen, warum sich Wolff mit Dulles eingelassen habe. Wolff erklärte, der Führer habe ihm am 6. Februar in Anwesenheit des Reichsaußenministers bedeutet, falls die neuen Geheimwaffen nicht zur rechten Zeit einsatzbereit seien, müsse man zunächst einmal mit den Alliierten verhandeln. Wolff: »Mein Führer, ich bin glücklich, Ihnen nun melden zu können, daß es mir durch Dulles geglückt ist, die Türen zum amerikanischen Präsidenten, zu Churchill und Feldmarschall Alexander zu öffnen. Ich bitte um Befehle für die Zukunft.« Hitler akzeptierte Wolffs Interpretation, bestellte ihn aber für den Nachmittag noch einmal zu sich. Im Führerbunker erläuterte er Wolff seine Zukunftspläne, abgründige Visionen, die dem SS-Führer nur bestätigen konnten, daß Adolf Hitler dem Wahnsinn nahe war[221].

Einen kurzen Augenblick musterte der Tyrann seinen Besucher durchdringend, dann reichte er ihm die zitternde Hand. Hitlers letzte Worte: »Verhandeln Sie zunächst dilatorisch weiter, versuchen Sie wesentlich bessere Bedingungen zu erreichen. Grüßen Sie mit besten Wünschen meinen Freund, den Duce. Ihnen meinen Dank und meine Anerkennung[222].« Karl Wolff war gerettet. Eiligst flog er in sein italienisches Hauptquartier zurück, der Unterzeichnung der Italien-Kapitulation (am 29. April) entgegen. SS-Standartenführer Dollmann aber fand, wie er sich aufschrieb, »Zeit, mein Gelübde zu erfüllen und meiner nie vergessenen Madonna del Rosario jene Kerze zu stiften, die ich ihr für den Fall unserer Rettung während der Abwesenheit Wolffs versprochen hatte«[223].

Himmlers Wölffchen war nicht der einzige SS-Führer, der von Adolf Hitler abfiel. Die SS-Obergruppenführer Felix Steiner, Curt von Gottberg und Richard Hildebrandt erwogen den Plan, Hitler zu ermorden und damit dem Krieg ein Ende zu setzen[224]; selbst der Regimeschützer Kaltenbrunner hatte schon Ende Februar den SS-Sturmbannführer Dr. Wilhelm Höttl in die Schweiz entsandt und Dulles-Mitarbeitern eine Sonderkapitulation der österreichischen Reichsgebiete offerieren lassen[225]. Die Waffen-SS offenbarte am deutlichsten, wie sehr das Band zwischen Schutzstaffel und Hitler schon zerschnitten war.

Als Ende März der letzte Großangriff der 6. SS-Panzerarmee des SS-Oberstgruppenführers Sepp Dietrich in Ungarn im Feuer eines hundertfach überlegenen Feindes zusammengebrochen war, hatte Hitler seine geliebte Waffen-SS mit Hohn und Wut überschüttet. Generalfeldmarschall Keitel kabelte an Dietrich: »Der Führer glaubt, daß die Truppe nicht gekämpft hat, wie es die Lage erforderte, und befiehlt daher, daß die SS-Divisionen Adolf Hitler, Das Reich, Totenkopf und Hohenstaufen ihre Ärmelstreifen [mit den aufgestickten Divisionsnamen] ablegen[226].«

Der SS-Grenadiere bemächtigte sich eine solche Erregung, daß sie der Version Glauben schenkten, Sepp Dietrich habe seine Divisionskommandeure zusammengerufen, das Keitel-Schreiben auf den Tisch geknallt und geschrien: »Das ist nun der Dank für alles, was Ihr fünf Jahre lang getan habt!« Er wolle seine Orden an Hitler zurückschicken und ihm melden, eher werde er sich selber erschießen, als dem Befehl des Führers zu folgen. Wahr daran war freilich nur, daß Dietrich die Order des Diktators ignorierte. Was er unterließ, holte ein SS-Sturmbannführer nach, Kommandeur einer Kampfgruppe, die während der Ungarn-Offensive am weitesten in die feindliche Front vorgestoßen war. Als er von der Hitler-Order hörte, schlug er wütend seinen Führern vor: »Wir nehmen einen Nachttopf, werfen alle unsere Orden hinein und binden einen Ärmelstreifen der Division ›Götz von Berlichingen‹ herum« – eine deutliche, jedem Deutschen verständliche Anspielung[227].

Rüder konnte man die Absage an den selbstzerstörerischen Tyrannen im Berliner Führerbunker kaum noch formulieren. In tausenden und abertausenden von SS-Männern zerbrach eine Welt. Kleine Gruppen von SS-Fanatikern kämpften weiter, peitschten sich und andere sinnlos in den Tod, blieben bis zum letzten Atemzug Geißel und Schrecken der Zivilbevölkerung – aber die Masse des Schwarzen Ordens scheute vor dem amtlich dekretierten Opfergang zurück. »Die Garde stirbt, doch sie ergibt sich nicht!« soll der französische General Cambronne 1815 in der Schlacht von Waterloo ausgerufen haben, als Napoleons Alte Garde ihre letzte Munition verschossen hatte und – von britischer Kavallerie umstellt – zur Übergabe aufgefordert wurde. Der (unhistorische) Ausspruch galt und gilt als Kennzeichen jeder Garde, als Sinn und Legitimation militärischer Auserwähltheit. Hitlers Garde verschoß nicht die letzte Patrone, die Schutzstaffel ergab sich, ehe sie vollends vom Gegner eingekreist war. Zug um Zug gaben die SS-Führer den Kampf auf.

Himmler aber tastete sich blind und selbstquälerisch über die Kraterlandschaft des NS-Regimes, furchtsam hin- und hergetrieben zwischen den Parolen seines Beraters Schellenberg und dem Schatten im Berliner Führerbunker. Einflüsterer Schellenberg ließ nicht locker, Himmler mußte sich doch einmal entscheiden! Der SD-Chef hatte inzwischen einen neuen Helfer gefunden, den Finanzminister Graf Schwerin von Krosigk. Er beschwor den SS-Chef am 19. April, Deutschland von dem Wahnsinnigen in der Reichskanzlei zu befreien und Frieden zu machen [228]. Derweil entwarfen Schellenberg und der ehemalige »Stahlhelm«-Führer Franz Seldte ein Regierungsprogramm für Himmler: Absetzung Hitlers, Auflösung der Partei, Beseitigung der Volksgerichtshöfe, Kapitulationsverhandlungen [229]. Als auch dieser Appell Himmler nicht zur Tat anspornen konnte, ließ Schellenberg einen neuen Helfer anrücken. Aus Stockholm reiste Kersten herbei, und er brachte den denkwürdigsten Besucher mit, den sich ein Reichsführer-SS vorstellen konnte: Norbert Masur, den offiziellen Vertreter des Jüdischen Weltkongresses. Am Abend des 19. April trafen die beiden in Tempelhof ein, wenige Stunden später erreichten sie Kerstens Gut Hartzwalde [230].

Doch Himmler war unerreichbar, er fuhr bereits in Richtung Führerbunker. Es war der 20. April 1945, Führers Geburtstag. Heinrich Himmler wollte seinem Führer die letzte Reverenz erweisen, der SS-Chef durfte nicht fehlen in jener gespenstischen Geburtstagscour, die der Diktator auf dem Hof der Reichskanzlei abhielt [231]. Auf der Rückfahrt aber nahm Himmler wieder die Pose des entschlossenen Deutschlandretters an. »Haben Sie Beziehungen zu General Eisenhower?« fragte er Kersten nach der Begrüßung in Hartzwalde. Kersten verneinte. Darauf Himmler: Ob er zu Eisenhower fahren und mit ihm über eine Kapitulation verhandeln wolle. Kersten, offenbar von Schellenberg instruiert, verwies auf den Grafen Bernadotte, der sei als offizielle Persönlichkeit geeigneter, den Kontakt zu Eisenhower zu schaffen [232].

Als ihm freilich der von Schellenberg herbeizitierte Schwedengraf ein paar Stunden später – am 21. April – gegenübersaß, hatte den SS-Chef der Mut wieder verlassen. »Die militärische Lage ist ernst, sehr ernst«, flüsterte Himmler. Aber das Eisenhower-Projekt erwähnte er nicht. Verwundert reiste Bernadotte wieder ab [233].

Kein Mensch im Führerhauptquartier ahnte zu dieser Stunde, wie nahe der getreue Himmler daran war, seinen Führer zu verlassen. Im Gegenteil, alle wahnsinnig-verzweifelten Hoffnungen des in seiner Kanzlei eingeschlossenen Diktators richteten sich auf die SS, buchstabierten sich in einem einzigen Namen: Steiner. »Steiner, Steiner«, murmelte Hitler und fuhr mit seiner Lupe auf der Lagekarte entlang. Hitlers zitternder Finger bohrte sich in die Karte, im Nordosten Berlins, dort, wo der SS-Obergruppenführer und General der Waffen-SS Felix Steiner mit einem Haufen zermürbter Einheiten stand[234]. Von dieser »Armeegruppe Steiner« erhoffte sich Hitler die Befreiung des von den Sowjetarmeen schon nahezu völlig eingeschlossenen Berlin.

Am 21. April befahl Hitler, Steiner solle mit seinen Einheiten im Raum Eberswalde sofort nach Süden marschieren, die sowjetische Angriffsflanke durchstoßen und die zerschlagenen deutschen Verteidigungsstellungen im Südosten Berlins wiederherstellen. Hitler zu Steiner: »Sie werden sehen, der Russe erleidet die größte Niederlage, die blutigste Niederlage seiner Geschichte vor den Toren Berlins[235].« Hitler ermahnte Steiner: »Ein Ausweichen nach Westen ist für alle Teile ausdrücklich verboten. Offiziere, die sich dieser Anordnung nicht bedingungslos fügen, sind festzunehmen und augenblicklich zu erschießen. Sie selbst mache ich mit Ihrem Kopf für die Durchführung dieses Befehls verantwortlich[236].«

Dann wartete Hitler am 22. April darauf, daß Steiner zur großen Entlastungsoffensive antreten werde. Stunde um Stunde zerrann. Doch der SS-Obergruppenführer weigerte sich, den Befehl zum Angriff zu geben. Mit 10 000 Mann eine feindliche Streitmacht von 100 000 Mann zu attackieren – das war in den Augen des SS-Generals Wahnsinn[237]. Immer wieder forschte Hitler, wo Steiners Angriff bleibe. Die Militärs um den Diktator wußten längst, daß der Obergruppenführer niemals angreifen werde, aber sie behielten ihr Wissen für sich. Erst in den Nachmittagsstunden erfuhr Hitler die Wahrheit[238]. Da durchzuckte es Hitler wie ein Schlag. Kreischend und tobend beschuldigte er seine Mitarbeiter des Verrats und der Feigheit, alle hätten ihn im Stich gelassen, erst die Wehrmacht, nun auch die SS. Die nationalsozialistische Idee sei verloren, es habe keinen Sinn weiterzuleben. Er werde Berlin nicht verlassen, sondern in seiner Hauptstadt sterben. Erstarrt blickten die Männer auf ihren Führer, der sich in Weinkrämpfen wand, aufschrie und plötzlich schlaff in seinen Sessel zurücksank[239].

Kam jetzt endlich einer auf die Idee, dem Wahnsinnigen den Rücktritt nahezulegen, die Kapitulation? Keiner kam auf die Idee. Jeder versuchte, den gebrochenen Führer aufzurichten, jeder fand ein ermunterndes Wort, allen voran Heinrich Himmler, der am Telefon – über den Wutausbruch des Diktators informiert – Hitler beschwor, Berlin zu verlassen und in Süddeutschland den Kampf fortzusetzen. Und einer nach dem anderen machte sich auf, den unwilligen Feldherrn Steiner zum letzten Dienst für seinen Führer zu treiben. Generalfeldmarschall Keitel, Generaloberst Jodl, General Krebs – keiner schreckte davor zurück, den Obergruppenführer in seinem Hauptquartier aufzusuchen und zum Angriff zu bewegen – mit Bitten, mit Betteleien, mit Drohungen[240].

»Es geht ja, Steiner, um Ihren Führer, der dies zu seiner Rettung verlangt!« rief selbst der Generaloberst Heinrici, dem es in Wahrheit nur um das Halten der Front ging. Keitel drohte Steiner mit dem Marschallstab, doch Felix Steiner blieb fest: »Nein, ich werde es nicht tun. Dieser Angriff ist Unsinn – Mord. Machen Sie mir mir, was Sie wollen[241].« Wieder wartete Hitler auf Meldungen von Steiner. Am 27. April hatte Hitler alle Hoffnung aufgegeben: Er gab Order, Obergruppenführer Steiner abzusetzen und durch den Heeresgeneralleutnant Holste abzulösen[242]. Noch einmal sabotierte Steiner einen Führerbefehl. Er bewog den General Holste, ihm weiterhin das Kommando zu überlassen[243].

24 Stunden später reichte ein Beamter des Reichspropagandaministeriums eine Meldung in den Führerbunker, die Hitlers Gespensterglauben die rechte Nahrung gab. Lorenz hatte eine Depesche des Reuter-Korrespondenten Paul Scott Rankine aufgefangen, der aus San Francisco berichtete, Reichsführer-SS Heinrich Himmler habe den westlichen Alliierten die Kapitulation Deutschlands angeboten. Walter Schellenberg hatte doch noch über den ängstlichen Götzendiener gesiegt[244].

Die Männer im Führerbunker waren von der Meldung wie gelähmt. Da wurde Promi-Staatssekretär Werner Naumann ans Telefon gerufen. Kurz darauf kehrte er mit einer noch gewichtigeren (allerdings unzutreffenden) Meldung zurück. Radio Stockholm habe soeben durchgegeben, daß Himmler bereits mit dem britisch-amerikanischen Oberkommando verhandle[245]. Der Diktator blickte auf. Ein weinerliches Geräusch entrang sich seinen Lippen, jetzt hatte sich ihm das ganze Ausmaß der SS-Schurkerei enthüllt. Jetzt wußte er, warum Steiner nicht angegriffen hatte, warum in Ungarn der SS-Angriff gescheitert war, warum Himmler an der Weichsel versagt hatte. Es war alles eine riesige Intrige gewesen, geknüpft von dem bösen Intriganten, den er einmal den »getreuen Heinrich« genannt hatte. Aber noch pulsierte Blut in seinen Adern, noch hatte er die Kraft, die Treulosen zu zerschmettern. »Niemals darf ein Verräter mir als Führer nachfolgen!« schrie er und ließ den Generalfeldmarschall Ritter von Greim rufen, der Auftrag erhielt, aus dem eingeschlossenen Berlin auszufliegen und Himmler unter allen Bedingungen zu verhaften[246].

Keinen SS-Führer wollte Hitler länger in seiner Nähe dulden, jeder SS-Führer war ihm nun verdächtig, erschien ihm als Glied einer grandiosen Verräterbande. Als er hörte, sein Schwager Hermann Fegelein, SS-Gruppenführer und Himmlers Chefvertreter, habe eigenmächtig den Führerbunker verlassen und sei in Zivilkleidern angetroffen worden, ließ er ihn im Hof der Reichskanzlei erschießen[247]. In sein Testament diktierte der Diktator: »Ich stoße vor meinem Tode den früheren Reichsführer-SS und Reichsminister des Innern, Heinrich Himmler, aus der Partei sowie aus allen Staatsämtern aus ... Göring und Himmler haben durch geheime Verhandlungen mit dem Feinde, die sie ohne mein Wissen und gegen meinen Willen abhielten, sowie durch den Versuch, entgegen dem Gesetz, die Macht im Staate an sich zu reißen, dem Lande und dem gesamten Volk unabsehbaren Schaden zugefügt, gänzlich abgesehen von der Treulosigkeit gegenüber meiner Person [248].«

Zwei Tage später war Adolf Hitler tot, doch sein ungetreuer Diener glaubte noch immer an eine Zukunft, in der er, Heinrich Himmler, das Schicksal Deutschlands bestimmen werde. Die Alliierten hatten längst die einseitigen Kapitulationsangebote Himmlers abgelehnt, doch der Reichsführer hoffte immer weiter.

Er gründete bereits in Gedanken eine neue NS-Partei (sie sollte »Nationale Sammlungspartei« heißen) [249]. Er stellte schon eine Nachkriegsregierung zusammen, in der auch der von ihm so lange befehdete Inland-SD-Chef Otto Ohlendorf einen Ministerposten erhalten sollte [250]. Er entwarf ein neues Regierungsprogramm. Doch je mehr das Großdeutsche Reich zwischen den Panzerkeilen der Alliierten zerbröckelte, desto schneller schmolzen Wahnideen und Hoffnungen des SS-Chefs dahin. Erst wollte er der Führer eines Nachkriegs-Deutschlands sein. Dann begehrte er den Platz des zweiten Mannes neben dem Hitler-Nachfolger Karl Dönitz und flüchtete sich in dessen Hauptquartier in Flensburg [251]. Schließlich war er bereit, sich mit dem Posten des Polizeichefs zu begnügen [252]. Und endlich schien ihm der Sessel eines Ministerpräsidenten von Schleswig-Holstein recht [253].

Als auch das Rumpfreich des Großadmirals Dönitz zusammenbrach, wußte Himmler, daß er ein verlorener Mann war. Der Graf Schwerin von Krosigk ahnte, was in dem SS-Herrn vorging, der nur mühsam (Himmler: »Disziplin, meine Herren, Disziplin«) [254] seine Fassung bewahrte. Der Graf mahnte Himmler: »Das darf nicht geschehen, daß der ehemalige Reichsführer-SS mit falschem Namen und falschem Bart aufgegriffen wird! Es gibt für Sie keinen anderen Weg, als zu [dem britischen Feldmarschall] Montgomery zu fahren und zu sagen: ›Hier bin ich.‹ Dann müssen Sie die Verantwortung für Ihre Männer übernehmen [255].«

Indes, Himmler kannte keinen anderen Gedanken, als eben dies zu tun, wovor ihn der Graf gewarnt hatte. Am 20. Mai 1945 legte sich Himmler eine Augenklappe an, zog einen Uniformrock der Geheimen Feldpolizei über und steckte sich einen Ausweis ein, der auf Heinrich Hitzinger lautete, einen Mann mit Himmler-ähnlichen Gesichtszügen, der einst vom Volksgerichtshof zum Tode verurteilt worden war [256]. Dann trat der Reichsführer-SS die Flucht aus der Geschichte an. Mit einigen Getreuen, unter ihnen Ohlendorf, Sekretär Brandt, Karl Gebhardt und Adjutant Grothmann, marschierte Himmler durch Holstein, überquerte die Elbe und suchte sich durch britische Kontrollposten durchzuschmuggeln. Doch die Briten paßten auf. Am 23. Mai wurde die Himmler-Gruppe aufgegriffen, um 14 Uhr lieferten sie britische Militärpolizisten im Vernehmungslager 031 nahe Lüneburg ab [257].

Als Captain Tom Selvester, der Kommandant des Lagers, die Eingelieferten an sich vorbeipassieren ließ, fielen ihm drei Männer auf. Zwei waren hochgewachsene Gestalten, der dritte aber »ein kleiner, schlecht aussehender und schäbig gekleideter Mann«, wie Selvester berichtet. Der Captain beorderte die drei Deutschen zu sich. Die beiden größeren Männer schickte Selvester in Einzelhaft, dann – so erzählt der Captain – »nahm der Kleine die schwarze Augenklappe über dem linken Auge ab und setzte sich eine Brille auf. Es war offenkundig, wer vor mir stand, und er sagte mit einer ganz ruhigen Stimme: ›Heinrich Himmler‹ [258].«

Selvester alarmierte den militärischen Geheimdienst, und bald erschienen zwei Offiziere des Intelligence Corps. Ihnen folgte noch am gleichen Abend Oberst Michael Murphy, der Leiter des Geheimdienstes im Stabe von Feldmarschall Montgomery. Murphy hatte sofort den Verdacht, Himmler habe Gift versteckt, das er in einem unbewachten Augenblick nehmen werde. Tatsächlich hatten die Briten in Himmlers Kleidung bereits eine Giftampulle gefunden, aber der Geheimdienstoberst traute der Sache nicht. Er ließ einen Arzt kommen, der Himmler nochmals untersuchte. Himmler öffnete den Mund, und da sah der Arzt im Halbdunkel der Zelle zwischen Himmlers Zähnen etwas Schwarzes glitzern. Der Arzt wollte den Kopf des Gefangenen ins Licht ziehen, da drehte sich Himmler zur Seite und klappte mit einem knirschenden Geräusch das Gebiß zu. Die versteckte Zyankali-Phiole zersprang – in wenigen Sekunden hauchte Himmler sein Leben aus [259].

Man schrieb den 23. Mai 1945. Heinrich Himmler war tot, die Geschichte der Schutzstaffel hatte sich vollendet. Im Flammenrauch der braunen Götterdämmerung löste sich der Schwarze Orden auf, furchtbarstes Instrument und Gleichnis einer Epoche, die im Spiegelbild der SS offenbarte, wohin Machtrausch und Staatsomnipotenz, Personenkult und kritiklose Gläubigkeit die Menschen treiben können.

Nur wenige SS-Führer folgten dem Beispiel ihres Ordensmeisters und machten ihrem Leben ein Ende. Der Judenmörder Globocnik nahm Gift [260], der Reichsarzt-SS Grawitz jagte sich und seine Familie mit zwei Handgranaten in die Luft [261], der Stennes-Denunziant Conti verübte im Nürnberger Gefängnis Selbstmord [262], HSSPF Friedrich-Wilhelm Krüger legte im Osten Hand an sich [263], HSSPF Prützmann ermordete sich unweit von Himmlers Lager [264]. Alliierte Militärtribunale und europäische Volksgerichtshöfe bemächtigten sich der wichtigsten Himmler-Assistenten und übten Rache. Mancher SS-Führer wurde hingerichtet: der Auschwitz-Kommandant Höß [265], die HSSPF Friedrich Jeckeln und Rauter [266], die Hauptamt-Chefs Kaltenbrunner, Pohl und Daluege [267], die Einsatzgruppen-Kommandeure Ohlendorf und Naumann [268], die Ehrenführer Greiser, Forster und Seyß-Inquart [269]. Das Gros der SS-Führer kam freilich seltsam glimpflich davon. Von den 30 Höheren SS- und Polizeiführern überlebten 16, von den 12 Hauptamt-Chefs acht, von den sechs Amtschefs des Reichssicherheitshauptamtes drei, von den acht in Rußland verwendeten Einsatzgruppen-Kommandeuren drei. Die meisten der Überlebenden wurden zu Zuchthausstrafen verurteilt, später jedoch begnadigt und entlassen. Einige der düstersten Figuren der SS-Unterwelt konnten entkommen, allen voran Eichmann, der allerdings 1960 von israelischen Agenten aufgespürt und zwei Jahre danach in Jerusalem zum Tode verurteilt wurde. Manche seiner wichtigsten Helfer blieben verschwunden: Alois Brunner, Günther, Dannecker, Röthke – ebenso Gestapo-Müller und der KZ-Inspekteur Glücks.

Die Masse der SS-Männer aber zog in die Gefangenschaft, einem Schicksal ausgeliefert, das kein Verdammungsurteil und kein Freispruch irgendeines Gerichtes lindern kann. In den Holzbaracken und auf den Appellplätzen der alliierten Kriegsgefangenenlager begann eine Debatte, die seither nicht verstummt ist: die Debatte der Enttäuschten und Geschlagenen, der Trotzigen und Ewig-Gestrigen, der Beschämten und Gebrochenen. Schuld und Sühne quälte sie und manchen die bohrende Frage, wie es hatte kommen können, daß junge Menschen mit Begeisterung und Hingabe zu gewissenlosen Werkzeugen der Gewalt geworden waren, zu Dienern eines pervertierten Treue- und Ehrbegriffs, der jedes Mitglied dieser Schutzstaffel zu einem sittlich wehrlosen Vollzugsfunktionär des Führerwillens gemacht hatte.

Gewiß, sie konnten sich ausrechnen und Entlastung von einer Kollektivschuld darin finden, daß allenfalls 50 000 von einer Million SS-Männer an den grausigen Verbrechen teilgenommen hatten[270]. Aber einige der Fragenden begnügten sich nicht mit solcher Antwort, sie forschten tiefer: Nein, in ihnen war etwas gewesen, was sie anfällig gemacht hatte für die Barbarei, für den vaterländisch und sozialistisch verschleierten Machtwahn entfesselter Kleinbürger. Wie ein Film rollte vor ihnen noch einmal die Chronik der SS ab. Sie erzählte die Geschichte einer verlorenen Generation, aufgewachsen in dem schwarzen Pessimismus des antibürgerlichen Kulturekels und angelockt von einem Orden, der ihnen Erlebnis und Abenteuer einer urmännlichen Gemeinschaft verhieß – im Dienste eines angeblich genialen Mannes und einer Idee.

Sie waren in den Orden der doppelten Sigrune eingetreten, denn er befriedigte zwei alte Sehnsüchte der Deutschen: einer militärischen Gemeinschaft anzugehören, die Ruhm, Sicherheit und den Glanz martialischer Spiele versprach, und Teil einer geheimen Elite zu sein, eines allmächtigen Konventikels, konnten sich doch viele Deutsche unter Politik und Regierung nichts anderes vorstellen als die Herrschaft okkulter Mächte, geheimer Zirkel und grauer Eminenzen. Der Schwarze Orden erfüllte solche Tagträume; wer in die SS eintrat, wurde gleichsam über Nacht zum Herrn der Nation, zum Mitglied einer den nationalsozialistischen Staat tragenden Sekte ausgewählter Edelmenschen.

Sie hatten sich gläubig anvertraut, weil sie glaubten, was man ihnen predigte: Volksgemeinschaft, Dienst für das Vaterland, eine neue soziale Ordnung. Und merkten gar nicht, wie der Orden der Elitemenschen von Stufe zu Stufe herabsank auf das Niveau einer Knüppelgarde, die keinen anderen Zweck mehr kannte, als Handlangerdienste zu leisten für einen gewissen- und haltlosen Diktator und dessen Clique. Vom 30. Juni 1934, dem Tage des SA-Mords, datierte das innere Elend der SS, da hatte die Fahrt in den Abgrund begonnen, die Zug um Zug alles zerstörte: Freiheit, Anstand,

Menschlichkeit und schließlich auch das, was sie, die Jünger des Schwarzen Ordens, immer auf den Lippen getragen hatten – das Reich.

»Haben wir in unserem Innersten Nein gesagt, als nach München unsere Truppen ins Protektorat einmarschierten?« rief einmal der ehemalige Untersturmführer Erich Kernmayr in einer Lagerdiskussion. »Haben wir damals, auch nur innerlich, Nein gesagt? Nein, tausendmal nein. Wir waren berauscht vom Machttraum: die ganze Welt. Er packt die Völker wie ein großer Rausch. Der Rausch von der Macht[271].« Der Aufbruch der Machtbesessenen hatte alle Grenzen und Normen gesprengt, und dies um so fataler, als die jugendlich-federnden Sendboten des vermeintlich neuen Deutschlands nicht nur von der Magie des Diktators beherrscht wurden, sondern zugleich in ihnen der alte deutsche Aberglaube nachwirkte, eine Regierung könne nicht Unrecht tun und wenn sie es doch tue, dann erlaube die Zweiteilung zwischen Privatem und Öffentlichem dem Bürger immer noch, unbefleckt jede Zumutung durch den Staat zu überstehen.

So gehört auch die blutige Geschichte der Schutzstaffel in die Ära des alten deutschen Nationalstaates, bezeichnen Wirken und Taten der SS die Hypertrophie des Nationalismus und der Staatsallmacht. Haben die Deutschen, haben die »Ehemaligen« diese Lektion verstanden? Der Historiker wagt nicht, die Antwort zu geben. Aber die Fragen bleiben und bohren, so sehr gewiß ist, daß die Chronik der Schutzstaffel die Deutschen weiter begleiten wird als ein Dokument erschütterndsten Machtwahns – Mahnung und Verpflichtung, die gelten werden, solange Deutschland eine Zukunft hat.

Anmerkungen

1 Einleitung

1 Der Prozeß gegen die Hauptkriegsverbrecher vor dem Internationalen Militärgerichtshof (künftig abgekürzt: IMT), Bd. XXI, S. 554. **2** Heinrich Himmler, Die Schutzstaffel als antibolschewistische Kampforganisation, S. 29. **3** SS-Liederbuch, S. 18. **4** IMT, Bd. XXI, S. 559. Anschriftenverzeichnis des Reichssicherheitshauptamtes, 1. Oktober 1941; Akten des Reichsführers-SS und Chefs der Deutschen Polizei (künftig abgekürzt: RFSS), Filmrolle 463. Jacques Delarue, Geschichte der Gestapo, S. 188. **5** Dienstaltersliste der Schutzstaffel der NSDAP, 9. November 1944, S. 61. Raul Hilberg, The Destruction of the European Jews, S. 134. **6** Martin Broszat, Anatomie des SS-Staates, Bd. II, S. 158, 159. **7** Paul Hausser, Waffen-SS im Einsatz, S. 16. **8** Schriftliche Mitteilung von Dr. Heinrich Malz, ehedem Referent im Reichssicherheitshauptamt, 23. September 1947. **9** So der Fall des Hauptsturmführers Kähne, der sich gegen die Vorwürfe des Zigarettenfabrikanten Theodor Schmiedeberg öffentlich nicht zur Wehr setzen durfte, weil die SS-Führung befürchtete, durch einen Prozeß würden Dienstgeheimnisse der Schutzstaffel bekannt werden. Vgl. Schreiben des Chefs der Sicherheitspolizei und des SD, IV C 4 b, an die Adjutantur des Reichsführers-SS, 6. August 1941; RFSS, Filmrolle 25. **10** Enno Georg, Die wirtschaftlichen Unternehmungen der SS, S. 139. **11** Hannah Arendt, Elemente und Ursprünge totaler Herrschaft, S. 591. **12** Werner Bross, Gespräche mit Hermann Göring während des Nürnberger Prozesses, S. 265, 288. **13** Reinhard Henkys, Die nationalsozialistischen Gewaltverbrechen, S. 176, 173. **14** IMT, Bd. XXII, S. 466, 588. **15** IMT, Bd. XXII, S. 589. **16** Felix Steiner, Die Armee der Geächteten, Plesse Verlag, Göttingen 1963. **17** Erich Kern, Der große Rausch. Rußlandfeldzug 1941–1945, Verlag Lothar Leberecht, Waiblingen 1948. **18** IMT, Bd. XX, S. 403. **19** IMT, Bd. XX, S. 377. **20** Ebd. **21** Eugen Kogon, Der SS-Staat (Auflage 1965), S. 32. **22** Kogon, a. a. O., S. 222. **23** Kogon, a. a. O., S. 23, 26. **24** Ebd. **25** Schreiben Otto Ohlendorfs an Dr. Heinrich Malz, 24. Februar 1948. **26** Gerald Reitlinger, Die Endlösung, S. 5. **27** Comer Clarke, Eichmann, S. 25. **28** Joseph Kessel, The man with the miraculous hands, S. 4. **29** Deutsche Zeitung, 15. August 1956. **30** Kogon, a. a. O., S. 346. **31** Kogon, a. a. O., S. 351. **32** Ebd. **33** Elie Cohen, Human Behaviour in the Concentration Camp, S. 233. **34** Cohen, a. a. O., S. 236. **35** Karl O. Paetel, Die SS, in: Vierteljahrshefte für Zeitgeschichte, Januar 1954, S. 25. **36** Ermenhild Neusüß-Hunkel, Die SS, S. 118. **37** Hilberg, a. a. O., S. 134. **38** Neusüß-Hunkel, a. a. O., S. 105, 111. **39** Kogon, Der SS-Staat (Auflage 1947), S. 158. **40** Ebd. **41** Kogon, a. a. O., (1947), S. 28. **42** Einführungs-Kapitel zu Kogon, Der SS-Staat, abgedruckt in: Frankfurter Hefte, August 1947. **43** Kogon, a. a. O., (Auflage 1965), S. 27. Vgl. dazu schriftliche Mitteilung von Dr. Heinrich Malz, 23. September 1947. **44** Ebd. Vgl. dazu schriftliche Mitteilung von Dr. Heinrich Malz, 23. September 1947. **45** Kogon, a. a. O., S. 30. **46** Kogon, a. a. O., S. 32. Vgl. dazu Broszat, Anatomie des SS-Staates, Bd. II, S. 77. **47** Kogon, a. a. O., S. 31. Vgl. dazu SS-Fragebogen Oswald Pohl, Archiv Wulf. **48** Kogon, a. a. O., S. 32, 33. **49** Schreiben von Rechtsanwalt Dr. Aschenauer an Weihbischof Neuhäusler, 26. Februar 1949. **50** Hans Rothfels, Die deutsche Opposition gegen Hitler, S. 112, 227. **51** Raul Hilberg, The Destruction of the European Jews, Quadrangle Books, Chicago 1961. **52** Alexander Dallin, Deutsche Herrschaft in Rußland 1941–1945, Droste Verlag, Düsseldorf 1958. **53** Jacques Delarue, Geschichte der Gestapo, Droste Verlag, Düsseldorf 1964. **54** Edward Crankshaw, Gestapo, Pyramid Books, New York 1961. **55** Jacques Benoist-Méchin, Geschichte der deutschen Militärmacht 1918–1946, Gerhard Stalling Verlag, Oldenburg und Hamburg, seit 1966 publiziert. **56** Gerald Reitlinger, Die SS, S. 43. **57** Dr. Achim Gercke, Gutachten über die rassische Herkunft des Oberleutnants zur See a. D. Reinhardt Heydrich, 22. Juni 1932, Archiv Wulf. **58** Reitlinger, Die SS, S. 45. Reitlinger, Die Endlösung, S. 15. **59** Quentin Reynolds, Minister of Death, S. 77, 78. **60** Clarke, a. a. O., S. 35, 36, 37. **61** Simon Wiesenthal, Großmufti – Großagent der Achse, S. 10, 12. **62** Hannah Arendt, Eichmann in Jerusalem, The Viking Press, New York 1963. **63** Enno Georg, Die wirtschaftlichen Unternehmungen der SS, Deutsche Verlags-Anstalt, Stuttgart 1963. **64** Hans Buchheim, Martin Broszat, Hans-Adolf Jacobsen, Helmut Krausnick, Anatomie des SS-Staates, 2 Bände, Walter-Verlag, Olten und Freiburg im Breisgau 1965. **65** Buchheim, Anatomie des SS-Staates, Bd. I, S. 7. **66** George H. Stein, The Waffen-SS, Cornell University Press, Ithaca/New York 1966. **67** Stein, a. a. O., S. VII. Es sollte jedoch hier erwähnt werden, daß schon der Nürnberger SS-Verteidiger, Rechtsanwalt Horst Pelckmann, versucht hatte, ein differenzierteres Bild von der SS zu zeichnen. **68** Paetel, a. a. O., S. 20. **69** Kogon, a. a. O., S. 32. **70** Hans Buchheim, SS und Polizei im NS-Staat, S. 16, 17. **71** H. R. Trevor-Roper, Hitlers letzte Tage, S. 13, 14. **72** Hannah Arendt, Elemente und Ursprünge totaler Herrschaft, S. 632. **73** Arendt, Elemente, S. 646. **74** Hans Buchheim, Totalitäre Herrschaft, S. 115. **75** Aussage Otto Ohlendorfs am 8. Oktober 1947, Nürnberger Nachfolgeprozesse, Fall X, Gerichtsprotokoll, S. 495. **76** Ebd. **77** Trevor-Roper, a. a. O., S. 14. **78** Werner Best, Die deutsche Abwehrpolizei bis 1945, S. 19. **79** Paul Seabury, The Wilhelmstraße, S. 127. **80** Alexander Dallin, a. a. O., S. 179–181. **81** Schreiben Hildebrandts an Himmler, 17. April 1943, RFSS, Filmrolle 117. **82** Heinz Boberach, Meldungen aus dem Reich, S. XXVII. **83** Martin Broszat, Nationalsozialistische Polenpolitik 1939–1945, S. 83, 84. **84** Tagebuch von Viktor Lutze, in: Frankfurter Rundschau, 16. Mai 1957. **85** Walter Schellenberg, Memoiren, S. 179. **86** Alan Bullock, Hitler, S. 771. **87** Berichte des Kommandeurs der Sicherheitspolizei und des SD in Weißruthenien, RFSS, Filmrolle 59. **88** Robert Kempner, Eichmann und Komplizen, S. 373–380. **89** Achim Besgen, Der stille Befehl, München 1960. **90** Besgen, a. a. O., S. 28, 29. **91** IMT, Bd. XX, S. 456, 457. **92** Korrespondenz zwischen Himmler und Reeder, RFSS, Filmrolle 56. **93** Vierteljahresbericht des SD-Abschnitts Nürnberg, 10. Oktober 1941, RFSS, Filmrolle 406. **94** Schreiben Bergers an Rudolf Brandt, 2. April 1943, RFSS, Filmrolle 117. **95** Ebd. **96** Korrespondenz zwischen Ohlendorf und Wolff, Brandt, d'Alquen 1942/43, RFSS, Filmrolle 275. **97** Rudolf Höß, Kommandant in Auschwitz, S. 130. **98** Jürgen Thorwald, Wen sie verderben wollen, S. 360. Gerald Reitlinger, Ein Haus auf Sand gebaut, S. 420. Dallin, a. a. O., S. 619, 620. **99** Privatarchiv Dr. Korherr. **100** Enno Georg, a. a. O., S. 51 ff. **101** Georg, a. a. O., S. 37, 38.

2 Die Gründung der SS

1 Ernst Deuerlein, Der Hitler-Putsch, S. 30. **2** Deuerlein, Hitlers Eintritt in die Politik und die Reichswehr, in: Vierteljahrshefte für Zeitgeschichte, 2. Heft, April 1959, S. 185. **3** Deuerlein, Hitlers Eintritt, S. 184. **4** Deuerlein, Hitlers Eintritt, S. 208. Heinrich Bennecke, Hitler und die SA, S. 15. **5** Bennecke, a. a. O., S. 19. **6** Bennecke, a. a. O., S. 19. Hans Volz, Daten der Geschichte der NSDAP, S. 5. **7** Ernst Röhm, Die Geschichte eines Hochverräters, S. 86. **8** Werner Maser, Die Frühgeschichte der NSDAP, S. 189, 190. Deuerlein, Hitlers Eintritt, S. 26. **9** Röhm, a. a. O., S. 114. **10** Bennecke, a. a. O., S. 13, 14. **11** Konrad Heiden, Geschichte des Nationalsozialismus, S. 83. **12** Bennecke, a. a. O., S. 13. **13** Bennecke, a. a. O., S. 16. **14** Heiden, a. a. O., S. 86. **15** Heiden, a. a. O., S. 98. **16** Röhm, a. a. O., S. 115. **17** Röhm, a. a. O., S. 125. **18** Bennecke, a. a. O., S. 27. **19** Ebd. **20** Bennecke, a. a. O., S. 28. **21** Bennecke, a. a. O., S. 27. **22** Ernst von Salomon, Der Fragebogen, S. 398. **23** Heiden, a. a. O., S. 87. Bennecke, a. a. O., S. 28. **24** Röhm, a. a. O., S. 173. **25** Heiden, a. a. O., S. 87. **26** Heiden, a. a. O., S. 99. **27** Bennecke, a. a. O., S. 31. Heiden, a. a. O., S. 81. **28** Bennecke, a. a. O., S. 54, 55. **29** Bennecke, a. a. O., S. 54, 56, 68. **30** Bennecke, a. a. O., S. 54. **31** Bennecke, a. a. O., S. 66. **32** Volz, a. a. O., S. 11. Röhm, a. a. O., S. 149. **33** Bennecke, a. a. O., S. 86, 88. **34** Bennecke, a. a. O., S. 236. **35** Volz, a. a. O., S. 120. **36** Volz, a. a. O., S. 120. **37** Ebd. **38** Ebd. **39** Volz, a. a. O., S. 120. Josef Wulf, Die SS, S. 2. **40** Maser, a. a. O., S. 357. **41** Maser, a. a. O.,

S. 303. **42** Schriftliche Mitteilung von Herrn Otto Eichinger, 14. Oktober 1966. **43** Maser, a. a. O., S. 308. **44** Reitlinger, Die SS, S. 21. **45** Deuerlein, Hitler-Putsch, S. 99. **46** Maser, a. a. O., S. 443. **47** Bennecke, a. a. O., S. 92. **48** Maser, a. a. O., S. 448. **49** Maser, a. a. O., S. 445. **50** Ebd. **51** Maser, a. a. O., S. 448. Volz, a. a. O., S. 122. **52** Maser, a. a. O., S. 445. Bennecke, a. a. O., S. 92. **53** Maser, a. a. O., S. 445. **54** Maser, a. a. O., S. 446. **55** Bennecke, a. a. O., S. 94. **56** Maser, a. a. O., S. 448, 456. **57** Bennecke, a. a. O., S. 94. **58** Maser, a. a. O., S. 458. **59** Maser, a. a. O., S. 459. **60** Ebd. **61** Maser, a. a. O., S. 461. **62** Maser, a. a. O., S. 460. **63** Volz, a. a. O., S. 10, 11. **64** Röhm, a. a. O., S. 206. **65** Röhm, a. a. O., S. 275. **66** Bennecke, a. a. O., S. 110. **67** Ebd. **68** Bennecke, a. a. O., S. 111. **69** Röhm, a. a. O., S. 324, 327. **70** Röhm, a. a. O., S. 329. **71** Bennecke, a. a. O., S. 62. **72** Röhm, a. a. O., S. 338. **73** Röhm, a. a. O., S. 293 **74** Röhm, a. a. O., S. 336. **75** Volz, a. a. O., S. 12. **76** Bennecke, a. a. O., S. 117. **77** Ebd. **78** Röhm, a. a. O., S. 341. **79** Bennecke, a. a. O., S. 120. **80** Reitlinger, Die SS, S. 21. **81** Volz, a. a. O., S. 122. **82** Bennecke, a. a. O., S. 127. **83** Buchheim, SS und Polizei im NS-Staat, S. 27. **84** Uns ist der Kampf, SS-amtliche Broschüre, RFSS, Filmrolle 161. **85** Walter Görlitz und Herbert A. Quint, Adolf Hitler, S. 251. **86** Rundschreiben Nr. 1 der Schutzstaffel/Oberleitung, 21. September 1925, Akten des Berliner Document Center (künftig abgekürzt: BDC), Filmrolle 87. Edgar Erwin Knoebel, Racial Illusion and Military Necessity, S. 3. **87** Knoebel, a. a. O., S. 3. Gunter d'Alquen, Die SS, S. 7. **88** Richtlinien zur Aufstellung von »Schutzstaffeln« der Nationalsozialistischen Deutschen Arbeiter-Partei, hrg. von der Oberleitung der SS, undatiert, BDC, Filmrolle 87. **89** Ebd. **90** Völkischer Beobachter, 27. November 1925. **91** Schreiben Schrecks an die Parteileitung der NSDAP, 27. November 1925, BDC, Filmrolle 87. **92** Schutzstaffel der Nationalsozialistischen deutschen Arbeiter Partei, Aufzeichnung von Julius Schreck, undatiert, Hauptarchiv der NSDAP (künftig abgek.: HA), Filmrolle 17. **93** Ansprache des Abteilungsführers Rosenwink der Schutzstaffel-Abteilung München, o. D., HA, Filmrolle 17. **94** Ansprache Rosenwinks, HA, Filmrolle 17. **95** Ansprache Rosenwinks, HA, Filmrolle 17. **96** Ansprache Rosenwinks, HA, Filmrolle 17. **97** Neusüß-Hunkel, a. a. O., S. 7. **98** NSK-Wahlsonderdienst, 5. April 1938, Blatt 5, BDC, Filmrolle 87. Buchheim, SS und Polizei im NS-Staat, S. 28. **99** Volz, a. a. O., S. 122. **100** Bennecke, a. a. O., S. 128. **101** Bennecke, a. a. O., S. 128, 129. **102** Volz, a. a. O., S. 122. Bennecke, a. a. O., S. 130, 131, 132. **103** Bennecke, a. a. O., S. 132, 239. **104** Schreiben Ernst Wagners an Hitler, 20. Mai 1926, BDC, Filmrolle 87. **105** Ebd. **106** Richtlinien der »Schutzstaffeln« der Nationalsozialistischen Deutschen Arbeiter-Partei, BDC, Filmrolle 87. **107** Rundschreiben Nr. 1, 14. April 1926, BDC, Filmrolle 87. **108** Ernst Wagner an Hitler, 20. Mai 1926, BDC, Filmrolle 87. **109** NSK-Wahlsonderdienst, 5. April 1938, Blatt 5, BDC, Filmrolle 87. **110** Bennecke, a. a. O., S. 239, 240. **111** SA-Befehl Nr. 1, 16. Januar 1931, BDC, Filmrolle 87. **112** Gunter d'Alquen, Die SS, S. 8. **113** Bennecke, a. a. O., S. 239. **114** Schutzstaffeln der N.S.D.A.P., Oberleitung, o. D., BDC, Filmrolle 87. **115** Heiden, a. a. O., S. 28. **116** Ebd. **117** Befehl Nr. 1 der Schutzstaffel-Oberleitung, 13. September 1927, BDC, Filmrolle 87. **118** Ebd. **119** Lagebericht der Münchner Polizeidirektion, 7. Mai 1929, BDC, Filmrolle 87. **120** Ebd. **121** Heiden, a. a. O., S. 28. **122** SS-Liederbuch, S. 4. **123** Heiden, a. a. O., S. 27. **124** Roger Manvell und Heinrich Fraenkel, Heinrich Himmler, S. 17.

3 Heinrich Himmler

1 Albert Krebs, Tendenzen und Gestalten der NSDAP, S. 209. **2** Krebs, a. a. O., S. 210. **3** Krebs, a. a. O., S. 209. **4** Friedrich Hoßbach, Zwischen Wehrmacht und Hitler 1934–1938, S. 33. **5** Heinz Guderian, Erinnerungen eines Soldaten, S. 405. **6** Carl J. Burckhardt, Meine Danziger Mission 1937–1939, S. 123. **7** Alfred Rosenberg, Letzte Aufzeichnungen, S. 102. **8** Walter Dornberger, V 2 – der Schuß ins Weltall, S. 196, 202. **9** Folke Bernadotte, Das Ende, S. 33. **10** Trevor-Roper, a. a. O., S. 28. **11** So etwa Willi Frischauer, Himmler, S. 20. **12** Manvell/Fraenkel, a. a. O., S. 1, 2. **13** Schreiben von Margarete Himmler an Heinrich Himmler, 11. April 1928, HA, Filmrolle 98. **14** Mündliche Mitteilung eines nahen Himmler-Verwandten, der ungenannt zu bleiben wünscht, 29. Januar

1966. **15** Heinrich Himmler an seine Mutter, 2. Juni 1921, HA, Filmrolle 98. **16** Heinrich Himmler an Ernst Himmler, 14. November 1920, HA, Filmrolle 98. **17** Himmler an Paula Stölzle, 18. April 1923, HA, Filmrolle 98. **18** Ebd. **19** Schreiben Max Blümls an Himmler, 14. März 1924, HA, Filmrolle 98. **20** Ebd. **21** Schreiben Himmlers an Rössner, 12. März 1924, HA, Filmrolle 98. **22** Schreiben Himmlers an Paula Stölzle, 18. April 1923, HA, Filmrolle 98. **23** Manvell/Fraenkel, a. a. O., S. 1. **24** Manvell/Fraenkel, a. a. O., S. 25. **25** Manvell/Fraenkel, a. a. O., S. 255. **26** Werner T. Angress und Bradley F. Smith, Diaries of Heinrich Himmler's Early Years, in: Journal of Modern History, September 1959, S. 213. Es sei an dieser Stelle vermerkt, daß die Arbeit der beiden amerikanischen Historiker über die frühen Jahre Himmlers äußerst aufschlußreiche Einblicke in das Wesen des späteren Reichsführers-SS vermittelt. **27** Angress/Smith, a. a. O., S. 214. **28** Mündliche Mitteilung eines nahen Himmler-Verwandten, der ungenannt zu bleiben wünscht, 29. Januar 1966. **29** Von Konrektor Gebhard Himmler ausgefüllter Fragebogen zur Person Heinrich Himmlers, 26. Juni 1917, HA, Filmrolle 98. **30** Manvell/Fraenkel, a. a. O., S. 4. **31** Angress/Smith, a. a. O., S. 207. **32** Manvell/Fraenkel, a. a. O., S. 4. **33** Schreiben der Hofverwaltung der Prinzessin-Witwe Arnulf von Bayern an Konrektor Gebhard Himmler, 11. Juni 1917, HA, Filmrolle 98. **34** Schreiben Heinrich Himmlers an das Nachkommando des 11. Bayrischen Infanterie-Regiments, 17. Juni 1919, HA, Filmrolle 98. **35** Manvell/Fraenkel, a. a. O., S. 255. **36** Josef Wulf, Heinrich Himmler, S. 8. **37** Schreiben Himmlers an das Nachkommando des 11. Bayrischen Infanterie-Regiments, 17. Juni 1919, HA, Filmrolle 98. **38** Ebd. **39** Deuerlein, Hitler-Putsch, S. 19, 20. **40** Deuerlein, Hitler-Putsch, S. 20. **41** Cuno Horkenbach, Das Deutsche Reich von 1918 bis heute, Bd. I, S. 65. **42** Deuerlein, Hitler-Putsch, S. 22. **43** Angress/Smith, a. a. O., S. 208. **44** Manvell/Fraenkel, a. a. O., S. 208. **45** Himmler-Schreiben an das 11. Bayrische Infanterie-Regiment, 17. Juni 1919, HA, Filmrolle 98. **46** Manvell/Fraenkel, a. a. O., S. 5. **47** Wulf, Heinrich Himmler, S. 8. **48** Wulf, Die SS, S. 9. **49** Angress/Smith, a. a. O., S. 208. **50** Ebd. **51** Ebd. **52** Angress/Smith, a. a. O., S. 209. **53** Empfangs-Schein der 14. Alarm-Kompanie, 16. Mai 1920, HA, Filmrolle 98. **54** Angress/Smith, a. a. O., S. 208. **55** Angress/Smith, a. a. O., S. 210. **56** Angress/Smith, a. a. O., S. 210. **57** Angress/Smith, a. a. O., S. 211. **58** Ebd. **59** Angress/Smith, a. a. O., S. 211. **60** Mündliche Mitteilung eines nahen Himmler-Verwandten, der ungenannt zu bleiben wünscht, 29. Januar 1966. **61** Angress/Smith, a. a. O., S. 217. **62** Ebd. **63** Angress/Smith, a. a. O., S. 217. **64** Besgen, a. a. O., S. 77. **65** Angress/Smith, a. a. O., S. 217. **66** Schriftliche Mitteilung von Herrn Theodore Rosenfeld, 14. Dezember 1966. **67** Schriftliche Mitteilung von Herrn Hans Knipp, 15. August 1950. **68** Schreiben Robert Kistlers an Himmler, 4. Januar 1919, HA, Filmrolle 98. **69** Angress/Smith, a. a. O., S. 209. **70** Ebd. **71** Ebd. **72** Generalmitgliederversammlung der NSDAP am 21. Januar 1921, vgl. Volz, a. a. O., S. 4. **73** Angress/Smith, a. a. O., S. 213. **74** Angress/Smith, a. a. O., S. 215. **75** bis **84** Mitgliedskarten Heinrich Himmlers, HA, Filmrolle 98. **85** Angress/Smith, a. a. O., S. 219. **86** Angress/Smith, a. a. O., S. 220. **87** Angress/Smith, a. a. O., S. 220. **88** Angress/Smith, a. a. O., S. 221. **89** Angress/Smith, a. a. O., S. 216. **90** Ebd. **91** Ebd. **92** Ebd. **93** Schreiben Himmlers an seine Eltern, 28. Juli 1922, HA, Filmrolle 98. **94** Röhm, a. a. O., S. 86. **95** Röhm, a. a. O., S. 115. **96** Angress/Smith, a. a. O., S. 211. **97** Ebd. **98** Zeugnis der Stickstoff-Land-GmbH, Landwirtschaftlicher Betrieb, Schleißheim, für Heinrich Himmler, 30. August 1923, HA, Filmrolle 98. **99** Angress/Smith, a. a. O., S. 211. **100** Zeugnis der Stickstoff-Land-GmbH, 30. August 1923, HA, Filmrolle 98. **101** Röhm, a. a. O., S. 221. **102** Angress/Smith, a. a. O., S. 211. **103** Röhm, a. a. O., S. 233. **104** Röhm, a. a. O., S. 234. **105** Ebd. **106** Ebd. **107** Röhm, a. a. O., S. 237, 238, 239. **108** Röhm, a. a. O., S. 240. **109** Röhm, a. a. O., S. 243. **110** Röhm, a. a. O., S. 242. **111** Vgl. Kapitel 5. **112** Röhm, a. a. O., S. 242. **113** Röhm, a. a. O., S. 244. **114** Ebd. **115** Schreiben von L. M. an Himmler, 18. November 1923, HA, Filmrolle 98. **116** Ebd. **117** Volz, a. a. O., S. 16. **118** Volz, a. a. O., S. 16. Krebs, a. a. O., S. 183. **119** Angress/Smith, a. a. O., S. 222. **120** Angress/Smith, a. a. O., S. 221, 222. **121** Schreiben Himmlers an Robert Kistler, 22. August 1924, HA, Filmrolle 98. **122** Volz, a. a. O., S. 17. **123** Schreiben Himmlers an Robert Kistler, 22. August 1924, HA, Filmrolle 98. **124** Angress/Smith, a. a. O., S. 223, 224. **125** Angress/Smith, a. a. O., S. 215, 218.

126 Angress/Smith, a. a. O., S. 215. **127** Angress/Smith, a. a. O., S. 210. **128** Schreiben Margarete Himmlers an Heinrich Himmler, 30. Dezember 1927, HA, Filmrolle 98. **129** Schreiben Margarete Himmlers an Heinrich Himmler, 3. Januar 1928, HA, Filmrolle 98. **130** Volz, a. a. O., S. 12. **131** Volz, a. a. O., S. 122. **132** Manvell/Fraenkel, a. a. O., S. 216. **113** Frischauer, a. a. O., S. 23. **134** Manvell/Fraenkel, a. a. O., S. 225. **135** Mündliche Mitteilung eines nahen Himmler-Verwandten, der ungenannt zu bleiben wünscht, 29. Januar 1966. **136** Frischauer, a. a. O., S. 24. **137** Besgen, a. a. O., S. 72. **138** Bernadotte, a. a. O., S. 44. **139** Frau M. Sieguth an Himmler, 2. November 1927, HA, Filmrolle 98. **140** Schreiben Margarete Himmlers an Heinrich Himmler, 26. Februar 1928, HA, Filmrolle 98. **141** Der Reichsführer-SS und Chef der Deutschen Polizei, SS-amtliche Kurzbiographie Himmlers, undatiert, RFSS, Filmrolle 229. **142** Heinrich Himmler, Völkische Bauernpolitik, undatiert, HA, Filmrolle 98. **143** Joachim C. Fest, Das Gesicht des Dritten Reiches, S. 163. **144** Ebd. **145** Heinrich Himmler, Das Zusammenleben, undatiert, HA, Filmrolle 98. **146** Ebd. **147** Felix Kersten, Totenkopf und Treue, S. 396. **148** Himmler, Völkische Bauernpolitik, HA, Filmrolle 98. **149** Ebd. **150** Walter Z. Laqueur, Die deutsche Jugendbewegung, S. 174. **151** Laqueur, a. a. O., S. 175. **152** Laqueur, a. a. O., S. 174. **153** Laqueur, a. a. O., S. 44. **154** Laqueur, a. a. O., S. 174. Degener, Wer ist wer, Ausgabe 1935. **155** Blut und Boden, Lichtbildvortrag, herausgegeben vom Chef des Rasse- und Siedlungshauptamtes, undatiert, Teil II, S. 5, RFSS, Filmrolle 161. **156** Blut und Boden, Teil II, S. 25. **157** Blut und Boden, Teil I, S. 17. **158** Laqueur, a. a. O., S. 175. **159** Volz, a. a. O., S. 29. **160** Mündliche Mitteilung eines nahen Himmler-Verwandten, der ungenannt zu bleiben wünscht, 29. Januar 1966. **161** Ebd. **162** Ebd. **163** Ebd. **164** Ebd. **165** Schriftliche Bestätigung der Heiratsurkunde Heinrich und Margarete Himmlers, ausgestellt vom Standesamt Berlin-Schöneberg, 7. Januar 1960. **166** Mündliche Mitteilung eines nahen Himmler-Verwandten, der ungenannt zu bleiben wünscht, 29. Januar 1966. **167** Schreiben Margarete Himmlers an Heinrich Himmler, 26. Februar 1928, HA, Filmrolle 98. **168** Manvell/Fraenkel, a. a. O., S. 17. **169** Ebd. **170** Schreiben Margarete Himmlers an Heinrich Himmler, 6. Mai 1929, HA, Filmrolle 98. **171** Schreiben Margarete Himmlers an Heinrich Himmler, HA, Filmrolle 98. **172** Manvell/Fraenkel, a. a. O., S. 17. **173** Schreiben Margarete Himmlers an Heinrich Himmler, 26. Februar 1928, HA, Filmrolle 98. **174** Schreiben Margarete Himmlers an Heinrich Himmler, 2. Februar 1928, HA, Filmrolle 98. **175** Schreiben Margarete Himmlers an Heinrich Himmler, 16. Februar 1928, HA, Filmrolle 98. **176** Schreiben Margarete Himmlers an Heinrich Himmler, HA, Filmrolle 98. **177** Schreiben Margarete Himmlers an Heinrich Himmler, 20. März (o. J.), HA, Filmrolle 98. **178** Dienstaltersliste der Schutzstaffel der N.S.D.A.P., 1. Juli 1935, S. 2.

4 Von der Leibwache zur Parteipolizei

1 Haase, Der Nationalsozialistische Orden, undatiert, HA, Filmrolle 98. **2** Knoebel, a. a. O., S. 8. **3** Die Schutzstaffel, Vortrag am 18. Januar 1943, RFSS, Filmrolle 155. **4** Knoebel, a. a. O., S. 9. **5** IMT, Bd. XXIX, S. 208. **6** Ebd. **7** Ebd. **8** Ebd. **9** Röhm, a. a. O., S. 88. **10** IMT, Bd. XXIX, S. 208. **11** Ernst Jünger (Herausgeber), Krieg und Krieger, S. 106. **12** Hannah Arendt, Elemente und Ursprünge totaler Herrschaft, S. 527. **13** Ernst Jünger, Der Kampf als inneres Erlebnis, S. 2. **13a** Jünger, Der Kampf als inneres Erlebnis, S. 46. **14** Jünger, Krieg und Krieger, S. 119. **15** Das Schwarze Korps, 26. November 1942. **16** Jünger, Krieg und Krieger, S. 120, 121. **17** Darauf weist besonders Paetel, a. a. O., S. 29, hin. **18** Reitlinger, Die SS, S. 26. Inter-Press, Biographischer Dienst, 86/1951. **19** IMT, Bd. XX, S. 310–313. **20** Wer ist wer, Ausgabe 1935. **21** Josef Wulf, Das Dritte Reich und seine Vollstrecker, S. 227. **22** Frankfurter Allgemeine Zeitung, 14. Juli 1964. **23** Delarue, a. a. O., S. 222, 223. **24** Krebs, a. a. O., S. 209. **25** Schreiben Himmlers an Röhm, 29. Januar 1930, RFSS, Filmrolle 199. **26** Ebd. **27** Knoebel, a. a. O., S. 17. **28** Bennecke, a. a. O., S. 239. **29** Ebd. **30** Bennecke, a. a. O., S. 239, 240. **31** Schreiben von Stennes an Röhm, 28. Februar 1931, HA, Filmrolle 17. **32** Flugblatt anonymer SA-Männer, 25. Februar 1931, HA, Filmrolle 17. **33** Volz, a. a. O., S. 124. Bennecke, a. a. O., S. 153. **34** Bekanntmachung an alle SS-Männer im 3. Sturm III/5. SS-Standarte, undatiert (etwa Ende 1930), RFSS, Filmrolle 15. **35** Nationalsozialistische Selbstschutzverbände, Bericht der Münchner Polizeidirektion an das Bayrische Staatsministerium des Innern, 22. Dezember 1931, HA, Filmrolle 17. **36** Bekanntmachung an alle SS-Männer, S. 5. **37** Zusatz des OSAF-Stellvertreters Süd zum Befehl des Partei- und Obersten SA-Führers vom 7. November 1930, HA, Filmrolle 17. **38** Befehl des Partei- und Obersten SA-Führers, 7. November 1930, HA, Filmrolle 17. **39** Heiden, a. a. O., S. 189. **40** Görlitz/Quint, a. a. O., S. 256. **41** Paetel, a. a. O., S. 5. **42** Heiden, a. a. O., S. 282. **43** Heiden, a. a. O., S. 203. **44** Heiden, a. a. O., S. 204. **45** Görlitz/Quint, a. a. O., S. 260. Führerlexikon, S. 77. **46** Rosenberg, a. a. O., S. 35. **47** Heiden, a. a. O., S. 202, 203. **48** Görlitz/Quint, a. a. O., S. 258. **49** Görlitz/Quint, a. a. O., S. 258, 259. **50** Görlitz/Quint, a. a. O., S. 258. **51** Hans-Joachim Neufeldt, Jürgen Huck, Georg Tessin, Zur Geschichte der Ordnungspolizei 1936–1945, S. 107. **52** Martin Broszat, Die Anfänge der Berliner NSDAP 1926/27, in: Vierteljahrshefte für Zeitgeschichte, Heft 1, Januar 1960, S. 89. **53** Ebd. **54** Broszat, a. a. O., S. 90. **55** Ebd. **56** Ebd. Volz, a. a. O., S. 33. **57** Görlitz/Quint, a. a. O., S. 423. **58** Karl-Dietrich Bracher, Wolfgang Sauer, Gerhard Schulz, Die nationalsozialistische Machtergreifung, S. 843. **59** Bracher/Sauer/Schulz, a. a. O., S. 840. **60** Ebd. **61** Volz, a. a. O., S. 123, 263. **62** Volz, a. a. O., S. 192, 123. **63** Görlitz/Quint, a. a. O., S. 263. **64** Bennecke, a. a. O., S. 154. Bracher/Sauer/Schulz, a. a. O., S. 848. **65** Heiden, a. a. O., S. 279. **66** Heiden, a. a. O., S. 279–283. **67** Manvell/Fraenkel, a. a. O., S. 19. **68** Ebd. **69** Undatierter und anonymer, offenbar in Berliner SS-Kreisen entstandener Bericht über die Frühgeschichte der Berliner SS, BDC, Filmrolle 87. **70** SS-Stammrolle Packebuschs, Archiv Tobias. Schreiben Dalueges vom 20. August 1938 und 9. Januar 1939, Archiv Tobias. **71** Bennecke, a. a. O., S. 148. **72** Schreiben von Stennes an Röhm, 28. Februar 1931, HA, Filmrolle 17. **73** Über die enge Beziehung zwischen steigender Arbeitslosigkeit und wachsenden NS-Stimmen vgl. Bennecke, a. a. O., S. 169 ff. **74** Bracher/Sauer/Schulz, a. a. O., S. 47. **75** Bracher/Sauer/Schulz, a. a. O., S. 847, 848. **76** Vgl. die zahlreichen anonymen Flugblätter revolutionärer SA-Männer in Berlin, HA, Filmrolle 17. **77** Flugblatt unbekannter Parteigenossen und SA-Männer, 31. Mai 1931, HA, Filmrolle 17. **78** Bennecke, a. a. O., S. 146. **79** OSAF-Stellvertreter Süd, Stellungnahme zur vorgesehenen Um-Organisation der SA-Führung, 19. September 1930, BDC, Filmrolle 85. **80** Lagebericht der Münchner Polizeidirektion, 24. Oktober 1930, BDC, Filmrolle 85. Münchner Post, 4. September 1930. **81** Ebd. **82** Flugblatt Dresdener SA-Männer, 20. März 1931, HA, Filmrolle 17. **83** Münchner Post, 4. September 1930. **84** Lagebericht der Münchner Polizeidirektion, 24. Oktober 1930, BDC, Filmrolle 85. **85** Ebd. **86** Ebd. **87** Ebd. Krebs, a. a. O., S. 167. **88** Heiden, a. a. O., S. 284. Wahrheiten der Woche (Organ der Stennes-Anhänger), 10. Oktober 1931, HA, Filmrolle 17. **89** Völkischer Beobachter, 4. September 1930. **90** Schreiben L. Contis an OSAF, 8. September 1930; HA, Filmrolle 17. **91** Ebd. **92** Heiden, a. a. O., S. 198. **93** Heiden, a. a. O., S. 198. **94** Bracher/Sauer/Schulz, a. a. O., S. 349. **95** Ebd. **96** Bennecke, a. a. O., S. 164. **97** Schreiben Dalueges vom 9. Januar 1939, Archiv Tobias. **98** Schreiben Dalueges an Röhm, 1. April 1931, HA, Filmrolle 17. **99** Görlitz/Quint, a. a. O., S. 312. **100** Hamburger Fremdenblatt, 2. April 1931. **101** Hamburger Echo, 3., 4., 5. April 1931. **102** Hamburger Echo, 3., 4. April 1931. **103** Hamburger Echo, 3. April 1931. **104** Von Stennes herausgegebenes Extrablatt, undatiert, HA, Filmrolle 17. Hamburger Echo, 2., 3., 4., 10. April 1931. Hamburger Nachrichten, 4. April 1931. **105** Bracher/Sauer/Schulz, a. a. O., S. 852. Horkenbach, a. a. O., Bd. III, S. 125. **106** Horkenbach, a. a. O., Bd. III, S. 128. **107** Wulf, Das Dritte Reich und seine Vollstrecker, S. 225, 228. **108** Buchheim, Anatomie des SS-Staates, Bd. I, S. 33. **109** Führerbesprechung am 13. und 14. Juni 1931, Bericht der SS-Führung, BDC, Filmrolle 87. **110** Vorläufige Dienstordnung für die Arbeit der SS, Juni 1931, BDC, Filmrolle 87. **111** Ebd. **112** Ebd. **113** SS-Abschnitts-Befehl Nr. 4, 21. März 1931, BDC, Filmrolle 87. **114** Schreiben des SA-Stabschefs Wagener an die OSAF-Stellvertreter, 3. Oktober 1930, BDC, Filmrolle 85. **115** Schreiben Schrecks an die Parteileitung, 24. September 1925, BDC, Filmrolle 87. **116** Vorläufige Dienstordnung für die Arbeit der SS, Juni 1931, BDC, Filmrolle 87. **117** Ebd. **118** Shlomo Aronson, Heydrich und die Anfänge des SD und der

Gestapo (1931–1935), S. 87. **119** SS-Befehl A Nr. 53, 10. Oktober 1931, BDC, Filmrolle 87. **120** Vergleiche Kapitel 8 dieses Buches. **121** Stabsbefehl des Obersten SA-Führers, 25. Januar 1932, HA, Filmrolle 17. **122** Ebd. **123** Ebd. **124** Röhm, a. a. O., S. 261. **125** Schreiben Röhms an Heimsoth, 3. Dezember 1928, BDC, Filmrolle 85. **126** Münchner Post, 30. Juni 1931. **127** Ebd. **128** Bennecke, a. a. O., S. 165, 166. **129** Urteil des Amtsgerichts München, Abteilung Strafgericht, in dem Strafverfahren gegen Peter Granninger und andere, November 1934, HA, Filmrolle 17. **130** Urteil gegen Granninger, S. 4, HA, Filmrolle 17. **131** Urteil gegen Granninger, S. 9, HA, Filmrolle 17. **132** Urteil gegen Granninger, S. 5, HA, Filmrolle 17. **133** Görlitz/Quint, a. a. O., S. 313. **134** Görlitz/Quint, a. a. O., S. 313. Münchner Post, 24., 27. Juni 1931. **135** Öffentlicher Brief von Dr. Helmut Klotz, ehemaliger Reichstagsabgeordneter der NSDAP, März 1932, BDC, Filmrolle 85. **136** Ebd. Schreiben des SA-Oberführers Hans Kallenbach an Reichsleiter Fiehler, 4. Juli 1934, HA, Filmrolle 17. **137** Friedrich Stampfer, Erfahrungen und Erkenntnisse, zitiert nach: Die andere Zeitung, Nr. 50, Dezember 1959. **138** Abschrift eines Aufsatzes aus der Zeitung »Flammenzeichen« vom 5. November 1932, HA, Filmrolle 17. **139** Ebd. **140** Glück und Ende des Nationalsozialisten Bell, S. 21, 22. **141** Zeitungsberichte zum Fall Danzeisen, Juli 1932, RFSS, Filmrolle 467. **142** Nachtrag zum Fall Danzeisen, Bericht von Karl Horn, 18. Mai 1932, RFSS, Filmrolle 467. **143** Zeitungsberichte, Juli 1932, RFSS, Filmrolle 467. **144** Mordbrief, 14. März 1932, RFSS, Filmrolle 467. **145** Ebd. **146** Ebd. **147** In dem Strafverfahren gegen Granninger bescheinigte das Amtsgericht München dem Grafen du Moulin-Eckardt, daß sich eine homosexuelle Betätigung des Grafen nicht nachweisen lasse, und sprach ihn frei; Urteil gegen Granninger und andere, HA, Filmrolle 17. **148** Bericht von Karl Horn, S. 7, 8, RFSS, Filmrolle 467. **149** Bericht von Karl Horn, S. 9, RFSS, Filmrolle 467. **150** Bericht von Karl Horn, S. 10, RFSS, Filmrolle 467. **151** Bericht von Karl Horn, S. 11, RFSS, Filmrolle 467. **152** Bericht von Karl Horn, S. 12, RFSS, Filmrolle 467. **153** Bericht von Karl Horn, S. 14, RFSS, Filmrolle 467. **154** Wilhelm Högener, Die verratene Republik, S. 325. **155** Die andere Zeitung, Nr. 12/1950. **156** Zitiert nach: Die andere Zeitung, Nr. 12/1950. **157** Vgl. die Akten Horn, RFSS, Filmrolle 467. **158** Münchner Post, 18. November 1932. **159** Schreiben Martin Bormanns an Rudolf Heß, 5. Oktober 1932, HA, Filmrolle 17. **160** Ebd. **161** Knoebel, a. a. O., S. 17.

5 Die Machtergreifung

1 Görlitz/Quint, a. a. O., S. 382, 389. **2** Ebd. **3** Buchheim, SS und Polizei im NS-Staat, S. 35. **4** Horkenbach, a. a. O., Bd. IV, S. 929. **5** Rudolf Diels, Lucifer ante Portas, S. 179. **6** Der Spiegel, Das Spiel ist aus – Arthur Nebe (künftig abgekürzt: Nebe-Serie), 9. Februar 1950. **7** Ebd. **8** Ebd. **9** Nebe-Serie, 9. Februar 1950, 23. Februar 1950. **10** Ebd. **11** Franz Neumann, Behemoth, S. 47. **12** Ebd. **13** Ebd. **14** Robert L. Koehl, RKFDV: German Resettlement and Population Policy 1939–1945, S. 14. **15** Robert L. Koehl, a. a. O., S. 13–19. **16** Görlitz/Quint, a. a. O., S. 387. **17** Ebd. **18** Ebd. **19** Bracher/Sauer/Schulz, a. a. O., S. 925. **20** Ebd. **21** Görlitz/Quint, a. a. O., S. 276. **22** Diels, a. a. O., S. 229. **23** Über Goebbels' wachsende Macht vgl. Bullock, a. a. O., S. 310. **24** Görlitz/Quint, a. a. O., S. 399. **25** Kersten, a. a. O., S. 304. **26** Görlitz/Quint, a. a. O., S. 399. **27** Ebd. **28** Bracher/Sauer/Schulz, a. a. O., S. 588. **29** Bracher/Sauer/Schulz, a. a. O., S. 589. **30** Trevor-Roper, a. a. O., S. 13. **31** Fritz Tobias, Der Reichstagsbrand, S. 135. **32** Tobias, a. a. O., S. 135, 136. **33** Tobias, a. a. O., S. 136. **34** Tobias, a. a. O., S. 135. **35** Ebd. **36** Diels, a. a. O., S. 71. **37** Siehe Bullock, a. a. O., S. 254. **38** Stein, a. a. O., S. 4. **39** Stein, a. a. O., S. 5. **40** Stein, a. a. O., S. 5. **41** Buchheim, SS und Polizei im NS-Staat, S. 30. **42** K.-G. Klietman, Die Waffen-SS, S. 54. **43** Ebd. **44** Siehe Klietman, a. a. O., S. 53. **45** Stammrolle Konrad Himmlers, Grundbuch I des Infanterie-Leib-Regiments, Kriegsarchiv München, HA, Filmrolle 98. **46** Buchheim, Anatomie des SS-Staates, Bd. I, S. 41. **47** Broszat, Anatomie des SS-Staates, Bd. II, S. 32. **48** Broszat, Anatomie des SS-Staates, Bd. II, S. 18. **49** IMT, Bd. XXIX, S. 226. **50** IMT, Bd. XXIX, S. 227. **51** Best, Heinrich Himmler, S. 2. **52** Ebd. **53** Aronson, a. a. O., S. 177 ff. **54** Tobias, a. a. O., S. 260.

55 Bracher/Sauer/Schulz, a. a. O., S. 865. **56** Buchheim, Anatomie des SS-Staates, Bd. I, S. 37. **57** Diels, a. a. O., S. 217. **58** Diels, a. a. O., S. 166, 228. **59** Delarue, a. a. O., S. 38. **60** Buchheim, Anatomie des SS-Staates, Bd. I, S. 38. **61** Ebd. **62** Broszat, Anatomie des SS-Staates, Bd. II, S. 14, 15. **63** Buchheim, Anatomie des SS-Staates, Bd. I, S. 38. **64** Ebd. Diels, a. a. O., S. 228. **65** Buchheim, Anatomie des SS-Staates, Bd. I, S. 38. **66** Delarue, a. a. O., S. 43. Crankshaw, a. a. O., S. 7. **67** Horkenbach, a. a. O., Bd. IV, S. 66. **68** Bracher/Sauer/Schulz, a. a. O., S. 868. **69** Bracher/Sauer/Schulz, a. a. O., S. 872. **70** Bracher/Sauer/Schulz, a. a. O., S. 868. **71** Diels, a. a. O., S. 224. **72** Bracher/Sauer/Schulz, a. a. O., S. 873. **73** Diels, a. a. O., S. 255, 256. **74** Bracher/Sauer/Schulz, a. a. O., S. 865. **75** Ebd. **76** Diels, a. a. O., S. 253. **77** Ebd. **78** Ebd. **79** Diels, a. a. O., S. 257. **80** Diels, a. a. O., S. 311. **81** Diels, a. a. O., S. 327. **82** Diels, a. a. O., S. 249. **83** Ebd. **84** Manvell/Fraenkel, Hermann Göring, S. 60. **85** Wahrheiten der Woche, 10. Oktober 1931, HA, Filmrolle 17. **86** Ebd. **87** Diels, a. a. O., S. 250. **88** Ebd. **89** Wheeler-Bennett, a. a. O., S. 248. **90** Diels, a. a. O., S. 257. **91** Diels, a. a. O., S. 262. **92** Nebe-Serie, 17. November 1949, S. 24. **93** Ebd. **94** Nebe-Serie, 17. November 1949, S. 23. **95** Nebe-Serie, 17. November 1949, S. 23, 24. **96** Völkischer Beobachter, 10. Juni 1933. **97** Martin H. Sommerfeldt, Ich war dabei, S. 57. **98** Hans Bernd Gisevius, Bis zum bitteren Ende, S. 129. **99** Nebe-Serie, 17. November 1949, S. 25. **100** Ebd. **101** Charles Wighton, Heydrich, S. 61. **102** Diels, a. a. O., S. 328. **103** Ebd. **104** Diels, a. a. O., S. 330. **105** Ebd. **106** Diels, a. a. O., S. 330, 331. **107** Wighton, a. a. O., S. 61. **108** Wighton, a. a. O., S. 62. **109** Diels, a. a. O., S. 328. **110** Günter Plum, Staatspolizei und Innere Verwaltung 1934–1936, in: Vierteljahrshefte für Zeitgeschichte, Heft 2/1965, S. 205. **111** Bracher/Sauer/Schulz, a. a. O., S. 600. **112** Bracher/Sauer/Schulz, a. a. O., S. 592. **113** Neufeldt u. a., a. a. O., S. 5. **114** Bracher/Sauer/Schulz, a. a. O., S. 601. **115** Buchheim, Anatomie des SS-Staates, Bd. I, S. 39. **116** Plum, a. a. O., S. 193–195. **117** Buchheim, SS und Polizei im NS-Staat, S. 36–40. **118** Bracher/Sauer/Schulz, a. a. O., S. 598. **119** Bracher/Sauer/Schulz, a. a. O., S. 601. **120** Ebd. **121** Bracher/Sauer/Schulz, a. a. O., S. 602. **122** Bracher/Sauer/Schulz, a. a. O., S. 603. **123** Buchheim, Anatomie des SS-Staates, Bd. I, S. 46. **124** Diels, a. a. O., S. 412. **125** Ebd.

6 Der Röhm-Putsch

1 Hermann Rauschning, Gespräche mit Hitler, S. 144. **2** Hoßbach, a. a. O., S. 57. **3** Rauschning, a. a. O., S. 144. **4** Bracher/Sauer/Schulz, a. a. O., S. 853. **5** Nationalsozialistische Selbstschutzverbände, Bericht der Münchner Polizeidirektion an das Bayrische Staatsministerium des Innern, 22. Dezember 1931, HA, Filmrolle 17. **6** Ebd. **7** Bennecke, Die Reichswehr und der »Röhm-Putsch«, S. 27. Bracher/Sauer/Schulz, a. a. O., S. 888. **8** Görlitz/Quint, a. a. O., S. 318, 319. **9** Bracher/Sauer/Schulz, a. a. O., S. 940. **10** Bracher/Sauer/Schulz, a. a. O., S. 939. **11** Bracher/Sauer/Schulz, a. a. O., S. 886. **12** Bracher/Sauer/Schulz, a. a. O., S. 880. **13** Bracher/Sauer/Schulz, a. a. O., S. 886. **14** Bracher/Sauer/Schulz, a. a. O., S. 891. **15** Bracher/Sauer/Schulz, a. a. O., S. 939. **16** Bracher/Sauer/Schulz, a. a. O., S. 890, 893. **17** Bracher/Sauer/Schulz, a. a. O., S. 893. **18** Bracher/Sauer/Schulz, a. a. O., S. 894. **19** Bracher/Sauer/Schulz, a. a. O., S. 941. **20** Von Hitler unterzeichnete Ernennungsurkunde, 1. Dezember 1933, HA, Filmrolle 17. **21** Helmut Krausnick, Der 30. Juni 1934, in: Das Parlament, 30. Juni 1954, S. 320. **22** Bracher/Sauer/Schulz, a. a. O., S. 904. **23** Krausnick, a. a. O., S. 318. **24** Bracher/Sauer/Schulz, a. a. O., S. 942. **25** Krausnick, a. a. O., S. 319. **26** Bracher/Sauer/Schulz, a. a. O., S. 943. Krausnick, a. a. O., S. 319. **27** Bracher/Sauer/Schulz, a. a. O., S. 943. **28** Edgar Röhricht, Pflicht und Gewissen, S. 63. **29** Krausnick, a. a. O., S. 319. **30** Der Spiegel, Der Furcht so fern, dem Tod so nah, 15. Mai 1957, S. 22. **31** Krausnick, a. a. O., S. 319. **32** Krausnick, a. a. O., S. 319. **33** Hermann Foertsch, Schuld und Verhängnis, S. 48. **34** Der Spiegel, 15. Mai 1957, S. 23. **35** Reitlinger, Die SS, S. 62. **36** Vgl. Lutzes Anspielungen im August 1935, Ende dieses Kapitels. **37** Anklageschrift gegen Josef Dietrich und Michael Lippert, Landgericht München I, 4. Juli 1956, S. 35. **38** Bracher/Sauer/Schulz, a. a. O., S. 928. **39** Wighton, a. a. O.,

S. 46. **40** Bracher/Sauer/Schulz, a. a. O., S. 929. **41** Vgl. Kapitel 10. **42** Anonym, Glück und Ende des Nationalsozialisten Bell, S. 22. **43** Krausnick, a. a. O., S. 321. **44** Anklageschrift Dietrich, S. 46. **45** Anklageschrift Dietrich, S. 45. Bennecke, Die Reichswehr und der »Röhm-Putsch«, S. 46, 47. **46** Anklageschrift Dietrich, S. 45. **47** Anklageschrift Dietrich, S. 47. **48** Anklageschrift Dietrich, S. 41. **49** Bracher/Sauer/Schulz, a. a. O., S. 951. **50** Anklageschrift Dietrich, S. 51. **51** Vernehmungsniederschrift Max Jüttner, 8. April 1949, Prozeßakten des Landgerichts München I, S. 4. **52** Ernst von Salomon, a. a. O., S. 438. **53** Ebd. **54** Anklageschrift Dietrich, S. 41. **55** Aussage Patzig, Der Tagesspiegel, 10. Mai 1957. **56** Bracher/Sauer/Schulz, a. a. O., S. 951. **57** Ebd. **58** Felix Steiner, Die Armee der Geächteten, S. 48. **59** Anklageschrift Dietrich, S. 49. **60** Ebd. **61** Ebd. **62** Bracher/Sauer/Schulz, a. a. O., S. 954. **63** Anklageschrift Dietrich, S. 50. **64** Ebd. Bracher/Sauer/Schulz, a. a. O., S. 954. **65** Anklageschrift Dietrich, S. 50. Der Spiegel, 15. Mai 1957, S. 22. **66** Krausnick, a. a. O., S. 321. **67** Auf Gauleiter Wagners zentrale Rolle weist Bennecke, Die Reichswehr und der »Röhm-Putsch«, S. 57, hin. **68** Bracher/Sauer/Schulz, a. a. O., S. 954. **69** Martin H. Sommerfeldt, Ich war dabei, S. 76. **70** Bracher/Sauer/Schulz, a. a. O., S. 952. Krausnick, a. a. O., S. 320. **71** Bennecke, Röhm-Putsch, S. 43, 44. **72** Schreiben Höfles an Röhm, 12. Juni 1934, HA, Filmrolle 17. **73** Bennecke, Röhm-Putsch, S. 54. **74** Bracher/Sauer/Schulz, a. a. O., S. 952. **75** Krausnick, a. a. O., S. 320. **76** Ebd. **77** John W. Wheeler-Bennett, Die Nemesis der Macht, S. 333. **78** Franz von Papen, Der Wahrheit eine Gasse, S. 346. Süddeutsche Zeitung, 30. Juni 1964. **79** Keesing, Nr. 34/1486. **80** Papen, a. a. O., S. 349. **81** Ebd. **82** Martin H. Sommerfeldt, Ich war dabei, S. 58. **83** Papen, a. a. O., S. 280. **84** Völkischer Beobachter, 1. Juli 1934. **85** Sommerfeldt, a. a. O., S. 69. **86** Wheeler-Bennett, a. a. O., S. 344. **87** Ebd. **88** Ebd. **89** Wheeler-Bennett, a. a. O., S. 342. **90** Tagebuch Lutzes, in: Frankfurter Rundschau, 14. Mai 1957. **91** Ebd. **92** Anklageschrift Dietrich, S. 54. **93** Ebd. **94** Anklageschrift Dietrich, S. 54, 61. **95** Anklageschrift Dietrich, S. 61. **96** Krausnick, a. a. O., S. 321. **97** Bracher/Sauer/Schulz, a. a. O., S. 956. **98** Ebd. **99** Krausnick, a. a. O., S. 321. Anklageschrift Dietrich, S. 52. **100** Bracher/Sauer/Schulz, a. a. O., S. 959. **101** Siegfried Westphal, Heer in Fesseln, S. 20. **102** Die Welt, 30./31. Mai 1957. **103** Peter Bor, Gespräche mit Halder, S. 125. **104** Aussage Heinrici, Abendpost, 7. Mai 1957. **105** Foertsch, a. a. O., S. 52. **106** Bennecke, Röhm-Putsch, S. 52. Anklageschrift Dietrich, S. 53. **107** Anklageschrift Dietrich, S. 55. **108** Bracher/Sauer/Schulz, a. a. O., S. 958. **109** Bennecke, Röhm-Putsch, S. 49. **110** Bracher/Sauer/Schulz, a. a. O., S. 958. Foertsch, a. a. O., S. 49. Krausnick, a. a. O., S. 321. **111** Bracher/Sauer/Schulz, a. a. O., S. 958. **112** Bracher/Sauer/Schulz, a. a. O., S. 959. **113** Schreiben Karl Schreyers an das Münchner Polizeipräsidium, 27. Mai 1949, S. 5; Prozeßakten Landgericht München I. **114** Bracher/Sauer/Schulz, a. a. O., S. 959. **115** Blick in die Zeit, 7. Juli 1934. **116** Selbst die jüngsten deutschen Historiker scheinen das anzunehmen. Vgl. Bracher/Sauer/Schulz, a. a. O., S. 959. **117** Völkischer Beobachter, 26. Juni 1934. **118** Der Spiegel, 15. Mai 1957, S. 23. **119** Wheeler-Bennett, a. a. O., S. 344. **120** Völkischer Beobachter, 27. Juni 1934. **121** Tagebuch Lutzes, in: Frankfurter Rundschau, 14. Mai 1957. **122** Anklageschrift Dietrich, S. 59. **123** Der Spiegel, 15. Mai 1957, S. 24. **124** Tagebuch Lutzes, in: Frankfurter Rundschau, 14. Mai 1957. **125** Tagebuch Lutzes, in: Frankfurter Rundschau, 14. Mai 1957. **126** Ebd. **127** Anklageschrift Dietrich, S. 59. **128** Anklageschrift Dietrich, S. 52. **129** Ebd. **130** Anklageschrift Dietrich, S. 54, 56. Tagebuch Lutzes, in: Frankfurter Rundschau, 14. Mai 1957. **131** Bracher/Sauer/Schulz, a. a. O., S. 945. **132** Bracher/Sauer/Schulz, a. a. O., S. 960. **133** Anklageschrift Dietrich, S. 61 ff. **134** Tagebuch Lutzes, in: Frankfurter Rundschau, 14. Mai 1957. Anklageschrift Dietrich, S. 60. **135** Anklageschrift Dietrich, S. 57. **136** Aussage Dietrich, Abendpost, 7. Mai 1957. **137** Anklageschrift Dietrich, S. 60. **138** Ebd. **139** Ebd. **140** Urteil des Schwurgerichts beim Landgericht München I gegen Josef Dietrich und Michael Lippert vom 14. Mai 1957, S. 10. **141** Ebd. Hamburger Echo, 7. Mai 1957. **142** Anklageschrift Dietrich, S. 60. **143** Bennecke, Röhm-Putsch, S. 53. **144** Bennecke, Röhm-Putsch, S. 54. **145** Ebd. **146** Bennecke, Röhm-Putsch, S. 54. **147** Völkischer Beobachter, 1. Juli 1934. Anklageschrift Dietrich, S. 58. Aussage Martina Schmid, Abendpost, 7. Mai 1957. **148** Bracher/Sauer/Schulz, a. a. O., S. 960. **149** Abendpost, 7. Mai 1957. **150** Urteil Dietrich, S. 80. **151** Abendpost, 7. Mai

1957. **152** Zeugenvernehmung Brückner, Amtsgericht Traunstein, 30. Mai 1949, S. 2. **153** Hannoverscher Anzeiger, 30. Juni 1934. **154** Tagebuch Lutzes, in: Frankfurter Rundschau, 14. Mai 1957. **155** Urteil Dietrich, S. 77. Süddeutsche Zeitung, 8. Mai 1957. **156** Aussage Martina Schmid, Abendpost, 7. Mai 1957. **157** Abendpost, 7. Mai 1957. **158** Der Spiegel, 15. Mai 1957, S. 25. Krausnick, a. a. O., S. 323. Tagebuch Lutzes, in: Frankfurter Rundschau, 14. Mai 1957. **159** Bennecke, Röhm-Putsch, S. 57. **160** Spiegel, 15. Mai 1957, S. 25. **161** Tagebuch Lutzes, in: Frankfurter Rundschau, 14. Mai 1957. **162** Ebd. **163** Ebd. **164** Völkischer Beobachter, 3. Juli 1934. **165** Lutze-Tagebuch, in: Frankfurter Rundschau, 14. Mai 1957. **166** Ebd. **167** Zeugenvernehmung Brückner, S. 3. **168** Ebd. **169** Ebd. **170** Ebd. **171** Vernehmungsniederschrift Dr. Robert Koch, 25. Januar 1949, Prozeßakten des Landgerichts München I, S. 1. **172** Ebd. **173** Vernehmungsniederschrift Max Jüttner, S. 3. **174** Ebd. **175** Einlieferungslisten des Strafvollstreckungsgefängnisses München, Prozeßakten des Landgerichts München I. **176** Vernehmungsniederschrift Max Jüttner, S. 3. **177** Ebd. **178** Der Spiegel, 15. Mai 1957, S. 27. **179** Bullock, a. a. O., S. 304. **180** Ebd. **181** Der Spiegel, 15. Mai 1957, S. 27. **182** Ebd. Bullock, a. a. O., S. 304. **183** Urteil Dietrich, S. 60. **184** Schreiben Schreyers an das Münchner Polizeipräsidium, S. 3. **185** Schreiben Schreyers an das Münchner Polizeipräsidium, S. 4. **186** Urteil Dietrich, S. 11. **187** Urteil Dietrich, S. 11. **188** Urteil Dietrich, S. 12. **189** Ebd. **190** Bracher/Sauer/Schulz, a. a. O., S. 961. Der Spiegel, 15. Mai 1957, S. 27. **191** Tagebuch Lutzes, in: Frankfurter Rundschau, 15. Mai 1957. **192** Urteil Dietrich, S. 12, 13. **193** Urteil Dietrich, S. 13. **194** Einlieferungslisten des Strafvollstreckungsgefängnisses München, Prozeßakten des Landgerichts München I. **195** Urteil Dietrich, S. 61. **196** Urteil Dietrich, S. 64. **197** Aussage Dietrich, Die Welt, 7. Mai 1957. **198** Anklageschrift Dietrich, S. 65. **199** Ebd. **200** Anklageschrift Dietrich, S. 3, 72. **201** Anklageschrift Dietrich, S. 67. **202** Ebd. **203** Anklageschrift Dietrich, S. 68. **204** Ebd. **205** Urteil Dietrich, S. 15. **206** Anklageschrift Dietrich, S. 69. **207** Urteil Dietrich, S. 16. **208** Anklageschrift Dietrich, S. 70, 72. Aussage Dietrich, Frankfurter Allgemeine Zeitung, 7. Mai 1957. **209** Anklageschrift Dietrich, S. 72, 73, 74. **210** Papen, a. a. O., S. 354. **211** Hans Bernd Gisevius, Bis zum bitteren Ende, S. 141 ff. **212** Papen, a. a. O., S. 354. **213** Robert Kempner, SS im Kreuzverhör, S. 257. **214** Kempner, a. a. O., S. 256. **215** Kempner, a. a. O., S. 257. **216** Ebd. **217** Kempner, a. a. O., S. 257, 258. **218** Kempner, a. a. O., S. 255. **219** Kempner, a a. O., S. 258, 259. **220** Kempner, a. a. O., S. 259. **221** Wheeler-Bennett, a. a. O., S. 345. **222** Salomon, a. a. O., S. 440. **223** Wheeler-Bennett, a. a. O., S. 347. **224** Süddeutsche Zeitung, 19. Juni 1961. Anklageschrift Bach-Zelewski, S. 3 ff. **225** Der Spiegel, 15. Mai 1957, S. 29. **226** Aussage Dr. Schaeffer, Frankfurter Rundschau, 23. Mai 1957. **227** Bericht des ehemaligen Generalstaatsanwalts Dr. Walter Schaeffer, 29. November 1945, Privatarchiv Schaeffer. Eidesstattliche Erklärung des ehemaligen Oberstaatsanwalts Dr. Werner von Haacke, 15. Februar 1957, Privatarchiv Schaeffer. **228** Mündliche Mitteilung von Herrn Werner von Haacke, 9. September 1965. **229** G. M. Gilbert, The Psychology of Dictatorship, S. 69. **230** Gilbert, a. a. O., S. 95. **231** Bracher/Sauer/Schulz, a. a. O., S. 921. Krebs, Tendenzen und Gestalten, S. 192, 193. **232** Der Spiegel, 15. Mai 1957, S. 27. **233** Bullock, a. a. O., S. 302. Schreiben Schreyers, S. 7. **234** Der Spiegel, 15. Mai 1957, S. 27, 28. **235** André François-Poncet, Als Botschafter in Berlin 1931 bis 1938, S. 196. **236** Krausnick, a. a. O., S. 320. **237** Krausnick, a. a. O., S. 323. Völkischer Beobachter, 3. Juli 1934. **238** Bracher/Sauer/Schulz, a. a. O., S. 960. Papen, a. a. O., S. 355. **239** Papen, a. a. O., S. 354. **240** Bennecke, Röhm-Putsch, S. 61. **241** Die Welt, 4. Mai 1957. **242** Sommerfeldt, a. a. O., S. 72, 73, 76. **243** Gisevius, Bis zum bitteren Ende, S. 155. Anklageschrift Dietrich, S. 61. **244** Joachim von Ribbentrop, Zwischen London und Moskau, S. 52. **245** Niederschrift über die Ministerbesprechung am 3. Juli 1934, S. 7, Archiv Tobias. **246** Vernehmungsniederschrift Max Jüttner, S. 5. **247** Tagebuch Lutzes, in: Frankfurter Rundschau, 15. Mai 1957. **248** Bennecke, Röhm-Putsch, S. 89. **249** Paul Schulz, Meine Erschießung am 30. Juni 1934, S. 13 ff. **250** Schulz, a. a. O., S. 9. **251** Schulz, a. a. O., S. 12. **252** Schulz, a. a. O., S. 14. **253** Schulz, a. a. O., S. 22. **254** Ebd. Bericht des Privatsekretärs Otto Grub über die Vorgänge vom 30. Juni 1934 bis 4. Juli 1934, S. 2, Archiv Tobias. **255** Schulz, a. a. O., S. 25. Bericht Grub, S. 4. **256** Schulz, a. a. O., S. 35. **257** Anklageschrift Dietrich, S. 4. **258** Ebd. **259** Vernehmungsniederschrift

Koch, S. 3. **260** Vernehmungsniederschrift Koch, S. 4. **261** Aussage Lippert, Stuttgarter Zeitung, 7. Mai 1957. **262** Völkischer Beobachter, 1. Juli 1934. **263** Süddeutsche Zeitung, 30./31. März 1957, 11. Mai 1957, 14. Mai 1957, Frankfurter Rundschau, 8. Mai 1957. **264** Schreiben Schreyers, S. 6. **265** Ebd. **266** Ebd. **267** Vgl. die von Bennecke, Röhm-Putsch, S. 87, 88, veröffentlichte amtliche Totenliste. **268** Schulthess' europäischer Geschichtskalender 1934, S. 184. **269** Niederschrift über die Ministerbesprechung, 3. Juli 1934, S. 8. **270** Frankfurter Allgemeine Zeitung, 10. Mai 1957. **271** Der Spiegel, 15. Mai 1957, S. 29. **272** Bennecke, Röhm-Putsch, S. 65. **273** Der Spiegel, 15. Mai 1957, S. 29. **274** Joachim Kramarz, Claus Graf Stauffenberg, S. 48. **275** Foertsch, a. a. O., S. 57, 58. **276** Buchheim, SS und Polizei im NS-Staat, S. 62, 63. **277** Völkischer Beobachter, 26. Juli 1934. **278** Klietmann, a. a. O., S. 15. **279** Koehl, a. a. O., S. 21. **280** Befehl des Obersten SA-Führers, 2. Juli 1934, BDC, Filmrolle 85. **281** Befehl des Obersten SA-Führers, 14. Juli 1934, BDC, Filmrolle 85. **282** Befehl des Obersten SA-Führers, 9. August 1934, BDC, Filmrolle 85. **283** Bericht des SA-Sturmführers Hermann Baecke, Nr. 3116/34, HA, Filmrolle 17. **284** Die Vorgänge anläßlich der Röhmrevolte, Nachtrag des Führers der Standarte 168, 27. Juli 1934, HA, Filmrolle 17. **285** Bericht des Scharführers Felten an den Sturm 3/R 168, 2. Juli 1934, HA, Filmrolle 17. **286** Bericht des SS-Standartenführers Schulz, 21. August 1935, RFSS, Filmrolle 33. **287** Bericht Schulz, S. 6, 7, RFSS, Filmrolle 33.

7 Der Orden

1 Kersten, a. a. O., S. 304, 305, 306. **2** Schellenberg, a. a. O., S. 39. **3** IMT, Dok. 45 – SS. **4** Konrad Heiden, Geburt des Dritten Reiches, S. 29. **5** Zitiert nach Stuttgarter Zeitung, 30. Juni 1964. **6** Zitiert nach Frankfurter Allgemeine Zeitung, 30. Juni 1964. **7** Organisationsbuch der NSDAP, Tafel 43, 32. **8** Organisationsbuch der NSDAP, S. 435, 52. **9** Himmler, Die Schutzstaffel, S. 24. **10** Robert Koehl, The Character of Nazi SS, Journal of Modern History, September 1960, S. 282. **11** Dienstaltersliste der Schutzstaffel der N.S.D.A.P., 1945. **12** Dienstaltersliste der Schutzstaffel der NSDAP, 1944. **13** Bundesarchiv, Der Adel im deutschen Offizierkorps, statistische Übersicht, S. 12. **14** Georg, a. a. O., S. 55. **15** Paul Hausser, Wie andere Soldaten auch; Munin Verlag, 1967. **16** Mündliche Mitteilung von Herrn Felix Steiner, 29. Januar 1966. **17** Klietmann, a. a. O., S. 421. Stein, a. a. O., S. 13. **18** So Josef Wulf, Die SS, S. 93 ff. **19** Dienstaltersliste der Schutzstaffel der NSDAP, 1944. **20** Ebd. **21** Schreiben Edda Cianos an Himmler, 2. September 1943, RFSS, Filmrolle 33. **22** Vgl. Plum, a. a. O., S. 198–206. **23** Korrespondenz zwischen Himmler und Reeder, RFSS, Filmrolle 56. **24** Walter Hagen (= Wilhelm Höttl), Die geheime Front, S. 141 bis 158. Dienstaltersliste der Schutzstaffel der NSDAP, 1944. **25** Boberach, a. a. O., S. XXVII ff. **26** Erklärung des Reiterführers von Woykosky-Buedau für das Internationale Militärtribunal, undatiert, Archiv Tobias. **27** Entwicklung der SS-Reiterei, Gutachten von Woykosky-Budeaus, undatiert, Archiv Tobias. **28** Ebd. **29** Das Schwarze Korps, 6. März 1935. **30** Süddeutsche Zeitung, 19. Juni 1961. **31** Anklageschrift Bach-Zelewski, S. 10. Die Welt, 24. Dezember 1958. **32** Hassell, a. a. O., S. 359. **33** Schriftliche Mitteilung von Frida Fätkenheuer, 13. November 1966. **34** Dienstaltersliste der Schutzstaffel der NSDAP, 1944. **35** Das Schwarze Korps, Folge 16, 1936. **36** Wheeler-Bennett, a. a. O., S. 85 ff. **37** Schreiben Bergers an Himmler, 2. Juli 1941, Besprechung mit Reichsschatzmeister Schwarz, Archiv Wulf. **38** SS-Befehl A Nr. 53 des Reichsführers-SS, 10. Oktober 1931, BDC, Filmrolle 87. **39** Salomon, a. a. O., S. 477. **40** Emil Helfferich, Ein Leben, Bd. IV, S. 26, 27. **41** Helfferich, a. a. O., S. 15. **42** Helfferich, a. a. O., S. 26. **43** Helfferich, a. a. O., S. 25. **44** Helfferich, a. a. O., S. 27. Bernt Engelmann, Deutschland-Report, S. 91, 92, 93. **45** Engelmann, a. a. O., S. 69. Michael H. Kater, Der »Freundeskreis Himmler«, S. 2. **46** Helfferich, a. a. O., S. 28. **47** Kater, a. a. O., S. 7. **48** Helfferich, a. a. O., S. 28. Kater, a. a. O., S. 8. **49** Engelmann, a. a. O., S. 92. **50** Buchheim, Anatomie des SS-Staates, S. 190. **51** Ebd. **52** Befehl Wittjes für die SS-Abschnitte IX und XVIII, 1. März 1933, HA, Filmrolle 17. **53** Aufnahme-Erklärung des FM Wilhelm Ehmann, 1. Januar 1934; Schreiben Himmlers betr. Verbot schriftlicher FM-Werbung, 15. November 1933; beide BDC, Filmrolle 10. Neusüß-Hunkel, a. a. O., S. 17. **54** Schreiben Himmlers betr. Abzeichen für Fördernde Mitglieder, 7. August 1933; Schreiben Wittjes an alle Pressereferenten der SS-Oberabschnitte, 7. April 1934; FM-Mitgliedsbuch, undatiert; Exemplare der FM-Zeitschrift; sämtlich BDC, Filmrolle 10. Knoebel, a. a. O., S. 4. **55** Schreiben Pohls an Schwarz, undatiert (etwa Ende 1936), RFSS, Filmrolle 131. **56** Schreiben Bergers an Himmler, 2. Juli 1941, Besprechung mit Reichsschatzmeister Schwarz, Archiv Wulf. **57** Politische Beurteilung des Kriminaloberinspektors Heinrich Müller, Gauleitung München/Oberbayern, 4. Januar 1937, Archiv Wulf. **58** Ebd. **59** Schreiben des Reichssicherheitshauptamts an die Adjutantur des Reichsführers-SS, 11. Januar 1943, RFSS, Filmrolle 56. **60** Schreiben des Reichssicherheitshauptamtes an die Adjutantur des Reichsführers-SS, 19. Januar 1943, RFSS, Filmrolle 56. Wulf, Die SS, S. 79. **61** IMT, Bd. XXIX, S. 210. **62** Ebd. **63** Ebd. **64** IMT, Bd. XXIX, S. 212. **65** Bericht des SS-Standartenführers Schulz, 21. August 1935, RFSS, Filmrolle 33. **66** Das Schwarze Korps, 22. Mai 1935. **67** Bericht des SS-Standartenführers Schulz, 21. August 1935, RFSS, Filmrolle 33. **68** Knoebel, a. a. O., S. 38. **69** Knoebel, a. a. O., S. 23. **70** IMT, Bd. XXIX, S. 210. **71** Knoebel, a. a. O., S. 19. **72** Knoebel, a. a. O., S. 23. **73** Schreiben Himmlers an Berger, 2. Oktober 1943, RFSS, Filmrolle 128. Schreiben Bergers an Himmler, 22. Oktober 1943, RFSS, Filmrolle 128. **74** Reitlinger, Die SS, S. 64. **75** Schellenberg, a. a. O., S. 39. **76** Paetel, a. a. O., S. 16. **77** Brockhaus' Conversations-Lexikon, Leipzig 1885. **78** OMGUS, Public Safety Branch, Übersicht der Gliederung verbrecherischer Nazi-Organisationen, Dezember 1947. **79** Buchheim, Anatomie des SS-Staates, Bd. I, S. 193. **80** Vgl. Kapitel 15. **81** OMGUS, Übersicht der Gliederung verbrecherischer Nazi-Organisationen. **82** Erfahrungen bei den dienstlichen Besichtigungsreisen, Vortrag von Gruppenführer Zech auf der Gruppenführer-Besprechung in Berlin, 23. bis 25. Januar 1939, RFSS, Filmrolle 17. **83** Vortrag Zechs auf der Gruppenführer-Besprechung in Berlin, 23. bis 25. Januar 1939, RFSS, Filmrolle 17. **84** Vortrag Zechs, Gruppenführer-Besprechung in Berlin, 23. bis 25. Januar 1939, RFSS, Filmrolle 17. **85** Knoebel, a. a. O., S. 15. **86** Ebd. **87** Knoebel, a. a. O., S. 15, 16, 17. **88** Besgen, a. a. O., S. 75. **89** IMT, Bd. XXIX, S. 211. **90** Ebd. **91** Knoebel, a. a. O., S. 15. IMT, Bd. XXIX, S. 211. **92** Der Weg des SS-Mannes, von Himmler verfaßte Richtlinien, undatiert (etwa: 1935), S. 13–27, RFSS, Filmrolle 155. **93** Helfferich, a. a. O., S. 36. **94** Der Weg des SS-Mannes, S. 13–27, RFSS, Filmrolle 155. **95** Der Weg des SS-Mannes, S. 16, 19, 23, RFSS, Filmrolle 155. **96** Der Weg des SS-Mannes, S. 5, RFSS, Filmrolle 155. **97** Der Verlobungs- und Heiratsbefehl, in: Uns ist der Kampf, undatiert (etwa: 1942), RFSS, Filmrolle 161. **98** Gedanken zur SS-Gerichtsbarkeit, Vortrag Scharfes, Gruppenführer-Besprechung in Berlin, 23. bis 25. Januar 1939, RFSS, Filmrolle 17. **99** Vortrag Scharfes, S. 7, 8, RFSS, Filmrolle 17. **100** Das Ehrengesetz der SS, in: Uns ist der Kampf, undatiert (etwa: 1942), RFSS, Filmrolle 161. **101** Schreiben Himmlers an das SS-Gericht, 26. Juli 1938, RFSS, Filmrolle 128. **102** Vernehmungsniederschrift des Hauptsturmführers Günther Bleyl in der Strafsache Buchholt, 22. Juni 1943; Vermerk Bleyls, 22. Juni 1943, RFSS, Filmrolle 131. **103** Auf diesen Gesichtspunkt weist besonders Neusüß-Hunkel, a. a. O., S. 21, hin. **104** Deckblatt zu den Bestimmungen über die Verleihung des Totenkopfringes der SS, 1. August 1939, RFSS, Filmrolle 15. Dienstaltersliste der Schutzstaffel der NSDAP 1944. **105** Neusüß-Hunkel, a. a. O., S. 22. **106** Dienstaltersliste der Schutzstaffel der NSDAP, 1944. **107** Besgen, a. a. O., S. 75. **108** Knoebel, a. a. O., S. 30. **109** Schreiben an Pohl, 17. Juli 1937, Archiv Wulf. **110** Ebd. **111** Ebd. **112** Mündliche Mitteilungen des Burgwarts Rupprecht. **113** Ebd. **114** Trevor-Roper, a. a. O., S. 30. **115** Mündliche Mitteilungen des Burgwarts Rupprecht. **116** Ebd. **117** W. Segin, Geschichte der Wewelsburg, S. 14. **118** Segin, a. a. O., S. 10. **119** Frischauer, a. a. O., S. 67. **120** Heiner Lichtenstein, Wo Himmler residieren wollte, Westdeutscher Rundfunk, 30. Januar 1965, Manuskript, S. 15, 16. **121** Lichtenstein, a. a. O., S. 3, 6. **122** Meyers Konversationslexikon, Bd. XI, S. 246. **123** Enno Georg, a. a. O., S. 22. Taubert ist nicht identisch mit Sigfred Taubert, dem Leiter der Ausstellungs- und Messe GmbH des Börsenvereins des Deutschen Buchhandels. **124** Ebd. **125** Segin, a. a. O., S. 44. **126** An das Gerücht können sich noch heute Bewohner des Dorfes Wewelsburg erinnern. **127** Georg, a. a. O., S. 22. **128** IMT, Bd. XXIX, S. 225. **129** Georg, a. a. O., S. 21. **130**

IMT, Bd. XXIX, S. 225. Georg, a. a. O., S. 21. **131** IMT, Bd. XXIX, S. 225. **132** Georg, a. a. O., S. 23. **133** Wulff, Die SS, S. 18. **134** Das Schwarze Korps, Juli 1937. **135** Georg, a. a. O., S. 23. **136** Helfferich, a. a. O., S. 31. **137** Besgen, a. a. O., S. 76. **138** Besgen, a. a. O., S. 74. **139** Neusüß-Hunkel, a. a. O., S. 119. **140** Neusüß-Hunkel, a. a. O., S. 71. **141** Vortrag Zechs, S. 7, 8, RFSS Filmrolle 17. **142** Erfahrungen in der Schulung, Vortrag von Standartenführer Dr. Cäsar, Berliner Gruppenführertagung, 25. Januar 1939, RFSS, Filmrolle 17. **143** Ebd. **144** Der Weg des SS-Mannes, S. 6, 7. **145** Knoebel, a. a. O., S. 21. **146** Rede Himmlers am 8. November 1936. **147** Knoebel, a. a. O., S. 31. **148** Knoebel, a. a. O., S. 30, 31. **149** Himmler, Die Schutzstaffel als antibolschewistische Kampforganisation, S. 22. **150** Rede Himmlers, 8. November 1936; RFSS, Filmrolle 89. **151** Knoebel, a. a. O., S. 22. **152** Ebd. **153** Ebd. **154** Ebd. **155** Knoebel, a. a. O., S. 35. **156** Knoebel, a. a. O., S. 36. **157** Ebd. **158** Mündliche Mitteilung des ehemaligen Obergruppenführers Wilhelm Bittrich, 29. Januar 1966. **159** Zahl der Verheirateten und Gesamtkinderzahl in der SS, Stand am 1. Januar 1939, abgestempelt vom Persönlichen Stab Himmlers, RFSS, Filmrolle 25. **160** Zwei Jahre Lebensborn-Arbeit, Vortrag des Standartenführers Dr. Ebener, Berliner Gruppenführertagung, 25. Januar 1939, RFSS, Filmrolle 17. **161** Ebd. **162** Knoebel, a. a. O., S. 41. **163** Vgl. die statistische Übersicht des Bundesarchivs, Der Adel im deutschen Offizierskorps, S. 12. **164** Verwaltungs- und Wirtschaftslage/Ende 1936, Bericht von Brigadeführer Pohl, S. 2, RFSS, Filmrolle 131. **165** Ebd. **166** Jahresbericht der SS-Personalkanzlei, 31. Dezember 1938, S. 2, RFSS, Filmrolle 17. **167** Jahresbericht der SS-Personalkanzlei, S. 3, RFSS, Filmrolle 17. **168** Erfahrungsbericht über die SS-Führerschule München-Dachau, Anhang zum Jahresbericht der SS-Personalkanzlei, S. 4, RFSS, Filmrolle 17. **169** Lutz Graf Schwerin von Krosigk, Es geschah in Deutschland, S. 250. **170** Ernst Jünger, Der Kampf als inneres Erlebnis, S. 78. **171** Dr. Werner Best, Der Krieg und das Recht, in: Jünger, Krieg und Krieger, 1930. **172** Best, a. a. O., S. 152. **173** Buchheim, Anatomie des SS-Staates, Bd. I, S. 288. **174** Buchheim, Anatomie des SS-Staates, Bd. I, S. 289. **175** Buchheim, Anatomie des SS-Staates, Bd. I, S. 287.

8 Heydrich und die Gestapo

1 Wulf, Die SS, S. 45, 46. **2** Buchheim, Anatomie des SS-Staates, Bd. I, S. 67. **3** N.S. Auskunft, Gutachten über die rassische Herkunft des Oberleutnant z. See a. D. Reinhardt Heydrich, 22. Juni 1932, Archiv Wulf. **4** Gutachten Heydrich, S. 1. **5** Burckhardt, a. a. O., S. 57. **6** Hagen (Höttl), a. a. O., S. 20, 21. **7** Kersten, a. a. O., S. 128. **8** Kempner, Eichmann und Komplizen, S. 37. **9** Fest, a. a. O., S. 446. **10** Hagen (Höttl), a. a. O., S. 21. Fest, a. a. O., S. 444. **11** Hagen (Höttl), a. a. O., S. 21. **12** Karl Heinz Abshagen, Canaris, S. 140, 148. **13** Kempner, Eichmann und Komplizen, S. 37. **14** Wighton, a. a. O., S. 24. **15** Aronson, a. a. O., S. XLVI. **16** Mündliche Mitteilung von Herrn Aronson, 24. Januar 1966. **17** Reitlinger, Die Endlösung, S. 15. **18** Zitiert nach Ulrich Popplow, Reinhard Heydrich oder Die Aufnordung durch den Sport, in: Olympisches Feuer, August 1963, S. 14. **19** Reitlinger, Die SS, S. 43. **20** H. G. Adler, Theresienstadt 1941–1945, S. 645. **21** Kersten, a. a. O., S. 129. **22** Burckhardt, a. a. O., S. 55. **23** Burckhardt, a. a. O., S. 57. **24** Michael Freund, Deutschland unterm Hakenkreuz, S. 336. **25** Kersten, a. a. O., S. 130. **26** Mündliche Mitteilung von Herrn Bruno Streckenbach, 21. Januar 1966. **27** Popplow, a. a. O., S. 15. **28** Ebd. **29** Popplow, a. a. O., S. 18. **30** Nebe-Serie, 9. Februar 1950. **31** Ebd. **32** Mündliche Mitteilung von Herrn Streckenbach, 21. Januar 1966. **33** Kersten, a. a. O., S. 119. Nebe-Serie, 9. Januar 1950. **34** Kersten, a. a. O., S. 118. **35** Ebd. **36** Fest, a. a. O., S. 141. **37** Popplow, a. a. O., S. 16. **38** Fest, a. a. O., S. 139. **39** Aussage Rudolf Diels, Frankfurter Allgemeine Zeitung, 9. Mai 1957. **40** Wighton, a. a. O., S. 93, 94. **41** Burckhardt, a. a. O., S. 56. **42** Nebe-Serie, 9. Februar 1950, S. 23. **43** Aronson, a. a. O., S. 1. **44** Wighton, a. a. O., S. 27. **45** Wighton, a. a. O., S. 29. **46** Abshagen, a. a. O., S. 77. **47** Abshagen, a. a. O., S. 146, 147. **48** Abshagen, a. a. O., S. 58. **49** Aronson, a. a. O., S. 23, 42. **50** Abshagen, a. a. O., S. 80. **51** Aronson, a. a. O., S. 38. **52** Wighton, a. a. O., S. 33. **53** Aronson, a. a. O., S. 31. **54** Aronson, a. a. O., S. 43. Nebe-Serie, 9. Februar 1950. **55** Aronson, a. a. O., S. 46. Manvell/

Fraenkel, Himmler, S. 26. **56** Aronson, a. a. O., S. 47. Nebe-Serie, 9. Februar 1950, S. 23. **57** Ebd. Wighton, a. a. O., S. 34. **58** Aronson, a. a. O., S. 48. **59** Der Spiegel, Nr. 9/1950, S. 42. **60** Der Spiegel, Nr. 9/1950, S. 61. **61** Der Spiegel, Nr. 9/1950, S. 42. **62** Wighton, a. a. O., S. 34. **63** Aronson, a. a. O., S. 51. **64** Mündliche Mitteilung von Herrn Streckenbach, 21. Januar 1966. **65** Wighton, a. a. O., S. 34. **66** Hagen (Höttl), a. a. O., S. 41. **67** Aronson, a. a. O., S. 51. **68** Nebe-Serie, 9. Februar 1950, S. 23. **69** Ebd. **70** Wulf, Die SS, S. 44. **71** Ebd. **72** Aronson, a. a. O., S. 86, 87. **73** Aronson, a. a. O., S. 87. **74** Aronson, a. a. O., S. 86. **75** Aronson, a. a. O., S. 87. **76** Aronson, a. a. O., S. 89. Nebe-Serie, 9. Februar 1950, S. 23. **77** Aronson, a. a. O., S. 98. **78** Aronson, a. a. O., S. 92. **79** Buchheim, Anatomie des SS-Staates, Bd. I, S. 33. **80** Aronson, a. a. O., S. 89. **81** Ebd. **82** Aronson, a. a. O., S. 98. **83** Dienstalterslisten der Schutzstaffel der NSDAP. **84** Kersten, a. a. O., S. 131. **85** Schellenberg, a. a. O., S. 36. **86** Kersten, a. a. O., S. 130. **87** Ebd. **88** Hagen (Höttl), a. a. O., S. 86. **89** Alfred Schweder, Politische Polizei, S. 145. **90** Werner Best, Die Deutsche Polizei, S. 29. **91** Best, a. a. O., S. 44. **92** Wulf, Die SS, S. 55. **93** Ebd. **94** Buchheim, Anatomie des SS-Staates, Bd. I, S. 40. **95** Buchheim, Anatomie des SS-Staates, Bd. I, S. 41. **96** Ebd. **97** Buchheim, Anatomie des SS-Staates, Bd. I, S. 41, 42. **98** Buchheim, Anatomie des SS-Staates, Bd. I, S. 42. **99** Broszat, Anatomie des SS-Staates, Bd. II, S. 18. **100** Broszat, Anatomie des SS-Staates, Bd. II, S. 12, 13. **101** IMT, Bd. XXIX, S. 217. **102** Broszat, Anatomie des SS-Staates, Bd. II, S. 34. **103** Broszat, Anatomie des SS-Staates, Bd. II, S. 45. **104** Buchheim, Anatomie des SS-Staates, Bd. I, S. 6. **105** Buchheim, SS und Polizei im NS-Staat, S. 62. **106** Aronson, a. a. O., S. 175. **107** Ebd. **108** Buchheim, Anatomie des SS-Staates, Bd. I, S. 68. **109** Aronson, a. a. O., S. 176. **110** Aronson, a. a. O., S. 177. **111** Aronson, a. a. O., S. 154 ff. Dienstaltersliste der Schutzstaffel der N.S.D.A.P. 1935. **112** Aronson, a. a. O., S. 154, 155. Mündliche Mitteilung von Herrn Streckenbach, 21. Januar 1966. **113** Aronson, a. a. O., S. 155. **114** Politische Beurteilung des Kriminal-Oberinspektors Heinrich Müller, Gauleitung München-Oberbayern, 4. Januar 1934, Archiv Wulf. **115** Ebd. **116** Ebd. **117** Politische Beurteilung Müller, Ortsgruppe Pasing, 28. Dezember 1936, Archiv Wulf. **118** Aronson, a. a. O., S. 117. **119** Aronson, a. a. O., S. IX, X. **120** Dienstaltersliste der Schutzstaffel der N.S.D.A.P. 1934. **121** Kaltenbrunner-Berichte (Archiv Peter), Spiegelbild einer Verschwörung, S. 245. **122** Kaltenbrunner-Berichte, a. a. O., S. 244. Nebe-Serie, 17. November 1949, S. 23. **123** Kaltenbrunner-Berichte, a. a. O., S. 244. **124** Kaltenbrunner-Berichte, a. a. O., S. 240. Nebe-Serie, 17. November 1949, S. 24. **125** Nebe-Serie, 17. November 1949, S. 24. **126** Nebe-Serie, 17. November 1949, S. 25. **127** Aronson, a. a. O., S. 236–236c. **128** Jünger, Krieg und Krieger, S. 152. **129** Jünger, Krieg und Krieger, S. 157. **130** Jünger, Krieg und Krieger, S. 153, 158. **131** Horkenbach, Bd. II, a. a. O., S. 364. **132** Horkenbach, Bd. II, a. a. O., S. 346. **133** Aronson, a. a. O., S. 249, 250. **134** Aronson, a. a. O., S. IXX C, 253. Mündliche Mitteilung von Herrn Dr. Werner Best, 5. Februar 1966. **135** Mündliche Mitteilung von Herrn Dr. Werner Best. **136** IMT, Bd. XXI, S. 554. **137** Buchheim, SS und Polizei im NS-Staat, S. 32 bis 34. **138** Aronson, a. a. O., S. 137. **139** Buchheim, Anatomie des SS-Staates, Bd. I, S. 39. Helmut Schlierbach, Die Politische Polizei in Preußen, S. 48. Aronson, a. a. O., S. 294. **140** Buchheim, Anatomie des SS-Staates, Bd. I, S. 40, 43, 39. **141** Schlierbach, a. a. O., S. 53. **142** Schlierbach, a. a. O., S. 41, 42. **143** Reinhard Heydrich, Wandlungen unseres Kampfes, S. 4, 5, 14. **144** Aronson, a. a. O., S. 380 ff. Dazu auch Dr. Werner Best, Die Deutsche Abwehrpolizei bis 1945, S. 25 ff. **145** Aronson, a. a. O., S. 382. **146** Aronson, a. a. O., S. 382. **147** Aronson, a. a. O., S. 384. **148** Aronson, a. a. O., S. 385. **149** Ebd. **150** Aronson, a. a. O., S. 384. **151** Ebd. **152** Schweder, a. a. O., S. 14. **153** Politische Polizei, Memorandum von Kriminalkommissar Wendzio, o. D., S. 7, RFSS, Filmrolle 432. **154** Schreiben Heydrichs an alle Staatspolizei(leit)stellen, 7. Juli 1938, RFSS, Filmrolle 491. **155** Ebd. **156** Diels, a. a. O., S. 160, 167. Aronson, a. a. O., S. 140, gibt für das Jahr 1933 etwa 35 Mann an. **157** Buchheim, SS und Polizei im NS-Staat, S. 79. Schlierbach, a. a. O., S. 61. **158** Buchheim, Anatomie des SS-Staates, Bd. I, S. 176. **159** Best, Die deutsche Abwehrpolizei, S. 44. **160** Wesen der Geheimen Staatspolizei, ohne Verfasser, undatiert, RFSS, Filmrolle 432. **161** Ebd. **162** Schreiben Bests an Regierungspräsidenten und Polizeipräsidenten, 26. Juli 1937, RFSS, Filmrolle 403. **163** Wesen der Geheimen Staatspolizei.

164 Broszat, Anatomie des SS-Staates, Bd. II, S. 47. **165** Broszat, Anatomie des SS-Staates, Bd. II, S. 50. **166** Mündliche Mitteilung von Herrn Werner von Haacke. **167** IMT, Bd. XX, S. 439. **168** IMT, Bd. XX, S. 439, 494, 493. **169** Broszat, Anatomie des SS-Staates, Bd. II, S. 56. **170** Ebd. **171** IMT, Bd. XX, S. 498. **172** IMT, Bd. XX, S. 499, 500. **173** IMT, Bd. XX, S. 501. **174** Ebd. **175** Aronson, a. a. O., S. 257, 272. **176** Diels, a. a. O., S. 310. Mündliche Mitteilung von Herrn Werner von Haacke. **177** Diels, a. a. O., S. 396. **178** Diels, a. a. O., S. 400. Hubert Schorn, Der Richter im Dritten Reich, S. 672, 673. **179** Mündliche Mitteilung von Herrn Dr. Walter Schaeffer, 24. Januar 1966. **180** Diels, a. a. O., S. 399. **181** Schorn, a. a. O., S. 107, 642. Broszat, Anatomie des SS-Staates, Bd. II, S. 44, 45. **182** Martin Broszat, Zur Perversion der Strafjustiz im Dritten Reich, in: Vierteljahrshefte für Zeitgeschichte, Oktober 1958, S. 390. **183** Schorn, a. a. O., S. 11. **184** Broszat, Perversion der Strafjustiz, S. 392. Schorn, a. a. O., S. 193. **185** Hans Frank, Im Angesicht des Galgens, S. 160. **186** Frank, a. a. O., S. 161. **187** Broszat, Anatomie des SS-Staates, Bd. II, S. 46. **188** Schorn, a. a. O., S. 80. **189** Schorn, a. a. O., S. 91. **190** Plum, a. a. O., S. 200, 201. **191** Plum, a. a. O., S. 202. **192** Schreiben Bests an alle Dienststellen der Geheimen Staatspolizei, 5. August 1935, RFSS, Filmrolle 239. **193** Werner Best, Die Deutsche Polizei, S. 26. **194** Helmut Krausnick, Wehrmacht und Nationalsozialismus, in: Das Parlament, 9. November 1955, S. 672. **195** Plum, a. a. O., S. 198, 206. **196** Plum, a. a. O., S. 200. **197** Plum, a. a. O., S. 198. **198** Aronson, a. a. O., S. 372. Plum, a. a. O., S. 221. **199** Plum, a. a. O., S. 221. **200** Plum, a. a. O., S. 198. **201** Plum, a. a. O., S. 213, 214. **202** Buchheim, SS und Polizei im NS-Staat, S. 42, 43. **203** Schlierbach, a. a. O., S. 55. Buchheim, SS und Polizei im NS-Staat, S. 44. **204** Plum, a. a. O., S. 203. **205** Neufeldt u. a., a. a. O., S. 9. **206** Neufeldt u. a., a. a. O., S. 17. **207** Neufeldt u. a., a. a. O., S. 14 **208** Neufeldt u. a., a. a. O., S. 15. **209** Neufeldt u. a, a. a. O., S. 16. **210** Neufeldt u. a., a. a. O., S. 17. Schlierbach, a. a. O., S. 82. **211** Buchheim, SS und Polizei im NS-Staat, S. 55.

9 Der SD

1 Broszat, Anatomie des SS-Staates, Bd. II, S. 81. **2** Ebd. **3** Broszat, Anatomie des SS-Staates, Bd. II, S. 81. Broszat, Perversion der Strafjustiz, S. 395. **4** Nebe-Serie, 24. November 1949, S. 28. **5** Best, Die Deutsche Polizei, S. 37. **6** Ebd. **7** Best, Die Deutsche Polizei, S. 38. **8** Das gibt auch Best, Die Deutsche Polizei, S 37, zu. **9** Best, Die Deutsche Polizei, S. 38. **10** Broszat, Perversion der Strafjustiz, S. 395. **11** Ebd. **12** Ebd. **13** Neufeldt u. a., a. a. O., S. 25. **14** Neufeldt u. a., a. a. O., S. 21. **15** Best, Die deutsche Abwehrpolizei, S. 29, 30. Buchheim, Anatomie des SS-Staates, Bd. I, S. 64. **16** Best, Die deutsche Abwehrpolizei, S. 29. **17** Anschriften-Verzeichnis für alle Verschlußsachen, Stand vom 10. Mai 1941, RFSS, Filmrolle 463. Friedrich Zipfel, Kirchenkampf in Deutschland 1933–1934, S. 148. **18** Buchheim, SS und Polizei im NS-Staat, S. 52, 53. **19** Best, Die Deutsche Polizei, S. 21. **20** Schweder, a. a. O., S. 156. **21** Schlierbach, a. a. O., S. 88–93. **22** Wesen der Geheimen Staatspolizei, o. D., RFSS, Filmrolle 432. **23** Broszat, Anatomie des SS-Staates, Bd. II, S. 37. **24** Broszat, Anatomie des SS-Staates, Bd. II, S. 78, 79. **25** Broszat, Perversion der Strafjustiz, S. 391. **26** Broszat, Perversion der Strafjustiz, S. 395. **27** Broszat, Anatomie des SS-Staates, Bd. II, S. 82, 83, 84. Best, Die Deutsche Polizei, S. 39, 40. **28** Kogon, a. a. O. (1965), S. 34. **29** Henkys, a. a. O., S. 47. **30** Henkys, a. a. O., S. 47, 48, 50. **31** IMT, Bd. XX, S. 150. **32** Schlierbach, a. a. O., S 61 **33** Auch Kogon, S. 40, nimmt irrigerweise an, der Inspekteur KL sei von Heydrich geschaffen worden und Eicke habe in der Prinz-Albrecht-Straße 7 residiert. Tatsächlich war Eickes Dienststelle in Berlin NW 7, Friedrichstraße 129, Block F untergebracht; vgl. Broszat, Anatomie des SS-Staates, Bd. II, S. 73. **34** IMT, Bd. XX, S. 18. **35** Broszat, Anatomie des SS-Staates, Bd. II, S. 18. **36** Aronson, a. a. O., S. 171, 172. **37** Aronson, a. a. O., S. 171. **38** Broszat, Anatomie des SS-Staates, Bd. II, S. 56. **39** Benedikt Kautsky, Teufel und Verdammte, S. 91, 92. **40** Broszat, Anatomie des SS-Staates, Bd. II, S. 64, 65. **41** Broszat, Anatomie des SS-Staates, Bd. II, S. 57, 58. **42** Rudolf Höß, Kommandant in Auschwitz, S. 58. **43** Buchheim, Anatomie des SS-

Staates, Bd. I, S. 192, 154. **44** Buchheim, Anatomie des SS-Staates, Bd. I, S. 192. **45** Broszat, Anatomie des SS-Staates, Bd. II, S. 75, 77. **46** Broszat, Anatomie des SS-Staates, Bd. II, S. 64. **47** Broszat, Anatomie des SS-Staates, Bd. II, S. 63. **48** Broszat, Anatomie des SS-Staates, Bd. II, S. 60. **49** Kautsky, a. a. O., S. 87. **50** Buchheim, Anatomie des SS-Staates, Bd. I, S. 198. **51** Ebd. **52** Buchheim, Anatomie des SS-Staates, Bd. I, S. 199. **53** Ebd. **54** Neufeldt/Tessin, a. a. O., S. 8. **55** Neufeldt u. a., a. a. O., S. 5. **56** Neufeldt u. a., a. a. O., S. 36. **57** Buchheim, SS und Polizei im NS-Staat, S. 91. **58** Neufeldt u. a., a. a. O., S. 76. **59** Neufeldt u. a., a. a. O., S. 42. **60** Buchheim, Anatomie des SS-Staates, Bd. I, S. 94, 95; Schreiben Pflomms an Bracht, 18. Februar 1943; Schreiben Pflomms an Wolff, 3. April 1943, RFSS, Filmrolle 31. **61** Buchheim, Anatomie des SS-Staates, Bd. I, S. 108. **62** Buchheim, Anatomie des SS-Staates, Bd. I, S. 93. **63** Schreiben Pflomms an Bracht, 18. Februar 1943. Buchheim, Anatomie des SS-Staates, Bd. I, S. 94. **64** Nebe-Serie, 1. Dezember 1949, S. 22. **65** Ebd. **66** Wesen der Geheimen Staatspolizei, S. 5. **67** IMT, Bd. XX, S. 148. **68** Vgl. Kapitel 4. **69** Illegale nachrichtendienstliche Organisation, Bericht (vermutlich aus dem Münchner Polizeipräsidium), 31. März 1937, S. 9, 10, RFSS, Filmrolle 467. **70** Illegale nachrichtendienstliche Organisation, S. 5, 6. **71** Illegale nachrichtendienstliche Organisation, S. 6. **72** Illegale nachrichtendienstliche Organisation, S. 3. **73** Illegale nachrichtendienstliche Organisation, S. 6. **74** Illegale nachrichtendienstliche Organisation, S. 7. **75** Wulf, Die SS, S. 118. **76** Adolf Eichmann, Vernehmungsprotokolle, Bd. I, Sp. 44. **77** Wie kam es zu meinem Rußlandeinsatz? Erklärung von Otto Ohlendorf zu seinem Prozeß, undatiert, Privatarchiv Frau Käthe Ohlendorf. **78** Aronson, a. a. O., S. 250. **79** Aronson, a. a. O., S. 279, 280. **80** Aronson, a. a. O., S. 281, 282. **81** Kogon, a. a. O. (1965), S. 23. **82** Aronson, a. a. O., S. 280, 281. **83** Aronson, a. a. O., S. 332. **84** Zur Psychologie der SD-Elite siehe Zipfel, a. a. O., S. 165 ff. **85** Schorn, a. a. O., S. 29. **86** Laqueur, a. a. O., S. 199. **87** Aussagen Ohlendorf, 8. Oktober 1947, Akten des Militärgerichtshofes Nr. II A, Fall IX. **88** Aussage Ohlendorf, S. 497. **89** Ohlendorf an Frau Käthe Ohlendorf, 6. Februar 1934, Dokumentenbuch Ohlendorf, I a, Prozeß Ohlendorf. **90** Aussage Ohlendorf, S. 499. **91** Aronson, a. a. O., S. 343. Aussage Ohlendorf, S. 499, 500. **92** Aronson, a. a. O., S. 269. **93** Aronson, a. a. O., S. 232. **94** Aronson, a. a. O., S. 271. **95** Mündliche Mitteilung von Professor Reinhard Höhn, 15. November 1966. **96** Aronson, a. a. O., S. 355. **97** Delarue, a. a. O., S. 208. **98** Aronson, a. a. O., S. 360. Schellenberg, a. a. O., S 12. **99** Mündliche Mitteilung von Herrn Dr. Werner Best, 5. Februar 1966. **100** Werner Best, Reinhard Heydrich, S. 3. **101** Schorn, a. a. O., S. 11. **102** IMT, Bd. XX, S. 208. Schreiben Schellenbergs, 4. April 1939, RFSS, Filmrolle 239. **103** IMT, Bd. XX, S. 158. **104** Aronson, a. a. O., S. 360. **105** Aronson, a. a. O., S. 275. **106** Aronson, a. a. O., S. 96, 97. Wulf, Die SS, S. 43. **107** Aronson, a. a. O., S. 344. **108** Aronson, a. a. O., S. 94. **109** Aronson, a. a. O., S. 94. **110** Aronson, a. a. O., S. 93. **111** Aronson, a. a. O., S. 355. **112** Boberach, a. a. O., S. XIII. **113** Aronson, a. a. O., S. 346. **114** Aronson, a. a. O., S. 75. **115** Zipfel, a. a. O., S. 379. **116** Zipfel, a. a. O., S. 383, 384. **117** Zipfel, a. a. O., S. 384. **118** Zipfel, a. a. O., S. 383. **119** IMT, Bd. XX, S. 216. **120** Boberach, a. a. O., S. XXIV. **121** Schlierbach, a. a. O., S. 85. **122** Wendzio, Politische Polizei, RFSS, Filmrolle 432. **123** Eichmann, Vernehmungsprotokolle, Bd. I, S. 76. **124** Von Schellenberg entworfenes Auswertungssystem des Amtes VI (RSHA), 10. August 1942, RFSS, Filmrolle 463. **125** Wulf, Die SS, S. 123. **126** Aronson, a. a. O., S. 332. **127** Aronson, a. a. O., S. 333. **128** IMT, Bd. XXIX, S 322. **129** Schreiben des SD-Unterabschnitts Koblenz an SD-Außenstelle Koblenz, 25. November 1937, RFSS, Filmrolle 269. **130** Schreiben des SD-Oberabschnitts Süd-West an das SD-Hauptamt, 27. Mai 1936, RFSS, Filmrolle 509. **131** Zipfel, a. a. O., S. 301–304. **132** Schreiben des SD-Hauptamts, Referat II 112, an alle SD-Oberabschnitte, 21. März 1937, RFSS, Filmrolle 411. **133** Schreiben Grillenbergers an das Amt I, SD-Hauptamt, 26. Januar 1938, RFSS, Filmrolle 461. **134** Wulf, Die SS, S. 124, 125, 126. **135** Aktennotiz des Referats II 112, 29. Dezember 1937, RFSS, Filmrolle 411. **136** Aktennotiz Hagens, undatiert (etwa: 1937/38), RFSS, Filmrolle 411. **137** Aktennotiz Hagens, 8. Januar 1938, RFSS, Filmrolle 411. **138** Mündliche Mitteilung von Herrn Gunter d'Alquen, 30. 6./1. 7. 1966. **139** Mündliche Mitteilung von Herrn d'Alquen, 30. 6./1. 7. 1966. **140** Ebd. **141** Ebd. **142** Wulf, Die SS, S. 108, 109. **143** Das Schwarze Korps, 21.

Januar 1937. **144** Das Schwarze Korps, 27. August 1935. **145** Das Schwarze Korps, 28. Mai 1936. **146** Das Schwarze Korps, 5. Juni 1935, 22. April 1937. **147** Das Schwarze Korps, 27. August 1936. **148** Das Schwarze Korps, 18. Februar 1937. **149** Schreiben der Redaktion des Schwarzen Korps, 21. Juni 1938, RFSS, Filmrolle 509. **150** Schreiben des Paul Koch an die Redaktion des Schwarzen Korps, 7. Juni 1938; Schreiben des Schwarzen Korps an Six, 21. Juni 1938; Schreiben des Referats II 112 an den SD-Führer Ost, 8. Juli 1938; Schreiben des Referats II 112 an das Schwarze Korps, 8. Juli 1938, RFSS, Filmrolle 509. **151** Notiz aus den Ruthens für das SD-Hauptamt, 14. April 1938; Schreiben des Referats II 112 an aus den Ruthen, 21. April 1938, RFSS, Filmrolle 509. **152** Vermerk Hagens, 17. Juni 1938, RFSS, Filmrolle 509. **153** Das Schwarze Korps, 16. Juli 1936. **154** Das Schwarze Korps, 7. August 1935. **155** Das Schwarze Korps, 5. Januar 1939. **156** Das Schwarze Korps, 13. Februar 1941. **157** Das Schwarze Korps, 11. Juli 1940. **158** Schreiben d'Alquens an Ohlendorf, 25. September 1942, RFSS, Filmrolle 275. **159** Stellungnahme des RSHA-Amts III zu dem Schreiben d'Alquens vom 25. September 1942, RFSS, Filmrolle 275. **160** Stellungnahme des RSHA-Amts III, S. 7. **161** Schreiben d'Alquens an Ohlendorf, 22. Juli 1942, RFSS, Filmrolle 275. **162** Schreiben Ohlendorfs an d'Alquen, 14. August 1942, RFSS, Filmrolle 275. **163** Ebd.

10 Das Reichssicherheitshauptamt

1 Grundsätzliche Gedanken zur Neugliederung, verfaßt von Schellenberg, undatiert (etwa Sommer 1939), RFSS, Filmrolle 432. **2** Boberach, a. a. O., S. XIII, XIV. **3** Boberach, a. a. O., S. XIV. **4** Die Eigenständigkeit des Sicherheitsdienstes, undatiert, RFSS, Filmrolle 239. **5** Wighton, a. a. O., S. 115. **6** Ebd. Hamburger Morgenpost, 3. Februar 1965. **7** Ebd. **8** Ebd. **9** Wighton, a. a. O., S. 117. **10** Hamburger Morgenpost, 3. Februar 1965. Wighton, a. a. O., S. 117. **11** Werner Best, Wilhelm Canaris, S. 6. **12** Schreiben Hagens und Eichmanns, 4. November 1937, RFSS, Filmrolle 411. **13** Ebd. **14** Schreiben Hagens und Eichmanns, 4. November 1937. **15** Abshagen, a. a. O., S. 94. **16** Abshagen, a. a. O., S. 19, 51, 68, 139. **17** Karl Bartz, Die Tragödie der deutschen Abwehr, S. 80. **18** Abshagen, a. a. O., S. 147. **19** Werner Best, Die deutsche Abwehrpolizei bis 1945, S. 19, 19a, 19b. **20** Best, Wilhelm Canaris, S. 6. Gerd Buchheit, Der deutsche Geheimdienst, S. 158 ff. **21** Hagen (Höttl), a. a. O., S. 57. **22** Delarue, a. a. O., S. 178. **23** Schellenberg, a. a. O., S. 48. **24** Schellenberg, a. a. O., S. 49. **25** Schellenberg, a. a. O., S. 50. **26** Hagen (Höttl), a. a. O., S. 54. Braver, dummer Klim, in: Der Spiegel, 8. November 1961, S. 68. **27** B. H. Liddell Hart (Herausgeber), Die Rote Armee, S. 75, 76. **28** Die politische Lage in der Roten Armee, herausgegeben vom Chef des SD-Hauptamtes, 1938, RFSS, Filmrolle 467. **29** Die Welt, 4. Januar 1962. **30** Karl Spalcke, Der Fall Tuchatschewski, in: Die Gegenwart, 25. Januar 1958. **31** Der Spiegel, 8. November 1961, S. 70. **32** Der Spiegel, 8. November 1961, S. 71. **33** Ebd. **34** Ebd. **35** Ebd. **36** Ebd. **37** Hagen (Höttl), a. a. O., S. 62. **38** Schellenberg, a. a. O., S. 50. **39** Der Spiegel, 8. November 1961, S. 68. **40** Hagen (Höttl), a. a. O., S. 62. **41** Spalcke, a. a. O., S. 47. **42** Abshagen, a. a. O., S. 169. **43** Buchheim, SS und Polizei im NS-Staat, S. 62, 63. **44** Buchheim, Anatomie des SS-Staates, Bd. I, S. 74. **45** Ebd. **46** Boberach, a. a. O., S. XIII. Aussage Ohlendorf, 8. Oktober 1947, S. 499. **47** Aussage Ohlendorf, 8. Oktober 1947, S. 499. **48** Mündliche Mitteilung von Herrn Gunter d'Alquen, November 1966. **49** Aussage Ohlendorf, 8. Oktober 1947, S. 496 ff. **50** Boberach, a. a. O., S. XIII. **51** Aussage Ohlendorf, 8. Oktober 1947, S. 499. **52** Ebd. **53** Aussage Ohlendorf, 8. Oktober 1947, S. 500. **54** Die Wirtschaft im nationalsozialistischen Staat, undatiertes Memorandum von Ohlendorf, Privatarchiv Frau Käthe Ohlendorf. **55** Aussage Ohlendorf, 8. Oktober 1947, S. 500. **56** Boberach, a. a. O., S. XIV. **57** Gnadengesuch Ohlendorfs, Juli 1950, S. 40, Privatarchiv Frau Käthe Ohlendorf. **58** Helmut Heiber, Walter Frank, S. 430 ff. **59** Heiber, a. a. O., S. 441, 444. **60** Mündliche Mitteilung von Herrn Professor Höhn, November 1966. **61** Eidesstattliche Erklärung von Karl Wolff, 13. September 1947, Dokumentenbuch Ohlendorf IV. **62** Erklärung Wolffs, 13. September 1947. Kersten, a. a. O., S. 252. **63** Eidesstattliche Erklärung von Luitpold

Schallermeier, 21. August 1947, Dokumentenbuch Ohlendorf IV. **64** Aussage Ohlendorfs, 8. Oktober 1947, S. 502. **65** Boberach, a. a. O., S. XIV. **66** Aussage Ohlendorf, 8. Oktober 1947, S. 502. **67** Ebd. **68** Mündliche Mitteilung von Frau Käthe Ohlendorf, 26. Januar 1966. **69** Reorganisation des Sicherheitsdienstes des Reichsführers-SS im Hinblick auf eine organisatorische und personelle Angleichung mit der Sicherheitspolizei, von Schellenberg verfaßtes Memorandum, 24. Februar 1939, RFSS, Filmrolle 239. **70** Urteil des Gerichts des Obersten Befehlshabers der Wehrmacht in der Sache Freiherr von Fritsch, 18. März 1938, S. 3, Privatarchiv Fabian von Schlabrendorff. **71** Urteil, S. 9, 10. **72** Urteil, S. 3. **73** Urteil, S. 3. Adolf Graf von Kielmansegg, Der Fritschprozeß 1938, S. 53, 56. **74** Urteil, S. 3. **75** Ebd. **76** Mündliche Mitteilung von Herrn Dr. Werner Best, 5. Februar 1966. **77** Urteil, S. 4–9. **78** Ebd. **79** Ebd. **80** Urteil, S. 11. **81** Der Spiegel, Nr. 36/1965, S. 46. **82** Hoßbach, a. a. O., S. 126. **83** Hoßbach, a. a. O., S. 103. **84** Krausnick, Wehrmacht und Nationalsozialismus, S. 666. **85** Foertsch, a. a. O., S. 90. Krausnick, Wehrmacht und Nationalsozialismus, S. 677. **86** Foertsch, a. a. O., S. 76. **87** Ebd. Hoßbach, a. a. O., S. 188. **88** Hoßbach, a. a. O., S. 190. **89** Hoßbach, a. a. O., S. 218. **90** Foertsch, a. a. O., S. 91, 138. **91** Kielmansegg, a. a. O., S. 34, 35 **92** Graf von der Goltz, Die Entlassung des Generalobersten Freiherrn von Fritsch, in: Deutsche Rundschau, März 1947, S. 197. **93** Foertsch, a. a. O., S. 128. **94** Walter Görlitz, Generalfeldmarschall Keitel, Verbrecher oder Offizier?, S. 86, 88. **95** Görlitz, Keitel, S. 102. **96** Schriftliche Mitteilung von Herrn Curt Hellmuth Müller, 9. Dezember 1949. **97** Ebd. **98** Ebd. **99** Ebd. **100** Görlitz, Keitel, S. 103. **101** Ebd. **102** Hoßbach, a. a. O., S. 123. **103** Hoßbach, a. a. O., S. 124. **104** Hoßbach, a. a. O., S. 123. **105** Ebd. **106** Krausnick, Wehrmacht und Nationalsozialismus, S. 679. **107** Hoßbach, a. a. O., S. 123. **108** Foertsch, a. a. O., S. 141. **109** Foertsch, a. a. O., S. 102. **110** Foertsch, a. a. O., S. 90, 91. **111** Hoßbach, a. a. O., S. 126, 127. **112** Zitiert nach Werner Picht, Vom Wesen des Krieges und vom Kriegswesen der Deutschen, S. 225. **113** Wilhelm Treue, Manuskript eines Rundfunkvortrages: Die Fritsch-Affäre, S. 35. **114** Hoßbach, a. a. O., S. 129. **115** Ebd. **116** Ebd. **117** Foertsch, a. a. O., S. 138. **118** Foertsch, a. a. O., S. 128. **119** Görlitz, Keitel, S. 106. **120** Foertsch, a. a. O., S. 88. **121** Foertsch, a. a. O., S. 138. **122** Görlitz, Keitel, S. 107. **123** Kielmansegg, a. a. O., S. 38. **124** Foertsch, a. a. O., S. 88. **125** Foertsch, a. a. O., S. 88, 89. **126** Görlitz, Keitel, S. 109. **127** Foertsch, a. a. O., S. 106. **128** Foertsch, a. a. O., S. 105. **129** Foertsch, a. a. O., S. 118. **130** Ebd. **131** Heinrich Rosenberger, Die Entlassung des Generalobersten Freiherrn von Fritsch, in: Deutsche Rundschau, November 1946, S. 91, 92. **132** Ebd. **133** Kielmansegg, a. a. O., S. 48, 49. **134** Urteil, S. 28. **135** Urteil, S. 29. **136** Urteil, S. 1. **137** Kielmansegg, a. a. O., S. 50. **138** Foertsch, a. a. O., S. 100. **139** Ebd. **140** Mündliche Mitteilung von Herrn Dr. Werner Best, 5. Februar 1966. **141** Mündliche Mitteilung von Herrn Dr. Werner Best, 5. Februar 1966. **142** Gisevius, Bis zum bitteren Ende, S. 274. **143** Schellenberg, a. a. O., S. 39. **144** Foertsch, a. a. O., S. 120. **145** Urteil, S. 23. **146** Gisevius, Bis zum bitteren Ende, S. 290. **147** Foertsch, a. a. O., S. 105. **148** Abshagen, a. a. O., S. 178. **149** Schellenberg, a. a. O., S. 40, 41. **150** Krausnick, Wehrmacht und Nationalsozialismus, S. 678. **151** Gisevius, a. a. O , S. 280. **152** Krausnick, Wehrmacht und Nationalsozialismus, S. 681. **153** Urteil, S. 31–34. **154** Kielmansegg, a. a. O., S. 80. **155** Urteil, S. 18. **156** Foertsch, a. a. O., S. 121. Kielmansegg, a. a O., S. 82. **157** Foertsch, a. a. O., S. 122. **158** Ebd. **159** Kielmansegg, a. a. O., S. 87, 88. **160** Foertsch, a. a. O., S. 125. **161** Kielmansegg, a. a. O., S. 90. **162** Foertsch, a. a. O., S. 124. **163** Urteil, S. 1. **164** Wolfgang Foerster, Generaloberst Ludwig Beck, S. 92. **165** Foerster, a. a. O., S. 169. **166** Foertsch, a. a. O., S. 129. **167** Wheeler-Bennett, a. a. O., S. 404. **168** Foertsch, a. a. O., S. 129. **169** Ebd. **170** Nebe-Serie, 29. Dezember 1949, S. 26. **171** Schellenberg, a. a. O., S. 151. **172** Mündliche Mitteilung von Herrn Bruno Streckenbach, 21. Januar 1966. **173** Mündliche Mitteilung von Herrn Paul Hausser, 31. Januar 1966. **174** Allgemeine Erfahrungen bei Einziehung der Verstärkung der SS-Totenkopfverbände im September 1933, sowie beim Großeinsatz der Allgemeinen SS, Vortragsentwurf von Brigadeführer Petri, von Himmler am 22. Januar 1939 abgezeichnet, RFSS, Filmrolle 17. **175** Wighton, a. a. O., S. 150. **176** Abshagen, a. a. O., S. 185, 186. **177** Görlitz, Keitel, S. 407. **178** Von Schellenberg angefertigter Vermerk zu Ausführungen Heydrichs über die Neuorganisation von SD und Sicherheitspolizei,

4. April 1939, RFSS, Filmrolle 239. **179** Buchheim, Anatomie des SS-Staates, Bd. I, S. 126. **180** Buchheim, Anatomie des SS-Staates, Bd. I, S. 126, 127. **181** Buchheim, Anatomie des SS-Staates, Bd. I, S. 92. **182** Buchheim, Anatomie des SS-Staates, Bd. I, S. 133. **183** Best, Die Deutsche Polizei, S. 85, 87. **184** Zipfel, a. a. O., S. 159, 164. **185** Reorganisation des Sicherheitsdienstes des Reichsführers-SS im Hinblick auf eine organisatorische und personelle Angleichung mit der Sicherheitspolizei, von Schellenberg ausgearbeitetes Memorandum, 24. Februar 1939, RFSS, Filmrolle 239. **186** Schreiben Pohls an Schwarz, undatiert (etwa: Ende 1936), RFSS, Filmrolle 131. **187** Ebd. **188** Zipfel, a. a. O., S. 146. **189** Schreiben Schellenbergs an Heydrich, 27. Februar 1939, RFSS, Filmrolle 239. **190** Vermerk Schellenbergs für Einberufung einer Arbeitstagung zur Besprechung von SD-Problemen, 4. April 1939, RFSS, Filmrolle 239. **191** Buchheim, SS und Polizei im NS-Staat, S. 61. **192** Reorganisation des Sicherheitsdienstes des Reichsführers-SS, von Schellenberg ausgearbeitetes Memorandum, 24. Februar 1939, RFSS, Filmrolle 239. **193** Stellungnahme zum letzten Entwurf der Laufbahnrichtlinien durch SS-Brigadeführer Dr. Best, von Schellenberg entworfener Vermerk, 28. August 1939, RFSS, Filmrolle 239. **194** Vgl. dazu die Polemik Schellenbergs gegen Best in seinem Vermerk über die Laufbahnen im Sicherheitsdienst, 28. Februar 1939, RFSS, Filmrolle 239. **195** Deutsches Recht, Heft 8/9, 8./15. April 1939. **196** Werner Best, Kritik und Apologie des Juristen, in: Deutsches Recht, 8./15. April 1939, S. 198. **197** Schreiben Schellenbergs an Heydrich, 25. April 1939, RFSS, Filmrolle 239. **198** Ebd. **199** Mündliche Mitteilung von Herrn Dr. Werner Best, 5. Februar 1966. **200** Schellenberg, a. a. O., S. 34. **201** Aussage Ohlendorfs, 8. Oktober 1947, S. 506. **202** So nahm das Reichsinnenministerium von der Gründung des Reichssicherheitshauptamtes zunächst offiziell überhaupt nicht Kenntnis; vgl. Neufeldt u. a., a. a. O., S. 21. **203** Buchheim, Anatomie des SS-Staates, Bd. I, S. 76, 77. **204** Ebd. **205** Ebd. **206** Ebd. **207** Buchheim, Anatomie des SS-Staates, Bd. I, S. 77. **208** Ebd. **209** Aussage Ohlendorfs, 8. Oktober 1947, S. 505. **210** Ebd. **211** Aussage Ohlendorfs, 8. Oktober 1947, S. 506. **212** Mündliche Mitteilung von Herrn Dr. Werner Best, 5. Februar 1966. **213** Ebd. **214** Schreiben Bests an Heydrich, 15. April 1942, Archiv Wulf. **215** Mündliche Mitteilung von Herrn Dr. Werner Best, 5. Februar 1966. **216** Buchheim, SS und Polizei im NS-Staat, S. 91.

11 SS und Außenpolitik

1 Hans-Adolf Jacobsen, 1939–1945, S. 115. **2** Jacobsen, a. a. O., S. 116. **3** Shirer, a. a. O., S. 556. **4** Ebd. **5** Ebd. **6** Tagebuch Halder, Bd. I, S. 19. **7** Helmut Arntz, Die Menschenverluste im Zweiten Weltkrieg, in: Bilanz des Zweiten Weltkrieges, S. 446. **8** Jürgen Runzheimer, Der Überfall auf den Sender Gleiwitz im Jahre 1939, in: Vierteljahrshefte für Zeitgeschichte, Heft 4/1962, S. 419. **9** Jürgen Thorwald, Der Mann, der den Krieg auslöste, Der Stern, 7. Juni 1953. **10** Ebd. **11** Ebd. **12** Der Spiegel, 13. November 1963. **13** Der Spiegel, 13. November 1963, S. 73. **14** Raimund Schnabel, Macht ohne Moral, S. 384. **15** Thorwald, a. a. O., S. 14. **16** Der Spiegel, 13. November 1963, S. 71. **17** Ebd. **18** Runzheimer, a. a. O., S. 420. **19** Ebd. **20** Runzheimer, a. a. O., S. 411, 413. **21** Thorwald, a. a. O., S. 14 ff. **22** Ebd. **23** Schnabel, a. a. O., S. 386. **24** Ebd. **25** Ebd. **26** Ebd. **27** Shirer, a. a. O., S. 572. **28** Rudi Strauch, Sir Neville Henderson, S. 278. **29** Ludwig Denne, Das Danzig-Problem in der deutschen Außenpolitik 1934–1939, S. 278. **30** Runzheimer, a. a. O., S. 425. **31** Shirer, a. a. O., S. 580, 581. **32** Helmuth Greiner, Die Oberste Wehrmachtführung, S. 46, 47. **33** Nebe-Serie, 29. Dezember 1949, S. 27. Schriftliche Mitteilung von Herrn Jürgen Runzheimer, 6. Februar 1967. **34** Schriftliche Mitteilung von Herrn Jürgen Runzheimer, 6. Februar 1967. Der Verfasser möchte Herrn Runzheimer für seine Hilfe danken und bei dieser Gelegenheit auf die bevorstehende, demnächst in den Vierteljahrsheften für Zeitgeschichte erscheinende Arbeit Runzheimers (»Die Grenzzwischenfälle am 30. August 1939«) hinweisen. **35** Shirer, a. a. O., S. 614. **36** Der Spiegel, 13. November 1963, S. 74. **37** Ebd. Runzheimer, a. a. O., S. 425. **38** Der Spiegel, 13. November 1963, S. 74, 75. **39** Runzheimer, a. a. O., S. 415. **40** Der Spiegel, 13. November 1963, S. 74. **41** Runzheimer, a. a. O., S. 415. Der Spiegel, 13. November 1963, S. 74, 75. **42** Der Spiegel,

13. November 1963, S. 75. **43** Schnabel, a. a. O., S. 390. **44** Völkischer Beobachter, 1. September 1939. **45** Zitiert nach Thorwald, a. a. O., S. 14. **46** Runzheimer, a. a. O., S. 409. **47** Ebd. **48** Ebd. **49** Nebe-Serie, 29. Dezember 1949, S. 27. **50** Ebd. **51** Knoebel, a. a. O., S. 226. **52** Buchheim, SS und Polizei im NS-Staat, S. 168. **53** Die Erhebung der österreichischen Nationalsozialisten im Juli 1934, Bericht der Historischen Kommission des Reichsführers-SS, S. 68. **54** Adolf Eichmann, Vernehmungsprotokolle, Bd. I, Spalte 36. **55** Die Erhebung der österreichischen Nationalsozialisten, S. 68. **56** Ebd. **57** Ebd. **58** Die Erhebung der österreichischen Nationalsozialisten, S. 69. **59** Die Erhebung der österreichischen Nationalsozialisten, S. 67. **60** Die Erhebung der österreichischen Nationalsozialisten, S. 71. **61** Die Erhebung der österreichischen Nationalsozialisten, S. 70. **62** Ebd. **63** Ebd. **64** Die Erhebung der österreichischen Nationalsozialisten, S. 70, 71. **65** Die Erhebung der österreichischen Nationalsozialisten, S. 72. **66** Ebd. **67** Die Erhebung der österreichischen Nationalsozialisten, S. 77. Gordon Shepherd, Engelbert Dollfuß, S. 284. **68** Shepherd, a. a. O., S. 279, 280. **69** Schreiben Wächters an das Oberste Parteigericht der NSDAP, 31. Mai 1938, RFSS, Filmrolle 32. **70** Shepherd, a. a. O., S. 286. **71** Ebd. **72** Ebd. **73** Schreiben Wächters an das Oberste Parteigericht, S. 8, RFSS, Filmrolle 32. **74** Schreiben Wächters an das Oberste Parteigericht, S. 7, 8. **75** Niederschrift Wächters zum Prozeß Hamburger, Januar 1937, S. 4, 5, RFSS, Filmrolle 32. **76** Niederschrift Wächters, S. 4. **77** Niederschrift Wächters, S. 7. **78** Niederschrift Wächters, S. 5. **79** Ebd. **80** Ebd. **81** Hellmuth Auerbach, Eine nationalsozialistische Stimme zum Wiener Putsch vom 25. Juli 1934, in: Vierteljahrshefte für Zeitgeschichte, April 1964, S. 204. **82** Niederschrift Wächters, S. 8. **83** Shepherd, a. a. O., S. 280. **84** Die Erhebung der österreichischen Nationalsozialisten, S. 79. **85** Shepherd, a. a. O., S. 289. **86** Die Erhebung der österreichischen Nationalsozialisten, S. 84. **87** Die Erhebung der österreichischen Nationalsozialisten, S. 81, 82. **88** Die Erhebung der österreichischen Nationalsozialisten, S. 81. **89** Schreiben Wächters an das Oberste Parteigericht, S. 10. **90** Die Erhebung der österreichischen Nationalsozialisten, S. 82. **91** Die Erhebung der österreichischen Nationalsozialisten, S. 84. **92** Die Erhebung der österreichischen Nationalsozialisten, S. 85. **93** Ebd. **94** Shepherd, a. a. O., S. 299. **95** Die Erhebung der österreichischen Nationalsozialisten, S. 85. **96** Die Erhebung der österreichischen Nationalsozialisten, S. 88. **97** Ebd. **98** Die Erhebung der österreichischen Nationalsozialisten, S. 89. **99** Die Erhebung der österreichischen Nationalsozialisten, S. 89, 94, 96. **100** Die Erhebung der österreichischen Nationalsozialisten, S. 94, 96. **101** Die Erhebung der österreichischen Nationalsozialisten, S. 92. **102** Shepherd, a. a. O., S. 309. **103** Shepherd, a. a. O., S. 310. Die Erhebung der österreichischen Nationalsozialisten, S. 102. **104** Shepherd, a. a. O., S. 311. **105** Die Erhebung der österreichischen Nationalsozialisten, S. 128. **106** Die Erhebung der österreichischen Nationalsozialisten, S. 132. Niederschrift Wächters, S. 10. **107** Die Erhebung der österreichischen Nationalsozialisten, S. 132. **108** Niederschrift Wächters, S. 10. **109** Die Erhebung der österreichischen Nationalsozialisten, S. 140. **110** Papen, a. a. O., S. 380. **111** Bullock, a. a. O., S. 327. **112** Niederschrift Wächters, S. 10, 11. **113** Volz, a. a. O., S. 34. Louis de Jong, Die deutsche Fünfte Kolonne im Zweiten Weltkrieg, S. 260. **114** Jong, a. a. O., S. 263. **115** Ebd. **116** MacAlister Brown, The Third Reich's Mobilization of the German Fifth Column in Eastern Europe, in: Journal of Central European Affairs, Juli 1959, S. 129. **117** Jong, a. a. O., S. 264. Koehl, a. a. O., S. 36, 37. **118** Buchheim, Anatomie des SS-Staates, Bd. I, S. 230. Robert Koehl, Toward an SS Typology: Social Engineers, in: The American Journal of Economics and Sociology, Nr. 18, Januar 1959, S. 117. **119** Koehl, RKFDV, S. 39. **120** Koehl, RKFDV, S. 37. **121** Jong, a. a. O., S. 264. **122** Ebd. **123** Ebd. **124** Ebd. **125** Neusüß-Hunkel, a. a. O., S. 81, 82. **126** Organisationsbuch der NSDAP, S. 151. **127** Heinrich Orb, Nationalsozialismus, S. 389. **128** Wulf, Die SS, S. 96. **129** Ribbentrop, a. a. O., S. 37. Papen, a. a. O., S. 265. **130** Ribbentrop, a. a. O., S. 38. **131** Ribbentrop, a. a. O., S. 37. **132** Neusüß-Hunkel, a. a. O., S. 82. **133** Seabury, a. a. O., S. 108. **134** Ebd. **135** Seabury, a. a. O., S. 106. **136** Ernst-Günther Krätschmer, Die Ritterkreuzträger der Waffen-SS, S. 208. **137** Erich Kordt, Nicht aus den Akten, S. 188. **138** Ebd. Ab 1942 SS-Brigadeführer, vgl. Dienstaltersliste der Schutzstaffel der NSDAP 1944. **139** Kordt, a. a. O., S. 188. Ab 1942 SS-Oberführer, vgl. Dienstaltersliste der Schutzstaffel der NSDAP 1944. **140** Kordt, a. a. O., S. 188. **141** Ebd.

142 Kempner, SS im Kreuzverhör, S. 244, 245. **143** Mündliche Mitteilung von Herrn Dr Werner Best, 5. Februar 1966. **144** Hagen (Höttl), a. a. O., S. 142. **145** Ebd. **146** Hagen (Höttl), a. a. O., S. 123, 131. **147** Kurt Glaser, Die Tschechoslowakei, S. 52. **148** Hagen (Höttl), a. a. O., S. 126. **149** Hagen (Höttl), a. a. O., S. 138. **150** Hagen (Höttl), a. a. O., S. 144, 146. **151** Hagen (Höttl), a. a. O., S. 156. **152** Dienstaltersliste der Schutzstaffel der NSDAP 1944. **153** Brown, a. a. O., S. 133. **154** Hagen (Höttl), a. a. O., S. 174. **155** Ebd. **156** Hagen (Höttl), a. a. O., S. 175. **157** Ebd. **158** Hagen (Höttl), a. a. O., S. 541. **159** Ebd. **160** Schreiben Kepplers an Himmler, 11. Juli 1939, RFSS, Filmrolle 32. **161** Bullock, a. a. O., S. 486. **162** Hagen (Höttl), a. a. O., S. 76. **163** Hagen (Höttl), a. a. O., S. 177. **164** Schreiben Kepplers an Himmler, 11. Juli 1939, RFSS, Filmrolle 32. **165** Jong, a. a. O., S. 148. **166** Ribbentrop, a. a. O., S. 130. **167** Seabury, a. a. O., S. 194. **168** Jong, a. a. O., S. 211. **169** Wenn ihr einmarschiert, schießen wir, Der Spiegel, 18/1963, S. 77 ff. **170** Hagen (Höttl), a. a. O., S. 280 ff. **171** Schreiben Heydrichs an das Auswärtige Amt, 20. Juni 1941, RFSS, Filmrolle 199. **172** Seabury, a. a. O., S. 129. Ribbentrop, a. a. O., S. 129. **173** Führerbefehl, 3. September 1939, RFSS, Filmrolle 199. **174** Schellenberg, a. a. O., S. 79. **175** S. Payne Best, The Venlo Incident, S. 7. Schellenberg, a. a. O., S. 79. **176** Schellenberg, a. a. O., S. 80. **177** Ebd. **178** Schellenberg, a. a. O., S. 81. **179** Ebd. **180** Ebd. **181** Schellenberg, a. a. O., S. 82. **182** Schellenberg, a. a. O., S. 84. **183** Schellenberg, a. a. O., S. 86. **184** Dr. Werner Best, Joachim von Ribbentrop, S. 2. **185** Das bestellte Attentat, Diskussion, Erstes Deutsches Fernsehen, 26. Juli 1965, Manuskript, S. 5. **186** Schellenberg, a. a. O., S. 86. **187** Ebd. **188** Schellenberg, a. a. O., S. 87. **189** Ebd. **190** Schellenberg, a. a. O., S. 91, 92. **191** Schellenberg, a. a. O., S. 92. **192** Ebd. **193** Ebd. **194** Nebe-Serie, 5. Januar 1950, S. 24. Dr. Albrecht Böhme, Das Bürgerbräuattentat (Manuskript), S. 5; vgl. auch Böhme, Das Attentat auf Hitler im Bürgerbräukeller, kein Werk des englischen Geheimdienstes, in: Die Kriminalistik, Heft 10/1966. **195** Böhme (Manuskript), S. 6, 7. **196** Vernehmungsprotokoll Elser, Der Stern, 10. Mai 1966. **197** Nebe-Serie, 5. Januar 1950, S. 24. Böhme (Manuskript), S. 11. **198** Schellenberg, a. a. O., S. 95. **199** Der Stern, 17. Mai 1964, S. 84. **200** Böhme (Manuskript), S. 9, 10. **201** Erklärung Hubers, Bild am Sonntag, 6. Dezember 1959. **202** Schellenberg, a. a. O., S. 91. **203** Das bestellte Attentat, S. 26. **204** Schellenberg, a. a. O., S. 290. **205** Hagen (Höttl), a. a. O., S. 283. **206** Hagen (Höttl), S. 206. **207** Martin Broszat, Das Dritte Reich und die rumänische Judenpolitik, in: Gutachten des Instituts für Zeitgeschichte, S. 121. **208** Hagen (Höttl), a. a. O., S. 288, 289. **209** Broszat, Das Dritte Reich und die rumänische Judenpolitik, S. 124. **210** Hagen (Höttl), a. a. O., S. 290. **211** Ebd. Broszat, Das Dritte Reich und die rumänische Judenpolitik, S. 126. **212** Schreiben Andreas Schmidts an Berger, 24. September 1943, RFSS, Filmrolle 128. **213** Hagen (Höttl), a. a. O., S. 292. **214** Schreiben Heydrichs an das Auswärtige Amt, 20. Juni 1941, RFSS, Filmrolle 199. **215** Seabury, a. a. O., S. 128. **216** Ebd. **217** Schreiben Ribbentrops an Himmler, 6. September 1942, RFSS, Filmrolle 117. **218** Seabury, a. a. O., S. 194. **219** Mündliche Mitteilung von Herrn Dr. Werner Best, 5. Februar 1966.

12 Die Volkstumspolitik im Osten

1 Helmut Krausnick (Herausgeber), Denkschrift Himmlers über die Behandlung der Fremdvölkischen im Osten, in: Vierteljahrshefte für Zeitgeschichte, April 1957, S. 194, 195. **2** Krausnick, Denkschrift Himmlers, S. 196. **3** Krausnick, Denkschrift Himmlers, S. 198. **4** Krausnick, Denkschrift Himmlers, S. 197. **5** Ebd. **6** Helmut Heiber, Der Generalplan Ost, in: Vierteljahrshefte für Zeitgeschichte, Heft 3/1958, S. 284. **7** Kersten, a. a. O., S. 156, 157. **8** Neusüß-Hunkel, a. a. O., S. 72. **9** Neusüß-Hunkel, a. a. O., S. 71. **10** Neusüß-Hunkel, a. a. O., S. 72. **11** Koehl, RKFDV, S. 27. **12** Koehl, RKFDV, S. 43. Gutachten des Instituts für Zeitgeschichte, S. 246. **13** Koehl, RKFDV, S. 42. **14** Koehl, RKFDV, S. 43. **15** Adolf Hitler, Mein Kampf, S. 742. **16** Martin Broszat, Nationalsozialistische Polenpolitik 1939–1945, S. 21. **17** Anklageschrift in dem Strafverfahren gegen Karl Wolff wegen gemeinschaftlichen Mordes, Staatsanwaltschaft bei dem Landgericht München II, 10a Js 39/60, S. 86. **18** Buchheim, Anatomie des SS-Staates, Bd. I, S. 81.

19 Ebd. **20** Buchheim, Anatomie des SS-Staates, Bd. I, S. 82. **21** Ebd. **22** Wulf, Die SS, S. 242, 243. **23** Wulf, Die SS, S. 239. **24** Ebd. **25** Wulf, Die SS, S. 240. **26** Ebd. **27** Ebd. **28** Helmut Krausnick, Hitler und die Morde in Polen, in: Vierteljahrshefte für Zeitgeschichte, April 1963, S. 198. **29** Ebd. **30** Ebd. **31** Krausnick, Hitler und die Morde in Polen, S. 205. **32** Krausnick, Hitler und die Morde in Polen, S. 207. **33** Anklageschrift Wolff, S. 87. **34** Anklageschrift Wolff, S. 87, 88. Wulf, Die SS, S. 246. **35** Krausnick, Hitler und die Morde in Polen, S. 203. **36** Broszat, Nationalsozialistische Polenpolitik, S. 28, 44. **37** Broszat, Nationalsozialistische Polenpolitik, S. 45. **38** Broszat, Nationalsozialistische Polenpolitik, S. 39. **39** Broszat, Nationalsozialistische Polenpolitik, S. 45. **40** Ebd. **41** Broszat, Nationalsozialistische Polenpolitik, S. 44. **42** Notiz Schellenbergs über eine Amtschefbesprechung, 27. September 1939, RFSS, Filmrolle 239. **43** Jong, a. a. O., S. 54. **44** Jong, a. a. O., S. 55, 56. **45** Jong, a. a. O., S. 57. **46** Ebd. **47** Broszat, Nationalsozialistische Polenpolitik, S. 47. **48** Broszat, Nationalsozialistische Polenpolitik, S. 60. **49** Broszat, Nationalsozialistische Polenpolitik, S. 28. **50** Broszat, Nationalsozialistische Polenpolitik, S. 29, 45, 46. **51** Broszat, Nationalsozialistische Polenpolitik, S. 61. **52** Ebd. **53** Ebd. **54** Henkys, a. a. O., S. 82. **55** Krausnick, Hitler und die Morde in Polen, S. 207. **56** Krausnick, Hitler und die Morde in Polen, S. 198. **57** Reitlinger, Die Endlösung, S. 42. **58** Hilberg, a. a. O., S. 127, 128. **59** Anklageschrift Wolff, S. 90. **60** Broszat, Nationalsozialistische Polenpolitik, S. 27. **61** Krausnick, Hitler und die Morde in Polen, S. 203. **62** Broszat, Nationalsozialistische Polenpolitik, S. 28. **63** Anklageschrift Wolff, S. 94. **64** Ebd. **65** Broszat, Nationalsozialistische Polenpolitik, S. 29. **66** Hilberg, a. a. O., S. 130, 131. **67** Krausnick, Hitler und die Morde in Polen, S. 202. Broszat, Nationalsozialistische Polenpolitik, S. 22. **68** Broszat, Nationalsozialistische Polenpolitik, S. 29. **69** Ebd. **70** Broszat, Nationalsozialistische Polenpolitik, S. 58. **71** Ebd. **72** Buchheim, Anatomie des SS-Staates, Bd. I, S. 133, 134. **73** Broszat, Nationalsozialistische Polenpolitik, S. 58. **74** Broszat, Nationalsozialistische Polenpolitik, S. 28, 58. **75** Broszat, Nationalsozialistische Polenpolitik, S. 58. **76** Ebd. **77** Ebd. **78** Krausnick, Hitler und die Morde in Polen, S. 203. **79** Broszat, Nationalsozialistische Polenpolitik, S. 78. **80** Broszat, Nationalsozialistische Polenpolitik, S. 74, 75, 76. **81** Krausnick, Hitler und die Morde in Polen, S. 204. **82** Broszat, Nationalsozialistische Polenpolitik, S. 41. **83** Ebd. **84** Ebd. **85** Schnabel, a. a. O., S. 395. **86** Schnabel, a. a. O., S. 396. **87** Wulf, Das Dritte Reich und seine Diener, S. 518. **88** Hilberg, a. a. O., S.127. Broszat, Nationalsozialistische Polenpolitik, S. 40. **89** Broszat, Nationalsozialistische Polenpolitik, S. 204. **90** Krausnick, Hitler und die Morde in Polen, S. 205. **91** Broszat, Nationalsozialistische Polenpolitik, S. 76. **92** Krausnick, Hitler und die Morde in Polen, S. 204. **93** Koehl, RKFDV, S. 100, 101, 72. **94** Hans Buchheim, Rechtsstellung und Organisation des Reichskommissars für die Festigung deutschen Volkstums, in: Gutachten des Instituts für Zeitgeschichte, S. 275. **95** Ebd. **96** Koehl, SS Typology, S. 115. Koehl, RKFDV, S. 48. **97** Buchheim, Rechtsstellung RKF, S. 276. **98** Ebd. **99** Buchheim, Rechtsstellung RKF, S. 245. **100** Ebd. **101** Ebd. **102** Koehl, RKFDV, S. 49. **103** Ebd. **104** Koehl, RKFDV, S. 50. **105** Buchheim, Anatomie des SS-Staates, Bd. I, S. 20. Erlaß des Führers und Reichskanzlers zur Festigung deutschen Volkstums, 7. Oktober 1939, RFSS, Filmrolle 239. **106** Ebd. **107** Buchheim, Rechtsstellung RKF, S. 245. **108** Buchheim, Rechtsstellung RKF, S. 247. **109** Buchheim, Rechtsstellung RKF, S. 245–247. **110** Buchheim, Rechtsstellung RKF, S. 261. **111** Buchheim, Rechtsstellung RKF, S. 267. **112** Buchheim, Rechtsstellung RKF, S. 265. **113** Koehl, RKFDV, S. 62. **114** Buchheim, Rechtsstellung RKF, S. 248, 249. **115** Koehl, RKFDV, S. 62, 63. **116** Koehl, RKFDV, S. 63. **117** Ebd. **118** Wulf, Die SS, S. 186. **119** Koehl, RKFDV, S. 56, 73. **20** Buchheim, Rechtsstellung RKF, S. 270. **121** Ebd. **122** Koehl, RKFDV, S. 59. **123** Ebd. **124** Wulf, Die SS, S. 182. **125** Broszat, Nationalsozialistische Polenpolitik, S. 63, 64. **126** Koehl, RKFDV, S. 121. **127** Koehl, RKFDV, S. 130. **128** Koehl, RKFDV, S. 86. **129** Koehl, RKFDV, S. 216, 217. **130** Buchheim, Rechtsstellung RKF, S. 271. Koehl, RKFDV, S. 120, 121. **131** Wulf, Die SS, S. 195. **132** Wulf, Die SS, S. 197. **133** Wulf, Die SS, S. 200. **134** Ebd. **135** Koehl, RKFDV, S. 144, Wulf, Die SS, S. 101, 102. **136** Wulf, Die SS, S. 205, 206. **137** Koehl, RKFDV, S. 212, 213. **138** Broszat, Nationalsozialistische Polenpolitik, S. 93. **139** Ebd. **140** Schreiben Willichs an Kaltenbrunner, 16. April 1943, RFSS, Filmrolle

117. **141** Broszat, Nationalsozialistische Polenpolitik, S. 93. **142** Koehl, RKFDV, S. 146. **143** Heiber, Generalplan Ost, S. 285. **144** Heiber, Generalplan Ost, S. 298, 299. **145** Heiber, Generalplan Ost, S. 291. **146** Heiber, Generalplan Ost, S. 291, 292. **147** Heiber, Generalplan Ost, S. 297. **148** Heiber, Generalplan Ost, S. 246. **149** Kersten, a. a. O., S. 157. **150** Kersten, a. a. O., S. 161. **151** Wulf, Das Dritte Reich und seine Vollstrecker, S. 262, 261, 264. **152** Wulf, Das Dritte Reich und seine Vollstrecker, S. 271. **153** Koehl, RKFDV, S. 133. **154** Koehl, RKFDV, S. 226, 227. **155** Koehl, RKFDV, S. 227. **156** Koehl, RKFDV, S. 134. **157** Koehl, RKFDV, S. 152. **158** Gilbert, a. a. O., S. 143. **159** IMT, Bd. XXIX, S. 443. **160** IMT, Bd. XXIX, S. 444. **161** Ebd. **162** IMT, Bd. XXIX, S. 455. **163** Ebd. **164** Koehl, RKFDV, S. 130. **165** Broszat, Nationalsozialistische Polenpolitik, S. 183. **166** Mündliche Mitteilung von Herrn Gottlob Berger, 1. Februar 1966. **167** Broszat, Nationalsozialistische Polenpolitik, S. 81. **168** IMT, Bd. XXIX, S. 507. **169** IMT, Bd. XXIX, S. 379. **170** Broszat, Nationalsozialistische Polenpolitik, S. 82. **171** Schreiben Reineckes an Himmler, 1. Dezember 1941, RFSS, Filmrolle 125. **172** Ebd. **173** Ebd. **174** Ebd. **175** Ebd. **176** Ebd. **177** Ebd. **178** Broszat, Nationalsozialistische Polenpolitik, S. 82. **179** Aktenvermerk Himmlers, 5. März 1942, RFSS, Filmrolle 125. **180** Ebd. **181** Schreiben Franks an Lammers, 10. März 1942, RFSS, Filmrolle 125. **182** Lammers an Himmler, 7. März 1942; Erlaß des Führers über die Befugnisse des Reichsführers-SS und Chefs der Deutschen Polizei im Generalgouvernement, RFSS, Filmrolle 125. Broszat, Nationalsozialistische Polenpolitik, S. 83. Hilberg, a. a. O., S. 132. **183** IMT, Bd. XXIX, S. 514. **184** Gilbert, a. a. O., S. 147. **185** IMT, Bd. XXIX, S. 520. **186** IMT, Bd. XXIX, S. 527, 519. **187** IMT, Bd. XXIX, S. 533. **188** IMT, Bd. XXIX, S. 537. **189** IMT, Bd. XXIX, S. 534. **190** IMT, Bd. XXIX, S. 555. **191** IMT, Bd. XXIX, S. 559. **192** Wulf, Das Dritte Reich und seine Vollstrecker, S. 171, 172. **193** Broszat, Nationalsozialistische Polenpolitik, S. 84.

13 Die Endlösung

1 Kersten, a. a. O., S. 149. **2** Ebd. **3** Kersten, a. a. O., S. 151. **4** Kersten, a. a. O., S. 200. **5** Kersten, a. a. O., S. 200, 201. **6** Hans Lamm, Über die innere und äußere Entwicklung des deutschen Judentums im Dritten Reich, S. 94. **7** Lamm, a. a. O., S. 95. **8** Zitiert nach Wighton, a. a. O., S. 162. **9** Henry A. Zeiger, The Case against Adolf Eichmann, S. 100. **10** Anklageschrift Wolff, S. 108. Krausnick, Denkschrift Himmlers, S. 194 ff. **11** Des nationalsozialistischen Menschen Ehre und Ehrenschutz, in: Deutsche Justiz, Jahrgang 1938, S. 1660. **12** Krausnick, Anatomie des SS-Staates, Bd. II, S. 294. **13** Hans Buchheim, Das Dritte Reich, S. 41. **14** Wilhelm Schallmayer, Vererbung und Auslese im Lebenslauf der Völker, Jena 1903. **15** Krausnick, Anatomie des SS-Staates, Bd. II, S. 298. **16** Himmler, Die Schutzstaffel als antibolschewistische Kampforganisation, S. 3. **17** Judentum, Freimaurerei, Bolschewismus, Teil I, herausgegeben vom Chef des Rasse- und Siedlungshauptamtes, undatiert (etwa: 1936), S. 10 f, 39, RFSS, Filmrolle 161. **18** Das Schwarze Korps, 5. Juni 1935. **19** Ebd. **20** Schreiben des Geheimen Staatspolizeiamtes, 2. Oktober 1935, RFSS, Filmrolle 402. **21** Eichmann, Vernehmungsprotokolle, Bd. I, Sp. 328. **22** Aktennotiz Hagens, 21. Juli 1938, RFSS, Filmrolle 509. **23** Aktennotiz Hagens, undatiert, RFSS, Filmrolle 509. **24** Aktennotiz Hagens, undatiert (etwa Sommer 1938), RFSS, Filmrolle 415. **25** Ebd. **26** Mündliche Mitteilung von Herrn Leopold von Mildenstein, 20. November 1966. **27** Reinhard Höhn, Artur Mahraun, S. 61. **28** Lamm, a. a. O., S. 72. **29** Lamm, a. a. O., S. 53. **30** Lamm, a. a. O., S. 42. **31** Lamm, a. a. O., S. 37–40. **32** Lamm, a. a. O., S. 45. **33** Völkischer Beobachter, 9. Mai 1935. **34** Jüdische Rundschau, 2. Juli 1935. **35** Lamm, a. a. O., S. 48. **36** Lamm, a. a. O., S. 215. **37** Lamm, a. a. O., S. 144. **38** Jüdische Rundschau, 28. April 1933. **39** Lamm, a. a. O., S. 161. **40** Lamm, a. a. O., S. 156. **41** Eichmann, Vernehmungsprotokolle, Bd. I, Sp. 67. Lamm, a. a. O., S. 149. **42** Das Schwarze Korps, 15. Mai 1935. **43** Lamm, a. a. O., S. 233. **44** Eichmann, Vernehmungsprotokolle, Bd. I, Sp. 61 ff. **45** Die Organisationen der Judenheit, ihre Verbindungen und politische Bedeutung, von Hagen verfaßte Vorträge, 23. September 1938, S. 2, RFSS, Filmrolle 411. **46** Ebd. **47** Die Organisationen der Judenheit, ihre Verbindungen und politische Bedeutung, von Hagen verfaßte Vorträge, S. 9, 10. **48** Eichmann, Vernehmungsprotokolle, Bd. I, Sp. 6, 11, 61, 62. **49** Eichmann, Vernehmungsprotokolle, Bd. I, Spalte 63. **50** Eichmann, Vernehmungsprotokolle, Bd. I, Spalte 26. Ahrendt, Eichmann in Jerusalem, S. 57, 58. Reitlinger, Die Endlösung, S. 31. **51** Mündliche Mitteilung von Herrn Leopold von Mildenstein, 20. November 1966. **52** Eichmann, Vernehmungsprotokolle, Bd. I, Spalte 68. **53** Bracha Habas, The Gate Breakers, S. 49. **54** Ahrendt, Eichmann in Jerusalem, S. 69. Kempner, Eichmann und Komplizen, S. 39. **55** Die Zionistische Weltorganisation, von Eichmann und Hagen verfaßter Bericht, 20. Oktober 1936, RFSS, Filmrolle 411. **56** Die Zionistische Weltorganisation, Teil II, S. 1. **57** Die Organisationen der Judenheit, ihre Verbindungen und politische Bedeutung, Teil B, S. 36, RFSS, Filmrolle 411. **58** Eidesstattliche Erklärung von Dr. H. Ehlich, Ohlendorf-Prozeß, Dokumentenbuch, S. 2, Privatarchiv Frau Käthe Ohlendorf. **59** Die Zionistische Weltorganisation, Teil II, S. 3. **60** Eichmann, Vernehmungsprotokolle, Bd. I, Spalte 69. Bericht über die Palästina-Ägypten-Reise von SS-Hptscharf. Eichmann und St-O'Scharf. Hagen, 4. November 1937, Teil I, S. 1, 2, Teil IV, S. 2. **61** Die Zionistische Weltorganisation, 20. Oktober 1936, Teil I, S. 7. **62** Bericht Hagens, 17. Juni 1937, RFSS, Filmrolle 411. **63** Ebd. **64** Eichmann, Vernehmungsprotokolle, Bd. I, Spalte 90. Bericht Hagens, 17. Juni 1937. **65** Bericht Hagens, 17. Juni 1937, S. 4. **66** Ebd. **67** Ebd. **68** Ebd. **69** Bericht über die Palästina-Ägypten-Reise, S. 1. Eichmann, Vernehmungsprotokolle, Bd. I, Spalte 90. **70** Eichmann, Vernehmungsprotokolle, Bd. I, Spalte 90. **71** Ebd. **72** Bericht über die Palästina-Ägypten-Reise, S. 1. Keesing's Archiv der Gegenwart, S. 3240 B. **73** Bericht über die Palästina-Ägypten-Reise, S. 33. **74** Bericht über die Palästina-Ägypten-Reise, S. 32. **75** Eichmann, Vernehmungsprotokolle, Bd. I, Spalte 94. **76** Eichmann, Vernehmungsprotokolle, Bd. I, Spalte 94, 96, 108. **77** Eichmann, Vernehmungsprotokolle, Bd. I, Spalte 101. **78** Eichmann, Vernehmungsprotokolle, Bd. I, Spalte 103, 107, 108. Kempner, Eichmann und Komplizen, S. 218. **79** Ahrendt, Eichmann in Jerusalem, S. 72, 73. **80** Ahrendt, Eichmann in Jerusalem, S. 73. Kempner, Eichmann und Komplizen, S. 45. **81** Schreiben Hagens, 24. Juni 1938, RFSS, Filmrolle 411. **82** Ahrendt, Eichmann in Jerusalem, S. 72. Das Judentum in Deutschland, Denkschrift des Referats II 112, 15. Juni 1939, RFSS, Filmrolle 411. **83** Vermerk Eichmanns, 7. Juni 1938, RFSS, Filmrolle 415. **84** Ebd. Schreiben Hiemers an Eichmann, 30. Mai 1938, RFSS, Filmrolle 415. **85** Schreiben Hagens an Eichmann, 28. Juni 1938, RFSS, Filmrolle 415. **86** Ebd. **87** Schreiben von Six an das Referat II 112, 23. Juni 1938, RFSS, Filmrolle 415. **88** Lionel Kochan, Pogrom, S. 36 ff. **89** Akten zur deutschen Auswärtigen Politik, Serie D, 1937–1945, Bd. V, S. 98, 115, 141. **90** Kochan, a. a. O., S. 38. **91** Hermann Graml, Der 9. November 1938, in: Das Parlament, 11. November 1953, S. 7. **92** Ebd. **93** Hilberg, a. a. O., S. 23. **94** Kochan, a. a. O., S. 51. **95** IMT, Bd. XX, S. 320. **96** IMT, Bd. XIV, S. 466. **97** Kochan, a. a. O., S. 52, 53. **98** Urkunden zur Judenpolitik des Dritten Reiches, in: Das Parlament, 10. November 1954, S. 582. **99** Ebd. **100** Kochan, a. a. O., S. 106. **101** Kochan, a. a. O., S. 54. Graml, a. a. O., S. 9. **102** Ebd. **103** IMT, Bd. XX, S. 151. **104** IMT, Bd. XLII, S. 511–513. Kochan, a. a. O., S. 55. IMT, Bd. XXI, S. 392. **105** Graml, a. a. O., S. 9. **106** IMT, Bd. XLII, S. 512. **107** IMT, Bd. XLII, S. 512. **108** IMT, Bd. XLII, S. 511. **109** IMT, Bd. XXXI, S. 516. **110** IMT, Bd. XXI, S. 392. **111** Eidesstattliche Erklärung von Fritz Schulz, 30. Sept. 1947, Dokumentenbuch Ohlendorf, Privatarchiv Frau Käthe Ohlendorf. **112** Aussage Hafiz Khan, Frankfurter Allgemeine Zeitung, 15. Sept. 1964. **113** IMT, Bd. XX. S. 322. **114** Hassell, a. a. O., S. 34. **115** Hassell, a. a. O., S. 27. **116** Graml, a. a. O., S. 15. **117** IMT, Bd. IX, S. 312. Kochan, a. a. O., S. 107. **118** Urkunden zur Judenpolitik des Dritten Reiches, S. 585. **119** IMT, Bd. IX, S. 313. **120** IMT, Bd. XXI, S. 392. **121** Burckhardt, a. a. O., S. 227. **122** Burckhardt, a. a. O., S. 228. **123** Ebd. **124** Burckhardt, a. a. O., S. 230. **125** Schellenberg, a. a. O., S. 59. **126** Burckhardt, a. a. O., S. 230. **127** Burckhardt, a. a. O., S. 124. **128** Urkunden zur Judenpolitik des Dritten Reiches, S. 585. **129** IMT, Bd. XXVI, S. 266. **130** Krausnick, Anatomie des SS-Staates, Bd. II, S. 342. **131** Krausnick, Anatomie des SS-Staates, Bd. II, S. 344. **132** Lamm, a. a. O., S. 81, 217. **133** Lamm, a. a. O., S. 223. **134** Ebd. Poliakov/Wulf, Das Dritte Reich und die Juden, S. 120. **135** Lamm, a. a. O., S. 218. Keesing's Archiv der Gegenwart, 1937, S. 3240 B. **136** Habas, a. a. O., S. 71. Schultheß' Europäischer Geschichtskalender, 1938, S. 541; Schultheß, 1939, S. 354. Jon und David Kimche, The

Secret Roads, S. 40. **137** Habas, a. a. O., S. 23. Kimche, a. a. O., S. 40. **138** Kimche, a. a. O., S. 15. Habas, a. a. O., S. 48. **139** Das Judentum in Deutschland, Denkschrift des Referats II 112, 15. Juni 1939, RFSS, Filmrolle 411. **140** Akten zur deutschen Auswärtigen Politik, Serie D, Bd. V, S. 780, 784. **141** Kimche, a. a. O., S. 31. **142** Kimche, a. a. O., S. 32. **143** Ebd. **144** Kimche, a. a. O., S. 39. **145** Habas, a. a. O., S. 61, 63. Kimche, a. a. O., S. 33, 34, 35. **146** Kimche, a. a. O., S. 35, 39. **147** Kimche, a. a. O., S. 41. **148** Ebd. **149** Kimche, a. a. O., S. 41, 42. Schultheß, 1939, S. 362. **150** Kimche, a. a. O., S. 43. **151** Krausnick, Anatomie des SS-Staates, Bd. II, S. 344. **152** Eichmann, Vernehmungsprotokolle, Bd. I, Sp. 126, 127. **153** Krausnick, Anatomie des SS-Staates, Bd. II, S. 345. Kempner, SS im Kreuzverhör, S. 204, 205. **154** Eichmann, Vernehmungsprotokolle, Bd. I, Sp. 127, 128, 132. **155** Eichmann, Vernehmungsprotokolle, Bd. I, Sp. 128. **156** Eichmann, Vernehmungsprotokolle, Bd. I, Sp. 121. **157** Eichmann, Vernehmungsprotokolle, Bd. I, Sp. 124. **158** Aktennotiz der Stabskanzlei über Amtschefs- und Einsatzgruppenleiterbesprechung, 27. September 1939, RFSS, Filmrolle 239. **159** Ebd. **160** Anklageschrift Wolff, S. 90, 91. **161** Eichmann, Vernehmungsprotokolle, Bd. I, Sp. 125. Reitlinger, Die Endlösung, S. 49 ff. **162** Krausnick, Anatomie des SS-Staates, Bd. II, S. 353. Reitlinger, Die Endlösung, S. 50. Hilberg, a. a. O., S. 138. **163** Eichmann, Vernehmungsprotokolle, Bd. I, Sp. 121. **164** Hilberg, a. a. O., S. 138, 139. **165** Reitlinger, Die Endlösung, S. 51. **166** Krausnick, Anatomie des SS-Staates, Bd. II, S. 355. Reitlinger, Die Endlösung, S. 86 ff. **167** Eichmann, Vernehmungsprotokolle, Bd. I, Sp. 137. **168** Reitlinger, Die Endlösung, S. 87. **169** Reitlinger, Die Endlösung, S. 86. Akten zur deutschen Auswärtigen Politik, Serie D, Bd. IV, S. 420, 421. **170** Bernhard Lösener, Als Rassereferent im Reichsministerium des Innern, in: Vierteljahrshefte für Zeitgeschichte, 9. Jahrgang 1961, Heft 3, S. 296 f. **171** Paul Schmidt, Statist auf diplomatischer Bühne, S. 495. **172** Eichmann, Vernehmungsprotokolle, Bd. I, Sp. 140. **173** Akten zur deutschen Auswärtigen Politik, Serie D, Bd. IV, S. 170. **174** Domarus, Hitler-Reden und Proklamation 1932–1945, Bd. II, S. 1058. **175** Krausnick, Anatomie des SS-Staates, Bd. II, S. 372 f. **176** Krausnick, Anatomie des SS-Staates, Bd. II, S. 360, 361. **177** Walter Warlimont, Im Hauptquartier der deutschen Wehrmacht 1939–1945, S. 170, 168. Jacobsen, Anatomie des SS-Staates, Bd. II, S. 170, 171. Uhlig, Der verbrecherische Befehl, in: Das Parlament, 17. Juli 1957, S. 431. **178** Warlimont, a. a. O., S. 173. **179** Schellenberg, a. a. O., S. 172. **180** Uhlig, a. a. O., S. 432. Warlimont, a. a. O., S. 175. **181** Jacobsen, Anatomie des SS-Staates, Bd. II, S. 225. Warlimont, a. a. O., S. 176. **182** Warlimont, a. a. O., S. 174, 176. Uhlig, a. a. O., S. 432. Schellenberg, a. a. O., S. 174. Hilberg, a. a. O, S. 183. **183** Warlimont, a. a. O., S. 174 f. Uhlig, a. a. O., S. 432. **184** Warlimont, a. a. O., S. 174. **185** Jacobsen, Anatomie des SS-Staates, Bd. II, S. 206. **186** Nebe-Serie, 2. Februar 1950, S. 24. **187** Ebd. **188** Hans Bernd Gisevius, Wo ist Nebe?, S. 240. **189** Gisevius, Wo ist Nebe?, S. 244. **190** Krausnick, Anatomie des SS-Staates, Bd. II, S. 367. **191** Nebe-Serie, 2. Februar 1950, S. 25. **192** Mündliche Mitteilung von Frau Käthe Ohlendorf, 26. Januar 1966. **193** Hilberg, a. a. O., S. 189. Erklärung Ohlendorfs, IMT, Bd. XLII, S. 446. **194** Reitlinger, Die Endlösung, S. 208. **195** Reitlinger, Die Endlösung, S. 216. Kempner, SS im Kreuzverhör, S. 281. **196** Reitlinger, Die Endlösung, S. 216 f. **197** Wulf, Die SS, S. 273 ff. **198** Kempner, SS im Kreuzverhör, S. 284 ff. **199** Bomhard, IMT, Bd. XLII, S. 636, 644. **200** Nebe-Serie, 2. Februar 1950, S. 24. **201** Anklageschrift Wolff, S. 128. Reitlinger, Die Endlösung, S. 211. **202** Hilberg, a. a. O., S. 189. **203** Ebd. **204** Erklärung Ohlendorfs, IMT, Bd. IV, S. 348. C. Aubrey Dixon und Otto Heilbrunn, Partisanen, S. 99. Kempner, SS im Kreuzverhör, S. 19. **205** Nebe-Serie, 2. Februar 1950, S. 24. **206** Ebd. **207** Krausnick, Anatomie des SS-Staates, Bd. II, S. 365. **208** Gnadengesuch Ohlendorfs, S. 28. **209** Gnadengesuch Ohlendorfs, S. 30, 29. **210** Wulf, Die SS, S. 252. Hilberg, a. a. O., S. 188. **211** Wulf, Die SS, S. 261. **212** Hilberg, a. a. O., S. 189, 190. **213** Hilberg, a. a. O., S. 207. **214** Hilberg, a. a. O., S. 190. **215** Hilberg, a. a. O., S. 191. **216** Kempner, SS im Kreuzverhör, S. 28. **217** Anklageschrift Wolff, S. 143. **218** Kempner, SS im Kreuzverhör, S. 25. **219** Kempner, SS im Kreuzverhör, S. 22. **220** Ebd. **221** Kempner, SS im Kreuzverhör, S. 23. **222** Ebd. **223** Kempner, SS im Kreuzverhör, S. 28. **224** Kempner, SS im Kreuzverhör, S. 29. **225** Ebd. **226** IMT, Bd. VII, S. 587, 588. Henkys, a. a. O., S. 117. **227** Henkys, a. a. O., S. 117. **228** Henkys, a. a. O., S. 118. **229**

Henkys, a. a. O., S. 120. **230** Krausnick, Anatomie des SS-Staates, Bd. II, S. 367. Henkys, a. a. O., S. 114, 115, 116. **231** Krausnick, Anatomie des SS-Staates, Bd. II, S. 369. Anklageschrift Wolff, S. 122. **232** Krausnick, Anatomie des SS-Staates, Bd. II, S. 364. Hilberg, a. a. O., S. 193, 243. **233** Hilberg, a. a. O., S. 196. **234** Hilberg, a. a. O., 196, S. 225. **235** Reitlinger, Die Endlösung S. 216. **236** Reitlinger, Die Endlösung, S. 209. **237** Nebe-Serie, 2. Februar 1950, S. 26. Gisevius, Wo ist Nebe?, S. 244. **238** Nebe-Serie, 2. Februar 1950, S. 26. **239** Anklageschrift Wolff, S. 161. **240** Zitiert nach: Süddeutsche Zeitung, 25. Juli 1964. **241** Zitiert nach: Frankfurter Rundschau, 10. Juli 1958. Abendpost, 14. Juli 1961. **242** Schreiben Herfs an Maximilian von Herff, 29. Juli 1943, RFSS, Filmrolle 38. **243** Hilberg, a. a. O., S. 440. **244** Wulf, Die SS, S. 269. **245** Poliakov/Wulf, Das Dritte Reich und seine Diener, S. 383. **246** IMT, Band XXIX, S. 145. **247** Anklageschrift Wolff, S. 317. **248** Anklageschrift Wolff, S. 317, 318. **249** Kersten, a. a. O., S. 188. **250** Buchheim, Anatomie des SS-Staates, Bd. I, S. 301. **251** Anklageschrift Wolff, S. 365. **252** Hilberg, a. a. O., S. 218, 219. **253** Crankshaw, a. a. O., S. 128, 129. **254** Hilberg, a. a. O., S. 209 210. Reitlinger Die Endlösung S. 234 f. Crankshaw, a. a. O., S. 129. **255** Hilberg, a. a. O., S. 215. **256** Ebd. **257** Ebd. **258** Hilberg, a. a. O., S. 217. **259** Hilberg, a. a. O., S. 216. **260** Hilberg, a. a. O., S. 217. **261** Ebd. Reitlinger, Die Endlösung, S. 262. **262** Niederschrift über Beobachtungen während meines Besuches in Italien vom 11. bis 14. Oktober 1942, Memorandum von Himmler, 22. Oktober 1942, RFSS, Filmrolle 69. **263** Hilberg, a. a. O., S. 196. **264** Hilberg, a. a. O., S. 197. **265** Ebd. **266** Hilberg, a. a. O., S. 198. **267** IMT, Bd. XXXV, S. 85. **268** Hilberg, a. a. O., S. 198. **269** Ebd. **270** Dixon/Heilbrunn, a. a. O., S. 143, 144. **271** Hilberg, a. a. O., S. 199. **272** Hilberg, a. a. O., S. 224. **273** Bor, a. a. O., S. 197. **274** Gerald Reitlinger, Ein Haus auf Sand gebaut, S. 273. Reitlinger, Die Endlösung, S. 213. **275** Reitlinger, Ein Haus auf Sand gebaut, S. 273. **276** Hilberg, a. a. O., S. 242, 243. **277** Hilberg, a. a. O., S. 243. **278** Hilberg, a. a. O., S. 244. **279** Hilberg, a. a. O., S. 251. **280** Vgl. die detaillierte Beschreibung der einzelnen Unternehmen bei Hilberg, a. a. O., und Reitlinger, Ein Haus auf Sand gebaut. **281** Hilberg, a. a. O., S. 250. **282** Anklageschrift Wolff, S. 137. IMT, Bd. XXXVII, S. 670. **283** IMT, Bd. XXVII, S. 4. **284** IMT, Bd. XXVII, S. 6. **285** IMT, Bd. XXVII, S. 3. **286** Ebd. **287** Helmut Heiber, Aus den Akten des Gauleiters Kube, in: Vierteljahrshefte für Zeitgeschichte, Heft 1, 1956, S. 68. **288** Ebd. **289** Heiber, Aus den Akten des Gauleiters Kube, S. 67. **290** Schreiben Strauchs an von dem Bach-Zelewski, 25. Juli 1943, RFSS, Filmrolle 59. **291** Aktenvermerk Strauchs, 20. Juli 1943, RFSS, Filmrolle 59. **292** Ebd. **293** Heiber, Aus den Akten des Gauleiters Kube, S. 84. **294** Ebd. **295** Hilberg, a. a. O., S. 254. **296** Schreiben Strauchs an von dem Bach-Zelewski, 25. Juli 1943. **297** Heiber, Aus den Akten des Gauleiters Kube, S. 76. **298** IMT, Bd. XXXVIII, S. 373. **299** IMT, Bd. XXXVIII, S. 371. **300** Heiber, Aus den Akten des Gauleiters Kube, S. 77. Reitlinger, Die Endlösung, S. 325. **301** Hilberg, a. a. O., S. 254. **302** Hilberg, a. a. O., S. 256, 767. **303** Henkys, a. a. O., S. 124. **304** Hilberg, a. a. O., S. 309. Henkys, a. a. O., S. 95. Poliakov/Wulf, Das Dritte Reich und die Juden, S. 197. Anklageschrift Wolff, S. 221. **305** Henkys, a. a. O., S. 97. Reitlinger, Die Endlösung, S. 153. **306** Reitlinger, Die Endlösung, S. 153. **307** Reitlinger, Die Endlösung, S. 154. **308** Eichmann, Vernehmungsprotokolle, Bd. I, Sp. 175–177. **309** Henkys, a. a. O., S. 86. **310** Anklageschrift Wolff, S. 198. IMT, Bd. XXIX, S. 502 f. **311** Henkys, a. a. O., S. 65. Reitlinger, Die Endlösung, S. 147. **312** Buchheim, Anatomie des SS-Staates, Bd. I, S. 147. Anklageschrift Wolff, S. 212. IMT, Bd. XX, S. 548 f. **313** Hilberg, a. a. O., S. 562. **314** Ebd. **315** Gerstein-Bericht, zitiert nach Poliakov/Wulf, Das Dritte Reich und die Juden, S. 106. **316** Poliakov/Wulf, Das Dritte Reich und die Juden, S. 104. **317** Ebd. **318** Henkys, a. a. O., S. 109. Poliakov/Wulf, Das Dritte Reich und die Juden, S. 108. **319** Henkys, a. a. O., S. 110. **320** Anklageschrift Wolff, S. 210. **321** IMT, Bd. XXVII, S. 341 f. Höß, a. a. O., S. 159. **322** Hilberg, a. a. O., S. 567. **323** Poliakov/Wulf, Das Dritte Reich und die Juden, S. 106. **324** Poliakov/Wulf, Das Dritte Reich und die Juden, S. 106, 107. **325** Höß, a. a. O., S. 126, 127. **326** Schreiben Himmlers an Friedrich-Wilhelm Krüger, 19. Juli 1942, RFSS, Filmrolle 122. **327** Anklageschrift Wolff, S. 226. **328** Poliakov/Wulf, Das Dritte Reich und die Juden, S. 104. **329** Aussage Hasslers im Wolff-Prozeß, 20. August 1964, zitiert nach Süddeutsche Zeitung, 21. August 1964. **330** Krausnick, Anatomie des

SS-Staates, Bd. II, S. 422. **331** Ebd. **332** Krausnick, Anatomie des SS-Staates, Bd. II, S. 425. **333** Anklageschrift Wolff, S. 230, 233. Krausnick, Anatomie des SS-Staates, Bd. II, S. 426. **334** Anklageschrift Wolff, S. 234. **335** Anklageschrift Wolff, S. 235. **336** Krausnick, Anatomie des SS-Staates, Bd. II, S. 429. **337** Krausnick, Anatomie des SS-Staates, Bd. II, S. 430. **338** Zitiert nach Süddeutsche Zeitung, 3. September 1964. **339** Anklageschrift Wolff, S. 206. Henkys, a. a. O., S. 95, 103, 106, 108, 111. Krausnick, Anatomie des SS-Staates, Bd. II, S. 419. **340** Henkys, a. a. O., S. 107. **341** Henkys, a. a. O., S. 110. **342** Zeugenaussage im Auschwitz-Prozeß, 15. Oktober 1964, zitiert nach Frankfurter Allgemeine Zeitung, 16. Oktober 1964. **343** Henkys, a. a. O., S. 92. **344** Frankfurter Allgemeine Zeitung, 25. Mai 1964. **345** Frankfurter Rundschau, 6. November 1964. **346** Frankfurter Allgemeine Zeitung, 1. Dezember 1964. Henkys, a. a. O., S. 208. **347** Zitiert nach Die Zeit, 27. August 1965. **348** Zeugenaussage Dr. Lingens-Reiner im Auschwitz-Prozeß, zitiert nach Frankfurter Allgemeine Zeitung, 3. März 1964. **349** Hannah, Arendt, Organisierte Schuld, in Die Wandlung, 4. Heft, 1945/46, S. 341. **350** Zitiert nach Die Zeit, 25. Juni 1965. **351** Buchheim, Anatomie des SS-Staates, Bd. I, S. 318. **352** Buchheim, Anatomie des SS-Staates, Bd. I, S. 320. **353** Buchheim, Anatomie des SS-Staates, Bd. I, S. 334. **354** Buchheim, Anatomie des SS-Staates, Bd. I, S. 319. **355** Mündliche Mitteilung von Herrn Dr. Konrad Morgen, 3. Februar 1966. **356** Nebe-Serie, 23. Februar 1950, S. 24. **357** Lady mit Lampenschirm, Der Spiegel, 16. Februar 1950, S. 12. **358** Zeugenaussage Günter Reinecke, IMT, Bd. XX, S. 453 ff., 477. IMT, Bd. XX, S. 531 ff. Erklärung von Dr. Konrad Morgen, IMT, Bd. XLII, S. 563 ff., Bd. XLII S. 551 ff. Erklärung von Dr. Werner Paulmann, IMT, Bd. XLII, S. 543 ff. **359** Reinecke, IMT, Bd. XX, S. 532 ff. **360** Der Spiegel, 16. Februar 1950, S. 12. **361** Ebd. **362** Ebd. Mündliche Mitteilung von Herrn Dr. Konrad Morgen, 3. Februar 1966. IMT, Bd. XX, S. 554, 557 f. **363** Ebd. **364** Der Spiegel, 16. Februar 1950, S. 13, 14. IMT, Bd. XX, S. 547 f. **365** Nebe-Serie 23. Februar 1950, S. 24. **366** Hilberg, a. a. O., S. 579. **367** Aussage Dr. Konrad Morgens, Süddeutsche Zeitung, 11. März 1964, S. 3. **368** Ebd. **369** IMT, Bd. XLII, S. 552. **370** IMT, Bd. XX, S. 480. **371** Ebd. **372** IMT, Bd. XX, S. 547. Hilberg, a. a. O., S. 574, 580. **373** IMT, Bd. XLII, S. 556. IMT, Bd. XX, S. 479, 522. **374** Hilberg, a. a. O., S. 579. **375** IMT, Bd. XLII, S. 556. **376** IMT, Bd. XLII, S. 548. Hilberg, a. a. O., S. 579. **377** IMT, Bd. XLII, S. 556. IMT, Bd. XX, S. 524. **378** IMT, Bd. XX, S. 522. Mündliche Mitteilung der Zentralstelle für die Verfolgung nationalsozialistischer Verbrechen in Ludwigsburg, 15. Dezember 1966. **379** Hilberg, a. a. O., S. 579. **380** Ebd. **381** Aussage Dr. Morgens, Frankfurter Allgemeine Zeitung, 16. März 1965. **382** IMT, Bd. XX, S. 554, 519. Mündliche Mitteilung von Herrn Dr. Konrad Morgen, 3. Februar 1966. **383** IMT, Bd. XX, S. 482. **384** IMT, Bd. XXIX, S. 146. **385** Höß, a. a. O., S. 17. **386** Hannah Arendt, Organisierte Schuld, S. 340, 342. **387** Höß, a. a. O., S. 129. **388** Höß, a. a. O., S. 111. **389** Höß, a. a. O., S. 133. **390** Ebd. **391** Aussage Schultz, Süddeutsche Zeitung, 28. August 1964. **392** Hilberg, a. a. O., S. 332. **393** Höß, a. a. O., S. 124. **394** Gilbert, a. a. O., S. 255. **395** Georg, a. a. O., S. 38, 39. **396** Georg, a. a. O., S. 32. **397** IMT, Bd. XXXVIII, S. 363, 364. **398** Georg, a. a. O., S. 114. **399** Georg, a. a. O., S. 111. **400** Georg, a. a. O., S. 110. **401** Georg, a. a. O., S. 110, 114. **402** Jan F. Triska, Work redeems, in: Journal of Central European Affairs, April 1959, S. 15. **403** Georg, a. a. O., S. 58, 61. **404** Henkys, a. a. O., S. 88. **405** Georg, a. a. O., S. 93. **406** Hilberg, a. a. O., S. 340. **407** Georg, a. a. O., S. 97. **408** Ebd. **409** Höß, a. a. O., S. 138, 139. **410** Hilberg, a. a. O., S. 264. **411** Henkys, a. a. O., S. 136. **412** Henkys, a. a. O., S. 136. Reitlinger, Die Endlösung, S. 372. **413** Kempner, Eichmann und Komplizen, S. 293. Hilberg, a. a. O., S. 441. **414** Reitlinger, Die Endlösung, S. 409. **415** Hilberg, a. a. O., S. 437. **416** Hilberg, a. a. O., S. 441. **417** Ebd. **418** Ebd. **419** Henkys, a. a. O., S. 146. **420** Hilberg, a. a. O., S. 442. Henkys, a. a. O., S. 147. **421** Hilberg, a. a. O., S. 449. Reitlinger, Die Endlösung, S. 421. **422** Hilberg, a. a. O., S. 449. **423** Hilberg, a. a. O., S. 446. **424** Hilberg, a. a. O., S. 451. **425** Reitlinger, Die Endlösung, S. 389. **426** Hilberg, a. a. O., S. 384. Henkys, a. a. O., S. 138. Reitlinger, Die Endlösung, S. 390. Hannah Arendt, Eichmann in Jerusalem, S. 207. **427** Reitlinger, Die Endlösung, S. 349. **428** Henkys, a. a. O., S. 139. **429** Kempner, Eichmann und Komplizen, S. 208. **430** Henkys, a. a. O., S. 140. **431** Kempner, Eichmann und Komplizen, S. 208. **432** Kempner, Eichmann und Komplizen, S. 209. **433** Renzo De Felice,

Storia degli ebrei italiani gotto il fascismo, S. 460. **434** Felice, a. a. O., S. 459. **435** Ebd. **436** Felice, a. a. O., S. 460. **437** Hilberg, a. a. O., S. 414. **438** Ebd. **439** Hilberg, a. a. O., S. 415. **440** Kempner, Eichmann und Komplizen, S. 321. **441** Ebd. **442** Kempner, Eichmann und Komplizen, S. 323. **443** Felice, a. a. O., S. 462. Hilberg, a. a. O., S. 415. **444** Kempner, Eichmann und Komplizen, S. 329. Felice, a. a. O., S. 462. Reitlinger, Die Endlösung, S. 365 f. **445** Hilberg, a. a. O., S. 416. **446** Ebd. **447** Reitlinger, Die Endlösung, S. 371. **448** Henkys, a. a. O., S. 144. Reitlinger, Die Endlösung, S. 443. Hilberg, a. a. O., S. 470. **449** Henkys, a. a. O., S. 149. Reitlinger Die Endlösung, S. 459. **450** Hilberg, a. a. O., S. 483. Henkys, a. a. O., S. 148. **451** Hilberg, a. a. O., S. 429. Anklageschrift Wolff, S. 285. **452** Anklageschrift Wolff, S. 285, 286. Henkys, a. a. O., S. 143. **453** Besgen, a. a. O., S. 28. **454** Besgen, a. a. O., S. 28, 29. **455** Reitlinger, Die Endlösung, S. 389 bis 391. Hilberg, a. a. O., S. 384. **456** Reitlinger Die Endlösung, S. 390. **457** Lösener, a. a. O., S. 282, 287, 300. Hilberg, a. a. O., S. 268, 277. **458** Hilberg, a. a. O., S. 269, 270, 273. **459** Lösener, a. a. O., S. 298. **460** Lösener, a. a. O., S. 299, 300. **461** Lösener, a. a. O., S. 300, 302. Hilberg, a. a. O., S. 270. **462** Henkys, a. a. O., S. 142. Hilberg, a. a. O., S. 357. Werner Best, Die Deutsche Politik in Dänemark, S. 47. Kempner, Eichmann und Komplizen, S. 372, 373. **463** Best, Die Deutsche Politik in Dänemark, S. 48. **464** Ebd. **465** Best, Die Deutsche Politik in Dänemark, S. 50. **466** Best, Die Deutsche Politik in Dänemark, S. 49. Kempner, Eichmann und Komplizen, S. 374. **467** Best, Die Deutsche Politik in Dänemark, S. 51. Kempner, Eichmann und Komplizen, S. 377. **468** Henkys, a. a. O., S. 142. **469** Kempner, Eichmann und Komplizen, S. 379. Reitlinger, Die Endlösung, S. 395. **470** Kempner, Eichmann und Komplizen, S. 375. Reitlinger, Die Endlösung, S. 396. Henkys, a. a. O., S. 142. **471** Kempner, Eichmann und Komplizen, S. 376. **472** Kempner, Eichmann und Komplizen, S. 378, 379, 380. **473** Eichmann, Vernehmungsprotokolle, Bd. I, Sp. 251.

14 Macht und Ohnmacht der SS

1 Knoebel, a. a. O., S. 226. **2** Broszat, Zur Perversion der Strafjustiz im Dritten Reich, S. 408. **3** Helmut Heiber, Zur Justiz im Dritten Reich/Der Fall Elias, in Vierteljahrshefte für Zeitgeschichte, Heft 4, 1955, S. 275, 276, 277, 279. **4** Heiber, Zur Justiz im Dritten Reich, S. 279. **5** Heiber, Zur Justiz im Dritten Reich, S. 281, 282. **6** Heiber, Zur Justiz im Dritten Reich, S. 282. **7** Ebd. **8** Heiber, Zur Justiz im Dritten Reich, S. 287, 290. **9** Broszat, Perversion der Strafjustiz, S. 403. **10** Broszat, Perversion der Strafjustiz, S. 404. **11** Ebd. **12** Broszat, Anatomie des SS-Staates, Bd. II, S. 30. **13** Neufeldt u. a., a. a. O., S. 31. **14** Neufeldt u. a., a. a. O., S. 31, 32. **15** Neufeldt u. a., a. a. O., S. 31. **16** Ebd. **17** Neufeldt u. a., a. a. O., S. 43, 109. **18** Neufeldt u. a., a. a. O., S. 32. **19** Ebd. **20** Georg, a. a. O., S. 25. **21** Buchheim, Anatomie des SS-Staates, Bd. I, S. 248, 249. Georg, a. a. O., S. 29. **22** Buchheim, Anatomie des SS-Staates, Bd. I, S. 249. **23** Buchheim, Anatomie des SS-Staates, Bd. I, S. 250. **24** Georg, a. a. O., S. 41. **25** Georg, a. a. O., S. 37. **26** Georg, a. a. O., S. 42, 44, 56. **27** Georg, a. a. O., S. 58, 62. **28** Georg, a. a. O., S. 62, 64. **29** Georg, a a. O., S. 66, 69. **30** Georg, a. a. O., S. 70. **31** Georg, a. a. O., S. 71. **32** Vgl. den Organisationsplan des SS-Wirtschaftsverwaltungshauptamtes bei Georg, a. a. O., S. 30, 31. **33** Georg, a. a. O., S. 131. **34** Georg, a. a. O., S. 72, 73, 74. **35** Georg, a. a. O., S. 74. **36** Georg, a. a. O., S. 75, 76. **37** Georg, a. a. O., S. 79, 80, 81. **38** Georg, a. a. O., S. 82, 80. **39** Georg, a. a. O., S. 80, 81. **40** Georg, a. a. O., S. 87. **41** Georg, a. a. O., S. 88. **42** Georg, a. a. O., S. 92, 93. **43** Georg, a. a. O., S. 97. **44** Georg, a. a. O., S. 130. **45** Georg, a. a. O., S. 37. **46** Ebd. **47** David Irving, Die Geheimwaffen des Dritten Reiches, S. 146. **48** Georg, a. a. O., S. 38. **49** Ebd. **50** Ebd. **51** Irving, a. a. O., S. 338. **52** Ebd. **53** Irving, a. a. O., S. 339. **54** So noch Paetel, Die SS, S. 20. **55** Arendt, Elemente und Ursprünge totaler Herrschaft, S. 628. **56** Arendt, Elemente und Ursprünge totaler Herrschaft, S. 641. **57** Arendt, Elemente und Ursprünge totaler Herrschaft, S. 642. **58** Krausnick, Hitler und die Morde in Polen, S. 197. **59** Krausnick, Hitler und die Morde in Polen, S. 198. **60** Krausnick, Hitler und die Morde in Polen, S. 200. **61** Ebd. **62** Krausnick, Hitler und die Morde in Polen, S. 201. Delarue, a. a. O., S. 206, 208. **63** Delarue, a. a. O., S. 209, 210. **64** Krausnick, Hitler und die Morde in Polen, S. 201. **65** Ebd. **66** Ebd. **67** Delarue, a. a. O., S. 212, 216. **68** Delarue, a. a. O., S. 217. **69** Reitlinger, Die Endlösung, S. 348. **70** Delarue, a. a. O., S. 216, 217. **71** Reitlinger, Die Endlösung, S. 209. **72** Reitlinger, Die Endlösung, S. 349. **73** Delarue, a. a. O., S. 218–221. **74** Delarue, a. a. O., S. 224. **75** Vgl. Kapitel 16. **76** Hilberg, a. a. O., S. 433, 434. **77** Vgl. die nachfolgende Korrespondenz zwischen Himmler und Reeder, RFSS, Filmrolle 56. **78** Schreiben Himmlers an Reeder, 16. Februar 1943, RFSS, Filmrolle 56. **79** Schreiben Bergers an Rudolf Brandt, 25. Februar 1943, RFSS, Filmrolle 56. **80** Schreiben Reeders an Himmler, 20. Februar 1943, RFSS, Filmrolle 56. **81** Schreiben Himmlers an Reeder, 16. Februar 1943. **82** Werner Best, Erinnerungen aus dem besetzten Frankreich 1940 bis 1942, S. 27. Mündliche Mitteilung von Herrn Dr. Werner Best, 5. Februar 1966. **83** Schreiben Kiessels, 31. März 1942, RFSS, Filmrolle 72. **84** Ebd. **85** Ebd. **86** Schreiben Foertschs an Turner, 29. Dezember 1941, RFSS, Filmrolle 72. **87** Schreiben Foertschs an Turner, 2. Februar 1942, RFSS, Filmrolle 72. **88** Schreiben Turners an Meyßner, 29. August 1942, RFSS, Filmrolle 140. **89** Ebd. **90** Ebd. **91** Bild-Zeitung, 1. Juli 1964. **92** Fabian von Schlabrendorff, Offiziere gegen Hitler, S. 36. **93** Eberhard Jäckel, Frankreich in Hitlers Europa, S. 342. **94** Schreiben Korsemanns an von Kleist, 30. Juni 1943, Archiv Wulf. **95** Ebd. **96** Schreiben Bergers an von Herff, 6. Juli 1943, Archiv Wulf. **97** Schreiben Himmlers an Korsemann, 5. Juli 1943, Archiv Wulf. **98** Krausnick, Wehrmacht und Nationalsozialismus, S. 681. **99** Ebd. **100** Ebd. **101** Joseph Goebbels, Tagebücher aus den Jahren 1942–1943, S. 330. **102** Goebbels, a. a. O., S. 162. **103** Schreiben Bergers an Rudolf Brandt, 12. März 1940, RFSS, Filmrolle 33. **104** Ebd. **105** Schreiben Bergers an Himmler, 24. November 1941, RFSS, Filmrolle 117. **106** Schreiben Himmlers an Bormann, Februar 1940, RFSS, Filmrolle 33. **107** Schreiben Weitzels an Himmler, 27. April 1938, RFSS, Filmrolle 33. **108** Martin Broszat, Der Sonderdienst im Generalgouvernement, in: Gutachten des Instituts für Zeitgeschichte, S. 408–410. **109** Schreiben Krügers an Himmler, 10. Oktober 1942, RFSS, Filmrolle 128. **110** Ebd. **111** Ebd. **112** Schreiben Bergers an Himmler, 21. November 1942, RFSS, Filmrolle 128. **113** Schreiben Himmlers an Bormann, 26. Februar 1943, RFSS, Filmrolle 33. **114** Ebd. **115** Archiv für Publizistische Arbeit, 26. August 1943. **116** Schreiben Bergers an Himmler, 10. Oktober 1941, RFSS, Filmrolle 22. **117** Hilberg, a. a. O., S. 230. **118** Albert Krebs, Fritz-Dietlof Graf v. d. Schulenburg, S. 130, 131. **119** Schreiben Bergers an Himmler, 20. November 1943, RFSS, Filmrolle 22. **120** Schreiben Bergers an Himmler, 30. Okt. 1943, RFSS, Filmrolle 22. **121** Schreiben Lohses an den Höheren SS- und Polizeiführer Ostland, 13. April 1942, RFSS, Filmrolle 155. **122** Schreiben Himmlers an Koch, 9. Oktober 1942, RFSS, Filmrolle 56. **123** Dallin, a. a. O., S. 185. **124** Erklärung von Hans Ehlich zum Ohlendorf-Prozeß, 20. September 1947, Privatarchiv Frau Käthe Ohlendorf. **125** Ebd. **126** Trevor-Roper, a. a. O., S. 44. **127** Nebe-Serie, 19. Januar 1950, S. 22. **128** Boberach, a. a. O., S. XVIII. **129** Ortsgruppenleiter Löcken an Frau Scholz-Klink, 27. Juni 1938, RFSS, Filmrolle 69. **130** Aktenvermerk, 4. Juli 1938, RFSS, Filmrolle 69. **131** Schreiben Karl Fiehlers an Frick, 19. April 1941, RFSS, Filmrolle 69. **132** Schreiben Bormanns an Himmler, 28. April 1941, RFSS, Filmrolle 69. **133** Schreiben Himmlers an die Schriftleitung des Schwarzen Korps, 2. Mai 1941, RFSS, Filmrolle 69. **134** Mündliche Mitteilung eines nahen Himmler-Verwandten, der ungenannt zu bleiben wünscht, 29. Januar 1966. **135** Bescheinigung der Handelshochschule Mannheim, 27. Juli 1937; Ausweiskarte der Handelshochschule Mannheim, 23. Mai 1933; Telegramm Himmlers an Hedwig Potthast, 5. Dezember 1937; sämtlich HA, Filmrolle 99. **136** Mündliche Mitteilung eines nahen Himmler-Verwandten, der ungenannt zu bleiben wünscht, 29. Januar 1966. **137** Vormundsbestätigung des Amtsgerichts Berlin-Charlottenburg für Helge und Nanette Dorothea Potthast, 12. September 1944, HA, Filmrolle 99. **138** Vgl. dazu Bescheinigung des Amtsgerichts über Kirchenaustritt Hedwig Potthasts, 2. Juni 1939, HA, Filmrolle 99. **139** Vgl. die nachfolgende Korrespondenz zwischen Hedwig Potthast und Hilde Potthast, HA, Filmrolle 99. **140** Schreiben Hilde Potthasts an Hedwig Potthast, 26. März 1942, HA, Filmrolle 99. **141** Schreiben Hilde Potthasts an Hedwig Potthast, 8. Mai 1942, HA, Filmrolle 99. **142** Ebd. **143** Schellenberg, a. a. O., S. 284. **144** Vgl. dazu Vormundsbestätigung, 12. September 1944, HA, Filmrolle 99. **145** Vgl. den Brief Gerda Bormanns an ihren Mann, 21. September 1944, H. R. Trevor-Roper, The Bormann Letters, S. 119. **146** Trevor-Roper, Bormann Letters, S. 126. **147** Trevor-Roper, Bormann Letters, S. 2. **148** Hilberg, a. a. O., S. 256. **149** Erklärung von Dr. Justus Beyer zum Ohlendorf-Prozeß, 22. Oktober 1947, Privatarchiv Frau Käthe Ohlendorf. **150** Boberach, a. a. O., S. XVIII. **151** Boberach, a. a. O., S. XXII. **152** Peter Schneider, Rechtssicherheit und richterliche Unabhängigkeit aus der Sicht des SD, in: Vierteljahrshefte für Zeitgeschichte, Heft 4, 1956, S. 416. **153** Kersten, a. a. O., S. 260. **154** Schreiben der SD-Außenstelle Bünde an den SD-Abschnitt Bielefeld, 13. Mai 1941, RFSS, Filmrolle 269. **155** Schreiben der SD-Außenstelle Minden an den SD-Abschnitt Bielefeld, 24. Juni 1941, RFSS, Filmrolle 269. **156** Schreiben der SD-Außenstelle Erfurt an die SD-Hauptaußenstelle Weimar, 12. Januar 1942, RFSS, Filmrolle 269. **157** Ebd. **158** Schreiben der SD-Außenstelle Erfurt an die SD-Hauptaußenstelle Weimar, 5. Januar 1942, RFSS, Filmrolle 269. **159** IMT, Bd. XXIX, S. 514. **160** Schreiben Florians an Bormann, 30. November 1942, RFSS, Filmrolle 59. **161** Schreiben Weinrichs an die Parteikanzlei der NSDAP, 22. Januar 1943, RFSS, Filmrolle 59. **162** Schreiben Hildebrandts an Himmler, 17. April 1943, RFSS, Filmrolle 117. **163** Ebd. **164** Ebd. **165** Ebd. **166** Schreiben von Gottbergs an von dem Bach-Zelewski, 21. Juli 1943, RFSS, Filmrolle 59. **167** Schreiben Bormanns an Himmler, 2. Februar 1943, RFSS, Filmrolle 59. **168** Boberach, a. a. O., S. XVIII. **169** Kersten, a. a. O., S. 260. **170** Kersten, a. a. O., S. 252. **171** Aussage Ohlendorfs, 8. Oktober 1947, S. 508, Privatarchiv Frau Käthe Ohlendorf. **172** Kersten, a. a. O., S. 260. **173** Boberach, a. a. O., S. XXVI. **174** Erklärung von Hans Fritzsche zum Ohlendorf-Prozeß, 18. August 1947, Privatarchiv Frau Käthe Ohlendorf. **175** Goebbels, a. a. O., S. 340. **176** Boberach, a. a. O., S. XXVI. **177** Boberach, a. a. O., S. XXVIII. **178** Aussage Ohlendorfs, 8. Oktober 1947, S. 510, Privatarchiv Frau Käthe Ohlendorf. **179** Boberach, a. a. O., S. XVII. **180** Ebd. **181** IMT, Bd. XXIX, S. 107. **182** Hans Buchheim, Die Höheren SS- und Polizeiführer, in: Vierteljahrshefte für Zeitgeschichte, 4. Heft 1963, S. 379. **183** Schreiben von Andreas Schmidt an Berger, 24. September 1943, RFSS, Filmrolle 128. **184** Buchheim, Anatomie des SS-Staates, Bd. I, S. 134. **185** Buchheim, Die Höheren SS- und Polizeiführer, S. 362–364. **186** Buchheim, Die Höheren SS- und Polizeiführer, S. 387. **187** Ebd. **188** Buchheim, Anatomie des SS-Staates, Bd. I, S. 160, 157. **189** Buchheim, Anatomie des SS-Staates, Bd. I, S. 157. **190** Buchheim, Die Höheren SS- und Polizeiführer, S. 383. **191** Aktennotiz Himmlers, 16. März 1942, RFSS, Filmrolle 60. **192** Buchheim, Anatomie des SS-Staates, Bd. I, S. 140. **193** Entwurf über die Zuständigkeit der Höheren SS- und Polizeiführer, 8. Januar 1943, RFSS, Filmrolle 119. **194** Ebd. **195** Ebd. **196** Buchheim, Anatomie des SS-Staates, Bd. I, S. 165, 168. **197** Buchheim, Anatomie des SS-Staates, Bd. I, S. 153. **198** Vgl. die Korrespondenz zwischen Meyßner und Turner, RFSS, Filmrolle 140. **199** Schreiben Turners an Meyßner, 29. August 1942, RFSS, Filmrolle 140. **200** Vgl. die Korrespondenz zwischen Krüger und Wächter, RFSS, Filmrolle 32. **201** Schreiben Krügers an Wächter, 24. Februar 1942, RFSS, Filmrolle 32. **202** Schreiben Ohlendorfs an d'Alquen, 14. August 1942, RFSS, Filmrolle 275. **203** Schreiben d'Alquens an Ohlendorf, 22. Juli 1942, RFSS, Filmrolle 275. **204** Schreiben Ohlendorfs an d'Alquen, undatiert, RFSS, Filmrolle 275. **205** Schreiben Brandts an Ohlendorf, 6. April 1943, RFSS, Filmrolle 275. **206** Schreiben Bergers an Brandt, 2. April 1943, RFSS, Filmrolle 117. **207** Ebd. **208** Schreiben Bergers an Brandt, 7. Januar 1941, RFSS, Filmrolle 128. Schreiben Seyß-Inquarts an Himmler, 29. Mai 1943, RFSS, Filmrolle 64. **209** Schreiben Bergers an Himmler, 29. Oktober 1941, RFSS, Filmrolle 128. Knoebel, a. a. O., S. 80 ff. **210** Knoebel, a. a. O., S. 122 ff. **211** Knoebel, a. a. O., S. 167 ff. **212** Schreiben Bergers an Himmler, 17. Oktober 1942, RFSS, Filmrolle 128. Schreiben Bergers an Himmler, 28. November 1944, RFSS, Filmrolle 125. **213** Schreiben Bergers an Himmler, 2. Juni 1942, RFSS, Filmrolle 62. **214** Schreiben Eickes an Himmler, 5. März 1941, RFSS, Filmrolle 109. **215** Schreiben Bergers an Himmler, 9. März 1943, RFSS, Filmrolle 117. **216** Schreiben Bergers an Himmler, 2. Dezember 1940, RFSS, Filmrolle 128. **217** Schreiben Himmlers an Hintze, 11. Mai 1944, RFSS, Filmrolle 56. **218** Fernschreiben Himmlers an Hintze, undatiert, RFSS, Filmrolle 56. **219** Schreiben Himmlers an Waldschmidt, 20. April 1944, RFSS, Filmrolle 33. **220** Schreiben Himmlers an Hofmann, 29. November 1944, RFSS, Filmrolle 56. **221** Schreiben

Himmlers an Daluege, 4. Februar 1943, RFSS, Filmrolle 60. **222** Schreiben Himmlers an Pancke, 16. Mai 1944, RFSS, Filmrolle 56. **223** Schreiben Brandts an Pohl, 29. August 1942, RFSS, Filmrolle 117. Anonymes Schreiben an Bormann, 10. Juli 1942, RFSS, Filmrolle 117. **224** Schreiben Pohls an Brandt, 21. August 1942, RFSS, Filmrolle 117. **225** Schreiben Himmlers an Pohl, August 1942, RFSS, Filmrolle 117. **226** Schreiben Wolffs an Kaltenbrunner, 23. November 1942; Anonymes Schreiben an die Redaktion des Schwarzen Korps; beide Archiv Wulf. **227** Schreiben Ohlendorfs an Wolff, 6. August 1942, RFSS, Filmrolle 122. **228** Mündliche Mitteilung von Herrn Dr. Richard Korherr, 8. März 1966. **229** Fragebogen Korherr, Kreisleitung Würzburg, Amt für Beamte, 30. September 1940, Privatarchiv Korherr. **230** Mündliche Mitteilung von Herrn Dr. Richard Korherr, 8. März 1966. **231** Ebd. **232** Ebd. **233** Ebd. **234** Schreiben Greifelts an Brandt, 5. Februar 1943, RFSS, Filmrolle 60. **235** Schreiben Korherrs an Himmler, 23. Januar 1943, RFSS, Filmrolle 60. **236** Ebd. **237** Schreiben Greifelts an Brandt, 5. Februar 1943. **238** Schreiben Korherrs an Himmler, 11. Februar 1943, RFSS, Filmrolle 60. **239** Schreiben Korherrs an Brandt, undatiert, Privatarchiv Korherr. **240** Schreiben Korherrs an Himmler, 13. August 1943, Privatarchiv Korherr. **241** Schreiben Hildebrandts an Himmler, undatiert, Privatarchiv Korherr. **242** Mündliche Mitteilung von Herrn Dr. Richard Korherr, 8. März 1966. **243** IMT, Bd. XX, S. 465. **244** Höß, a. a. O., S. 138. **245** Reitlinger, Ein Haus auf Sand gebaut, S. 420, 421, 430. **246** Schreiben Müllers an die Befehlshaber der Sicherheitspolizei und des SD, 28. August 1941, RFSS, Filmrolle 491. Schreiben des SD-Leitabschnitts München, 8. März 1943, RFSS, Filmrolle 269. **247** Vgl. die Aussage von Dr. Hans Hohberg, 11. Juli 1947, Akten des Militärgerichtshofs II, Fall IV. **248** Vgl. dazu die Korrespondenz zwischen Berger und seinem Schwiegersohn Andreas Schmidt, RFSS, Filmrolle 128.

15 Die Waffen-SS

1 Schreiben Streckenbachs an Himmler, etwa: 9. März 1942, RFSS, Filmrolle 140. **2** Albert Kesselring, Gedanken zum Zweiten Weltkrieg, S. 164. **3** Westphal, a. a. O., S. 89. **4** Erich von Manstein, Verlorene Siege, S. 188. **5** Stein, a. a. O., S. 215. OKW, Die Berichte des Oberkommandos der Wehrmacht, 1943, Bd. II, S. 1 010. **6** Wiking-Ruf, Heft 6/1955, S. 13 ff., und Heft 7/1955, S. 10 ff. **7** Hausser, Soldaten wie andere auch (unkorrigiertes Buchmanuskript), S. 2. Buchheim, SS und Polizei im NS-Staat, S. 29, 30. **8** Hausser, Soldaten, S. 2. **9** Paul Hausser, Waffen-SS im Einsatz, S. 10. Klietmann, a. a. O., S. 53, 54. **10** Urteil Dietrich, S. 4. **11** Stein, a. a. O., S. 4. **12** Urteil Dietrich, S. 4. **13** Klietmann, a. a. O., S. 71. Hausser, Soldaten, S. 2. **14** Klietmann, a. a. O., S. 71, 51. **15** Hausser, Soldaten, S. 2. **16** Mündliche Mitteilung von Herrn Wilhelm Bittrich, 29. Januar 1966. **17** Stein, a. a. O., S. 5. **18** Ebd. **19** Ebd. **20** Walter Görlitz, Die Waffen-SS, S. 9. **21** Vgl. Kapitel 6. **22** Vgl. Kapitel 6. **23** Klietmann, a. a. O., S. 53. **24** Klietmann, a. a. O., S. 15, 16. **25** Hausser, Soldaten, S. 107. **26** Mündliche Mitteilung von Herrn Paul Hausser, 31. Januar 1966. **27** Hausser, Soldaten, S. 1. Mündliche Mitteilung von Herrn Paul Hausser, 31. Januar 1966. **28** Schriftliche Mitteilung von Herrn Paul Hausser, 10. Februar 1966. **29** Mündliche Mitteilung von Herrn Paul Hausser, 31. Januar 1966. **30** Ebd. **31** Klietmann, a. a. O., S. 18. **32** Klietmann, a. a. O., S. 421. Hausser, Soldaten, S. 33. **33** Mündliche Mitteilung von Herrn Paul Hausser, 31. Januar 1966. **34** Klietmann, a. a. O., S. 21. Buchheim, SS und Polizei im NS-Staat, S. 167, 168. **35** Hausser, Soldaten, S. 10. **36** Stein, a. a. O., S. 10. **37** Schreiben Himmlers an alle SS-Oberabschnitte, 17. September 1936, RFSS, Filmrolle 155. **38** Ebd. **39** Schreiben Himmlers an Dietrich, undatiert, RFSS, Filmrolle 33. **40** Mündliche Mitteilung von Herrn Felix Steiner, 28. Januar 1966. **41** Ebd. **42** Schreiben Heißmeyers an Himmler, 18. Juli 1938; RFSS, Filmrolle 33. **43** Schreiben Heißmeyers an Himmler, 18. Juli 1938. **44** Schreiben Himmlers an Dietrich, 2. Juli 1938, RFSS, Filmrolle 33. **45** Steiner, Armee der Geächteten, S. 70. **46** Mündliche Mitteilung von Herrn Wilhelm Bittrich, 29. Januar 1966. **47** Mündliche Mitteilung von Herrn Felix Steiner, 28. Januar 1966. **48** Ebd. **49** Steiner, Die Armee der Geächteten, S. 351. **50** Mündliche Mitteilung von Herrn Paul Hausser,

31. Januar 1966. **51** Steiner, Die Armee der Geächteten, S. 351. **52** Steiner, Die Armee der Geächteten, S. 39. **53** Mündliche Mitteilungen der Herren Felix Steiner und Paul Hausser, Januar/Februar 1966. **54** Felix Steiner, Von Clausewitz bis Bulganin, S. 69. **55** Mündliche Mitteilung von Herrn Felix Steiner, 28. Januar 1966. **56** Stein, a. a. O., S. 13. **57** Hausser, Soldaten, S. 22. **58** Mündliche Mitteilung von Herrn Felix Steiner, 28. Januar 1966. **59** Stein, a. a. O., S. 13. **60** Die reformerischen Leistungen der ehemaligen Waffen-SS, vermutlich von Steiner verfaßter Artikel, in: Wiking-Ruf, Heft 7/1955, S. 12. **61** Ebd. **62** Steiner, Von Clausewitz bis Bulganin, S. 234. **63** Steiner, Die Armee der Geächteten, S. 92. **64** Mündliche Mitteilung von Herrn Paul Hausser, 31. Januar 1966. **65** Mündliche Mitteilung von Herrn Felix Steiner, 28. Januar 1966. **66** Karl Demeter, Das deutsche Offizierskorps in seinen historisch-soziologischen Grundlagen, S. 53. Steiner, Die Armee der Geächteten, S. 96, 97. **67** Die reformerischen Leistungen der ehemaligen Waffen-SS, S. 12. **68** Vgl. dazu Krausnick, Wehrmacht und Nationalsozialismus, S. 669 ff. **69** Ebd. **70** Foertsch, a. a. O., S. 148. **71** Krausnick, Wehrmacht und Nationalsozialismus, S. 669. **72** Ebd. **73** Buchheim, Anatomie des SS-Staates, Bd. I, S. 197. **74** Ebd. **75** Hoßbach, a. a. O., S. 32. **76** Klietmann, a. a. O., S. 26, 27. **77** Allgemeine Erfahrungen bei Einziehung der Verstärkung der SS-Totenkopfverbände im September 1938, sowie beim Groß-Einsatz der Allgemeinen SS, Vortrag von Gruppenführer Petri, Januar 1939, RFSS, Filmrolle 17. **78** Steiner, Die Armee der Geächteten, S. 76, geht in seiner Bagatellisierung des Hitler-Erlasses so weit, zu behaupten, der Befehl sei »für die Truppe völlig bedeutungslos gewesen, weil sie ihn gar nicht kannte«. Er übersieht dabei geflissentlich, daß Himmler, wie aus einer handschriftlichen Notiz ersichtlich ist, nicht zuletzt für die Verfügungstruppe 100 Fotokopien des Erlasses anfertigen ließ. **79** Klietmann, a. a. O., S. 26. **80** Hausser, Soldaten, S. 13. **81** Vortragsnotizen für Gruppenführerbesprechung am 23. Januar 1939, verfaßt von Hausser, 18. Januar 1939, RFSS, Filmrolle 17. **82** Ebd. **83** Hans-Günther Seraphim, SS-Verfügungstruppe und Wehrmacht, in: Wehrwissenschaftliche Rundschau, Heft 12/1955, S. 575. **84** Klietmann, a. a. O., S. 22. **85** Schreiben Heißmeyers an die VT, 10. August 1935, BDC, Filmrolle 88. **86** Hoßbach, a. a. O., S. 32. **87** Mündliche Mitteilung von Herrn Felix Steiner, 28. Januar 1966. **88** Rede Himmlers am 22. Mai 1936, RFSS, Filmrolle 89. **89** Stein, a. a. O., S. 14. **90** Schreiben Ficks an einen ungenannten Gruppenführer (vermutlich: Wolff), 17. Mai 1938, RFSS, Filmrolle 38. **91** Schreiben Ficks an Wolff, 27. Januar 1942, RFSS, Filmrolle 38. **92** Uns ist der Kampf, SS-amtliche Schrift, undatiert (etwa: 1942), RFSS, Filmrolle 161. **93** Knoebel, a. a. O., S. 35. **94** Schreiben des Oberkommandos der Wehrmacht an Himmler, 7. Dezember 1942; Schreiben des Erzbischöflichen Ordinariats Freiburg an das OKW, 25. November 1942, RFSS, Filmrolle 66. **95** Schreiben des Erzbischöflichen Ordinariats an das Oberkommando der Wehrmacht, 25. November 1942. **96** Ebd. **97** Vortragsentwurf für die Gruppenführerbesprechung 23. bis 25. 1. 1939, 16. Januar 1939, RFSS, Filmrolle 17. Halbjahresbericht über die Weiterbildung aus den SS-Junkerschulen hervorgegangener SS-Führer, 5. April 1938, RFSS, Filmrolle 69. **98** Weltanschauliche Erziehung im Monat Oktober 1943, Lehrplan der SS-Panzer-Grenadier-Division »Hohenstaufen«, 18. September 1943, RFSS, Filmrolle 161. **99** IMT, Bd. XXX, S. 516. **100** Eichmann, Vernehmungsprotokolle, Bd. II, Sp. 1683. **101** Hausser, Soldaten, S. 21. **102** Hausser, Soldaten, S. 50. **103** Hausser, Soldaten, S. 20. **104** Ebd. **105** Hausser, Soldaten, S. 49. **106** Hausser, Soldaten, S. 50. **107** Ebd. **108** Stein, a. a. O., S. 28 **109** Ebd. **110** Stein, a. a. O., S. 35. **111** Stein, a. a. O., S. 40. **112** Mündliche Mitteilung von Herrn Felix Steiner, 28. Januar 1966. **113** Mündliche Mitteilung von Herrn Wilhelm Bittrich, 29. Januar 1966. **114** Mündliche Mitteilung von Herrn Felix Steiner, 28. Januar 1966. **115** Lebenslauf Gottlob Berger, von ihm selbst verfaßt, undatiert, Archiv Wulf. **116** Ebd. **117** Schreiben Bergers an Himmler, 28. Juli 1943, RFSS, Filmrolle 56. **118** Schreiben Bergers an Himmler, 9. März 1943, RFSS, Filmrolle 117. **119** Lebenslauf Gottlob Berger. **120** Schreiben Bergers an Hanns Ludin, 13. November 1934, Archiv Wulf. **121** Lebenslauf Gottlob Berger. **122** Schreiben Ludins an das Sondergericht der Obersten SA-Führung, 7. Dezember 1934, Archiv Wulf. **123** Ebd. **124** Personalbogen: SS-Brigadeführer Berger, Gottlob, undatiert (etwa: 1940), Archiv Wulf. **125** Buchheim, Anatomie des SS-Staates, Bd. I, S. 197, 199, 202. **126** Stein, a. a. O., S. 33. **127** Stein, a. a. O., S.

38 ff. **128** Klietmann, a. a. O., S. 37. **129** Buchheim, SS und Polizei im NS-Staat, S. 165 bis 167. **130** Ebd. **131** Aronson, a. a. O., S. 171. **132** Buchheim, Anatomie des SS-Staates, Bd. I, S. 154. **133** Buchheim, Anatomie des SS-Staates, Bd. I, S. 195. **134** Ebd. **135** Buchheim, Anatomie des SS-Staates, Bd. I, S. 294, 291. **136** Buchheim, Anatomie des SS-Staates, Bd. I, S. 291. **137** Rede Himmlers am 19. Juni 1942, RFSS, Filmrolle 89. **138** Klietmann, a. a. O., S. 131, 123. **139** Klietmann, a. a. O., S. 104, 87. **140** Klietmann, a. a. O., S. 107, 108, 121. **141** Klietmann, a. a. O., S. 72. **142** Neusüß-Hunkel, a. a. O., S. 72, 499. **143** Hausser, Soldaten, S. 76. Stein, a. a. O., S. 36. **144** Stein, a. a. O., S. 40. **145** Stein, a. a. O., S. 46. **146** Wehrdienstverhältnis und Wehrüberwachung der Angehörigen der Waffen-SS während des Krieges, Geheimbefehl des Oberkommandos der Wehrmacht, 8. März 1940, RFSS, Filmrolle 119. **147** Hausser, Waffen-SS im Einsatz, S. 16. **148** Seraphim, a. a. O., S. 583. **149** Klietmann, a. a. O., S. 44. **150** Klietmann, a. a. O., S. 45. **151** Klietmann, a. a. O., S. 46. **152** Stein, a. a. O., S. 169. **153** Ebd. **154** Robert Herzog, Die Volksdeutschen in der Waffen-SS, S. 4. **155** Ebd. **156** Herzog, a. a. O., S. 5. **157** Herzog, a. a. O., S. 6. **158** Stein, a. a. O., S. 173. Klietmann, a. a. O., S. 506. **159** Stein, a. a. O., S. 138. **160** Stein, a. a. O., S. 146. **161** Klietmann, a. a. O., S. 133. **162** Hausser, Soldaten, S. 62. **163** Ebd. **164** Stein, a. a. O., S. 63. **165** Guderian, a. a. O., S. 105. **166** Klietmann, a. a. O., S. 76. **167** Hausser, Die Waffen-SS im Einsatz, S. 33, 39, 40. **168** Picht, a. a. O., S. 248. **169** Görlitz, Die Waffen-SS, S. 19. **170** Das Schwarze Korps, 26. November 1942. **171** Stein, a. a. O., S. 81. **172** Stein, a. a. O., S. 90. **173** Schreiben Jüttners an Eicke, 24. Oktober 1940, RFSS, Filmrolle 107. **174** Schreiben Eickes an Wolff, 9. Oktober 1940, RFSS, Filmrolle 107. **175** Cyril Jolly, The Vengeance of Private Pooley. **176** Vgl. dazu die Korrespondenz zwischen Eicke und Jüttner, Herbst 1940, RFSS, Filmrolle 107. **177** Mündliche Mitteilung von Herrn Gunter d'Alquen, November 1966. **178** Schreiben Jüttners an Eicke, 24. Oktober 1940. **179** Ebd. **180** Schreiben Eickes an Wolff, 22. Oktober 1940, RFSS, Filmrolle 107. **181** Ebd. **182** Schreiben Himmlers an Eicke, 30. Januar 1941, RFSS, Filmrolle 108. **183** Klietmann, a. a. O., S. 76, 70, 90. **184** Klietmann, a. a. O., S. 501. **185** Klietmann, a. a. O., S. 184, 90, 110, 130. **186** Hausser, Soldaten, Dokumente 19 und 20. **187** Buchheim, SS und Polizei im NS-Staat, S. 182, 183. **188** Stein, a. a. O., S. 111. **189** Buchheim, Anatomie des SS-Staates, Bd. I, S. 215. **190** Stein, a. a. O., S. 258. **191** Stein, a. a. O., S. 259. **192** Görlitz, Die Waffen-SS, S. 18. **193** Stein, a. a. O., S. 261. **194** Ebd. **195** Stein, a. a. O., S. 264. **196** Görlitz, Die Waffen-SS, S. 18. **197** Stein, a. a. O., S. 266–268. **198** Stein, a. a. O., S. 103. **199** Hausser, Soldaten, S. 55. Buchheim, Anatomie des SS-Staates, Bd. I, S. 211. **200** Stein, a. a. O., S. 103. **201** Stein, a. a. O., S. 109. **202** Klietmann, a. a. O., S. 393. **203** Klietmann, a. a. O., S. 395. **204** Hausser, Waffen-SS im Einsatz, S. 46. Klietmann, a. a. O., S. 78. **205** Klietmann, a. a. O., S. 90. **206** Steiner, Die Armee der Geächteten, S. 162, 164. **207** Mündliche Mitteilung von Herrn Gunter d'Alquen, November 1966. **208** Steiner, Die Armee der Geächteten, S. 164 ff. **209** Schreiben Buschs an Himmler, 4. Mai 1942, RFSS, Filmrolle 108. Steiner, Die Armee der Geächteten, S. 165. **210** Fernschreiben Heydrichs an Himmler, 6. November 1941, RFSS, Filmrolle 108. Felix Steiner, Die Freiwilligen, S. 377 ff. **211** Stein, a. a. O., S. 216. **212** Schreiben von Mackensens an Himmler, 26. Dezember 1941, RFSS, Filmrolle 108. **213** Schreiben Eickes an Jüttner, 5. August 1942, RFSS, Filmrolle 107. **214** T. E., Die Rede Himmlers vor den Gauleitern am 3. August 1944, in: Vierteljahrshefte für Zeitgeschichte, Heft 4/1953, S. 372. **215** Schreiben Simons an Eicke, 2. August 1942, RFSS, Filmrolle 108. **216** Schreiben Eickes an Jüttner, 5. August 1942. **217** Dixon/Heilbrunn, a. a. O., S. 107. **218** Ebd. **219** Ebd. **220** Schreiben des Gräberoffiziers der Leibstandarte Adolf Hitler an den Divisionsstab, 29. März 1942, RFSS, Filmrolle 108. **221** Schriftliche Mitteilung von Herrn Wilhelm Keilhaus, 4. März 1967. **222** Stein, a. a. O., S. 272. **223** Schreiben von Reinholz an die Einsatzgruppe E, 15. Juli 1943, RFSS, Filmrolle 140. **224** Görlitz, Die Waffen-SS, S. 27. Stein, a. a. O., S. 277. **225** Vgl. dazu die den neuesten Stand der Forschung berücksichtigende Darstellung bei Jäckel, a. a. O., S. 326–328. **226** Stein, a. a. O., S. 277. **227** Schreiben des Allgemeinen Wehrmachtsamts im OKW an Wolff, 2. August 1943, RFSS, Filmrolle 122. **228** Ebd. **229** Ebd. **230** Schreiben von Dr. Plötz an Brandt, 17. November 1942, RFSS, Filmrolle 140. **231** Schreiben von Reinholz an die Einsatzgruppe E,

15. Juli 1943. **232** Aktennotiz Kumms über die Besprechung des Reichsführer-SS mit SS-Obergruppenführer Phleps am 28. Juli 1943, undatiert, RFSS, Filmrolle 140. **233** Klietmann, a. a. O., S. 151. **234** Klietmann, a. a. O., S. 157. **235** Klietmann, a. a. O., S. 165. **236** Klietmann, a. a. O., S. 169. **237** Klietmann a. a. O., S. 178. **238** Klietmann, a. a. O., S. 181. **239** Klietmann, a. a. O., S 187. **240** Stein, a. a. O., S. 206. **241** Steiner, Die Armee der Geächteten, S. 173. **242** Stein, a. a. O., S. 209. **243** Klietmann, a. a. O., S. 59–61. **244** Klietmann, a. a. O., S. 49, 61 ff. **245** Klietmann, a. a. O., S. 60. **246** Stein, a. a. O., S. 218. **247** Stein, a. a. O., S. 217. **248** Stein, a. a. O., S. 213. **249** Steiner, Die Armee der Geächteten, S. 173. **250** Schätzung Steiners in einem Gespräch mit dem Verfasser. **251** Stein, a. a. O., S. 134. **252** Stein, a. a. O., S. 217. **253** Schreiben Eickes an das Führungshauptamt, 15. November 1941, RFSS, Filmrolle 108. **254** Abschrift der Zusammenfassung der Berichte vom SS-Führungshauptamt, von Himmler am 11. Mai 1943 abgezeichnet, RFSS, Filmrolle 131. **255** Stein, a. a. O., S. 204. **256** Abschrift der Zusammenfassung der Berichte vom SS-Führungshauptamt. **257** Ebd. **258** Ebd. **259** Ebd. **260** Ebd. **261** Ebd. **262** Ebd. **263** Ebd. **264** Ebd. **265** Schreiben Bergers an Himmler, 18. April 1943, RFSS, Filmrolle 131. **266** Schreiben Himmlers an Bormann, 14. Mai 1943, RFSS, Filmrolle 131. **267** Stein, a. a. O., S. 204. **268** Schreiben des Arbeitsführers Kallmeyer an den Generalarbeitsführer Simon, 26. Februar 1943, RFSS, Filmrolle 70. **269** Ebd. **270** Schreiben eines ungenannten Sohnes an seinen Vater, undatiert, vom Persönlichen Stab Reichsführer-SS mit der Aktennummer 1319 versehen, RFSS, Filmrolle 70. **271** Schreiben Bormanns an Himmler, 24. Februar 1943, RFSS, Filmrolle 70. **272** Schreiben des stellvertretenden Generalkommandos des V. Armeekorps an das OKW, 30. März 1943, RFSS, Filmrolle 70. **273** Ebd. **274** Ebd. **275** Stein, a. a. O., S. 172. **276** Stein, a. a. O., S. 172, 173. **277** Schreiben Eickes an das Führungshauptamt, 15. November 1941, RFSS, Filmrolle 108. **278** Besondere Anweisungen für die weltanschauliche Erziehung. Schreiben des Ia/VI der SS-Kavalleriedivision, 5. April 1943, RFSS, Filmrolle 70. **279** Ebd. **280** Ebd. **281** Schreiben Eickes an das Führungshauptamt, 15. November 1941. **282** Stein, a. a. O., S. 192. **283** Vgl. dazu das Schreiben Himmlers an Berger und Jüttner, 13. April 1942, RFSS, Filmrolle 66. **284** Ebd. **285** Ebd. **286** Schreiben Bergers an Himmler, 12. Oktober 1942, RFSS, Filmrolle 66. **287** Ebd. **288** Schreiben Himmlers an Bender, 22. Februar 1944, RFSS, Filmrolle 22. **289** Knoebel, a. a. O., S. 177. **290** Schreiben des holländischen SS-Mannes C. Thoen an den Voorman der Niederländischen SS, undatiert, von Himmler am 16. Juni (1942) abgezeichnet, RFSS, Filmrolle 122. **291** Schreiben Rauters an Himmler, 6. Juni 1942, RFSS, Filmrolle 122. **292** Stein, a. a. O., S. 161. **292** Mündliche Mitteilung von Herrn Felix Steiner. Über die Stimmung ausländischer SS-Freiwilliger siehe die Tagebuchnotizen eines unbekannten SS-Mannes in: Christ und Welt, 10. August 1950. **294** Rolf Bigler, Sie wollen ganz anders sein, Frankfurter Allgemeine Zeitung, 12. Februar 1964. **295** Schriftliche Mitteilung von Herrn Paul Hausser, 5. Februar 1967. **296** Schreiben Bergers an Himmler, 22. Januar 1942, RFSS, Filmrolle 108. **297** Schreiben von Generaloberst Zeitzler an Himmler, 21. März 1944, RFSS, Filmrolle 66. **298** Schreiben von Herffs an Wolff, 23. November 1942, Filmrolle 70. **299** Buchheim, Die Höheren SS- und Polizeiführer, S. 383. **300** Fernschreiben Himmlers an Jüttner, 10. Februar 1944, RFSS, Filmrolle 69. **301** Vierteljahresbericht des SD-Abschnitts Nürnberg zum 10. 10. 1941, undatiert, RFSS, Filmrolle 406. **302** Mündliche Mitteilung von Herrn Felix Steiner, 28. Januar 1966. **303** Schreiben Brandts an Berger, 21. Juni 1943, RFSS, Filmrolle 56. **304** Merkblatt über die Dienstränge in der SS, herausgegeben vom Amt Presse des Persönlichen Stabes Reichsführer-SS, 31. Dezember 1942. **305** SS-Befehl, 24. Februar 1943, RFSS, Filmrolle 225. **306** Schreiben Bergers an Brandt, 10. Juli 1944, RFSS, Filmrolle 64. **307** Stellung der Abteilung VI im Divisionsstab, Schreiben der Abteilung VI der 13. SS-Division, 10. April 1944, RFSS, Filmrolle 70. **308** Unterschriftsloses Schreiben an »Lieber Willi«, 2. Oktober 1943, RFSS, Filmrolle 64. **309** Schreiben Bergers an Himmler, 30. August 1944, RFSS, Filmrolle 64. **310** Schreiben Himmlers an Höfle, 30. Dezember 1944, RFSS, Filmrolle 59. **311** Mündliche Mitteilung von Herrn Wilhelm Bittrich, 29. Januar 1966. **312** Mündliche Mitteilung von Herrn Felix Steiner, 28. Januar 1966. **313** Schreiben Himmlers an Steiner, August 1942, RFSS, Filmrolle 70. **314** Ebd. **315** Ebd.

316 Schreiben Ficks an Wolff, 27. Januar 1942, RFSS, Filmrolle 38. **317** Schreiben Himmlers an Berger, 15. Juli 1943, RFSS, Filmrolle 56. **318** Ebd. **319** Ebd. **320** Schreiben Bergers an Brandt, 9. Juli 1943, RFSS, Filmrolle 56. **321** Berger an Himmler, 28. Juli 1943, RFSS, Filmrolle 56. **322** Mündliche Mitteilung von Herrn Gottlob Berger, 1. Februar 1966. **323** Steiner, Die Armee der Geächteten, S. 271. Krebs, Fritz-Dietlof Schulenburg, S. 145.

16 SS und deutscher Widerstand

1 Bartz, a. a. O., S. 129, 133. **2** Bartz, a. a. O., S. 129, 145. **3** Buchheit, a. a. O., S. 419. **4** Bartz, a. a. O., S. 154. **5** Buchheit, a. a. O., S. 419. **6** Schellenberg, a. a. O., S. 322. **7** Buchheit, a. a. O., S. 139. Abshagen, a. a. O., S. 140. Hassell, a. a. O., S. 32, 33. **8** Abshagen, a. a. O., S. 180. **9** Buchheit, a. a. O., S. 303, 304. **10** Bartz, a. a. O., S. 151, 154. **11** Buchheit, a. a. O., S. 419. **12** Ebd. **13** Buchheit, a. a. O., S. 420. **14** Gisevius, Bis zum bitteren Ende, S. 518. Buchheit, a. a. O., S. 420. **15** Buchheit, a. a. O., S. 420. **16** Ebd. **17** Gerhard Ritter, Carl Goerdeler und die deutsche Widerstandsbewegung, S. 372. Gisevius, Bis zum bitteren Ende, S. 428. **18** Buchheit, a. a. O., S. 428. **19** Abshagen, a. a. O., S. 368. Buchheit, a. a. O., S. 429. **20** Ebd. **21** Buchheit, a. a. O., S. 421, 422. **22** Schellenberg, a.a. O., S. 333. **23** Vermerk Schellenbergs, 30. Januar 1941, RFSS, Filmrolle 463. **24** Abshagen, a. a. O., S. 375. **25** Buchheit, a. a. O., S. 438. **26** Mündliche Mitteilung von Herrn Bruno Streckenbach, 21. Januar 1966. **27** Schellenberg, a. a. O., S. 25. **28** Mündliche Mitteilung von Herrn Bruno Streckenbach, 21. Januar 1966. **28** Mündliche Mitteilung von Herrn Bruno Streckenbach, 21. Januar 1966. **29** Schellenberg, a. a. O., S. 52. **30** Schellenberg, a. a. O., S. 18. **31** Schellenberg, a. a. O., S. 137. **32** Schellenberg, a. a. O., S. 182 ff. **33** Buchheit, a. a. O., S. 429–431. **34** Buchheit, a. a. O., S. 430–432. Abshagen, a. a. O., S. 369. **35** Buchheit, a. a. O., S. 431. **36** Schellenberg, a. a. O., S. 333. Buchheit, a. a. O., S. 429, 433. **37** Buchheit, a. a. O., S. 432. **38** Vgl. Kapitel 14. **39** Buchheit, a. a. O., S. 415. **40** Besgen, a. a. O., S. 72. **41** Mündliche Mitteilung von Herrn Professor Reinhard Höhn, 15. Januar 1967. **42** Denne, a. a. O., S. 182. **43** Ebd. **45** Burckhardt, a. a. O., S. 334. **46** Ebd. **47** Seabury, a. a. O., S. 135. **48** Hassell, a. a. O., S. 82. **49** Hassell, a. a. O., S. 246. **50** IMT, Bd. XXXVIII, S. 88. **51** Goebbels, a. a. O., S. 322. **52** Dallin, a. a. O., S. 70. **53** Buchheim, Anatomie des SS-Staates, Bd. I, S. 342. **54** Heiber, Zur Justiz im Dritten Reich/Der Fall Elias, S. 275 ff. **55** Wighton, a. a. O., S. 238–241. **56** Wighton, a. a. O., S. 253 ff. **57** Wighton, a. a. O., S. 257, 258. **58** Wighton, a. a. O., S. 259. **59** Ebd. **60** Ebd. **61** Wighton, a. a. O., S. 260. **62** Wighton, a. a. O., S. 268. **63** Wighton, a. a. O., S. 270. **64** Wighton, a. a. O., S. 271. **65** Wighton, a. a. O., S. 272. **66** Ebd. **67** Ebd. **68** Wighton, a. a. O., S. 275. **69** Nebe-Serie, 9. Februar 1950, S. 28. **70** Wighton, a. a. O., S. 275, 278. **71** Wighton, a. a. O., S. 270. **72** Best, Die deutsche Politik in Dänemark, S. 10 ff. **73** Hassell, a. a. O., S. 245, 246. Joergen Haestrup, Til Landets bedste, S. 25. Best, Die deutsche Politik in Dänemark, S. 8, 11. **74** Hassell, a. a. O., S. 278. Haestrup, a. a. O., S. 25. Best, die deutsche Politik in Dänemark, S. 18. **75** Best, Die deutsche Politik in Dänemark, S. 23. Haestrup, a. a. O., S. 25. **76** Best, Die deutsche Politik in Dänemark, S. 30, 74. Haestrup, a. a. O., S. 26. **77** Best, Die deutsche Politik in Dänemark, S. 37, 38. Haestrup, a. a. O., S. 22, 23. **78** Best, Die deutsche Politik in Dänemark, S. 40, 42. Haestrup, a. a. O., S. 23, 533. **79** Best, Die deutsche Politik in Dänemark, S. 42. Haestrup, a. a. O., S. 22, 35, 44, 45. **80** Best, Die deutsche Politik in Dänemark, S. 67. Haestrup, a. a. O., S. 288, 320, 321. **81** Best, Die deutsche Politik in Dänemark, S. 72. Haestrup, a. a. O., S. 320. **82** Best, Die deutsche Politik in Dänemark, S. 83. **83** Best, Die deutsche Politik in Dänemark, S. 84. **84** Ebd. **85** Mündliche Mitteilung von Herrn Felix Steiner, 28. Januar 1966. **86** Paul Kluke, Nationalsozialistische Europa-Ideologie, in: Vierteljahrshefte für Zeitgeschichte, Heft 3/1955, S. 265. **87** Kluke, a. a. O., S. 267. **88** Hans-Dietrich Loock, Zur großgermanischen Politik des Dritten Reiches, VjfZtg, 1/1960, S. 59, 60. **89** Buchheim, Anatomie des SS-Staates, Bd. I, S. 161. **90** Loock, a. a. O., S. 61. **91** Niederschrift über die Besprechung am 8. 10. 42 im SS-Hauptamt, unleserliches Datum (1942), RFSS, Filmrolle 70. **92** Ebd. **93** Schreiben Bergers an Himmler, 25. Juni 1943,

RFSS, Filmrolle 125. **94** Schreiben Bergers an Himmler, 25. September 1943, RFSS, Filmrolle 125. **95** Bericht über die Auswirkung der Erklärungen, die Reichskommissar Terboven im Auftrage des Führers in Norwegen gemacht hat, undatiert, unter der Nummer 60/17 in den Akten des Persönlichen Stabes Reichsführer-SS abgelegt, RFSS, Filmrolle 125. **96** Schreiben Jeckelns an Lohse, 30. Juli 1942, RFSS, Filmrolle 122. **97** Schreiben Meyers an Lohse, 14. August 1942, RFSS, Filmrolle 122. **98** Basil Dmytryshyn, The Nazis and the SS Volunteer Division »Galicia«, in: The American Slavic and East European Review, Juli 1956. **99** Dallin, a. a. O., S. 236. **100** Wulf, Die SS, S. 162. **101** Dallin, a. a. O., S. 129–132. **102** Dallin, a. a. O., S. 225–229. Schreiben Strauchs an von dem Bach-Zelewski, 25. Juli 1943, RFSS, Filmrolle 59. **103** Vgl. dazu das Schreiben Himmlers an d'Alquen, Juli 1943, RFSS, Filmrolle 267. **104** Boberach, a. a. O., S. 287. **105** Steiner, Die Armee der Geächteten, S. 179. **106** Schreiben Himmlers an d'Alquen, Juli 1943, RFSS, Filmrolle 267. **107** Dallin, a. a. O., S. 205. **108** Dallin, a. a. O., S. 207. **109** Dallin, a. a. O., S. 208, 611. **110** Dallin, a. a. O., S. 207. **111** Dallin, a. a. O., S. 205. **112** Dallin, a. a. O., S. 612. Dmytryshyn, a. a. O., S. 3. **113** Klietmann, a. a. O., S. 194. Dallin, a. a. O., S. 612, Dmytryshyn, a. a. O., S. 6 **114** Schreiben Himmlers an alle Hauptamtchefs, 14. Juli 1943, RFSS, Filmrolle 267. **115** Dmytryshyn, a. a. O., S. 7. **116** Dmytryshyn, a. a. O., S. 8. **117** Klietmann, a. a. O., S. 193. **118** Reitlinger, Ein Haus auf Sand gebaut, S. 429. **119** Dallin, a. a. O., S. 614. **120** Klietmann, a. a. O., S. 319. Dallin, a. a. O., S. 614. **121** Dallin, a. a. O., S. 614. **122** Ebd. **123** Dallin, a. a. O., S. 567–572. **124** Thorwald, Wen sie verderben wollen, S. 236. **125** Thorwald, Wen sie verderben wollen, S. 260 ff. **126** Thorwald, Wen sie verderben wollen, S. 266, 267. **127** Schreiben Himmlers an Bach-Zelewski, Januar 1943, RFSS, Filmrolle 128. **128** Schreiben Melitta Wiedemanns an Himmler, 26. Mai 1943, RFSS, Filmrolle 38. **129** Vom Persönlichen Stab Reichsführer-SS angefertigter Auszug eines Schreibens von Melitta Wiedemann vom 5. Oktober 1943, Archiv Wulf. **130** Schreiben Brandts an Melitta Wiedemann, 30. Juni 1943, RFSS, Filmrolle 38. **131** Thorwald, Wen sie verderben wollen, S. 351, 352. **132** Ebd. **133** Thorwald, Wen sie verderben wollen, S. 355. **134** Thorwald, Wen sie verderben wollen, S. 355–380. **135** Dallin, a. a. O., S. 601. **136** Thorwald, Wen sie verderben wollen, S. 433. **137** Schreiben Melitta Wiedemanns an Brandt, 10. Oktober 1944, RFSS, Filmrolle 38. **138** Schreiben von Gottbergs an Rosenberg, 31. August 1944, RFSS, Filmrolle 59. **139** Kempner, SS im Kreuzverhör, S. 286. **140** Schreiben Frauenfelds, 10. Februar 1944, RFSS, Filmrolle 125. **141** Schreiben Bormanns an Himmler, 18. Februar 1944, dazu handschriftliche Notiz Himmlers, 26. März 1944, beides RFSS, Filmrolle 56. **142** Boberach, a. a. O., S. 487. **143** Boberach, a. a. O., S. 491. **144** Boberach, a. a. O., S. 503. **145** Gisevius, Wo ist Nebe?, S. 109 ff. **146** Gisevius, Wo ist Nebe?, S. 110–113. **146a** Nebe-Serie, 16. März 1950, S. 31. **147** Ebd. **148** Ebd. **149** Ebd. **150** Ebd. **151** Krebs, Fritz-Dietlof Schulenburg, S. 156. **152** Krebs, Fritz-Dietlof Schulenburg, S. 320. **153** Krebs, Fritz-Dietlof Schulenburg, S. 262. **154** Hassell, a. a. O., S. 185. **155** Hassell, a. a. O., S. 253. **156** Hassell, a. a. O., S. 253, 254. **157** Ritter, a. a. O., S. 355. **158** Allen W. Dulles, Verschwörung in Deutschland, S. 187. **159** Ritter, a. a. O., S. 429. **160** Krebs, Fritz-Dietlof Schulenburg, S. 262. **161** Steiner, Die Armee der Geächteten, S. 271. Krebs, Fritz-Dietlof Schulenburg, S. 145. **162** Dulles, Verschwörung in Deutschland, S. 188. **163** Erklärung von Hans Fritzsche zum Ohlendorf-Prozeß, 18. August 1947, Privatarchiv Frau Käthe Ohlendorf. **164** Mündliche Mitteilung von Frau Käthe Ohlendorf, 26. Januar 1966. **165** Erklärung von Karl Hedrich zum Ohlendorf-Prozeß, undatiert, Dokument Nr. 4, Privatarchiv Frau Käthe Ohlendorf. **166** Erklärung von Dr. Hans Rössner zum Ohlendorf-Prozeß, 1947, Dokument Nr. 27, Privatarchiv Frau Käthe Ohlendorf. **167** Schreiben Otto Ohlendorfs aus Nürnberg, 8. Juni 1948, Privatarchiv Frau Käthe Ohlendorf. **168** Mündliche Mitteilung von Frau Käthe Ohlendorf und Frau Käthe Jessen, Januar 1966. **169** Dulles, Verschwörung, S. 186. **170** Ritter, a. a. O., S. 547. **171** Hassell, a. a. O., S. 49. **172** Hassell, a. a. O., S. 200. **173** Schreiben Heydrichs an Ribbentrop, 6. November 1941, RFSS, Filmrolle 125. **174** Ebd. **175** Hassell, a. a. O., S. 199. **176** Heinrich Brackelmanns, Die SS u. d. geplante Entführung Hitlers, S. 1. **177** Schellenberg, a. a. O., S. 279, 283. **178** Hassell, a. a. O., S. 183. **179** Galeazzo Ciano, Diary 1939 bis 1943, S. 455. **180** José M. Doussinague, Espana Tenia Razon, S. 295. **181** Kersten,

a. a. O., S. 209, 210. **182** Nebe-Serie, 16. März 1950, S. 28. **183** Kersten, a. a. O., S. 210, 211. **184** Kersten, a. a. O., S. 215. **185** Schellenberg, a. a. O., S. 290, 291, 346. **186** Vgl. dazu das Schreiben von Kranefuß an Brandt, 23. September 1942, RFSS, Filmrolle 60. Über Kranefuß liefen auch später die Meldungen, die Vertrauensmänner der Reichsführung-SS in Lissabon und Stockholm für Himmler zusammenstellten; dazu RFSS, Filmrolle 22. **187** Schreiben von SS-Hauptsturmführer Ahrens an das RSHA-Amt VI D (Gruppe Westen des Ausland-SD), 30. April 1943, Archiv Besymenski. **188** Genealogisches Handbuch des Adels, S. 235. **189** Heinrich Brackelmanns, Prinz Hohenlohe, S. 2. **189a** Bericht Hohenlohes an Hewel, September 1939; Archiv Hohenlohe. **189b** Mündliche Mitteilung von Herrn Professor Höhn, Februar 1967. **189c** Bericht Hohenlohes, Dezember 1941; Archiv Hohenlohe. **189d** Ebd. **189e** Schriftliche Mitteilung von Prinz Max-Egon Hohenlohe, Februar 1967. **190** Brackelmanns, Die SS und die geplante Entführung Hitlers, S. 2. Schreiben Hohenlohes über seine Begegnung mit Dulles, Mitte Februar 1943, Archiv Besymenski. **191** Brackelmanns, Die SS und die geplante Entführung Hitlers, S. 2, 3. **192** Brackelmanns, Die SS und die geplante Entführung Hitlers, S. 2. **193** Schreiben Hohenlohes an eine ungenannte SS-Dienststelle, Mitte Februar 1943, Archiv Besymenski. **194** Undatierter SD-Bericht über die Verhandlungen mit Dulles, etwa: Frühjahr 1943, Archiv Besymenski. **195** Schellenberg, a. a. O., S. 290. Seabury, a. a. O., S. 132. **196** Schriftliche Mitteilung von Herrn Walter Büttner, Februar 1967. Aufzeichnung des Luther-Referenten Gödde, undatiert; Archiv Büttner. **197** Seabury, a. a. O., S. 196. **198** Aufzeichnung Göddes. Schriftliche Mitteilung von Herrn Walter Büttner, Februar 1967. Hassell, a. a. O., S. 268. **199** Schellenberg, a. a. O., S. 291, 292. **200** Undatierter und unsignierter SD-Bericht über die Verhandlungen mit Dulles. **201** Schreiben des Prinzen Hohenlohe, Mitte Februar 1943. **202** Ebd. **203** Ebd. **204** Schreiben Kienasts an das SS-Hauptamt, 10. Juni 1943, RFSS, Filmrolle 45. **205** Doussinague, a. a. O., S. 296. **206** Doussinague, a. a. O., S. 299. **207** Dieter Ehlers, Technik und Moral einer Verschwörung, S. 220. **208** Schellenberg, a. a. O., S. 346. **209** Mündliche Mitteilung von Herrn Gero von Gaevernitz, 3. Februar 1967. **210** Schellenberg, a. a. O., S. 318. Besgen, a. a. O., S. 33, 34. **211** Ehlers, a. a. O., S. 220. **212** Dulles, a. a. O., S. 44. **213** Dulles, a. a. O., S. 200, 201. **214** Hassell, a. a. O., S. 279. **215** Ehlers, a. a. O., S. 220. **216** Dulles, a. a. O., S. 203. **217** T. E., a. a. O., S. 376. **218** Dulles, a. a. O., S. 200, 201. **219** T. E., a. a. O., S. 376. **220** Dulles, a. a. O., S. 205. **221** Ebd. **222** Dulles, a. a. O., S. 204. **223** Ebd. **224** Mündliche Mitteilung von Herrn Gero von Gaevernitz, 3. Februar 1967. **225** Dulles, a. a. O., S. 208. **226** Dulles, a. a. O., S. 205. **227** Mario Rodriguez Aragon, Operacion KN, Pueblo, 21. August 1958. **228** Brackelmanns, Die SS und die Entführung Hitlers, S. 5. **229** Tagebuchnotizen der Deutschen Botschaft Madrid aus den Kriegsjahren 1941 bis 1945, Bd. ng II, Kapitel 7. **230** Schreiben von Kranefuß an Brandt, 3. April 1944, RFSS, Filmrolle 22. **231** Ebd. **232** Schramm, a. a. O., S. 64. **233** Hans Speidel, Invasion 1944, S. 134. **234** Speidel, a. a. O., S. 91, 92. **235** Schramm, a. a. O., S. 78. **236** Speidel, a. a. O., S. 136. **237** Schramm, a. a. O., S. 82. **238** Steiner, Die Armee der Geächteten, S. 188, 189. **239** Schramm, a. a. O., S. 84. **240** Vgl. Ehlers, a. a. O., S. 158, 159. **241** Schlabrendorff, a. a. O., S. 129 ff. **242** Eberhard Zeller, Geist der Freiheit, S. 271. **243** Zeller, a. a. O., S. 339. **244** Kersten, a. a. O., S. 242. **245** Zeller, a. a. O., S. 381. **246** Zeller, a. a. O., S. 247. **247** Zeller, a. a. O., S. 246. **248** Zeller, a. a. O., S. 387. **249** Kaltenbrunner-Berichte, S. 27, 28. **250** Ehlers, a. a. O., S. 220. **251** Ludwig Jedlicka, Der 20. Juli 1944 in Österreich, S. 54, 117. **252** Jedlicka, a. a. O., S. 55. **253** Jedlicka, a. a. O., S. 119. **254** Jedlicka, a. a. O., S. 58. **255** Jedlicka, a. a. O., S. 60. **256** Jedlicka, a. a. O., S. 59. **257** Jedlicka, a. a. O., S. 121. **258** Ebd. **259** Schramm, a. a. O., S. 124, 157. **260** Schramm, a. a. O., S. 160. **261** Ebd. **262** Schramm, a. a. O., S. 155. **263** Schramm, a. a. O., S. 204, 206. **264** Schramm, a. a. O., S. 212. **265** Schramm, a. a. O., S. 218. **266** Ebd. **267** Schramm, a. a. O., S. 222. **268** Schramm, a. a. O., S. 237, 246. **269** Schramm, a. a. O., S. 174. **270** Steiner, Die Armee der Geächteten, S. 191. **271** Ebd. **272** Ebd. **273** Mündliche Mitteilung von Herrn Wilhelm Bittrich, 29. Januar 1966. Steiner, Die Armee der Geächteten, S. 190. **274** Kersten, a. a. O., S. 242. **275** Ebd. **276** Zeller, a. a. O., S. 251. **277** Zeller, a. a. O., S. 249. **278** Zeller, a. a. O., S. 251. SS-Bericht über den 20. Juli, in: Nordwestdeutsche Hefte, Februar 1947, S. 5. **279** Nebe-Serie,

30. März 1950, S. 20. **280** Nebe-Serie, 6. April 1950, S. 22 ff. **281** Abshagen, a. a. O., S. 345. Buchheit, a. a. O., S. 426. **282** Krebs, Fritz-Dietlof Schulenburg, S. 262. **283** Schreiben, von Herffs an Himmler, 9. Oktober 1944, RFSS, Filmrolle 155. **284** Schreiben Himmlers an Kaltenbrunner, 14. Oktober 1944, RFSS, Filmrolle 155. **285** Krebs, Fritz-Dietlof Schulenburg, S. 304, 326. **286** Ritter, a. a. O., S. 547. **287** Ritter, a. a. O., S. 422. **288** Ebd. **289** Ritter, a. a. O., S. 427. **290** Ritter, a. a. O., S. 428. **291** Ritter, a. a. O., S. 435.

17 Das Ende

1 Frischauer, a. a. O., S. 225. **2** Paetel, a. a. O., S. 13. **3** Frischauer, a. a. O., S. 225. **4** Paetel, a. a. O., S. 20. **5** T. E., a. a. O., S. 392. **6** Schreiben Himmlers an die Kommandierenden Generale und Divisionskommandeure der Heeresgruppe Weichsel, 19. Februar 1945; RFSS, Filmrolle 59. **7** Reitlinger, Die SS, S. 373. **8** T. E., a. a. O., S. 388. **9** T. E., a. a. O., S. 392. Guderian, a. a. O., S. 329. **10** Völkischer Beobachter, 3. August 1944. **11** T. E., a. a. O., S. 392. **12** T. E., a. a. O., S. 389. **13** Beurteilungen des Höheren SS- und Polizeiführers West, SS-Obergruppenführer Gutenberger, über die im Bereich des Wehrkreises VI befindlichen Standortältesten; RFSS, Filmrolle 59. **14** Ebd. **15** Beurteilung des Höheren SS- und Polizeiführers Südwest, SS-Obergruppenführer Hofmann, über die im Bereich des Wehrkreises V befindlichen Standortältesten; RFSS, Filmrolle 59. **16** Schreiben der SD-Hauptdienststelle Mannheim an den SD-Führer Straßburg, 14. November 1944; RFSS, Filmrolle 269. **17** Ebd. **18** Ebd. **19** Ebd. **20** Ebd. **21** Schreiben Kaltenbrunners an Himmler, 17. Oktober 1944, RFSS, Filmrolle 131. **22** Ebd. **23** Reitlinger, Die SS, S. 374. **24** T. E., a. a. O., S. 389. **25** Manvell/Fraenkel, Himmler, S. 201, 202. **26** Eigene Erlebnisse des Verfassers. **27** Guderian, a. a. O., S. 322. **28** Ebd. **29** Hanns von Krannhals, Der Warschauer Aufstand 1944, S. 125, 126. **30** Guderian, a. a. O., S. 322, 324. **31** Guderian, a. a. O., S. 324. **32** Frankfurter Allgemeine Zeitung, 22. Dezember 1958. **33** Hagen (Höttl), a. a. O., S. 189. Reitlinger, Die SS, S. 366. **34** Ebd. **35** Hilberg, a. a. O., S. 472. Klietmann, a. a. O., S. 195. **36** Hilberg, a. a. O., S. 472. **37** Ebd. **38** Otto Skorzeny, Geheimkommando Skorzeny, S. 7, 9, 10, 19. **39** Skorzeny, a. a. O., S. 80. **40** Skorzeny, a. a. O., S. 127, 140, 146. **41** Skorzeny, a. a. O., S. 230. **42** Skorzeny, a. a. O., S. 238. **43** Skorzeny, a. a. O., S. 232. **44** Hagen (Höttl), a. a. O., S. 369. **45** Nikolaus von Horthy, Ein Leben für Ungarn, S. 282. **46** Schreiben Winkelmanns an Himmler, 25. Oktober 1944; RFSS, Filmrolle 59. **47** Ebd. **48** Ebd. **49** Ebd. Kern, a. a. O., S. 156. **50** Kern, a. a. O., S. 156. **51** Schreiben Winkelmanns an Himmler, 25. Oktober 1944. **52** Ebd. **53** Hagen (Höttl), a. a. O., S. 374. Horthy, a. a. O., S. 282. **54** Horthy, a. a. O., S. 282. **55** Skorzeny, a. a. O., S. 237. **56** Skorzeny, a. a. O., S. 238. Hagen (Höttl), a. a. O., S. 375. **57** Hagen (Höttl), a. a. O., S. 375. **58** Skorzeny, a. a. O., S. 238. Hagen (Höttl), S. 376. Schreiben Winkelmanns an Himmler, 25. Oktober 1944. **59** Skorzeny, a. a. O., S. 238. **60** Ebd. **61** Skorzeny, a. a. O., S. 239. **62** Skorzeny, a. a. O., S. 239, 240. Schreiben Winkelmanns an Himmler, 25. Oktober 1944. **63** Schreiben Winkelmanns an Himmler, 25. Oktober 1944. **64** Seabury, a. a. O., S. 195. **65** Schreiben Winkelmanns an Himmler, 25. Oktober 1944. **66** Hagen (Höttl), a. a. O., S. 376. **67** F. M. von Senger und Etterlin, 24. Panzerdivision, S. 266. **68** Schreiben Winkelmanns an Himmler, 25. Oktober 1944. **69** Skorzeny, a. a. O., S. 241. **70** Skorzeny, a. a. O., S. 245, 246, 247. **71** Schreiben Winkelmanns an Himmler, 25. Oktober 1944. **72** Völkischer Beobachter, 9. November 1944. **73** Trevor-Roper, Hitlers letzte Tage, S. 41. **74** Kessel, a. a. O., S. 202. **75** Guderian, a. a. O., S. 348. **76** Trevor-Roper, Hitlers letzte Tage, S. 43. **77** Trevor-Roper, Hitlers letzte Tage, S. 45. **78** Jürgen Thorwald, Es begann an der Weichsel, S. 17. **79** Thorwald, Das Ende an der Elbe, S. 17. **80** Ebd. **81** Keesing's Archiv der Gegenwart, S. 6562. **82** Reitlinger, Die SS, S. 374. **83** Keesing's Archiv, S. 6562. **84** Reitlinger, Die SS, S. 374. **85** Reitlinger, Die SS, S. 369. **86** Ebd. **87** Reitlinger, Die SS, S. 370. **88** Kurt von Tippelskirch, Geschichte des Zweiten Weltkriegs, S. 521. Westphal, a. a. O., S. 285, 286. **89** Westphal, a. a. O., S. 286. **90** Hausser, Waffen-SS im Einsatz, S. 185. **91** Westphal, a. a. O., 286, 287. **92** Delarue, a. a. O., S. 339. Reitlinger, Die SS, S. 237. **93** Delarue, a. a. O., S. 266, 268, 269. **94** Aussage Otto Ohlendorfs, 8. Oktober 1947, S. 510. **95** Skorzeny, a. a. O.,

S. 85. **96** Abshagen, a. a. O., S. 356. **97** Delarue, a. a. O., S. 340. **98** Schreiben Bergers an Himmler, 21. Dezember 1944; RFSS, Filmrolle 122. **99** Mündliche Mitteilung von Herrn Gunter d'Alquen. **100** Best, Himmler, S. 13. **101** Westphal, a. a. O., S. 288. **102** Ebd. **103** Reitlinger, Die SS, S. 385. **104** Reitlinger, Die SS, S. 386. **105** Toland, a. a. O., S. 4 ff. **106** Tippelskirch, a. a. O., S. 536, 537. **107** Tippelskirch, a. a. O., S. 539. **108** Guderian, a. a. O., S. 366. **109** Ebd. **110** Guderian, a. a. O., S. 366, 367. **111** Reitlinger, Die SS, S. 388. **112** Mündliche Mitteilung von Herrn Felix Steiner. **113** Schreiben Himmlers an die Kommandierenden Generale und Divisionskommandeure der Heeresgruppe Weichsel, 19. Februar 1945. **114** Thorwald, Es begann an der Weichsel, S. 221. **115** Thorwald, Es begann an der Weichsel, S. 218. **116** Thorwald, Es begann an der Weichsel, S. 219. **117** Thorwald, Es begann an der Weichsel, S. 220. **118** Guderian, a. a. O., S. 378. **119** Guderian, a. a. O., S. 376. **120** Guderian, a. a. O., S. 377. **121** Jürgen Thorwald, Das Ende an der Elbe, S. 10. **122** Guderian, a. a. O., S. 383. Thorwald, Das Ende an der Elbe, S. 11. **123** Guderian, a. a. O., S. 383. Reitlinger, Die SS, S. 399. **124** Thorwald, Das Ende an der Elbe, S. 7. Toland, a. a. O., S. 259 ff. **125** Thorwald, Das Ende an der Elbe, S. 18, 21. **126** Kersten, a. a. O., S. 15. Besgen, a. a. O., S. 17, 18. **127** Besgen, a. a. O., S. 15. **128** Besgen, a. a. O., S. 20. **129** Besgen, a. a. O., S. 21, 22. Engelmann, a. a. O., S. 93. **130** Besgen, a. a. O., S. 38, 39. **131** Besgen, a. a. O., S. 36. **132** Besgen, a. a. O., S. 20, 37. **133** Besgen, a. a. O., S. 14, 65. **134** Besgen, a. a. O., S. 53 **135** Arendt, Eichmann in Jerusalem, S. 177, 178. **136** Andreas Biss, Der Stopp der Endlösung, S. 24. **137** Biss, a. a. O., S. 48, 24. **138** Biss, a. a. O., S. 25. Hilberg, a. a. O., S. 542. **139** Biss, a. a. O., S. 34, 35. **140** Arendt, Eichmann in Jerusalem, S. 179. **141** Hilberg, a. a. O., S. 543. **142** Biss, a. a. O., S. 37. **143** Biss, a. a. O., S.37. **144** Biss, a. a. O., S. 37, 50. Hilberg, a. a. O., S. 546. **145** Biss, a. a. O., S. 51. **146** Biss, a. a. O., S. 53. **147** Biss, a. a. O., S. 59. **148** Hilberg, a. a. O., S. 547. **149** Biss, a. a. O., S. 302. **150** Biss, a. a. O., S. 60. **151** Biss, a. a. O., S. 69. **152** Hilberg a. a. O., S. 532. Süddeutsche Zeitung, 27. August 1966. **153** Hilberg, a. a. O., S. 532. **154** Ebd. **155** Kurt Emmenegger, Reichsführers gehorsamster Becher, in: Sie und Er, Januar/Februar 1963, 7. Fortsetzung. **156** Biss, a. a. O., S. 106 ff. **157** Biss, a. a. O., S. 107. **158** Biss, a. a. O., S. 110, 349. **159** Biss, a. a. O., S. 110. **160** Biss, a. a. O., S. 141. **161** Biss, a. a. O., S. 129. **162** Ebd. **163** Biss, a. a. O., S. 135. **164** Biss, a. a. O., S. 145. **165** Biss, a. a. O., S. 148. **166** Biss, a. a. O., S. 157. **167** Biss, a. a. O., S. 156, 157. **168** Biss, a. a. O., S. 150, 151, 152, 153. **169** Biss, a. a. O., S. 153. **170** Biss, a. a. O., S. 166, 167. **171** Biss, a. a. O., S. 167, 178, 180. **172** Biss, a. a. O., S. 178. 180. 201. **173** Biss, a. a. O., S. 202, 205. **174** Biss, a. a. O., S. 205, 206. **175** Biss, a. a. O., S. 351 ff. **176** Schellenberg, a. a. O., S. 349. Biss, a. a. O., S. 250. **177** Schellenberg, a. a. O., S. 350. **178** Ebd. **179** Ebd. **180** Ebd. **181** IMT, Bd. XI, S. 370. **182** Besgen, a. a. O., S. 43. **183** Ebd. **184** Schellenberg, a. a. O., S. 355. Besgen, a. a. O., S. 43. **185** Besgen, a. a. O., S. 43. **186** Ebd. **187** Bernadotte, a. a. O., S. 17. **188** Bernadotte, a. a. O., S. 20. **189** Bernadotte, a. a. O., S. 23. **190** Schellenberg, a. a. O., S. 354. **191** Schellenberg, a. a. O., S. 355. **192** Bernadotte, a. a. O., S. 36. **193** Bernadotte, a. a. O., S. 37, 40. **194** Trevor-Roper, Hitlers letzte Tage, S. 83. **195** Bernadotte, a. a. O., S. 66. **196** Bernadotte, a. a. O., S. 67. **197** Bernadotte, a. a. O., S. 69. **198** Bernadotte, a. a. O., S. 71. **199** Trevor-Roper, Hitlers letzte Tage, S. 88. **200** Trevor-Roper, Hitlers letzte Tage, S. 88, 89. **201** Kurt Detlev Möller, Das letzte Kapitel, S. 55, 56. **202** Toland, a. a. O., S. 478. **203** Ebd. **204** Allen Dulles und Gero von S. Gaevernitz, Unternehmen Sunrise, S. 155. **205** Toland, a. a. O., S. 478. **206** Mündliche Mitteilung von Herrn Gero v. S. Gaevernitz. **207** Eugen Dollmann, Wie Italien vor dem Bolschewismus gerettet wurde, S. 4 ff. **208** Dollmann, Wie Italien vor dem Bolschewismus gerettet wurde, S. 6. **209** Toland, a. a. O., S. 239. **210** Eugen Dollmann, Die Kapitulation von Caserta, S. 19. **211** Dollmann, Die Kapitulation von Caserta, S. 24. **212** Ebd. **213** Dulles/Gaevernitz, a. a. O., S. 15. **214** Toland, a. a. O., S. 478. **215** Ebd. **216** Ebd. **217** Ebd. **218** Toland, a. a. O., S. 479. **219** Ebd. **220** Ebd. **221** Toland, a. a. O., S. 480. **222** Dollmann, Die Kapitulation von Caserta, S. 40. Toland, a. a. O., S. 481. **223** Dollmann, Die Kapitulation von Caserta, S. 40. **224** Trevor-Roper, Hitlers letzte Tage, S. 158. **225** Hagen (Höttl), a. a. O., S. 460, 461. **226** Toland, a. a. O., S. 338. **227** Toland, a. a. O., S. 337, 338. **228** Trevor-Roper, Hitlers letzte Tage,

S. 100 ff. **229** Trevor-Roper, Hitlers letzte Tage, S. 101. **230** Besgen, a. a. O., S. 51. **231** Trevor-Roper, Hitlers letzte Tage, S. 107. **232** Besgen, a. a. O., S. 51. **233** Bernadotte, a. a. O., S. 77. **234** Thorwald, Das Ende an der Elbe, S. 76. Cornelius Ryan, The last Battle, S. 423. **235** Thorwald, Das Ende an der Elbe, S. 76. Ryan, a. a. O., S. 426. **236** Klietmann, a. a. O., S. 56, 57. **237** Toland, a. a. O., S. 420. Thorwald, Das Ende an der Elbe, S. 87. **238** Thorwald, Das Ende an der Elbe, S. 89. **239** Ebd. **240** Ryan, a. a. O., S. 474. Toland, a. a. O., S. 437. **241** Ebd. Außerdem schriftliche Mitteilung von Herrn Gotthard Heinrici, 1. März 1967. **242** Thorwald, Das Ende an der Elbe, S. 143. **243** Felix Steiner, Die Freiwilligen, S. 328, 329. **244** Trevor-Roper, Hitlers letzte Tage, S. 157. Ryan, a. a. O., S. 496. **245** Ryan, a. a. O., S. 496. **246** Trevor-Roper, Hitlers letzte Tage, S. 159. **247** Toland, a. a. O., S. 520. **248** Hans-Adolf Jacobsen, 1939–1945, S. 532. **249** Trevor-Roper, Hitlers letzte Tage, S. 155. **250** Reitlinger, Die SS, S. 423. **251** Reitlinger, Die SS, S. 433. **252** Ebd. **253** Ebd. **254** Reitlinger, Die SS, S. 431. **255** Reitlinger, Die SS, S. 434. **256** Manvell/Fraenkel, Himmler, S. 244, 246. **257** Manvell/Fraenkel, Himmler, S. 245. **258** Ebd. **259** Manvell/Fraenkel, Himmler, S. 248. **260** Hilberg a. a. O., S. 706. Reitlinger, Die Endlösung, S. 582, 583. **261** Ryan, a. a. O., S. 407. **262** Hilberg, a. a. O., S. 694. **263** Reitlinger, Die Endlösung, S. 586. **264** Reitlinger, Die Endlösung, S. 589. **265** Hilberg, a. a. O., S. 707. **266** Hilberg, a. a. O., S. 708, 712. **267** Reitlinger, Die Endlösung, S. 585, 581, 588. **268** Hilberg, a. a. O., S. 711. **269** Hilberg, a. a. O., S. 706, 707, 713. **270** Vgl. die verschiedenen Angaben bei Hilberg, a. a. O. und Reitlinger, Die Endlösung. **271** Kern, a. a. O., S. 187

Danksagung

Der Verfasser möchte die Gelegenheit benutzen, an dieser Stelle allen Personen und Institutionen zu danken, ohne deren tätige Mithilfe das vorliegende Buch nicht entstanden wäre. Sein Dank gilt in erster Linie dem Herausgeber des »Spiegel«, Herrn Rudolf Augstein, der durch Geduld und Kritik die Arbeit des Autors erleichterte und verbesserte, und dem Verlagsdirektor des »Spiegel«, Herrn Hans Detlev Becker, der die SS-Serie anregte und sie ständig durch Rat und Interesse förderte. Ebenso fühlt sich der Verfasser den Damen und Herren verbunden, die – ehemalige Mitglieder, Gegner und Opfer der SS – ihm immer wieder zu Informationen zur Verfügung standen; die Zahl dieser Zeugen ist zu groß, um sie hier einzeln aufführen zu können. Sie haben dieses Buch entscheidend bereichert, tragen jedoch nicht die geringste Verantwortung für Irrtümer oder Fehlinterpretationen, die dem Autor unterlaufen sein mögen.

Quellennachweis

Unveröffentlichte Quellen

Akten des Persönlichen Stabes Reichsführer-SS und Chef der Deutschen Polizei, Mikrofilme der National Archives, Washington D. C. (Filmgruppe T-175).

Akten des Hauptarchivs der NSDAP, Mikrofilme der Hoover Institution on War, Revolution, and Peace. Stanford University.

Akten des Berliner Document Center, Mikrofilme der National Archives, Washington D. C. (Filmgruppen 580, 611).

Akten des Prozesses gegen Josef Dietrich und Michael Lippert vor dem Landgericht München I 1956/1957.

Akten des Amtes VI, Reichssicherheitshauptamt (Archiv des sowjetischen Historikers Lew A. Besymenski, Moskau).

Anklageschrift der Staatsanwaltschaft bei dem Landgericht Nürnberg-Fürth gegen Erich von dem Bach-Zelewski; Az. 1a Js 228/60, 11. März 1960.

Akten Dr. Walter Schaeffer

Archiv des Prinzen Max-Egon Hohenlohe.

Werner Best, Wilhelm Canaris; Aufzeichnung vom 10. April 1949.

Werner Best, Joachim von Ribbentrop; Aufzeichnung vom 6. März 1949.

Werner Best, Reinhard Heydrich; Aufzeichnung vom 18. September 1949.

Werner Best, Reinhard Heydrich, Aufzeichnung vom 1. Oktober 1949.

Werner Best, Die deutsche Politik in Dänemark während der letzten $2^{1}/_{2}$ Kriegsjahre; Aufzeichnung, abgeschlossen am 8. Juni 1960.

Werner Best, Die deutsche Abwehrpolizei bis 1945.

Werner Best, Erinnerungen aus dem besetzten Frankreich 1940 bis 1942; Aufzeichnung vom Sommer 1951.

Heinrich Brackelmanns, Prinz Hohenlohe.

Heinrich Brackelmanns, Die SS und die geplante Entführung Hitlers.

Der Adel im deutschen Offizierkorps. Eine statistische Übersicht; bearbeitet im Bundesarchiv, Zentralnachweisstelle; Kornelimünster, April 1966.

Denkschrift des SS-Kriegsgefangenenlagers

Dachau zum Nürnberger Prozeß, abgeschlossen am 16. Dezember 1945 (Anonym).
Eugen Dollmann, Die Kapitulation von Caserta 29. April 1945. Mit Ergänzungen von General Hans Röttiger; Frankfurt 1953.
Eugen Dollmann, Die Kapitulation der deutschen Italien-Armee im Frühjahr 1945, Teil I und II, o. J.
Eugen Dollmann, Wie Italien vor dem Bolschewismus gerettet wurde, o. J.
Michael P. Kater, Der »Freundeskreis Himmler« 1933–1945; Gutachten, Heidelberg 1964.
Leopold von Mildenstein, Memo, 24. April 1961.
Tagebuchnotizen der Deutschen Botschaft Madrid aus den Kriegsjahren 1941–1945.
Teilentscheidung im Sühneverfahren gegen Gunter d'Alquen, 25. Juli 1955; Spruchkammer Berlin
Josef Wulf, Die SS.

Veröffentlichte Quellen

Rudolf Absolon, Wehrgesetz und Wehrdienst 1935–1945. Das Personalwesen in der Wehrmacht. Harald Boldt Verlag, Boppard am Rhein 1960.
Heinz Boberach, Meldungen aus dem Reich. Auswahl aus den geheimen Lageberichten des Sicherheitsdienstes der SS 1939–1944. Hermann Luchterhand Verlag, Neuwied und Berlin 1965.
Herrmann A. L. Degener, Degeners Wer ist's? Verlag Herrmann Degener, Berlin 1935.
Das Deutsche Führerlexikon 1934/1935. Verlagsanstalt Otto Stollberg, Berlin 1934.
Die Verfolgung nationalsozialistischer Straftaten im Gebiet der Bundesrepublik Deutschland seit 1945. Herausgegeben vom Bundesjustizministerium, Juli 1964.
Dienstaltersliste der Schutzstaffel der N.S.D.A.P. Stand vom 1. Oktober 1934. Buchdruckerei Birkner, vorm. Hermes, München 1934.
Dienstaltersliste der Schutzstaffel der N.S.D.A.P. Stand vom 1. Juli 1935. Reichsdruckerei, Berlin 1935.
Dienstaltersliste der Schutzstaffel der NSDAP Stand vom 9. November 1944. Reichsdruckerei, Berlin 1944.
Dienstaltersliste der Waffen-SS. SS-Obergruppenführer bis SS-Hauptsturmführer. Stand vom 1. Juli 1944.
Adolf Eichmann, Vernehmungsprotokolle vor der israelischen Polizei. 6 Bände.
Genealogisches Handbuch des Adels. C. A. Starke Verlag, Limburg a. d. Lahn.
Historische Kommission des Reichsführers-SS, Die Erhebung der österreichischen Nationalsozialisten im Juli 1934. Europa Verlag, Wien, Frankfurt a. M., Zürich 1965.
Cuno Horkenbach, Das Deutsche Reich von 1918 bis heute. Vier Bände. Band 1–3: Verlag für Presse, Wirtschaft und Politik, Berlin 1930–1933; Band 4: Presse- und Wirtschaftsverlag, Berlin 1935.
Internationaler Militärgerichtshof, Der Prozeß gegen die Hauptkriegsverbrecher vor dem Internationalen Militärgerichtshof. Nürnberg 14. November 1945 bis 1. Oktober 1946. 42 Bände. Nürnberg 1947 bis 1949.
Helmut Heiber, Hitlers Lagebesprechungen. Die Protokollfragmente seiner militärischen Konferenzen 1942–1945. Deutsche Verlags-Anstalt, Stuttgart 1962.
Institut für Zeitgeschichte, Gutachten des Instituts für Zeitgeschichte. Im Selbstverlag des Instituts für Zeitgeschichte, München 1958.
Hans-Adolf Jacobsen, 1939–1945. Der Zweite Weltkrieg in Chronik und Dokumenten. Wehr und Wissen Verlagsgesellschaft, Darmstadt 1961.
K-G. Klietmann, Die Waffen-SS. Eine Dokumentation. Verlag »Der Freiwillige«, Osnabrück 1965.
Ernst Kaltenbrunner, Spiegelbild einer Verschwörung. Die Kaltenbrunner-Berichte an Bormann und Hitler über das Attentat vom 20. Juli 1944. Geheime Dokumente aus dem ehemaligen Reichssicherheitshauptamt. Hrsg.: Archiv Peter für historische und zeitgeschichtliche Dokumentation. Seewald Verlag, Stuttgart 1961.
Keesing's Archiv der Gegenwart 1931 bis 1945. Vierzehn Bände. Bände 1–13: Siegler-Verlag, Wien, Berlin; Band 14: Zeit-Archive im Rheinisch-Westfälischen Verlagskontor, Essen 1931–1945.
Wolf Keilig, Das deutsche Heer, 1939–1945. Gliederung, Einsatz, Stellenbesetzung. Drei Bände. Verlag Hans-Henning Podzun, Bad Nauheim, o. J.
Ernst-Günther Krätschmer, Die Ritter-

kreuzträger der Waffen-SS. Plesse-Verlag, Göttingen 1957.
Erich Murawski, Der deutsche Wehrmachtbericht 1939–1945. Ein Beitrag zur Untersuchung der geistigen Kriegführung. Mit einer Dokumentation der Wehrmachtberichte vom 1. 7. 1944 bis zum 9. 5. 1945. Zweite Auflage. Harald Boldt Verlag, Boppard am Rhein 1962.
Oberkommando der Wehrmacht, Die Berichte des Oberkommandos der Wehrmacht 1. September 1939 bis 31. Dezember 1940. Wiking Verlag, Berlin 1941.
Oberkommando der Wehrmacht, Die Berichte des Oberkommandos der Wehrmacht 1. Januar 1941 bis 31. Dezember 1941. Wiking Verlag, Berlin 1942.
Organisationsbuch der NSDAP. Hrsg.: Der Reichsorganisationsleiter der NSDAP. Fünfte Auflage. Zentralverlag der NSDAP, Franz Eher Nachf., München 1938.
Henry Picker, Hitlers Tischgespräche im Führerhauptquartier 1941–1942. Seewald Verlag, Stuttgart 1963.
Reichsführer-SS, Dich ruft die SS. Verlag Hermann Hillger, Berlin-Grunewald, Leipzig 1943.
Reimund Schnabel, Macht ohne Moral. Eine Dokumentation über die SS. Röderbergverlag, Frankfurt a. M. 1957.
Schultheß' Europäischer Geschichtskalender, hrsg. von Ulrich Thürauf. 75. Band, 1934. C. H. Beck'sche Verlagsbuchhandlung, München 1935.
SS im Einsatz. Eine Dokumentation über die Verbrechen der SS. Kongreß-Verlag, (Ost-)Berlin 1957.
Allgemeines Liederbuch der SS. Ostenddruckerei, Frankfurt a. M. o. J.
Unsere Ehre heißt Treue. Kriegstagebuch des Kommandostabes Reichsführer-SS. Tätigkeitsberichte der 1. und 2. SS-Inf.-Brigade, der 1. SS-Kav.-Brigade und von Sonderkommandos der SS. Europa Verlag, Wien–Frankfurt–Zürich 1965.
Hans Volz, Daten der Geschichte der NSDAP. Verlag A. G. Ploetz, Berlin, Leipzig 1935.
Wer leitet? Die Männer der Wirtschaft und der einschlägigen Verwaltung einschließlich Adreßbuch der Direktoren und Aufsichtsräte 1941/42. Das Spezialarchiv der Deutschen Wirtschaft, Verlag Hoppenstedt & Co., Berlin 1942.
Anklageschrift in dem Strafverfahren gegen Karl Wolff, Staatsanwaltschaft bei dem Landgericht München II, 10a Js 39/60.
Urkunden zur Judenpolitik des Dritten Reiches, Dokumente zur Reichskristallnacht, in: Das Parlament, Heft 54/1954.

Dissertationen

Shlomo Aronson, Heydrich und die Anfänge des SD und der Gestapo (1931 bis 1935). Inaugural-Dissertation der philosophischen Fakultät der Freien Universität Berlin, Berlin 1966.
Edgar Erwin Knoebel, Racial Illusion and Military Necessity: A Study of SS Political and Manpower Objectives in occupied Belgium. A Thesis submitted to the Faculty of the Graduate School of the University of Colorado, 1965.
Hans Lamm, Über die innere und äußere Entwicklung des deutschen Judentums im Dritten Reich. Inaugural-Dissertation der philosophischen Fakultät der Friedrich-Alexander-Universität zu Erlangen, Erlangen 1951.
Alfred Schweder, Politische Polizei. (Wesen und Begriff der politischen Polizei im Metternichschen System, in der Weimarer Republik und im nationalsozialistischen Staate.) Inaugural-Dissertation zur Erlangung der juristischen Doktorwürde der Rechts- und Wirtschaftswissenschaftlichen Fakultät der Universität Rostock. Carl Heymanns Verlag, Berlin 1937.

Bücher

Karl Heinz Abshagen, Canaris. Patriot und Weltbürger. Union Deutsche Verlagsanstalt, Stuttgart 1950.
H. G. Adler, Theresienstadt 1941–1945. J. C. B. Mohr (Paul Siebeck), Tübingen 1955.
Gunter d'Alquen, Auf Hieb und Stich. Stimmen zur Zeit am Wege einer deutschen Zeitung. Zentralverlag der NSDAP. Franz Eher Nachf. G. m. b. H., Berlin–München 1937.
Gunter d'Alquen, Die SS. Geschichte, Aufgabe und Organisation der Schutzstaffel der NSDAP. Junker und Dünnhaupt Verlag, Berlin 1939.

Ruth Andreas-Friedrich, Berlin Underground 1939–1945. Latimer House Limited, London 1948.
(Anonym) Glück und Ende des Nationalsozialisten Bell. Von der Brandstiftung zum Fememord. Verlagsgenossenschaft Ausländischer Arbeiter in der UdSSR, Moskau–Leningrad 1933.
Hannah Arendt, Eichmann in Jerusalem. A Report on the Banality of Evil. The Viking Press, New York 1963.
Hannah Arendt, Eichmann in Jerusalem. Ein Bericht von der Banalität des Bösen. R. Piper & Co. Verlag, München 1965.
Hannah Arendt, Elemente und Ursprünge totaler Herrschaft. Europäische Verlagsanstalt, Frankfurt a. M. 1955.
John Armstrong, Ukrainian Nationalism 1939–1945. Columbia University Press, New York 1955.
Erwein Freiherr von Aretin, Fritz Michael Gerlich. Ein Märtyrer unserer Tage. Verlag Schnell & Steiner, München 1949.
Erwein Freiherr von Aretin, Krone und Ketten. Süddeutscher Verlag, München 1955.
Karl Bartz, Die Tragödie der deutschen Abwehr. Pilgram Verlag, Salzburg 1955.
Heinrich Bennecke, Hitler und die SA. Günter Olzog Verlag, München und Wien 1962.
Heinrich Bennecke, Die Reichswehr und der »Röhm-Putsch«. Günter Olzog Verlag, München und Wien 1964.
Jacques Benoist-Méchin, Geschichte der deutschen Militärmacht 1918–1946. Gerhard Stalling Verlag, Oldenburg 1965.
Graf Folke Bernadotte, Das Ende. Meine Verhandlungen in Deutschland im Frühjahr 1945 und ihre politischen Folgen. Europa Verlag, Zürich und New York 1945.
Achim Besgen, Der stille Befehl. Medizinalrat Kersten und das Dritte Reich. Nymphenburger Verlagshandlung, München 1960.
Lew Besymenski, Martin Bormann. Aurora Verlag, Zürich 1965.
S. Payne Best, The Venlo Incident. Hutchins & Co., London, New York, Melbourne, Sydney, Cape Town 1950.
Werner Best, Die Deutsche Polizei. L. C. Wittich Verlag, Darmstadt 1941.
Andreas Biss, Der Stopp der Endlösung. Kampf gegen Himmler und Eichmann in Budapest. Seewald Verlag, Stuttgart 1966.
Peter Bor, Gespräche mit Halder. Limes Verlag, Wiesbaden 1950.
Philipp Bouhler, Kampf um Deutschland. Ein Lesebuch für die deutsche Jugend. Zentralverlag der NSDAP, Berlin 1939.
Karl Dietrich Bracher, Die Auflösung der Weimarer Republik. Eine Studie zum Problem des Machtverfalls in der Demokratie. Erste Auflage, Ring-Verlag, Stuttgart und Düsseldorf 1955; dritte Auflage, Ring-Verlag, Villingen/Schwarzwald 1960.
Karl Dietrich Bracher/Wolfgang Sauer/Gerhard Schulz, Die nationalsozialistische Machtergreifung. Studien zur Errichtung des totalitären Herrschaftssystems in Deutschland 1933/34. Westdeutscher Verlag, Köln und Opladen 1960.
Werner Bross, Gespräche mit Hermann Göring während des Nürnberger Prozesses. Wolff Verlag, Flensburg und Hamburg 1950.
Martin Broszat, Nationalsozialistische Polenpolitik 1939–1945. Deutsche Verlags-Anstalt, Stuttgart 1961.
Hans Buchheim/Martin Broszat/Hans-Adolf Jacobsen/Helmut Krausnick, Anatomie des SS-Staates, 2 Bände. Bd. I, Die SS – Das Herrschaftsinstrument, Befehl und Gehorsam; Band II, Konzentrationslager, Kommissarbefehl, Judenverfolgung. Walter Verlag, Olten und Freiburg im Breisgau 1965.
Hans Buchheim, Glaubenskrise im Dritten Reich. Drei Kapitel nationalsozialistischer Religionspolitik. Deutsche Verlags-Anstalt, Stuttgart 1953.
Hans Buchheim, SS und Polizei im NS-Staat. Selbstverlag der Studiengesellschaft für Zeitprobleme, Duisdorf bei Bonn 1964.
Hans Buchheim, Totalitäre Herrschaft. Wesen und Merkmale. Kösel-Verlag, München 1962.
Gert Buchheit, Der deutsche Geheimdienst. Geschichte der militärischen Abwehr. List Verlag, München 1966.
Alan Bullock, Hitler. Eine Studie über Tyrannei. Droste-Verlag, Düsseldorf 1957.
Carl J. Burckhardt, Meine Danziger Mission 1937–1939. Verlag Georg D. W. Callwey, München 1960.
Paul Carell, Unternehmen Barbarossa. Der Marsch nach Rußland. Verlag Ullstein, Frankfurt, Berlin, Wien 1963.
Paul Carell, Verbrannte Erde. Schlacht

zwischen Wolga und Weichsel. Verlag Ullstein, Frankfurt, Berlin, Wien 1966.
Galeazzo Ciano, Ciano's Diary 1939–1943. William Heinemann, London, Toronto 1947.
Comer Clarke, Eichmann. The Man and his Crimes. Ballantine Books, New York 1960.
E. Cohen, Human Behaviour in the Concentration Camp. Norton, New York 1953.
Hubert Cole, Laval. Heinemann, London, Melbourne, Toronto 1963.
Ian Colvin, Chief of Intelligence. Victor Gollancz, London 1951.
Edward Crankshaw, Gestapo. Pyramid Books, New York 1956.
Gordon A. Craig, The Politics of the Prussian Army 1640–1945. Oxford University Press, New York 1964.
Alexander Dallin, Deutsche Herrschaft in Rußland 1941–1945. Eine Studie über Besatzungspolitik. Droste Verlag, Düsseldorf 1958.
Renzo De Felice, Storia degli ebrei italiani sotto il fascismo. Giulio Einaudi editore. Turin 1961.
Léon Degrelle, Die verlorene Legion. Veritas Verlag, Stuttgart 1952.
Jacques Delarue, Geschichte der Gestapo. Droste Verlag, Düsseldorf 1964.
Karl Demeter, Das deutsche Offizierkorps in Gesellschaft und Staat 1650–1945. Bernard & Graefe Verlag für Wehrwesen, Frankfurt a. M. 1962.
Ludwig Denne, Das Danzig-Problem in der deutschen Außenpolitik 1934–1939. Ludwig Röhrscheid Verlag, Bonn 1959.
Rudolf Diels, Lucifer ante portas ... Es spricht der erste Chef der Gestapo. Deutsche Verlags-Anstalt, Stuttgart 1950.
C. Aubrey Dixon/Otto Heilbrunn, Partisanen. Strategie und Taktik des Guerillakrieges. Verlag für Wehrwesen Bernard & Graefe, Frankfurt a. M. 1956.
Max Domarus, Hitler. Reden und Proklamationen 1932–1945. Vier Bände, Süddeutscher Verlag, München 1965.
Karl Dönitz, Zehn Jahre und zwanzig Tage. Athenäum-Verlag, Bonn 1958.
Walter Dornberger, V 2 – Der Schuß ins Weltall. Bechtle Verlag, Eßlingen 1952.
José M. Doussinague, Espana tenia Razon (1939–1945). Espasa-Calpe, S. A. Madrid 1950.
Allen Dulles und Gero v. S. Gaevernitz, Unternehmen »Sunrise«. Die geheime Geschichte des Kriegsendes in Italien. Econ-Verlag, Düsseldorf/Wien 1967.
Allen Welsh Dulles, Verschwörung in Deutschland. Harriet Schleber Verlag, Kassel 1948.
Dieter Ehlers, Technik und Moral einer Verschwörung. 20. Juli 1944. Athenäum Verlag GmbH, Frankfurt a. M., Bonn 1964.
Bernt Engelmann, Deutschland Report. Exlibris Buchhandlung GmbH-Verlag, Berlin 1965.
Joachim C. Fest, Das Gesicht des Dritten Reiches. Profile einer totalitären Herrschaft. R. Piper & Co. Verlag, München 1963.
Wolfgang Foerster, Generaloberst Ludwig Beck. Sein Kampf gegen den Krieg. Isar Verlag, München 1953.
Hermann Foertsch, Schuld und Verhängnis. Die Fritsch-Krise im Frühjahr 1938 als Wendepunkt in der Geschichte der nationalsozialistischen Zeit. Deutsche Verlags-Anstalt, Stuttgart 1951.
André François-Poncet, Als Botschafter in Berlin 1931–1938. Florian Kupferberg Verlag, Mainz 1947.
Enno Georg, Die wirtschaftlichen Unternehmungen der SS. Deutsche Verlags-Anstalt, Stuttgart 1963.
G. M. Gilbert, Nürnberger Tagebuch. Fischer Bücherei, Frankfurt a. M. 1962.
G. M. Gilbert, The Psychology of Dictatorship, based on an Examination of the Leaders of Nazi Germany. The Ronald Press Company, New York 1950.
Hans Bernd Gisevius, Bis zum bitteren Ende. Fretz & Wasmuth Verlag, Zürich 1946.
Hans Bernd Gisevius, Wo ist Nebe? Erinnerungen an Hitlers Reichskriminaldirektor. Droemersche Verlags-Anstalt AG, Zürich 1966.
Kurt Glaser, Die Tschechoslowakei. Athenäum Verlag GmbH, Bonn, Frankfurt a. M. 1964.
Joseph Goebbels, Tagebücher aus den Jahren 1942–43 mit anderen Dokumenten. Atlantis Verlag, Zürich 1948.
Harold J. Gordon, Die Reichswehr und die Weimarer Republik 1919–1926. Verlag für Wehrwesen Bernard & Graefe, Frankfurt a. M. 1959.
Walter Görlitz/Herbert A. Quint, Adolf

Hitler. Eine Biographie. Steingrüben Verlag GmbH, Stuttgart 1952.

Walter Görlitz, Generalfeldmarschall Keitel, Verbrecher oder Offizier? Erinnerungen, Briefe, Dokumente des Chefs OKW. Musterschmidt-Verlag, Göttingen, Berlin, Frankfurt a. M. 1961.

Walter Görlitz, Die Waffen-SS. arani Verlags-GmbH, Berlin-Grunewald 1960.

Helmuth Greiner, Die Oberste Wehrmachtführung 1939–1943. Limes Verlag, Wiesbaden 1951.

Theodor Groppe, Ein Kampf um Recht und Sitte. Erlebnisse um Wehrmacht, Partei, Gestapo. Paulinus Verlag, Trier 1947.

Heinz Guderian, Erinnerungen eines Soldaten. Kurt Vowinckel, Heidelberg 1951.

Bracha Habas, The Gate Breakers. Thomas Yoseloff, New York, London 1963.

Walter Hagen, Die geheime Front. Organisation, Personen und Aktionen des deutschen Geheimdienstes. Nibelungen-Verlag, Linz und Wien 1950.

Jørgen Haestrup, Til Landets Bedste. Verlag Gyldendal, Kopenhagen 1966.

Ulrich von Hassell, Vom anderen Deutschland. Aus den nachgelassenen Tagebüchern 1938–1944. Fischer Bücherei, Frankfurt a. M. und Hamburg 1964.

Paul Hausser, Soldaten wie andere auch. Der Weg der Waffen-SS. Munin Verlag, Osnabrück 1966.

Paul Hausser, Waffen-SS im Einsatz. Plesse Verlag K. W. Schütz, Göttingen 1953.

Helmut Heiber, Adolf Hitler. Eine Biographie. Colloquium Verlag, Berlin 1960.

Helmut Heiber, Walter Frank und sein Reichsinstitut für Geschichte des neuen Deutschlands. Deutsche Verlags-Anstalt, Stuttgart 1967.

Konrad Heiden, Geburt des Dritten Reiches. Die Geschichte des Nationalsozialismus bis Herbst 1933. Europa-Verlag A. G., Zürich 1934.

Konrad Heiden, Geschichte des Nationalsozialismus. Die Karriere einer Idee. Rowohlt, Berlin 1932.

Emil Helfferich, Ein Leben. Vierter Band. Als Manuskript gedruckt bei C. L. Mettcker & Söhne, Jever 1964.

Reinhard Henkys, Die nationalsozialistischen Gewaltverbrechen. Geschichte und Gericht. Kreuz Verlag, Stuttgart, Berlin 1964.

Robert Herzog, Die Volksdeutschen in der Waffen-SS. Studien des Instituts für Besatzungsfragen in Tübingen, Mai 1955.

Adolf Heusinger, Befehl im Widerstreit. Schicksalsstunden der deutschen Armee 1923–1945. Rainer Wunderlich Verlag Hermann Leins, Tübingen und Stuttgart 1950.

Ralph Hewins, Quisling. Prophet without Honor. W. H. Allen, London 1965.

Reinhard Heydrich, Wandlungen unseres Kampfes. Verlag Franz Eher Nachf., München, Berlin 1935.

Raul Hilberg, The Destruction of the European Jews. Quadrangle Books, Chicago 1961.

Heinrich Himmler, Die Schutzstaffel als antibolschewistische Kampforganisation. Zentralverlag der NSDAP, Franz Eher Nachf., München 1936.

Kurt Hirsch, SS. Gestern, heute und … Progress-Verlag Johann Fladung, Darmstadt 1960.

Adolf Hitler, Mein Kampf. Zentralverlag der NSDAP. Franz Eher Nachf., München 1942.

Wilhelm Hoegner, Die verratene Republik. Isar Verlag, München 1958.

Reinhard Höhn, Artur Mahraun, der Wegweiser zur Nation. Schleswig-Holsteinische Verlagsanstalt, Rendsburg 1929.

Walther Hofer, Der Nationalsozialismus. Dokumente 1933–1945. Fischer Bücherei, Nr. 172.

Hans Hubert Hofmann, Der Hitlerputsch. Krisenjahre deutscher Geschichte 1920 bis 1924. Nymphenburger Verlagshandlung, München 1961.

Nikolaus von Horthy, Ein Leben für Ungarn. Athenäum-Verlag GmbH, Bonn 1953.

Friedrich Hossbach, Zwischen Wehrmacht und Hitler 1934–1938. Wolfenbütteler Verlagsanstalt, Wolfenbüttel und Hannover 1949.

Rudolf Höß, Kommandant in Auschwitz. Autobiographische Aufzeichnungen, hrsg. von Martin Broszat. Deutscher Taschenbuch Verlag, München 1965.

David Irving, Die Geheimwaffen des Dritten Reiches. Sigbert Mohn Verlag, Gütersloh 1965.

Eberhard Jäckel, Frankreich in Hitlers Europa. Die deutsche Frankreichpolitik im Zweiten Weltkrieg. Deutsche Verlags-Anstalt, Stuttgart 1958.

Wenzel Jaksch, Europas Weg nach Pots-

dam. Schuld und Schicksal im Donauraum. Deutsche Verlags-Anstalt, Stuttgart 1958.
Ludwig Jedlicka, Der 20. Juli 1944 in Österreich. Verlag Herold, Wien, München 1965.
Cyril Jolly, The Vengeance of Private Pooley. William Heinemann, London 1956.
Louis de Jong, Die deutsche Fünfte Kolonne im Zweiten Weltkrieg. Deutsche Verlags-Anstalt, Stuttgart 1959.
Ernst Jünger, Der Kampf als inneres Erlebnis. E. S. Mittler & Sohn, Berlin 1922.
Ernst Jünger, Krieg und Krieger. Junker und Dünnhaupt Verlag, Berlin 1930.
Kameraden bis zum Ende. Der Weg des SS-Panzergrenadier-Regiments 4 »DF« 1939 bis 1945. Die Geschichte einer deutsch-österreichischen Kampfgemeinschaft. Plesse-Verlag, Göttingen 1962.
Benedikt Kautsky, Teufel und Verdammte. Büchergilde Gutenberg, Zürich 1946.
Robert M. W. Kempner, Eichmann und Komplizen. Europa-Verlag A. G., Zürich, Stuttgart, Wien 1961.
Robert M. W. Kempner, SS im Kreuzverhör. Rütten & Loening Verlag, München 1964.
Erich Kern, Der große Rausch. Rußlandfeldzug 1941–1945. Verlag Lothar Leberecht, Waiblingen/Wttb. 1948.
Felix Kersten, Totenkopf und Treue. Heinrich Himmler ohne Uniform. Aus den Tagebüchern des finnischen Medizinalrats. Robert Mölich Verlag, Hamburg 1952.
Joseph Kessel, The Man with the miraculous Hands. Farrar, Straus and Cudahy, New York 1961.
Albert Kesselring, Gedanken zum Zweiten Weltkrieg. Athenäum-Verlag GmbH, Bonn 1955.
Albert Kesselring, Soldat bis zum letzten Tag. Athenäum-Verlag GmbH, Bonn 1953.
Adolf Graf von Kielmansegg, Der Fritschprozeß 1938. Ablauf und Hintergründe. Hoffmann und Campe Verlag, Hamburg 1949.
Jon Kimche, General Guisans Zweifrontenkrieg. Die Schweiz zwischen 1939 und 1945. Verlag Ullstein, Berlin, Frankfurt a. M., Wien 1962.
Jon und David Kimche, The secret Roads. The »Illegal« Migration of a People 1938–1948. Secker and Warburg, London 1955.
Peter Kleist, Zwischen Hitler und Stalin 1939–1945. Athenäum-Verlag, Bonn 1950.
Lionel Kochan, Pogrom. 10. November 1938. André Deutsch, London 1957.
Robert L. Koehl, RKFDV: German Resettlement and Population Policy 1939–1945. A history of the Reich Commission for the Strengthening of Germandom. Harvard University Press, Cambridge/USA 1957.
Eugen Kogon, Der SS-Staat. Das System der deutschen Konzentrationslager. 1. bis 100. Tausend, Verlag des Druckhauses Tempelhof, Berlin 1947; 211. bis 224. Tausend, Europäische Verlagsanstalt GmbH, Frankfurt a. M. 1965.
Erich Kordt, Nicht aus den Akten ... Union Deutsche Verlagsgesellschaft, Stuttgart 1950.
Joachim Kramarz, Claus Graf Stauffenberg. 15. November 1907 – 20. Juli 1944. Das Leben eines Offiziers. Bernard & Graefe Verlag für Wehrwesen, Frankfurt a. M. 1965.
Hanns von Krannhals, Der Warschauer Aufstand 1944. Bernard & Graefe Verlag für Wehrwesen, Frankfurt a. M. 1962.
Albert Krebs, Fritz-Dietlof Graf von der Schulenburg. Zwischen Staatsräson und Hochverrat. Leibnitz-Verlag, Hamburg 1964.
Albert Krebs, Tendenzen und Gestalten der NSDAP. Erinnerungen an die Frühzeit der Partei. Deutsche Verlags-Anstalt, Stuttgart 1959.
Hermann Langbein, Im Namen des deutschen Volkes. Zwischenbilanz der Prozesse wegen nationalsozialistischer Verbrechen. Europa Verlag AG, Wien–Köln–Stuttgart–Zürich 1963.
Hans Langemann, Das Attentat. Eine kriminalwissenschaftliche Studie zum politischen Kapitalverbrechen. Kriminalistik, Verlag für kriminalistische Fachliteratur, Hamburg 1956.
Walter Z. Laqueur, Die deutsche Jugendbewegung. Eine historische Studie. Verlag Wissenschaft und Politik, Köln 1962.
Paul Leverkuehn, Der geheime Nachrichtendienst der Wehrmacht im Kriege. Athenäum-Verlag GmbH, Frankfurt a. M., Bonn 1964.
B. H. Liddell Hart, Die Rote Armee. Verlag WEU / Offene Worte. Bonn o. J.
Bruce J. S. Macdonald, The Trial of Kurt Meyer. Clarke, Irwin Company, Toronto 1954.

Roger Manvell/Heinrich Fraenkel, Heinrich Himmler. William Heinemann, London, Melbourne, Toronto, Cape Town, Auckland 1965.
Erich v. Manstein, Verlorene Siege. Athenäum-Verlag GmbH, Bonn 1958.
Werner Maser, Die Frühgeschichte der NSDAP. Hitlers Weg bis 1924. Athenäum-Verlag, Frankfurt a. M., Bonn 1965.
Kurt Meyer (Panzermeyer), Grenadiere. 4. Auflage. Schild Verlag, München-Lochhausen 1965.
Alexander Mitscherlich/Fred Mielke, Das Diktat der Menschenverachtung. Verlag Lambert Schneider, Heidelberg 1947.
Alexander Mitscherlich/Fred Mielke, Medizin ohne Menschlichkeit. Dokumente des Nürnberger Ärzteprozesses. Fischer Bücherei, Frankfurt a. M., Hamburg 1960.
Kurt Detlev Möller, Das letzte Kapitel. Geschichte der Kapitulation Hamburgs. Von der Hamburger Katastrophe des Jahres 1943 bis zur Übergabe der Stadt am 3. Mai 1945. Hoffmann und Campe Verlag, Hamburg 1947.
Burkhart Mueller-Hillebrand, Das Heer 1933–1945. Entwicklung des organisatorischen Aufbaues. 2 Bände. Verlag E. S. Mittler & Sohn, Frankfurt a. M. 1954–1956.
Hans-Joachim Neufeldt/Jürgen Huck/Georg Tessin, Zur Geschichte der Ordnungspolizei 1936–1945. Als Manuskript gedruckt, Koblenz 1957.
Franz Neumann, Behemoth. The Structure and Practice of National Socialism. Verlag Victor Gollancz Ltd., London 1943.
Ermenhild Neusüß-Hunkel, Die SS. Norddeutsche Verlagsanstalt Hannover, Frankfurt a. M. 1956.
Heinrich Orb, Nationalsozialismus. 13 Jahre Machtrausch. Verlag Otto Walter, Olten 1945.
Franz von Papen, Der Wahrheit eine Gasse. Paul List Verlag, München 1952.
Rudolf Pechel, Deutscher Widerstand. Eugen Rentsch Verlag, Erlenbach–Zürich 1947.
Werner Picht, Vom Wesen des Krieges und vom Kriegswesen der Deutschen. Friedrich Vorwerk Verlag, Stuttgart 1952.
Stanislaw Piotrowski, Hans Franks Tagebuch. Polnischer Verlag der Wissenschaften, Warschau 1963.
Léon Poliakov/Josef Wulf, Das Dritte Reich und seine Diener. arani Verlags-GmbH, Berlin-Grunewald 1956.
Léon Poliakov/Josef Wulf, Das Dritte Reich und seine Denker. arani Verlags-GmbH, Berlin-Grunewald 1959.
Léon Poliakov/Josef Wulf, Das Dritte Reich und die Juden. arani Verlags-GmbH, Berlin-Grunewald 1955.
René Quinton, Die Stimme des Krieges. Der graue Verlag, Berlin, Zürich 1936.
Erich Raeder, Mein Leben. Zwei Bände. Verlag Fritz Schlichtenmayer, Tübingen 1957.
Rudolf Rahn, Ruheloses Leben. Aufzeichnungen und Erinnerungen. Diederichs Verlag, Düsseldorf 1949.
Hermann Rauschning, Gespräche mit Hitler. Europa Verlag A. G., Zürich, Wien, New York 1940.
Gerald Reitlinger, Ein Haus auf Sand gebaut. Hitlers Gewaltpolitik in Rußland 1941–1944. Rütten & Loening Verlag, Hamburg 1962.
Gerald Reitlinger, Die Endlösung. Hitlers Versuch der Ausrottung der Juden Europas 1939–1945. Colloquium Verlag, Berlin 1961.
Gerald Reitlinger, Die SS. Tragödie einer deutschen Epoche. Verlag Kurt Desch, Wien, München, Basel 1957.
Quentin Reynolds, Minister of Death. The Adolf Eichmann Story. The Viking Press, New York 1960.
Joachim von Ribbentrop, Zwischen London und Moskau. Erinnerungen und letzte Aufzeichnungen. Aus dem Nachlaß hrsg. von Annelies von Ribbentrop. Druffel-Verlag, Leoni am Starnberger See 1961.
Gerhard Ritter, Carl Goerdeler und die deutsche Widerstandsbewegung. Deutsche Verlags-Anstalt, Stuttgart 1956.
Ernst Röhm, Die Geschichte eines Hochverräters. Dritte Auflage. Verlag Franz Eher Nachf., München 1933.
Edgar Röhricht, Pflicht und Gewissen. Erinnerungen eines deutschen Generals 1932–1944. W. Kohlhammer Verlag, Stuttgart 1965.
Alfred Rosenberg, Letzte Aufzeichnungen. Plesse Verlag, Göttingen 1955.
Hans Rothfels, Die deutsche Opposition gegen Hitler. Eine Würdigung. Scherpe-Verlag, Krefeld 1949.
Cornelius Ryan, The Last Battle. Simon and Schuster, New York 1966.

Ernst von Salomon, Der Fragebogen. Rowohlt Verlag, Hamburg 1951.
Wilhelm Schallmayer, Vererbung und Auslese im Lebenslauf der Völker. Gustav Fischer Verlag, Jena 1903.
Walter Schellenberg, Memoiren. Verlag für Politik und Wirtschaft, Köln 1956.
Fabian von Schlabrendorff, Offiziere gegen Hitler. Nach einem Erlebnisbericht, bearbeitet und hrsg. von Gero v. S. Gaevernitz. Europa Verlag, Zürich 1946.
Helmut Schlierbach, Die politische Polizei in Preußen. Verlag Heinr. & J. Lechte, Emsdetten 1938.
Paul Schmidt, Statist auf diplomatischer Bühne 1923–45. Erlebnisse des Chefdolmetschers im Auswärtigen Amt mit den Staatsmännern Europas. Athenäum-Verlag GmbH, Bonn 1949
Hubert Schorn, Der Richter im Dritten Reich. Geschichte und Dokumente. Vittorio Klostermann, Frankfurt a./M. 1959.
Wilhelm von Schramm, Der 20. Juli in Paris. Kindler und Schiermeyer Verlag, Bad Wörishofen 1953.
Paul Schulz, Meine Erschießung am 30. Juni 1934. Selbstverlag 1948.
Lutz Graf Schwerin von Krosigk, Es geschah in Deutschland. Menschenbilder unseres Jahrhunderts. Rainer Wunderlich Verlag Hermann Leins, Tübingen/Stuttgart 1951.
Paul Seabury, The Wilhelmstraße. A Study of German Diplomats under the Nazi Regime. University of California Press, Berkeley, Los Angeles 1954.
W. Segin, Geschichte der Wewelsburg. Druck und Verlag P. N. Esser, Büren i. Westf. 1925.
Gordon Shepherd, Engelbert Dollfuß. Verlag Styria, Graz–Wien–Köln 1961.
William L. Shirer, Aufstieg und Fall des Dritten Reiches. Zwei Bände. Droemersche Verlagsanstalt Th. Knaur Nachf., München, Zürich 1963.
Otto Skorzeny, Geheimkommando Skorzeny. Hansa Verlag Josef Toth, Hamburg 1950.
Martin H. Sommerfeldt, Ich war dabei. Die Verschwörung der Dämonen 1933–1939. Drei Quellen Verlag, Darmstadt 1949.
Hans Speidel, Invasion 1944. Ein Beitrag zu Rommels und des Reiches Schicksal. Rainer Wunderlich Verlag Hermann Leins, Tübingen und Stuttgart 1961.
Ilse Staff, Justiz im Dritten Reich. Eine Dokumentation. Fischer Bücherei, Februar 1964.
George H. Stein, The Waffen SS. Hitler's Elite Guard at War 1939–1945. Cornell University Press, Ithaca 1966.
Felix Steiner, Die Armee der Geächteten. Plesse Verlag, Göttingen 1963.
Felix Steiner, Von Clausewitz bis Bulganin. Erkenntnisse und Lehren einer Wehrepoche. Deutscher Heimat-Verlag, Bielefeld 1956.
Felix Steiner, Die Freiwilligen. Idee und Opfergang. Plesse Verlag, Göttingen 1958.
Otto Strasser, Hitler und ich. Johannes Asmus Verlag, Konstanz 1948.
Rudi Strauch, Sir Neville Henderson. Britischer Botschafter in Berlin von 1937 bis 1939. Ein Beitrag zur diplomatischen Vorgeschichte des Zweiten Weltkrieges. Ludwig Röhrscheid Verlag, Bonn 1959.
Telford Taylor, Die Nürnberger Prozesse. Kriegsverbrechen und Völkerrecht. Europa Verlag A. G., Zürich 1951.
The Third Reich. Weidenfeld and Nicolson, London 1955.
Jürgen Thorwald, Das Ende an der Elbe. Droemersche Verlagsanstalt Th. Knaur Nachf., München, Zürich 1965.
Jürgen Thorwald, Es begann an der Weichsel. Steingrüben-Verlag, Stuttgart 1953.
Jürgen Thorwald, Wen sie verderben wollen. Bericht des großen Verrats. Steingrüben Verlag GmbH, Stuttgart 1952.
Kurt von Tippelskirch, Geschichte des Zweiten Weltkriegs. Zweite Auflage. Athenäum-Verlag GmbH, Bonn 1956.
Fritz Tobias, Der Reichstagsbrand. Legende und Wirklichkeit. G. Grote'sche Verlagsbuchhandlung, Rastatt 1962.
John Toland, The last 100 Days. Random House, New York 1966.
H. R. Trevor-Roper, The Bormann Letters. The private Correspondence between Martin Bormann and his Wife from January 1943 to April 1945. Weidenfeld and Nicolson, London 1954.
H. R. Trevor-Roper, Hitlers letzte Tage. Verlag Amstutz, Herdeg & Co., Zürich 1946.
Thilo Vogelsang, Reichswehr, Staat und NSDAP. Beiträge zur deutschen Geschichte 1930–1932. Deutsche Verlags-Anstalt, Stuttgart 1962.
Bernhard Vollmer, Volksopposition im

Polizeistaat. Gestapo und Regierungsberichte 1934–1936. Deutsche Verlags-Anstalt, Stuttgart 1957.
Walter Warlimont, Im Hauptquartier der deutschen Wehrmacht 1939–1945. Grundlagen, Formen, Gestalten. Athenäum-Verlag GmbH, Frankfurt a. M., Bonn 1964.
Ernst von Weizsäcker, Erinnerungen. Paul List Verlag, München, Leipzig, Freiburg i. Br. 1950.
Siegfried Westphal, Heer in Fesseln. Aus den Papieren des Stabschefs von Rommel, Kesselring und Rundstedt. Zweite Auflage. Athenäum-Verlag GmbH, Bonn 1952.
John W. Wheeler-Bennett, Die Nemesis der Macht. Die deutsche Armee in der Politik 1918–1945. Droste Verlag, Düsseldorf 1954.
S. Wiesenthal, Großmufti – Großagent der Achse. Ried-Verlag, Salzburg–Wien 1947.
Charles Wighton, Heydrich. Hitler's most evil Henchman. Odhams Press, London 1962.
Chester Wilmot, Der Kampf um Europa. Alfred Metzner Verlag, Frankfurt a. M., Berlin 1954.
Josef Wulf, Das Dritte Reich und seine Vollstrecker. Die Liquidation von 500 000 Juden im Ghetto Warschau. arani Verlags-GmbH, Berlin-Grunewald 1961.
Josef Wulf, Heinrich Himmler. Eine biographische Studie. arani Verlags-GmbH, Berlin-Grunewald 1960.
Henry A. Zeiger, The Case against Adolf Eichmann. The New American Library, New York 1960.
Eberhard Zeller, Geist der Freiheit. Der zwanzigste Juli. Verlag Hermann Rinn. Gotthold Müller Verlag, München 1963.
Friedrich Zipfel, Gestapo und Sicherheitsdienst. arani Verlags-GmbH, Berlin-Grunewald 1960.
Friedrich Zipfel, Kirchenkampf in Deutschland 1933–1945. Religionsverfolgung und Selbstbehauptung der Kirchen in der nationalsozialistischen Zeit. Walter de Gruyter & Co., Berlin 1965.

Zeitschriften-Aufsätze

H. G. Adler, Selbstverwaltung und Widerstand in den Konzentrationslagern der SS, in: Vierteljahrshefte für Zeitgeschichte, 3. Heft/1960.
Werner T. Angress und Bradley F. Smith, Diaries of Heinrich Himmler's Early Years, in: Journal of Modern History, Nr. 3/1959.
Hellmuth Auerbach, Die Einheit Dirlewanger, in: Vierteljahrshefte für Zeitgeschichte, 3. Heft/1962.
Hellmuth Auerbach, Eine nationalsozialistische Stimme zum Wiener Putsch vom 25. Juli 1934, in: Vierteljahrshefte für Zeitgeschichte, 2. Heft/1964.
Gottlob Berger, Zum Ausbau der Waffen-SS, in: Nation Europa, Heft 4/1953.
Werner Best, Kritik und Apologie des Juristen, in: Deutsches Recht, 8./15. April 1939.
K. Bihl, Kommandobehörden, Verbände und selbständige Truppenteile der Waffen-SS, in: Feldgrau, Nr. 1, 2, 3/1961, Nr. 3, 4/1963, Nr. 1, 2/1965.
K. Bihl, Die Waffen-SS, Allgemeines zur Entstehung und Stellung der Waffen-SS, in: Feldgrau, Nr. 5, 6/1964.
Wolfdieter Bihl, Zur Rechtsstellung der Waffen-SS, in: Wehrwissenschaftliche Rundschau, Heft 7/1966.
Martin Broszat, Die Anfänge der Berliner NSDAP 1926/27, in: Vierteljahrshefte für Zeitgeschichte, Heft 1/1960.
Martin Broszat, Zur Perversion der Strafjustiz im Dritten Reich, in: Vierteljahrshefte für Zeitgeschichte, Heft 4/1958.
MacAlister Brown, The Third Reich's Mobilization of the German Fifth Column in Eastern Europe, in: Journal of Central European Affairs, Heft 2/1959.
Hans Buchheim, Die Höheren SS- und Polizeiführer, in: Vierteljahrshefte für Zeitgeschichte, Heft 4/1963.
Ende einer Illusion, in: Christ und Welt, 10., 17. August 1950.
Forrest Davis, The Secret History of a Surrender, in: Saturday Evening Post, 22., 29. September 1945.
Ernst Deuerlein, Hitlers Eintritt in die Politik und die Reichswehr, in: Vierteljahrshefte für Zeitgeschichte, Heft 2/1959.
Basil Dmytryshyn, The Nazis and the SS Volunteer Division »Galicia«, in: The American Slavic and East European Review, Heft 1/1956.
T. E., Die Rede Himmlers vor den Gauleitern am 3. August 1944, in: Vierteljahrshefte für Zeitgeschichte, Heft 4/1953.
Georg Franz, Munich: Birthplace and Center of the National Socialist German Wor-

ker's Party, in: Journal of Modern History, Heft 4/1957.

Graf von der Goltz, Die Entlassung des Generalobersten Freiherr von Fritsch, in: Deutsche Rundschau, Heft 3/1947.

Hermann Graml, Der 9. November 1938, in: Das Parlament, 11. November 1953.

Joachim Günther, Die Stufen zum Satanismus, in: Deutsche Rundschau, 1948.

Helmut Heiber, Zur Justiz im Dritten Reich. Der Fall Eliáš, in: Vierteljahrshefte für Zeitgeschichte, Heft 4/1955.

Helmut Heiber, Aus den Akten des Gauleiters Kube, in: Vierteljahrshefte für Zeitgeschichte, Heft 1/1956.

Helmut Heiber, Der Generalplan Ost, in: Vierteljahrshefte für Zeitgeschichte, Heft 3/1958.

Robert Koehl, Toward an SS Typology: Social Engineers, in: The American Journal of Economics and Sociology, Nr. 18, Januar 1959.

Helmut Krausnick, Denkschrift über die Behandlung der Fremdvölkischen im Osten, in: Vierteljahrshefte für Zeitgeschichte, Heft 4/1957.

Helmut Krausnick, Hitler und die Morde in Polen, in: Vierteljahrshefte für Zeitgeschichte, Heft 4/1963.

Helmut Krausnick, Wehrmacht und Nationalsozialismus, in: Das Parlament, 9. November 1955.

Bernhard Lösener, Als Rassereferent im Reichsministerium des Innern, in: Vierteljahrshefte für Zeitgeschichte, Heft 3/1961.

Hedwig Maier, Die SS und der 20. Juli, in: Vierteljahrshefte für Zeitgeschichte, Heft 3/1966.

Hermann Mau, Die »Zweite Revolution« – der 30. Juni 1934, in: Vierteljahrshefte für Zeitgeschichte, Heft 2/1958.

W. D. Noack, Sind Führer der Waffen-SS berechtigt, Dienstgrade der Wehrmacht zu verwenden?, in: Das Militärarchiv, Nr. 7/1965.

Karl O. Paetel, Die SS (Geschichte und Soziologie). Ein Beitrag zur Soziologie des Nationalsozialismus, in: Vierteljahrshefte für Zeitgeschichte, Heft 1/1954.

Günter Plum, Staatspolizei und Innere Verwaltung 1934–1936, in: Vierteljahrshefte für Zeitgeschichte, Heft 2/1965.

Ulrich Popplow, Reinhard Heydrich oder die Aufnordung durch den Sport, in: Olympisches Feuer, Heft 8/1963.

Prememoria eines bayerischen Richters zu den Juni-Morden 1934, in: Vierteljahrshefte für Zeitgeschichte, Heft 1/1957.

Erich F. Pruck, Die Rehabilitierung von Kommandeuren der Roten Armee, in: Osteuropa, Heft 3/1964.

Gerald Reitlinger, The Doubts of Wilhelm Kube. A Nuremberg Story, in: Wiener Library Bulletin, Heft 5/6 – 1950.

Heinrich Rosenberger, Die Entlassung des Generalobersten Freiherrn von Fritsch, in: Deutsche Rundschau, Heft 8/1946.

Jürgen Runzheimer, Der Überfall auf den Sender Gleiwitz im Jahre 1939, in: Vierteljahrshefte für Zeitgeschichte, Heft 4/1962.

Peter Schneider, Rechtssicherheit und richterliche Unabhängigkeit aus der Sicht des SD, in: Vierteljahrshefte für Zeitgeschichte, Heft 6/1956.

Hans-Günther Seraphim, SS-Verfügungstruppe und Wehrmacht, in: Wehrwissenschaftliche Rundschau, Heft 12/1955.

Karl Spalcke, Der Fall Tuchatschewski. Die Wehrmacht, die Rote Armee und die »große Säuberung«, in: Die Gegenwart, 25. Januar 1958.

Der Spiegel, Das Spiel ist aus – Arthur Nebe. Glanz und Elend der deutschen Kriminalpolizei; Hefte vom 29. September 1949 bis zum 20. April 1950.

Der Spiegel, Lady mit Lampenschirm; 16. Februar 1950.

Der Spiegel, Der Furcht so fern, dem Tod so nah'; 15. Mai 1957.

Der Spiegel, Braver, dummer Klim; 8. November 1961.

Der Spiegel, Wenn ihr einmarschiert, schießen wir; 1. Mai 1963.

Der Spiegel, »Großmutter gestorben«. Interview mit dem ehemaligen SS-Sturmbannführer Alfred Naujocks, Leiter der Aktion Gleiwitz; 13. November 1963.

SS-Bericht über den 20. Juli, in: Nordwestdeutsche Hefte, Februar 1947.

Jürgen Thorwald, Der Mann, der den Krieg auslöste, in: Der Stern, Heft 23/1953.

Jan F. Triska, »Work Redeems«: Concentration Camp Labor and Nazi German Economy, in: Journal of Central European Affairs, Heft 1/1959.

Heinrich Uhlig, Der verbrecherische Befehl, in: Das Parlament, 17. Juli 1957.

Heinrich Uhlig, 9. November 1938, in: Das Parlament, 6. November 1963.

Otto R. Urrisk, Über den Begriff der »Gar-

de« und die Schaffung militärischer »Eliten«, in: Österreichische Militärische Zeitschrift, Heft 2–3/1964.
Richard Wolff, Der Reichstagsbrand 1933, in: Das Parlament, 18. Januar 1956.

Rundfunk- und Fernsehmanuskripte

Heiner Lichtenstein, Wo Himmler residieren wollte. Die westfälische Wewelsburg als Zentrale des SS-Staates. Westdeutscher Rundfunk, 2. Programm; 30. Januar 1965.
Friedrich Zipfel, Ein Volk in Waffen. Politische Kampfbünde in der Weimarer Republik. III. Die Sturmabteilungen der NSDAP; Radio Bremen, 6. Juni 1966.
Heinar Kipphardt, Die Geschichte von Joel Brand. Fernsehspiel, 2. Deutsches Fernsehen.
Panorama, Das bestellte Attentat, Bericht und Diskussion. 1. Deutsches Fernsehen, 26. Juli 1965.

Ständig benutzte Zeitungen und Zeitschriften

Frankfurter Rundschau, Jahrgang 1957.
Hamburger Echo, Jahrgang 1934.
Münchner Post, Jahrgänge 1931, 1932.
Das Schwarze Korps, Jahrgänge 1935 bis 1945.
Völkischer Beobachter, Jahrgänge 1933 bis 1945.
Die Welt, Jahrgänge 1955–1967.
Süddeutsche Zeitung, Jahrgänge 1955–1967.

Quellennachweis zum Tafelteil

Der Spiegel, Hamburg: 6 a, 8–9,
Keystone, München: 7 a,
Gabriele Krap, Wedel: 3 a, 5,
Süddeutscher Verlag, München: 2 a, 3 b, 4 b, 6 b, 10 a, 10 c, 11 b, 12 a, 12 b, 12 c, 12 d, 14 a, 14 c, 15 b, 15 c, 16 a, 16 b,
Ullstein, Berlin: 1, 2 b, 2 c, 7 d, 10 b, 13 a, 13 b, 14 b, 15 a,
Weltkriegsbücherei, Stuttgart: 11 a, 13 c,
Zeitgeschichtliches Bildarchiv Heinrich Hoffmann, München: 4 a

Namenregister